殡葬工作
文件选编

BINZANG GONGZUO WENJIAN XUANBIAN

民政部社会事务司
民政部一零一研究所 编

▌ 庸国祥 等 主编 ▌

中国社会出版社

国家一级出版社·全国百佳图书出版单位

图书在版编目（CIP）数据

殡葬工作文件选编 / 民政部社会事务司，民政部一零一研究所编；庸国祥等主编 . -- 北京：中国社会出版社，2024. 8. -- ISBN 978-7-5087-7082-6

Ⅰ . D632.9

中国国家版本馆 CIP 数据核字第 202495EJ54 号

殡葬工作文件选编

出 版 人：程　伟

终 审 人：李新涛

责任编辑：陈　琛

装帧设计：时　捷

出版发行　中国社会出版社

　　　　　（北京市西城区二龙路甲 33 号　邮编 100032）

印刷装订　北京九州迅驰传媒文化有限公司

版　　次：2024 年 8 月第 1 版

印　　次：2024 年 8 月第 1 次印刷

开　　本：210mm×297mm　1/16

字　　数：1500 千字

印　　张：48.75

定　　价：320.00 元

《殡葬工作文件选编》编纂委员会

主　任　王金华　刘　锋

副主任　朱玉军　王　玮

委　员　张晓峰　付　华　张家宽　孙　杰　高　源　方　祥
　　　　钱　高　张一萍　郭　雷　安　娜　刘　洋　陈仁龙
　　　　李秉杰　王永阔　庸国祥

主　　编　庸国祥　王永阔　张晓峰　李秉杰

副主编　付　华　张家宽　孙　杰　高　源　郭　雷　方　祥
　　　　钱　高　张一萍　牟　玉　葛英煜　罗雁莎　肖东泽
　　　　沈一吟　徐晓玲　邢珊珊　陈仁龙　刘志强

主编助理　孙成龙　路建英　朱婕妤　耿永胜

《殡葬工作文件选编》编审委员会

选 编 说 明

一、为深入学习贯彻习近平总书记重要指示批示精神和党中央、国务院决策部署，指导各级民政部门加强对殡葬工作文件的学习领会，促进殡葬事业健康发展，民政部社会事务司与民政部一零一研究所合作编写本书。本书是主题教育期间以学促干，形成干的合力的实践成果。

二、本书是在民政部社会事务司王金华司长、朱玉军副司长，民政部一零一研究所刘锋书记、王玮总工的指导下编写的，由时任民政部社会事务司殡葬管理处处长张晓峰担任总策划、民政部一零一研究所政策与文化研究室主任王永阔协调推进相关出版事项，付华、张家宽、孙杰、李秉杰、高源等同志付出了大量心血。本书还得到了民政部政策法规司、北京社会管理职业学院（民政部培训中心）有关同志和各省（自治区、直辖市）及新疆生产建设兵团民政部门的大力支持。

三、本书分为两部分：国家层面殡葬工作文件和地方层面殡葬工作文件。其中，国家层面收录了 1980 年以来出台的有关殡葬工作的党内法规、行政法规、部门规章等文件；地方层面收录了各省（自治区、直辖市）和新疆生产建设兵团出台的有关殡葬工作的地方党委文件、地方性法规、地方政府规章、行政规范性文件以及其他政策性文件。在编排体例上，选编的文件以发布时间的先后为序，并遵照原发文件的形式、格式编排，力求保持文件的"原汁原味"，对部分文件、图表等作了省略处理。本书未收录香港特别行政区、澳门特别行政区和台湾省的殡葬工作文件。因人员有限、时间紧迫，书中难免存在不足或疏漏之处，敬请读者批评指正。

庸国祥

2024 年 5 月

目 录

国家层面殡葬工作文件

地方层面殡葬工作文件

宁夏回族自治区

新疆维吾尔自治区

新疆维吾尔自治区

关于印发《新疆维吾尔自治区经营性公墓年检实施办法》的通知

　　（新民发〔2015〕7号）

新疆维吾尔自治区民政厅关于进一步规范经营性公墓审批监管工作的通知

　　（新民发〔2022〕70号）

国家层面殡葬工作文件

● 党内法规 ●

中共中央办公厅　国务院办公厅印发
《关于党员干部带头推动殡葬改革的意见》的通知

（中办发〔2013〕23号）

各省、自治区、直辖市党委和人民政府，中央和国家机关各部委，解放军各总部、各大单位，各人民团体：

《关于党员干部带头推动殡葬改革的意见》已经中央领导同志同意，现印发给你们，请结合实际认真贯彻执行。

中共中央办公厅
国务院办公厅
2013年12月10日

关于党员干部带头推动殡葬改革的意见

殡葬改革是破千年旧俗、树一代新风的社会改革，关系人民群众切身利益，关系社会主义精神文明建设和生态文明建设，关系党风政风民风。为发挥广大党员、干部带头示范作用，进一步推动殡葬改革，现提出如下意见。

一、深刻认识推动殡葬改革的重要性和紧迫性

新中国成立以来，在老一辈党和国家领导人的积极倡导下，在各级党委和政府大力推动下，广大党员、干部带领群众积极实行火葬，改革土葬，革除丧葬陋俗，树立文明节俭办丧事的新风尚，殡葬改革取得了明显成效。但近年来，一些丧葬陋俗死灰复燃，封建迷信活动重新活跃，突出表现在：火葬区遗体火化率下滑、骨灰装棺再葬问题突出，土葬改革区乱埋乱葬、滥占耕地现象严重，浪费了大量自然资源，破坏了生态环境；重殓厚葬之风盛行，盲目攀比、奢侈浪费现象滋生蔓延，加重了群众负担；少数党员、干部甚至个别领导干部利用丧事活动大操大办、借机敛财，热衷风水迷信，修建大墓豪华墓，损害了党和政府形象，败坏了社会风气。这些现象亟需整治。

党员、干部带头推动殡葬改革，是移风易俗，发扬社会主义新风尚的应尽责任；是推动文明节俭治丧，减轻群众丧葬负担的重要途径；是加强党风政风建设，树立党和政府良好形象的必然要求；是解决人口增长与资源环境矛盾，造福当代和子孙后代，促进经济社会可持续发展的迫切要求。各级党委和政府要充分认识党员、干部带头推动殡葬改革的重要性和紧迫性，进一步统一思想，完善政策措施，逐步形成党员和干部带头、广大群众参与、全社会共同推动的殡葬改革良好局面。

二、充分发挥党员、干部带头作用，积极推动殡葬改革

（一）带头文明节俭办丧事，树立时代风尚。党员、干部应当带头文明治丧，简办丧事。要在

殡仪馆或合适场所集中办理丧事活动，自觉遵守公共秩序，尊重他人合法权益，不得在居民区、城区街道、公共场所搭建灵棚。采用佩戴黑纱白花、播放哀乐、发放生平等方式哀悼逝者，自觉抵制迷信低俗活动。除国家另有规定外，党员、干部去世后一般不成立治丧机构，不召开追悼会。举行遗体送别仪式的，要严格控制规模，力求节约简朴。对于逝者生前有丧事从简愿望或要求的，家属、亲友以及所在单位应当予以充分尊重和支持。严禁党员、干部特别是领导干部在丧事活动中大操大办、铺张浪费，严禁借机收敛钱财。

（二）带头火葬和生态安葬，保护生态环境。在人口稠密、耕地较少、交通方便的火葬区，党员、干部去世后必须实行火葬，不得将骨灰装棺再葬，不得超标准建墓立碑。在暂不具备火葬条件的土葬改革区，党员、干部去世后遗体应当在公墓内集中安葬，不得乱埋乱葬。无论是在火葬区还是在土葬改革区，党员、干部都应当带头实行生态安葬，采取骨灰存放、树葬、花葬、草坪葬等节地葬法，积极参与骨灰撒散、海葬或者深埋、不留坟头。鼓励党员、干部去世后捐献器官或遗体。少数民族党员、干部去世后，尊重其民族习俗，按照有关规定予以安葬。

（三）带头文明低碳祭扫，传承先进文化。党员、干部应当带头文明祭奠、低碳祭扫，主动采用敬献鲜花、植树绿化、踏青遥祭、经典诵读等方式缅怀故人，弘扬慎终追远等优秀传统文化，不得在林区、景区等禁火区域焚烧纸钱、燃放鞭炮。积极参与社区公祭、集体共祭、网络祭扫等现代追思活动，带头祭扫先烈，带领群众逐步从注重实地实物祭扫转移到以精神传承为主上来。

（四）带头宣传倡导殡葬改革，弘扬新风正气。党员、干部要积极主动宣传殡葬改革，加强对亲属、朋友和周围群众的教育引导，及时劝阻不良治丧行为，自觉抵制陈规陋俗和封建迷信活动，倡导文明新风。各级领导干部要加强对直系亲属和身边工作人员丧事活动的约束，积极做好思想疏导工作，对不良倾向和苗头性问题，要做到早提醒、早制止、早纠正，决不允许对违法违规殡葬行为听之任之甚至包庇纵容。

三、大力营造有利于殡葬改革的良好环境

（一）加强组织领导，健全工作机制。各级党委和政府要把党员、干部带头推动殡葬改革作为促进社会主义精神文明建设和生态文明建设、保障和改善民生、加强党风政风建设的重要内容，摆上议事日程，建立健全党委领导、政府负责、部门协作、社会参与的工作机制。坚持以党员、干部带头为引领，不断提高人民群众参与殡葬改革的自觉性。组织部门要注意掌握党员、干部治丧情况，加强对党员、干部的教育管理。宣传、文明办等部门要做好殡葬改革宣传引导工作。发展改革、公安、民政、财政、人力资源社会保障、国土资源、工商、林业等部门要各司其职、密切配合，加强基本殡葬服务供给，完善惠民殡葬政策措施，规范殡葬服务市场秩序，督促党员、干部破除丧葬陋俗，加快推动殡葬改革。工会、共青团、妇联等人民团体和基层党组织、村（居）委会以及红白理事会、老年人协会等社会组织要充分发挥作用，广泛动员群众积极参与殡葬改革。

（二）注重统筹规划，提高保障水平。各级党委和政府要立足实际，制定和完善殡葬事业发展规划，明确殡葬改革目标任务和方法步骤，并纳入当地国民经济和社会发展规划。根据人口、耕地、交通等情况，科学划分火葬区和土葬改革区，统筹确定殡葬基础设施数量、布局、规模和功能。加大投入，重点完善殡仪馆、骨灰堂、公益性公墓等基本殡葬公共服务设施，逐步形成布局合理、设施完善、功能齐全、服务便捷的基本殡葬公共服务网络，为推动殡葬改革创造有利条件。

（三）完善法规制度，强化监督管理。加快修订《殡葬管理条例》，健全基本殡葬服务保障、殡葬服务市场监管、丧事活动管理执法等方面制度。进一步健全和规范对乱埋乱葬、违规建墓等行为的行政强制执行制度。积极建立殡葬改革激励引导机制，实行生态安葬奖补等奖励政策。加强监督检查，强化责任追究，对党员、干部尤其是领导干部在丧事活动中的违纪违法行为，要依纪依法严肃查处。

（四）加大宣传力度，做好舆论引导。充分利用各种媒体和传播手段，深入宣传殡葬法规政策，普及科学知识，倡导文明节俭、生态环保、移风易俗的殡葬新风尚。大力宣传党员、干部带头推动殡葬改革的先进典型，传播正能量。充分发挥媒体监督作用，曝光负面案例，努力营造有利于殡葬改革的良好氛围。

各地区各有关部门要按照本意见精神，结合实际制定贯彻落实的具体措施。

● **行政法规** ●

国务院批转民政部《关于进一步加强
殡葬改革工作的报告》的通知

（国发〔1982〕35 号　1982 年 2 月 23 日）

各省、市、自治区人民政府，国务院各部委、各直属机构：

国务院同意民政部《关于进一步加强殡葬改革工作的报告》，现转发给你们，望贯彻执行。

随着我国社会主义革命和社会主义建设的发展，逐步推行殡葬改革取得了很大的成绩。现在，全国有 85% 以上的城市、30% 以上的县推行了火葬，同时改革了土葬，改革了旧的丧葬习俗，这对建设社会主义精神文明有着重要的意义。但由于有不少人对这项改革的重要性认识不足和宣传教育工作做得不够，目前出现土葬回升，火葬下降，旧的丧葬习俗抬头。希望各级人民政府要坚持殡葬改革方向，结合当地具体情况，制定切实可行的措施，加强领导，认真做好殡葬改革工作。各级干部要以身作则，引导广大群众移风易俗，勇于同不良现象作斗争。报刊、广播、电影、电视等，要积极宣传殡葬改革的重要意义，形成社会舆论，使人民群众自觉地实行殡葬改革。

关于进一步加强殡葬改革工作的报告

（民政部　1982 年 1 月 30 日）

国务院：

我部于 1981 年 12 月 18 日至 28 日召开了全国第一次殡葬改革工作会议。会议总结交流了经验，研究了当前殡葬改革工作中存在的主要问题，提出了进一步做好殡葬改革工作的意见。会议期间，杨静仁副总理到会作了重要讲话。出席会议的同志一致认为，在建设高度物质文明和精神文明的新形势下，召开这样的会议是适时的，也是很必要的。通过这次会议，提高了大家的认识，进一步明确了殡葬改革工作的方针，增加了做好工作的信心。现将殡葬改革工作的基本情况、主要问题和加强这一工作的意见报告如下：

建国以来，随着社会主义革命、社会主义建设的发展和广大人民群众政治觉悟的不断提高，在党和政府的领导下，在各有关部门的密切配合下，各地民政部门和广大殡葬职工在殡葬改革中积极努力，做了很多工作：

在推行火葬方面。50 年代中期开始在城市提倡火葬，以后逐步推向农村，60 年代以来有了较大发展。截至 1980 年底，全国已建成火葬场 1183 个，共有职工 1.8 万多人，有火化炉 2508 台，殡葬汽车 2173 辆，有些火葬场还安装了冷藏尸体的设备，固定资产达 2.2 亿多元。现在，有 85% 以上的城市、30% 以上的县推行了火葬。北京、上海、天津三个直辖市和黑龙江、吉林、辽宁、河北、山东、江苏等省，基本上县县建有火葬场。在上述地区中，火化率，在城市一般为 80% 左右，在县以下农村平均为 30%。目前，用火葬这一最科学、最卫生、最经济的方法处理尸体，在相当一部分地区正在成为人们自觉的新的习俗。

在改革土葬方面。尚未推行火葬的地方，为了改变占用耕地、到处乱埋乱葬的现象，对土葬进行了改革。有的实行平地深埋、不留坟头；有的利用荒山瘠地，以生产队或自然村为单位建立集体公墓；有许多地方还平毁了大量旧的坟墓，扩大了耕地面积。仅河北、山东、黑龙江三省统计，累计平毁旧坟 5900 多万个，扩大耕地面积约 200 万亩。

在改革旧的丧葬习俗方面。许多地方积极提倡简朴、节约办丧事，过去重殓厚葬和封建迷信的陈规陋习，正在逐步为新的风尚所代替。用开追悼会代替发丧送葬，用献花圈代替焚香摆供，用戴黑纱、白布代替披麻戴孝，来对死者进行悼念和寄托哀思。群众说，这是"破千年旧俗，树一代新风"。

在殡葬管理和服务机构的建设方面。不少地方随着殡葬改革工作发展的需要，建立了殡葬管理所，火葬场、殡葬服务站、殡仪馆和公墓，为群众办理丧事提供了方便。不少殡葬服务单位经营了整容、防腐、出售骨灰盒和租赁花圈、白布、黑纱等十多种服务项目，改进了服务态度，提高了服务质量。有些火葬场在改造火化设备、降低燃料消耗、改善经营管理等方面，取得较好的成果，积累了不少的经验。目前已有 100 多个火葬场做到了经费自给有余。从事殡葬工作的大多数职工热爱殡葬事业，他们不怕苦、不怕累、勤勤恳恳、积极工作，涌现了许多先进集体和先进个人。有的被评选为本地区的劳动模范、先进工作者，还有的被选为人民代表。

通过以上改革，取得了很大成绩，为进一步做好殡葬改革工作创造了有利条件，打下了一定的基础。但是，从当前的情况来看，还存在着许多问题，亟待解决。其中主要的：

一是在已推行火葬的地区，很多地方出现了土葬回升，火葬下降。据不完全统计，1979 年火化尸体 102 万具，比 1978 年下降了 13%；1980 年火化尸体 98 万具，比 1978 年下降了 16%。这种情况在县以下农村尤为严重，有些县下降 50% 以上，个别县的火葬场 1 年只火化几具尸体。不少地方出现了一批新的坟丘，甚至有些已经平毁多年的旧坟头又重新堆了起来。有的生产队和少数社员以经营副业为名，向实行火葬地区高价出售墓穴。在没有推行火葬的地区，乱埋乱葬现象仍较严重。

二是在许多城市特别是农村，旧的丧葬习俗抬头。披麻戴孝、扬幡招魂、烧纸化钱、看风水、扎纸活、请和尚道士念经等封建迷信活动，相当严重。不少地方讲排场、摆阔气、铺张浪费大办丧事之风盛行。有些单位在为死去的干部办理丧事时，调人调车，停工停产，滥发讣告，受礼请客，追悼会越开越大，花圈越送越多，任意挥霍国家财物，以示"隆重"。这种情况，在群众中造成很坏的影响，引起社会舆论的不满，不少人大代表和政协委员对此有所批评，呼吁应刹住这股歪风。

三是火葬场经营管理不善。许多地方的火葬场建立起来后，经营管理工作没有跟上去，制度不健全，开支无计划，车辆管理不严，燃料消耗多，火化率低，常有亏损，需要国家过多的补贴。1978 年全国火葬场补贴了 1300 多万元，1979 年补贴了 2200 多万元，1980 年补贴了 2100 多万元。平均一个火葬场一年补贴近 2 万元，多的 4.5 万元。

产生以上问题的原因很多，主要是，长期的封建礼教和习惯势力在人们的思想里还有较深的影响，许多人对殡葬改革的重要意义认识不足。近几年在纠正左的错误中，有些人错误地认为"殡葬改革是'四人帮'搞的"，"火葬是极左路线的产物"；还有不少人受资产阶级自由化思潮的影响，把大办丧事、大搞封建迷信活动说成是"丧葬自由"，是"落实政策"，造成了思想上的混乱。同时，我们主管这项工作的民政部门工作做得不够，抓得不紧，有些同志对坚持殡葬改革的方向认识不够明确，对错误倾向不敢理直气壮地去管，在工作上缩手缩脚，软弱无力，也是一个原因。

为了进一步搞好殡葬改革工作，根据党的六中全会和五届人大四次会议的精神，针对当前存在的主要问题，提出以下意见：

一、提高认识，坚持殡葬改革的方向

随着我国社会主义现代化建设的发展，进行殡葬改革对移风易俗、破除封建陋习，建设社会主义精神文明，具有重要意义。毛泽东同志早就指出要"移风易俗、改造国家"，并且在 1956 年的一次中央工作会议上带头签名，倡导火葬。许多老一辈无产阶级革命家和党政领导同志都认真执行了毛泽东同志的这一提议，为全国人民树立了榜样。1978 年中共中央 66 号文件重申："要积极推行火葬，加强殡葬改革的宣传教育。"我们应当坚决贯彻这一精神，坚持实行火葬这一殡葬改革的方向。实践证明，实行火葬不只有利于移风易俗，破除迷信，解放思想，建设社会主义精神文明，而且是一件利国、利民的大事。它有利于节约木材、节省耕地，有利于生产建设，有利于减轻人民群众的经济负担，有利于环境卫生和人民身体健康，因此必须继续努力做好推行火葬的工作。

根据我国目前殡葬改革的情况，在一个相当的时期内，殡葬改革工作的方针是，坚决依靠群众，积极推行火葬，改革土葬，破除旧的丧葬习俗，节俭办丧事，建设社会主义精神文明。由于我国幅员辽阔，地区之间存在着很大差别，在贯彻执行这一方针时，一定要从本地区的实际情况出发。在人口稠密、交通方便的地区，原则上都应该推行火葬。其中已建有火葬场、实行火葬的地方，要提高火化率，限制土葬；目前尚未建立火葬场的地方，要逐步为实行火葬创造条件，同时抓好土葬改革。在地广人稀，交通不便等不适宜实行火葬的地方，要切实搞好土葬改革。不论推行或尚未推行火葬的地方，都要做好破除旧丧葬习俗的工作，以适应四个现代化建设的需要。

二、认真整顿火葬场，改善经营管理

为了进一步做好推行火葬的工作，要根据国民经济调整的方针和当前火葬场存在的问题，务必在一两年内，对现有火葬场进行认真的整顿。整顿的目的，在于巩固、提高，充分发挥现有人员、设备的作用，提高火化率。整顿工作，各地要从实际情况出发，着重从思想作风、组织领导、经营管理、技术改造、服务质量等方面进行整顿。通过整顿，切实加强领导班子，建立健全规章制度，克服吃"大锅饭"的思想和不正之风，改善经营管理，提高服务质量，促进火葬事业的发展。对少数工作基础确实薄弱、条件太差、火化率太低、一时又不能改变面貌的火葬场，要把工作人员精简到最低限度，并在搞好火葬的前提下，因地制宜，搞点副业生产，以增加收入。

根据各地的经验，要搞好火葬场的管理，必须做到：

（1）搞好领导班子建设，选配思想好、热爱殡葬事业、有干劲的干部担任主要领导。

（2）加强思想政治工作，教育职工热爱殡葬事业，组织他们学政治、学业务、学技术，建立起一支又红又专的职工队伍。

（3）建立班组或个人岗位责任制，做到人人职责分明，事事有章可循。

（4）按照勤俭办事业的原则，实行经费包干制，定收定支、以收抵支、节余留用、超亏不补，逐步做到经费自给，并根据有关规定实行节约燃料等单项奖或综合奖。

（5）发扬自力更生精神，自己动手改制火化设备，不断提高技术水平。

（6）实行民主管理，改进服务态度，提高服务质量，建立定期评比制度，表彰先进集体和先进个人。

（7）搞好火葬场的绿化、美化。

今后，火葬场要在整顿、巩固、提高的基础上，逐步发展。新建火葬场，一定要从实际出发，主要应放在新设置的工矿城市和人口稠密、交通方便的地区。建设新场，要制定规划、合理布局、经济实用、方便群众，防止贪大求全。凡有条件的地方，也可以实行社办公助或由社举办的办法建场。凡是国家投资建设新场，一定要报经省、市、自治区民政厅（局）批准，并纳入地方基建计划。

三、改革土葬，破除旧的丧葬习俗

目前，我国还有相当多的地区（人口约占全国的半数），没有建立火葬场或不适宜实行火葬，要采用土葬的办法。因此，在这些地方搞好土葬改革仍是一个重要的问题，要把这项工作管起来。改革的办法，可以会同有关部门协助社队，以自然村为单位，或在一个公社范围内规划几处集体公墓。墓址要尽可能设在荒山瘠地，并植树绿化。在耕地很少或平原地区，要教育群众实行平地深埋，不留坟头。生产队集体耕种的土地、社员承包的耕地和分配给社员的自留地，不准随便葬坟，严禁出售墓穴。在没有火葬场的县、市，少数离场路程很远、交通不便的山区、海岛、河泽等地方，确实没有实行火葬条件的，可以土葬，但要统一规划，不准乱埋乱葬。

要大力提倡文明、简朴、节约办丧事，反对搞封建迷信和铺张浪费。认真贯彻中央有关指示精神，办丧事或开追悼会的规模要小，参加的人员要少，悼念活动应以不增加国家和死者家属的负担，不影响生产和工作为前提。殡葬管理服务单位对丧主租用花圈的数量要加以适当限制，严格制止在殡葬管理服务场所搞封建迷信活动。同时，要会同有关部门，禁止制作和出售用于丧葬的迷信品。

关于少数民族的丧葬问题，要根据不同民族的情况，尊重他们的风俗习惯，不能强求一律。对于有些少数民族，经过宣传教育，愿意进行改革、实行火葬的，亦应予以尊重和支持。对他们当中在丧葬上搞迷信活动的，也要进行教育，提倡自己起来进行改革。

四、大力进行宣传教育，鼓励群众进行改革

殡葬改革是一件破旧立新的大事，是意识形态领域里的一项革命，也是新旧两种思想的长期斗争。这项改革涉及千家万户，任务艰巨，尽管已开展多年，但几千年的封建残余思想不是一下子就能消除的；另一方面，对推行火葬、实行新的殡葬办法，也不是轻易就能被群众所接受的，必须进行艰巨的思想政治工作。实践证明，宣传教育工作做得好坏，是殡葬改革能否顺利开展的重要环节。因此，必须把宣传教育工作放在首位。

在宣传教育工作中，要针对干部、群众中在殡葬问题上存在的旧思想、旧习俗和铺张浪费等不良风气，进行经常、普遍、深入、细致和耐心的宣传教育。要采取各种形式，利用各种宣传工具和有利场所，宣传殡葬改革的重大意义和对国家、对集体、对个人的好处，表彰殡葬改革中的好人好事，批评在丧葬问题上出现的不良风气，提高群众的思想认识，把他们从旧的精神枷锁中解放出来，形成一种群众自觉进行殡葬改革的社会风气。要教育干部特别是领导干部，在殡葬改革中以身作则，丧事新办，起模范带头作用，并向不良的风气进行斗争。

为了有效地进行殡葬改革，在大力进行宣传教育的同时，还必须对实行火葬的群众予以必要的鼓励、支持和方便。这些年来，不少地方的城市街道和农村社队，采取建立殡葬改革组织帮助群众料理丧事，诸如建立骨灰堂便于群众进行悼念活动等措施，受到群众的欢迎。有些社队的主要干部，在自己的亲属死后带头实行火葬，对群众影响很大，起了促进的作用。这些做法，都是可行的，各地可以仿行。

五、加强领导，切实做好殡葬改革工作

殡葬改革是一项涉及面很广的工作，能否搞好，关键在领导。各级人民政府应加强对这一工作的领导。要把这项工作摆到议事日程上来，作为建设精神文明的一个重要方面来抓，采取必要的措施，进行检查督促，及时解决存在的问题。民政部门要对当地殡葬事宜和为殡葬改革服务的行业实行统一管理。要向党政领导勤汇报、多请示，当好参谋。要密切联系群众，充分听取群众的意见，经常深入实际，调查研究，总结经验，扎扎实实地做好工作。要加强对城市街道、农村社队群众性殡葬改革组织的工作指导。要主动联系宣传、劳动、财政、农林、物资、公安、交通、工商行政管理等有关部门和工会、共青团、妇联等群众团体，和他们密切配合，共同搞好这项移风易俗、建设社会主义精神文明的工作。对从事殡葬工作的职工，要从政治上、思想上和生活上经常关心他们，

鼓励和支持他们做好本职工作，提高他们的社会地位，以调动他们的积极性，为搞好殡葬改革、建设社会主义精神文明多做贡献。

以上报告如无不当，请批转各省、市、自治区贯彻执行。

国务院办公厅转发民政部关于
进一步加强公墓管理意见的通知

（国办发〔1998〕25号）

各省、自治区、直辖市人民政府，国务院各部委、各直属机构：

殡葬改革是一项移风易俗的社会改革，是社会主义精神文明建设的组成部分。公墓管理是殡葬改革的重要内容。建国40多年来，我国的殡葬改革取得了可喜的成绩，但在公墓建设和管理中也存在着一些不容忽视的问题，如：一些地方乱批乱建公墓、浪费土地资源、破坏生态环境和借办丧事之机大搞封建迷信活动；有的公墓（塔陵园）单位利用墓穴和骨灰存放格位进行传销和炒买炒卖等不正当营销活动，损害了群众的利益，引发出一些不安定因素。这些问题严重地影响了殡葬改革和社会主义两个文明建设。地方各级人民政府和有关单位要充分认识公墓建设和管理的重要性，切实加强领导，采取坚决有效措施，加大公墓管理的力度，抓好殡葬改革工作。

经国务院批准，现将民政部《关于进一步加强公墓管理的意见》转发给你们，请结合实际情况，认真贯彻执行。

1998 年 5 月 19 日

关于进一步加强公墓管理的意见

（民政部　1998 年 1 月 6 日）

近年来，地方各级民政部门根据国务院批转《民政部关于加强公墓管理的报告》和民政部《公墓管理暂行办法》，加强了对公墓（含塔陵园等骨灰存放设施，下同）的管理，取得了一定成效，对推进殡葬改革起到了积极作用。但是，当前公墓建设和管理中仍存在一些不容忽视的问题。有的部门、单位和个人无视国家对公墓管理的规定，乱批乱建公墓，浪费了土地资源，破坏了生态环境，同时引发出大量的封建迷信活动，滋长了丧事大操大办的陈规陋习；有的公墓单位为牟取暴利，把骨灰存放格位混同一般产品，以增值为诱饵，欺骗群众竞相购买，大肆进行传销和炒买炒卖等不正当营销活动，损害了群众的利益，引发出一些不安定因素。这些问题严重地影响了殡葬改革和社会主义两个文明建设。为认真贯彻落实国务院发布的《殡葬管理条例》，保护土地资源，促进两个文明建设和维护社会稳定，必须采取切实有效措施，进一步加强公墓管理工作。为此，特提出以下意见。

一、要认真开展清理整顿公墓的工作

各省、自治区、直辖市人民政府要组织民政、公安、土地、工商等有关部门，集中一段时间开

展清理整顿公墓的工作。

（一）清理整顿的范围。

1. 未经省、自治区、直辖市民政厅（局）批准兴建的公墓和未经民政部或国家计委批准立项的吸收外资（含香港及澳门、台湾）合资合作兴建的公墓，即为非法公墓。

2. 虽经批准建立，但在公墓内修建封建迷信设施、搞违法营销活动或未经验收擅自经营的公墓单位。

3. 出售墓穴和骨灰存放格位，从事营销活动的公益性公墓。

（二）清理整顿的措施。

1. 对在国家禁止建墓区域内兴建的非法公墓，必须取缔，所占的土地由土地管理部门依法处理。地方人民政府要根据具体情况研究切实可行的措施，妥善解决有关问题。

2. 对建在荒山瘠地、埋葬数量少的非法公墓，由当地政府责令兴建公墓的单位负责将已葬墓穴迁葬至合法公墓内；对埋葬数量较大，一时难以迁葬的，要责令其停止出售墓穴，兴建公墓的单位要在限期内搞好绿化美化，接受政府殡葬管理部门管理或提供公墓养护费及绿化费，移交殡葬管理部门管理。待墓穴使用周期期满后，将墓穴迁出，恢复地貌。

对当地确实需要，又不违背公墓建设规划的非法公墓，兴建公墓的单位要按规定补办审批手续，接受政府殡葬管理部门的管理。

3. 对在公墓内构建封建迷信设施和搞封建迷信活动的，要责令其停止封建迷信活动，限期拆除封建迷信设施。对不听劝阻，扰乱社会秩序的，依照《中华人民共和国治安管理处罚条例》予以处罚。

4. 对利用墓穴和骨灰存放格位进行传销和炒买炒卖等不正当营销活动的，要采取措施坚决制止，同时要依据有关规定进行处罚。

5. 对违反规定对外出售墓穴和骨灰存放格位的公益性公墓单位，要责令其停止营销活动，出售墓穴和骨灰存放格位按非法转让行为处理。

6. 对《殡葬管理条例》发布以后未经批准建立的非法公墓，按《殡葬管理条例》第十八条规定处理。

二、要进一步加强对公墓的管理，严格控制公墓的发展

（一）严格控制公墓的发展。各省、自治区、直辖市民政部门要根据《殡葬管理条例》的规定，结合实际尽快制定公墓建设规划，由同级人民政府审批，报民政部备案。在民政部同意备案之前，暂停批建新公墓。要大力推行骨灰寄存、骨灰植树和撒骨灰等不占或少占土地的骨灰处理方式，骨灰寄存设施的建设要根据当地的人口数量及分布情况，合理规划；在暂不具备火葬条件的地区，遗体公墓必须科学规划，选址在荒山瘠地，严禁占用耕地、林地，同时要大力倡导深埋不留坟头的葬法。火化区的公墓是现阶段处理骨灰的过渡形式，不是我国殡葬改革的方向，因此，要严格限制其发展。今后，各地民政部门必须严格按照《殡葬管理条例》的规定和公墓建设规划，从严审批兴建公墓。

（二）要严格限制墓穴占地面积和墓穴使用年限。今后埋葬骨灰的单人墓或者双人合葬墓占地面积不得超过 1 平方米，埋葬遗体的单人墓占地面积不得超过 4 平方米，双人合葬墓不得超过 6 平方米；今后墓地和骨灰存放格位的使用年限原则上以 20 年为一个周期。

（三）要切实加强公墓单位的内部管理。要搞好公墓的绿化美化，推行墓碑小型化、多样化，增加文化艺术含量；公墓单位要加强对公墓养护费、绿化费的提取和管理工作，单独建账、专款专用并接受上级民政部门的监督。在公墓内，严禁构建封建迷信设施和从事封建迷信活动；严禁修建宗族墓地和修建活人墓。

（四）各公墓單位原則上不得跨省設立銷售機構。有特殊情況需設立的，要經公墓單位所在地和設立銷售機構所在地省級民政部門批准。工商行政管理部門依據有關規定和兩地省級民政部門批准文件予以登記註冊。

（五）嚴禁傳銷和炒買炒賣墓穴和骨灰存放格位。要合理確定墓穴和骨灰存放格位的價格，明碼標價；要憑用戶出具的火化證明（火葬區）或死亡證明（土葬改革區），提供或出售墓穴和骨灰存放格位，使用規範的安葬、安放憑證，建立嚴格的銷售、登記制度，嚴禁傳銷和炒買炒賣；要保護群眾的正當權益。

（六）各省、自治區、直轄市民政部門要加強對轄區內公墓的管理。要建立健全公墓年度檢查制度，要會同有關部門認真開展公墓（含吸收外資合資合作的公墓）年度檢查工作。對年檢合格的公墓准予繼續開展業務；對年檢不合格的公墓要限期改正，對逾期不改的，要會同有關部門責令其停業整頓。要將年檢的結果公告社會，以便於監督。

三、地方各級人民政府要加強領導，有關部門要相互支持、密切配合

地方各級人民政府和各有關部門要從國家的整體利益出發，提高對加強公墓管理工作重要性的認識，切實加強領導，把清理整頓公墓工作擺上重要的議事日程。這項工作涉及面廣，難度較大。因此，各省、自治區、直轄市人民政府要結合當地實際，根據《殯葬管理條例》及有關規定，制訂清理整頓公墓的具體辦法；要做好協調工作，採取切實可行的措施加以落實。同時要注重宣傳教育，爭取廣大群眾的理解和支持，積極而又穩妥地開展清理整頓工作，切實解決工作中遇到的阻力和問題，保證清理整頓工作的順利開展，各級民政部門作為主管部門，要切實履行職責，積極向當地人民政府反映清理整頓中存在的問題，提出解決問題的意見和建議，當好參謀助手。要充分發揮基層民政部門和殯葬管理所的作用，促進清理整頓工作的順利進行。公安、工商、土地管理等各有關部門要積極支持、密切配合，在當地政府的統一領導下，開展清理整頓公墓工作。以前越權批建公墓的基層人民政府或有關部門要積極主動地協助民政部門做好所批建公墓的清理工作。

各省、自治區、直轄市民政廳（局）要及時將清理整頓公墓的情況，報告當地人民政府和民政部。

【本法變遷史】

殯葬管理條例 ［19970721］

國務院關於修改和廢止部分行政法規的決定 ［20121109］

殯葬管理條例（2012修訂）［20121109］

殡葬管理条例

（1997 年 7 月 21 日中华人民共和国国务院令第 225 号发布　根据 2012 年 11 月 9 日《国务院关于修改和废止部分行政法规的决定》修订　国务院令第 628 号）

第一章　总　　则

第一条　为了加强殡葬管理，推进殡葬改革，促进社会主义精神文明建设，制定本条例。

第二条　殡葬管理的方针是：积极地、有步骤地实行火葬，改革土葬，节约殡葬用地，革除丧葬陋俗，提倡文明节俭办丧事。

第三条　国务院民政部门负责全国的殡葬管理工作。县级以上地方人民政府民政部门负责本行政区域内的殡葬管理工作。

第四条　人口稠密、耕地较少、交通方便的地区，应当实行火葬；暂不具备条件实行火葬的地区，允许土葬。

实行火葬和允许土葬的地区，由省、自治区、直辖市人民政府划定，并由本级人民政府民政部门报国务院民政部门备案。

第五条　在实行火葬的地区，国家提倡以骨灰寄存的方式以及其他不占或者少占土地的方式处理骨灰。县级人民政府和设区的市、自治州人民政府应当制定实行火葬的具体规划，将新建和改造殡仪馆、火葬场、骨灰堂纳入城乡建设规划和基本建设计划。

在允许土葬的地区，县级人民政府和设区的市、自治州人民政府应当将公墓建设纳入城乡建设规划。

第六条　尊重少数民族的丧葬习俗；自愿改革丧葬习俗的，他人不得干涉。

第二章　殡葬设施管理

第七条　省、自治区、直辖市人民政府民政部门应当根据本行政区域的殡葬工作规划和殡葬需要，提出殡仪馆、火葬场、骨灰堂、公墓、殡仪服务站等殡葬设施的数量、布局规划，报本级人民政府审批。

第八条　建设殡仪馆、火葬场，由县级人民政府和设区的市、自治州人民政府的民政部门提出方案，报本级人民政府审批；建设殡仪服务站、骨灰堂，由县级人民政府和设区的市、自治州人民政府的民政部门审批；建设公墓，经县级人民政府和设区的市、自治州人民政府的民政部门审核同意后，报省、自治区、直辖市人民政府民政部门审批。

利用外资建设殡葬设施，经省、自治区、直辖市人民政府民政部门审核同意后，报国务院民政部门审批。

农村为村民设置公益性墓地，经乡级人民政府审核同意后，报县级人民政府民政部门审批。

第九条　任何单位和个人未经批准，不得擅自兴建殡葬设施。

农村的公益性墓地不得对村民以外的其他人员提供墓穴用地。

禁止建立或者恢复宗族墓地。

第十条 禁止在下列地区建造坟墓：

（一）耕地、林地；

（二）城市公园、风景名胜区和文物保护区；

（三）水库及河流堤坝附近和水源保护区；

（四）铁路、公路主干线两侧。

前款规定区域内现有的坟墓，除受国家保护的具有历史、艺术、科学价值的墓地予以保留外，应当限期迁移或者深埋，不留坟头。

第十一条 严格限制公墓墓穴占地面积和使用年限。按照规划允许土葬或者允许埋葬骨灰的，埋葬遗体或者埋葬骨灰的墓穴占地面积和使用年限，由省、自治区、直辖市人民政府按照节约土地、不占耕地的原则规定。

第十二条 殡葬服务单位应当加强对殡葬服务设施的管理，更新、改造陈旧的火化设备，防止污染环境。

殡仪服务人员应当遵守操作规程和职业道德，实行规范化的文明服务，不得利用工作之便索取财物。

第三章 遗体处理和丧事活动管理

第十三条 遗体处理必须遵守下列规定：

（一）运输遗体必须进行必要的技术处理，确保卫生，防止污染环境；

（二）火化遗体必须凭公安机关或者国务院卫生行政部门规定的医疗机构出具的死亡证明。

第十四条 办理丧事活动，不得妨害公共秩序、危害公共安全，不得侵害他人的合法权益。

第十五条 在允许土葬的地区，禁止在公墓和农村的公益性墓地以外的其他任何地方埋葬遗体、建造坟墓。

第四章 殡葬设备和殡葬用品管理

第十六条 火化机、运尸车、尸体冷藏柜等殡葬设备，必须符合国家规定的技术标准。禁止制造、销售不符合国家技术标准的殡葬设备。

第十七条 禁止制造、销售封建迷信的丧葬用品。禁止在实行火葬的地区出售棺材等土葬用品。

第五章 罚 则

第十八条 未经批准，擅自兴建殡葬设施的，由民政部门会同建设、土地行政管理部门予以取缔，责令恢复原状，没收违法所得，可以并处违法所得1倍以上3倍以下的罚款。

第十九条 墓穴占地面积超过省、自治区、直辖市人民政府规定的标准的，由民政部门责令限期改正，没收违法所得，可以并处违法所得1倍以上3倍以下的罚款。

第二十条 将应当火化的遗体土葬，或者在公墓和农村的公益性墓地以外的其他地方埋葬遗体、建造坟墓的，由民政部门责令限期改正。

第二十一条 办理丧事活动妨害公共秩序、危害公共安全、侵害他人合法权益的，由民政部门予以制止；构成违反治安管理行为的，由公安机关依法给予治安管理处罚；构成犯罪的，依法追究刑事责任。

第二十二条 制造、销售不符合国家技术标准的殡葬设备的，由民政部门会同工商行政管理部门责令停止制造、销售，可以并处制造、销售金额1倍以上3倍以下的罚款。

制造、销售封建迷信殡葬用品的，由民政部门会同工商行政管理部门予以没收，可以并处制造、销售金额 1 倍以上 3 倍以下的罚款。

第二十三条　殡仪服务人员利用工作之便索取财物的，由民政部门责令退赔；构成犯罪的，依法追究刑事责任。

第六章　附　　则

第二十四条　本条例自发布之日起施行。1985 年 2 月 8 日国务院发布的《国务院关于殡葬管理的暂行规定》同时废止。

● 部门规章 ●

民政部关于颁布试行《殡葬事业单位
管理暂行办法》的通知

（民〔1983〕民50号　1983年6月4日）

《殡葬事业单位管理暂行办法》已根据各地意见进行了修订。办法中有关殡葬事业单位的经费开支和火化的收费标准等规定，已征得财政部、国家物价局的同意。现颁布试行。

殡葬事业单位管理暂行办法

第一章　总　　则

第一条　为了加强殡葬事业单位的建设，提高管理水平，更好地为殡葬改革和广大群众办理丧事服务，特制订本办法。

第二条　殡葬事业单位包括：殡仪馆、火葬场、殡葬服务站、骨灰堂和公墓。殡葬管理所在同级民政部门领导下，负责管理本地区殡葬事宜和对本地区其他殡葬事业单位实行统一领导。

第三条　殡葬管理所和殡葬事业单位的任务：

1. 贯彻殡葬改革的方针、政策，宣传这项改革在社会主义物质文明和精神文明建设中的意义；

2. 推行火葬，改革土葬，提倡文明节俭办丧事，破除封建迷信，改革旧的丧葬习俗，树立社会主义新风尚；

3. 承办尸体接运、火化、骨灰寄存和为举行悼念活动提供场所等服务事宜；

4. 搞好殡仪馆、火葬场、骨灰堂和公墓环境的绿化、美化、净化，保持整洁、幽美、庄严、肃穆；

5. 办理有关殡葬管理、改革的其他事项。

第四条　殡葬事业单位的编制定员，应根据任务大小，本着精简的原则，由省、自治区、直辖市民政厅（局）商有关部门确定。有条件的地方，可试行合同工制度。

第二章　经营管理

第五条　殡葬事业单位应经办多种殡葬服务项目，增收节支，逐步做到自负盈亏。经费暂时不能自给的单位，实行收支相抵，定额补贴包干使用的办法，超亏不补，减亏分成，一年一定或者一定几年不变。补贴费从火葬场事业费中开支。收入稳定，经费自给有余的单位，除更新改造基金留归本单位外，其余部分实行殡葬事业单位和主管部门盈余分成制。分成比例由省、自治区、直辖市民政厅（局）商财政厅（局）根据实际情况确定。按分成比例应上缴主管部门的部分应用于殡葬事业单位的技术改造、改善工作条件和发展其他民政事业开支，不得挪作他用。

第六条　积极推行经营承包责任制。实行经营承包责任制的单位，不论是实行定额补贴包干制的，还是实行盈余分成制的，经过提高服务质量、改善经营管理、扩大经营项目所增加的收入，必须按合同规定留给殡葬事业单位，一部分用作改善工作条件；一部分用作职工集体福利和奖励基金。具体办法，由各地通过试点制定。

第七条　殡葬事业单位接尸、火化、骨灰寄存等基本服务项目的收费标准，由省、自治区、直辖市民政厅（局）会同当地物价部门制定；其他服务项目的收费标准，由市、县民政部门按保本或略有利润的原则确定。

第八条　殡葬事业单位应建立以岗位责任制为中心的各项规章制度，健全考核制度，实行节约奖励。经营的项目，应在提高质量的前提下制定先进合理的指标和消耗定额。对节约燃料的，应根据节约的数量，给予适当的奖励。

第九条　殡葬事业单位应健全技术管理制度，建立技术档案，进行设备改造和技术革新，降低燃料消耗，逐步实现操作机械化和消除污染。

第三章　基本建设

第十条　新建、迁建、扩建、改建火葬场须经省、自治区、直辖市民政厅（局）统一规划，报县级以上人民政府批准，按照基本建设程序办理。所需资金，列入地方基本建设投资计划。

第十一条　新建殡葬事业单位的地址，应根据方便群众的原则，列入城市建设规划；火葬场的场址，要根据水文、地质、气象、交通和水电安装等条件选定。

第十二条　殡葬事业单位的建筑规模、项目和结构，要因地制宜，经济实用，防止片面追求规模大、标准高、项目全。

第四章　队伍建设

第十三条　殡葬事业单位的领导班子，要逐步实现革命化、年轻化、知识化和专业化。所需干部除组织调配外，可由单位群众民主选举产生。

要加强思想政治工作，开展五讲四美三热爱活动，提高职工的政治觉悟，树立全心全意为人民服务的思想。开展优质服务、优美环境、优良作风等群众性的评比竞赛活动，每年进行一次表彰先进的工作。提高殡葬职工的社会地位。

第十四条　殡葬事业单位应组织职工学习文化，使每个职工都达到初中以上文化水平；并组织职工学习专业知识，提高业务、技术水平。对有技术专长的，经过考核授予技术职称。

第十五条　殡葬事业单位应制定工作人员守则，做到文明服务，礼貌接待，方便群众，杜绝不正之风，并建立严格的奖惩制度。

第十六条　殡葬事业单位应关心职工生活和身体健康，改善劳动条件，搞好劳动保护，办好集体福利。定期对职工健康状况进行检查。

第十七条　殡葬事业单位实行民主管理，重大问题由职工大会讨论决定。

第十八条　县以上民政部门应加强对殡葬事业单位的领导，帮助他们做好工作。

第五章　附　　则

第十九条　各省、自治区、直辖市民政厅（局），可根据本办法和当地实际情况制定实施细则。

民政部 国务院侨务办公室
关于华侨去世后回国安葬问题的通知

（民〔1984〕民20号   1984年5月20日）

各省、自治区、直辖市民政厅（局）、华务办公室：

为了满足广大爱国侨胞"落叶归根"的愿望，加强祖国和海外华侨的联系，争取华侨第二代、第三代进一步心向祖国，根据国家殡葬改革政策，特对华侨去世后回国安葬问题，作如下通知：

一、凡是华侨比较多的省、自治区、直辖市可根据实际需要，在不占或少占耕地的原则下，在侨乡，或选择交通方便、接近侨乡的适当地点，由民政部门和侨务部门共同筹建若干"华侨公墓"，作为安葬华侨骨灰的场所。所需投资由侨务部门和民政部门共同筹集，列入地方基建计划，从经营收入中逐年收回。

二、"华侨公墓"由民政部门和侨务部门共同管理，要做到热情服务，提供方便，尽量满足华侨亲属的合理要求，收费价格要合理，不得搞商业性营利活动，不得任意加价。任何单位和个人，都不得与港澳商人和外商在内地合作经营墓地。

三、华侨要求去世后回国安葬的，应由其亲属向原籍所在地的省、自治区、直辖市侨务部门提出申请，根据华侨本人遗愿或亲属的要求，侨务部门会同民政部门确定安葬的公墓和有关安葬事宜。在有条件的地方也可以准许在故里安葬。

四、各省、自治区、直辖市民政部门和侨务部门可根据本通知精神，结合当地实际情况，对华侨回国安葬事宜作出具体规定。

港澳同胞和台湾同胞要求回内地安葬以及外籍华人要求回祖国安葬的可参照以上精神办理。

民政部民政司转发辽宁省《关于殡葬事业单位
工作人员实行特殊行业津贴的通知》的通知

（民〔86〕民字第56号   1986年5月7日）

各省、自治区、直辖市民政厅（局）：

现将辽宁省人事局、财政厅、民政厅辽人发〔1986〕22号《关于殡葬事业单位工作人员实行特殊行业津贴的通知》转发给你们，供参考。

辽宁省人事局 财政厅 民政厅关于殡葬事业
单位工作人员实行特殊行业津贴的通知

（辽人发〔1986〕22 号　1986 年 4 月 5 日）

各市、县、区人事、财政、民政局：

根据劳动人事部、财政部、民政部劳人薪〔1986〕13 号《关于殡葬事业单位工作人员工资制度改革问题的通知》精神，经省政府批准，现对我省执行殡葬职工特殊行业津贴的有关问题，做如下通知：

（一）为了促进殡葬改革工作的发展，调动职工的积极性，办好殡葬事业单位，根据上年度殡仪馆火化量大小和殡葬职工接触尸体程度划分为六类、五级，以后可随年火化量增减升降类别。单独设立的殡葬汽车队，执行的类级由市根据此通知精神确定。

（二）经主管局批准、规模较小殡仪馆的工作人员中，一人兼任两种以上职务的，享受津贴的标准，本着就高不就低的原则，按所兼职务中津贴标准较高的一种执行。兼职的殡葬管理所所长，享受津贴的办法，参照本通知第四条规定执行。

（三）应按职工出勤天数计发津贴，事、病假和临时抽出到外单位做殡葬以外工作的均应停发津贴。

（四）各级民政部门干部到殡仪馆蹲点、搞调查研究的，享受其殡仪馆内四级日津贴数，津贴费由职工本单位事业费列支。

（五）回民公墓管理人员享受同级殡仪馆五级津贴。津贴费由其开工资单位支付。

（六）特殊行业津贴从今年 2 月份起执行。原民政厅规定的保健津贴标准和市县自行规定的保健、岗位津贴予以取消。

（七）殡葬事业单位工作人员实行特殊行业津贴，是中央对殡葬事业的重视，对殡葬职工的关怀，各级民政部门要组织落实好，教育职工提高思想觉悟，热爱本职工作，模范地执行《殡葬职工守则》，做到全心全意为人民服务。

各地将贯彻执行的情况和执行中遇到什么问题及时反映给我们。

民政部关于台湾同胞回大陆办理丧葬问题的通知

（民〔1988〕民字 8 号　1988 年 3 月 16 日）

各省、自治区、直辖市民政厅（局），各计划单列市（区）民政局：

自台湾当局允许一般民众回大陆探亲以来，回大陆探亲的台胞日渐增多。他们中间，有的要求祭扫和修复祖墓，有的提出购买墓地，有的询问回大陆安葬骨灰或遗体等丧葬方面的政策。民政部、国务院侨务办公室 1984 年 5 月 28 日联合下发的《关于华侨去世后回国安葬问题的通知》[民〔1984〕民 20 号] 和 1984 年 7 月 23 日联合下发的《关于华侨修复祖墓问题的通知》[〔84〕侨政会字第 042 号] 中，已经对台胞回大陆安葬骨灰和修复祖墓的问题作过规定，这些规定仍然有效。对各地工作中遇到的新问题，经征得中央对台办同意，特作如下通知：

一、台胞回大陆探亲、旅游期间要求祭扫祖墓，凡能查找到的，一般应允许祭扫；已经平毁的，可视具体情况加以解释。对祭扫和修复祖墓要加强管理，不得搞封建迷信活动，不得恢复和建立宗族墓地，不得占用耕地或在国家规定保护的范围内修坟造墓，要注意防止坟山以及由此引起的宗族矛盾。如台胞提出政策允许范围以外的要求，应耐心说服，讲明道理，劝告制止，不要简单从事。

二、台胞去世后，其亲属要求回大陆安葬，一般只允许安葬骨灰。要求将遗体运回大陆安葬的，须由其亲属报请其原籍所在地的省、自治区、直辖市民政部门依当地有关规定从严审批，批准后还须经海关卫生检疫合格。安葬地点由民政部门负责安排。当地有公墓的，安葬在公墓内；没有公墓的，可在当地政府指定的荒山荒地或不宜耕种的瘠地埋葬。

三、回大陆探亲、旅游期间去世的台胞，如死者生前或其亲属要求在大陆安葬，应遵守安葬地人民政府有关殡葬管理的规定。如其亲属要求将遗体或骨灰运出大陆以外安葬，一般应予同意，殡葬管理部门要提供方便，做到热情服务，收费合理。对患急性传染病去世或高度腐败的遗体，须就地火化或深埋。

四、为满足台胞落叶归根的愿望，台胞较多的地方可根据需要，选择荒山荒地兴办为台胞服务的骨灰公墓。按国家有关规定批准的公墓中，允许向台胞出售或预售骨灰墓穴。收费标准比照港澳同胞收取，确有困难的，可酌情予以优待。

五、台胞在大陆的丧葬事宜，由民政部门统一管理，遇有重大疑难问题，应与对台部门协商，共同研究确定。

附一：

卫生部实施《中华人民共和国国境口岸卫生监督办法》的若干规定（略）

附二：

海关总署关于对尸体、棺柩和骨灰进出境管理问题的通知

（〔84〕署行字第 540 号　1984 年 6 月 25 日）

广东分署，各海关、分关：

关于对尸体、棺柩和骨灰进出境的管理问题，原有一些规定，有的已经不适应现在的情况。为此，现根据卫生部〔83〕卫防字第 5 号通知印发的《实施〈中华人民共和国国境口岸卫生监督办法〉的若干规定》第九条的规定，重新规定如下：对进出境的尸体、棺柩，海关凭卫生检疫机关签发的进出境尸体棺柩移运许可证放行。旅客携带和个人邮寄骨灰进出口，如无异常情况，可迳予放行。

本通知执行后，原外贸部海关总署〔58〕关行殷字第 986 号指示附件（一）关于对灵柩、骨灰管理的规定即予废止。

民政部办公厅关于印发《殡仪馆等级标准（试行）》《殡仪馆等级评定办法》的通知

（民办发〔1990〕10 号　1990 年 3 月 17 日）

各省、自治区、直辖市民政厅（局），各计划单列市民政局：

我国的殡葬事业单位从无到有，由少到多，目前已有 1200 多个，但是，长期以来，由于对殡仪事业单位的管理缺乏科学的指导，致使很大一部分殡仪馆规划不够合理，建筑简陋，设备陈旧，设施落后，管理不善，与两个文明建设的要求不相适应。

殡仪馆是为全社会服务的窗口，是社会主义精神文明建设的一个阵地。其功能是，使人们在殡仪活动中的悲伤得到慰藉、情感得以抒发，哀思有所寄托，倡导文明、健康、进步的殡仪活动，起到移风易俗和引导合理消费的作用。为达到这样的目的，我们制定了《殡仪馆等级标准》（以下简称《标准》）及评定办法，以指导殡仪馆的管理和建设，促进殡仪馆上等级、上水平。

殡仪馆是地方的公共设施，地方政府应当对殡仪馆的规划、建设予以充分的重视。今后新建殡仪馆一定要严格按《标准》建设，不能再建那种十分简陋的殡仪馆。老殡仪馆改造工作也要从实际出发，有步骤地进行。大、中城市和经济条件较好的地方可先行一步，起示范作用。要逐步使县级馆达到三级馆，市级馆达到二级馆，努力争创一级馆。

各地殡仪馆可根据《标准》的要求，研究制定达标规划，有条件的省、市可先开展评定工作的试点。现将《殡仪馆等级标准（试行）》和《殡仪馆等级评定办法》印发给你们，请照此执行。在执行过程中出现的问题，请及时报民政部社会事务司。

民政部人事教育司关于成立民政部一〇一研究所的通知

（人劳字〔1990〕91 号）

民政部一〇一研究所：

根据国家科委〔89〕国科发计字 233 号和人事部人中编函〔89〕19 号文批复，经一九九〇年六月十四日部长办公会议研究决定：

一、在哈尔滨正式成立民政部一〇一研究所，确定该所为直属处级科研事业单位，编制 50 人，其业务工作由部社会事务司进行指导。

二、该所的主要任务是进行火化技术基础理论的研究，遗体处理新方法和殡仪馆系统工程的研究；新型火化设备的研制；国内外情报的研究交流；开展技术培训等工作。

特此通知！

民政部办公厅关于严格掌握标准、
认真做好殡仪馆等级评定工作的通知

（民办函〔1990〕234 号　1990 年 12 月 3 日）

各省、自治区、直辖市民政厅（局）、计划单列市民政局：

《关于印发殡仪馆等级标准（试行）、殡仪馆等级评定办法的通知》（民办发〔1990〕10 号）下发后，各地十分重视，按照殡仪馆的等级标准，认真进行评定的组织和准备工作，部分省（市）已先行试点。但是，从目前部分试点单位的情况看，在评定中存在着标准掌握不严、照顾数量、忽视质量的现象。为确保在等级殡仪馆的评定工作中质量达标，特提出如下具体意见：

一、一级殡仪馆是全国殡仪馆的明星馆，无论在设施、环境以及服务质量上应均属一流水平。因此，按照下发的评定标准必须具备下列基本条件：

（一）必须是省、自治区、直辖市授予的精神文明单位和绿化先进单位。

（二）所在火葬区的火化率必须达到 90% 以上。

（三）年人均创纯利润在二万元以上。

（四）每年用于殡仪馆的建设不应低于纯收入的 50%。

（五）建筑设施有特色，追悼厅、接待室、办公室、服务室、休息室雅观、明亮、舒适。

（六）在设备方面，整个设备要达到全部自动化，烟尘排放达到民政部 1984 年颁发的（mBL—84）一级标准。

二、二级殡仪馆是省级殡仪馆的标兵馆。评出后，将对全省的殡仪馆起到示范作用。必须具备下列基本条件。

（一）必须是地、市级以上授予的精神文明单位和绿化先进单位。

（二）所在火葬区的火化率必须达到 80% 以上。

（三）年人均创纯利润须在一万元以上。

（四）每年用于殡仪馆的建设不得低于纯收入的 45%。

（五）建筑设施新颖，追悼厅、休息室、服务室美观、明亮。

（六）在设备方面，全套设备具有先进水平，烟尘排放达到民政部（mBL—84）二级标准。

三、三级殡仪馆是地、市（县）级殡仪馆的样板馆，是今后几年内各殡仪馆力争普及达到的标准。必须具备以下基本条件：

（一）必须是县（县级市）授予的精神文明单位和绿化先进单位。

（二）所在火葬区的火化率应达到 70% 以上。

（三）年人均创纯利润须在五千元以上。

（四）每年用于殡仪馆的建设不得低于纯收入的 40%。

（五）追悼厅、休息室等建筑设施齐全、整洁。

（六）在设备方面，各种设备比较先进，保养密闭好，烟尘排放达到民政部颁发的（mBL—84）三级标准。

望各地认真贯彻等级殡仪馆的评定标准，凡不具备上述基本条件的殡仪馆不能参加等级殡仪馆的评比，在评比中，一定要杜绝滥评、偏评和平摊等降低标准的做法。"八五"期间评定的等级殡仪馆要控制在殡仪馆总数的10%以内。

民政部办公厅关于开展等级殡仪馆评定工作的通知

（民办发〔1992〕6号　1992年4月23日）

各省、自治区、直辖市民政厅（局）：

自一九九〇年民政部发布《殡仪馆等级标准（试行）》、《殡仪馆等级评定办法》和民政部办公厅《关于严格掌握标准、认真做好殡仪馆等级评定工作的通知》以来，各地高度重视，做了大量的准备工作，为殡仪馆等级评定工作打下了基础。为此，部里决定，从今年起要在全国范围内积极开展等级殡仪馆评定工作。现将有关事项通知如下：

一、评定审批权限。一级殡仪馆由其所在省、自治区、直辖市民政厅（局）初评后，将初评意见及有关材料报送民政部，由民政部组织评定。

二级殡仪馆由其所在省、自治区、直辖市民政厅（局）组织评定。评定的有关材料报送民政部，由民政部组织检评、认定。

三级殡仪馆由其所在地区（含地级市）民政局组织评定。有关评定材料报其所在省、自治区、直辖市民政厅（局），由他们组织检评、认定；评定意见报民政部备案。

二、评定组织机构。

各等级殡仪馆评定领导小组须由相应民政部门主管殡葬工作的厅（局）长任组长，并可根据实际需要组织几个专项考核组。评定领导小组应由行政主管领导、相关技术专家、建筑专家、园林专家、财会人员及殡葬行业专家等人员组成。评定工作开展前要先进行培训，学习有关文件和政策，统一标准，统一思想。要在试点的基础上，正式开展评定工作。考核评定人员必须精干、廉洁、正派。评定工作要讲究科学性、公正性、严肃性，并尽量减轻殡仪馆负担。

三、评定方法、步骤。考评工作须按下列程序、要求进行：

（一）听取殡仪馆负责人关于殡仪馆上等级工作情况报告和专项专题报告。

（二）严格按照《殡仪馆等级标准（试行）》、《殡仪馆等级评定办法》及《关于严格掌握标准、认真做好殡仪馆等级评定工作的通知》等有关文件精神，对殡仪馆进行现场评定，并在《殡仪馆等级评分表》（见附件）上打分。

（三）考核评定过程中，评定领导小组可视不同考核指标，采取看现场、查数据、搞测试、开座谈会、印发调查表等有效考核手段进行考核。各有关单位、部门应予以协助，提供便利条件。

（四）考核评定完毕，各专项考核组要写出专项考评意见；评定领导小组写出综合评定意见。其内容主要包括：殡仪馆达标情况，得分情况，存在的问题，应采取的改进措施等。并由评定领导小组组长签名。

（五）填写《民政部等级殡仪馆申报表》（一式两份，见附件），并于今年八月底前将其送民政部社会事务司。报送的材料要真实，不得弄虚作假。

四、今年是实施等级殡仪馆评定工作的第一年，也是打基础，摸索经验，推动殡仪馆建设的关键性的一年。

望各地接此通知后，认真进行研究和部署。在评定工作中，要严格掌握标准，不得降低评定条件，切实把这项工作做好。

　　附件：1.《殡仪馆等级评分表》（略）
　　　　　2.《民政部等级殡仪馆申报表》（略）

公墓管理暂行办法

（民事发〔1992〕24 号　1992 年 8 月 25 日）

第一章　总　　则

　　第一条　为加强公墓管理，根据《国务院关于殡葬管理的暂行规定》和有关规定制定本办法。

　　第二条　在火葬区，要提倡骨灰深埋、撒放等一次性处理，也可经批准有计划地建立骨灰公墓。在土葬改革区，应有计划地建立遗体公墓或骨灰公墓。

　　第三条　公墓是为城乡居民提供安葬骨灰和遗体的公共设施。公墓分为公益性公墓和经营性公墓。公益性公墓是为农村村民提供遗体或骨灰安葬服务的公共墓地。经营性公墓是为城镇居民提供骨灰或遗体安葬实行有偿服务的公共墓地，属于第三产业。

　　第四条　建立公墓应当选用荒山瘠地，不得占用耕地，不得建在风景名胜区和水库、湖泊、河流的堤坝以及铁路、公路两侧。

　　第五条　公益性公墓由村民委员会建立。经营性公墓由殡葬事业单位建立。

　　第六条　民政部是全国公墓的主管部门，负责制定公墓建设的政策法规和总体规划，进行宏观指导。县级以上各级民政部门是本行政区域内的公墓主管部门。负责贯彻执行国家公墓政策法规，对本行政区域内的公墓建设和发展进行具体指导。

第二章　公墓的建立

　　第七条　建立公墓，需向公墓主管部门提出申请。

　　第八条　申请时，应向公墓主管部门提交下列材料：

　　（一）建立公墓的申请报告；

　　（二）城乡建设、土地管理部门的审查意见；

　　（三）建立公墓的可行性报告；

　　（四）其他有关材料。

　　第九条　建立公益性公墓，由村民委员会提出申请，报县级民政部门批准。

　　第十条　建立经营性公墓，由建墓单位向县级民政部门提出申请，经同级人民政府审核同意，报省、自治区、直辖市民政厅（局）批准。

　　第十一条　与外国、港澳台人士合作、合资或利用外资建立经营性公墓，经同级人民政府和省、自治区、直辖市民政厅（局）审核同意，报民政部批准。

　　第十二条　经营性公墓，由建墓单位持批准文件，向当地工商行政管理部门领取营业执照，方可正式营业。

第三章　公墓的管理

第十三条　公墓墓区土地所有权依法归国家或集体所有，丧主不得自行转让或买卖。

第十四条　公墓单位应视墓区范围的大小设置公墓管理机构或聘用专职管理人员，负责墓地的建设、管理和维护。

墓地应当保持整洁、肃穆。

第十五条　公墓墓志要小型多样，墓区要合理规划，因地制宜进行绿化美化，逐步实行园林化。

第十六条　未经批准，公益性公墓不得对外经营殡仪业务。经营性公墓的墓穴管理费一次性收取最长不得超过二十年。墓穴用地要节约。

第十七条　凡在经营性公墓内安葬骨灰或遗体的，丧主应按规定交纳墓穴租用费、建筑工料费、安葬费和护墓管理费。

第十八条　严禁在公墓内建家族、宗族、活人坟和搞封建迷信活动。

第十九条　严禁在土葬改革区经营火化区死亡人员的遗体安葬业务。

第二十条　本办法实施后，凡违反本办法有关规定，由公墓主管部门区别情况，予以处罚，或没收其非法所得，或处以罚款。具体处罚办法，由各省、自治区、直辖市民政厅（局）制定。

第四章　附　　则

第二十一条　本办法实施前建立的各类公墓，凡符合本办法有关规定但未办理审批手续的，应按本办法第二章的规定补办审批手续；不符合本办法规定的，由公墓单位报公墓主管部门，根据不同情况妥善处理；对城市现有的墓地、坟岗，除另有法律法规规定外，一律由当地殡葬事业单位负责接管和改造。

第二十二条　革命烈士公墓、知名人士墓、华侨祖墓、具有历史艺术科学价值的古墓和回民公墓以及外国人在华墓地的管理，按原有规定执行。

第二十三条　各省、自治区、直辖市可根据本办法制定本地区的实施细则。

第二十四条　本办法自发布之日起实行。原内务部、民政部过去有关公墓管理的规定，凡与本办法有抵触的，均按本办法执行。

民政部关于进一步做好遗体火化工作的通知

（民事函〔1993〕64号　1993年3月13日）

各省、自治区、直辖市民政厅（局）：

近几年来，就殡葬工作，中央和地方先后制定了一系列政策规定。总的看，各地贯彻执行政策规定的情况是好的，但也存在着薄弱环节，特别是在遗体火化方面，暴露了一些亟待研究解决的问题。遗体火化是殡葬工作的一项重要内容，各级民政部门必须高度重视。为此，特作如下通知。

一、必须重视火化遗体的设施建设。要逐步更新改造现有比较陈旧的设备，使遗体火化炉所排放的污染物的限值达到国家规定的标准。对没有技术改造价值的漏烟、漏火的老化设备，必须尽快更换。要根据本地高峰期火化遗体的数量设置火化炉。凡火化遗体设施不适应客观需要的，必须采取相应措施，尽快加以解决。要逐步改善火化遗体的环境和运送尸体设备。严禁用工业运输带和悬挂链条传送设备运送遗体。

二、切实加强火化遗体的管理工作。要严格遗体火化的时限。一般情况下遗体应在 72 小时内火化；传染性遗体应在 24 小时内火化；特殊情况的遗体的存放时间最长不超过 90 天，超逾期限的应商有关部门进行处理。要严格死亡证明和注销户口证明的查验、遗体的确认、家属签字等各种火化遗体的手续。要确保遗体火化的质量，坚决防止出现为了节省燃料导致燃烧不充分，使骨灰质量下降的问题。严禁采用闷尸的方法，以免因此而造成严重空气污染。要切实搞好遗体火化间的卫生，工具摆放整齐有序，严格定期消毒制度。

三、努力提高服务质量。要抓好职工队伍建设，加强职业道德教育，使其恪守《殡葬职工守则》，牢固树立殡葬职工应有的道德风尚。要抓好职工的业务学习和岗位训练，努力提高职工的技术水平。要通过开展争先创优活动等多种形式，激励广大殡葬行业的服务质量和水平。要赏罚分明。对严重违反操作规程，不讲职业道德，造成不良后果的责任者，必须严肃处理，同时，要追究有关领导的责任。

民政部 公安部 外交部 铁道部 交通部 卫生部 海关总署 民用航空局关于尸体运输管理的若干规定

（民事发〔1993〕2 号   1993 年 3 月 30 日）

各省、自治区、直辖市民政、公安、交通、卫生厅（局），外事办公室及民航部门，各铁路局：

为完善殡葬法规，加强殡葬管理，现对尸体运输作如下规定：

一、对国际间运送尸体实行统一归口管理。今后凡由境内外运或由境外内运尸体和殡仪活动，统一由中国殡葬协会国际运尸网络服务中心和各地殡仪馆负责承办，其他任何部门（包括外国人在中国设立的保险或代理机构）都不得擅自承揽此项业务。

二、在火葬区或土葬改革区的死亡人员，其家属要及时与当地殡葬管理部门联系，由殡葬管理部门按照卫生部、公安部、民政部《关于使用〈出生医学证明书〉、〈死亡医学证明书〉和加强死因统计工作的通知》[卫统发〔1992〕第 1 号文件] 精神，凭卫生、公安部门开具的《居民死亡殡葬证》办理运尸手续，并依据当地殡葬管理有关规定进行火化或土葬。尸体的运送，除特殊情况外，必须由殡仪馆承办，任何单位和个人不得擅自承办。

三、凡属异地死亡者，其尸体原则上就地、就近尽快处理。如有特殊情况确需运往其他地方的，死者家属要向县以上殡葬管理部门提出申请，经同意并出具证明后，由殡仪馆专用车辆运送。

四、各地卫生、公安、铁路、交通、民航等有关部门，要协助民政部门管好尸体运输工作。医疗机构要积极协助殡葬管理部门加强对医院太平间的尸体管理。严禁私自接运尸体。对患有烈性传染病者的尸体要进行检疫，并督促死者家属在 24 小时内报告殡葬管理部门处理。凡无医院死亡证明、无公安派出所注销户口证明、无殡葬管理部门运尸证明，而将尸体运往异地的，铁路、交通和民航部门不予承运，公安部门有权禁止通行。

五、对外国人、海外华侨、港澳台同胞，要求将尸体或骨灰运出境外或运进中国境内安葬者，应由其亲属、所属驻华使领馆或接待单位申报，经死亡当地或原籍或尸体安葬地的省（自治区、直辖市）民政、侨务和外事部门同意后，按卫生部《实施中华人民共和国国境口岸卫生监督办法的若干规定》〔〔1983〕卫防字第5号〕和海关总署《关于对尸体、棺枢和骨灰进出境管理问题的通知》〔〔84〕署行字第540号〕办理尸体、骨灰进出境手续，由中国殡葬协会国际运尸网络服务中心或分设在国内的地方机构承运尸体。

六、各省、自治区、直辖市民政、公安、卫生、交通厅（局）、外事办公室及铁路、海关、民航部门和中国殡葬协会国际运尸网络服务中心，可以根据本规定制定具体实施办法。

民政部关于加强土葬改革区殡仪馆建设问题的通知

（民事函〔1993〕201号　1993年8月13日）

各省、自治区、直辖市民政厅（局）：

1992年民政部制定了《全国土葬改革工作"八五"计划和今后十年规划》，要求在土葬改革区的县城所在地建立土葬殡仪馆，并作出了规划和部署。但从了解的情况看，此项工作进展缓慢，土葬改革区的相当一部分县（市）还没有积极行动起来，乱埋乱葬、大操大办和搞封建迷信活动的情况依然存在。为进一步加强土葬改革，落实《全国土葬改革工作"八五"计划和今后十年规划》特作如下通知：

一、请各地民政部门根据《全国土葬改革工作"八五"计划和今后十年规划》的要求，结合本地实际情况，抓紧制定建馆规划，积极创造条件，认真组织实施。

二、所需基建经费，应根据《国务院关于殡葬管理的暂行规定》第四条的规定，由政府纳入地方财政预算。

三、各地实施规划的情况及经验，望及时报部。

民政部办公厅关于印发《社会福利业发展规划》和《殡仪服务业发展规划》的通知

（民办函〔1993〕202号　1993年8月30日）

各省、自治区、直辖市民政厅（局），各计划单列市民政局：

为了贯彻落实《国务院批转国家计委关于全国第三产业发展规划基本思路的通知》（国发〔1993〕20号）精神，加快发展民政部门第三产业，我部制定了《社会福利业发展规划》和《殡仪服务业发展规划》。现印发各地，供参考。民政三产中其他的事业发展规划，待条件成熟后下发。

民政三产是民政经济的支柱，也是我国第三产业的重要组成部分。请各地民政部门高度重视民政三产工作，及时总结经验，采取切实有力的措施，深化改革，增加资金投入，用好用活国家赋予发展第三产业的优惠政策，加强行业管理工作，促使其既快又好地发展。各地民政部门在发展民政三产过程中有好的做法和经验，请及时报部。

附件一：

社会福利业发展规划

社会福利业是国家和社会为优抚对象、老年人（主要是鳏寡孤独）、残疾人等提供各种生活服务和劳动场所而举办的事业。主要由三部分内容构成：第一部分是社会福利事业单位，包括优抚安置事业和社会收养事业；第二部分是社会福利企业单位（含假肢业单位）；第三部分是国家为优抚对象、现役军人制定的特殊保障措施。

社会福利业不仅是社会保障的一部分，而且也是第三产业的一个组成部分，它具有较强的福利性、服务性、政策性，在我国直接体现着社会主义制度的优越性，关系到国防建设和影响到社会的稳定。

一、改革开放以来社会福利业发展基本情况

我国的社会福利业单位相当一部分是五十年代和六十年代初建立起来的，其中有少数是接收国民党或外国"慈善团体"办的所谓"福利机构"。当时发展社会福利事业的主要任务是为优抚对象提供休（疗）养场所，收养社会上"三无"对象（即无家可归、无依无靠、无生活来源的孤老残幼、精神病人），组织伤残军人、困难户、残疾人开展"生产自救"，褒扬烈士。但是，在"文革"期间，由于极左思潮的影响，社会福利事业的发展受到了严重的阻碍和破坏，带来了一系列社会问题。

党的十一届三中全会以来，社会福利业发展呈现出以下几个特色：

（一）深化社会福利业改革，采取国家、集体、家庭相结合、多途径的方式，在城市实行由封闭型向开放型的方向转变，在农村实行集体福利集体办，推进社会福利社会化，走出了一条中国特色的社会福利事业发展的道路。到一九九二年，社会办收养事业单位所占的比重已从一九七八年的83.8%上升到95.6%；社会办福利企业单位所占的比重已从零上升到86.3%。

（二）社会福利业发展登上了一个新台阶，发挥了社会稳定机制的作用。

1. 优抚安置事业包括优抚卫生事业单位、光荣院、烈士纪念建筑物管理单位、军队离退休干部休养所等单位。一九九二年，优抚安置单位已发展到3531个，工作人员4.5万人；分别比一九七八年增加1.6倍和2.8倍。

2. 社会收养事业包括社会福利院、老人公寓、养老院、敬老院、儿童福利院、精神病院、残疾人康复中心、收容遣送站等事业单位。到一九九二年，社会收养事业单位已达4.3万个，职工16万人，床位83.9万张，分别比一九七八年增加3.8倍、3.6倍和3.1倍。

3. 一九九二年，社会福利企业已达5万个，职工190.9万人（其中残疾职工77.8万人），福利企业生产增加值达278亿元；分别比一九七八年增加56倍、15倍和92倍。

4. 国家、集体、个人三结合的优抚方式已见成效，军地两用人才得到开发使用。一九九二年，抚恤补助各类优抚对象434万人，优待烈军属290万户；几年来，全国累计开发使用军地两用人才280多万人。

（三）社会福利业发展纳入国家第三产业发展规划。一九九二年十一月八日，国务院副总理邹家华在全国加快发展第三产业工作会议上所作的《认真贯彻党的十四大精神加快第三产业的兴起和发展》主题报告中，对于九十年代我国第三产业发展的总体布局作了安排，其中改革和完善社会福利业是建立社会保障体系的重要内容之一。同时，提出了今后社会福利业发展的主要任务和目标。

（四）社会福利业是我国政府鼓励发展的行业之一，并在财政上予以扶持，税收上予以优惠，

促进其发展。

二、我国社会福利事业发展存在的问题和困难

随着我国工业化和城市化迅速发展以及城乡经济体制改革的逐步深入，人口老龄化和家庭小型化趋势日渐明显，社会及群众对社会福利和社区服务的要求越来越迫切。现有社会福利事业的发展与满足广大群众的要求，适应城乡经济体制改革需要还存在着很大差距。

（一）覆盖面小。据统计，全国地市县中没有福利院的还有1500个。乡镇敬老院的覆盖面只有62.9%。优抚休（疗）养院床位可容量只占优抚对象8%。全国县以上城镇中有劳动能力的残疾人就业率只有70%。

（二）企事业单位素质偏低，设备陈旧，技术落后，社会经济效益不高；民政直属福利企业退休职工比例大，负担沉重；一些安置盲人较多的福利企业难以找到合适生产门路，转产难度更大，在市场竞争中缺乏优势。

（三）抚恤、补助、供养标准低。人民生活水平的提高，工资、物价调整后，供养水平与实际要求的矛盾日益突出，优抚对象、收养对象反映很强烈。

（四）国有工业企业职工严重超员，城镇退伍军人安置就业十分困难。

（五）社会福利业发展仍不平衡，东部沿海地区与中、西部地区发展的不平衡明显增大。

造成上述问题的主要原因是：

1. 国家投入少，资金不足，造成了基础设施长期得不到改善，"欠账"较多，抚恤、补助、供给标准偏低。社会福利业发展投资的主体是国家，但我国每年用于城市社会福利业方面的投资：城镇福利5700万元，优抚事业单位4000多万元；事业费拨款占国民生产总值1.1%，不仅低于发达国家水平，而且也低于一些发展中国家。

2. 扶持政策不完善、不落实。如各种社会福利单位开展生产经营，对外营业，采取"以副补院"的办法，但因缺乏相应的扶持保护政策，特别是经费"包干"政策、税收优惠政策，工作很难开展，使得相当一部分的单位仍然处于一种单纯依靠国家拨款维持生存的状态。福利企业原有政策优势逐渐弱化。税收制度的改革，所得税率的降低，使福利企业优惠政策不再明显；财政包干使一些地方对福利企业减免税政策难以兑现；新的出口退税制度使福利企业出口产品不能得到应有的免税照顾；兴办合资合作福利企业不能享受原有的长期减免税照顾，使福利企业引进资金、技术的机制受到严重限制。还有一些地方随意改变或调整国家对社会福利企业的免税优惠政策，从事商业经营的福利企业和厂矿举办的福利企业，还不能享受减免税优惠待遇，致使这些地方缺乏发展社会福利生产的积极性。

3. 管理落后于发展。社会福利业普遍存在人员素质低，基础工作薄弱等问题。管理粗放，不仅弱化了国家优惠政策的优势，而且加剧了社会福利业因先天不足而带来的困难，影响了社会效益和经济效益的正常发挥。

4. 在城镇，企业转换经营机制，用工有了自主权，这与以往采取指令性的手段安置退伍军人办法的矛盾愈来愈突出，使本来存在的安置难的问题进一步加剧。上述问题的存在，已经引起各级民政部门的高度重视。近年来各地在推进社会福利改革中，采取了一些积极的改革措施。但由于问题是长期积累形成的，涉及诸多方面，因而并未从根本上得到解决。

三、社会福利业发展的指导思想、目标与主要任务

根据中共中央、国务院《关于加快发展第三产业的决定》的精神，我国社会福利业发展的指导思想是：加快改革步伐，立足民政，面向社会，采取"国家、集体、个人一齐上"的方针。坚持社会福利社会化的发展方向，在巩固、完善、提高和稳定发展的基础上，进一步形成以国家兴办为骨

干，集体兴办为基础，个人兴办为辅助的覆盖面较广、设备较齐全、生活有保障、卫生的社会福利网络，适应社会主义市场经济发展的需要。"八五"以至"九五"期间，社会福利业生产增加值平均每年以10%的速度增长，其中社会福利企业的增长速度要达到12%以上。福利事业单位要在确保完成国家政策性任务的前提下，充分利用现有设施向社会开放，扩大服务面，开展有偿服务，增强自我发展的能力。扩大社会福利企业安置残疾人就业的能力。国家和社会依法保障优抚对象不低于人民群众一般生活水平，妥善安置复退军人和军队离退休干部。为实现上述目标，要重点抓好以下四个方面的工作：

（一）社会福利事业单位的改造、提高、开放与发展。

改造：计划在五年内要基本完成对城乡各种福利院、优抚休（疗）养院的危房改造任务；对大中城市各种福利院、优抚休（疗）养院的医疗康复设备进行更新换代，以增强其康复医疗能力，为扩大对外开放创造条件。

提高：要把各种社会福利院真正办成社会主义精神文明建设的阵地和反映社会主义制度优越性的窗口，扩大功能，开展上等级、上水平的管理活动，提高服务质量。优抚休（疗）养院、干休所要走内涵发展的道路，本着"自我积累，自我发展，自我约束，自我完善"的原则，加强科学管理，不断提高效益。力争在"八五"期间，有三分之一的优抚医院达到当地同级医院的水平。

开放：各种社会福利院、优抚休（疗）养院、干休所要解放思想，加快改革步伐，努力增加对外有偿服务项目，解决群众迫切需要解决的一些社会服务问题。并应用经济手段，积极参与解决、减轻企业办社会、企业办福利的包袱，为企业转换机制创造一个良好的环境。同时搞好院办经济，走"以副补院"的道路。有条件的各种社会福利院、优抚休（疗）养院、干休所应转换机制，向经营型转变。

发展：本着国家、集体、个人一起上的原则，国家应适当再发展一批各种社会福利院、优抚休（疗）养院、干休所。农村要依靠集体的力量，国家给予一定补助，进一步推进乡镇和村的敬老院建设。到一九九五年，80%的地区实现乡乡镇镇有敬老院。城镇，要依靠街道有计划地建立一批小型分散、形式多样的基层社会福利单位，推进社会福利业社会化。采取敬老院内设光荣间的办法，解决孤老优抚对象的收养问题。

（二）大力发展社会福利企业。社会福利企业要适应社会主义市场经济的要求，以加强管理为手段，以技术进步为先导，加快调整产品、产业结构的步伐，提高企业的整体素质，进一步拓宽安置残疾人劳动就业的渠道。到一九九五年，城乡社会福利企业生产增加值要达400亿元，其中民政部门直属福利企业为60亿元，福利企业残疾人就业人数达95万人。

（三）优抚工作应继续完善国家、集体、群众三结合的优抚体制，大力开展"双拥"活动，并使之制度化、法制化、规范化。要依法随着国民经济的发展和人民生活水平的提高，调整优抚对象的抚恤、补助标准。

（四）农村退伍军人的安置要继续走开发使用军地两用人才的道路，发挥他们的特长，使其有用武之地。城镇退伍军人的安置工作，应支持国营工业企业转换经营机制，先培训，后上岗，并向第三产业转移，可重点安置在公安、保安、金融、邮电、商业、贸易、旅游服务等行业。

四、政策与措施

我国正处在社会主义初级阶段，人口多、底子薄、经济落后，一方面要保证经济发展，另一方面要考虑人们对社会福利的需求。因此，发展社会福利业必须坚持两条腿走路的方针，即在国家适当投入和政策扶持下，充分调动起社会各方面的力量，以启动社会福利业的内在活力，使之保持与社会经济发展大体平衡，起到稳定社会的作用。

（一）将社会福利业的发展纳入地方国民经济和社会发展计划。对于社会福利业的建设，地方各级政府应按照中共中央、国务院加快发展第三产业的精神，予以支持，安排基本建设投资。将各种社会福利事业单位危旧房的改造纳入城乡建设规划，并拨出专款，划出专项建筑指标，加以解决。危房改造和医疗设施改善的资金实行多渠道筹集，采取中央拿一点、地方拿一点、社会福利有奖募捐拿一点、社会集资一点、单位自己出一点的办法。

（二）加快社会福利业技术改造的步伐。各种社会福利事业单位要借助外部力量，依靠自身的创收，进行设施改造，为其对外开放创造条件，提高社会经济效益，促进社会福利事业现代化。社会福利企业的技术改造要促进企业产品结构调整。产品结构的调整要以市场需求为导向，在国家允许免税的、适合残疾人生产特点的高技术、高附加值、高创汇、高效益和节能低耗的产品上下功夫。对生产国家限制发展和禁止免税产品的福利企业，要帮助他们积极创造条件，早日实现转产。民政直属社会福利企业要以技术改造为主，集中精力开发一批拳头产品。老、少、边、穷地区的社会福利企业，要充分发挥地方资源丰富的优势，开发具有民族特色、地方特色的项目和产品。

（三）随着各地财政收入的增加而加大对民政事业发展的投入，适当提高优抚对象的抚恤、补助标准和福利院收养人员的生活标准，确保优抚对象的生活水平能随着我国经济的发展和人民生活水平的提高以及物价上涨而同步提高，保持收养人员的实际生活水平不低于当地人民一般生活水平。

（四）完善扶持政策，促进社会福利业社会化。发展社会福利业要本着谁投资、谁受益的原则，广泛动员社会力量，鼓励社会各界和个人独资、合资兴办社会福利业，形成国家、集体、个人多渠道多层次兴办社会福利业的新格局。欢迎港澳台同胞和国外友好人士、政府、团体在中国兴办社会福利业。凡是民政部门社会福利业享受的各种优惠政策，社会兴办的均可参照执行。

社会福利社会化，需要贯彻执行《国务院批转国家计委关于全国第三产业发展规划基本思路的通知》（国发〔1993〕20号）的精神，争取有关部门从政策上予以扶持。各级财政部门应支持社会福利事业单位的创收活动，在经费包干中不予冲减基数，促进其转换经营机制。各级民政部门和国有社会福利企事业单位在明确资产所有权性质的前提下，可以用国有资产以有偿使用方式，包括参股、控股、租赁等方式扶持开办第三产业。新办社会福利单位经营初期确有困难的，扶持单位可在一定期限内酌情给予减免分红、租赁、资产占用费等优惠，或将这些产权收益低息贷（借）给所办社会福利单位，分期偿还。税收政策应对社会福利发展给予扶持。免税部分用于发展社会福利事业。工商管理部门要简化社会福利业登记审查程序。除国家另有规定者外，社会福利业价格和收费标准放开，实行市场调节。要对社会上向社会福利业不合理收费进行清理，减轻社会福利业单位的负担。

同时，长期稳定地坚决执行对福利企业的各项扶持保护政策，并根据新的经济形势和地方实际情况，调整和制定相应的政策和措施。制定鼓励福利企业与外商合资合作的优惠政策，适当调低福利企业安置残疾人的比例，逐渐确定某些产品由福利企业生产。

（五）建立充满生机和活力的社会福利业自我发展机制。要按照政企、政事分开和把企业推向市场的原则，推行集团化经营，逐步实现社会福利业大多数单位由福利型和事业型向经营型转变。社会福利企业，要全面推向市场，实行企业化经营，并落实《全民所有制工业企业转换经营机制条例》规定的各项权利和义务。优抚安置事业和社会收养单位，根据具体情况，分别实行全额预算、差额预算和自收自支管理，有条件的单位可实行企业化管理。同时，创造条件不断扩大企业管理经营部分。赋予社会福利单位经营、用工、分配自主权。除国家规定需要特许和专项审批的行业及产品外，社会福利单位可以突破行业界限，根据市场需要，自主选择经营范围和经营方式。社会福利中的小型国有企业，可以向集体、个人出租或出售。

（六）加强行业管理，促进社会福利产业化。各级民政部门要转变原有的部门管理观念，对社会福利业实行行业管理，以促进其提高服务质量，提高社会经济效益，形成整体力量，确保国家产业结构的优化。要制定社会福利行业标准，建立社会福利证和年检制度，履行对社会福利单位经营性的监管职责。国家对社会福利业的各项优惠政策，各有关部门凭当地民政部门颁发的社会福利业证，落实相应的优惠政策。

（七）加强立法工作。社会福利业的发展最终要走法制化的道路。"八五"期间，一方面要认真贯彻已出台的《军人抚恤优待条例》、《退伍义务兵安置条例》、《五保工作条例》、《关于军队干部离职休养的暂行规定》、《关于现役军官退休处理的暂行规定》等项法规，组织实施《社会福利事业单位的等级管理标准》；另一方面，在搞好调查研究的基础上，起草制定《退伍军人安置法》、《军队退休干部安置条例》、《农村敬老院管理办法》、《优抚事业单位管理办法》等一系列行政法规，立法确立国家和社会安置就业退伍军人优先的原则和优抚对象最低生活保障线，把社会福利业的发展逐步纳入法制化的管理轨道。

附件二：

殡仪服务业发展规划

殡仪服务业是社会公用事业的重要组成部分，是第三产业中不可忽视的重要内容。殡仪服务业不仅关系着精神文明建设和国有资源的保护与合理利用，而且关系到国家的建设和社会的进步。

一、我国殡仪服务业发展的现状

新中国建立后，随着社会主义建设的发展，在改造旧行业的基础上，殡仪服务业有了较快的发展，大致经历了三个阶段：从一九五六年毛泽东等老一辈无产阶级革命家倡导火葬至一九六五年为创建阶段，主要任务是布点建馆，先后有 75 个市和 12 个县建立了近百个火葬场或殡仪馆。从一九六六年至一九七八年为发展阶段，在建馆的同时，殡仪服务的辐射面逐步从城市扩大到农村，从城镇居民扩大到农民。到一九七八年，全国共建立了 1100 多个火葬场或殡仪馆。从一九七九年至今为提高、完善阶段。在党的改革开放政策的指引下，殡仪服务业由行政管理型向经营服务型转化，出现了全面发展好势头：

在服务设施方面，增加了 300 多个火葬场和殡仪服务站，300 多个经营性公墓。截至一九九二年底，全国共有国有殡仪事业单位 1376 个，其中火葬场 1239 个，殡仪馆 49 个，经营性公墓 88 个；全民和集体联办的丧葬用品制售厂（店）数千家。仅国有殡仪单位固定资产原值达 8 亿多元，比一九七八年增加了 4 倍。

殡仪服务业的改革和发展，初步扭转了我国殡仪服务落后的局面，为促进社会主义精神文明和物质文明建设作出了贡献。

二、殡仪服务业中的制约因素

我国殡仪服务虽然有了较快的发展，但总体上仍滞后于社会的发展，满足不了客观实际的需要，其主要表现在：

（一）起步晚、起点低、基础设施差、设备陈旧落后。目前我国的火葬场（馆）大部分是六、七十年代因陋就简建成的，场地狭小，房屋破旧，设施不配套，设备落后，给更新改造带来很大的困难。目前全国拥有 2851 台火化炉，其中绝大部分是仿制国外三十年代技术产品，即仿捷炉或自制的土炉。这些火化炉耗能高，而且严重影响了殡仪职工的身体健康。由于火化机污染问题没有解决，已威胁着殡仪馆在城市的生存。

（二）殡仪服务设施少，服务范围窄。我国每年死亡近 700 多万人，但目前全国仅有 1288 个火葬场和殡仪馆，远远不能适应广大群众办丧事的需要。而美国每年死亡 160 多万人，却有殡仪馆 22000 多个，还有数以万计的公墓。日本每年死亡 70 万人口，全国有 3000 多个火葬场。迄今，我国仍有 15% 的市和 60% 的县既无火葬场、殡仪馆，也无公墓。特别是占全国总人口 40%、国土面积 60% 的土葬改革区，土葬殡仪服务设施更是少得可怜，有些地方处于空白。这不仅给群众办丧事带来了很大困难，也影响了当地的殡葬改革工作顺利开展。此外，目前拥有殡仪服务设施的市、县因网点少（一般只有一处），服务项目少，服务面窄，致使相当一部分群众办丧事难的问题也长期得不到解决。例如拥有近 800 万人口的上海市，只有 2 个殡仪馆，年火化量达 42000 多具，单馆火化遗体量大，不仅是全国之冠，也是世界之最，殡仪馆每天接待上万人次，长期处于超负荷运转状况。

（三）服务和管理水平低，经济效益差。长期以来，殡仪服务作为一项社会福利事业兴办，只重社会效益，不重经济效益，因而造成殡仪服务单位的补贴达 9729 万元，平均每火化一具遗体补贴 47 元。

造成上述问题的主要原因是：

（一）发展资金严重不足。一方面国家投入资金少。财政分灶吃后，中央财政对殡仪服务业分文不给，使主管殡葬部门没有发展事业的调控手段；而地方各级政府中又有相当一部分领导对殡仪服务业缺乏认识，重视不够，仿效中央财政，殡仪服务业的发展资金排不上队，挂不上号。以一九八九年为例，各地要求投入的资金为 5000 万元，而实际到位资金为 1540 万元，其中地方政府投入 591 万元，资金缺口很大。另一方面，由于殡仪服务行业的特殊性，长期以来独家经营，排斥全民所有制以外的经济成分，没有充分调动集体和社会各方面的力量，资金来源渠道窄，聚财办法少，使殡仪服务业资金不足的矛盾更加尖锐和突出。

（二）管理体制不适应。大多数地方实行的是殡葬管理所和殡仪馆政事、政企合一的体制，即两块牌子，一套人马，使殡葬管理所往往陷入殡仪馆的经营具体事务中，忽视面上的殡葬改革工作和社会上丧葬用品的管理。这种体制既不利于管理又不利于经营，影响了我国殡仪服务业的发展。

（三）价格体系不合理。我国殡仪服务收费标准没有遵循价值规律，服务价格一直很低，且所有的项目均由物价部门定价。改革开放后，收支倒挂的矛盾有所缓解，但运尸、火化、骨灰寄存三大支柱服务项目仍然亏损严重，落实不了国家规定的"保本微利"的经营方针。目前，火化一具尸体全国平均定价 20 元，仅够所耗平价柴油的开销（目前全国火化用油有三分之二是议价柴油）；运尸用车定价一公里 0.6 元，仅是平价汽油的开销，不足出租汽车收费的三分之一；骨灰寄存一年收费 3 元，平均每天不到一分钱，只有自行车存车费的五分之一。定价不合理和实行物价指令性计划管理，严重制约我国殡仪服务业的发展，形成了火化遗体越多，赔得越多的局面。

（四）殡仪职工素质低。受封建传统和世俗偏见的影响，社会上有相当一部分人歧视殡仪服务业，瞧不起殡仪职工。加之，殡仪服务工作条件差，劳动艰苦，环境压抑，造成殡仪职工队伍青黄不接，特别缺乏懂技术、会管理、善经营的人才。据统计，目前全国 2 万多名殡仪服务单位职工中，小学以下文化程度的占三分之一。

三、殡仪服务业发展的战略目标和任务

殡仪服务业发展的基本思路是：通过改革和发展，建立起适应社会主义市场经济发展要求的、现代化的殡仪服务管理体系和服务网络，为全社会提供文明、优质、高效的丧葬服务，满足群众不断增长的丧葬消费需求。其目标和任务是：

目标（1991—1995 年）

完善和扩大殡仪服务体系，提高殡仪服务水平；初步建立起经济和社会效益并重的运行机制，

进一步减少亏损；提高殡葬设备和丧葬用品的生产水平，加强行业管理。

任务（1991—1995年）

兴建土葬服务设施：殡仪馆（土葬区）增加200个，每年增加40个；经营性遗体公墓增加300个，每年增加60个。

完善火葬服务体系：殡仪馆或火葬场五年增加25个，每年增加5个；殡仪服务站五年增加100个，每年增加20个；经营性骨灰公墓五年增加300个，每年增加60个；骨灰寄存处（楼、堂、墙、塔）五年增加200个，每年增加40个；五年更新改造现有火葬场或殡仪馆150个，每年改造30个，使全国10%的殡仪馆达到等级馆水平。

促进殡葬设备更新换代：生产新一代高性能，无污染的火化炉和殡仪车；开发造型新颖、工艺精湛、文明健康的丧葬用品；扶持一批技术先进、管理有方的殡葬设备专业厂；限制质次价高、封建迷信的丧葬用品生产和销售。

提高经济效益：大中城市殡仪馆、公墓实行事业单位企业化管理，大力发展第三产业，实现自我积累、自我改造、自我发展的良性循环；力争80%的殡仪馆有盈利。

四、政策措施

（一）充分发挥国家、集体和个人方面的积极性，实行殡仪服务社会化，多渠道筹集资金，促进殡仪服务业的发展。发展殡仪服务业，应在加强宏观控制的前提下，对殡仪服务业内部的不同行业，实行区别对待、分类指导的原则：即火化遗体因涉及社会治安，应由民政部门专营；殡仪馆和公墓提倡国家和集体联办联营；丧葬用品允许集体经营，限制个人经营。为此，一方面，国家要继续对殡仪服务业予以扶持，把殡仪服务业发展纳入各地国民经济和社会发展规划，并作为城市公用事业的一项内容加以统筹建设规划。地方各级政府在基本建设、技术改造、物资分配上对殡仪服务业应继续予以倾斜和优惠。另一方面，最大限度地调动和发挥社会力量，拓宽资金来源渠道，吸收社会资金和外资兴办殡仪服务业。

（二）改革殡仪服务业管理体制，增强殡仪事业单位的活力。一是实行政事、政企分开。各级民政部门及殡葬管理所，是政府管理殡仪服务业的行政部门，它的主要任务是，推行殡葬改革，对殡仪服务业实行行业管理。殡仪馆、火化场、公墓、丧葬用品厂（店）属于第三产业，应实行自主经营，独立核算。二是强化馆长、经理的经营自主权。他们有权在遵守国家法律、法规的前提下，确定单位内部机构配置及其人员编制；确定适合本单位情况的工资和奖金分配形式；合理使用自有资金；开展横向联合。当前，应进一步完善全员承包经营责任制，加强科学管理，在单位内部分配上克服平均主义，真正做到多劳多得、奖优罚劣，调动职工的积极性。认真开展双增双节活动，提高效率，提高服务水平。

（三）加快殡仪服务业的价格管理改革步伐。一是要下放殡仪服务项目的定价权。今后，凡需由国家管理的殡仪服务项目，不再由省级统一定价，而由县、市物价部门商同级民政部门制定。二是殡仪服务的定价原则，必须遵循当地服务行业的定价原则（平均利润率），照章收费，使殡仪服务业能够通过自我积累，达到自我改造、自我发展的目的。三是赋予殡仪服务单位部分服务项目定价权。对特殊整容、火化、防腐以及殡仪、安葬方面特殊要求，允许价格面议。四是殡仪单位的价格，可在一定范围内浮动。

（四）拓宽殡仪服务领域。积极开拓殡仪服务领域，增加服务项目，是殡仪服务业落实党中央、国务院大力发展第三产业的具体体现，以更好地服务于国家经济建设和改变自身面貌，利国利民。鉴于目前殡仪服务业底子薄，亏损多，又属社会福利事业的实际情况，税务部门对殡仪服务的收入应继续免征营业税和所得税，以减轻国家财政对殡仪服务业补贴的负担。

（五）促进技术进步，加速培养人才。殡仪服务业要振兴，必须走依靠技术进步的道路，应用现代科学技术改造殡仪服务业。首先，要大力扶持先进的殡葬设备，尤其是火化机、殡仪车、防腐、整容、冷藏设备的科研和生产，使之达到一定的生产规模，形成专业化、系列化。其次，要加强标准化工作，"八五"期间应制定出燃煤、燃油、燃气火化机的国家标准；各种辅助设备、骨灰盒等丧葬用品的行业标准也应加快制定。第三，加快培养人才。从长远看应建立若干殡葬技术院校。目前，主要从培训入手，大力培养经营管理以及火化、防腐、整容等方面的人才。要建立起符合殡仪行业特点的工人技术等级和专业技术职称系列，逐步培养和造就一支能够适应现代殡仪服务发展需要的专业技术和经营管理队伍。进一步采取措施，提高殡仪职工的地位，落实特殊行业的特殊待遇。

（六）依法加强行业管理。为适应殡仪服务业改革开放的新形势，必须依法加强行业管理。"八五"期间，要制定《殡葬管理条例》、《殡仪服务管理条例》、《丧葬用品管理办法》等法规。在当前各行各业都在发展第三产业的形势下，为使殡仪服务业健康发展，拟商国家工商管理部门解决兴办经营性公墓、生产和销售丧葬用品的归口管理问题，建立由民政部门审批制度。充分发挥行业协会的作用，通过行业协会，在政府和殡仪服务单位之间架起桥梁和纽带。

（七）深化殡葬改革。殡葬改革是改革殡仪服务的前提。殡葬改革搞不好，殡仪服务就不可能发展。各地要进一步加强这一工作，把它作为精神文明建设的一项内容，组织各有关方面，齐抓共管，综合治理，使火葬区火化率逐年提高，土葬区实行遗体埋葬公墓化，殡仪服务逐步社会化。同时，发挥基层红白事理事会一类群众自治组织的作用，大力发展乡间殡仪服务。

民政部　国家计划委员会　对外贸易经济合作部
关于严格控制吸收外资兴建殡葬服务设施的通知

（民事发〔1995〕6 号　1995 年 2 月 6 日）

各省、自治区、直辖市人民政府：

近年来，有的地方民政部门主管的殡葬事业单位吸收外资合资兴建了一些殡葬服务设施。这些设施的兴建，为满足海外华侨和港、澳、台同胞叶落归根、回国安葬的夙愿，缓解骨灰存放的紧张状况，加快我国殡葬事业的发展起到了积极的作用，但是，一些非殡葬管理部门和单位以营利为目的，未经批准，擅自与外商合资兴建经营性公墓。这些公墓有的占用大量耕地，有的建在林区，有的建在旅游风景区，有的甚至建在城区。这种盲目乱修乱建合资公墓的做法，违背了国务院颁布的《关于殡葬管理的暂行规定》（国发〔1985〕18 号）中"民政部门负责管理殡葬工作"的规定和1988 年 4 月国务院批准民政部《关于加强公墓管理的报告》（〔1988〕民字 15 号）中"经营性公墓是殡葬服务的一项设施，应由殡葬管理部门直接兴办"的规定以及 1992 年 8 月民政部下发的《公墓管理暂行办法》关于吸收外资兴办经营性公墓必须经民政部批准的规定，严重干扰和破坏了殡葬改革的正常进行，对国家的土地管理和城市建设十分不利，在社会上造成了不良影响。

针对上述问题，民政部先后发出了《关于兴建中外合资公墓有关问题的通知》（民事函〔1992〕370 号）和《关于当前兴办经营性公墓中值得注意的问题的通知》（民事函〔1993〕9 号），强调吸收外资兴办公墓等殡葬服务设施，必须统一规划，由民政部审批。

我国人多地少，必须珍惜每一寸土地资源，兴建经营性公墓只是现阶段处理骨灰（遗体）的一种措施，从长远看，这种利用公墓处理骨灰（遗体）的方式必将被更加文明、进步、科学的方式所代替。因此，吸收外资兴建经营性公墓，应从实际出发，合理规划，严格限制。鉴于当前在吸收外资兴建经营性公墓等殡葬服务设施中出现的问题，为确保殡葬事业健康发展，经国务院领导批准，现就有关问题通知如下：

一、殡葬服务业属特殊行业，一般不鼓励外商投资，因特殊需要设立此类项目，要严格控制。

二、各省、自治区、直辖市人民政府应按照民政部《关于兴办中外合资公墓有关问题的通知》精神，认真制定切实可行的殡葬事业长远发展规划，统一考虑吸收外资兴建公墓等殡葬服务设施。

三、民政部是殡葬服务行业的主管部门。吸收外资兴办殡葬服务设施，属于国家规定限额以下的项目，应由民政部审批项目建议书和可行性研究报告；申办单位要向民政部报送项目建议书和可行性研究报告及土地管理和城建部门的审查意见；民政部批准项目建议书和可行性研究报告后，抄送国家计委备案。限额以上项目，按现行规定报国家计委审批。经民政部或国家计委批准项目建议书和可行性报告的项目，均由对外贸易经济合作部审批合同和章程，其他任何部门和单位均不得擅自审批。

四、对已设立的未经民政部或国家计委批准的殡葬行业外商投资项目，一律按本通知第三条规定重新审批。

民政部关于贯彻执行《殡葬管理条例》中几个具体问题的解释

（民事发〔1998〕10 号　1998 年 9 月 16 日）

各省、自治区、直辖市民政厅（局）：

《殡葬管理条例》（中华人民共和国国务院令第 225 号）（以下简称《条例》）已于 1997 年 7 月起施行。现根据《国务院办公厅关于行政法规解释权限和程序问题的通知》（国办发〔1993〕12 号）精神，对贯彻执行中的几个具体问题作如下解释：

一、关于不得擅自兴建殡葬设施问题

《条例》第二章第九条第一款规定："任何单位和个人未经批准，不得擅自兴建殡葬设施。"这一规定是指：兴建冠以殡仪馆、火葬场、骨灰堂、公墓、殡仪服务站等名称的单位，必须经民政部门审批；不直接冠以殡葬设施名称但从事殡葬服务项目的，该项目也必须经民政部门审批。

二、关于骨灰堂性质问题

《条例》中所称"骨灰堂"，是指乡村公益性骨灰存放设施，而骨灰塔陵园等设施属公墓范畴，应纳入公墓的管理，严格控制其发展。

三、关于公墓审批问题

按照《条例》第二章第七条规定和《国务院办公厅转发民政部关于进一步加强公墓管理意见的通知》（以下简称《通知》）要求，各地要制定公墓建设规划，经省、自治区、直辖市人民政府审批后，报民政部备案。在民政部同意前，暂停批建新公墓（含骨灰塔陵园等设施）。在民政部同

意备案后，按照《条例》第二章第八条规定的审批权限和公墓规划审批。

四、关于公墓墓穴占地面积和使用年限问题

《条例》第二章第十一条规定："严格限制公墓墓穴占地面积和使用年限。"这一规定是指：按《通知》要求，埋葬骨灰的单人、双人合葬墓占地面积不得超过 1 平方米，埋葬遗体的单人墓占地面积不得超过 4 平方米，双人合葬墓不得超过 6 平方米；墓穴（含骨灰堂骨灰存放格位）原则上以20 年为一个使用周期。

五、关于强制执行范围问题

《条例》第五章第二十条规定："将应火化的遗体土葬或者在公墓和农村公益性墓地以外的其他地方埋葬遗体、建造坟墓的，由民政部门责令限期改正；拒不改正的，可以强制执行。"这一规定是指：（一）在火葬区将应当火化的遗体进行土葬的；（二）在火葬区的公墓和公益性墓地以外埋葬骨灰并修建坟墓的；（三）在土葬改革区公墓和公益性墓地以外埋葬遗体并修建坟墓的。对于上述行为，由民政部门责令限期改正；拒不改正的，可以强制执行。

民政部 海关总署 国家出入境检验检疫局
关于遗体运输入出境事宜有关问题的通知

（民事发〔1998〕11 号　1998 年 9 月 22 日）

各省、自治区、直辖市民政厅（局）、广东分署，各直属海关、各直属卫生检疫局：

随着我国对外开放以及国际交往的日益扩大，来华经商、旅游的人越来越多。在我国境内因各种原因死亡和海外华人遗体、骸骨、骨灰回国安置的数量也呈逐年上升的趋势。为进一步贯彻落实《民政部、公安部、外交部、铁道部、交通部、卫生部、海关总署、民用航空局关于尸体运输管理的若干规定》（民事发〔1993〕2 号），切实做好涉外殡仪服务工作，加强国际间遗体运输管理，现对国际运尸业务中《尸体/棺柩/骸骨/骨灰入/出境许可证》的申报手续及有关申报材料的内容和式样作如下规定：

一、对外国人、华侨、港澳台同胞要求将遗体、骸骨或骨灰运出境外或运回中国境内安葬者，除按《民政部、公安部、外交部、铁道部、交通部、卫生部、海关总署、民用航空局关于尸体运输管理的若干规定》的规定办理运尸手续外，承运人还必须持有中国殡葬协会国际运尸网络服务中心发放的《遗体入/出境防腐证明》、《尸体/棺柩/骸骨/骨灰入/出境入殓证明》和《尸体/棺柩/骸骨/骨灰入/出境卫生监管申报单》才能办理国际运尸业务。

二、承运人必须持有上述证明到口岸出入境检验检疫机关进行入出境申报。口岸出入境检验检疫机关工作人员对申报资料进行认真核查，并对承运物进行卫生监管后，合格者方可签发《尸体/棺柩/骸骨/骨灰入/出境许可证》。海关根据有关规定验凭上述许可证放行。

三、为保证国际运尸业务的统一管理和正常进行，承运人要严格按规定、按程序填写《遗体入/出境防腐证明》、《尸体/棺柩/骸骨/骨灰入/出境入殓证明》及《尸体/棺柩/骸骨/骨灰入/出境卫生监管申报单》，不得将以上证明交给非承运单位和个人。对违反者要严肃查处，并由其承担一

切法律责任。

四、《遗体入/出境防腐证明》、《尸体/棺柩/骸骨/骨灰入/出境入殓证明》和《尸体/棺柩/骸骨/骨灰入/出境卫生监管申报单》由中国殡葬协会负责印制并发放，式样附后。

本规定自一九九九年一月一日起执行。

民政部 国务院侨务办公室 国务院港澳办公室 国务院台湾事务办公室 国家民族事务委员会 国家文物局关于特殊坟墓处理问题的通知

（民发〔2000〕93号　2000年4月17日）

各省、自治区、直辖市民政厅（局）、侨办、港澳办、台办、民（宗）委（厅、局）、文物局：

经研究决定，现就有关特殊坟墓处理问题通知如下：

一、对国务院《殡葬管理条例》第十条第一款规定区域内现有的革命烈士墓、知名人士墓和古墓葬，凡是被列入国家级、省级、市（县）级重点烈士纪念建筑物保护单位和文物保护单位的，应就地做好原墓地的保护和管理工作。未被列入重点而散葬的烈士墓，经报请当地同级人民政府批准后，可将遗骨火化，将骨灰安放或安葬在当地的烈士陵园或公墓；未列入文物保护单位的知名人士墓迁入当地公墓；已普查登记的古墓葬应予保留并加以保护，平整坟墓过程中，如发现文物应立即报告当地文物行政管理部门，按照国家保护文物的有关法规妥善处理。

二、对国务院《殡葬管理条例》第十条第一款规定区域内散葬的回民墓地，原则上迁入当地的回民公墓。如没有回民公墓，当地民族工作部门要协调建立回民公墓，在回民公墓未建立前，按国务院《殡葬管理条例》第十条第二款规定办理。

三、对国务院《殡葬管理条例》第十条第一款规定区域内现有的华侨和港澳台同胞墓地，原则上迁入当地的公墓（包括华侨公墓）。对一些重要的知名爱国人士、台湾重要上层人士的坟墓以及重点侨务工作对象的祖墓，原则上予以保留，具体对象宜从严把握，必须由省侨办和主管港澳事务的部门（对华侨及港澳同胞）、省台办和统战部门（对台胞）提出名单，报省、自治区、直辖市人民政府批准。对被保留的坟墓，1985年2月8日国务院《关于殡葬管理的暂行规定》发布后建造和修复的，超出面积、扩大规模的部分要予以清理。

四、华侨、外籍华人和港澳台同胞的范围要严格掌握，由省级有关主管部门管理认定。处理上述问题时，华侨、外籍华人、港澳台同胞的配偶、父母、祖父母等直系亲属可参照对华侨、外籍华人、港澳台同胞的政策处理。

民政部办公厅对《殡葬管理条例》
第八条第一款规定的解释

（民办函〔2001〕122号　2001年7月23日）

贵州省民政厅：

你厅《关于解释〈殡葬管理条例〉第八条第一款的请示》（黔民呈〔2001〕34号）收悉。经研究，答复如下：

根据国家宪法关于中华人民共和国行政区域划分的规定：县、不设区的市、市辖区都属于县级建制。因此，《殡葬管理条例》第八条第一款中的"县级人民政府和设区的市、自治州人民政府的民政部门"是指：县级（包括县、不设区的市、市辖区）人民政府的民政部门、设区的市人民政府的民政部门、自治州人民政府的民政部门。

《殡葬管理条例》第七条列举的殡仪馆、火葬场、骨灰堂、公墓、殡仪服务站等殡葬设施，其中殡仪馆与殡仪服务站的主要区别是：除了土葬区的殡仪馆，火葬区的殡仪馆一般都有火葬设施，且建设规模较大、服务功能和服务项目齐全；没有火葬设施的殡仪服务网点一般称殡仪服务站。

服务范围主要覆盖本县（包括不设区的市、市辖区）区域的殡仪服务站，由所在地县级人民政府的民政部门审批；服务范围跨越两个或两个以上的县（包括不设区的市、市辖区）的殡仪服务站，由设区的市、自治州人民政府的民政部门审批。殡仪服务站建成后，可以为相邻地区的群众提供殡仪服务。

在具体执行过程中，你厅应本着有利于推行殡葬改革、方便群众办丧事的原则，对本行政区域殡葬设施的数量、布局做出规划，对殡葬设施建设的依法审批工作给予指导。

民政部关于进一步加强公墓管理的紧急通知

（民电〔2001〕185号　2001年12月21日）

各省、自治区、直辖市民政厅（局）：

近几年来，违规销售公墓穴位特别是骨灰存放格位的问题，在一些地方一直存在，严重的地方，已经引发群众大规模上访和闹事。继江苏、广东、四川出现这种情况之后，最近河北也发生同样问题，不满群众连续大规模聚集民政部和北京其他党政机关上访。从各地情况看，这种现象并未从根本上扼制，甚至有可能产生连锁反应，引起更大范围的混乱。

为规范公墓经营活动，民政部早在1997年12月1日就下发过《关于禁止利用骨灰存放设施进行不正当营销活动的通知》（民电〔1997〕231号）。1998年5月12日民政部又发出《关于进一步查禁利用骨灰存放设施进行不正当营销活动的通知》（民电〔1998〕第102号）。1998年5月19日，国务院办公厅还下发了《转发民政部关于进一步加强公墓管理意见的通知》（国办发〔1998〕25号）。为贯彻这一通知，民政部又于1998年6月18日发出《关于贯彻落实进一步加强公墓管理的通知》（民事函〔1998〕132号），这几个通知，不仅对制止公墓违规经营作出了具体规定，而且对清理整顿公墓提出了具体要求。但从实际结果看，这些规定和要求没有得到认真贯彻执行，公墓违规经营问题依然存在，有的地方甚至任其蔓延。其结果，既损害人民群众的利益，也败坏民政部门"上为中央分忧，下为群众解愁"的良好形象。为尽快制止公墓违规行为，加强管理，避免事态扩大，特紧急通知如下：

一、国务院和民政部关于整顿和规范公墓经营活动的规定和要求，各地要继续认真贯彻执行。目前应特别强调和重申以下规定：骨灰存放设施不是一般商品，要凭用户出具的火化证明和死亡证明办理购买和使用手续，公墓不得预售、传销和炒买炒卖，购买者不得私自转让、买卖。公墓要合理确定墓穴和骨灰格位的价格，明确标价，使用规范的安葬和安放凭证，保护群众正当权益。对利用墓穴和骨灰格位进行传销、炒卖等不正当营销活动的，要采取有力措施坚决制止，并依据相应规定予以处罚。各公墓单位不得跨省设立销售机构，有特殊情况确需跨省销售的，必须经公墓所在地和销售机构设在地的两个省级民政部门批准，接受销售机构设在地民政部门的管理。所有销售活动，必须严格禁止和坚决打击蒙骗、欺诈群众的行为。

二、民政部已经决定，停止中外合营公墓的受理和审批。省级民政部门也应暂时停止一切经营性公墓的批建。

三、各级民政部门要按照"属地管理"的原则，主动协同公安、工商、土地管理等有关部门，集中一定的时间，统一部署，周密组织，对本区域内所有公墓的经营活动，进行一次普遍清理和检查，清理检查的重点是中外合营公墓和内资合作公墓。要采取审计财务账目，进行实地实物调查的方式，尽快摸清公墓经营底数。各地清理的结果，以省、区、市为单位汇总，于明年2月底前报民政部。

四、对清理检查中发现的问题应区别不同情况，采取果断措施，坚决纠正和制止。对仍在进行违规销售的，应立即勒令停止，凡存在不实宣传、未能严格凭死亡证或火化证销售墓穴和骨灰存放格位等现象的经营性公墓，要责令停业整顿，限期改正，经验收合格后，重新履行开业审批手续。对违反规定，对外出售墓穴和骨灰格位的公益性公墓，要责令停止营销活动，已售墓穴和骨灰格位按非法转让处理，没收所得。凡是因炒买炒卖、诱骗群众而引发群众性上访闹事的，民政部门要及时报告当地政府领导，通报有关部门，组成政府处理协调机构，采取财产保全等必要的司法措施，制定妥善的处理方案，做好处理工作。

五、要结合国家整顿和规范市场经营秩序的大环境，教育群众增强自我保护意识，维护合法权益，各地要在明年清明节前后，组织一次以"殡葬法规、殡葬服务进社区"为专题的宣传活动，帮助群众了解墓地和骨灰存放格位的使用规定，引导群众正确参与殡葬改革。接此通知后，请各地转发到县、市民政局。

民政部关于清明节期间广泛开展
殡葬法规宣传活动的通知

（民发〔2002〕41号）

各省、自治区、直辖市民政厅（局）：

清明节是我国人民悼念故人的传统节日，也是集中宣传殡葬法规、倡导殡葬改革，引导群众移风易俗、文明进行祭祀活动并自觉依法规范殡葬行为的有利时机。各地要在今年清明节期间，以"殡葬法规、殡葬服务进社区"为专题，广泛开展宣传活动，使殡葬管理的法规和政策深入人心，使殡葬改革和现代文明殡葬服务的理念为广大群众所接受。现将有关问题通知如下：

一、加强宣传力度，使殡葬管理的法规和政策更加深入人心

各地在清明节前后，要充分利用各种宣传媒介，采取多种有效形式，通过开展殡葬法规"宣传月"、"宣传周"等活动，广泛宣传国务院《殡葬管理条例》、地方规章以及有关公墓管理的法规政策，宣传殡葬改革对节约土地、保护生态环境、促进社会进步的积极意义，宣传文明殡葬的科学知识和文明的祭祀形式，营造推进殡葬改革的良好社会氛围。在农村，要充分发挥基层红白事理事会群众自治组织的作用，引导群众破除旧的丧葬陋俗，自觉进行殡葬习俗改革，倡导和鼓励群众采用不占或少占土地的方式一次性处理骨灰；在城市，要注意发挥街道、社区居民委员会的作用，通过设立宣传栏、张贴发放宣传资料或宣传画，让殡葬法规进入社区、进入寻常百姓家，使广大群众正确认识死亡，树立正确的丧葬观和消费观，了解运用殡葬法规和规章政策，依法规范殡葬行为，自觉参与殡葬改革，尤其要注意帮助群众了解墓地和骨灰存放格位的使用规定，增强自我保护意识，自觉抵制和防范个别公墓单位的违规经营活动，维护群众合法权益。

二、充分发挥殡葬服务设施在殡葬改革中的重要作用

在我国，殡葬服务设施同时还是实现殡葬改革任务的重要载体，是社会主义精神文明建设的窗口。各地要抓住清明节的有利时机，充分发挥殡葬服务单位寓宣传于服务的功能作用，努力做到在为群众提供服务的同时，引导群众文明节俭办丧事。有条件的地方，可以通过建设殡仪服务站或者设立咨询服务网点，将殡葬服务延伸到乡村、街道和社区，方便群众，逐步缩小殡仪服务与广大群众之间的距离，使殡葬业发展适应社会进步的要求，满足群众的实际需要。

三、加强对殡葬服务设施的监督和管理，为群众提供文明优质高效的服务

为保证清明节期间文明祭祀活动正常有序进行，各级民政部门要对殡仪馆、骨灰堂和公墓等群众集中的祭祀场所进行检查，落实各项安全防范和交通疏导措施，严防火灾和人身伤亡事故发生，及时堵塞漏洞，防患于未然。

各级民政部门要在政府的领导下，积极联合宣传、公安和工商等有关部门，集中时间、集中力量，加强殡葬用品市场的管理，取缔非法生产、销售殡葬用品的厂店、摊点，销毁封建迷信色彩的殡葬用品，禁止非法殡葬用品的生产和流通，净化殡葬活动的社会环境。

各殡葬服务单位要按照江泽民同志"三个代表"的要求，积极开展创建文明窗口活动，以优质高效的服务，树文明行业新风，坚决杜绝乱收费、乱涨价、收红包等行业不正之风，把行风建设落到实处。

二〇〇二年三月十四日

民政部关于坚决查禁违规销售公墓穴位和
骨灰格位的紧急通知

（民发〔2002〕77号）

各省、自治区、直辖市民政厅（局），各计划单列市民政局，新疆生产建设兵团民政局：

河北省三河市灵泉灵塔公墓委托的机构违规销售公墓骨灰格位，干扰了市场经济秩序，引发了北京等地购买骨灰格位群众的集体上访，损害了民政部门的形象，对社会稳定造成了不利的影响。国务院领导对此高度重视，多次批示，要求民政部门加强对公墓的监管，制止违规销售活动。据了解，除三河市外，河北省唐山、保定两市，以及其他一些地方也不同程度地存在违规销售问题，有的还相当严重，甚至在2001年12月民政部发出进一步加强公墓管理的紧急通知之后，有的仍继续从事违规销售活动。为进一步贯彻落实国务院领导的指示精神，杜绝公墓穴位和骨灰格位销售中各种损害群众利益的违规行为，维护正常的市场经济秩序，维护社会稳定，现就有关问题通知如下：

一、层层落实公墓管理责任，下决心解决管理不严的问题。目前，经营性公墓所发生的问题，不是没有规定或规定不严，而是管理不严，有的甚至放弃管理。《殡葬管理条例》和《国务院办公厅转发民政部关于进一步加强公墓管理意见的通知》对公墓的兴建、经营和管理作出了明确的规定，一切违反这些规定的行为，都必须严厉查处直接责任人；对于违规行为查处不及时，酿成群体性事件的，还要追究政府监管部门的领导责任。经营性公墓属于地方人民政府兴办的，民政部门要承担直接责任，其上一级民政部门要承担行业监管责任；属于独立的市场法人主体的，其法定代表人要承担直接责任，当地民政部门要承担政府的监管责任。经营性公墓违反规定开展经营活动的，其违规活动无论是公墓本身的行为，还是与公墓具有合同关系的委托方的行为，都应由公墓承担直接责任，其中，地方人民政府兴办的公墓，由公墓所属民政部门承担直接责任，独立的市场法人主体由其法定代表人承担直接责任。各省、自治区、直辖市民政部门作为当地殡葬业务的主管部门，对经营性公墓承担行业管理的责任。各级民政部门要切实维护国家关于公墓的法规、政策的严肃性，层层落实有关责任，做到执行规定必严，违反规定必究。

二、采取有效措施落实监管责任。各级民政部门在监管公墓经营活动时，要采取有效监管方式，发现违规经营，要在当地政府领导下，依据有关法规，立即采取勒令停业整顿、取消销售许可直至会同工商部门吊销营业执照、会同强制执行部门没收违规所得并实行财产保全等断然措施，必要时还要在新闻媒体上公布违规公墓"黑名单"，防止其扩大危害程度。

三、进一步加强领导，提高对纠正公墓违规经营必要性和紧迫性的认识。今年将召开党的十六大，五月份还将召开第十一次全国民政会议。各级民政部门要从落实"三个代表"重要思想的高度，切实纠正公墓经营中损害群众利益的行为，维护社会稳定，维护民政部门的形象。各省、自治区、直辖市民政厅（局）要在调查摸清本地公墓经营活动的基础上，召开专门会议，认真总结公墓管理中的经验教训，研究制止和防范公墓违规经营以及由此而可能导致的群体性事件的措施，坚决停止和纠正在公墓管理中的所有涉及部门利益的行为，把公墓的规范化管理作为当前工作的一项重点。民政厅（局）主要领导对这项工作要亲自过问、亲自督察，对有令不行、有禁不止，继续进行违规销售的，要坚决追究直接责任人的责任，对造成群体性事件和恶劣影响，形成严重后果的，要追究领导责任。各民政厅（局）的纪检监察机关也要将此作为当前执法监察和行风建设的重点工作，对在这项工作中出现的徇私舞弊乃至贪赃枉法行为，无论涉及谁，都要一查到底。

二〇〇二年四月十六日

民政部　外交部　公安部关于外国人在华死亡后处理程序有关问题的实施意见

（民发〔2008〕39号）

各省、自治区、直辖市民政厅（局）、外事办公室、公安厅（局），计划单列市民政局、外事办公室、公安局：

根据外交部、最高人民法院、最高人民检察院、公安部、国家安全部、司法部《关于处理涉外案件若干问题的规定》（外发〔1995〕17号）附件中《外国人在华死亡后的处理程序》的有关规定，各地在涉外殡葬服务方面做了大量工作，受到有关人士好评。鉴于我国对外交往日益频繁，外国人来华数量逐渐增多，涉外殡葬管理和服务工作中出现了一些新情况、新问题，需要进一步明确部门责任，完善工作程序。现提出如下意见：

一、外国人在华死亡后，死者家属、亲友、接待人或者聘用单位按照《外国人在华死亡后的处理程序》的规定，向有关部门报告情况，并及时提出处置遗体的书面意见。死亡发生地殡仪馆凭据死亡证明和死者家属、亲友、接待人或者聘用单位提出的书面意见并签字确认后，按照我国殡葬管理规定程序，实施遗体火化或者协助办理遗体运输出境事宜。所需费用由死者家属、亲友、接待人或者聘用单位承担。

二、外国人在华死亡且无家属、亲友、接待人或者聘用单位的，根据死者有效身份证件，由死亡发生地公安机关向省、自治区、直辖市人民政府公安厅（局）报告，省、自治区、直辖市人民政府公安厅（局）向死者国籍国驻华使、领馆发出照会，要求其在照会发出30日内回复处理遗体的书面意见。回复意见不明确或者逾期未予回复的，省、自治区、直辖市人民政府公安厅（局）再次照会死者国籍国驻华使、领馆，限期回复处理遗体的书面意见，并告知其回复意见仍不明确或者逾期未予回复的，我方将由省、自治区、直辖市人民政府公安厅（局）做好档案记录后，函告死亡发生地殡仪馆火化死者遗体。遗体火化后，骨灰保管期限1年。

三、外国人在华死亡且无家属、亲友、接待人或者聘用单位的，死者有效身份证件标明的国籍国未与我国建立外交关系，但在华有领事事务代管国驻华使、领馆的，由死亡发生地省、自治区、直辖市人民政府公安厅（局）按前项规定程序照会代管国驻华使、领馆；在华没有领事事务代管国驻华使、领馆的，由死亡发生地省、自治区、直辖市人民政府公安厅（局）商同级人民政府外事部门提出处理遗体的书面意见。

四、死者疑似外国人，既无家属、亲友、接待人或者聘用单位，又无任何有效身份证件的，死亡发生地公安机关应当及时核查并将结果报省、自治区、直辖市人民政府公安厅（局），由省、自治区、直辖市人民政府公安厅（局）商同级人民政府外事部门提出处理遗体的书面意见。

五、外国人在华死亡后，死者家属、亲友、接待人或者聘用单位要求将死者遗体在华土葬的，一般可以我国实施殡葬改革、提倡火葬为由，予以婉拒。对于死者生前做出重要贡献或者特殊原因，需要在华处置骨灰或者土葬遗体的，由省、自治区、直辖市人民政府殡葬事务主管部门商同级人民政府外事部门决定。

六、对于生前患有甲类传染病，或者乙类传染病中传染性非典型肺炎、炭疽中的肺炭疽和人感染高致病性禽流感的遗体，死者家属、亲友、接待人或者聘用单位应当配合医疗卫生机构，做好遗体消毒处理后，立即送往死亡发生地殡仪馆火化。所需费用由死者家属、亲友、接待人或者聘用单位承担。

民政部
外交部
公安部
二〇〇八年三月十四日

民政部 国家发展和改革委员会 公安部 国土资源部 环境保护部 住房城乡建设部 国家工商总局 国家林业局关于进一步 规范和加强公墓建设管理的通知

（民发〔2008〕203号）

各省、自治区、直辖市民政厅（局）、发展改革委、物价局、公安厅（局）、国土资源厅（局）、环境保护厅（局）、建设厅（委）、工商局、林业厅（局），新疆生产建设兵团民政局、发展改革局、公安局、国土资源局、环境保护局、建设局、工商局、林业局：

公墓建设和管理关系人民群众切身利益，国务院对此高度重视，先后公布实施了一系列相关法规和政策，对公墓规划、建设和经营等问题作出了明确规定。但近年来，一些地方出现了非法建设公墓，违规出售（租）、转让（租）墓葬用地或骨灰存放格位，以及超标准建设墓穴等现象，浪费了大量土地资源，造成了不良社会影响。为维护人民群众切身利益，保护土地资源，制止违法违规建设经营公墓现象，现就有关问题通知如下：

一、清理整顿，严格规范公墓建设经营行为

2009年2月至7月底前，各省（区、市）人民政府民政、发展改革、公安、国土资源、建设、工商、林业等有关部门，要对辖区内现有各类公墓进行集中清理整顿，重点解决在公墓建设经营中存在的违法违规问题。

（一）取缔非法公墓。对未经依法批准建设的公墓，依照《殡葬管理条例》规定，由民政部门会同建设、土地行政主管部门依法予以取缔，责令恢复土地原状，没收违法所得，可以并处罚款。取缔时要根据具体情况研究切实可行的措施，妥善解决善后问题。

（二）纠正违规建设公墓。对获得批准正在或将要建设的公墓，省级民政部门要对项目立项、土地、规划、环评等有关批准文件重新调查核实。对违反土地利用总体规划、城乡规划和省级民政部门公墓建设规划的，超过国家规定标准建设公墓的，要依法予以纠正或吊销公墓建设许可证，并追究有关责任人的责任。

对未按照批准文件建设的公墓，民政部门要责令其停止建设，限期改正。对已经建成但未经验收合格即擅自经营的公墓，民政部门要责令其停业整顿，然后进行验收；验收不合格的，不得开展经营活动。

（三）清理公墓违规经营行为。

1. 禁止建设、出售（租）超规定面积墓穴、墓地。公墓经营单位要严格按照国家规定的墓穴用地标准建设、出售（租）墓葬用地。公墓经营单位建设、出售（租）超规定面积墓穴、墓地的，依照《殡葬管理条例》的规定，由民政部门责令限期改正，没收违法所得，可以并处罚款。对尚未建成或已经建成、尚未出售（租）的，要依法拆除或限期改造；已经出售（租）并与丧户签订协议但尚未安葬骨灰的，也要依法拆除或限期改造，公墓经营单位应向丧户说明情况，协商变更或解除安葬协议，依协议承担有关法律责任；已经安葬骨灰的，要加强管理，待使用期满后依法处理。上述拆除或改造墓穴、墓地所发生的费用或赔偿责任由公墓经营单位承担。

2. 禁止非法出售（租）、转让（租）墓葬用地或骨灰存放格位。对以承诺"回购"、"升值"等虚假宣传手段欺骗群众购买、承租，或向未出具死亡证明或火化证明的人出售（租）墓葬用地或骨灰存放格位的，由民政部门会同工商部门予以查处，依法吊销公墓建设许可证。对于违反价格管理规定出售（租）墓葬用地或骨灰存放格位的，由价格主管部门依法处理。对公墓经营中涉嫌犯罪的行为，公安机关要及时依法立案侦查。违反其他法律法规规定的，由相关主管部门依法追究公墓经营者的责任。

（四）禁止农村公益性墓地从事经营活动。农村公益性墓地只能安葬本村死亡居民的骨灰或遗体，不得对外经营，农村公益性墓地向村民以外其他人员提供墓葬用地或骨灰存放格位，从事违法经营活动的，由民政部门责令停止经营活动，已出售（租）的墓葬用地和骨灰存放格位按非法转让处理，限期改正。

地方各有关部门要高度重视此次集中清理整顿工作，加强领导，精心组织，周密部署，明确责任，层层抓好落实，确保这次清理整顿工作的顺利进行和公墓建设的健康发展。对涉及群众利益的重大问题，要及时报告党委、政府，抓紧研究相关对策，防止引发社会矛盾。实际工作中要注意方式方法，坚持以人为本，切实维护群众合法权益，工作不力造成严重后果的，要追究相关领导和部门负责人的责任。各省级民政部门要在 2009 年 8 月前将清理整顿情况汇总后报告民政部。

二、加强管理，促进公墓建设健康有序发展

人多地少是我国的基本国情。节约土地资源，严格保护耕地，保护生态环境是保持经济社会全面协调可持续发展的基本要求。公墓建设要立足当前，着眼未来，严格控制，规范发展。

（一）制定和完善公墓建设规划。各省（区、市）民政部门要会同发展改革、国土资源、环保、建设、林业等部门，抓紧制订和完善本地公墓建设规划。经营性公墓建设规划要依据现有公墓穴位存量、已安葬数量和城镇居民年均死亡人口数量按照民政部关于墓穴面积、使用周期的规定，对公墓数量、墓穴数量和占地面积实行总量控制；公墓选址必须符合土地利用总体规划和城乡规划。经营性公墓建设规划须经省（区、市）人民政府批准并报民政部备案。农村公益性墓地要按照

节约土地、保护耕地和林地、便于管理、方便群众的原则，严格执行墓葬用地占地面积规定，充分利用历史形成的墓葬点，利用荒山荒地或不宜耕种的瘠地进行规划和建设，严禁占用耕地、林地。

（二）加强公墓建设管理。民政部门要加强对公墓建设的监督检查。国土资源部门要严格公墓建设用地的管理，依法办理农用地转用和土地征收手续。经营性公墓用地必须通过招标拍卖挂牌出让的方式确定土地使用者。林业部门要从严审核公墓建设征用占用林地。环保部门要加强公墓建设中的生态保护，严防水源污染。建设部门要加强城乡规划的制定和公墓建设项目规划的审批和执行情况的监督。对已经批准建设的公墓，要严格依据规划和批准的用地范围、土地使用条件进行建设，不得擅自修改规划，扩大建设用地面积。超过批准的数量占用土地的，多占的土地以非法占用土地论处。对非法占用林地毁坏森林、林木的，由林业部门依法处理。

（三）严格经营性公墓审批。省级民政部门要严格按照《殡葬管理条例》的规定和公墓建设规划审批经营性公墓。申请建设公墓，要经县级人民政府和设区的市、自治州人民政府的民政部门审核同意后，报省（区、市）人民政府民政部门审批。申请文件应当包括：建设公墓的申请报告，国土资源、建设、环保部门的审查意见，建设公墓的可行性报告以及法律法规要求的其他有关材料，涉及林地的还应有林业部门的审查意见。对于违法违规审批和审批过程中有失职渎职行为的，要追究有关部门负责人的责任。

（四）加强公墓经营行为的监管。各级民政部门要按照属地管理原则，建立健全监督检查制度，切实加强对公墓经营活动的监督检查和管理，坚决杜绝炒买炒卖墓穴和骨灰存放格位现象；工商行政管理部门要依法查处发布违法公墓广告，传销墓穴和骨灰存放格位的违法行为。各有关部门要加强日常监管，发现问题及时予以纠正或处理，严禁以批代管、只批不管。对严重违反规定的公墓经营单位，要依法停业整顿直至吊销公墓建设许可证。

三、深化改革，倡导殡葬新风尚

（一）积极推进殡葬改革。地方各有关部门要从构建社会主义和谐社会、加强社会主义精神文明建设、保护土地资源的高度，充分认识殡葬改革的重要性和紧迫性，切实加强公墓建设和管理，推动殡葬事业的健康发展。要坚持"实行火葬，改革土葬，节约殡葬用地，革除丧葬陋俗，提倡文明节俭办丧事"的殡葬改革方针，积极推行生态葬法，大力推行骨灰存放、骨灰撒散等不占或少占土地的骨灰处理方式。要统筹规划，加大地方投入和殡葬设施建设改造力度，加强殡仪服务价格监管，切实减轻人民群众丧葬负担。要根据当地人口数量及分布情况，合理规划建设公益性骨灰存放设施，并以较低价格向社会公众提供骨灰存放服务，满足人民群众的实际需要。

（二）大力倡导殡葬新风尚。要充分利用报刊、广播、电视、互联网等新闻媒体，采取人民群众喜闻乐见的形式，大力倡导殡葬新观念、新风尚，引导群众破除封建迷信和丧葬陋俗，自觉进行殡葬习俗改革，不断探索文明的祭奠方式，营造推进殡葬改革的良好社会氛围。要深入宣传我国人多地少的基本国情，宣传国家殡葬法规和政策，努力做到家喻户晓，增强广大人民群众遵守殡葬法规和政策的自觉性。

民政部

国家发展和改革委员会

公安部

国土资源部

环境保护部

住房城乡建设部

国家工商总局

国家林业局

二〇〇八年十二月二十六日

民政部关于清理整顿公墓有关问题的通知

（民发〔2009〕92 号）

各省、自治区、直辖市民政厅（局），各计划单列市民政局，新疆生产建设兵团民政局：

民政部等八部委《关于进一步规范和加强公墓建设管理的通知》（民发〔2008〕203 号）下发后，各地认真贯彻落实，扎实开展清理整顿公墓工作。从各地清理整顿情况看，多数公墓能够依法报请审批、规范建设和运营，但也存在一些亟待规范和解决的问题，集中表现在：个别经营性公墓未经许可或许可手续不全，部分农村公益性墓地违规经营，一些公墓建造、销售超标准墓穴，违规销售墓穴或骨灰存放格位遗留问题还没有妥善解决等。这些问题成因复杂、情况有别，有的由于历时久远，治理起来难度较大。为加强对清理整顿公墓工作的指导，现就有关问题通知如下：

一、坚定信心，攻坚克难，抓住清理整顿公墓的机遇，切实解决公墓建设管理中存在的问题。公墓作为殡葬服务设施的组成部分，对解决滥埋乱葬、节约土地资源、倡导移风易俗具有重要作用。目前，公墓建设管理中存在的非法建设、滥占土地、违规销售等问题已经严重影响到公墓的健康发展和人民群众的切身利益。各地要进一步统一思想，提高认识，抓住这次清理整顿工作的有利时机，切实解决公墓建设管理中长期存在的问题。要勇于克服工作阻力，坚持高标准、严要求，严格公正执法，对于不同主体参与建设经营的公墓要一视同仁。同时，对公墓违法违规行为和整改情况要及时报告当地政府和上级民政部门，尤其对涉及群众利益的重大问题，要及时、如实反映。

二、加强调研，突出重点，依法查处公墓建设管理中的违法违规行为。各地要加强调查研究，认真分析利弊，出台政策措施。要坚持属地管理原则，按照国家现行殡葬法规，严格依法进行清理整顿。对于未履行任何审批手续擅自建设的非法公墓，要会同相关部门坚决予以取缔，限期恢复土地原貌；对于审批手续不完备，擅自改变原许可事项或未经验收合格擅自经营的，要依法补办相关手续，申请许可事项变更或重新进行验收；对于建设在先、规划在后的，可综合考虑公墓建设时间、安葬（放）骨灰规模、经营状况等因素决定是否将其纳入公墓建设规划或重新选址迁建；对于批而不建的，根据许可时间分别采取责令限期动工、重新履行许可手续或撤销公墓建设许可等措施。要重点查处未经许可擅自兴建公墓、炒买炒卖墓穴或骨灰格位、农村公益性墓地非法从事经营活动等逃避行政监管、损害群众利益的行为。

三、因地制宜，分类指导，实事求是制定和落实整改措施。各地要针对公墓建设管理中存在的问题，深入分析历史成因，结合本地实际，区分不同情况，实事求是制定整改措施，避免"一刀切"。要将向夫妻健在一方预售合葬墓穴，向高龄老人、危重病人预售墓穴等行为与炒买炒卖加以区分；要将相关法规政策出台前已经存在的公墓、建造大墓等情况与非法建设公墓、违规建设超标准墓穴区别对待；对于因开展迁坟工作而形成的公墓内家族合葬墓以及其他历史遗留问题，要在政策允许的范围内灵活掌握，妥善处理；对于超标准墓穴，要根据不同情况进行整改，并确保今后不再违规建造、销售。要注意工作方式，特别是在取缔非法公墓、迁建不符合规划公墓、处理炒买炒卖墓位时，对于涉及墓穴已销售、落葬以及受误导购买墓穴的，要根据具体情况妥善处理，涉及人数众多的，取缔前必须向当地政府报告，并同时制定相关应急预案，同时要督促责任方向当事人做好详尽的说明，争取群众的理解和支持，防止因工作方式简单粗暴激化矛盾，引发群体性事件。对于以往违规异地销售墓位且涉及人数众多的，取缔前要提前向涉及人员较多的地方民政部门通报，必要时报请人民政府与所涉及地方人民政府协商联合行动。

四、整合资源，加强协作，建立政府领导、部门参与的工作机制。做好清理整顿公墓工作，需要民政、公安、国土资源、住房城乡建设、工商、林业等多个部门的参与和配合。各地民政部门对于清理整顿工作中涉及相关部门职责的问题，特别是公墓建设用地、毁林毁田建墓、炒卖甚至传销墓穴和骨灰格位等问题，要积极协调相关部门，共同研究制定切实可行的处理措施和意见。对于重大疑难问题，要主动向当地政府报告，争取通过清理整顿公墓领导协调机构或部门联席会议研究解决。

五、惩防结合，标本兼治，推动建立公墓管理的长效机制。各地民政部门既要立足当前，抓好公墓集中清理整顿工作，切实解决目前公墓建设管理中存在的突出问题，又要着眼长远，从制度建设、标准制定、日常监管等方面入手，建立公墓建设管理的长效机制。要尽快制定和完善公墓建设规划，加强与城乡规划、土地利用总体规划的衔接，加大公墓审批、建设、运营等环节的监管力度，进一步完善公墓年检制度，建立日常抽查机制，对于检查不合格、整改不力的公墓，要及时通过媒体予以曝光。对于农村公益性墓地，要本着"节约土地、保障需求、方便群众"的原则，给予政策性引导，不得将农村公益性墓地转为经营性公墓。要充分发挥殡葬行业协会在公墓管理中的自律、协调、监督和维权作用，引导公墓经营单位树立科学发展理念，依法诚信经营，注重社会效益。

开展清理整顿公墓工作，加强公墓的规范化建设和管理，关系到人民群众的切身利益，关系到殡葬改革的成效和殡葬事业的健康发展。各地要振奋精神，知难而进，扎实整改，确保高质量完成清理整顿公墓工作，并及时将整改进展情况报民政部社会事务司。

民政部

二〇〇九年七月三日

民政部关于进一步深化殡葬改革促进
殡葬事业科学发展的指导意见

（民发〔2009〕170号）

各省、自治区、直辖市民政厅（局），新疆生产建设兵团民政局：

殡葬改革关系人民群众切身利益，党中央、国务院对此高度重视。经过多年努力，我国殡葬改革不断深入，殡葬事业取得了长足进步。实行火葬、改革土葬、节约殡葬用地、文明节俭办丧事已成为社会共识。但随着改革开放和经济社会快速发展，我国殡葬事业总体水平与科学发展观要求不相适应的矛盾日益突出，在殡葬资源配置、殡葬服务质量、殡葬救助保障、殡葬管理体制和运行机制等方面，尚不能完全满足人民群众的丧葬需求。为进一步深化殡葬改革，不断满足人民群众在殡葬服务方面的需求，促进殡葬事业科学发展，提出如下意见：

一、充分认识深化殡葬改革的重要意义

以节约土地、保护环境、移风易俗、减轻群众负担为宗旨的殡葬改革，符合我国人多地少、资

源紧缺的基本国情，符合全面建设小康社会、构建社会主义和谐社会的基本要求。实践证明，殡葬改革代表了人民群众根本利益，顺应了时代发展潮流，促进了经济社会发展。进一步深化殡葬改革，是建设资源节约型、环境友好型社会，实现人与自然和谐相处的客观需要；是坚持以人为本，着力保障和改善民生，建设服务型政府的应有之义；是树立文明节俭新风尚，构建社会主义核心价值体系的重要标志；是提升社会文明程度，推动社会主义新农村建设的重要保障。

各级民政部门要根据新形势，深刻理解殡葬改革的长期性、艰巨性、复杂性，充分认识殡葬改革对于促进我国经济、社会、文化、生态建设的重要性，进一步统一思想，坚定信心，锐意进取。要积极争取各级党委政府、相关部门、社会各界的支持，加大协调、宣传力度，始终坚持以实现群众殡葬改革愿望、满足群众丧葬需求、维护群众殡葬权益为出发点和落脚点，不断深化殡葬改革，提升为民服务能力，促进殡葬事业科学发展，实现殡葬改革上水平，人民群众得实惠。

二、深化殡葬改革的总体要求

（一）指导思想。以邓小平理论和"三个代表"重要思想为指导，认真落实科学发展观，强化政府责任和投入，坚定不移地推动殡葬改革，完善殡葬服务体系，建立殡葬救助保障制度，理顺殡葬管理体制，促进殡葬科技进步，树立殡葬改革新风，加强殡葬行业监管，发挥殡葬改革在促进我国经济社会全面协调可持续发展中的重要作用。

（二）基本原则。

1. 以人为本，科学发展。牢固树立以民为本、为民解困、为民服务的宗旨，把深化殡葬改革与维护人民群众基本殡葬权益结合起来，实现基本殡葬公共服务均等化。推动殡葬事业科学发展，开展殡葬理论创新、制度创新和科技创新，把殡葬管理与服务、改革与发展有机结合起来，促进人与自然和谐相处。

2. 政府主导，市场参与。充分发挥政府在推动殡葬改革中的主导作用，进一步明确部门职责，理顺关系，提高政府殡葬管理、殡葬公共服务的能力和水平。对基本殡葬服务，政府要加大投入。对其他选择性殡葬服务，注重发挥市场调节作用，满足人民群众多层次需求。

3. 政事分开，管办分离。正确处理行政与事业、服务与经营的关系，充分发挥公益性殡葬事业单位在提供基本殡葬服务、保障群众殡葬权益方面的重要作用。切实转变政府职能，坚持管理与经营分开、监督与经办分离，实现殡葬服务经营的公平、诚信，殡葬管理监督的公开、公正。

4. 统筹兼顾，分类指导。注重统筹规划，因地制宜，促进人与自然和谐发展。坚持实事求是，一切从实际出发，根据自身条件和特点，不断完善殡葬改革政策措施，促进殡葬事业科学发展。

（三）主要目标。遏制一些地区火化率下滑和乱埋乱葬的问题。通过积极推动和倡导，节地葬法和不保留骨灰逐步被群众接受。建立起比较完善的殡葬服务网络、殡葬救助保障制度、殡葬管理体制和运行机制，基本实现殡葬服务优质化，殡葬管理规范化，殡葬改革有序化，骨灰处理生态化，殡葬习俗文明化，殡葬设施现代化。

（四）主要任务。

1. 坚持推行火葬，创新骨灰安葬方式。科学确定火葬区域和范围，根据人口密度、交通状况、设施配置和群众接受程度，逐步扩大火葬区。继续巩固提高火化率，推广节地葬法，着力治理"装棺二次葬"，倡导不保留骨灰，实现骨灰安葬多样化，降低占地安葬比例。

2. 积极改革土葬，依法管理殡葬活动。不具备火葬条件的地方，要加大宣传力度，引导群众转变观念，移风易俗，积极参与土葬改革，治理乱埋乱葬，逐步缩小土葬区。严格限制墓葬用地，尽可能选择荒山瘠地实行遗体相对集中安葬，推广不留坟头的遗体安葬方式。

3. 改善殡葬设施，提高公共服务能力。建立和强化政府对殡葬事业的投入机制，完善殡葬服务设施，形成覆盖城乡居民的殡葬服务网络。重点加强城乡公益性骨灰存放设施建设，更新改造落后火化设施设备。满足人民群众基本殡葬需求，节约殡葬用地，减少环境污染。不断创新服务模式，开展诚信、优质服务。

4. 规范公墓管理，保护生态环境。制定完善公墓建设规划，从严审批经营性公墓。积极协调有关部门，坚决取缔非法公墓，纠正违规建设公墓，加强对公墓经营行为的监管，防止炒买炒卖，加大对豪华墓地的治理力度。

5. 减轻群众负担，实现基本服务均等化。合理界定政府基本殡葬服务和市场选择性殡葬服务范围，严格执行政府定价、政府指导价和市场调节价，平抑殡葬服务和丧葬用品价格。大力推行惠民殡葬政策，逐步建立以重点救助对象基本殡葬服务减免为基础，其他多种形式殡葬救助为补充，基本殡葬服务均等化为目标的殡葬救助保障制度。

6. 树立文明新风，促进殡葬事业发展。大力倡导殡葬新观念、新风尚，弘扬先进殡葬文化，提倡文明节俭办丧事，引导群众破除丧葬陋俗，树立殡葬改革新风。加强殡葬理论和殡葬文化研究，推进殡葬科技创新和人才队伍建设，加强行风建设和纠风工作，促进殡葬事业健康发展。

三、采取有效措施，扎实推进殡葬改革

（一）制定完善殡葬事业发展规划。各地要结合本地区实际和国家、地方制定"十二五"规划的要求，制定完善殡葬事业发展规划，并纳入当地国民经济和社会发展总体规划，明确殡葬改革发展的具体目标和任务，采取切实可行的政策措施和方法步骤。根据人口、耕地、交通、生态等情况，科学划分火葬区和土葬改革区，合理确定殡葬设施数量、规模、布局和功能，统筹考虑殡葬设备配置标准，严格控制经营性公墓。

按照殡葬法规政策，综合运用法律、行政、经济等手段，严格依法行政，建立完善殡葬执法机构和执法机制。在火葬区坚持实行火化，确保火化率稳步上升；强化骨灰管理，推行骨灰安葬备案制；积极推广树葬、花葬、草坪葬等节地葬法，鼓励倡导深埋、撒散、海葬等不保留骨灰方式，推动绿色殡葬。在土葬区坚持因地制宜，逐步推进殡葬改革，教育引导群众摒弃水泥、石材建坟，保护生态环境；完善殡仪服务设施，加强农村公益性墓地建设，避免乱埋乱葬。新实行火葬的地区，要坚持循序渐进，加强政策宣传引导，做好群众思想工作，注意方式方法，积极、有步骤地实行火葬。

（二）提高殡葬服务水平。要进一步优化殡葬服务内容、程序和标准，完善便民惠民的殡葬服务网络，逐步形成基本殡葬服务为主体、选择性殡葬服务为补充的服务格局。遗体接运、存放、火化和骨灰寄存作为基本殡葬服务项目，由公益性殡葬服务单位提供，并可根据当地经济社会发展水平和需求状况，适当增加基本殡葬服务内容。对选择性殡葬服务，包括遗体整容、防腐、告别、骨灰安葬、丧葬用品及其他殡葬特需服务，建立行业规范，实行自愿选择，公平协商，市场运作，政府监管。有条件的地区，逐步实行遗体火化服务与其他殡葬服务分开。火葬场主要承担遗体火化服务，殡仪馆主要提供悼念、告别等服务。

政府举办的殡仪馆、火葬场、骨灰堂等殡葬服务事业单位，要牢固树立为民便民利民意识，大力开展"一站式"服务和便民服务。要严格执行政府定价、政府指导价，带头降低市场调节价，发挥平抑物价的作用，规范殡葬服务收费项目，保证同类殡葬用品价格不高于市场价，中低价位殡葬用品足量供应，不得捆绑、强迫或误导消费。要切实加强内部管理，提高服务质量，建立以岗位责任与绩效考核为基础的综合评价制度，实行服务问责制。

（三）加强公墓管理。按照相关要求，进一步强化公墓建设经营的审批管理，从严审批经营性公墓。未依法办理农用地转用和土地征收手续的，不得许可建设经营性公墓。公益性骨灰存放设施完善的地区，要认真研究经营性公墓控制机制，除纳入规划的外，原则上不再许可建设经营性公墓或扩大既有公墓占地面积。积极发展城乡公益性骨灰存放设施，加大投入和建设力度，满足群众骨

灰安放需要。未经批准，任何形式的公益性公墓不得转为经营性公墓。

按照属地管理原则，切实加强对公墓的依法管理，重点强化年检制度和日常监管。严防炒买炒卖，除可向夫妻健在一方、高龄老人、危重病人预售（租）确保自用外，公墓经营者必须严格凭死亡证明或火化证明出售（租）墓穴或骨灰存放格位，不得出售（租）超面积、豪华墓穴，不得炒买炒卖墓穴或骨灰存放格位。要规范墓穴续租，研究公墓使用年限，提高公墓容积率，加大殡葬用地的循环利用。城乡骨灰堂必须坚持公益原则，按照政府定价或成本价收取骨灰存放费用。积极推广墓碑小型化、艺术化、多样化。

（四）推行惠民殡葬政策。各地要结合实际，积极争取政府出台惠民殡葬政策，加快建立和完善殡葬救助保障制度。对生前生活特别困难的人员，由政府免除遗体接运、存放、火化和骨灰寄存等基本殡葬服务费用。按照保基本、广覆盖、可持续的原则，有条件的地区，可从重点救助对象起步，逐步扩展到向辖区所有居民提供免费基本殡葬服务，实行政府埋单。对节地葬法或不保留骨灰的，以及土葬改革区自愿火化的，实行政府奖励、补贴，建立起覆盖城乡居民的多层次殡葬救助保障体系。

建立完善殡葬事业公共投入和稳定增长机制，加大基本殡葬服务设施设备，特别是火化设备的更新改造和城乡骨灰堂的公共投入力度。将殡葬事业经费纳入地方预算，不断增强政府提供基本殡葬服务的能力。将农村公益性骨灰存放设施纳入社会主义新农村建设规划和村级公益事业建设规划，给予必要的政策指导和资金支持。福利彩票公益金可用于支持经济欠发达地区、少数民族地区的殡葬救助保障和设施设备建设。

（五）理顺殡葬管理体制。进一步明确各相关部门在殡葬改革、殡葬管理、殡葬服务、殡葬价格和丧葬用品生产销售等方面的工作职责，形成政府领导、民政协调、各部门齐抓共管的管理体制。民政部门主要承担推进殡葬改革、加强殡葬管理、监督殡葬服务等方面的职能，协调配合有关部门制止乱埋乱葬，加强市场监管。从有利于殡葬改革和政府有效监管出发，积极推行政事分开、管办分离。各级民政行政机关要逐步与经营性公墓和其他殡葬服务企业脱钩。今后，民政行政机关不再作为发起人或投资人，参与经营性公墓和其他殡葬服务企业的建设经营，机关工作人员不得在经营性公墓和其他殡葬服务企业任职或兼职，不得以任何形式从中获取利益。

殡葬管理事业单位，要切实履行殡葬管理职能，认真开展殡葬执法，不得从事殡葬经营活动，不应向殡葬服务单位和企业收取任何管理费用，在人、财、物等方面逐步与殡葬服务单位和企业脱钩。殡葬服务事业单位要将基本殡葬服务和选择性殡葬服务项目逐步分离，选择性殡葬服务项目实行市场化运作。对社会资本建设的具有基本殡葬服务功能的殡仪馆，可以采取政府赎买方式，转为殡葬服务事业单位。

（六）树立移风易俗新风尚。要紧紧依靠群众，充分相信群众，广泛发动群众，认识和把握殡葬传统文化的历史意义和现实价值，积极探索和推广能够满足人民群众缅怀先人、慎终追远的愿望和需求，与当代社会相适应、与现代文明相协调的殡葬习俗和文化形式，充分培育、挖掘和保护群众中蕴藏的主动实行殡葬改革的愿望和要求，不断增强人民群众参与殡葬改革的自觉性。要充分发挥社会组织、行业协会、村（居）委会、红白理事会的作用，以清明节等传统节日为契机，向人民群众宣传实行殡葬改革的重要性和必要性，开展殡葬宣传进社区活动。要始终坚持正确的舆论导向，充分利用广播、电视、报刊、互联网等新闻媒体，积极宣传殡葬改革，倡导文明新风。

（七）促进殡葬改革创新。积极整合殡葬资源，促进殡葬改革理论创新、科技创新和机制创新，提高推进殡葬改革的能力，重点解决殡葬基础理论、技术进步和运行机制等方面的问题。要重视殡葬理论研究，加快研究步伐，以理论研究成果指导殡葬改革实践。实施殡葬科技攻关，推广环保殡葬产品，特别是节能减排殡葬设备和可降解骨灰盒、棺椁。加强对殡葬设施、产品、服务等技术标准的研究和制定，建立健全监督机制。加强环境监测、治理与评价，实行环境质量认证制度。开展殡葬从业人员职业培训、考核、鉴定，探索建立殡葬从业人员资格准入制度，加强殡葬人才队伍建设，提高殡葬职工整体素质和能力。总结经验，树立典型，大力开展殡葬改革示范活动，以点带面，努力形成各具特色的地方殡葬改革和发展模式。

（八）加强殡葬监管和行风建设。制定公平公正的行业政策，规范社会资本举办殡葬服务单位的准入条件，提高从业资质，探索建立殡葬行业准入制度。加强殡葬服务、骨灰安放、土葬改革、移风易俗、清明祭扫等工作的监督管理。民政部门要按照社会组织管理的要求，加强指导，切实发挥殡葬协会作用，支持殡葬协会等社会组织及其会员加强行业自律，提高自身素质，承担公益责任。要按照"管行业必须管行风"的要求，认真落实责任制，切实加强殡葬行风建设和纠风工作。坚持把以人为本、服务群众作为行风建设和纠风工作的主要内容，与殡葬工作统筹安排，共同推进。重点治理殡葬乱收费，坚决纠正利用行业特殊性损害群众利益的突出问题。积极开展民主评议行风和行风建设示范单位创建活动，教育殡葬系统干部职工增强宗旨意识、大局意识和服务意识，弘扬优良作风。对有令不行、有禁不止、顶风违纪的典型案件要严肃查处，公开曝光。

（九）加强组织领导。各级民政部门要进一步提高对殡葬改革重要性的认识，增强责任感和紧迫感，坚持推进殡葬改革不动摇，加快殡葬事业发展不停步，提高殡葬服务水平不松劲。要切实加强领导，摆上重要议事日程，纳入工作考评体系。主要领导要亲自抓，带头调查研究，定期听取工作汇报，作出部署，狠抓落实，重点解决殡葬难点、热点问题。要关心、支持殡葬工作和殡葬职工，充分调动各方面的积极性、主动性、创造性。

各地殡葬改革情况不同，发展各异。各级民政部门要敏于观察形势，善于把握重点，勤于积小成大。要勇于探索，敢于创新，以维护群众殡葬权益为宗旨，以推动殡葬设施建设为基础，以提高殡葬服务水平为抓手，以完善殡葬管理体制为保障，不断深化殡葬改革，促进殡葬事业科学发展。

二〇〇九年十二月三日

民政部办公厅关于印发《全国殡葬改革示范单位评审办法》、《全国殡葬改革示范单位评审标准》和《全国殡葬改革示范单位申报表》的通知

（民办发〔2010〕1号）

各省、自治区、直辖市民政厅（局），各计划单列市民政局，新疆生产建设兵团民政局：

根据《民政部关于在全国开展殡葬改革示范活动的通知》（民发〔2010〕2号）精神，现将《全国殡葬改革示范单位评审办法》、《全国殡葬改革示范单位评审标准》和《全国殡葬改革示范单位申报表》印发你们，请按照规定进行评审。

二〇一〇年一月五日

全国殡葬改革示范单位评审办法

为切实做好全国殡葬改革示范单位评审工作，制定本办法。

一、评审原则

以殡葬法规政策为基础，以《民政部关于进一步深化殡葬改革促进殡葬事业科学发展的指导意见》和《民政部关于在全国开展殡葬改革示范活动的通知》为依据，按照《全国殡葬改革示范单位评审标准》，突出创新，优中选优，坚持公开、公平、公正。

二、评审范围

（一）地、县级人民政府民政部门；

（二）殡仪馆（火葬场）；

（三）公墓。

三、申报条件

（一）凡符合评审范围和评审标准的单位，均可参加申报。

（二）申报时需提交以下材料：

1. 《全国殡葬改革示范单位申报表》；

2. 介绍示范内容的音像资料（不超过15分钟）及相关图片；

3. 获省级文明单位或通过服务质量、环境、职业安全健康等管理体系认证等证书复印件；

4. 其他相关材料。

（三）申报内容要求真实客观、明确具体，特色亮点突出。

四、评审机构

民政部成立全国殡葬改革示范活动评审委员会，负责示范单位的评定工作。评审委员会委员由有关专家、学者、行政管理人员组成，办公室设在民政部社会事务司。

五、评审程序

（一）逐级申报。各单位通过自荐或推荐方式向主管单位或上一级民政部门提交申报材料，经逐级审核筛选，报送至本省（自治区、直辖市）民政厅（局）。省（自治区、直辖市）民政厅（局）对申报单位进行实地评审和综合考量，确定候选单位，并向民政部推荐。

（二）综合考评。部评审委员会采取材料审核和实地考察相结合的方式，对申报单位进行综合评价，出具评审结论，报民政部审核批准。

（三）审批确定。民政部根据评审委员会的意见和建议，审核确定示范单位名单，经公示后生效，颁发证书和牌匾。

六、评审时间

从2010年开始，民政部每年受理申报材料的截止日期为9月30日，并于当年年底前完成评审工作，于次年颁发证书和牌匾。

七、监督检查

各省（自治区、直辖市）民政厅（局）对示范单位进行不定期检查，民政部进行抽查。示范单位应当再接再厉，保持荣誉。在评审和示范期间，如发现有弄虚作假、违规违纪或与示范标准不符等情况，及时终止评审或撤销示范单位称号。

全国殡葬改革示范单位评审标准

一、地、县级人民政府民政部门

（一）应具备以下基本标准：

1. 制定了殡葬事业发展规划和殡葬设施建设规划，殡葬服务设施完善，服务网络全覆盖。

2. 科学合理地划分火葬区和土葬改革区，火葬区火化率达到100%，无骨灰"装棺二次葬"和建大墓、豪华墓现象；土葬改革区基本实现相对集中安葬，无散埋乱葬。

3. 实现政事（企）分开、管办分离，有专门殡葬管理机构，与相关部门形成了较为密切的协调配合机制。

4. 实行了困难群体基本殡葬服务救助保障制度。

5. 殡葬执法规范、文明，殡葬服务诚信、优质，群众满意度高。

6. 重视殡葬宣传工作，群众移风易俗、参与殡葬改革的主动性和自觉性较高。

（二）应具备以下一个或多个示范标准：

1. 实现辖区所有居民基本殡葬服务政府埋单，对节地环保生态葬式葬法实行政府补贴、奖励。

2. 骨灰管理、安葬方式有创新，骨灰处理符合节地环保生态的要求，骨灰撒散、深埋等节地葬法的比例不低于20%。

3. 土葬改革区实现遗体埋葬不留坟头，积极引导和鼓励火葬。

4. 在深化殡葬改革的方式方法上取得创新和突破，对推动全国殡葬改革有示范和导向意义。

二、殡仪馆（火葬场）

（一）应具备以下基本标准：

1. 服务项目、收费标准、服务内容、服务程序、服务承诺、服务监督公开，有24小时服务热线；工作人员仪容整洁，举止文明，服务规范，廉洁守纪。殡葬技能和专业技术人员比例不低于70%。

2. 严格执行政府定价、政府指导价，市场调节价差价率控制在30%以内，低档殡葬用品比例不低于20%并保证供应。

3. 主动公开并认真落实各项惠民殡葬政策；基本殡葬服务与选择性殡葬服务区分明显，便于群众选择，无强制、捆绑、误导群众消费行为。

4. 符合《殡仪馆建设设计规范》要求，环境庄重肃穆、整洁美观。

5. 火化机污染物排放限值达到国家标准，经过专业环境监测机构检测认定。殡仪车、遗体冷藏柜、遗物祭品焚烧炉等殡葬设备配置齐全，安全可靠。

6. 规章制度健全，内部管理规范，积极宣传殡葬改革，弘扬先进殡葬文化，行风建设达标。

（二）应具备以下一个或多个示范标准：

1. 在优质服务、价格管理等方面有特色，"一站式"服务和便民利民服务有创新。

2. 使用环保技术和产品比例不低于 50%, 火化设备先进, 节能减排指标超过国家标准, 对遗物祭品和特殊垃圾实行无害化处理。

3. 科技攻关成效显著, 管理和服务模式先进, 信息化水平行业内领先。

4. 行风建设有突出经验, 成效显著, 连续三年政府行风测评位列前 3 名, 群众满意度不低于 90%。

三、公墓

(一) 应具备以下基本标准:

1. 依法建设运营, 服务优质, 无违法违规行为。

2. 墓穴占地面积符合国家政策规定, 无大墓、豪华墓。

3. 安放 (葬) 合同规范, 手续完备, 档案齐全。

4. 自然与人文景观和谐统一, 注重节地环保生态。

5. 严格执行殡葬价格政策, 坚持诚信服务。

6. 保障群众祭扫文明、安全、有序, 倡导移风易俗新风尚, 积极承担社会责任。

(二) 应具备以下一个或多个示范标准:

1. 骨灰 (遗体) 安葬方式、节约殡葬用地等方面有创新, 骨灰撒散、深埋和树 (花、草坪) 葬等节地葬式比例不低于 30%, 实现可持续发展。

2. 生态化、园林化、艺术化特征明显, 使用环保技术和产品比例不低于 50%, 绿化覆盖率不低于 75%或绿地不低于 40%, 墓穴小型化、立体化不低于 50%, 墓碑平卧及小型化、艺术化、个性化不低于 50%。

3. 创新祭扫方式、弘扬殡葬文化、加强生命教育等方面成绩显著, 充分体现人文纪念特色。

4. 公益性公墓坚持公益原则, 在建设、管理、服务等方面具有示范意义, 在培育现代殡葬习俗, 推动殡葬改革, 治理乱埋乱葬, 绿化荒山瘠地等方面具有先进性、代表性。

《全国殡葬改革示范单位申报表》(略)

民政部关于在全国开展殡葬改革示范活动的通知

(民发〔2010〕2 号)

各省、自治区、直辖市民政厅 (局), 各计划单列市民政局, 新疆生产建设兵团民政局:

为贯彻落实《民政部关于进一步深化殡葬改革促进殡葬事业科学发展的指导意见》(民发〔2009〕170 号) 精神, 加快殡葬改革创新步伐, 提高殡葬管理和服务水平, 树立移风易俗新风尚, 促进殡葬事业全面协调可持续发展, 民政部决定, 在全国范围内开展殡葬改革示范活动。现通知如下:

一、指导思想

以邓小平理论和"三个代表"重要思想为指导, 深入落实科学发展观, 坚持以民为本、为民解困、为民服务, 通过开展殡葬改革示范活动, 树立典型, 以点带面, 发挥殡葬改革在保障和改善民生、促进社会建设和生态文明建设中的重要作用, 实现殡葬改革节约土地、保护环境、移风易俗、减轻群众负担的目标，推动殡葬事业不断发展进步。

二、示范范围

（一）地、县级人民政府民政部门；

（二）殡仪馆（火葬场）；

（三）公墓。

三、示范内容

（一）地、县级人民政府民政部门。

将殡葬工作列入重要议事日程，积极推进殡葬改革。科学合理地划分火葬区和土葬改革区，火葬区火化率实现100%，骨灰处理符合节地环保生态要求，无土葬和"装棺二次葬"现象；土葬改革区基本实现集中安葬，无乱埋乱葬，积极引导和鼓励火葬。在殡葬改革、管理、服务等方面成绩突出，在绿色殡葬、丧俗改革、惠民政策、管理体制和运行机制等方面有创新，殡葬事业实现可持续发展。

（二）殡仪馆（火葬场）。

殡葬服务规范、诚信、文明、优质。严格遵守殡葬价格管理规定，服务项目设置合理，价格公开透明。主动公布和认真落实惠民殡葬政策。殡葬设施完善，设备先进，环境整洁优美。积极使用环保技术和产品。规章制度健全，内部管理规范，信息化水平高。积极宣传殡葬改革，弘扬先进殡葬文化。在优质服务、价格管理等方面有特色，在便民利民、节能减排、行风建设等方面成效显著，群众满意度高。

（三）公墓。

1. 经营性公墓、公益性公墓、骨灰堂（楼、塔）符合规划，手续齐全，依法建设，运营规范。墓穴、墓位占地面积符合国家有关规定，无大墓、豪华墓和炒买炒卖等违法违规行为。坚持诚信，价格合理，服务优质。管理措施完善，殡葬档案齐全。积极倡导殡葬改革和移风易俗，保障群众祭扫文明、安全、有序。在节地、环保、生态等方面有新探索、新创举。

2. 经营性公墓能够满足不同档次的安葬需求，实现墓区生态化、园林化、艺术化，墓碑平卧、小型化。在签订和履行服务合同等方面做到规范、公平、诚信。在葬式葬法、循环利用、社会责任、信息化建设等方面有创新。

3. 公益性公墓坚持公益原则，严格执行政府定价。城市公益性公墓墓区规划、布局合理，便于安葬、祭扫，绿化程度高。便民利民服务有特色，惠民政策措施效果好。农村公益性墓地在建设、管理、服务等方面有示范意义，在治理乱埋乱葬、绿化荒山瘠地等方面作用明显。

4. 骨灰堂（楼、塔）设计合理，规模适度，存取、祭奠方便。骨灰安放管理科学有序，防火安全措施到位。服务项目和价格符合国家政策要求，有突出的便民利民举措。在培育现代殡葬习俗，推动殡葬改革等方面具有代表性、先进性。

四、工作要求

（一）高度重视，加强领导。开展殡葬改革示范活动，是深化殡葬改革、加强社会建设和生态文明建设的创新举措，也是提高殡葬管理和服务水平、促进殡葬事业科学发展的重要抓手。各地要统一思想，提高认识，高度重视，狠抓落实。将开展示范活动列入重要议事日程，制定切实可行的活动方案，出台具体政策措施，鼓励争先创优，推动示范活动持续、深入开展。

（二）分级创建，优中选优。民政部负责组织全国殡葬改革示范活动，制定示范办法和标准。各地要积极行动，做好创建和推荐工作，并结合本地实际，积极开展省级殡葬改革示范活动，形成上下联动、整体推进的局面。各地要以示范活动为抓手，凝聚各方力量，整合各种资源，发挥各自优势，形成共同参与的合力，达到优中选优的效果。

（三）严格标准，保证质量。各地要遵循"坚持创新，典型示范，标准统一，宁缺毋滥"的原则，严格按照殡葬改革示范标准，加强对申报单位的评审考核，严把质量关，不搞名额分配和区域照顾，确保被推荐单位有突出成绩和经验，对推动全国殡葬改革具有示范和引导作用。凡近三年内因殡葬工作失当引发群体性事件，火化区有骨灰装棺再葬、乱埋乱葬现象，殡葬服务单位发生重大责任事故，有服务质量和殡葬收费涉众性纠纷，炒买炒卖墓穴或骨灰存放格位的，均不得参与全国殡葬改革示范单位申报。通过省级文明单位验收以及服务质量、环境、职业安全健康等管理体系认证的，可优先申报。

（四）加强宣传，注重推广。各地要认真总结示范单位的典型经验，积极开展各具特色、形式多样的宣传推广活动，相互促进，共同提高。要善于利用广播、电视、报刊、互联网等新闻媒体，加大对殡葬改革示范典型的宣传力度，展示殡葬改革成果，强化正面宣传引导，增进社会各界对殡葬改革的理解和认同，形成全社会关心、支持殡葬改革的良好氛围。

（五）动态管理，强化监督。各地要加强对示范单位申报推荐的监督指导，确保公开、公平、公正。要加强示范单位的动态管理，实行定期报告和核查制度。对申报和示范期间弄虚作假，违法违规和检查不合格的，取消申报和示范资格。

各地要以示范活动为契机，进一步深化殡葬改革，不断完善殡葬管理，提高服务水平，切实维护人民群众的殡葬权益，促进殡葬事业又好又快发展。

二〇一〇年一月五日

民政部办公厅关于规范利用外资建设殡葬设施审批权限问题的通知

（民办函〔2010〕219号）

各省、自治区、直辖市民政厅（局），各计划单列市民政局，新疆生产建设兵团民政局：

1997年国务院颁布的《殡葬管理条例》第八条第一款对殡仪馆、火葬场、殡仪服务站、骨灰堂、公墓等殡葬设施建设的审批权限做了一般性规定。为加强对利用外资建设殡葬设施的严格管理，第二款在前款基础上，对利用外资建设殡葬设施的审批权限做了特殊规定。2010年7月4日，国务院下发的《关于第五批取消和下放管理层级行政审批项目的决定》（国发〔2010〕21号），取消了包括利用外资建设殡葬设施等113项行政审批项目。因此，自2010年7月4日起，各地利用外资建设殡葬设施的审批权不再适用《殡葬管理条例》第八条第二款的特殊规定，而应当按照第八条第一款的一般性规定执行。

二〇一〇年九月六日

民政部关于印发《殡葬服务单位业务档案管理办法》的通知

（民发〔2010〕164号）

各省、自治区、直辖市民政厅（局）、档案局，各计划单列市民政局、档案局，新疆生产建设兵团民政局、档案局：

为了加强殡葬服务单位业务档案的规范化管理，根据《中华人民共和国档案法》、《殡葬管理条例》等有关法律、法规，民政部、国家档案局共同制定了《殡葬服务单位业务档案管理办法》。现印发给你们，请遵照执行。

二○一○年十二月三日

殡葬服务单位业务档案管理办法

第一条　为了加强殡葬服务单位业务档案的规范化管理，更好地为殡葬事务管理服务，维护公民、法人和其他组织的合法权益，依据《中华人民共和国档案法》、《殡葬管理条例》，制定本办法。

第二条　本办法所称殡葬服务单位业务档案（以下简称殡葬档案），是指殡仪馆、火葬场、公墓、骨灰堂等殡葬服务单位，在提供遗体火化、遗体安葬、骨灰安放（葬）等殡葬服务过程中形成的具有保存价值的各种载体和形式的历史记录。

第三条　各级人民政府民政部门应当将殡葬档案工作纳入殡葬管理和民政档案工作中，加强指导、监督和检查。

殡葬档案工作接受档案行政管理部门的业务指导和监督。

第四条　殡葬服务单位应当履行下列档案工作职责：

（一）贯彻执行国家有关档案工作的法律、法规和方针政策，建立健全本单位殡葬档案管理的各项规章制度，保证殡葬档案工作的有序开展；

（二）明确负责殡葬档案工作的机构和人员，统一管理本单位的殡葬档案；

（三）采用科学的管理方法，确保殡葬档案的安全保管；

（四）提供殡葬档案查阅服务，依据档案出具有关证明。

第五条　遗体火化过程中形成的下列文件材料应当归档：

（一）死亡证明原件或者复印件；

（二）火化证明存根；

（三）丧事承办人签名的遗体火化处理表、骨灰领取证明；

（四）丧事承办人的有效身份证件复印件；

（五）其他应当归档的材料。

第六条　提供土葬服务的公墓在遗体安葬过程中形成的下列文件材料应当归档：

（一）死亡证明原件或者复印件；

（二）遗体安葬合同；

（三）丧事承办人签名的遗体安葬处理表、业务流程单等；

（四）丧事承办人的有效身份证件复印件；

（五）补充签订的合同或者协议；

（六）其他应当归档的材料。

第七条　骨灰安放（葬）过程中形成的下列文件材料应当归档：

（一）死亡证明或者火化证明的复印件；

（二）骨灰安放（葬）合同；

（三）丧事承办人签名的骨灰安放（葬）处理表、业务流程单等；

（四）丧事承办人的有效身份证件复印件；

（五）补充签订的合同或者协议；

（六）其他应当归档的材料。

第八条　殡葬文件材料的归档应当符合以下要求：

（一）归档的文件材料应当齐全完整；

（二）归档的文件材料中有照片或者复印件的，应当图文清晰；

（三）殡葬文件材料应当在相关手续办理完毕后 10 个工作日内整理归档。

第九条　归档的殡葬文件材料按照类别——年度进行整理。

殡葬档案的类别分为遗体火化、遗体安葬和骨灰安放（葬）三类。

遗体火化类的年度以遗体火化证明上所记载的时间为准；遗体安葬类和骨灰安放（葬）类的年度以初次签订安放（葬）合同的时间为准。

第十条　殡葬文件材料的整理应当符合以下原则与方法：

（一）遗体火化文件材料以被火化的死者为单位整理，一个被火化的死者一卷；遗体安葬材料和骨灰安放（葬）材料以墓穴（格位）为单位整理，一个墓穴（格位）一卷。

（二）按照本办法第九条的规定对案卷进行分类，各类案卷按照形成时间顺序排列；卷内文件材料分别按照本办法第五、六、七条规定的顺序排列。

（三）卷内文件材料一律用阿拉伯数字逐页连续编写页号，页号编写在有文字页面的正面右上角；照片、图表等正面难以编写页号的，可以编在背面左上角。

（四）在每卷档案内首页上端的空白处（或者档案封套和档案袋的封面）加盖归档章，并填写有关内容（归档章式样见附件 1）。

（五）为每一卷殡葬档案编制卷内文件目录，置于卷内首页之前（卷内文件目录式样见附件 2）；填写卷内备考表，置于卷末（卷内备考表式样见附件 3）。

（六）每卷档案及其卷内文件目录、卷内备考表应当以无酸纸封套或者档案袋等有利于保管和利用的方式加以固定。

（七）按照室编卷号的顺序将每卷档案依次装入档案盒，并填写档案盒封面、盒脊的项目（档案盒封面式样、档案盒盒脊式样分别见附件 4、5）。

（八）按类别分别编制殡葬档案目录［遗体火化档案目录式样、遗体安葬档案目录式样、骨灰安放（葬）档案目录式样分别见附件 6、7、8］。

（九）一个年度内的殡葬档案目录加封面后装订成册，一式三份，并编制目录号（殡葬档案目录封面式样见附件 9）。

第十一条　遗体火化档案的保管期限为 50 年。保管期限自遗体火化后的次年 1 月 1 日起开始计算。

遗体安葬档案和骨灰安放（葬）档案的保管期限为自初次签订安放（葬）合同之日起，至续签的最后一份安放（葬）合同或者协议终止后 20 年。

第十二条　殡葬档案应当放入专用的档案装具进行管理，有条件的单位应当设置专用的档案库房，配备空调、去湿、灭火等设备。

档案保管应当符合防盗、防火、防虫、防鼠、防潮、防尘、防高温等要求，保持适宜的温度和湿度，保证档案的安全。

档案保管设施和安全措施应当经常检查，发现问题及时处理。

第十三条　殡葬档案主要供殡葬服务单位使用。

火化证明或者安放（葬）证明的持有人凭本人有效身份证件，可以利用相关的殡葬档案。

各级人民政府民政部门、人民法院、人民检察院、公安和国家安全机关、纪检监察机关因公务需要，持单位介绍信可以利用殡葬档案。

律师凭律师执业证书和律师事务所证明，可以利用与其承办的法律事务有关的殡葬档案。

第十四条　殡葬档案不得外借，仅限于当场查阅。

为出具相关证明复印殡葬档案的，需加盖档案保管部门的印章方为有效。

严禁对所查阅的殡葬档案进行损毁、涂改、抽换、圈划、批注、污染。

第十五条　遗体火化档案在殡葬服务单位保管 20 年后向相关国家综合档案馆移交。相关国家综合档案馆应当在遗体火化档案保管期限届满后对其进行鉴定，有继续保存价值的延长保管期限直至永久，无保存价值的予以销毁。

遗体安葬档案和骨灰安放（葬）档案的保管期限届满后，殡葬服务单位应当对其进行鉴定，有继续保存价值的移交到相关国家综合档案馆保存至永久，无保存价值的予以销毁。

殡葬服务单位或者相关国家综合档案馆对需要销毁的殡葬档案应当建立销毁清册，载明销毁档案的时间、种类和数量，确保应当销毁的档案没有漏销和流失。相关负责人员应当在销毁清册上签字。

销毁清册和殡葬档案目录永久保存。

第十六条　殡葬服务单位应当不断提高殡葬档案的信息化管理水平。在殡葬服务过程中形成的电子文件资料，应当按照国家有关电子文件归档和管理的要求和标准进行整理归档。

第十七条　各省（自治区、直辖市）人民政府民政部门可以结合实际情况商同级档案行政管理部门制定本办法的实施细则。

国家发展改革委　民政部关于进一步加强殡葬服务收费管理有关问题的指导意见

（发改价格〔2012〕673 号）

各省、自治区、直辖市发展改革委、物价局、民政厅（局）：

近年来，各地价格、民政部门不断加强殡葬服务收费管理，完善相关政策措施，积极利用收费政策，有力地促进了我国殡葬事业的发展。但是，一些地方仍存在殡葬服务收费不规范、殡葬用品和公墓价格虚高等问题，损害了群众的切身利益，不利于殡葬行业的健康发展。为进一步加强殡葬服务收费管理，减轻群众丧葬不合理负担，为殡葬事业改革和持续健康发展创造良好的环境，现就加强殡葬服务收费管理有关问题提出以下指导意见：

一、进一步明确殡葬服务收费有关政策

（一）合理区分殡葬服务性质。殡葬服务应区分为基本服务和延伸服务（选择性服务）。基本服务主要包括遗体接运（含抬尸、消毒）、存放（含冷藏）、火化、骨灰寄存等服务。各地可在此基础上根据本地区实际情况，合理确定基本服务范围，切实满足当地群众最基本需要。在保证基本服务的供给规模和质量的前提下，殡葬服务单位可以根据实际情况，适当开展延伸服务。延伸服务是指在基本服务以外、供群众选择的特殊服务项目，包括遗体整容、遗体防腐、吊唁设施及设备租赁等。

（二）强化殡葬服务收费管理。基本服务收费标准，由各地价格主管部门会同有关部门在成本监审或成本调查的基础上，按照非营利原则，根据财政补贴情况从严核定，并适时调整。与基本服务密切相关的延伸服务收费，可由各地根据本地市场情况依法纳入地方定价目录，实行政府指导价管理。

（三）加强殡葬用品价格指导。各地价格主管部门对殡仪馆销售的骨灰盒、寿衣、花圈等殡葬用品价格要进行必要的指导规范，可根据本地区情况依法纳入地方定价目录，实行政府指导价或其他必要的价格管理方式。

（四）规范公墓收费行为。公益性公墓收费标准，由各地价格主管部门会同有关部门在成本监审或成本调查的基础上，按照非营利并兼顾居民承受能力的原则核定。对其他公墓价格，要加强对经营者定价行为指导规范，对价格明显偏高的，必要时要依法进行干预和管理，切实遏制虚高定价行为。公墓墓穴使用合同期满，群众申请继续使用的，公墓经营单位收取的公墓维护管理费由各地价格主管部门依法纳入地方定价目录，收费标准按公墓维护管理的实际成本及合理利润核定，具体由各地确定。

二、强化对殡葬服务收费行为的监管

（一）完善价格和收费公示体系。各地民政部门要建立殡葬服务收费标准和殡葬用品价格公示体系，通过本部门网站或其他载体将本地区殡仪馆和公墓的收费项目、收费标准（价格）进行公示，为群众监督、选择提供方便。殡葬服务单位要认真执行收费公示制度，在服务场所显著位置公布服务项目、收费标准、文件依据、减免政策、举报电话、服务流程和服务规范等内容，广泛接受社会监督。

（二）规范殡葬服务收费行为。殡葬服务单位在提供服务过程中，应遵守国家有关政策规定，严格规范服务和收费行为。要引导群众理性消费和明白消费，不得违反公平自愿原则以任何形式捆绑、分拆或强制提供服务并收费，也不得限制或采取增收附加费等方式变相限制丧属使用自带骨灰盒等文明丧葬用品。除法律法规规定以及合同约定外，严禁公墓经营单位向公墓租赁人额外收取其他任何费用。在提供骨灰存放格位、殡葬用品时，要注重满足中低收入群众的需要。

（三）清理殡葬服务收费政策。各地价格主管部门要会同民政部门抓紧对本地区的殡葬服务收费政策进行全面清理，取消不合理的收费项目，降低偏高的收费标准，进一步规范殡葬服务和收费行为。各地清理后重新制定的殡葬服务收费政策，要向社会公布。

三、加大殡葬服务收费政策宣传和违法处罚力度

（一）广泛做好政策宣传工作。各地价格、民政部门要充分认识加强殡葬服务收费管理的重要意义，采取有力措施，加大殡葬服务收费政策宣传力度。要利用广播、电视、报刊、互联网等多种方式，宣传殡葬服务收费政策和救助保障措施，提倡移风易俗、厚养薄葬和节地环保的丧葬方式，

充分发挥社会和新闻舆论监督的作用。

（二）切实加强监督检查。各地价格主管部门要畅通"12358"价格举报电话，认真受理群众对殡葬服务收费的投诉或举报，严肃查处殡葬服务单位擅自设立收费项目、提高收费标准、扩大收费范围及强制服务并收费等乱收费行为，对性质恶劣、情节严重的典型案件公开曝光，切实维护广大群众的合法权益。

四、完善促进殡葬事业发展配套政策

（一）加大政府扶持力度。殡葬服务是面向全社会的特殊公共服务，具有很强的社会公益性，政府应承担必要的投入责任。各地民政、发展改革部门要积极争取本级政府的支持，建立殡葬事业公共投入和稳定增长机制，在科学规划的基础上，不断加大殡葬服务设施设备公共投入力度，形成覆盖城乡居民的殡葬服务网络。加强政策指导和资金投入，积极扶持发展城乡公益性骨灰存放设施，推动将其纳入社会主义新农村建设和村级公益性事业建设相关规划。

（二）保障困难群众基本需求。各地价格主管部门在制定殡葬服务收费标准时，对享受民政部门各类救助的城乡困难群众、领取国家定期抚恤补助金的优抚对象、自然灾害导致的死亡人员以及经公安机关确认的无名尸体，要会同有关部门研究制定基本服务收费减免政策及政府补偿办法，报请本级政府批准后实施；鼓励有条件的地区在此基础上，研究制定面向辖区所有居民的基本殡葬服务费用免除标准及政府补偿办法，逐步建立起覆盖城乡居民的多层次殡葬救助保障体系。

（三）逐步理顺殡葬管理体制。各地民政部门要从有利于殡葬改革和政府有效监管出发，积极向有关部门申请推行政事分开、管办分离，在人、财、物等方面逐步与殡葬服务单位脱钩。各地民政行政机关不得从事任何殡葬经营活动，也不得向殡葬服务单位收取任何管理费用。有条件的地区，要探索将基本殡葬服务纳入政府基本公共服务范围，实现基本服务均等化。

上述规定自文件下发之日起执行。

国家发展改革委

民政部

二〇一二年三月二十二日

民政部关于加快殡葬科技成果转化和
推广应用的指导意见

（民发〔2012〕112号）

各省、自治区、直辖市民政厅（局），各计划单列市民政局，新疆生产建设兵团民政局；各有关司局和直属单位：

经过多年努力，我国殡葬科技取得长足进步，在殡仪场所节能减排、遗体火化及遗物祭品焚烧、遗体防腐整容、生态环保葬法、传染病预防控制等方面涌现出一批科研成果，出台了一批殡葬技术标准，为推动殡葬改革和殡葬事业发展作出了重要贡献。但也存在殡葬科技成果转化滞后、推广应用力度不大、资金投入不足、创新机制不健全等问题，与殡葬改革发展需要和经济社会发展形

势不相适应的现象比较突出。为加快殡葬科技成果转化和推广应用，提高殡葬领域节能减排水平，促进生态文明建设，实现殡葬事业科学发展，现提出如下意见：

一、充分认识加快殡葬科技成果转化和推广应用的重要性、紧迫性

加快殡葬科技成果转化和推广应用，是落实"以人为本"科学发展观的重要举措，是构建资源节约型、环境友好型社会的迫切要求，是创新社会管理服务、促进社会文明进步的重要体现，是加强民政科技工作的重要内容，是促进殡葬改革和殡葬事业发展的具体行动，对于提高殡葬公共服务水平，推进科技殡葬、绿色殡葬、人文殡葬、惠民殡葬具有十分重要的意义。各级民政部门要充分认识加快殡葬科技成果转化和推广应用的重要性、紧迫性，进一步统一思想，提高认识，认真落实《中华人民共和国促进科技成果转化法》、《全国民政科技中长期发展规划纲要（2009-2020年）》和《民政事业发展第十二个五年规划》，把加快殡葬科技成果转化和推广应用放在突出位置，加强组织领导，创新工作思路，完善政策措施，提高速度效率。要按照政府引导、市场运作、环保先行的原则，处理好节能减排、殡葬服务机构和群众利益诉求等各方面关系，树立市场化运作观念，抓好衔接配合，促进殡葬事业健康发展。

二、加快殡葬科技成果转化和推广应用的总体要求、基本原则

（一）总体要求。认真贯彻殡葬改革方针，积极构建殡葬技术创新战略联盟，重点加快节能、环保、高效的殡葬科技成果转化和推广应用，逐步转化一批具有国内领先、国际先进水平的核心技术，推广一批具有自主知识产权的环保产品，建立形式多样的绿色殡葬业态，形成较为完善的殡葬标准体系、产品质检以及环境监测体系，淘汰落后的遗体火化和遗物焚烧设备，基本满足殡葬改革发展需要和经济社会发展需要，真正发挥殡葬改革对于保护环境和资源的促进作用。

（二）基本原则。

1. 以人为本，服务发展。坚持以促进殡葬服务水平提高和人民群众满意为出发点和落脚点，依靠科技成果转化和推广应用，服务殡葬改革和殡葬事业发展，提高群众主动参与殡葬改革的积极性，促进生态文明建设。

2. 政府引导，社会参与。加强政府协调引导，创新殡葬管理服务方式，加大资金投入、人才队伍建设和政策扶持力度，营造有利于殡葬科技成果转化和推广应用的良好环境，提高政府公共服务水平。鼓励相关机构、企业等社会力量从殡葬改革和市场需求出发，培育新兴业态，实现殡葬科技产业集聚化发展。

3. 整合资源，完善机制。充分发挥市场配置资源的基础性作用，整合殡葬行业内外资源，建立资源共享、分工合作、产学研用相结合的创新机制，健全殡葬科技成果转化、保护、激励、择优等配套制度。

4. 分类指导，重点推动。根据不同地区、不同发展阶段的实际情况，从解决殡葬事业发展最急需、最迫切的问题入手，有针对性地开展殡葬科技成果转化和推广应用，着重选择技术成熟、效果明显的项目进行推动。

三、加快殡葬科技成果转化和推广应用的政策措施

（一）增强殡葬科技成果转化能力，提高应用水平。各地在制订实施殡葬事业发展规划、建设殡葬设施、更新改造殡葬设备过程中，要进一步加大科技殡葬力度，积极采用先进殡葬技术，加快殡葬科技成果向现实生产力转化，避免低水平重复建设。要积极争取将殡葬科技成果转化纳入国家重点新产品计划、星火计划、火炬计划等国家科技推广计划和地方各类科技推广计划，提高成果转化速度和效率。民政部一零一研究所作为国家公益性科研机构，要研究开发符合节能环保要求、社

会和市场需要、行业认同的科技成果，将成熟的殡葬科技成果尽快转化和推广应用，促进殡葬行业节能减排，提高殡葬领域的整体环保水平。

（二）落实殡葬科技成果转化项目，开展试点示范。各地在新建或更新改造殡葬设施设备时，要优先考虑殡葬科技成果转化和推广应用，并将政府投入作为基础动力，推动技术与资本等要素结合。要研究确定一批殡葬科技成果转化项目进行试点，给予资金、技术和政策扶持，调动殡葬服务单位的积极性。民政部一零一研究所要尽快将已经形成的新技术、新产品、新工艺、新材料、新装置及其技术集成等科研成果，转化成为通用化、系列化、组合化、规模化、专业化殡葬设施设备，抓紧实施一批实体项目试点，发挥示范效益。

（三）建立殡葬科技成果转化机制，加强创制创新。各地要按照国家推动产业技术创新战略联盟构建的要求，坚持以市场为导向，引导创新要素向重点殡葬企事业单位聚集，支持其建立殡葬技术研发中心，推动殡葬科技成果转化机制创新。民政部一零一研究所应当探索建立由科研机构、殡葬设备用品生产企业、殡仪馆和公墓等殡葬服务单位组成的技术创新战略联盟，作为殡葬科技成果转化和推广平台，形成契约保障、联合开发、优势互补、利益共享、风险共担的"产学研用"合作机制，实现良性循环。

（四）完善殡葬标准和检测体系，注重环保减排。要进一步加强殡葬标准化建设，将成熟的先进殡葬技术纳入标准要求，加快推进殡葬行业节能减排标准的制订和实施，重点制修订《火葬场大气污染物排放标准》、《殡仪馆建设标准》、《燃油式火化机通用技术条件》、《遗物焚烧炉通用技术条件》等国家标准，不断完善殡葬设施设备和产品技术标准体系。有条件的地区可制订实施更加严格的环保减排地方标准。要切实做好殡葬专用设备、产品的质量检测和殡仪场所的环境监测工作，严格执行有关强制性标准，严把各类污染物减排关，规范殡葬服务单位环保行为。

四、完善加快殡葬科技成果转化和推广应用的工作机制

（一）加强组织领导。各地要建立分管领导牵头、职能部门协作、社会力量参与的工作机制。要定期研究殡葬科技成果转化和推广应用工作，制定实施计划和落实措施，加强目标管理和绩效考核。民政部成立殡葬科技成果转化和推广应用工作领导小组，部领导担任组长，成员单位由部有关司局和单位组成。

（二）加大资金投入。坚持政府推动和市场推动相结合。争取将殡葬设施建设纳入国家"十二五"规划项目，加大资金投入力度，推动殡葬设施设备升级改造，淘汰不符合相关标准和环保要求的设备，带动科技成果转化。积极争取国家科技成果推广应用扶持基金，充分利用国家财政性资金采购自主创新产品制度。鼓励殡葬服务单位提高科技成果转化投入比例。积极引导社会力量参与，建立多元化投入分担机制，拓宽资金渠道。

（三）加快人才培养。推进殡葬科技人才队伍专业化、职业化建设，培养创新型殡葬科技人才队伍和殡葬特有工种高技能人才队伍，扩大殡葬科研和创新基地，开展殡葬职业技能鉴定、培训和技能竞赛，加强职业道德和行风建设，为加快殡葬科技成果转化和推广应用提供高素质人才保障。

（四）加强互利合作。遵循自愿、互利、公平、诚实信用的原则，依法或者依照合同的约定开展殡葬科技成果转化和推广应用。要树立全国"一盘棋"思想，打破殡葬地域、单位界限，相互尊重，优势互补，精诚合作，形成加快殡葬科技成果转化和推广应用的良好局面，为殡葬事业又好又快发展做出贡献。

二〇一二年六月二十七日

民政部关于全面推行惠民殡葬政策的指导意见

（民发〔2012〕211号）

各省、自治区、直辖市民政厅（局），新疆生产建设兵团民政局：

为切实保障群众基本殡葬需求，提升殡葬公共服务均等化水平，进一步深化殡葬改革和促进殡葬事业科学发展，根据《国家基本公共服务体系"十二五"规划》（国发〔2012〕29号）和《社会保障"十二五"规划纲要》（国发〔2012〕17号）要求，现就全面推行惠民殡葬政策提出如下意见：

一、充分认识全面推行惠民殡葬政策的重要意义

全面推行惠民殡葬政策，为城乡低收入群众乃至全体社会成员身故后提供遗体接运、存放、火化、骨灰存放等基本殡葬服务，是一项重要的基础性民生工程。近年来，在科学发展观指导下，各地陆续出台了一批以面向不同群众减免基本殡葬服务费用为主要内容的惠民殡葬政策，不同程度地减轻了群众丧葬负担，增强了群众参与殡葬改革的主动性和自觉性。但是，惠民殡葬政策还存在覆盖范围窄、保障水平低、分布不平衡、实施方式单一等问题，特别是城乡之间、不同群体之间殡葬服务救助保障水平差距较大，对于群众主动进行葬式葬法改革的鼓励性措施不足，在一定程度上影响了群众参与殡葬改革的积极性，制约了殡葬改革的顺利推行和殡葬事业的健康发展。

各地必须深刻认识到，全面推行惠民殡葬政策，着力保障群众基本殡葬需求是切实减轻群众殡葬支出负担、实现改革发展成果惠及全民的重要途径，是完善社会保障体系、促进社会稳定和谐的应有之义，是保护资源环境、促进生态文明建设的客观要求，是深化殡葬改革、推动殡葬事业科学发展的内在动力。要从落实科学发展观、构建和谐社会的高度，充分认识全面推行惠民殡葬政策的重要意义，进一步统一思想，提高认识，加强组织领导，明确职责分工，加大资金投入，把实施惠民殡葬政策作为保障和改善民生、加强和创新社会管理的重要举措，全面推进，抓实抓好。

二、全面推行惠民殡葬政策的总体要求

（一）指导思想。深入贯彻落实党的十八大精神，以邓小平理论、"三个代表"重要思想、科学发展观为指导，坚持以满足群众殡葬需求、维护群众殡葬权益为出发点和落脚点，将基本殡葬服务纳入政府公共服务保障范围，着力解决城乡居民基本殡葬需求，大力支持绿色环保、生态节地、文明节俭的殡葬方式，加快建立健全保障基本、覆盖城乡、持续发展的殡葬公共服务体系，逐步实现基本殡葬服务均等化。

（二）基本原则。

1. 政府主导，加大供给。充分发挥政府在推行惠民殡葬政策中的主导作用，在明确各级政府殡葬公共服务事权和支出责任的基础上，积极争取其加大殡葬公共服务供给和政策支持力度，按照统一与分级相结合的原则，统筹安排惠民殡葬政策配套资金，不断增强惠民殡葬公共财政保障能力。

2. 统筹城乡，明确重点。统筹城乡区域间殡葬公共服务供给，加大惠民殡葬政策向农村、贫困地区和城乡低收入群体倾斜力度，重点解决好重点优抚对象、城乡低保对象、农村五保供养对象、城市"三无"人员等特殊困难群体的基本殡葬需求问题，有效促进社会公平正义。

3. 保障基本，逐步增项。立足当地经济社会发展水平和殡葬工作实际，合理确定推行惠民殡葬政策的进度安排，优先保障遗体接运、存放、火化、骨灰存放等基本殡葬公共服务的供给，随着经济社会发展逐步增加服务项目，提高惠民标准，丰富惠民形式。

4. 提升服务，注重实效。要切实落实惠民殡葬政策措施，不断加强殡葬公共服务机构设施和能力建设，完善与基本殡葬服务相配套的设施设备，规范惠民相关程序和办理要求，不断提升服务水平，确保殡葬活动的全程救助落到实处。

（三）主要目标。保障群众基本殡葬需求，鼓励群众主动参与殡葬改革，有效提高遗体火化和骨灰生态安葬水平，力争到"十二五"末，在全国火葬区全面建立基本殡葬服务保障制度，基本实现殡葬基本公共服务均等化。

三、全面推行惠民殡葬政策的具体措施

（一）明确政策要求。各地要结合实际，科学制订推行惠民殡葬政策的工作方案和实施办法，积极争取以政府发文或协调相关部门联合发文形式发布实施。要明确惠民具体项目、政策覆盖人群、救助保障标准、资金来源渠道、申请条件程序等内容，尽可能简化操作程序，减少结算环节，推行惠民项目减免"一站式"结算服务，确保便民、快捷、高效。要加强与优抚褒扬、社会救助、养老保险等制度的衔接，通过多种方式，对享受国家定期抚恤补助的优抚对象、享受最低生活保障待遇的低保对象、因病或非因公死亡参保人员的基本殡葬需求给予保障；对于农村五保供养对象、城市"三无"人员、无名尸体的基本殡葬服务费用，可按照当地标准实报实销。

（二）坚持统筹推进。各地要遵循先易后难、先起步再提标的方法，有重点、有步骤、分层次地推动本地区惠民殡葬政策实施，逐步从重点救助对象扩大到户籍人口和常住人口，从减免基本殡葬服务费用延展到奖补生态安葬方式。未出台惠民殡葬政策的地区要争取于 2012 年年底之前将城乡困难群众基本殡葬需求纳入保障范围，列入地方财政预算。已经出台惠民殡葬政策的地区，要逐步扩大惠民范围，增加服务项目，提高保障标准。要坚持遗体火化和骨灰生态安置并重，积极推动将树葬、深埋、海撒等节地生态的骨灰安葬方式和土葬改革区群众自愿火化行为纳入惠民政策覆盖范围，给予奖励或补贴。要坚持统筹城乡发展，加快研究制订农村居民、流动人口、外来务工人员等群体的惠民殡葬政策，努力实现殡葬基本公共服务均等化。

（三）完善激励措施。各地要积极出台政策措施鼓励推行惠民殡葬政策，建立惠民殡葬政策出台情况定期通报制度，并将政策实施情况纳入当地殡葬改革目标责任考核，将考核情况与评选表彰、示范创建、等级评定等工作挂钩。同时，通过利用福利彩票公益金资助殡葬设施建设改造项目、殡葬相关规划立项等途径，优先扶持政策出台地区，鼓励省、自治区、直辖市统一出台惠民殡葬政策。

四、落实惠民殡葬政策的保障机制

（一）争取公共投入。各地民政部门要积极争取当地政府支持，将殡葬救助保障等公共服务支出列入本级政府财政预算，建立健全殡葬公共服务投入和稳定增长机制。要按照国家相关规划要求，将保障群众基本殡葬需求放在重要位置，争取政府重点安排预算为城乡基本生活困难家庭解决基本殡葬服务费用，并为采取骨灰撒散等生态安葬方式的身故者提供免费服务。要不断加大与基本殡葬服务相配套的设施设备的更新改造力度，健全以遗体火化、骨灰存放及生态安葬为主的殡葬公共服务网络，保障惠民殡葬政策顺利实施。

（二）明确职责分工。各地民政部门要在当地党委、政府领导下，明确职责分工，加强协同配合，建立政府主导、民政牵头、部门协作的惠民殡葬工作机制。要负责制订惠民殡葬政策具体实施办法，指导殡葬服务单位做好服务对象资格审查、费用结算、档案管理等工作，不断增强服务能力，提高服务水平。要加强与财政部门的协调，将实施惠民殡葬政策所需资金纳入年度预算，足额

安排，定期结算，并随火化人员数量增减和物价部门收费标准调整做出相应调整。

（三）加强宣传引导。各地要着力抓好惠民殡葬政策的落实工作，切实加强惠民殡葬专项资金管理，确保专款专用，公开透明。要建立健全惠民殡葬政策公开公示制度，利用宣传单、服务卡、公示墙等多种形式，将惠民政策实施内容、惠及人群、减免报销方式等关系群众切身利益的问题，主动向社会公开，扩大政策知晓度，不断提高群众参与殡葬改革的主动性。要充分发挥惠民殡葬政策的综合社会效益，将其与实行火葬、推行生态殡葬、倡导移风易俗结合起来，加强政策宣传，强化舆论引导，形成以惠民政策带动遗体火化普及、节地生态安葬、丧事文明简办的效果，营造推动殡葬改革的良好氛围。

2012 年 12 月 3 日

国家卫生和计划生育委员会 公安部 民政部
关于进一步规范人口死亡医学证明和信息
登记管理工作的通知

（国卫规划发〔2013〕57 号）

各省、自治区、直辖市卫生计生委（卫生厅局）、公安厅局、民政厅局，新疆生产建设兵团卫生局、公安局、民政局：

人口死亡医学证明和信息登记是研究人口死亡水平、死亡原因及变化规律和进行人口管理的一项基础性工作，也是制订社会经济发展规划、评价居民健康水平、优化卫生资源配置的重要依据。为加强部门协作，规范工作流程，实现信息共享，提高管理水平，现将有关事项通知如下：

一、人口死亡医学证明的签发

人口死亡医学证明是医疗卫生机构出具的、说明居民死亡及其原因的医学证明。

（一）自 2014 年 1 月 1 日起，各地医疗卫生机构使用全国统一制定的新版《居民死亡医学证明（推断）书》（以下简称《死亡证》）。《死亡证》共四联（式样见附件 1）。

（二）《死亡证》签发对象为在中国大陆死亡的中国公民、台港澳居民和外国人（含死亡新生儿）。

（三）《死亡证》签发单位为负责救治或正常死亡调查的医疗卫生机构。

（四）《死亡证》签章后生效。医疗卫生机构和公安部门必须准确、完整、及时地填写《死亡证》四联（后三联一致）及《死亡调查记录》，严禁任何单位和个人伪造、私自涂改。

（五）死者家属遗失《死亡证》，可持有效身份证件向签发单位申请补发一次。补发办法如下：已办理户籍注销及殡葬手续的，仅补发第三联；未办理户籍注销及殡葬手续的，补发第二至第四联。

（六）未经救治的非正常死亡证明由公安司法部门按照现行规定及程序办理。

二、人口死亡医学证明的使用

《死亡证》是进行户籍注销、殡葬等人口管理的凭证，由卫生计生、公安、民政部门共同管理。

（一）死者家属持《死亡证》第二、三、四联向公安机关申报户籍注销及签章手续。公安机关凭第二联办理死者户籍注销手续，加盖第三、四联公章（在医疗卫生机构内死亡者，第四联无需公安机关签章）。死者家属持第四联《居民死亡殡葬证》到殡仪馆办理尸体火化手续，殡仪馆凭第四联办理殡葬手续。

（二）《死亡证》第一联是原始凭证，由出具单位随病案保存或按档案管理永久保存，以备查询。第二联由死者户籍所在地公安部门永久保存。第三联由死者家属保存，第四联由民政部门收集保存。

（三）纸质《死亡证》由卫生计生部门统一印制，发放范围为不具备打印条件的基层医疗卫生机构。

三、人口死亡信息的报告

（一）建立人口死亡信息库。卫生计生部门负责建立正常死亡人口信息库，医疗卫生机构在签发《死亡证》15日内网络报告第一联信息。民政部门负责建立死者火化信息库。

（二）开展信息校核工作。各级卫生计生、公安、民政部门应当定期开展本辖区人口死亡信息比对和校核工作，补漏查错，确保人口死亡信息及时性、完整性、一致性。乡镇（街道）派出所民警、民政助理、计划生育专干和乡村医生等应当及时向乡镇卫生院或社区卫生服务中心提供在家死亡（含新生儿死亡）信息。医疗卫生机构应当及时报告在家死亡和新生儿死亡信息。

（三）建立信息共享机制。县级卫生计生、公安、民政部门应当按月交换正常死亡、死亡销户及非正常死亡、死者火化信息（见附件2），建立本部门跨区域非户籍人口死亡信息交换机制。卫生计生部门应当及时商请公安部门提供上年末本地区性别及年龄别人口数等情况。

（四）加强统计分析。各级卫生计生、公安、民政部门要加强对人口死亡数据的分析利用，为促进社会经济发展和制定人口健康政策提供信息支撑。在中国大陆死亡的台港澳居民和外国人不作为统计对象。

四、保障措施

（一）强化组织领导，落实部门职责。人口死亡信息登记工作是加强人口管理、构建和谐社会的重要举措。各级卫生计生、公安、民政部门要高度重视，强化组织领导，落实部门职责，明确任务分工，确保此项工作顺利开展。

（二）规范工作流程，密切部门配合。各级卫生计生、公安、民政部门要紧密配合，加强协作，进一步规范证书签发与使用、信息报告与共享等工作流程，提供便民服务，提高办事效率，逐步实现业务协同。

（三）完善工作制度，提高管理水平。各级卫生计生、公安、民政部门要完善证书管理、信息报告、数据安全、督导检查、人员培训、考核评估等工作制度，建立人员配备、经费投入、信息化建设等长效机制，提高人口死亡信息登记管理水平。

自2014年1月1日起，《卫生部、公安部、民政部关于使用〈出生医学证明书〉、〈死亡医学证明书〉和加强死因统计工作的通知》（卫统发〔1992〕第1号）同时停止执行。

附件1（略）
附件2（略）

国家卫生计生委
公安部
民政部
2013年12月31日

国家林业局关于认真贯彻落实《关于党员干部带头推动殡葬改革的意见》进一步做好森林防火和林地资源保护工作的通知

（林防发〔2014〕65号）

各省、自治区、直辖市林业厅（局），内蒙古、吉林、龙江、大兴安岭森工（林业）集团公司，新疆生产建设兵团林业局：

为认真贯彻落实《中共中央办公厅 国务院办公厅关于党员干部带头推动殡葬改革的意见》（中办发〔2013〕23号，以下简称《意见》）精神，充分发挥林业系统广大党员干部职工的带头示范作用，进一步推动殡葬改革，切实做好森林防火和林地资源保护工作，现就有关事项通知如下：

一、充分认识推动殡葬改革对保护森林资源的重要意义。近年来，由于丧葬陋俗和封建迷信的影响，在林地内乱埋乱葬、滥占林地以及因上坟烧纸、燃放鞭炮等引发森林火灾的事件时有发生，给林地管理和森林资源安全造成了严重威胁。各级林业主管部门要认真组织宣传学习《意见》，深刻领会《意见》精神实质，林业系统广大党员干部职工要充分认识到深化殡葬改革是贯彻落实十八届三中全会精神的重要举措，是全面加强党风政风建设的重要内容，对于有效防范森林火灾、保护林地和森林资源安全、推动生态文明和美丽中国建设具有重要作用，确保把思想和行动统一到中央的决策部署上来。

二、林业系统党员干部要带头倡导殡葬改革。各级林业主管部门要认真贯彻落实《意见》精神，林业系统党员干部职工要带头移风易俗，做推动殡葬改革的践行者和宣传者，不仅要以身作则，还要教育引导亲属、朋友和周围群众抵制陈规陋俗和封建迷信，有效劝阻不良治丧行为。要带头文明治丧，简办丧事，严禁在丧事活动中大操大办、铺张浪费，严禁借机收敛钱财。要带头实行生态安葬，积极推行骨灰存放、树葬、花葬、草坪葬和骨灰撒散、海葬或者深埋，提倡以树代坟、以树代墓，进一步弘扬新风正气。

三、充分发挥职能作用，切实做好森林防火和林地保护工作。各级林业主管部门要积极配合民政部门，要用生态景观理念加强对公墓造林绿化的指导，选择推广具有纪念意义的防火树种，营造常青树、常青林，建设绿荫墓地、生态墓地。积极倡导文明祭奠、低碳祭扫，采用敬献鲜花、种树植绿、踏青遥祭、经典诵读等方式缅怀故人，禁止在林区、景区等禁火区域焚烧纸钱、燃放鞭炮。要依法依规办理殡葬设施项目占用征收林地审核手续，加强全过程监督，跟踪检查用地情况，杜绝"少批多占"、"不批也占"等违法行为的发生。要严格按照民政部等八部门《关于进一步规范和加强公墓建设管理的通知》要求，做好制定公墓建设规划工作，公墓的选址应当符合林地保护利用规划的要求，尽量不占有林地。对涉及占用征收林地的经营性公墓，在项目立项前，省级林业部门应按要求提出审查意见。

国家林业局

2014年5月9日

最高人民检察院 民政部 司法部
关于印发《监狱罪犯死亡处理规定》的通知

（司发〔2015〕5号 2015年3月18日）

各省、自治区、直辖市人民检察院，民政厅（局），司法厅（局），新疆生产建设兵团人民检察院，民政局，司法局、监狱管理局：

　　为进一步规范监狱罪犯死亡处理工作，保障罪犯合法权益，确保监狱持续安全稳定和社会和谐稳定，经中央政法委同意，最高人民检察院、民政部、司法部联合制定了《监狱罪犯死亡处理规定》，现印发给你们，请遵照执行。

监狱罪犯死亡处理规定

第一章 总　　则

　　第一条　为规范监狱罪犯死亡处理工作，保障罪犯合法权益，维护监狱安全和社会和谐稳定，根据《中华人民共和国刑事诉讼法》《中华人民共和国国家赔偿法》《中华人民共和国监狱法》等有关法律、法规，结合监狱工作实际，制定本规定。

　　第二条　罪犯死亡分为正常死亡和非正常死亡。

　　正常死亡是指因人体衰老或者疾病等原因导致的自然死亡。

　　非正常死亡是指自杀死亡，或者由于自然灾害、意外事故、他杀、体罚虐待、击毙以及其他外部原因作用于人体造成的死亡。

　　第三条　罪犯死亡处理，监狱、人民检察院、民政部门应当分工负责，加强协作，坚持依法、公正、及时、人道的原则。

　　第四条　人民检察院依法对罪犯死亡处理情况实施法律监督。

第二章　死亡报告、通知

　　第五条　罪犯死亡后，监狱应当立即通知死亡罪犯的近亲属，报告所属监狱管理机关，通报承担检察职责的人民检察院和原审人民法院。

　　死亡的罪犯无近亲属或者无法通知其近亲属的，监狱应当通知死亡罪犯户籍所在地或者居住地的村（居）民委员会或者公安派出所。

　　第六条　罪犯死亡后，监狱、人民检察院应当按照有关规定分别层报司法部、最高人民检察院。

第三章　死亡调查、检察

　　第七条　罪犯死亡后，对初步认定为正常死亡的，监狱应当立即开展以下调查工作：

（一）封存、查看罪犯死亡前十五日内原始监控录像，对死亡现场进行保护、勘验并拍照、录像；

（二）必要时，分散或者异地分散关押同监室罪犯并进行询问；

（三）对收押、监控、管教等岗位可能了解死亡罪犯相关情况的民警以及医生等进行询问调查；

（四）封存、查阅收押登记、入监健康和体表检查登记、管教民警谈话教育记录、禁闭或者戒具使用审批表、就医记录等可能与死亡有关的台账、记录等；

（五）登记、封存死亡罪犯的遗物；

（六）查验尸表，对尸体进行拍照并录像；

（七）组织进行死亡原因鉴定。

第八条　监狱调查工作结束后，应当作出调查结论，并通报承担检察职责的人民检察院，通知死亡罪犯的近亲属。人民检察院应当对监狱的调查结论进行审查，并将审查结果通知监狱。

第九条　人民检察院接到监狱罪犯死亡报告后，应当立即派员赶赴现场，开展相关工作。具有下列情形之一的，由人民检察院进行调查：

（一）罪犯非正常死亡的；

（二）死亡罪犯的近亲属对监狱的调查结论有疑义，向人民检察院提出，人民检察院审查后认为需要调查的；

（三）人民检察院对监狱的调查结论有异议的；

（四）其他需要由人民检察院调查的。

第十条　人民检察院在调查期间，监狱应当积极配合，并提供便利条件。

第十一条　人民检察院调查结束后，应当将调查结论书面通知监狱和死亡罪犯的近亲属。

第十二条　监狱或者人民检察院组织进行尸检的，应当通知死亡罪犯的近亲属到场，并让其在《解剖尸体通知书》上签名或者盖章。对死亡罪犯无近亲属或者无法通知其近亲属，以及死亡罪犯的近亲属无正当理由拒不到场或者拒绝签名或者盖章的，不影响尸检，但是监狱或者人民检察院应当在《解剖尸体通知书》上注明，并对尸体解剖过程进行全程录像，并邀请与案件无关的人员或者死者近亲属聘请的律师到场见证。

第十三条　监狱、人民检察院委托其他具有司法鉴定资质的机构进行尸检的，应当征求死亡罪犯的近亲属的意见；死亡罪犯的近亲属提出另行委托具有司法鉴定资质的机构进行尸检的，监狱、人民检察院应当允许。

第十四条　监狱或者死亡罪犯的近亲属对人民检察院作出的调查结论有异议、疑义的，可以在接到通知后三日内书面要求作出调查结论的人民检察院进行复议。监狱或者死亡罪犯的近亲属对人民检察院的复议结论有异议、疑义的，可以向上一级人民检察院提请复核。人民检察院应当及时将复议、复核结论通知监狱和死亡罪犯的近亲属。

第十五条　鉴定费用由组织鉴定的监狱或者人民检察院承担。死亡罪犯的近亲属要求重新鉴定且重新鉴定意见与原鉴定意见一致的，重新鉴定费用由死亡罪犯的近亲属承担。

第十六条　罪犯死亡原因确定后，由监狱出具《死亡证明》。

第四章　尸体、遗物处理

第十七条　人民检察院、死亡罪犯的近亲属对监狱的调查结论无异议、疑义的，监狱应当及时火化尸体。

监狱、死亡罪犯的近亲属对人民检察院调查结论或者复议、复核结论无异议、疑义的，监狱应当及时火化尸体。对经上一级人民检察院复核后，死亡罪犯的近亲属仍不同意火化尸体的，监狱可以按照国家有关规定火化尸体。

第十八条　除法律、法规另有特别规定外，罪犯尸体交由就近的殡仪馆火化处理。

监狱负责办理罪犯尸体火化的相关手续。殡仪馆应当凭监狱出具的《死亡证明》和《火化通知书》火化尸体，并将《死亡证明》和《火化通知书》存档。

第十九条　尸体火化自死亡原因确定之日起十五日内进行。

死亡罪犯的近亲属要求延期火化的，应当向监狱提出申请。监狱根据实际情况决定是否延期。尸体延长保存期限不得超过十日。

第二十条　尸体火化前，监狱应当将火化时间、地点通知死亡罪犯的近亲属，并允许死亡罪犯的近亲属探视。死亡罪犯的近亲属拒绝到场的，不影响尸体火化。

尸体火化时，监狱应当到场监督，并固定相关证据。

第二十一条　尸体火化后，骨灰由死亡罪犯的近亲属在骨灰领取文书上签字后领回。对尸体火化时死亡罪犯的近亲属不在场的，监狱应当通知其领回骨灰；逾期六个月不领回的，由监狱按照国家有关规定处理。

第二十二条　死亡罪犯的近亲属无法参与罪犯死亡处理活动的，可以书面委托律师或者其他公民代为参与。

第二十三条　死亡罪犯尸体接运、存放、火化和骨灰寄存等殡葬费用由监狱支付，与殡仪馆直接结算。

第二十四条　死亡罪犯系少数民族的，尸体处理应当尊重其民族习惯，按照有关规定妥善处置。

死亡罪犯系港澳台居民、外国籍及无国籍人的，尸体处理按照国家有关法律、法规的规定执行。

第二十五条　死亡罪犯的遗物由其近亲属领回或者由监狱寄回。死亡罪犯的近亲属接通知后十二个月内不领取或者无法投寄的，按照国家有关规定处理。

第二十六条　监狱应当将死亡罪犯尸体和遗物处理情况记录在案，并通报承担检察职责的人民检察院。

第五章　法律责任

第二十七条　在调查处理罪犯死亡工作中，人民警察、检察人员以及从事医疗、鉴定等相关工作人员应当严格依照法律和规定履行职责。对有玩忽职守、滥用职权、徇私舞弊等违法违纪行为的，依法依纪给予处分；构成犯罪的，依法追究刑事责任。

第二十八条　监狱及其工作人员在行使职权时，违法使用武器、警械，殴打、虐待罪犯，或者唆使、放纵他人以殴打、虐待等行为造成罪犯死亡的，依法依纪给予处分；构成犯罪的，依法追究刑事责任，并由监狱按照《中华人民共和国国家赔偿法》予以赔偿。

对不属于赔偿范围但死亡罪犯家庭确实困难、符合相关救助条件的，死亡罪犯的近亲属可以按照国家有关规定向民政部门申请救助。

第二十九条　死亡罪犯的近亲属及相关人员因罪犯死亡无理纠缠、聚众闹事，影响监狱正常工作秩序和社会稳定的，监狱应当报告当地公安机关依法予以处置；构成犯罪的，依法追究刑事责任。

第六章　附　　则

第三十条　本规定由司法部、最高人民检察院、民政部负责解释。

第三十一条　本规定自印发之日起施行。

民政部关于印发《开展殡葬管理服务专项整治活动工作方案》的通知

（民函〔2015〕171号）

各省、自治区、直辖市民政厅（局），新疆生产建设兵团民政局：

为进一步规范殡葬管理服务，切实解决群众反映强烈的突出问题，强化殡葬管理服务事业单位反腐倡廉建设和殡葬系统干部职工作风建设，推动殡葬改革和殡葬事业健康发展，民政部决定从2015年5月下旬起至9月底，在殡葬管理服务事业单位开展殡葬管理服务专项整治活动。现将《开展殡葬管理服务专项整治活动工作方案》印发你们，请结合实际，做好部署安排，确保专项整治活动取得实效。

附：殡葬管理服务专项整治活动统计表（略）

民政部
2015年5月22日

开展殡葬管理服务专项整治活动工作方案

为深入贯彻党的十八大和十八届三中、四中全会，十八届中央纪委五次全会、国务院第三次廉政工作会议精神，进一步加强殡葬管理服务事业单位反腐倡廉建设，增强殡葬系统干部职工依法办事能力和廉洁自律意识，切实解决群众反映强烈的突出问题，有效提升为民服务能力和水平，民政部决定从2015年5月下旬起至9月底，在殡葬管理服务事业单位开展殡葬管理服务专项整治活动。具体安排如下：

一、工作目标

以回应群众关切、维护群众利益、改进工作作风、提升服务水平为出发点和落脚点，通过对殡葬管理服务事业单位开展专项整治活动，全面查找殡葬管理服务漏洞，严厉打击和有效遏制殡葬领域侵害群众利益、违反市场规则及廉洁从业要求的违法违规行为，切实纠正行业不正之风，健全规范殡葬管理服务的长效机制，转变殡葬系统干部职工工作作风，全面提升殡葬管理服务水平，打造殡葬系统廉洁从业新常态。

二、重点任务

（一）查找殡葬管理漏洞。全面梳理殡葬管理中的问题风险点，并重点围绕腐败问题易发多发的重要领域、重点岗位和关键环节，查找殡葬管理漏洞，切实纠正殡葬管理服务事业单位公职人员违规违纪行为，加强对职务犯罪的预防，营造风清气正的从业环境。

（二）规范殡葬服务行为。以解决群众反映强烈的殡葬服务乱收费、丧葬用品质次价高、殡葬市场混乱等问题和推行阳光透明服务为重点，对殡葬服务事业单位进行全面排查，规范殡葬服务和收费行为，强化内部管理，提升服务水平，树立殡葬行业的良好形象。

（三）健全防控长效机制。对发现的问题，要列出整治清单，建立整治台账，采取务实管用的整改措施，制定和完善风险隐患防控管理流程，明确殡葬事业单位"三重一大"事项决策规则和程序，并在殡葬管理事业单位积极探索推行权力清单、责任清单，建立健全规范殡葬管理服务的长效机制，铲除滋生腐败的土壤和条件，切实维护人民群众的根本利益。

三、具体措施

（一）全面开展自查自纠。各地民政部门要指导所属殡葬管理服务事业单位，严格对照殡葬管理法规政策和专项整治活动的任务要求，全面进行自查摸底，并结合近年来群众反映的强烈问题，认真查找自身差距，形成问题清单，确定工作重点，制定整改方案，并在专项整治活动期间通过适当形式向社会公开。

（二）聚焦重要领域和关键环节。各地要重点围绕选择性殡葬服务、殡葬工程建设等重要领域和殡葬设备用品采购等关键环节，全面对照检查是否依法推行公开招投标制度、建立健全监督管理制度以及畅通群众投诉举报渠道，是否存在权钱交易、侵吞公款等违法行为，是否存在事业单位与社会中介组织利益勾结、暗箱操作行为，是否存在诱导消费、误导消费、以供应不足为由故意不提供中低档消费等服务欺诈行为，以及利用工作之便吃拿卡要、限制丧属自带丧葬用品、服务态度恶劣等行风问题。

（三）严查殡葬服务收费行为。各地要联合有关部门全面核查本地区殡葬服务收费管理情况，重点核查是否严格区分基本服务和选择性服务项目，选择性服务项目是否全部经有关部门核准立项，是否严格执行地方定价管理规定，是否实行殡葬服务收费标准和殡葬用品价格公示制度，是否存在巧立名目、捆绑强制消费、擅自提高收费标准等乱收费行为。对专项整治过程中群众反映集中或媒体曝光的服务收费方面的问题，各地民政部门要直接督办，及时公布调查处理结果并向上级民政部门报告有关情况。

（四）加强事业单位监督检查。各地民政部门要加强对所属殡葬管理服务事业单位选人用人的监管检查，重点检查是否严格按照相关规定选拔任用事业单位领导干部，是否对采购、销售、财务等重点岗位工作人员实行定期轮岗交流制度，是否严格执行收支两条线制度，是否采取措施加强党风廉政建设和反腐倡廉教育考核，是否建立廉政风险防控制度，层层落实主体责任和防范措施。

（五）拓宽社会监督渠道。各地要积极拓宽社会监督渠道，建立专项整治活动举报热线，对群众举报的问题做到件件有核实、事事有回应。要通过自行组织或委托第三方机构等形式，开展殡葬服务管理群众满意度评价活动，将专项整治的对照检查和巩固提高两个阶段的评价结果纳入整改、总结和对比考核范围。要充分整合各类社会监督资源，组建殡葬行风监督队伍，加强对专项整治活动和日常殡葬管理服务的监督，并适时向社会公开监督情况。

（六）组织开展专项督查。各级民政部门要协调有关部门对殡葬管理服务事业单位开展专项督查，及时发现问题，提出整改要求，并向当地主管部门反馈。民政部将派出督查组，对各地开展专项整治情况进行督导检查。建立专项督查通报制度，及时通报专项督查发现的问题、整改进展情况和整改成效，尤其要通报整改组织不力的或未落实整改要求的情况。将专项督查与总结考核工作相结合，专项督查重点要放在查找和堵塞制度漏洞上，督促建立健全规范殡葬管理服务的长效机制。

四、工作步骤

（一）部署启动阶段（5月下旬至6月中旬）。

1. 各地要按照本通知要求，制定本地区专项整治活动工作方案，明确相关要求、方法、步骤和措施。

2. 组织开展动员部署工作，加强殡葬行业系统内部宣传，提高对专项整治活动重要性的认识，全面启动专项整治活动。

（二）对照检查阶段（6 月下旬至 7 月中旬）。

1. 殡葬管理服务单位拓宽自查渠道，广泛接受群众评议，全面梳理群众集中反映的问题和建议。

2. 组织殡葬管理服务单位开展满意度评价活动，并对照殡葬管理法规政策、整治重点任务以及群众意见建议，全面开展对照检查工作。

（三）督促整改阶段（7 月下旬至 8 月底）。

1. 民政部门对所属的殡葬管理服务事业单位进行全面检查，重点检查有举报线索、群众反映强烈以及过去监督检查存在问题的单位，提出整改意见和建议。

2. 民政部门协调有关部门开展专项督查，全面建立问题清单并下发整改通知，督促限期整改。

3. 民政部门要定期通报专项督查情况，对发现的重大问题，要向当地政府反馈；对发现的重大违法违纪问题线索，要向有关部门移交。

4. 各级民政部门要加强对各单位整改情况的考核，并根据整改落实情况进行复查复核。

（四）巩固提高阶段（9 月初至 9 月底）。

1. 各单位进行全面总结，提出下一步规范和加强殡葬管理服务的意见和措施。

2. 各地验收整改情况，宣传推广好经验好做法，对整治工作不力的地区进行通报，对未完成任务的，明确提出二次整改要求。

3. 各级民政部门要及时总结和推广地方有效做法和成功经验，研究制定规范殡葬管理服务的长效机制。

五、工作要求

（一）加强组织领导。各地民政部门要充分认识开展殡葬管理服务专项整治活动的重要性，积极争取地方党委和政府的重视和支持，做出统一部署和安排，保证专项整治活动取得实效。把专项整治活动摆上重要议事日程，成立专项整治活动领导机构，做到民政部门主要负责同志亲自挂帅、分管负责同志具体负责，层层推进专项整治活动。研究制定专项整治活动工作方案，加强对专项整治活动的考核，把活动组织开展、整改、制度建设等情况纳入考核范围。

（二）加强综合治理。各地要坚持标本兼治、综合治理、惩防并举、注重预防的方针，将专项行动与日常监管工作相衔接，有效规范权力运行，建立管理服务长效机制。坚持问题导向，从群众反映最强烈的问题入手，对问题线索及时调查核实，及时纠正、规范和处理损害群众利益的行为，对属于其他部门责权范围的问题线索，及时移交处理。采取多种形式加强反腐倡廉教育特别是典型案例警示教育，提高殡葬系统干部职工尊法学法守法用法意识，筑牢拒腐防变的思想道德防线。

（三）加强监督检查。各地要进一步落实属地监管责任，确保监管到位，坚决杜绝核查问题不深入、教育惩治走形式等情况，对疏于监管、失职渎职等行为，严肃追究相关责任人的责任。建立有效的专项督查机制，明确督查责任、任务、形式、反馈和跟踪调查等内容，通过专项督查有力推进专项整治活动。广泛建立群众投诉举报渠道，积极开辟专项整治活动互动途径，增强专项整治活动的群众参与度，充分发挥社会监督作用。

（四）加强信息报送。各地要切实加强信息报送工作，在本地区本系统定期通报专项整治活动的进展情况，及时总结和推广当地好经验好做法，树立和宣传殡葬基层单位的先进典型，曝光负面典型和警示案例，对发现的重大问题不得迟报、瞒报和谎报。各省（自治区、直辖市）民政厅（局）要在专项整治活动每个阶段结束 5 日内向民政部社会事务司报送本阶段的进展情况及做法成效，并于 10 月 15 日前上报专项整治活动工作总结。民政部将以适当形式定期对各地阶段性工作进行总结通报，加强工作指导和信息交流，确保专项整治活动规范有序开展。

民政部 发展改革委 科技部 财政部 国土资源部 环境保护部 住房城乡建设部 农业部 国家林业局 关于推行节地生态安葬的指导意见

（民发〔2016〕21号）

各省、自治区、直辖市民政厅（局）、发展改革委、科技厅（局）、财政厅（局）、国土资源厅（局）、环境保护厅（局）、住房城乡建设厅（局）、农业（农牧、农村经济）厅（委、局）、林业厅（局），新疆生产建设兵团民政局、发展改革委、科技局、财务局、国土资源局、建设局（环保局）、农业局、林业局：

为深入贯彻党的十八大和十八届三中、四中、五中全会精神，落实中共中央、国务院《关于加快推进生态文明建设的意见》（中发〔2015〕12号）和中共中央办公厅、国务院办公厅《关于党员干部带头推动殡葬改革的意见》（中办发〔2013〕23号）要求，进一步深化殡葬改革，推行节地生态安葬，保障群众基本安葬需求，保护生态环境，促进人与自然和谐相处，现提出如下意见：

一、重要意义

党的十八大以来，党中央、国务院高度重视生态文明建设，将其纳入"五位一体"总体布局中协调推进。党的十八届五中全会提出了绿色发展理念，要求"坚持绿色富国、绿色惠民，为人民提供更多优质生态产品"。近年来，各地按照生态文明建设的要求，积极倡导和推行节地生态安葬，初步建成一批节地生态安葬设施，探索采用骨灰存放、树葬、撒海、深埋等安葬方式，取得了一定成效。但总体上看，我国的节地生态安葬工作还处于起步阶段，节约土地、保护环境的安葬观念不强，激励引导、规范监管的制度机制不完善，节地生态安葬设施供给不足，节地生态安葬率不高，乱埋乱葬、骨灰装棺再葬、墓位面积超标、过度使用不可降解材料等问题突出，迫切需要加以解决。

节地生态安葬，就是以节约资源、保护环境为价值导向，鼓励和引导人们采用树葬、海葬、深埋、格位存放等不占或少占土地、少耗资源、少使用不可降解材料的方式安葬骨灰或遗体，使安葬活动更好地促进人与自然和谐发展。实践证明，推行节地生态安葬是减轻群众负担，保障基本安葬需求的重要途径；是移风易俗，弘扬社会主义核心价值观的重要举措；是促进生态文明建设，造福当代和子孙后代的必然要求。面对人多地少的基本国情，面对资源约束趋紧、环境污染严重、生态系统退化的严峻形势，各地要充分认识推行节地生态安葬的重要性和紧迫性，着力凝聚社会共识，加强节地生态安葬设施建设，积极稳妥推广节地生态葬法，完善相关政策措施，走出一条具有中国特色的安葬方式改革之路，为建设美丽中国、实现中华民族永续发展作出贡献。

二、总体要求

（一）指导思想。以邓小平理论、"三个代表"重要思想、科学发展观为指导，深入贯彻党的十八大、十八届三中、四中、五中全会精神和习近平总书记系列重要讲话精神，坚持保障群众基本安葬需求，坚持节约资源、保护环境，把以人为本、生态文明的理念贯穿于殡葬改革全过程，加大节地生态安葬公共服务产品供给，提供优质人文安葬服务，加强政策激励引导，使满足安葬需求与保护资源环境协调推进，促进形成人与自然和谐发展新格局。

（二）基本原则。

——政府主导，社会参与。强化政府在推行节地生态安葬工作中的统筹规划、基础建设、政策激励、典型示范、监督管理等方面的职能，积极引导和支持城乡居民、殡葬服务单位、基层组织以及相关社会组织推广节地生态葬法，形成参与殡葬改革的合力。

——节约资源，保护环境。坚持节约优先、保护优先的理念，科学规划建设节地生态安葬设施，创新推广节地生态葬法，提高土地利用率，尊重和保护自然生态，减少安葬活动对资源的消耗和对环境的不当干预，切实维护生态安全。

——注重引导，创新发展。尊重、引导、发挥好安葬习俗对节约资源、保护环境的积极作用，通过依法管理、提升内涵、激励引导、探索创新，引导人们更加自觉接受节地生态葬法，更加重视精神传承，逐步革除陋习、移风易俗，积极稳妥、循序渐进地改革安葬方式。

——分类指导，统筹推进。根据城乡、地域、民族、葬式及安葬设施的不同特点，因地制宜，分类指导，科学施策。坚持殡、葬、祭"三位一体"，推动节地生态安葬与绿色殡葬、人文殡葬、惠民殡葬相结合，葬法改革与丧礼改革相衔接，统筹推进殡葬改革。

（三）主要目标。到"十三五"末，在巩固和提高全国年均火化率的基础上，较大幅度提高节地生态安葬比例，建成一批具有示范效应的节地生态安葬设施，初步形成覆盖城乡的节地生态安葬公共服务网络，全面实行奖补激励政策，骨灰装棺再葬、乱埋乱葬和墓位面积超标得到有效治理，节地生态、移风易俗新风尚成为殡葬活动主流。

三、主要任务

（一）着力推行节地生态葬式葬法改革。按照积极有步骤地实行火葬、改革土葬的原则，科学精准地划分火葬区和土葬改革区，依法推行遗体火化、骨灰或遗体公墓内集中安葬，在此基础上，因地制宜创新和推广更多符合节地生态要求的安葬方式。在火葬区，积极推行不占或少占土地的生态化骨灰安葬方式，在人口密集区推行以楼、廊、堂、塔、墙等形式存放骨灰的立体安葬方式。倡导建设单人骨灰安葬或双人骨灰合葬占地小于国家规定标准的节地型墓位，提倡地面不建墓基、地下不建硬质墓穴，墓碑小型化、微型化，最大限度降低硬化面积，并鼓励家庭成员采用合葬方式提高单个墓位使用率。积极推广骨灰植树、植花、植草等生态葬式，使用可降解容器或直接将骨灰藏纳土中，不设硬质墓穴和墓碑。倡导骨灰撒海、撒散等不保留骨灰的安葬方式。在土葬改革区，遗体应在公墓或农村公益性墓地内集中安葬，不得乱埋乱葬，倡导建设单具遗体安葬和双人合葬占地分别低于国家规定标准的节地型墓位，减少地面硬化面积，鼓励墓碑小型化或不立碑；倡导遗体深埋、不留坟头或以树代碑。尊重少数民族丧葬习俗，鼓励和支持少数民族群众选择既具有民族地域特色、又符合节地生态要求的葬式葬法。

（二）着力加强节地生态安葬设施建设。根据已有安葬设施情况和未来需求预测，把握总量、扩大增量、优化存量，科学规划建设节地生态安葬设施，强化安葬设施的生态功能。着力加强城镇公益性公墓、骨灰堂等基本殡葬公共服务设施建设，提供树葬、撒散、骨灰存放、小型墓等多样化节地生态安葬方式，原则上新建城镇公益性公墓的节地生态安葬率达到100%。严格依法审批经营性公墓，结合实际分别对新建和已有经营性公墓明确节地生态安葬区域的配建比例。对超标准建墓立碑的，要依法通过拆除、绿化等方式进行整治改造。按照绿色城镇化和美丽乡村建设的要求，新建和改造农村公益性墓地，严格执行墓位占地面积规定，减少使用不可降解材料，提高集约化、生态化安葬程度。加强少数民族殡葬设施建设，保障少数民族群众节地生态安葬需求。

（三）着力提高节地生态安葬服务水平。针对节地生态安葬的人群及相关服务特点，严格落实安葬服务标准，创新服务模式，优化服务流程，积极提供网上预约、服务热线、咨询窗口等便捷方式，拓展全程引导、交通保障、悲伤抚慰等服务项目，强化人文关怀，提升服务内涵，做到用心服务、便民高效。加强安葬后续日常管理，注重环境绿化美化，引导文明低碳祭扫，保持墓区整洁肃穆。根据安葬服务协议及墓位使用周期，积极推进墓穴循环使用。鼓励经营性公墓积极承担社会责任，选择位置好、绿化好的墓区开辟节地生态墓园。强化事业单位法人性质的经营性公墓示范带头作用，提供更多、更加优质的节地生态安葬公共服务产品。深化农村殡葬改革，充分发挥村（居）民委员会及红白理事会、老年人协会等社会组织的作用，加强农村公益性墓地管理，提供及时便捷服务，提高群众认可度和满意度。推进互联网、物联网与殡葬服务融合发展。

（四）着力培育现代殡葬文化。把推行节地生态安葬与倡导厚养薄葬、保护生态环境、造福子孙后代结合起来，厚植符合节地生态、绿色环保要求的安葬理念，培育具有时代特征、民族特点、群众基础的殡葬行为规范。充分依托现有殡葬设施资源，建设一批生命文化教育基地，打造优秀殡葬文化传承平台。积极推广现代文明的殡葬礼仪和殡葬用品，坚决抵制迷信低俗、奢侈浪费等不良丧葬风气，切实增强参与节地生态安葬的思想自觉和行动自觉。大力倡导网络祭扫、鲜花祭扫、踏青遥祭、植树缅怀等文明低碳祭扫方式，积极组织集体共祭、社区公祭、家庭追思等现代追思活动，弘扬慎终追远等优秀传统殡葬文化，引导群众逐步从注重实地实物祭扫转移到以精神传承为主上来。

四、保障措施

（一）加强组织领导。积极争取党委、政府重视，将推行节地生态安葬作为深化殡葬改革的重要内容，纳入"十三五"规划，摆上议事日程，健全工作机制，加强目标管理和绩效考核，确保政策措施落到实处。民政部门要牵头做好政策标准制定、组织实施、审批监管等工作。发展改革、科技、财政、国土资源、环境保护、住房城乡建设、农业、林业等部门要各司其职、密切配合，做好安葬设施规划建设，加大节地生态安葬公共服务供给，完善惠民殡葬政策和激励引导措施，依法查处非法占地建坟，强化殡葬活动的生态环境监管，推动环保殡葬新技术、新产品研发应用，结合农村环境综合整治改进殡葬服务管理，支持保障推行节地生态安葬。注重发挥乡镇、街道、城乡社区的独特优势，探索建立基层殡葬信息员制度及殡葬信息源采集、报告和预警机制，加大对乱埋乱葬、骨灰装棺再葬、违规建墓的事前预防和源头治理力度。

（二）发挥党员干部带头作用。深入落实中央八项规定和党员干部带头推动殡葬改革的要求，强化党员干部从严律己、依法从政意识，要求群众做到的，党员干部要带头做到。党员干部要带头实行遗体火化，带头参与节地生态安葬，带头推行丧事简办，带头文明低碳祭扫，教育和约束直系亲属和身边工作人员按要求举办丧事活动，主动做殡葬改革的践行者、生态文明的推动者、文明风尚的引领者，以正确导向和行为示范带动广大群众转观念、破旧俗、立新风。主动协调有关部门把带头推动殡葬改革的要求纳入对党员干部的教育管理之中，积极宣传典型人物和先进事例，依法纠正和查处党员干部尤其是领导干部去世后遗体违规土葬、乱埋乱葬、超标准建墓立碑等行为，对其他涉嫌违纪违法问题线索的，及时移交执纪部门或司法部门处理。

（三）强化宣传引导。树立正确舆论导向，充分发挥媒体、殡葬服务机构、基层自治组织、社会组织等在宣传教育方面的作用，用群众喜闻乐见的方式，宣传节地生态安葬的重大意义、法规政策和实践成果，凝聚全社会的思想认同。开展节地生态安葬示范活动，鼓励有条件的地方大胆探索、先行先试，逐步形成可复制、可推广的有效模式。注重实践养成，坚持清明节等重要节点集中宣传与日常引导相结合，积极组织开展殡葬服务机构开放日、节地生态安葬宣讲、集中撒海生态安葬等活动，加强对群众治丧观念和治丧活动的正向激励引导，培育和树立文明节俭、生态环保、移风易俗的殡葬新风尚。

（四）健全奖补激励机制。在进一步完善以减免基本殡葬服务费用为主要内容的惠民殡葬政策基础上，指导和推动有条件的地方建立节地生态安葬奖补制度，把树葬、海葬、格位存放等不占或少占地方式，以及土葬区遗体深埋不留坟头等生态葬法，纳入奖补范围，鼓励群众积极参与。群众有意愿且有条件的地区，可为不保留骨灰者建立统一的纪念设施，利用重要传统节日组织开展祭奠活动，缅怀逝者、教育后人。各地可结合实际情况，积极探索建立环保殡葬用品补贴制度，对带头推行无毒、可降解环保用品的殡葬服务单位或使用者亲属，给予适当奖励或补贴，推动环保殡葬用品的推广应用。

（五）注重能力建设。各有关部门要树立全局意识，加大对节地生态安葬工作的支持力度，保障基本建设用地，科学把握推进步骤和方法，加强规划引导和政策指导，增强工作的系统性、针对性和前瞻性。加快节地生态安葬标准化建设，制定和完善相关行业标准、地方标准和团体标准，积极引入环保、建筑等方面的专业力量，做好节地生态安葬设施和安葬方式的规划、设计和论证工作，打造节地生态安葬精品工程。加强专业服务人才培养，对殡葬系统员工普遍进行一次轮训，鼓励员工参加专业社会工作者考试，着力提升干部职工的生态文明素养。注重总结评估，着力研究解决推行节地生态工作中的难点问题，完善相关政策措施。

各地要根据本意见要求，结合实际，研究制定落实措施，有关工作开展情况及时报民政部。

民政部　发展改革委　科技部　财政部
国土资源部　环境保护部　住房城乡建设部
农业部　国家林业局
2016 年 2 月 19 日

住房城乡建设部　国家发展改革委
关于批准发布《殡仪馆建设标准》
《城市公益性公墓建设标准》的通知

（建标〔2017〕60 号）

国务院有关部门，各省、自治区、直辖市、计划单列市住房城乡建设厅（建委、建设局）、发展改革委，新疆生产建设兵团建设局、发展改革委：

根据住房城乡建设部《关于下达 2010 年建设标准编制项目计划的通知》（建标〔2010〕180号）要求，由民政部组织编制的《殡仪馆建设标准》《城市公益性公墓建设标准》已经有关部门会审，现批准发布，自 2017 年 9 月 1 日起施行。

在殡仪馆和城市公益性公墓建设项目的审批、核准、设计和建设过程中，要严格遵守国家关于严格控制建设标准、进一步降低工程造价的相关要求，认真执行两项建设标准，坚决控制工程造价。

两项建设标准的管理由住房城乡建设部、国家发展改革委负责，具体解释工作由民政部负责。

附件：1. 殡仪馆建设标准（略）
　　　2. 城市公益性公墓建设标准（略）

中华人民共和国住房和城乡建设部
中华人民共和国国家发展和改革委员会
2017 年 2 月 23 日

民政部 公安部 交通运输部 卫生计生委关于印发《重大突发事件遇难人员遗体处置工作规程》的通知

（民发〔2017〕38 号）

各省（自治区、直辖市）民政厅（局）、公安厅（局）、交通运输厅（委）、卫生计生委，新疆生产建设兵团民政局、公安局、交通局、卫生局，各省级海上搜救中心：

现将《重大突发事件遇难人员遗体处置工作规程》印发给你们，请结合实际，认真贯彻执行。

民政部
公安部
交通运输部
卫生计生委
2017 年 3 月 3 日

重大突发事件遇难人员遗体处置工作规程

第一章 总 则

第一条 为规范重大突发事件遇难人员遗体处置及相关善后事宜，保障公共卫生安全，维护社会公共秩序，根据《中华人民共和国突发事件应对法》、《殡葬管理条例》等法律法规的规定，制定本规程。

第二条 本规程所称的重大突发事件是指《中华人民共和国突发事件应对法》规定的特别重大、重大的自然灾害、事故灾难、公共卫生事件和社会安全事件。

第三条 重大突发事件遇难人员遗体处置工作应当遵循统一领导、分级负责、相互协同、属地管理为主的原则。

第四条 处置遇难人员遗体应当依法规范、以人为本、审慎稳妥，维护逝者尊严，尊重少数民族丧葬习俗。

第五条 重大突发事件遇难人员遗体处置相关信息，应当在人民政府统一组织领导下发布，做到及时、准确、完整，坚持以正面舆论引导公众、稳定人心，推动善后工作的顺利开展。

第二章　遗体处置应急准备

第六条　事发地县级以上地方人民政府应当根据重大突发事件性质、特点以及遇难人员情况，成立遗体处置协调机构，或者由民政等有关部门按照各自职责，负责遇难人员遗体处置及相关善后事宜。必要时，上级民政部门及其他有关部门给予工作指导和协调支持。

第七条　遗体处置协调机构或者民政等有关部门应当结合实际，听取有关专家意见，研究制定遇难人员遗体处置工作方案，明确职责分工，对遗体处置及相关善后事宜作出部署安排。

第八条　事发地县级人民政府民政部门应当根据遇难人员殡仪服务需求情况，全面摸清本地区第一时间可调用的殡仪服务力量、设施、设备、物资等资源状况，必要时可请求上级民政部门协调其他地区给予支援。

第九条　遇难人员遗体处置一般按照就近就便的原则，由事发地殡仪服务机构承担。遇难人员多、事发地殡仪服务机构无法独立承担遗体处置任务时，民政部门可协调一个或数个邻近的殡仪服务机构予以分担。

在异地转移救治过程中死亡的遇难人员，由救治地县级人民政府民政部门指定当地的殡仪服务机构负责遗体处置工作。

第十条　在我国领土领海以外、公海等区域发现遇难人员遗体，需要由船舶或者飞行器将遗体运回我国境内的，应当按照就近就便的原则，将遗体移交船舶靠泊地或者飞行器降落地县级人民政府，由当地民政、公安、卫生计生等部门共同完成遗体处置及相关善后工作。

第十一条　殡仪服务机构应当制定遇难人员遗体处置应急预案，预先做好运尸车、冷藏棺、冷冻柜、火化机等殡葬专用设备的检修或调试工作，准备足量的遗体处置物资设备，并对相关管理服务人员进行应急培训。

第十二条　对于患传染病死亡的遇难人员遗体，殡仪服务机构应当设立临时的殡仪服务专用通道，与非患传染病死亡的遗体隔离处置，为相关管理服务人员配备防护设备并进行安全培训。

第十三条　事发地疾病预防控制机构应当指导做好与遇难人员遗体处置相关的卫生防疫工作，加强传染病疫情防控，消除相关公共卫生风险。

第十四条　卫生计生部门可根据工作需要，派出医护人员和急救车辆进驻殡仪服务机构，满足遇难人员家属和相关工作人员应急医疗需求。

第三章　遗体接运与保存

第十五条　遇难人员遗体被发现后，由公安机关按照有关程序对遗体进行统一登记编号、尸检拍照、提取相关检材以及做好与身份识别相关的遗物登记工作，并将遗体移交指定的殡仪服务机构。

第十六条　殡仪服务机构接运遇难人员遗体需要办理遗体交接手续。接运人员应当对遗体编号、随身标识、遗体状况等，与移交方进行核对，如实填写登记信息，并由交接双方签字确认。

第十七条　对具有亲属关系的多个遇难人员遗体需要转运至同一殡仪服务机构治丧的，应当经事发地县级人民政府民政部门同意后，按照本规程第十六条规定办理。

第十八条　因涉及少数民族丧葬习俗等原因，遇难人员遗体不能就地、就近处理的，应当经事发地县级人民政府民政部门同意后，由殡仪服务机构负责办理遗体运输事宜。

第十九条　对于运输遇难人员遗体的车辆，公安交管部门应当优先给予通行便利。

第二十条　遇难人员遗体运至殡仪服务机构后，由殡仪服务人员按照操作规程对遗体进行消毒和初步整理。

第二十一条　殡仪服务机构应当按照遗体处置协调机构或者民政等有关部门确定的遗体处置方案处理遗体，如需保存的，应当科学选择防腐保存的方法。对严重变形或受损的遗体，应当充分发挥专家队伍和专业人员的作用，采用先进的技术和个性化的措施，妥善解决遗体保存问题。

第二十二条　殡仪服务机构对遇难人员遗体进行防腐处理后，应当及时对防腐设施、设备以及防腐过程中产生的废水进行消毒处理。

第四章　遗体身份确认与告别

第二十三条　遗体身份确认应当按照遗体处置协调机构或者民政等有关部门的统一安排进行。有条件的，先进行照片辨认，再进行遗体确认；直接进行遗体身份确认的，应当采取单具遗体依次辨认的方式。

第二十四条　殡仪服务机构可依托自身力量或者引入专业社会工作者等社会力量，及时为遇难人员家属提供心理疏导、哀伤抚慰及相关援助。

第二十五条　对于经家属确认的遇难人员遗体，由遗体处置协调机构或者民政等有关部门对家属进行积极引导并与其充分协商的基础上，制定统一的殡仪服务方案和工作流程。

第二十六条　殡仪服务机构为遇难人员提供遗体告别服务，应当在礼厅布置、丧葬用品及相关设施设备使用方面统一标准，并适度兼顾逝者丧葬习俗和家属合理需求。

第二十七条　提供告别服务前，可以对遇难人员遗体进行必要的整容或整形，并将遗体入殓。对严重变形或受损的遗体，应当采用技术手段谨慎处理。

第二十八条　告别礼厅的布置应当整洁肃穆、规范得体，体现对遇难人员的哀悼和对逝去生命的尊重。

第二十九条　告别服务应当在殡仪服务人员引导下，按照服务方案和操作规程有序进行。

第五章　遗体火化与安葬

第三十条　对能够确认身份的遇难人员，殡仪服务机构应当凭死亡证明和家属同意火化确认书火化遗体。死亡证明由负责尸检的公安机关或者负责救治的医疗卫生机构出具。

第三十一条　遇难人员遗体火化前，火化工作人员应当对遗体编号、逝者姓名、性别、年龄等情况，逐一进行核对，确认无误后，方能火化。

第三十二条　火化工作人员应当提前对火化设备进行清理检查、模拟操作，确保运转正常。如火化设备需长时间连续运转的，应当安排相关专业技术人员到场提供技术保障。

第三十三条　火化结束后，殡仪服务机构应当与遇难人员家属办理骨灰移交手续，核对家属身份信息，进行移交签字确认，并出具火化证明。对无人领取的骨灰，由殡仪服务机构统一编号，按照有关规定处理。

第三十四条　对事发地属于土葬改革区且不具备火化条件的，可以对遇难人员遗体进行土葬处理。土葬时，应当整齐排放遗体，确保安葬位置、遗体、编号一一对应。对遇难人员家属提出火化遗体要求的，可安排附近具备火化条件的殡仪服务机构提供火化服务。

第三十五条　遇难人员遗体处置工作结束后，疾病预防控制机构应当指导殡仪服务机构做好设施设备清理消毒、殡仪废弃物无害化处理等后续工作。

第三十六条　承担应急任务的殡仪服务和安葬服务机构应当建立遇难人员遗体处置档案，做好遗体接运、存放、告别、火化或土葬、骨灰移交等相关信息记录与保存工作，并确保信息安全。

第六章　遗物认领与处理

第三十七条　遇难人员遗物认领工作由遗体处置协调机构或者民政等有关部门统筹安排，制定遗物整理清点、登记造册、组织认领、移交以及无人认领遗物处理等相关程序和办法，并组织实施。

第三十八条　认领人应当凭有效身份证件认领遗物，填写遗物认领登记表，注明与遇难人员的关系、认领时间、地点、见证人以及遗物件数、种类和特征等，并拍照留存，必要时可通过司法公证认领。

第三十九条　对于无身份标识且与遗属描述基本特征不相吻合的遗物，应当按照遗体处置协调机构或者民政等有关部门研究确定的分类处理办法处理。

第七章　其他规定

第四十条　遇难人员经确认是港澳台居民、华侨或者外国人的，遗体处置按照有关规定办理。

第四十一条　国家对处置因传染病疫情和不明原因的群体性疫病而死亡的遇难人员遗体另有规定的，从其规定。

第四十二条　《中华人民共和国突发事件应对法》规定的较大和一般突发事件涉及遇难人员遗体处置工作的，可以参照本规程规定执行。

第四十三条　本规程自发布之日起实施。

民政部　中央文明办　发展改革委　公安部　财政部人力资源社会保障部　国土资源部　环境保护部文化部　卫生计生委　工商总局　林业局　宗教局全国总工会　共青团中央　全国妇联关于印发《关于进一步推动殡葬改革促进殡葬事业发展的指导意见》的通知

（民发〔2018〕5号）

各省、自治区、直辖市民政厅（局）、文明办、发展改革委、物价局、公安厅（局）、财政厅（局）、人力资源社会保障厅（局）、国土资源厅（局）、环境保护厅（局）、文化厅（局）、卫生计生委、工商行政管理局、林业厅（局）、宗教局、工会、团委、妇联，新疆生产建设兵团民政局、文明办、发展改革委、公安局、财务局、人力资源社会保障局、国土资源局、环保局、文化广播电视局、卫生局、林业局、民宗局、工会（妇联）、团委：

为全面深入贯彻党的十九大精神，推动殡葬改革和殡葬事业更好服务于保障和改善民生、促进精神文明和生态文明建设，民政部等16个部门制定了《关于进一步推动殡葬改革促进殡葬事业发展的指导意见》，并商中央组织部、中央宣传部、住房城乡建设部、最高人民法院同意。现印发给你们，请结合实际，认真贯彻实施。

民政部　中央文明办
发展改革委　公安部
财政部　人力资源社会保障部
国土资源部　环境保护部
文化部　卫生计生委
工商总局　林业局
宗教局　全国总工会
共青团中央　全国妇联
2018 年 1 月 10 日

关于进一步推动殡葬改革促进殡葬事业发展的指导意见

殡葬改革工作事关人民群众切身利益，事关精神文明和生态文明建设。近年来特别是党的十八大以来，殡葬改革深入推进，殡葬公共服务能力明显增强，殡葬管理水平不断提升，殡葬事业取得较大发展。但要看到，殡葬改革工作是一项长期艰巨的任务，思想认识不统一、服务保障不到位、体制机制不健全、监管执法难跟进等问题还较为突出，殡葬改革发展水平与人民群众期待需求、与经济社会发展要求还有不小差距。为进一步增强殡葬改革动力，激发殡葬事业发展活力，更好满足人民群众殡葬服务需求，促进殡葬事业健康有序发展，现提出如下意见。

一、总体要求

（一）指导思想。全面贯彻党的十九大精神，以习近平新时代中国特色社会主义思想为指导，认真贯彻落实党中央、国务院决策部署，坚持以人民为中心的发展思想，践行新发展理念，围绕建设惠民、绿色、文明殡葬，以推动殡葬改革为牵引，以满足人民群众殡葬需求为导向，以提升殡葬服务能力和水平为保障，以创新殡葬管理体制机制为动力，整合资源、规范管理、优化服务、深化改革，推动殡葬改革和殡葬事业更好服务于保障和改善民生、促进精神文明和生态文明建设，为增进人民福祉、全面建成小康社会作出贡献。

（二）基本原则。

——公平可及，群众受益。把以人民为中心、满足群众殡葬需求作为出发点和落脚点，坚持推进殡葬改革与完善殡葬服务供给相结合，优化殡葬资源配置，完善殡葬服务网络，建立基本殡葬服务制度，确保实现人人享有公益性基本殡葬服务，让人民群众成为殡葬改革的最大受益者。

——坚持改革，移风易俗。坚定不移推行殡葬改革，把尊重生命、绿色文明的理念贯穿于殡葬改革全过程，大力弘扬社会主义核心价值观，把文明节俭治丧、节地生态安葬、文明低碳祭扫转化为人们的情感认同和行为习惯，传承发展优秀传统文化，破除丧葬陋俗，树立殡葬新风尚，促进人与自然和谐共生。

——政府主导，社会参与。正确处理政府与市场的关系，强化政府主体责任，建立健全基本殡葬公共服务体系，完善监管体制机制，全面加强殡葬行业监管。积极推进殡葬服务供给侧结构性改革，引导社会力量有序参与，满足群众多样化殡葬服务需求。

——因地制宜，分类指导。鼓励各地结合自身条件与特点，因地制宜大胆探索创新，不拘泥一种模式，不搞"一刀切"，在殡葬改革、殡葬服务、殡葬管理等方面，探索符合实际、行之有效的改革路径，形成各具特点的发展模式，培育健康发展的新样本、新机制。

——统筹协调、综合治理。坚持在各级党委和政府统一领导下开展工作，强化民政部门行业监管责任，完善部门协同监管机制，加强基层工作力量，建立健全组织有力、职责明确、协调顺畅的领导体制和工作机制。发挥基层群众自治、行业协会自律、社会监督等方面作用，创新监管手段和治理方式，实现政府、社会、市场优势互补、良性互动。

（三）目标任务。到 2020 年，实现火葬区殡仪馆县级行政区域全覆盖并达到国家环境保护标准要求，公益性节地生态安葬设施覆盖到乡镇，逐步建立基本殡葬服务制度和节地生态安葬奖补制度，覆盖城乡居民的殡葬公共服务体系基本建立，遗体火化率逐年提高，骨灰格位存放、树葬、海葬等节地生态安葬比例达到 50% 以上，党委领导、政府负责、部门协同、公众参与、法治保障的工作格局基本形成。

二、持续深入推进殡葬改革

（四）统筹推进火葬土葬改革。各地要根据国家"十三五"相关规划要求，结合实际加紧制定和完善本地区殡葬改革发展规划。进一步明确和细化火葬区与土葬改革区的划分标准、划分程序和调整周期，并按规定将划分情况报民政部备案。在实行火葬的地区，要坚持遗体火化与骨灰处理两手抓、两手都要硬，既要千方百计巩固和提升火化率，又要大力推进骨灰集中节地生态安葬。对火葬区遗体违规土葬、骨灰装棺再葬、散埋乱葬等问题，要坚持疏堵结合、依法治理，严禁以罚代管、放任不管。在土葬改革区，要按照规划引导群众实行集中安葬，倡导遗体深埋、不留坟头或以树代碑。

（五）大力推行节地生态安葬。深入贯彻落实民政部等九部门《关于推进节地生态安葬的指导意见》，大力推行不占或少占土地、少耗资源、少使用不可降解材料的节地生态安葬方式，加快建立节地生态安葬奖补制度。加大城乡公益性节地生态安葬设施建设力度，因地制宜，科学合理规划选址，提供树葬、撒散、骨灰存放等多样化节地生态安葬方式，提高建设管理和服务水平，提高群众认可度和满意度。加强公益性节地生态安葬设施用地保障，在符合土地利用总体规划的前提下，应在土地利用年度计划中优先安排新建项目用地，在用地取得、供地方式、土地价格等方面加快形成节约集约用地的激励机制。对于经营性公墓，要严格限制墓穴、墓位占地面积和墓碑高度，鼓励使用可降解材料，不断提高节地生态安葬比例，引导从依赖资源消耗，逐步向绿色生态可持续发展转型。

（六）积极推进殡葬移风易俗。深化丧葬习俗改革，把殡葬移风易俗纳入文明城市、文明村镇创建和美丽乡村建设之中，加大推进力度。根据需要，统筹规划和建设殡仪服务站等集中治丧场所，合理设置祭扫专门区域，引导群众文明治丧、低碳祭扫。开展农村散埋乱葬专项治理活动，把此项活动作为加强和完善社区治理、改善农村社区环境的重要举措进行统筹部署安排。充分发挥村（居）委会和红白理事会、老年人协会等基层组织作用，把治丧规范纳入村规民约、村民自治章程，培育和推广文明现代、简约环保的殡葬礼仪和治丧模式。深入挖掘阐释清明节等传统节日蕴含的教育资源，充分依托殡葬服务纪念设施，建设生命文化教育基地，打造优秀殡葬文化传承平台，弘扬尊重生命、孝老敬亲、厚养薄葬、慎终追远、天人合一等思想文化，崇尚社会公德、家庭美德，培育现代殡葬新理念新风尚。

三、建立健全殡葬公共服务体系

（七）优化殡葬服务资源布局。各地要立足当地群众殡葬服务需求，着眼长远发展，加紧制定和完善本区域殡仪馆、火葬场、骨灰堂、公墓、殡仪服务站等殡葬设施的数量、布局规划。规划时要严守生态保护红线，重点完善设施空白地区规划，调整优化基础薄弱或服务饱和地区殡葬资源结构，确保殡葬设施种类、数量、服务规模与当地群众殡葬服务需求相匹配、与殡葬改革推行相适应，并严格依照规划审批殡葬设施，做好殡葬项目"邻避"问题防范与化解工作。特别是实行火葬的地区，必须把建设火化设施和骨灰安葬设施作为首要条件纳入工作规划，明确推进的时间表和路线图。同时，根据需要，及时更新改造现有火化设施设备，重点对已达危房标准、设施陈旧的县（市、区）殡仪馆实施改扩建，对已达到强制报废年限或不符合国家环境保护标准的火化设备进行更新改造。

（八）建立基本殡葬服务制度。各地要制定基本殡葬服务清单，把遗体接运、暂存、火化、骨灰寄存等项目纳入清单范围，并根据当地经济社会发展水平和需求状况进行动态调整。要坚持基本殡葬服务公益性，强化政府责任和投入，依照国家有关规定加强基本殡葬服务收费管理，并为城乡困难群众以减免费用或补贴方式提供基本殡葬服务，有条件的地区可将政策惠及对象扩展到辖区所有居民，逐步实现基本殡葬服务的普惠性、均等化。对履行基本殡葬服务职能的殡仪馆、火葬场、公益性公墓等殡葬服务机构，要落实政府投入和税费减免配套优惠政策，确保持续稳定地提供基本殡葬服务。

（九）丰富和完善殡葬服务供给。妥善处理基本殡葬服务与非基本殡葬服务的关系，保障和改善基本殡葬服务，丰富和拓展非基本殡葬服务，满足群众多样化、多层次的殡葬服务需求。坚持殡葬服务事业单位提供基本殡葬服务的主导地位，改革体制机制，改善服务方式，丰富服务内容，提高服务质量，发挥示范引领作用。对于能由政府与社会资本合作或能由政府购买服务提供的，鼓励和引导社会力量有序参与，推动殡葬服务供给主体和供给方式多元化。依法完善遗体接运、遗体殓殡、遗体殡仪等直接接触遗体的殡仪服务事项管理制度和服务标准，完善市场准入条件，强化事中事后监管，引导各类主体规范提供服务。创新殡葬服务与"互联网+"融合发展的新途径、新模式、新业态，为群众提供更加方便、快捷、透明的殡葬服务。

四、规范殡葬服务机构管理

（十）推进殡葬服务机构管办分离改革。结合事业单位分类改革要求，理顺政府与市场的关系，推进殡葬行政管理职能与生产经营分开、监管执法与经营举办分离，探索多种有效的实现形式。各级民政部门要强化殡葬法规政策、行业规划、标准规范的制定和监督指导职责，从对殡葬服务单位的直接管理向行业管理转变。强化殡葬服务事业单位的公益属性，进一步落实法人自主权，规范内部管理，激发发展活力。对殡葬管理事业单位与殡仪馆、公墓等经营实体合一或举办经营实体的，要摸清底数，制定脱钩方案，提出加强殡葬管理力量的有效措施，提请当地党委和政府研究解决。

（十一）规范社会资本参与。鼓励社会资本以出资建设、参与改制、参与运营管理等多种形式投资殡葬服务行业，但对于具有遗体火化等基本殡葬服务功能的殡葬设施，要强化政府主体责任。对于公办殡葬服务机构与社会资本合作的，要坚持公共利益优先原则，从是否增加和改善基本殡葬服务供给、提高运营效率、促进创新和公平竞争等方面，充分做好评估论证，审慎确定合作模式，规范选择合作伙伴，细化和完善项目合同文本，并可通过派驻管理人员等方式，强化日常监管，确保合作期间国有资产不流失、公益属性不改变、服务水平有提高。对项目收入不能覆盖成本和收益、但社会效益较好的合作项目，政府可给予适当补助。对服务管理不规范、严重偏离公益方向、公众满意度差的合作方，要建立违约赔偿和退出机制。

（十二）加强重点事项管理。根据各类殡葬服务机构性质和特点，坚持问题导向，聚焦风险防范，分类施策，加强管理。殡葬服务机构要全面实行收费公示和明码标价制度，严格执行政府定价、政府指导价，与逝者家属签订服务合同，出具合法结算票据，保证中低价位殡葬服务和用品足量提供，严禁诱导、捆绑、强制消费。加强对遗体处置和相关证件出具审核的监管，避免接收来源不明遗体、轻率或错误火化遗体，严厉查处虚开、倒卖火化证明等违法违规行为，加强行风建设，全面推进反腐倡廉和廉洁从业。殡葬服务机构要全面加强安全管理，持续加强安全隐患排查整治，坚决防止发生安全责任事故，切实落实交通安全主体责任，加强配套停车场规划建设，强化对殡葬服务车辆及驾驶人员的安全管理。进一步规范和加强公墓管理，对未经批准建设的公墓依法予以取缔，对违规改扩建等行为予以纠正，禁止建造超规定面积墓穴、墓位，禁止非法出售（租）、转让（租）墓葬用地或骨灰存放格位，禁止农村公益性墓地违规对外销售。对经营性公墓价格，要加强经营者定价行为的指导规范，对价格明显偏高的，必要时依法进行干预和管理。加强殡葬用品市场、社会殡仪服务机构、殡葬服务中介机构及相关从业人员管理，建立部门联合执法机制，查处虚假宣传、以次充好、强制消费、价格欺诈等侵害消费者权益行为。加强医院太平间管理，严禁在太平间开展营利性殡仪服务。制定完善无人认领遗体管理办法。查处借宗教名义违规建设、经营骨灰存放设施等行为。

（十三）创新管理手段。充分利用信息化手段，加强殡葬服务机构日常信息采集分析，并公示机构名录、审批、年度检查、日常抽查等信息，建立殡葬服务机构执业情况定期通报制度。加强部门信息交换共享和联动惩戒，建立失信黑名单制度，将失信黑名单信息纳入全国信用信息共享平台，强化对殡葬服务机构的信用监管。建立健全以群众满意度为导向的殡葬服务机构考核评价机制，制定和完善考核评估指标体系，侧重衡量功能定位、职责履行、服务流程、服务态度、服务质量、社会效益等内容，把社会评价与检查考核相结合，结果向社会公开，并与政府购买服务、财政补贴、表彰奖励等挂钩，建立激励约束机制。

五、强化组织保障

（十四）加强组织领导。推动各级党委和政府把推动殡葬改革发展作为增进人民福祉的重要内容、促进精神文明和生态文明建设的有力举措，摆上议事日程，建立健全党委领导、政府负责、部门协作、社会参与、法治保障的领导体制和工作机制，明确职责分工，完善政策措施，加强目标考核，强化责任落实。民政部门要发挥好牵头作用，主动协调有关部门，通过定期召开会议、通报工作情况、联合督查执法等方式，完善部门协作机制，有效解决殡葬领域重点难点问题，形成推动殡葬改革发展的合力。

（十五）落实部门职责。各有关部门要切实履行职责，加强联动互动。民政部门要牵头做好殡葬管理政策标准制定、殡葬改革工作组织实施、殡葬设施审批监管等工作。组织人事部门要及时掌握党员干部治丧情况，加强对党员干部的教育管理。宣传部、文明办要做好殡葬改革宣传引导工作，将殡葬移风易俗工作纳入文明创建活动内容。发展改革部门要加强对殡葬事业发展的规划，建立殡葬事业公共投入和稳定增长机制，加大对提供基本殡葬服务的殡葬设施建设支持力度。公安机关要加强对本部门出具的非正常死亡证明的管理，查处丧事活动中违反治安管理的行为和私自改装车辆运输遗体的行为，并积极商请民政部门共享殡葬信息，从中发现死亡人员未销户口线索，及时调查核对、注销户口。财政部门要保障落实惠民殡葬和节地生态安葬奖补政策所需的资金，合理核拨殡葬事业单位运营管理经费和殡葬事业发展经费。人力资源社会保障部门要完善参加社会保险人员死亡后丧葬补助金、抚恤金等发放政策。国土资源、林业等部门要依法保障纳入规划的殡葬设施用地需求，纠正和查处违法占地建设殡葬设施、违法占用耕地林地建坟等行为。环境保护部门要依法指导支持火化机环保改造，强化殡葬活动的生态环境监管。住房城乡建设部门要依法加强殡葬设施规划建设管理。文化部门要加强对治丧活动中营利性演出活动的监管。卫生计生部门要加强对医疗机构出具死亡证明的管理和医疗机构太平间的管理，指导殡仪服务机构做好卫生防疫工作。工商部门要配合查处制造、销售不符合国家技术标准的殡葬设备、封建迷信殡葬用品等违法行为。财政、价格主管部门要依法制定殡葬服务收费标准，查处殡葬乱收费行为。宗教事务管理部门要依法规范寺庙等宗教活动场所建设骨灰存放设施等行为。人民法院要依法受理违法安葬行为申请强制执行案件。工会、共青团、妇联等人民团体和基层党组织、村（居）委会以及殡葬行业协会、红白理事会、老年人协会等基层组织要充分发挥作用，广泛动员群众积极参与殡葬改革。

（十六）强化党员干部模范带头作用。严格落实中央八项规定精神和党员干部带头推动殡葬改革的要求，增强党员干部从严律己意识，强化党纪法规的刚性约束。党员干部要做法规制度的遵守者，去世后依法实行火葬、骨灰集中规范安葬；要做文明风尚的引领者，带头文明节俭治丧、节地生态安葬、文明低碳祭扫，并加强对其直系亲属和身边工作人员办理丧葬事宜的教育和约束，以正确导向和行为示范带动广大群众革除丧葬陋俗，弘扬新风正气。对党员干部尤其是领导干部去世后违规土葬、散埋乱葬、超标准建墓立碑以及治丧活动中其他违法违纪行为的，要依法依纪严肃查处。

（十七）加强督查评估。民政等部门要加强对殡葬工作政策落实情况的督查评估，定期或不定期地检查是否存在对违规土葬、散埋乱葬行政不作为的问题，是否能够及时跟进对殡葬服务机构的事中事后监管，是否能够落实惠民扶持政策等，对发现的问题要逐项整改，加强跟踪分析和通报。要建立健全殡葬工作的考核评价机制，把火化率、节地生态安葬率、火化设施设备更新改造率、公益性安葬设施覆盖率等衡量改革发展成效的重要指标纳入考核范围，并争取纳入当地党委和政府目标考核，打通政策落实的"最后一公里"。

（十八）鼓励探索创新。要发扬基层首创精神，围绕殡葬领域体制机制、公共投入、监管执法、信息化建设等重点难点问题，勇于攻坚，寻求解决对策，创造积累经验，不断丰富完善相关政策措施，有效破解改革发展难题。部署开展全国殡葬综合改革试点，鼓励和支持地方因地制宜大胆探索，并密切跟踪试点工作进展情况，及时总结经验做法，研究解决改革中出现的问题。对相对成熟的试点经验，加强推广应用，形成试点先行、重点突破、以点带面的良好态势。

（十九）加强宣传引导。以殡葬服务机构、城乡社区等为重要宣传平台，充分发挥新媒体传播优势，深入宣传殡葬法规政策，普及科学知识，传递文明理念，引导群众转变观念、理性消费、革除陋俗，树立厚养薄葬、文明节俭、生态环保的殡葬新风尚。大力宣传党员干部带头参与殡葬改革的典型事例及各地推动殡葬改革发展的成功经验，发挥先进典型的示范作用，树立殡葬为民的良好形象，把社会风气引导好，努力营造人人支持殡葬改革、全社会关心殡葬事业发展的良好氛围。

民政部关于印发推进"互联网+殡葬服务"
行动方案的通知

（民发〔2018〕73号）

各省、自治区、直辖市民政厅（局），新疆生产建设兵团民政局：

为贯彻党中央、国务院关于网络强国建设、"放管服"改革和殡葬改革等重大决策部署，按照《"互联网+民政服务"行动计划》（民发〔2018〕60号）相关要求，加快推进"互联网+殡葬服务"，推动殡葬事业健康发展，我部研究制定了《关于推进"互联网+殡葬服务"的行动方案》。现印发你们，请认真贯彻落实。

民政部
2018年6月5日

关于推进"互联网+殡葬服务"的行动方案

为贯彻党中央、国务院关于网络强国建设、"放管服"改革和殡葬改革等重大决策部署，加快推进"互联网+殡葬服务"，促进殡葬服务业转型升级，满足人民群众的殡葬服务需求，推动殡葬事业健康发展，按照《"互联网+民政服务"行动计划》（民发〔2018〕60号）相关要求，制定本方案。

一、总体要求

（一）指导思想。以习近平新时代中国特色社会主义思想为指导，深入贯彻落实党的十九大和十九届二中、三中全会精神，坚持以人民为中心的发展思想和新发展理念，以殡葬管理服务信息平台建设为基础，以标准规范体系建设为支撑，以信息化促进殡葬服务水平提升为目标，加快推动殡葬管理服务模式创新，大力发展智慧殡葬，方便群众办事，让人民群众有更多获得感。

（二）基本原则。强化顶层设计，落实民政信息化建设总体要求，按照"金民工程"统一规划，统筹推进"互联网+殡葬服务"工作；致力融合创新，加强互联网、物联网、大数据技术与殡葬管理服务等全方位、深层次融合应用，创新殡葬服务管理模式；坚持协同共享，推动跨层级、跨地域、跨系统、跨部门的殡葬业务协同和资源共享；保障数据安全，加强数据安全管理和个人信息保护，健全多层次的网络与信息安全防护体系。

（三）发展目标。互联网与殡葬服务实现深度融合，殡葬服务更加便民、透明、优质，殡葬管理决策更加科学、精准、高效，殡葬领域逐步实现网络化、协同化、智能化，"互联网+"成为促进殡葬事业改革发展的重要驱动力量。到2020年，殡葬服务机构基本实现业务办理信息化，国家和省级殡葬管理服务信息平台实现互联互通，与地方各级民政部门、殡葬服务机构有效对接，国家基础殡葬信息数据库初步建成，纵向贯通、横向互联、信息共享、业务协同的信息化发展格局逐步形成，殡葬信息化水平明显提高。

二、重点任务和进度安排

（一）构建殡葬管理服务信息平台。按照"统一标准、两级部署、多级应用"的建设思路，构建一体化殡葬管理服务信息平台，形成部省两级平台管理服务体系。民政部负责开发全国通用版殡葬管理服务信息系统并推广应用，各地可通过直接使用该信息系统，或依据标准自行开发信息系统以及对已有信息系统进行升级改造等方式实现部省对接。地方各级民政部门和各类殡葬服务机构建设必要的信息系统运行支撑环境，配备办公终端、光纤宽带、网络安全和智能化殡葬专用设备等相关设施设备，并及时更新维护。

到2018年底，依托部一零一研究所中国殡葬公共服务网络平台建设项目，完成全国通用版殡葬管理服务信息系统的开发、试用和验收工作，推荐作为省级平台使用。北京、天津、山东、陕西、云南五省（市）民政厅（局）作为全国殡葬信息建设试点单位，加快推进系统部署或自建系统升级改造，做好系统上线、数据交换试运行等工作，并于2019年5月底前完成试点任务，民政部于2019年6月至8月对试点效果进行评估。

到2019年6月底，按照民政部"金民工程"统一规划和标准规范，建成全国殡葬管理服务信息平台（以下简称全国平台）；2019年底前省级殡葬管理服务信息平台（以下简称省级平台）全部建成，并落实国家信息安全等级保护要求；2020年底前实现部省两级平台互联互通，市、县民政部门和殡葬服务机构与省级平台有效对接。

（二）加强殡葬信息化标准规范建设。民政部结合全国殡葬事业发展需要和殡葬信息化建设实际，依据现有国家标准、行业标准，优先制定涉及殡葬信息化建设的业务流程规范和信息系统建设等基础性、关键性标准规范。地方民政部门在国家颁布的行业标准框架下，制定符合当地实际需求的殡葬信息化地方标准。积极推进标准规范的贯彻实施，对信息系统和运行支撑环境应严格按照相关标准规范进行建设管理或改造升级。

到 2018 年底，民政部制定《殡葬管理服务信息系统基本数据规范》、《殡葬管理服务信息系统数据交换共享规范》，并推动省级民政部门贯彻实施。

到 2020 年底，民政部适时制定涵盖业务流程规范、指标评价体系、数据质量等关键性标准规范，形成较为完整的殡葬信息化标准规范体系；地方民政部门根据需要制定完善殡葬信息化地方标准，并在贯彻实施《殡葬管理服务信息系统数据交换共享规范》等行业标准上取得实效。

（三）提高殡葬在线政务服务水平。各地要充分利用信息平台资源，加强殡葬管理法规政策、优秀殡葬文化宣传，全面公开与群众切身利益密切相关的殡葬服务信息，方便群众在线获得信息支持。梳理和规范殡葬政务服务事项，按要求纳入政务服务事项清单和目录；加快推进殡葬审批类政务服务事项在线审批，探索跨部门事项一站式服务模式，不断提升殡葬政务服务质量。

到 2018 年底，各地依托省级平台、各级民政部门官网或殡葬服务机构网站，推动实现殡葬服务机构名录、服务项目、收费标准、服务内容、服务承诺、监督方式、服务规范等网上公开。2019 年底前，上述服务信息实现在统一的省级平台上全面公开。

到 2020 年底，各地殡葬服务设施审批、境内遗体异地运输审批等政务服务事项基本实现在线申报和在线审查；部省两级平台互联互通后，政务服务做到"应上尽上、全程在线"，开展满意度评价，提高政务服务透明度和效率。

（四）推动殡葬服务线上线下互动融合。各地要依据统一的标准规范要求，积极推动殡葬服务机构加强自身信息化能力建设，公开服务清单，优化服务流程，规范服务收费，线上线下密切互动，探索电子结算和第三方支付等方式，加快实现殡葬业务办理信息化、网络化和规范化。要加快物联网等新技术在殡葬服务中的应用，为开展远程服务、实时监控、故障预警等奠定基础。鼓励互联网企业、殡葬设备用品生产企业、殡葬行业协会等社会力量，提供信息查询、在线选购、评价投诉等服务，推动形成"互联网+殡葬服务"新业态。

到 2019 年底，60% 以上的殡葬服务机构实现业务信息化办理，逐步开展远程告别、网上祭奠、网上预约预订等线上线下互动服务。

到 2020 年底，90% 以上的殡葬服务机构综合利用网站、手机 APP、微信公众号、服务热线和呼叫中心等方式，为群众提供规范、透明、方便、多样的在线服务。部省两级平台互联互通后，地方民政部门重点做好平台的多级应用，推动殡葬服务机构和有关企业组织依托平台，提高在线服务能力。

（五）推进殡葬大数据治理能力建设。逐步建立以遗体火化、安葬（放）等殡葬基础业务数据和管理服务机构数据为主的国家基础殡葬信息数据库，实现民政部门内部殡葬数据与其他数据之间的共享交换，推进与其他部门的相关数据共享交换，不断完善国家基础殡葬信息数据库信息，并支持其他政务服务协同应用。运用大数据加强和改进对殡葬服务的监管，推动建立殡葬服务信用评价体系，探索建立守信联合激励、失信联合惩戒机制。建立健全殡葬大数据分析应用机制，将殡葬信息数据与相关信息数据进行动态关联分析，提高殡葬管理科学决策水平，也为其他行业管理提供数据支撑。

到 2019 年底，各地按照数据交换标准将 2018 年以来的相关业务数据迁移、汇聚至省级平台，并加快完成 2010 年以来有纸质档案的历史数据补录工作；在国家平台和省级平台建成后，逐步实现民政部门内部殡葬数据与婚姻登记、最低生活保障等数据之间的交换共享。

到 2020 年底，各省份全部完成 2010 年以来有纸质档案的殡葬历史数据补录工作；在部省两级平台互联互通后，各省份将补录的历史数据迁移、汇聚至全国平台，并实现实时数据交换，初步建成国家基础殡葬信息数据库；打破部门间数据壁垒，通过民政统一数据共享交换平台，推进与公安、人力资源社会保障、卫生健康等部门相关数据在线交换共享。

三、保障措施

（一）加强组织领导。各地要把推进"互联网+殡葬服务"作为践行"民政为民、民政爱民"工作理念、优化殡葬服务管理的重要举措来部署实施，明确领导责任，将其纳入民政信息化建设的统一安排，并积极争取纳入当地政府"互联网+"行动计划，制定专项工作方案和配套政策措施，强化督导考核，确保各项任务落实到位。立足当地实际，重点做好信息平台建设与应用推广、开展在线服务等工作，提升殡葬服务信息化水平。加强与相关部门的沟通协调，依托殡葬工作领导协调机制或联席会议制度，研究解决推进"互联网+殡葬服务"工作中的重大问题。

（二）落实经费保障。各地要争取将殡葬信息化建设经费纳入财政预算，发挥财政主导作用，保障殡葬信息化发展需求。贯彻落实国家"十三五"相关规划要求，对新建的殡葬基础设施，统筹考虑信息化建设方面的配套保障资金。探索政府与社会资本合作模式，积极营造有利于吸引社会资本参与殡葬信息化建设的政策和制度环境，为系统开发、设备配置、运营维护等提供经费保障。加强殡葬信息化建设的项目管理和经费监管，防止盲目建设、低水平建设和重复投资，提高使用效益，加强廉政风险防控。

（三）强化人才队伍建设。各地要加强殡葬领域信息化人才队伍建设，组织开展骨干力量培训，培养一支既懂互联网、又专殡葬业务的专业人才队伍，强化智力支持。加强与大中专院校、科研院所、社会组织和专业技术企业合作交流，建立专家咨询机制，建立稳定专业的信息技术服务队伍。通过政府与社会资本合作、公开招投标、政府购买服务等方式，积极吸引企事业单位及其他社会力量参与"互联网+殡葬服务"建设，强化专业人才队伍力量，为系统开发、运行维护和技术支持提供专业化服务。

（四）开展试点示范。各地要把殡葬信息化建设与殡葬综合改革试点工作同部署、同安排。北京市民政局等五个试点单位要认真落实有关信息化试点的部署要求，抓紧推进平台应用推广和升级改造，探索殡葬管理服务新模式，为推进"互联网+殡葬服务"提供可复制、可推广的经验。未纳入试点的省份，可根据本地实际自行部署试点和全面铺开等相关工作，加快推进殡葬信息化建设。各地要鼓励扶持在推动"互联网+殡葬服务"中表现突出的殡葬服务机构、企事业单位和社会组织，形成合力，推进智慧殡葬建设不断取得新进展。

民政部 发展改革委 公安部 司法部
自然资源部 住房城乡建设部 国家卫生健康委员会
国家市场监管总局 国家宗教事务局关于印发
《全国殡葬领域突出问题专项整治行动方案》的通知

（民发〔2018〕77号）

各省、自治区、直辖市民政厅（局）、发展改革委、物价局、公安厅（局）、司法厅（局）、自然资源主管部门、住房城乡建设厅（局）、卫生计生委、工商局（市场监督管理部门）、宗教局，新疆生产建设兵团民政局、发展改革委、公安局、司法局、自然资源主管部门、住房城乡建设局、卫生计生委、宗教局：

　　《全国殡葬领域突出问题专项整治行动方案》已经国务院领导同志同意，现印发给你们，请结合实际认真贯彻执行。专项整治行动中遇到的重大问题，请及时向上级部门和专项整治行动领导小组办公室报告。

　　附件：全国殡葬领域突出问题专项整治行动方案

民政部　发展改革委

公安部　司法部

自然资源部　住房城乡建设部

国家卫生健康委员会　国家市场监管总局

国家宗教事务局

2018 年 6 月 27 日

全国殡葬领域突出问题专项整治行动方案

　　为认真贯彻落实党中央、国务院决策部署，有效解决殡葬领域群众反映强烈的突出问题，进一步规范和加强殡葬管理，着力维护人民群众切身利益，经国务院领导同志同意，民政部、发展改革委、公安部、司法部、自然资源部、住房城乡建设部、国家卫生健康委员会、国家市场监管总局、国家宗教事务局决定从 2018 年 6 月下旬开始至 9 月底，在全国范围内联合开展殡葬领域突出问题专项整治行动。方案如下：

　　一、工作目标和原则

　　（一）工作目标。

　　以习近平新时代中国特色社会主义思想为指导，认真贯彻落实党中央、国务院关于推进殡葬改革工作的决策部署，通过开展殡葬领域突出问题专项整治行动，合力整治违规乱建公墓、违规销售超标准墓穴、天价墓、活人墓，炒买炒卖墓穴或骨灰格位等问题，强化殡葬服务、中介服务和丧葬用品市场监管，遏制公墓企业暴利行为，整肃殡葬服务市场秩序，严格落实监管执法责任，推动建立殡葬管理长效机制，促进殡葬行业健康发展。

（二）基本原则。

加强领导，压实责任。在地方各级党委和政府领导下，建立健全领导协调机制，明确部门职责分工，强化目标考核，确保统一部署推进，多部门合力承担整治任务，共同落实整治责任。

积极稳妥，依法依规。对于殡葬领域存在的问题，区分不同情况，明确整治重点，讲究方式方法，做好风险评估，做到分类施策、依法依规、稳扎稳打，既要对各种违法违规行为予以严厉打击，也要切实保护人民群众合法权益。

惩防并举，标本兼治。立足当前，围绕殡葬领域损害群众利益、影响行业形象的突出问题，通过开展排查摸底、全面整改、督促检查，加大打击惩处力度，对违法违规行为形成有效震慑；着眼长远，以专项整治为契机，完善法规制度，强化行业自律，健全殡葬服务体系，保障和改善殡葬公共服务供给，尽快形成规范和加强殡葬管理工作的长效机制。

二、重点整治问题

（一）公墓建设运营中的违法违规行为。

1. 未经批准擅自兴建公墓设施（含骨灰塔陵园、地宫等）。

2. 公墓未依法办理建设用地手续。

3. 未经批准擅自修改公墓建设规划、扩大建设用地面积。

4. 除依法向逝者健在配偶等特殊人群预售（租）墓穴（墓位）、骨灰存放格位并确保自用外，向未出具死亡证明、火化证明或迁葬证明的人出售（租）墓穴（墓位）、骨灰存放格位。

5. 建造、出售（租）超规定面积墓穴（墓位）。

6. 违反价格管理规定，按规定实行政府定价、指导价的墓穴（墓位）超标准收费，出售（租）墓穴（墓位）、骨灰存放格位中实施价格欺诈、价格垄断等违法行为。

7. 农村公益性墓地违规出售（租）墓穴（墓位），从事营利活动。

8. 宗教活动场所与商业资本合作，擅自设立骨灰存放设施，违规从事营利活动。

（二）殡葬服务、中介服务及丧葬用品销售中的违法违规行为。

1. 提供殡葬服务、中介服务及销售丧葬用品不按规定明码标价，强制服务收费、只收费不服务行为。

2. 违规经营、欺行霸市行为。

全国所有殡仪馆、殡仪服务站（中心）、公墓、农村公益性墓地、医疗机构太平间、宗教活动场所骨灰存放设施均纳入此次专项整治范围。各地可依据地方法规和本地实际，进一步细化需要整治的重点问题。

三、工作步骤和进度安排

（一）制定方案，动员部署。（2018年6月下旬）

各地要按照本通知要求，在当地党委和政府领导下，制定本地区专项整治方案，明确相关要求、责任分工、方法步骤和工作措施，并组织开展动员部署工作，全面启动专项整治行动。各地整治方案、投诉举报电话要向社会公布。

（二）全面自查，扎实整改。（2018年7月—9月上中旬）

各地在当地党委和政府领导下，组织相关部门对殡葬管理服务中存在的突出问题进行全面深入自查，摸清底数，建立整治台账，明确责任和时限，逐一抓好整改落实（自查和检查表见附表）。8

月底前，省级民政部门要报送殡葬领域突出问题专项整治情况阶段性报告。

（三）开展督查，调研评估。（2018 年 9 月中下旬）

民政部会同相关部门成立联合督查组，对各地专项整治情况进行指导和督查评估，推进整改落实。对发现的重大问题，及时向当地党委和政府反馈，推动解决；对各地有效经验和做法，进行总结推广。要报请地方各级党委和政府加强对本地区整改情况的考核，并根据整改落实情况进行复查复核。

（四）总结报告，完善制度。（9 月底前）

各地要对本地区专项整治情况进行全面总结，查遗补缺，着力完善制度措施，强化日常监管，建立健全长效机制。民政部等部门将对全国情况进行总结评估，指导各地各有关部门把整治成果应用于制度机制创新和日常服务管理之中，并为修订《殡葬管理条例》提供政策依据。全国专项整治情况将于 9 月底前向党中央、国务院报告。

四、有关要求

（一）提高认识，切实加强组织领导。各地要充分认识开展殡葬领域突出问题专项整治的重要性和紧迫性，在当地党委和政府领导下，建立由党委和政府领导挂帅的专项整治行动领导小组或部门联席会议机制，全面做好组织实施工作。各有关部门要切实履行职责，加强密切协作，形成整治合力。要充分发挥村（居）委会、人民调解委员会、红白理事会、老年人协会等组织作用，依靠群众，摸清情况，加强自我管理，合力做好整治工作。

（二）明确职责，加强部门协作配合。民政部门要牵头做好专项整治的统筹协调、组织实施、督导检查，指导公墓、殡仪馆、殡仪服务站（中心）等机构做好自查排查等工作。发展改革（价格）部门要加强对殡葬事业发展规划编制、基本殡葬公共服务设施投入及殡葬服务价格制定情况的检查。公安机关要查处丧事活动中违反治安管理、交通管理等违法行为。司法部门要加快推进殡葬法规制度完善，做好人民调解等工作。自然资源部门要加强对非法占地建设公墓、建造坟墓行为的检查监督。住房城乡建设部门要加强殡仪馆、公墓建设情况的检查监督。卫生健康部门要纠正和查处医疗机构太平间非法开展殡仪服务等行为。市场监管部门要依法查处殡葬领域乱收费、价格违法行为，查处殡葬行业限制竞争及垄断行为，并配合查处制造、销售不符合国家技术标准的殡葬设备和封建迷信殡葬用品的违法行为。宗教事务管理部门要依法规范宗教活动场所建设骨灰存放设施等行为。有关部门要加强殡葬服务管理风险隐患源头防控，必要时采取联合执法的方式，对突出问题予以清理和查处。

（三）综合施策，确保专项整治效果。各地要针对殡葬管理特别是公墓管理方面历史遗留问题多、积累矛盾多、涉及面广的情况，善于调动多个部门、运用多种手段综合施策，突出重点、依法依规、积极稳妥解决实际问题，推动建立公墓从规划、审批、建设、运营到维护管理的全过程、常态化监管机制。积极发挥殡葬行业协会作用，围绕重点整治问题，推动会员单位带头做好自查整改，并制定团体标准和信息披露等制度，完善自律惩戒机制，形成依法依规监管与行业自律管理相结合的局面。

（四）深化整改，推动建立长效机制。各地要围绕专项整治中发现的问题，突出重点，标本兼治，持续抓好整改深化工作，制定完善相关政策措施，特别是市、县级民政等相关部门要加强属地管理，落实监管责任，定期或不定期地对殡葬领域违法违规行为进行通报，并探索建立殡葬领域不良企业或单位黑名单制度，建立健全规范管理的长效机制。要加强殡葬领域重点难点问题研究，加快完善地方性法规、规章、政策文件及规范标准，为殡葬管理提供法制保障。

（五）加强宣传，积极引导舆论。各地要加强殡葬工作政策解读及舆论引导，主动、适时发声，统一对外宣传口径，有针对性地回应社会关切和群众诉求。大力宣传殡葬改革先进典型，曝光一批违法违规典型，用典型案例教育警示干部群众，引导树立厚养薄葬、节地生态、移风易俗的殡葬新风尚。加强舆情监测，强化媒体责任，为专项整治工作营造良好舆论环境。

活动期间，民政部等部门成立全国殡葬领域突出问题专项整治行动领导小组，办公室设在民政部社会事务司，举报投诉电话为010-58123044，并建立专项整治行动定期通报制度，遇有重大疑难问题，及时协调研究解决，推动专项整治行动顺利开展、取得实效。各地专项治理方案、举报渠道等信息要于2018年7月15日前报送全国殡葬领域突出问题专项整治行动领导小组办公室，并及时报送整治工作进展情况。

附表：殡葬管理工作情况自查和检查表（略）

民政部关于印发《在自由贸易试验区优化殡葬领域涉企审批服务实施方案》的通知

（民发〔2019〕118号）

各省、自治区、直辖市民政厅（局），各计划单列市民政局，新疆生产建设兵团民政局：

为做好殡葬领域"证照分离"改革全覆盖试点工作，根据《国务院关于在自由贸易试验区开展"证照分离"改革全覆盖试点的通知》（国发〔2019〕25号），我部制定了《在自由贸易试验区优化殡葬领域涉企审批服务实施方案》，现予印发，请结合实际认真组织实施。

民政部

2019年11月27日

在自由贸易试验区优化殡葬领域涉企审批服务实施方案

为深入贯彻落实《国务院关于在自由贸易试验区开展"证照分离"改革全覆盖试点的通知》（国发〔2019〕25号，以下简称《通知》）精神，在自由贸易试验区做好殡葬领域"证照分离"改革全覆盖试点工作，制定本方案。

一、指导思想

以习近平新时代中国特色社会主义思想为指导，全面贯彻党的十九大和十九届二中、三中、四中全会精神，按照党中央、国务院决策部署，持续深化"放管服"改革，进一步明晰政府和企业责任，优化殡葬领域涉企审批服务，创新和加强事中事后监管，以点带面推动殡葬工作高质量发展。

二、试点内容和范围

（一）试点内容。《通知》附件1《"证照分离"改革全覆盖试点事项清单（中央层面设定，2019年版）》共明确了523项改革事项。其中，第111项改革事项是建设殡仪馆、火葬场、殡仪服务站、骨灰堂、经营性公墓审批；设定依据是《殡葬管理条例》；审批层级和部门是省、设区的市、县级民政部门，设区的市、县级人民政府；明确的改革方式是优化审批服务。

《通知》明确此次试点的内容是所有涉企经营许可事项。按照《通知》精神，殡葬领域"证照分离"改革全覆盖试点的内容是作为企业进行审批的殡葬服务设施建设经营许可。

（二）试点范围。自2019年12月1日起，在上海、广东、天津、福建、辽宁、浙江、河南、湖北、重庆、四川、陕西、海南、山东、江苏、广西、河北、云南、黑龙江等自由贸易试验区，对所有作为企业进行审批的殡葬服务设施建设经营许可事项实施全覆盖清单管理，按照优化审批服务的方式推进改革，为在全国实现"证照分离"改革全覆盖形成可复制可推广的制度创新成果。

三、优化审批服务的主要举措

（一）完善殡葬设施规划，通过规划对殡葬设施进行总量控制。各地要按照《殡葬管理条例》，根据当地殡葬工作规划和殡葬服务需求，制定完善省级行政区域殡仪馆、火葬场、骨灰堂、公墓、殡仪服务站等殡葬设施的数量、布局规划，特别是明确经营性公墓数量和布局，经省级人民政府审批后向社会公布，通过省级层面制定殡葬设施建设总体规划进行数量控制。

（二）加快殡葬信息化建设，推动实现审批全程网上办理。各地要结合国家一体化在线政务服务平台和《"互联网+民政服务"行动计划》，加快殡葬信息化建设，推进"互联网+殡葬服务"，推动将作为企业进行审批的殡葬服务设施建设经营许可纳入当地"一网通办"，实现审批全程网上办理，制定公布殡葬服务设施建设经营许可审批的办事指南，规范管理审批。要加强对审批行为的监督管理，建立审批服务"好差评"制度，由企业评判服务绩效，营造良好发展环境。

四、加强事中事后监管的具体措施

（一）开展"双随机、一公开"监管，建立完善殡葬服务企业随机抽查事项清单，增强监管效果。要按照法规政策，制定作为企业进行审批的殡葬服务设施"双随机、一公开"监管方案，明确监管内容、方式和频次，建立完善随机抽查对象库和执法检查人员库，定期组织开展随机抽查，根据抽查结果，采取相应监管措施，及时向社会公开抽查情况和查处结果。

（二）强化公墓年检制度，对违规建设经营行为完善处罚机制和措施。试点开始后，还未将作为企业审批的公墓纳入"双随机、一公开"监管对象的自由贸易试验区，要制定完善公墓年检制度，明确违规建设经营行为的整改要求和处理机制。公开公墓年检结果，对不合格的责令限期整改。

（三）推进跨部门联合监管。各级民政部门要梳理监管职责，编制跨部门联合监管事项目录清单，协同开展跨部门联合监管，主动配合市场监管部门将作为企业进行审批的殡葬服务设施监管纳入部门联合抽查范围，健全跨部门随机抽查事项清单。建立健全跨部门执法联动响应和协作制度，实现违法线索互联、监管标准互通、处理结果互认。鼓励基层按照国务院部署要求推行综合行政执法，统筹配置行政处罚职能和执法资源，提高执法效能。

五、组织实施

（一）强化组织领导。各地民政部门要在当地党委和政府领导下，明确"证照分离"改革全覆盖试点工作分管领导，牵头单位及责任人，健全工作机制，强化责任分工，扎实推进改革。

（二）狠抓工作落实。要健全激励约束机制和容错纠错机制，充分调动改革的积极性和主动性，以钉钉子精神全面抓好改革任务落实；要做好改革政策工作培训和宣传解读，扩大政策知晓度，营造有利于改革的良好氛围。

（三）加强政策指导。要密切跟踪改革试点进展，总结评估试点情况，及时完善政策举措，加强与自由贸易试验区民政部门联系，及时进行政策指导，妥善解决改革推进中遇到的困难和问题，发展和推广典型经验，确保试点取得预期成效。

中央网信办秘书局 民政部办公厅《关于规范网络祭扫秩序 倡导文明新风尚的通知》

各省、自治区、直辖市党委网信办、民政厅（局），新疆生产建设兵团党委网信办、民政局：

近年来，网络祭扫已成为群众表达哀思的重要方式。为更好服务群众需求，营造健康、文明的网络祭扫氛围，现就有关要求通知如下：

1. 不得借机敛财和诱导充值。网络祭扫平台应积极倡导移风易俗、文明祭扫，合理设置祭扫用品和服务项目，不得打着"纪念亲人、祭奠先烈"的幌子，巧设名目收取高额服务费、售卖豪宅文玩等导向不良网络纪念品，严禁设置"香火"排行榜等诱导充值的功能。

2. 规范祭扫流程管理。网络祭扫平台应依法依约做好用户账号注册、实名认证管理，建立健全账号管理制度规范，采取有效措施，严防"活人被祭拜""随意立网碑建网墓"等问题。完善认证管理流程，规范建立网上祭祀纪念馆、网上墓碑等行为。

3. 加强历史文化保护传承。清明等重要传统节日，具有丰富而独特的文化内涵。网站平台要充分重视传统节日历史传承和文化价值，积极宣传优秀传统文化，积极宣传优良民风习俗，不得发布传播歪曲历史、诋毁英烈等违法信息，不得传播低俗庸俗、封建迷信等不良信息。

4. 严管页面生态。网站平台要加强内容审核，严防借重要传统节日开展恶意营销，严禁利用网络祭扫恶搞、抹黑、攻击他人；强化对搜索呈现、热搜热榜等环节管理，不得为违规恶俗的网络祭扫平台提供导流引流服务，优先呈现正面、积极、健康的网络祭扫信息内容。

5. 优化访问和举报功能。网络祭扫平台要不断优化服务功能，设置便捷访问入口，方便群众使用。要建立健全投诉举报机制，及时处置回应群众投诉举报，积极维护群众合法权益。

6. 建立长效管理机制。指导属地网站平台履行主体责任、明确工作规范、健全管理制度，切实防范化解网络祭扫信息内容风险隐患。网站平台要进一步提高依法办网意识，切实增强社会责任感，完善社区规则，从严处置违法违规信息和账号。

各地网信、民政部门要牢牢坚持以人民为中心的理念，不断完善属地网络祭扫服务，治理行业乱象，督促属地网络祭扫平台做好备案。要加强统筹协调，强化信息互通共享，会同有关主管部门依法查处违法违规行为。要加强网络文明宣传引导，不断提升群众网络法治意识和文明素养，抵制网络祭扫歪风邪气，共建共享文明新风尚。

中央网信办秘书局

民政部办公厅

2023 年 3 月 31 日

地方层面殡葬工作文件

● 北京市 ●

关于印发《北京市城乡无丧葬补助居民丧葬补贴办法》的通知

（京民殡发〔2009〕107号）

各区（县）民政局、民委（民宗办）、公安局、财政局、人事局、劳动保障局：

经市政府同意，现将《北京市城乡无丧葬补助居民丧葬补贴办法》印发给你们，请认真贯彻执行。

北京市民政局　北京市民族事务委员会

北京市公安局　北京市财政局

北京市人事局　北京市劳动和社会保障局

二〇〇九年三月十三日

北京市城乡无丧葬补助居民丧葬补贴办法

第一条 为保障居民基本丧葬需求，推进殡葬改革，促进社会和谐公平，推进首善之区和城乡一体化建设，结合本市实际情况，制定本办法。

第二条 具有本市户籍、且未享受我市丧葬补助费待遇的居民，按照本办法，享受丧葬补贴。以下人员不列入补贴范围：

（一）机关、事业单位编制内在职人员、离退休人员；

（二）企业在职人员及在本市基本养老保险统筹内按月领取养老金的人员；

（三）正在领取失业保险金的人员；

（四）已在外地领取丧葬补助的人员。

第三条 本办法对居民基本丧葬费用实行定额补贴，标准为5000元。

第四条 符合本办法第二条规定的死亡人员，经公安派出所注销户口后，由经办人到亡者户籍所在地街道（乡镇）社会保障事务所申请丧葬补贴。

第五条 申请丧葬补贴需提供以下材料：

1. 《北京市居民丧葬补贴申请表》（一式三联）；

2. 经办人本人有效身份证件原件及复印件；

3. 亡者已加盖死亡（户口专用章）章的《居民户口簿》原件及复印件或公安机关出具的《证明信》；

4. 死亡证明或火化证明的原件及复印件（实行土葬的少数民族居民、非火化区居民提供死亡证明或街道、乡镇土葬证明原件及复印件）。

第六条 街道（乡镇）社会保障事务所对申请资料进行初步审核，材料准确、齐全的，当场出具书面受理证明。

第七条　街道（乡镇）社会保障事务所受理后，进行张榜公示，公示时间为 7 个工作日。经社会保障事务所公示无异议的，由社会保障事务所报区（县）民政部门核准。

第八条　街道（乡镇）社会保障事务所接到核准结果后，对符合条件的，发放丧葬补贴。不符合条件的，应书面告知理由。

第九条　经办人自申请当日起 20 个工作日后到街道（乡镇）社会保障事务所领取丧葬补贴，领取时需携带书面受理证明、火化证明或街道（乡镇）土葬证明原件。

第十条　各区（县）财政部门负责将丧葬补贴经费列入年度财政预算，年终根据实际发生额进行决算。

第十一条　丧葬补贴资金应专款专用、专户管理。民政、财政等部门要建立健全财务、会计管理制度。

第十二条　丧葬补贴工作由各区（县）人民政府组织实施。区（县）民政部门为业务主管部门。劳动和社会保障、人事、财政、公安、民委等部门共同负责辖区内丧葬补贴相关审核工作。

各级民政、劳动和社会保障、人事、财政、公安、民委等部门要切实加强对此项工作的指导，相互配合，监督检查丧葬补贴政策的顺利实施和补贴资金的安全运行。

第十三条　各区县街道（乡镇）社会保障事务所负责将本地受理的丧葬补贴情况建档留存 10 年。

档案内容应包括：《北京市居民丧葬补贴申请表》（第二联），经办人身份证件复印件，亡者已加盖死亡（户口专用章）章的《居民户口簿》复印件或公安机关出具的《证明信》、死亡证明、火化证明、土葬证明复印件，以及其他需要存档的材料。

第十四条　经办人应如实提供证明材料，如有冒领、骗领行为，由民政部门依法责令退还；构成犯罪的，由司法机关依法追究刑事责任。

第十五条　本办法的具体实施方案由市民政局会同市劳动和社会保障局、市人事局、市财政局、市公安局、市民族事务委员会另行制定。

第十六条　本办法适用于 2009 年 1 月 1 日后死亡的居民。

第十七条　实施过程中遇到的问题，由市民政局负责协调解决。

北京市民政局关于全面推进殡葬
惠民便民举措的通知

（京民殡发〔2010〕91 号）

各区县民政局，市殡葬管理处：

按照大民政理念的要求，为建立殡葬公益服务体系，推进殡葬改革，清明节前夕，我局将在全市殡葬服务机构全面推进"零百千万"工程和推出"96156 首都殡葬公益服务热线"等惠民便民举措，现就有关工作通知如下：

一、推进"零百千万"工程

"零百千万"工程是一项系统的殡葬惠民工程，旨在满足市民的基本殡葬需求，是殡葬服务单位在优质诚信服务的基础上，让利于民的重要举措。"零百千万"工程，即实行零消费骨灰撒海、百元骨灰盒、千元殡仪服务和万元骨灰安置。零消费骨灰撒海是指政府通过购买服务的方式鼓励骨灰撒海，每份骨灰免费随行 2 名家属，零消费完成骨灰撒海过程，彻底实现骨灰安置方式的生态化。百元骨灰盒是指殡仪馆为市民提供多样式、多材质、环保型、低成本的 100 元左右的骨灰盒，平抑市场骨灰盒价格。千元殡仪服务是指殡仪馆为市民提供至少一套千元以内包括遗体接运（30 公里以内）、存放（三天以内）、整容、告别（一般告别室）、火化（普通炉）、骨灰寄存（一年期）等项目的殡仪服务，实现全程优质服务；万元骨灰安置是指全市各经营性公墓均应提供万元以下双穴或双格位的骨灰安置设施，满足市民对骨灰安置的基本要求。

二、设立"96156 首都殡葬公益服务热线"

"96156 首都殡葬公益服务热线"内容包括殡葬政策法规、殡葬事宜办理指南、殡仪馆和公墓基本情况及其特色服务等信息，并可即时办理殡仪服务和骨灰安葬业务。"96156 首都殡葬公益服务热线"为 24 小时服务热线，与全市各殡仪馆、经营性公墓实现无缝连接，及时为市民解答丧事办理过程中遇到的相关问题，做到"热线相连，百答无厌"。力争将"96156 首都殡葬公益服务热线"建成为我市内容最丰富、信息最全面、更新最及时、服务最周到的殡葬公益热线。

三、规范医院太平间服务

联合卫生部门严格实行归口管理，制定服务场所设备设施技术标准，制定服务规范，统一服务标识，确定服务人员职业资质，规范服务价格，建立健全服务监督机制，使市民合理消费、明白消费。

四、相关要求

（一）提高认识，加强领导。"零百千万"工程、"96156 首都殡葬公益服务热线"和规范医院太平间服务是人民政理念的具体实践，是建设服务型政府的重要体现。各民政部门要加强组织领导，高度认识这项工作的重大意义，确保工作落到实处。

（二）协调配合，组织得力。各民政部门要充分调动所属殡葬事业单位的积极性，制定方案，采取措施，并落实责任，发挥事业单位的公益性，平抑物价。各殡葬服务单位要与社区服务中心积极配合，互相支持，共同完善"96156 首都殡葬公益服务热线"的建设，确保热线的顺利开通和正常运行。协调卫生部门对医院太平间服务提出管理意见，并严格执法。

（三）多措并举，挖掘潜力。各殡葬事业单位要将社会效益放在重要位置，坚决执行国家的相关政策，采取各种措施，让利于民，保证市民的基本殡葬需求。与此同时，充分发挥创新精神，为市民提供更多、更好的选择性服务项目，满足市民的多层次需求，实现社会效益和经济效益均衡发展。

（四）诚信服务，优质服务。各殡葬服务单位要坚持"诚信为本"的经营理念，坚决执行"六要六不"、"八公开"，加强职工培训，提高职工素质，创新服务理念，丰富殡仪服务的文化内涵，在为市民提供平价服务的同时，努力提高服务质量，让市民切实体会到市委市政府的殡葬惠民政策，做到"零投诉"。

北京市民政局

二〇一〇年三月十二日

中共北京市委办公厅　北京市人民政府办公厅 印发《关于党员干部带头推动殡葬改革的 实施意见》的通知

（京办发〔2014〕11号）

各区、县委，市委各部委办，市国家机关各党组（党委），各人民团体党组，各总公司和高等院校党委：

经市委、市政府同意，现将《关于党员干部带头推动殡葬改革的实施意见》印发给你们，请结合实际认真贯彻落实。

中共北京市委办公厅
北京市人民政府办公厅
2014年4月3日

关于党员干部带头推动殡葬改革的实施意见

为贯彻落实《中共中央办公厅、国务院办公厅印发〈关于党员干部带头推动殡葬改革的意见〉的通知》（以下简称《通知》）精神，充分发挥广大党员、干部带头示范作用，进一步推动殡葬改革，树立文明节俭办丧事的新风尚，现提出如下实施意见。

一、充分认识党员、干部带头推动殡葬改革的重要性和紧迫性

近年来，本市积极推动殡葬改革，加强殡葬管理，促进殡葬事业健康发展，取得了积极成效，但仍存在一些问题，如大操大办丧事之风和焚香烧纸、燃放鞭炮、摆放供品等陈规陋俗屡禁不止，造成浪费，污染环境；入土为安的安葬观念尚未根本改变，节地生态的安葬方式接受程度不高。这些现象亟须整治。

各区县、各部门、各单位要高度重视《通知》贯彻落实工作，充分认识党员、干部带头推动殡葬改革的重要性和紧迫性，进一步统一思想，加大工作力度，细化具体措施。要动员和号召广大党员、干部特别是领导干部，自觉执行国家有关殡葬管理规定，带头转变观念，移风易俗，坚决制止丧事大操大办等不良风气，逐步形成党员和干部带头、广大群众参与、全社会共同推动的殡葬改革良好局面，进一步推动殡葬事业健康发展。

二、党员、干部带头，自觉做到"四禁止"、"五提倡"

党员、干部要严格落实《通知》要求，带头文明节俭办丧事，带头火葬和生态安葬，带头文明低碳祭扫，带头宣传倡导殡葬改革，自觉做到"四禁止"、"五提倡"。

"四禁止"：

——禁止大操大办。禁止在丧事活动中搭设灵堂、吹吹打打、喧闹扰民、隆丧久丧、大摆宴席等，严禁借机敛财。

——禁止迷信活动。禁止在丧事活动中开展扬幡招魂、举办法事、焚烧纸扎、抛撒冥币等低俗迷信活动。

——禁止乱埋乱葬。禁止在非法墓地以及其他地点乱埋乱葬，党员、干部中的城镇居民不得在农村公益性公墓安葬。

——禁止超标建墓。禁止超标准建墓，严禁修建大墓、豪华墓，安葬单人或双人骨灰的墓穴占地面积不得超过 1 平方米。

"五提倡"：

——提倡节约简朴治丧。提倡治丧场所选在殡仪馆等规定场所，场所布置节约简朴，遗体送别严格控制规模。

——提倡节地生态安葬。提倡采用立体安葬、树葬、花坛葬等节地生态葬式葬法。

——提倡不保留骨灰。提倡采用骨灰深埋、撒散、撒海等方式，鼓励捐献遗体或器官。

——提倡采用环保殡葬用品。提倡使用环保纸棺火化，倡导租用花圈、花篮进行悼念，推广使用可降解骨灰盒进行安葬。

——提倡文明低碳祭扫。提倡精神传承，鼓励鲜花祭扫、网络祭扫、社区公祭和集体共祭。

三、全面推进殡葬改革各项任务

1. 保障基本殡葬服务。有效履行政府职责，全力保障群众的基本殡葬服务需求。进一步完善城乡同标准、全覆盖的殡葬惠民服务体系。科学统筹、合理配置城乡、区域殡葬资源。重点完善殡仪馆、骨灰堂、公益性公墓等基本殡葬公共服务设施，逐步形成布局合理、设施完善、功能齐全、服务便捷的基本殡葬公共服务网络。遗体接运、遗体冷藏、遗体火化、骨灰寄存等 4 项基本殡葬服务收费标准由发展改革部门按照非营利原则从严核定并适时调整。

2. 推进节地生态安葬。逐步完成全市殡仪馆火化设备改造，完善火化机烟气排放治理，降低有害气体排放。改变骨灰安放形式，开展生态公墓示范区建设。按照有关规划，非节地生态的新建公墓一律不予审批，现有公墓逐步改（扩）建为生态公墓。积极建立殡葬改革激励引导机制，实行生态安葬奖补等奖励政策，逐步减少平面墓穴，到 2020 年，节地生态安葬比例达到年安葬量的 50% 以上。加大骨灰撒海补贴力度，实现骨灰撒海数量达到年火化量的 2% 以上。

3. 推广文明低碳祭扫。大力推广文明低碳祭扫形式，引导群众逐步从注重实地实物祭扫转移到以精神传承为主上来。创新骨灰撒海等祭扫方式，满足不同类别的祭扫服务需求。逐步建立市级和区（县）级的公祭场所，组织开展公祭先烈、先贤等活动。

4. 健全管理体制机制。按照政事分开、管办分离的要求，进一步理顺殡葬管理工作的体制机制，加强殡葬管理和监督。充分发挥基层党组织、村（居）委会及红白理事会等社会组织的作用。强化殡葬行业协会在行业自律、教育培训、资格认证等方面的功能。逐步清理下放有关行政审批事项，由民政等相关部门依法监管。

四、加强领导，大力营造有利于殡葬改革的良好环境

1. 加强组织领导。各级党委和政府要建立健全党委领导、政府负责、部门协作、社会参与的工作机制。发展改革、规划、公安、民政、财政、人力资源和社会保障、国土资源、环保、工商、城管执法、园林绿化等部门，要各司其职、密切配合，采取有力措施，落实殡葬基础设施规划建设任务，健全基本殡葬服务保障体系，规范殡葬服务市场秩序，强化对殡葬行为和丧事活动的监管工作。

2. 完善法规制度。根据国家《殡葬管理条例》修订工作情况，结合本市实际，加快修订《北京市殡葬管理条例》。研究出台公益性公墓建设管理的相关办法，研究制定《北京市殡葬设施专项规划》，研究编制生态殡葬系列标准。

3. 广泛宣传引导。宣传、精神文明办等部门要做好宣传引导工作，有计划、有步骤地开展殡葬改革宣传。充分利用各种媒体和传播手段，注重发挥村（居）务公开栏作用，将党员、干部带头推动殡葬改革的任务要求、殡葬改革法规政策等向社会公开，努力营造有利于殡葬改革的良好氛围。

4. 严格监督管理。组织人事部门要注意掌握党员、干部治丧情况，加强对党员、干部的教育管理。对存在违反殡葬改革规定、开展封建迷信活动、丧事大操大办、借机敛财等违纪违规问题的党员、干部，纪检监察部门要按照有关规定严肃处理。

北京市殡葬管理条例

（1996 年 7 月 11 日北京市第十届人民代表大会常务委员会第二十八次会议通过　根据 2001 年 8 月 3 日北京市第十一届人民代表大会常务委员会第二十八次会议通过的《关于修改〈北京市殡葬管理暂行条例〉的决定》修正　根据 2016 年 11 月 25 日北京市第十四届人民代表大会常务委员会第三十一次会议通过的《关于修改部分地方性法规的决定》修正）

第一章　总　则

第一条　为了加强殡葬管理，深化殡葬改革，保护土地资源和节约用地，促进首都社会主义精神文明建设，根据国家有关法律、法规，结合本市实际情况，制定本条例。

第二条　本市各级人民政府应当加强对殡葬工作的领导，把殡葬工作列入国民经济和社会发展计划。

第三条　市民政局是本市殡葬管理的主管机关，负责本条例的组织实施。各区民政局负责本区的殡葬管理工作。

公安、工商行政、规划国土、卫生计生、环境保护等部门应当按照各自的职责，做好有关殡葬管理工作。

第四条　本市对殡葬行业实行统一管理。

本市殡葬管理工作坚持实行火葬，改革土葬，节约殡葬用地，提倡节俭、文明办丧事的方针。

第二章　丧葬管理

第五条　本市行政区域内，除市人民政府批准的边远山区为土葬改革区以外，其他地区均为实行火葬的地区。

第六条　殡仪馆、火葬场、骨灰堂、殡仪服务站等殡葬设施的规划、建设，依照国家有关规定执行。

第七条　火葬地区内死者的遗体，一律实行火化。

土葬改革区内死者的遗体应当在当地人民政府指定的区域内深葬。

第八条　尊重少数民族的丧葬习俗。实行土葬的，应当在指定地点埋葬。对自愿实行丧葬改革的，他人不得干涉。

第九条　正常死亡者的遗体，凭医疗卫生机构出具的医学死亡证明火化。

非正常死亡者的遗体和无名尸体，凭公安部门出具的死亡证明火化。

第十条　火葬地区内死者的遗体应当在本市内火葬场火化，禁止运往外地。

外地来京人员在本市死亡后因特殊原因确需运回原籍的，必须经遗体所在区的民政部门批准；未经批准，遗体存放单位不得放行。

第十一条　火葬地区内遗体的运送业务必须由殡仪馆承办。禁止其他单位和个人经营遗体运送业务。

殡仪服务人员应当按照死者单位或者其家属预定的时间、地点接运遗体。

第三章　殡仪活动管理

第十二条　禁止在殡仪活动中妨害公共秩序、危害公共安全、侵害他人合法权益。

禁止在殡仪活动中沿途抛撒纸钱。

第十三条　开展殡仪服务业务，应当经区民政部门批准。

第十四条　殡仪服务人员应当遵守职业道德，实行规范、文明服务，不得利用工作之便牟取私利、索要或者收受财物，不得刁难死者家属。

第十五条　殡仪服务收费应当执行国家和本市的有关规定。

第四章　骨灰安置与公墓管理

第十六条　倡导以深埋、播撒、存放等不占或者少占土地的方式安置骨灰；禁止将骨灰装棺埋葬。

第十七条　为公民提供骨灰安置的设施，由市民政局根据实际需要统一规划、设置。

农村地区可以根据需要建立为本乡、镇村民服务的公益性骨灰堂。区民政局应当对公益性骨灰堂的管理进行业务指导。

第十八条　本市严格控制公墓的建立。

远郊乡、镇、村建立为本地村民提供骨灰安葬的公益性公墓，应当报区民政局批准；市和区殡葬事业单位建立实行有偿服务的公墓，应当报市民政局批准。

建立公墓必须依照法律、法规的规定到规划国土部门办理用地审批手续。

第十九条　建立公墓应当利用荒山瘠地，不得占用耕地。

禁止在文物保护区、水源保护区、自然保护区、风景名胜区和河湖（含水库）、铁路、公路隔离带内，以及城市规划的特殊地区建立公墓。

禁止在公墓以外修墓立碑。

第二十条　在公墓中安葬单人或者双人骨灰的墓穴，占地面积不得超过 1 平方米；安葬多人骨灰的墓穴，占地面积不得超过 3 平方米。

墓穴和骨灰格位的一个使用周期最长为 20 年，期满后可以续租。

第二十一条　公益性公墓的管理者不得利用公益性公墓从事经营活动。

第二十二条　公墓应当凭火化证明或者其他合法证明出租墓穴和骨灰格位；禁止出租寿穴。

承租人不得转让墓穴和骨灰格位。

禁止利用墓穴和骨灰格位进行炒买炒卖等非法经营活动。

第五章　丧葬用品管理

第二十三条　禁止任何单位或者个人制造、销售冥票和纸人、纸马等封建迷信殡葬用品。

禁止在火葬地区内生产、经营棺木。

第二十四条 经营丧葬用品应当明码标价，由市和区民政局会同物价、工商行政管理部门予以监督。

第六章　法律责任

第二十五条 违反本条例第六条、第十八条的规定，擅自兴建殡仪馆、火葬场、骨灰堂、殡仪服务站和公墓的，由民政部门会同规划国土部门予以取缔，责令恢复原状，没收违法所得，可以并处违法所得 1 倍以上 3 倍以下的罚款。

第二十六条 违反本条例第七条第一款、第十九条第三款的规定，火葬地区内死者的遗体不实行火化，或者在公墓以外修墓立碑的，由民政部门责令限期改正；拒不改正的，可以强制执行。

第二十七条 违反本条例第十条第二款的规定，擅自放行未获外运批准的遗体的，由民政部门对擅自放行的遗体存放单位处以 500 元以上 3000 元以下的罚款。

第二十八条 违反本条例第十二条第一款的规定，在殡仪活动中有妨害公共秩序、危害公共安全、侵害他人合法权益行为的，民政部门应当予以制止；违反治安管理的，由公安机关依照《中华人民共和国治安管理处罚法》给予处罚；构成犯罪的，依法追究刑事责任。

第二十九条 违反本条例第十三条的规定，未经批准开展殡仪服务业务的，由民政部门责令限期改正，没收违法所得，并处以 1000 元以上 5000 元以下的罚款。

第三十条 违反本条例第十四条的规定，殡仪服务人员不按规定履行服务职责以及利用工作之便牟取私利、索要或者收受财物，刁难死者家属的，由所在单位或者其上级主管部门责令改正，退还索要、收受的财物，根据情节给予行政处分。

第三十一条 违反本条例第二十条第一款的规定，墓穴占地面积超过规定标准的，由民政部门责令限期改正，没收违法所得，可以并处违法所得 1 倍以上 3 倍以下的罚款。

第三十二条 违反本条例第二十一条的规定，利用公益性公墓从事经营活动的，由民政部门没收违法所得；情节严重的，处以 5000 元以上 1 万元以下的罚款。

第三十三条 违反本条例第二十二条的规定，出租寿穴或者炒买炒卖墓穴和骨灰格位的，由民政部门会同工商行政管理部门责令停止违法活动，限期改正；逾期拒不改正的，由工商行政管理部门没收违法所得，可以并处违法所得 1 倍以上 3 倍以下的罚款。

第三十四条 违反本条例第二十三条第一款的规定，制造、销售封建迷信殡葬用品的，由民政部门会同工商行政管理部门予以没收，可以并处制造、销售金额 1 倍以上 3 倍以下的罚款。

第三十五条 违反本条例第二十三条第二款的规定，在火葬区内生产、经营棺木的，由民政部门责令停止生产、经营，没收棺木以及违法所得，并处 500 元以上 1000 元以下的罚款。

第三十六条 违反本条例，属于违反工商行政、物价、规划国土、卫生计生、城市管理、环境保护等方面法律、法规和规章的，由有关主管部门依法处理。

第三十七条 当事人对行政处罚决定不服的，可以依法申请复议或者向人民法院提起诉讼。当事人逾期不申请复议，也不提起诉讼，又不履行处罚决定的，由作出处罚决定的机关申请人民法院强制执行。

第三十八条 对拒绝、阻碍殡葬管理工作人员依法执行职务或者侮辱、殴打管理工作人员的，由公安机关依照《中华人民共和国治安管理处罚法》给予处罚；构成犯罪的，依法追究刑事责任。

第三十九条 殡葬管理工作人员玩忽职守、滥用职权、徇私舞弊的，由其所在单位或者上级主管机关给予行政处分；构成犯罪的，依法追究刑事责任。

第七章　附　　则

第四十条 华侨、香港特别行政区居民、澳门特别行政区居民和台湾同胞以及外国人的殡葬事宜，按照国家有关规定执行。

第四十一条　本条例自 1996 年 10 月 1 日起施行。

北京市民政局　北京市财政局
关于健全本市节地生态安葬补贴
激励机制的实施意见

（京民殡发〔2016〕356 号）

各区民政局、财政局：

为了贯彻落实民政部、国家发展改革委、科技部、财政部、国土资源部、环境保护部、住房城乡建设部、农业部、国家林业局《关于推行节地生态安葬的指导意见》（民发〔2016〕21 号）的有关要求，进一步深化本市殡葬改革，推行节地生态安葬，保障群众基本安葬需求，结合我市实际情况，提出以下实施意见：

一、重要意义

当前，本市人口规模不断扩大，人口老龄化正处于加速发展阶段，死亡人口数量逐年提高，殡葬服务需求尤其是骨灰安葬服务需求不断增长，同时，随着城市建设、新农村建设加快推进，殡葬用地不足的问题日益凸显，推进节地生态安葬是必然趋势。近年来，本市高度重视生态文明建设，按照民政部有关深化殡葬改革的决策部署，改革传统骨灰墓碑葬法，积极探索推进节地生态安葬，开展生态示范墓园建设试点工作，建立并实施骨灰海葬、骨灰立体安葬等节地生态安葬补贴制度，节地生态安葬比例逐年提高。但总体上看，本市的节地生态安葬工作还处于起步阶段，节约土地、保护环境的安葬观念不强，补贴的激励引导机制不完善，节地生态安葬设施供给不足，节地生态安葬率不高等问题突出，迫切需要加以解决。

节地生态安葬，就是以节约资源、保护环境为价值导向，鼓励和引导人们采用树葬、海葬、深埋、格位存放等不占或少占土地、少耗资源、少使用不可降解材料的方式安葬骨灰或遗体，使安葬活动更好地促进人与自然和谐发展。面对人多地少、土地资源约束趋紧的严峻形势，各区要充分认识推行节地生态安葬的重要性和紧迫性，加强节地生态安葬设施建设，积极稳妥推广节地生态葬法，完善相关补贴激励政策措施，引导广大群众移风易俗，加快构建具有首都特色的节地生态安葬建设新格局。

二、基本原则和主要目标

（一）基本原则

1. 政府主导，创新发展。强化政府在推行节地生态安葬工作中统筹规划、基础建设、政策激励、典型示范、监督管理等方面的职能，积极引导和支持城乡居民、殡葬服务单位、基层组织以及相关社会组织推广节地生态葬法，形成参与殡葬改革的合力。

2. 引导需求，保护环境。充分利用各种媒体和传播手段，大力宣传节地生态安葬的重要意义和相关政策，引导城乡居民更加自觉接受节地生态葬法，减少安葬活动对资源的消耗和对环境的不当干预，切实维护生态安全。

3. 分类指导，统筹推进。根据殡葬服务单位安葬设施的不同特点，选择节地生态安葬试点单位，加大政府支持力度，充分发挥典型示范作用。积极推动节地生态安葬与绿色殡葬、人文殡葬、惠民殡葬相结合，葬法改革与丧礼改革相衔接，统筹推进殡葬改革。

（二）主要目标

到 2020 年，骨灰安葬生态化比例达到年安葬量的 50% 以上，骨灰海葬数量达到年火化量的 4% 以上，骨灰景观葬数量达到年火化量的 2% 以上，有公墓的区均建设一处节地生态安葬设施。在进一步完善基本殡葬服务惠民政策基础上，健全节地生态安葬补贴激励政策，将骨灰海葬、骨灰景观葬、骨灰立体安葬等节地生态安葬方式纳入财政补贴范围。

三、补贴方式

（一）通过财政全额补贴的方式，免费为具有北京市户籍亡故居民提供骨灰海葬服务。定点骨灰海葬服务单位免费提供骨灰海葬、6 名以内的逝者亲属陪同服务。

（二）通过财政全额补贴的方式，免费为具有北京市户籍亡故居民提供骨灰景观葬服务。定点骨灰景观葬服务单位免费提供可降解骨灰容器、骨灰告别仪式及骨灰安葬仪式。

（三）通过服务补贴的方式，对具有北京市户籍亡故居民选择定点骨灰立体安葬给予补贴。免费为重点优抚对象和享受本市城乡居民最低生活保障待遇的对象提供骨灰格位安葬服务。

（四）根据骨灰海葬、骨灰景观葬、骨灰立体安葬等节地生态安葬补贴实施效果，进一步研究拓展树葬、花葬、草坪葬等其他节地生态安葬补贴政策。

四、保障措施

（一）加强组织领导。各级民政部门要牵头成立领导小组，制定工作方案，大力推行节地生态安葬工作。要加强节地生态安葬设施建设规划，重点保障五环路以外的骨灰景观葬区建设。各级财政部门要按照事权划分对节地生态安葬设施建设和节地生态安葬服务提供资金保障。

（二）完善制度建设。制定骨灰节地生态安葬规范地方标准、节地生态安葬补贴管理办法、骨灰景观葬建设标准和服务规范，确保节地生态安葬设施建设和服务管理有章可循、规范运行。

（三）强化监督管理。各级民政部门要加强节地生态安葬设施建设和节地生态安葬服务的全程监督，确保各项节地生态安葬服务有序开展。各级财政部门要加强节地生态安葬补贴资金的监督检查，保证资金专款专用，并与殡葬行业定额标准补贴资金分别核算。

（四）注重宣传引导。充分发挥媒体、殡葬服务机构、基层自治组织、社会组织在宣传教育方面的作用，凝聚全社会的思想认同。开展节地生态安葬开放日、集中骨灰景观葬、集中骨灰海葬等生态安葬活动，加强对城乡居民殡葬观念和殡葬活动进行引导，培育和树立文明节俭、生态环保、移风易俗的殡葬新风尚。

北京市民政局 北京市财政局
《关于进一步健全本市骨灰海葬、骨灰自然葬
补贴办法的通知》

（京民殡发〔2017〕103号）

各区民政局、财政局：

为了进一步推行节地生态安葬，鼓励倡导骨灰海葬、骨灰自然葬，通过政府购买服务的方式，对选择骨灰海葬或者骨灰自然葬的本市户籍亡故居民提供免费殡仪服务。现就相关工作通知如下：

一、享受免费殡仪服务应具备以下条件

（一）2017年4月1日（含）以后亡故的本市户籍居民。

（二）选择骨灰海葬或者骨灰自然葬作为安葬方式的。骨灰海葬是指将骨灰撒入大海的不保留骨灰的安葬方式。骨灰自然葬是指使用可降解容器或者直接将骨灰藏纳土中，安葬区域以植树、植花、植草等生态自然进行美化，不建墓基、墓碑和硬质墓穴的不保留骨灰的安葬方式。

（三）由本市殡仪馆提供本市行政区域内遗体接运、遗体冷藏、遗体整容、遗体告别、遗体火化、骨灰寄存殡仪服务。

（四）由本市节地生态安葬定点服务单位提供安葬服务的。

二、免费殡仪服务范围

殡仪馆所提供的免费殡仪服务包括：本市行政区域内遗体接运、遗体冷藏、遗体整容、遗体告别、遗体火化、骨灰寄存。

免费殡仪服务费用的减免以在殡仪馆内开展的相应服务项目为依据，服务标准及减免费用详见《北京市户籍亡故居民接受免费殡仪服务确认单》（附件1，略），超出部分所需费用由逝者亲属自行承担。

三、实施主体

八宝山殡仪馆、东郊殡仪馆、门头沟区殡仪馆、房山区殡仪馆、通州区殡仪馆、顺义区殡仪馆、昌平区殡仪馆、大兴区殡仪馆、平谷区殡仪馆、怀柔区殡仪馆、密云区殡仪馆、延庆区殡仪馆。

四、业务办理

业务办理分为两种方式：费用减免和费用报销。

（一）殡仪服务费用减免程序

1. 适用对象：本市户籍亡故居民，且其亲属已与殡仪馆签订《骨灰海葬（自然葬）享受免费殡仪服务承诺书》（附件2，略）。

2. 业务流程：

（1）逝者亲属拨打各殡仪馆服务热线预约遗体接运。

（2）殡仪馆殡仪车按照约定时间到达约定地点。

（3）殡仪馆殡仪车提供遗体接运服务。

（4）逝者亲属应向殡仪馆工作人员提供：亡故居民死亡证明、亡故居民户口簿本人页或其他合法户籍证明、丧事承办人有效身份证件原件及复印件。

（5）逝者亲属同殡仪馆签订《骨灰海葬（自然葬）享受免费殡仪服务承诺书》，并在《北京市户籍亡故居民接受免费殡仪服务确认单》上签字确认。

（6）殡仪馆提供殡仪服务，并减免相应服务费用。

（7）逝者亲属将骨灰寄存在殡仪馆骨灰堂，与节地生态安葬定点服务单位约定时间，办理骨灰海葬或自然葬手续。手续办理完毕，逝者亲属向殡仪馆提供《北京市骨灰自然葬服务协议书》（附件3，略）或《北京市骨灰海葬服务协议书》（附件4，略）的复印件。

（8）逝者亲属撤销《骨灰海葬（自然葬）享受免费殡仪服务承诺书》的，需向殡仪馆支付所减免的免费殡仪服务费用，方可取走骨灰。

（二）殡仪服务费用报销程序

1. 适用对象：本市户籍亡故居民，且其亲属未与殡仪馆签订《骨灰海葬（自然葬）享受免费殡仪服务承诺书》，亡故居民骨灰寄存在殡仪馆骨灰堂。

2. 业务流程：

（1）逝者亲属在殡仪馆办理殡仪服务，按照实际服务项目结算殡仪服务费用。

（2）逝者亲属将骨灰寄存在该殡仪馆骨灰堂。

（3）骨灰自寄存之日起，1年时间内，逝者亲属办理骨灰海葬或自然葬业务。业务办理完毕，逝者亲属向殡仪馆提供《北京市骨灰自然葬服务协议书》或《北京市骨灰海葬服务协议书》的复印件及骨灰海葬或自然葬安葬证明材料的复印件，并在《北京市户籍亡故居民接受免费殡仪服务确认单》上签字确认。

（4）殡仪馆对材料进行初步审核。符合条件的，将该逝者殡仪服务中的免费殡仪服务费用退还逝者亲属。不符合条件的，应告知理由。

五、档案管理

全市各殡仪馆应做好殡仪服务业务档案的管理工作。档案包括：

（一）《骨灰海葬（自然葬）享受免费殡仪服务承诺书》或骨灰海葬或自然葬安葬证明材料；

（二）《北京市户籍亡故居民接受免费殡仪服务确认单》；

（三）《北京市骨灰自然葬服务协议书》或《北京市骨灰海葬服务协议书》的复印件；

（四）亡故居民户口簿本人页或其他合法户籍证明复印件；

（五）丧事承办人有效身份证件复印件等相关材料。

六、财政补贴

殡仪服务补贴以自然月为申报周期。

每月10日前，各殡仪馆向主管部门提出申请，并提交《免费殡仪服务补贴费用申报表》（附件5）。主管部门对申请材料进行审核，确认盖章后，上报市民政局。

市民政局负责市社会福利事务管理中心和区民政局上报材料的审核工作，审核通过后，将服务经费拨付各殡仪馆。

七、工作要求

各级财政部门要加强财政补贴资金监管，确保资金使用的公开、透明、规范。

各级民政部门和全市相关殡仪服务单位要做好殡仪服务补贴政策的宣传和办理工作，优化业务流程，加强信息共享，完善规章制度，提高服务水平。要充分发挥殡仪服务机构的宣传阵地作用，引导广大群众参与，推进节地生态安葬工作。

本通知自发布之日起实施。

北京市民政局   北京市财政局

2017 年 3 月 31 日

北京市民政局《关于加强全市经营性公墓墓位价格规范管理的指导意见》

（京民社管发〔2017〕408 号）

各区民政局，市社会福利事务管理中心：

为回应百姓关切，减轻群众殡葬负担，进一步加强全市经营性公墓墓位价格管理，促进殡葬事业可持续健康发展，根据国务院《殡葬管理条例》、《北京市殡葬管理条例》、《公墓管理暂行办法》（民事发〔1992〕24 号）、《国家发展改革委、民政部关于进一步加强殡葬服务收费管理有关问题的指导意见》（发改价格〔2012〕673 号）、《民政部、国家发展改革委、科技部、财政部、国土资源部、环境保护部、住房城乡建设部、农业部、国家林业局关于推行节地生态安葬的指导意见》（民发〔2016〕21 号）、《北京市定价目录》（京发改规〔2015〕1 号）的有关规定，特制定指导意见如下。

一、切实履行政府定价管理职责

北京市民政局是全市经营性公墓的主管部门，对全市经营性公墓的价格进行管理，对经营者定价行为进行指导规范。对价格明显偏高的，必要时要依法进行干预和管理，切实遏制虚高定价行为。

经营性公墓的墓位价格包含墓穴租赁费、墓穴管理费、墓地工料费和安葬费等费用。墓穴租赁费和墓穴管理费实行政府定价管理，目前按照《北京市物价局、北京市财政局关于调整部分殡葬服务收费标准的函》（京价收字〔2001〕351 号）进行收取。墓地工料费和安葬费等实行市场调节价。经营性公墓运营单位要成立价格管理小组，做好市场价格调研工作，进行殡葬消费社会调查，根据实际经营成本（综合考虑土地费用、墓穴建设费用、墓区基础设施配套费用、公墓管理费用和预留维护经费等因素）、有关税金及合理利润核定本单位墓位价格，并提交公墓主任办公会研究，形成会议纪要。经营性公墓运营单位应当在墓位价格确定后 10 日内向同级民政部门备案，并抄送市民政局，接受价格监管。

二、实行价格监督调控

按照"分类管理，总量控制、中低档为主"的原则进行价格调控。经营性公墓运营单位要提供品种丰富的墓位产品，满足多样化的安葬消费需求。应当按照高、中、低档设置不同价位的墓位供用户选择。以各经营性公墓上一年度财务审计报告中确定的墓位价格的平均水平为标准，高于标准值 30% 以上的为高价位，低于标准值 30% 以下的为低价位，在标准值上下 30% 区间的为中价位。中、低价位墓位的供应量不得低于本公墓墓位总供应量的 70%。对于墓位价格档次公布达不到标准的，上级主管部门区民政局或者市社会福利事务管理中心有权要求经营性公墓运营单位进行调整。

三、积极推行惠民政策

严格执行《北京市民政局关于全面推进殡葬惠民便民举措的通知》（京民殡发〔2010〕91 号），经营性公墓要确保"零百千万"工程落到实处，满足市民对骨灰安置的基本要求，积极推行万元骨灰安置。全市各经营性公墓均应提供万元以下双穴或双格位的骨灰安置设施，设施数量占当年全园销售墓位总量的 5%。

经营性公墓要按照国家和本市有关推行节地生态安葬的要求，积极建设节地生态安葬区域。到 2020 年，有公墓的区都要建成至少一个自然葬安葬区，市社会福利事务管理中心要建成 2~3 个骨灰自然葬示范区。要积极引导殡葬消费者采用骨灰自然葬、骨灰立体葬、树葬、草坪葬、花坛葬等节地生态安葬的葬法。全面落实《关于健全本市节地生态安葬补贴激励机制的实施意见》，向本市户籍亡故居民免费提供骨灰自然葬，向重点优抚对象和享受本市城乡居民最低生活保障待遇的对象免费提供骨灰立体安葬，向本市亡故居民提供骨灰立体安葬补贴。

四、规范经营单位价格行为

经营性公墓要在服务场所显著位置公示墓型品种、墓位价格、服务项目、收费标准、文件依据、减免政策、举报电话、服务流程和服务规范等内容，广泛接受群众和社会监督。要树立诚信意识，履行告知义务，向殡葬消费者详细说明收费事项及收费标准，经确认后，方可收取费用。不得在标价之外加价收取费用，不得收取任何未予标明价格的费用，不得哄抬墓位价格以及进行价格欺诈。

五、加强监督管理

建立信息系统监管制度，加强对价格的监督检查，经营性公墓要按照全市公墓管理系统的要求，实时填报上传逝者信息（姓名、身份证号、死亡证明图片、火化证明图片）、承租人信息（姓名、身份证号，与逝者的关系）、安葬类型（传统墓穴、骨灰自然葬、骨灰立体安葬等）、占地面积、安葬日期、销售价格、发票号、业务经办人等具体情况。

经营性公墓要在每年 3 月 31 日前向同级民政主管部门报送上一年度的财务报告、工作总结以及本年度工作计划，并接受市民政局的日常检查。

六、严格落实责任

严格价格监管，各级要强化责任。市民政局要发挥价格宏观调控的指导作用，对于墓位价格虚高的，会同市发展改革委进行价格干预。各区民政局和市社会福利事务管理中心每年应组织 2 次墓位价格专项检查，并根据隶属关系对下级经营性公墓实行严格的价格规范管理。对于墓位价格虚高的行为以及价格违法违规的行为，应及时上报市民政局，由市民政局会同市发展改革委严格依法查处，严肃追究涉事单位及其上级业务主管单位党政领导干部的责任。

本指导意见自 2017 年 12 月 1 日起施行。意见中所称经营性公墓墓位，是指经营性公墓用于安葬骨灰的传统墓的墓穴、墓基、墓碑，骨灰自然葬的安葬穴位，骨灰墙、廊、亭等立体安放的骨灰格位。

北京市民政局

2017 年 11 月 3 日

● 天津市 ●

天津市殡葬管理条例

(2005 年 12 月 8 日天津市第十四届人民代表大会常务委员会第二十四次会议通过 根据 2012 年 5 月 9 日天津市第十五届人民代表大会常务委员会第三十二次会议《关于修改部分地方性法规的决定》第一次修正 根据2018 年 12 月 14 日天津市第十七届人民代表大会常务委员会第七次会议《关于修改〈天津市植物保护条例〉等三十二部地方性法规的决定》第二次修正)

第一章 总 则

第一条 为加强殡葬管理，推进殡葬改革，促进本市社会主义精神文明建设，根据有关法律、法规，结合本市实际情况，制定本条例。

第二条 本市殡葬管理工作，坚持实行火葬，改革土葬，革除丧葬陋俗，提倡文明、节俭办丧事的方针。

第三条 各级人民政府应当加强对殡葬管理工作的领导。

市和区人民政府应当将新建和改造殡仪馆、火葬场、骨灰堂列入城市建设规划和基本建设计划。

公益性殡葬服务设施的新建、扩建和设备的更新改造所需资金，财政部门根据需要给予支持。

第四条 市民政部门是本市殡葬管理工作的行政主管部门，其具体管理工作由市殡葬事业管理机构负责；区民政部门负责本行政区域的殡葬管理工作。

公安、规划和自然资源、生态环境、城市管理、卫生健康、市场监管等部门按照各自职责，做好殡葬管理相关工作。

第五条 文化、新闻出版、广播电视等部门应当做好殡葬改革、移风易俗的宣传教育工作。

机关、团体、企业事业单位、村民委员会、居民委员会及其他组织，应当在本单位或者本区域内开展殡葬改革、移风易俗的宣传教育工作。

第六条 尊重少数民族的丧葬习俗；自愿改革丧葬习俗的，他人不得干涉。

第七条 殡葬服务单位及其工作人员应当遵守职业道德，提供规范、优质、便民服务。

第二章 丧葬管理

第八条 本市行政区域内的公民死亡后，遗体实行火葬。蓟州区山区个别不具备实行火葬条件的，可以实行土葬。具体土葬区域由市人民政府划定。

少数民族按照本民族丧葬习俗实行土葬的，应当在民政部门指定的地点埋葬。

第九条 按照本条例规定实行火葬的，应当将遗体尽快就近火化。

　　依法实施强制隔离治疗的传染病人、传染病疑似病人的遗体以及在隔离观察期内与传染病人、传染病疑似病人密切接触者的遗体，由收治患者的医疗机构或卫生防疫机构消毒处理后，市殡葬事业管理机构应当指定殡仪馆运送并立即火化。

　　其他传染病患者遗体，按照规定立即消毒，并于二十四小时内由其家属安排火化，拒不火化的，强制火化。

　　非正常死亡的遗体，按照国家和本市有关规定处理。

　　第十条　按照本条例规定实行火葬的，遗体应当在本市的殡仪馆火化。禁止将遗体运往外地或者在本市土葬。

　　外地人员在本市死亡的，应当尽快在本市的殡仪馆火化。因特殊原因需要将遗体运回户籍地的，应当由殡仪馆专业殡仪车辆运至其户籍地合法殡葬服务单位，并由逝者家属或者承办人办理相关手续。

　　境外人员在本市死亡的，其遗体处理按照国家有关规定办理。

　　第十一条　办理遗体火化手续，应当按照下列规定出具证明：

　　（一）正常死亡的遗体火化，凭市卫生行政部门规定的医疗机构出具的死亡证明；

　　（二）非正常死亡的遗体、无主或者无名的遗体火化，凭县级以上公安或者卫生行政部门出具的证明。

　　第十二条　遗体的运送、存放业务，由殡仪馆承办。遗体运送车辆由市民政部门配发统一标志。禁止其他单位和个人从事遗体的运送、存放业务。

　　禁止在殡仪场所以外的地点存放殡仪车辆。

　　医院太平间的殡葬业务由市殡葬事业管理机构按照本市有关规定统一管理。

第三章　丧事活动管理

　　第十三条　提倡文明殡仪。民政部门应当设立专门殡仪服务场所，方便群众进行殡仪悼念等活动，并通过文明、节俭、快捷的服务引导群众移风易俗办丧事。

　　第十四条　丧事活动不得妨害公共秩序、危害公共安全、侵害他人合法权益，不得影响市容环境。

　　禁止利用丧事活动勒索财物。

　　第十五条　禁止在街道、楼群等公共场所停放遗体、搭设灵棚，摆放或者焚烧纸牛、纸马等迷信用品，进行吹打念经、抛撒纸钱等迷信活动。

　　禁止在干线道路两侧摆放花圈、花篮。在其他地方摆放花圈、花篮，不得影响周围群众生活和通行。

第四章　骨灰安置与公墓管理

　　第十六条　提倡骨灰以深埋、撒放、植树葬等方式安置。

　　遗体火化后，骨灰可以存放在殡仪馆骨灰堂或者安葬在公墓内，农村地区可以存放在为本乡、镇村民服务的公益性骨灰堂或者安葬在公益性墓地内，也可以深埋。

　　禁止在可耕地（包括承包的责任田和自留地）、宜林山地、风景名胜区、文物保护区、水库和河流堤坝、铁路与公路两侧建造坟墓。

　　禁止将骨灰装棺埋葬。

　　第十七条　禁止在公墓以外修墓立碑。原有分散的坟墓应当迁至公墓、骨灰堂安置或者平毁。

　　第十八条　市民政部门根据本市实际需要，对用于安置骨灰的设施进行统一规划，并报市人民政府批准。

第十九条　严格控制公墓的建立。建立公墓应当节约用地，尽量利用荒山瘠地，并依照法律、法规的规定到城市土地管理部门办理用地审批手续。

第二十条　农村地区可以根据需要建立为本乡、镇村民服务的公益性骨灰堂或者公益性墓地。禁止利用公益性骨灰堂或者公益性墓地从事经营活动。

市殡葬事业管理机构和区民政部门对公益性骨灰堂和公益性墓地的管理进行业务指导。

第二十一条　建立经营性公墓必须经市民政部门审批。经批准建立的经营性公墓由市民政部门监督管理。

农村地区建立为本乡、镇村民提供骨灰安葬的公益性墓地，必须经区民政部门批准，并报市民政部门备案。

第二十二条　禁止非法买卖、转让墓穴或者骨灰存放格位。出售墓穴或者骨灰存放格位应当查验购买者提供的火化证明或者其他合法证明。

第二十三条　经营性公墓的经营者应当按照规定提取不低于墓穴销售总额百分之十的资金，作为公墓维护管理费用，单立账户，专款专用。

公墓维护管理费用的提取和使用，由市民政部门监督。

第五章　丧葬用品管理

第二十四条　民政部门和市场监督管理部门对丧葬用品的生产、销售、租赁活动实行监督管理。

生产、销售丧葬用品实行定点管理。定点设置的规划和布局，按照本市有关规定执行。

禁止生产、销售用于土葬的棺木、棺罩。

第二十五条　禁止任何单位和个人制造、销售纸人、纸牛、纸马、冥币以及其他用于丧葬活动的迷信用品。

第六章　殡葬服务

第二十六条　殡仪服务人员不得利用工作之便牟取私利，索要或者收受财物，不得刁难死者的单位和家属。

第二十七条　殡葬服务单位应当按照与死者家属或者其代理人约定的时间、地点和服务项目提供服务。

第二十八条　殡葬服务单位对骨灰的存放、保管应当尽职尽责，不得损毁和丢失，对正当的祭奠活动应当提供便利。

第二十九条　殡仪服务收费和经营丧葬用品应当明码标价，由民政部门会同物价行政管理部门予以监督。

第三十条　死者的家属或者单位认为其合法权益受到侵害时，可以向有关行政管理部门投诉。接受投诉的部门应当及时受理，认真处理。

第七章　法律责任

第三十一条　违反本条例规定，将遗体运往外地的，由市殡葬事业管理机构或者区民政部门处五百元以上五千元以下罚款。

违反本条例规定，将遗体土葬的，由市殡葬事业管理机构或者区民政部门会同当地乡、镇人民政府责令死者家属起葬、安排火化，拒不执行的，按照国家有关规定处理。

第三十二条　违反本条例规定，从事遗体运送、存放业务的，由市殡葬事业管理机构或者区民政部门责令停止违法活动，并处一万元以上五万元以下罚款，对违法从事遗体运送的车辆依法予以登记保存。

第三十三条　违反本条例规定，办理丧事活动妨害公共秩序、危害公共安全、侵害他人合法权益，影响市容环境或者利用丧事活动勒索财物的，由市殡葬事业管理机构或者区民政部门予以制止；违反治安管理的，由公安机关依法予以治安管理处罚；构成犯罪的，依法追究刑事责任。

违反本条例规定，在街道、楼群等公共场所停放遗体、搭设灵棚，摆放或者焚烧纸牛、纸马等迷信用品，进行吹打念经、抛撒纸钱等迷信活动，或者在干线道路两侧摆放花圈、花篮的，由市殡葬事业管理机构或者区民政部门责令死者家属改正，并可以处二百元以上一千元以下罚款；公安、生态环境、城市管理、市场监管等部门执法时先发现的，也可以按照规定的职责依法处理。

第三十四条　违反本条例规定，设置坟头、碑志或者将骨灰装棺埋葬的，由市殡葬事业管理机构或者区民政部门会同当地乡、镇人民政府责令死者家属或者责任人限期将坟头、碑志清除或者起葬。

第三十五条　违反本条例规定，不按规定出售墓穴或者骨灰存放格位的，由市殡葬事业管理机构、区民政部门或者市场监督管理部门责令改正，没收违法所得，并可以处违法所得一倍以上三倍以下罚款。

第三十六条　违反本条例规定，私自修建墓地的，由市殡葬事业管理机构、区民政部门会同土地管理部门责令私自修建墓地者将坟墓清除，恢复原貌，没收违法所得，并处违法所得一倍以上三倍以下罚款。

第三十七条　违反本条例规定，经营性公墓的经营者不按规定留取公墓维护管理费用的，由市殡葬事业管理机构责令限期改正，逾期不改正的，处二万元以上五万元以下罚款。

第三十八条　违反本条例规定，制造、销售用于丧葬活动的迷信用品的，由市殡葬事业管理机构、区民政部门会同市场监督管理部门予以没收，并可以处制造、销售金额一倍以上三倍以下罚款。

第三十九条　违反本条例规定，殡仪服务人员利用工作之便牟取私利，索要或者收受财物的，由其所在单位或者上级主管部门责令退回，并根据情节轻重给予行政处分；构成犯罪的，依法追究刑事责任。

第四十条　违反本条例规定，殡葬服务单位不按照与死者家属或者其代理人约定的时间、地点和服务项目提供殡葬服务或者对存放的骨灰保管不尽职尽责，发生损毁和丢失的，由殡葬服务单位依法承担相应责任。

第四十一条　违反本条例规定，殡仪服务收费和经营丧葬用品收费不明码标价的，由物价行政管理部门按照有关法律、法规处理。

第四十二条　殡葬管理单位及其工作人员滥用职权、玩忽职守、徇私舞弊的，由其所在单位或者上级主管部门给予行政处分；构成犯罪的，依法追究刑事责任；给当事人造成经济损失的，依法承担赔偿责任。

第四十三条　被处罚人对行政处罚决定不服的，可以依照行政复议法和行政诉讼法的规定，申请行政复议或者向人民法院起诉。

被处罚人逾期不申请复议也不提起诉讼又不履行处罚决定的，作出处罚决定的机关可以申请人民法院强制执行。

第八章　附　　则

第四十四条　本条例自公布之日起施行。1998 年 2 月 25 日天津市第十二届人民代表大会常务委员会第四十次会议通过的《天津市殡葬管理条例》同时废止。

天津市殡葬管理条例实施办法

（2000 年 1 月 16 日市人民政府发布　2004 年 6 月 30 日根据市人民政府《关于修改〈天津市殡葬管理条例实施办法〉的决定》修订公布　2018 年 1 月 9 日根据市人民政府《天津市人民政府关于修改和废止部分规章的决定》修订公布）

第一条　为加强殡葬管理，推进殡葬改革，促进本市社会主义精神文明建设，依据《天津市殡葬管理条例》（以下简称《条例》），结合本市实际情况，制定本办法。

第二条　本市各级民政、公安、工商、规划、土地、市容、卫生、环保、物价等行政管理部门，应当依照《条例》和本办法，按照各自职责，做好殡葬管理工作。

第三条　尊重少数民族的丧葬习俗；对自愿改革丧葬习俗的，任何单位和个人不得干涉。

本市有土葬习俗的回族、维吾尔族、哈萨克族、乌孜别克族、塔塔尔族、塔吉克族、东乡族、撒拉族、保安族和柯尔克孜族等少数民族的遗体可以土葬，但必须在民政部门指定的地点土葬，严禁私埋乱葬。

第四条　因患有鼠疫、霍乱、炭疽、麻风病、艾滋病或艾滋病病毒感染者、狂犬病等致死以及腐变的遗体，由治疗病人的医疗单位或者当地卫生检疫机构消毒处理，并在 24 小时内火化。严禁外运或者土葬。

第五条　对非正常死亡的遗体需要存放的，应按有关规定办理存放手续。

对无主或无名遗体的处理，由公安部门按有关规定进行死因鉴定，并发布遗体认领公告。公告期满后无人认领的，民政部门凭公安部门的证明收尸，并立即火化。

第六条　办理遗体火化手续，应当出具下列证明：

（一）正常死亡遗体火化，凭市卫生行政主管部门规定的医疗机构出具的死亡证明。

（二）正常死亡的遗体、无主或者无名遗体火化，凭县级以上公安或者卫生行政主管部门根据各自的职责范围出具的证明。

（三）对在本市死亡的外国人遗体的处理，按国家处理涉外案件的有关规定办理。

第七条　农村为村民设置的公益性墓地，须经乡镇人民政府审核同意后，报区民政部门批准，并报市民政部门备案。

第八条　公益性殡葬服务设施的新建、扩建和设备的更新改造所需资金，财政部门应当根据需要给予支持。

第九条　乡、镇、村公益性墓地占地不得超过 7000 平方米，区、县公益性墓地占地不得超过335000 平方米，每个墓穴占地面积不得超过 1 平方米。

第十条　农村的公益性墓地不得对本乡、镇村民以外的其他人员提供墓穴用地，不得从事经营活动。

第十一条　申请开办公益性墓地应提供以下材料：

（一）开办单位的申请；

（二）规划、土地行政主管部门出具的选址意见书、建设项目用地预审报告。

第十二条　新建、改建或者扩建有偿服务公墓，必须经区、县民政部门审查同意后，报市民政部门批准。经批准建立的有偿服务公墓，必须接受当地民政部门的监督管理。

市内六区不得建立有偿服务公墓，但历史遗留土葬公墓除外；蓟县可以建两处、其他区县可以建一处有偿服务公墓。

第十三条　申请建立有偿服务公墓，应向民政部门提供以下材料：

（一）建立公墓的申请报告；

（二）规划、土地行政主管部门出具的选址意见书、建设项目用地预审报告；

（三）建立公墓的可行性报告；

（四）其他有关材料。

第十四条　经市民政部门批准建立有偿服务公墓的申请单位，凭市民政部门的批准文件到土地管理部门办理用地手续，并向工商行政管理部门办理营业执照。

第十五条　墓地的选址，应遵守国家和本市有关土地管理、环境保护等有关规定，不得占用耕地、破坏环境。

第十六条　有偿服务公墓每个墓穴占地面积不得超过 1 平方米，使用年限不得超过 20 年。期满后确需继续使用的，应重新办理续租手续。逾期不办理续租手续，又不迁移骨灰的，公墓经营者有权对骨灰进行处理，收回墓穴占用的土地。

第十七条　本市丧葬用品销售网点的规划和设置，应坚持合理布局、方便群众、管理有序、控制发展的原则。

市内六区和其他区、县人民政府所在地的建制镇按人口居住状况，每 4 万至 5 万人设一个销售点。对居住人口分散，服务半径过大的区域可适当增设；农村地区每个乡、镇设一个销售点。

市内六区和其他区、县人民政府所在地的建制镇主干道两侧不得设立丧葬用品销售点。

第十八条　生产、销售丧葬用品或者销售公墓墓穴、骨灰存放格位实行定点管理，具体规划设置和布局，按照国家和本市有关规定执行。

符合规划设置和布局的单位和个人，应领取定点生产和经营丧葬用品标志。

禁止在火葬区域内生产、销售用于土葬的棺木、棺罩。

第十九条　禁止非法经销各种丧葬用品；禁止进行强买、强卖、强行服务等活动；禁止生产、销售冥币、纸人、纸马、纸彩电、纸箱子、纸轿车等封建迷信用品；禁止建造封建迷信设施或从事封建迷信活动。

第二十条　丧葬用品销售点店外不得堆放、悬挂销售的丧葬用品。

第二十一条　在公墓内禁止修建宗族墓地和修建预留活人墓；禁止传销或炒买、炒卖墓穴及骨灰存放格位。

第二十二条　对未经民政部门批准私建公墓的，由民政部门会同城市规划、土地行政管理部门依照《条例》的规定予以处罚。

第二十三条　对传染病遗体未按照规定时间火化，又不听劝说的丧主，由卫生行政管理部门依法予以处罚。

第二十四条　各殡葬服务单位要加强内部管理，做好服务工作，严格执行国家和本市有关殡葬管理的法规、规章。对殡葬服务人员利用工作之便牟取私利和刁难死者家属的行为，民政部门应依法给予行政处分；构成犯罪的，依法追究刑事责任。

第二十五条　殡葬服务收费按国家和本市的有关规定执行。

经营丧葬用品要实行明码标价。各区、县民政部门应当配合物价部门对本区、县经营丧葬用品的网点加强价格监督管理。

第二十六条　本办法自 2004 年 7 月 1 日起施行。

市民政局 市民族宗教委 市公安局 市财政局 市人社局关于印发《天津市无丧葬补助 居民丧葬补贴发放办法》的通知

（津民规〔2019〕1号）

各区民政局，民族和宗教事务委员会，公安分局，财政局，人力资源和社会保障局：

为进一步加大职能转变，深入推进"一制三化"改革，提高政务服务效率，市民政局、市民族宗教委、市公安局、市财政局、市人社局重新修订了《天津市无丧葬补助居民丧葬补贴发放办法》。现印发给你们，请认真遵照执行。

市民政局　市民族宗教委　市公安局
市财政局　市人社局
2019 年 11 月 29 日

（此件主动公开）

天津市无丧葬补助居民丧葬补贴发放办法

第一条　为保障困难群众基本丧葬需求，提高社会公众服务均等化水平，推进殡葬改革，促进社会和谐，结合本市实际情况，制定本办法。

第二条　具有本市户籍，但不享受丧葬补助待遇的城乡居民可以申领无丧葬补助居民丧葬补贴（以下简称"丧葬补贴"）。

城乡居民丧葬补贴标准为 1800 元。

第三条　本市亡故的城乡居民有下列情形之一的，不享受本办法规定的丧葬补贴：

（一）机关、事业单位编制内的在职人员和离（退）休人员；

（二）通过企业职工基本养老保险、失业保险、工伤保险可领取丧葬费或丧葬补助金的人员；

（三）特困供养人员；

（四）在本市死亡但在本市行政区域以外火化的人员；

（五）在异地或通过其他渠道享受丧葬费、丧葬补助金的人员。

第四条　城乡居民申领丧葬补贴应于亡者火化后 6 个月内按照以下程序办理：

（一）注销户口。符合申领丧葬补贴条件的死亡人员，由申领人到亡者户籍所在地公安机关办理户口注销手续。

（二）提交申请。申领人持公安机关出具的注销户口证明到亡者户籍所在地街道（乡、镇）公共服务办公室（民政部门）提出申请，填写《天津市无丧葬补助居民丧葬补贴申领表》，并同时提交下列材料：

1. 申领人本人有效身份证件（原件）；

2. 亡者注销户口证明（原件）；

3. 《居民死亡医学证明（推断）书》（原件）；

4. 本市殡仪馆火化票据（原件）。

第五条　依法可以土葬的少数民族及土葬区居民提供本办法第四条第二款规定的前三类申请材料。

本市依法可以土葬的少数民族包括：回族、维吾尔族、哈萨克族、乌孜别克族、塔塔尔族、塔吉克族、东乡族、撒拉族、保安族和柯尔克孜族。

第六条　非正常死亡的，提供公安等部门出具的证明（原件）；因遗体捐献等原因无法出具本市殡仪馆火化票据且符合丧葬补贴申领条件的，申领丧葬补贴时需提供遗体捐献等相关证明原件。

第七条　本市城乡居民在外地死亡且在外地火化，符合丧葬补贴申领条件的，提出申请时应同时提供其在外地死亡的证明材料和当地殡仪馆的火化票据。

第八条　申领人因特殊情况未能于亡者火化后6个月内申领丧葬补贴的，需提交书面情况说明材料并经街道（乡、镇）公共服务办公室（民政部门）同意后方可进行申领。

第九条　街道（乡、镇）公共服务办公室（民政部门）对申请材料进行初步审核，材料准确、齐全的当场出具书面受理通知书。材料不全或不符合条件的，应当场告知并要求补正。

第十条　受理后，街道（乡、镇）公共服务办公室（民政部门）将亡者《居民死亡医学证明（推断）书》复印两份，向亡者户籍所在地街道（乡、镇）劳动保障服务中心核查相关情况。亡者满60周岁（含60周岁）的，核查其是否领取城乡居民基本养老保险待遇；16周岁至60周岁的，核查其是否参加城乡居民基本养老保险。核查后，由街道（乡、镇）劳动保障服务中心在《居民死亡医学证明（推断）书》复印件上签字盖章，并将一份于4个工作日内反馈街道（乡、镇）公共服务办公室（民政部门）。16周岁以下的不在参加城乡居民基本养老保险范围内，不再进行核查。

第十一条　经核实后，符合申报条件的，街道（乡、镇）应在收到申请材料14个工作日（含劳动保障部门核查时间）内做出审批决定。

经审批符合发放条件的，申领人持本人有效身份证件、书面受理通知书、《居民死亡医学证明（推断）书》、火化票据到街道（乡、镇）公共服务办公室（民政部门）领取补贴。

经审批不符合发放条件的，应书面告知申领人。

第十二条　街道（乡、镇）公共服务办公室（民政部门）在发放丧葬补贴时，应当在《居民死亡医学证明（推断）书》、火化票据原件上加盖"已领取补贴专用章"，并留存相关申请材料。

第十三条　经费保障：

（一）丧葬补贴资金由市和区财政部门纳入财政预算，按照6：4的比例分别负担。

（二）建立丧葬补贴资金预、决算制度，补贴资金预算、决算草案由市和区民政局负责编制。

（三）丧葬补贴资金应专款专用、专账管理。民政、财政等部门要建立健全财务、会计管理制度。

（四）市级补助资金采取提前下达和年终结算方式拨付。市财政局根据市民政局报送的发放情况和资金测算，将补贴资金提前下达各区财政局，并于次年年底前，根据实际支出情况与各区财政局进行结算。各区财政局将提前下达的市级补助资金连同本级匹配资金纳入财政预算，并根据同级民政局申请，按进度将补贴资金拨付民政局或街道（乡、镇）。街道（乡、镇）按规定将补贴资金通过金融机构直接发放到申领人账户中。

第十四条　职责分工：

（一）街道（乡、镇）负责受理、审核、发放、备案；市、区民政部门负责协调、统计、预算；民族宗教、公安、财政、人力社保等部门按职责做好丧葬补贴相关工作。

（二）街道（乡、镇）负责将丧葬补贴相关材料建档留存 10 年，并建立数据库备查；做好丧葬补贴发放统计工作，并在每月底前将统计数据报送区民政部门。区民政局在每季度终了的 15 日内将丧葬补贴发放统计数据报市民政局。

（三）各级民政、民族宗教、公安、财政、人力社保等部门要切实加强对此项工作的指导，相互配合，监督检查丧葬补贴政策的顺利实施和补贴资金的安全运行。

第十五条　申领人应如实提供申请材料并承担相应责任。经举报查实，如发现有冒领、骗领情况，由所在街道（乡、镇）责令退还；构成犯罪的，依法追究刑事责任。

第十六条　本办法自 2020 年 1 月 1 日起执行，有效期 5 年。2019 年 7 月 1 日后（含 7 月 1 日）死亡并符合申领丧葬补贴条件的人员适用本办法的规定。《市民政局 市民委 市公安局 市财政局 市人力社保局关于印发天津市无丧葬补助居民丧葬补贴发放办法的通知》（津民发〔2016〕53 号）同时废止。

天津市民政局
天津市财政局

天津市民政局　天津市财政局
关于开展节地生态安葬奖补工作的通知

（津民发〔2019〕44 号）

各区民政局、财政局，市级殡葬服务单位：

为进一步推行节地生态安葬，节约土地资源，保护生态环境，根据民政部等 9 部门《关于推行节地生态安葬的指导意见》（民发〔2016〕21 号）、民政部等 16 部门《关于进一步推动殡葬改革促进殡葬事业发展的指导意见》（民发〔2018〕5 号）等文件精神，经市民政局、市财政局研究决定，在我市开展节地生态安葬奖补工作，现将有关事项通知如下。

一、奖补对象

参与不保留骨灰和标志物的节地生态安葬承办人和承办单位。

二、奖补标准

（一）对参加节地生态安葬的承办人给予每具骨灰 1000 元奖励。

（二）对火化后直接选择参加节地生态安葬的承办人再补贴每具骨灰 1420 元基本殡葬服务费用（遗体运送、遗体火化、遗体冷存）。

（三）对开展节地生态安葬的承办单位给予每具骨灰 2000 元活动补贴。

三、资金保障

节地生态安葬奖补资金由福利彩票公益金负担。市级承办单位所需资金纳入市民政局部门预算；补助各区资金采取提前下达和年终结算方式拨付。

四、监督管理

（一）民政部门是节地生态安葬奖补资金的发放主管部门，财政部门是奖补资金使用的监管部门。

（二）各节地生态安葬承办单位应当严格执行操作流程，完善配套措施，加强工作人员业务培训，保证提供优质服务，及时发放奖补资金。

奖补工作自 2020 年 1 月 1 日起执行，具体实施办法由市民政局制定。

天津市民政局　天津市财政局

2019 年 11 月 1 日

（此件主动公开）

天津市民政局关于印发
《天津市节地生态安葬奖补工作实施办法
（试行）》的通知

（津民规〔2020〕4 号）

各区民政局、市属各殡葬单位：

现将《天津市节地生态安葬奖补工作实施办法》（试行）印发给你们，请认真贯彻执行。

天津市民政局

2020 年 8 月 27 日

（此件主动公开）

天津市节地生态安葬奖补工作实施办法
（试行）

第一章　总　　则

第一条　为保护生态环境，节约土地资源，进一步深化我市殡葬改革，根据《民政部等九部委关于推行节地生态安葬的指导意见》（民发〔2016〕21 号）和《民政部等十六部委关于进一步推动殡葬改革促进殡葬事业发展的指导意见》（民发〔2018〕5 号）文件精神，按照天津市民政局、天津市财政局《关于开展节地生态安葬奖补工作的通知》（津民发〔2019〕44 号）要求，结合我市实际，制定本办法。

第二条　本办法所称的节地生态安葬是指在对逝者的安葬过程中，采取不保留骨灰和标志物的安葬方式，包括草坪葬、花坛葬、骨灰撒海等形式。

第三条　节地生态安葬奖补包括三项内容，即基本殡葬服务费用补贴、节地生态安葬奖励和承办服务补贴。

基本殡葬服务费用补贴和节地生态安葬奖励的发放对象为采取节地生态安葬的逝者亲属或有权处置逝者骨灰的权利人；承办服务补贴的发放对象为承办节地生态安葬的殡葬服务单位。

第四条　节地生态安葬奖补发放遵循公开、便民、及时的原则。

第二章　奖补条件

第五条　符合下列条件的，申请人可以同时申领基本殡葬服务费用补贴和节地生态安葬奖励：

（一）逝者为天津市户籍；

（二）2020 年 1 月 1 日（含）后申请办理节地生态安葬；

（三）自愿在本市民政部门核定的殡葬服务单位办理节地生态安葬；

（四）基本殡葬服务遗体冷存、遗体运送、遗体火化均由本市具有合法资质的殡葬服务单位提供；

（五）逝者遗体火化后六十日内直接选择节地生态安葬；

（六）申请人应当为逝者的亲属或有权处置逝者骨灰的权利人。

第六条　符合下列条件的，申请人可以单独申领节地生态安葬奖励：

（一）逝者为天津市户籍；

（二）2020 年 1 月 1 日（含）后申请办理节地生态安葬；

（三）自愿在本市民政部门核定的殡葬服务单位办理节地生态安葬；

（四）申请人应当为逝者的亲属或有权处置逝者骨灰的权利人。

第七条　符合下列条件的，殡葬服务单位可申报承办服务补贴。

（一）已纳入到《天津市实施节地生态安葬奖补承办单位目录》；

（二）安葬的逝者为天津市户籍；

（三）提供的节地生态安葬服务为 2020 年 1 月 1 日（含）之后申请办理的。

第八条　符合下列条件的经营性公墓、公益性公墓、殡仪馆可以列入《天津市实施节地生态安葬奖补承办单位目录》：

（一）依法设立；

（二）经营性公墓、殡仪馆节地生态安葬土地面积不低于 2 亩，公益性公墓节地生态安葬土地面积不低于 3 亩；

（三）节地生态安葬区域绿化覆盖率不低于 80%。

第九条　天津市殡仪服务总站列入《天津市实施节地生态安葬奖补承办单位目录》，负责全市骨灰撒海安葬服务工作。

骨灰撒海安葬服务过程中，每具骨灰减免两位随行亲属费用。

第十条　区属殡葬服务单位列入《天津市实施节地生态安葬奖补承办单位目录》的，由区民政局向市民政局申报，市民政局负责核定；市属殡葬服务单位列入《天津市实施节地生态安葬奖补承办单位目录》的，由市民政局直接核定。

市、区民政局应对承办节地生态安葬的殡葬服务单位进行数量控制。滨海新区最多可申报六个，其他每个区（不含市内六区）最多可申报两个。

市民政局负责汇总制定《天津市实施节地生态安葬奖补承办单位目录》，并向社会公布。

第十一条　存在下列情形的，不予享受相关奖补：

（一）申请人在逝者土葬后，再申请办理节地生态安葬的，不享受基本殡葬服务费用补贴；

（二）申请人为法人、非法人组织或受其委托的，不享受基本殡葬服务费用补贴和节地生态安葬奖励。

第三章　奖补标准与申领程序

第十二条　基本殡葬服务费用补贴标准为 1420 元/具。

节地生态安葬奖励标准为 1000 元/具。

承办服务补贴标准为 2000 元/具。

第十三条　申请人同时申领基本殡葬服务费用补贴和节地生态安葬奖励的，应当向承办单位提出申请，并提交下列材料：

（一）逝者身份证原件或公安部门出具的户籍注销证明原件；

（二）申请人身份证原件。申请人为受托人的，还需提供书面委托书及委托人身份证原件；

（三）申请人名下银行卡。申请人为受托人的，需提供委托人名下银行卡；

（四）本市具有合法资质的殡葬服务单位开具的遗体冷存、遗体运送、遗体火化票据原件。

申请人未能提交齐全本条第四项材料的，不享受基本殡葬服务费用补贴。

第十四条　申请人单独申领节地生态安葬奖励的，申请人应当向承办单位提出申请，并提交下列材料：

（一）逝者身份证原件或公安部门出具的户籍注销证明原件；

（二）申请人身份证原件。申请人为受托人的，还需提供书面委托书及委托人身份证原件；

（三）申请人名下银行卡。申请人为受托人的，需提供委托人名下银行卡；

（四）火化证明（火化票据）原件或原骨灰安放（葬）证复印件。

第十五条　承办单位应当对申请人提供的材料进行审查，符合要求的，予以受理。

材料不齐的，应当一次性告知申请人补齐。申请人承诺在三日内补齐所缺材料的，应当先行受理，待材料补齐后继续办理业务。

第十六条　承办单位按照下列程序办理奖补申领：

（一）对申请人提交的材料进行查重核验，查重结果，应当告知申请人；

（二）与申请人协商确定节地生态安葬日期，并签订《天津市节地生态安葬协议》（附件 1，略）；

（三）申请人填写《天津市节地生态安葬奖补申领登记表》（附件 2，略）；

（四）申请基本殡葬服务费用补贴的，业务人员应在票据原件上加盖"已申请节地葬补贴"专用章；

（五）收取逝者骨灰妥善保管。

第十七条　殡葬服务单位完成节地生态安葬后七个工作日内将补贴资金发放至申请人银行账户，同时在《天津市节地生态安葬奖补资金统计表》（附件 3，略）进行记录，并保留发放记录备查。

第十八条　殡葬服务单位应当于每年 11 月 5 日前报送下列材料到所属民政部门，申领下一年度承办服务补贴：

（一）当年度《天津市节地生态安葬奖补资金统计表》（附件 3，略）；

（二）下一年度《天津市节地生态安葬奖补资金预算申请表》（附件 4，略）。

第四章　资金使用管理

第十九条　节地生态安葬所需资金由市级福利彩票公益金担负。奖补资金采取提前下达和年终结算方式拨付。

每年 11 月底前，市财政局按照市民政局报送的下年度节地生态安葬资金预算，将市级承办单位所需资金纳入市民政局部门预算，将转移支付资金提前下达各区；并于转年 11 月底前，在安排下一年度预算时进行结算。

第二十条　民政部门应当按照下列时间节点报送有关报表：

（一）每年 11 月 15 日前，各区民政局负责将本年度实施情况和下一年度所需资金预算报市民政局、区财政局；

（二）每年 11 月 20 日前，市民政局负责将本年度发放所需资金和下一年度资金预算报送市财政局。

第二十一条　殡葬服务单位应不断优化服务环境，加强工作人员培训和奖补资金的监督管理，严禁以任何形式占用、挪用奖补资金。

第二十二条　对冒领、骗取奖补资金的单位或个人，由民政部门责令限期退还。当事人逾期拒不退还的，民政部门依法公告，并将有关情况纳入单位个人诚信记录。涉嫌犯罪的，依法移交司法机关处理。

第五章　附　　则

第二十三条　本办法所称逝者亲属或有权处置逝者骨灰的权利人，是指逝者的配偶、子女、父母以及其他法定有权处置或者经授权处置逝者骨灰的人员。

第二十四条　本办法自公布之日起施行。《天津市民政局　天津市财政局关于印发〈天津市实施骨灰撒海基本服务办法〉的通知》（津民发〔2014〕63 号）同时废止。

第二十五条　本办法由市民政局负责解释。有效期五年。

市民政局 市规划资源局 市住房城乡建设委
印发《关于公益性骨灰堂建设管理
的指导意见》的通知

（津民规〔2021〕2 号）

各区民政局、规划和自然资源局、住房和城乡建设委：

为规范全市公益性骨灰堂建设管理，更好地满足人民群众骨灰安葬需求，市民政局、市规划资源局、市住房城乡建设委制定了《关于公益性骨灰堂建设管理的指导意见》。现印发给你们，请结合实际，认真贯彻实施。

市民政局　市规划和自然资源局　市住房城乡建设委

2021 年 3 月 15 日

（此件主动公开）

关于公益性骨灰堂建设管理的指导意见

公益性骨灰堂建设管理事关群众切身利益和社会和谐稳定，对节约土地资源，建设现代化城市具有重要意义。为解决公益性骨灰堂区域分布不均衡、建筑设计不规范、管理服务不到位等问题，坚持以人民为中心的发展理念，加快补齐公益性骨灰存放设施短板，引导和激励骨灰堂积极转型升级、持续优化服务，更好适应殡葬服务高质量发展要求，更好满足人民群众丧葬需求，根据《天津市殡葬管理条例》《公墓和骨灰寄存建筑设计规范（JGJ/T397-2016）》《城市公益性公墓建设标准（建标182-2017）》等有关规定，结合我市实际，现就公益性骨灰堂建设管理提出如下指导意见。

一、优化公益性骨灰堂规划布局

公益性骨灰堂的规划布局是殡葬设施专项规划的重要组成部分，要坚持"便于管理、方便群众、节约土地、提高利用率"的原则，在符合上位国土空间规划约束性指标和管控要求的前提下，与具有骨灰存放功能的殡仪馆、殡仪服务中心、公益性墓地统筹规划、互为补充。原则上每个街道（乡镇）建设1个街镇级公益性骨灰堂。地域面积较小，人口数量不足4万的街道（乡镇）可采取与相邻街道（乡镇）联建的方式建设。市级或区级殡仪馆已规划或建有骨灰存放楼等骨灰存放设施的，所在街道（乡镇）不再规划新建乡镇级公益性骨灰堂。

二、规范公益性骨灰堂建设

（一）严格控制乡镇级公益性骨灰堂用地面积。具体用地规模根据骨灰存放格位建设数量、服务覆盖范围、单位用地指标确定。

服务覆盖范围是指服务的人口数量和使用周期，一般以服务5万人口40年使用周期为计算基准。

单位用地指标是指单个骨灰存放格位的占地面积，不包括绿化、通道、停车场等用地。乡镇级公益性骨灰堂单位用地指标为0.33平方米/格位。

（二）严格控制乡镇级公益性骨灰堂建筑面积。乡镇级公益性骨灰堂的主体骨灰存放楼建筑面积以大于3000平方米为宜。具体建筑面积根据骨灰存放数量，按照《公墓和骨灰寄存建筑设计规范（JGJ/T397-2016）》中骨灰楼相应类别的建设规模确定，并不超过其上限。

（三）严格控制区级、村级公益性骨灰堂建设规模。区级、村级公益性骨灰堂参照街镇级公益性骨灰堂，科学确定用地面积和主体骨灰存放楼建筑面积。

（四）严格公益性骨灰堂建筑规范。公益性骨灰堂应当严格落实《公墓和骨灰寄存建筑设计规范（JGJ/T397-2016）》及《城市公益性公墓建设标准（建标182-2017）》中关于骨灰存放建筑的规定，确保建筑质量和使用安全。公益性骨灰堂的建筑立面风格应采用中式陵园风格，颜色以青灰色为主；禁止构建带有封建迷信色彩和法律法规明令禁止的丧葬活动的设备设施；建筑层数应结合骨灰安置数量、祭扫人数等因素科学确定，确保安全。

三、规范公益性骨灰堂设立许可

（一）明确申请条件。申请设立公益性骨灰堂，应当符合本区殡葬服务设施专项规划和国土空间规划。

（二）明确申请程序。开办单位申请设立公益性骨灰堂，应当向区政务服务办提出申请并取得行政许可，申请时应提供以下申请材料：

1. 开办申请书；

2. 规划资源部门出具的《用地预审与选址意见书》；

3. 街道办事处、乡镇人民政府的审核意见。

（三）规范建设程序。开办单位应当依法办理立项、规划、用地、建设施工、验收等手续，并按照殡葬管理等相关规定开展服务。

四、规范公益性骨灰堂服务管理

（一）明确政府兴建主体责任。公益性骨灰堂应当由各级政府统筹利用政府一般债券、一般公共预算、彩票公益金投资建设。根据公益性骨灰堂的层级不同，管理上由区民政部门或街道（乡镇）负责直接管理，或委托相关机构管理。委托相关机构管理的，区民政部门或者街道（乡镇）应当加强对委托机构管理的检查指导。

（二）加强服务收费管控。公益性骨灰堂应按照非营利并兼顾居民承受能力的原则，结合本地区实际确定收费价格，规范收费。公益性骨灰堂的全部收费项目，均应当对外公开公示，接受社会监督，确保收费规范合理。

（三）着力提高服务水平。公益性骨灰堂要建立健全服务管理制度，加强服务人员培训，提高服务质量。注重环境绿化美化，保持整洁肃穆。引导群众文明低碳祭扫，禁止从事封建迷信活动。区民政局、公益性骨灰堂所属街道（乡镇）政府应当履职尽责，加强监督管理，确保公益性骨灰堂规范服务，维护好群众的合法权益。

市民政局 市发展改革委 市市场监管委
市农业农村委关于印发《天津市公益性公墓
（骨灰堂）收费管理暂行办法》的通知

（津民规〔2021〕3 号）

各区民政局、发展改革委、市场监管局、农业农村委：

为进一步规范公益性公墓（骨灰堂）收费管理，市民政局、市发展改革委、市市场监管委、市农业农村委联合制定了《天津市公益性公墓（骨灰堂）收费管理暂行办法》，现印发给你们，请结合实际，认真遵照执行。

市民政局　市发展改革委

市市场监管委　市农业农村委

2021 年 3 月 22 日

（此件主动公开）

天津市公益性公墓（骨灰堂）收费管理
暂行办法

为加强和规范我市公益性公墓（骨灰堂）收费管理，维护人民群众利益，营造良好殡葬服务环境，现结合我市实际情况制定如下收费管理办法。

一、收费项目

（一）公益性公墓（骨灰堂）是指不以营利为目的，为城乡居民提供遗体安葬或骨灰安葬（放）服务的公共安葬（放）设施，包括区级、乡镇级、村级公益性公墓（骨灰堂）。

（二）公益性骨灰堂收费项目为管理费。主要包括骨灰堂运营维护、日常管理、卫生、垃圾清运。

（三）公益性公墓收费项目为墓葬费和管理费。

1. 墓葬费主要包括建设墓穴、墓碑、运输、安装的材料、人工劳务费用。

2. 管理费主要包括公墓日常管理、维护、卫生、垃圾清运、绿化。

二、收费标准

（一）由区民政部门会同区发展改革和农业农村部门按照非营利并兼顾居民承受能力的原则，结合本辖区内殡葬服务设施基本情况，拟定最高指导价格标准，报区人民政府审批后公布。

（二）公益性公墓（骨灰堂）管理单位依据公开的最高指导价格标准，结合基本支出测算依据和本地实际，集体研究拟定具体服务项目收费价格。

（三）公益性公墓（骨灰堂）管理单位将拟定的具体服务项目收费价格报区民政、发展改革和市场监管部门进行价格备案后向社会公开。

三、动态调整

公益性公墓（骨灰堂）管理单位需进行收费调整的，应在最高指导价格标准内，结合实际集体研究确定并向辖区民政、发展改革和市场监管部门备案后，及时向社会公开。

四、监督管理

（一）主动接受社会监督。公益性公墓（骨灰堂）管理单位应在服务窗口、大屏幕、平台公众号等显著位置，公示服务收费项目、收费标准和年度终了财务报表等涉及收费有关事项，确保成本费用收取的真实性、透明性、合理性。

（二）加强"两个结合"。区民政和市场监管部门采用"检监"结合、"投检"结合方式，通过制定随机抽查检查计划进行监督检查和以投诉举报为线索的专项检查，依法依规调查处置随机抽查监督检查中发现的问题和群众关于殡葬服务收费的投诉举报。

（三）严格执法检查。区民政和市场监管部门加强对公益性公墓（骨灰堂）管理单位日常监督管理工作，依法严厉查处擅自设立收费项目、提高收费标准、扩大收费范围及强制服务并收费等乱收费行为。若确实发现价格违法行为，由市场监管部门予以处罚。

市民政局　市市场监管委
关于优化营商环境促进丧葬用品市场
健康发展的通知

（津民规〔2021〕6号）

各区民政局、市场监管局：

为贯彻落实国务院"放管服"改革工作要求，进一步优化营商环境，激发市场活力，促进丧葬用品市场健康发展，结合我市实际，现将有关事项通知如下。

一、主体设立

拟从事生产、销售丧葬用品的市场主体，区民政局、街道办事处（乡镇人民政府）不再对其是否符合规划布局进行确认，依法直接向区市场监管部门申请登记。

二、信息共享

区市场监管部门、区民政局、街道办事处（乡镇人民政府）加强信息共享，及时掌握本区生产、销售丧葬用品的市场主体设立及变化情况，共同做好监督管理。

三、监管要求

（一）加强法制宣传。对生产、销售丧葬用品的市场主体，各部门要加强规范经营、移风易俗、文明殡仪等内容的法制宣传教育，促进丧葬用品市场健康发展。

（二）加强执法监督。民政部门会同市场监管部门加强执法检查，严格查处生产、销售封建迷信殡葬用品等违法行为，对妨害公共秩序、侵害他人合法权益的，要及时依法处罚。

（三）加强诚信管理。将丧葬用品生产销售网点、殡葬服务机构纳入社会信用体系建设，依法公示信用信息。

本通知自印发之日起施行。《市民政局 市市场监管委关于规范殡葬服务加强丧葬用品生产销售网点管理的通知》（津民规〔2021〕1号）同时废止。

天津市民政局　天津市市场监管委

2021年11月25日

（此件主动公开）

市民政局 市公安局 市卫生健康委
市市场监管委关于加强医疗机构太平间
统一布局管理的通知

（津民发〔2021〕1号）

各区民政局，区卫生健康委，滨海新区公安局、各区公安分局，区市场监管局，各有关医疗机构，市公安局有关直属单位：

为深入贯彻习近平总书记关于殡葬领域的重要批示精神，落实市委、市政府部署要求，进一步强化我市殡葬管理，规范殡仪服务，切实解决市民群众丧葬需求，根据《天津市殡葬管理条例》和《市民政局 市公安局 市卫生局 市工商局关于进一步加强医院太平间集中统一管理的通知》（津民发〔2012〕98号）相关规定，按照《天津市殡葬领域大排查大整治专项工作方案》工作安排，现将我市医疗机构太平间集中统一管理相关事项通知如下：

一、合理布局，集中管理

医疗机构太平间设置由市民政局按照区域和居民分布情况进行合理布局，全市二级以上医疗机构要根据工作实际设置太平间。市内六区和环城四区医疗机构太平间殡葬业务统一交由市民政局指定具有殡仪服务合法资质单位进行管理。其他区医疗机构太平间殡葬业务交由所属区民政部门指定具有殡仪服务合法资质单位进行管理。

二、分类设置，方便群众

为方便市民群众，医疗机构太平间设置分为两种类型，分别为内设太平间（不对外经营）和殡葬便民服务网点（对外经营）。其中，内设太平间为医疗机构内设部门，由医疗机构自行管理，只用于本单位在医疗救治过程中产生遗体的临时存放，不接收其他外来遗体。殡葬便民服务网点设置在医疗机构内，由民政部门管理，在满足本医疗机构在医疗救治过程中产生遗体的临时存放需求的基础上，可以接收其他外来遗体的临时存放，满足周边区域市民群众的殡葬服务需求。医疗机构现有合法殡葬便民服务网点的，保留原有设施和用途不变。医疗机构内设置的殡葬便民服务网点，确因医疗机构规划建设迁移等其他原因需要调整以及取消设置的，医疗机构需向上级主管部门申请同意，并向市卫健委报备后与民政部门协商迁移事宜。

民政部门应积极筹建殡仪服务中心，建成使用后逐步关闭取消殡葬便民服务网点，具体方案由市民政局、市卫生健康委研究制定。

三、完善设施，配置设备

医疗机构内设太平间应具备专用场所，满足临时停放遗体需要，无特殊需求不设置遗体冷藏柜，遗体停放时间不超过4小时。殡葬便民服务网点设置，医疗机构应根据网点布局需要，积极配合提供用房及水电配套设施。新建医疗机构应根据《综合医院建筑设计规范》（GB 51039-2014）要求进行规划设计，尽可能提供满足尸体存放条件的专用房间。民政部门应根据网点实际情况配备遗体冷藏柜及办公等配套设施。具体殡葬便民服务网点设置由市卫生健康委和市民政局根据实地查看情况综合评估后确定。

四、充分准备，平稳交接

医疗机构内设太平间应于2021年3月底前完成相关设置准备工作。增设殡葬便民服务网点的医疗机构，具备设置条件的，于确定网点后三个月内完成交接工作，暂不具备条件的，应设立临时遗体存放专用场所，与民政部门指定的殡仪服务单位进行业务衔接。

医疗机构现存非法太平间的，医疗机构要通过法律手段，依法维护自身合法权益，属地民政部门要责令非法太平间经营者立即停止违法违规经营行为，并协助医疗机构务必于2021年6月底前完成清理工作。

民政部门接收医疗机构太平间后，其房屋使用权和调配权仍归医疗机构所有，房屋的使用要服从医疗机构统一规划。医疗机构与民政部门交接过程应符合法律法规要求，双方应在交接前进行协商并签订协议，民政部门应根据协议及国家相关规定缴纳费用。

市区两级民政、卫生健康、公安部门要密切配合，加强部门协作，规范执行遗体交接过程中信息登记、存放等工作流程。

五、规范管理，提升服务

民政部门接收太平间后，应加强殡仪业务培训，统一规范服务项目，主动公开收费价格，履行行业规范守则，遵守医疗机构及安全消防等各项规定，建立健全管理制度，严格殡葬法律法规，严禁售卖封建迷信用品或搞封建迷信活动，妥善做好遗体接运及善后处置工作，不断提升服务质量水平，满足市民群众治丧需求。

六、工作要求

（一）提高站位，统一思想

各区民政部门、殡葬服务单位和医疗机构要提高政治站位，充分认清当前形势，统一政治思想认识，制定具体工作方案，认真履行工作职责，将设置医疗机构太平间工作作为民生保障的重要任务来抓，纳入重要工作日程，按照时间节点要求，确保交接任务顺利完成。

（二）担当作为，狠抓落实

民政部门和医疗机构要成立工作小组，指定专人负责，明确工作职责，积极协调配合，密切开展工作，狠抓工作落实，对交接过程中遇到的问题，要主动担当作为，及时克服解决，对推诿扯皮、庸政懒政、不担当不作为的单位和个人，将严肃予以追责。

（三）加强管理，控制流向

为防止违法运送、私埋乱葬、传染性疾病遗体不及时火化等违法违规行为，安全保存涉案遗体证据，维护公共卫生安全和社会稳定，民政部门和医疗机构应完善遗体流向监督机制，规范遗体交接手续流程。

（四）严格纪律，严肃问责

对移交过程中继续开展违法违规行为的医疗机构及太平间接收后违法违规开展殡葬服务的单位和个人，将全市通报并予以追责问责。

天津市民政局　天津市公安局

天津市卫生健康委员会　天津市市场监督管理委员会

2021年2月4日

（此件主动公开）

市民政局 市政务服务办关于进一步做好
经营性公墓审批监管工作的通知

（津民发〔2023〕22 号）

各区民政局、政务服务办：

按照《国务院关于深化"证照分离"改革进一步激发市场主体发展活力的通知》（国发〔2021〕7 号）及《天津市人民政府关于印发天津市深化"证照分离"改革进一步激发市场主体发展活力工作方案的通知》（津政发〔2021〕12 号）要求，我市已将经营性公墓的审批权限由市民政局下放至各区政务服务办。为进一步规范经营性公墓审批，强化事中事后监管，按照《民政部关于深化"放管服"改革进一步规范经营性公墓审批监管工作的通知》（民发〔2021〕58 号）要求，结合工作实际，现就有关事项通知如下。

一、落实审批监管主体责任

经营性公墓审批事项改革，是贯彻落实党中央、国务院重大决策部署，落实民政部和市委、市政府深化改革部署要求，深化"放管服"改革、优化营商环境的重要举措，对维护市场主体和人民群众合法权益、促进殡葬事业健康发展意义重大。各区民政局、政务服务办要深刻认识经营性公墓审批事项改革的重要意义，切实贯彻落实工作部署要求，认真落实审批监管主体责任，从促进公平竞争、优化公共服务、便民惠民利民的角度，完善相关工作内容，加强协调配合，建立简约高效、公正透明、慎审严管的公墓审批制度，切实履行审批监管职责，确保改革措施有效实施。

二、健全完善审批服务流程

坚持规划先行原则，市、区民政局会同有关部门，按照公益性为主体、营利性为补充、节地生态为导向的原则，分别制定市、区级殡葬服务设施专项规划，按程序报批后印发实施。各区政务服务办要严格按照市、区殡葬服务设施专项规划，依法依规、科学合理、稳妥有序审批经营性公墓有关事项，经营性公墓审批权限包含现有经营性公墓变更事项和新建经营性公墓审批事项。实施审批全程网上办理，推动实现公墓证件电子化，制定完善经营性公墓（包括公益性公墓）审批信息共享机制。要密切部门协作，加强与相关部门在公墓立项、土地使用、工程规划、竣工验收、环境评价和社会风险评估等各环节的信息共享和工作衔接。

三、保障群众基本安葬需求

各区要在做好经营性公墓审批监管工作基础上，针对本区公益性骨灰安葬（放）设施布局不均衡、服务能力不足等问题，会同有关部门，完善规划、立项、投入、建设、运维、服务等政策支持，加快推进公益性骨灰安葬（放）设施规划建设，保障群众基本安葬需求。要大力推进骨灰格位存放、树葬、海葬、深埋不留坟头等节地生态葬式葬法，鼓励开发可循环使用的节地生态安葬专区，不断提升节地生态安葬水平。要在有效保障公益性基本安葬服务的前提下，依照殡葬服务设施布局规划，稳妥审慎审批建设经营性公墓，形成差序互补格局，并探索建立经营性公墓履行社会责任有效机制和办法。

四、完善规范监管工作举措

各区民政局要依法对经审批的经营性公墓实施建设运营全过程监管，压实殡葬服务单位（企业）主体责任。要依法依规严肃查处未批先建、擅自修改规划、扩大用地面积、超标准建墓、违规销售等行为。对不按规定审批、不履行监管责任的，将依法追究审批机关及相关责任人的法律责任。要强化事中事后监管，推进跨部门联合监管，实行日常抽查、年度检查与专项整治相结合，全面推行"双随机、一公开"，制定殡葬服务单位（企业）随机抽查事项清单，强化公墓年检，建立约谈制度，依照有关规定及时将违法责任单位（企业）及相关人员纳入行业禁入范围，逐步完善违法违规行为处罚机制和措施。改革前审批的经营性公墓，按照《天津市殡葬管理条例》《天津市殡葬管理条例实施办法》有关规定，市、区民政局继续分别依法履行监管职责，改革后审批的经营性公墓，由各区民政局依法履行监管职责。要支持行业协会提升自律水平，鼓励多渠道社会监督，健全多元共治、互为支撑的协同监管格局。

五、加强政策法规宣传引导

经营性公墓审批权限下放并不意味着审批放宽、监管放松，各区民政局要做好经营性公墓审批事项改革的宣传引导，要进一步依法依规、科学规划、规范审批、严格监管，做好相关配套政策、办事流程、操作规程等工作衔接和业务培训，做好相关法律法规及政策解释工作，及时回应社会关切。

各区民政局、政务服务办在改革中遇到的重大问题，要及时向当地党委和政府请示报告，并同时向市民政局、市政务服务办报告。

市民政局　市政务服务办

2023 年 7 月 3 日

（此件主动公开）

● 河北省 ●

河北省人民政府办公厅
关于加强农村公益性公墓建设和管理的意见

（〔2019〕—79）

各市（含定州、辛集市）人民政府，雄安新区管委会，省政府有关部门：

近年来特别是党的十八大以来，我省认真贯彻落实党中央、国务院决策部署，在加强殡葬设施建设和管理方面取得了积极进展，但仍存在许多问题亟待解决，主要是公益性公墓严重不足，农村散埋乱葬问题普遍存在，传统祭祀日存在火灾隐患。妥善解决"逝有所安"问题，是保障和改善民生的重要内容。为加快推进农村公益性公墓建设，有效治理散埋乱葬，防止火灾隐患，推进殡葬改革，促进社会文明进步，根据殡葬法规和国家有关殡葬改革要求，经省政府同意，结合我省实际，现就加强农村公益性公墓建设和管理工作提出如下意见。

一、总体要求

坚持以人民为中心，强化政府主体责任，加强农村公益性公墓建设和管理，保障农村群众安葬服务需求；坚持革新殡葬习俗，传承发展优秀传统文化，倡导和培育节地生态安葬新理念、新风尚；坚持疏堵结合，不断丰富和完善安葬服务供给，全面加强安葬行业监管，坚决治理散埋乱葬行为；坚持因地制宜大胆创新，鼓励各地探索符合实际、行之有效的改革路径，创新农村安葬服务管理模式和手段。坚持试点先行，及时总结推广试点经验，以点带面，循序渐进，梯次推进农村公益性公墓建设。到2025年，实现各地规划建设的农村公益性公墓，能够基本满足农村群众安葬服务需求，覆盖农村的安葬公共服务体系基本建立，散埋乱葬问题得到有效治理，全省农村初步实现集中集约规范安葬。

二、加强规划建设

（一）加强统筹规划。坚持规划先行，各级政府要将农村公益性公墓纳入当地国民经济和社会发展规划，纳入国土空间规划特别是村庄规划。要依据《河北省殡葬设施建设规划》，参照《城市公益性公墓建设标准》，结合乡村振兴战略和本地实际，充分考虑城镇化进程、园区项目建设等因素，对本行政区域内农村公益性公墓进行统一规划，合理确定公益性公墓数量、布局和规模，制定本行政区域农村公益性公墓建设规划。

积极推行乡（镇）建设中心型公益性公墓，为全乡（镇）村民提供安葬公共服务。根据实际，人口规模较大或村集体收入较好、具备单独建设能力的村也可以单独建设公益性公墓。对现有农村公益性公墓进行改造提升，避免重复建设造成浪费，提高骨灰安放设施利用率，规范公墓管理。要明确推进的时间表和路线图，加快农村公益性公墓建设步伐。到2020年，实现乡（镇）中心型农村公益性公墓覆盖率达到20%；到2022年，实现乡（镇）中心型农村公益性公墓覆盖率达到50%；到2025年，基本实现公益性安葬设施覆盖到全省广大农村。

（二）严格建设形式和标准。农村公益性公墓建设要倡导节地生态安葬模式。火葬区要采取骨灰入室（骨灰堂、骨灰楼、骨灰塔）格位安放和骨灰生态循环安葬（花坛葬、草坪葬）形式，倡导骨灰生态循环安葬和地上森林地下墓园骨灰格位安放建设模式。土葬改革区，遗体安葬要严格控制占地面积，积极推行树葬、草坪葬等节地生态安葬形式，地表不留坟头。尊重少数民族的丧葬习俗。

农村公益性公墓要配备管理用房、祭扫场所、消防等必要的设施和设备，对院内外进行美化绿化，并预留一定的发展空间。在山林边缘建设的，还应按照山林防火的要求，采取必要的措施，建设配套的防火隔离带或防火墙。

（三）明确资金来源。乡（镇）中心型公益性公墓所需建设资金以县、乡财政投入为主，省、市财政可给予一定支持；村建公益性公墓资金由村自筹，县、乡财政可给予适当支持。鼓励企业、社会组织和个人捐资、村集体筹资建设农村公益性公墓。

（四）依法依规供地。农村公益性公墓建设用地以划拨方式取得，应坚持节约用地、保护生态环境的原则，在确保交通便利、水电供给有保障的基础上，优先利用荒山瘠地。项目建设前，要认真开展社会稳定风险评估，把维护群众切身利益作为评估工作的重要标准，及时消除风险隐患，确保不发生影响稳定的问题。要按照《殡葬管理条例》等法律法规规定，认真执行土地管理等政策，依法依规做好征地补偿和政策解释工作。要做好项目周边乡村群众思想工作，解决好安葬设施项目"邻避效应"问题，有效防范和化解风险。

农村公益性公墓建设项目选址要遵守殡葬法规，禁止在耕地、国家自然保护区、风景名胜区、文物保护区、水库及河流堤坝附近和水源保护区、铁路和公路主干线两侧建设农村公益性公墓。

（五）严格公墓建设审批程序。行政村建设公益性公墓由村委会提出申请，经乡（镇）政府审核同意后报县级行政审批部门批准。乡（镇）建设中心型公益性公墓由乡（镇）政府提出申请，报县级行政审批部门批准。省民政厅要制定《河北省建设农村公益性公墓审批办法》，全面规范农村公益性公墓审批手续和程序。

三、规范运营管理

（一）强化日常管理。农村公益性公墓要坚持"谁建设、谁管理"的原则，建立公墓管理制度和档案登记制度，明确专人负责，加强日常管理，做好公墓档案登记、日常维护、环境卫生、防火防灾、安全保障等工作。要加强财务管理，各类资金使用情况要按规定主动公开，接受群众监督。

（二）确保长期运行。农村公益性公墓不能以营利为目的，不得从事任何营利性经营活动，但可以按规定收取必要的成本费和管理费用，用于公墓维护管理和支付工作人员报酬。对农村公益性公墓，县、乡财政要安排专项资金，给予维护管理补贴，确保持续稳定地提供基本安葬服务。

（三）落实惠民政策。县级政府要制定惠民安葬政策，为进入农村公益性公墓安葬的重点优抚对象、低保对象、特困人员、低收入家庭等城乡困难群众免费提供骨灰格位存放服务，有条件的地方可将政策惠及对象扩展到行政区域内所有居民和常住人口。原有散葬坟墓迁入农村公益性公墓的，由政府提供迁移费用并免费提供墓位或格位。

（四）严守殡葬法规。禁止在农村公益性公墓内修建家族墓，禁止利用公益性公墓经营、炒卖墓地墓穴格位，禁止在火葬区农村公益性公墓安葬遗体、骨灰装棺再葬，禁止超服务范围出租墓位（安放格位），禁止建设大墓、豪华墓，禁止在农村公益性公墓内进行封建迷信活动。

四、强化保障措施

（一）压实工作责任。各级政府承担农村公益性公墓建设和管理主体责任，要组织有关部门做好规划编制、土地划拨、财政投入、日常监管、风险评估等工作。乡（镇）政府负责中心型农村公益性公墓的建设、管理和服务等具体工作，鼓励采用政府购买服务形式开展管理服务工作。村委会负责本村公益性公墓的建设和管理服务工作。各级各有关部门按照各自职责，加强分工协作，做好有关工作。

（二）加强部门协作。民政部门要会同有关部门做好专项规划的编制并组织实施，做好农村公益性公墓建设管理的政策标准制定和行业管理。发展改革部门要制定倾斜政策，加大对公益性安葬设施建设的支持力度，并按照相关规定核定收费项目和价格。财政部门要明确各级财政支出责任，研究完善财政支持政策，做好资金保障工作。自然资源和规划部门要将公益性公墓建设纳入村庄规划，加强建设用地供给和管理。生态环境部门要指导做好有关生态环境保护工作。市场监管部门要依法查处乱收费行为。林业和草原部门要配合民政部门加强对散埋乱葬占用林地、草原行为的监督，依法支持农村公益性公墓建设。

（三）坚持试点先行。各地要发扬基层首创精神，围绕农村安葬服务管理体制机制、公共投入、监管执法、信息化建设等重点难点问题，勇于攻坚，寻求解决对策，创造积累经验，有效破解改革发展难题。省民政厅要部署开展农村公益性公墓建设和管理工作试点，鼓励和支持地方因地制宜大胆探索创新，并密切跟踪试点工作进展情况，及时总结经验做法，研究解决工作中出现的问题。每县要选择 1 个乡（镇）作为试点，对相对成熟的试点经验，加强推广应用，形成试点先行、重点突破、以点带面的良好态势。

（四）加大财政支持。县级政府要将农村公益性公墓建设纳入基本公共服务保障范围，在财政中期规划和年度预算中作出安排，支持农村公益性公墓建设和管理工作；要研究制定奖补政策，安排专项资金，对完成建设任务快、集中安葬率高、示范作用突出的农村公益性公墓建设运营予以奖补。省、市每年度要从本级福彩公益金中，按照不低于 10% 的比例安排专项补助资金，支持农村公益性公墓建设。

（五）强化宣传引导。各地要以殡葬服务机构、农村社区村民中心等为重要宣传平台，充分发挥新媒体传播优势，广泛宣传集中集约规范安葬的重要意义，普及科学知识，传递文明理念，引导群众转变观念、理性消费、革除陋俗，树立厚养薄葬、文明节俭、生态环保的殡葬新风尚。

（六）严格监督管理。县级有关部门要按照殡葬有关法律法规要求，认真履行职责，加强部门协作，加强对农村公益性公墓的日常监管。对未批私建、对外租售、墓位超标、搞封建迷信活动等违法违规行为，要严肃查处，追究责任，确保农村公益性公墓建设和管理服务规范有序。农村公益性公墓建成后，当地政府要采取有力措施，制止散埋乱葬行为。

河北省人民政府办公厅
2019 年 5 月 28 日

河北省民政厅关于印发
《关于推动丧葬习俗改革工作的意见》的通知

（冀民〔2020〕93 号）

各市（含定州、辛集市）民政局，雄安新区公共服务局：

为深入贯彻落实党中央、国务院关于推进移风易俗、建设文明乡风、深化殡葬改革的决策部署，有效破除丧葬陋俗，树立殡葬新风，省民政厅制定了《关于推动丧葬习俗改革工作的意见》，并商省委组织部、省文明办同意。现印发给你们，请结合本地实际，认真贯彻实施。

河北省民政厅
2020 年 9 月 9 日

关于推动丧葬习俗改革工作的意见

为深入贯彻落实党中央、国务院关于推进移风易俗、建设文明乡风、深化殡葬改革的决策部署，有效破除丧葬陋俗，树立殡葬新风，根据民政部等 16 部门《关于进一步推动殡葬改革促进殡葬事业发展的指导意见》、中央农办等 11 部门《关于进一步推进移风易俗建设文明乡风的指导意见》等有关要求，就推动丧葬习俗改革工作提出以下意见。

一、总体要求

以习近平新时代中国特色社会主义思想为指导，全面贯彻党的十九大和十九届二中、三中、四中全会精神，按照尊重习俗、加强引导、依法依规、启发自觉的工作原则，采取强化组织推动、党员干部带头、加强宣传引导、完善激励机制、试点先行先试等工作措施，坚持丧、葬、祭"三位一体"，积极推行文明节俭治丧，着力推进实施节地生态安葬，倡导文明低碳祭扫，规范治丧和祭祀活动，力争到 2022 年，大操大办、封建迷信、散埋乱葬等丧葬陋俗得到有效遏制，文明、健康、绿色殡葬新风成为社会主流。

二、主要任务

（一）大力推行文明节俭治丧。县、乡两级要指导村（居）委会修订村规民约（居民公约），充实完善依法火葬、丧事简办、厚养薄葬等移风易俗内容，鼓励村（居）委会依据有关规定和村规民约（居民公约），针对违法土葬、丧事大操大办等推出具体约束性措施，采取教育、规劝、奖励等方法，引导城乡居民遵规践约，推动殡葬文明新风养成。各地要探索创设具有地域民俗特色、文明简约的治丧仪式仪规，出台丧葬礼俗流程指引；要健全完善并充分发挥基层红白理事会、道德评议会、村民议事会等群众组织作用，建章立制，规范运行，积极开展丧事服务。鼓励市、县（市、区）成立殡葬行业协会，并向有条件的乡镇（街道）延伸，培养基层助推丧葬习俗改革的骨干力量。鼓励有条件的地方建立宴席服务队，明确服务项目、收费标准和服务承诺，防止大操大办、攀比浪费；鼓励依托城乡社区综合服务设施等场所，为村（居）民举办丧事提供便利。

（二）着力推进实施节地生态安葬。各地要积极推行不占或少占土地、少耗资源、少使用不可降解材料的节地生态安葬方式。在火葬区，依法推行遗体火化、骨灰进公墓安葬、墓碑小型化、降低墓基硬化面积，鼓励选择节地型墓位、立体安葬和树葬、花坛葬、草坪葬、撒散等不保留骨灰的安葬方式，使用可降解容器或直接将骨灰藏纳土中，不设硬质墓穴和墓碑。在土葬改革区，遗体应在公墓或规定区域集中安葬，不得散埋乱葬，严禁建大墓、豪华墓、活人墓，鼓励墓碑小型化或不立墓碑，提倡遗体深埋、不留坟头或以树代碑等。尊重少数民族丧葬习俗，鼓励和支持少数民族群众选择既有民族地域特色，又符合节地生态要求的葬式葬法。无论是公益性公墓还是经营性公墓，都应设置节地生态安葬设施和场地。结合加强和完善社区治理、改善农村生产生活环境，部署开展农村散埋乱葬专项治理行动，稳步实现集中规范安葬。殡葬管理机构要积极创造条件，为城乡居民提供海葬、树葬、花坛葬等节地生态安葬服务。鼓励各地因地制宜打造一批节地生态陵园，省民政厅适时联合有关部门，对节地生态陵园进行核查评估并挂牌（河北省节地生态陵园），在全省通报推广。

（三）积极倡导文明低碳祭扫。各地要正确把握继承与创新的关系，积极组织开展文明实践活动，培育现代祭祀文化，将文明低碳祭扫与保护生态环境、防范火灾隐患紧密结合，厚植符合绿色环保要求、更具人文价值和人文情怀的祭扫理念，培育具有时代特征、民族特点、群众基础的祭扫行为规范，引导群众将对已故亲人的缅怀方式由坟头烧纸上香转变到网络祭扫、鲜花祭奠、植树绿化、踏青遥祭等生态祭奠和人文纪念、精神传承上来，坚决抵制迷信低俗、奢侈浪费等不良祭扫风气，切实增强参与文明低碳祭扫的思想自觉和行动自觉。县、乡、村三级要积极创造条件，在主要祭祀节日组织社区共祭、集体公祭、家庭追思等现代祭祀活动，以新的形式弘扬慎终追远传统；各类公墓要提高服务能力，引入网络祭祀、代理祭祀等现代文明方式。通过宣传引导和服务，逐步取消祭祀焚烧，并化风成俗。

三、保障措施

（一）加强组织领导。推动各级党委、政府把丧葬习俗改革作为促进精神文明和生态文明建设的有力举措，摆上重要议事日程，纳入工作全局谋划推进，坚持积极倡导与有效治理相结合，推动形成机制健全、执法有力、引领到位、管理精细、节俭文明的丧葬习俗改革新局面。各市、县（市、区）要抓好建章立制，制定丧葬习俗改革实施办法，就治丧、安葬、祭扫等环节作出规范；强化殡葬活动生态环境监管，支持保障推行节地生态安葬；注重发挥乡镇、街道、社区直接联系群众优势，探索建立基层殡葬信息员制度及殡葬信息源采集、报告和预警机制，加大对散埋乱葬、骨灰装棺再葬、违规建墓的事前预防和源头治理力度。开展丧葬习俗改革工作试点，重点围绕丧葬祭管理体制机制、公共投入、监管执法、移风易俗、信息化建设等问题，先行先试，聚力攻坚，总结可推广、可复制的经验做法，为有效破解殡葬改革难题提供借鉴。

（二）发挥党员干部带头作用。各地要认真落实中央八项规定精神和省委办公厅、省政府办公厅《关于充分发挥党员干部带头作用 全面深化殡葬改革的实施意见》要求，发挥殡葬管理工作联席会议作用，建立健全教育管理和约束机制，推动党员干部特别是党员领导干部带头宣传殡葬改革、带头实行遗体火化、带头推行丧事简办、带头参与节地生态安葬、带头文明低碳祭扫，教育和约束直系亲属和身边工作人员按要求举办丧事活动，引领带动广大群众革除丧葬陋俗，树立文明新风。各地应依据党内有关法规和制度，对城乡社区党员干部丧事简办、文明祭扫等作出相关规定，加强组织监督和群众监督，依法纠正和查处党员干部尤其是领导干部去世后遗体违规土葬、散埋乱葬、超标准建墓立碑等行为，对其他涉嫌违纪违法问题线索的，及时移交执纪部门或司法部门处理。

（三）强化宣传引导。充分发挥各类媒体、殡葬服务机构、基层自治组织、社会组织等在宣传引导方面的作用，综合运用宣传册、公告栏、大喇叭广播等群众喜闻乐见的方式宣传丧葬习俗改革，把党委、政府推动丧葬习俗改革的决心、推行改革的意义和好处、惠民殡葬政策、不执行政策的危害向群众讲清楚，把丧葬习俗改革方面的典型人物和先进集体树起来，为群众算好传统治丧与文明节俭治丧、传统安葬与生态安葬、传统祭扫与文明低碳祭扫的成本账，引导并加深群众对丧葬习俗改革的认识、认可和认同。注重实践养成，坚持利用清明节等重要节日集中宣传与日常引导相结合，组织开展丧葬习俗改革宣传月、殡仪馆开放日、集中生态安葬等活动，加强对群众治丧祭扫观念和活动的正向激励引导，培育文明节俭、生态环保丧葬祭新风，不断把移风易俗工作引向深入。

（四）健全激励机制。逐步实现基本殡葬服务普惠性、均等化，各级要强化政府责任和投入，进一步完善以减免基本殡葬服务费用为主要内容的惠民殡葬政策；各地要积极创造条件，制定出台节地生态安葬各项奖补激励政策，把不保留骨灰、遗体深埋不留坟头、不硬化、不立碑、骨灰立体安葬以及树葬、花坛葬、草坪葬等符合节地生态葬式葬法纳入奖补范围，引导和鼓励城乡居民采取节地生态葬法。探索建立环保殡葬服务用品补贴制度，对带头推行无毒、可降解环保用品的殡葬服务机构或使用者家属，给予适当奖励或补贴。

● 山西省 ●

关于印发《山西省殡葬基础设施建设指南》的通知

（晋民发〔2020〕60号）

各市民政局、发展改革委、工信局、规划和自然资源局（林业局）、住建局、生态环境局、交通运输局：

为贯彻落实省委、省政府关于加快推进殡葬改革促进殡葬事业发展的决策部署，加快殡葬基础设施建设，指导各地结合实际形成规范、统一、科学、可行的项目建设方案，避免过度超前或不能满足需要，根据国务院《殡葬管理条例》、《山西省殡葬管理办法》和住房城乡建设部、国家发展改革委发布的《殡仪馆建设标准》（建标181-2017）及《城市公益性公墓建设标准》（建标182-2017），结合我省实际，现将《山西省殡葬基础设施建设指南》印发给你们，请参照执行。

附件：山西省殡葬基础设施建设指南

山西省民政厅 山西省发展和改革委员会
山西省工业和信息化厅 山西省自然资源厅
山西省林业和草原局 山西省住房和城乡建设厅
山西省交通运输厅 山西省生态环境厅
2020 年 11 月 13 日

山西省殡葬基础设施建设指南

山西省殡仪馆建设指南

一、基本定义

殡仪馆是由本级人民政府审批建设的公共殡葬服务场所，具体任务是为社会提供遗体接运、存放、火化和骨灰寄存等基本殡葬服务以及停灵、守灵、吊唁等其他治丧相关服务，其设施和设备应当符合国家技术标准。

二、项目选址

殡仪馆选址应符合城乡规划和土地利用总体规划（国土空间规划），不得占用永久基本农田，避开"三沿六区*"以及各类自然保护地，应建在当地常年主导风向的下风侧，应有利于排水和空

---

* "三沿六区"指的是公路、铁路、河道沿线和水源保护区、文物保护区、风景旅游区、住宅区、开发区和水库堤坝区。

气扩散，尽量选择周边单位和居民较少、相对独立、交通便利的地域，并处理好与周边单位及居民的关系，符合《火葬场卫生防护距离标准》（GB18081）规定。

三、规划布局

1. 布局合理，节约用地。根据殡仪服务流程，明确功能分区，同一功能区内的建筑用房可相对集中布置，管理及后勤区宜独立设置。

2. 馆区内应设置接运遗体的专用道路和专用出入口，火化车间宜与其他功能区域保持一定距离。

3. 应设置室外公共活动场地和公共厕所。

4. 配套建设机动车和非机动车停车设施，殡仪车停车场与公共停车场应分开设置。

5. 容积率不低于0.2，绿地率不低于35%。

四、建设规模

原则上，根据常住人口数量确定建设规模：

——常住人口11万，殡仪馆（省定六类），占地面积15亩以内，建筑面积在2000m² 以内。

——常住人口11万~28万，殡仪馆（五类），占地面积15~33亩，建筑面积2000~4400m²。

——常住人口28万~57万，殡仪馆（四类），占地面积33~60亩，建筑面积4400~8000m²。

——常住人口57万~86万，殡仪馆（三类），占地面积60~81亩，建筑面积8000~10800m²。

——常住人口86万~142万，殡仪馆（二类），占地面积81~127亩，建筑面积10800~17000m²。

——常住人口143万~214万，殡仪馆（一类），占地面积127~180亩，建筑面积17000~24000m²。

——常住人口214万以上，宜分项目建设。

五、功能构成

1. 殡仪馆项目包括业务区、遗体处理区、悼念区、火化区、骨灰寄存区、祭扫区、集散广场区、后勤管理区等功能区。

2. 业务区包括业务咨询室、业务洽谈室、业务办理室、丧葬用品陈列室、卫生间、收款处和休息室等。

3. 遗体处理区包括接尸间、停尸间、冷藏间、防腐室、整容室、污水处理间、殡仪车清洗消毒间、车库、卫生间和员工休息室等。

4. 悼念区包括悼念厅、守灵间、音响室、医务室和卫生间等。

5. 火化区包括火化间、尾气处理设备间、骨灰处理间、骨灰暂存室、候灰室、员工休息室、卫生间、淋浴间、油库和设备间等。

6. 骨灰寄存区包括骨灰寄存间、业务室等。

7. 祭扫区包括遗物祭品焚烧处理用房、祭扫室和室外祭扫场地等。

8. 集散广场区包括公共停车场、公共厕所和室外活动场地等。

9. 后勤管理区包括办公用房、值班宿舍、活动室、办公用车车库、职工食堂及小型餐饮、便利店、仓库等。

六、面积指标

各功能分区中各类用房占总建筑面积的比例分别为：业务区10%，遗体处理区16%，悼念区25%，火化区16%，骨灰寄存区11%，祭扫区8%，集散广场区1%，后勤管理区等13%。

七、建筑设施

1. 建筑应符合城市建设的整体要求，符合《无障碍设计规范》（GB50763）中的相关规定。

2. 火化间宜单独设置，火化间的建筑结构、平面布局和层高等应满足火化机及后处理设备的安装和使用条件，并符合《殡仪馆建筑设计规范》JGJ124 中的相关规定。

3. 殡仪馆应按照国家有关标准设立给排水系统。遗体处理区用房产生的污水应进行消毒净化处理，达到国家相关排放标准后，与生活污水分流排出。

4. 火化区、遗体处理区和员工休息室应设热水供应系统；管理及后勤区用房宜设热水供应系统。

5. 火化间、防腐室、整容室、冷藏间、接尸间、停尸间应采用机械通风，不宜建设在地下层。业务区用房、员工休息室、候灰室、悼念厅可根据需要设置空气调节系统。

6. 殡仪馆的供电设施应安全可靠，保证遗体火化时火化设备供电不间断。

7. 殡仪馆应配置与其建设规模和业务技术、行政管理工作相适应的信息系统、通讯系统和安全防范系统等。

八、专用设备

1. 专用设备主要包括火化机、遗物祭品焚烧炉、尾气后处理设备、殡仪车、遗体清洗消毒设备、遗体冷冻冷藏设备、空气净化消毒设备、遗体防腐整容设备、遗体瞻仰棺、推尸车等。

2. 专用设备应选用专业厂家生产的技术成熟、通用性强和经过国家专业质检机构检验合格的产品，符合高效、节能、环保的要求。

3. 火化机、遗物焚烧炉等的污染物排放检测值，特别是二噁英排放检测值宜按严于相应的国家、行业标准执行；专用焚烧设施应严格执行《火葬场大气污染物排放标准》（GB13801），做到节约用地，处理工艺先进，不产生二次污染。

4. 火化机炉型配置合理，能满足多种服务需求。火化机配置数量按殡仪馆类别确定：一类10—15 台，二类 6—10 台，三类 4—6 台，四类 2—4 台，五类 2—3 台，省定六类 2 台。

5. 殡仪车配置数量按殡仪馆类别确定：一类 15—23 台，二类 9—15 台，三类 6—9 台，四类 3—6 台，五类 2—3 台，六类 2 台。偏远地区殡仪馆殡仪车的数量可适当增加，按需确定。

6. 悼念（告别）厅数量应当符合当地人口规模和实际殡葬需求，并按照大、中、小不同规格配置，坚持节俭治丧。有守灵需求的可设守灵间，守灵间大小根据需要设置。原则上大悼念厅不超600m²、中悼念厅不超 300m²、小悼念厅不超 150m²。悼念厅、守灵间总面积：一类不超 6000m²，二类不超 4250m²，三类不超 2700m²，四类不超 2000m²，五类不超 1100m²，省定六类不超 500m²。

7. 遗体冷藏柜和骨灰寄存格位配置数量按实际需要配置。原则上遗体冷藏柜县级馆配置 50 个以上、市级馆配置 100 个以上，骨灰寄存格位县级馆配置 3000 个以上、市级馆配置 10000 个以上。

8. 根据实际业务需求，配置相应的遗物祭品焚烧炉、遗体冷冻冷藏设备、室内空气净化消毒专用设备、遗体防腐整容设备、遗体瞻仰棺、遗体清洗消毒设备、推尸车和悼念用影音设备等。

山西省公益性骨灰堂（公墓）建设指南

一、基本定义

公益性骨灰堂（公墓）是指依法使用国有划拨土地或农民集体所有土地建设，不以营利为目的，为城乡居民提供骨灰公益安置服务的殡葬设施。

二、项目选址

符合城乡规划和土地利用总体规划（国土空间规划），优先利用荒山瘠地，不得占用永久基本农田，避开"三沿六区"以及各类自然保护地，避免推山砍树，最大限度保护原有植被和生态。积极探索在不改变林地草地用途前提下，在林地、草地等适当场所划定一定区域，进行林地、草地与墓地复合利用。可依法规范改造原有历史形成的墓地和集中安葬点。

三、建设主体

地方各级人民政府承担公益性安放（葬）设施建设兜底保障责任，鼓励国有资本公益投资。

四、规划布局

1. 公益性安放（葬）设施建设要坚持覆盖城乡、规模适度、公益惠民的原则。城市公益性骨灰堂（公墓）主要服务城镇居民，农村公益性骨灰堂（公墓）主要服务农村居民。

2. 城市公益性骨灰堂（公墓）以县政府主导建设，农村公益性骨灰堂（公墓）以乡镇、行政村为单位建设，偏远的区域或者交通不便的地区，可以多村联建的方式兴建。公益性安放（葬）设施的建设要统一布局，以县或乡镇为单位，统一规划、统一设计、统一标准和管理模式。

3. 平原地区原则上建设公益性骨灰堂，山区、丘陵地区可建设公益性骨灰堂或公墓。

五、建筑设施

1. 公益性骨灰堂按功能设置：骨灰安放格位区、业务办公区和公共服务区。公益性公墓按功能建设：骨灰安葬墓穴区、业务用房、管理用房和附属用房。有条件的骨灰堂（公墓）可根据需求设置生命文化教育功能区。

2. 公墓应体现园林化特点，绿化率不低于50%，宜开设防火隔离带。新建公墓节地生态安葬率达到100%，现有公墓经节地生态改造后达到65%以上。鼓励公墓建设骨灰楼、骨灰廊、骨灰墙、骨灰亭、骨灰花坛等设施，为不保留骨灰者建"名字墙"等纪念设施。

3. 城市公益性骨灰堂（公墓）：①应按需求规划建设骨灰安置区、业务厅、办公室、财务室、监控室、值班室、档案室、宿舍、食堂和集散广场、祭扫场地、公共停车场和卫生间等设施，配备建筑给排水、通风、照明、电气、音响、互联网等设备。②墓区内道路应有明显标识，通往骨灰安置区应有环形道路，道路出入口不少于2个，出入口最大宽度不宜大于10m。墓区主干道宽度不宜小于3.5米，次干道宽度不宜小于1.5米，支道宽度不宜小于0.6米。

4. 农村公益性骨灰堂（公墓）应按需求规划建设骨灰安置区、祭扫场地、公厕、停车场及必要的照明及通行道路等设施。

六、建设规模

根据骨灰安置总量确定建设规模：骨灰安置总量=公益性安放（葬）设施服务区域常住人口数量 * 7‰ * 20 * 50%（7‰指"人口年均死亡率"，系数20表示公墓服务年限为20年，系数50%表示公益性公墓的实际骨灰安置量占当地骨灰安置需求量的估算比例）。

——常住人口10万以内，骨灰堂建筑面积1600m² 以内，公墓占地面积15亩以内。

——常住人口11万～20万，骨灰堂建筑面积1601～3050m²，公墓占地面积15～29亩。

——常住人口21万～30万，骨灰堂建筑面积3051～4280m²，公墓占地面积29～43亩。

——常住人口31万～40万，骨灰堂建筑面积4281～5450m²，公墓占地面积43～56亩。

——常住人口 41 万～50 万，骨灰堂建筑面积 5451～6700m²，公墓占地面积 56～70 亩。

——常住人口 51 万～100 万，骨灰堂建筑面积 6701～13400m²，公墓占地面积 70～141 亩。

常住人口 100 万以上地方建设公墓，建议分项目建设，每个公墓占地面积不宜超过 141 亩。

乡镇、农村公益性骨灰堂公墓建设规模根据服务人口数量，并结合死亡率、服务年限等因素确定。原则上乡镇级骨灰堂建筑面积 1000m² 以内，公墓占地面积 10 亩以内；村级骨灰堂建筑面积 500m² 以内，公墓占地面积 5 亩以内。

七、面积指标

1. 骨灰堂每个格位的单位建筑面积不宜超过 0.25m²，每层楼安放格位数量宜由下到上逐层递减，建筑不宜超过 6 层。骨灰寄存架之间的通道宽度不宜小于 1.2m，骨灰存放室净高不宜低于 3.3m。

2. 公墓独立墓穴的单位占地面积不应超过 0.5m²，合葬墓穴不应超过 0.8m²（不含公共绿化和道路用地），每亩安葬墓穴数不宜少于 320 个。提倡地面不建墓基、地下不建硬质墓穴。墓碑应体现小型化、多样化、艺术化，推广使用卧碑。墓位间以绿化带相隔，间距不宜小于 0.3 米。墓位前走道应建绿化行道，尽量减少硬化面积。

八、管理

1. 按照"谁建设、谁管理"的原则，城市公益性骨灰堂（公墓）由所在地人民政府民政部门负责管理；农村公益性骨灰堂（公墓）由所在地乡镇人民政府、村（居）委会或委托村（社区）红白理事会负责管理。支持采取全县（市、区）统一管理、服务外包管理、群众自我管理等多种管理模式。

2. 应建立健全公益性骨灰堂（公墓）日常管理制度，设立专门服务场所，建有人员职责、墓穴登记、档案管理、财务管理、值班巡查、隐患排查等制度。

3. 新建公益性（骨灰堂）公墓应设置"云祭扫"功能，并配备相关必要服务设施。

4. 城市公益性骨灰堂（公墓）和有条件的农村公益性骨灰堂（公墓）应配齐人防、物防、技防设施设备，确保机构运营安全。

山西省经营性公墓建设指南

一、基本定义

经营性公墓是指以出让方式依法取得国有土地使用权，按市场方式运作，有偿提供骨灰安置服务的公共殡葬设施。

二、项目选址

符合城乡规划和土地利用总体规划（国土空间规划），优先利用荒山瘠地，不得占用永久基本农田，避开"三沿六区"以及各类自然保护地，并符合《殡葬管理条例》《山西省殡葬管理办法》等相关政策规定，最大限度保护原有植被和生态。

三、规划布局

1. 在带有火化功能的殡仪馆和城市公益性骨灰堂（公墓）建设先行的基础上，各县（市、区）根据需要可规划申报建设一个经营性公墓。

2. 公益性安（放）葬设施和服务严重不足的地区，不得审批建设经营性公墓。

3. 新建公墓应在项目区域内规划不少于20%的土地，用于建设公益性安葬区。公益性安葬区统一使用卧碑，实行独立核算，由物价部门按实际建设成本和管理费核定墓穴价格，由政府购买服务方式获得，公墓经营者可一次性收取管理费，最长不超过20年。

4. 墓区应体现园林化特点，绿化率不宜低于50%，宜开设防火隔离带。新建经营性公墓的节地生态安葬率达到65%（0.8m² 以下小型墓、树葬、壁葬、花葬等）。支持现有公墓进行节地生态改造，改造后节地生态安葬比例应达到50%以上。

5. 中、低价墓位建设总量不应低于该公墓规划建设墓位总量的60%。

四、建设规模

每个公墓占地面积应符合当地人口规模和落葬需求，一般不超过280亩。具体项目应根据骨灰安置总量确定建设规模：骨灰安置总量＝服务区域常住人口数量 * 7‰ * 20 * 50%（7‰指"人口年均死亡率"，系数20表示公墓服务年限为20年，系数50%表示经营性公墓的实际骨灰安置量占当地骨灰安置需求量的估算比例）。按照每亩地设置250墓位测算占地面积。

——常住人口10万以内，公墓占地面积28亩以内。

——常住人口11万～30万，公墓占地面积29～84亩。

——常住人口31万～50万，公墓占地面积85～140亩。

——常住人口51万～100万，公墓占地面积141～280亩。

五、面积指标

1. 公墓独立墓穴或合葬墓穴单位占地面积不应超过1m²（不含公共绿化和道路用地），墓碑高度不超过0.8m，每亩安葬墓穴数不宜少于250个。墓位间以绿化带相隔，间距不宜小于0.3m。墓位前走道应建绿化行道，尽量减少硬化面积。地面不建墓基、地下不建硬质墓穴。墓碑应体现小型化、多样化、艺术化。提倡建设小型墓（0.8m² 以内），提倡使用卧碑。

2. 公墓应设置环形道路，有明显标识，道路出入口不少于2个，出入口最大宽度不宜大于10m。墓区主干道宽度不宜小于3.5m，次干道宽度不宜小于1.5m，支道宽度不宜小于0.6m。

3. 公墓内建设的骨灰安放区：每个格位的单位建筑面积不宜超过0.25m²，每层楼安放格位数量宜由下到上逐层递减，建筑不宜超过6层。骨灰寄存架之间的通道宽度不宜小于1.2m，骨灰存放室净高不宜低于3.3m。

中共山西省委办公厅 山西省人民政府办公厅 印发《关于加快推进全省殡葬综合改革 促进殡葬事业发展的实施意见（试行）》的通知

（晋办发〔2021〕15号）

各市委、市人民政府，省委各部委，省直各委、办、厅、局，各人民团体：

《关于加快推进全省殡葬综合改革促进殡葬事业发展的实施意见（试行）》已经省委、省政府同意，现印发给你们，请结合实际认真贯彻落实。

中共山西省委办公厅

山西省人民政府办公厅

2021 年 5 月 28 日

关于加快推进全省殡葬综合改革
促进殡葬事业发展的实施意见（试行）

根据国务院《殡葬管理条例》和中共中央办公厅、国务院办公厅印发的《关于党员干部带头推动殡葬改革的意见》（中办发〔2013〕23 号），以及民政部等 9 部门《关于推行节地生态安葬的指导意见》（民发〔2016〕21 号）精神，现就加快推进全省殡葬综合改革、促进殡葬事业发展提出如下实施意见。

一、总体要求

（一）指导思想

以习近平新时代中国特色社会主义思想为指导，坚持深化改革、稳中求进、创新发展，坚持移风易俗、以人为本，以满足人民群众基本殡葬服务需求为着力点，以加强殡葬基础设施建设和提高殡葬管理服务水平为突破点，以促进精神文明和生态文明建设为落脚点，大力推行火葬、节地生态安葬，倡导文明节俭办丧，革除殡葬陋俗，加强法治建设，强化属地管理，落实惠民政策，建立布局合理、设施完善、功能齐全、生态环保、服务优质的基本殡葬公共服务体系，推动全省殡葬事业健康发展。

（二）基本原则

坚持规划先行，合理布局。县级以上政府要将殡葬工作列入社会改革和精神文明建设总体规划，科学布局本行政区域内殡仪馆、骨灰堂、公墓、殡仪服务站等殡葬设施，强化用地保障，突出公益属性。

坚持属地管理，部门协同。建立健全党委领导、政府负责、部门协同、社会参与、法制保障的工作机制，加强综合执法和协同监管，形成工作合力。

坚持设施保障，普惠群众。各级政府要将殡葬基础设施纳入基本建设计划，完善服务体系。惠民殡葬政策覆盖城乡所有居民，提高减免奖补标准，确保人人享有公益性基本殡葬服务。

坚持因地制宜，分类指导。城镇及交通便利地区率先普及火葬，实行绿色低碳祭扫；偏远山区农村加快推行火葬，实行节地生态安葬和文明祭扫。

坚持疏堵结合，稳步推进。推动移风易俗，强化事前引导、事中监管，依法治理殡葬乱象，充分发挥红白理事会和村规民约作用，鼓励各地结合实际，大胆探索推进殡葬改革。

（三）工作目标

到 2023 年年底，县级以上行政区域实现带火化功能的殡仪馆全覆盖，火化焚烧设备全部符合国家环保要求。到"十四五"末，实现公益性安放（葬）设施乡镇、农村全覆盖，各市建立完善的殡葬服务保障体系，重新划定火葬区，基本实现省域内全部实行火葬，遗体火化率达到全国平均水平。用 5—8 年时间，使遗体火化、公墓安葬、文明祭祀、绿色祭扫成为公民的自觉行动，火化率逐步提升进入全国前列。

二、工作任务

（一）重点加强设施建设。从 2021 年起，用 2—3 年时间新建 74 个以上县级殡仪馆，改扩建或迁址新建 15 个老旧殡仪馆，实现殡仪馆县级行政区域全覆盖。建设带火化功能的殡仪馆，原则上一县一个，设区的市可结合实际统筹规划、统一建设。殡仪馆须配套骨灰堂或骨灰寄存区，对远离居民区或辐射范围广的殡仪馆，要适度增设殡仪服务网点或依托城乡社区综合服务中心搭建服务平台，方便群众治丧。殡仪馆周边的道路交通、应急避险、城市管网等配套设施建设应纳入同级政府建设计划。2021 年上半年，完成公益性骨灰堂（公墓）建设规划编制工作。2023 年年底前，每个县（市、区）建设一个服务规模与当地群众殡葬服务需求相适应的公益性骨灰堂（公墓）。"十四五"末，每个乡镇至少建设一个公益性骨灰堂（公墓），每个行政村单独或联合建设公益性骨灰堂（公墓），实现公益性安放（葬）设施乡镇、农村全覆盖。

2021 年年底前，各级民政部门会同自然资源等部门完成"十四五"殡葬基础设施规划编制工作，与国土空间规划有效衔接，纳入"一张图"管理，至少满足当地未来 15 年殡葬需求，严格依据规划审批建设殡葬设施。根据国土空间规划确定用地结构和布局，在年度土地利用计划中，安排一定比例殡葬建设用地指标，优先用于公益性殡葬设施建设。建设中要注重"邻避"问题，做好矛盾纠纷防范和化解工作，并与重要军事设施保持安全距离。殡仪馆建设用地由政府划拨。公益性骨灰堂（公墓）建设用地由市县政府统一规划、统筹落实，以政府划拨、农村集体土地、乡镇及村调剂等方式解决。经营性公墓用地必须通过招标拍卖挂牌出让的方式确定土地使用者。公益性骨灰堂（公墓）建设、运行管理资金以同级财政投入为主，鼓励企业、社会组织和个人捐助、捐建。

建设殡仪馆、公益性安放（葬）设施应遵循《殡葬基础设施建设指南》。经营性公墓建设实行准入制，在殡仪馆和公益性安放（葬）设施基本完善的前提下，各县（市、区）可配套建设 1 处经营性公墓，并严格按程序审批。新建殡仪馆、公墓要统一建设标准，确保建设规模与当地人口、殡葬服务需求等相匹配，避免过度超前建设或不能满足需求。发展改革、自然资源、生态环境等部门要加快殡葬设施建设项目立项、用地、环评等审批，开辟绿色通道，缩短审批周期。

（责任单位：省民政厅、省发展改革委、省财政厅、省自然资源厅、省住建厅、省林草局、省生态环境厅，各市县党委和政府。以下各项任务均需各市县党委和政府负责落实，不再逐一列出）

（二）大力推进遗体火化工作。各级党委和政府要积极稳妥有序推进遗体火化工作。以党员干部、公职人员、城市人口的文明示范，带动农村、偏远山区群众乃至全社会自觉参与遗体火葬。殡仪馆和公墓配套齐全的地区，除政策规定的少数民族等特殊情况外，要以火化率达到 100% 为目标，加强宣传引导，推动移风易俗。在医院、村（社区）、单位设立殡葬信息员，建立死亡信息采集、报告机制，探索建立医院（逝者住所）—殡仪馆—骨灰堂（公墓）殡葬服务无缝对接机制，及时掌握、制止和纠正丧事活动中的违法违规行为。加强对医疗机构死亡病例、出具死亡证明和医疗机构太平间的管理，严禁遗体违规外运。村（居）委会要采取切实可行的措施，严格管控违规土葬。完善并严格落实参加社会保险人员去世后丧葬费、抚恤金等发放政策。（责任单位：省民政厅、省委组织部、省委统战部、省人社厅、省退役军人事务厅、省自然资源厅、省林草局、省卫健委）

（三）全面治理散埋乱葬。开展"三沿六区"（公路、铁路、河道沿线和水源保护区、文物保护区、风景旅游区、住宅区、开发区、水库堤坝区）散埋乱葬专项治理，清理存量、杜绝新增。通过深埋改卧碑、迁坟入公墓、生态改造、植绿遮挡等方式，治理"三沿六区"视野范围内现有坟墓。"三沿六区"和耕地、林地，尤其是永久基本农田内严禁新增坟墓。建立工作通报制度，加强巡查督查，杜绝出现新的散埋乱葬现象。（责任单位：省民政厅、省自然资源厅、省林草局、省公安厅、省文旅厅）

（四）推行惠民殡葬和节地生态安葬。在 2021 年年底前实现惠民殡葬政策城乡所有居民全覆盖，各地要落实遗体接运（含抬尸、消毒）、存放（含冷藏、3 天内）、火化、骨灰寄存、骨灰盒（价值 200 元内）和生态安葬等基本殡葬服务减免项目，鼓励有条件的地区提标扩面，相关减免费用由同级财政列入预算，在殡葬服务单位直接核免。大力推行骨灰堂存放、小型墓、树葬、草坪葬及骨灰撒散等节地生态安葬方式，提倡墓碑小型化、墓穴少硬化，提倡使用卧碑。鼓励公民去世后捐献器官或遗体。积极探索在不改变林地草地用途前提下，在林地、草地等适当场所划定一定区域，进行林地、草地与基地复合利用，实施节地生态安葬。新建公益性安放（葬）设施、经营性公墓节地生态安葬比例分别达到 100%、65%，新建或扩建经营性公墓需配套建设不少于 20% 的公益性安放（葬）设施。禁止骨灰装棺再葬、禁止建设超标墓。全省域实行文明祭扫，禁止在非指定区域燃烧纸品衣物、燃放烟花爆竹、摆放油脂易燃食品等存在安全隐患和污染环境的行为。（责任单位：省民政厅、省财政厅、省自然资源厅、省林草局、省应急厅）

（五）加大综合执法力度。各地要将殡葬执法纳入市县综合执法事项，未纳入综合执法的地方，应充实民政执法力量。强化经营性公墓年检，整合小散乱公墓，坚决取缔非法公墓。火葬区实行土葬用品生产销售行业禁入。民政部门要负起牵头责任，主动通报违规线索。公安机关要查处丧事活动中违反治安管理的行为，对私自改装车辆运输遗体的行为进行联合查处。自然资源、林草等部门要依法纠正和查处违法占地建设活人墓、硬化大墓、公墓等行为。市场监管部门要严格查处殡葬领域乱收费行为，配合民政部门加大对制造、销售不符合国家技术标准的殡葬设备和封建迷信殡葬用品违法行为的查处力度。发展改革部门要复核殡葬基本服务收费制定情况。城市管理部门要对占用城市道路、街面、广场、公园等公共场所停放遗体、搭设灵棚、摆放花圈、焚烧纸品等行为进行劝阻。民族宗教事务管理部门要依法规范寺庙等宗教活动场所建设骨灰存放设施等行为，按政策尊重少数民族丧葬习俗。（责任单位：省民政厅、省公安厅、省自然资源厅、省林草局、省市场监管局、省发展改革委、省住建厅、省委统战部）

（六）规范管理服务行为。未经当地政府批准，殡仪馆不得擅自关闭或停止提供基本殡葬服务。殡仪馆、安放（葬）设施不得抵押。逝者遗物不得露天焚烧或随意丢弃。提供火化服务的民办殡仪馆，由当地政府负责清理收回，收回前由民政部门派驻专人监督管理。殡葬服务机构要公开收费项目和标准，杜绝巧立名目乱收费。禁止建售大墓、豪华墓和炒买炒卖墓位、骨灰格位等违规经营行为。遗体接运、存放、火化、骨灰寄存等四项基本殡葬服务收费实行政府定价，按照非营利原则，根据财政补贴情况从严核定，并动态调整。经营性延伸服务和经营性公墓实行市场调节价，不得谋取暴利。公益性安放（葬）设施不得以营利为目的，经营单位应按照维持正常运营并兼顾群众承受能力的原则确定管理费的标准，严禁违规对外提供或销售。加强"互联网+殡葬"建设，对照行业标准，切实提高管理服务水平。（责任单位：省民政厅、省市场监管局）

（七）加强服务人才队伍建设。将殡葬服务专业人才培养摆在重要位置，加强职业教育和技能培训，推动从业人员持证上岗、专业化发展。落实殡葬行业特殊岗位津贴政策及国家有关津贴、补贴政策，探索建立符合行业特点、体现特殊岗位劳动价值的薪酬制度，提升从业人员职业操守和社会尊重度。（责任单位：省民政厅、省人社厅）

（八）完善税收优惠政策。落实国家支持殡葬服务业的有关税收减免政策。落实殡葬服务机构用电、用水、用气、用热享受居民价格政策，不得以土地、房屋性质等为由拒绝执行相关价格政策。（责任单位：省税务局、省民政厅）

三、保障措施

（一）加强组织领导。各级党委和政府要把殡葬改革摆在更加突出的位置，纳入重要议事日程。各级建立党委或政府领导牵头的殡葬工作领导协调机制，按照事权划分和属地管理原则，市县乡三级党委书记统筹抓好殡葬改革相关工作。

重点事项、重要工程通过省"13710"工作制度平台督办，强化责任落实和绩效考核。各乡镇（街道）要切实做好殡葬改革落地工作，落实好公益性骨灰堂（公墓）建设和管理等任务，指导村（社区）红白理事会工作，完善村规民约，引导群众移风易俗。

（二）加大投入力度。各级财政部门要将惠民殡葬经费纳入同级财政预算，保障殡葬事业单位运营管理和殡葬事业发展经费。从2021年起，省级财政设立建设改造专项资金，用于支持殡仪馆建设改造项目。原则上，新建或改造市级殡仪馆每个补助1500万元、县级殡仪馆每个补助700万元。根据项目进展情况，开工后拨付补助资金的80%，完成后拨付补助资金的20%。对殡葬改革推进有力、成绩突出的，省级财政给予适当奖补。积极争取国家发展改革委中央预算内资金和民政部补助支持。充分利用政府专项债券，加大省级财政和彩票公益金补贴力度，鼓励社会资本无偿捐助。各地可结合实际制定奖补激励机制，对建设项目推进快、散埋乱葬治理好的地方给予奖补；对带头节地生态安葬、主动迁移散葬坟墓的先进个人给予奖励，并探索实行生前奖补。

（三）党员干部带头。各级党员干部要贯彻落实我省《关于充分发挥党员干部带头作用大力推进殡葬改革的意见》（晋办发〔2014〕35号）有关规定，带头实行火葬、节地生态安葬；带头节俭治丧、低碳祭扫。组织人事部门要注意掌握党员干部治丧情况，并加强教育管理。纪检监察机关要将党员干部治丧情况列入监督范围，对党员、公职人员尤其是领导干部在丧事活动中违规土葬、大操大办、封建迷信等违规违纪行为要严肃查处。

（四）加强宣传引导。革除丧葬陋俗，树立文明新风要以政策激励、宣传引导、教育感化为主，重点加强对社会贤达和享受优惠政策人员的教育管理。把丧葬礼俗改革与维护逝者尊严、抚慰生者情绪结合起来，推行临终关怀，规范生前契约服务。宣传部门要强化殡葬改革宣传教育，将殡葬改革和移风易俗工作纳入创建文明城市、文明村镇、文明单位和新农村建设考核范围，通过群众喜闻乐见的方式宣讲殡葬改革政策，推广文明节俭治丧模式，破除看阴阳、讲风水等陋习，引导群众参与殡葬改革。发挥村（居）委会和红白理事会作用，对丧葬事宜定制度、定标准，纳入村规民约，遏制大操大办，减轻群众丧葬负担。

（五）加强目标考核。从2021年起，殡葬基础设施建设实行月调度，通报进展情况，视情组织现场推进会，交流经验做法，解决突出问题。依托殡葬改革联席会议制度，强化督导检查和目标考核，建立完善殡葬改革工作考评办法，推动我省殡葬事业健康发展。

山西省财政厅 山西省民政厅关于印发《公益性集中安放（葬）设施建设奖励补助资金管理办法》的通知

各市财政局、民政局：

为促进我省殡葬事业发展，规范和加强省级专项资金管理，提高资金使用效益，根据省委办公厅、省政府办公厅《关于加快推进全省殡葬综合改革促进殡葬事业发展的实施意见（试行）》（晋办发〔2021〕15号），结合《山西省财政厅关于印发财政专项资金管理办法的通知》（晋财省直预〔2020〕38号）的有关规定，我们制定了《山西省公益性集中安放（葬）设施建设奖励补助资金管理办法》，现印发给你们，请遵照执行。

山西省财政厅　山西省民政厅

2022年7月10日

公益性集中安放（葬）设施建设
奖励补助资金管理办法

第一条　为促进我省殡葬事业发展，规范和加强省级专项资金管理，提高资金使用效益，根据省委办公厅、省政府办公厅《关于加快推进全省殡葬综合改革促进殡葬事业发展的实施意见（试行）》（晋办发〔2021〕15号，以下简称《实施意见》），结合《山西省财政厅关于印发财政专项资金管理办法的通知》（晋财省直预〔2020〕38号）的有关规定，制定本办法。

第二条　本办法所指的公益性安放（葬）设施（以下简称"公墓"）建设奖励补助资金是省财政公共预算安排通过专项转移方式用于奖励支持县（市、区）及乡（镇）、村（居）采取树葬、花葬、骨灰寄存等节地生态方式建设公益性公墓（骨灰堂）的补助资金。

第三条　补助资金坚持"鼓励先行、示范引领，相互促进、整体推动，激励先进、择优奖补"的原则。

（一）鼓励先行、示范引领。鼓励在县（市、区）级公墓、乡镇级公益性公墓（骨灰堂）和村级公益性公墓建设中进行林地、草地和墓地复合利用及利用荒山绿化、生态改造等方式，采取骨灰寄存、树葬、花葬、草坪葬、壁葬、骨灰撒散、可降解葬、深埋不留坟头等节地生态葬法，在全省或本地区的殡葬改革中起到引领示范作用。

（二）相互促进、整体推动。殡仪馆与公益性公墓（骨灰堂）建设相互促进，相互推动。通过奖补公益性公墓（骨灰堂）建设，引导激励市县加快殡仪馆建设进度，提高遗体火化率。

（三）激励先进、择优奖补。对殡葬改革力度大、公益性安放（葬）设施建设推进快的县（市、区）、乡（镇）优先考虑。对符合建设标准、手续完备、规划合理、成效显著、有示范作用的建设项目优先奖补。

第四条　县区级公益性公墓按立项报告中投资规模的30%以内给予奖补，补助不超过200万元；乡镇公益性公墓每个补助不超过20万元；乡镇公益性骨灰堂按投资规模的30%以内给予补助，补助不超过30万元。同时建设公益性骨灰堂和公墓的，只能补助一项。村级中心型公益性公墓每个补助不超过15万元。

第五条　公墓建设奖励补助资金用于公益性公墓（骨灰堂）工程建设、维修改造、设备设施配置。

第六条　各县（市、区）民政、财政部门要按照示范引领、激励先进的原则择优申报，原则上不搞"一刀切"、平均化。对申请项目要从严把关、实地查看，符合条件的报市民政局、财政局。各市民政局、财政局对县（区、市）申报的奖补项目进行初审，符合条件的及时上报省民政厅、省财政厅。

第七条　申请奖补项目须符合以下条件：

1. 县级（市辖区则为市级）殡仪馆建设改造完成并投入运营，全县（市、区）和乡镇级、村级申报项目所在地当年火化率达到10%以上（原有殡仪馆覆盖地区火化率在上年的基础上提高五个百分点以上），以后逐年提高，"十四五"末，县域遗体火化率达到全国平均水平以上，公墓所在地入公墓安葬率达到30%以上。

2. 当地制定出台了完善的推进遗体火化和公墓集中安葬的政策措施。

3. 公墓符合当地建设规划和国土空间利用规划，有完全合规的前置审批手续。设计标准和建设内容符合公益性公墓（骨灰堂）建设指南要求。对于林地、草地、墓地复合利用的建设项目，可结合原有林草覆盖情况和占地面积等实际确定。

4. 乡镇级公益性公墓（骨灰堂）进行林地、草地和墓地复合利用及荒山绿化、生态改造等方式，采取骨灰寄存、树葬、花葬、草坪葬、壁葬等生态葬法，建成后生态安葬率达到 60% 以上、绿化覆盖率达到并超过原绿化率，原绿化率较低的建成后达到 50% 以上。申报村级中心公益性公墓的覆盖人口要达到 2000 人以上。

5. 公益性公墓建成后村委会或乡镇政府要配有专门工作人员进行维护和管理。有经村民代表大会（乡镇人民政府班子）通过的公益性公墓管理章程等规章制度。

6. 公墓已实施建设，并至少达到投资计划的 50%。

第八条　各设区的市民政、财政部门组织县区向省民政厅、财政厅申请补助资金。补助资金申请报告主要内容：

1. 当地殡葬改革推进情况。包括殡仪馆建设情况和火化推进情况、公益性公墓（骨灰堂）建设规划、推进遗体火化和公墓安葬的政策措施、地方财政投入情况、林草墓结合情况、集中迁坟和入公墓安葬推进情况等，工作成绩要量化、数据化和明细化。

2. 申请报告。包括项目的建设地址、建设规模、投资总额、建设周期、覆盖范围、服务人数、占地面积等基本情况和公墓建设具体规划、墓位（格位）数量、建设内容、施工方案及招投标情况等。

3. 建设项目所在地村（居）民委员对建设公益性公墓（骨灰堂）的意见。

4. 当地自然资源（涉及林草的由林草部门）、城乡规划部门审查的意见，县级民政部门（已移交的由审批部门）审批的文件或材料。

5. 政府招标手续、建设施工合同、进场施工图及乡（镇）人民政府 12 个月内完成工程建设的书面承诺等材料。

6. 地方落实建设资金到位的文件、承诺书等资料。

第九条　省民政厅、省财政厅组织对各地申报项目进行审查，通过查看资料、实地复核、会议研究等程序在年度财政预算额度内按照择优原则确定奖补项目。

第十条　2022 年实行"当年评定、当年奖补"，以后年度按照"当年评定、次年奖补"的原则，于上年 12 月底前完成项目的申报、复核和评定工作。省财政厅根据审定的项目，于次年批复预算后的六十日内一次性下达补助资金。

第十一条　各级财政、民政部门要加强补助资金监督管理，确保专款专用，加强绩效评价，提高资金使用效益。任何单位和个人不得挤占挪用和截留。各级财政、民政部门及其工作人员在补助资金的分配审核、使用管理等工作中，存在违反本办法规定的行为，以及其他滥用职权、玩忽职守、徇私舞弊等违法违纪行为的，按照《中华人民共和国预算法》、《中华人民共和国公务员法》、《中华人民共和国行政监察法》、《财政违法行为处罚处分条例》等国家有关规定追究相应责任。

第十二条　各级财政、民政部门要自觉接受审计等部门的监督和社会监督，并按要求做好信息公开。

第十三条　本办法自 2022 年 8 月 31 日起施行，执行期截止到 2025 年 12 月 31 日。

● 内蒙古自治区 ●

内蒙古自治区民政厅 财政厅
关于免除城乡低收入困难群体 重点优抚对象等
基本殡葬服务费用的通知

（内民政社事〔2012〕349 号）

各盟市民政局、财政局，满洲里市、二连浩特市民政局、财政局：

为加快推进以改善民生为重点的社会建设，深化殡葬改革，逐步建立完善基本殡葬保障制度，减轻人民群众特别是城乡低收入群体的殡葬负担，促进社会和谐，结合我区实际，从 2013 年 1 月 1 日起，在全区实施惠民殡葬政策，免除城乡"低保"对象等特殊困难群体的基本殡葬服务费用。现就有关事项通知如下：

一、免费对象

具有我区常住户籍死亡后实施火葬的下列人员：

1. 城乡"低保"对象；

2. 农村"五保"对象；

3. 城镇"三无"人员；

4. 按照国家现行规定享受定期抚恤金或补助金待遇的重点优抚对象；

5. 县级以上公安机关开具证明允许火化的无名尸体；

6. 县级以上人民政府认定的流浪儿童等其他需要救助的城乡特殊困难群体。

二、免费项目

（一）殡仪服务项目

1. 普通殡葬专用车遗体接运费；

2. 接送遗体专用袋；

3. 三日内普通冷藏（冻）柜遗体存放费（无名尸除外，但存放期最多不超过 60 天）；

4. 一般整容费（消毒化妆）；

5. 普通火化设备遗体火化费；

6. 一次性普通纸棺 1 个（仅限经营此项业务的殡仪馆）；

7. 价值 200 元以内的骨灰盒 1 个；

8. 三年内骨灰寄存费。

（二）绿色生态节地安葬项目

凡符合免费对象条件，在本辖区公墓内，骨灰安葬采取树葬、花坛葬、草坪葬、壁葬等绿色葬法或骨灰深埋不留坟头、不立墓碑，海葬等生态葬法的困难群体。

三、免费标准

（一）殡仪服务项目免费标准：各盟市、旗县（市、区）按照当地价格部门批准的基本服务收费标准执行，待新的价格标准出台后，按照新的政策规定及时进行调整。

（二）绿色生态节地安葬减免标准：对骨灰安葬采取绿色、生态节地新式葬法，且属于"免费对象"范围的，在免除基本殡仪服务费的基础上，每具减免500元的安葬费用。

四、办理程序

（一）管辖。实施城乡低收入困难群体、重点优抚对象等免除殡葬服务费用工作，实行属地管理。由各级民政部门、各级民政部门直属并依法注册的殡仪馆、公益性公墓及经营性公墓具体承办。如户籍所在地无殡仪馆或在外地死亡并火化的，需凭火化地殡仪馆出具有效遗体火化证明、正式发票及相关材料，到户籍所在地的盟或市、旗县（市、区）民政部门提出申请。经资格审核后，符合条件的由户籍地殡仪馆按当地标准，免除其相应的基本殡葬费用。

（二）办理。丧事承办人在办理丧葬事宜时，应先持本人居民身份证和"免费对象"的相关证明材料的原件及复印件，到"免费对象"户籍所在地盟或市、旗县（市、区）民政部门提出申请，填写内蒙古自治区民政厅统一印制的《内蒙古自治区免除低收入困难群体 重点优抚对象等基本殡葬服务费用审批表》；如"免费对象"为绿色生态节地安葬的，则填写内蒙古自治区民政厅统一印制的《内蒙古自治区低收入困难群体 重点优抚对象等绿色生态安葬费用审批表》。

凡依照本《通知》，经民政部门审核可以享受免除基本殡葬服务费用的，由民政部门收回"免费对象"的低保证、"五保"供养证、"三无"人员证、抚恤证等证件原件，并在审批表上加盖专用章。丧事承办人持经审核、批准的审批表到承办安葬的殡仪馆、公墓等殡葬机构，在结算殡葬费用时直接免除或减免相关费用。

办理相关免费事项审批时，需要提供以下材料：

1. 申请免除基本殡葬服务费用需提供证明材料：

（1）医院、社区居委会（村委会）或县级以上公安部门出具的死亡证明；

（2）逝者户口簿；

（3）逝者身份证；

（4）城乡居民最低生活保障证，重点优抚对象抚恤补助领取证、"五保"供养证、"三无"人员证等合法有效证件；

（5）经旗县以上民政部门出具或确认的其他困难证明。

2. 申请绿色生态安葬方式减免基本安葬服务费用的，除提交上述材料外，还应提供火化证明。

（三）结算。免除殡葬困难群体的基本殡仪费用，由同级民政部门按照物价部门批准的收费标准核定免除数额，超出免费项目规定范围的额外费用由丧属或承办人自行支付。免除费用申请材料由民政部门审核后报财政部门审定，由同级财政部门将资金直接支付所属殡仪馆；没有拨款关系的殡仪馆，据实到属地县级以上民政部门办理核销手续。对选择骨灰绿色生态节地葬法的困难群众、重点优抚对象等安葬补贴按照实际人数、经民政部门审核后报财政部门审定，由同级财政部门将资金直接拨付民政部门，由民政部门与承办殡仪馆、公墓具体办理结算核销。

五、经费保障

用于免除城乡低收入困难群体、重点优抚对象等基本殡葬费用所需资金列入盟市、旗县（市、区）财政预算。自治区本级财政将根据各地财力水平、符合条件人数以及工作开展情况，对各地推进惠民殡葬服务给予补助。各地要规范补贴范围、项目和标准，加强资金管理，确保专款专用，努力提高资金使用的规范性、有效性和安全性。

六、组织实施和有关要求

（一）制定方案，稳妥实施。各级民政、财政部门要增强责任意识，通力协作，切实做好免除城乡低收入困难群体、重点优抚对象等基本殡葬费用政策的落实工作。在深入调研，充分论证的基础上，结合当地实际，科学合理地制定具体的实施办法，进一步明确责任分工，规范办理程序，明确核销期限、确保此项惠民工作顺利实施。各地在确保对城乡低收入困难群体、重点优抚对象免除殡葬基本服务费用的基础上，可根据本地实际情况适当扩大殡葬减免对象范围及项目，提高减免标准，逐步实现殡葬惠民全覆盖的目标。

（二）明确责任，狠抓落实。各级民政、财政部门要坚持"便民、利民、惠民"原则，确保服务对象资料审核和经费结算便捷、高效、准确。要认真做好免除殡葬基本收费对象的资格审查、档案管理及费用结算各环节的工作。财政部门要将实施惠民殡葬政策，免除城乡低收入困难群体、重点优抚对象等基本殡葬费用所需资金纳入年度预算，足额安排、专款专用、定期结算拨付、并随困难群体死亡数量的增减和各地物价部门收费标准的调整及时做相应调整。各级殡葬服务单位要认真学习领会文件精神，坚持公开公正的原则，树立行业形象，加强行风建设，提供优质服务。定期公示殡葬基本服务项目和收费标准。自觉接受相关部门和社会的监督，不断提高服务质量和服务水平。

（三）相互衔接，密切配合。各级民政、财政部门要认真履行职责，加强协作，建立健全工作制度和运行机制。各级民政、财政部门要建立丧葬补贴资金预、决算制度，补贴资金收支预、决算，分别由各级民政、财政部门负责编制，每年年底前各级民政部门根据当年1—3季度丧葬补贴实际支出情况，安排下年度丧葬补贴资金预算，报同级财政部门，每年年底前根据实际支出情况与同级财政部门进行结算。要建立殡葬补贴季报表制度，各旗县（市、区）民政、财政部门采取按月填报、按季上报方式，分别向盟市民政、财政部门报送"免除低收入困难群体、重点优抚对象等基本殡葬服务费用资金收支情况"。要建立惠民殡葬工作报告制度，各盟市民政部门每半年将各旗县（市、区）工作开展及资金落实情况汇总后，分别于每年6月和12月底前，报送自治区民政厅、自治区财政厅。

附件：1. 内蒙古自治区免除低收入困难群体 重点优抚对象等基本殡葬服务费用审批表（略）
　　　2. 内蒙古自治区低收入困难群体 重点优抚对象等绿色生态安葬费用补贴审批表（略）

内蒙古自治区民政厅　内蒙古自治区财政厅
2012 年 12 月 14 日

内蒙古自治区党委办公厅 自治区人民政府办公厅 印发《关于发挥党员干部带头作用全面深化 殡葬改革的实施意见》的通知

（内党办发〔2014〕15号）

各盟市委，盟行政公署、市人民政府，自治区各部、委、办、厅、局和各人民团体：

《关于发挥党员干部带头作用全面深化殡葬改革的实施意见》已经自治区党委、政府领导同志同意，现印发给你们，请结合实际认真贯彻执行。

中共内蒙古自治区委员会办公厅
内蒙古自治区人民政府办公厅
2014年3月30日

（此件公开发布）

关于发挥党员干部带头作用 全面深化殡葬改革的实施意见

为充分发挥广大党员、干部的带头作用，推动殡葬改革深入发展，根据《中共中央办公厅、国务院办公厅印发〈关于党员干部带头推动殡葬改革的意见〉的通知》（中办发〔2013〕23号）精神，结合自治区实际，提出如下实施意见。

一、深刻认识党员干部带头推动殡葬改革的重要意义

殡葬改革是破千年旧俗、树一代新风的社会变革，关系群众的切身利益，关系社会主义精神文明建设和生态文明建设，关系党风政风民风。近年来，在自治区党委、政府的高度重视下，全区广大党员、干部带头积极实行火葬，改革土葬，革除丧葬陋俗，文明节俭办丧事，取得了积极成效。但同时也要看到，一些地区丧葬陋俗死灰复燃，封建迷信活动重新抬头，火葬区遗体火化率下降，骨灰装棺再葬现象时有发生；土葬改革区乱埋乱葬、滥占耕地现象严重，浪费了自然资源，破坏了生态环境；少数党员干部丧事大操大办、借机敛财、热衷风水迷信，修建大墓、豪华墓，损害了党和政府形象，败坏了社会风气。

党员、干部带头推动殡葬改革，是移风易俗，发扬社会主义新风尚的应尽责任；是推动文明节俭治丧，减轻群众丧葬负担的重要途径；是节约土地资源，保护大草原大森林，构建我国北方重要生态安全屏障，促进自治区经济社会可持续发展的迫切要求；是加强党风政风建设，净化社会风气，抵制丧葬陋俗，树立党和政府良好形象，促进社会文明进步的重要保证。各地区各部门要深刻认识党员、干部带头推动殡葬改革的重要意义，进一步完善政策措施，加强教育引导，加快推进我区殡葬改革步

伐，努力形成党员和干部带头、广大群众参与、全社会共同推动的殡葬改革良好局面。

二、以党员干部带头示范推动殡葬改革任务落实

（一）带头文明节俭办丧事。党员、干部要认真贯彻落实中央要求，带头文明治丧，简办丧事，树立时代风尚；带头实行火葬或生态安葬，节约土地资源，保护生态环境；带头文明祭奠，低碳祭扫，弘扬优秀传统文化；带头宣传殡葬改革，自觉抵制陈规陋俗和封建迷信活动，倡导文明新风。党员、干部去世后，除国家另有规定外，一般不成立治丧机构，不召开追悼会。举行遗体送别仪式的，要严格控制规模，力求节约简朴。党员、干部要加强对亲属、朋友和周围群众的教育引导，及时劝阻不良治丧行为。各级领导干部要加强对直系亲属和身边工作人员丧事活动的约束，积极做好思想疏导工作，对不良倾向和苗头性问题，要做到早提醒、早制止、早纠正，决不允许对违法违规殡葬行为听之任之甚至包庇纵容。

（二）大力推行火葬。各地区要把推进遗体火葬作为深化殡葬改革的重点，力争使火化率稳中有升。根据人口、耕地、交通等情况，对现有火葬区和土葬改革区进行重新调整划分。依法将城镇及周边地区、重点旅游乡镇、工业园区、交通便利地区、耕地较少地区定为火葬区，火葬区范围不得小于现有范围，并逐步扩大。人口稀少、交通不便，暂不具备火化条件的地区可以划定为土葬改革区。在火葬区，除国家法规另有规定及尊重少数民族、宗教丧葬习俗之外，党员、干部去世后遗体必须实行火葬，国家工作人员不实行火葬的，不享受丧葬费待遇。鼓励、支持土葬改革区遗体自愿火化。

（三）大力推进生态安葬。党员、干部要带头实行树葬、花葬、草坪葬及骨灰撒散、深埋等绿色生态节地安葬方式，推进以生态安葬为主的骨灰处理方式改革。在火葬区，遗体火化后的骨灰要集中安放在公墓或骨灰安放设施内，不得乱埋乱葬，不得将骨灰装棺再葬，不得超标准建墓立碑；在土葬改革区，遗体处理应尽可能选择荒山瘠地实行集中安葬，逐步用可降解材料取代钢筋混凝土、花岗岩等石材建造坟墓，带头推广和实施平地深埋、不留坟头的遗体安葬方式。严禁在耕地、林地，城市公园、风景名胜区和文物保护区、水库及河流堤坝附近和水源保护区，铁路、公路主干线两侧以及居民住宅区建墓立碑。鼓励党员、干部去世后捐献器官或遗体。各地区要在执行自治区奖补政策的基础上，结合本地区实际，出台生态安葬激励政策，通过政府购买服务、财政补贴等方式，对采取生态安葬的给予奖励、补贴。要加强经营性公墓监管，指导设立生态安葬墓区，推广可降解骨灰盒，依法严厉查处违法建大墓、坚决取缔非法公墓。

（四）加强治丧活动管理。各地区要把文明治丧作为精神文明建设的重要内容，纳入创建文明城市、文明乡镇、文明单位和新农村新牧区建设考评范围。进一步加强城乡居民丧葬丧事管理，严禁在城区街道、公共场所停放遗体、搭建灵棚、沿街游丧、抛撒纸钱；严禁在禁火区域燃放鞭炮、焚烧祭品；严禁丧事中的封建迷信活动，打击丧葬骗财、敛财行为。城市群众治丧和悼念活动要在殡仪馆或集中治丧殡仪服务场所内进行，农村牧区群众治丧和悼念活动可以由嘎查村民委员会或红白理事会组织。党员、干部要大力推行鲜花祭扫、网络祭扫、家庭追思会、社区公祭等现代绿色祭扫形式，积极参与集中公祭先烈等活动，引领群众逐步从注重实地实物祭扫转移到以精神传承为主上来。

（五）大力开展专项整治行动。在全区集中开展乱埋乱葬和丧葬陋习专项整治行动，力争用1至2年时间，使乱埋乱葬现象得到明显改善，丧葬陋习得到有效治理，基本消除城镇丧事活动占用城镇街道和公共场所摆尸办丧、沿街游丧等行为。各级政府和相关部门要明确目标任务，细化职责分工，落实工作责任。广泛宣传发动，提高群众认知，以党员、干部的带头示范，引导居民自愿参与、配合整治行动。对现有乱埋乱葬坟墓，要区分情况，分类处置。对成片乱埋乱葬坟墓，一般采取植树、种草等方式予以遮挡；对零星或无法遮挡的坟墓，给予家属适当补助，让其迁移进公益性墓地；对毁林造坟、毁田造坟以及违规建造的大墓、豪华墓要坚决依法处理。对居民办丧中的陋

习，有关部门要加强执法，及时制止违规行为，对拒不听从劝阻的，依法依规严肃处理。要建立长效管理机制和责任追究办法，从制度上杜绝乱埋乱葬和丧葬陋习。

三、进一步完善推进殡葬改革的服务保障机制

（一）完善殡葬服务设施。各地区要立足实际，制定和完善殡葬事业发展规划，明确殡葬改革目标任务和方法步骤，并纳入当地国民经济和社会发展规划。根据人口、耕地、交通、民族习俗、城市发展等情况，统筹确定殡葬基础设施数量、布局、规模和功能，重点完善殡仪馆、治丧场所、骨灰堂、城乡公益性公墓及骨灰安放设施等基本殡葬公共服务设施，逐步形成布局合理、设施完善、功能齐全、服务便捷的基本殡葬公共服务网络，切实提高殡葬服务保障水平。进一步加强旗县殡葬服务设施建设，力争在火葬区每个旗县建有一所配备环保节能型火化设备的殡仪馆、一所公益性公墓，每个乡镇建有一所公益性公墓或骨灰堂等骨灰存放设施。

（二）加快殡葬事业单位改革。按照政事分开、管办分离的原则，加快推进殡葬事业单位改革，承担行政执法的殡葬管理处（所）要与殡葬经营企事业单位脱钩，基本殡葬服务和选择性殡葬服务项目必须分离。按照保基本、广覆盖、可持续的原则，逐步向辖区所有居民提供免费基本殡葬服务。经营性公墓和提供选择性殡葬服务单位实行市场化运作。各级政府机关不得参与经营性公墓和其他殡葬服务企业的建设和经营，机关工作人员不得在经营性公墓和殡葬服务企业任职或兼职，不得以任何形式从中获取利益。

（三）完善殡葬救助制度和惠民殡葬政策。大力推进以城乡低保对象、城市"三无"对象和农村牧区五保对象、部分优抚对象为重点，以基本殡葬服务费用减免为基础，其他多种形式殡葬救助为补充，以基本殡葬服务均等化为目标的殡葬救助制度建设。对死亡的城市"三无"对象、农村牧区"五保"对象和城乡低保对象，可向其直系亲属或监护人一次性发放丧葬补助。进一步完善困难群众遗体接运、存放、火化、骨灰寄存等基本殡葬服务免费制度，加快推行骨灰公益生态安葬。

（四）强化殡葬监管和行风建设。规范殡葬服务市场秩序，加强殡葬行风建设和纠风工作，大力开展民主评议行风和行风建设示范单位创建活动，不断提升行业整体素质和服务水平。重点治理殡葬乱收费，坚决纠正利用行业特殊性损害群众利益的突出问题，对有令不行、有禁不止、顶风违纪的典型案件进行严肃查处、公开曝光。

（五）建立殡葬投入稳定增长机制。各级财政要加大对殡葬事业的投入，建立健全殡葬经费投入的稳定增长机制。民政部门要建立健全殡葬救助制度，推进殡葬公共服务设施设备建设。林业、水利部门要对公益性墓地（骨灰堂）区域范围内的植树造林和水土保持进行资助。环境保护、经济和信息化部门要将火化设备的环保节能改造、技术革新列入重点扶持项目。各地区要将城乡公益性骨灰安放设施纳入城市发展规划、新农村新牧区建设规划和嘎查村级公益事业建设规划，采取财政补贴、以奖代补等方式，给予必要的政策指导和资金支持。

四、着力营造有利于推动殡葬改革的良好环境

（一）加强组织领导。各级党委、政府要把发挥党员、干部带头作用，全面深化殡葬改革作为促进社会主义精神文明建设和生态文明建设、保障和改善民生、加强党风政风建设的重要内容，摆上重要议事日程，建立健全党委领导、政府负责、部门协作、社会参与的工作机制。要建立激励约束机制，严格奖惩，确保各项工作落到实处。

（二）落实部门职责。各有关部门要各司其职、密切配合、齐抓共管、形成合力。组织部门要注意掌握党员、干部治丧情况，加强对党员、干部的教育管理。宣传、文明办等部门要做好殡葬改革宣传引导工作，将殡葬改革有关内容纳入精神文明建设规划。民政部门要切实履行推进殡葬改

革、加强殡葬管理、监督殡葬服务等工作职能，协调有关部门制止乱埋乱葬，加强市场监管。公安、国土资源、林业、建设等部门要加大乱埋乱葬、毁田毁林造坟、城区游丧闹丧等行为的治理。发展改革、财政、民政、人力资源和社会保障等部门要加强基本殡葬服务供给，完善惠民殡葬政策措施，加快推动殡葬改革。工商部门要规范殡葬用品市场管理，依法严厉打击和查处生产、经营带有封建迷信色彩丧葬用品行为，收缴销毁非法丧葬用品。工会、共青团、妇联等人民团体和基层党组织、嘎查村（居）委会以及红白理事会、老年人协会等社会组织要充分发挥作用，广泛动员群众积极参与殡葬改革。

（三）加强宣传引导。充分利用各种媒体和传播手段，深入宣传殡葬法规政策，宣传与当代社会相适应、与现代文明相协调的殡葬习俗和文化，普及科学知识，大力倡导文明节俭、生态环保、移风易俗的殡葬新风尚。以清明节和"殡葬行风宣传月"活动为契机，开展殡葬改革宣传进单位、进社区、进家庭活动。大力宣传党员、干部带头推动殡葬改革的先进典型，以党员、干部为引领，不断提高人民群众参与殡葬改革的自觉性。加大负面案例曝光力度，充分发挥媒体监督作用，为全面深化殡葬改革营造良好氛围。加强监督检查，强化责任追究，对党员、干部尤其是领导干部丧事活动中违纪违法行为，要依纪依法严肃查处。

关于印发《关于进一步推动殡葬改革促进殡葬事业发展的实施意见》的通知

（内民政发〔2018〕101号）

各盟市民政局、文明办、发展和改革委员会、公安局、财政局、人力社会保障局、国土资源局、环境保护局、文化局、卫生计生委、工商和市场监管部门、住房和城乡建设局（委）、规划局、林业局、宗教事务局、总工会、团委、妇联，满洲里市、二连浩特市民政局、文明办、发展和改革委员会、公安局、财政局、人力社会保障局、国土资源局、环境保护局、文化局、卫生计生委、工商和市场监管部门、住房和城乡建设局（委）、规划局、林业局、宗教事务局、总工会、团委、妇联：

为进一步贯彻落实民政部等16部委《关于印发〈关于进一步推动殡葬改革促进殡葬事业发展的指导意见〉的通知》要求，自治区民政厅等17部门结合我区实际，制定了《关于进一步推动殡葬改革促进殡葬事业发展的实施意见》，并商请自治区高级人民法院同意。现印发你们，请结合实际，认真贯彻实施。

内蒙古自治区民政厅　内蒙古自治区精神文明建设委员会办公室

内蒙古自治区发展和改革委员会　内蒙古自治区公安厅

内蒙古自治区财政厅　内蒙古自治区人力资源和社会保障厅

内蒙古自治区国土资源厅　内蒙古自治区环境保护厅

内蒙古自治区文化厅　内蒙古自治区卫生和计划生育委员会

内蒙古自治区工商行政管理局　内蒙古自治区住房和城乡建设厅

内蒙古自治区林业厅　内蒙古自治区宗教事务局

内蒙古自治区总工会　中国共产主义青年团内蒙古自治区委员会

内蒙古自治区妇女联合会

2018年10月30日

关于进一步推动殡葬改革
促进殡葬事业发展的实施意见

为进一步贯彻落实《中共中央办公厅、国务院办公厅印发〈关于党员干部带头推动殡葬改革的意见〉的通知》（中办发〔2013〕23号）、民政部等16部委《关于印发〈关于进一步推动殡葬改革促进殡葬事业发展的指导意见〉的通知》（民发〔2018〕5号）精神和《内蒙古自治区党委办公厅、自治区人民政府办公厅印发〈关于发挥党员干部带头作用全面深化殡葬改革的实施意见〉的通知》（内党办发〔2014〕15号）要求，进一步解决殡葬改革工作思想不统一、制度建设滞后、服务保障不到位、体制机制不健全、监管执法难跟进等问题，不断深化殡葬改革，更好满足人民群众殡葬服务需求，促进全区殡葬事业健康可持续发展，现结合自治区实际制定如下实施意见。

一、总体要求

（一）指导思想。全面贯彻党的十九大精神，以习近平新时代中国特色社会主义思想为指导，认真贯彻落实党中央、国务院重大决策部署和自治区党委、自治区政府有关工作要求，坚持以人民为中心的发展思想，践行新发展理念，围绕建设惠民、绿色、文明殡葬，以推动殡葬改革为牵引，以满足人民群众殡葬需求为导向，以提升殡葬服务水平为目标，以创新殡葬管理体制机制为突破，整合资源、规范管理、优化服务、深化改革，逐步革除殡葬陋习，大力倡导移风易俗，使我区殡葬改革和殡葬事业发展更好服务于保障和改善民生、促进精神文明和生态文明建设。

（二）基本原则。

——公平可及，群众受益。把以人民为中心、满足群众殡葬需求作为出发点和落脚点，坚持推进殡葬习俗改革与完善殡葬服务供给结合起来，优化殡葬资源配置，完善殡葬服务网络，建立基本殡葬服务制度，确保实现人人享有公益性基本殡葬服务，让人民群众成为殡葬改革的最大受益者。

——坚持改革，移风易俗。坚定不移推行殡葬改革，坚持绿色发展方向，把尊重生命、绿色文明的理念和要求贯穿于殡葬改革的全过程，破除丧葬陋俗，引导人们文明节俭治丧、节地生态安葬、文明低碳祭扫、传承发展优秀传统文化，树立殡葬新风尚，弘扬社会主义核心价值观，促进人与自然和谐共生。

——政府主导，市场参与。正确处理政府与市场的关系，在基本殡葬服务领域坚持政府主导，强化政府主体责任，建立健全基本殡葬公共服务体系，完善监管体制机制，引导社会力量有序参与；在非基本殡葬服务领域充分发挥市场机制作用，持续深化简政放权、放管结合、优化服务改革，强化规范管理和服务监管，积极推进殡葬服务供给侧结构性改革，满足群众多样化的殡葬服务需求。

——试点先行，分类实施。各地要结合自身条件与特点，因地制宜大胆探索创新，不拘泥一种模式，不搞"一刀切"。在殡葬改革、殡葬服务、殡葬管理等方面，探索符合实际、行之有效的改革路径，形成具有当地特点的发展模式，培育健康发展新样本、新机制。

——完善机制，综合治理。坚持在各级党委和政府统一领导下开展工作，强化民政部门行业监管责任，完善部门协同监管机制，加强基层力量，建立健全组织有力、职责明确、协调顺畅的领导体制和工作机制。发挥基层群众自治、行业协会自律、社会监督等作用，创新监管手段和治理方式，实现政府、社会、市场优势互补、良性互动。

（三）目标任务。力争到2020年，火葬区火化率达到100%，骨灰格位存放、树葬、海葬、草坪葬等节地生态安葬比例达到50%以上。基本实现火葬区殡仪馆全覆盖，公益性骨灰安放设施旗县级行政区域覆盖率达到 70%，所有火化设施改造达到国家环境保护标准，形成党委领导、政府负责、部门协调、公众参与、法治保障的工作格局。

二、持续深入推进殡葬改革

（四）着力推进火葬土葬改革。各地要根据国家"十三五"规划和《内蒙古自治区"十三五"时期殡葬服务体系建设规划》相关规划要求，结合实际加紧制定和完善本地区殡葬改革发展规划。对现有火葬区和土葬改革区重新划分，进一步明确和细化火葬区与土葬改革区的划分标准。在实行火葬的地区，要坚持遗体火化与骨灰处理两手抓、两手都要硬，既要千方百计巩固和提升火化率，又要大力推进骨灰集中节地生态安葬。对火葬区违规土葬、骨灰装棺再葬、散埋乱葬等问题，要坚持疏堵结合、依法治理，严禁以罚代管、放任不管。在土葬改革区，要引导群众利用荒山瘠地相对集中安葬，倡导遗体深埋、不留坟头或以树代碑，严禁使用不可降解材料。

（五）大力推行节地生态安葬。深入贯彻落实民政部等九部门《关于推进节地生态安葬的指导意见》，大力推行不占地或少占地、少耗资源、少使用不可降解材料的节地生态安葬方式。积极倡导骨灰撒海、撒散等不保留骨灰的安葬方法，大力推广骨灰格位存放、树葬、花葬、草坪葬等符合我区自然环境条件实际的生态葬法，逐步完善节地生态安葬奖补激励机制。加大公益性节地生态安葬设施建设力度，在符合土地利用总体规划的前提下，应在土地利用年度计划中优先安排新建项目用地，在用地取得、供地方式、土地价格等方面加快形成节约集约用地的激励机制。在农村地区，结合城镇化建设和农业人口转移情况，统一规划建设公益性安葬设施，推行树葬、小型墓等节地生态安葬方式，提升建设管理和服务水平，提高群众认可度和满意度。对于新建经营性公墓，节地生态安葬区域的配建比例不得少于 30%；公墓中安放骨灰的墓穴占地面积不得超过 1 平方米；倡导墓碑小型化或不立墓碑；鼓励使用可降解材料，不断提高节地生态安葬比例，引导从依赖资源消耗，逐步向绿色生态可持续发展转型。

（六）积极推进殡葬移风易俗。深化丧葬习俗改革，把殡葬移风易俗纳入文明城市、文明村镇创建和美丽乡村建设之中，加大推进力度。根据需要，统筹规划和建设殡仪服务站等集中治丧场所，合理设置祭扫专门区域，规范祭祀焚烧行为，引导群众文明治丧、低碳祭扫。开展农村散埋乱葬专项治理活动，把此项活动作为加强和完善社区治理、改善农村社区环境的重要举措进行统筹部署安排。充分发挥嘎查村（居）委会、红白理事会、老年人协会等基层群众自治组织作用，把治丧规范纳入村规民约、村民自治章程，培育和推广文明现代、简约环保的殡葬礼仪和治丧模式，消除攀比从众等不良消费心理。深入挖掘清明节等传统节日蕴含的教育资源，依托殡葬服务纪念设施，打造优秀殡葬文化传承平台，弘扬尊重生命、孝老敬亲、厚养薄葬、慎终追远、天人合一等思想文化，崇尚社会公德，注重家庭美德，培育现代殡葬新理念新风尚。

三、建立健全殡葬公共服务体系

（七）合理布局殡葬服务资源。各地要立足当地群众殡葬服务需求，着眼长远发展，加紧制定和完善本区域殡仪馆、火葬场、骨灰堂、公墓、殡仪服务站等殡葬设施的数量、布局规划。规划时要严守生态保护红线，重点完善贫困旗县和边境地区的设施空白规划，调整优化基础薄弱或服务饱和地区殡葬资源结构，确保殡葬设施种类、数量、服务规模与当地群众殡葬服务需求相匹配、与殡葬改革推行相适应，并严格依照规划审批殡葬设施，做好殡葬项目"邻避"问题防范与化解工作。特别是实行火葬的地区，必须把建设火化设施和骨灰安葬设施作为首要条件纳入工作规划，明确推进的时间表和路线图。同时，根据需要，及时更新改造现有火化设施设备，重点对已达危房标准、设施陈旧的旗县（市、区）殡仪馆实施改扩建，对已达到强制报废年限或不符合国家环境保护标准的火化设备进行更新改造。

（八）建立完善基本殡葬服务制度。各地要从解决群众最基本的殡葬服务需求入手，制定基本殡葬服务项目清单，把遗体接运、暂存、火化、骨灰寄存等项目纳入清单范围，并根据当地经济社会发展水平和需求状况进行动态调整。要坚持基本殡葬服务的公益性，强化政府责任和投入，依照国家有关规定加强基本殡葬服务收费管理，并为城乡困难群众减免费用或补贴方式提供基本殡葬服务，有条件的地区可将政策惠及对象扩展到辖区所有居民和常住人口，逐步实现基本殡葬服务的普惠性、均等化。对履行基本殡葬服务职能的殡仪馆、火葬场、公益性公墓等殡葬服务机构，要落实政府投入和税费减免配套优惠政策，确保持续稳定地提供基本殡葬服务。

（九）丰富和完善殡葬服务供给。妥善处理基本服务与非基本服务的关系，保障和改善基本殡葬服务，丰富和拓展非基本殡葬服务，满足群众多样化、多层次的殡葬服务需求。坚持殡葬服务事业单位提供基本殡葬服务的主导地位，改革体制机制，改善服务方式，丰富服务内容，提高服务质量，发挥示范引领作用。要积极引入竞争机制，引导信誉好、有实力的社会力量有序参与，推动基本殡葬服务供给方式多元化。依法完善遗体接运、遗体殓殡、遗体殡仪等直接接触遗体的殡仪服务事项管理制度和服务标准，完善市场准入条件，强化事中事后监管，引导各类主体规范提供服务，丰富殡葬产品供给，满足群众个性化、多样化的殡葬服务需求。加快推进殡葬信息化建设，创新殡葬服务与"互联网+"融合发展的新途径、新模式、新业态，打造智能便民、阳光透明、规范有序的殡葬服务环境。

四、规范殡葬服务机构管理

（十）推进殡葬服务机构管办分离改革。结合事业单位分类改革要求，理顺政府与市场的关系，推进殡葬行政管理职能与生产经营分开、监管执法与经营举办分离，探索多种有效的实现形式。各级民政部门要强化殡葬法规政策、行业规划、标准规范的制定和监督指导职责，从对殡葬服务单位的直接管理向行业管理转变。强化殡葬服务事业单位的公益属性，进一步落实法人自主权，规范内部管理，激发发展活力。对以提供非基本殡葬服务为主、具有事业单位性质的殡葬服务机构，加快推动转企改制，逐步与发起举办的行政机关脱钩。对殡葬管理事业单位与殡仪馆、公墓等经营实体合一或举办经营实体的，要摸清底数，制定脱钩方案，提出加强殡葬管理力量的有效措施，提请当地党委政府研究解决。

（十一）引导规范社会资本参与。鼓励社会力量以出资建设、参与改制、参与运营管理等多种形式投资殡葬服务行业，但对于具有遗体火化等基本殡葬服务功能的殡葬设施，要强化政府主体责任。对于公办殡葬服务机构与社会资本合作的，要坚持公共利益优先原则，从是否增加和改善基本殡葬服务供给、提高运营效率、促进创新和公平竞争等方面，充分做好评估论证，审慎确定合作模式，规范选择合作伙伴，细化和完善项目合同文本，并可通过派驻管理人员等方式，强化日常监管，确保合作期间国有资产不流失、公益属性不改变、服务水平有提高。对项目收入不能覆盖成本和收益、但社会效益较好的合作项目，政府可给予适当补助。对服务管理不规范、严重偏离公益方向、公众满意度差的合作方，要建立违约赔偿和退出机制。

（十二）加强重点事项管理。根据各类殡葬服务机构性质和特点，坚持问题导向，聚焦风险防范，分类施策，加强管理。殡葬服务机构要全面实行收费公示和明码标价制度，严格执行政府定价、政府指导价，与丧属签订服务合同，出具合法结算票据，保证中低价位殡葬服务用品足量提供，严禁诱导、捆绑、强制消费。对于直接接触遗体的殡葬服务机构，要重点加强对遗体处置和相关证件出具审核的监管，避免接收来源不明遗体、轻率或错误火化遗体，严禁虚开、倒卖火化证明等违法违规行为，加强行风建设，全面推进反腐倡廉和廉洁从业。殡葬服务机构要全面加强安全管理，持续加强安全隐患排查整治，坚决防止发生安全责任事故，切实落实交通安全主体责任，加强配套停车场建设，强化对殡葬服务车辆及驾驶人员的安全管理。加强公墓价格管理，对公益性公墓实行政府定价，指导规范经营性公墓定价行为，对价格明显偏高的，依法进行干预和管理。特别是对经营、管理公墓的事业单位，要加强成本监审，合理核定墓位价格，带头推行节地生态安葬，不得以风水位置、高档石材等为卖点虚高定价。要进一步规范和加强公墓管理，对未经批准建设的公墓依法予以取缔，对违规改扩建等行为予以纠正，禁止建造超规定面积墓穴、墓位，禁止非法出售（租）、转让（租）墓葬用地或骨灰存放格位，禁止农村公益性墓地违规对外销售。加强殡葬用品市场、社会殡仪服务机构、殡葬服务中介机构及从业人员管理，建立部门联合执法机制，查处虚假宣传、以次充好、强制消费、价格欺诈等侵害消费者权益行为。加强医院太平间管理，严禁在太平间开展营利性殡仪服务。制定完善无人认领遗体管理办法。查处借宗教名义违规建设、经营骨灰存放设施等行为。

（十三）创新管理手段。充分利用现代信息技术手段，加快殡葬管理服务信息平台建设，加强殡葬服务机构日常信息采集分析，依托殡葬管理服务信息平台公示机构名录、审批、年度检查、日常抽查等信息，建立殡葬服务机构执业情况定期通报制度。加强部门信息交换共享和联动惩戒，建立失信黑名单等制度，将失信黑名单信息纳入内蒙古自治区社会信用信息平台，强化对殡葬服务机构的信用监管。建立健全以群众满意度为导向的殡葬服务机构考核评价机制，制定和完善考核评估指标体系，侧重衡量功能定位、职责履行、服务流程、服务态度、服务质量、社会效益等内容，把社会评价与检查考核相结合，结果向社会公开，并与政府购买服务、财政补贴、表彰奖励等挂钩，建立激励约束机制。

五、强化组织保障

（十四）加强组织领导。推动各级党委和政府把推动殡葬改革发展作为增进人民福祉的重要内容、促进精神文明和生态文明建设的有力举措，摆上议事日程，建立健全党委领导、政府负责、部门协作、社会参与、法治保障的领导体制和工作机制，明确职责分工，完善政策措施，加强目标考核，强化责任落实。地方各级政府要多渠道筹集资金，切实落实好惠民殡葬和生态安葬奖补等殡葬政策，民政部门要发挥好牵头作用，主动协调有关部门，通过定期召开会议、通报工作情况、联合督查执法、实行责任追究等方式，完善部门协作机制，有效解决殡葬领域重点难点问题，形成推动殡葬改革发展的合力。

（十五）落实部门职责。各有关部门要切实履行职责，加强联动互动。民政部门要牵头做好殡葬管理政策标准制定、殡葬改革工作组织实施、殡葬设施审批监管等工作。组织人事部门要及时掌握党员干部治丧情况，加强对党员干部的教育管理。宣传、文明办等部门要做好殡葬改革宣传引导工作，将殡葬改革有关内容纳入精神文明建设规划。发展改革部门要加强对殡葬事业发展的规划，建立殡葬事业公共投入和稳定增长机制，加大对提供基本殡葬服务的殡葬设施建设支持力度。公安机关要加强对本部门出具非正常死亡证明的管理，依法查处丧事活动中违反治安管理的行为和私自改装车辆运输遗体的行为，并积极商请民政部门共享殡葬信息，从中发现死亡人员未注销户口线索，及时调查核对、注销户口。财政部门要保障落实惠民殡葬和节地生态安葬奖补政策所需的资金，合理核拨殡葬事业单位运营管理经费和殡葬事业发展经费。人力资源社会保障部门要落实人力资源社会保障部关于参加社会保险人员死亡后丧葬补助金、抚恤金等发放政策。国土资源、林业等部门要依法保障纳入规划的殡葬设施用地需求，纠正和查处违法占地建设公墓，非法占用耕地、林地建坟等行为。环境保护部门要依法指导支持火化机环保改造，强化殡葬活动的生态环境监管。住房城乡建设部门要依法加强殡葬设施规划建设管理，城乡规划主管部门要依法加强殡葬设施规划管理。文化部门要加强对治丧活动中营利性演出活动的监管。卫生计生部门要加强对医疗机构出具死亡证明的管理和医疗机构太平间的管理，指导殡仪服务机构做好卫生防疫工作。工商部门要依法查处殡葬行业不正当竞争及垄断行为，并配合行业主管部门查处销售不符合国家技术标准的殡葬设备和封建迷信殡葬用品的违法行为。财政、价格主管部门要依法制定殡葬服务收费标准，查处殡葬乱收费行为。宗教事务管理部门要依法规范管理寺庙等宗教场所建设骨灰存放设施等行为。人民法院要依法受理违法安葬行为申请强制执行案件。工会、共青团、妇联等人民团体和基层党组织、嘎查村（居）委会以及殡葬行业协会、红白理事会、老年人协会等社会组织要充分发挥作用，广泛动员群众积极参与殡葬改革。

（十六）发挥党员干部模范带头作用。严格落实中央八项规定精神和自治区党员干部带头推动殡葬改革的要求，增强党员干部从严律己意识，强化党纪法规的刚性约束。党员干部要做法规制度的遵守者，在火葬区，除国家法规另有规定及尊重少数民族、宗教丧葬习俗之外，党员干部去世后必须实行火葬，骨灰在公墓内集中规范安葬；要做文明风尚的引领者，带头文明节俭治丧、节地生态安葬、文明低碳祭扫，并加强对其直系亲属和身边工作人员办理丧葬事宜的教育和约束，以正确导向和行为示范带动广大群众革除丧葬陋俗，弘扬新风正气。对党员干部尤其是领导干部去世后违规土葬、散埋乱葬、超标准建墓立碑以及治丧活动中其他违法违纪行为的，要依法依纪严肃查处。

（十七）加强督查评估。民政等部门要加强对殡葬工作政策落实情况的督查评估，定期或不定期地检查是否存在对违规土葬、散埋乱葬行政不作为的问题，是否能够及时跟进对殡葬服务机构的事中事后监管，是否能够落实惠民扶持政策等，对发现的问题要逐项整改，加强跟踪分析和通报。要建立健全殡葬工作的考核评价机制，把火化率、节地生态安葬率、火化设施设备更新改造率、公益性安葬设施覆盖率等衡量改革发展成效的重要指标纳入考核范围，并争取纳入当地党委政府目标考核，增加约束性指标要求，打通政策落实的"最后一公里"。

（十八）鼓励探索创新。要发扬基层首创精神，围绕殡葬领域体制机制、公共投入、监管执法、信息化建设等重点难点问题，勇于攻坚，寻求解决对策，创造积累经验，不断丰富完善相关政策措施，有效破解改革发展难题。部署开展全区殡葬综合改革试点，鼓励和支持地方因地制宜大胆探索，并密切跟踪试点工作进展情况，及时总结经验做法，研究解决改革中出现的问题。对相对成熟的试点经验，加强推广应用，形成试点先行、重点突破、以点带面的良好态势。

（十九）加强宣传引导。以殡葬服务机构、城乡社区等为重要宣传平台，充分发挥新媒体传播优势，深入宣传殡葬法规政策，普及科学知识，传递文明理念，引导群众转变观念、理性消费、革除陋俗，树立厚养薄葬、文明节俭、生态环保的殡葬新风尚。大力宣传党员干部带头参与殡葬改革的典型事例及各地推动殡葬改革发展的成功经验，发挥先进典型的示范作用，树立殡葬为民的好形象，把社会风气引导好，努力营造人人支持殡葬改革、全社会关心殡葬事业发展的良好氛围。

内蒙古自治区民政厅关于深化"放管服"改革进一步规范经营性公墓审批监管工作的通知

（内民政发〔2021〕108号）

各盟市民政局，满洲里市、二连浩特市民政局：

按照国务院《关于深化"证照分离"改革进一步激发市场主体发展活力的通知》（国发〔2021〕7号）和民政部《关于深化"放管服"改革进一步规范经营性公墓审批监管工作的通知》

（民发〔2021〕58 号）有关要求，并结合实际通知如下。

一、指导思想

以习近平新时代中国特色社会主义思想为指导，深入贯彻党中央国务院重大决策部署、自治区党委政府部署安排，落实立足新发展阶段、贯彻新发展理念、构建新发展格局、推动高质量发展的要求，深化"放管服"改革、优化营商环境、培育和激发市场主体活力。

二、基本原则

进一步规范经营性公墓审批，强化事中事后监管，构建以公益性为主体、营利性为补充、节地生态为导向的安葬服务格局，持续加强对经营性公墓的审批监管力度。

三、工作措施

（一）加强统筹规划，做好协同配套

各地要坚持规划先行，会同城乡规划主管部门根据本行政区域殡葬工作规划和群众安葬需求，加紧制定完善公墓、骨灰堂等殡葬设施数量、布局规划，按照公益性为主体、营利性为补充、节地生态为导向的原则，合理配置经营性与公益性安葬设施。在有效保障公益性基本安葬服务的前提下，依照规划稳妥审慎审批建设经营性公墓，形成差序互补格局。探索建立经营性公墓履行社会责任有效机制和办法。

（二）突出公益属性，强化基本保障

各地要在规范经营性公墓审批工作基础上，针对安葬资源总量不足、基本安葬服务短缺等突出问题，进一步加大公益性安葬设施建设力度，切实履行政府对群众基本安葬需求兜底保障的主体责任，大力推进安葬服务供给侧改革，将格位存放、树葬、海葬、深埋不留坟头等节地生态葬式作为政府保障安葬需求的主要方式。完善规划、供地、投入、建设、运维等支持政策，在盟市、旗县、苏木乡镇不同层级统筹规划公益性安葬（放）设施，高标准建设，人性化服务，规范化运营，进一步保障群众基本安葬需求。

（三）深化"证照分离"，发挥行业协会作用

各地改革前审批的经营性公墓，原审批机关要继续依法履行监管职责。贯彻落实国务院深化"证照分离"改革部署要求，制定的本地区改革实施方案对监管职责有明确规定的，按规定执行。实行相对集中行政许可权或综合行政执法改革的地区，按照盟市人民政府（行署）制定的改革实施方案确定监管职责、健全审批监管衔接机制。支持行业协会提升自律水平，鼓励多渠道社会监督，健全多元共治、互为支撑的协同监管格局。

（四）协调相关部门，加快信息化建设水平

各地要密切部门协作，加强与相关部门在公墓立项、土地使用、工程规划、竣工验收、环境评价和社会风险评估等各环节的信息共享和工作衔接。加快信息化建设水平，制定完善经营性公墓电子许可证件有关标准、规范和样式（包含公墓名称、经营主体、经营范围、地址、批建面积、法定代表人、发证机关、发证日期等事项）；充分利用殡葬管理服务信息系统，逐步实现审批全程网上办理，并在 2022 年底前全面实现公墓证件电子化。

四、工作程序

（一）经营性公墓审批

1. 审批条件

（1）具有法人资格；

（2）有专职从事公墓经营活动的组织机构及人员；

（3）符合相关城乡建设发展规划、土地利用总体规划等；

（4）符合关于经营性公墓规划布局及数量限制、占地总面积、节地葬法等规定。

2. 申请材料

（1）建立公墓的申请报告；

（2）城乡建设、土地管理部门的审查意见；

（3）建立公墓的可行性报告；

（4）其他有关材料。

3. 审批程序

（1）建立经营性公墓，由建墓单位向旗县级民政部门提出申请，经同级人民政府审核同意，报盟市民政局批准。盟市民政局报自治区民政厅备案；

（2）民政部门会同有关部门实地验收合格后，由盟市民政局核发统一印制的《公墓经营许可证》。

（二）经营性公墓年检

1. 年检范围

适用于自治区行政区域内依法设立并在市场监督管理部门领取营业执照开始经营的经营性公墓。经营性公墓自获得批准经营次年起接受年度检查（各地可参照本办法，对公益性公墓进行年度检查）。

2. 年检内容

主要包括公墓基本情况、自身建设情况、业务活动情况、财务制度情况、人员管理情况等。重点检查以下内容：遵守法律法规和有关政策的情况；总体规划、墓区环境与配套设施情况；经营和服务情况；价格公示情况；促进殡葬改革情况等。

3. 年检材料

经营性公墓年检报告书；年度工作总结和下年工作计划；其他相关材料。

4. 时间安排

各经营性公墓每年3月31日前将年检材料报属地盟市民政局，经审核合格后，发放《年检合格证》。

五、工作要求

（一）提高思想认识，抓好组织实施

各地民政部门要充分认识实施经营性公墓审批事项改革，是落实党中央国务院重大决策部署、自治区党委政府部署安排，深化"放管服"改革、优化营商环境的重要举措，对于维护市场主体和人民群众合法权益、促进殡葬业健康良性发展意义重大。各盟市民政部门要从促进公平竞争、优化公共服务、便民惠民利民的角度，结合实际抓紧研究制定贯彻实施方案，修改完善相关工作程序、规则和服务指南，加强与相关部门的制度衔接、工作对接，建立简约高效、公正透明、慎审严管的公墓审批制度，确保改革措施顺利有效实施。

（二）压实责任，切实履行监管职责

各地民政部门要落实"牵头责任"，提请各级政府落实领导责任和主体责任，按照"谁审批、谁监管，谁主管、谁监管"原则，切实履行监管职责，严禁"以批代管"、"只批不管"、"不批不管"甚至出现监管真空。盟市级民政部门要按照审批监管权责相统一原则，依法对审批的经营性公墓实施建设运营全过程监管，压实殡葬服务企业主体责任。依法依规严肃查处未批先建、擅自修改规划、扩大用地面积、超标准建墓、违规销售等行为。对不按规定审批、不履行监管责任的，将依法追究审批机关及相关责任人的法律责任。对年审不合格的公墓，下发整改通知书；对违法违规行为，按照职责权限联合相关部门依法进行处罚。

（三）完善监管措施，履行审批备案手续

各地民政部门按规定履行审批备案手续，对未按规定备案或提交虚假备案材料的，要求立即整改。要强化事中事后监管，推进跨部门联合监管，实行日常抽查、年度检查与专项整治相结合，全面推行"双随机、一公开"，制定殡葬服务企业随机抽查事项清单，强化公墓年检，建立约谈制度，依照有关规定及时将违法责任企业及相关人员纳入行业禁入范围，逐步完善违法违规行为处罚机制和措施。

（四）加强宣传引导，营造良好氛围

各地民政部门要进一步做好经营性公墓审批事项改革的宣传解读，充分认识经营性公墓审批权下放并不意味着审批放宽、监管放松，而是要进一步科学规划、规范审批、严格监管，严防公墓项目一哄而上、一批了之。要加强相关改革政策、办事流程、网上审批等业务培训，将落实举措广而告之，让企业办事更便捷，让人民群众得实惠。

改革中遇到的重大问题，要及时向当地党委和政府请示报告，并同时向民政厅报告。

内蒙古自治区民政厅

2021 年 9 月 23 日

内蒙古自治区"十四五"殡葬服务体系建设发展规划

为加强殡葬管理，深化殡葬改革，提升基本殡葬公共服务水平，依据《殡葬管理条例》《"十四五"民政事业发展规划》《内蒙古自治区国民经济和社会发展第十四个五年规划和 2035 年远景目标纲要》《内蒙古自治区"十四五"民政事业发展规划》，制定本规划。

一、发展环境

（一）"十三五"发展成就

在自治区党委政府的高度重视和民政部大力指导推动下，我区殡葬改革有序推进，领导机制逐步加强，制度政策陆续出台，资金投入逐年增长，基本殡葬公共服务体系基本建立，节地生态安葬逐步推开，文明节俭办丧事的社会风尚逐渐形成，助力打赢"脱贫攻坚战"和"蓝天保卫战"取得成效。惠民殡葬保障范围逐步扩大，全区 20 个旗县（市、区）免除了常住户籍居民逝世后遗体火化四项殡葬基本服务费用，24 个旗县（市、区）提高了节地生态安葬奖补标准。"十三五"以来全区共投入资金 5.98 亿元，支持新建、改扩建殡仪馆 41 个，新建公益性骨灰安葬（放）设施 27 个。全面实施《助力打赢污染防治攻坚战殡葬火化设施改造三年行动计划》，2018 年以来共投入 3521 万元资助 34 个旗县（其中：24 个贫困旗县、4 个边境旗县）殡仪馆更新改造火化设施设备 36 套。违法违规私建"住宅式"墓地整治工作初见成效。殡葬领域突出问题专项整治效果明显。公墓中滥塑大型露天宗教造像处置取得成效。清明节安全保障有力。疫情防控平稳有序。

（二）面临的形势与挑战

习近平总书记多次对殡葬工作做出重要指示批示，党中央、国务院高度重视殡葬工作，国家生态建设和自治区绿色发展战略对殡葬事业的发展提出了新的要求；自治区小康社会的全面建成和各族人民对美好生活的向往，期盼殡葬服务与实际需求相适应。综观全区殡葬服务现状，与经济社会高质量发展还不相协调，具体表现：个别地区对殡葬改革工作认识不足，推动殡葬改革的运行机制不够完善；个别地区传统丧葬陋俗根深蒂固，推进文明殡葬任重道远；殡葬公共服务设施建设投入不足，区域性发展不平衡；个别殡葬服务机构重效益轻服务，致使机构公益缺失群众利益受损等。新形势新征程需要补短板、强弱项，依法依规推动全区殡葬服务业的高质量发展。

二、总体要求

（一）指导思想

高举中国特色社会主义伟大旗帜，以习近平新时代中国特色社会主义思想为指导，深入贯彻党的十九大和十九届二中、三中、四中、五中全会精神，坚持以人民为中心的发展思想，践行新发展理念和"民政为民、民政爱民"的工作理念，围绕建设惠民、绿色、文明殡葬，积极响应乡村振兴移风易俗行动，以推动殡葬改革为引领，以满足人民群众殡葬需求为导向，以提升殡葬服务能力和水平为保障，以创新殡葬管理体制机制为动力，整合资源、规范管理、强化监管、优化服务，推动殡葬改革更好服务保障民生，从而增进人民福祉。

（二）工作原则

——政府主导，社会参与。建立健全组织有力、职责明确、协调顺畅的领导体制和工作机制，坚持在各级党委、政府统一领导下开展工作，强化政府主体责任和民政部门行业监管责任，完善相关部门在各自职责范围内的协同监管责任，正确处理政府与市场的关系，建立健全基本殡葬公共服务体系。推进殡葬服务供给侧改革，推动供给主体和供给方式多元化，积极引导社会力量有序参与。

——统筹规划，因地制宜。坚持规划先行，将殡葬事业发展规划纳入各地经济社会发展总体规划统筹考虑、共同推进、同步落实。鼓励各地结合自身条件与特点，因地制宜大胆探索创新，在殡葬改革、殡葬服务、殡葬管理等方面，探索符合实际、行之有效的改革路径，形成各具特点的发展模式，培育健康发展新样本、新机制。

——坚持改革，移风易俗。坚定不移推行殡葬改革，把尊重生命、绿色文明的理念贯穿于殡葬改革全过程，大力弘扬社会主义核心价值观，把文明节俭治丧、节地生态安葬、文明低碳祭扫转化为人们的情感认同和行为习惯，传承发展优秀传统文化，破除丧葬陋俗，树立殡葬新风尚，促进人与自然和谐共生。

——倡导俭约，生态优先。推行火葬、改革土葬，节约资源、保护环境，将"殡、葬、祭"等环节与节约资源、防治污染和保护生态紧密结合，引导丧事简办、祭扫简约。

——疏堵结合，长效治理。把完善基本安葬服务供给作为治理违建墓地的基础条件，以"零容忍"的态度遏制新增问题，提升综合治理水平，通过长效治理，逐步完善监管机制。

（三）发展目标

到2025年，覆盖城乡的殡葬基本公共服务体系进一步建立健全，城乡区域间殡葬资源配置差异进一步缩小，殡葬服务公众满意度显著提高；遗体火化率明显提升，节地生态安葬逐步推广，低碳文明祭扫新风尚普遍形成，人民群众多层次、多样化的殡葬服务需求基本满足。

——提高殡葬供给保障能力。健全殡葬公共服务投入稳定增长机制，提高政府基本殡葬服务供给能力。切实履行政府对城乡困难群众基本殡葬服务兜底保障职责，有条件的地方可增加服务项目、扩大覆盖人群和提高保障标准，鼓励优先将生态安葬纳入本地基本公共服务范围，逐步实现基本殡葬服务均等化。

——完善殡葬基础服务设施。力争到 2025 年实现殡仪馆或殡仪服务站旗县级行政区域全覆盖，消除旗县级殡仪馆设施空白点。殡仪馆公共设施设备与服务需求相匹配，火化设备大气污染物排放限值达到国家标准，殡仪专用车辆达到汽车排放标准和安全标准。

——优化公益性安葬（放）设施资源配置。建立健全覆盖城乡的节地生态安葬（放）公共服务网络，力争到 2024 年年底实现公益性安葬（放）设施（含殡仪馆骨灰存放设施、城乡公益性公墓、骨灰堂等）旗县级行政区域全覆盖。推进苏木乡镇、嘎查村公益性公墓建设。

——探索节地生态安葬（放）葬式葬法改革。在巩固和提高遗体火化率，有效治理遗体违规土葬和乱埋乱葬的基础上，探索节地生态安葬（放）葬式葬法改革，优化节地生态安葬（放）奖补政策，提升服务保障水平，提高节地生态安葬（放）比例。

"十四五"时期殡葬服务体系建设主要发展指标

序号	主要指标	单位	2025 年目标值	指标属性
1	旗县级城乡公益性安葬（放）设施覆盖率	%	100	约束性
2	旗县级行政区域殡仪馆覆盖率	%	100	预期性
3	城乡困难群众基本殡葬服务覆盖率	%	100	预期性
4	铁路、公路两侧整治散埋乱葬完成率	%	80	预期性

三、主要任务

——科学布局殡葬服务基础设施。立足殡葬改革目标，统筹群众需求和设施短板，科学规划殡葬基础设施数量、布局、规模和功能，重点完善殡仪馆、治丧场所、城乡公益性公墓及骨灰堂等基本殡葬公共服务设施；合理规划建设土葬改革区遗体公墓，统筹设置服务土葬的殡仪服务设施（场所），逐步形成覆盖城乡、布局合理、设施完善、功能齐全、供给充足、便民惠民、绿色文明的基本殡葬公共服务网络，切实提高殡葬服务保障水平。

——有效提升殡葬基本公共服务水平。旗县级以上人民政府要加大殡仪馆建设力度，消除旗县级殡葬馆设施"空白点"；对已达危房标准、设施设备陈旧的殡仪馆实施改扩建，对已达到强制报废年限或不符合国家环保标准的火化设备进行更新改造。严格控制遗体火化、祭品焚烧等环节的大气污染物排放；对达到报废年限的殡葬服务车辆进行更新；居民区远离殡仪馆的，要在市区、街道、乡镇统筹规划设置殡仪服务网点或依托城乡社区综合服务设施等适当场所，搭建服务平台，方便并规范群众治丧。

专栏 1　殡仪馆建设

（一）殡仪馆建设

1. 已投入运营的殡仪馆，不断更新完善公共设施建设和火化、殡葬专用车等设备配置，淘汰落后殡葬服务设备。

2. 已开工建设的和林县、清水河县、额尔古纳市、镶黄旗、正镶白旗、多伦县、兴和县、察右中旗、察右后旗、四子王旗、化德县、丰镇市、凉城县、准格尔旗、达拉特旗、阿拉善右旗 16 个殡仪馆，力争到 2023 年底前建成并投入使用。

3. 推进土默特左旗、武川县、固阳县、阿尔山市、正蓝旗、乌拉特中旗、乌拉特后旗 7 个旗县（市、区）殡仪馆新建项目，力争到 2024 年底前建成并投入使用。

（二）建设标准

——殡仪馆建设。依据住房和城乡建设部、发展和改革委员会《殡仪馆建设标准》建标 181—2017 确定建设规模。

——配置环保型火化炉。依据国家标准化管理委员会《GB13801-2009 燃油式火化机大气污染物排放限值》标准。

——持续推动公益性安葬（放）设施建设。旗县（市、区）至少建成 1 个城镇公益性安葬（放）设施；推进农村牧区公益性殡葬设施建设，鼓励以苏木乡镇、嘎查（村）为单位或相邻多嘎查（村）联建等方式建设公益性安葬（放）设施。加强对现有城乡公益性公墓的生态化改造，新建城乡公益性公墓的节地生态安葬率达到 100%。加强对农村牧区原有公共墓地和集中埋葬点的资源整合，依法依规履行手续，改造提升、完善功能。加大生态殡葬奖补力度，在具备条件的地区实施节地生态型公益性公墓示范项目。公墓要依托现有设施或适当场所，配建树葬、花坛葬、壁葬等节地生态安葬（放）区域，为选择节地生态葬法的逝者和遗体器官捐献者建设纪念载体。

专栏 2　公益性安葬（放）设施建设

（一）公益性安葬（放）设施建设

1. 旗县（市、区）级公益性安葬（放）设施建设

积极探索旗县（市、区）级公益性安葬（放）设施建设，优先发展公益性骨灰堂，面向全体旗县（市、区）居民提供节地生态安葬（放）服务，扩大公益性安葬（放）设施覆盖率，力争 2024 年年底前实现旗县级行政区域全覆盖。

2. 经营性公墓节地生态安葬区域建设

严格依法审批建设经营性公墓，新建和已有经营性公墓公益性墓穴配建比例高于 30%，原则上按照节地型标准集中规划建设，用于公益事业，依法实行限价销售。

3. 农村牧区公益性安葬（放）设施建设

优先选择现有集中埋葬点和荒山荒地，推进农村牧区公益性安葬（放）设施建设。

（二）建设标准

——城乡公益性安葬（放）设施。依据住房和城乡建设部、发展和改革委员会《城市公益性公墓建设标准》建标 182-2017 确定建设规模。

——大力推行节地生态安葬（放）葬式葬法。创新推广节地生态葬法，提高土地利用率，不推山砍树、不过度硬化、不破坏生态环境。推行树葬、花坛葬、草坪葬、壁葬、塔葬及骨灰散撒、深埋等多样化绿色节地生态安葬（放）方式。在火葬区，严禁违规土葬、骨灰装棺再葬。在土葬改革区，规划引导群众实现集中安葬，倡导遗体深埋、不留坟头或以树代碑。要严格限制墓穴占地面积和墓碑高度，鼓励使用可降解材料，不断提高节地生态安葬比例，引导从依赖资源消耗，逐步向绿色生态可持续发展转型。

——稳妥推进违建墓地治理。根据各地人口、耕地、草原、林地、交通等情况，实事求是地划分火葬区和土葬改革区，并适时进行调整优化。全面依法治理铁路、公路沿线两侧，水库附近及河道管理范围内；耕地、林地、草原、城市公园、风景名胜区、文物保护区和水源保护区等范围内各类违建墓地，按照"实事求是、因地制宜、依法依规、稳妥慎重、分类处置"的原则，深入细致做好群众工作，遏制增量、减少存量，力争到 2025 年基本完成散埋乱葬治理任务。

专栏 3　散埋乱葬墓地治理

全面落实《内蒙古自治区违建墓地专项整治成果巩固提升行动实施方案和违建墓地长效治理工作实施方案》。

1. 完成违建硬化大墓、活人墓整治工作任务。

2. 全面依法治理"三沿七区"范围内各类违建墓地，力争到 2025 年基本完成治理工作任务。

——全面提升殡葬服务专业化水平。积极贯彻落实国家颁布的行业标准规范，基本形成规范运转的殡葬服务标准化建设格局。全面提升殡葬从业人员的专业水平，健全殡葬领域人才培养和激励机制，不断提升殡葬服务规范化、优质化水平。积极推进"互联网+殡葬"信息化建设，力争到 2025 年，实现自治区、盟市、旗县以及殡葬服务机构四级殡葬管理服务信息平

台互联互通，基础殡葬信息数据与相关部门有效对接，纵向贯通、横向互联、信息共享、业务协同的殡葬管理信息化发展格局逐步形成，殡葬信息化水平明显提高。完善线下服务，合理布局殡葬设施场所功能区域，加强专业服务人员配备，优化流程，简化手续，推广"一键式"办理、"一站式"服务。积极打造线上服务，推动殡葬服务机构利用信息化手段创新服务载体和平台，推广网上预约、远程告别、网络祭扫等在线服务，推动电子结算、第三方支付等方式，助力殡葬服务智能化。

——着力培育现代殡葬文化。加强宣传引导，结合实际培育并推广现代文明、生态简约的殡葬礼仪和治丧模式，提倡厚养薄葬、文明礼葬，反对盲目攀比、低俗奢华，禁止违背公序良俗的丧葬行为。鼓励通过追思会、人生历程展示等方式，提升告别质量，传承逝者精神。党员干部要带头移风易俗，教育和约束直系亲属和身边工作人员按规定办理丧事活动。严禁党员、干部大操大办、借机敛财。发挥城乡基层红白理事会、老年人协会等自治组织作用，把殡葬移风易俗纳入村规民约和居民公约，强化群众自我约束。

——健全规范殡葬监管体系。建立党委领导、政府负责、部门协同、社会参与、法治保障的殡葬领导体制，落实属地管理和部门监管责任，强化殡葬服务事业单位公益属性，完善部门权责清单，加强行政监管力量的集中整合，将殡葬行政执法纳入综合执法，由专人负责。加强对殡葬设施规划用地、殡葬设施建设标准、殡葬中介服务、医疗机构太平间、殡葬用品市场等重点领域的监管。推行"双随机、一公开"抽查机制，加强对严重违法失信个人、企业或单位的信用监管，探索建立殡葬领域不良企业或单位黑名单制度。发挥殡葬行业协会作用，强化行业自律。依托相关平台开展殡葬投诉举报服务，畅通公共监督维权渠道。发挥媒体监督作用，完善舆情应对与处置机制，积极回应社会关切。

四、保障措施

——加强组织领导。各地要将殡葬事业发展列入相关规划，将殡葬改革和殡葬管理列入政府重要议事日程，明确殡葬改革目标任务和方法步骤，加强对基本殡葬服务保障、规范公墓管理、强化殡葬行业监管等各项工作的领导。要落实属地管理的主体责任，积极推动各级党委和政府把殡葬改革发展作为增进人民福祉的重要内容和促进精神文明、生态文明建设的有力举措。建立殡葬改革联席会议工作机制，明确职责分工，完善政策措施，加强目标考核，强化责任落实。

——加大公共投入。建立完善殡葬事业公共投入机制，落实政府投入责任，加大资金保障力度，为公益性殡葬服务设施建设和管理、殡葬领域突出问题整治、节地生态奖补政策等提供可靠保障。各级民政部门要加强与财政、发展改革部门的沟通配合，多渠道筹集资金，加快推进殡葬基础设施建设，加快推进殡葬服务设施设备的更新改造。

——强化部门职责。民政部门是殡葬行业主管部门，承担着牵头制定促进殡葬事业健康发展的相关政策措施，组织殡葬改革工作实施，殡葬服务设施审批监管的职能。要强化殡葬规划管理，加大工作监督和检查力度，推动组织人事、宣传（文明办）、发展改革、住建、公安、财政、人力资源和社会保障、自然资源、林草、生态环境、文化、卫生健康、市场监管等职能部门落实在殡葬改革发展中的职责任务。

——鼓励探索创新。发扬基层首创精神，围绕殡葬领域体制机制、公共投入、监管执法、丧葬观念、治丧活动、信息化建设等重点难点问题寻求解决对策，创新积累经验，不断丰富完善相关政策措施，有效破解改革发展难题。积极鼓励和支持有条件的地方进行殡葬综合改革试点，及时总结经验做法，研究解决改革中出现的问题。对相对成熟的试点经验，加大推广应用力度，形成试点先行、重点突破、以点带面的良好态势。

　　——加强督查评估。民政部门要积极落实殡葬事业发展规划，加强对殡葬改革政策制度落实情况的督查评估，开展规划实施年度监测、中期评估和终期总结，建立健全殡葬工作考核评价机制，落实殡葬管理目标责任制，把殡仪馆覆盖率、公益性安葬（放）设施覆盖率、节地生态安葬率、火化设施设备更新改造率、殡葬领域突出问题整治率等作为衡量规划实施成效的重要指标纳入考核范围，并争取纳入当地党委和政府目标考核。

● 辽宁省 ●

辽宁省公墓管理办法

（辽宁省人民政府令　第 296 号）

《辽宁省公墓管理办法》业经 2015 年 7 月 27 日辽宁省第十二届人民政府第 53 次常务会议审议通过，现予公布，自 2015 年 9 月 25 日起施行。

省长：陈求发
2015 年 8 月 2 日

第一条　为了保障城乡亡故居民的安葬权益，维护公墓管理秩序，根据国务院《殡葬管理条例》等有关法律、法规，结合我省实际，制定本办法。

第二条　本办法所称公墓，是指经依法批准设立的用于集中安葬骨灰的公共殡葬服务设施，包括骨灰墓穴公墓、骨灰树葬公墓、骨灰格位公墓等。

第三条　在我省行政区域内从事公墓的建设、运营服务和管理，适用本办法。

国家对烈士公墓、回民公墓等另有规定的，依照其规定。

第四条　省、市、县（含县级市、区，下同）民政部门负责本行政区域的公墓管理工作。

财政、国土资源、住房城乡建设、环境保护、林业、物价、税务等有关部门，按照各自职责做好公墓管理的相关工作。

第五条　市、县人民政府应当保障公益性公墓建设和运营的资金投入。

鼓励企业、社会组织和个人采取捐建、捐助等方式参与公益性公墓建设。

第六条　任何单位和个人未经依法批准，不得修建公墓和其他骨灰存放设施。

对在公墓外散建的坟墓，市、县人民政府应当采取措施，鼓励迁入公益性公墓集中安葬。

第七条　市、县民政部门应当会同国土资源、住房城乡建设、林业等有关部门，按照节约土地、保护环境、便民利民、供需平衡、持续运行的原则，编制本行政区域公益性公墓建设规划，经本级人民政府批准，并报上一级民政部门备案。

省民政部门按照前款规定编制全省经营性公墓建设规划。

第八条　新建公益性公墓的，由县或者市民政部门根据公益性公墓建设规划提出方案，报本级人民政府批准。

新建经营性公墓的，申请人应当向选址所在地的县民政部门提交下列材料，经县人民政府和市民政部门审核同意，报省民政部门审批：

（一）建立公墓申请书；

（二）可行性研究报告；

（三）选址所在地村民会议或者村民代表会议三分之二以上成员表决通过的决议，或者毗邻社区三分之二以上居民的同意意见；

（四）建设用地规划许可，使用土地或者林地等审批手续；

（五）建设项目环境影响评价批复文件；

（六）公墓总体规划图和详细规划图；

（七）法律、法规规定的其他材料。

第九条　新建公益性公墓用地应当依法以划拨方式提供。新建经营性公墓用地应当以出让方式取得。

第十条　公墓的绿化覆盖面积应当不低于墓园总面积的70%，祭祀焚烧场所应当配置具有环保净化处理功能的焚烧和垃圾处理设施。

第十一条　新建公墓的每个墓位占地面积不得超过1平方米，墓碑连同底座的高度不得超过地面1.2米。

公墓建造墓位和墓碑应当减少水泥、石材等难降解建筑材料的使用。鼓励采用节约资源的可替代新材料，提倡使用卧式墓碑和非白色碑体。禁止建造超标准墓位和墓碑。

第十二条　公益性公墓的墓位价格实行政府定价。具体标准由县或者市物价部门会同民政部门按照非营利并兼顾居民承受力的原则核定后，向社会公布。

公益性公墓应当在民政部门指定的地域和范围内开展服务，不得跨地域和超范围从事营销墓位等营利性活动。

第十三条　公益性公墓应当在墓区内设立免费区，并采取其他减免优惠措施，所需资金由市、县公共财政予以保障。

下列亡故居民用户选择在免费区安葬的，免除全部费用：

（一）享受城乡居民最低生活保障待遇人员；

（二）享受农村五保待遇人员；

（三）无法定赡养人和抚养人、无劳动能力、无生活来源人员；

（四）见义勇为牺牲人员；

（五）属于优抚对象，但未享受国家丧葬费补贴的人员；

（六）遗体器官捐献人员；

（七）无法查实身份、住所、工作单位和社会关系人员；

（八）家庭经济收入接近最低生活保障标准的其他生活困难人员。

第十四条　经营性公墓的墓位价格实行市场调节。经营性公墓运营单位应当在确定墓位价格后10日内，报县民政部门备案，接受物价部门依法实施的价格干预措施，不得哄抬墓位价格和进行价格欺诈。

经营性公墓运营单位应当按照高、中、低分档设置不同价位的墓位供用户选择。以所有墓位价格的加权平均价格为标准值，高于标准值30%以上的为高价位，低于标准值30%以下的为低价位，在标准值上下30%区间的为中价位。中、低价位墓位的供应量不得低于总供应量的70%。

第十五条　公墓运营单位依法取得有效的设立凭证、办理相关登记后，方可开展公墓运营服务。

第十六条　公墓运营单位不得擅自改变公墓的名称、性质、法定代表人、服务地域、服务项目、用地面积等，不得擅自关闭公墓或者改变用途。

前款所列事项发生变更的，公墓运营单位应当自事项发生变更之日起15日内向原审批机关备案，依法办理相关手续。

第十七条　公墓运营单位应当在服务区显著位置公示有效的设立凭证和公墓性质、墓地使用年限、收费标准和依据及减免措施、服务地域、服务项目、办事流程、服务规范、投诉方式等。

第十八条　用户需要购置墓位的，应当出具本人有效身份证件和安葬者的死亡证明或者火化证明；为夫妻健在一方和高龄老人、危重病人预订墓位的，还应当出具安葬者的有效身份证件和年龄、医疗诊断证明。

公墓运营单位应当在查验用户证明材料后与其签订安葬协议，并免费向用户提供格式文本和公墓墓位证，开具税务发票或者省财政部门印（监）制的票据。

安葬协议的主要内容包括：

（一）墓位和墓碑的位置、面积、规格；

（二）用户的姓名、住所、联系方式，安葬者的自然情况；

（三）墓位价格，墓位维护管理费和约定的一次性缴费期限；

（四）到期不续缴墓位维护管理费的骨灰处理方式；

（五）变更、撤销和解除协议的条件、程序及违约责任等事项。

第十九条　公墓运营单位一次性收取墓位维护管理费的周期不超过20年。缴费期限届满前180日内，公墓运营单位应当以事后可查证的方式书面告知用户；用户需要保留墓位的，应当办理续缴手续。

墓位维护管理费按年计算。年缴费标准按照省有关规定执行。

第二十条　公墓运营单位应当向县民政部门申领由省民政部门统一编号监制的公墓墓位证，并将年度发放情况报其备案。

公墓运营单位应当保证安葬者与公墓墓位证发放信息真实一致，不得向同一安葬者提供两个以上墓位，不得在安葬协议有效期内变更墓位，不得以承诺回购、升值等虚假宣传手段炒卖墓位。

禁止任何单位和个人倒卖已出售的墓位。

第二十一条　公墓运营单位应当鼓励、引导用户采用树葬、草坪葬、花坛葬、壁葬、地宫葬和采用卧式墓碑等节约资源、保护生态的葬法及其他文明祭祀方式。在公墓墓区举行祭祀活动时，禁止燃放烟花爆竹和在指定场所以外焚烧祭祀物品或者从事封建迷信活动。

第二十二条　公墓运营单位应当建立健全财务、服务、维护、防火、防盗、档案等制度，保证安葬者档案信息真实、完整，档案保存期限不低于安葬协议终止后20年。

第二十三条　民政部门应当加强对公墓运营单位的监督检查，建立社会监督和投诉举报制度，完善公墓墓位证信息库管理机制，防止伪造和滥用。对检查不合格的公墓运营单位，责令限期整改，并在媒体上公布整改名单。

第二十四条　违反本办法规定，未经批准擅自兴建公墓和其他骨灰存放设施的，由民政部门会同住房城乡建设、国土资源部门予以取缔，责令恢复原状，没收违法所得，可以并处违法所得1倍以上3倍以下罚款，并向社会发布警示公告。

第二十五条　违反本办法规定，公墓运营单位未按政府定价销售墓位，超标准收取墓位维护管理费，或者不执行法定的价格干预措施，哄抬墓位价格和实施价格欺诈的，由物价部门依法处罚。

第二十六条　违反本办法规定，公益性公墓运营单位未设立免费区或者跨地域、超范围从事营销墓位等营利性活动，经营性公墓未按规定比例设置中低价位墓位的，由民政部门责令改正，处1万元以上3万元以下罚款。

第二十七条　违反本办法规定，公墓运营单位新建墓位占地面积超过标准的，由民政部门责令限期改正，没收违法所得，可以并处违法所得1倍以上3倍以下罚款；墓碑高度超过标准的，处每一墓碑1000元罚款。

第二十八条　违反本办法规定，公墓运营单位未将有关事项向用户公示的，由民政部门责令限期改正；逾期不改正的，处1万元罚款。

第二十九条　违反本办法规定，公墓运营单位向同一安葬者提供两个以上墓位，或者在安葬协议有效期内变更墓位，倒卖墓位的，由民政部门处每一墓位3万元罚款。

第三十条　违反本办法规定，因公墓运营单位维护管理和安全防范不善导致墓位的骨灰、墓碑遗失或者损毁的，由公墓运营单位依法承担民事责任。

第三十一条　民政部门和其他有关部门工作人员在公墓管理工作中有下列情形之一的，由其所在单位或者上级主管部门给予处分；情节严重，涉嫌犯罪的，依法追究刑事责任：

（一）违反公墓建设规划审批设立公墓的；

（二）对公墓运营违法行为不依法查处的；

（三）利用职权为他人谋取不正当利益，或者参与公墓运营活动获取利益的；

（四）有其他滥用职权、徇私舞弊、玩忽职守行为的。

第三十二条　本办法自 2015 年 9 月 25 日起施行。

关于做好惠民殡葬服务政策扩面增项工作的通知

（辽民发〔2015〕14 号）

各市及绥中、昌图县民政局、财政局：

2009 年，省政府办公厅下发了《关于免除城乡低保对象基本殡葬服务费用的通知》（辽政办明电〔2009〕47 号），免除了全省城乡低保对象五项基本殡葬服务费用，从制度上解决了困难群众的殡葬难题，取得了良好的社会反响。为进一步健全和完善殡葬救助体系，不断推进惠民殡葬建设，让殡葬改革成果惠及更多群众，依据省委办公厅、省政府办公厅《关于发挥党员干部带头作用全面推进殡葬改革的实施意见》（辽委办发〔2014〕29 号）的有关要求，决定从本通知下发起，在原有殡葬服务免费政策的基础上，实施扩面增项。现就有关事宜通知如下：

一、扩增免费对象

在城乡低保对象的基础上扩大免费对象范围，将凡具有我省户籍的见义勇为牺牲人员、人体器官捐献者、农村五保对象、城市集中供养的"三无"对象和查实不了身源的无主（名）遗体，纳入殡葬服务免费政策范围。

二、增加免费项目

对符合条件的免费对象，除免除原有的五项基本殡葬服务费用外，骨灰在殡仪馆寄存的，免除 5 年骨灰寄存费；骨灰进入城乡公益性公墓安葬的，实行免费安葬；骨灰进入国办经营性公墓安葬的，公墓运营单位应根据有关证明材料，给予适当优惠和减免，具体标准由各市制定并公布。

三、资金补助渠道

扩增免费对象和骨灰寄存免费项目补贴仍按辽政办明电〔2009〕47 号文件规定执行，其中：免除城乡低保对象基本殡葬服务费用补贴从城乡低保资金中列支；免除农村五保对象和城市集中供养的"三无"对象基本殡葬服务费用补贴分别从农村五保供养金和城市三无供养金中列支；免除查实不了身源的无主（名）遗体基本殡葬服务费用补贴从流浪乞讨人员救助资金中列支；免除其他对象基本殡葬服务费用补贴由同级财政单独安排资金解决。

四、办理程序

骨灰免费寄存办理程序仍按辽政办明电〔2009〕47 号文件规定执行。骨灰进入城乡公益性公墓和国办经营性公墓安葬的，由县以上民政部门和公墓运营单位审查确认后，对符合政策规定的，由城乡公益性公墓或国办经营性公墓运营单位在结算费用时直接免除全部费用或减免相关费用，具体办理程序由各市制定并公布。

五、有关要求

殡葬服务免费政策扩面增项工作是进一步健全完善我省殡葬救助体系的重要举措，各地要以对困难群体和特殊群体高度负责的态度，切实抓好政策的贯彻和执行，把党和政府的温暖送到群众的心坎上。各地民政部门要通过多种形式及时向社会公布和宣传此项政策。各殡仪馆、公益性公墓和国办经营性公墓要在办事大厅或显著位置将政策内容和办理程序公开公示，便于群众办理，接受社会监督；要按照一站式服务、即时办理的工作理念，科学设计办理程序和工作流程，严禁要求免费对象家属先付费后报销。各殡仪馆对免费对象实施遗体火化时，应与其他用户同等对待，提供使用同档次火化炉具，不得采取歧视做法。全省各殡仪馆原则上应于 2015 年底前全部使用高档拣灰炉，各地民政部门要加强与政法综治、公安、财政、卫生计生、红十字会等部门和单位的沟通配合，做好政策衔接，严格审核把关，确保政策准确、有效施行。各地要按照省两办《关于发挥党员干部带头作用全面推进殡葬改革的实施意见》要求，加大惠民利民殡葬政策创制力度，结合本地区实际，进一步扩面增项提标，不断深化殡葬改革，有条件的地区可对本地区没有享受丧葬费补贴的城乡居民实行殡葬基本服务免费政策或全民普惠政策，并积极探索制定农村集中安葬奖励政策、生态节地安葬奖补政策等。

关于印发《辽宁省经营性公墓建设规划
（2016—2025 年）》的通知

（辽民发〔2016〕52 号）

各市人民政府，省发展改革委、国土资源厅、住房和城乡建设厅、林业厅、工商局：

《辽宁省经营性公墓建设规划（2016—2025 年）》已经省人民政府批准，现印发给你们，请认真贯彻执行。

辽宁省经营性公墓建设规划
（2016—2025 年）

为规范经营性公墓建设管理，优化殡葬资源配置，推进集中集约安葬，节约土地资源，保护生态环境，满足群众安葬需求，根据国务院《殡葬管理条例》（国务院令第 225 号）、《辽宁省公墓管理办法》（省政府令第 296 号）等法规规章规定，根据前期全省公墓建设及公墓需求情况，制定本规划。

一、发展现状

经营性公墓是公墓的重要组成部分，自 1992 年民政部《公墓管理暂行办法》颁布实施以来，全省共审批建设经营性公墓 102 个，累计安葬骨灰 110 万具，较好地满足了逝者骨灰安葬的需求，对解决散埋散葬、节约土地资源、深化殡葬改革、推动移风易俗发挥了积极作用。但随着时间的推移，城镇化步伐的加快，二孩政策的实施，特别是进入老龄化社会，全省死亡人口数量逐年增加。现有经营性公墓经过 20 多年的发展，承载量已渐近饱和，可利用空间逐步缩小，经测算，全省现有经营性公墓存量土地大体可使用 10 年左右。为满足全省居民特别是城市居民选择性安葬需求，进一步规范各地经营性公墓审批建设，需要制定完善今后一个时期全省经营性公墓建设规划。

二、编制原则

（一）限定数量，控制发展。经营性公墓建设纳入地方政府城市建设总体规划，统筹考虑本地区现有人口特别是城镇人口数量、死亡率及今后 20 年发展趋势，结合现有经营性公墓土地存量和可使用期限、公益性公墓建设发展情况，科学规划，合理布局，总量控制，适度建设，主要保证城市居民选择性安葬需求。

（二）市县分开，突出城市。城市以城区为规划单位，以 30 万人口为规划基数，每 30 万人口规划建设 1 处经营性公墓。农村以县域为规划单位，每个县（县级市）原则上只批建 1 个经营性公墓，户籍人口超过 60 万人的县可批建 2 个经营性公墓。规划期内，现有存量经营性公墓安葬已满封园后，原则上不再续批经营性公墓。鼓励建设县区城市公益性公墓或公益性骨灰安葬设施。

（三）节约土地，注重生态。经营性公墓不得在基本农田、耕地和法律法规禁止的区域内建设。新建经营性公墓占地面积原则上不得超过 20 公顷，现有经营性公墓原则上不再许可扩大既有占地面积，努力实现公墓用地循环利用。鼓励建设少占地的塔陵式公墓或地宫式格位公墓，向空中和地下发展。经营性公墓绿化覆盖面积不低于墓园总面积的 70%，每个墓位占地面积不超过 1 平方米，墓碑高度不超过地面 1.2 米，祭祀焚烧设施符合环保排放要求。新建经营性公墓应建设一定数量的树葬、草坪葬、花坛葬和格位葬等节地生态葬区，节地生态墓位数量不低于墓位总量的 40%，最大限度实现集约节约用地。

（四）依规审批，规范管理。对符合规划的经营性公墓，按照国务院《殡葬管理条例》、《辽宁省公墓管理办法》有关规定，依法从严审批，不在规划之内的不予审批。县域已建有城市公益性公墓的，原则上不再规划批建经营性公墓。优先批建节地生态和空白县经营性公墓。严格执行《辽宁省公墓管理办法》等有关法规规章，按照谁主管谁监管、谁审批谁监管和属地化管理要求，加强经营性公墓管理，保证经营性公墓健康有序发展。

三、具体规划

按上述规划原则，到 2025 年全省规划建设经营性公墓 124 个，目前已建数量 102 个，规划新批建数量 22 个，其中城区 13 个，县域 9 个。具体新建规划如下：沈阳市规划建设 3 个；大连市规划建设 3 个；海城市规划建设 1 个，岫岩满族自治县规划建设 1 个；新宾满族自治县规划建设 1 个；本溪市规划建设 1 个；丹东市规划建设 1 个，东港市规划建设 1 个；锦州市规划建设 1 个；营口市规划建设 1 个，大石桥市规划建设 1 个，盖州市规划建设 1 个；辽阳县规划建设 1 个；盘锦市规划建设 2 个；葫芦岛市规划建设 1 个，绥中县规划建设 1 个，建昌县规划建设 1 个。

四、有关要求

各有关市县要严格按此规划，结合本地区实际，会同有关部门制定本地区经营性公墓具体建设规划，并报省民政厅备案。要按照数量限定、控制发展的原则从严审核经营性公墓；对规划内的经营性公墓，具体建设数量和建设时间由各地结合本地区具体情况，科学合理确定，把握审批节奏；对符合规划、节地生态型经营性公墓可优先审批。要严格按照《辽宁省公墓管理办法》有关规定，规范审批程序和审批材料。新建经营性公墓必须符合城乡建设规划和土地利用规划，依法办理土地审批手续，以出让方式取得土地使用权，不得以租用方式取得公墓用地；必须办理规范的林地使用手续和其他相关审批手续。对不符合审批条件的不得上报省民政厅。各级民政部门要加强事中事后监管，新建的经营性公墓必须按企业法人进行登记，实行"五证合一"，实现政企分开，管办分离，充分按市场机制运营，民政和政府其他部门不得再投资举办经营性公墓；对现有的公办经营性公墓要按有关政策要求，加大改革改制力度，事业性质的要尽快转企，企业性质的要尽快脱钩，举办机关要逐步退出，理顺全省经营性公墓管理体制和运行机制，保证经营性公墓规范健康发展。

附件：辽宁省经营性公墓建设规划表（2016—2025 年）（略）

辽宁省民政厅办公室
2016 年 9 月 6 日印发

关于做好经营性公墓年度检查工作的通知

（辽民事函〔2022〕9 号）

各市民政局、沈抚示范区社会事业局：

为规范全省经营性公墓建设和经营行为，根据《殡葬管理条例》（国务院令第 628 号）、《辽宁省殡葬管理实施办法》（省政府令第 269 号）、《辽宁省公墓管理办法》（省政府令第 296 号）等法律法规，落实《国务院关于深化"证照分离"改革进一步激发市场主体发展活力的通知》（国发〔2021〕7 号）和《辽宁省人民政府关于辽宁省推行"证照分离"改革全覆盖工作实施方案的通知》（辽政发〔2021〕17 号）要求，加强经营性公墓事中事后监管，全省自 2022 年起开展经营性公墓年度检查。现就有关事宜通知如下：

一、年度检查范围

依法登记为法人并经民政部门审批的经营性公墓。经营性公墓自获得批准经营次年起接受年度检查。

二、年度检查内容

（一）建设和经营审批情况；

（二）总体规划和配套设施建设情况；

（三）内部管理与队伍建设情况；

（四）经营服务情况；

（五）殡葬管理信息系统应用情况。

三、年度检查程序

（一）设区的市级民政部门每年 4 月 15 日前通过官网发布年度检查公告或通知；

（二）经营性公墓每年 5 月 1 日前依照年度检查内容，完成自查并形成自查报告，填写《经营性公墓年度检查申报表》（官网下载），备齐所需材料，一并报送属地县级民政部门；

（三）属地县级民政部门结合日常监管情况，对经营性公墓年度检查提出初审意见，于5月15日前报送设区的市级民政部门；

（四）设区的市级民政部门对初审意见和相关材料进行审查，并会同属地县级民政部门逐一进行实地检查，于6月15日前将全市经营性公墓年度检查结果在官网进行公告，同时报省民政厅备案。

四、年度检查材料

参加年度检查，经营性公墓应提供以下材料：

（一）经营性公墓自查报告；

（二）经营性公墓年度检查申报表；

（三）经营性公墓许可证（副本）复印件；

（四）营业执照（副本）或事业单位法人证书（副本）复印件；

（五）年度财务报表或审计报告复印件；

（六）开户银行出具的公墓维护管理费专用账户资金证明；

（七）已签订的墓位（含节地生态方式）安葬协议书复印件一份；

（八）宣传殡葬改革，弘扬移风易俗等资料；

（九）其他需要提供的材料。

五、年度检查结论

经营性公墓年度检查结论分为"合格"、"基本合格"与"不合格"三个等次。

（一）对照《经营性公墓年度检查评分表》，经过综合评定，得分为80分以上且无"不合格"规定情形的，确定为"合格"等次。

（二）对照《经营性公墓年度检查评分表》，经过综合评定，得分为60—79分且无"不合格"规定情形的，确定为"基本合格"等次。

（三）对照《经营性公墓年度检查评分表》，经过综合评定，得分为59分以下或有下列情形之一的，确定为"不合格"等次：

1. 未在规定时间内报送年度检查材料或拒不接受检查的；

2. 未经批准擅自变更名称、经营主体、经营范围、地址、批建面积、法定代表人等；

3. 未凭死亡证明或火化证明等合法证明出售墓位或者有炒买炒卖行为的；

4. 公墓维护管理费未按规定专户存储、专账管理的；

5. 经营管理混乱不能正常提供服务的；

6. 祭扫活动中发生安全生产责任事故的；

7. 发生负面舆情造成较大社会影响的；

8. 对违法违规建设和经营问题拒不整改的；

9. 违反其他有关规定造成严重后果的。

年度检查结论为"不合格"的，由设区的市级民政部门责令限期整改；涉及其他行政管理部门管理处罚权限的，书面告知相关部门，由相关部门依法处理或联合处理。整改不到位、复检不合格的，由设区的市级民政部门依法处理，并向社会公布。通过整改验收的，确定为"基本合格"等次。

六、工作要求

（一）加强组织领导。各地要高度重视经营性公墓年度检查工作，纳入重要议事日程，纳入年度重点工作，纳入综合评估内容。要成立由分管领导任组长的工作专班，加强工作力量，明确工作责任。各市民政局要结合本通知要求和本地实际，细化年度检查办法，及时发布年度检查信息，加强与相关行政管理部门和属地县级民政部门协同配合，确保年度检查工作顺利实施。

（二）依法实施年度检查。各地要严格依照殡葬管理有关法律法规政策和本通知要求，认真组织开展年度检查工作，全面真实反映经营性公墓建设和经营情况。对经营管理规范、年度检查分值较高、社会反响良好的公墓，要总结经验做法，推广学习借鉴。对年度检查中发现弄虚作假、隐瞒真实情况的公墓，要依法依规进行查处，确保年度检查工作取得实效。

（三）加强信息报送。各地要按时保质完成经营性公墓年度检查工作，及时公布年度检查结论并向省民政厅备案年度检查结果。省民政厅适时对各地年度检查情况进行抽检，在省民政厅网站公布各市备案及抽查结果。

附件：1. 经营性公墓年度检查申报表（略）
2. 经营性公墓年度检查评分表（略）

（此件公开发布）

辽宁省民政厅
2022 年 1 月 28 日

关于印发《全省殡葬服务单位
"双随机、一公开"抽查工作方案》的通知

（辽民事函〔2023〕33 号）

各市民政局、沈抚示范区社会事业局：

《全省殡葬服务单位"双随机、一公开"抽查工作方案》已经厅党组会审议通过，现印发给你们，请结合实际认真组织实施。

全省殡葬服务单位"双随机、一公开"
抽查工作方案

为落实省委巡视反馈问题整改工作，进一步规范全省殡仪馆、殡仪服务站、公益性公墓、骨灰堂、经营性公墓等殡葬服务单位建设和经营行为，切实加强事中事后监管，根据《殡葬管理条例》（国务院第 628 号令）、《国务院关于加强和规范事中事后监管的指导意见》（国发〔2019〕18 号）、《辽宁省殡葬管理实施办法》（省政府第 269 号令）、《辽宁省公墓管理办法》（省政府第 296 号令）、《辽宁省人民政府办公厅关于推广随机抽查规范事中事后监管的实施意见》（辽政办发〔2015〕95 号）、《辽宁省人民政府关于印发辽宁省全面推行部门联合"双随机、一公开"监管实施方案的通

知》（辽政发〔2020〕2号）等有关规定，制定全省殡葬服务单位"双随机、一公开"抽查工作方案如下：

一、总体要求

以习近平新时代中国特色社会主义思想为指导，认真贯彻落实国家和省相关法规政策规定，在殡葬服务单位监管中建立健全以"双随机、一公开"监管为基本手段、重点监管为补充、信用监管为基础的新型监管机制，规范监管程序，提升监管效能，强化部门协同，落实常态化监管，加快营造公平竞争的市场环境和法治化、便利化的营商环境，推动全省殡葬事业高质量发展。

二、基本原则

（一）坚持合法合理。严格执行殡葬管理有关法规政策，落实监管责任，确保殡葬执法监管依法有序进行，推进"双随机、一公开"抽查制度化、规范化。

（二）坚持公正高效。严格遵守执法程序，依法保障被抽查殡葬服务单位的合法权利，切实做到严格规范公正文明执法，提升监管效能，优化社会治理环境。

（三）坚持公开透明。实施随机抽查事项公开、程序公开、结果公开，实行"阳光执法"，保障殡葬服务单位权利平等、机会平等、规则平等。

三、主要内容

（一）执法主体和人员。执法主体为省、市民政部门，执法人员为两级民政部门中持有行政执法证的工作人员。

（二）抽查对象和比例。抽查对象为：依法登记为法人并经民政部门审批的殡仪馆（殡仪服务站）、公益性公墓（骨灰堂）、经营性公墓等殡葬服务单位。省级抽查比例为：殡仪馆（殡仪服务站）5%，公益性公墓（骨灰堂）2%，涉企经营性公墓10%，非涉企经营公墓5%；市级抽查比例为：殡仪馆（殡仪服务站）、公益性公墓、经营性公墓均为15%；5年内不得重复抽查同一家殡葬服务单位。对涉及投诉举报的殡葬服务单位，应随时开展执法检查。

（三）检查方式。省民政厅统一制定随机抽查事项清单，明确抽查依据、抽查主体、抽查内容、抽查方式等，并向社会公布；建立全省殡葬服务单位名录，并录入"辽宁互联网+监管系统"。省、市两级民政部门分别组织开展随机抽查工作，省级民政部门可视情会同市级民政部门联合开展。

（四）检查内容。

1. 殡仪馆（殡仪服务站）。（1）殡葬管理信息系统应用及管理情况；（2）基本殡葬服务项目落实政府定价情况；（3）惠民殡葬政策落实情况；（4）公开公示殡葬服务收费项目、收费依据、收费标准、办理流程（客户须知）、惠民政策、举报电话等服务事项情况；（5）工作运行流程制度（规定）、安全生产制度建立及落实情况；（6）殡葬档案管理情况；（7）宣传殡葬改革，弘扬移风易俗等情况；（8）是否存在捆绑、分拆、限制、强制、搭车、价格虚高、垄断经营、欺行霸市等违法违规问题；（9）殡仪馆是否取得排污许可证。

2. 公益性公墓（骨灰堂）。（1）使用土地情况；（2）是否设立专门服务场所；（3）维护管理费收取及使用情况；（4）占地面积和墓碑高度有无超过标准情况；（5）名称、性质、法定代表人、经营项目、用地面积等发生变化是否按规定及时申报变更情况；（6）在服务区显著位置公示有效的设立凭证和公墓性质、墓地使用年限、收费标准和依据、服务地域、服务项目、办事流程、服务规范、投诉方式等情况；（7）殡葬档案管理情况；（8）是否在公墓内设立免费区；（9）是否存在不按政府定价销售、跨区域销售等问题。

3. 经营性公墓。（1）使用土地情况；（2）维护管理费收取及使用情况；（3）占地面积和墓碑高度有无超过标准情况；（4）祭祀焚烧设施环保达标改造和公墓的绿化覆盖面积情况；（5）节地生态安葬墓区建设情况；（6）名称、性质、法定代表人、经营项目、用地面积等发生变化是否按规定及时申报变更情况；（7）在服务区显著位置公示有效的设立凭证和公墓性质、墓地使用年限、收费标准和依据、服务地域、服务项目、办事流程、服务规范、投诉方式等情况；（8）公墓运营单位殡葬档案管理情况；（9）公墓年度检查情况。

四、实施步骤

（一）抽取人员对象（每年 5 月底前）。省、市民政部门分别通过"辽宁互联网+监管系统"，随机抽取确定年度"双随机、一公开"抽查执法检查人员和检查对象，抽取的检查对象通过民政部门官网公布。涉企经营性公墓年度抽查工作，省、市民政部门应按同级司法行政部门要求组织开展。

（二）印发检查通知（每年 6 月底前）。省、市民政部门分别印发《关于开展殡葬服务单位"双随机、一公开"抽查的通知》，明确具体抽查时间、抽查对象、抽查内容、抽查方式等。各级民政部门可结合工作实际，协调组织相关部门开展联合抽查，提高执法效能，降低抽查检查对象成本。

（三）开展实地检查（每年 9 月底前）。执法检查人员进入殡葬服务单位有关场所进行现场查看，查阅、复制有关文件资料，约谈询问有关工作人员。检查过程至少有 2 名持证执法人员参与，首先出示执法证和检查通知书，使用记录仪记录执法全过程，检查结束如实填写检查记录表并经双方签字确认，做到责任可追溯。

（四）应用抽查结果（每年 12 月底前）。针对抽查发现问题，向检查对象下达整改通知书，明确存在问题、整改要求、整改时限等，限期完成整改并上报整改情况。"双随机、一公开"抽查结果分别在民政部门官网和"辽宁互联网+监管系统"向社会公示。对抽查中发现的不属于本部门职责范围的违法行为，及时通报或移交有关部门；涉嫌犯罪的，依法移送司法机关追究刑事责任。

五、工作要求

（一）提高思想认识。开展殡葬服务单位"双随机、一公开"抽查是贯彻落实省委、省政府关于深化行政审批制度改革，全面推进简政放权、放管结合、优化服务的重要举措。全省民政系统要充分认识此项工作的重要性，扎实组织开展相关工作，依法高效履行监管职能，进一步规范全省殡葬执法行为、创新管理方式、提升监管效能。

（二）加强组织领导。各级民政部门要加强对"双随机、一公开"抽查工作的组织领导，建立健全随机抽查工作机制，加强与同级司法行政部门的协同配合，加强执法资格考试和业务培训，充实并合理调配行政执法检查人员力量，不断提高行政执法检查水平，切实把随机抽查监管落到实处。

（三）强化工作落实。执法检查人员应当恪守职业道德，严守工作纪律，严格规范公正文明执法。抽查工作中要依照法规政策规定，履行好监督检查职责，及时、准确完成规定工作，确保抽查工作有序开展、取得实效。相关人员在抽查工作中发生违法违规行为的，要依法依规严肃问责。

（四）加强信息报送。省、市民政部门自抽查结束之日起 20 个工作日内将抽查结果录入"辽宁互联网+监管系统"。各市民政局要及时将本地区年度"双随机、一公开"抽查工作情况，形成工作报告，每年 10 月底前报送省民政厅。各地要及时发现、总结、报送开展抽查工作的好经验、好做法，省厅将通过参阅件等形式在全省推广。

附件：全省殡葬服务单位"双随机、一公开"抽查事项清单

序号	抽查依据	抽查对象	抽查内容	抽查方式	备注
1	《殡葬管理条例》（国务院第628号令）、《国务院关于加强和规范事中事后监管的指导意见》（国发〔2019〕18号）、《辽宁省殡葬管理实施办法》（省政府第269号令）、《辽宁省人民政府办公厅关于推广随机抽查规范事中事后监管的实施意见》（辽政办发〔2015〕95号）、《辽宁省人民政府关于印发辽宁省全面推行部门联合"双随机、一公开"监管实施方案的通知》（辽政发〔2020〕20号）	殡仪馆（殡仪服务站）	1. 殡葬管理信息系统应用及管理情况。 2. 基本殡葬服务项目落实政府定价情况。 3. 惠民殡葬政策落实情况。 4. 公开公示殡葬服务收费项目、收费依据、收费标准、办理流程（客户须知）、惠民政策、举报电话等服务事项情况。 5. 工作运行流程制度（规定）、安全生产制度建立及落实情况。 6. 殡葬档案管理情况。 7. 宣传殡葬改革，弘扬移风易俗等情况。 8. 是否存在捆绑、分拆、限制、强制、搭车、价格虚高、垄断经营、欺行霸市等违法违规问题。 9. 殡仪馆是否取得排污许可证。	随机抽查现场检查	
2	《殡葬管理条例》（国务院第628号令）、《国务院关于加强和规范事中事后监管的指导意见》（国发〔2019〕18号）、《辽宁省殡葬管理实施办法》（省政府第269号令）、《辽宁省公墓管理办法》（省政府第296号令）、《辽宁省人民政府办公厅关于推广随机抽查规范事中事后监管的实施意见》（辽政办发〔2015〕95号）、《辽宁省人民政府关于印发辽宁省全面推行部门联合"双随机、一公开"监管实施方案的通知》（辽政发〔2020〕20号）	公益性公墓（骨灰堂）	1. 使用土地情况。 2. 是否设立专门服务场所。 3. 维护管理费收取及使用情况。 4. 占地面积和墓碑高度有无超过标准情况。 5. 名称、性质、法定代表人、经营项目、用地面积等发生变化是否按规定及时申报变更情况。 6. 在服务区显著位置公示有效的设立凭证和公墓性质、墓地使用年限、收费标准和依据、服务地域、服务项目、办事流程、服务规范、投诉方式等情况。 7. 殡葬档案管理情况。 8. 是否在公墓内设立免费区。 9. 是否存在不按政府定价销售、跨区域销售等问题。	随机抽查现场检查	
3	《殡葬管理条例》（国务院第628号令）、《国务院关于加强和规范事中事后监管的指导意见》（国发〔2019〕18号）、《辽宁省殡葬管理实施办法》（省政府第269号令）、《辽宁省公墓管理办法》（省政府第296号令）、《辽宁省人民政府办公厅关于推广随机抽查规范事中事后监管的实施意见》（辽政办发〔2015〕95号）、《辽宁省人民政府关于印发辽宁省全面推行部门联合"双随机、一公开"监管实施方案的通知》（辽政发〔2020〕20号）	经营性公墓	1. 使用土地情况。 2. 维护管理费收取及使用情况。 3. 占地面积和墓碑高度有无超过标准情况。 4. 祭祀焚烧设施环保达标改造和公墓的绿化覆盖面积情况。 5. 节地生态安葬墓区建设情况。 6. 名称、性质、法定代表人、经营项目、用地面积等发生变化是否按规定及时申报变更情况。 7. 在服务区显著位置公示有效的设立凭证和公墓性质、墓地使用年限、收费标准和依据、服务地域、服务项目、办事流程、服务规范、投诉方式等情况。 8. 公墓运营单位殡葬档案管理情况。 9. 公墓年度检查情况。	随机抽查现场检查	

● 吉林省 ●

关于推行节地生态安葬的实施意见

（吉民发〔2016〕27号）

各市（州）、县（市、区）民政局、发展改革委（局）、科技局、财政局、国土资源局、环境保护局、住房城乡建设局、农业局（委）、林业局：

倡导和推行节地生态安葬是贯彻绿色发展理念、促进生态文明建设的内在要求，是保护生态环境，促进人与自然和谐相处的客观需要。2016年2月，民政部等9部委印发的《关于推行节地生态安葬的指导意见》（以下简称《意见》），就推行节地生态安葬的总体要求、主要任务、保障措施等方面进行了全面部署。为深入贯彻落实《意见》精神，进一步深化我省殡葬工作改革，推行节地生态安葬，保护生态环境，现结合我省实际提出如下实施意见：

一、总体要求

（一）指导思想

以邓小平理论、"三个代表"重要思想、科学发展观为指导，深入贯彻党的十八大、十八届三中、四中、五中全会精神和习近平总书记系列重要讲话精神，落实省委十届六次全会明确的"创新、协调、绿色、开放、共享"发展理念，以解决殡葬领域突出问题为导向，以保障群众基本殡葬需求为目标，促进人与自然和谐共处。

（二）基本原则

——政府主导，社会参与。强化政府在推行节地生态安葬工作中的统筹规划、基础建设、政策激励、典型示范、监督管理等方面的职能，积极引导和支持城乡居民、殡葬服务单位、基层组织以及相关社会组织推广节地生态葬法，形成参与殡葬改革的合力。

——节约资源，保护环境。坚持节约优先、保护优先的理念，科学规划建设节地生态安葬设施，创新推广节地生态葬法，提高土地利用率，尊重和保护自然生态，减少安葬活动对资源的消耗和对环境的不当干预，切实维护生态安全。

——注重引导，创新发展。尊重、引导、发挥好安葬习俗对节约资源、保护环境的积极作用，通过依法管理、提升内涵、激励引导、探索创新，引导人们更加自觉接受节地生态葬法，更加重视精神传承，逐步革除陋习、移风易俗，积极稳妥、循序渐进地改革安葬方式。

——分类指导，统筹推进。根据城乡、地域、民族、葬式及安葬设施的不同特点，因地制宜，分类指导，科学施策。坚持殡、葬、祭"三位一体"，推动节地生态安葬与绿色殡葬、人文殡葬、惠民殡葬相结合，葬法改革与丧礼改革相衔接，统筹推进殡葬改革。

（三）发展目标

到"十三五"末，建成一批具有示范效应的节地生态安葬设施，初步形成覆盖城乡的节地生态安葬公共服务网络，全面落实奖补政策，骨灰装棺再葬、乱埋乱葬和墓位面积超标得到有效治理，节地生态、移风易俗新风尚成为殡葬活动主流，全省平均火化率在现有基础上有所提高，节地生态安葬比例大幅度提高。

二、主要任务

（一）积极有序推进节地生态葬式葬法改革。因地制宜划分火葬区和土葬改革区，依法推行遗体火化、骨灰或遗体公墓内集中安葬，探索和推广更多符合节地生态要求的安葬方式。在火葬区，积极推行不占或少占土地的生态化骨灰安葬方式，推广骨灰撒散、植树、植花、植草等生态葬式，使用可降解骨灰盒或直接将骨灰藏纳土中，不设硬质墓穴和墓碑；在人口密集区推行立体骨灰存放方式，倡导建设节地生态墓位，地面不建墓基、地下不建硬质墓穴，墓碑小型化、微型化，最大限度降低硬化面积。在土葬改革区，遗体应在公墓或农村公益性墓地内集中安葬，不得乱埋乱葬。尽量减少地面硬化面积，鼓励墓碑小型化或不立碑；倡导遗体深埋、不留坟头或以树代碑。尊重少数民族丧葬习俗，鼓励和支持少数民族群众选择既有民族地域特色、又符合节地生态安葬要求的葬式葬法。

（二）着力加强节地生态安葬设施供给能力。各地要坚持把握总量、扩大增量、优化存量的原则，加大节地生态安葬设施建设的力度。结合推动供给侧结构性改革，在有条件的市（州）、县（市、区）建设一批提供树葬、撒散、骨灰存放、小型墓等多样化节地生态安葬方式的新型城镇公益性公墓、骨灰堂等基本殡葬公共服务设施。严格依法审批和监管经营性公墓，新建经营性公墓节地生态安葬区域配建比例不得低于25%，已有经营性公墓已经建立但尚未售出的墓位超标超限的，要依法通过拆除、绿化等方式进行整治改造。按照绿色城镇化和美丽乡村建设要求，有条件的村（屯）、乡镇要加强公益性墓地建设，有针对性地对原有墓地进行规划、整治和改造，采取不留坟头、墓碑小型化、卧碑、树碑等形式进行安葬，提高集约化、生态化安葬程度，通过提供免费或者低价骨灰安葬服务引导群众选择少占地或不占地葬法，采用可降解骨灰盒深埋安置骨灰，实现骨灰安葬多样化，降低占地安葬比例。

（三）注重提高节地生态安葬服务水平。提高安葬服务水平要以强化人文关怀、提升服务内涵、突出公共属性为导向，注重提升群众获得感的同时切实减轻群众负担，用群众满意认可的优质服务逐步消除殡葬改革的阻力。创新服务模式，优化服务流程，探索推进互联网、物联网与殡葬服务融合发展，提供网上预约、服务热线、咨询窗口等快捷便民方式。拓展服务项目，发掘群众需求，提供全程引导、交通保障、悲伤抚慰等人文关怀服务。加强墓区日常管理，注重绿化美化，保持整洁肃穆，积极推进墓穴循环使用。有条件的经营性公墓，要积极承担社会责任，选择位置好、绿化好的墓区作为节地生态安葬区，为群众提供多样化选择服务。各级民政部门要将推行节地生态安葬作为殡葬工作业绩考核及经营性公墓等级评定的重要内容。强化事业单位法人性质的经营性公墓示范带头作用，提供更多、更加优质的节地生态安葬公共服务产品。继续深化殡葬改革，充分发挥村（居）民委员会及红白理事会、老年人协会等社会组织的作用，加强农村公益性墓地管理，提供及时便捷服务，提高群众认可度和满意度。

（四）着力培育现代殡葬文化。把推行节地生态安葬与倡导厚养薄葬、保护生态环境、造福子孙后代结合起来，厚植符合节地生态、绿色环保要求的安葬理念，培育具有时代特征、民族特点、群众基础的殡葬行为规范。充分依托现有殡葬设施资源，建设一批生命文化教育基地，作为培育现代殡葬文化的重要载体和平台。积极推广现代文明的殡葬礼仪和殡葬用品，坚决抵制迷信低俗、奢侈浪费等不良丧葬风气，切实增强参与节地生态安葬的思想自觉和行动自觉。加大行政执法力度，对非法制售封建迷信殡葬用品的组织和个人，要依法依规予以查处。大力倡导网络祭扫、鲜花祭扫、踏青遥祭、植树缅怀等文明低碳祭扫方式，积极组织集体共祭、社区公祭、家庭追思等现代追思活动，弘扬慎终追远等优秀传统殡葬文化，引导群众逐步从注重实地实物祭扫转移到以精神传承为主上来。加强殡葬服务管理信息化、网络化建设，为提供多元化殡葬服务、培育现代殡葬文化创造条件。

三、保障措施

（一）加强组织领导。各地要积极争取党委、政府重视将推行节地生态安葬作为深化殡葬改革的重要内容，纳入"十三五"规划，摆上议事日程，健全工作机制，加强目标管理和绩效考核。民政部门要立足政策制定、实施和监督管理职能，发挥好牵头作用。发展改革、科技、财政、国土资源、环境保护、住房城乡建设、农业、林业等部门要各司其职、密切配合，做好推行节地生态安葬的政策制定、落实和监督管理。定期召开有关部门参加的联席会议并通报情况，研究解决推行节地生态安葬工作中遇到的困难和问题，有效推动我省节地生态安葬工作健康有序发展。要注重发挥地域优势，因地制宜探索开展适合本地实际的节地生态安葬的有效途径。加强安葬设施规划建设，加大节地生态安葬公共服务供给，完善惠民殡葬政策和激励引导措施，加强相关部门联合执法力度，依法查处非法占地建坟。强化殡葬活动的生态环境监管，推动环保殡葬新技术、新产品研发应用，结合农村环境综合整治改进殡葬服务管理，支持保障推行节地生态安葬。注重发挥乡镇、街道、城乡社区作用，完善殡葬信息源采集、报告和预警机制，加强对违规丧事活动的事前预防和源头治理。

（二）发挥党员干部带头作用。深入落实中央八项规定和党员干部带头推动殡葬改革的要求，强化党员干部从严律己、依法从政意识，要求群众做到的，党员干部要带头做到。党员干部要带头实行遗体火化，带头参与节地生态安葬，带头推行丧事简办，带头文明低碳祭扫，自觉做到"四禁止"：禁止大操大办、禁止迷信活动、禁止乱埋乱葬、禁止超标建墓。教育和约束直系亲属和身边工作人员按要求举办丧事活动，以正确导向和行为示范带动广大群众转观念、破旧俗、立新风。积极宣传典型人物和先进事例，依法纠正和查处党员干部尤其是领导干部去世后遗体违规土葬、乱埋乱葬、超标准建墓立碑等行为，对其他涉嫌违纪违法问题线索的，及时移交执纪部门或司法部门处理。

（三）强化宣传引导。要树立正确舆论导向，充分发挥媒体、殡葬服务机构、基层自治组织、社会组织等在宣传教育方面的作用，用群众喜闻乐见的方式，宣传节地生态安葬的重大意义、法规政策和实践成果，凝聚全社会的思想认同。开展节地生态安葬示范活动，鼓励有条件的地方大胆探索、先行先试，逐步形成可复制、可推广的有效模式。注重实践养成，坚持清明节等重要节点集中宣传与日常引导相结合，积极组织开展殡葬服务机构开放日、节地生态安葬宣讲、集中撒海生态安葬等活动，加强对群众治丧观念和治丧活动的正向激励引导，培育和树立文明节俭、生态环保、移风易俗的殡葬新风尚。

（四）健全奖补激励机制。各地要进一步完善以减免基本殡葬服务费用为主要内容的惠民殡葬政策，有条件的市县可建立节地生态安葬奖补制度。把树葬、海葬、花坛葬、草坪葬、骨灰撒散、格位存放等不占或少占地方式，以及土葬区遗体深埋不留坟头等生态葬法，纳入奖补范围，鼓励和调动群众积极参与。群众有意愿且有条件的地区，可为不保留骨灰者建立统一的纪念设施，利用重要传统节日组织开展祭奠活动，缅怀逝者、教育后人。对带头推行无毒、可降解环保用品的殡葬服务单位或使用者亲属，给予适当奖励或补贴，推动环保殡葬用品的推广应用。

各地要根据本意见要求，结合实际制定工作方案，有关工作开展情况及时报省民政厅。

吉林省民政厅　吉林省发展和改革委员会
吉林省科学技术厅　吉林省财政厅　吉林省国土资源厅
吉林省环境保护厅　吉林省农业委员会
吉林省住房和城乡建设厅　吉林省林业厅
2016 年 7 月 12 日

关于进一步加强和改进殡葬工作的意见

（吉民发〔2019〕6号）

各市（州）民政局、法院，党委组织部、宣传部（文明办），发展改革委、民族事务委员会、公安局、司法局、财政局、人力资源和社会保障局、国土资源局、环境保护局、文化和旅游局、卫生健康委、林业局、市场监督管理局，总工会、团委、妇联，长白山管委会社会管理办公室、法院、工委党群工作部、经发局、公安局、司法局、财政局、人力资源社会保障局、国土资源局、环资局、文广新局、林业局、市场监督管理局，各县（市、区）民政局、法院，党委组织部、宣传部（文明办），发展和改革局、民族宗教局、公安局、司法局、财政局、人力资源和社会保障局、国土资源局、环境保护局、文化和旅游局、卫生健康委、林业局、市场监督管理局，总工会、团委、妇联：

　　省民政厅、省法院、省委组织部、省委宣传部（省文明办）、省发展改革委、省民族事务委员会、省公安厅、省司法厅、省财政厅、省人力资源社会保障厅、省自然资源厅、省生态环境厅、省文化和旅游厅、省卫生健康委、省林业和草原局、省市场监督管理厅、省总工会、团省委、省妇联联合制定的《关于进一步加强和改进殡葬工作的意见》已经省政府2019年第3次常务会议审议通过，现印发给你们，请结合工作实际，认真抓好贯彻执行。

吉林省民政厅　吉林省高级人民法院　吉林省委组织部

吉林省委宣传部　吉林省发展改革委　吉林省民委

吉林省公安厅　吉林省司法厅　吉林省财政厅

吉林省人社厅　吉林省自然资源厅　吉林省生态环境厅

吉林省文化和旅游厅　吉林省卫生健康委　吉林省林草局

吉林省市场监督管理厅　吉林省总工会　共青团吉林省委

吉林省妇女联合会

2019年2月11日

关于进一步加强和改进殡葬工作的意见

　　为深入贯彻落实民政部等16部委《关于进一步推动殡葬改革促进殡葬事业发展的指导意见》（民发〔2018〕5号）精神，推动我省殡葬事业发展，更好地满足人民群众殡葬服务需求，结合吉林省实际，提出如下意见。

一、总体要求

　　（一）指导思想。全面贯彻党的十九大精神，以习近平新时代中国特色社会主义思想为指导，坚持以人民为中心的发展思想，践行新发展理念，围绕"慎终追远、民德归厚"的殡葬工作宗旨，积极建设惠民、绿色、文明殡葬，提升殡葬管理能力和服务水平，逐步革除殡葬陋习，大力倡导移风易俗，满足人民群众殡葬需求，使殡葬事业发展更好服务于保障和改善民生，服务于精神文明和生态文明建设，为全面建成小康社会作出贡献。

（二）基本原则。

1. 政府主导、社会参与。正确处理政府与市场的关系，强化政府主体责任，建立健全基本殡葬公共服务体系，完善监管机制。引导社会力量有序参与，更好地为广大群众提供优质的殡葬服务。

2. 因地制宜、稳中求进。坚持实事求是、因地制宜推进殡葬改革，着力解决改革中遇到的困难和问题，维护社会稳定。支持和鼓励先行先试，不断满足群众多层次、多样化的殡葬需求。

3. 公平可及、群众受益。完善殡葬基础设施，健全殡葬公共基本服务制度，不断扩大惠民殡葬覆盖面，确保实现人人享有公益性基本殡葬服务，让人民群众成为殡葬改革的最大受益者。

4. 移风易俗、绿色环保。树立绿色殡葬理念，鼓励丧事简办、节地安葬、低碳祭扫。大力弘扬社会主义核心价值观，破除丧葬陋俗，树立殡葬新风尚，促进人与自然和谐共生。

5. 健全机制、依法治理。坚持党委、政府领导，健全民政牵头、部门配合、各司其职的监管机制，切实发挥行业自律、社会监督作用，推动殡葬事业健康发展。

（三）发展目标。

到 2020 年，全省殡仪馆、火葬场、殡仪服务中心提升改造工作基本完成，县级公益性骨灰寄存设施实现全覆盖。到 2025 年，以乡（镇）、村两级为重点的公益性公墓或骨灰堂覆盖率达到 100%。全省覆盖城乡的殡葬基本公共服务体系全面建立，基础设施更加完善，殡葬管理更加规范，专业人才队伍不断壮大，城乡区域间殡葬资源配置更加均衡，节地生态安葬成为共识，低碳文明祭扫蔚然成风，人民群众殡葬服务需求得到更好满足。

二、主要任务

（一）深入推进殡葬改革。

1. 深化农村殡葬改革。按照实施乡村振兴战略总体要求，结合实际，统筹规划和建设乡镇（街道）殡仪服务站等集中治丧场所，实行集中管理，提供规范服务，引导群众传承优秀传统文化，破除迷信，文明治丧，理性消费，低碳祭扫。要下大力气整治农村散埋乱葬，遏制大操大办、薄养厚葬、人情攀比等陈规陋习。充分发挥村（居）委会和红白理事会、老年人协会等基层组织作用，把殡葬规范纳入村规民约、村民自治章程，培育和推广文明殡葬礼仪和治丧模式，倡导文明节俭治丧，促进家庭和睦、社会和谐、乡村文明。

2. 大力推广节地生态安葬。各地要因地制宜大力推广节地生态安葬方式，推动公墓从资源消耗向绿色生态可持续转型，引导群众从注重大碑大墓等物质载体转移到以精神传承为主。要加大公益性节地生态安葬设施用地保障，在符合国土空间规划的前提下，优先保障新建项目用地需求。认真执行火葬区和土葬改革区划分规定，严禁违规土葬、骨灰装棺再葬和散埋乱葬。在火葬区，积极推广树葬、花葬、草坪葬、壁葬及不保留骨灰的安葬方式；在土葬改革区，倡导选择节地型墓位及遗体深埋、不留坟头或以树代碑等墓葬方式。尊重少数民族丧葬习俗，鼓励和支持选择具有民族地域特色、符合节地生态要求的葬式葬法，积极倡导绿色殡葬理念。

3. 大力倡导文明祭祀。各地要抓住清明节、中元节等重大节日的有利时机，利用报纸、广播、电视、网络、微信等传统媒体与新媒体，大力宣传文明祭祀新风尚，提高群众对文明祭扫、节地生态安葬的认识。通过举办"清明文化周"、印发文明祭祀倡议书、组织社区公祭、网络祭祀、鲜花祭祀等多种方式，营造文明祭祀的良好氛围，引导群众文明祭祀、安全祭扫。

（二）健全殡葬公共服务体系。

4. 加强殡葬基础设施建设。各地应根据人口数量制定殡仪馆（殡仪服务中心）、火葬场、公益性公墓（骨灰堂）建设规划，使各种设施与当地群众殡葬需求相匹配，与殡葬改革要求相适应。围绕补齐短板，建立健全与殡葬改革相适应的基础设施经费保障机制，要把建设殡仪馆（殡仪服务中心）、火葬场、公益性公墓（骨灰堂）作为重要的民生工程全力抓好落实。及时更新改造现有火化设施设备，重点对房屋、设施陈旧的县（市、区）殡仪馆实施改扩建，对已达到强制报废年限或不符合国家环保标准的火化设备进行更新改造。

5. 完善基本殡葬服务制度。各地要制定基本殡葬服务清单，把遗体接运、暂存、火化、骨灰寄存等基本殡葬项目纳入清单范围，并根据各地经济发展实际和群众需求实行动态调整。要坚持基本殡葬服务公益性，强化政府责任和投入，推动惠民措施从救助型向适度普惠型转变，从阶段性服务向全程性服务延伸，提高政府基本殡葬服务供给能力，有条件的地区可将基本惠民政策对象扩大到辖区所有居民，实现基本殡葬服务均等化。对履行基本殡葬服务职能的殡仪馆（殡仪服务中心）、火葬场、公益性公墓（骨灰堂）等殡葬服务机构，要落实政府投入和税费减免配套优惠政策，确保持续稳定地提供基本殡葬服务。

（三）规范殡葬服务机构管理。

6. 推进殡葬服务机构管办分离。结合事业单位分类改革，理顺政府与市场的关系，推进殡葬事业单位行政管理职能与经营管理分开，监管执法与经营举办分离。各级民政部门要强化殡葬法规政策、行业规划、标准规范的制定和监督指导，从对殡葬服务单位的直接管理向行业管理转变，进一步落实法人自主权，规范内部管理，激发发展活力。

7. 加强殡葬重点事项管理。根据各类殡葬服务机构性质和特点，坚持问题导向，聚焦风险防范，分类施策，加强管理。殡葬服务机构要全面实行收费公示和明码标价制度，严格执行政府定价、政府指导价，严禁诱导、捆绑、强制消费。要加强火化证明的管理，严厉查处倒卖火化证明等违法违规行为，加强行风建设，全面推行反腐倡廉和廉洁从业。进一步规范和加强公墓管理，对未经批准建设的公墓依法予以取缔，对违规改扩建等行为予以纠正，禁止农村公益性墓地违规对外销售。要加强殡葬用品市场管理，依法查处虚假宣传、以次充好、价格欺诈等侵害消费者权益行为。

8. 引导社会资本参与。鼓励社会资本以出资建设、参与改制、参与运营管理等多种形式依法投资殡葬服务行业。对于具有遗体火化等基本殡葬服务功能的殡葬机构，要强化政府主体责任。对于公办殡葬服务机构与社会资本合作的，要坚持公共利益优先原则，从是否增加和改善基本殡葬服务供给、提高运营效率、促进创新和公平竞争等方面，充分做好评估论证，审慎确定合作模式，规范选择合作伙伴，细化和完善项目合同文本，确保合作期间国有资产不流失、基本殡葬服务公益属性不改变、服务水平有提高。对项目收入不能覆盖成本和收益、但社会效益较好的合作项目，政府可给予适当补助。对服务管理不规范、严重偏离公益方向、公众满意度差的合作方，要建立违约赔偿和退出机制。

9. 切实发挥殡葬类社会组织作用。要充分发挥殡葬类社会组织的桥梁与纽带作用，加强政府与生产服务单位、服务单位与群众之间的联系，认真倾听群众的呼声，为政府改进工作提供意见和建议。要加强行业自律，建立殡葬生产、销售及服务单位"黑名单"制度，引领殡葬服务单位树立良好的从业形象。要组织广大会员及会员单位在生产、销售、服务等各个环节，提供绿色环保殡葬产品，传播和弘扬先进的殡葬文化理念，引导群众破除迷信，文明治丧，理性消费，促进殡葬行业健康有序发展。

10. 强化殡葬工作法治化建设。深化殡葬行业"放管服"改革，按照国务院有关要求，完善殡葬行业市场准入机制，细化审批流程，明确审批时限，推进殡葬服务供给主体多元化和供给方式多样化，切实加强殡葬事中事后监管。要建立健全党委、政府领导下的多部门联合执法机制，厘清各部门执法权限和资源，合理分配执法力量，严格执法流程，严肃查处殡葬领域各类违法违纪行为。要加强殡葬法规制定和标准研制，制定并实施殡仪馆服务规范、殡仪馆安全管理规范、公墓安全管理规范等地方标准，推动殡葬管理服务向法治化、规范化、标准化方向发展。

三、保障措施

（一）加强组织领导。各级党委和政府要把推动殡葬改革作为促进精神文明和生态文明建设的有力举措，建立健全党委领导、政府负责、部门协作、社会参与、法治保障的领导体制和工作机制，明确职责分工，完善政策措施，加强目标考核，强化责任落实。民政部门要发挥好牵头作用，主动协调有关部门，通过定期召开会议、联合督查执法等方式，有效解决殡葬领域重点难点问题，形成推动殡葬改革发展的合力。

（二）明确部门职责。各有关部门要认真履行职责，加强联动互动。民政部门要做好殡葬管理政策标准制定、殡葬改革工作组织实施、殡葬设施审批监管等工作。各级党组织要加强对所属党员干部的教育管理，及时掌握党员干部治丧情况。宣传部门要做好殡葬改革宣传引导工作，将殡葬移风易俗工作纳入文明创建活动内容。发展改革部门要加强殡葬基本公共服务设施投入。公安部门要加强对本部门出具的非正常死亡证明的管理，查处丧事活动中违反治安管理和私自改装车辆运输遗体的行为，并积极协调民政部门共享殡葬信息，从中发现死亡人员未注销户口，及时核实注销。财政部门要保障落实惠民殡葬和节地生态安葬奖补政策所需的资金，合理核拨殡葬事业单位运营管理经费和殡葬事业发展经费。人力资源和社会保障部门要完善参加社会保险人员死亡后丧葬补助金、抚恤金等发放政策。自然资源部门要依法将殡葬设施建设纳入多规合一的国土空间规划体系，自然资源部门、林业和草原部门按各自职责纠正和查处违法占地建设殡葬设施、违法占用耕地林地建坟等行为。生态环境部门要依法指导支持火化设备环保改造，强化殡葬活动的生态环境监管。文化和旅游部门、城市市容管理部门要加强对治丧活动中营业性演出活动的监管。卫生健康部门要加强对医疗机构出具死亡证明的管理和医疗机构太平间的管理。市场监督管理部门要配合查处制造、销售不符合国家技术标准的殡葬设备、封建迷信殡葬用品等违法行为，查处殡葬乱收费行为。发改、财政、民政部门要按照相关规定制定殡葬服务收费标准。宗教事务管理部门要依法规范寺庙等宗教活动场所建设骨灰存放设施等行为。人民法院要依法受理申请强制执行的违法安葬行为案件，由当地政府组织实施执行。工会、共青团、妇联等人民团体和基层党组织、村（居）委会以及殡葬行业协会、红白理事会、老年人协会等基层组织要充分发挥作用，广泛动员群众积极参与殡葬改革。

（三）充分发挥党员干部带头作用。按照《吉林省委办公厅吉林省人民政府办公厅关于贯彻落实中共中央办公厅、国务院办公厅〈关于党员干部带头推动殡葬改革的意见〉的通知》（吉办发〔2014〕1号）要求，党员干部要带头实行遗体火化，带头参与节地生态安葬，带头推行丧事简办，带头文明低碳祭扫，教育和约束直系亲属和身边的工作人员按要求举办丧事活动，主动做殡葬改革的践行者、生态文明的推动者、文明风尚的引领者，以正确导向和行为带动广大群众转观念、破旧俗、立新风。各级党委和政府要把带头推动殡葬改革的要求纳入对党员干部的教育管理中，严格执纪问责，强化社会监督。

（四）加强宣传教育。坚持正确的舆论导向，抵制封建迷信活动。大力宣传殡葬改革政策法规，积极倡导厚养薄葬、文明治丧、低碳祭扫、生态安葬，倡导科学、文明、节俭的殡葬理念，树立移风易俗新风尚。大力宣传殡葬改革在保障民生、减轻群众负担、节约土地资源、保护生态环境、促进社会和谐等方面的重要作用，引导群众参与和支持殡葬改革，在全社会营造关心支持殡葬改革的良好舆论氛围。采取群众易于接受和行之有效的方式，引导广大群众转变观念，移风易俗，树立文明殡葬新风尚。

（五）严格监督考核。各级党委、政府要将火化率、节地生态安葬率、公益性安葬设施覆盖率等指标纳入考核范围，逐级建立职责明晰、任务明确的殡葬管理考核监督体系。对殡葬改革工作推进不力、问题突出、散埋乱葬现象严重的地区，要严肃执纪问责。对党员干部在治丧活动中违反殡葬管理规定的，要依法依纪严肃查处。对殡葬改革工作成效突出的，予以表彰奖励。

关于印发《吉林省公益性安葬设施建设指导意见》的通知

（吉民发〔2021〕48号）

各市（州）民政局、发展改革委（局）、财政局、自然资源局、生态环境局、交通运输局、水利局、农业农村局、市场监督管理局、林业和草原局、电业局：

为加快推进吉林省公益性安葬设施建设，逐步满足群众"逝有所安"需求，有效治理散埋乱葬，减少火灾隐患，促进社会文明进步，助力乡村振兴。根据国家殡葬法律法规和有关殡葬改革要求，省民政厅、省发展改革委、省财政厅、省自然资源厅、省生态环境厅、省交通运输厅、省农业农村厅、省水利厅、省林业和草原局、省市场监督管理厅、国网吉林省电力有限公司联合制定了《吉林省公益性安葬设施建设指导意见》，现印发给你们，请结合工作实际，认真抓好贯彻执行。

吉林省民政厅　吉林省发展改革委　吉林省财政厅

吉林省自然资源厅　吉林省生态环境厅　吉林省交通运输厅

吉林省水利厅　吉林省农业农村厅　吉林省市场监督管理厅

吉林省林业和草原局　国网吉林省电力有限公司

2021年12月14日

吉林省公益性安葬设施建设指导意见

党的十八大以来，我省认真贯彻落实党中央、国务院决策部署，积极推进殡葬改革，殡葬基础设施建设和殡葬服务管理水平得到了有力提升，但仍存在许多亟待解决的问题，主要是公益性安葬设施建设严重不足，农村散埋乱葬问题比较突出，传统祭祀节日存在火灾隐患。为加快推进公益性安葬设施建设，有效治理散埋乱葬，减少火灾隐患，促进社会文明进步，助力乡村振兴，根据殡葬法律法规和国家有关殡葬改革要求（中共中央文件《关于全面推进乡村振兴加快农业农村现代化的意见》（中发〔2021〕1号）推进农村公益性殡葬设施建设、民政部等16部委《关于进一步推动殡葬改革促进殡葬事业发展的指导意见》（民发〔2018〕5号）实行火葬的地区必须把火化设施和骨灰安葬设施作为首要条件纳入工作规划，明确推进的时间表和路线图），结合我省实际，现就加强公益性安葬设施建设工作提出如下指导意见（本指导意见所提到公益性安葬设施为火葬区安葬设施）。

一、总体要求

（一）指导思想。坚持以人民为中心的发展思想，加强公益性安葬设施建设管理，保障人民群众"逝有所安"基本殡葬需求，推进移风易俗改革和殡葬事业健康发展，培育文明乡风、良好家风、淳朴民风，促进精神文明和生态文明建设。

（二）基本原则。坚持"党委领导、政府主导，统筹城乡、科学规划，节约土地、生态环保，保障基本、方便群众"的原则，按照集约化、园林化、生态化的要求进行规划、建设。

（三）工作目标。从 2021 年起，各市（州）、县（市、区）结合实际编制 2021 年-2035 年殡葬基础设施专项规划，特别是公益性安葬设施建设专项规划，并纳入所在地国土空间规划。在各县（市、区）完成乡（镇）中心型农村公益性安葬设施建设试点；到 2022 年底，试点县（市、区）乡（镇）中心型农村公益性安葬设施覆盖率达到 10%；到 2025 年底，各地规划建设的乡（镇）中心型农村公益性安葬设施覆盖率达到 30%；到 2030 年底，全省规划建设的乡（镇）中心型农村公益性安葬设施覆盖率达到 100%。同步推进农村散埋乱葬问题治理，逐步实现集中规范安葬。

二、主要任务

（一）依法规划公墓布局，科学划定公墓范围。兼顾群众安葬祭扫便利和散埋乱葬坟茔搬迁，积极探索林地、草地与墓地复合利用，按照每处公益性安葬设施辐射人口不少于 10000 人的原则，科学选址，优先选择历史形成的墓葬点、荒山荒地或不宜耕种的瘠地、农村适当位置的乡（镇、村）集体闲置房屋，规划建设公益性安葬设施。乡（镇）中心型公益性安葬设施用地面积按年死亡率千分之七及 20 年的使用周期科学规划安葬设施规模。

（二）严格安葬设施及其配套设施建设标准。公益性公墓倡导采用卧碑或在树上挂二维码的方式。卧碑碑长不超过 60 厘米，碑宽不超过 50 厘米，厚度不超过 15 厘米，倾斜度不超过 15 度。火葬区单盒骨灰墓位不超过 0.5 平方米、双盒骨灰墓位不超过 0.8 平方米，并按先后顺序进行安葬，不得自主选择。尊重少数民族的丧葬习俗。

积极倡导和推行文明礼俗。倡导骨灰入室（骨灰堂、骨灰楼、骨灰塔等）格位安放。结合树葬、草坪葬、花坛葬，积极推行使用可降解骨灰容器安葬骨灰，确保土地循环利用。

公益性安葬设施建设要保证道路畅通，并配备管理用房、祭扫场所、停车场、必要的消防设施，公益性公墓还要配备骨灰寄存场所等。在林地边缘建设的，要按照森林防火规定设置必要的防火设施。

（三）严格规范公益性安葬设施的建设主体范围。人口超过 5000 人以上的行政村可建设村级公益性安葬设施。农村村级公益性安葬设施申办主体为村委会，乡镇公益性安葬设施申办主体为乡（镇）人民政府，城市公益性安葬设施申办主体为县和县级以上人民政府。按照国务院《殡葬管理条例》和国家有关殡葬方面相关规定审批。城市公益性安葬设施倡导建设骨灰堂（壁、墙、塔）安放，并建设一定数量的树葬、草坪葬、花坛葬等节地生态安葬区。

（四）明确和严格界定法人资格和类别。为确保公益性安葬设施的公益属性和作用，公益性安葬设施建设和管理单位性质应为民办非企业单位，为非营利法人，若有收益只能用来保证公益性安葬设施的正常运转，不得以任何形式向出资支持公益性安葬设施建设的企业、社会组织、捐资个人和村集体等出资方分配所取得利润。

（五）倡导节地生态安葬。乡（镇）中心型公益性安葬设施建设要保护原有自然景观，因地制宜进行绿化美化，通过植树、种花、种草等，达到远处只见树不见墓的效果。墓位建设提倡地上不建墓基，地下不建硬质墓穴。外观设计要适当加入当地人文元素，充分与自然地貌相融合，每公顷墓位建设不少于 2000 个（4000 个盒位）穴位。墓区内要建设一定数量的树葬、花坛葬、草坪葬等节地生态安葬区，建有海葬、骨灰撒散等不保留骨灰的纪念设施，确保未来可持续发展。

（六）明确安葬服务范围和禁止性规定。乡（镇）中心型公益性安葬设施，只为具有本行政区户籍成员去世提供安葬服务，不得为本乡（镇）以外户籍人员提供安葬服务。村级公益性安葬设施不得对非本村户籍以外人员提供安葬服务。任何单位和个人不得以任何形式改变或扩大安葬范围，开展以营利为目的的商业活动，确保公益性安葬设施属性不变。墓穴由管理方统一建设，禁止划地自建。禁止在火葬区安葬设施内安葬遗体（国家另有规定除外）。禁止在公益性安葬设施禁火区域内明火祭祀和燃放烟花爆竹。禁止在公益性安葬设施内开展封建迷信活动。禁止超标准、超规模建设大碑大墓和家族墓。严禁占用耕地建设安葬设施。不得在高速（一、二级）公路、铁路两侧 500 米内，文物保护区、生态保护红线区、风景名胜区、城市公园、水库、河流堤坝以及水源保护区 2000 米内规划公益性安葬设施。

三、政策措施

（一）强化政策协同。各级政府要结合当地国民经济和社会发展规划编制 2021 年-2035 年殡葬基础设施专项规划，并纳入当地国土空间规划，做好规划衔接工作。乡（镇）中心型农村公益性安葬设施建设纳入乡村振兴规划和国土空间规划；城市公益性安葬设施建设应纳入该城市国土空间总体规划，并按详细规划要求进行建设。2022 年底前，每个县至少要选择 1 个乡（镇）作为试点，对相对成熟的试点经验，加强推广应用，形成试点先行、重点突破、以点带面的良好态势。民政部门负责专项规划的编制和实施，将专项规划纳入当地国土空间规划。人民法院依法受理申请强制执行的违法安葬行为审查案件。发展改革部门负责制定公益性安葬设施收费标准，按照非营利并兼顾居民承受能力的原则核定公益性安葬设施收费标准。自然资源部门负责指导建设单位开展公益性安葬设施建设用地的选址、报批，预留建设用地空间，并纳入国土空间基础信息平台"一张图"实施管理，严禁占用耕地建设安葬设施。生态环境部门负责公益性安葬设施建设的生态环境保护工作。各地政府要根据安葬设施连接道路属性不同，科学确定行业部门负责建设、养护及管理工作。农业农村部门要在职权范围内配合相关部门推进移风易俗，倡导文明殡葬。水利、电力部门负责将公益性安葬设施用水用电纳入民生保障范围。林草部门负责公益性安葬设施建设使用林地、草原手续办理相关工作。

（二）落实部门责任。按照民政部等 16 部委《关于进一步推动殡葬改革促进殡葬事业发展的指导意见》（民发〔2018〕5 号）要求，省发改委要积极争取中央预算内资金，支持符合国家专项申报条件的基本殡葬服务设施建设。市县财政部门要保障落实惠民殡葬和节地生态安葬奖补政策所需资金，合理核拨殡葬事业单位运营管理经费和殡葬事业发展经费，支持公益性安葬设施建设。省交通运输厅按现行补贴政策对各地符合条件的公益性安葬设施公路建设给予奖补资金支持。鼓励企业、社会组织和个人捐资、村集体筹资建设农村公益性安葬设施。

乡（镇）中心型公益性安葬设施和村建公益性安葬设施建设所需资金由各地筹集解决。

（三）落实惠民安葬政策。县级以上政府要制定完善惠民安葬政策，新审批或改扩建经营性公墓要单独设立不低于 5% 面积的公益性安葬区域，为进入城市经营性公墓和农村公益性公墓（骨灰堂）安葬的重点优抚对象、低保对象、三无人员、特困人员、低收入家庭等城乡困难群众免费提供骨灰安葬或格位存放服务，有条件的地方可将政策惠及行政区域内所有居民和常住人口。原有散葬坟墓迁入农村公益性公墓（骨灰堂）的，由当地政府提供迁移费用并免费提供墓位或格位。

（四）切实强化规范管理。公益性安葬设施收费标准要严格按照《国家发改委民政部关于进一步加强殡葬服务收费管理有关问题的指导意见》（发改价格〔2012〕673 号）规定，由各地价格主管部门会同有关部门在成本监审或成本调查的基础上，按照非营利并兼顾居民承受能力的原则核定。民政部门牵头会同公安、自然资源、林草、市场监管等部门定期开展联合检查或以"双随机、一公开"抽查为手段，建立常态化监管机制。对未批私建、对外租售、超标准建设、搞封建迷信活动等违法违规行为，坚决予以取缔，并责令恢复原状，没收违法所得，罚没资金纳入当地财政账户，用于公益性殡葬设施建设和执法保障资金，确保公益性安葬设施建设和管理服务规范有序。市场监管部门要依法查处审批的公益性安葬设施违法违规收费行为。

四、工作要求

（一）落实工作责任。各地政府要承担公益性安葬设施建设和管理主体责任，坚持"属地管理"，"谁主管、谁负责"、"谁审批、谁负责"和"谁建设、谁管理"的原则，组织有关部门做好规划编制、土地划拨、日常监管、风险评估等工作。村委会负责本村公益性安葬设施的建设和管理服务工作。

（二）创新工作方法。各地要围绕农村安葬服务管理体制机制、公共投入、监管执法、信息化建设等重点难点问题，勇于创新、积极探索，有效破解殡葬改革发展难题。省民政厅将会同相关部门进一步深化农村公益性安葬设施建设和管理工作试点，及时总结推广经验做法。

（三）积极宣传引导。各地要以电视台、殡葬服务机构、农村社区、村民委员会等为重要宣传平台，充分发挥新媒体传播优势，广泛宣传集中集约规范安葬，引导群众转变观念、理性消费、革除陋俗，树立厚养薄葬、文明节俭、生态环保的殡葬新风尚。

● 黑龙江省 ●

关于印发《黑龙江省倡导移风易俗推进殡葬改革行动计划（2018—2023 年）》的通知

（黑民发〔2018〕7 号）

各市（地）、县（市）民政局、精神文明办、发改委、物价局、公安局、财政局、人社局、国土资源局、城管（执法）局、林业局、工商局、质监局：

现将《黑龙江省倡导移风易俗推进殡葬改革行动计划（2018—2023 年）》印发给你们，请结合实际认真贯彻执行。

省民政厅　省精神文明建设办公室　省发展和改革委员会
省物价监督管理局　省公安厅　省财政厅
省人力资源和社会保障厅　省国土资源厅　省住房和城乡建设厅
省林业厅　省工商行政管理局　省质量技术监督局
2018 年 2 月 26 日

黑龙江省倡导移风易俗推进殡葬改革行动计划
（2018—2023 年）

为进一步贯彻落实中办、国办《关于党员干部带头推动殡葬改革的意见》（中办发〔2013〕23 号）、民政部等 16 部委《关于进一步推动殡葬改革促进殡葬事业发展的指导意见》（民发〔2018〕5 号）精神和省领导的批示和指示要求，进一步增强殡葬改革动力，激发殡葬事业发展活力，更好满足人民群众殡葬服务需求，大力倡导移风易俗，促进殡葬事业健康发展，现制定如下工作计划。

一、总体要求和工作目标

以习近平新时代中国特色社会主义思想为指导，全面贯彻落实党的十九大精神，围绕建设惠民、绿色、文明、节俭殡葬，以推动殡葬改革为牵引，以满足人民群众殡葬需求为导向，以提升殡葬服务能力和水平为目标，以创新殡葬管理体制机制为动力，整合资源、规范管理、优化服务、深化改革，使殡葬改革和殡葬事业发展更好服务于保障和改善民生、服务于精神文明和生态文明建设。文明节俭治丧、节地生态安葬的现代殡葬理念被广大群众接受和支持参与；丧事大操大办、封建迷信、散埋乱葬等问题得到有效遏制；充分发挥殡葬改革工作联席会议制度作用，基本形成党委领导、政府负责、部门协同、公众参与、法治保障的工作格局。到 2023 年，全省火化率达到 90%，全省节地生态安葬率达到 60%。

二、主要任务

一是推进移风易俗。进一步落实中央办公厅、国务院办公厅印发《〈关于党员干部带头推动殡葬改革的意见〉的通知》（中办发〔2013〕23 号）和我省实施意见等制度措施，大力推动移风易俗，全面有序推进殡葬改革，结合文明村镇建设做好以下工作：推进节地生态安葬，继续组织开展好树葬、壁葬、海葬等活动，推进农村公益性骨灰堂建设。逐步治理散埋乱葬，通过省殡葬改革联席会议部署，明确省直各有关部门和地方政府职责，加大督导检查力度，每半年通报一次治理情况。管控街头烧纸，坚持疏堵结合，专群兼治，做好源头治理工作，加强殡葬纸制品运输、流通环节的管控。既要做好城市街道、路口烧纸的管控工作，又要在殡葬服务单位、市区内指定地点提供文明祭祀鼎、焚烧箱（桶）等设施，方便群众祭奠。倡导文明节俭治丧，充分发挥村（居）委会、红白理事会、老年人协会等群众组织作用，将文明节俭治丧纳入村规民约，加强宣传引导。要简化丧葬程序，控制丧葬规模，树立厚养薄葬、惜福珍重、慎终追远理念。

二是推进惠民殡葬工作。进一步贯彻落实民政部《关于全面推行惠民殡葬政策的指导意见》（民发〔2012〕211 号），逐步建立惠民殡葬制度，将惠民殡葬与精准扶贫、减轻群众负担有机结合，解决群众丧葬难的问题，为城乡困难群众以减免费用或补贴方式提供基本殡葬服务，有条件的地区可将政策惠及对象扩展到辖区所有居民，逐步实现基本殡葬服务的普惠性、均等化。对具有土葬习俗的少数民族困难群众，各地可充分利用临时救助、工会帮扶、慈善捐助等方式，帮助其解决因丧葬费等原因导致的生活困难问题。

三是加强殡葬基础设施和信息化建设。建立完善骨灰存放设施，计划每年建设 10 个中心乡镇农村公益性骨灰堂（楼）。更新改造一批环保型火化设施，达到国家环保排放标准。推进全省殡葬信息系统建设，推进殡葬管理服务"互联网+"，鼓励各地加大资金投入，推进"互联网+"应用服务，提升殡葬管理和服务的科技化、人文化水平。

四是加强殡葬服务收费监管。严格规范殡葬服务收费行为，倡导文明节俭治丧，合理消费，抑制高收费。通过"双随机、一公开"执法检查方式加强日常监管。

五是组织清明节文明祭扫活动。组织社区公祭、网络祭祀、鲜花换烧纸等活动，引导群众文明节俭祭祀。为群众提供祭扫直通车、祭扫工具等服务，方便群众到殡葬服务单位进行祭扫。加强宣传引导，发挥新闻媒体的舆论引导作用，大力宣传文明节俭、低碳绿色、节地生态的殡葬理念。健全工作机制，强化属地管理责任，完成"文明祭扫，平安清明"的工作任务。

三、保障措施

（一）加强组织领导。各级党委、政府要高度重视，将此项工作列入年度工作目标管理和绩效考核，确保政策措施落到实处。建立省、市、县三级殡葬改革联席会议制度或领导小组，及时研判殡葬改革形势，研究解决重点、难点问题。省、各地有关部门要按照省殡葬改革联席会议确定的职责分工，各司其职、密切配合，着力、有序、深入推动殡葬改革。各级民政部门要发挥牵头作用，加强与有关单位的联系沟通，做好联络协调工作，形成推动殡葬改革的合力。

（二）发挥党员干部带头作用。深入落实中央八项规定和党员干部带头推动殡葬改革的要求，党员干部要带头参与节地生态安葬，带头推行丧事简办，带头文明低碳祭扫，带头宣传倡导殡葬改革，用自身的行动影响和带动群众转观念、破旧俗、立新风。各有关部门要把带头推动殡葬改革的要求纳入对党员干部的教育管理之中，积极宣传典型人物的先进事例，依法纠正和查处党员干部尤其是领导干部去世后遗体违规土葬、乱埋乱葬、超标准建墓立碑等行为，对其他涉嫌违纪违法的问题线索，及时移交执纪部门或司法部门处理。

（三）健全奖补激励机制。在进一步完善以减免基本殡葬服务费用为主要内容的惠民殡葬政策基础上，研究制定全省推行惠民殡葬政策的实施意见，指导和推动有条件的地方建立节地生态安葬奖补制度，鼓励树葬、海葬、格位存放等不占或少占地方式，以及土葬区遗体深埋不留坟头等生态葬法，纳入殡葬基础设施设备建设奖补范围。

（四）加强检查指导。要加强移风易俗推进殡葬改革工作的检查指导，各地要参照省里的做法，建立健全领导机制，定期开展联合检查工作，推进移风易俗和殡葬改革工作健康发展。按照省委、省政府关于节约用地和生态保护要求，加强规划指导和政策引导，积极探路子、树典型，总结推广好的经验和做法，分析解决殡葬改革工作中存在的问题，提升群众对殡葬改革政策的满意度。

（五）加强宣传引导。以殡葬服务机构、城乡社区等为重要宣传平台，充分发挥新媒体传播优势，深入宣传殡葬法规政策，普及科学知识，传递文明理念，引导群众转变观念、理性消费、革除陋俗，树立厚养薄葬、文明节俭、生态环保的殡葬新风尚。大力宣传党员干部带头参与殡葬改革的典型事例及各地推动殡葬改革发展的成功经验，发挥先进典型的示范作用，树立殡葬为民的良好形象，把社会风气引导好，努力营造人人支持殡葬改革、全社会关心殡葬事业发展的良好氛围。

关于进一步推动殡葬改革
促进殡葬事业发展的实施意见

（黑政办规〔2018〕12号）

为进一步贯彻落实《中央办公厅、国务院办公厅印发〈关于党员干部带头推动殡葬改革的意见〉的通知》（中办发〔2013〕23号）、民政部等16部委《关于印发〈关于进一步推动殡葬改革促进殡葬事业发展的指导意见〉的通知》（民发〔2018〕5号）精神，进一步解决殡葬改革工作思想不统一、制度建设滞后、服务保障不到位、体制机制不健全、监管执法难跟进等问题，不断深化殡葬改革，更好地满足人民群众殡葬服务需求，促进我省殡葬事业健康规范发展，经省政府同意，现结合我省实际，提出如下实施意见。

一、总体要求

（一）指导思想。以习近平新时代中国特色社会主义思想为指导，认真贯彻落实党中央、国务院重大决策部署和省委省政府有关工作要求，以推动殡葬改革为牵引，以满足人民群众殡葬需求为导向，以提升殡葬服务水平为目标，以创新殡葬管理体制机制为突破，整合资源、规范管理、优化服务、深化改革，逐步革除殡葬陋习，大力倡导移风易俗，使殡葬改革和殡葬事业发展更好服务于保障和改善民生、服务于精神文明和生态文明建设。

（二）基本原则。

一是移风易俗，注重生态。坚定不移推行殡葬改革，把尊重生命、绿色文明的理念和要求贯穿于殡葬改革全过程，破除丧葬陋俗，引导人们文明节俭治丧、集中节地生态安葬、文明低碳祭扫，传承发展优秀传统文化，树立殡葬新风尚，弘扬社会主义核心价值观，促进人与自然和谐共生。

二是完善机制，综合治理。坚持在各级党委、政府统一领导下开展工作，强化民政部门行业监管责任，完善部门协同监管机制，建立健全组织有力、职责明确、协调顺畅的领导体制和工作机制。发挥基层群众自治、行业协会自律、社会监督等作用，创新监管手段和治理方式，实现政府、社会、市场优势互补、良性互动。

三是试点先行，分类实施。鼓励各地结合自身条件与特点，因地制宜大胆探索创新，不拘泥一种模式，不搞"一刀切"，在殡葬改革、殡葬服务、殡葬管理等方面，探索符合实际、行之有效的改革路径，形成各具特点的发展模式，培育健康发展新样本、新机制。

四是公平可及，群众受益。把以人民为中心、满足群众殡葬需求作为出发点和落脚点，坚持推进殡葬改革与完善殡葬服务供给相结合，优化殡葬资源配置，完善殡葬服务网络，建立基本殡葬服务制度，确保实现人人享有公益性基本殡葬服务，让人民群众成为殡葬改革的最大受益者。

五是政府主导，市场参与。正确处理政府与市场的关系，在基本殡葬服务领域坚持政府主导，强化政府主体责任，引导社会力量有序参与，推动供给方式多元化；在非基本殡葬服务领域充分发挥市场机制作用，持续深化简政放权、放管结合、优化服务改革，强化规范管理和服务监管，积极推进殡葬服务供给侧结构性改革，满足群众多样化的殡葬服务需求。

（三）目标任务。文明节俭治丧、节地生态安葬的现代殡葬理念被广大群众接受和支持参与；丧事大操大办、封建迷信、散埋乱葬等问题得到有效遏制；充分发挥殡葬改革工作联席会议制度作用，基本形成党委领导、政府负责、部门协同、公众参与、法治保障的工作格局。到 2023 年，全省火化率达到 90%，全省节地生态安葬率达到 60%。

二、持续深入推进殡葬改革

（四）提升火化率和骨灰集中安葬。各地要根据国家"十三五"相关规划要求，结合实际加紧制定和完善本地区殡葬改革发展规划。要坚持遗体火化与骨灰处理两手抓、两手都要硬，既要千方百计巩固和提升火化率，又要大力推进骨灰集中节地生态安葬。对遗体违规土葬、骨灰装棺再葬、散埋乱葬等问题，要坚持疏堵结合、依法治理，严禁以罚代管等方式默许违规土葬、骨灰二次葬行为。

（五）大力推进殡葬移风易俗。深化丧葬习俗改革，把殡葬移风易俗纳入文明城市、文明村镇创建和美丽乡村建设之中，加大推进力度。根据需要统筹规划和建设殡仪服务站等集中治丧场所，规范祭祀焚烧行为，引导群众文明治丧、低碳祭扫。开展农村散埋乱葬专项治理活动，把此项活动作为加强和完善社区治理、改善农村社区环境的重要举措进行统筹安排部署。充分发挥村（居）委会、红白理事会、老年人协会等基层组织作用，把治丧规范纳入村规民约、村民自治章程，培育和推广文明现代、简约环保的殡葬礼仪和治丧模式。挖掘和传承尊重生命、孝老敬亲、厚养薄葬、慎终追远、天人合一等优秀传统文化，注重家庭美德、社会公德，培育现代殡葬新理念新风尚。

（六）积极推行节地生态安葬。深入贯彻落实民政部等九部门《关于推进节地生态安葬的指导意见》（民发〔2016〕21 号）和省民政厅、省发改委等 9 厅局《关于推进节地生态安葬的实施意见》（黑民发〔2016〕61 号），积极倡导骨灰撒海、撒散等不保留骨灰的安葬方式，大力推广骨灰格位存放、树葬等符合我省季节特点的生态葬式，逐步完善节地生态安葬奖补激励机制。加大公益性节地生态安葬设施建设力度和服务供给力度，在符合规划的前提下，应在土地利用年度计划中优先安排新建项目用地，在用地取得、供地方式、土地价格等方面加快形成节约集约用地的激励机制。在城市和人口较为集中的乡镇，着力发展城乡公益性骨灰堂；在农村地区，结合城镇化建设和农业人口转移情况，统一规划建设公益性安葬设施。对于城乡公益性安葬（放）设施，要科学规划选址，提高建设管理水平，推行骨灰格位存放、树葬、小型墓等节地生态安葬方式，提升服务质量，提高群众接受程度。对于经营性公墓，新建公墓节地生态安葬区域的配建比例不能低于 30%，已有的公墓节地生态安葬区域的配建比例不能低于新建区域的 30%；公墓中安葬骨灰的墓穴占地面积不得超过 1 平方米；倡导墓碑小型化或不立墓碑，逐步从依赖资源消耗向绿色生态可持续发展转型。进一步规范墓位使用合同，墓位使用年限原则上以 20 年为一个使用周期，依法依规对到期不续用墓位的骨灰进行生态处理，鼓励使用可降解材料，促进墓葬用地循环利用。

（七）发挥党员干部模范带头作用。严格落实中央八项规定精神和党员干部带头推动殡葬改革的要求，把带头推动殡葬改革的要求纳入对党员干部的教育管理之中，增强党员干部从严律己意识，强化党纪法规的刚性约束。党员干部要做法规制度的遵守者，去世后依法实行火葬、骨灰集中规范安葬；要做文明风尚的引领者，带头文明节俭治丧、节地生态安葬、文明低碳祭扫，并加强对其直系亲属和身边工作人员办理丧葬事宜的教育和约束，以正确导向和行为示范带动广大群众革除丧葬陋俗，弘扬新风正气。对党员、干部尤其是领导干部在丧事活动中的违纪违法行为，要依纪依法严肃查处，并加大对违法违纪行为的曝光力度。

三、建立健全殡葬公共服务体系

（八）合理布局殡葬服务资源。各地要立足当地群众治丧需求，着眼长远发展，加紧制定和完善本区域殡葬设施的数量、布局规划，确保殡葬设施种类、数量、服务规模与当地群众治丧需求相匹配、与殡葬改革推行相适应，并严格依照规划审批殡葬设施，做好殡葬项目"邻避"问题防范与化解工作。把建设火化设施和骨灰安葬（放）设施作为首要条件纳入工作规划，鼓励有积极性的地方建设中心乡镇骨灰安葬设施，引导群众积极参与节地生态安葬。同时，根据需要，及时更新改造现有公办殡仪馆火化设施设备，重点对已达危房标准、设施陈旧的县（市、区）公办殡仪馆实施改扩建，对已达到强制报废年限或不符合国家环境保护标准的火化设备进行更新改造。

（九）建立健全基本殡葬服务制度。各地要从解决群众最基本的殡葬需求入手，制定基本殡葬服务项目清单，把遗体接运、暂存、火化、骨灰寄存等项目纳入清单范围，并根据当地经济社会发展水平和需求状况进行动态调整。要坚持基本殡葬服务公益性，强化政府责任和投入，依照国家有关规定加强基本殡葬服务收费管理，并为城乡困难群众以减免费用或补贴方式提供基本殡葬服务，有条件的地区可将政策惠及对象扩展到辖区所有居民，逐步实现基本殡葬服务的普惠性、均等化。通过惠民殡葬政策鼓励引导群众文明节俭办丧事。对履行基本殡葬服务职能的殡仪馆、火葬场、公益性公墓、骨灰寄存堂等殡葬服务机构，要加大扶持力度。要落实殡葬服务机构职工工资福利待遇，加强殡葬系统人才队伍建设，加大教育培训力度，提高殡葬服务技能，确保持续稳定地提供殡葬服务。

（十）丰富和完善殡葬服务供给。妥善处理基本殡葬服务与非基本殡葬服务的关系，保障和改善基本殡葬服务，丰富和拓展非基本殡葬服务，满足群众多样化、多层次的殡葬服务需求。坚持殡葬服务事业单位提供基本殡葬服务的主导地位，改革体制机制，改善服务方式，丰富服务内容，提高服务质量，发挥示范引领作用。依法完善遗体接运、遗体殓殡、遗体殡仪等直接接触遗体的殡仪服务事项管理制度和服务标准，完善市场准入条件，强化事中事后监管，引导各类主体规范提供服务。创新殡葬服务与"互联网+"融合发展的新途径、新模式、新业态，为群众提供更加方便、快捷、透明的殡葬服务。

四、规范殡葬服务机构管理

（十一）推进殡葬服务机构管办分离改革。结合事业单位分类改革要求，理顺政府与市场的关系，推进殡葬行政管理职能与生产经营分开、监管执法与经营举办分离，探索多种有效的实现形式。各级民政部门要强化殡葬政策、行业规划、标准规范的制定和监督指导职责，从对殡葬服务单位的直接管理向行业管理转变。强化殡葬服务事业单位的公益属性，进一步落实法人自主权，规范内部管理，激发发展活力。

（十二）引导规范社会资本参与。鼓励社会资本方以出资建设、参与改制、参与运营管理等多种形式依法投资殡葬服务行业，但对于具有遗体运输、冷藏、火化、骨灰寄存等基本殡葬服务功能的殡葬设施，要强化政府主体责任，对历史遗留的社会资本建设的具有基本殡葬服务功能的殡仪馆，可以采取政府赎买方式收回国有。对于公办殡葬服务机构与社会资本合作的，要坚持公共利益优先原则，从是否增加和改善基本殡葬服务供给、提高运营效率、促进创新和公平竞争等方面，充分做好评估论证，审慎确定合作模式，规范选择合作伙伴，细化和完善项目合同文本，并可通过派驻管理人员等方式，强化日常监管，确保合作期间国有资产不流失、公益属性不改变、服务水平有提高。对项目收入不能覆盖成本和收益，但社会效益较好的合作项目，政府可给予适当补助。对服务管理不规范、严重偏离公益方向、公众满意度差的合作方，要建立违约赔偿和退出机制。

（十三）强化社会关注事项管理。根据各类殡葬服务机构性质和特点，坚持问题导向，聚焦风险防范，分类施策，加强管理。殡葬服务机构要全面落实服务项目公开、服务内容公开、服务价格公开、服务程序公开、服务承诺公开、接受监督公开的"殡葬服务六公开制度"，严格执行政府定价、政府指导价，与丧属签订服务合同，出具合法结算票据，保证中低价位殡葬服务和用品足量提供，严禁诱导、捆绑、强制消费。加强对遗体处置和相关证件出具审核的监管，避免接收来源不明遗体、轻率或错误火化遗体，严厉查处虚开、倒卖火化证明等违法违规行为。要进一步规范和加强公墓管理，完善审批制度，加强监管执法，对未经批准建设的公墓依法予以取缔，对违规改扩建等行为予以纠正，禁止建设超规定面积墓穴、墓位，禁止非法出售（租）、转让（租）墓葬用地或骨灰存放格位，禁止农村公益性墓地违规对外销售墓位。加强殡葬用品市场、社会殡仪服务机构、殡葬服务中介机构及相关从业人员管理，建立部门联合执法机制，查处虚假宣传、以次充好、强制消费、价格欺诈等侵害消费者权益行为。加强医院太平间管理，严禁在太平间开展营利性殡仪服务。制定完善无人认领遗体管理办法。查处借宗教名义违规建设、经营骨灰存放设施等行为。

（十四）创新管理服务方式方法。充分利用信息化手段，加强殡葬服务机构日常信息采集分析，并公示机构名录、审批、年度检查、日常抽查等信息，建立殡葬服务机构执业情况定期通报制度。加强部门信息交换共享和联动惩戒，建立失信黑名单等制度，将失信黑名单信息纳入全国信用信息共享平台，强化对殡葬服务机构的信用监管。建立健全以群众满意度为导向的殡葬服务机构考核评价机制，制定和完善考核评估指标体系，侧重衡量功能定位、职责履行、服务流程、服务态度、服务质量、社会效益等内容，把社会评价与检查考核相结合，结果向社会公开，建立激励约束机制。

五、强化组织保障

（十五）加强组织领导。各地要建立健全殡葬改革工作联席会议制度，将推动殡葬改革发展作为增进人民福祉的重要内容、促进精神文明和生态文明建设的有力举措，摆上重要议事日程，建立健全党委领导、政府负责、部门协作、社会参与的领导体制和工作机制，明确职责分工，完善政策措施，加强目标落实督查考核，强化责任落实。地方各级政府要多渠道筹集资金，切实落实好惠民殡葬和生态安葬奖补等殡葬政策，同时要按照国家发改委、民政部、中国残联《"十三五"社会服务兜底工作实施方案》（发改社会〔2016〕2848号）的要求，逐步加大彩票公益金对殡葬公益事业投入。民政部门要发挥好牵头作用，主动协调有关部门，通过定期召开会议、通报工作情况、联合督查执法等方式，完善部门协作机制，有效解决殡葬领域重点难点问题，形成推动殡葬改革发展的合力。

（十六）加强督查评估。民政等部门要加强对殡葬工作政策落实情况的督查评估，定期或不定期地检查是否存在对违规土葬、散埋乱葬行政不作为的问题，是否能够及时跟进对殡葬服务机构的事中事后监管，是否能够落实惠民扶持政策等，对发现的问题要逐项整改，加强跟踪分析和通报。要建立健全殡葬工作的考核评价机制，把火化率、节地生态安葬率、火化设施设备更新改造率、公益性安葬设施覆盖率等衡量改革发展成效的重要指标纳入考核范围，并争取纳入当地党委和政府目标考核，打通政策落实的"最后一公里"。

（十七）鼓励探索创新。要发扬基层首创精神，围绕殡葬领域体制机制、公共投入、监管执法、信息化建设等重点难点问题，勇于探索实践，寻求解决对策，创造积累经验，不断完善相关政策措施，有效破解改革发展难题。部署开展全省殡葬综合改革试点，鼓励和支持地方因地制宜大胆探索，并密切跟踪试点工作进展情况，及时总结经验做法，研究解决改革中出现的问题。对相对成熟的试点经验加强推广应用，形成试点先行、重点突破、以点带面的良好态势。

（十八）发挥宣传引导作用。以殡葬服务机构、城乡社区等为重要宣传平台，充分发挥报纸、广播、电视等传统媒体作用和微博、微信、客户端等新媒体传播优势，坚持清明节、中元节等重要节点集中宣传与日常引导相结合，深入宣传殡葬法规政策，普及科学知识，传递文明理念，引导群众转变观念、理性消费、革除陋俗，树立厚养薄葬、文明节俭、生态环保的殡葬新风尚。大力宣传党员干部带头参与殡葬改革的典型事例及各地推动殡葬改革发展的成功经验，发挥先进典型的示范作用，树立殡葬为民的良好形象，把社会风气引导好，努力营造人人支持殡葬改革、全社会关心殡葬事业发展的良好氛围。

黑龙江省殡葬改革工作联席会议
成员单位职责任务分工

省委宣传部、省广电局主要负责牵头推进省两办《关于加强乡风文明建设推动乡村振兴的实施意见》、《黑龙江省推动移风易俗树立文明乡风行动计划》等政策制度的落实和各项措施的制定和督导检查工作。做好殡葬改革宣传引导工作，将殡葬改革工作纳入文明创建活动内容。

省发改委主要负责加强对殡葬事业发展的规划，建立殡葬事业公共投入和稳定增长机制，加大对提供基本殡葬服务的殡葬设施建设支持力度；积极争取中央预算内投资，支持县级殡仪馆、火化炉环保改造、公益性骨灰存放设施项目建设。

省科技厅主要负责加强开展与节地生态葬法有关的科技普及宣传工作，促进科研院所、企业开展研发工作。

省民宗委主要负责指导各地民宗局依法依规及时查处并规范寺庙等宗教活动场所违规建设、经营骨灰存放设施等行为。

省公安厅主要负责加强对非正常死亡人员死亡证明出具的管理，依法查处丧事活动中违反治安管理等违法行为，依法查处行风政风整顿中的涉黑涉恶案件。

省民政厅主要负责牵头做好殡葬领域行风政风专项整顿工作、"住宅式"墓地等突出问题专项摸排工作的统筹协调、组织实施和督导检查，指导殡葬服务单位做好自查排查等工作；牵头做好殡葬管理政策标准制定、殡葬改革工作组织实施、殡葬设施审批监管等工作；做好殡葬设施规划、服务保障、监管执法、节地生态安葬等工作；在社会效益和生态效益方面强化指标约束，及时分析解决工作中存在的问题，认真总结推广好的经验和做法，指导各地加快殡葬改革和管理的工作进度，督促工作落实到位；推动建立完善殡葬信息化建设，推进信息共享。

省财政厅按支出责任划分有关规定和分级负担的原则，负责协调落实节地生态安葬奖补政策所需资金；并指导和督促市县财政配合有关部门落实好惠民殡葬相关政策，合理核拨殡葬事业单位运营管理经费和殡葬事业发展经费。

省人社厅主要负责加强对殡葬服务事业单位人事制度、工资分配、社会保障等方面改革的指导和培训。从有助于加强殡葬人才队伍建设和推动殡葬行业发展的角度出发，适时提高殡葬职工待遇。细化丧葬费领取政策，会同卫生健康、公安、民政部门建立领取养老保险待遇与死亡人员殡葬信息实时交换对比机制。

省自然资源厅主要负责依法纠正和查处违法占地建设公墓，非法占用耕地建坟等行为；加强国土空间规划的编制、公墓建设项目规划审批及执行情况的监督。

省林业和草原局主要负责督促市（县、区）林草部门加强所负责地域内散埋乱葬等违法使用林地问题的监管工作，依法纠正和查处违法占地建设公墓，严禁在风景名胜区、自然保护区、省级以上森林公园、有林地、疏林地、灌木林地及受保护湿地区域内开发建设经营性公墓和修坟立碑，涉及使用荒山瘠地等其他林地的要符合国家林地使用政策和相关规定。

省农业农村厅主要负责配合有关部门开展散埋乱葬问题的治理工作。

省住建厅主要负责强化占道经营管理，配合有关部门加大在市区主要道路、广场、公共绿地焚烧冥币、祭品的治理力度。

省文化和旅游厅主要负责强化对殡仪演出市场监管。

省卫生健康委主要负责纠正和查处医疗机构太平间非法开展殡仪服务等行为，指导殡仪服务机构做好卫生防疫工作；负责人口死亡信息登记工作及纸质《居民死亡医学证明（推断）书》（以下简称《死亡证》）的统一管理，协调相关部门按规定实施人口死亡信息报告、质量控制，人口死亡信息库建设等管理工作和信息共享与校核，统计分析信息发布前审核等工作。

省生态环境厅主要负责依法指导支持火化机环保改造，强化殡葬活动的生态环境监管。加强公墓建设中的生态保护，严防水源污染。

省市场监管局主要负责加强丧葬用品市场管理，依法查处违法生产、销售殡葬用品行为。加强日常监管工作，依法查处违法公墓广告行为，依据《禁止传销条例》查处传销墓穴和骨灰存放格位的违法行为；加强对殡葬服务收费的日常监管工作，并重点加大对公墓价格和收费行为的监管力度，切实遏制乱收费行为。

省总工会、团省委、省妇联主要负责充分发挥作用，广泛动员群众积极参与殡葬改革。

黑龙江省殡葬改革工作联席会议办公室

2019 年 3 月 4 日

关于印发《全省殡葬领域开展
行风政风整顿工作方案》的通知

省殡葬改革工作联席会议各成员单位，各市（地）、县（市）殡葬改革工作领导小组、联席会议办公室（民政局），省农垦总局、森工总局民政局：

现将《全省殡葬领域开展行风政风整顿工作方案》印发给你们，请结合实际认真贯彻落实。

黑龙江省殡葬改革工作联席会议办公室

2019 年 2 月 26 日

全省殡葬领域开展行风政风整顿工作方案

为进一步贯彻落实省委、省政府关于深化机关作风整顿优化营商环境工作会议精神，落实张庆伟书记对殡葬改革移风易俗的批示要求，有效解决殡葬领域群众反映强烈的突出问题，进一步规范和加强殡葬管理，重拳整治群众身边的不正之风和"微腐败"问题，切实增强群众的获得感，提升群众的满意度，省殡葬改革工作联席会议决定在全省殡葬领域开展为期一年的行风政风整顿。特制定方案如下：

一、总体要求

（一）指导思想

以习近平新时代中国特色社会主义思想为指导，认真贯彻落实党中央、国务院和省委、省政府关于推进殡葬改革工作的决策部署，通过开展殡葬领域行风政风整顿，坚决纠正和查处殡葬领域欺行霸市、漫天要价、官商勾结、利益输送、收受红包等人民群众反映强烈的突出问题，严格落实监管执法责任，推动殡葬行业回归公益属性，切实维护群众利益，增强人民群众的获得感、幸福感。

（二）基本原则

1. 分级管理，统筹推进。在全省各级党委政府领导下，充分发挥殡葬改革工作联席会议作用，各相关部门履职尽责，强化属地管理责任，确保统一部署推进，多部门合力承担整顿任务，共同落实整治责任。

2. 积极稳妥，依法依规。对于殡葬行业存在的问题，区分不同情况，明确整顿重点，做到分类施策、依法依规、稳扎稳打，既要对各种违法违规行为予以严厉打击，也要切实维护人民群众合法权益。

3. 惩防并举，标本兼治。立足当前，围绕殡葬领域损害群众利益、影响行业形象的突出问题，通过全面排查整改，加大打击惩处力度，对违法违规行为形成有效震慑；着眼长远，以行风政风整顿为契机，完善法规制度，强化行业自律，健全殡葬服务体系，保障和改善殡葬公共服务供给，尽快形成规范和加强殡葬管理工作的长效机制。

二、整顿重点

（一）围绕明码标价、依法依规收费进行排查整改。1. 是否存在殡葬服务收费标准未经价格管理部门审批，擅自设立收费项目问题，有无分解项目、重复收费、扩大收费范围变相提高收费标准的问题；2. 是否在服务大厅等醒目位置公示服务项目、服务内容、服务价格。3. 是否采取有效措施对白事先生欺骗诱导群众高价消费问题进行制止；4. 是否存在收费不合理、误导、捆绑消费等问题；5. 是否存在不按规定明码标价，违反"自愿选择"原则，强制或变相强制服务并收费、只收费不服务等问题。6. 是否存在未按规定实施惠民殡葬有关减免、优惠措施等问题。

（二）围绕违法违规公墓建设运营问题进行排查整改。按照《黑龙江省殡葬领域突出问题专项整治行动方案》重点排查整改公墓建设运营中的违法违规行为：1. 未经批准擅自兴建公墓设施（含骨灰塔陵园、地宫等）；2. 公墓未依法办理建设用地手续；3. 未经批准擅自修改公墓建设规划、扩大建设用地面积；4. 在各类公墓设施内建造超规定标准墓位；5. 出售（租）墓位实施价格欺诈、垄断牟取暴利；6. 农村公益性墓地违规出售（租）墓穴（墓位），从事营利活动。

（三）围绕重要岗位、关键人员进行排查整改。要重点排查殡葬管理站（所）、殡仪服务中心等殡葬服务单位的班子成员和接待、财务、美容、火化、寄存、焚烧遗物等重要岗位的关键人员，特别是领导干部是否存在在工程建设项目和大宗物资采购中拿回扣、收受贿赂以及与供应商、经销商、承包商和"白事先生"互相勾结等违纪违法问题。要加强对职务犯罪的预防，进一步营造风清气正的从业环境。

（四）围绕工作服务流程方面进行排查整改。

在殡葬服务方面：1. 是否落实和规范殡葬服务"六公开"制度，并在服务大厅等醒目位置公示；2. 是否存在不买殡仪服务单位的骨灰寄存盒不给寄存和不买花圈不准在殡仪服务单位摆放等问题；3. 是否存在殡葬管理服务单位工作人员向丧主索要小费行为；4. 在签订协议、合同等具有法律效力文本时是否秉持公允平等、合法合规的原则，是否存在单方免责条款甚至设置"霸王条款"等问题。

在财务管理流程方面：1. 是否建立健全相关财务会计制度；2. 会计、出纳职责明晰、岗位不相容；3. 财务收支审批程序和审批人的权限和职责是否明确，是否执行到位；4. 经费支出范围和开支标准是否按照规定执行；5. 是否存在固定资产不入账，公物私用、私设小金库及其他违规问题。

在物资采购流程方面：1. 属于政府采购范畴的项目，是否严格按照政府采购法律法规履行采购程序；2. 属于招投标范畴的项目，是否严格按照招投标法律法规履行招投标程序；3. 是否按照规定签订采购合同、协议；4. 是否严格履行验收手续，验收标的物质量、规格是否符合招投标文件及合同约定；5. 是否按会计制度计入相应的会计科目，应计入固定资产的按固定资产进行管理；6. 是否政府采购相关资料形成档案单独管理。

在物资管理方面：1. 是否建立物资保管和出入库管理制度；2. 是否强化保管员职责，在物资入库时，物资名称、规格、供货源、应收与实收数量、质量情况、验收人等信息是否记录完整；3. 是否定期进行盘点，核查库存实物与库存账是否一致。

（五）围绕完善制度、实施监督进行排查整改。1. 是否有完善殡葬管理制度，坚持用制度管人，按制度办事；2. 是否建立健全殡葬服务单位公开制度；3. 是否健全完善殡葬管理服务事业单位"三重一大"事项决策制度机制；4. 是否有详细的单位内控制度；5. 是否有岗位监督和廉洁自律制度；6. 是否有强有力的问责追责制度；7. 是否有各项应急预案制度；8. 是否有确保这些制度有效运行的监督机制。

（六）围绕履职尽责、敢作敢为进行排查整改。1. 各地对本区域内殡葬领域存在的突出问题是否清楚，采取的措施是否得当，效果如何；2. 是否充分发挥殡葬改革工作议事协调机构的作用、并组织实施，及时协调召开议事协调机构会议；3. 是否存在不及时解决群众反映强烈、媒体曝光集中、投诉举报久拖不决的"微腐败"问题；4. 贯彻落实上级部门的工作要求，是否存在"形式主义"应付检查的情况；5. 此次行风政风整顿是否敢抓敢管、敢于处理问题。

三、工作步骤

（一）部署启动阶段（2019 年 3 月-4 月）

各地要按照本通知要求，在当地党委政府领导下，制定本地区专项整治行动实施方案，明确相关要求、责任分工、方法步骤和工作措施，并组织开展动员部署工作，全面启动专项整治行动。各地整治方案、投诉举报电话要向社会公布。

（二）全面自查阶段（2019 年 4 月-5 月）

各地要以高度的政治自觉、思想自觉和行动自觉完成好自查工作，确保活动不走过场。严格对照此方案中明确的内容，全面逐条进行排查，列出廉政风险点排查表，列出整改清单，建立整改台账，明确领导班子和个人责任，研究制定务实管用的整改和防范措施。

（三）整改阶段（2019 年 6 月-8 月）

各地要对本地区发现的问题及风险点进行全面总结，查遗补缺，着力完善制度措施，强化日常监管，建立健全长效机制。对历史遗留问题、治理成效不好的重点难点问题，及时向当地党委和政府报告，帮助推动解决；要宣传推广好经验好做法，对整改工作和长效机制建立不力的地区和部门进行通报，对未完成任务的，明确提出整改要求。

（四）检查落实阶段（2019年9月-11月）

省殡葬改革工作联席会议有关成员单位将组成工作专班以实地检查、明察暗访、召开座谈会等形式，掌握各地工作情况，特别是将组织不打招呼、不定路线、直奔基层、直插末端的随机性检查，根据各自职责紧盯重要领域和关键环节查找问题，并及时向省委省政府报告全省整顿情况。

四、相关工作要求

（一）加强组织领导。各地要充分认识开展殡葬领域行风政风全面排查整改的重要性，提高政治站位，严明政治纪律和政治规矩，把整顿工作作为牢固树立"四个意识"、坚决落实"两个维护"的实际行动，作为解决殡葬行业突出问题、推动殡葬事业健康发展的有利契机，从严从实抓好整治工作。

（二）加强监督检查。各地要充分发挥殡葬改革工作议事协调作用，做到齐抓共管。政府分管领导要亲自组织协调，成员相关部门要认真履职，建立起"一级抓一级、层层抓落实"的责任体系，确保整治责任覆盖到各个部位，贯穿到每个环节。同时，要发挥各级人大、政协的监督职能和社会监督的作用，对殡葬服务和此次排查整改进行有效监督。

（三）加大问责力度。各地政府要对殡葬改革工作承担主体责任，各相关部门承担直接责任。要强化责任追究，以强有力的问责唤醒责任意识，激发担当精神。要坚持有权必有责、有责要担当、失责必追究，对"四个意识"不强、责任落实不到位、腐败和违纪问题多发未按规定步骤和时限完成整治任务的部门或单位，要约谈主要领导，或者要求作出书面说明，责令限期整改。对整改措施不到位、任务不落实、效果不明显、群众不满意的，要发现一起，通报一起，并严肃追究相关部门或单位的主体责任及相关责任人的直接责任。

（四）加强宣传引导。各地要加强对此次行风整顿工作的政策解读及舆论引导，主动、适时发声，有针对性地回应社会关切和群众诉求。要善于发挥新媒体作用，多途径深入宣传。要加强舆情监测和研判，对不实或恶意炒作信息，要及时予以澄清，为此次整顿工作营造良好舆论氛围。

请各市（地）于9月5日前，将排查整改报告报到省殡葬改革工作联席会议办公室（省民政厅）。

省殡葬改革工作联席会议办公室联系人：（略）
联系方式（举报电话）：（略）
电子邮箱：（略）

附件：2019年全省殡葬领域行风政风整顿工作省直有关部门主要职责任务清单（略）

中共黑龙江省委宣传部等关于印发《黑龙江省推进乡村文化振兴工作实施方案》的通知

（黑宣通〔2020〕36 号）

各市（地）党委宣传部、政法委、网信办，发展改革委、民政局、司法局、财政局、自然资源局、住房和城乡建设局、农业农村局、商务局、文化广电（体育）和旅游局、营商环境建设监督局、林业和草原局、扶贫办，妇联、文联：

　　现将《黑龙江省推进乡村文化振兴工作实施方案》印发给你们，请结合实际认真贯彻执行。

黑龙江省推进乡村文化振兴工作实施方案

　　为深入贯彻落实中共中央、国务院《关于实施乡村振兴战略的意见》《乡村振兴战略规划（2018—2022 年）》，中宣部等 17 部委《推进乡村文化振兴工作方案》，省委、省政府《黑龙江省乡村振兴战略规划（2018—2022 年）》，扎实推进我省乡村文化振兴，制定本方案。

一、总体要求

　　1. 指导思想。以习近平新时代中国特色社会主义思想为指导，全面贯彻落实党的十九大和十九届二中、三中、四中全会，省第十二次党代会和省委十二届二次、三次、四次、五次、六次全会精神，深入贯彻落实习近平总书记在深入推进东北振兴座谈会上的重要讲话和考察黑龙江的重要指示精神，以及党中央、国务院关于实施新一轮东北振兴战略的决策部署，紧紧围绕统筹推进"五位一体"总体布局和协调推进"四个全面"战略布局，坚持以社会主义核心价值观为引领，全面推进乡村思想道德建设、精神文明创建、文化发展、文化传承，培育文明乡风、良好家风、淳朴民风，改善农民精神风貌，提高全省乡村文明程度，开创农村乡风文化建设和文明建设新局面，为推进龙江全面振兴全方位振兴提供坚强思想保证、强大精神动力、丰润道德滋养和良好文化条件。

　　2. 基本原则。坚持以人为本、共建共享，以人民为中心，突出农民主体地位，主动顺应农民对美好生活的向往，注重听取民声、集纳民意、汇集民智、汇聚民力，坚持以城带乡、城乡融合，推动乡村文化振兴工作贴近群众需要、走进百姓生活，实现广泛动员、人人参与。坚持问题导向、聚焦重难点问题，实现破立并举，运用系统思维方法，将集中整治与常态化管理结合，精准定向，综合施策，补短板、强弱项，确保取得实效。坚持分类推进、提档提质，突出乡村禀赋特点，重心下移、力量下沉，因地制宜、因时制宜，强化指导，统筹兼顾，循序渐进，分类实施、分级组织，实现全域覆盖、整体提升。

　　3. 工作目标。到 2022 年底，乡村文化振兴取得重要进展，农村基础设施提档升级，公共文化服务基本实现标准化、均等化；农村文化人才支撑力明显增强，素质高、业务精、结构稳的乡土专业文化人才队伍进一步壮大；农村思想道德建设切实增强，乡村文明水平显著提升，良好社会风尚进一步形成；特色文化产业进一步发展，初步实现文化资源向产业资源转化；全面实现乡村发展科学规划布局美、设施完备生活美、村容整洁环境美、服务健全身心美、创业增收致富美、乡村文明和谐美，打造富有时代精神和龙江特色的新乡村文化。

二、重点任务

（一）深化乡村思想道德建设

1. 加强新时代文明实践中心建设，推进新时代文明实践中心与县级融媒体中心、基层综合文化服务中心、农家书屋、乡村电影放映点等公共文化服务设施同步建设；深化拓展第二批新时代文明实践中心全国试点和省级试点建设工作，推进挂点督导新时代文明实践中心建设试点工作。组织全省各级文明单位（文明校园）与新时代文明实践中心（所、站）结对共建，新时代文明实践中心（所、站）每月制定活动计划，有序开展理论宣讲、道德讲座、科技科普、文化辅导、法治宣传、卫生健康、文艺演出等多种形式的群众性文明实践活动。发挥第一书记、驻村干部、大学生村官、志愿者等作用，建立健全分级分片对接到户的联系机制，坚持经常性与农村基层群众的思想交流，做好对农村社会热点难点问题的思想疏导，突出情感抚慰和人文关怀，合理引导社会预期。拓宽创新创业途径，改进帮扶方式方法，注重培养农民生产和务工经商的基本技能，教育引导农村干部群众提高市场经济意识，拓宽产业发展思路，增强自主创业能力，组织开展电商进农村活动，发展农村电商产业，推动贫困地区扶智、扶志。

牵头单位：省委宣传部（省文明办）

责任单位：省农业农村厅、省商务厅

2. 全面贯彻《新时代公民道德建设实施纲要》及我省落实意见，大力选树农村道德模范和身边好人，培育一批来自于农民群众、活跃在农民身旁的道德典型。广泛开展"德礼满龙江"主题教育实践活动，让农民群众在道德模范"故事汇"巡演巡讲、文艺演出、公益宣传、"四德榜"展示、网络答题等载体活动中，感悟道德典型崇高精神，普及文明礼仪知识，推动形成崇德向善、见贤思齐、德行天下的良好社会风尚。出台《黑龙江省道德模范荣誉称号管理暂行办法》，落实《黑龙江省道德模范礼遇帮扶实施办法》，开展帮扶生活困难道德模范活动，树立好人好报、德者有得的价值取向。强化道德滋养，开展"传统文化进万家"活动，教育引导农民形成善良的道德意愿和道德情感。深入开展诚信典型评选宣传活动，讲好龙江农民诚信故事，强化社会诚信意识，培育重规则、讲诚信、守信用的浓厚社会氛围。

牵头单位：省委宣传部（省文明办）

责任单位：省农业农村厅、省营商环境建设监督局（省社会信用办公室）

3. 深入开展农村精神文明创建活动，发挥集聚效应和引领作用。持续深入开展文明家庭、"星级文明户"等创建活动，开展好媳妇、好公婆、好母亲等农村思想道德建设先进典型选树宣传活动，开展传家训、立家规、扬家风等文明风尚活动，以良好家风带动形成淳朴民风、文明乡风。组织开展农村"十星级文明户"评选、农村思想道德建设"三好"巡讲演、脱贫攻坚扶志扶智先进典型宣传系列活动，积极营造与人为善、共建和谐的乡村社会氛围。

牵头单位：省委宣传部（省文明办）

责任单位：省农业农村厅、省扶贫办

4. 完善乡村社会自律规范，健全村民自治组织，不断规范村民代表会议、道德评议会、红白理事会、禁毒禁赌会等群众自治组织运行。发挥"一约四会"和村民自治"红黑榜"作用，引导村民自我管理、自我教育、自我服务。加强和改进村规民约工作，各地要对照《关于进一步做好村规民约和居民公约的通知》要求，加强对所辖村村规民约修订工作的指导规范，到2020年底全省所有村普遍修订形成合法合规、群众认可、管用有效的村规民约，从中优选村规民约典型在全省示范推广。开展"美好环境与幸福生活共同缔造"和学乡贤爱乡贤等活动，用文化道德力量教化乡民、泽被故土。倡导婚事新办、丧事简办，引导农民群众树立正确婚丧观；严格执行党员、干部婚丧事报告制度，进一步推进移风易俗，树立文明乡风。

牵头单位：省委宣传部（省文明办）、省民政厅

责任单位：省委政法委、省司法厅、省住房和城乡建设厅、省农业农村厅、省妇联

（二）保护传承发展乡村优秀传统文化

5. 实施农耕文化保护传承工程，建立保护名录，收集整理传统生产技艺、耕作制度、习俗、礼仪、节庆、服饰、语言、歌舞、建筑等有关农耕文化内容汇编成册。开展乡村经济社会发展变迁物证征藏，支持建设农耕文化博物馆、展览馆、村史馆。以稻作文化、民族刺绣、民间戏剧、民族音乐舞蹈、民族节庆等文化元素为着力点，精心打造一批有代表性的农耕文化传承基地，通过网络等多种形式大力宣传。

牵头单位：省农业农村厅

责任单位：省文化和旅游厅、省文物局

6. 加强历史文化名镇保护，合理开发利用现有 2 个国家级、3 个省级历史文化名镇，切实保护好传统格局和历史风貌、文物古迹和非物质文化遗产。开展传统村落征集活动，征集历史文化积淀深厚、传统特色和地方代表性鲜明、具有一定保护价值、非物质文化遗产传承良好的村落，积极向国家推荐，形成一批延续传统选址、顺应自然山水、延续历史文脉的古村落。建设历史文化名镇和传统村落"数字博物馆"。实施乡村绿化美化，建设美丽乡村、森林乡村，推进山水林田湖草共同体开发和保护。统筹市县、乡镇和村庄规划体系，加快推进市县、乡镇国土空间总体规划编制，在县域层面完成村庄布局工作，加快实施千村规划试点工作，逐步建立乡村规划师制度。建立古树名木管理平台，科学制定古树名木保护管理规划，加强挖掘古树名木的文化内涵，完善古树名木保护管理制度。加强文物保护工作，重新测绘核定保护范围和建设控制地带。

牵头单位：省住房和城乡建设厅

责任单位：省自然资源厅、省农业农村厅、省文化和旅游厅、省林草局、省文物局

7. 深入推进非物质文化遗产传承发展工程，鼓励具备条件的乡村建设非物质文化遗产传习所（传习点），深入挖掘、整理、保护乡村传统表演艺术、民间文学、传统工艺、传统医药、民俗等地方特色非物质文化遗产。有计划开展乡村非物质文化遗产代表性传承人培训，扶持培育一批非物质文化遗产传承人或民间艺人，利用"文化和自然遗产日"等主题纪念日广泛开展民俗活动，加大乡村非物质文化遗产宣传和传播力度。

责任单位：省文化和旅游厅、省农业农村厅

（三）提升乡村公共文化服务效能

8. 加强乡镇基层文化设施的建设、管理、使用，创新财政投资方式，推动财政投入转为项目补贴、以奖代补、贷款贴息、落实国家税收减免政策等多种方式，吸引地方企业参与公共文化服务建设。推动文化云建设，加大数字"图书馆""博物馆""文化馆""美术馆""展览馆""陈列馆"等网上展馆建设力度，不断丰富特色文化资源，加大面向农村地区推送力度。推动农家书屋纳入新时代文明实践中心建设，实现同规划、同部署、同落实、同考核。积极探索农家书屋与县级图书馆资源整合和互联互通，鼓励符合条件的农家书屋成为图书馆分馆，有序开展出版物补充更新、编目加工、调配流转和人员培训等工作。精准对接农村读者需求，积极推进农家书屋数字化建设，为农民群众提供阅读数字文化产品，提高农家书屋使用效能。继续推动农村出版物发行网点建设，深入探索农家书屋"+互联网""+村邮站""+电商平台""+供销服务""+美丽乡村驿站"等延伸服务内容，推动农家书屋与农村中小学课外活动、农村文化活动、老年人健康养老和残疾人阅读权益保障相结合，不断提供更加丰富便捷的文化产品和服务。

牵头单位：省文化和旅游厅

责任单位：省委宣传部（省新闻出版局）、省农业农村厅、省广电局

9. 加强广播电视无线发射台基础设施建设，加强广播电视节目无线数字化覆盖，持续提升现有无线数字传输覆盖网运行质量，规范无线数字发射台站运行维护工作，进一步提高播出质量，为广大农村人口提供优质公益无线广播电视服务。主动对接"智慧广电固边工程"，对我省边境县（区）的无线数字覆盖情况进行专项检查，提高我省边境地区的广播电视制播能力及传输覆盖水平，合理强边固边，维护边疆和谐稳定和意识形态安全。巩固广播电视公共服务基础建设成果，继续实施深度贫困县应急广播体系建设工程，督促各市地推进县级应急广播体系建设。

牵头单位：省广电局

责任单位：省发改委

10. 加强农村电影院线建设，整合省内农村电影院线资源，优化农村公益电影片源供给，加强农村公益放映监管，扎实推进农村数字电影公益放映工程，把电影送到边远贫困地区，切实完成"一村一月一场"公益放映任务。推动农村固定放映点与新时代文明实践站（所）建设相结合，不断改善农村观影条件。加快乡镇影院建设，稳步推进送电影进社区，进校园。

责任单位：省委宣传部

11. 加强农村网络文化阵地建设，充分发挥县级融媒体中心"引导群众、服务群众"的功能，广泛开展电子商务、在线教育、在线医疗、在线网络文化活动等服务。配合国家开展互联网助推乡村文化振兴示范基地建设试点工作，加强乡村优秀传统文化、民俗文化和乡土文化信息新媒体传播，把乡村打造成文化原创生产中心。开展"互联网+中华文明"行动计划，推进数字文化资源进偏远乡村。

牵头单位：省委宣传部

责任单位：省委网信办、省农业农村厅、省广电局、省文物局

（四）丰富乡村文化生活

12. 加强"三农"题材文化产品的策划、创意与生产，深入挖掘新时代龙江乡村振兴的伟大实践和脱贫攻坚的感人故事，重点策划推出一批现实题材影视、戏剧等大型文艺精品和小戏、小品、相声、快板、歌曲、舞蹈、民间文艺等短小精悍、易于传播、为农民群众喜闻乐见的小型文艺作品。策划推出一批农民喜闻乐见的广电和网络节目栏目；推出一批导向正确、品类丰富、质高价廉、适农性强的优秀出版物。分期分批在全省建立100个左右文艺创作展演联系点，为文艺家深入基层创作采风、开展文化惠民服务提供有效平台。广泛开展乡村群众文化活动，采取上下互动、基层为主的形式，擦亮"金色田野"主题群众文化品牌，动员各类演（展）出团队积极参加"农民丰收节""农民文化节""冰天雪地、美好生活"等综合性展演。各基层单位要精心制定活动方案、提前做出具体安排，综合利用网络、应急广播系统等平台和手段，全面提供活动信息，广泛开展农产品展示、线上线下交易、农业科普、文艺演出、全民健身等活动，让农民深切感受到荣誉感、幸福感、获得感。深入推进戏曲进乡村进校园工作，支持省直3家戏曲专业院团深入开展戏曲进校园演出，每年不少于100场；支持省直专业艺术院团深入乡镇村屯开展文艺演出和培训活动，每年每团不少于45场。充分发动文化志愿服务队伍，组织各级文艺志愿者、文艺志愿服务组织开展"文化志愿情暖乡村"等志愿服务活动，通过文艺演出、文艺培训、笔会交流等农民群众喜闻乐见的形式，让农民群众在享受文化服务中陶冶道德情操。

牵头单位：省委宣传部（省文明办）

责任单位：省农业农村厅、省文化和旅游厅、省广电局、省文联；各级党委宣传部、文（体）旅局、广电局、文联

13. 发挥农民主体作用，引导和支持乡村自办文化，鼓励和扶持具有乡土特色的文艺创作。在

春节、元宵、清明、端午等传统节日期间，组织开展"我们的节日"主题活动，加强"中国民间文化艺术之乡"建设，让传统节日更富人文情怀，让乡村生活更具情感寄托。大力培育基层文化文艺骨干，以县、乡（镇）、村为重点，省、市（地）、县（市、区）文（体）旅部门每年至少举办1~2次基层文化文艺工作者和群众文化骨干选调培训，到2022年底，全省县乡村三级各有1至2支具有地域特色的文化文艺骨干队伍。推动文联基层组织建设，鼓励和扶持各级各类专业文艺院团、群众性文艺社团、演出团体、业余文化队伍广泛开展"结对子、种文化"活动，以单位结对培训和个人结对辅导等方式，开展"一对一""一对一团（组）"的结对帮扶。各级文（体）旅部门每年3月份前统筹制定本级专业文艺院团、图书馆、文化馆（群艺馆）结对培训计划，确保每年每团有四分之一的专业人员参与到这项工作中来，每年每团结对培训时间不少于20天。

牵头单位：省委宣传部（省文明办）

责任单位：省农业农村厅、省文化和旅游厅、省广电局、省文联；各级党委宣传部、文（体）旅局、广电局、文联

14. 深入推进农民体育健身工程，改善农村健身环境，推进农村地区场地设施建设，实现公共体育设施全覆盖，因地制宜建设登山、健走、骑行步道等设施，鼓励有条件的乡村企事业单位和学校向农村居民免费或低收费开放体育场地设施。提高农村现有公共体育设施使用率，全天候开放农村健身广场、活动室等，为村民提供便利、优质的健身场所。加强科学健身指导服务，抓好体育指导员培训指导，选派督导老师进驻农村及社区健身辅导，传授科学健身技能，提升乡村群众整体健康水平。利用全民健身日、节假日等举办不同层次和类型的农民体育赛事活动，鼓励发展民族传统项目。推动乡村体育与文化相结合，在体育健身中增强文化体验。

牵头单位：省体育局

责任单位：省农业农村厅

（五）繁荣农村文化经济

15. 推动乡村地区传统工艺振兴，深入落实《中国传统工艺振兴计划》《黑龙江省传统工艺振兴计划》，充分发挥各级各类非物质文化遗产代表性传承人的示范带动作用，筛选市场潜力较大、就业带动较强的传统工艺项目，指导具备条件的乡村设立非遗扶贫就业工坊，进一步发掘和运用传统工艺所包含的文化元素和工艺理念，激发创造活力，丰富传统工艺的题材和产品品种，提升设计与制作水平。鼓励社会力量参与发展乡村特色文化产业项目，推动非遗助力精准扶贫。

责任单位：省文化和旅游厅

16. 积极有序发展乡村旅游，坚持以"北国乡村·美好田园"为主题形象和个性化、特色化、市场化发展方向，大力发展乡村度假、乡村生活体验、乡村生态观光和城市周边、交通干线、旅游重要节点等地的大众化乡村旅游产品。深入挖掘乡村文化内涵，提升乡村旅游文化品质。继续推动省级乡村旅游示范点创建和乡村旅游重点村建设，突出特色，创新产品，拓展功能，规范管理和服务，提升品质，建立品牌。推动城市公共设施向乡村旅游地优先延伸和覆盖，完善乡村旅游的服务体系建设，提升服务功能。鼓励和引导乡村旅游与互联网等现代信息技术相结合，发展智慧乡村旅游，推动我省乡村旅游再上新台阶。

牵头单位：省文化和旅游厅

责任单位：省农业农村厅

17. 探索发展乡村健身休闲产业和建设运动休闲特色乡村，积极发展乡村体育产业，依托山地、雪地、水体、林地等地形地貌及资源，发展山地运动、滑雪运动、户外拓展、户外露营、户外体育运动、养生运动、极限运动、传统体育运动、徒步旅行、探险等户外康体养生产品，推动体育、旅游、度假、健身、赛事等业态的深度融合发展。鼓励乡村体育产业和乡村旅游、乡村文化、休闲农业融合发展，支持运动休闲特色小镇建设，发展乡村建设休闲产业，打造体育旅游精品线路。

牵头单位：省体育局

责任单位：省农业农村厅、省文化和旅游厅

18. 培育乡村文化发展新业态，紧密结合特色小镇、美丽乡村建设，深入挖掘乡村特色文化符号，盘活地方和民族特色文化资源，走特色化、差异化发展之路，培育一批"一村一景""一村一韵"美丽休闲乡村，争创一批中国美丽休闲乡村。加强宣传推广，培育一批休闲乡村游精品，重点发展精品线路、示范点，推动文化、旅游与其他产业深度融合、创新发展。

牵头单位：省农业农村厅

责任单位：省网信办、省商务厅、省文化和旅游厅

三、保障措施

（一）加强组织领导。建立健全推进乡村文化振兴工作协调机制，由省委宣传部牵头，网信、发展改革、民政、财政、自然资源、住房城乡建设、农业农村、商务、文化和旅游、市场监管、广电、体育、林草、文物、文联等部门分工负责，发挥龙头示范项目的支撑和引领作用。县级以下层面任务落实，由党委统筹建立县、乡镇、村三级工作体系，发挥主体作用，整合各项资源，确保落实到底，取得实效。坚持规划先行，利用好现有项目、活动、评比等载体，严格控制新增项目、创建活动数量，不过多加重基层负担。

（二）加大保障力度。各级党委政府要继续通过现有资金渠道，不断优化支出结构、提高使用效益。将乡村文化振兴任务列入乡风文明建设和文明村镇、文明单位等文明创建考核内容，列入全国和省级新时代文明实践中心评估内容，促进乡村经济社会发展，振兴乡村文化。发挥文明村镇示范引领作用，建设文明、富裕、和谐、美丽的新时代龙江乡村。

（三）做好宣传引导。各级各类新闻媒体要做好政策解读和宣传引导，宣传乡村文化振兴在推动乡村全面振兴中的重要作用，展现乡村文化振兴给村民生活、乡村面貌带来的积极变化，推广各地乡村文化振兴实践先进经验，边实践、边总结、边引领，营造乡村文化振兴良好舆论氛围。

黑龙江省实施乡村振兴战略领导小组办公室关于印发《2021年实施乡村振兴战略工作要点》的通知

（黑乡兴办发〔2021〕2号）

各市（地）实施乡村振兴战略领导小组办公室，省实施乡村振兴战略领导小组各专项小组办公室及成员单位：

现将《2021年实施乡村振兴战略工作要点》印发给你们，请结合实际，认真抓好贯彻落实。并请分别于6月15日、9月15日、12月10日，将工作进展情况报省实施乡村振兴战略领导小组办公室，届时汇总后报省委、省政府。

联系人：（略）

联系电话：（略）

电子邮箱：（略）

2021年实施乡村振兴战略工作要点

2021年是"十四五"的开局之年，是中国共产党建党100周年，做好全省乡村振兴工作具有特殊重要意义。2021年全省乡村振兴工作要以习近平新时代中国特色社会主义思想为指导，深入贯彻习近平总书记关于"三农"工作重要论述，特别是在去年中央农村工作会议上的重要讲话精神，全面落实省委农村工作会议部署安排，巩固拓展脱贫攻坚成果，全面推进乡村产业振兴、人才振兴、文化振兴、生态振兴、组织振兴，促进农业高质高效、乡村宜居宜业、农民富裕富足，确保全面推进乡村振兴和加快农业农村现代化开好局、起好步。

一、巩固拓展脱贫攻坚成果

1. 做好工作衔接过渡。2020年脱贫攻坚目标任务完成后，设立5年过渡期。要做好过渡期内领导体制、工作体系、发展规划、政策措施、考核机制等有效衔接，逐步实现由集中资源支持脱贫攻坚向全面推进乡村振兴平稳过渡。抓紧出台各项政策完善优化的具体措施办法，确保工作不留空档、政策不留空白。〔责任单位：省扶贫办、省民政厅、省农业农村厅、省人社厅、省教育厅、省住建厅、省水利厅、省卫健委、省医保局，各市（地）党委和政府（行署）〕

2. 持续巩固拓展脱贫攻坚成果。要保持主要帮扶政策总体稳定，过渡期内严格落实"四个不摘"要求。要健全防止返贫动态监测和帮扶机制，做到早发现、早干预、早帮扶，巩固住"两不愁三保障"成果，确保不发生规模性返贫。加强扶贫项目资产后续管理和监督，确保持续发挥作用。〔责任单位：省扶贫办、省财政厅、省委组织部、省民政厅、省农业农村厅、省人社厅、省教育厅、省卫健委、省医保局、省住建厅、省水利厅、省应急管理厅，各市（地）党委和政府（行署）〕

3. 接续推进脱贫地区乡村振兴。实施脱贫地区特色种养业提升行动，广泛开展农产品产销对接活动，深化拓展消费帮扶。持续做好组织化劳务输出工作。统筹用好公益岗位，对符合条件的就业困难人员进行就业援助。在农业农村基础设施建设领域推广以工代赈方式，吸纳更多脱贫人口和低收入人口就地就近就业。因地制宜选择部分脱贫县作为乡村振兴重点帮扶县，加大支持力度。〔责任单位：省扶贫办、省农业农村厅、省发改委、省民政厅、省人社厅、省自然资源厅、省交通运输厅、省水利厅、省林草局、省财政厅，各市（地）党委和政府（行署）〕

4. 加强农村低收入人口常态化帮扶。开展农村低收入人口动态监测，实行分层分类帮扶。对有劳动能力的农村低收入人口，坚持开发式帮扶，帮助其提高内生发展能力，发展产业、参与就业，依靠双手勤劳致富。对脱贫人口中丧失劳动能力且无法通过产业就业获得稳定收入的人口，按规定纳入农村低保或特困人员救助供养范围，并按困难类型及时给予专项救助、临时救助。〔责任单位：省民政厅、省扶贫办、省农业农村厅、省人社厅，各市（地）党委和政府（行署）〕

二、大力实施农村人居环境整治提升行动

5. 加快推进村庄规划编制。基本完成县级国土空间规划编制，明确村庄分类布局。积极有序推进"多规合一"实用性村庄规划编制，聚集提升类村庄等建设需求量大的要加快编制，实现应编尽编。对暂时没有编制规划的村庄，严格按照县乡两级国土空间规划中确定的用途管制和建设管控要求进行建设。〔责任单位：省自然资源厅，各市（地）党委和政府（行署）〕

6. 稳妥推进农村厕所革命。坚持因地制宜，分类有序推进农村"厕所革命"。组织专家开展试验示范，探索推广适宜北方高寒地区的改厕模式。针对"抓不实、建不好、用不了"等突出问题，开展农村改厕清查整改工作，确保改一户、用一户、农民满意一户。全面推广使用农村改厕平台管

理系统，建立农村改厕数据档案，提高农村改厕信息化水平。〔责任单位：省农业农村厅、省扶贫办、省卫健委，各市（地）党委和政府（行署）〕

7. 完善农村生活垃圾收转运体系建设。健全农村生活垃圾收运处置体系，推进源头分类减量、资源化处理利用，建设一批可堆肥生活垃圾综合处置利用设施。指导供销社系统加强再生资源回收利用网络建设。〔责任单位：省住建厅、省供销社，各市（地）党委和政府（行署）〕

8. 有序推进县域农村生活污水治理专项规划实施。推进全省 63 个农村生活污水治理试点和 2021 年下达的一般债券资金支持项目建设，农村生活污水治理率提高到 15%。因地制宜采取纳管收集、分散或集中处理设施配备及资源化利用等污水治理模式。以六类村庄为重点，加强与农村改厕有效衔接，农村生活污水处理设施与改厕同步设计、同步实施，促进生活污水及粪污无害化处理、生态消纳和资源化利用。〔责任单位：省生态环境厅、省农业农村厅，各市（地）党委和政府（行署）〕

9. 推进村庄干净整洁有序。以"六清一修一改一建"为重点，深入开展村庄清洁行动，提升村容村貌。力争 90% 以上村庄达到清洁标准。推进村庄绿化行动，完成村庄绿化 9.4 万亩，创建省级村庄绿化示范村 100 个，村庄绿化覆盖率提高到 18% 以上。加强秸秆燃料化项目建设。力争全省秸秆固化成型燃料年生产能力稳定在 900 万吨以上，转化利用秸秆能力超过 1200 万吨，使用生物质能源采暖的农户超过 22 万户。〔责任单位：省农业农村厅、省林草局，各市（地）党委和政府（行署）〕

10. 因地制宜推广龙江特色民居建设。继续开展"龙江民居"试点，推广适用、经济、美观、节能的农房设计模式和示范图集，建设省级示范村 30 个。改造"四类重点对象"农村危房 13561 户。〔责任单位：省农业农村厅、省住建厅、省自然资源厅，各市（地）党委和政府（行署）〕

11. 建立符合实际的投入机制和管护机制。健全保洁队伍，落实日常保洁费用，推行村庄保洁市场化、专业化和社会化。完善村规民约，强化农民自我约束、自我管理、自我监管。普及卫生健康和疾病防控知识，倡导文明健康、勤俭节约、绿色环保的生活方式。〔责任单位：省农业农村厅、省委宣传部、省卫健委、省妇联、省民政厅，各市（地）党委和政府（行署）〕

三、深入推进乡风文明

12. 开展新时代文明实践中心建设行动。深化拓展新时代文明实践中心建设，加大资金扶持力度，建强用好县级融媒体中心。在新时代文明实践中心内建设科普体验基地。举办"唱支山歌给党听"庆祝建党百年爱国歌曲大家唱活动。〔责任单位：省委宣传部、省科协，各市（地）党委和政府（行署）〕

13. 开展文明村镇创建行动。组织开展文明村镇创建活动，命名第二十届省级文明村镇。开展"聚文明力量·促乡村振兴"农村精神文明建设先进典型宣传报道活动。开展第三届"龙江有美村"乡风文明随手拍、"农民小康美景手机拍"活动。开展"美丽家园"创建活动。〔责任单位：省委宣传部、省农业农村厅、省妇联，各市（地）党委和政府（行署）〕

14. 开展移风易俗行动。编写《黑龙江省移风易俗优秀案例》，展示各地开展移风易俗成效成果。推广积分制、道德评议会、红白理事会等做法，加大高价彩礼、人情攀比、厚葬薄养等不良风气治理。推进农村公益性殡葬设施建设，推进中心乡镇公益性骨灰堂建设。持续巩固提升农村遗体火化率。推荐第二批全国乡风文明典型案例和组织县乡长说唱移风易俗活动。〔责任单位：省委宣传部、省民政厅、省农业农村厅、省文旅厅、省民宗委，各市（地）党委和政府（行署）〕

15. 农村公共文化服务和活动。深入开展农村先进典型选树、农村思想文化服务、科普进农村、农家书屋阅读、农村电影放映、乡风文明理论研究等活动。健全完善省、市（地）、县（市、区）三级志愿服务协调小组工作体制机制。〔责任单位：省委宣传部、省委教育工委、省文旅厅、省农

业农村厅、省科技厅、省卫健委、省妇联、省科协、省民宗委，各市（地）党委和政府（行署）〕

四、进一步改善乡村基础设施和公共服务水平

16. 全面巩固提升农村电力保障水平。加大农村电网巩固提升力度，实施农村电网改造升级工程。〔责任单位：省发改委、省电力公司，各市（地）党委和政府（行署）〕

17. 推进"四好农村路"高质量发展。继续实施农村公路危桥改造和生命安全防护工程。开展"四好农村路"示范创建，建设农村公路4000公里。〔责任单位：省交通运输厅，各市（地）党委和政府（行署）〕

18. 稳步提升农村通信水平。建成并开通2020年度电信普遍服务11个行政村基站，完成2021年度电信普遍服务9个行政村基站的申报任务。使全省行政村4G网络覆盖率达到99%以上。〔责任单位：省通信管理局，各市（地）党委和政府（行署）〕

19. 推进学前教育普及普惠发展。进一步完善农村学前教育公共服务网络，多渠道增加农村普惠性学前教育资源供给。加大农村义务教育学校联盟式发展推进力度，培树10个新时代农村教育典型学校，推动乡村温馨校园建设。〔责任单位：省教育厅，各市（地）党委和政府（行署）〕

20. 不断提升农业科技水平。实施科技重大项目和重点研发项目，建设23个现代农业产业技术协同创新体系。建立10个专家育种示范基地。审定推广主要农作物高产、优质、专用新品种200个以上，主要农作物良种基本全覆盖。制定全省数字农业农村发展"十四五"规划，建设省级数字农业示范县10个，推进4个国家级数字乡村试点县建设，落实3个"互联网+"农产品出村进城试点任务。强化兽药追溯管理，在实现兽药生产经营企业全覆盖基础上，推动规模养殖场（户）实施可追溯系统应用。〔责任单位：省发改委、省科技厅、省农业农村厅，各市（地）党委和政府（行署）〕

21. 提升农村公共文化服务水平。公共文化服务效能显著提升，队伍发展壮大。乡村文化惠民活动扎实开展。〔责任单位：省委宣传部、省文旅厅，各市（地）党委和政府（行署）〕

22. 全面落实乡村医生补助政策。按照有关文件要求，及时、足额落实乡村医生补助费，推动乡村医生向执业（助理）医师转变。新增17个县建设县域紧密型医共体，实行医保总额预算管理。乡村医疗卫生机构标准化建设达标率均达到100%。〔责任单位：省卫健委，各市（地）党委和政府（行署）〕

23. 持续强化城乡居民养老保险服务保障能力。落实城乡低保标准动态调整机制和特困供养标准自然增长机制。保证农村低保标准不低于上年度人均消费支出的30%。农村养老服务设施覆盖率争取提升到53%。以公办养老机构为服务主干网，建设县乡村三级相衔接的农村养老服务设施网络。力争农村社区综合服务设施覆盖率达到65%。落实城乡居民基本养老保险待遇确定和基础养老金正常调整机制，适度提高待遇水平。保持现有帮扶政策总体不变，由地方政府按照最低缴费档次为参加城乡居民养老保险的低保对象、特困人员、返贫致贫人口、重度残疾人等缴费困难群体代缴部分或全部保费。〔责任单位：省发改委、省财政厅、省人社厅、省民政厅，各市（地）党委和政府（行署）〕

五、加快推进乡村治理体系和治理能力现代化

24. 加强乡村法治宣传，推动普法责任制落实。推进公共法律服务中心（工作站）建设，开展平安建设活动。开展打击私建滥建私人宗教活动场所和宗教造像行动，遏制非法宗教在农村地区渗透蔓延。深挖打掉一批横行乡里的黑恶势力违法犯罪，有效防止黑恶势力向农村基层组织渗透，健全完善农村地区常态化开展扫黑除恶斗争长效机制。〔责任单位：省委政法委、省司法厅、省民宗委，各市（地）党委和政府（行署）〕

25. 加强农村社会治安技防建设。实现全省农村村屯出入口和村委会办公地点视频监控全覆盖。加强农村派出所警力配备和群防群治队伍建设。大力推动农村派出所警力达 5 人以上，加强完善"一村一辅警"群防群治队伍建设。〔责任单位：省公安厅，各市（地）党委和政府（行署）〕

26. 严厉打击涉粮食安全违法犯罪。组织开展"亮剑护农"农资打假专项行动，依法严厉打击制售假冒伪劣种子、农药、化肥等农资违法犯罪。〔责任单位：省市场监督管理局，各市（地）党委和政府（行署）〕

27. 加强矛盾纠纷多元化解。开展矛盾纠纷集中排查化解专项行动，最大限度把矛盾纠纷化解在基层，吸附在当地，消除在萌芽状态，努力做到小事不出村、大事不出乡镇、矛盾不上交。〔责任单位：省委政法委、省司法厅、省信访局，各市（地）党委和政府（行署）〕

28. 落实《关于加强婚姻家庭纠纷人民调解工作的意见》指导各地妇联与司法行政部门联合成立婚姻家庭纠纷人民调解委员会。〔责任单位：省妇联，各市（地）党委和政府（行署）〕

29. 认真落实村"两委"成员资格联审机制。严把村"两委"入口关。完成十二届村民委员会换届选举，选优配强村"两委"成员。〔责任单位：省委组织部、省民政厅，各市（地）党委和政府（行署）〕

30. 加强公共就业服务标准化建设，进一步完善乡村便民服务体系。编制《黑龙江省公共就业服务机构功能手册》，年底前印发。扎实推进农村青年致富带头人培养工作。深入推进农村青年电商培训工作。〔责任单位：省人社厅、团省委，各市（地）党委和政府（行署）〕

六、全面加强乡村基层组织和人才建设

31. 持续整顿软弱涣散村党组织。重点整顿存在领导基层治理不力、党员教育管理宽松软、村级事务管理混乱、信访矛盾突出等问题的村党组织，压实县乡党委主体责任，落实"四个一"整顿措施，推动整顿常态长效。〔责任单位：省委组织部，各市（地）党委和政府（行署）〕

32. 整体优化村党组织带头人队伍。完善带头人"选育管奖"政策体系，推动村党组织书记队伍素质整体优化提升。加大力度用乡镇事业编制招聘大学生到村任职，培养储备村级后备力量。持续向重点乡村选派驻村第一书记和工作队，优化年龄结构、知识结构。〔责任单位：省委组织部、省委编办、省人社厅、省民政厅，各市（地）党委和政府（行署）〕

33. 聚焦产业持续发展壮大村级集体经济。推动县级制定产业发展规划，加强项目储备。用好中央、省财政专项资金，扶持发展村级集体经济。召开全省第六次发展壮大村级集体经济现场经验交流会，对发展集体经济产业进行部署推进。〔责任单位：省委组织部、省农业农村厅、省财政厅，各市（地）党委和政府（行署）〕

34. 深入推行科技特派员制度。构筑稳定的各级科技特派员队伍助力乡村振兴发展。实现贫困村科技特派员科技服务和创业带动全覆盖。构筑稳定的财政支持政策，为科技特派员开展科技服务提供必要经费，保障科技特派员开展科技服务期间的交通、住宿、保险、材料、印刷等费用。〔责任单位：省委组织部、省科技厅，各市（地）党委和政府（行署）〕

35. 加强基层农技推广人才队伍建设。实施基层农技人员知识更新工程，1/3 以上基层农技人员接受业务培训。加大基层农技人员知识更新，增强特色产业发展支撑能力，农技人员使用中国农技推广 APP 比例不低于85%。〔责任单位：省农业农村厅，各市（地）党委和政府（行署）〕

36. 加强现代农民培养。深入实施农村实用人才带头人培训计划，计划培训农民学员 1000 人以上。利用好网络教育资源，采取产教融合、校企合作、党建+、农村乡村大讲堂、农民田间学校等培训模式，大力培育高素质农民。〔责任单位：省农业农村厅，各市（地）党委和政府（行署）〕

七、大力发展乡村产业

37. 加强统筹谋划。做好休闲农业和乡村旅游"十四五"规划的起草编制工作，在现有基础

上，坚持因地制宜、突出特色、遵循乡村自身发展规律，科学编制发展规划。做好休闲农业和乡村旅游"十四五"规划的起草编制工作。培育一批"一村一景""一村一韵"美丽休闲乡村。〔责任单位：省农业农村厅、省发改委、省文旅厅，各市（地）党委和政府（行署）〕

38. 加快培育龙头企业。组织开展国家和省级农业产业化重点龙头企业认定和监测，跟踪统计规模以上农产品加工企业和10亿元以上农产品加工企业运行情况。力争到2021年底，全省农产品加工业主营业务收入同比增长超过6%。加强对我省龙头企业的宣传推介，组织我省龙头企业参与农业500强企业评定，组织开展龙头企业100强评定等活动。〔责任单位：省农业农村厅、省粮食局、省工信厅、省税务局、省市场监督管理局、中国人民银行哈尔滨中心支行等联席会议成员单位，各市（地）党委和政府（行署）〕

39. 做大做强产业集群。培育一批全省知名的特色品牌，培育一批国家级"一村一品"示范村镇。大力发展优势特色产业集群。2021年，力争新建设1-2个产业集群。加大地域特色资源开发力度。做大做强中药材产业，突出优势道地药材种植，引建加工企业，打造中医药小镇，培育中药材示范强县、强乡、强村。中药材种植面积扩大到350万亩。积极发展马铃薯产业，提高马铃薯产业综合生产能力和市场竞争力，努力建设马铃薯种薯和商品薯大省。2021年向农业农村部推荐一批乡村特色产品和能工巧匠。〔责任单位：省农业农村厅、省财政厅，各市（地）党委和政府（行署）〕

40. 促进新兴业态发展。借助农业农村部举办的休闲农业和乡村旅游精品推介活动，促进我省"春观花""夏纳凉""秋采摘""冬农趣"精品景点的宣传推广。深入实施产业兴村强县行动，抓好现有国家级农业产业示范强镇建设，积极争取增加示范名额，进一步扩大政策支持，加强产业融合示范带动效应。促进生态经济林发展。〔责任单位：省农业农村厅、省林草局、龙江森工集团，各市（地）党委和政府（行署）〕

八、切实加强组织保障

41. 加强乡村振兴与"十四五"规划衔接。把乡村振兴作为"十四五"规划的重大任务和重要内容，推动乡村产业振兴、人才振兴、文化振兴、生态振兴、组织振兴。〔责任单位：省发改委、省农业农村厅、省委农办，各市（地）党委和政府（行署）〕

42. 扎实推进巩固拓展脱贫攻坚成果与乡村振兴有效衔接。出台《关于实现巩固拓展脱贫攻坚成果同乡村振兴有效衔接的实施意见》，明确责任分工，抓好推进落实。〔责任单位：省实施乡村振兴战略领导小组各成员单位，各市（地）党委和政府（行署）〕

43. 加快乡村振兴有关制度供给。结合需求侧改革，加强乡村振兴制度供给。推动《关于调整完善土地出让收入使用范围优先支持乡村振兴的工作方案》加快落实，为乡村振兴提供资金来源保障。〔责任单位：省财政厅、省自然资源厅、省委农办，各市（地）党委和政府（行署）〕

44. 压实落靠乡村振兴责任。制定2020年度乡村振兴战略实绩考核工作方案，建立"一图一表一评价"推进机制，开展年度考核工作，组织开展第三方评估。充分发挥黑龙江乡村振兴简报宣传作用，加强典型经验和相关政策的宣传，形成全社会推动乡村振兴的氛围。〔责任单位：省委农办、省实施乡村振兴战略领导小组各成员单位，各市（地）党委和政府（行署）〕

关于进一步推进"乡村振兴领域不正之风和腐败问题专项整治"工作的通知

（黑民函〔2023〕56号）

各市（地）、县（市）民政局：

4月初，省民政厅就乡村振兴社会救助领域和社会事务领域不正之风和腐败问题专项整治工作下发了"工作方案"，建立问题整改台账清单，对专项整治工作作出了部署安排。按照"工作方案"要求，现已进入全面实施阶段，厅党组和驻厅纪检监察组专题研究、推进工作落实。为确保专项整治工作走深走实，取得应有的工作成效，现就有关工作通知如下：

一、高度重视、强力推进。各级民政部门要将此次专项整治纳入重要日程，加大工作力度，确保工作取得应有的成效。一是提高认识。实施"乡村振兴领域不正之风和腐败问题专项整治"工作事关人民群众根本利益，是全面贯彻习近平新时代中国特色社会主义思想，深入落实党的二十大"以人民为中心"理念的根本体现，全省民政系统"主题教育"活动的成果检验，也是全省能力作风建设"工作落实年"的实践要求。各级民政部务必统一思想认识，以高度的责任感、使命感推进工作落实。二是加强领导。要建立主要领导全面负责，分管领导跟踪抓，业务处（科、室）具体抓，市、县、乡（街道）一以贯之，一级抓一级，层层抓落实的工作格局。三是强化措施。要坚持工作标准，对问题检视工作重点安排。民政局党组要对梳理出的问题认真研究、逐一把关，保证检视问题的质量和整改措施的实效性，坚决防止一般化布置、平常化落实、表面化整改等问题。

二、突出重点、突破难点。此次专项整治要紧密围绕政策落实不到位、办事流程不畅、作风不实、服务质量不优等问题下力气、使真劲，确保问题整改工作取得实效。一是着力解决政策落实不精准、不到位问题。全面梳理党中央、国务院和省委省政府部署民政领域的重点任务，认真查找政策落实过程中存在的问题，重点整治与乡村振兴等部门防返贫监测信息交换不及时问题；对重点人群比对摸排不全面，重点人群基本生活状况和困难需求掌握不准确，救助帮扶不及时不精准问题；对有劳动能力的脱贫人口和监测对象"只兜不扶"问题；单人保、低保渐退、就业成本扣减等政策落实不到位问题；对符合条件的家庭没有整户纳入社会救助范围问题，以及其他民政领域社会救助政策落实不全面、不到位等问题。二是着力解决履职尽责中作风不优问题。结合开展深化能力作风建设"工作落实年"活动，将专项整治工作与巩固深化审计、巡视等反馈问题整改工作结合起来，重点整治工作作风漂浮、服务态度冷漠问题；在服务困难群众尤其是脱贫人口过程中玩忽职守不作为、慢作为等问题；漠视困难群众疾苦、不担当不作为问题；基层民政系统考核评估、督查检查名目繁多、层层加码、变形走样等问题。三是着力解决惠民惠农财政补贴资金"微腐败"问题。结合全省民政社会救助财政补助资金"一卡通"领域"微腐败"问题专项整治工作，着力整治骗取套取、截留挪用以及迟拨滞拨、逾期兑付、结存闲置等问题；补贴补助标准不公开透明、分配不公、违规发放等问题；利用为村民办事之机优亲厚友、吃拿卡要等问题。四是着力解决婚姻殡葬领域新风尚建设问题。重点查摆宣传工作开展情况，引导群众自觉抵制不良习俗情况，倡导婚丧仪式从简、不大办宴席、不铺张浪费，切实减轻群众人情往来负担，抵制高价彩礼、薄养厚葬、人情攀比、酗酒赌博等陈规陋习情况，以及实际效果和示范引领作用等情况。五是着力解决殡葬保障能力短板问题。重点查摆优化殡葬设施规划布局，完善殡葬服务网络，加强殡葬设施运行维护，提高运转能力，加快对陈旧落后、污染超标火化设施设备的更新改造等工作落实情况。

三、认真检视、及时报送。专项整治问题台账清单已随"工作方案"下发各地，各级民政部门要按照清单模板要求，认真填报。一要严肃对待。检视问题要实事求是、端正态度，不可有问题不报、严重问题瞒报、多头问题少报。省民政厅将对各地上报的问题认真梳理，对上报问题质量不高、措施不力、责任不清的将按照原上报渠道退回重报。二要认真填报。要全面填报问题表现形式、整改措施、完成时限、责任人等具体情况，能整改的问题要立行立改，短期内无法整改的要明确完成时限。三要把关指导。建立省、市、县三级监督指导工作体系，省民政厅对各市（地）梳理上报的问题把关监督，各市（地）要对县（市、区）梳理上报的问题统筹把关。尤其要对问题上报数量少，尤其是"零报告"的单位择机抽查暗访、适时约谈，对坚持"零报告"的单位主要领导要在问题台账清单上签字备案。

四、监督检查、落实责任。各级民政部门要综合运用"四个体系"推进工作落实。一要明确责任。建立责任落实工作台账，明确每个工作环节的责任人、责任领导和推进措施，做到责任清、底数明，切实做到"谁的工作谁担，谁的责任谁负"。二要接受监督。各级民政部门要主动与当地纪检监察部门沟通工作情况，自觉接受纪检监察部门工作指导监督，随时修正专项整治工作中的问题，确保专项整治工作规范有序高效开展。三要责任追查。对相关责任人失职失责、履职不力、作风不实导致该解决的问题得不到解决，造成不良影响的要严肃追责，并加大典型案例曝光力度。对确实存在问题隐瞒不报，后续被当地纪检监察部门查实确实存在问题的，省民政厅将在年终考评中一票否决优秀档次。

黑龙江省民政厅

2023 年 5 月 19 日

● 上海市 ●

上海市殡葬管理条例

（1997 年 8 月 20 日上海市第十届人民代表大会常务委员会第三十八次会议通过　根据 2010 年 9 月 17 日上海市第十三届人民代表大会常务委员会第二十一次会议《关于修改本市部分地方性法规的决定》修正　2015 年 6 月 18 日上海市第十四届人民代表大会常务委员会第二十一次会议《关于修改〈上海市环境保护条例〉等 8 件地方性法规的决定》第二次修正）

第一章　总　　则

第一条　为了规范殡葬活动的管理，深化殡葬改革，促进社会主义精神文明建设，根据国务院《殡葬管理条例》以及其他有关法律、法规，结合本市实际情况，制定本条例。

第二条　本条例适用于本市行政区域内的殡葬活动及其管理。

革命烈士、少数民族、香港特别行政区居民、澳门同胞、台湾同胞、华侨和外国人的殡葬活动及其管理，国家和本市地方性法规另有规定的，按照规定执行。

第三条　本市殡葬活动及其管理的原则是：实行火葬，节约殡葬用地，保护环境，尊重中华民族美德，革除殡葬陋俗，提倡文明节俭办丧事。

第四条　上海市民政局（以下简称市民政局）是本市殡葬活动的行政主管部门，负责实施本条例；其所属的上海市殡葬管理处（以下简称市殡葬管理处）负责殡葬活动的具体管理工作。

区、县民政局按照各自的职责负责本辖区内殡葬活动的管理工作。

各级公安、工商、卫生、规划、园林、房屋土地、环境卫生、环境保护以及农业、交通等行政管理部门，应当按照各自职责，配合民政部门共同做好殡葬活动的管理工作。

第五条　文化、新闻出版和广播电影电视等部门，应当采取各种形式，配合民政部门共同做好殡葬改革、移风易俗的宣传教育工作。

机关、社会团体、企业、事业单位、居（村）民委员会和其他组织，应当在本单位或者本地区开展有关殡葬活动移风易俗的宣传教育工作。

第二章　殡葬服务单位

第六条　殡葬服务单位根据本市殡葬工作的规划和合理、需要、便民的原则设立。殡仪馆（含火葬场，下同）、公墓、骨灰堂的建设，应当纳入城乡建设规划。

设立殡仪馆由市民政局报市人民政府批准。

设立公墓由市民政局批准。

设立骨灰堂，以及殡仪馆、公墓或者骨灰堂在其服务场所以外开设殡葬服务部，由市殡葬管理处批准。

第七条　经批准设立的殡葬服务单位，应当按照有关规定向其他行政管理部门办理相应的审批、登记手续。其中使用集体所有土地的，还应当办理土地征用手续。

第八条　经批准设立的殡仪馆、公墓、骨灰堂建成后，由市殡葬管理处发给殡葬服务证。

第九条　殡葬服务证每年验审一次。未经验审或者验审不合格的，不得继续从事殡葬服务活动。

第十条　殡仪馆、公墓、骨灰堂及其代理单位变更名称、法定代表人、经营地址或者经营服务范围以及终止经营服务的，应当向市殡葬管理处提出申请，经同意后，向有关行政管理部门办理变更或者注销手续。

第十一条　殡仪馆、公墓、骨灰堂扩大占地面积，应当按照设立审批程序向有关行政管理部门办理审批手续。

第十二条　殡葬服务单位应当加强对殡葬服务设备、设施的管理，保持殡葬服务场所和设备、设施的整洁和完好，防止环境污染。

殡葬服务单位的从业人员应当遵守操作规程和职业道德，实行规范化的文明服务，不得利用工作之便索取财物。

殡葬服务单位及其从业人员，对殡葬服务场所中妨害公共秩序或者抛撒、使用封建迷信殡葬用品的行为，应当予以劝阻、制止。

第十三条　殡葬服务的收费项目及其收费标准，应当经物价管理部门核准并予以公布，不得超项目或者超标准收费。违反规定收费的，由物价管理部门依法处理。

第三章　殡殓活动

第十四条　死者有亲属的，亲属是丧事承办人；死者没有亲属的，其生前单位或者临终居住地的居（村）民委员会是丧事承办人。

第十五条　在本市死亡的，遗体应当在本市火化。

因特殊情况需要将遗体运出本市的，应当经市殡葬管理处批准。

第十六条　丧事承办人应当自知道死者死亡之时起二十四小时内，向公安部门办理死亡证明手续，并通知殡仪馆接运遗体，但涉及医疗事故死亡的，按照有关规定办理。

无名遗体、无主遗体和涉及刑事案件的遗体，由公安、司法部门通知殡仪馆接运。

捐献的遗体按照国家和本市的有关规定办理。

第十七条　殡仪馆应当自接到通知后十二小时内接运遗体，并应当对遗体进行必要的技术处理，确保卫生，防止污染环境。

搬运遗体由殡仪馆负责，有关单位和个人应当为搬运遗体提供方便。

第十八条　殡仪馆以外的单位和个人不得从事遗体的运送、防腐、整容、更衣等殡葬经营服务活动。

第十九条　丧事承办人凭公安部门核发的死亡证明向殡仪馆办理遗体火化手续。殡仪馆应当根据公安部门核发的死亡证明火化遗体。

遗体火化后，殡仪馆应当向丧事承办人出具火化证明。

第二十条　运至殡仪馆的遗体应当在十五日内火化。因特殊情况，经丧事承办人提出并说明理由，可以延期火化。丧事承办人自遗体运至殡仪馆之日起十五日内不办理火化手续，又不说明理由的，殡仪馆应当书面通知丧事承办人限期办理。

患传染病死亡的遗体，殡仪馆应当采取防止传染的措施。殡仪馆对高度腐败的遗体应当立即火化。

第二十一条　丧事承办人举行殡殓等丧事活动，不得妨害公共秩序和公共卫生，不得危害公共安全或者侵害他人的合法权益。

第四章　骨灰安置

第二十二条　提倡和鼓励采用播撒、深埋、植树葬等不保留骨灰的安置方式。采用播撒、深埋、植树葬等方式安置骨灰的，安置地不设纪念性标志。

各有关部门和单位对采用不保留骨灰的安置方式，应当予以支持。

播撒、深埋、植树葬等骨灰安置方式的具体实施办法由市人民政府制定。

第二十三条　公墓应当凭殡仪馆出具的火化证明出售墓穴。禁止出售寿穴，但为死者的健在配偶留作合葬的寿穴、无子女的老年人或者有其他特殊情况者购买的寿穴除外。

墓穴和骨灰存放格位的购买者不得转让墓穴和骨灰存放格位。

禁止墓穴和骨灰存放格位的传销活动。

第二十四条　公墓和骨灰堂出售墓穴、骨灰存放格位时，应当与购买者签订购销合同。墓穴、骨灰存放格位使用人的姓名不得变更。

墓穴和骨灰存放格位的购买者应当交纳墓穴、骨灰存放格位维护费。维护费专项用于墓穴和骨灰存放格位的日常维修与保养，不得挪作他用。

第二十五条　禁止在墓穴内埋葬遗体、遗骸；禁止在公墓以外建墓立碑。

第五章　殡葬设备和殡葬专用品的管理

第二十六条　焚尸炉、运尸车、尸体冷藏柜等殡葬设备，必须符合国家规定的技术标准。禁止制造、销售不符合国家技术标准的殡葬设备。

第二十七条　禁止制造、销售封建迷信殡葬用品。

第六章　法律责任

第二十八条　对违反本条例规定的单位、个体工商户和个人，按照下列规定予以处罚：

（一）未经批准擅自设立殡葬服务单位的，殡仪馆、公墓、骨灰堂擅自扩大占地面积的，制造、销售封建迷信殡葬用品的，按照国务院《殡葬管理条例》处罚；

（二）未取得殡葬服务证、殡葬服务证未经验审或者验审不合格从事殡葬服务活动的，由市殡葬管理处责令停产停业，没收违法所得，情节轻微的，可以并处二千元以上一万元以下罚款，情节严重的，可以并处一万元以上五万元以下罚款；

（三）擅自将遗体运出本市的，市殡葬管理处或者区、县民政局可以处二百元以上二千元以下罚款；

（四）违反规定出售墓穴、骨灰存放格位的，由市殡葬管理处或者区、县民政局责令停止违法活动，没收违法所得，可以并处违法所得一倍以上三倍以下罚款；

（五）在殡葬活动中妨害公共秩序、危害公共安全、侵害他人合法权益构成违反治安管理行为的，由公安部门依法给予治安管理处罚，构成犯罪的，依法追究刑事责任。

第二十九条　市、区、县民政局和市殡葬管理处应当依法管理，公正执法；因违法行政，给当事人造成直接经济损失的，应当予以赔偿。

市、区、县民政局和市殡葬管理处的工作人员玩忽职守、滥用职权、徇私舞弊、索贿受贿的，由其所在单位或者上级主管部门给予行政处分；构成犯罪的，依法追究刑事责任。

第七章　附　则

第三十条　本条例的具体应用问题由市民政局负责解释。

第三十一条　本条例自1998年1月1日起施行。

上海市公墓管理办法

（1994 年 11 月 6 日上海市人民政府令第 80 号发布　根据 2004 年 7 月 1 日起施行的《上海市人民政府关于修改〈上海市化学危险物品生产安全监督管理办法〉等 32 件市政府规章和规范性文件的决定》修正　根据 2010 年 12 月 20 日上海市人民政府令第 52 号公布的《上海市人民政府关于修改〈上海市农机事故处理暂行规定〉等 148 件市政府规章的决定》修正　根据 2018 年 1 月 4 日上海市人民政府令第 62 号公布的《上海市人民政府关于修改〈上海市公墓管理办法〉等 9 件市政府规章的决定》修正　根据 2022 年 2 月 24 日上海市人民政府令第 67 号修正）

第一章　总　则

第一条（目的和依据）

为了加强公墓管理，根据国务院《殡葬管理条例》《上海市殡葬管理条例》和国家的其他有关规定，结合本市实际情况，制定本办法。

第二条（适用范围）

本市区域内经营、使用公墓的单位和个人均应遵守本办法。

第三条（定义）

本办法所称的公墓，包括经营性公墓、公益性公墓和公益性埋葬地。经营性公墓是为公民有偿提供骨灰安葬的墓地。公益性公墓是为当地村民提供骨灰安葬的墓地。公益性埋葬地是为当地村民提供的骨灰深埋地。

本办法所称的公墓业务代办处，是指代办公墓墓穴出售业务的服务机构。

第四条（主管部门）

上海市民政管理部门（以下简称市民政管理部门）是本市公墓管理的主管机关。

区民政管理部门负责本区域内公墓的管理工作。

第五条（部门职责）

各级人民政府有关职能部门应当按各自的职责，做好公墓管理工作。

第六条（建墓原则和总量控制）

公墓的建立应贯彻节约用地和移风易俗的原则。

根据城市建设规划的要求，本市对建立公墓实行总量控制。

第二章　申请与审批

第七条（禁止擅自建墓）

本市对建立公墓实行许可制度。未经批准，不得建立公墓。

禁止擅自建墓（坟）树碑。

第八条 （申请资格）

市和区殡葬事业单位可以申请建立经营性公墓。

农村地区乡镇人民政府、街道办事处可以申请建立公益性公墓或者公益性埋葬地。

第九条 （申请条件）

申请建立公墓的，应当具备下列条件：

（一）墓地选址、用地面积等必须符合各级国土空间规划。

（二）墓地必须距离风景名胜区二千米以外，距离铁路五十米以外，距离公路和干河三十米以外。

（三）墓地应使用高亢地、低洼地、盐碱地等劣地，不得占用蔬菜地。

（四）经营性公墓、公益性公墓必须有行人、车辆集散地和车辆进出分道。

第十条 （申请手续和提交材料）

申请建立公墓的单位，应当向墓址所在地的区民政管理部门提出申请，并提交下列书面材料：

（一）申请人的资格证明；

（二）申请书；

（三）区以上政府有关用地的审批意见；

（四）区以上政府规划资源部门的审核意见；

（五）可行性报告；

（六）其他有关材料。

第十一条 （审批程序）

区民政管理部门应自接到建立公墓申请之日起二十日内作出审批决定，并报市民政管理部门备案。

第十二条 （服务证）

对依法经批准建立公墓的单位，在公墓建成后，发给《殡葬服务证》。《殡葬服务证》由市民政管理部门统一印制。

《殡葬服务证》应当每年由区民政管理部门验审一次。未经验审或者验审不合格的，不得继续从事殡葬服务活动。

第十三条 （扩大用地）

申请扩大公墓的用地单位，按照本办法建立公墓的程序规定办理。

第三章　经营和管理

第十四条 （证明、合同、证书和禁止事项）

公墓经营者应当凭殡仪馆（火葬场）出具的火化证明出售墓穴，与认购墓穴者签订墓穴销售合同并发给墓穴证书。

墓穴销售合同应当具备下列主要条款：

（一）双方当事人的姓名（名称）和住址（地址）；

（二）墓穴的面积和方位；

（三）墓穴的使用期限；

（四）墓穴的价格及其支付方式；

（五）用于公墓维护的费用及其缴纳方式；

（六）合同变更、解除和终止的条件；

（七）违约责任；

（八）合同发生争议的解决方法；

（九）当事人协商约定的其他内容。

禁止在公墓内埋葬遗体和遗骸。

第十五条（墓穴占地和用地标准）

公墓内墓穴的占地面积不得超过公墓总面积的百分之六十。

墓穴间通道宽度不得低于零点六米。

公墓经营者出售的单人墓穴或者双人合葬墓穴占地面积不得超过一平方米。

第十六条（禁售寿穴）

禁止出售寿穴，但为死者的健在配偶留作合葬的寿穴、无子女的老年人或者有其他特殊情况者购买的寿穴除外。

禁止出售家族墓、宗族墓。

第十七条（禁止代办非法业务）

公墓业务代办处不得代办非法经营公墓单位的公墓业务。

第十八条（公益性公墓和埋葬地禁止对外经营）

从事公益性公墓或者公益性埋葬地业务的单位，不得进行公墓经营活动。

在公益性埋葬地内，不得建墓（坟）树碑。

第十九条（墓穴使用权属）

墓穴使用期限最长不得超过七十年。

墓穴购买者不得转让或者买卖墓穴。

第二十条（变更墓地用途）

申请改变经营性公墓墓地用途的单位，应当报区以上政府、规划资源部门和民政管理部门审批。经批准改变墓地用途的，注销原《殡葬服务证》。申请的单位应当负责为已出售的墓穴迁墓，并承担相应的补偿责任。

禁止擅自改变经营性公墓的墓地用途。

第二十一条（禁止迷信活动）

禁止在公墓内燃烧锡箔、冥币、纸钱、纸扎等迷信用品和燃放烟花爆竹。

第二十二条（收据）

公墓、公墓业务代办处的经营者应当使用由市财政局统一印制的殡葬服务专用收据。

第二十三条（公墓维护费）

认购墓穴者应当按期向经营性公墓的经营者缴纳维护费。对连续三年不缴纳公墓维护费的，经公墓经营者发函通知，仍未缴纳的，由公墓经营者在本市主要报纸上公告。自公告之日起三个月内仍未缴纳者，对该墓穴作无主墓处理。

公墓经营者应当在墓穴销售款中，按规定比例留出一定款额作为公墓维护费。

维护费专项用于公墓墓穴全部出售后公墓管理的开支，禁止将经营性公墓的维护费挪作他用。

第二十四条（公墓的维护）

公墓经营者应当维护公墓内的秩序，负责公墓的绿化和墓穴的维修、保养。

第二十五条（维护费的审核）

维护费的缴纳标准，由市民政管理部门提出，报市价格主管部门核定。

第四章　罚　　则

第二十六条（处罚）

对违反本办法的单位和个人，由市民政管理部门或者区民政管理部门按下列规定予以处罚：

（一）违反本办法第十四条第三款的，责令限期火化。

（二）违反本办法第十五条第二款的，责令限期改正，处一万元至五万元罚款。

（三）违反本办法第十七条的，责令限期改正，处一千元至二万元罚款。

（四）违反本办法第十八条第一款的，责令限期改正，处五万元罚款；违反第十八条第二款的，责令限期改正，处五千元至一万元罚款。

（五）违反本办法第十九条第二款的，责令限期改正，处一千元至五千元罚款。

（六）违反本办法第二十条第二款的，处五万元罚款，对尚未实际改变的，责令限期改正。

（七）违反本办法第二十一条的，处一百元至五百元罚款。

（八）违反本办法第二十二条的，处五千元至一万元罚款。

（九）违反本办法第二十三条第三款的，责令限期追回，处一万元至五万元罚款。

第二十七条（其他部门的处理）

凡涉及违反公安、市场监管、规划资源等方面的法律、法规和规章规定的，由有关主管部门依法处理。

第二十八条（处罚决定书和罚没款单据）

市民政管理部门或者区民政管理部门作出行政处罚，应当出具行政处罚决定书。收缴罚没款，应当出具市财政局统一印制的罚没款收据。罚没款收入上缴国库。

第二十九条（妨碍职务处理）

拒绝、阻碍民政管理人员依法执行职务，未使用暴力、威胁方法的，由公安机关按照《中华人民共和国治安管理处罚法》处理；构成犯罪的，依法追究刑事责任。

第三十条（复议和诉讼）

当事人对民政管理部门所作的具体行政行为不服的，可以根据《中华人民共和国行政复议法》和《中华人民共和国行政诉讼法》的规定，申请行政复议或者提起行政诉讼。

逾期不申请行政复议、不提起行政诉讼又不履行的，作出行政处罚决定的民政管理部门可以根据《中华人民共和国行政诉讼法》的规定申请人民法院强制执行。

第三十一条（对民政管理人员的要求）

民政管理人员应当严格遵纪守法，秉公执法。对徇私舞弊、索贿受贿、违法执行的，由各主管部门给予其处分；构成犯罪的，依法追究刑事责任。

第五章　附　则

第三十二条（其他墓地的管理）

回民公墓、华侨公墓、万国公墓、革命烈士墓、知名人士墓、华侨祖墓和具有历史、艺术、科学价值的古墓的管理，按有关规定执行。

第三十三条（寄存类骨灰葬）

壁葬、塔葬以及长期骨灰寄存室的管理，参照本办法执行。

第三十四条（应用解释部门）

本办法的具体应用问题，由市民政管理部门负责解释。

第三十五条（施行日期）

本办法自 1995 年 1 月 1 日起施行。

上海市民政局关于本市经营性公墓向特殊对象
出售寿穴有关问题的通知

（沪民殡发〔1999〕6号）

各区县民政局、浦东新区社会发展局：

为了规范本市经营性公墓（包括含墓葬业务的经营性骨灰堂）出售寿穴工作，根据《上海市殡葬管理条例》有关规定和本市的实际情况，现将有关问题通知如下：

一、寿穴出售范围

经营性公墓因特殊情况出售寿穴应符合下列范围：

（一）死者的健在配偶；

（二）无子女的孤寡老年人；

（三）患有医学上确认为绝症的病人；

（四）未婚子女死亡后，父母要求去世后与子女合葬的；

（五）华侨、香港特别行政区、澳门、台湾地区居民要求在本市认购寿穴的；

（六）年龄80周岁以上的高龄老人。

二、寿穴证明材料

除死者的健在配偶认购寿穴提供死者的火化证明以外，其他寿穴认购人应向经营性公墓提出书面申请并提供相关证明材料：

（一）无子女的孤寡老年人认购寿穴应提供街道、乡镇民政部门证明；

（二）患绝症病人认购寿穴应提供区、县级以上医院的病史记录；

（三）未婚子女死亡后，父母要求去世后与子女合葬认购寿穴的，除提供死者的火化证明外，还应提供本市户籍证明；

（四）华侨、香港特别行政区、澳门、台湾地区居民要求认购寿穴的，应提供相关的身份证明；

（五）年龄80周岁以上高龄老人应提供身份证明。

特此通知。

上海市民政局　上海市档案局关于印发
《上海市殡葬服务单位档案管理办法》的通知

（沪民殡发〔2007〕4号）

各区县民政局、档案局，各区县殡葬管理所、市殡葬服务中心、殡葬服务单位：

为规范本市殡葬服务单位的档案管理，维护档案的完整与安全，提高档案的开发和利用水平，现印发《上海市殡葬服务单位档案管理办法》，请遵照执行。

上海市民政局
上海市档案局
二○○七年七月十日

上海市殡葬服务单位档案管理办法

第一章　总　　则

第一条　为加强本市殡葬服务单位档案管理，根据《中华人民共和国档案法》（以下简称《档案法》）、《上海市档案条例》、《上海市殡葬管理条例》等法律、法规和本市殡葬服务单位的实际情况，制定本办法。

第二条　本办法所称档案是指殡葬服务单位在党政工作、经营管理、殡葬业务等活动中直接形成的，对国家、社会和单位具有保存价值的各种不同形式的历史记录。

第三条　本市殡仪馆（火葬场）、经营性公墓、骨灰堂等殡葬服务单位（以下简称殡葬服务单位）的档案管理适用本办法。

第四条　殡葬服务单位档案工作实行统一领导、分级管理的原则，确保档案完整、准确与安全，便于有效利用。殡葬服务单位负责本单位档案的收集、整理、保管、鉴定、统计和提供利用等工作。

第五条　殡葬服务单位应当将档案工作列入本单位的发展规划和计划，建立档案管理制度，完善档案管理体制，实施档案规范化和现代化管理。

第二章　管理体制与职责

第六条　殡葬服务单位档案工作接受市或区（县）民政行政管理部门的领导，接受市或区（县）档案行政管理部门的监督和指导。

第七条　殡葬服务单位应当明确分管档案工作的领导，制订档案管理制度，保障档案工作正常开展。

第八条　殡葬服务单位档案部门的机构设置和人员配备应当与本单位的建设发展和档案工作的

实际需要相适应。

第九条　档案部门职责：

（一）认真贯彻执行党和国家关于档案工作的方针政策、法律法规，制定与实施本单位档案工作的发展规划和规章制度。

（二）指导本单位各部门文件材料的形成、积累、整理和归档工作，监督、指导所属单位的档案工作。

（三）负责收集、整理、保管本单位的各类档案及有关资料，并按规定向档案馆移交档案。

（四）负责编制档案检索工具，编写档案参考资料，积极开展档案信息资源提供利用工作。

（五）负责组织本单位专兼职档案人员进行档案业务培训。

（六）开展档案工作交流和协作活动。

第三章　档案工作人员

第十条　殡葬服务单位应当安排档案工作人员，做好文件材料的收集、整理和保管等工作，维护档案材料的完整、准确与安全。

第十一条　档案工作人员应当履行岗位职责，遵守业务规程，执行保管、保密和档案检查制度；应当具有相应的学历和殡葬业务知识。

殡葬服务单位应当组织档案工作人员参加档案业务学习，提高档案管理水平。

第十二条　档案管理列入专业技术岗位，档案工作人员享有与殡葬服务专业技术人员同等待遇，其专业职务的评聘，按《档案专业人员职务试行条例》的规定执行。

第四章　归档文件整理

第十三条　殡葬服务单位的档案部门应当按照规定，结合本单位实际，编制档案分类方案，对档案进行科学分类、有序排列和系统编号。

第十四条　殡葬服务单位的档案分为文书档案、殡葬档案、科技档案、会计档案等。其中文书档案包括党群工作、行政管理、经营管理类；殡葬档案包括殡仪、安葬类；科技档案包括基本建设、设备、仪器等类。声像、实物、电子档案等应当集中存放。档案部门可根据实际情况调整大类，确定属类设置办法。

第十五条　殡葬服务单位各部门在文件材料归档前，应认真做好文件材料整理工作，按规定组成案卷，或者以件为单位进行系统整理，并进行排列、编目，保持文件之间的内在联系，便于保管和利用。

第十六条　文件材料归档范围与保管期限，按照《上海市殡葬服务单位文件材料归档范围与保管期限表》执行。

第十七条　照片、录音、录像、磁带、磁盘、光盘等特殊载体材料，按照专业保管要求分类整理。

第五章　档案管理

第十八条　殡葬服务单位应当根据《档案法》、《上海市档案条例》、《上海市殡葬管理条例》等法律、法规，制定本单位文书档案、殡葬档案、科技档案、会计档案、声像实物档案、电子文件归档等管理办法，以及档案鉴定销毁、档案保管利用等规定。

第十九条　殡葬服务单位的档案部门应当参与本单位组织的科研项目鉴定、基建工程竣工验收、设备开箱等活动，并对其形成的文件材料的质量和归档情况实施检查、验收，提出审核意见。

第二十条　殡葬服务单位的各部门应当将文件材料收集、整理、归档工作列入本部门职责范围。收集与整理的文件材料，经部门负责人确认后，及时向档案部门移交。任何部门和个人不得把应当归档的文件材料占为己有，或者赠送他人与其他单位。

第二十一条　殡葬服务单位的各部门向档案部门移交文件材料，应当编制移交清册，做好清点、登记、签署等交接手续。

第二十二条　各类文件材料归档移交时间为：通用文书类文件材料应当在次年6月底以前归档；殡葬类文件材料在殡葬活动结束后，由业务部门及时归档；基本建设和设备类文件材料应在项目竣工验收和设备安装调试后归档；会计类文件材料应当在会计年度终结一年后向档案部门移交归档；声像、实物等形式的文件材料应在工作结束后及时归档；电子文件逻辑归档实时进行，物理归档应与纸质文件归档时间一致，每年归档一次。

第二十三条　归档文件材料应当符合国家和本市的有关标准，质地优良、字迹工整、图像清晰，材料耐久性好，便于长期保管。

第二十四条　对超过保管期限的、确认无保存价值的档案，在销毁前必须组织严格鉴定。符合销毁条件的，编制销毁清册，经殡葬服务单位的负责人审定后才能销毁档案。

第二十五条　销毁档案，应当由殡葬服务单位的档案部门与有关部门共同派员监督销毁，并在销毁清册上核准与签名。销毁清册应当归入全宗卷，永久保存。

第二十六条　殡葬服务单位因实行兼并、破产、产权拍卖，或者实行承包、租赁、股份制改造，以及与外资合作经营资产产权变动的，档案的处置参照《国有企业资产产权变动档案处置暂行办法》执行。

第二十七条　殡葬服务单位的档案部门应当根据本单位特点和实际需要，编制档案总目录、专题目录、文件目录、文档对照表等检索工具，提高档案利用率。

第二十八条　殡葬服务单位的档案管理应采用现代信息技术，实行文档一体化管理和档案信息化管理，并与本单位信息化建设同步、协调发展。

第二十九条　殡葬服务单位的各部门查阅档案应办理登记手续，借阅、复制档案应经单位负责人审核同意。其他单位和个人查阅档案，应持单位介绍信或本人合法证件，经档案保存单位的负责人审核同意后，方可查阅档案。

第三十条　档案保管应符合防盗、防火、防光、防潮、防霉、防虫、防高温、防有害生物等要求。

第六章　经费、库房和设备

第三十一条　档案工作经费应当纳入殡葬服务单位年度财务预算，特殊需求经费超出预算部分的，单位应统筹解决。

第三十二条　档案专用库房、装具设备、消防设备、温湿度控制设施、计算机等设备应当符合国家规定的技术标准。

第三十三条　照片、录音、录像、磁带、磁盘、光盘等特殊载体档案，应当配置特制的保管设备。

第七章　考核、奖励与查处

第三十四条　殡葬服务单位档案工作应当列入本单位年度工作总结、考核、评比范围。

第三十五条　对档案工作中取得显著成绩的单位、部门和个人应当给予表彰和奖励。

第三十六条　发生违反档案法律、法规行为的，由市或者区（县）档案行政管理部门或者上级行政管理部门对直接负责的主管人员或者其他直接责任人依法予以查处。

第八章 附 则

第三十七条 本办法自发布之日起施行。

中共上海市委办公厅 上海市人民政府办公厅印发 《关于党员干部带头推动殡葬改革的实施意见》的通知

(沪委办发〔2014〕29号)

各区、县党委和人民政府，市委、市人民政府各部、委、办、局，各市级机关，各人民团体：

《关于党员干部带头推动殡葬改革的实施意见》已经市委、市人民政府领导同志同意，现印发给你们，请认真贯彻执行。

中共上海市委办公厅
上海市人民政府办公厅
2014年9月2日

(此件公开发布)

关于党员干部带头推动殡葬改革的实施意见

为贯彻落实中共中央办公厅、国务院办公厅印发的《关于党员干部带头推动殡葬改革的意见》（中办发〔2013〕23号）精神，充分发挥广大党员、干部带头示范作用，进一步深化殡葬改革，结合本市实际，现提出如下实施意见。

一、充分认识党员、干部带头推动殡葬改革的重要意义

殡葬改革是破千年旧俗、树一代新风的重大社会改革，关系人民群众切身利益，关系社会主义精神文明建设和生态文明建设，关系党风政风民风，市委、市政府十分重视，社会广泛关注。近年来，本市坚持殡葬改革方针，全面推行以惠民、公益、绿色、科技、阳光、人文殡葬为主要内容的现代殡葬建设，火化率连续20多年保持100%，文明节俭治丧渐成主流，绿色低碳祭扫蔚然成风，惠民殡葬政策不断推出，殡葬服务设施建设稳步推进，殡葬管理工作持续加强，科技人文殡葬加快发展，殡葬改革取得了明显成效。

但也要清醒看到，数千年来形成的隆丧厚葬的传统习俗根深蒂固，殡葬改革依然任重道远。比如，殡葬活动中攀比消费、奢侈浪费现象和迷信低俗活动等有所抬头；乱埋乱葬禁而不绝，重殓厚葬现象回潮，节地生态安葬方式接受程度低；殡葬服务供应总体不足，殡葬市场监管相对乏力，等等。这些问题必须得到高度重视、严肃对待，在深化殡葬改革中认真予以解决。

党员、干部带头推动殡葬改革，是移风易俗，发扬社会主义新风尚的应尽责任，是推动文明节

俭治丧，减轻群众丧葬负担的重要途径，是加强党风政风建设，树立党和政府良好形象的必然要求，是解决人口增长与资源环境矛盾、造福当代和子孙后代、促进经济社会可持续发展的迫切要求。各级党委、政府要深刻认识党员、干部带头推动殡葬改革的重要性和紧迫性，坚持殡葬服务公益属性与多样化服务相结合，殡葬服务供给保障与节地生态安葬相结合，统筹协调推动与多元综合治理相结合，依法规范管理与宣传示范引领相结合，逐步形成党员和干部带头、广大群众参与、全社会共同推动的殡葬改革良好局面。

二、发挥党员、干部在殡葬改革中的模范带头作用

（一）做文明治丧、简办丧事的表率。党员、干部要在殡仪馆或合适场所集中办理丧事活动，不得在居民区、城区街道、公共场所搭建灵棚。采用佩戴黑纱白花、播放哀乐、发放生平等方式哀悼逝者，自觉抵制迷信低俗活动。加强对亲属、朋友、身边工作人员和周围群众的教育引导，及时劝阻不良治丧行为。除国家另有规定外，党员、干部去世后一般不成立治丧机构、不召开追悼会。举行遗体送别仪式的，要严格控制规模，力求节约简朴。对逝者生前有丧事从简愿望或要求的，家属、亲友以及所在单位应当予以充分尊重和支持。严禁党员、干部特别是领导干部在丧事活动中大操大办、铺张浪费，严禁借机收敛钱财。

（二）做节约资源、生态安葬的表率。党员、干部去世后必须实行火葬，不得将骨灰装棺再葬，单穴、双穴的骨灰墓葬用地不超过1平方米，不得超标准建墓立碑。禁止擅自占用土地私建骨灰坟墓。非居住地党员、干部不得在农村公益性公墓、公益性埋葬地、公益性骨灰堂安葬骨灰。党员、干部应当带头实行生态安葬，采取骨灰存放、树葬、花坛葬、草坪葬、廊葬、壁葬等节地葬法，带头参与骨灰撒散、海葬或者深埋、不留坟头。鼓励党员、干部去世后捐献器官或遗体。少数民族党员、干部去世后，尊重其民族习俗，按照有关规定予以安葬。

（三）做文明祭奠、低碳祭扫的表率。党员、干部应当带头采用敬献鲜花、植树绿化、踏青遥祭、经典诵读等方式缅怀故人，弘扬慎终追远等优秀传统文化，不在祭扫活动中焚烧纸钱、纸扎品和燃放鞭炮。积极参与社区公祭、集体共祭、网络祭扫等现代追思活动，带头祭扫先烈，带领群众逐步从注重实地实物祭扫转移到以精神传承为主上来。鼓励低碳出行，错时祭扫，减少拥堵。

三、进一步提高殡葬服务保障水平

（一）抓紧制定改革发展规划。立足群众治丧需求，以服务半径、服务人数为基本依据，统筹空间布局，制定和完善殡葬服务设施建设规划，并将其纳入市、区县城乡总体规划和土地利用总体规划。按照国家要求，公墓项目用地不占用耕地。加强火化设施建设，合理确定数量、布局、规模，加快完成全市殡仪馆火化设备技术改造，大力治理火化机烟气超标排放。加强安葬设施建设，科学确定公墓、骨灰堂建设布局，大力发展多种节地生态葬式，满足基本安葬需求。严格规范经营性公墓用地，经营性公墓要积极承担中心城区市民的公益性节地生态安葬责任。以公益性骨灰堂建设为重点，加强农村公益性公墓、公益性埋葬地、公益性骨灰堂建设，改善设施条件，提高服务水平，确保乡镇辖区居民骨灰安置。

（二）继续完善惠民政策。按照保基本、广覆盖、多层次、可持续原则，继续完善与社会保障制度相衔接的殡葬惠民政策。以城乡特困供养对象、低保对象等困难群体和重点优抚对象为重点救助对象，逐步建立以基本殡葬服务费减免为基础、其他多种形式殡葬救助为补充、基本殡葬服务均等化为目标的殡葬救助保障制度。加快建立殡葬改革激励引导机制，逐步对骨灰存放、树葬、花坛葬、草坪葬、廊葬、壁葬和骨灰撒散、海葬或深埋、不留坟头等少占或者不占地的生态安葬实行奖补政策。

（三）切实加强殡葬重点事项监管。加强经营性公墓管理，进一步依法规范用地和经营行为。加强公益性公墓、公益性埋葬地、公益性骨灰堂规范管理，确保实行节地生态安葬。加强对选择性殡葬服务的监管，引入竞争机制，最大限度降低采购或服务成本。完善各类殡葬服务收费标准、丧葬用品价格公示制度，进一步营造规范、诚信、有序的殡葬服务市场环境。

（四）大力推进殡葬能力建设。推进法制化建设，按照法定程序，适时启动《上海市殡葬管理条例》修订。推进标准化建设，逐步完善与基础、方法、设施、用品、服务、管理等方面标准相配套的殡葬标准体系。加强信息化建设，围绕本市信息惠民行动计划和智慧社区建设，整合现有信息资源，逐步建立全市统一的殡葬信息网络。注重殡葬科技创新和成果转化，支持殡葬节能减排科技攻关，加大对绿色殡葬产品研发和推广应用的力度。加强殡葬职工职业人才队伍建设，通过开展职业道德教育、职业技能培训、岗位练兵、定期轮训等方式，不断提高殡葬职工技能和服务水平。

四、营造殡葬改革的良好环境

（一）健全工作机制。建立健全党委领导、政府负责、部门协同、公众参与、法治保障机制，建立市殡葬工作联席会议制度，统筹协调殡葬改革中重大事项和重要问题，检查相关职能部门有关殡葬改革任务分工的落实情况。各级党委、政府要把殡葬工作纳入经济社会发展大局，纳入重要议事日程，纳入政府目标管理和绩效考核，建立健全组织领导机制，及时研究解决问题，落实工作责任。发展改革、民政、规划国土资源、财政、林业、环保、工商、卫生计生、公安、城管执法、监察、民族宗教等部门及市海葬工作联席会议、市清明节工作指挥部各成员单位，要各司其职、密切配合、协调推进，确保各项任务落实。各区县、各单位、各街镇要切实负起责任，做好辖区内殡葬管理工作。工会、共青团、妇联等人民团体和基层党组织、居村委会及老年协会等社会组织要充分发挥作用，广泛动员群众积极参与殡葬改革，形成推动殡葬改革和殡葬事业发展的合力。

（二）加强督促检查。市殡葬工作联席会议要加强对各部门、各区县执行本意见情况的监督检查，适时组织专项督查。组织部门要掌握党员、干部治丧情况，加强教育管理。党员、干部的直系亲属去世后，要主动向所在党组织或单位报告治丧情况。宣传、精神文明办等部门要做好殡葬改革宣传引导工作，将党员、干部带头推动殡葬改革情况纳入精神文明创建评比考核内容。纪检监察机关要通过设立举报电话、举报箱和网上投诉等多种方式，加强社会监督。对党员、干部尤其是领导干部在丧事活动中的违纪违法行为，要依纪依法严肃查处。

（三）营造良好舆论氛围。坚持日常舆论引导与清明节等重要时间节点集中宣传相结合，充分运用各种媒体和传播手段，深入宣传殡葬法规政策，不断增强党员、干部和广大群众参与殡葬改革的共识。注重发挥殡葬服务机构的作用，将其打造成为宣传殡葬改革的重要平台。把殡葬文化建设与社区文化、村镇文化建设有机结合起来，倡导和形成文明节俭、生态节地、移风易俗的殡葬观念。继续培育殡葬人文研究宣传品牌，不断创新活动载体和宣传形式，为殡葬改革营造良好的社会氛围。

上海市民政局等 9 部门《关于推行节地生态安葬的实施意见》

（沪民殡发〔2016〕7 号）

各区县民政局、发展和改革委员会、科学技术委员会、财政局、规划和土地管理局、环境保护局、建设和管理委员会、农业委员会、林业主管部门：

为进一步贯彻落实国家九部委《关于推行节地生态安葬的指导意见》（民发〔2016〕21 号）和上海市委办公厅、市政府办公厅《关于党员干部带头推动殡葬改革的实施意见》（沪委办发〔2014〕29 号）精神，进一步深化殡葬改革，保障群众基本安葬需求，推行节地生态安葬，保护耕地与生态环境，推进生态文明建设，结合本市实际，提出如下实施意见：

一、充分认识推行节地生态安葬的重要意义

上海自上世纪八十年代实现火化率 100% 以来，按照节约土地、保护环境的总体要求，倡导可持续发展理念，积极推进葬式改革。近年来，全市上下按照党中央、国务院关于生态文明建设的要求，大力推行骨灰节地生态安葬，建成一批节地生态安葬设施，倡导采用骨灰存放、壁葬、树葬、花坛葬、草坪葬、撒海、深埋等安葬方式，取得了显著成效。但总体上看，我市在推行节地生态安葬工作中，仍存在设施不够健全、葬式结构不够合理、不可降解材料使用过多、群众接受度较低、激励引导制度机制不够完善等问题，亟待加以完善解决。

节地生态安葬，就是以节约资源、保护环境为价值导向，鼓励和引导人们采用树葬、海葬、深埋、格位存放等不占或少占土地、少耗资源、少使用不可降解材料的方式安葬骨灰，使安葬活动更好地促进人与自然和谐发展。上海受人多地少和人口深度老龄化的影响，殡葬用地短缺日益严重，传统骨灰墓葬形式难以为继，供需矛盾相对突出，推进生态安葬方式，保障群众的基本殡葬需求，势在必行。要充分认识推行节地生态安葬的重要性和紧迫性，着力凝聚社会共识，加强宣传引导，完善相关政策措施，加快节地生态安葬设施建设，进一步加大推广节地生态葬式的力度，努力构建与现代化国际大都市相适应的现代殡葬服务体系。

二、总体要求

（一）指导思想

以邓小平理论、"三个代表"重要思想、科学发展观为指导，深入贯彻党的十八大、十八届三中、四中、五中全会精神和习近平总书记系列重要讲话精神，坚持保障群众基本安葬需求，坚持节约资源、保护环境，把以人为本、生态文明的理念贯穿于殡葬改革全过程，加大节地生态安葬公共服务产品供给，提供优质人文安葬服务，加强政策激励引导，促使安葬需求与资源环境承载力相适应，促进形成人与自然和谐发展新格局。

（二）基本原则

政府主导，社会参与。强化政府在推行节地生态安葬工作中的统筹规划、基础建设、政策激励、典型示范、监督管理等方面的职能，积极引导和支持城乡居民、殡葬服务单位、基层组织以及

相关社会组织推广节地生态葬法，形成参与殡葬改革的合力。

节约资源，保护环境。坚持节约优先、保护优先的理念，科学规划建设节地生态安葬设施，创新推广节地生态葬法，提高土地利用率，尊重和保护自然生态，减少殡葬活动对资源的消耗和对环境的不当干预，切实维护生态安全。

注重引导，创新发展。尊重、引导、发挥好殡葬习俗对节约资源、保护环境的积极作用，通过依法管理、提升内涵、激励引导、探索创新，引导人们更加自觉接受节地生态葬法，更加注重精神传承，崇尚科学，革除陋习，移风易俗，进一步改革传统殡葬方式，加大建设生命文化教育基地和优秀殡葬文化传承平台的力度。

分类指导，统筹推进。根据城乡、区域、民族、葬式及安葬设施的不同特点，因地制宜，分类指导，科学施策。坚持殡、葬、祭"三位一体"，推动节地生态安葬与绿色殡葬、人文殡葬、惠民殡葬相结合，葬法改革与丧礼改革相衔接，统筹推进殡葬改革，加快现代殡葬建设。

（三）主要目标

到"十三五"末，在确保火化率100%（法规规定除外）的基础上，进一步提高火化技术及服务水平，节地生态安葬比例达到90%以上，节地生态安葬设施城乡覆盖率100%，建成一批具有示范效应的节地生态安葬设施，制定出台覆盖本市户籍人口的节地生态安葬奖补激励政策，厚养薄葬、节地生态、移风易俗新风尚成为市民殡葬活动主流。

三、主要任务

（一）积极推行节地生态安葬方式。巩固现行节地生态安葬做法，创新和推广既节地、环保又适合本市居民需求的节地生态葬式。大力推行不占或少占地的生态化骨灰安葬方式，继续加强楼、堂、廊、墙等骨灰立体安葬方式的开发和建设。积极推广骨灰植树、植草、植花和深埋等生态葬式，使用可降解容器或直接将骨灰藏纳土中，不设硬质墓穴和墓碑。提倡海葬、撒散等不保留骨灰的安葬方式。倡导建设单、双穴占地不超过0.8平方米的节地墓，提倡墓碑小型化、微型化或不立碑，减少石材等不可降解材料的使用，鼓励家庭成员采用合葬方式提高单个墓位使用率。开展火化后骨灰处理新型技术装置的科技创新研究，大幅度压缩骨灰体积，提高单个墓位的骨灰容纳个数。尊重少数民族丧葬习俗，鼓励和支持少数民族群众选择既具有民族特色、又符合节地生态要求的葬式、葬法。

（二）大力加强节地生态安葬设施建设。根据已有安葬设施情况和未来需求预测，科学规划建设节地生态安葬设施，强化安葬设施的生态及文化功能。按照绿色城镇化和美丽乡村建设的要求，加强公益性骨灰安葬设施建设，提高集约化、生态化安葬程度。新建公益性公墓、现有公益性公墓存量土地或扩大用地的节地生态安葬率要达到100%，农村公益性埋葬地全部采取骨灰深埋方式，不留坟头。新建经营性公墓、现有经营性公墓扩大用地节地生态安葬率达到90%以上，现有经营性公墓存量土地生态安葬比例逐年提高。对违规建墓立碑、散埋乱葬的，要依法通过拆除、绿化等方式进行整治改造。

（三）努力提高节地生态安葬服务水平。针对节地生态安葬及相关服务特点，创新服务模式，优化服务流程，拓展服务项目，强化人文关怀，提升服务内涵，做到用心服务、便民高效。加强安葬后续日常管理，注重环境绿化美化，引导文明低碳、错时祭扫，保持墓区整洁肃穆。开展墓位使用期限的研究，积极推进墓穴循环使用。鼓励经营性公墓积极承担社会责任，开辟生态墓区，为市民提供多种类型的节地生态葬式。深化农村殡葬改革，充分发挥村（居）委会和社会组织的作用，加强农村公益性墓地管理，改善墓地形态，提供及时到位、便捷高效的服务，消除服务盲区，提高群众对殡葬改革的认可度和满意度。推进互联网、物联网与殡葬服务融合发展，提高殡葬信息化水平。

（四）着力培育现代殡葬文化。把推行节地生态安葬与倡导厚养薄葬、保护生态环境、造福子孙后代结合起来，培育具有时代特征、上海特色、区县特点、群众基础的殡葬行为规范。各区县要充分依托现有殡葬设施资源，建成一批生命文化教育基地，打造优秀殡葬文化传承平台。要积极推广现代文明的殡葬礼仪和殡葬用品，坚决抵制迷信低俗、奢侈浪费等不良丧葬风气。要加强宣传引导，倡导文明低碳的祭扫方式和现代追思活动，弘扬慎终追远等优秀传统殡葬文化，敬重生命，崇尚科学，引导市民逐步从注重实地实物祭扫转移到以精神传承为主上来。

四、保障措施

（一）加强组织领导。各级党委、政府要高度重视，将推行节地生态安葬作为深化殡葬改革的重要内容，纳入"十三五"规划，健全工作机制，加强目标管理和绩效考核，确保政策措施落到实处。建立由市民政局牵头，发展和改革委员会、科学技术委员会、财政局、规划和国土资源管理局、环境保护局、住房和城乡建设管理委员会、农业委员会、林业局参加的联席会议制度，按照九部委《指导意见》的有关要求，各司其职，密切配合，加强对殡葬改革重大问题的商讨研究，共同推进节地生态安葬。充分发挥街镇（乡）基层组织作用，到"十三五"末，建立健全基层殡葬信息员制度及殡葬信息源采集、报告和预警机制，加强对乱埋乱葬、违规建墓的事前预防和源头治理。

（二）充分发挥党员干部带头作用。深入贯彻落实中央两办《关于党员干部带头推动殡葬改革的意见》和上海两办《关于党员干部带头推动殡葬改革的实施意见》要求，强化党员干部从严律己、依法从政意识，积极做好表率。党员干部要带头参与节地生态安葬，带头推行丧事简办，带头文明低碳祭扫，主动做殡葬改革的践行者、生态文明的推动者、文明风尚的引领者，以正确导向和行为示范带动广大群众转观念、破旧俗、立新风。主动协调有关部门把带头推动殡葬改革的要求纳入对党员干部的教育管理之中，积极宣传典型人物和先进事例，依法纠正和查处党员干部尤其是领导干部去世后乱埋乱葬、超标准建墓立碑等行为。

（三）加强宣传引导。充分发挥媒体、殡葬服务单位、基层自治组织、社会组织等在宣传教育方面的作用，通过各种方式，宣传节地生态安葬的重大意义、法规政策和实践成果，树立正确舆论导向，凝聚社会认同。鼓励有条件的区县大胆探索，开展覆盖城乡居民的节地生态安葬试点，总结经验，形成可复制、可推广的有效模式。注重集中宣传与日常引导相结合，积极组织开展殡葬服务机构开放日、节地生态安葬宣讲、集中生态安葬仪式等活动，加强对市民治丧观念和治丧活动的正向激励引导，培育和树立文明节俭、生态环保、移风易俗的殡葬新风尚。

（四）健全奖补激励机制。在进一步完善面对本市户籍困难群体减免基本殡葬服务费用的惠民殡葬政策基础上，逐步建立覆盖本市户籍居民的节地生态安葬奖补制度，鼓励有条件的区县制定符合本地实际的生态安葬奖补政策，把骨灰存放、壁葬、树葬、花坛葬、草坪葬、撒海、深埋等不占或少占地的节地生态葬式纳入奖补范围，逐步提高奖补力度，提高市民参与节地生态安葬的积极性。

（五）加强督促指导。各有关部门要加大对节地生态安葬工作的支持力度，保障基本殡葬设施建设用地，加强规划引导和政策指导。要发挥联席会议制度平台作用，定期对节地生态安葬推进情况进行检查指导。各公墓要进行专项研究，一墓一策，坚持"绿色、人文、公益"导向，将推行节地生态葬式作为自身可持续发展的有效途径。加强节地生态葬式标准化建设研究和专业服务人才培养，提高殡葬职工的生态文明素养和服务水平，提升市民对节地生态葬式的接受度和满意度。

各区县要根据本实施意见要求，结合实际，研究制定落实措施，市民政局将会同有关部门对贯彻执行情况进行督导检查。

上海市民政局 上海市发展和改革委员会

上海市科学技术委员会 上海市财政局

上海市规划和国土资源管理局 上海市环境保护局

上海市住房和城乡建设管理委员会 上海市农业委员会

上海市林业局

2016 年 12 月 8 日

上海市民政局 上海市财政局关于贯彻落实民政部《关于全面推行惠民殡葬政策的指导意见》的通知

（沪民规〔2017〕5号）

各区民政局、财政局：

为了保障城乡特困群体和重点人群的基本殡葬服务需求，支持引导居民参与葬式葬法改革，根据民政部《关于全面推行惠民殡葬政策的指导意见》（民发〔2012〕211号）、民政部、财政部等九部委《关于推行节地生态安葬的指导意见》（民发〔2016〕21号）和市委办公厅、市政府办公厅印发的《关于党员干部带头推动殡葬改革的实施意见》（沪委办发〔2014〕29号）的相关规定，现就有关事项通知如下：

一、基本要求

根据本市经济社会发展水平和殡葬服务工作实际，优先保障特殊困难群体的基本殡葬服务需求，逐步建立以基本殡葬服务费减免为基础、其他多种形式殡葬救助为补充、基本殡葬服务均等化为目标的殡葬救助保障制度。

二、主要内容

（一）基本殡葬服务补贴

1. 补贴对象

具有本市户籍的国家和本市确定的重点优抚对象、城乡低保对象、特困供养人员、享受民政定期定量救济人员、享受因病支出型贫困生活救助人员、未享受社保丧葬费补贴人员及其家庭成员（具有本市户籍）在本市实行遗体火化，可申请基本殡葬服务补贴。

2. 补贴项目

（1）遗体接运费（普通殡葬专用车）；

（2）遗体存放费（五天内普通冷藏、冷冻柜）；

（3）遗体火化费（普通火化设备）；

（4）骨灰寄存费（不超过一年）。

3. 补贴标准

上列项目的补贴最高限额标准为980元/具，在限额标准内实报实销。各区可根据实际情况，增加补贴项目，丰富惠民形式。

（二）节地生态安葬补贴

本市户籍人员过世后，丧事承办人在本市经营性公墓和经营性骨灰堂选择撒散、深埋等不保留骨灰的生态葬式，以及树葬、花坛葬、草坪葬、格位存放（含壁葬、廊葬、亭葬、室内葬）和家庭成员合葬等节地葬式，每具的补贴标准为1000元。

海葬补贴按骨灰撒海有关规定执行。

三、资金渠道

基本殡葬服务补贴所需资金按有关规定由各区财政负担，节地生态安葬补贴所需资金由市级福利彩票公益金负担。

民政部门根据当年基本殡葬服务费用补贴资金、节地生态安葬补贴资金情况，向财政部门提出下一年度的资金需求，列入各级民政部门预算。

基本殡葬服务补贴资金、节地生态安葬补贴资金实行专项管理、专款专用。

四、工作要求

（一）提高认识、加强领导。加快推进殡葬惠民政策是本市贯彻落实党的十八大精神、促进社会和谐、保障民生的重要举措。各有关部门应高度重视，切实加强组织领导，扎实推进殡葬惠民工作有序开展。各级党委、政府要把殡葬工作纳入经济社会发展大局，纳入重要议事日程，纳入政府目标管理和绩效考核，建立健全组织领导机制，及时研究解决问题，落实工作责任。

（二）制定方案，稳妥实施。各有关部门要在深入调研、充分论证的基础上，科学合理地制定具体的实施办法，按照公开、公正、公平的原则，规范办理程序，建立良好的工作制度和运行机制，确保殡葬惠民工作顺利实施。

（三）明确责任，狠抓落实。民政部门要认真履行职责，规范做好受惠对象的资格审核、档案管理及费用结算等各环节工作，并做好日常管理工作。财政部门要落实惠民殡葬补贴资金，保证经费足额、及时划拨到位，并加强资金使用的监督。

基本殡葬服务补贴工作的具体实施规定由各区民政部门会同财政部门根据各区情况制定，并报上海市民政局备案。节地生态安葬补贴的具体规定由市民政局会同市财政局另行制定。

（四）信息公开，监督管理。民政部门要切实加强惠民殡葬补贴资金管理，确保专款专用，公开透明。要建立健全惠民殡葬政策公开公示制度，主动向社会公开，扩大政策知晓度，接受广泛监督。全市各级民政、财政、监察、审计等部门按有关规定加强对惠民殡葬补贴资金使用情况的监督检查，发现问题及时纠正。

五、施行日期

本通知自2017年6月15日起实施，有效期至2022年6月14日。《关于贯彻落实民政部〈关于全国推行惠民殡葬政策的指导意见〉的通知》（沪民殡发〔2016〕6号）同时废止。

上海市民政局
上海市财政局
2017年8月22日

上海市民政局关于印发《上海市殡葬服务单位年度验审办法》的通知

（沪民规〔2020〕3号）

各区民政局，各有关单位：

为加强对本市殡葬服务单位的规范管理，促进殡葬服务单位健康发展，现印发《上海市殡葬服务单位年度验审办法》，请遵照执行。

上海市民政局

2020年4月26日

上海市殡葬服务单位年度验审办法

第一条（目的依据）

为加强对本市殡葬服务单位的规范管理，促进殡葬服务单位健康发展，根据《上海市殡葬管理条例》和《上海市公墓管理办法》，制定本办法。

第二条（适用范围）

本办法适用于对本市殡葬服务单位开展年度验审工作。

本办法所称的殡葬服务单位，包括殡仪馆、经营性公墓和经营性骨灰堂。

第三条（管理部门）

市民政局负责本市殡葬服务单位的年度验审工作。各区民政局根据职责做好本辖区内殡葬服务单位的年度验审相关工作。

第四条（验审时间）

本办法的验审年度是指上一年度的1月1日至12月31日。开展年度验审时间是每年的3月1日至6月30日。

第五条（验审内容）

对殡葬服务单位的年度验审内容主要包括：

（一）遵守殡葬管理等法律法规和政策规定情况；

（二）执行国家、行业和本市相关标准情况；

（三）设备设施配备、建设和业务操作规范执行情况；

（四）安全生产工作开展情况；

（五）经营性公墓（骨灰堂）维护费等使用管理情况；

（六）其他根据国家和本市规定需要验审的情况。

第六条（验审程序）

年度验审按照下列程序进行：

（一）殡葬服务单位应当就上一年度本单位工作情况，如实填报年度验审报告书，于每年4月1日前向市民政局提交年度验审报告书。

市民政局可以通过委托区民政局和市殡葬服务中心代收验审材料、采取网上办理等方式简化手续，方便殡葬服务单位就近参加年度验审。

（二）市民政局于 4 月 30 日前，向相关区民政局和市殡葬服务中心征求年度验审意见。区民政局和市殡葬服务中心应当配合做好年度验审相关工作，可以结合现场检查情况，对所辖殡葬服务单位提交的年度验审报告书提出意见。

（三）市民政局应当结合相关区民政局和市殡葬服务中心的意见，自 5 月起对全市各殡葬服务单位进行验审，并开展现场抽查。

（四）市民政局在 6 月底前完成年度验审工作，并作出年度验审结论。年度验审结论应当告知验审对象，于 20 个工作日内公示。

第七条（验审结论）

年度验审结论分为"验审合格"、"验审基本合格"、"验审不合格"三种。验审结束后，市民政局应当在《殡葬服务证》（副本）上加盖年度验审结论戳记。

殡葬服务单位不按规定接受市、区民政部门监督检查或年度验审，以及年度验审中隐瞒真实情况、弄虚作假的，确定为"验审不合格"。

有下列情形之一，情节轻微的，确定为"验审基本合格"；情节严重的，确定为"验审不合格"：

（一）违反殡葬管理等法律法规和政策规定的；

（二）未严格执行业务操作规范，发生业务差错和事故的；

（三）存在安全隐患，发生安全生产责任事故的。

第八条（整改处理）

"验审基本合格"和"验审不合格"的殡葬服务单位，应当按照年度验审指出的问题，在规定的期限内完成整改，整改期限为 3 个月。整改结束后，由市民政局对整改结果进行评定并出具意见。拒不接受整改的，由市民政局依法予以处理。

第九条（施行日期）

本规定自 2020 年 5 月 1 日起施行，有效期至 2025 年 4 月 30 日。

上海市民政局关于进一步规范本市殡葬代理服务的通知

（沪民殡发〔2020〕1 号）

各区民政局，各有关单位：

为贯彻落实"人民城市人民建、人民城市为人民"的理念，提升服务"公民身故一件事"的能力，进一步落实行业监管责任，推进殡葬行业协会自律自治，夯实殡葬代理服务单位主体责任，促进殡葬代理服务行业健康发展，现提出以下工作要求：

一、加强对殡葬代理服务单位的服务管理

（一）坚持殡仪馆为民服务公益属性。各级民政部门要积极践行"民政爱民、民政为民"的理念，指导各殡仪馆想群众所想，急群众所急，积极推行白事顾问制度，切实发挥好公益属性，不断减轻群众丧葬负担。

（二）落实行业监管责任。各级民政部门要综合运用加强联合检查、处理投诉举报、强化信用建设等手段，加强对殡葬代理服务单位遵守殡葬政策法规、提供规范服务、切实履行合同等行为的

监督管理。

（三）规范殡仪馆内的殡殓代理服务。各级民政部门要督促各殡仪馆通过签订合作协议、承诺书等方式，规范与殡葬代理服务单位的合作关系，重点解决殡葬代理服务单位违规经营、以次充好、乱收费等侵害群众合法权益的问题，并将此项工作纳入年度验审内容，切实维护群众殡葬权益。

二、充分发挥行业协会自律自治作用

（一）引导和规范殡葬代理服务单位诚信经营。行业协会应发布行业公约，制定行业守信行为、失信行为标准和激励惩戒措施，开展政策宣传、信用培训、信用承诺、信用记录、信用评价等工作。

（二）研究制定殡葬代理服务质量评价标准。行业协会应针对行业突出问题，回应群众关切，组织会员单位制订《代理服务质量评价标准》，以客观、公正的实际数据为依据，实行红黑榜制度，奖优惩劣，定期公布诚信代理服务单位（个人）和失信代理单位（个人）清单。

（三）建立健全行业失信惩戒制度。行业协会应依据市民投诉处理情况，对于假冒正规殡葬服务单位、买卖信息、乱收费、不签订服务合同、不提供消费清单和票据等侵害群众合法权益的代理服务行为，根据不同情节，给予责令整改、行业通告、取消会员资格、列入行业黑名单等处理，并向社会公告。

三、切实提升殡仪服务质量

（一）规范代理服务。各殡仪馆应切实为人民群众提供便民、规范、优质的殡葬服务，减轻群众丧葬负担，不得对代理服务设置消费门槛；对信用良好的殡葬代理服务单位开通"绿色通道"，并在单位网站、业务大厅等公布名单，接受社会监督；发现殡葬代理服务单位侵害市民合法权益，可以拒绝其代办相关业务，并将有关情况上报行业主管部门。

（二）加强信息核查。殡仪馆受理殡殓代理业务，应核查殡葬代理服务单位资质、从业人员真实信息、丧事承办人签名确认的代理委托书等有关资料，并将相关材料存入业务档案。

（三）提供清单服务。各殡仪馆应通过网站、微信公众号、馆内醒目位置公示服务项目、收费标准，供群众选择。对于委托代理服务单位办理的丧事承办人，应通过短信提示、书面告知等方式告知丧事承办人服务项目、消费清单。

四、促进殡葬代理服务单位提供诚信规范服务

（一）依法、依规开展经营活动。殡葬代理服务单位应自觉遵守《殡葬管理条例》《上海市殡葬管理条例》和相关政策法规，依法取得殡葬服务代理资质，从业人员应符合岗位从业要求，不得超越经营范围从事其他经营活动。

殡葬代理服务单位从业人员应自觉维护丧事承办人的合法权益，按照合同的约定，提供相应的服务、有效的服务清单和收费凭证，不得以任何形式、项目、价格等对丧事承办人进行误导和欺诈。未能履行合同的约定，导致丧事承办人财产等受到损害，应承担相应的赔偿责任。

（二）严格遵守行业规范。殡葬代理服务单位从业人员应严格遵守《殡葬代理服务规范》（DB31/T501），遵循诚信、公平、合理、自愿原则，提供规范、便捷、温馨的专业服务；抵制迷信低俗的殡葬活动，推广绿色生态、移风易俗、文明节俭的殡葬新风尚。

（三）自觉接受社会监督。殡葬代理服务单位应遵循市场活动的公开性原则，自觉接受政府部门、行业协会、新闻媒体、市民群众的监督，及时、积极、妥善处理丧事承办人的投诉并予以反馈，营造规范、诚信、有序的殡葬服务市场秩序。

上海市民政局

2020 年 8 月 12 日

上海市民政局关于进一步加强本市
公益性安葬设施管理的通知

（沪民殡发〔2020〕2号）

相关区民政局：

公益性安葬设施是保障基本民生的重要殡葬公共服务设施。多年来，我市公益性安葬建设在当地政府和各级民政部门的支持下，得到了发展，有效满足了农村居民的殡葬服务需求，但也存在部分设施落后、管理不规范等问题。为进一步规范公益性安葬设施管理，现就有关事项通知如下：

一、加强公益性安葬设施违规运营行为查处

相关区民政部门要部署开展违规建设经营专项摸排，重点对公益性安葬设施违规经营谋利、擅自对外出售、超标准建墓等行为进行整治，对发现的违规行为及时通报所在地政府，拉单挂账，督促整改，对敷衍塞责、整改不力的设施要依法依规进行查处并在全区进行通报。相关区摸排整治情况请及时上报市民政局殡葬管理处。

二、加强公益性安葬设施日常监管

相关乡、镇人民政府和街道办事处是公益性安葬设施建设管理的责任主体，相关区民政部门牵头负责辖区内公益性安葬设施的行业指导和日常监管，督促各乡、镇和街道落实属地管理责任。

相关乡、镇人民政府和街道办事处要制定公益性安葬设施服务规范，明确对象范围、收费标准和服务流程，并在单位醒目位置进行公示，接受社会和公众监督；要建立完善内部管理、安全管理、财务管理、业务档案管理等制度，提高规范化管理水平；要大力强化党风廉政建设，加强对管理人员的教育和监督；要坚持公益属性，加大对公益性安葬设施资金、人员支持力度，不断提升公益安葬和服务水平。

相关区民政局要牵头建立日常抽查检查机制，加大对公益性安葬设施贯彻落实殡葬法规和建设运营情况的监督，及时纠治违规行为；要指导公益性安葬设施全面推行节地生态安葬，加强土地集约使用，促进绿色可持续发展。

三、推进农村地区移风易俗

各级民政部门要加大农村地区移风易俗宣传力度，倡导厚养礼葬、无烟祭扫等殡葬文明新风尚，引导市民摈弃大操大办、焚烧祭品、散埋乱葬等殡葬陋俗；要研究建立户籍人员骨灰流向跟踪管理制度，引导市民依法依规安葬，逐步消除农村地区散埋乱葬现象。

上海市民政局

2020年9月23日

上海市民政局关于印发《上海市殡葬违法行为行政处罚的裁量基准》的通知

（沪民规〔2022〕8号）

各区民政局，市民政局执法总队：

现将我局制定的《上海市殡葬违法行为行政处罚的裁量基准》印发给你们，请遵照执行。

上海市民政局

2022年7月1日

上海市殡葬违法行为行政处罚的裁量基准

为了规范对殡葬违法行为的行政处罚裁量权，现就《殡葬管理条例》《上海市殡葬管理条例》《上海市公墓管理办法》中有关违法行为的处罚，结合本市实际，制定本裁量基准。

一、具体裁量基准

（一）未经批准，擅自兴建殡葬设施

1. 法律依据

（1）义务条款

《殡葬管理条例》第九条第一款。

（2）处罚条款

《殡葬管理条例》第十八条：未经批准，擅自兴建殡葬设施的，由民政部门会同建设、土地行政管理部门予以取缔，责令恢复原状，没收违法所得，可以并处违法所得1倍以上3倍以下的罚款。

2. 裁量基准

（1）未经批准擅自兴建殡葬设施，未产生社会影响的，予以取缔，责令恢复原状，没收违法所得；

（2）未经批准擅自兴建殡葬设施，社会影响较小的，予以取缔，责令恢复原状，没收违法所得，并处违法所得1倍的罚款；

（3）未经批准擅自兴建殡葬设施，社会影响较大的，予以取缔，责令恢复原状，没收违法所得，并处违法所得2倍的罚款；

（4）未经批准擅自兴建殡葬设施，社会影响恶劣的，予以取缔，责令恢复原状，没收违法所得，并处违法所得3倍的罚款。

（二）墓穴占地面积超过省、自治区、直辖市人民政府规定的标准

1. 法律依据

（1）义务条款

《殡葬管理条例》第十一条、《上海市公墓管理办法》第十五条第三款。

（2）处罚条款

《殡葬管理条例》第十九条：墓穴占地面积超过省、自治区、直辖市人民政府规定的标准的，由民政部门责令限期改正，没收违法所得，可以并处违法所得 1 倍以上 3 倍以下的罚款。

2. 裁量基准

（1）墓穴占地面积超过标准，未产生社会影响的，责令限期改正，没收违法所得。

（2）墓穴占地面积超过标准，社会影响较小的，责令限期改正，没收违法所得，并处违法所得 1 倍的罚款。

（3）墓穴占地面积超过标准，社会影响较大的，责令限期改正，没收违法所得，并处违法所得 2 倍的罚款。

（4）墓穴占地面积超过标准，社会影响恶劣的，责令限期改正，没收违法所得，并处违法所得 3 倍的罚款。

（三）制造、销售不符合国家技术标准的殡葬设备

1. 法律依据

（1）义务条款

《殡葬管理条例》第十六条。

（2）处罚条款

《殡葬管理条例》第二十二条第一款：制造、销售不符合国家技术标准的殡葬设备的，由民政部门会同工商行政管理部门责令停止制造、销售，可以并处制造、销售金额 1 倍以上 3 倍以下的罚款。

2. 裁量基准

（1）制造、销售不符合国家技术标准的殡葬设备，制造、销售金额不满 5 万元，并且未产生社会影响或者社会影响较小的，责令停止制造、销售。

（2）制造、销售不符合国家技术标准的殡葬设备，制造、销售金额不满 5 万元，并且社会影响较大的；或制造、销售金额在 5 万元以上不满 15 万元，并且未产生社会影响或者社会影响较小的，责令停止制造、销售，并处销售、制造金额 1 倍的罚款。

（3）制造、销售不符合国家技术标准的殡葬设备，制造、销售金额在 5 万元以上不满 15 万元，并且社会影响较大的；或制造、销售金额在 15 万元以上，并且未产生社会影响或者社会影响较小的，责令停止制造、销售，并处销售、制造金额 2 倍的罚款。

（4）制造、销售不符合国家技术标准的殡葬设备，制造、销售金额在 15 万元以上，并且社会影响较大的；或制造、销售不符合国家技术标准的殡葬设备，社会影响恶劣的，责令停止制造、销售，并处销售、制造金额 3 倍的罚款。

（四）制造、销售封建迷信殡葬用品

1. 法律依据

（1）义务条款

《殡葬管理条例》第十七条。

（2）处罚条款

《殡葬管理条例》第二十二条第二款：制造、销售封建迷信殡葬用品的，由民政部门会同工商行政管理部门予以没收，可以并处制造、销售金额 1 倍以上 3 倍以下的罚款。

2. 裁量基准

（1）制造、销售封建迷信殡葬用品，未产生社会影响的，没收封建迷信殡葬用品。

（2）制造、销售封建迷信殡葬用品，社会影响较小的，没收封建迷信殡葬用品，并处制造、销售金额 1 倍的罚款。

（3）制造、销售封建迷信殡葬用品，社会影响较大的，没收封建迷信殡葬用品，并处制造、销售金额 2 倍的罚款。

（4）制造、销售封建迷信殡葬用品，社会影响恶劣的，没收封建迷信殡葬用品，并处制造、销售金额 3 倍的罚款。

（五）未取得殡葬服务证、殡葬服务证未经验审或者验审不合格从事殡葬服务活动

1. 法律依据

（1）义务条款

《上海市殡葬管理条例》第八条、第九条、第十八条。

（2）处罚条款

《上海市殡葬管理条例》第二十八条第二项：未取得殡葬服务证、殡葬服务证未经验审或者验审不合格从事殡葬服务活动的，由市殡葬管理处责令停产停业，没收违法所得，情节轻微的，可以并处二千元以上一万元以下罚款，情节严重的，可以并处一万元以上五万元以下罚款。

2. 裁量基准

（1）未取得殡葬服务证、殡葬服务证未经验审或者验审不合格从事殡葬服务活动，不满一个月，并且未产生社会影响的，责令停产停业，没收违法所得。

（2）未取得殡葬服务证、殡葬服务证未经验审或者验审不合格从事殡葬服务活动，不满一个月，并且社会影响较小的；或者未取得殡葬服务证、殡葬服务证未经验审或者验审不合格从事殡葬服务活动，一个月以上不满三个月，并且未产生社会影响的，责令停产停业，没收违法所得，并处二千元以上五千元以下罚款。

（3）未取得殡葬服务证、殡葬服务证未经验审或者验审不合格从事殡葬服务活动，一个月以上不满三个月，并且社会影响较小的，责令停产停业，没收违法所得，并处五千元以上一万元以下罚款。

（4）未取得殡葬服务证、殡葬服务证未经验审或者验审不合格从事殡葬服务活动，三个月以上，未产生社会影响或者社会影响较小的；或者未取得殡葬服务证、殡葬服务证未经验审或者验审不合格从事殡葬服务活动，不满三个月，并且社会影响较大的，责令停产停业，没收违法所得，并处一万元以上二万元以下罚款。

（5）未取得殡葬服务证、殡葬服务证未经验审或者验审不合格从事殡葬服务活动，三个月以上，并且社会影响较大的，责令停产停业，没收违法所得，并处二万元以上三万元以下罚款。

（6）未取得殡葬服务证、殡葬服务证未经验审或者验审不合格从事殡葬服务活动，社会影响恶劣的，责令停产停业，没收违法所得，并处三万元以上五万元以下罚款。

（六）擅自将遗体运出本市

1. 法律依据

（1）义务条款

《上海市殡葬管理条例》第十五条第二款。

（2）处罚条款

《上海市殡葬管理条例》第二十八条第三项：擅自将遗体运出本市的，市殡葬管理处或者区、县民政局可以处二百元以上二千元以下罚款。

2. 裁量基准

（1）违法行为发生后，配合执法、在规定期限内完成整改，未产生社会影响，未造成危害后果的，不予行政处罚。

（2）违法行为发生后，配合执法、已开展整改但未在规定期限内完成整改，每具遗体处二百元以上一千元以下的罚款。

（3）违法行为发生后，不配合执法或者拒不整改的，每具遗体处一千元以上二千元以下的罚款。

（七）违反规定出售墓穴、骨灰存放格位

1. 法律依据

（1）义务条款

《上海市殡葬管理条例》第二十三条第一款、第三款、第二十四条第一款，《上海市公墓管理办法》第十六条。

（2）处罚条款

《上海市殡葬管理条例》第二十八条第四项：违反规定出售墓穴、骨灰存放格位的，由市殡葬管理处或者区、县民政局责令停止违法活动，没收违法所得，可以并处违法所得一倍以上三倍以下罚款。

2. 裁量基准

（1）违反规定出售墓穴、骨灰存放格位5穴（格）以下，或者未产生社会影响的，责令停止违法活动，没收违法所得。

（2）违反规定出售墓穴、骨灰存放格位6穴（格）以上、20穴（格）及以下，或者社会影响较小的，责令停止违法活动，没收违法所得，并处违法所得1倍的罚款。

（3）违反规定出售墓穴、骨灰存放格位21穴（格）以上、50穴（格）以下，或者社会影响较大的，责令停止违法活动，没收违法所得，并处违法所得2倍的罚款。

（4）违反规定出售墓穴、骨灰存放格位51穴（格）以上，或者社会影响恶劣的，责令停止违法活动，没收违法所得，并处违法所得3倍的罚款。

同时存在穴（格）数量和社会影响两档违法情形的，适用较重的处罚基准。

（八）墓穴间通道宽度低于零点六米

1. 法律依据

（1）义务条款

《上海市公墓管理办法》第十五条第二款。

（2）处罚条款

《上海市公墓管理办法》第二十六条第二项：违反本办法第十五条第二款的，责令限期改正，处一万元至五万元罚款。

2. 裁量基准

（1）墓穴间通道宽度大于等于零点五米、低于零点六米的，责令限期改正，处一万元以上三万元以下的罚款。

（2）墓穴间通道宽度大于等于零点四米、低于零点五米的，责令限期改正，处三万元以上四万元以下的罚款。

（3）墓穴间通道宽度低于零点四米的，责令限期改正，处四万元至五万元罚款。

（九）代办非法经营公墓单位的公墓业务

1. 法律依据

（1）义务条款

《上海市公墓管理办法》第十七条。

（2）处罚条款

《上海市公墓管理办法》第二十六条第三项：违反本办法第十七条的，责令限期改正，处一千元至二万元罚款。

2. 裁量基准

（1）违法行为发生后，配合执法、在规定期限内完成整改的，处一千元以上五千元以下的罚款。

（2）违法行为发生后，配合执法、已开展整改但未在规定期限内完成整改的，责令限期改正，处五千元以上一万元以下的罚款。

（3）违法行为发生后，不配合执法或者拒不整改的，责令限期改正，处一万元至二万元罚款。

（十）在公益性埋葬地内建墓（坟）树碑

1. 法律依据

（1）义务条款

《上海市公墓管理办法》第十八条第二款。

（2）处罚条款

《上海市公墓管理办法》第二十六条第四项：……违反第十八条第二款的，责令限期改正，处五千元至一万元罚款。

2. 裁量基准

（1）初次违法行为发生后，配合执法、在规定期限内完成整改，未产生社会影响的，不予行政处罚。

（2）违法行为（非初次）发生后，配合执法、在规定期限内完成整改的，处五千元以上六千元以下的罚款。

（3）违法行为发生后，配合执法、已开展整改但未在规定期限内完成整改的，责令限期改正，处六千元以上八千元以下的罚款。

（4）违法行为发生后，不配合执法或者拒不整改的，责令限期改正，处八千元至一万元罚款。

（十一）墓穴购买者转让或者买卖墓穴

1. 法律依据

（1）义务条款

《上海市公墓管理办法》第十九条第二款。

（2）处罚条款

《上海市公墓管理办法》第二十六条第五项：违反本办法第十九条第二款的，责令限期改正，处一千元至五千元罚款。

2. 裁量基准

（1）违法行为发生后，配合执法、在规定期限内完成整改的，处一千元以上二千元以下的罚款。

（2）违法行为发生后，配合执法、已开展整改但未在规定期限内完成整改的，责令限期改正，处二千元以上四千元以下的罚款。

（3）违法行为发生后，不配合执法或者拒不整改的，责令限期改正，处四千元至五千元罚款。

（十二）在公墓内燃烧锡箔、冥币、纸钱、纸扎等迷信用品或者燃放烟花爆竹

1. 法律依据

（1）义务条款

《上海市公墓管理办法》第二十一条。

（2）处罚条款

《上海市公墓管理办法》第二十六条第七项：违反本办法第二十一条的，处一百元至五百元罚款。

2. 裁量基准

（1）在公墓内燃烧锡箔、冥币、纸钱、纸扎等迷信用品或者燃放烟花爆竹，未产生社会影响或

者社会影响较小的，处一百元以上二百元以下罚款。

（2）在公墓内燃烧锡箔、冥币、纸钱、纸扎等迷信用品或者燃放烟花爆竹，社会影响较大的，处二百元至五百元罚款。

（十三）未使用由市财政局统一印制的殡葬服务专用收据

1. 法律依据

（1）义务条款

《上海市公墓管理办法》第二十二条。

（2）处罚条款

《上海市公墓管理办法》第二十六条第八项：违反本办法第二十二条的，处五千元至一万元罚款。

2. 裁量基准

（1）所涉金额不满五万元的，处五千元以上七千元以下的罚款。

（2）所涉金额在五万元以上的，处七千元至一万元罚款。

（十四）将经营性公墓的维护费挪作他用

1. 法律依据

（1）义务条款

《上海市公墓管理办法》第二十三条第三款。

（2）处罚条款

《上海市公墓管理办法》第二十六条第九项：违反本办法第二十三条第三款的，责令限期追回，处一万元至五万元罚款。

2. 裁量基准

（1）违法行为发生后，配合执法、在规定期限内追回维护费的，处一万元以上二万元以下的罚款。

（2）违法行为发生后，配合执法、已开展整改但未在规定期限内追回维护费的，责令限期追回，处二万元以上三万元以下的罚款。

（3）违法行为发生后，不配合执法或者拒不整改的，责令限期追回，处三万元至五万元罚款。

二、根据《中华人民共和国行政处罚法》第二十八条第一款："行政机关实施行政处罚时，应当责令当事人改正或者限期改正违法行为"、第二款"当事人有违法所得，除依法应当退赔的外，应当予以没收"的规定，对殡葬违法行为，应当责令改正或者限期改正违法行为，同时充分调查取证，按照法律法规及本裁量基准等规定给予相应处罚，有违法所得的，应当予以没收。

三、本裁量基准所规定的"以上""以下"均包含本数，有特别规定的除外。

四、本裁量基准所列的殡葬违法行为有《中华人民共和国行政处罚法》、《上海市人民政府关于本市建立行政处罚裁量基准制度的指导意见》（沪府发〔2013〕32号）所列应当减轻、从轻、从重情节的，裁量时应当予以减轻、从轻、从重；本裁量基准对上述殡葬违法行为从轻、从重情节已有具体规定的，从其规定。

五、本裁量基准自2022年8月1日起施行，有效期至2027年7月31日。

上海市民政局 上海市财政局关于印发修订后的
《上海市节地生态安葬补贴实施办法》的通知

（沪民规〔2022〕12号）

各区民政局、财政局：

　　现将修订后的《上海市节地生态安葬补贴实施办法》印发给你们，请遵照执行。

上海市民政局　上海市财政局

2022年9月9日

（此件主动公开）

上海市节地生态安葬补贴实施办法

第一条（目的和依据）

为规范本市节地生态安葬补贴的发放和管理工作，根据民政部、财政部等九部委《关于推行节地生态安葬的指导意见》（民发〔2016〕21号）和《上海市民政局 上海市财政局关于贯彻落实民政部〈关于全面推行惠民殡葬政策的指导意见〉的通知》（沪民规〔2017〕5号）等规定，结合本市实际，制定本办法。

第二条（适用范围）

本办法适用于对本市户籍的亡故居民，其丧事承办人在本市经营性公墓、经营性骨灰堂，或者通过海葬服务机构选择节地生态葬式予以补贴的办理和监督管理。

第三条（节地生态葬式）

本办法所称的节地生态葬式，主要包括：

节地葬式：指壁葬、廊葬、亭葬、室内葬等将骨灰长期安放于骨灰格位中的立体葬式，树葬、花坛葬、草坪葬等将骨灰藏纳于土、不树碑的安葬方式，以及家庭成员合葬的方式。

本款所称的家庭成员合葬，是指在新购墓穴（占地面积不超过$0.6m^2$）合葬3具及以上家庭成员骨灰，或者经合同双方协商一致，在原有墓穴增加合同约定外的其他家庭成员骨灰的安葬方式。

（一）生态葬式：指将骨灰撒散、深埋入土等，不保留骨灰，不建墓基、墓碑，土地可循环使用的安葬方式。

（二）海葬：指将骨灰撒散到指定海域的安葬方式。

第四条（节地生态葬式公布）

市民政部门会同区民政部门每年对本市经营性公墓、经营性骨灰堂的节地生态葬式进行认定，并向社会公布提供节地生态葬式的单位和葬式目录。

第五条（补贴标准）

本市户籍人员过世后，丧事承办人在本市经营性公墓和经营性骨灰堂选择撒散、深埋等不保留骨灰的生态葬式，以及树葬、花坛葬、草坪葬、格位存放（含壁葬、廊葬、亭葬、室内葬）和家庭成员合葬等节地葬式，每具补贴标准为 1000 元。

本市户籍人员过世后，丧事承办人选择通过海葬服务机构办理海葬，每份骨灰撒海补贴标准为 4600 元。其中 3000 元直接补贴给家属，1600 元用于为家属提供乘坐骨灰撒海活动的车船票、保险费等服务费用（不超过六人）。

第六条（补贴次〔具〕数规定）

符合补贴条件的每具骨灰仅给予一次节地生态安葬补贴。享受节地生态安葬补贴后，再采用非节地生态葬式安葬的，丧事承办人应当退还有关补贴。

选择家庭成员合葬方式，在新购墓穴合葬 3 具及以上家庭成员骨灰的，从第 3 具骨灰开始给予补贴；在原有墓穴增加合同约定外的其他家庭成员骨灰的，对增加的骨灰给予补贴。

第七条（补贴登记）

（一）节地或生态安葬。对本市户籍的亡故居民，其丧事承办人在公布目录范围内的经营性公墓、经营性骨灰堂选择节地或生态安葬的，可以在办理落葬后通过"一网通办"平台或者到办理落葬的经营性公墓、经营性骨灰堂，提交下列有关材料，办理补贴登记：

1. 丧事承办人身份证件；

2. 亡故居民户籍证明材料；

3. 墓穴（格位）证书；

4. 火化证明；

5. 墓穴（格位）购销合同；

6.《上海市节地生态安葬补贴登记表》；

7. 丧事承办人银行卡。

（二）海葬。对本市户籍的亡故居民，其丧事承办人选择海葬的，可以通过"海葬服务专线"或者向海葬服务机构预约参加海葬活动，并可以通过"一网通办"平台或者向海葬服务机构提交下列有关材料，办理补贴登记：

1. 丧事承办人身份证件；

2. 亡故居民户籍证明材料；

3. 火化证明；

4.《上海市民海葬补贴申请表》；

5. 丧事承办人银行卡。

第八条（审核发放）

经营性公墓、经营性骨灰堂于每月 20 日前将补贴登记相关材料汇总报送所在区民政部门；区民政部门在收到相关报送材料之日起 10 个工作日内作出初审意见，对符合补贴要求的相关材料及时报送市民政部门；对不符合要求的，及时告知丧事承办人。

海葬服务机构于每月 20 日前将海葬补贴登记相关材料汇总报送市民政部门。

市民政部门对区民政部门、海葬服务机构报送的材料进行审核。对符合补贴要求的，自收到报送材料之日起 10 个工作日内，依托上海市民政资金内控监管平台通过银行等代理金融机构，将补贴资金发放至经办人银行账户。

第九条（部门职责与监管）

市民政部门应加强节地生态安葬补贴政策的宣传，做好节地生态葬式认定和补贴资金的审核、拨付工作；加强节地生态安葬补贴工作的监督管理，发现问题及时纠正。

市财政部门应及时安排资金，做好节地生态安葬补贴资金的保障工作。

区民政部门应当加强对辖区内经营性公墓、经营性骨灰堂开展节地生态安葬工作的指导，配合做好节地生态葬式认定和初审工作。

第十条（经营性公墓、经营性骨灰堂、海葬服务机构责任）

经营性公墓、经营性骨灰堂、海葬服务机构建立健全档案管理制度，及时将节地生态安葬业务办理过程的相关材料进行归档，实行一具一档，并协助民政部门做好登记材料汇总报送等工作。

第十一条（工作人员责任）

各级民政部门相关工作人员应当依法依规履行补贴办理和监督管理职责，对存在玩忽职守、滥用职权、徇私舞弊、索贿受贿等行为的，由其所在单位或者上级主管部门依据国家相关规定给予行政处分；构成犯罪的，依法追究刑事责任。

第十二条（实施日期）

本规定自 2022 年 11 月 1 日起施行，有效期至 2027 年 10 月 31 日止，《上海市民政局 上海市财政局关于印发〈上海市节地生态安葬补贴实施办法〉的通知》（沪民规〔2017〕9 号）、《上海市民政局关于调整骨灰撒海补贴标准的通知》（沪民规〔2017〕13 号）同步废止。

上海市民政局关于印发
《上海市遗体运输管理办法》的通知

（沪民规〔2023〕4 号）

第一条（目的和依据）

为了加强遗体的运输管理，根据《殡葬管理条例》《上海市殡葬管理条例》，民政部、公安部、外交部、铁道部、交通部、卫生部、海关总署、民用航空局《关于尸体运输管理的若干规定》（民事发〔1993〕2 号），《尸体出入境和尸体处理的管理规定》等规定，结合本市实际，制定本办法。

第二条（适用范围）

本办法适用于遗体在本市市内运输、市内运往外地、外地运入市内、本市运往境外、境外运入本市的管理。

第三条（主管部门）

上海市民政局负责本市遗体运输的管理工作。区民政部门按照各自职责负责本辖区内遗体运输的管理工作。

第四条（配合部门）

本市各有关职能部门按各自职责，配合做好遗体运输的管理工作。

第五条（承运和承办机构）

殡仪馆是遗体运输的承运机构。除特殊情况外，殡仪馆以外的任何单位和个人不得从事遗体的运输。

中国殡葬协会国际运尸网络服务中心上海办事处（以下简称上海办事处）是外国人、华侨和香港、澳门、台湾同胞的遗体境内外运或境外内运的承办机构，其他任何部门（包括外国人在中国设立的保险或代理机构），均不得擅自承揽此项业务。

第六条（遗体市内运输）

在本市死亡且遗体在本市市内运输的，其亲属或有关单位凭死亡证明或公安部门出具的相关情况说明到殡仪馆办理遗体运输手续，遗体由殡仪馆殡殓专用车接运。

第七条（遗体运往市外）

外省市居民在本市死亡后，因特殊情况需要将遗体运出本市（境内）的，由其亲属或有关单位凭死亡证明，按照有关规定报市民政局批准。

第八条（遗体运入市内）

本市市民在外省市（境内）死亡后，因特殊情况需要将遗体运回本市的，由其亲属或有关单位按照有关规定凭死亡证明办理遗体运输手续。

第九条（遗体境内外运）

华侨，香港、澳门、台湾同胞在本市死亡后，遗体需要运往境外的，由其亲属或有关单位，凭死亡证明，到上海办事处办理遗体运输手续。

外国人在本市死亡后，遗体需要运往境外的，由其亲属或有关单位向市公安局出入境管理局申报死亡，凭公安出入境管理部门开具的《外国人死亡证》，到上海办事处办理遗体运输手续。

第十条（遗体境外内运）

华侨，香港、澳门、台湾同胞的遗体，从境外运来本市安葬或者在本市稍作停留再运往外地安葬的，由其亲属或有关单位凭死者所在地的有关部门开具的死亡证明、防腐证明、入殓证明，尸体、骸骨入出境卫生监管申报单，到上海办事处办理遗体运输手续。

第十一条（严禁市内外运或市外内运的情形）

为了防止环境污染和疾病的传染，对高度腐败的遗体，患有甲类传染病、乙类炭疽病的遗体，以及国家规定应当立即火化的遗体，严禁从本市运往外地、境外，或从外地、境外运入本市。

第十二条（遗体出入境手续）

死者亲属或有关单位需将遗体运出境外或运入境内，必须按卫生部《实施中华人民共和国国境口岸卫生监督办法的若干规定》〔〔1983〕卫防字第 5 号〕、《尸体出入境和尸体处理的管理规定》、《出入境尸体骸骨卫生检疫管理办法》、《关于换发遗体入出境有关证件的通知》（民发〔2010〕158号）等规定办理进出境手续。

第十三条（卫生防护）

遗体运输须对遗体进行必要的防腐、消毒技术处理，防止污染环境，确保卫生安全。

第十四条（施行日期）

本办法自 2023 年 5 月 1 日起施行，有效期至 2028 年 4 月 30 日。

上海市民政局关于推进本市殡葬服务
进社区工作的通知

（沪民殡发〔2023〕2 号）

各区民政局、各有关单位：

根据《关于进一步推动殡葬改革促进殡葬事业发展的指导意见》（民发〔2018〕5 号）、《上海市城乡社区服务体系建设"十四五"规划》（沪民社建发〔2022〕3 号）等有关规定，着眼解决群众反映突出的殡葬服务信息不对称等问题，更好满足社区群众治丧需求，现就推进殡葬服务进社区工作通知如下：

一、工作目标

坚持以习近平新时代中国特色社会主义思想为指导，贯彻落实以人民为中心的发展思想，按照"政府推动、依托社区、群众受益"的工作原则，增强社区为民、便民服务功能，打破殡葬服务信息壁垒，提升殡葬服务可及性，不断满足市民群众"逝有所安"的需求。

二、工作内容

（一）推动殡葬政策服务信息进社区

依托社区事务服务受理中心、居（村）委会等基层载体，通过宣传册、便民服务指引等，加大殡葬惠民政策、便民服务信息宣传力度；依托"社区云"线上服务平台，开设殡葬便民信息专栏，为有需求的市民及时提供资讯服务。

深化社区工作者"全岗通"培训，赋能"养老顾问""救助顾问"等群众信得过的社区民生顾问，第一时间、零距离为有需求的社区居民提供殡葬便民服务咨询。

（二）推动"公民身故一件事"线下帮办进社区

依托社区事务受理服务中心、社区民生顾问、社区工作者等基层服务力量，为不方便使用智能手机的市民群众提供线下帮办服务。

（三）推动"962840"白事服务热线进社区

采取群众容易接受的方式，在中心城区社区广泛宣传"962840"白事服务热线。由"962840"白事服务热线为有需求的社区居民提供殡葬咨询服务，提供诚信规范、优质便民的代理服务（选择龙华、宝兴、益善殡仪馆）；对社区民生顾问、社区工作者及"社区云"平台转介的服务需求第一时间快速响应，暖心办好社区居民"身后事"。中心城区以外各区也要因地制宜同步开展相关白事服务。

（四）试点殡葬代理服务机构进社区

鼓励各区通过购买服务等方式探索引入资质良好、诚信规范的殡葬代理服务机构开展社区服务，建立便捷畅通的服务质量评价机制，培育群众满意的社区殡葬代理服务队伍。

三、工作要求

（一）加强组织领导。各级民政部门要把推进殡葬服务进社区作为提升"公民身故一件事"服务效能、在源头上变革殡葬服务供给方式的重要举措，扎实推进各项任务，有效解决殡葬信息不对称的难点问题，切实维护群众权益。

（二）强化宣传引导。各级民政部门要主动开展形式多样的社区宣传活动，指导居（村）民委员会和红白理事会等基层组织，把治丧规范纳入村规民约、居民公约和居（村）民自治章程，培育和树立文明节俭、生态环保、移风易俗的殡葬新风尚。

（三）鼓励探索创新。发扬基层首创精神，创新服务供给，为有需求的社区居民提供有针对性、多样化的暖心服务。

● 江苏省 ●

江苏省民政厅 江苏省财政厅关于免除城乡困难群众、重点优抚对象基本丧葬服务费的通知

（苏民事〔2010〕25 号　苏财社〔2010〕223 号）

各市、县（市）民政局、财政局：

为贯彻党的十七届五中全会精神，落实科学发展观，坚持以人为本，进一步深化殡葬改革，使人民群众生活得更有尊严，让社会更加公平、和谐，经研究决定，免除全省城乡困难群众、重点优抚对象基本丧葬服务费用。现就具体事宜通知如下：

一、免费对象

凡本地户籍下列人员均免除基本丧葬服务费用：

1. 上年度被确定为城乡居民低保对象；

2. 农村五保供养对象；

3. 城市中无家可归，无经济来源，无法定赡养人、抚养人或法定赡养人、抚养人无赡养、抚养能力的"三无"人员；

4. 享受民政部门抚恤的残疾军人；

5. 烈士遗属、因公牺牲军人遗属、病故军人遗属；

6. 1954 年 10 月 31 日开始试行义务兵役制以前参加中国工农红军、东北抗日联军、中国共产党领导的脱产游击队、八路军、新四军、解放军、中国人民志愿军，持有复员、退伍军人证件或组织批准复员的人员，在乡的红军失散人员（以上简称在乡复员军人）；

7. 享受民政生活补助的参战涉核人员；

8. 带病回乡退伍军人；

9. 公安机关运送并开具证明的无名尸。

二、免费项目

（一）普通殡葬专用车遗体接运费；

（二）三天内普通冷藏（冻）柜遗体存放费；

（三）遗体消毒费；

（四）普通火化设备遗体火化费；

（五）一个价值 200 元以内的骨灰盒。

三、免费标准

免费标准不低于价格部门核定的基本丧葬服务项目的收费标准，具体标准由各市、县（市）民政部门会同财政部门确定。

四、实施办法

1. 各市、县（市）民政部门会同财政部门制定免除城乡困难群众、重点优抚对象基本丧葬服务费实施办法，由当地殡仪馆具体组织实施，所需经费纳入同级财政预算。城乡困难群众、重点优抚对象基本丧葬服务费免除部分先由提供服务的殡仪馆垫付，至当年6月底、12月底报市、县（市）民政部门会同级财政部门审核后结算。

2. 丧事承办人持有效证件和拟补助对象的相关证明原件向属地殡仪馆提出申请，殡仪馆经确认并报县（市、区）相关部门核对无误后，留存复印件，按补助项目标准直接减免其费用。

3. 丧事承办人在遗体火化、冷藏、运尸、消毒、骨灰盒等殡葬服务项目消费超出补助标准的部分，由承办人自行支付。

4. 公安机关运送的无名尸所产生遗体处理费用由当地财政全额补助。

五、实施时间

全省免除城乡困难群众、重点优抚对象基本丧葬服务费时间从2011年1月1日开始。

江苏省民政厅　江苏省财政厅
二○一○年十一月十七日

关于进一步推进惠民殡葬工作的通知

（苏民事〔2012〕22号　苏财社〔2012〕296号）

各市、县（市）民政、财政局：

党的十八大明确提出："要坚持全覆盖、保基本、多层次、可持续方针"，统筹推进城乡社会保障体系建设。为深入贯彻党的十八大精神，落实省委、省政府《关于进一步加强新时期民政工作的意见》和省政府《关于加快完善社会保障体系实现人人享有基本社会保障的实施意见》有关目标任务，进一步深化殡葬改革，使人民群众生活得更幸福，经研究，现将推进惠民殡葬工作的有关要求通知如下：

一、出台惠民殡葬政策

2013年底前，各地要出台本地户籍城乡居民无丧葬补贴人员免除基本丧葬费用政策；2015年前有条件的地区可实行全民普惠殡葬服务制度，对本地户籍所有居民免除基本丧葬费用。

二、对九类困难群体增加优惠内容

各地认真落实《关于免除城乡困难群众、重点优抚对象基本丧葬服务费的通知》（苏民〔2010〕25号、苏财社〔2010〕223号）要求。在此基础上，有条件地区可增加送骨灰盒和小告别厅等相关服务内容。

三、鼓励生态葬和节地式安葬（安放）设施建设

各地在出台惠民殡葬政策时，应增加对参加生态葬群众给予适当经济补助内容；将少占地的骨

灰存放设施建设纳入城乡总体规划之中，积极鼓励各乡镇、街道兴建骨灰堂等节地式骨灰寄存设施，政策上给予优惠，经济上给予补助。

四、推进集中文明办丧

有守灵习俗的地区，要大力推进县（市）、乡（镇）两级殡仪服务中心（站）建设，积极引导群众集中文明办丧。有条件地区对集中文明办丧的群众给予补贴。

具体实施办法由各地民政部门会同财政部门，根据当地实际制订。

省物价局　省民政厅关于印发《江苏省殡葬服务收费管理办法》的通知

（苏价规〔2016〕23号）

各设区市、县（市、区）物价局（发改委、发改局）、民政局：

为规范殡葬服务收费行为，维护群众及服务单位合法权益，落实惠民殡葬政策，深化殡葬改革，促进殡葬事业健康发展，根据《中华人民共和国价格法》《殡葬管理条例》《江苏省价格条例》和国家发改委、民政部《关于进一步加强殡葬服务收费管理有关问题的指导意见》等规定，我们制定了《江苏省殡葬服务收费管理办法》。现印发给你们，请结合当地实际认真贯彻执行。

江苏省物价局　江苏省民政厅
2016 年 12 月 29 日

江苏省殡葬服务收费管理办法

第一条　为规范殡葬服务收费行为，维护群众及服务单位合法权益，落实惠民殡葬政策，深化殡葬改革，促进殡葬事业健康发展。根据《中华人民共和国价格法》《殡葬管理条例》《江苏省价格条例》和国家发改委、民政部《关于进一步加强殡葬服务收费管理有关问题的指导意见》等规定，结合我省实际，制定本办法。

第二条　本省行政区域内依法设立从事殡葬服务的事业单位、企业单位和社会组织，实施殡葬服务及收费的行为，适用本办法。

第三条　本办法所称殡葬服务收费包括殡葬基本服务收费和殡葬延伸服务收费。

第四条　殡葬服务收费实行分类定价管理：

（一）殡葬基本服务收费实行政府定价或政府指导价；

（二）殡葬延伸服务收费实行市场调节价。

第五条　殡葬服务单位在确保基本服务的供给规模和质量的前提下，可以根据实际情况开展延伸服务及收费，收费标准由殡葬服务单位根据合理成本和市场需求自主确定，并保持相对稳定。

第六条　殡葬基本服务收费包括基本殡仪服务费、公益性公墓墓葬费、公墓管理费；

（一）基本殡仪服务费是指遗体接运（含抬尸、消毒）、遗体存放（含 3 天以内冷藏）、穿（脱）衣、一般化妆、基本型告别厅租用、遗体火化、骨灰临时寄存等服务，以及提供以上服务所必需的殡仪设施和用品所发生的费用；

（二）公益性公墓墓葬费是指公益性墓穴等墓葬设施（含立体式骨灰存放格位）建墓、安葬、土地租用等服务，以及提供以上服务所必需的墓葬设施和用品所发生的费用；

（三）公墓管理费（护墓费）是指公益性或经营性公墓经营单位收取的日常管理及维护等费用。

第七条　殡葬延伸服务收费包括殡仪延伸服务费、经营性公墓墓葬费等。包括：

（一）殡仪延伸服务费是指在基本殡仪服务以外、供群众自愿选择的特殊服务项目，包括遗体外运（设区市以外）、遗体整容、遗体冷藏（3 天以上的冷藏）、遗体防腐、特需型告别厅租用、特殊火化等服务，以及提供以上服务所必需的殡仪设施和用品所发生的费用；

（二）经营性公墓墓葬费是指经营性墓穴等墓葬设施（含立体式骨灰存放格位）建墓、安葬、土地租用等服务，以及提供以上服务所必需的墓葬设施和用品所发生的费用；

（三）殡葬服务单位适应社会需要开展的其他延伸服务收费。

第八条　省价格主管部门会同省民政部门制定殡葬服务收费管理办法，并负责全省殡葬服务收费监管工作的统筹协调、指导推进。

各设区市、县（区）价格主管部门负责制定殡葬服务收费标准，并会同民政部门对殡葬服务及收费行为进行日常监管。

第九条　各地应当根据殡葬服务工作规程，结合地区社会发展水平和城乡群众经济承受能力，在本办法明确殡葬基本服务和延伸服务项目基础上，合理确定并建立具体的基本服务和延伸服务收费项目及标准目录，对殡葬服务项目名称、服务内容、定价形式、收费标准、计费单位等进行分类分项明确。

第十条　各地在制定或调整政府定价、政府指导价的殡葬服务收费标准时，基本殡仪服务（不含丧属购买的殡葬用品）收费标准按照非营利原则，根据财政补贴情况从严核定；公益性公墓墓葬费（不含丧属购买的殡葬用品）按照非营利并兼顾群众承受能力的原则核定；公益性及经营性公墓经营单位收取的公墓管理费标准按合理利润及兼顾群众承受能力的原则核定。

第十一条　制定或调整殡葬基本服务收费标准，由殡葬服务单位提出书面定调价建议，经民政等行业主管部门审核后，报同级价格主管部门制定调整。定调价报送材料包括：

（一）殡葬服务单位合法登记材料；

（二）殡葬服务单位基本情况，包括单位基本信息、近三年经营状况、资金投入情况，新建的殡葬服务单位还应提供建设投资、运营管理、经营成本等相关资料；

（三）现行收费政策执行情况（首次制定的不需提供）；

（四）拟制定或者调整的标准、幅度，对社会产生的影响；

（五）民政等部门的书面审核意见。

第十二条　各地应当根据当地社会经济发展水平、财政补助情况，加快建立和完善殡葬基本公共服务体系，并优先保障、服务特殊困难群众的殡葬服务需求，充分发挥保障社会基本公共服务功能。

鼓励有条件的地区扩大免费提供殡葬服务对象和范围，实行全民普惠殡葬服务制度，对本地户籍所有居民免除殡葬基本费用。

对自然灾害导致的死亡人员应当免收基本殡仪服务费。

第十三条　为节约土地、保护生态、移风易俗，积极推动绿色葬和生态葬，鼓励采用骨灰撒散（江葬、海葬等）、树葬、花坛葬、立体式骨灰存放格位等骨灰处理形式。

对不保留骨灰的生态葬法应当予以免费；对树葬、花坛葬、立体式骨灰存放格位等节地葬法，公墓管理费应当适当减免。

第十四条   各地应当指导规范殡葬服务单位销售殡葬用品的商品目录，合理确定殡葬用品价格。

第十五条   各地应当加强对经营性公墓经营者定价行为的指导规范。

对政府划拨土地的经营性公墓墓葬费，经当地民政部门审核后，报同级价格主管部门进行价格备案。

对租用土地的经营性公墓墓葬费，以及一定时期内，经营性公墓价格涨幅较高、上涨较快的土地为购买方式获得的经营性公墓墓葬费，报当地价格主管部门进行价格备案。

第十六条   殡葬服务单位应当与丧属签订服务委托合同，明确服务项目、服务内容、收费标准、争议解决方式等条款规定。合同之外，不得收取其他相关费用。

第十七条   殡葬服务单位提供服务过程中，不得违反公平自愿原则，以任何形式捆绑、分拆或强制提供服务并收费，不得限制或采取增收附加费等方式变相限制丧属使用自带骨灰盒等文明丧葬用品，也不得以推销延伸服务项目为目的，隐瞒殡葬基本服务。

殡葬服务单位提供骨灰存放格位、殡葬用品，应当注重满足中低收入群众的需要。

除公墓墓葬费和管理费外，公墓经营单位不得向公墓租赁人额外收取任何其他费用。

第十八条   殡葬服务单位应当严格执行明码标价规定，在经营场所显著位置、网站公示殡葬服务收费项目、收费范围、收费标准、计费单位、收费依据、减免政策、服务流程、服务规范和投诉举报电话等信息，接受社会监督。公示时要将殡葬基本服务和延伸服务内容及收费予以明显区分。

第十九条   公民、法人和其他组织对殡葬服务价格违法行为，可以通过 12358 价格举报热线等途径，向价格主管部门投诉举报。

第二十条   各级价格主管部门应当加强对殡葬服务收费行为的监管。对殡葬服务单位有下列价格违法行为的，由价格主管部门依据《中华人民共和国价格法》《中华人民共和国反垄断法》《江苏省价格条例》等法律法规予以查处：

（一）不执行政府定价、政府指导价，存在超标准收费、自立项目收费、分解项目收费、重复收费、扩大范围收费、改变收费频次和计费方式收费；

（二）实施价格串通、价格垄断；

（三）不按规定公示收费项目、收费标准等政策性要求；

（四）存在价格欺诈等不正当价格行为；

（五）其他价格违法行为。

第二十一条   少数民族殡葬服务单位开展殡葬服务，收费实行政府定价或政府指导价，收费标准由各设区市、县（区）价格主管部门负责制定，相关管理要求参照本办法执行。

第二十二条   实行行政事业性收费管理的殡葬服务收费参照本办法执行。

第二十三条   各设区市价格主管部门会同民政等部门可以根据本办法，制定本行政区域内的收费管理实施细则。

第二十四条   本办法由省物价局、省民政厅依据各自职责分别负责解释。

第二十五条   本办法自 2017 年 2 月 15 日起执行，有效期 5 年。省物价局、省民政厅《关于印发〈江苏省殡葬服务收费管理暂行办法〉〈江苏省殡葬服务机构基本服务收费项目〉的通知》（苏价费〔2006〕475 号）同时废止。

关于印发《江苏省火化机构遗体处置规程》的通知

（苏民事〔2017〕18号）

各设区市民政局、公安局、交通运输局、卫计委，各县（市、区）民政局、公安局、交通运输局、卫计委：

为贯彻落实国家相关法规，规范火化机构遗体处置工作，维护逝者家属和火化机构合法权益，根据国务院《殡葬管理条例》等法规政策，制定了《江苏省火化机构遗体处置规程》，现印发给你们，请结合实际，认真贯彻执行。

江苏省火化机构遗体处置规程

第一章 总 则

第一条 为规范火化机构遗体处置工作，维护逝者家属和火化机构权益，保障公共卫生安全，维护社会稳定，确保火化机构正常运行秩序，根据有关法律、法规，制定本规程。

第二条 本规程适用于本区域内所有火化机构遗体处理及相关工作。

第三条 逝者遗体处理工作应当遵循属地管理、民政为主、部门协作、安全卫生、文明生态、人文关怀的原则。

第四条 遗体应当依法规范、以人为本、审慎稳妥，尊重遗属意愿，尊重少数民族丧葬习俗，最大限度地维护逝者尊严和慰藉生者。

第五条 鼓励社会组织、专业社会工作者、志愿者等社会力量在统一组织领导下有序参与遗体处理工作。

第六条 按照有利于安抚遗属、有利于维护社会稳定的原则，加强对遗体处理工作的正面宣传与舆情引导，及时回应社会关切。

第二章 遗体接运

第七条 火化机构工作人员或火化机构指定人员应戴好防护帽、手套、身着工作服等个人防护用具，按照接运遗体信息，及时到达接运地点，对逝者姓名、性别、年龄、死亡原因、遗体质量等进行核验、登记并做好识别标志（二维码、编号牌等），对遗体接运报送人的姓名、电话进行核验、登记，填写遗体接收单，并由报送人员或家属签字确认。遗体接运车只能接送遗体，不得载客，遗体与驾乘人员必须物理隔离，杜绝交叉混乘。

第八条 自送遗体车辆需符合《江苏省殡葬管理办法》第五条第二款规定。对家属等用车自己送来的遗体，火化机构工作人员对逝者姓名、性别、年龄、死亡原因、遗体质量等进行核验、登记并立即做好识别标志（二维码、编号牌等），留存遗体自送人的姓名、电话和身份证复印件。有家属跟随的同时存留家属身份证复印件、电话号码，与逝者关系等，并填写遗体接收单，由自送人员或家属签字确认。

第九条　因特殊原因逝者遗体需运往非死亡地的，按《江苏省殡葬管理办法》第六条处理；外国人在华死亡的，按民政部、外交部、公安部《关于外国人在华死亡后处理程序有关问题的实施意见》办理；港、澳、台胞及华侨在江苏死亡的，按国台办、公安部等4部委《关于台湾同胞在大陆死亡善后处理办法》及民政部、公安部等8部委《关于尸体运输管理若干规定》等相关规定处理或参照处置。

第三章　业务办理

第十条　火化机构接到需接运遗体的电话或网上等信息后，对遗体信息进行预先登记。主要内容：逝者姓名、年龄、死亡原因，联系人姓名、电话、接运地点、时间等。火化机构工作人员在录入完信息后，交至相关遗体接运部门或人员，并按遗体接运程序落实。

第十一条　火化机构服务人员认真听取家属或丧事办理人员要求，适时介绍本地丧葬习俗和移风易俗理念，及时记录逝者姓名、年龄、性别、死亡原因、服务项目等，收取由卫生、公安部门出具的加盖公安机关户口专用或行政章的逝者死亡证明，留取丧事办理人员身份证复印件和联系方式，记录丧事办理者与逝者关系，按服务流程提示，引导丧事办理人办理业务。

第十二条　火化机构服务人员根据服务对象需求，对服务项目逐一进行洽谈，适时介绍本地丧葬习俗和移风易俗理念，明确服务内容、服务标准、收费标准、服务流程等，并在服务清单上由服务对象自愿确定、签字。对有特殊服务需求的要签订服务协议书。

第十三条　遗体到火化机构后，殡仪服务人员根据服务对象意愿、要求，对遗体进行暂时存放时，殡仪火化机构服务人员与遗体接送人对逝者姓名、性别、年龄、籍贯、家庭住址、随身物品、遗体质量、存放时间等进行现场确认，明确收装标准，签订有关协议。

第四章　遗体告别

第十四条　火化机构服务人员应戴好防护帽、手套、身着工作服等个人防护用具，对逝者信息进行核对后，根据逝者服务单要求进行相应处置，处置完成后，由服务对象现场核验、同意后，签字确认。火化机构服务人员要认真记录处置情况并留存，放置指定位置并告知相关人员。遗体处置完成后，对遗体处置场所进行一般性消毒。

第十五条　火化机构服务人员应身着工作服，整理个人仪表，准备好逝者相关资料，在逝者家属等宾客到来之前，做好礼厅音响、灯光、花圈等各项准备工作，对逝者姓名、性别、遗体进行再确认，并由服务对象签字，告知仪式内容、流程、注意事项等。告别仪式应当在殡仪服务人员引导下，按照服务方案和操作规程有序进行。

第十六条　火化机构服务人员对逝者随身物品进行认真清点并与家属进行核对、签字确认，对于逝者随身物品中可能影响遗体火化或安全的，告知家属并取出并交还家属，同时做好相应劝导工作。遗物清点情况需告知火化操作人员。

第五章　遗体火化、取灰

第十七条　殡葬服务人员在遗体火化前需再次核对逝者姓名、性别，识别标志、核对炉型，询问家属逝者及随身物品携带情况。对于逝者及随身物品中可能影响遗体火化或安全的，告知家属并取出并交还家属，同时做好相应劝导工作。

第十八条　火化机构服务人员应当提前对火化设备进行清理检查，确保运转正常，按技术要求操作火化炉对遗体进行火化，遗体火化完成后，对骨质进行技术处置，对骨灰质量进行检验、记录，并对异物杂质部分进行剔除。火化机构服务人员做到一炉一清。

第十九条　火化机构服务人员需将骨灰装入骨灰袋中，核对逝者信息，核对骨灰盒上逝者姓名、照片、装具等，填写、核对并填写"火化证"；与服务对象面对面，交接骨灰装具等，并由服务对象签字确认。对无人领取的骨灰，由火化机构统一编号，按照有关规定办理。

第六章　其　　他

第二十条　火化机构可引入专业社会工作者，及时为遗属提供心理疏导和援助。

第二十一条　火化机构应当建立逝者遗体火化档案，做好遗体接运、存放、告别、火化、骨灰移交等全过程信息记录与保存工作，并确保信息安全。

第二十二条　重大突发事件发生后，按照民政部、公安部、交通运输部、卫生计生委《重大突发事件遇难人员遗体处置工作规程》要求进行。

第二十三条　火化机构必须常备医学防护服装。处理患传染病死亡的逝者遗体，接运人员要做好自身卫生防护进行接运，并按《中华人民共和国传染病防治法》的规定处理。对医学认为甲类等有强烈传染病的逝者，接运人员必须穿医学防护服装接运，设立专用殡仪服务通道，与正常死亡的遗体隔离处理，协助属地卫生防疫部门对相关接运、存放等设备进行彻底消毒，做好疫病防治和环境污染消除工作。

第二十四条　加强火化机构的卫生防疫工作。遗体接运车每次接运遗体后需进行一般性消毒，火化机构在遗体处置过程中产生的有毒有菌的废弃物，应做无害化处理。火化机构需定时协调属地卫生防疫部门安排专人对殡仪服务场馆、设施、设备进行检测和消毒。

第二十五条　火化机构应加强对所属人员及经许可从事殡葬服务人员定期培训，鼓励从业人员取得相应技术资质，熟悉火化机构工作流程、殡葬法规和有关规定，督促从业人员自觉遵守操作规程。

第二十六条　本规程自颁布之日起实施。

样表：（略）

1. 遗体接运交接单
2. 遗体自运交接单
3. 遗体服务登记表
4. 遗体火化登记表
5. 骨灰领取登记表

关于印发《江苏省社会福利事业单位维修专项资金管理办法》的通知

（苏财社〔2017〕120号）

各设区市、县（市）财政局、民政局：

为进一步加强和规范社会福利事业单位维修专项资金的使用管理，提高资金使用效益，根据国家相关法律、法规、政策和省级有关规定，特制定《江苏省社会福利事业单位维修专项资金管理办法》。现印发你们，请遵照执行。

江苏省社会福利事业单位维修专项资金管理办法

为加强和规范社会福利事业单位维修专项资金使用管理，提高资金使用绩效，根据《江苏省省级财政专项资金管理办法》（省政府第 63 号令）、《江苏省专项资金预算绩效目标管理暂行办法》等有关规定，制订本办法。

第一章　总　　则

第一条　社会福利事业单位维修专项资金（以下简称"专项资金"）是指省级财政安排，专项用于社会福利事业单位设施维修、改造及设备购置的资金。

第二条　专项资金重点用于支持经济薄弱地区、亟需维修改造的项目。

第二章　补助范围用途

第三条　补助范围为市、县社会福利机构、公办殡仪机构、儿童福利机构等社会福利事业单位。

第四条　专项资金主要用于社会福利院、公办殡仪馆、公办养老服务机构、未成年人救助保护中心、儿童福利院、精神卫生福利机构等社会福利事业单位房屋设施维修、改造和设备购置。专项资金不得用于人员支出和公用支出等与福利事业单位维修、改造没有直接关系的支出。

第三章　资金分配和使用

第五条　省级对社会福利事业单位维修改造项目给予一次性补助：单个基本建设维修改造项目补助资金不超过 200 万、补助资金比例不超过总投入的 50%；设备购置和设施改造项目补助资金不超过 50 万元、补助资金比例不超过总投入的 20%。

第六条　各市、县每次补助不超过 2 个项目。

第七条　涉及政府采购的，要按照政府采购规定办理。

第四章　项目申报与审核

第八条　项目实行逐级申报，各设区市每年按照申报通知于当年 3 月底前向省民政厅完成申报，项目初审工作由市、县民政局、财政局负责。申报项目时应提供以下材料：

（一）市、县民政局的正式申报文件（包含项目简介、有关证明材料、真实性承诺函、项目申报表等资料），同级财政部门意见；

（二）其他有关材料。

第九条　省民政厅组织对各地上报项目进行评审。根据评审结果提出资金分配建议方案，会商省财政厅确定后，按规定程序下拨各地。

第五章　资金监管

第十条　各地民政部门对项目申报内容的真实性负责，并负责对本地项目实施跟踪监管。

第十一条　省民政厅、财政厅不定期对专项资金补助项目进行检查，检查结果与下年度当地专项资金安排挂钩。对违规使用专项资金、资金使用绩效不高的，责令限期整改，未如期整改的，三年内不再安排当地本专项资金。

第十二条　各级民政、财政及相关经办机构、工作人员在专项资金的申请、审核、使用管理等工作中，存在下列行为之一的，由省级民政、财政部门责令改正，追回有关财政资金，并在三年内禁止申报该专项资金的使用项目。情节严重的，按照相关法律法规追究相应责任。涉嫌犯罪的，依法移送司法机关处理。

（一）虚报、冒领、伪造等手段骗取专项资金的；

（二）未经批准调整专项资金使用范围的；

（三）将专项资金用于工资福利和公用经费等一般性支出的；

（四）其他滥用职权、玩忽职守、徇私舞弊等违法违纪行为的。

第六章 附 则

第十三条 本办法由省民政厅、省财政厅负责解释。

第十四条 本办法自印发之日起施行。

江苏省殡葬管理条例

（2021 年 3 月 31 日江苏省第十三届人民代表大会常务委员会第二十二次会议通过）

第一章 总 则

第一条 为了加强殡葬管理，推进殡葬改革，满足殡葬服务需求，维护逝者尊严，促进社会主义精神文明和生态文明建设，根据国务院《殡葬管理条例》等法律、行政法规，结合本省实际，制定本条例。

第二条 本省行政区域内的殡葬活动及其管理适用本条例。

国家对烈士、军人、宗教教职人员、港澳台居民、华侨和外国人的殡葬活动及其管理另有规定的，从其规定。

第三条 殡葬管理应当遵循依法依规、公益惠民、保护环境、节约用地的原则，革除殡葬陋习，提倡文明礼葬。

第四条 县级以上地方人民政府应当统筹规划、协调推进殡葬管理工作，将殡葬事业纳入国民经济和社会发展规划，建立政府提供基本殡葬公共服务、市场提供补充服务的殡葬事业发展机制，将基本殡葬公共服务经费和殡葬管理工作经费列入本级财政预算。

乡镇人民政府、街道办事处依法做好殡葬管理相关工作。

村民委员会、居民委员会应当支持殡葬管理工作，引导村民、居民文明节俭办丧事。

第五条 县级以上地方人民政府民政部门负责本行政区域内殡葬管理工作。

县级以上地方人民政府其他有关部门按照各自职责共同做好殡葬管理相关工作。

第六条 提倡和鼓励节地生态安葬、骨灰立体安葬、不保留骨灰和捐献遗体。

对采取节地生态安葬的，县级以上地方人民政府应当给予适当补贴。

地方人民政府应当为不保留骨灰和捐献遗体的逝者建立集中纪念设施。

第二章 殡葬设施规划和建设

第七条 县级以上地方人民政府应当根据经济、社会、人口发展情况，组织编制殡葬事业发展规划，明确殡葬工作的发展目标、主要任务、保障措施等基本内容。

第八条　设区的市、县（市、区）民政部门应当根据上级和本级殡葬事业发展规划、国土空间规划，编制殡葬设施建设规划，对殡仪馆、公墓、骨灰堂、节地生态安葬地、殡仪服务站等殡葬设施的建设进行规划安排。

编制殡葬设施建设规划，应当优先考虑公益性骨灰堂以及节地生态安葬建设项目，统筹安排公益性公墓建设项目，对经营性公墓建设进行总量控制。

殡葬设施建设规划经本级人民政府批准后实施。经批准的殡葬设施建设规划不得随意变更，确需变更的，由设区的市、县（市、区）民政部门提出修改申请，报本级人民政府批准。

编制殡葬设施建设规划的具体办法由省民政部门另行制定并公布。

第九条　设区的市、县（市、区）、乡镇人民政府和街道办事处应当根据殡葬设施建设规划，加强公益性公墓和骨灰堂建设，增加墓（格）位的供给。

设区的市、县（市、区）人民政府可以在不改变林地、草地用途，保证森林防火安全的前提下，规划一定区域进行林地、草地和公益性生态安葬地的复合利用。具体办法由省民政部门会同自然资源、林业、农业农村等部门制定，报省人民政府批准。

第十条　新建、改建、扩建殡仪馆、公墓、骨灰堂、殡仪服务站等殡葬设施，应当符合国土空间规划和殡葬设施建设规划并依法办理许可手续，有关部门应当予以支持。

第十一条　县级以上地方人民政府及自然资源主管部门应当加强殡葬设施用地保障，优先安排用地指标。

经批准建设的公益性殡葬设施以及其他生态安葬地需要使用国有土地的，可以依法办理国有土地划拨手续；经营性殡葬设施建设项目需要使用国有土地的，应当依法实行有偿使用。

经批准建设的公益性殡葬设施以及其他生态安葬地需要使用集体土地的，依法由县级以上地方人民政府批准；经营性殡葬设施建设项目需要使用集体土地的，应当按照有关法律、法规和国家规定办理相关手续；涉及占用农用地的，应当依法办理农用地转用审批手续。

禁止在划拨土地上建设经营性殡葬设施，禁止将公益性殡葬设施变更为经营性殡葬设施。

第十二条　公墓应当按照节约用地的原则规划建设骨灰节地型墓位。墓穴占地面积、墓碑高度以及公墓的绿化覆盖率应当符合国家和省有关规定。

公墓、骨灰堂等殡葬设施未经竣工验收、交付使用的，殡葬服务单位不得与骨灰寄放人预签安葬服务合同。

第十三条　禁止在公墓以外的区域建造坟墓。

禁止建造或者恢复宗族墓地。

第十四条　公墓区域以外的已有坟墓不得进行重建、扩建、硬化处理。

鼓励公墓区域以外的已有坟墓迁至公墓、骨灰堂安葬。

因建设开发需要迁坟的，应当迁至公墓、骨灰堂安葬或者生态安葬。迁坟应当制定迁移补偿方案。

第三章　遗体、骨灰处理

第十五条　本省行政区域内实行火葬，禁止遗体土葬。有土葬习俗的少数民族居民依法实行遗体土葬的，应当在当地人民政府指定的安葬地安葬；自愿改革丧葬习俗的，他人不得干涉。

第十六条　逝者继承人为逝者丧事承办人。没有继承人的，逝者的遗赠扶养人、愿意承办丧事的其他亲属、生前的供养机构、生前所在单位或者最后居住地的村民委员会、居民委员会为丧事承办人。

逝者生前约定丧事承办人的，从其约定。

第十七条　死亡证明是丧事承办人办理逝者户籍注销、遗体火化的必要凭证。

在医疗卫生机构内正常死亡或者在送至医疗卫生机构时已正常死亡的逝者，由医疗卫生机构出具死亡证明；正常死亡的其他逝者由逝者户籍地或者居住地所在基层医疗卫生机构出具死亡证明。

逝者不能确认身份、非正常死亡或者不能确定死亡性质的，由公安机关出具死亡证明。

医疗卫生机构、殡仪馆、殡仪服务站发现身份不明、非正常死亡或者不能确定死亡性质的逝者，应当及时告知公安机关。

第十八条　丧事承办人应当及时通知殡仪馆、殡仪服务站接运遗体。殡仪馆、殡仪服务站应当按照与丧事承办人约定的时间接运遗体。

接运遗体应当使用殡葬专用车辆，对遗体进行必要的技术处理，确保卫生，防止污染环境。

接运患传染病死亡的逝者遗体，按照国家相关法律、法规办理。

第十九条　对正常死亡、身份确认的逝者遗体，一般应当在七日内火化。殡仪馆凭死亡证明和丧事承办人的同意火化确认书及时火化遗体，出具遗体火化证明。丧事承办人不签署同意火化确认书，殡仪馆书面告知三十日后丧事承办人仍不办理的，或者无法联系到丧事承办人，殡仪馆在当地主要媒体公告满六十日的，可以在报告当地民政部门后，按照相关程序和礼仪火化遗体，并将相关影像资料存入业务档案。

第二十条　对非正常死亡、身份确认的逝者遗体，有关部门根据工作需要可以向殡仪馆书面提出保留遗体的意见并明确保存期限。保存期限一般不得超过三个月，因特殊案情需要保存的除外。

无保留遗体通知或者有关部门通知的遗体保存期限届满，丧事承办人不签署同意火化确认书又无正当理由，殡仪馆书面告知六十日后丧事承办人仍不办理的，或者无法联系到丧事承办人，殡仪馆在当地主要媒体公告满一百八十日的，可以在书面告知有关部门并向当地民政部门报告后，按照相关程序和礼仪火化遗体，并将相关影像资料存入业务档案。

第二十一条　对不能确认身份的逝者遗体，殡仪馆凭死亡证明、移交遗体的公安机关同意火化确认书，按照相关程序和礼仪火化遗体，并将相关影像资料存入业务档案。

第二十二条　丧事承办人将骨灰临时寄存在殡仪馆，寄存期限届满后丧事承办人不办理续期或者领取手续的，殡仪馆应当书面通知丧事承办人前来办理手续，书面通知无法送达的应当在当地主要媒体公告。自通知、公告之日起两年内无人办理续期或者领取手续的，殡仪馆可以在向当地民政部门报告后，按照生态安葬方式安葬，并将相关影像资料存入业务档案。

无人认领的骨灰在殡仪馆存放超过两年的，殡仪馆应当在当地主要媒体发布公告通知认领，自公告之日起六十日内无人认领的，可以在向当地民政部门报告后，按照生态安葬方式安葬，并将相关资料存入业务档案。

第二十三条　殡仪馆应当建立健全遗体处理工作制度，实现遗体处理工作程序化、规范化，杜绝错化遗体或者错发、错葬骨灰。

第二十四条　在本省行政区域内死亡的逝者遗体应当就地就近在殡仪馆火化。因特殊原因确需将遗体运往异地的，应当经死亡地民政部门批准。遗体外运应当使用殡葬专用车辆。

遗体需要运送出境或者运输遗体、骨灰入境至本省安葬的，按照国家有关规定执行。

第二十五条　捐献人的遗体利用完毕，由遗体接受单位整仪后送殡仪馆火化，并承担遗体的接运费、火化费等相关费用。遗体接受单位应当告知捐献执行人火化时间。

捐献人的骨灰按照遗体捐献登记手续中登记的方式处理。

捐献执行人可以持遗体捐献证明办理领取丧葬费等相关事宜。

第四章　殡葬服务管理

第二十六条　设区的市、县（市、区）人民政府应当以购买服务的方式为户籍在本行政区域内无丧葬补贴的居民提供遗体接运、暂存、火化、骨灰临时寄存以及节地生态安葬等基本殡葬公共服务，逐步将户籍在本行政区域内的居民去世后骨灰免费存放骨灰堂纳入基本殡葬公共服务的范围。具体办法由设区的市、县（市、区）人民政府制定。

第二十七条　从事公益性殡葬服务的单位应当依法办理事业单位或者社会服务机构登记，从事经营性殡葬服务的单位和个人应当依法办理市场主体登记。

第二十八条　提供殡葬服务应当遵守法律、法规，遵循诚信原则，不得侵害服务对象的合法权益。

殡葬服务单位应当建立殡葬设施、设备管理制度，并将服务规程、服务标准、收费项目、收费标准在服务场所公示。提供服务应当与丧事承办人签订合同，收费应当出具合法票据。不得以任何形式误导、捆绑或者强制提供服务，不得有不正当价格行为。

殡仪馆、公墓、骨灰堂等殡葬设施的运营管理单位应当按照国家规定建立、保管、移交业务档案，确保相关信息安全，保护逝者及其亲属的合法权益。

第二十九条　殡仪馆的运营管理单位应当建立因自然灾害、事故灾难、公共卫生事件、社会安全事件导致的遇难人员殡葬服务应急预案。对患传染病死亡的逝者遗体处理所需要的防护物资储备，定期检查更新。

第三十条　公墓、骨灰堂的运营管理单位提供墓（格）位应当凭死亡证明或者遗体火化证明，但按照国家和省有关规定向特殊人群提供墓（格）位并确保自用的除外。

设区的市、县（市、区）人民政府以及乡镇人民政府、街道办事处建设的公益性公墓和骨灰堂，应当按照民政部门批准建设时确定的服务区域提供服务，不得向户籍不在服务区域内的人员提供墓（格）位，但配偶的户籍、本人或者配偶的原籍在服务区域内的除外。

第三十一条　公墓、骨灰堂的运营管理单位与骨灰寄放人签订的安葬服务合同应当包括墓葬费、墓（格）位使用期限、管理费、双方的权利义务等主要内容。

墓（格）位使用期限按照国家和省有关规定执行。使用期届满，可以办理续用手续；不办理续用手续的，按照合同约定处理。

省民政部门应当制定并公布安葬服务合同示范文本。

第三十二条　殡葬服务收费实行分类定价管理。基本殡仪服务收费和公益性公墓墓葬费、公墓管理费实行政府定价或者政府指导价，殡仪延伸服务费、经营性公墓墓葬费以及其他延伸服务收费实行市场调节价。

省发展改革部门应当会同民政、财政、市场监督管理部门制定殡葬服务收费管理办法，规范殡葬服务收费行为，加强价格监管，治理乱收费和价格违法行为。

第三十三条　经营性公墓和骨灰堂的运营管理单位应当提取墓葬费的百分之五建立维护基金，实行专账管理，在当地民政部门的监督下专门用于墓（格）位的维护和管理。

第三十四条　殡葬设备使用单位应当按照相关技术要求对殡葬设备进行定期维护和保养，确保其使用状况达到规定的技术标准和环保要求。

火化机、遗体冷藏柜、遗体运输车辆等殡葬专用设备应当符合国家规定的技术标准。

第三十五条　殡葬行业协会应当加强行业自律，规范行业服务行为，调解、处理本行业发生的服务纠纷。殡葬行业协会可以开展技能培训，提高殡葬服务从业人员的技能水平。

殡葬行业协会可以根据章程建立会员单位殡葬服务诚信档案，对会员单位的服务质量和信用等级进行年度评价，并可以向社会公示。

第五章　丧事活动管理

第三十六条　办理丧事活动应当遵循文明、节约的原则，遵守法律、法规和村规民约、居民公约，不得妨碍公共秩序、危害公共安全，不得侵害他人的合法权益。

民政部门应当结合地方实际，制定殡、葬、祭相关礼仪规范指引，推进移风易俗。

第三十七条 鼓励丧事承办人在殡仪馆、殡仪服务站等殡仪服务专门场所举办丧事活动。

乡镇人民政府、街道办事处、村民委员会、居民委员会以及社会组织可以利用空闲场地设立丧事活动场所，免费提供给村民、居民举办丧事活动。设立丧事活动场所应当充分征求周边单位、住户的意见，并向县（市、区）民政部门备案。

第三十八条 除丧事活动场所外，禁止在公共场所举办丧事活动。

在私人场所举办丧事活动应当尽量避免对他人的正常工作、生活造成影响。举办丧事活动途经公共场所时应当遵守道路、市容、环境等管理规定。

第三十九条 倡导文明、低碳、安全祭扫，推广集体共祭、敬献鲜花、网上祭扫等祭扫方式。

在公墓、骨灰堂等安葬地进行祭扫活动应当遵守公墓、骨灰堂运营管理单位的管理规定。在安葬地以外的地方进行祭扫活动，不得妨碍公共秩序，不得破坏环境卫生，不得影响他人正常工作、生活。

鼓励公墓、骨灰堂等安葬地为居民提供代为祭扫服务。

第四十条 禁止制造和销售封建迷信的丧葬用品。

禁止销售棺材等土葬用品，但向境外、省外土葬区和省内有土葬习俗的少数民族居民销售土葬用品的除外。

第六章 监督检查

第四十一条 县级以上地方人民政府应当将殡葬管理纳入社会综合治理体系，建立殡葬管理联席会议制度，加强统筹协调。殡葬管理联席会议办公室设在民政部门。

民政、自然资源、市场监督管理、城市管理、林业和公安等部门应当加强配合，建立联合执法机制，共同做好殡葬管理监督检查工作。

省人民政府可以决定将有关殡葬监督管理方面的民政等部门的行政处罚权，依法交由其他部门或者能够有效承接的乡镇人民政府、街道办事处行使。

第四十二条 县级以上地方人民政府应当将殡葬管理和建设基本殡葬公共服务体系的履职情况纳入对相关主管部门、下级人民政府的绩效考核体系。

县级以上地方人民政府应当将革除丧葬陋俗、培育现代殡葬理念纳入群众性精神文明创建内容。

第四十三条 民政部门应当建立殡葬公共服务信息平台，与殡葬服务单位实现信息、数据共享，加强对殡葬服务单位的非现场监管，为公众提供殡葬服务信息。

民政、公安、卫生健康、人力资源社会保障、医疗保障等部门应当加强人口死亡信息登记协同管理工作，通过省政务数据共享交换平台建立人口死亡信息交换、共享机制。

第四十四条 殡仪馆、公墓、骨灰堂的运营管理单位应当每年向县（市、区）民政部门报送年度工作报告。年度工作报告应当包括审批登记信息、殡葬服务情况、履行社会责任情况、违法受处罚情况等内容。

设区的市、县（市、区）民政部门应当建立随机抽查制度，对殡葬服务单位遵守法律、法规和提供殡葬服务的情况进行监督检查。

第四十五条 民政部门以及其他负有监督管理职责的部门对殡葬服务单位进行监督检查时，可以依法采取下列检查措施：

（一）进入殡葬服务单位有关场所进行现场检查；

（二）询问与被调查事件有关的单位和个人，要求其对被调查事件有关事项作出说明；

（三）约谈殡葬服务单位负责人；

（四）查阅、复制与被调查事件有关的文件、资料；

（五）法律、法规规定的其他措施。

第四十六条　自然人、法人或者非法人组织发现违反本条例规定的有关情形，可以向民政、公安、城市管理、自然资源、市场监督管理等部门投诉、举报。

相关部门接到投诉、举报后，应当及时依法处理。对不属于本部门职责范围的举报事项，应当在受理后转交相关主管部门依法处理，不得拒绝受理。

第七章　法律责任

第四十七条　违反本条例第十三条第一款规定，在公墓以外的区域建造坟墓的，由民政部门责令限期改正；逾期不改正的，依法申请人民法院强制执行；占用耕地建造坟墓的，由自然资源主管部门依法给予处罚。

第四十八条　违反本条例第十四条第一款规定，对公墓区域以外的已有坟墓进行重建、扩建、硬化处理的，由民政部门责令限期改正，可以处一千元以上二千元以下罚款；逾期不改正的，依法申请人民法院强制执行。

第四十九条　违反本条例第二十四条第一款规定，未经死亡地民政部门批准，将遗体运往非死亡地的，民政部门可以处一千元以上二千元以下罚款。

第五十条　殡葬服务单位有下列情形之一的，由民政部门责令限期改正，给予警告；有违法所得的，没收违法所得，可以并处违法所得一倍以上三倍以下的罚款：

（一）不按照本条例规定接运遗体、火化遗体、出具火化证明或者处理骨灰的；

（二）预签墓（格）位安葬服务合同的；

（三）违反本条例规定提供墓（格）位的。

违反本条例第二十八条第二款规定，误导、捆绑或者强制提供殡葬服务，或者有不正当价格行为的，由市场监督管理部门依法查处；构成违反治安管理行为的，由公安机关依法给予治安管理处罚。

第五十一条　违反本条例第二十八条第三款、第四十四条第一款规定，未按照规定建立并保存业务档案、报送年度工作报告的，由民政部门责令限期改正，可以给予通报批评。

第五十二条　违反本条例第三十三条规定，未按照规定提取、管理和使用维护基金的，由民政部门责令限期改正，可以处三万元以上五万元以下罚款。

第五十三条　民政以及其他负有监督管理职责的部门及其工作人员，在殡葬管理工作中滥用职权、玩忽职守、徇私舞弊的，依法给予处分；构成犯罪的，依法追究刑事责任。

第八章　附　　则

第五十四条　本条例自 2021 年 6 月 1 日起施行。

关于印发《江苏省殡葬事业发展规划
（2021—2025 年）》的通知

（苏民发〔2021〕8 号）

各市、县（市、区）民政局、发展改革委（局）、自然资源和规划局：

为深入贯彻落实习近平总书记关于殡葬工作的重要指示批示精神，全面贯彻党的十九大和十九届二中、三中、四中、五中全会精神，按照党中央、国务院和省委、省政府决策部署，着力提升殡葬治理服务质量，更好满足人民群众殡葬服务需求，推动新时代殡葬事业健康发展，努力促进"逝有所安"，依据国务院《殡葬管理条例》《江苏省殡葬管理条例》《江苏省国民经济和社会发展第十四个五年规划和二〇三五年远景目标纲要》，特制定《江苏省殡葬事业发展规划（2021—2025年）》。现印发给你们，请结合实际认真贯彻执行。

江苏省民政厅 江苏省发展和改革委员会 江苏省自然资源厅
2021 年 7 月 21 日

江苏省殡葬事业发展规划（2021—2025 年）

发展殡葬事业是保障和改善民生的基本要求，是推进国家治理体系和治理能力现代化的重要方面，事关民生福祉，事关生态文明和精神文明建设。为深入贯彻落实习近平总书记关于殡葬工作的重要指示批示精神和党中央决策部署，进一步深化殡葬体制改革，促进殡葬领域综合治理、依法治理、系统治理、源头治理，推动新时代殡葬事业健康发展，更好地保障"逝有所安"，根据国务院《殡葬管理条例》《江苏省殡葬管理条例》《江苏省国民经济和社会发展第十四个五年规划和二〇三五年远景目标纲要》等要求，结合本省实际制定本规划。

一、发展基础和面临形势

（一）"十三五"发展成效

"十三五"期间，省委、省政府以高度的政治责任感，不断深化殡葬改革，狠抓殡葬领域突出问题整治，加快补齐殡葬公共服务短板，积极推行生态绿色文明殡葬，完善殡葬政策法规体系，全省殡葬改革成效显著，殡葬管理服务水平全面提升。

殡葬管理制度持续完善。省政府建立由分管副省长为总召集人的殡葬改革工作联席会议制度，增强工作合力。13 个设区市均出台了党员干部带头推动殡葬改革的具体实施意见，推动全省各地党员干部带头节俭文明办丧，带头移风易俗，促进社会风气向上向好。先后出台《江苏省殡葬服务收费管理办法》《江苏省火化机构遗体处置规程》等工作制度，规范殡葬工作流程和殡葬服务收费管理。各地积极开展殡葬综合改革，常州市、睢宁县综合改革经验入选全国殡葬综合改革优秀案例。

殡葬整治工作持续深入。各级民政部门认真贯彻落实习近平总书记对殡葬工作的重要指示批示精神，持续开展殡葬领域突出问题专项治理和违规建设殡葬设施排查整治工作，对公墓建设运营、殡葬服务及丧葬用品销售中的违法违规行为进行深入排查整治和依法查处。不断加强和改进公墓建设管理，依法治理私埋乱葬、墓位面积超标等问题，全省排查出的736座"住宅式"墓地全部拆除，共整治农村散坟182.7万个，平（迁）坟12285亩，整治各类公墓中超标墓12.7万座，取缔违规销售殡葬用品点1119个。

基本殡葬公共服务保障持续加强。省委、省政府将乡镇公益性骨灰安放（葬）设施建设纳入基本公共服务标准体系、纳入高质量发展监测考核、纳入真抓实干激励事项。各地坚持规划引领，设区市全部编制完成殡葬事业发展规划，市、县（市）全部编制完成殡葬服务设施布局规划。推进殡葬惠民政策提标扩面，在对无丧葬补贴的户籍居民减免基本丧葬费用的基础上，苏州、淮安、盐城、扬州、泰州、镇江等6市将惠民政策扩展到所有户籍居民，全省平均减免基本丧葬费用标准达到1260元。"十三五"期间所有设区市、县（市）均建立了集中守灵中心，新建了102个乡镇集中守灵中心。截至"十三五"末，全省共有5844个公益性安放（葬）设施（其中公益性公墓4306个、公益性骨灰堂1538个），实现乡镇公益性骨灰安放（葬）设施全覆盖，尚余未使用墓位346万穴、格位402万个，殡葬设施短缺问题得到有效缓解。

文明绿色殡葬持续推进。省委、省政府将推进殡葬改革相关内容纳入全省生态文明百分制考核，将生态殡葬相关指标列入《生态文明建设工程目标责任书》，省委宣传部出台《关于深入推进移风易俗弘扬时代新风行动的通知》（苏宣通〔2019〕15号），省民政厅会同发展改革等10个部门出台政策推进生态节地安葬，省、市、县三级均建立生态节地葬奖补激励机制，对采取生态节地安葬方式的逝者家属平均奖补1734元。"十三五"期间全省采取立体式节地葬法的骨灰数量占比达到31.6%，采取骨灰撒散、可降解骨灰盒安葬等生态葬法的骨灰超过8万具，比"十二五"期间增长160%。全省各地大力推行网络祭扫，在"江苏政务"网、微信公众号等平台通过线上献花、点烛等多种方式满足群众祭扫需求。全省参与网上祭扫人数逐年增多，网络平台祭扫总人数累计达到494万人次。全省所有村（居）将移风易俗和葬俗改革纳入村规民约（居民公约），加强红白理事会建设，引导群众自治管理，丧葬陋习、封建迷信活动得到明显遏制。

总体而言，"十三五"期间，全省殡葬事业有了长足发展，但还存在一些问题亟待解决。突出表现为：深化殡葬改革的合力有待增强，丧葬陋习不同程度存在，殡葬移风易俗任务还很艰巨；殡葬服务设施供给不够充分、不够均衡，殡葬基本民生服务水平还有待提升；殡葬历史遗留问题仍然突出，综合执法能力不足，行业监管还存在薄弱环节。

（二）"十四五"发展面临的形势

"十四五"时期，是我国开启全面建设社会主义现代化国家新征程的重要战略机遇期，是我省加快建设"强富美高"新江苏，"争当表率、争做示范、走在前列"的关键期，殡葬事业改革发展面临新的机遇和挑战。殡葬事业改革发展摆在了党和国家更加重要的位置。殡葬是党和政府的重要工作，是关系民生的大事，党中央高度重视，社会广泛关注，群众寄予厚望。2018年以来，习近平总书记就殡葬领域工作多次作出重要指示批示，党中央、国务院作出了一系列新的决策部署，为我们统一思想认识、推动殡葬工作指明了方向、提供了根本遵循。要把以人民为中心的发展思想充分体现到推动殡葬事业改革发展上，更加深刻地认识和理解殡葬工作；要把"逝有所安"作为基本民生需求的延伸，在新的起点上贯彻系统治理理念，加快完善殡葬领域制度建设，提升殡葬治理能力和服务水平；要把殡葬这个关系人民群众最直接最现实利益的"身后事"办好，更好地满足人民群众多样化殡葬服务需求。殡葬事业改革发展面临前所未有的挑战和考验。新时代，我国新型工业化、信息化、城镇化和农业现代化步伐加快，加强生态文明建设，助力乡村振兴，传承发展优秀殡葬文化，对破除阻力、坚定不移深化殡葬改革赋予了新的使命。江苏是人口大省，随着人口老龄化程度加深，年死亡人数逐年增长，"十二五"期间平均每年火化遗体近48.4万具，"十三五"期间平均每年达到 53.3 万具，增长 9.9%。殡葬工作涉及重大社会改革，关乎千家万户切身利益，随着人民群众物质和精神生活水平提高，利益诉求趋向多元、思想观念碰撞激烈、改革任务繁重艰巨，加快提升殡葬公共服务供给规模和质量面临新的挑战。殡葬事业改革发展必须回应群众对美好生活的新期待。党的十九届五中全会将高质量发展作为"十四五"时期经济社会发展的主题，推动殡葬高质量发展是贯彻落实新发展理念的内在要求，是顺应经济社会发展规律的必然选择，是对人民群众美好生活需要的积极回应。高质量发展意味着人民群众对美好生活的向往，覆盖人生全过程，办好群众身后事、满足人民群众"逝有所安"需求，已成为重大民生关切和亟需回答的时代重大新课题。要在推动高质量发展中找准殡葬事业改革发展的增长点，切实解决治理服务"好不好""优不优"的问题，不断增强群众获得感和满意度。

综合判断，"十四五"时期我省殡葬事业改革发展将进入短板攻坚期、治本巩固期和改革创新期，新机遇与新挑战并存。要增强机遇意识和治理能力，切实把殡葬领域工作放到新发展阶段全过程中谋划布局，坚持系统方法，统筹考虑历史传承、现实条件与未来趋势，下更大功夫解决殡葬服务供给短板弱项，巩固殡葬领域整治成果，推动殡葬工作高质量发展。

二、"十四五"殡葬事业发展总体要求

（一）指导思想

全面贯彻党的十九大和十九届二中、三中、四中、五中全会精神，以马克思列宁主义、毛泽东思想、邓小平理论、"三个代表"重要思想、科学发展观、习近平新时代中国特色社会主义思想为指导，坚持殡葬事业的公益属性，牢固树立和全面践行创新、协调、绿色、开放、共享的发展理念，积极增加殡葬服务供给，不断深化改革创新，有效构建法治化、标准化、专业化、科技化、人文化工作机制和惠民殡葬服务体系，着力提升殡葬治理服务质量，不断满足人民群众殡葬服务需求，促进殡葬事业持续健康发展，为深入践行"争当表率、争做示范、走在前列"新使命，谱写好"强富美高"新江苏建设的现代化篇章夯实服务保障。

（二）基本原则

——坚持党的领导，强化政府责任。加强党对殡葬事业的全面领导，落实各级政府在政策规划、设施建设、经费投入、土地供给、监管执法等方面的主体责任，健全相关部门分工负责、齐抓共管的工作机制。

——坚持公益属性，保障"逝有所安"。以满足群众基本殡葬服务需求为着力点，进一步完善政府为主体、市场为补充的殡葬公共服务体系，加大殡葬服务基础设施建设，确保基本殡葬服务公平可及。引导社会力量参与，加大和优化服务供给，更好地满足人民群众多层次殡葬服务需求。

——坚持文明生态，倡导殡葬新风。传承和发展优秀的殡葬文化，破除丧葬陋习，重视发挥殡葬礼仪的抚慰作用，把人文关怀、绿色生态、科技创新落实到殡葬工作各个环节，促进人与自然和谐共生。

——坚持系统思维，加强系统治理。强化部门的监管责任、殡葬服务机构的主体责任、社会的监督责任和家庭的自我管理责任，创新监管手段和治理方式，实现政府治理、行业自律、社会调节、群众自治良性互动。

（三）发展目标

到 2025 年，基本建成与经济社会发展相适应的殡葬治理机制和覆盖城乡、规范有序、绿色生态的殡葬服务体系。

——殡葬法规制度逐步健全。殡葬管理相关服务标准，以及殡仪馆、公墓、骨灰堂、殡仪服务中心等相关管理规范更加完善，形成规范、透明、有效的殡葬管理体制机制，基本殡葬服务制度保障更加有力。

——公共服务体系更加完善。殡葬设施用地专项政策建立并落实，殡葬用地需求予以有力保障，复合利用林地、草地等生态安葬取得实效。城乡公益性骨灰安放（葬）设施实现全覆盖，殡葬服务设施建设水平明显提升，惠民殡葬政策进一步提标扩面，实现基本殡葬服务普惠化、均等化。

——殡葬治理能力稳步提升。部门监管责任有效落实，监管和执法手段更加先进，跨部门联合监管执法有效开展，基层综合执法能力得到加强。殡葬服务机构管理更加规范，价格监测得到加强，处罚机制和措施进一步完善。殡葬领域人才培养与激励机制更加健全，殡葬治理能力和水平大幅提升。

——殡葬移风易俗持续推进。生态节地安葬全面推进，文明绿色殡葬方式日益普及，新型殡葬礼仪受到群众欢迎，厚养礼葬、文明节俭的殡葬新风尚深入人心。

到 2035 年，实现殡葬服务体系、殡葬文化体系、殡葬治理体系、殡葬制度体系更加成熟定型，殡葬治理现代化水平显著提升。

江苏省"十四五"殡葬事业发展主要指标

序号	指标名称	单位	2020 年期初值	2025 年目标值	指标属性
1	城市公益性骨灰安放（葬）设施覆盖率	%	20	100	约束性
2	改扩建农村公益性骨灰安放（葬）设施	个	——	500	约束性
3	新建公墓生态节地安葬率	%	80	100	约束性
4	新建公益性公墓生态安葬区域占用公墓建设用地的配建比例	%	> 10	> 30	约束性
5	经营性公墓生态安葬区域占用存量土地的配建比例	%	> 10	> 30	预期性
6	城乡立体式公益性骨灰安放设施服务保障覆盖率	%	50	100	约束性

三、"十四五"殡葬事业发展重点任务

（一）加强殡葬制度建设

1. 完善基本殡葬服务制度。强化政府主体责任，对基本殡葬公共服务坚持政府兜底，推进区域、城乡殡葬公共服务均等化。为无丧葬补贴的居民提供免费的遗体接运、暂存、火化、骨灰临时寄存以及生态节地安葬等基本殡葬公共服务，逐步将户籍居民骨灰免费存放骨灰堂纳入基本殡葬公共服务范围。鼓励有条件的地区将惠民殡葬政策提标扩面范围从无丧葬补贴人员扩展到全体居民。

2. 强化殡葬改革法治保障。全面宣传贯彻《江苏省殡葬管理条例》和《江苏省殡葬管理条例实施细则》，加强政策法规建设，完善殡葬管理法规制度体系，强化殡葬改革法治保障，建立健全殡葬服务市场规范、公墓建设管理、殡葬违法现象治理等具体规定，依法实施殡葬管理。改革完善殡葬设施和殡葬服务审批制度，明确审批条件、程序和期限。建立健全应对突发事件基本殡葬服务保障机制，提高殡葬应急处置能力和服务保障水平。

3. 健全殡葬领域标准体系。制订殡葬标准化建设实施方案，搭建标准化工作组织架构。研究制定文明殡仪、生态安葬、低碳祭扫方面的业务流程、指标评价、数据质量等关键性服务和管理标准，形成较为完整的殡葬工作规范。对殡葬服务设施全面实施标准化管理。

（二）加快补齐公益性殡葬设施短板

1. 优化殡葬服务设施布局。将殡仪、火化、骨灰安放（葬）、祭扫纪念等殡葬设施建设作为城乡公共服务体系建设的重要组成部分，与城乡发展规划、国土空间规划和土地利用总体规划有效衔接，研究制定殡葬设施用地专项政策，以划拨等方式有效保障用地需求，实现城乡公益性骨灰安放

（葬）设施和全国重点乡镇集中守灵中心建设全覆盖，切实解决供需矛盾。

2. 加强殡葬基础设施建设。加快补齐城市公益性骨灰安放（葬）设施短板，改造提升农村公益性骨灰安放（葬）设施，改扩建老旧殡仪馆设施，推进火化等设备环保升级，构建城乡统筹、规模适度、公益普惠、安全便民、生态节地、人文智慧的殡葬设施网络，更好满足群众殡仪火化、安放安葬、祭扫纪念等殡葬需求。引导经营性公墓规范发展，坚持政府主导与发挥市场作用相结合，加快形成公益性为主体、经营性为补充、生态节地为导向的安放（葬）设施建设格局。

3. 扩大殡葬服务设施供给。统筹推进文明节俭治丧、生态节地安葬、文明低碳祭扫，把生态节地、绿色文明要求落实到殡葬服务各环节、用品设施设备各领域。研究并出台"老坟地"改造相关政策措施，稳妥有序推进农村私埋乱葬治理，改善村居环境。积极探索墓穴扩容性使用，鼓励提高单个墓位使用率。鼓励骨灰采取阶段性节地葬，存放一定期限后，转入生态葬。鼓励盘活利用废弃工矿、采石场等存量建设用地，用于殡葬服务设施建设。

专栏1："十四五"期间殡葬基本公共服务设施建设任务

----对老旧殡仪馆进行提档升级。根据城市发展和人口布局，计划对全省20个老旧殡仪馆进行异地重建和改扩建。对人口规模在50万以下的县（市），建设规模控制在5000—7000平方米；设区市和人口规模在50万以上的县（市），建设规模控制在10000—16000平方米。对现有火化设施设备进行提档升级及配套节能环保治污设施达标排放改造。

----加强城市公益性骨灰安放（葬）设施建设。全省各设区市、县（市）均建有城市公益性骨灰安放（葬）设施，城市公益性骨灰安放（葬）设施建设规模应当满足辖区未来20年骨灰安放（葬）需求。"十四五"期间预计新增城市安放（葬）格位（墓穴）700万个。

----改扩建500个农村公益性骨灰安放（葬）设施。按照绿色城镇化和美丽乡村建设的要求，每年改扩建100个农村公益性骨灰安放（葬）设施，提升农村公益性骨灰安放（葬）设施建设质量。

（三）深入推进生态节地安葬

1. 推行生态节地葬式葬法改革。坚持以节约资源、保护环境为价值导向，鼓励和引导群众在规定区域采用不占或少占土地、少耗资源、少使用不可降解材料的方式安葬骨灰。加快存量公墓生态化改造，推动骨灰深埋，不留坟头及墓碑等附着标记物，提高林地、草地和公益性生态安葬地的复合利用，推动骨灰安放（葬）从依赖资源消耗向追求绿色生态可持续转型。倡导建设骨灰堂、使用小型或微型卧碑，大力推广壁葬、草坪葬、花坛葬、树葬等生态节地葬法，建成全覆盖、多类型的生态安葬设施，防止因推山砍树、过度硬化石化导致的"青山白化"。

2. 提高生态节地安葬服务保障水平。科学规划建设生态节地安葬设施，强化安葬设施的生态功能，丰富和完善生态节地安葬服务供给，满足群众多层次安葬服务需求。针对生态节地安葬的人群及相关服务特点，严格落实安葬服务标准，创新服务模式，优化服务流程，强化人文关怀，提升服务内涵，为群众提供更加规范、多元、便捷的殡葬服务。加强安葬后续日常管理，注重环境绿化美化，引导文明低碳祭扫，保持墓区整洁肃穆。

3. 健全奖补激励机制。完善生态节地安葬奖补制度，对树葬、花坛葬、海葬等不保留骨灰的葬式葬法进行奖励。加强对群众治丧观念和治丧活动的正向激励引导，为不保留骨灰的逝者建立统一纪念设施，利用重要传统节日组织开展祭奠活动，缅怀逝者、教育后人。推广使用环保安葬用品，对推行无毒、可降解环保用品的殡葬服务单位给予适当奖励或补贴。

（四）提升殡葬服务能力

1. 推进人才队伍专业化。完善殡葬服务职业标准，加强殡葬职业道德教育和技能培训，建立常态化殡葬培训体系。鼓励殡葬从业人员参加职业技能竞赛，提升殡葬从业人员职业技能和殡葬服务水平。加强对殡葬职工的关心爱护，逐步健全与殡葬行业专业技术水平相匹配的薪酬体系。打造殡葬服务品牌，开展"大师工作室"、"劳模工作室"建设。推进殡葬领域社会工作专业人才队伍建设，鼓励社会组织和志愿者团队参与殡葬改革与服务管理。

2. 推进殡葬工作信息化。推进殡葬公共服务综合信息平台建设，完善殡葬政务服务信息库和基础殡葬信息数据库，逐步实现全省殡葬服务事项纳入身后"一件事"平台联办。创新"互联网+殡葬服务"发展路径，推动互联网、大数据、人工智能、区块链、5G等现代信息技术与殡葬服务管理深度融合。综合利用网站、手机APP、微信公众号、小程序、服务热线等，为群众提供信息查询、网上预约预订、远程告别、网络祭扫、网上评价等规范、透明、方便、多样的在线服务，全面提升殡葬服务管理信息化水平。

3. 推进服务内容多样化。完善殡葬服务供给，鼓励和引导社会力量有序参与，激发市场主体活力，推动殡葬服务供给主体和供给方式多元化，满足群众多样化个性化殡葬服务需求。依托医疗卫生、养老等服务机构，强化对临终者的身心照护和人文关怀。不断扩展殡葬服务范围，与临终关怀、追思悼念有效衔接，为遗属提供悲伤慰藉、情感关怀、心理疏导、精神支持。以殡仪馆、公墓等殡葬服务机构为平台，举办开放日、体验日，开展生命文化教育，引导从注重大碑大墓等物质载体转移到以精神传承纪念为主。

（五）加强殡葬执法监管

1. 强化部门联动。市、县级人民政府应当建立殡葬管理联席会议制度，坚持系统治理理念，加强工作统筹协调。健全殡葬联合监管和执法联动机制，将殡葬行政执法纳入乡镇（街道）综合执法范围，依法交由相关部门或者能够有效承接的乡镇人民政府、街道办事处行使，有效提高殡葬执法效率和水平。压实部门监管责任，完善监管执法手段，切实加强对殡葬服务全过程的监管。推进跨部门联合监管执法，对违法建设、经营等行为完善处罚机制和措施。

2. 深化专项整治。各级民政会同自然资源、城乡规划建设等相关部门依法整治设施规划、立项、用地、审批、建设、运营等环节存在的突出问题。存量的坟墓，不得硬化、外拓，涉及重大工程建设需要迁移的，一律引导进入公墓或骨灰堂。采取平迁结合方式，积极稳妥推进私埋乱葬治理工作。对纳入整治范围的违建硬化大墓、超标准的墓和碑、活人墓依法通过拆除、绿化等方式进行整治改造，以"零容忍"态度杜绝新增问题，切实遏制墓地违建乱象。持续整治殡葬行业不按规定明码标价、超标准收费、强制服务等违规经营、侵害群众合法权益行为。

3. 加强行业自律。充分发挥行业协会作用，制定行业规范，开展技能培训，建立规范的评估程序。强化行业自律，畅通投诉举报渠道，加强社会监督，促进殡葬服务公开透明。委托具有资质的独立第三方机构承担一定的评估职责，定期开展评估评价，引导殡葬服务机构依法经营、履行社会责任。建立殡葬服务单位诚信档案，对殡葬服务单位的服务质量和信用等级进行年度评价并向社会公示。

（六）深入推进移风易俗

1. 坚持文化引领。加强殡葬文化研究，积极组织集体共祭、社区公祭、家庭追思等现代追思活动，大力弘扬尊重生命、孝老敬亲、厚养礼葬等优秀传统殡葬文化，倡导树立文明、理性、绿色、人文的现代生死观。倡导文明节俭治丧、生态节地安葬、绿色低碳祭扫，反对攀比浪费、低俗迷信等违背公序良俗的丧葬行为。鼓励通过追思会、精彩人生"小电影"、植树种花、居家祭奠、网络祭祀、设立慈善项目等方式纪念逝者。

2. 强化规范引领。培育推广现代殡葬礼仪，制定殡葬礼仪规范指引，引导树立文明节俭殡葬新风尚。在尊重传统殡葬祭祀礼仪基础上，开展殡仪、葬仪和祭仪研究，组织编写符合地方文化特色和现代文明规范的《殡葬礼仪指导手册》。利用村（居）民议事会、红白理事会、乡贤工作室等多种平台，深化丧葬习俗改革，建立丧葬礼仪和祭扫方式负面清单，设立移风易俗"公示栏"，把殡葬移风易俗纳入文明城市、文明村镇创建和美丽乡村建设。

3. 创新科技引领。运用现代科学技术，开发建立立体公墓、生态公墓、循环再生公墓、虚拟公墓等新形态公墓，不断开发和拓展祭扫、纪念和传承的多元功能，推动互联网媒介，以追思美文、生前作品、家庭视频等内容，介绍逝者的生平或精神世界，引领和满足群众数字化、多样化、个性化的生态安葬需求。利用信息化手段创新服务载体和平台，增强殡葬设施、设备、用品科技含量，助力服务环保化、智能化。

专栏 2："十四五"殡葬事业发展重点工程

> 1. "逝有所安"制度保障工程。研究相关政策文件，坚持基本殡葬服务的公益属性，明确政府在规划、用地、资金等方面的责任，多渠道增加殡葬服务供给，切实保障群众基本殡葬服务需求。制定和修改相关殡葬管理服务标准，明确殡仪馆、公墓、骨灰堂等各类殡葬设施建设管理规范，为殡葬事业健康发展提供保障。
>
> 2. 林地、草地复合利用示范工程。选择群众基础较好、条件较为成熟的山林地、永久生态林地等适当区域，在不改变林地土地性质和基本用途的前提下，开展林地、草地复合利用示范工程建设，实行生态安葬，做到节约资源、保护环境，提升社会影响力与群众接受度，发挥示范引领作用。
>
> 3. 殡葬人才队伍建设工程。健全殡葬领域服务人才培养、选拔、评价、使用、激励制度，推进殡葬服务人才队伍专业化、职业化，提升殡葬队伍公共服务能力和水平。分类组织殡葬服务人才教育培训，切实加强示范性培训。
>
> 4. 殡葬服务质量提升工程。强化政府责任，建立基本殡葬公共服务制度，提升殡葬服务规范化、标准化、专业化、品牌化、信息化水平，增加公益、人文、生态、科技含量，保障城乡居民遗体接运、暂存、火化、骨灰存放、生态安葬等基本殡葬服务需求，提升服务质量。
>
> 5. 殡葬领域应急保障能力建设工程。建立健全科学有效、运转良好的殡葬领域应急响应机制，提高物资储备、人员调配和后勤保障效能。制定殡葬领域应对重大疫情、事故等情况下的应急预案，定期组织开展综合演练和专项应急演练，增强应急保障队伍的专业技能与处置能力。
>
> 6. 殡葬新文化培育工程。充分依托现有殡葬服务纪念设施，建设一批生命文化教育基地，打造优秀殡葬文化传承平台，弘扬尊重生命、孝老敬亲、厚养礼葬的现代殡葬新理念新风尚。培育一批殡葬新文化建设示范镇（村），发挥先进典型示范带动作用，实现以创建促提升、促发展的目标。

四、保障措施

（一）强化组织领导

各地要把"逝有所安"作为民生保障、生态文明和精神文明建设的重要内容摆到更加突出位置，完善殡葬工作领导协调机制，加大组织领导和统筹推进力度。健全政府提供基本殡葬公共服务、市场提供补充服务的殡葬事业发展机制，加强公益性殡葬设施建设，优化殡葬管理综合执法。村（居）民委员会要协助做好殡葬管理工作，引导村（居）民文明节俭办丧。

（二）完善保障制度

健全殡葬公共服务投入稳定增长机制，各级政府将基本殡葬公共服务经费和殡葬管理工作经费列入本级财政预算，保障公益性殡葬设施建设资金，扶持殡葬基础设施薄弱地区加快补齐短板。完善殡葬用地供应政策，对公益性生态节地安葬设施用地，在土地利用年度计划中优先安排。严格执行殡葬管理法规和各项制度，进一步规范殡葬服务管理。

（三）落实部门责任

切实发挥殡葬改革联席会议协调机制作用，健全责任明确、协调有力、保障到位的殡葬工作责任体系，推动形成各部门协同推进、社会各方密切配合的领导体制和工作机制，强化相关部门及各类组织在规划、用地、资金、宣传等方面的主体责任，综合运用法律、行政、宣传、教育等多种手段，多渠道增加殡葬服务供给，健全惠民殡葬体系，增强联合执法合力，保障群众基本殡葬服务需求。

（四）注重宣传示范

广泛深入宣传殡葬法规政策，把殡葬礼仪规范纳入村规民约（居民公约）和村（居）民自治章程，培育并推广文明现代、简约环保的殡葬礼仪和治丧模式，倡导树立文明节俭、生态环保、移风易俗的殡葬新风尚。持续深化殡葬综合改革，以点带面促进殡葬事业发展。尊重基层和人民群众的首创精神，及时总结推广各地好经验好做法。按规定对在殡葬改革中做出突出贡献的单位和个人予以表彰、奖励，营造全社会尊重关爱殡葬领域干部职工的良好氛围。

江苏省公墓管理办法

（江苏省人民政府令　第 171 号）

《江苏省公墓管理办法》已于 2023 年 1 月 27 日经省人民政府第 1 次常务会议讨论通过，现予公布，自 2023 年 4 月 1 日起施行。

省长：许昆林

2023 年 1 月 31 日

第一条　为了加强公墓管理，深化殡葬改革，传承中华文明，促进人与自然和谐共生，根据国务院《殡葬管理条例》《江苏省殡葬管理条例》和有关法律、法规，结合本省实际，制定本办法。

第二条　本省行政区域内公墓的规划建设、经营服务、监督管理以及相关活动，适用本办法。

第三条　本办法所称公墓，是指为逝者提供骨灰安葬服务的公共设施。

公墓分为公益性公墓和经营性公墓。公益性公墓是指以政府调控方式为逝者提供骨灰安葬服务的公共设施。经营性公墓是指以市场调节方式为逝者提供骨灰安葬服务的公共设施。

有土葬习俗的少数民族居民依法实行遗体土葬的，应当在当地人民政府指定的安葬地安葬。

第四条　县级以上地方人民政府民政部门负责本行政区域内公墓管理工作。

发展改革、自然资源、市场监督管理、公安、住房城乡建设、农业农村、林业等有关部门应当按照各自的职责，共同做好公墓有关监督管理工作。

乡镇人民政府、街道办事处依法做好本行政区域内公墓和历史埋葬点的管理工作。村民委员会、居民委员会协助做好公墓和历史埋葬点的有关管理工作。

第五条　设区的市、县（市、区）民政部门会同发展改革、自然资源等部门按照节约土地、保护环境、保障需求、方便群众的原则，依据国土空间总体规划编制殡葬设施空间布局规划，科学规划公墓的数量、规模、地点等。编制殡葬设施空间布局规划，应当优先考虑公益性骨灰堂以及节地生态安葬建设项目，对经营性公墓建设实行总量控制。

第六条　公益性公墓根据服务逝者的区域范围由县（市、区）、设区的市民政部门审批。经营性公墓由设区的市民政部门审批并报省民政部门备案。

第七条　需要为土葬习俗的少数民族居民建设遗体安葬设施的，由县（市、区）民政、民族宗教事务管理部门向设区的市民政、民族宗教事务管理部门提出申请，经批准后方可建设。批准结果报省民政、民族宗教事务管理部门备案。

第八条　申请建设公墓应当符合下列条件：

（一）符合本级发展规划、国土空间规划和殡葬设施空间布局规划；

（二）符合发展改革、自然资源、住房城乡建设、生态环境、林业等有关部门的要求；

（三）有建设所需的资金；公益性公墓建设所需经费列入地方财政预算；

（四）有与公墓管理服务相匹配的机构和人员。

第九条 禁止在下列区域建设公墓：

（一）耕地、林地、草地；

（二）自然保护区、森林公园、湿地公园、城市公园、风景名胜区和文物保护区；

（三）水库和水源保护区；

（四）铁路、公路主干线两侧；

（五）法律法规规定的其他禁止区域。

第十条 独立墓位占地面积不超过零点五平方米，合葬墓位占地面积不超过零点八平方米。

公益性公墓应当使用卧式墓碑。倡导经营性公墓使用卧式墓碑；经营性公墓使用竖式墓碑的，最高不得超出地面一米。

第十一条 提倡和鼓励节地生态安葬、骨灰立体安葬、不保留骨灰葬法。新建公墓生态安葬区域占公墓建设用地面积不低于百分之三十。

第十二条 县级以上地方人民政府民政部门可以会同有关部门在不改变林地、草地用途，保证防火安全的前提下，推行林地、草地和公益性生态安葬地的复合利用，但不得建设任何永久性设施。

第十三条 公墓墓区建设应当体现园林化特点，绿化覆盖率不低于百分之五十。

公墓建设应当根据骨灰安置数量、祭扫人流等情况进行合理设计布局，按照功能分为骨灰安置区、业务办公区和公共服务区等；也可以根据需求设置生命文化教育功能区，为不保留骨灰和捐献遗体的逝者建立集中纪念设施等。

第十四条 公墓墓葬费实行分类定价管理。公益性公墓墓葬费实行政府定价或者政府指导价，经营性公墓墓葬费实行市场调节价。

第十五条 禁止炒买炒卖墓位。除为特殊人群预订墓位外，公墓单位应当凭死亡证明或者遗体火化证明提供墓位。

第十六条 在公墓内安葬骨灰，公墓单位应当与办理人签订骨灰安葬合同，明确墓葬费、管理费、墓位使用期限以及其他权利义务。鼓励使用省民政部门公布的安葬服务合同示范文本。

墓位使用周期不超过二十年。公墓单位应当在期满前通知办理人办理继续使用手续。无法联系或者逾期不办理的，按照合同约定处理。

办理人或者其他相关人员不得自行改建墓位。

第十七条 公墓单位应当使用全省统一印制的公墓安葬证书、骨灰安放证书。

第十八条 公墓单位应当在服务场所醒目位置公示公墓设立凭证、公墓性质以及服务区域、服务项目、收费标准和依据、办事流程、服务规范、监督机关和监督电话等内容，自觉接受监督。

第十九条 公墓单位应当建立墓位销售管理档案，并按照档案主管部门相关规定执行。

第二十条 公墓单位应当按照审批权限向民政部门报送年度工作报告，接受民政部门监督检查。年度工作报告应当包括审批登记信息、提供骨灰安葬服务和收费情况、履行社会责任情况、违法违规受处罚情况等主要内容。

第二十一条 设区的市、县（市、区）人民政府应当加强传统祭扫节日服务保障，做好卫生防疫、错峰限流、交通疏导、火源管控、祭祀用品管理等工作。

第二十二条 公墓单位应当提供高效便捷的祭扫服务，倡导文明、低碳、安全祭扫，推广集体共祭、敬献鲜花、网上祭扫等祭扫方式。

第二十三条 公墓内开展安葬或者祭扫等活动应当遵守公墓单位的管理规定，不得从事封建迷信活动。禁止违反墓区管理规定在公墓范围内焚烧祭品、燃放烟花爆竹。

第二十四条 本办法所称公墓单位是指建设、运营或者管理公墓的组织。墓位是指公墓单位提供的墓穴、格位等独立安葬单元。办理人是指为逝者获取骨灰安葬墓位的逝者亲属，或者与逝者有其他特定关系的单位和个人。历史埋葬点是指因历史原因未经审批、无专人管理的集中埋葬区域。

第二十五条 本办法自 2023 年 4 月 1 日起施行。1989 年 12 月 14 日江苏省人民政府发布的《江苏省公墓管理办法》（江苏省人民政府令第 6 号）同时废止。

● 浙江省 ●

关于印发《浙江省推进群众身后"一件事"
"最多跑一次"改革实施方案》的通知

（浙民事〔2019〕100 号）

各市、县（市、区）委改革办（跑改办、行政服务中心）、民政局、公安局、人力社保局、卫生健康委（局）、退役军人事务局、医保局、大数据局、残联、人民银行、银保监分局：

　　现将《浙江省推进群众身后"一件事""最多跑一次"改革实施方案》印发给你们，请贯彻执行。

省委改革办（省跑改办）　浙江省民政厅　浙江省公安厅
浙江省人力资源和社会保障厅　浙江省卫生健康委员会
浙江省退役军人事务厅　浙江省医疗保障局
浙江省大数据发展管理局　浙江省残疾人联合会
中国人民银行杭州中心支行
中国银行保险监督管理委员会浙江监管局
2019 年 7 月 26 日

浙江省推进群众身后"一件事"
"最多跑一次"改革实施方案

　　为深化公共服务领域"最多跑一次"改革，推进殡葬"一站式"服务，实现群众身后"一件事""最多跑一次"，特制定本实施方案。

　　一、总体要求

　　（一）指导思想。以习近平新时代中国特色社会主义思想为指导，深入贯彻落实国务院"放管服"改革，根据省委省政府深化"最多跑一次"改革和推进政府数字化转型工作部署，坚持问题导向、需求导向和效果导向，以优化流程为手段，以创新便民为目的，以技术支撑为依托，将群众身后事项办理"多部门""多流程"整合为"一件事""一次办"，构建统一受理、联动办理业务模式，推动一站服务、一证通办、码上联办。

　　（二）主要目标。实现居民死亡医学证明（推断）书开具、遗体火化预约、逝者户籍注销、社保金和抚恤金发放（停发）退补等群众身后事项统一受理、一站式服务，办理信息全量、实时、准确归集共享，让群众身后"一件事"办理"最多跑一次"，让"伤心事"办得"宽心舒心暖心"，全面提升服务对象获得感。

　　（三）进度安排。8 月底前，各地实现线下身后"一件事""一站式"服务。9 月底前，完成身后"一件事""一站式"服务平台和浙政钉服务应用开发，初步实现上线运行。10 月底前，身后

"一件事""一站式"服务平台和浙政钉服务应用全贯通，全面实现网上办、掌上办、"码上办"，线上线下有效协同。

二、重点任务

（一）打造身后"一件事""一站式"服务联办模式。建立多事联办、一体服务的身后"一件事""一站式"服务联办模式。"一站式"为逝者家属提供《居民死亡医学证明（推断）书》（以下简称《死亡证》）开具、遗体火化预约、逝者户口注销、社保金和抚恤金发放（停发）退补等联办事项，鼓励各地因地制宜扩大联办事项范围。按"一站式"服务要求，梳理各部门关于身后事的办理规定、办事材料等内容，加强信息共享，最大限度减少办理环节、优化办事流程。各地原则上需按《浙江省群众身后"一件事"办理流程图》（附件1），细化完善本地身后"一件事"办理流程，配套编制具体办事指南，提供"一站式"服务。

（二）建立身后"一件事""一站式"服务工作协同机制。建立"一窗对外、信息共享、分工负责、部门协作、整体服务"的工作协同机制。各部门立足职能、主动协同，按身后"一件事""一站式"服务流程，做好相关工作。

1. 卫生健康部门：负责相关医疗机构调查、开具医疗救治后和正常死亡人员的《死亡证》，并将相关信息上传办事平台，形成《死亡证》电子证照。对无法确认为正常死亡的，立即报告当地公安机关。

2. 民政部门：落实殡仪馆负责接运遗体，办理遗体火化手续，及时将火化信息录入办事平台，形成《火化证明》电子证照；负责核实停发低保及特困供养等救助金，落实遗体接运、存放、火化和骨灰寄存四项基本殡葬服务费用免费；落实树葬、花葬、草坪葬、海葬、骨灰撒散生态安葬奖补等相关殡葬惠民政策。

3. 公安部门：负责注销死亡人员户口；负责由公安部门依法处置的非正常死亡案（事）件（经医疗卫生机构救治的除外）中死亡人员的《非正常死亡证明》开具。

4. 人力社保部门：负责达到法定退休年龄前终止职工基本养老保险关系待遇核准支付、离退休人员死亡待遇核准支付、城乡居民参保关系注销登记人员待遇核准支付、领取失业保险金人员死亡待遇核准支付等业务。

5. 医保部门：负责终止逝者医保待遇享受，注销其医保参保关系，对职工医保参保人员推送其个人账户信息、处理个人账户余额等工作。

6. 金融机构监管部门：人民银行、银保监部门负责指导各银行、保险机构在逝者合法继承人具备法定条件时，简化逝者个人账户信息查询、个人金融资产处置等流程。

7. 其他相关部门：退役军人事务、残联等相关部门按照职权范围，停发基本待遇和社会保障金、定期优抚补助金、发放丧葬补助金等。

（三）开发身后"一件事""一站式"服务联办平台。依托浙江政务服务网业务中台，按照业务协同和数据协同的要求，统一开发身后"一件事"联办平台和浙政钉服务应用，推进一个平台统一受理、一个应用协同办理、一张网数据归集，以数据跑代替人工跑，全面实现身后"一件事"全流程网上联办。

（四）拓展身后"一件事""一站式"服务办理方式。按照"线上线下协同、多端申请、统一受理"思路，不断拓展丰富身后"一件事""一站式"服务办理方式。

1. 网上办理。在政务服务网开设办理模块，直接登录身后"一件事""一站式"服务联办平台办理。

2. 掌上办理。通过民政服务"码上办"二维码，实现在"浙里办"APP、浙政钉等平台直接扫描登录办理。

3. 线下办理。不断完善窗口办理，支持各地开通电话办、人工代办等途径，提出身后事"一站式"服务申请。

三、保障措施

（一）强化组织领导。各地要高度重视，强化组织领导，主要领导亲自研究部署，分管领导具体抓好落实，要组织精干力量，创新改革举措，压实工作责任，精心组织实施。要结合实际，研究制定本部门、本地区实施细则，要有明确的任务书、时间表、责任人，共同推动本行动方案落到实处。

（二）加强协同推进。群众眼中的殡葬改革"一站式"服务涉及多个部门，各部门之间要加强沟通、协同合作、一体推进数据共享和"减证便民"工作。各地改革办（跑改办）强化综合协调，民政部门发挥牵头作用，相关部门立足职能、协同推进。各地要切实履行殡葬改革"一站式"服务主体责任，负责做好本地区改革的组织协调、任务分解、实施推进、督查。

（三）健全保障考核制度。各地要加强此项工作的管理和考核，建立责任落实奖惩机制。各相关部门要加强对基层村（居）干部和丧葬事项专职办理人员的培训，确保其明确自身职责，掌握相关业务知识，能够指导协助逝者家属办理身后事，同时做好丧葬礼俗和移风易俗的宣传工作。

（四）加强殡葬基础设施建设。完善基本殡葬服务网络，强化殡葬公共服务能力，努力提升服务水平，提高为群众办事效率，增强群众满意度和获得感。

附件：1. 浙江省群众身后"一件事"办理流程图
　　　2. 浙江省群众身后"一件事"办事指南

附件1

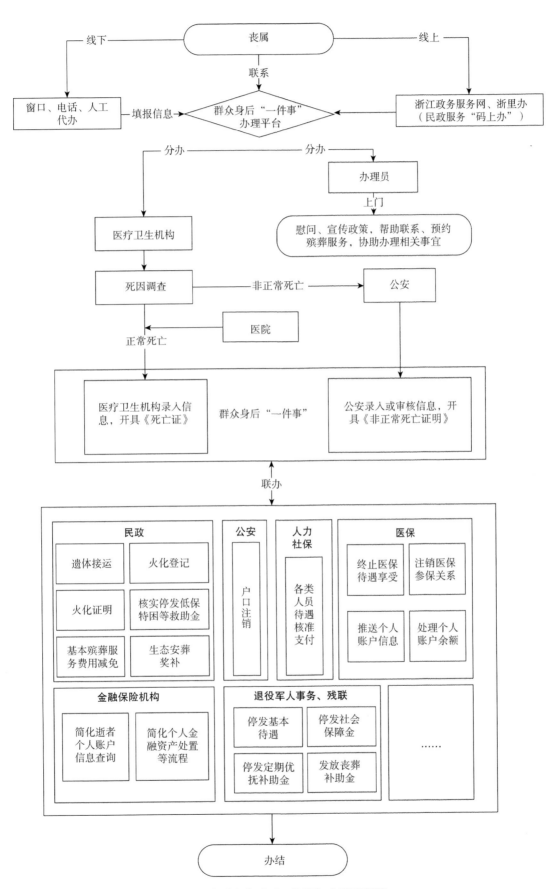

浙江省群众身后"一件事"办理流程图

附件 2

浙江省群众身后"一件事"办事指南

1. 服务申请。在非医疗机构死亡人员的亲属，可以根据实际，选择通过身后"一件事""一站式"服务联办平台（登录浙江政务服务网或"浙里办"APP），或通过当地办事窗口、电话受理热线、代办员告知相关信息，提出"一站式"服务申请。

2. 统一受理。受理平台接到报丧信息后，统一受理，填写基本情况，形成《死讯简况》推送至村（居）丧葬事项办理员（可由驻村干部、代办员、网格员或其他了解村事务的专职人员担任）和乡镇（街道）医疗卫生机构。

3. 上门服务。村（居）丧葬事项办理员上门慰问，宣传相关服务政策；根据逝者家属意愿，帮助联系、预约殡葬服务；协助办理相关事项。

4. 证明开具。乡镇（街道）医疗卫生机构收到受理平台推送的《死亡简讯》信息后，指派医生，按照"最多跑一次"改革的要求和医疗卫生工作规范开展死因调查，开具《死亡证》，并在平台上录入相关信息；在医疗卫生机构或来院途中死亡的（含出诊医生到现场已死亡），由负责救治的医疗卫生机构执业医师开具《死亡证》，并在平台上录入相关信息；系非正常死亡的，由当地公安部门依法处置后，向逝者家属开具《非正常死亡证明》，并在办理平台上录入相关信息。涉嫌犯罪的，按照刑事诉讼程序另行处理。医疗卫生机构在完成死因调查后 2 小时内，开具《死亡证》并在办理平台上录入相关信息工作，从接收办理平台信息开始原则上不超过 24 小时。

5. 信息推送。《死亡证》相关信息录入办理平台后，自动生成《死亡证》电子证照，并自动推送至各相关办理部门。同时，办理平台向逝者家属推送《死亡证》开具结果信息，提供《死亡证》电子证照下载的短信验证码。

6. 部门联办。殡仪馆凭逝者家属的纸质《死亡证》、《死亡证》电子证照或短信验证码接运遗体，通过平台核实无误后予以火化，火化信息录入平台，形成《火化证明》，相关数据推送至省政府数据仓，民政部门停发救助金并落实有关殡葬惠民政策；人力社保、公安机关、医疗保障、退役军人事务、残联等相关部门按照职责办理相关业务，办理信息推送至省政府数据仓；人民银行、银保监等部门按照工作规范，指导各银行、保险机构为逝者合法继承人提供逝者个人账户信息查询、个人金融资产处理等便利化服务。

浙江省民政厅关于开展惠民殡葬
专项治理和提标增项扩面工作的通知

（浙民事〔2021〕88 号）

各市、县（市、区）民政局：

为深入贯彻落实习近平总书记关于持续治理群众身边腐败和作风问题系列重要讲话精神，推动各项惠民富民、促进共同富裕政策落实落地，根据《中共浙江省纪委办公厅关于开展漠视侵害群众利益问题专项治理工作的通知》要求和省纪委省监委组织召开的漠视侵害群众利益问题专项治理工作推进会精神，结合当前我省殡葬领域存在的问题和今年殡葬工作的重点任务，决定在全省开展惠民殡葬专项治理和提标增项扩面工作，现就有关工作通知如下：

一、工作目标

以习近平新时代中国特色社会主义思想为指导，坚持以人民为中心，助推共同富裕示范区建设，推动改革成果更多更公平惠及广大群众，实现好、维护好、发展好群众根本利益。坚持问题导向，积极开展惠民殡葬专项治理和提标增项扩面工作，在四项殡葬基本服务免费的基础上，增加诸如骨灰盒和节地生态安葬墓穴或骨灰格位免费；提高生态安葬的奖补标准；扩大惠民殡葬受益群众的范围，进一步提升殡葬规范管理水平，切实解决群众反映强烈的问题，提高人民群众的获得感，推动殡葬事业更好服务于保障和改善民生，以优异成绩庆祝中国共产党成立100周年。

二、工作重点

（一）治理殡葬服务公益属性不全面的问题。检查各地殡葬服务工作中是否存在惠民政策落实不充分、殡仪馆公益性体现不足、殡葬延伸服务不规范、公墓的审批建设管理和服务存在不到位等问题；检查各地落实上级有关强化殡葬服务公益属性相关重大决策的落实情况等。

（二）治理殡葬领域重大改革任务推进不力的问题。检查省级节地生态安葬示范点创建、殡葬数字化改革、殡葬习俗改革等殡葬领域重点改革任务推进情况，重点关注殡葬数字化改革是否滞后、节地生态安葬率是否达标、移风易俗殡葬陋习破除是否到位等问题。

（三）治理群众身边的不正之风和"微腐败"问题。检查落实殡葬服务项目、收费标准、服务内容、服务程序等情况；检查殡葬收费有无不合理、误导、捆绑消费等问题；检查非法出售（租）、转让（租）墓葬用地或骨灰存放格位问题；检查农村公益性墓地违规对外销售等问题；检查殡仪馆等基层单位是否存在违规发放津补贴、违规收送礼金礼品礼卡、违规接受宴请或娱乐活动等违反中央八项规定精神问题，查找其中的薄弱环节和廉政风险点；检查对群众信访，投诉举报，反映强烈的问题处理情况以及其他影响公平正义的问题等。

（四）治理殡葬服务形式主义、官僚主义问题。检查殡葬服务过程中是否存在不担当、不作为、脸难看、事难办等问题；检查群众是否按照相关规定充分享受惠民殡葬政策等；检查对殡葬领域的监督管理中是否存在主体责任不落实、效率低下等问题；检查对殡葬领域的监督是否存在流于形式，日常监督不深入、不持久、无实效等问题。

三、工作步骤和时间安排

（一）制定方案，动员部署（4月底—5月中旬）。各地要因地制宜、突出重点，及时制定和细化切实可行的治理工作方案，明确治理重点、方法步骤和惠民殡葬提标增项扩面的工作举措等，积极动员部署，召开工作推进会，全面启动专项治理工作。

（二）全面自查，稳步推进（5月下旬—6月底）。各级民政部门要强化属地职责，突出问题导向，配合当地纪委监委，联合相关职能部门共同参与，全面开展自查检查，摸清底数，建立台账，逐一抓好整改落实，取得阶段性成效，要主动接受群众监督，确保治理工作取得实效。

（三）开展督查，调研评估（7月初—10月底）。省民政厅、驻省民政厅纪检监察组及其他相关部门将组成联合督查组，对各地治理工作的开展情况进行指导和督查评估，推进整改落实。对发现的重大问题，及时向当地党委和政府反馈，推动解决；对各地有效经验和做法，进行总结推广。

（四）总结完善，建立机制（11月初—12月底前）。各级民政部门要根据治理中发现的问题，认真梳理与分析，查漏补缺，巩固深化治理情况，强化日常监管，建立健全监督检查长效机制。通过专项治理，把治理成果转化成全面推进全省惠民殡葬政策和提标增项扩面工作落地见效，逐步打造殡葬基本服务全流程免费。省民政厅将会同驻省民政厅纪检监察组定期收集并通报典型案例。

四、工作要求

（一）提高认识，加强组织领导。各级民政部门要高度重视开展惠民殡葬专项治理和提标增项扩面工作的重要性和紧迫性，切实提高政治站位，成立殡葬集中治理工作检查督导组，畅通群众投诉举报渠道，进一步增强开展治理工作和惠民殡葬真正落实的责任感，不折不扣将治理工作和惠民殡葬提标增项扩面工作落到实处。

（二）明确职责，形成工作合力。各地要加强上下互动和部门联动，主动配合有关部门，向最基层纵深推进，抓好落实；各地在抓治理过程中，加强政策指导，及时提供帮助；探索建立定期会商机制、监督检查及时跟进机制、信息共享机制、联合督查机制、快速通报处置机制、结果运用机制、容错机制等，进一步强化协作配合，共同推进治理工作。

（三）统筹协调，健全工作机制。由分管厅领导牵头，厅社会事务处具体组织实施。各设区市要建立联络员制度，各设区市民政局分别明确 1 名分管领导牵头，1 个具体处室负责落实，1 名干部作为联络员。建立健全定期会商，问题发现、问题查处、公开通报等协作配合机制，加强统筹协调和监督检查。

（四）强化监管，确保治理效果。各地要加大治理检查力度，加强工作指导，适时召开工作推进会，推广地方典型做法，要正确把握专项治理和推动惠民殡葬提标增项扩面工作的关系，专项治理是手段，其目的是推进我省惠民殡葬向纵深推进。各地民政部门要积极争取当地党委、政府的重视，积极主动向当地纪委监委、上级民政部门报告工作进展、经验做法、困难问题、意见建议。

（五）加强宣传，积极引导舆论。各地要认真做好舆论宣传，坚持正确导向，接受舆论监督，着力加强与公众、媒体的对话交流和良性互动，统一宣传口径，积极稳妥回应社会关切和群众诉求。大力宣传殡葬改革先进典型，树立厚养薄葬、节地生态、移风易俗的殡葬新风尚。加强舆情监测，强化媒体责任，为专项治理和惠民殡葬提标增项扩面工作营造良好舆论环境。

各设区民政局每月 2 日前汇总本地上月专项治理工作开展情况、进展情况（相关工作数据、成果数据、典型案例和事例、经验做法等）报厅社会事务处；6 月 25 日前，由设区市民政局汇总治理情况阶段性报告并报送厅社会事务处；专项治理工作结束后，各地要及时总结，汇总形成书面报告报厅社会事务处，电子版发送至浙政钉省民政厅社会事务处。

浙江省民政厅
2021 年 5 月 7 日

关于印发《全省安葬（放）设施建设"十四五"规划和 2035 年目标的指导意见》的通知

（浙民事〔2021〕208 号）

各市、县（市、区）民政局、自然资源主管部门、林业主管部门：

现将《全省安葬（放）设施建设"十四五"规划和 2035 年目标的指导意见》印发给你们，请认真贯彻执行。

浙江省民政厅　浙江省自然资源厅　浙江省林业局

2021 年 12 月 9 日

全省安葬（放）设施建设"十四五"规划和 2035 年目标的指导意见

殡葬改革涉及千家万户，功在当代、利在千秋。加强安葬（放）设施规划和建设，是政府基本公共服务保障的重要内容，是实现群众逝有所安的重要基础。为着力解决城乡居民基本殡葬需求，大力推进绿色环保、节地生态、节俭惠民的安葬（放）方式，加快建立健全保障基本、覆盖城乡、持续发展的安葬（放）设施公共服务体系，根据民政部、国家发展改革委《"十四五"民政事业发展规划》《浙江省国民经济和社会发展第十四个五年规划和二〇三五年远景目标纲要》《民政部贯彻落实〈中共中央 国务院关于支持浙江高质量发展建设共同富裕示范区的意见〉实施方案》和中共浙江省委、浙江省人民政府《关于推进新时代民政事业高质量发展的意见》以及《浙江省民政事业发展"十四五"规划》要求，结合我省实际，制定如下指导意见。

一、指导思想

以习近平新时代中国特色社会主义思想为指导，认真贯彻落实习近平总书记对民政工作特别是殡葬工作的重要指示批示精神，坚持以人民为中心的发展思想，牢固树立和全面践行创新、协调、绿色、开放、共享的发展理念，始终坚持殡葬事业的公益属性，以推进共同富裕、移风易俗、乡村振兴为抓手，加大投入和政策支持，持续完善殡葬公共服务体系，补齐城乡公益性安葬（放）设施建设短板，不断满足人民群众殡葬服务需求，促进殡葬事业健康发展，实现逝有所安、群众满意的目标。

二、基本原则

1. 坚持公益惠民。安葬（放）设施的规划建设，始终坚持殡葬公益属性，始终坚持绿色生态，要优化安葬（放）设施规划布局，构建城乡统筹、规模适度、相对集中、安全便民、人文智慧的安葬（放）设施的网络，进一步深化节俭惠民的殡葬综合改革，推动惠民殡葬纳入基本公共服务范围，大力推进殡葬服务全数字、节地生态安葬全覆盖、基本殡葬服务全流程免费改革。

2. 坚持节地生态。安葬（放）设施建设要以节约土地为基础，节地生态为导向，切实提高土地使用率，大力推行不占或少占土地、林地、少耗资源、使用可降解材料的节地生态安葬（放）方式，完善节地生态安葬奖补制度，加大对树葬、花葬、海葬等生态安葬的奖补力度。

3. 坚持因地制宜。各地结合经济社会发展水平、地理环境、风俗习惯等，因地制宜、科学布局、长远谋划，合理布局和严格控制经营性公墓的数量、规模，制定完善本地公益性安葬（放）设施建设规划，补齐城乡公益性安葬（放）设施。

4. 坚持统筹协调。加强整体谋划，建立协作机制，落实部门责任，以切实解决和维护人民群众基本安葬（放）需求为准则，共同推进安葬（放）设施规划和建设。进一步完善各项保障制度，规范审批，加强监督检查，切实提升安葬（放）设施的质量和管理服务水平。

三、发展目标

到"十四五"及到 2035 年末，基本建成与经济社会发展相适应的安葬（放）建设格局，形成供给充足、布局合理、功能完善、公益惠民、绿色环保的殡葬服务设施体系，公益性安葬（放）设施建设面、节地生态安葬覆盖率、基本殡葬服务普惠率达到 100%，移风易俗、节俭惠民更加深入人心，努力成为人民群众的行为自觉和生活习惯，基本实现殡葬设施现代化、殡葬服务均等化、安葬（放）生态化和殡葬行为文明化。

1. 进一步建立健全制度体系。修订《浙江省殡葬管理条例》，推进殡葬领域城乡公共服务均等化，制定完善基本殡葬服务全流程免费政策，鼓励有条件的地方免费提供安葬（放）设施。修订安葬（放）设施管理办法，加大安葬（放）设施的数字化改革力度，建立网上审批监管制度，制定安葬（放）设施的标准体系，对安葬（放）设施全面实行等级评定和标准化管理。

2. 扩大公益性安葬（放）设施供给。全省各市、县（市、区）均建有城市公益性安葬（放）设施，并应当满足城市发展过程中未来若干年的安葬（放）需求。加大农村建设公益性安葬（放）设施的力度，按照公园化、生态化、集约化的原则，开展为期三年（2021—2023 年）的省级公益性节地生态安葬示范点创建，每年创建 100 个，三年创建 300 个省级示范点。积极开展老墓改造试点和推广提升工程。为不保留骨灰的逝者和遗体捐献者建立统一的绿色生态纪念设施。

3. 严格控制经营性安葬（放）设施建设指标。坚持殡葬公益属性，积极增加安葬（放）设施产品和服务供给，鼓励和引导社会力量有序参与，推动安葬（放）设施供给改革和供给方式的多样化目标。未来 15 年只保留 2011—2020 年公墓建设规划中尚未使用完的指标 29 个，全省调剂使用，不再新增指标数。

四、工作要求

1. 完善保障机制。各地要把安葬（放）设施规划建设作为增进人民福祉、促进精神文明和生态文明建设的重要举措，列入重要议事日程，纳入乡村振兴战略，统筹谋划，全力推进。按照党委领导、政府负责、部门协作、社会参与的要求，把惠民殡葬服务纳入政府公共服务保障范围，切实保障公益性节地生态安葬（放）设施建设和维护资金，鼓励企业、社会组织和个人捐助、捐建，加大对提供基本殡葬服务殡葬设施建设的支持力度，形成健全完善的基本殡葬服务保障机制。

2. 科学合理选址。各地民政、自然资源和林业等部门根据现有的安葬（放）设施情况和建设指标数，在符合国土空间规划的前提下，共同做好安葬（放）设施建设选址工作。严守永久基本农田保护红线、生态保护红线，禁止在耕地、自然保护地、城市公园和文物保护区内，水库、河流堤坝附近和水源保护区内，以及铁路、公路主干线两侧可视范围内建设安葬（放）设施。以交通方便、适宜绿化、群众普遍认可的现有集中埋葬点、荒山瘠地或未利用地为主要选择区域，可结合山体修复、矿坑整治进行选址建设。在不改变林地、草地用地性质的前提下，可实行林地、草地与无建筑物的墓地复合利用。修筑墓地、墓碑等建筑物的，应依法办理审核审批手续。

3. 稳妥有序推进。城市地区重点发展公益性骨灰安放设施，统筹建设城市公益性公墓，从严审批经营性公墓，着力发展节地生态葬式葬法，提高集约化、生态化安葬比例。农村地区充分尊重群众意愿，坚持集约化、少硬化、多绿化原则，合理选择乡镇统建、多村联建等模式，就近就便、统筹建设农村公益性公墓和骨灰堂，倡导树葬、花葬、壁葬、海葬、小型墓等多样化的节地生态安葬方式。

4. 加强管理服务。各地应建立健全适宜本地安葬（放）设施管理的制度，落实属地责任，坚持建管并重，健全完善审批、监管、运行、维护等工作机制。加强墓区植树绿化，保持墓区整洁肃穆，做好日常维护、防火防灾、公共安全等工作。安葬（放）建设必须接受相关部门的监督和指导，注重日常监管与监督检查相结合，按规定进行年检年审，提升数字化管理服务水平。

安葬（放）设施的建设管理，若国家有新的政策调整，按新政策执行。

附件：全省经营性公墓建设指标数（2021—2035 年）（略）

浙江省民政厅　浙江省公安厅浙江省住房和城乡建设厅关于进一步做好群众"身后事"联办服务新增和迭代升级的通知

（浙民事〔2022〕200 号）

各市（省直）、县（市、区）民政局、公安局、住房公积金管理中心：

为贯彻落实国务院办公厅《关于加快推进"一件事一次办"打造政务服务升级版的指导意见》（国办发〔2022〕32 号）、省委改革办《关于做好群众企业全生命周期新增和迭代"一件事"有关工作的通知》，持续推进全省群众身后事项服务标准化、规范化、便利化水平，现就有关事项通知如下。

一、总体要求

（一）指导思想。以习近平新时代中国特色社会主义思想为指导，深入贯彻落实党的二十大精神，坚持以人民为中心的发展思想，推动数字技术广泛应用于政府管理服务，从群众实际需求出发，最大程度利民便民，进一步提高群众办事的体验感和获得感。

（二）主要目标。实现申请注销驾驶资格、住房公积金提取等群众身后事项统一受理、一站式服务，办理信息全量、实时、准确归集共享，推动更多关联性强、办事需求量大的跨部门、跨层级群众身后事项实现"一件事一次办"，让"伤心事"办得宽心舒心暖心。

（三）进度安排。各地要于今年 12 月底前实现群众"身后事"涉及驾驶资格注销、住房公积金提取等办事事项统一受理，全面实现"网上办""掌上办"，线上线下有效协同。

二、重点任务

2019 年，省委改革办、省民政厅、省公安厅等 11 部门印发了《浙江省推进群众身后"一件事""最多跑一次"改革实施方案》（浙民事〔2019〕100号），大幅减少居民死亡医学证明（推断）书开具、遗体火化预约、逝者户籍注销、社保金和抚恤金发放（停发）退补等群众身后事项的办事环节、申请材料、办理时间和跑动次数，得到群众普遍认可。现根据国务院有关要求，将群众"身后事"涉及驾驶资格注销、住房公积金提取等办事事项纳入群众"身后事"联办。

（一）推进群众"身后事"涉及驾驶资格注销、住房公积金提取等办事事项"一件事一次办"。鼓励各地因地制宜扩大联办事项范围，梳理驾驶资格注销、住房公积金提取的办事规定、材料等内容，加强信息共享，优化办事流程。各部门要立足职能、主动协同，按"一套材料、一次告知、一表申请、一窗受理、一网通办、一次办结"的要求，做好相关工作。

民政部门：负责牵头推进，落实各地《死亡关联事项联办申报单》新增驾驶资格注销、住房公积金提取等办理事项，相关办理事项纳入殡葬"一站式"受理窗口，及时将火化信息录入服务平台，形成《火化证明》电子证照，相关数据及时推送至省一体化智能化公共数据平台（IRS）。

公安部门：负责注销死亡人员户口；负责由公安部门依法处置的非正常死亡案（事）件（经医疗卫生机构救治的除外）中死亡人员的《非正常死亡证明》开具，落实群众"身后事"涉及驾驶资格注销工作（注销工作需由驾驶证核发地完成）。

建设部门：负责指导各地住房公积金管理中心根据相关部门推送的死亡情况材料，办理职工死亡或者被宣告死亡提取住房公积金，落实群众"身后事"涉及住房公积金工作。

（二）优化群众涉及驾驶资格注销、住房公积金提取等办事事项服务模式方式。按照"线上线下协同、多端申请、统一受理"思路，将驾驶资格注销、住房公积金提取的设定依据、受理条件、申请条件、办结时限、办理结果等要素进行梳理，优化业务流程，形成办事指南，在线上线下服务渠道同源发布、同步更新。

三、保障措施

（一）加强组织领导。各地要高度重视，强化组织领导，主要领导亲自研究部署，分管领导具体抓好落实，要组织精干力量，创新改革举措，压实层级责任，精心组织实施。省级各有关部门要积极推进本领域"一件事一次办"工作，并提供必要的政策、业务、系统等支持，共同推进该项工作落到实处。

（二）加强协同推进。各部门之间要加强沟通、协同合作，做好流程优化、系统对接、信息共享、电子证照应用、业务培训等工作，一体推进跨部门、跨层级数据依法依规有序共享，不断提高共享数据质量和可用性、时效性。

（三）加强评价监督。各地要加强对此项工作的管理和考核，不定时对群众身后事项办理情况进行跟踪评估，对工作推进不及时、工作落实不到位、群众反映问题突出的，给予通报，并限期整改，切实提高服务管理水平，增强群众获得感满意度。

附件：浙江省群众"身后事"办理流程图

浙江省民政厅　浙江省公安厅　浙江省住房和城乡建设厅
2022年12月14日

附件：

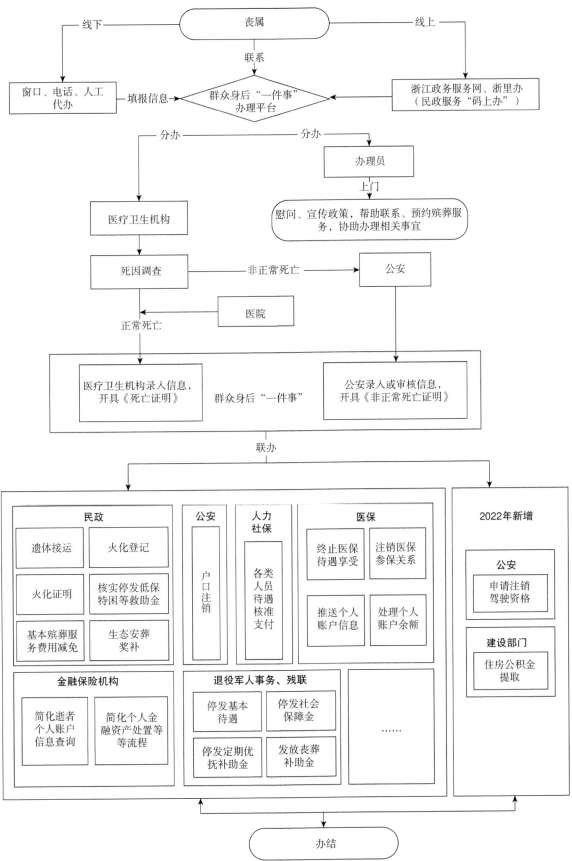

浙江省群众"身后事"办理流程图

●　**安徽省**　●

安徽省殡葬管理办法（2017 年修正本）

（1994 年 2 月 25 日安徽省人民政府令第 53 号发布　根据 1997 年 12 月 25 日安徽省人民政府令第 99 号《安徽省人民政府关于修改〈安徽省森林植物检疫实施办法〉等规章的决定》第一次修正　根据 2004 年 8 月 10 日安徽省人民政府令第 175 号《安徽省人民政府关于修改〈安徽省森林植物检疫实施办法〉等规章的决定》第二次修正　根据 2010 年 12 月 23 日安徽省人民政府令第 230 号《安徽省人民政府关于修改〈安徽省森林和野生动物类型自然保护区管理办法〉等规章的决定》第三次修正　根据 2014 年 12 月 16 日安徽省人民政府令第 258 号《安徽省人民政府关于修改部分规章的决定》第四次修正　根据 2017 年 12 月 1 日安徽省人民政府令第 279 号《安徽省人民政府关于修改部分规章的决定》第五次修正）

第一条　为加强殡葬管理，促进社会主义物质文明建设和精神文明建设，根据《殡葬管理条例》，结合本省实际，制定本办法。

第二条　殡葬管理的方针是：推行火葬，改革土葬，破除封建迷信的丧葬习俗，提倡节俭、文明办丧事。

第三条　民政部门是殡葬管理工作的主管部门，公安、卫生计生、住房城乡建设、工商、国土资源等部门应协助民政部门做好殡葬管理工作。

第四条　在本省范围内，除因条例限制的金寨、岳西、旌德、绩溪、休宁（不含县城）、歙县（不含县城）、黟县、祁门、石台、青阳、东至 11 个县和黄山区为土葬改革区外，其他各市、县均为实行火葬的地区。

实行火葬的地区内少数交通不便难以开展火葬的边远乡、村，可暂不实行火葬。具体乡、村由当地县（市、区）人民政府提出，由省民政厅报省人民政府批准。

第五条　在实行火葬地区（经省人民政府批准暂不实行火葬的乡、村除外），死亡人员的遗体应当火化。提倡用骨灰寄存或不占、少占土地处理骨灰。禁止土葬（包括骨灰入棺土葬）和遗体外运。遗体确需外运的，须经市、县民政部门批准。

尊重少数民族丧葬习俗。对自愿实行丧葬改革的，他人不得干涉。

第六条　殡仪馆处理遗体，凭户籍所在地公安派出所出具的死亡证明，在医院死亡的，凭医院出具的死亡证明；在外地死亡的，凭死亡地公安派出所出具的死亡证明；无名尸体，凭所在地公安派出所出具的死亡证明和接尸通知。

第七条　遗体在殡仪馆的保存期限，除经市、县民政部门批准外，不得超过 7 天，逾期由殡仪馆火化。

公安机关需要保存的无名尸体，保存期超 7 天的，其逾期冷冻防腐费由公安机关负责，其他费用由民政部门负担。公安机关查明尸源的，费用由责任者或其亲属承担。

第八条　接运遗体应使用殡葬专用车。自运遗体的，殡仪馆应对其运载工具进行消毒。

第九条　对患有甲类急性传染病、炭疽病死者的尸体以及高度腐败的尸体，须经消毒处理并严密包扎。殡仪馆应及时接尸，立即火化。

第十条　土葬改革区应当进行土葬改革。当地市、县人民政府应当利用荒山瘠地，本着有利于发展生产建设、节约土地、文明节俭、方便群众的原则规划土葬用地。公墓内的遗体应平地深埋，不留坟头。

第十一条　禁止占用耕地、林地（包括个人承包耕地和自留地）作墓地。已占用耕地的坟墓，应限期迁出或就地深埋。禁止非法买卖、转让、出租墓地、墓穴。禁止恢复或建立宗族墓地。因国家基本建设或农田建设而迁移平毁的坟墓，禁止返迁重建。

第十二条　建设用地内的坟墓，建设单位应在用地前1个月通知墓主在规定的期限内认领起葬，所需费用按有关规定由建设单位承担。无主坟墓由建设单位负责遗骨火化或就地深埋。

第十三条　禁止在城市公园、风景名胜区、文物保护区以及水库、河流堤坝两侧建造坟墓。上述区域现有的坟墓，除受国家保护的具有历史、艺术、科学价值的墓地予以保留外，应当限期迁移或者深埋，不留坟头。

第十四条　禁止在丧葬中进行各种封建迷信活动。禁止生产、销售和使用丧葬迷信用品。

第十五条　建设殡仪馆、火葬场，由县级人民政府和设区的市人民政府的民政部门提出方案，报本级人民政府审批；建设公墓，经县级人民政府和设区的市人民政府民政部门审核同意后，报省人民政府民政部门审批。

农村为村民设置公益性墓地，经乡级人民政府审核同意后，报县级人民政府民政部门审批。

第十六条　从事殡葬业务的单位，应自觉遵守殡葬管理的有关规定，方便群众，增强服务观念，提高服务质量。

第十七条　在殡葬改革中做出显著成绩的单位和个人，由当地人民政府或民政部门给予表彰、奖励。

第十八条　将应当火化的遗体土葬，或者在公墓和农村的公益性墓地以外的其他地方埋葬遗体、建造坟墓的，由民政部门责令限期改正。

第十九条　制造、销售封建迷信殡葬用品的，由民政部门会同工商行政管理部门予以没收，可以并处制造、销售金额1倍以上3倍以下的罚款。

第二十条　拒绝、阻碍殡葬管理人员依法执行职务，或者借丧葬活动扰乱社会秩序，违反社会治安管理规定的，由公安机关依照《中华人民共和国治安管理处罚法》的规定进行处罚。

第二十一条　殡仪服务人员利用工作之便索取财物的，由民政部门责令退还，构成犯罪的，依法追究刑事责任。

第二十二条　当事人对处罚决定不服的，可按《中华人民共和国行政复议法》和《中华人民共和国行政诉讼法》的规定，向行政机关申请复议或向人民法院提起诉讼。

第二十三条　各市、县人民政府可根据本办法，结合当地实际制定实施办法。

第二十四条　本办法自发布之日起施行。1986年8月11日发布的《安徽省人民政府关于殡葬管理的实施办法》同时废止。

安徽省物价局 安徽省民政厅关于进一步
加强殡葬服务价格监管工作的通知

（皖价服〔2012〕131号　2012年7月19日）

各市、县物价局、民政局：

为进一步加强殡葬服务价格管理，减轻群众丧葬不合理负担，为殡葬事业改革和持续健康发展创造良好环境，根据国家发展改革委、民政部《关于进一步加强殡葬服务收费管理有关问题的指导意见》（发改价格〔2012〕673号）精神，结合我省实际，现就进一步加强我省殡葬服务价格监管工作提以下意见，请认真贯彻执行。

一、进一步明确相关殡葬服务价格政策

（一）基本殡仪服务（指遗体接送、遗体冷藏、遗体火化、骨灰寄存等）实行政府定价，与基本殡仪服务密切相关的延伸服务（包括遗体整容、遗体防腐、吊唁设施及设备租赁等）实行政府指导价。实行政府定价、政府指导价的殡仪服务价格由市、县级价格主管部门在成本监审或成本核算的基础上，按照非营利原则，根据财政补贴情况从严核定，并适时调整。满足少数群众特需的延伸服务实行市场调节价，具体收费项目由收费单位在收费前报当地价格、民政部门审核同意，收费标准由收费单位按照公开公平、诚实信用和不高于市场同类价格水平的原则自主确定，报同级价格主管部门备案。

（二）农村公益性公墓是乡（镇）、村根据乡（镇）人民政府统一规划，报县（市、区）民政部门批准兴办的为所在地居民死亡后提供的非营利性公共墓地。农村公益性公墓的墓葬费、公墓管理费实行政府定价，由市、县价格主管部门在成本监审或成本审核的基础上，考虑财政补助情况，按照非营利并兼顾居民承受能力的原则核定。农村公益性公墓收费由乡镇人民政府向市、县价格主管部门申报，同时提供涉及相关的土地、林业等方面审批意见以及民政部门批准兴建的文件。

经营性公墓中树葬、花葬、草坪葬、壁葬、骨灰存放格位以及定型墓（指形状和材质相对固定且占地面积在规定范围以内的中低档墓型）墓葬费、公墓管理费实行政府指导价，由市、县价格主管部门按照定价成本及合理利润确定基准价及浮动幅度，公墓经营单位在基准价和浮动幅度内确定具体价格，经营性公墓中按照规定面积建造的艺术墓（一墓一型，独一无二，有一定的艺术性，档次较高的墓型）实行市场调节价，由公墓单位按照服务成本加合理利润和税金的原则确定，报价格主管部门备案后执行。

根据国家相关规定，公墓安葬骨灰单人墓或双人合葬墓占地面积不得超过1平方米，各级价格主管部门在制定公墓墓葬费时，要加强对公墓的成本核算，对超出国家规定的部分不得进入定价成本。

（三）民政部门主办的殡葬服务单位提供的丧葬用品（骨灰盒、墓用石材、寿衣〈袋〉、花圈等）价格，价格主管部门可根据实际情况实行差率控制或最高限价，同时应通过培育和完善市场竞争机制，创造条件推进市场化运作，严禁限制或采取增收附加费等方式变相限制丧属使用自带骨灰盒等合理丧葬用品。

二、进一步强化对殡葬服务价格行为的监管

（一）完善殡葬服务价格公示体系。殡葬服务单位应严格执行收费公示制度，在服务场所显著

位置公布服务项目、收费标准、文件依据、减免政策、举报电话、服务流程和服务规范等内容，广泛接受社会监督。各级民政部门要建立殡葬服务价格公示体系，通过门户网站或其他载体将本地区殡仪馆和公墓的收费项目、收费标准（价格）进行公示，为群众监督、选择提供方便。

（二）加大推行殡葬服务协议书力度。殡葬服务单位提供服务前，须与丧属签订协议书，协议书应明确殡葬服务项目和丧葬设施、用品的名称、价格、租用期限，供丧属自主选择，严禁违反公平自愿原则以任何形式捆绑、分拆或强制提供服务并收费。殡葬服务单位根据双方协商的服务协议书，向丧属收取费用，提供收费结算清单以及规定的票据。

三、加快建立和完善殡葬基本公共服务体系

各级民政、价格主管部门要积极争取本级政府的支持，建立殡葬事业公共投入和稳定增长机制，加快建立和完善殡葬基本公共服务体系，对五保户、城乡低保对象、生活困难的重点优抚对象和城市"三无"人员（指城市居民中无劳动能力、无收入来源、无法定赡养〈抚养、扶养〉人的人员）等特困群体，由政府免费提供殡葬基本公共服务。有条件的地区可以按照"保基本、广覆盖、可持续"的原则，扩大免费提供殡葬基本公共服务的对象和范围。尚未建立殡葬基本公共免费服务的地方，应多渠道筹措资金，对五保户、城乡低保对象、生活困难的重点优抚对象和城市"三无"人员等特困群体基本殡葬服务费用进行减免，减免幅度不低于30%。

各地要建立完善农村公益性公墓建设资金筹集渠道，降低建设成本，严禁将公益性公墓转租、承包经营，也不得与经营性公墓混合经营。各殡葬服务单位在提供殡仪服务、公墓墓位、丧葬用品时，要充分考虑不同层次丧属的需求，要有中低档次的骨灰盒（坛）、免费的休息场所和低价的告别厅堂，经营性公墓中的中低档价格墓型供应量比例不低于60%。

四、加大对殡葬服务价格违法行为的查处力度

各级价格主管部门要加强对殡葬服务价格的监督检查，要畅通"12358"价格举报电话，认真受理群众对殡葬服务价格的投诉或举报，严肃查处殡葬服务单位擅自设立收费项目、提高收费标准、扩大收费范围、超过备案价格收费、不明码标价、不按规定签订协议书以及强行搭售丧葬用品、强行指定服务和强行收费等行为，切实维护群众的合法权益。

五、认真开展殡葬服务价格清理规范工作

自文件印发之日起，各级价格、民政部门要利用3个月时间，根据本通知的规定，对本行政区域内殡葬服务单位的收费进行一次全面清理和规范，要按照有利于殡葬事业科学发展、合理补偿成本，兼顾社会承受能力等原则，重新审定殡葬服务收费项目和收费标准，取消不合理的收费项目，降低偏高的收费标准；对没有履行相关审批手续的公墓经营者，要责令停止经营活动，履行完必要的审批手续；要将群众反映强烈的丧葬用品（骨灰盒、寿衣〈袋〉、花圈等）价格以及延伸服务收费回归到合理价位；要积极研究出台加快当地殡葬公共服务体系建设措施，满足人民群众基本殡葬服务需要。省物价局、民政厅将适时对各地清理和规范情况进行督查，确保各项政策落实到位。

各市物价局、民政局要将辖区内殡葬服务价格及主要丧葬用品价格清理情况及规范殡葬服务价格管理措施、做法，连同殡葬服务收费（价格）情况清理表（见附件1）、主要丧葬用品价格情况清理表（见附件2）填写后，于10月31日前分别报省物价局（服务价格处）、省民政厅（社会事务处）。

附件：1. 殡葬服务收费（价格）情况清理表（略）
　　　2. 主要丧葬用品价格情况清理表（略）

安徽省人民政府办公厅关于加强殡葬基本公共服务 加快推进殡葬改革的意见

（皖政办秘〔2012〕125 号　2012 年 8 月 1 日）

各市、县人民政府，省政府各部门、各直属机构：

加强殡葬基本公共服务，加快推进殡葬改革，是保障和改善民生，维护社会公平正义，促进社会和谐的重要举措。为进一步深化殡葬改革，加强殡葬基本公共服务，经省政府同意，现提出如下意见：

一、指导思想

以邓小平理论和"三个代表"重要思想为指导，深入贯彻落实科学发展观，牢固树立以民为本、为民解困、为民服务宗旨，把深化殡葬改革、加强殡葬基本公共服务与维护人民群众权益结合起来，加快建立和完善殡葬公共服务体系，努力实现殡葬基本公共服务均等化，充分发挥殡葬改革在促进经济社会发展中的积极作用。

二、基本原则

（一）统筹协调，齐抓共管。各地要高度重视，形成政府主导，有关部门各司其职、合力推进的工作格局，为全面提高殡葬公共服务水平提供组织保障。

（二）标本兼治，综合推进。加大监督管理力度，加强宣传倡导，完善利益导向体系，强化殡葬公共服务政策与各项经济社会发展政策的配套衔接，标本兼治，综合推进。

（三）因地制宜，分类指导。充分考虑不同地区、不同阶段殡葬工作的发展态势，加强分类指导，因地制宜做好殡葬基本公共服务工作，加快推进殡葬改革。

（四）政府主导，市场参与。充分发挥政府主导作用，进一步加大对殡葬基本公共服务的投入力度。同时，注重发挥市场调节作用，满足人民群众不同层次需求。

（五）政事分开，管办分离。切实转变政府职能，实现管理与经营分离、监督与经办分开。充分发挥殡仪馆等公益性殡葬事业单位在提供殡葬基本公共服务、保障人民群众殡葬权益方面的重要作用。

三、目标任务

（一）实行殡葬基本公共服务标准化。殡葬基本公共服务主要包括遗体接运、遗体存放、遗体火化和骨灰寄存等四项。殡葬基本公共服务应全面执行民政部《殡仪接待服务》、《遗体保存服务》等有关行业标准，实行标准化服务。殡仪馆在提供殡葬基本公共服务项目的基础上，可提供选择性殡葬服务项目，满足多样化殡葬需求。选择性殡葬服务要坚持"自愿选择、公平协商、市场运作、政府监管"的原则，规范行业行为，强化服务监督。

（二）实现殡葬基本公共服务均等化。对全省五保户免费提供殡葬基本公共服务。有条件的地区可按照保基本、广覆盖、可持续的原则，对城乡低保对象和生活困难的重点优抚对象、城市"三无"人员等其他城乡困难群体开展殡葬基本公共服务救助，逐步实现全省殡葬基本公共服务均等化。

（三）加强殡葬服务价格管理。殡仪馆（火化场）提供的殡葬基本公共服务收费实行政府定价，由市、县价格主管部门按照非营利原则，根据财政补贴情况从严核定，并适时调整；提供与基本服务密切相关的延伸收费，实行政府指导价管理；提供其他个性化服务和丧葬用品销售实行市场调节价，价格主管部门依法监管。严禁殡仪馆（火化场）违反自愿原则，以任何形式捆绑、分拆或强制提供服务并收费，也不得限制丧户使用自带骨灰盒等丧葬用品。

（四）严格经营性公墓审批。制定完善公墓建设规划，从严审批经营性公墓，控制经营性公墓数量和建设规模。坚决取缔非法公墓，纠正违规建设公墓。对已经批准建设的经营性公墓，要严格依据规划和批准的用地范围、土地使用条件进行建设，不得擅自修改规划，扩大建设用地面积。

（五）限定墓穴建设规模。严格限制公墓墓穴占地标准，杜绝建设超大超高墓穴。推行卧式墓碑和小型墓碑，竖式墓碑高度不得超过 0.8 米。已建公墓在此意见出台前形成的超大超高墓穴，应限期整改。墓穴使用期限按国家有关规定执行。

（六）加强经营性公墓的管理。经营性公墓中树葬、草坪葬、壁葬、骨灰存放格位以及定型墓收费实行政府指导价，由市、县价格主管部门确定基准价及浮动幅度；艺术墓收费实行市场调节价，价格明显偏高的，价格主管部门要依法进行干预和管理。经营性公墓应充分考虑城镇广大中低收入群体的经济承受能力，每年要在新建墓穴中安排一定比例的低价位墓穴、骨灰存放格位。经营性公墓每两年开展 1 次年检，年检结果由省民政厅在相关媒体公布。

（七）加快殡仪馆建设和火化设施改造升级。各地要把殡仪馆建设纳入城乡规划。殡仪馆要重点对落后火化设施设备进行更新改造，大力推广使用环保节能型火化炉，实行节能减排。各级民政部门每年要从福彩公益金中安排专项补助资金，采取以奖代补的形式予以补贴。应建而未建殡仪馆的县，应于 2014 年底前全部建成，所在地人民政府及有关部门要统筹安排建设用地计划指标，尽量使用未利用地，少用或不占用耕地。原通过招商引资、合资、合作建设或由个人承包经营的殡仪馆，应由当地政府赎回，作为民政部门管理的公益性殡葬事业单位。

（八）科学规划公益性公墓（骨灰堂）建设。原则上农村公益性公墓按每个乡镇 1—2 座规划建设；交通不便、居住分散的地区，依审批权限经批准可以由若干个村委会规划建设公益性公墓或公益性骨灰堂。公益性公墓（骨灰堂）建设应符合当地城乡规划要求。

（九）强化公益性公墓（骨灰堂）管理。农村公益性公墓（骨灰堂、树葬公益林）的管理由乡（镇）人民政府负责，可由管理单位向丧属收取墓穴（格位）成本费和管理费，收费标准由市、县价格主管部门按照非营利兼顾居民承受能力的原则核定。对公益性公墓每两年开展 1 次年检，年检结果由县（市、区）民政部门在当地媒体予以公示。

（十）规范墓穴、骨灰存放格位销售行为。购买墓穴、骨灰存放格位，由用户凭有关部门出具的火化证明或死亡证明办理购买和使用手续。墓穴（格位）不得进行预售、传销和炒买炒卖。对以虚假宣传手段欺骗群众购买，或向未出具死亡证明、火化证明或其他相关证明的人出售墓穴、骨灰存放格位的，由民政部门会同工商管理部门予以查处，依法收回其《公墓证书》，并吊销其《经营许可证》。

（十一）大力推行绿色殡葬，推行葬式葬法多样化。积极改革土葬，大力推行火葬，逐步扩大火葬区，巩固提高火化率。把推进绿色殡葬放在更加突出的位置，加大政府投资、奖励、补贴力度，大力推广树葬、花葬、草坪葬、壁葬等节地葬法，积极倡导深埋、撒散、江（水）葬等不保留骨灰方式，实现骨灰安葬多样化，逐步改变以骨灰、遗体占地墓葬为主的局面。提高生态墓地比例。经营性公墓内应划出一定区域，实行节地葬法。新建经营性公墓及现有经营性公墓中尚未开发的墓区，实行节地葬法的比例应不少于30%。公益性公墓应逐步提高生态节地葬法的比例。

各市、县（市、区）可在地理位置适中、环境良好的生态林区设置永久性树葬区，并相应配套完善公共交通设施，免费供群众以撒散、深埋不留坟头等方式安置骨灰、遗体。树葬区可以划作地方（市、县级）公益林，由同级财政给予林农补贴，或由乡镇、村给予林农经济补偿。沿江、沿淮、沿湖等地区要在适宜水域规划设定骨灰江（水）葬区，每年组织开展不少于2次的免费骨灰葬活动。树葬区、江（水）葬区内要提供必要的追思纪念场所，以满足逝者亲属缅怀先人、慎终追远的愿望和需求。

四、保障措施

（一）加强组织领导。建立由省民政厅牵头的省推进殡葬基本公共服务联席会议制度，加强对殡葬服务工作的协调推进，及时研究解决相关问题。各地要进一步加大殡葬改革工作力度，尚未全面推行殡葬改革的，要尽快推进。

（二）加大经费投入。建立和完善困难群体殡葬基本公共服务经费补助机制。五保户殡葬救助经费按现行供给渠道解决；其他城乡困难群体殡葬救助服务所需经费，由同级财政部门根据实际统筹安排。

（三）加大宣传力度。大力加强殡葬改革宣传教育，引导群众转变传统丧葬习俗，树立文明祭祀、节俭办丧事的新风。要通过报刊、电视、广播、网络等新闻媒体，结合清明节祭祀和殡葬系统"行风建设月"等活动，广泛宣传强化殡葬基本公共服务的重要意义和政策措施，总结推广各地强化殡葬基本公共服务、保障和改善民生的经验。

（四）严格执法检查。各级民政部门要在同级人民政府的统一协调下，牵头会同规划、国土资源、林业、公安、物价、工商、卫生、城管、交通运输等部门，采取联合执法等方式，对各类殡葬违规行为进行查处。规划部门或城市管理行政执法机构要对不按规划建设等行为进行严肃查处。国土资源、林业部门要严肃查处非法占用土地、林地建墓修坟等行为。物价部门要对擅自设立收费项目、提高收费标准、不按规定公示和明码标价等违法行为进行严肃查处。公安部门要对丧葬活动中违反治安管理行为的，依法予以治安管理处罚；构成犯罪的，依法追究责任。工商部门要严肃查处非法销售殡葬用品、无照从事殡葬服务、超范围经营等违法违规行为。卫生部门加强对医疗机构的监管，规范医院死亡人员遗体处理程序，督促医疗机构按照规定做好死亡病人的遗体处理工作，配合殡葬管理部门做好遗体管理和接运，严防遗体非法外运。城市管理行政执法机构要加强对城区治丧环境的管理，坚决制止沿街、沿路乱设灵堂、抛撒冥纸、燃放鞭炮等行为。

（五）加强考核督查。各地要在2012年底前，按照本意见精神，制定本地区殡葬基本服务收费标准及困难群体殡葬基本公共服务救助具体实施办法。要结合每年殡葬管理工作目标考核，将强化殡葬基本公共服务纳入考核范围，切实加强对殡葬基本公共服务工作的监督检查。

安徽省人民政府办公厅关于加强公益性
公墓建设管理的通知

（皖政办秘〔2013〕189号　2013年12月17日）

各市、县人民政府，省政府各部门、各直属机构：

近年来，各地加强和改进公墓建设管理，在倡导移风易俗、节约土地资源、保护生态环境等方面发挥了积极作用。但城市公益性公墓建设滞后、经营性公墓价格虚高，农村公益性公墓建设不合理、管理不到位等问题依然普遍存在，社会各界反应强烈。为进一步深化殡葬改革，强化城乡居民基本殡葬公共服务，根据《殡葬管理条例》，结合我省实际，经省政府同意，现就加强公益性公墓（含公益性骨灰堂，下同）建设管理通知如下：

一、坚持政府主导、市场参与。公益性公墓是为城乡居民提供骨灰安放（葬）服务的非营利性公共设施。各地要将公益性公墓建设纳入基本公共服务保障范围，强化公益性质，发挥政府主导作用，进一步加大对公益性公墓等殡葬基本公共服务的投入力度。鼓励社会组织、企业和个人向公益性公墓建设提供捐助。

二、推进城市公益性公墓建设。坚持公益性公墓全覆盖，到2016年，各市、县至少建设1座城市公益性公墓。城市公益性公墓建设用地按照公益事业用地无偿划拨，尽量利用荒山坡地或贫瘠地，严禁占用耕地，涉及占用林地的，应依法办理使用林地审核审批手续。公墓占地面积按照服务覆盖区常住人口数量和骨灰安置数量确定，不得超过200亩。城市公益性公墓主要提供骨灰格位安放服务，可以采用骨灰堂（楼、廊、墙、亭）建筑形式，骨灰存放格位的盒均建筑面积不超过0.3平方米，单体建筑的骨灰存放数量不超过2万份，新建、改扩建工程应充分利用原有场地和设施，避免大规模土方改造工程。

城市公益性公墓建设资金由同级财政安排。各级民政部门每年要从福彩公益金中安排专项补助资金，采取以奖代补的形式对公益性公墓建设予以补贴。

三、推进农村公益性公墓整合改造。各地要结合美好乡村建设规划，整合现有农村公益性公墓，科学合理布局，完善配套设施，提高墓区利用率。到2016年，采取整合、新建、扩建等方式，每个乡镇至少建设1座公益性公墓；同一乡镇内相距较远、交通不便、居住分散的相邻若干行政村，在符合相关规划、墓地选址经村民代表大会同意的前提下，视情可联合建设1座公益性公墓（骨灰堂）。公墓以节地葬为主，规划面积不得超过50亩，并按照不少于规划总容量30%的比例建设骨灰格位存放设施。骨灰存放格位的盒均建筑面积参照城市公益性公墓执行。

四、强化公益性公墓建设管理。公益性公墓建设应符合城乡规划和土地利用总体规划。建设城市公益性公墓，由设区市人民政府民政部门审批，报省级民政部门备案；建设农村公益性公墓，由县级人民政府民政部门审批。

城市公益性公墓由民政部门管理。公益性公墓价格实行政府定价，由价格主管部门按照非营利性原则核定，收入应专款专用，全部用于公墓建设、维护和管理。公益性公墓不得开展租赁、招商引资、承包经营或股份制合作等商业活动，不得开展以营利为目的的经营性收费，其使用期限、续期、年检等参照经营性公墓的有关规定执行。要认真执行殡葬行业服务标准，加强行风建设，完善规章制度、服务流程，提高服务质量和水平。各地要认真落实公益性公墓价格管理政策，规范收费行为，完善公示制度，主动接受社会监督。

针对部分农村公益性公墓存在的非法建设经营、建造超标准墓穴等问题，各地要按照"谁审批，谁负责"的原则，于2014年6月底前开展专项治理，坚决制止和纠正违法违规行为。

五、加强公益性公墓建设的组织领导。各地要结合本地实际，尽快制定公益性公墓建设总体规划，在抓好试点的基础上，利用新建、改建、扩建等形式稳步推进。各相关部门要切实履行职责、密切配合，共同做好城乡公益性公墓的建设管理工作。民政部门要充分发挥殡葬主管部门的职能作用，会同有关部门做好城乡公益性公墓专项规划的编制工作并组织实施。发展改革部门要配合民政部门做好城乡公益性公墓建设规划编制、项目立项等工作。财政部门要做好公益性公墓建设的资金保障工作。国土资源部门要会同民政部门做好城乡公益性公墓项目规划与土地利用总体规划的衔接工作，加强建设用地管理。环境保护部门要加强城乡公益性公墓的建设项目环境影响评价管理，指导公墓建设管理单位抓好生态环境保护。规划部门要将公益性公墓建设纳入城乡规划。物价部门要按照相关规定核定收费项目和价格，依法查处价格违法行为。

六、强化监督检查和宣传引导。各地要加强对公益性公墓建设管理的监督检查，将其纳入殡葬工作年度目标考核和绩效考核。加强对建设工程和资金使用的审计监管，严肃查处违反公墓管理法规的非法经营行为，严肃查处违反殡葬价格政策的乱收费行为，确保工程质量、资金安全、运营规范。深入宣传殡葬改革新理念，鼓励和引导群众主动参与殡葬改革，对自愿选择花葬、树葬、草坪葬或骨灰撒散等生态节地葬式的，所在地政府应给予一定费用减免或补贴，引导群众树立文明节俭、生态环保、移风易俗的殡葬新风尚。

中共安徽省委办公厅 安徽省人民政府办公厅印发《关于党员干部带头推动殡葬改革的实施意见》的通知

（皖办发〔2014〕13号　2014年3月24日）

各市、县委，各市、县人民政府，省直各单位，各大学：

《关于党员干部带头推动殡葬改革的实施意见》已经省委、省政府负责同志同意，现印发给你们，请结合实际认真贯彻执行。

关于党员干部带头推动殡葬改革的实施意见

为贯彻落实《中共中央办公厅、国务院办公厅印发〈关于党员干部带头推动殡葬改革的意见〉的通知》（中办发〔2013〕23号）精神，发挥全省党员、干部带头示范作用，深化全省殡葬改革，现结合我省实际，提出以下实施意见。

一、统一思想认识，深刻理解推动殡葬改革的重要性和紧迫性

自实行殡葬改革以来，在各级党委和政府的大力推动下，全省广大党员、干部带领群众积极实

行火葬，改革土葬，革除丧葬陋俗，树立文明节俭新风尚，取得了明显成效。但近年来，伴随经济转轨和社会转型，出现了一些新情况和新问题，突出表现在：火葬区火化率下滑、骨灰装棺再葬问题突出，土葬改革区乱埋乱葬、修建超大墓现象较为严重，破坏了生态环境；盲目攀比、重殓厚葬现象滋生蔓延，加重了群众负担；少数党员、干部甚至个别领导干部利用丧事活动大操大办、借机敛财，损害了党和政府的形象，败坏了社会风气。这些现象亟需整治。

党员、干部带头推动殡葬改革，是移风易俗、发扬社会主义新风尚的应尽责任，是推动文明节俭治丧、减轻群众丧葬负担的重要途径，是加强党风政风建设、树立党和政府良好形象的必然要求，也是解决人口增长与资源环境矛盾、促进经济社会可持续发展的迫切要求。各级党委和政府要充分认识党员、干部带头推动殡葬改革的重要性和紧迫性，切实把思想和行动统一到中央的要求上来，形成重视、支持、推动殡葬改革的思想共识。

二、强化示范引领，充分发挥党员、干部推动殡葬改革的带头作用

全省党员、干部要增强打铁还需自身硬的责任意识，在丧葬活动中模范遵守殡葬法规政策，自觉抵制丧葬陋俗，带头推动殡葬改革，带动广大群众自觉参与殡葬改革。

（一）带头革除丧葬陋俗。党员、干部办理丧事活动，不得在居民区、城区街道、公共场所搭建灵棚，不得搞迷信低俗活动。在火葬区，党员、干部去世后不得将骨灰装棺再葬，不得超标准建墓立碑；在土葬改革区，党员、干部去世后遗体不得乱埋乱葬。开展祭扫活动时，不得在林区、景区等禁火区域焚烧纸钱、燃放鞭炮。除国家另有规定外，党员、干部去世后一般不成立治丧机构，不召开追悼会。严禁党员、干部特别是领导干部在丧事活动中大操大办、铺张浪费，严禁借机收敛钱财。

（二）带头文明节俭办理丧事。党员、干部应当带头文明治丧，简办丧事。要在殡仪馆或合适场所集中办理丧事活动，自觉遵守公共秩序，尊重他人合法权益。采用佩戴黑纱白花、播放哀乐、发放生平等方式哀悼逝者。党员、干部去世后举行遗体送别仪式的，要严格控制规模，力求节约简朴。对于逝者生前有丧事从简愿望或要求的，家属、亲友以及所在单位应当予以充分尊重和支持。

（三）带头倡导绿色殡葬风尚。在火葬区，党员、干部去世后必须实行火葬；在土葬改革区，党员、干部去世后遗体应当在公墓内集中安葬。无论是在火葬区还是在土葬改革区，党员、干部都应当带头实行生态安葬，采取骨灰存放、树葬、花葬、草坪葬等节地葬法，积极参与骨灰撒散、海葬或者深埋、不留坟头。鼓励党员、干部去世后捐献器官或遗体。少数民族党员、干部去世后，尊重其民族习俗，按照有关规定予以安葬。党员、干部应当带头文明祭奠、低碳祭扫，主动采用敬献鲜花、植树绿化、踏青遥祭、经典诵读等方式缅怀故人，弘扬慎终追远等优秀传统文化。积极参与社区公祭、集体共祭、网络祭扫等现代追思活动，带头祭扫先烈，带领群众逐步从注重实地实物祭扫转移到以精神传承为主上来。

（四）带头宣传倡导殡葬改革。党员、干部要积极主动宣传殡葬改革，加强对亲属、朋友和周围群众的教育引导，及时劝阻不良治丧行为，自觉抵制陈规陋俗和封建迷信活动，倡导文明新风。各级领导干部要加强对直系亲属和身边工作人员丧事活动的约束，积极做好思想疏导工作，对不良倾向和苗头性问题，要做到早提醒、早制止、早纠正，决不允许对违法违规殡葬行为听之任之甚至包庇纵容。

三、加强组织领导，坚定不移全面深化殡葬改革

各级党委和政府要把党员、干部带头推动殡葬改革作为促进社会主义精神文明建设和生态文明建设、保障和改善民生、加强党风政风建设的重要内容，摆上议事日程，坚持多措并举，抓好工作落实。

（一）落实部门职责，健全工作机制。进一步加强组织领导，建立健全党委领导、政府负责、部门协作、社会参与的工作机制。组织部门要注意掌握党员、干部治丧情况，加强对党员、干部的教育管理。宣传、文明办等部门要做好殡葬改革宣传引导工作，加大对先进典型事迹的宣传力度，传播推动殡葬改革正能量。民政部门要发挥殡葬改革主管部门作用，研究制定深化殡葬改革措施，加强行业管理和行业自律，提高殡葬服务质量。财政部门要进一步加大对殡葬基本公共服务的投入力度，为推进殡葬改革提供资金保障。发展改革部门要做好殡葬设施建设项目立项等审批工作，配合做好殡葬专项规划编制工作。国土资源部门要加强对殡葬用地的审批管理，加大对公益性墓葬设施建设用地的支持力度，依法查处非法殡葬用地、乱建坟墓等行为。林业部门要加强林地保护与管理，坚决查处毁林造墓等行为。公安部门对丧葬活动中扰乱社会秩序、危害公共安全、侵害他人合法权益，构成违反治安管理行为的，要依法予以治安管理处罚。工商行政管理部门要加强殡葬用品市场管理，坚决打击和查处非法生产、经营、销售丧葬用品以及炒买炒卖墓穴（格位）的行为。卫生部门要加强对医疗机构的监管，规范医院死亡病人遗体处理程序，督促医疗机构按照规定做好死亡病人遗体处理工作，配合殡葬管理部门做好遗体管理和接运。城市管理行政执法机构要加强对城区治丧环境的管理，坚决制止沿街、沿路乱设灵堂、抛撒冥纸、违法违规燃放鞭炮等行为。物价部门要加强丧葬服务价格管理，依法查处擅自设立收费项目、擅自提高收费标准、不按规定公示和明码标价等行为。工会、共青团、妇联等人民团体和基层党组织、村（居）委会以及红白理事会、老年人协会等社会组织要充分发挥作用，广泛动员群众积极参与殡葬改革。

（二）注重统筹规划，提高保障水平。各级党委和政府要立足实际，制定和完善殡葬事业发展规划，明确殡葬改革目标任务和方法步骤，并纳入当地国民经济和社会发展规划。要加大投入力度，重点完善殡仪馆、骨灰堂、公益性公墓等基本殡葬公共服务设施。到2016年，各市、县（市）至少建设1座城市公益性公墓；采取整合、新建、扩建等方式，每个乡镇至少建设1座公益性公墓（骨灰堂），逐步形成布局合理、设施完善、功能齐全、服务便捷的基本殡葬公共服务网络，为推动殡葬改革创造有利条件。

（三）完善法规制度，强化监督管理。根据《殡葬管理条例》修订情况，适时修订《安徽省殡葬管理办法》，完善殡葬服务和管理制度。要加大依法治理力度，进一步健全和规范对违法土葬、乱埋乱葬、违规建墓等行为的行政执法与司法强制执行的衔接制度。拓宽监督渠道，加强党内监督、法律监督、行政监督、民主监督、舆论监督。强化责任追究，对党员、干部尤其是领导干部在丧葬活动中的违纪违法行为，纪检监察机关要依纪依法严肃查处。

（四）强化激励引导，推进绿色殡葬。要积极建立殡葬改革激励引导机制，逐步健全以基本殡葬服务减免为基础、其他多种形式殡葬救助为补充、基本殡葬服务均等化为目标的殡葬救助保障制度，进一步扩大惠民殡葬覆盖面，提高惠民殡葬补助标准。要进一步推行生态安葬奖补政策，对自愿选择花葬、树葬、草坪葬或骨灰撒散等生态节地葬法的，所在地政府应给予一定费用减免或补贴，引导群众树立殡葬新风尚。

（五）加大宣传力度，做好舆论引导。要通过广播、电视、报刊、网络等宣传平台，以群众畅谈、公益宣传、网民互动、发放宣传单等多种形式，广泛开展殡葬法规政策宣传活动，积极倡导生态安葬和文明节俭办丧事。大力宣传典型事迹，曝光负面案例，形成有利于殡葬改革的良好氛围。

安徽省民政厅　省发展和改革委员会　省科学技术厅　省财政厅　省国土资源厅　省环境保护厅省住房和城乡建设厅　省农业委员会　省林业厅关于推行节地生态安葬的实施意见

（皖民务字〔2016〕113 号　2016 年 7 月 19 日）

各市、县（市、区）民政局、发展和改革委员会、科学技术局、财政局、国土资源局、环境保护局、城乡建设委员会、规划局、农业委员会、林业局：

为进一步深化殡葬改革，推行节地生态安葬，保障群众基本安葬需求，保护生态环境，促进人与自然和谐相处，根据民政部等 9 部门《关于推行节地生态安葬的指导意见》（民发〔2016〕21号）和省政府办公厅《关于加强公益性公墓建设管理的通知》（皖政办秘〔2013〕189 号》等文件精神，结合我省实际，提出如下实施意见。

一、提高认识，切实增强推行节地生态安葬的责任感和紧迫感

党的十八大以来，党中央、国务院高度重视生态文明建设，将其纳入"五位一体"总体布局中协调推进，明确提出绿色发展理念，作出了一系列重大决策部署。安徽省第九次党代会把打造生态强省确立为美好安徽建设的三大战略目标之一，生态文明建设成为推动安徽科学发展的战略重点和保障改善民生的战略举措。

节地生态安葬，是以节约资源、保护环境为价值导向，鼓励和引导人们采用树葬、江（海）葬、深埋、格位存放等不占或少占土地、少耗资源、少使用不可降解材料的方式安葬骨灰或遗体，使安葬活动更好地促进人与自然和谐发展。推行节地生态安葬，是贯彻绿色发展理念、促进生态文明建设的内在要求，是深化殡葬改革、倡导移风易俗的迫切需要，是推动文明节俭治丧、减轻群众丧葬负担的重要途径。

近年来，全省认真贯彻绿色殡葬发展要求，积极倡导和推行壁葬、江葬、树葬、草坪葬等节地生态葬式，取得了较好进展和成效。但总体上看，我省的节地生态安葬工作还处于起步阶段，群众认可度不高，公益性公墓建设滞后，节地生态安葬设施供给不足，部分地区乱埋乱葬、骨灰装棺再葬、墓位面积超标等问题较为突出，迫切需要加以解决。因此，各地要充分认识推行节地生态安葬的重要性和紧迫性，着力凝聚社会共识，加强宣传引导，采取有效措施，加快建设节地生态安葬设施，积极稳妥推广节地生态葬法，不断提升节地生态安葬比例，推动殡葬改革健康持续发展。

二、明确目标，准确把握推行节地生态安葬的总体要求

以邓小平理论、"三个代表"重要思想、科学发展观为指导，深入贯彻党的十八大、十八届三中、四中、五中全会和习近平总书记系列重要讲话精神，严格落实中共中央、国务院和省委、省政府关于加快推进生态文明建设和党员干部带头推动殡葬改革的有关文件要求，把以人为本、生态文明的理念贯穿于殡葬改革全过程，坚持政府主导与社会参与、节约资源与保护环境、注重引导与创

新发展、分类指导与统筹推进四个结合，加大节地生态安葬公共服务产品供给，加强政策激励引导，满足安葬需求，保护资源环境，开创人与自然和谐发展新格局。

到"十三五"末，全省火葬区火化率实现稳中有升；各地建成一批具有示范效应的节地生态安葬设施，城乡公益性骨灰存放设施覆盖所有县（市、区）和乡镇；节地生态安葬均纳入奖补范围，全省节地生态安葬比例达到50%，乱埋乱葬、骨灰装棺再葬、墓位面积超标等问题得到有效治理，节地生态、环保节俭等丧葬新风成为大多数群众自觉行为。

三、细化措施，确保推行节地生态安葬主要任务落到实处

（一）推行葬式葬法改革。在火葬区，积极推行不占或少占土地的生态化骨灰安葬方式；推广骨灰撒散、植树、植花、植草等生态葬式，使用可降解骨灰盒（容器）或直接将骨灰藏纳土中，不设硬质墓穴或墓碑；提倡地面不建墓基、地下不建硬质墓穴，墓碑小型化、微型化，最大限度降低硬化面积。安葬骨灰的单人墓占地面积不得超过0.5平方米，双人合葬墓、家庭成员合葬墓等葬式的占地面积不得超过0.8平方米，不立碑或采用卧式碑，采用立式碑的，墓碑高不得超过0.6米。在土葬改革区，遗体应在公墓或农村公益性墓地内集中安葬，不得乱埋乱葬。倡导尽量减少地面硬化面积，鼓励墓碑小型化或不立碑；倡导遗体深埋、不留坟头或以树代碑。尊重少数民族丧葬习俗，鼓励和支持少数民族群众选择符合节地生态要求的葬式葬法。

（二）加快节地生态安葬设施建设。各地要按照省政府办公厅《关于加强公益性公墓建设管理的通知》（皖政办秘〔2013〕189号）要求，将公益性公墓建设纳入基本公共服务保障范围，由同级财政保障建设资金，完成各市、县至少建设1座城市公益性公墓、每个乡镇至少建设1座农村公益性公墓的目标。新建的公益性公墓应主要采取楼、廊、堂、塔、墙等形式存放骨灰的立体安葬方式，提高土地利用率，要以树葬、撒散、骨灰存放、小型墓等多样化节地生态安葬方式为主。严格控制经营性公墓数量，原则上每个县（市、区）只建设1座经营性公墓，"十三五"期间，除原有墓区饱和、城市规划等特殊原因外，原则上不再受理经营性公墓新建（迁建、扩建）申请。严格公益性公墓管理，对公益性公墓违规对外经营的，要依法依规实行部门联合查处。自2016年起，经营性公墓申请新建或扩建，节地生态安葬区域的配建比例应不低于40%，新建城市公益性公墓应全部实行节地生态安葬，新建或改建农村公益性公墓节地生态安葬率应不低于50%。对超标准建墓立碑的，要依法通过拆除、绿化等方式进行整治改造。

（三）提升节地生态安葬服务水平。各地要突出节地生态安葬公益属性，美化节地生态安葬墓区环境，提高服务质量，强化人文关怀，提升服务内涵，增强节地生态安葬的吸引力。要严格落实安葬服务标准，创新服务模式，优化服务流程，积极提供网上预约、服务热线、咨询窗口等便捷方式，拓展全程引导、交通保障、悲伤抚慰等服务项目，做到用心服务、便民高效。要加强安葬后续日常管理，注重环境绿化美化，引导文明低碳祭扫，保持墓区整洁肃穆。根据安葬服务协议及墓位使用周期，积极推进墓穴循环使用。鼓励引导经营性公墓积极承担社会责任，选择位置好、绿化好的墓区开辟节地生态墓园。各级民政部门下属公墓单位要发挥示范作用，带头提供充足、优质的节地生态安葬公共服务产品。深化农村殡葬改革，加强农村公益性墓地管理，提供及时便捷服务。推进互联网、物联网与殡葬服务融合发展。

（四）培育生态俭约殡葬文化。把推行节地生态安葬与倡导厚养薄葬、葬礼简约、文明祭扫、保护环境、促进可持续发展结合起来，培育具有时代特征、民族特点、群众基础的殡葬行为规范。各地要制定切实可行的宣传计划，采用多种形式，通过电视、报纸、互联网和新媒体，充分利用每年的殡葬改革宣传月、行风建设月等时机，大力宣传殡葬改革，传播正能量。积极推广现代文明殡葬礼仪和殡葬用品，坚决抵制迷信低俗、奢侈浪费等不良丧葬风气，切实增强群众参与节地生态安葬的自觉性，逐步引导群众把对逝者的缅怀从注重物质载体转变到以精神传承为主上来。

四、加强领导，建立健全推行节地生态安葬的保障机制

（一）强化政府主导。各地要积极争取当地党委、政府重视，建立健全政府领导、民政牵头、部门配合、社会参与的推行节地生态安葬工作机制，将推行节地生态安葬作为深化殡葬改革的重要内容，纳入"十三五"规划，摆上议事日程，加强目标管理和绩效考核，确保政策措施落到实处。民政部门要牵头做好政策标准制定、规划编制、组织实施、审批监管等工作，进一步完善惠民殡葬政策和激励引导措施。发展改革部门要配合做好节地生态安葬设施规划编制、项目立项等工作。财政部门要做好公益性公墓建设资金保障工作。规划部门要将节地生态安葬设施建设纳入城乡规划。国土资源、林业部门对满足规划条件、布局选址合理、体现节地生态安葬理念的殡葬建设项目，在用地计划上优先给予安排；对符合法定划拨用地范围的非营利性殡葬设施建设项目，可实行公益划拨方式供地。科技、环境保护等部门要加强殡葬活动的生态环境监管，推动环保殡葬新技术、新产品研发应用。国土资源、林业、民政、工商等部门要建立联合执法和信息共享机制，严肃查处非法占用土地、林地建墓立碑和公益性公墓非法经营等违法违规行为。各地要充分发挥乡镇、街道、村（居）民委员会、城乡社区及红白理事会、老年人协会等社会组织的作用，探索建立基层殡葬信息员制度及殡葬信息源采集、报告和预警机制，加大对乱埋乱葬、骨灰装棺再葬、违规建墓的事前预防和源头治理力度。民政部门要主动协调组织、纪检、监察等部门，把带头推动殡葬改革的要求纳入对党员干部的教育管理之中，积极宣传典型人物和先进事例；要及时向有关部门通报党员干部违反殡葬规定的情况，协助有关部门依法纠正和查处党员干部尤其是领导干部去世后遗体违规土葬、乱埋乱葬、超标准建墓立碑等行为。

（二）强化政策激励。各地民政、财政部门要在进一步完善以减免基本殡葬服务费用为主要内容的惠民殡葬政策基础上，推动建立节地生态安葬奖补制度，把江葬、树葬、格位存放等不占或少占地方式，以及土葬区遗体深埋不留坟头等生态葬法，纳入奖补范围；积极探索建立环保殡葬用品补贴制度，对带头推行无毒、可降解环保用品的殡葬服务单位或使用者亲属，给予适当奖励或补贴，推动环保殡葬用品的推广应用。各经营性公墓要积极承担社会责任，对采取节地生态安葬、使用可降解环保用品的逝者家属，在费用上给予适当减免。

（三）强化宣传引导。各地要坚持正确的舆论导向，把宣传引导工作贯穿于推行节地生态安葬工作始终，充分利用各种媒体和传播手段，用群众喜闻乐见的方式，深入宣传节地生态安葬的重大意义、法规政策和实践成果，凝聚全社会的思想认同。各地要探索建立符合当地特点的节地生态安葬模式，积极开展节地生态安葬示范活动，邀请媒体现场报道宣传，扩大活动参与率和知晓度，逐步形成可复制、可推广的有效模式。合肥、芜湖、铜陵等开展江葬的地市应为不保留骨灰的逝者建立统一的纪念设施，利用传统祭祀节日开展祭奠活动，缅怀逝者并宣传节地生态安葬的重大意义。各地殡葬服务机构要将清明节重点宣传和日常宣传有机结合，积极组织开展节地生态安葬宣传进乡镇、进社区活动，倡导厚养薄葬、文明节俭、生态环保、移风易俗的殡葬新风尚。

（四）强化能力建设。各相关部门要树立全局意识，切实履行职责，密切配合，加大对节地生态安葬推进工作的支持力度，做好规划选址，保障基本建设用地和建设资金。各级民政部门要加强对公墓单位的监管与指导，督促公墓单位严格按规划实施墓区建设，严格落实节地生态安葬配建比例，进一步提高服务能力和水平，为推行节地生态安葬创造有利条件。各公墓单位要充分认识推动节地生态安葬的重要性，要坚持以绿色、人文、公益、科技为导向，着力加强专业服务人才培养，认真落实有关公墓服务的各项标准，积极参与省民政系统行风建设示范单位创建活动，不断完善墓园建设，规范服务管理，推动员工能力提升。

各地要根据本实施意见要求，结合实际，研究制定落实措施，并及时将有关情况报省民政厅。

安徽省财政厅 省民政厅关于印发《安徽省省级城乡公益性公墓建设奖补资金使用管理办法（试行）》的通知

（财社〔2017〕445号　2017年4月18日）

各市、县（区）财政局、民政局：

为规范安徽省省级城乡公益性公墓建设奖补资金使用和管理，切实提高资金使用效益，根据《殡葬管理条例》《安徽省政府办公厅关于加强公益性公墓建设管理的通知》（皖政办秘〔2013〕189号）、民政部等9部门《关于推行节地生态安葬的指导意见》（民发〔2016〕21号）有关精神，省财政厅、省民政厅制定了《安徽省省级城乡公益性公墓建设奖补资金使用管理办法（试行）》，现印发给你们，请遵照执行。

安徽省省级城乡公益性公墓建设奖补资金使用管理办法（试行）

第一章　总　　则

第一条　为规范安徽省省级城乡公益性公墓建设奖补资金使用和管理，切实提高资金使用效益，根据《殡葬管理条例》《安徽省政府办公厅关于加强公益性公墓建设管理的通知》（皖政办秘〔2013〕189号）、民政部等9部门《关于推行节地生态安葬的指导意见》（民发〔2016〕21号）有关精神，制定本管理办法。

第二条　本办法所称的省级城乡公益性公墓建设奖补资金，是指由省财政通过预算（包括省级福彩公益金）安排，用于鼓励和引导地方加强惠民殡葬服务供给，加大节地生态型城乡公益性公墓建设的奖补资金。

第三条　省级城乡公益性公墓建设奖补资金（以下简称奖补资金）使用坚持专款专用、激励引导、公正公开的原则。

第四条　本办法所称城乡公益性公墓，是指为辖区居民提供节地生态骨灰安放（葬）等服务的非营利性公共设施，价格由政府按照非营利性原则核定，收入全部用于公墓建设、维护和管理，不对外经营销售。其中，农村公益性墓地不得对本村民以外的其他人员提供墓穴用地。

第二章　资金补助分配

第五条　纳入奖补范围的城乡公益性公墓应满足以下条件：为城乡居民提供非营利性节地骨灰安放（葬）服务，实行政府定价的公益性公墓；符合城乡规划和土地利用总体规划，按规定程序审批；建设规模、骨灰存放格位的盒均建筑面积、单体建筑的骨灰存放数量等符合皖政办秘〔2013〕189号文件规定；新建的城市公益性公墓的节地生态安葬率必须达到100%。

对于开展租赁、招商引资、承包经营或股份制合作等商业活动，以及开展以营利为目的经营性收费的公墓不纳入奖补范围。

第六条 奖补资金实行因素法分配，通过人口、工作、财力及绩效等因素结合公墓建设情况进行分类公式化分配。人口因素主要包括：辖区服务人口、低保人数等；工作因素主要包括辖区公益性公墓建设总额、占地面积、格位建设等。具体由省民政厅根据年度资金总额和各地城乡公益性公墓建设类型等，提出年度分配方案和意见，商省财政厅确定后按规定程序及时拨付到市、县（区）。

第七条 奖补资金主要用于城乡公益性公墓新建、改扩建以及配套设施改造等方面支出。资金使用涉及政府采购的按规定实行政府采购。奖补资金不得用于人员经费、工作经费，以及与城乡公益性公墓建设无关的相关支出。

第三章　资金申报审核

第八条 各市、县（区）民政、财政部门应围绕"全程留痕、全程公示、全程监督"要求，建立健全奖补资金申报审核审批机制。

（一）各市、县（区）民政、财政部门通过部门网站、政务微信等媒体发布年度奖补使用申报公告，明确奖补资金使用申报时间、范围、条件、要求，以及相关申报材料等，确保申报工作有序推进。

（二）各市、县（区）民政、财政部门建立信息联审机制，综合运用财政涉企项目资金管理系统等信息化手段，对申报奖补资金项目单位进行联审比对，杜绝多头、虚假、违规申报等现象。

（三）各市、县（区）民政部门对确定的补助项目单位、项目内容、补助金额、管护责任等重要信息，通过部门网站、政务微信等渠道公示。奖补资金做到"分配到哪里、公开到哪里"，广泛接受社会公众监督。

（四）各市、县（区）民政部门按照"全程留痕"的要求，健全项目台账管理，清晰记录所有流程的审核负责人、审核经办人的审核意见。建立项目实施基础台账，全程记录项目实施进展情况，台账原则上长期归档保存，以备核查。

第四章　资金监督考核

第九条 奖补资金实行专款专用，主动接受人大、审计、监察等部门和社会各界监督。各级财政、民政部门要严格按照规定使用，不得擅自扩大支出范围，不得以任何形式挤占、挪用、套取、截留和滞留。

第十条 各级财政、民政部门及其工作人员在补助资金的分配审核、使用管理等工作中，存在违反本办法和相关政策规定的行为，以及其他滥用职权、玩忽职守、徇私舞弊等违法违纪行为的，按照《中华人民共和国预算法》《中华人民共和国公务员法》《中华人民共和国行政监察法》《财政违法行为处罚处分条例》等国家有关规定追究相应责任，涉嫌犯罪的，依法移送司法机关处理。

第十一条 省民政厅、省财政厅适时对奖补资金使用情况进行监督考核，或委托有资质的第三方机构对项目实施情况进行评估考核。对监督检查或评估考核发现项目资金使用绩效低下、未按时完成项目建设的，相应扣减省级奖补资金。

第五章　附　　则

第十二条 本办法自发布之日起实施，并按照国家和省有关政策适时调整。

第十三条 本办法由省财政厅、省民政厅按各自职能负责解释。

中共安徽省纪委机关 中共安徽省委组织部
中共安徽省委宣传部 安徽省文明办关于全省
党员干部带头开展移风易俗弘扬时代新风
的指导意见

（皖宣字〔2018〕1号　2018年1月23日）

各市委，省委各部委、省直各单位党组（党委），各人民团体党组，各大学、省属各大型企业党委：

为深入贯彻落实党的十九大关于"开展移风易俗、弘扬时代新风行动"的重要部署，巩固和拓展落实中央八项规定精神成果，持之以恒正风肃纪，进一步推动广大党员干部带头开展移风易俗、弘扬时代新风，现提出如下意见。

一、指导思想

坚持以习近平新时代中国特色社会主义思想为指导，深入贯彻党的十九大精神，紧紧围绕培育和践行社会主义核心价值观，深入实施公民道德建设工程，大力弘扬中华民族优秀传统美德，牢固树立节约光荣、浪费可耻的思想观念，坚决反对铺张浪费、反对婚丧大操大办、反对封建迷信，抵制腐朽落后文化侵蚀，以优良党风政风带动社风民风，不断满足人民日益增长的美好生活需要，为现代化五大发展美好安徽建设提供强大精神动力和丰润道德滋养。

二、主要措施

1. 婚事新办，仪式从简。党员干部本人或子女婚娶，带头选择集体婚礼、植树婚礼，或慈善婚礼、"爱心"婚礼等新型婚礼。不得大操大办包括化整为零变相大操大办。除直系亲属外，不得通知下属、管理和服务对象以及与本人行使职权有关的单位、企业和个人参加及变相收受礼金。严禁使用公款、公物、公车等公共资源。

2. 厚养薄葬，丧事简办。带头孝老敬老。丧事从简，不大摆宴席，不违规收受礼金，不沿街游丧，不抛撒焚烧冥币，不燃放鞭炮。不得使用豪华丧葬用品、建豪华坟墓、骨灰装棺再葬，倡行树葬、花葬、江河海葬等生态安葬方式。文明低碳祭扫，倡行鲜花祭奠、植树祭奠、网络祭祀等绿色生态方式。

3. 喜事小办，或者不办。带头反对喜事大操大办，提倡小办或不办。满月、周岁、乔迁、开业、店庆、祝寿、升学、参军等喜庆事宜，倡导以一束鲜花、一句问候、一条信息等方式表达贺意。

4. 杜绝奢华，办事从俭。办理婚丧喜庆事宜应尚俭戒奢，杜绝比阔炫富、铺张浪费。严禁大摆筵席、豪华车队、天价彩礼、奢靡演艺等奢华行为。必须宴请的，应当菜量适中、酒水适当，避免奢侈浪费。

5. 正常往来，礼金从少。带头不收贺礼、简办或不办酒席。不得接受下属、管理和服务对象以及与本人行使职权有关的单位、企业和个人赠送的礼金、礼品、消费卡等财物。不得收受明显超出正常往来的礼金、礼品、消费卡等财物。

6. 摒弃低俗，恶俗禁办。带头摒弃低俗庸俗媚俗行为，反对过度"闹喜"等恶俗陋习，杜绝各类封建迷信活动。严禁红白喜事妨碍公共秩序、危害公共安全、侵害他人合法权益和污染环境等行为。

7. 主动报备，守纪践诺。自觉遵守中国共产党廉洁自律准则，严守纪律规矩。办理婚丧喜庆相关事宜，应按照有关规定，及时主动报备。自我约束、信守承诺，严禁办而不报。

8. 示范带动，引领新风。带头讲文明、树新风，积极参加学雷锋志愿服务等各类公益活动，参与和支持村民议事会、道德评议会、红白理事会、禁赌禁毒协会议事工作。严禁参加讲排场、比阔气的人情宴。坚持原则，敢于担当，勇于同不良风气作斗争。

9. 情趣高尚，健康生活。远离酒桌牌桌，严禁涉黄涉毒涉赌。崇尚科学、反对愚昧，讲究卫生、克服陋习。保持文明健康生活理念，养成积极向上的生活方式和生活习惯。慎重交友，净化朋友圈，自觉提升思想道德境界。

三、相关要求

全省广大党员干部要带头加强社会公德、职业道德、家庭美德、个人品德建设，明大德、守公德、严私德，传家训、立家规、扬家风，以良好形象影响带动群众，以实际行动抵制不良风气，以榜样力量引领新风正气。

各地各单位在实施乡村振兴战略进程中，要把弘扬时代新风摆在突出位置，推动乡风民风美起来、人居环境美起来、文化生活美起来，不断深化美丽乡村建设。

各级新闻媒体要广泛宣传开展移风易俗、弘扬时代新风的典型事迹和鲜活经验，加强对党员干部的舆论监督，适时曝光炫富摆阔现象、伤风败俗行为，激浊扬清、抑恶扬善，把不良风气贬下去，把新风正气树起来。

安徽省民政厅 省卫生和计划生育委员会省公安厅关于进一步规范人口死亡证明和信息登记管理工作的通知

（皖民务字〔2018〕62号 2018年6月11日）

各市、县（市、区）民政局、卫生计生委（局）、公安局：

为认真贯彻落实国务院《殡葬管理条例》、《国家卫生计生委 公安部 民政部关于进一步规范人口死亡医学证明和信息登记管理工作的通知》（国卫规划发〔2013〕57号）、《"健康安徽2030"规划纲要》等法规文件要求，进一步加强部门协作，优化社会管理，规范人口死亡证明的签发使用，严格遗体火化业务流程，加强正常死亡信息、非正常死亡信息、死亡销户信息、火化信息等数据在卫计、公安、民政等部门间的交换共享和国家人口基础信息库建设等工作，现就有关事项通知如下，请认真贯彻执行。

一、规范人口死亡证明签发使用

人口死亡证明包括医疗机构签发的《居民死亡医学证明（推断）书》、公安司法部门签发的

《居民非正常死亡证明》。

（一）医疗卫生机构签发正常死亡人员《居民死亡医学证明（推断）书》。在医疗卫生机构或来院途中死亡（含出诊医生到现场已死亡）者，由负责救治的执业医师签发《居民死亡医学证明（推断）书》。家中、养老服务机构、其他场所正常死亡者，由本辖区社区卫生服务中心或乡镇卫生院负责调查的执业（助理）医师根据死亡申报材料、调查询问并进行死因推断后签发《居民死亡医学证明（推断）书》。

医疗卫生机构不能确定是否属于正常死亡者，需经公安司法部门判定死亡性质，公安司法部门判定为正常死亡者，由负责救治或调查的执业（助理）医师签发。

（二）公安司法部门签发非正常死亡人员《居民非正常死亡证明》。未经救治的非正常死亡证明由公安司法部门按照现行规定及程序办理。其中，由公安机关签发的《居民非正常死亡证明》，统一录入安徽省公安机关非正常死亡人员死亡证签发系统（暂定名，以下简称公安管理系统）并打印签章。非正常死亡是指由外部作用导致的死亡，包括火灾、溺水等自然灾难致死，或工伤、医疗事故、交通事故、自杀、他杀、受伤害等人为致死（含无名尸）。

（三）统一死亡证明格式。医疗卫生机构签发的《居民死亡医学证明（推断）书》，使用省疾病预防控制中心制作的统一制式证明（附件1，含填写说明），《居民死亡医学证明（推断）书》编号不能为空，使用省疾病预防控制中心印制的流水号或由人口死亡信息登记管理系统自动赋值。公安机关签发的《居民非正常死亡证明》，使用省公安厅制作的统一制式证明（附件2），编号不能为空，由公安管理系统自动编制全省唯一编码。严禁任何单位和个人伪造、私自涂改死亡证明。

（四）死亡证明填写要求。医疗卫生机构签发《居民死亡医学证明（推断）书》，按照省疾病预防控制中心规定填写。签发《居民死亡医学证明（推断）书》的执业（助理）医师应熟练理解掌握填写说明。公安机关签发《居民非正常死亡证明》，按照公安管理系统规定填写，不符合要求的，无法存档及打印。

（五）社区卫生服务中心（乡镇卫生院）签发《居民死亡医学证明（推断）书》所需材料。家中、养老服务机构、其他场所正常死亡的，家属需凭死者户口本和身份证、申请人身份证原件和复印件、户籍所在地或现居住地村（居）委会提供的死亡证明材料和死者生前病史本（如果有）到社区卫生服务中心（乡镇卫生院）申请办理《居民死亡医学证明（推断）书》。

（六）《居民死亡医学证明（推断）书》的使用。《居民死亡医学证明（推断）书》由卫生计生、公安和民政部门共同管理，是销户、殡葬等人口管理的凭证。

在医疗卫生机构、来院途中、家中、养老服务机构、其他场所正常死亡或经公安司法部门判定为正常死亡者，死者家属持医疗卫生机构签发的《居民死亡医学证明（推断）书》第二、三、四联向公安机关申报户籍注销及签章手续。公安机关凭第二联办理销户，并加盖第三联公章。家属持第四联《居民死亡殡葬证》到殡仪馆办理火化手续，殡仪馆凭第四联办理殡葬手续。

《居民死亡医学证明（推断）书》第一联是原始凭证，由出具单位随病案保存或按档案管理永久保存，以备查询；第二联由死者户籍所在地公安部门永久保存；第三联由家属保存；第四联由民政部门收集保存。

纸质《居民死亡医学证明（推断）书》由省疾病预防控制中心统一印制，逐级免费发放，各医疗卫生机构向辖区疾病预防控制中心领取。各级疾病预防控制中心要建立《居民死亡医学证明（推断）书》发放、登记、废卡回收制度。禁止在空白《居民死亡医学证明（推断）书》上盖章。

（七）死亡证明的补发。死者家属遗失《居民死亡医学证明（推断）书》，可持有效身份证件向签发单位申请补发一次。补发办法如下：已办理户籍注销及殡葬手续的，仅补发第三联；未办理户籍注销及殡葬手续的，补发第二至第四联。补发时，需在第一联及补发联"医疗卫生机构盖章"栏注明"补发"及补发时间。申请人应为《居民死亡医学证明（推断）书》家属或委托人，并出具有效身份证件和村（居）委会证明。签发单位应将申请人身份证复印件、村（居）委会死亡证明、补发的《居民死亡医学证明（推断）书》第一联共同保存。

公安机关补发《死亡证》一式三联，公安管理系统在证件备注位置显示为"第×次补发"字样。

二、规范火化业务流程及档案管理

（一）严格死亡证明及相关证件核查。遗体处理是对自然人身体权不可逆的最终处置，不仅是火化机构提供服务的核心内容，也是社会公共管理的重要方面，事关重大。死亡证明是认定死者基本情况及处理遗体的重要依据。国务院《殡葬管理条例》第十三条明确规定，火化遗体必须凭公安机关或者国务院卫生行政部门规定的医疗机构签发的死亡证明。《国家卫生计生委公安部民政部关于进一步规范人口死亡医学证明和信息登记管理工作的通知》进一步提出了规范性要求。全省各级火化机构要充分认识规范遗体处理的重要性和紧迫性，切实增强责任意识和风险意识，完善遗体处理操作规程，明确对重要环节、证件、信息等方面的核查核验要求，完善安全管理、服务管理、档案管理等各项规章制度。

全省各级火化机构在接收遗体时必须认真核查死亡证明及丧事承办人相关证件。死亡证明核查内容主要包括：死亡证明签发主体是否为社区卫生服务中心（乡镇卫生院）及以上医疗机构或公安司法部门；是否加盖签发单位公章；是否为省疾病预防控制中心或省公安部门统一制作；是否填写编号；内容是否完备等。丧事承办人身份核查及记录的内容主要包括：当事人身份证件、能反映与死者关系的证明材料、住址、联系电话等。禁止收取村委会、社区委、村卫生室、死者生前单位等不适格主体开具的死亡证明。对死因不明或存疑、异地非正常死亡、非正常死亡无处理意见、亲属不到场不确认等情况，从严审核把关，严禁轻率火化、错误火化，确保遗体处理全程留痕。

（二）加强殡葬档案管理。遗体火化档案材料应严格按照民政部、国家档案馆《殡葬服务单位业务档案管理办法》规定，按被火化的死者为单位整理，一个被火化的死者为一档，按照形成时间顺序排列。档案主要内容应包括：《居民死亡医学证明（推断）书》或《居民非正常死亡证明》第四联、火化证明存根、丧事承办人签名的遗体火化处理表、骨灰领取证明、丧事承办人的有效身份证件复印件、其他应当归档的材料等。遗体火化档案的保管期限为50年。保管期限自遗体火化后的次年1月1日起开始计算。保管期限届满后，按《殡葬服务单位业务档案管理办法》规定处置。

三、规范死亡人员户口注销

公民死亡的，无论其户籍所在地为火葬区或土葬改革区，其户主、亲属、抚养人或者邻居应在一个月内向户口登记机关申报死亡登记，注销户口。超过一个月未注销户口的，由公安派出所通知户主、亲属、抚养人或者邻居申报死亡登记或对死亡情况进行公示，根据相关户口管理规定注销户口。公民死亡后，因特殊情况需保留户口超过一个月的，由户主、亲属、抚养人或者邻居提出书面申请，可以保留至公民死亡后三个月，在此期间，户口作冻结处理。

公民如果在暂住地死亡，由暂住地流动人口信息登记机关通知常住地户口登记机关注销户口。

四、规范相关数据信息交换共享

（一）定期开展数据交换。卫生计生部门负责建立正常死亡人口信息库，民政部门负责建立死者火化信息库，公安部门负责建设非正常死亡人口信息库。各级卫生计生、民政、公安部门应建立协同机制，明确专人负责，定期交换正常死亡、死亡销户及非正常死亡、死者火化信息等相关数据（附件3），对数据进行比对，并建立跨部门研判会商机制，定期对情况进行通报。数据交换工作由卫生计生部门牵头负责，省级每半年交换一次，市级每季度交换一次，县级每月交换一次。如暂不具备专线联网共享，可采取专用介质人工拷贝方式进行。

（二）保障数据安全。各级卫生计生、民政、公安等部门提供并交换的数据信息，仅用于三部门履行法定职责，保障和改善民生，提供和强化社会管理与公共服务等方面。因违规使用数据造成不良后果的，由违规使用部门承担责任。各级卫生计生、民政、公安部门要采取必要的制度和技术手段保障信息安全，使用网络交换数据必须通过专线联网方式，使用介质人工拷贝必须指定专人使用专用保密介质，同时在数据存储使用中应建立健全信息防护和安全审计措施。

（三）优化数据应用。公安机关对通过数据交换比对发现的死亡未销户人员，根据相关户口管理规定办理户口注销手续。民政部门根据同级卫生计生、公安部门提供的正常死亡人员信息、非正常死亡人员及销户信息，及时与城乡低保、优抚对象、特困救助对象等数据进行比对，严防出现救助对象死亡继续发放补助金现象。卫生计生部门通过数据交换共享，提高死因数据质量，确保人口死亡信息的及时性、完整性、一致性。

五、相关要求

（一）强化部门协作。各级卫生计生、民政、公安部门要高度重视，紧密配合，加强协作，落实职责，明确人口死亡信息管理工作联络员并建立联席会议制度。要完善人员培训、数据交换、数据安全等制度，做到令行禁止，进一步规范《居民死亡医学证明（推断）书》和《居民非正常死亡证明》签发使用、遗体火化及档案管理、死亡人员户口注销、数据交换共享等工作流程。各部门在执行过程中遇到的问题应及时向上级主管部门反映。

（二）完善督查机制。各级卫生计生、公安、民政部门应建立督查检查、考核评估制度，加强人员配备、经费投入和信息化建设，加强对死亡证明签发、遗体火化、户口注销等重点环节的监督管理。省民政厅、省卫计委、省公安厅每半年轮流牵头对相关工作开展专项督查，直至各地人口死亡证明签发使用和相关数据交换工作规范化、常态化。省级三部门专项督查结果通报当地政府。第一次督查将于 2019 年 6 月开展。

（三）信息保密及法律责任。对因管理、签发《居民死亡医学证明（推断）书》而掌握的个人信息，应予以保密，未经当事人书面同意，不得公开。

医务人员主动出具虚假《居民死亡医学证明（推断）书》者，由卫生计生行政部门依法处理。

申请人提交虚假材料，导致《居民死亡医学证明（推断）书》记载内容不真实的，由申请人承担相应的法律责任。

本通知自 2018 年 12 月 1 日起施行。

附件 1（略）
附件 2（略）

安徽省民政厅关于进一步规范省级城乡公益性公墓建设奖补资金申报及使用的通知

（皖民务函〔2018〕420号　2018年8月7日）

各市、县（市、区）民政局：

为鼓励引导各地加快城乡公益性公墓建设，增强全省公益性基本殡葬服务供给，省财政厅、省民政厅自2017年起设立省级城乡公益性公墓建设奖补资金，并印发《安徽省省级城乡公益性公墓建设奖补资金使用管理办法（试行）》。经过各级民政部门努力，省级奖补资金较好地发挥了引导、鼓励、带动地方投入的效果，但也存在项目申报材料不规范、资金使用绩效评估不及时等问题。为进一步规范省级城乡公益性公墓建设奖补资金申报及使用，现就相关事项通知如下：

一、严格项目申报

申报项目应是为城乡居民提供非营利性、节地型骨灰安放（葬）服务，实行政府定价的公益性公墓，按规定履行了建设审批手续。农村公益性公墓不超过50亩，城市公益性公墓不超过200亩。项目申报过程中，县级民政部门要会同当地财政部门建立奖补资金申报审核审批机制，对申报项目进行联审比对，并通过部门网站、政务微信等途径发布申报公告。市民政局汇总上报项目时，要严格审核所辖县（市、区）的申报材料和相关数据。对不符合奖补要求的项目或明显超出正常值的数据，应及时联系上报单位进行调整。奖补项目申报表应与申报项目的立项批复同时上报。仅上报申报表的，视同未申报项目。

二、严格奖补资金使用

各地民政部门对经省财政厅、省民政厅确定的补助项目，要通过部门网站主动公示补助单位、补助额度、项目内容、管护责任等内容。奖补资金应严格用于申报项目的新建、改扩建以及配套设施改造等方面，不得擅自调整项目，不得以任何形式挤占、挪用、套取、截留和滞留。

三、严格绩效评估

省民政厅、省财政厅将适时对每年度奖补资金使用情况进行监督考核，或委托有资质的第三方机构对项目实施情况进行评估考核。各地要对补助项目建设情况开展自评，加强检查监督。对奖补资金使用绩效低下，未按时完成项目建设的，要相应扣减下一年度奖补奖金，并按相关规定进行问责。

2017年、2018年省级福彩公益金补助项目，各地要督促项目单位加快建设进度，尽快投入使用，发挥公益性公墓在深化殡葬改革和服务群众方面的积极作用。

安徽省民政厅 省发展和改革委员会 省财政厅 省自然资源厅 省生态环境厅 省住房和城乡建设厅 省林业局关于印发《安徽省农村公益性公墓和骨灰堂建设指南》的通知

（皖民务字〔2019〕35 号　2019 年 3 月 14 日）

各市民政局、发展改革委员会、财政局、自然资源和规划局、生态环境局、住房城乡建设局、林业局：

为贯彻落实省委、省政府殡葬工作决策部署，进一步规范农村公益性公墓和骨灰堂建设管理，提升殡葬基本公共服务能力水平，保障群众丧葬需求，逐步解决散埋乱葬、大墓、豪华墓等问题，根据《殡葬管理条例》、《公墓管理暂行办法》、《安徽省殡葬管理办法》、《城市公益性公墓建设标准》、民政部等 16 部委《关于印发〈关于进一步推动殡葬改革促进殡葬事业发展的指导意见〉的通知》（民发〔2018〕5 号）、省民政厅等 9 部门《关于推行节地生态安葬的实施意见》（皖民务字〔2016〕113 号）等殡葬法规文件精神，省民政厅、省发展改革委员会等 7 部门结合我省公益性公墓建设实际，制定《安徽省农村公益性公墓和骨灰堂建设指南》，现印发给你们，请参照执行。

安徽省农村公益性公墓和骨灰堂建设指南

一、基本定义

农村公益性公墓是指利用农村集体建设用地或国有建设用地，为当地村（居）民提供骨灰安放（葬）服务（土葬改革区可提供遗体安葬服务，下同）的非营利性农村公共殡葬服务设施。

二、建设主体

农村公益性公墓由乡镇人民政府和基层自治组织建设。

三、资金筹集

坚持政府主导，强化属地责任。市、县政府应多渠道筹集农村公益性公墓新建、改扩建以及配套设施改造等方面资金，统筹做好建设管理经费保障。省财政通过以奖代补形式予以适当补助。鼓励社会组织、企业和个人向农村公益性公墓建设管理提供捐助。

四、规划布局

1. 统一规划。按照因地制宜、合理布局、节地生态、立足现实、兼顾发展的原则，由县级民政部门牵头同级自然资源、林业等部门，依据土地利用总体规划和城乡规划，组织编制农村公益性公墓规划。

2. 政府主导。各地应将农村公益性公墓建设纳入基本公共服务保障范围，强化公益性质，发挥政府主导作用，加大对农村公益性公墓等殡葬基本公共服务设施建设的投入力度。

3. 科学选址。农村公益性公墓选址，应充分征求当地群众意见。避免占用国家级、省级公益林林地和天然林林地。严禁占用耕地，不得在公路、铁路、高速公路两侧和文物保护区、生态保护红线区、风景名胜区、城市公园、水库、河流堤坝附近以及水源保护区内选址建设。

4. 合理布局。农村公益性公墓建设数量及布局，依据服务半径、服务人口等因素设置。原则上以乡镇为主，以行政村为辅建设，边远区域或交通不便地区，可以自然村或若干相邻的自然村联办方式兴建。

五、规范建设

1. 建设规模。农村公益性公墓建设规模根据骨灰安置总量确定。骨灰安置总量＝农村公益性公墓服务区域常住人口数量×人口年死亡率×20×50%。（系数 20 表示服务年限为 20 年，50%表示公益性公墓的骨灰安置量占当地骨灰安葬需求的估算比例）。

2. 建设形式。滨湖、平原地区原则上建设骨灰堂，山区、丘陵地区可建骨灰堂或公墓。具体建设形式，应在合法合规的基础上尊重当地群众意见和风俗习惯。

3. 用地手续。申请人应当持民政部门批准文件，到相关部门办理用地手续。使用国有建设用地的，由申请人向项目所在地市、县自然资源主管部门提出申请，市、县自然资源主管部门受理并审查，报市、县人民政府批准同意后，核发《国有建设用地划拨决定书》，办理不动产权证。使用集体建设用地的，经乡镇人民政府审核，向县级以上地方人民政府自然资源主管部门提出申请，由县级以上地方人民政府批准，办理不动产权证；占用农用地（不包括耕地）的，应当按照批准权限办理农用地转用审批手续。涉及使用林地的，应当依法办理使用林地审核审批手续。

4. 基本要求。贯彻"因地制宜、合理规划、正确引导、加强管理"方针。农村公益性公墓建设应做到"四有"，即：有标示牌、有明显的区域界限、有统一的墓穴（格位）标准、有配套设施。建筑物一般按Ⅲ级防雷要求设防。

墓区建设应至少包括"三区"，即：骨灰（遗体）安葬区、祭扫服务区、业务办公区，应同时配建绿地、公厕、消防设施、停车场及必要的给排水、照明、通行道路等设施，做好无障碍设计。"三区"设计应满足日常需求，同时兼顾祭扫高峰使用要求，符合相关防火和安全规定，并满足安防疏散要求。骨灰（遗体）安葬区应整洁、庄重，立足保护自然环境、节约土地资源、创造园林化墓园等要求规划建设。祭扫服务区应在倡导文明节俭生态的基础上，结合群众需求，设置焚烧、祭拜设施。有条件的地区，可设置移风易俗和生命文化宣传栏（廊）、祭扫群众临时休憩区等设施。业务办公区应公开墓穴价格、各项管理制度和服务投诉电话，设有安葬（放）档案保管设备。

采用墓穴安葬方式的，应做到"两小一多"，即：小型墓穴、小型墓碑、多样绿化；墓区绿化率不宜低于50%。

采用骨灰格位存放的，应合理划分墓室，配置符合标准的骨灰寄存架等专用设施，做到"两防一通"即：防火、防潮、通风。严禁在格位内放置易燃、易爆、易腐物品。

5. 尺寸标准。墓穴标准：单穴占地面积不应超过 0.5m²，合葬墓穴不应超过 0.8m²（不含公共绿化和道路用地）。墓碑应为小型化、多样化、艺术化，推广使用卧碑。墓位间以绿化带相隔。

格位标准：骨灰寄存架之间的通道宽度应不小于 1.2 m，骨灰寄存室的净高不宜低于 3.3 m，应能保持良好的通风换气。考虑到祭扫人员密集度、楼层承重等特点，骨灰堂（楼）每层楼的骨灰安放格位数量宜按由下到上逐层楼递减的原则确定。

单个骨灰存放格位占用空间不宜大于 0.25m²，应做到"三有"，即：有统一编号，有格位门锁，有供祭祀群众安插鲜花的祭祀台装置。已存放骨灰的格位应设置记录逝者姓名、粘贴逝者照片等信息的位置。同一骨灰堂所有格位门锁设计为统一钥匙，由骨灰堂管理人员负责保管。

六、建设管理

1. 依法审批。农村公益性公墓建设应符合土地利用总体规划和城乡规划。建设农村公益性公墓，由县级人民政府民政部门审批。审批流程及所需材料由县级民政部门参照经营性公墓审批相关规定，按照合法、便捷、高效的原则确定。

农村公益性公墓建设应履行建设用地批准手续，可以结合实际需要，分期报批，分期建设。按照生态环境部《建设项目环境影响评价分类管理名录》，依法履行环境影响评价手续。未经批准的公墓不得开工建设，造成违法用地的，依法追究责任。

2. 加强管理。农村公益性公墓由县级人民政府通过购买公益岗位等方式统一管理维护，县级民政部门加强业务指导，规范提升农村公益性公墓服务能力和水平，增强庄重感、仪式感。

农村公益性公墓应建立严格的墓穴（格位）出售档案登记管理制度，不得开展租赁、承包经营等商业活动，不得开展以营利为目的的经营活动，对困难群体实行费用减免。

3. 规范收费。农村公益性公墓收费标准，由价格主管部门会同有关部门在成本监审或成本调查的基础上，按非营利并兼顾当地群众承受能力的原则核定，收入专款专用，全部用于农村公益性公墓建设、维护和管理。

4. 公开公示。农村公益性公墓应在醒目位置和收费场所设立价格公示牌。农村公益性公墓实行年检制度，由县级民政部门组织实施，报市民政部门备案。年检的结果及时向社会公布，接受群众监督。

安徽省民政厅　省委宣传部　省委机构编制委员会省发展和改革委员会　省教育厅　省经济和信息化厅省财政厅　省人力资源和社会保障厅　省自然资源厅省生态环境厅　省住房和城乡建设厅　省卫生健康委员会省应急管理厅　省市场监督管理局　省医疗保障局省林业局　省数据资源管理局　省残疾人联合会关于印发《推进民政公共服务补短板强弱项提质量行动方案》的通知

（皖民社救字〔2019〕54号　2019年7月4日）

各市、县（市、区）民政局、党委宣传部、编办、发展改革委、教育局、经济和信息化局、财政局、人力资源社会保障局、自然资源和规划局、生态环境局、住房城乡建设局（城乡建设局）、卫生健康委、应急管理局、市场监管局、医疗保障局、林业主管部门、数据资源管理局、残联：

现将《推进民政公共服务补短板强弱项提质量行动方案》印发给你们，请抓好贯彻落实。

推进民政公共服务补短板强弱项提质量行动方案

加强民政公共服务建设是各级党委和政府的重要职责，是保障和改善民生的重要内容，是加强和创新社会治理的重要方面，是推进社会文明进步的重要体现，是维护社会公平正义的必然要求。为落实习近平总书记民政工作要聚焦脱贫攻坚、聚焦特殊群体、聚焦群众关切，更好履行基本民生保障、基层社会治理、基本社会服务等职责的重要指示精神，补齐民政公共服务短板，增强民政公共服务弱项，提升整体服务质量，根据国家发展改革委、民政部等十八部委《加大力度推动社会领域公共服务补短板强弱项提质量促进形成强大国内市场的行动方案》要求，结合我省实际，特制定以下方案。

一、总体要求

（一）指导思想。

以习近平新时代中国特色社会主义思想为指导，深入学习贯彻党的十九大和十九届二中、三中全会精神，落实习近平总书记关于民政工作的重要指示要求和第十四次全国民政会议部署，从解决人民群众最关心最直接最现实的利益问题入手，把握普惠性、保基本、均等化、可持续的工作方向，主动适应发展新常态，尽力而为，量力而行，改革体制机制，创新供给方式，强化资源配置，兜牢民政对象基本民生保障底线，织密民政公共服务保障网络，建立民政公共服务长效供给机制，实现民政公共服务城乡区域均衡发展，从有到优，整体提升，不断增进人民群众的获得感、幸福感、安全感。

（二）基本原则。

政府主导，社会参与。发挥政府主导作用，加大公共财政投入，切实履行政府保障民政基本公共服务职责。鼓励引导社会力量参与，制定落实相关扶持政策，放宽准入，加强监管，优化服务，推动民政基本公共服务多元化、优质化。

统筹资源，促进均等。统筹整合各类资源，有效提升民政公共服务能力，重点向贫困地区、落后地区倾斜，向基层、农村延伸，向困难群众、重点人群覆盖。注重均衡配置、科学布局，促进民政基本公共服务均等化，推动城镇基本公共服务覆盖常住人口。

提升质量，扩大供给。推进标准化、法制化建设，统一民政公共服务制度和标准，加强人才培养，优化资源配置，整体提升服务质量。破除体制障碍，推进民政公共服务供给侧改革，在充分保障民政对象需要的前提下，扩大服务对象范围，扩大有效供给，逐步惠及更广大人民群众。

（三）主要目标。

到 2020 年，民政公共服务民生兜底保障能力显著增强，基本公共服务体系更加健全，实施保障机制更加完善，城乡区域间基本公共服务总体均衡，基本实现民政基本公共服务能力全覆盖、质量全达标、标准全落实，实现民政基本公共服务质量有保障、安全有监管、服务上水平。其中，特困供养机构安全管理水平显著增强，机构法人登记率和消防许可（备案）率达到10%，全面落实按规定比例配备养护人员，机构护理能力明显提升，生活不能自理特困人员集中供养率达到50%；市、县级儿童福利机构基础养育、医疗设备、康复器材、特教设施、专业人才全面配齐配强，市级儿童福利机构达到"养治教康安"一体化发展，县级儿童福利机构向社会化服务功能转换；推动流浪未成年人救助保护机构向未成年人救助保护机构转型升级；到2020年，每个市、县建设 1 座城市公益性公墓，每个乡镇建有 1 座以上农村公益性公墓（骨灰堂），全省公益性墓葬设施供给充足优质，推动形成公益性公墓和经营性公墓服务互补，布局合理、设施完善、功能齐全、服务便捷的基本殡葬公共服务网络。民政公共服务能力更加均衡完善，服务资源更加丰富多样，服务供给更加优质充分，人民群众满意度、幸福感不断提升。

二、重点任务

（一）完善特困供养公共服务体系。

1. 加强特困供养机构建设。紧紧依靠党委、政府的统一领导，将特困供养机构建设纳入各级政府经济社会发展整体规划，同步规划、同步部署、同步建设、同步考核。因地制宜整合乡镇现有供养机构、管护人员力量，完善护理功能，转型为区域性中心供养机构。乡镇有多个特困供养机构的，应加大统筹整合，并入区域性中心供养机构，提高公共资源使用效率。按照《特困人员供养服务设施（敬老院）建设标准》（建标184-2017），推进现有设施改造升级，以满足生活不能自理特困人员养护需求为目标，整体提升单张床位面积、护理型床位、无障碍设施、应急呼叫系统、消防安全设施、安全监控系统等水平。

2. 强化特困供养机构管理。推进特困供养机构法人登记，对符合事业单位法人登记条件的公办特困供养机构，依法申请并按程序办理事业单位法人登记。公建民营特困供养机构，由其运营主体进行相应的法人登记，2020年底前，特困供养机构法人登记率达到100%。实施特困供养机构消防安全达标工程，公办特困供养机构消防验收由各地政府统一组织，民政、住房和城乡建设等相关部门相互配合，按照国家工程建设消防技术标准配置消防设施、器材，针对重大火灾隐患集中整改推进，2020年底前，公办特困供养机构消防许可（备案）率达到100%。民政、市场监督部门要加强食品安全监管，做好食品安全知识宣传，增强服务对象食品安全意识，督促餐饮服务提供者落实食品留样制度，不定期检测，保障食品安全。

3. 促进特困供养机构医养康融合发展。特困供养机构须按照卫生部门有关标准，对养老机构内部设置诊所、卫生所（室）医务室、护理站的，实行备案管理。积极鼓励社会资本举办老年病、护理、康复、安宁疗护等医疗机构，符合条件的按规定纳入城乡基本医疗保险定点范围，完善医保报销制度，方便特困人员就医。鼓励符合条件的执业医师到特困供养机构内设的医疗卫生机构多点执业。加快特困供养机构护理能力建设，推进生活不能自理特困人员集中供养，到2020年底，全省失能、半失能特困人员集中供养率达到50%。在保障特困对象基本生活的基础上按照"精细化、个性化、人性化"的服务理念，更加关注其个性需求，探索开展健康护理、心理慰藉、临终关怀等专业养老服务，推进特困供养服务内容由单纯的生活照料向康复护理、医疗保健、精神慰藉、安全援助等系列服务转变，提升供养对象的获得感、幸福感。

4. 推进特困供养机构人才队伍建设。按照不低于1：6、1：10的比例为生活不能自理、全自理特困人员配齐服务和护理人员广泛开展养老护理员培训，逐步建立岗前培训制和从业人员定期培训制，建立省、市、县、机构分级培训体系，深入开展民政宗旨、职业道德、专业知识、实操技能教育，县级民政部门对特困供养机构管理服务人员年人员培训率不低于80%。支持省内高等院校、中等职业学校、技工院校增设养老服务等相关专业和课程，加强院校合作，依托特困供养机构建立高校相关专业人才实习实训基地；鼓励相关机构开发养老服务等公益性岗位和社工岗位，鼓励各地引进专业人才，提升服务水平。保障特困供养机构职工工资待遇，落实"五险一金"等社保政策，完善机构人员薪酬绩效、职称评定等激励机制，开展养老护理员职业技能等级评定，落实职级晋升制度。

5. 提升特困供养机构服务质量。建立完善特困供养机构服务对象入院评估机制，准确把握服务对象身体、心理状况及服务需求，科学提供个性化专业服务，跟踪评估服务效果，提升服务的科学性、针对性。利用互联网、大数据等信息技术，建立供养对象电子健康档案、电子病历，与医疗机构合作开发老人能力评估健康监测、医疗救护、远程诊断、康复护理等信息管理系统，实现特困供养机构与医疗卫生机构的信息共享和相关业务协同。继续开展特困供养机构服务质量建设专项行动，继续大力推动质量隐患整治工作，对照问题清单逐一挂号销账，确保特困供养机构全部整治过关。开展《养老机构等级划分和评定》国家标准贯彻工作，启动我省特困供养机构等级划分和评定，2020年全面实施等级评定工作。

6. 深化特困供养机构改革。在满足特困人员供养需求的前提下，拓展机构服务范围，面向农村低保户和建档立卡贫困户中的失能老人、计划生育特殊家庭老人、重度残疾人提供托养服务，其经费支出由县（市、区）人民政府统筹列入当年预算。发挥市场资源配置作用，在公办特困供养机构改革中注重引进有专业资质、管理优秀、拉动力强的龙头养老服务企业，以市（县、区）为单位整体推进公办民营的转型发展。注重培育壮大本地化养老服务企业，做优服务、提高品质、做强行业，着力打造一批在失能失智老年人养护、残疾老年人护理、心理慰藉、临终关怀等专业服务方面具有影响力和竞争力的服务品牌。推动移动互联网、云计算、物联网、大数据等与特困供养服务结合，建设全省特困供养服务信息管理系统，加强系统与省政务信息资源共享平台对接，实现全省特困供养服务管理信息化，为管理决策提供数据支持，为社会公众提供权威、便捷、准确的服务信息。

（二）提升儿童福利机构服务水平。

7. 完善儿童福利机构设施设备。按照规定要求，儿童福利机构设置起居室、活动室、医疗室、康复室、特教室、档案室、值班室等功能区域，综合诊疗室、儿童病房、检查室等医疗功能科室，物理作业治疗、辅具、感统等康复设备和音乐教室、个别化训练室等特殊教育设施设备及专用校车等交通工具。对6周岁以上儿童，应当按照性别区分男女生活区域，为有特殊身体功能障碍的儿童配备辅具。

8. 强化儿童福利机构队伍建设。加大医疗卫生、康复保健、特殊教育、社会工作等专业技术人员引进力度，逐步优化专业人员队伍结构，提高专业人员配备比例。对具备孤残儿童护理员职业资格从业人员，保障其相关工资待遇和社保待遇落实。儿童福利机构中有关教师、医护人员专业技术职务评定工作纳入教育、卫生系统职称评聘体系。

9. 提高儿童福利机构服务能力。儿童福利机构实行儿童营养配餐制，机构供养儿童，抚育标准不低于孤儿基本生活保障标准。定期组织儿童体检、免疫接种，及时办理城乡医疗保险，为符合条件的儿童申请"明天计划"救治项目，机构内发现感染病例的，及时报告当地疾控中心，采取相应措施。有条件的儿童福利机构要加强特殊教育和学前教育资源供给。组织康复专业人员对儿童的残疾状况进行康复评估，制订个性化的康复方案，开展康复训练。成立安置评估小组，在60个工作日内对入住的儿童进行评估。民政部门担任监护人的儿童年满18周岁后，对无生活能力的成年孤儿，按照规定纳入特困人员供养等社会救助范围。有生活能力的成年孤儿，提供就业和保障性住房支持。健全孤儿档案管理制度，按照"分级管理、一人一档"原则，做好档案管理和信息保密工作。

10. 拓展儿童福利机构服务功能。推进儿童福利机构向儿童福利指导中心转型，积极拓展儿童福利机构服务功能，承担本辖区社会散居孤儿及家庭寄养儿童养育走访评估等工作。积极申请儿童福利机构纳入当地定点康复机构，探索向贫困家庭残疾儿童开放，打造一批"养治教康安"一体化社会服务功能的市、县级儿童福利机构。未经民政部门批准，不得在民办或其他机构开展代养等工作，不得跨省开展孤弃儿童家庭寄养和代养工作。

11. 加强未成年人保护机构建设。充分发挥未成年人救助保护机构平台作用，做好农村留守儿童、困境儿童和流浪未成年人的临时照料和监护等相关工作，推动现有流浪未成年人救助保护机构向未成年人救助保护机构转型升级。未设立未成年人救助保护机构的，可依托当地救助管理机构，改造设施设备，满足救助保护未成年人需求。

（三）增强公益殡葬设施供给能力水平。

12. 突出公益性公墓公益性质。城乡公益性公墓建设由市、县（市、区）人民政府主导，各地要将公益性公墓建设纳入基本公共服务保障范围，公益性公墓建设资金由同级财政统筹安排。鼓励社会组织、企业、个人向公益性公墓建设提供捐助。各级民政部门每年要从福彩公益金中安排专项补助资金予以补贴。省财政通过以奖代补形式予以适当补助。城市公益性公墓由同级民政部门管理维护，农村公益性公墓管护责任主体为乡镇政府，可由县级人民政府通过购买公益岗位等方式统一安排。通过专人管护，提高公益性公墓庄重感、仪式感、认同感。公益性公墓只服务于辖区户籍居民，实行政府定价，建立严格的墓穴（格位）出售档案登记管理制度，不得开展租赁、承包经营等商业活动，不得开展以营利为目的的经营活动。公益性公墓对困难群体实行费用减免，对选择花葬、树葬、草坪葬、江葬等生态葬式的，给予费用减免或奖补。

13. 加强公益性公墓建设。城市、农村公益性公墓建设规划分别由市、县（市、区）民政部门牵头同级自然资源、林业等部门组织编制。公益性公墓选址，要充分征求当地群众意见，因地制宜、合理布局、节地生态、立足现实、兼顾发展。各市、县分别建设 1 座城市公益性公墓。农村公益性公墓原则上以乡镇为主，以行政村为辅建设，边远区域或交通不便地区，可以自然村或若干相邻的自然村联办方式兴建，具体建设数量和布局，依据服务半径、服务人口等因素测算，目标是达到公益性墓葬设施全覆盖实现人人享有公益性基本殡葬服务。公益性公墓建设规模根据骨灰安置总量确定。骨灰安置总量=公益性公墓服务区域常住人口数量×人口年死亡率×20×50%（系数 20 表示服务年限为 20 年，50%表示公益性公墓的实际骨灰安置量占当地骨灰安置需求量的估算比例）。单座城市公益性公墓占地面积不超过 200 亩，骨灰安放（葬）量不超过 90000 个。单座农村公益性公墓占地面积不超过 50 亩。

14. 优化公益性公墓供给。城市公益性公墓，以提供骨灰格位安放为主，推广花葬、树葬、草坪葬等节地生态葬式，墓穴安葬数量不超过安葬（放）总量的 40%，在墓区为江葬、骨灰撒散等不保留骨灰的逝者建立纪念设施。乡镇和村级公益性公墓，滨湖平原地区原则上建设骨灰堂，山区、丘陵地区可建骨灰堂或公墓具体建设形式，在合法合规的基础上尊重当地群众意见和风俗习惯。公益性公墓墓区建设包括"三区"，即骨灰（遗体）安葬区、祭扫服务区、业务办公区，同时配建绿地、公厕、消防设施、停车场及必要的给排水、照明、通行道路等设施，做好无障碍设计。"三区"设计应满足日常需求，同时兼顾祭扫高峰使用要求，符合相关防火和安全规定，并满足安防疏散要求。

15. 统一公益性公墓标准。公益性公墓单穴占地面积不超过 0.5m，合葬墓穴不超过 0.8m³（不含公共绿化和道路用地）。墓碑小型化、多样化、艺术化，推广使用卧碑，墓区以树木相隔、墓穴以花草相连，尽量保持自然植被，减少硬化面积。公益性骨灰堂寄存室的净高不低于 3.3m，骨灰寄存架之间的通道宽度不小于 1.2m，保持良好的通风换气。综合考虑祭扫人员密集度、楼层承重等因素，骨灰堂（楼）每层楼的骨灰安放格位数量按由下到上逐层楼递减的原则确定。单个骨灰存放格位占用空间不大于 0.25m，做到"三有"，即：有统一编号，有格位门锁，有供祭祀群众安插鲜花的祭祀台装置。已存放骨灰的格位应设置记录逝者姓名、粘贴逝者照片等信息的位置。同一骨灰堂所有格位门锁设计为统一钥匙，由骨灰堂管理人员负责保管。加强监管，推广使用安徽省殡葬服务管理信息系统，提升公益性公墓管理服务水平。

三、保障措施

（一）加强组织领导。加强党委政府对民政公共服务建设的统一领导，建立政府主导、民政主责、部门配合、社会参与的工作机制，上下联动、统筹协调。要强化各级政府的主体责任，把民政公共服务建设纳入当地经济社会整体规划，同部署，同考核；纳入党委、政府议事日程，由主要负责同志亲自过问，分管负责同志抓好落实，加强监督指导，发挥政府的组织、领导、协调作用，及时解决工作推进中的难点问题，确保顺利实施。民政部门要发挥牵头作用，综合协调，督促推进。各相关部门要按照职责分工，细化政策措施，推动各项行动任务有效落实。

（二）加大资金投入。按照省委省政府关于基本公共服务要提高保障能力，提升服务水平的要求，积极发挥政府投资引导带动作用，合理安排特困供养、儿童福利机构、殡葬设施、公益性公墓等相关经费并及时下达资金，逐步加大福彩公益金对特困供养机构投入力度。发挥政府资金的引导和带动作用，向大别山等革命老区、贫困地区、城市老城区、困难地区倾斜，重点保障民政基本公共服务补短板建设需要，严格执行各类公共服务设施建设标准，确保达到功能配置标准，实现民政基本公共服务均等化。鼓励地方政府依法合规采取政府和社会资本合作（PPP）等方式，吸引更多社会力量参与建设、运营和服务。

（三）强化监督管理。在民政公共服务领域深入推进"放管服"改革，发挥民政部门行业管理作用，调动相关部门各司其职，健全和落实监管制度，积极利用"互联网+""标准化+"等现代管理手段，构建权责明确、透明高效、跨部门协同的事中事后监管机制。突出安全和资金两项监管重点，以消防安全、食品安全资金资产管理使用为着力点，加强监督检查，防范化解重大风险落实民政公共服务机构主体责任，加强机构自律；强化相关部门监管责任，形成监管合力；纳入信用记录，公示信用信息，完善信用监管机制；委托第三方开展社会满意度调查，加强事前事中事后监管；公布投诉举报途径，鼓励社会力量监管。

（四）激发内生动力。激发民政公共服务机构的干劲和活力变外部压力为内生动力。开展民政公共服务绩效评价和等级评定，注重结果运用，与政府资金分配、政府购买服务等挂钩。结合实际推进实施技术等级评价、职称评定、工资待遇与工作绩效挂钩的人员激励政策。研究建立民政公共服务褒扬机制，设立先进表彰项目，让先进单位和优秀人员的奉献和价值得到彰显。在有条件的民政公共服务机构，探索推进民主管理，吸收服务对象参加，评定工作优劣，体现主人翁地位，增强发展动力。

（五）营造良好氛围。各地各部门要通过多种途径、采取多种形式宣传民政公共服务建设的重要意义，既要面向各级党委、政府、民政系统、相关部门、民政公共服务机构，宣传相关政策，明确工作要求，调动干部职工的工作积极性和主动性，又要面向服务对象、相关社会力量、人民群众，加强政策解读，分析阐述民政公共服务与其自身的利益相关性，鼓励和引导全社会参与，形成理解、关心、支持民政公共服务建设的良好氛围。

● 福建省 ●

福建省人民政府关于推进城乡公益性骨灰楼堂和公墓建设的意见

（闽政〔2014〕34号）

各市、县（区）人民政府，平潭综合实验区管委会，省人民政府各部门、各直属机构，各大企业，各高等院校：

为适应城镇化和老龄化发展形势，深化殡葬改革，满足人民群众的基本殡葬需求，现就推进城乡公益性骨灰楼堂和公墓建设提出如下意见。

一、目标任务

到2016年底，农村实现公益性骨灰楼堂（包括塔、廊、墙、壁等，以下简称"骨灰楼堂"）覆盖到乡（镇）、村，有条件的乡（镇）可以建设公益性公墓，实行一乡（镇）一建或多乡（镇）并建；城市实现各市、县都有城市公益性公墓，基本满足人民群众的丧葬需求。

二、基本原则

（一）公益便民。城乡公益性骨灰楼堂和公墓是经依法批准建设不以营利为目的的骨灰安放（葬）场所，属社会公益福利设施，按照就近便民原则建设。农村公益性骨灰楼堂和乡（镇）公益性公墓向本村、本乡（镇）居民提供骨灰安放（葬）服务，城市公益性公墓在满足本地居民需求的前提下，可向社会开放。

（二）生态保护。树立现代文明殡葬理念，提倡经济简约，保护自然生态，注重人文与自然环境的和谐。引导文明节俭丧葬习俗，倡导花葬、树葬、草坪葬等生态葬法。

（三）节约用地。集约节约用地，鼓励以建设城乡骨灰楼堂为主，有条件的地方可统筹将骨灰楼堂和公墓合建，提高骨灰安放（葬）率。

三、建设要求

（一）选址规划。项目用地选址和建设应符合土地利用总体规划和城乡规划，不占用耕地，集约节约使用林地，尽量利用山坡地。

（二）用地规模。从严控制建设用地，综合考虑当地经济发展水平、城乡规划、人口死亡率、人口结构等因素，按照总人口数6‰的死亡率计算，以至少30年为使用周期，规划建设城乡公益性骨灰楼堂和公墓。乡镇人口在1万以内，公益性公墓占地面积不超过5亩；人口在1万~5万的，占地面积不超过15亩；人口在5万以上的，占地面积不超过20亩。市、县（区）人口在30万以内的，城市公益性公墓占地面积不超过150亩；人口在30万~50万的，占地面积不超过200亩；人口在50万以上的，占地面积不超过300亩。

（三）功能分布。城乡公益性公墓应设置墓园区和办公用房、停车场等管理服务附属设施。墓园区包括墓葬区、骨灰楼堂安放区、生态葬法区和公祭区，占地面积不少于公墓总面积的60%。墓园建设要和谐、简约，绿化率不低于40%。墓葬区每个墓位面积不超过1平方米，地面只设统一规格的墓碑，墓碑外区域种树植草绿化，不得建设围栏、雕廊、墓帽等附饰设施。墓位间以绿化带相隔，间距不小于0.3米。墓位前走道要建成绿化行道，宽度不小于0.6米。根据当地地理地貌、风土人情，骨灰楼堂可建成楼、堂、塔、廊、壁、室等，并设置专门的祭祀场所，方便群众祭祀。鼓励采取花葬、树葬、草坪葬等生态葬法，并为生态葬法的逝者统一刻碑纪念。合理规划、规范设置公祭区，保障公祭活动肃穆、节俭。

四、建设管理

（一）审批管理。城乡公益性骨灰楼堂和公墓建设规划由各设区市政府、平潭综合实验区管委会制定（在2014年11月底前完成）。农村公益性骨灰楼堂和乡（镇）公益性公墓建设由县级民政部门审批，报设区市、平潭综合实验区民政部门备案。县（市、区）城市公益性公墓由县级民政部门提出申请，经同级政府同意，并经设区市、平潭综合实验区民政部门审核后，报省民政厅审批；设区市、平潭综合实验区城市公益性公墓由设区市、平潭综合实验区民政部门提出申请，经设区市政府、平潭综合实验区管委会同意，报省民政厅审批。

（二）投资主体。农村公益性骨灰楼堂投资主体为村委会，资金来源为村集体自有资金或村民自筹集资。乡（镇）公益性公墓投资主体为乡（镇）政府，城市公益性公墓投资主体为市、县（区）政府。禁止社会资本合资、合作、合建，鼓励社会力量捐资、捐建。省级财政采取以奖代补方式对城乡公益性骨灰楼堂和公墓建设予以一定补助，具体办法由省民政厅、财政厅另行制定。

（三）用地管理。国土、林业部门依法审批城乡公益性骨灰楼堂和公墓建设用地。

（四）运营管理。公益性骨灰楼堂和公墓统一由民政部门监管。农村公益性骨灰楼堂由村委会运营管理。城市、乡（镇）公益性公墓分别由当地民政部门、乡（镇）政府运营管理，不得以合作、合股等形式进行社会化运营，改变公益性质。

公益性骨灰楼堂和公墓（含内建骨灰楼堂）收费项目、收费标准由同级价格主管部门按照非营利性和兼顾当地居民承受能力的原则核定，实行定价管理、明码标价，并向社会公布。

五、工作要求

（一）加强领导。各级政府要贯彻落实生态省发展战略，加强对城乡公益性骨灰楼堂和公墓建设的组织领导，科学制定规划，深化殡葬改革，以满足社会安葬需求。

（二）部门协作。各有关部门要各司其职、通力协作、共同推进。发展改革部门要将城乡公益性骨灰楼堂和公墓建设作为民生保障项目，纳入当地经济社会发展规划。民政部门要履行主管部门职能，发挥牵头协调作用，具体负责实施。规划部门要做好有关规划。国土部门要统筹安排城市、乡（镇）公益性公墓建设用地，并按规定以划拨方式供地。林业部门要做好林地使用审批，支持开展生态安葬。财政部门要将政府安排的建设资金和惠民殡葬补助资金纳入公共财政预算，并加强资金监管。物价部门要加强收费和价格管理，查处自立收费项目、超标准收费等违规行为。宣传部门要广泛宣传现代文明殡葬理念，及时曝光违法违规行为。文明办要将城乡公益性骨灰楼堂和公墓建设纳入城乡文明创建考核内容。

（三）规范审批。城乡公益性骨灰楼堂和公墓规划建设要严格遵守殡葬等有关法规政策，不得违规批建；要加强日常运营监管，不得进行营利性经营和违规收费，改变公益属性。对违法行为，要严格追究责任。

（四）定期检验。要对城乡公益性骨灰楼堂和公墓进行定期检验。农村公益性骨灰楼堂、乡（镇）公益性骨灰楼堂和公墓由县级民政部门定期检验，其中骨灰楼堂三年一检。城市公益性公墓由设区市民政部门每年一检。省民政厅根据实际情况组织抽检，并通报抽检结果。

（五）及时报告。2014 年至 2016 年，各设区市政府、平潭综合实验区管委会应于每年 12 月 31 日前将工作进展情况报告省政府，同时抄送省民政厅，省民政厅梳理汇总全省工作情况报告省政府。

福建省人民政府

2014 年 7 月 29 日

福建省民政厅关于做好城乡公益性骨灰楼堂和公墓建设有关工作的通知

（闽民事〔2014〕442 号）

各设区市民政局、平潭综合实验区社会事业局：

为贯彻落实《福建省人民政府关于推进城乡公益性骨灰楼堂和公墓建设的意见》（闽政〔2014〕34 号），做好城乡公益性骨灰楼堂和公墓建设，杜绝违规批建，防止变相经营，坚持公益性质，现就有关事项通知如下：

各地城乡公益性骨灰楼堂和公墓建设须符合设区市、平潭综合实验区公益性骨灰楼堂和公墓建设的总体规划。

一、公益性骨灰楼堂建设

（一）申报流程。村公益性骨灰楼堂由村委会提出申请，乡镇公益性骨灰楼堂由乡镇政府提出申请，县（市、区）民政部门审批，并抄报设区市、平潭综合实验区民政部门备案（流程图见附件 1）。

（二）申报材料

以村为单位建设的，应提交如下申报材料：

1. 申请报告（包括项目名称、建设单位、村民代表会议意见、选址情况、资金筹措等方面内容）。

2. 乡镇政府同意建设的审核意见。

以乡镇为单位建设的，应提交如下材料：

1. 申请报告（包括项目名称、建设单位、会议纪要、选址情况、资金筹措等方面内容）。

2. 建设用地获批材料。

二、乡镇公益性公墓建设

（一）申报流程。乡镇公益性公墓由乡镇政府提出申请，县（市、区）民政部门审批，并抄报设区市、平潭综合实验区民政部门备案（流程图见附件 2）。

（二）申报材料

1. 申请报告（包括项目名称、建设单位、听证意见、选址地点、资金筹措等方面内容）。

2. 发改部门立项意见、城乡建设规划部门建设项目选址意见书、国土部门建设用地初审意见和建设用地红线图。

3. 公墓规划设计平面图（包括功能分布、墓型、墓位大小等情况）。

4. 银行开设公益性公墓建设的专户证明。

5. 财政资金承诺函。

6. 可行性研究报告。

三、县（市、区）城市公益性公墓建设

1. 申报流程。县（市、区）城市公益性公墓由县（市、区）民政部门提出申请，经同级政府同意和设区市、平潭综合实验区民政部门审核后，报省民政厅审批（流程图见附件3）。

2. 申报材料。

（1）申请报告（包括项目名称、建设单位、听证意见、选址地点、资金筹措等方面内容）。

（2）县（市、区）政府同意建设的批复。

（3）发改部门立项意见、城乡建设规划部门建设项目选址意见书、国土部门建设用地初审意见和建设用地红线图。

（4）公墓规划设计平面图（包括功能分布、墓型、墓位大小等情况）。

（5）设区市民政局、平潭综合实验区民政部门同意建设的批复。

（6）银行开设公益性公墓建设的专户证明。

（7）财政资金承诺函。

（8）可行性研究报告。

四、设区市、平潭综合实验区城市公益性公墓建设

（一）申报流程。设区市、平潭综合实验区城市公益性公墓由设区市、平潭综合实验区民政部门提出申请，经设区市政府、平潭综合实验区管委会同意批复后，报省民政厅审批（流程图见附件4）。

（二）申报材料

1. 申请报告（包括项目名称、建设单位、听证意见、选址地点、资金筹措等方面内容）。

2. 设区市政府、平潭综合实验区管委会同意建设的批复。

3. 发改部门立项意见、城乡建设规划部门建设项目选址意见书、国土部门建设用地初审意见和建设用地红线图。

4. 公墓规划设计平面图（包括功能分布、墓型、墓位大小等情况）。

5. 银行开设公益性公墓建设的专户证明。

6. 财政资金承诺函。

7. 可行性研究报告。

附件：1. 公益性骨灰楼堂建设申报流程图（略）

2. 乡镇公益性公墓建设申报流程图（略）

3. 县（市、区）城市公益性公墓建设申报流程图（略）

4. 设区市（平潭综合实验区）城市公益性公墓建设申报流程图（略）

福建省民政厅

2014 年 10 月 13 日

福建省民政厅等17部门关于进一步推动殡葬改革 促进殡葬事业发展的实施意见

（闽民事〔2018〕132号）

各设区市民政局、文明办、发改委、卫计委、公安局、财政局、人社局、国土局、环保局、文化局、工商局、林业局、民族宗教局、物价局、工会、团委、妇联，平潭综合实验区社会事业局、党群工作部、经济发展局、公安局、财政金融局、环境与国土资源局、卫生计生局、市场监督管理局、农村发展局、工会、妇联：

为全面深入贯彻党的十九大精神，推动殡葬改革和殡葬事业更好服务于保障和改善民生、促进全省精神文明和生态文明建设，促进人与自然和谐共生，根据民政部等16部门《关于进一步推动殡葬改革促进殡葬事业发展的指导意见》（民发〔2018〕5号）精神，结合我省实际，现提出如下实施意见：

一、目标任务要求

以习近平新时代中国特色社会主义思想为指导，坚持和践行绿水青山就是金山银山的理念，围绕建设惠民、绿色、文明殡葬和我省生态发展战略，遵循"公平可及、群众受益，坚持改革、移风易俗，政府主导、社会参与，因地制宜、分类指导，统筹协调、综合治理"的基本原则，按照整合资源、规范管理、优化服务的要求，深化殡葬改革，推行节地生态安葬，推动殡葬事业健康发展，为建设"机制活、产业优、百姓富、生态美"的新福建作出更大贡献。到2020年，实现殡仪馆县级行政区域全覆盖并达到国家环境保护标准要求，公益性节地生态安葬设施覆盖到乡镇，逐步建立基本殡葬服务制度和节地生态安葬奖补制度，覆盖城乡居民的殡葬公共服务体系基本建立，遗体火化率保持全国前列，骨灰格位存放、树葬、海葬等节地生态安葬比例达到70%以上，党委领导、政府负责、部门协同、公众参与、法治保障的工作格局基本形成。

二、持续深化殡葬改革

（一）大力推行节地生态安葬。深入贯彻落实民政部等九部门《关于推进节地生态安葬的指导意见》，大力推行不占或少占土地、少耗资源、少使用不可降解材料的节地生态安葬方式。各地要加快建立节地生态安葬奖补制度，把绿色殡葬建设纳入生态文明建设考评内容。要加强公益性节地生态安葬设施用地保障，在符合土地利用总体规划的前提下，应在土地利用年度计划中优先安排新建项目用地，在用地取得、供地方式、土地价格等方面加快形成节约集约用地的激励机制。要严格限制墓穴、墓位占地面积，经营性公墓墓穴的单位占地面积不得超过0.8m²（不含公共绿化和道路用地），公益性公墓独立墓穴的单位占地面积不得超过0.5m²，合葬墓穴的单位占地面积不得超过0.8m²。要严格建设标准，新建城乡公益性公墓节地生态安葬率均应达到100%。支持山区建设生态树葬区。

（二）规范公益性殡葬设施管理。加大城乡公益性节地生态安葬设施建设力度，因地制宜，科学合理规划选址，提供树葬、撒散、骨灰存放等多样化节地生态安葬方式，提高建设管理和服务水平，提高群众认可度和满意度。城市公益性公墓建设要结合当地经济发展水平、城镇规划、人口结构等因素，由当地民政部门负责管理，在满足本地居民需求的前提下，可向社会开放。乡镇公益性公墓建设以骨灰楼堂为主体，可一乡镇一建或多乡镇并建，由乡（镇）政府负责管理。村应大力推进公益性骨灰楼堂建设，由村委会负责管理，面向本村村民提供服务。要制定公益性公墓和骨灰楼堂管理办法，坚持公益性质，并向社会公开。各地要安排专项资金对老旧公办殡仪馆进行改造升级，改善殡仪服务设施条件，优化治丧公共服务环境。

（三）积极推进殡葬移风易俗。深化丧葬习俗改革，把殡葬移风易俗纳入文明城市、文明村镇创建和美丽乡村建设之中。统筹规划和建设殡仪服务站等集中治丧场所，合理设置祭扫专门区域，引导群众文明治丧、低碳祭扫。开展农村散埋乱葬专项治理活动，把此项活动作为加强和完善社区治理、改善农村社区环境的重要举措进行统筹部署安排。充分发挥村（居）委会和红白理事会、老年人协会等基层组织作用，把治丧规范纳入村规民约、村民自治章程，培育和推广文明现代、简约环保的殡葬礼仪和治丧模式。深入挖掘阐释清明节、冬至等传统节日蕴含的教育资源，充分依托殡葬服务纪念设施，建设生命文化教育基地，打造优秀殡葬文化传承平台，弘扬尊重生命、孝老敬亲、慎终追远、天人合一等思想文化

（四）持续做好墓地生态整治工作。各地要将散埋乱葬、乱建坟墓纳入城乡环境综合整治工作和精神文明建设重要内容，建立长效机制，进行目标管理考核。"三沿五区"内裸露地表的坟墓，要采取拆除迁移、覆土深埋、绿化改造和植树遮挡等方式分类治理。城镇化规划和项目建设中涉及的坟墓，一律迁入公益性公墓和骨灰楼堂安置。非公墓区一律不得新建坟墓，不得对旧坟进行翻新扩建。各级民政部门要健全堵疏结合措施，加强骨灰管理，从源头上解决散埋乱葬问题。

三、不断完善服务体系

（一）优化殡葬服务资源布局。着眼长远发展和群众殡葬服务需求，加紧完善本区域殡仪馆、骨灰楼堂、公墓和殡仪服务站等殡葬设施的布局规划。规划时要严守永久基本农田和生态保护红线，重点完善设施空白地区规划，调整优化基础薄弱或服务饱和地区殡葬资源结构，确保殡葬设施种类、数量、服务规模与当地群众殡葬服务需求相匹配、与殡葬改革推行相适应，并严格依照规划审批殡葬设施，做好殡葬项目"邻避"问题防范与化解工作。

（二）完善基本殡葬服务制度。要坚持基本殡葬服务公益性，强化政府责任和投入，推动殡葬惠民措施从救助型向普惠型转变。有条件的地区要实行免除基本殡葬费用由困难群体扩展到辖区所有居民。要拓宽基本殡葬服务免除内容，对履行基本殡葬服务职能的殡仪馆、火葬场、公益性公墓等殡葬服务机构，要落实政府投入和税费减免配套优惠政策，确保持续稳定地提供基本殡葬服务。

（三）丰富殡葬服务供给。妥善处理基本殡葬服务与非基本殡葬服务的关系，保障和改善基本殡葬服务，丰富和拓展非基本殡葬服务，满足群众多样化、多层次的殡葬服务需求。坚持殡葬服务事业单位提供基本殡葬服务的主导地位，改革体制机制，改善服务方式，丰富服务内容，提高服务质量，发挥示范引领作用。对于能由政府与社会资本合作或能由政府购买服务提供的，鼓励和引导社会力量有序参与，推动殡葬服务供给主体和供给方式多样化。依法完善遗体接运、遗体殓殡、遗体殡仪等直接接触遗体的殡仪服务事项管理制度和服务标准，完善市场准入条件，强化事中事后监管，引导各类主体规范提供服务。创新殡葬服务与"互联网+"融合发展的新途径、新模式、新业态，为群众提供更加方便、快捷、透明的殡葬服务。

四、规范机构管理

（一）推进管办分离改革。结合事业单位分类改革要求，理顺政府与市场的关系，推进殡葬行政管理职能与生产经营分开、监管执法与经营举办分离，探索多种有效的实现形式。各级民政部门

要强化殡葬法规政策、行业规划、标准规范的制定和监督指导职责，从对殡葬服务单位的直接管理向行业管理转变。强化殡葬服务事业单位的公益属性，进一步落实法人自主权，规范内部管理，激发发展活力。要高度重视并切实维护殡葬行业职工合法权益，逐步提高殡葬行业职工的工资福利待遇和生活保障水平。对殡葬管理事业单位与殡仪馆、公墓等经营实体合一或举办经营实体的，要摸清底数，制定脱钩方案，提出加强殡葬管理力量有效措施，提请当地党委和政府研究解决。

（二）规范社会资本参与。鼓励社会资本以出资建设、参与改制、参与运营管理等多种形式投资殡葬服务行业，但对于具有基本殡葬服务功能的设施和市、县、乡公益性公墓，要坚持由政府建设管理。对于公办殡葬服务机构与社会资本合作的，要坚持公共利益优先原则，从是否增加和改善基本殡葬服务供给、提高运营效率、促进创新和公平竞争等方面，充分做好评估论证，审慎确定合作模式，规范选择合作伙伴，细化和完善项目合同文本，并可通过派驻管理人员等方式，强化日常监管，确保合作期间国有资产不流失。对服务管理不规范、严重偏离公益方向、公众满意差的合作方，要建立违约赔偿和退出机制。

（三）加强重点事项管理。根据各类殡葬服务机构性质和特点，坚持问题导向，聚焦风险防范，分类施策，加强管理。殡葬服务机构要全面实行明码标价制度，严格落实殡葬服务收费管理政策规定，与逝者家属签订服务合同，出具合法结算票据，保证中低价位殡葬服务和用品足量提供，严禁诱导、捆绑、强制消费。加强对遗体处置和相关证件出具审核的监管，避免接收来源不明遗体、轻率或错误火化遗体，严厉查处虚开、倒卖火化证明等违法违规行为，加强行风建设，全面推进反腐倡廉和廉洁从业。殡葬服务机构要全面加强安全管理，持续加强安全隐患排查整治，坚决防止发生安全责任事故，切实落实交通安全主体责任，加强配套停车场规划建设，强化对殡葬服务车辆及驾驶人员的安全管理。进一步规范和加强公墓管理，对未经批准建设的公墓依法予以取缔，对违规改扩建等行为予以纠正，禁止公墓项目占用耕地，禁止建造超规定面积墓穴、墓位，禁止非法出售（租）、转让（租）墓葬用地或骨灰存放格位，禁止农村公益性墓地违规对外销售。对经营性公墓价格，要加强经营者定价行为的指导规范，对价格明显偏高的，必要时依法进行干预和管理。加强殡葬用品市场、社会殡仪服务机构、殡葬服务中介机构及相关从业人员管理，建立部门联合执法机制，查处虚假宣传、以次充好、强制消费、价格欺诈等侵害消费者权益行为。加强医院太平间管理，严禁在太平间开展营利性殡仪服务。制定完善无人认领遗体管理办法。查处借宗教名义违规建设、经营骨灰存放设施等行为。

（四）创新管理手段。按照民政部统一部署，在全国殡葬信息管理系统建成的基础上，按照"统一标准、省级部署、市县应用"的建设思路，落实民政部颁布的殡葬信息化标准，到2020年构建一体化的殡葬管理服务信息平台，实现与部平台管理服务体系互联互通。前期工作重点是加强殡葬服务机构日常信息采集分析，及时公示机构名录、审批、年度检查、日常抽查等信息，形成殡葬服务机构执业情况定期通报制度。后期工作重点是加强部门信息交换共享和联动惩戒，建立失信黑名单制度，将失信黑名单信息纳入全省与全国的信用信息共享平台，强化对殡葬服务机构的信用监管。建立健全以群众满意度为导向的殡葬服务机构考核评价机制，制定和完善考核评估指标体系，侧重衡量功能定位、职责履行、服务流程、服务态度、服务质量、社会效益等内容，把社会评价与检查考核相结合，结果向社会公开，并与政府购买服务、财政补贴、表彰奖励等挂钩。

五、强化组织保障

（一）加强组织领导，落实部门职责。推动各级党委和政府把推动殡葬改革发展作为增进人民福祉的重点内容，完善政策措施，强化责任落实。民政部门要牵头做好殡葬管理政策标准制定、殡葬改革工作组织实施、殡葬设施审批监管等工作。组织人事部门要及时掌握党员干部治丧情况，加强对党员干部的教育管理。宣传部、文明办要做好殡葬改革宣传引导工作，将殡葬移风易俗工作纳入文明创建活动内容。发改部门要加强对殡葬事业发展的规划，加大对提供基本殡葬服务的殡葬设施建设支持力度。公安机关要加强对本部门出具的非正常死亡证明的管理，查处丧事活动中违反治安管理的行为和私自改装车辆运输遗体的行为，并积极商请民政部门共享殡葬信息，从中发现死亡人员未销户口线索，及时调查核对、注销户口。财政部门要保障落实惠民殡葬和节地生态安葬奖补政策所需的资金，合理核拨殡葬事业单位运营管理经费和殡葬事业发展经费。人社部门要完善参加社会保险人员死亡后丧葬补助金、抚恤金等发放政策。国土、林业等部门要依法保障纳入规划的殡葬设施用地需求，依法查处违法占地建设殡葬设施、违法占用耕地林地建坟等行为。环保部门依法指导支持火化机环保改造，强化殡葬活动的生态环境监管。住房城乡建设部门要依法加强殡葬设施规划建设管理。文化部门要加强对治丧活动中违规低俗表演活动的监管和查处力度。卫计部门要加强对医疗机构出具死亡证明的管理和医疗机构太平间的管理，指导殡仪服务机构做好卫生防疫工作。工商部门要配合查处制造、销售不符合国家技术标准的殡葬设备、封建迷信殡葬用品等违法行为。价格、财政主管部门要依法制定实行政府定价管理的殡葬服务收费标准，查处殡葬乱收费行为。宗教事务管理部门要依法规范寺庙等宗教活动场所建设骨灰存放设施等行为。人民法院要依法受理违法安葬行为申请强制执行案件。工会、共青团、妇联等人民团体和基层党组织、村（居）委会以及殡葬行业协会、红白理事会、老年人协会等基层组织要充分发挥作用，广泛动员群众积极参与殡葬改革。

（二）加强督查评估，鼓励探索创新。民政等部门要加强对殡葬工作政策落实情况的督查评估，定期或不定期地检查是否存在对违规土葬、散埋乱葬行政不作为的问题，要建立健全殡葬工作的考核评价机制，把火化率、节地生态安葬率、火化设施设备更新改造率、公益性安葬设施覆盖率等衡量改革发展成效的重要指标纳入考核范围，并争取纳入党委和政府目标考核，打通政策落实的"最后一公里"。要发扬基层首创精神，围绕殡葬领域体制机制、公共投入、监管执法、信息化建设等重点难点问题，勇于攻坚，寻求解决对策，创造积累经验，不断丰富完善相关政策措施，有效破解改革发展难题。

（三）加强宣传引导，强化党员干部模范带头作用。以殡葬服务机构、城乡社区等为重要宣传平台，充分发挥新媒体传播优势，深入宣传殡葬法规政策，普及科学知识，传递文明理念，引导群众转变观念、理性消费、革除陋俗，树立厚养薄葬、文明节俭、生态环保的殡葬新风尚。要严格落实中央八项规定精神和党员干部带头推动殡葬改革的要求，增强党员干部从严律己意识，强化党纪法规的刚性约束。党员干部要做法规制度的遵守者，去世后依法实行火葬、骨灰集中规范安葬；要做文明风尚的引领者，带头文明节俭治丧、节地生态安葬、文明低碳祭扫，并加强对其直系亲属和身边工作人员办理丧葬事宜的教育和约束，以正确导向和行为示范带动广大群众革除丧葬陋俗。对党员干部尤其是领导干部去世后违规土葬、散埋乱葬、超标准建墓立碑以及治丧活动中其他违法违纪行为的，要依法依纪严肃查处。

各地要根据本实施意见，结合实际，研究制定具体落实措施，并及时将有关情况上报上级部门和省民政厅。本实施意见自颁布之日起实行。

省民政厅　省委文明办　省发改委

省卫计委　省民族宗教厅　省公安厅

省财政厅　省人社厅　省国土厅

省环保厅　省林业厅　省文化厅

省工商局　省物价局　省总工会

团省委　省妇联

2018 年 8 月 13 日

福建省民政厅等 10 部门关于进一步加强节地生态安葬工作的通知

（闽民事〔2019〕56 号）

各设区市民政局、发改委、公安局、财政局、自然资源局、生态环境局、住建局、园林局、城市管理局、文旅局、林业局、市场监管局，平潭综合实验区社会事业局、经济发展局、公安局、交通与建设局、环境与国土资源局：

近年来，在各级党委、政府和有关部门的共同努力下，殡葬管理工作总体规范有序，殡葬服务水平不断提升，但仍存在着公益性殡葬设施建设滞后，一些地方违法违规建造坟墓特别是豪华墓、"活人墓"现象突出等问题。为有效保障群众基本安葬需求，推进生态文明建设，结合我省实际，现就进一步加强节地生态安葬工作通知如下：

一、目标任务

坚持以人民为中心的发展思想，聚焦群众关切的安葬问题，在巩固近年来殡葬改革成果的基础上，通过堵疏结合、标本兼治，进一步推进解决违建坟墓特别是兴建豪华墓、"活人墓"等突出问题；因地制宜加强城乡公益性公墓和骨灰楼堂的规划建设和服务管理，有效满足群众基本安葬需求。到 2021 年底，火化率持续巩固在 99.8% 以上，城市、乡村实行节地生态安葬比例分别达到 90%、70% 以上，县、乡公益性公墓和骨灰楼堂覆盖率达到 50% 以上，村骨灰楼堂覆盖率达到 70% 以上，践行节地生态安葬成为社会新风尚。

二、做好违建坟墓摸排整治工作

（一）认真开展摸底排查。各地要在近年来工作的基础上，结合民政部等 12 部门开展的违法违规私建"住宅式"墓地等突出问题专项摸排，认真开展违建坟墓摸排，重点是"三沿六区"（"三沿"指高速公路及连接线、国道及省道、铁路等主干道沿线两侧可视范围，"六区"指耕地、林地、城市公园、风景名胜区和文物保护区、水库及河流堤坝附近和水源保护区）范围内的违建坟墓，特别要对违建豪华墓、"活人墓"墓地进行全面摸排。要根据当地实际，制订工作方案，摸清底数，逐一登记造册，建立翔实台账。2019 年 5 月底前，各设区市（平潭综合实验区）民政部门要将当地、各部门的摸排情况汇总报送省民政厅，省民政厅再报送省政府。

（二）仔细梳理各类情况。各地、各有关部门要在摸底排查的基础上，分析各类违建坟墓产生的原因，对历史墓、翻修墓、豪华墓、"活人墓"等，按照建造时间、所处位置、占地面积、生态环境破坏程度、社会影响等方面，认真进行梳理分类，建立档案资料。要根据分类梳理情况，依据法律法规、政策要求，区分不同情况，研究对策措施，提出切实可行的解决方案供党委、政府研究，为后续整治奠定基础。

（三）积极稳妥组织整治。各地要精准把握政策要求，明确重点范围对象，讲究方式方法，综合分类施策，既要对违建坟墓进行整治，又要切实保护人民群众合法权益。对 2018 年开展殡葬领域突出问题专项整治行动以来违建的硬化坟墓，一律拆除，恢复植被；对水源地、风景区、生态保护区域的违建坟墓，统一迁入公墓或骨灰楼堂；对"两高"沿线可视范围内的违建坟墓，通过深埋复绿、拆除平毁以及限时迁移等方式集中整治；对历史墓，已公布为文物保护单位，登记为不可移动文物或经文物部门认定具有历史、科学、艺术等文物价值的墓葬应依法保持，其他不具有文物价值的墓葬应该迁移的必须迁移，不能迁移的，采取拆除硬化物及附件、覆土深埋绿化等办法进行改造；对群众反映强烈的违建坟墓特别是豪华墓、"活人墓"，坚决予以整治。2019年年底前，各设区市（平潭综合实验区）民政部门要将当地、各部门的整治情况汇总报送省民政厅，省民政厅再报送省政府。

（四）建立遏制违建坟墓常态化工作机制。各地要将殡葬领域突出问题专项整治工作中建立的领导协调机制转化为加强殡葬管理的长效机制，形成遏制违建坟墓的工作格局。要加强属地管理，明确县、乡、村三级的主体责任。要落实部门职责，加强源头管控处置。民政部门要加强骨灰流向追踪，做好跟踪管理。自然资源部门要改进国土执法监察，加强日常巡查，及时查处占用耕地违建坟墓行为。林业部门要加强林业执法监督，配合做好摸排工作，及时发现查处毁林违建坟墓行为。住房城乡建设部门要加强城市公园及其他公共绿地违规建墓等行为摸排，牵头推进铁路沿线环境综合整治。生态环境部门要加强生态环境监督执法，及时查处环境违法行为。文化和旅游部门要配合有关部门做好A级旅游景区内的违建坟墓摸排查处工作。公安机关要依法打击违建坟墓的涉黑涉恶行为。有关部门要加强日常巡查监督，做好事前防范，对出现大范围、大规模违建坟墓严重破坏生态环境的，借鉴生态环境损害责任追究办法，要进行严肃追责。要充分发挥党员干部带头作用，促进形成践行节地生态安葬的文明治丧良好民风。

三、加强城乡公益性公墓和骨灰楼堂建设管理

（一）完善统筹规划。针对城乡公益性公墓供给不足、分布不均衡、部分地方存在空白等民生短板问题，各地要结合全面建成小康社会、乡村振兴战略，把城乡公益性公墓和骨灰楼堂建设作为民生保障项目，做好统筹规划。各地要在当地党委、政府领导下，坚持问题导向，认真调查研究，根据已有安葬设施情况和实际需求做好建设规划。原则上，每个市、县规划建设1—2个公益性公墓，乡镇、村因地制宜规划建设公益性公墓和骨灰楼堂，做到种类、数量、规模与当地殡葬服务需求相匹配、与殡葬改革方向相适应。

（二）加快建设步伐。各地要落实属地责任，坚持堵疏结合、标本兼治，综合考虑当地经济发展水平、城乡规划、人口死亡率、人口结构等因素，按照总人口数5‰的年死亡率计算，以至少30年为使用周期，科学合理制定本地城乡公益性公墓和骨灰楼堂等殡葬设施建设规划，加快建设步伐，补齐殡葬服务设施短板。通过三年努力，确保城乡公益性公墓能基本满足当地群众安葬需求，乡村公益性骨灰楼堂建设短板全部补齐。要坚持城乡公益性公墓和骨灰楼堂的社会公共设施性质，城乡公益性公墓和骨灰楼堂的投资主体是当地政府，村级骨灰楼堂的投资主体是村委会，禁止社会资本合资、合作、合建，不得与社会资本合作变相开展营利活动，鼓励社会力量捐资、捐建。

（三）加大政府投入。各地要把城乡公益性公墓和骨灰楼堂建设纳入社会公共事业发展范畴，以满足群众殡葬基本公共服务需求。要进一步统筹各方资源，加大政府投入力度，落实公益性殡葬设施建设和惠民殡葬奖补政策。省级财政对规划的乡村公益性骨灰楼堂建设按以奖代补方式给予补助，具体办法由省民政厅会同财政厅研究制定。

（四）强化服务管理。要按照"谁审批、谁负责"原则，加强对城乡公益性公墓和骨灰楼堂运营服务、收费等情况的监管。县级以上公益性公墓、乡镇公益性公墓和骨灰楼堂分别由县级以上民政部门殡葬管理单位、乡镇人民政府负责运营管理，价格按照《福建省定价目录》进行管理。村级公益性骨灰楼堂由村委会负责运营管理，向本村村民提供服务，价格由村民会议讨论决定。要建立完善管理规章制度，规范公益性公墓和骨灰楼堂建设运营，提高服务群众的质量和水平。民政部门

要加强对经营性公墓的日常监管，督促经营单位守法依规、诚信经营。

四、工作要求

（一）加强组织领导。各地要把推动公益性殡葬设施建设作为解决基本民生保障、促进生态文明和精神文明建设的有力举措，科学谋划，积极推进，确保惠民政策措施要落到实处。要在当地党委、政府领导下，建立民政部门牵头、部门参与的工作机制，明确部门职责分工，密切部门协调配合，完善联合执法、信息共享和情况通报制度，齐抓共管，加强目标管理和绩效考核。要注重发挥乡镇（街道）和村（居）民委员会等基层政权和组织的作用，依靠和发动群众，充分调动当地居民参与积极性，增强工作实效。

（二）落实部门职责。违法违规私建坟墓的摸排整治工作按照民政部等 12 部门通知（民函〔2019〕32 号）明确的相关职责，强化部门协作，认真贯彻落实。对公益性公墓和骨灰楼堂建设，要按照《福建省人民政府关于推进城乡公益性骨灰楼堂和公墓建设的意见》（闽政〔2014〕34 号）要求，各司其职、共同推进。民政部门要履行主管部门职能，发挥牵头协调作用，负责具体组织实施、审批监管等工作；发展改革部门应将公益性公墓和骨灰楼堂建设纳入当地经济社会发展规划，加强对实行政府定价管理的公益性公墓的价格管理；市场监管部门依法查处价格违法行为；自然资源、林业部门负责城乡公益性公墓和骨灰楼堂建设的土地供应及林地使用审批工作；财政部门要保障落实惠民殡葬和节地生态安葬奖补政策所需资金。

（三）注重方式方法。各地要密切部门配合，建立健全部门联动机制，加强信息沟通，强化事前管理，从源头上做好违建坟墓监管。要加强县、乡镇综合执法力量，摸排整治既要严格依法依规，又要讲究方式方法。要善于利用现代科技手段，加强卫星遥感图像识别、无人机航拍等执法手段应用，有效遏制违建坟墓行为。要健全完善管理规章制度，坚决纠正改变城乡公益性公墓和骨灰楼堂公益属性进行营利活动的行为，有效防范安全、管理和服务等方面的风险。

（四）强化宣传引导。充分利用各种媒体和传播手段，加强教育宣传，体现社会主义核心价值观，传导正确的生死观、孝道观，弘扬正能量，营造良好乡风、民风。要大力宣传党员干部带头参与殡葬改革的典型事例及各地推动殡葬改革发展的成功经验，发挥先进典型示范作用。要进一步倡导移风易俗，深化丧葬礼俗改革，引导群众转变观念，树立殡葬文明新风。要充分发挥基层组织作用，把文明殡葬纳入村规民约，加强正向激励引导，把践行节地生态安葬与倡导厚养薄葬、保护生态环境、造福子孙后代结合起来，提升群众的思想认同和实践认同，为推动节地生态安葬、促进殡葬改革创造良好环境。

2019 年 5 月 28 日

福建省民政厅等 6 部门关于印发《城乡公益性骨灰楼堂和公墓建设攻坚战实施方案》的通知

（闽民事〔2019〕139 号）

各设区市民政局、发改委、财政局、自然资源局、住建局（园林局）、城市管理局、林业局，平潭综合实验区社会事业局、经济发展局、自然环土局、交通与建设局：

现将《城乡公益性骨灰楼堂和公墓建设攻坚战实施方案》印发给你们，请结合实际，抓紧组织实施。

福建省民政厅　福建省发展改革委员会　福建省财政厅

福建省自然资源厅　福建省林业局

2019 年 10 月 11 日

城乡公益性骨灰楼堂和公墓建设攻坚战实施方案

为贯彻落实省委省政府殡葬管理改革专题会议和 8 月 19 日主题教育"解难题化积案"专题会议精神和要求，加强堵疏结合、标本兼治，进一步推进城乡公益性骨灰楼堂和公墓建设，有效满足群众基本安葬需求，制定本方案。

一、建设内容

依照《福建省人民政府关于推进城乡公益性骨灰楼堂和公墓建设的意见》（闽政〔2014〕34 号）、《福建省民政厅等 10 部门关于进一步加强节地生态安葬工作的通知》（闽民事〔2019〕56 号）文件规定，每个市、县规划建设 1—2 个公益性公墓，乡镇、村因地制宜规划建设公益性骨灰楼堂和公墓。

二、目标任务

按照一次规划选址、三年分步实施原则，基本达到种类、数量、规模与当地殡葬服务需求相匹配、与节地生态要求方向相适应。2019 年规划建设 10 个县级以上公益性公墓、100 个乡村公益性公墓、500 个乡村公益性骨灰楼堂，2020 年至 2021 年规划建设县级以上公益性公墓 30 个，乡村公益性公墓 400 个，乡村公益性骨灰楼堂 1500 个。省级财政对财力困难村 2019—2021 年竣工的 1005 个乡村公益性骨灰楼堂新建项目进行以奖代补。

三、主要措施

1. 做好城乡公益性骨灰楼堂和公墓建设规划和审批工作。

责任单位：民政、发改委、自然资源、林业部门。

具体任务：（1）民政部门履行主管部门职能，发挥牵头协调作用，会同发展改革、自然资源等部门做好设施建设规划，以县级为单位制定县、乡、村公益性公墓和骨灰楼堂建设数量、分布、类别、规模等规划，10 月底前由县级民政部门报设区市民政局审核汇总后报送省民政厅；（2）民政部门负责做好项目审批监管等工作；（3）发展改革部门负责做好公益性骨灰楼堂和公墓建设纳入当地经济社会发展规划；（4）自然资源、林业部门负责城乡公益性骨灰楼堂和公墓建设的土地供应及林地使用审批工作。

2. 解决城乡公益性骨灰楼堂和公墓用地服务保障问题。

责任单位：自然资源、林业、民政部门。

具体任务：省民政厅、自然资源厅联合制定下发《关于做好公益性殡葬设施用地服务保障工作的通知》，自然资源、林业部门建立公益性骨灰楼堂和公墓建设用地、用林审批服务保障机制。

3. 加大政府投入力度、多方面筹措资金。

责任单位：各市、县人民政府，民政、发改、财政部门。

具体任务：（1）各市、县发挥殡葬管理改革主体作用，落实属地责任，结合全面建成小康社会、乡村振兴战略补齐设施短板，把城乡公益性公墓和骨灰楼堂建设作为民生保障项目，坚持堵疏结合，做好统筹规划和资金投入；（2）财政部门保障落实惠民殡葬奖补政策，民政、发改、财政部门要积极争取中央对我省公益性殡葬设施项目建设的资金支持；（3）省级按照《乡村公益性骨灰楼堂建设省级奖补专项资金管理办法》，采取以奖代补方式，对财力困难村的新建项目予以补助。

4. 强化示范带动。

责任单位：民政、住建、林业部门。

具体任务：（1）推广福清、平和、上杭等地公益性骨灰楼堂和公墓建设先进经验，加快公益性设施建设步伐。（2）在福清开展殡葬管理改革工作培训，积极推广农村公益性骨灰楼堂和公墓建设经验。

四、工作要求

（一）加强组织领导。要把推动公益性殡葬设施建设作为解决基本民生保障、促进生态文明和精神文明建设的有力举措。要在当地党委、政府领导下，建立民政部门牵头、部门参与的工作机制。要注重发挥乡镇（街道）和村（居）民委员会等基层政权和组织的作用，依靠和发动群众，充分调动当地居民参与积极性，增强工作实效。

（二）落实工作职责。要在当地党委、政府领导下，落实属地管理责任，注重发挥乡镇（街道）和村（居）民委员会等基层政权和组织的作用，依靠和发动群众，充分调动当地居民参与积极性，增强工作实效。要建立民政部门牵头、部门参与的工作机制，按照《福建省人民政府关于推进城乡公益性骨灰楼堂和公墓建设的意见》（闽政〔2014〕34号）和《福建省民政厅等10部门关于进一步加强节地生态安葬工作的通知》（闽民事〔2019〕56号）要求，密切部门协调配合，齐抓共管，共同推进。

（三）强化宣传引导。充分利用各种媒体和传播手段，加强教育宣传，传导正确的生死观、孝道观，营造良好乡风、民风。要大力宣传党员干部带头参与殡葬改革的典型事例及各地推动殡葬改革发展的成功经验，引导群众转变观念，树立殡葬文明新风，为推动节地生态安葬、促进殡葬改革创造良好环境。

福建省民政厅等8部门关于印发《"三沿六区"违建坟墓整治攻坚战实施方案》的通知

（闽民事〔2019〕140号）

各设区市民政局、宣传部、文明办、自然资源局、生态环境局、住建局（园林局）、城市管理局、农业农村局、林业局，平潭综合实验区社会事业局、党群工作部、自然环土局、交通与建设局、农业农村局：

现将《"三沿六区"违建坟墓整治攻坚战实施方案》印发给你们，请结合实际，抓紧组织实施。

2019年10月11日

"三沿六区"违建坟墓整治攻坚战实施方案

为贯彻落实省委、省政府殡葬管理改革专题会议和 8 月 19 日主题教育"解难题化积案"专题会议精神和要求，彻底整治大墓、"豪华墓"、"活人墓"，全面推进生态文明建设，经研究，决定在全省范围内实施"三沿六区"违建坟墓整治攻坚战。

一、整治范围

全省范围内的"活人墓"及"三沿六区"现有违建坟墓。"三沿"指沿高速公路及连接线、国道及省道、铁路等主干道两侧可视范围；"六区"指耕地、林地、城市公园、风景名胜区和文物保护区、水库及河流堤坝附近和水源保护区。

二、目标任务

对"活人墓"及"三沿六区"范围内的违建坟墓进行全面整治，着力消减存量，坚决遏制增量。到 2020 年 3 月，"活人墓"全部得到平毁整治，"三沿六区"基本达到可视范围内看不到坟墓的目标。

三、整治方式

各地对排查出的违建坟墓，逐一登记造册，分类进行整治。对"活人墓"及 2018 年专项整治后的违法违规新建坟墓，一律平毁拆除复绿；对当地实行殡葬改革政策以后的违建大墓（含翻修硬化墓）采取深埋、拆除硬化物缩小面积等方式整治；对旧墓采取"一迁、二改、三植树"方式整治。实施过程中对必须迁移的，迁移到公益性公墓或骨灰楼堂，如所在地尚未建设公益性公墓或骨灰楼堂，可先将骨灰寄存本地殡仪馆骨灰楼；一时无法迁移的，要进行整改，必须缩小面积、拆除硬化物及附件，落实植树遮掩，达到恢复植被、不影响生态环境的效果。

四、工作步骤

（一）核查核实阶段（2019 年 10 月底前）。各地要在目前摸排掌握的数据基础上，以乡镇（街道）为单位，以社区为网格，采取严格自查、交互检查、专项检查等方式，按照坟墓类型、时间跨度，进一步摸清违建坟墓特别是"三沿六区"范围内的大墓、豪华墓、"活人墓"底数，确保全覆盖、无遗漏。相关职能部门要在当地党委、政府的统一领导下，及时提供技术支持，充分运用卫星遥感等科技手段，及时发现违法占地毁林建墓行为。各设区市民政局、平潭综合实验区社会事业局负责汇总本辖区核实情况，填写《违法违规私建坟墓核实情况统计表》，经主要负责同志审定签字后，于 11 月 10 日前报送省民政厅社会事务处。

（二）集中整治阶段（2019 年 11 月—12 月）。各地对照排查问题清单，明确专人，挂账督办，坚持边查边改、立行立改，整治一个销号一个。对情况复杂、涉及面广的违建坟墓，要纳入重点监控，直到整治完成。对已完成整治的，加强跟踪巡查，严防反弹。各设区市民政局、平潭综合实验区社会事业局负责汇总填写《违法违规私建坟墓整治情况统计表》，经主要负责同志审定签字后，于每周五 12：00 前报送省民政厅社会事务处。各地应于 12 月底前，将此次整治工作情况报省民政厅。省民政厅将会同省自然资源厅、林业局进行抽查评估。

（三）巩固提升阶段（2020 年 1 月—3 月）。开展整治工作"回头看"，重点看排查摸底是否遗漏、重点部位整治是否落实到位、生态恢复是否达到预期目标、长效机制是否建立运行等情况。对整治不到位的，要列明问题、倒排时限，责令按期完成。在清明节前夕，与宣传、网信部门密切合作，制定完善宣传方案、采访接待规程和舆情处置机制，加强舆情监测预警和热点难点问题预研预判，选取一批具有典型性、代表性的地方作为案例，适时进行客观报道，避免炒作，让殡葬新风尚成为舆论主导。

五、职责分工

1. 民政部门：牵头做好专项摸排整治的统筹协调、组织实施，做好骨灰安放（葬）跟踪管理；

2. 自然资源部门：加强自然资源执法监督，配合做好摸排工作，及时发现查处占用耕地违建坟墓行为；

3. 生态环境部门：加强生态环境监督执法，及时查处饮用水水源保护区内违建坟墓造成生态破坏的环境违法行为；

4. 林业部门：加强林业执法监督，配合做好摸排工作，及时查处毁林违建坟墓行为；

5. 农业农村部门：协助相关部门核实整治违法占用耕地修坟建墓情况；

6. 住建部门：加强城市公园监管，配合做好摸排工作，及时查处城市公园及其他公共绿地违规建墓等行为，推进铁路沿线环境综合整治；

7. 宣传部门：广泛宣传殡葬法规政策、现代文明殡葬理念和我省殡葬改革成果，按统一部署曝光违法违规行为；

8. 文明办：将无违建坟墓作为文明创建考评内容，树立厚养薄葬、文明节俭、生态环保的殡葬新风尚。

六、工作要求

（一）强化组织领导。各级各部门要提高政治站位，深刻认识打好"三沿六区"违建坟墓整治攻坚战的重要意义，进一步压实责任、强化举措、狠抓落实。要落实属地管理原则，坚持党委领导、政府负责，部门配合、齐抓共管，全面做好组织实施工作。相关部门主要负责人要亲自抓、靠前指挥。加强督促检查，一级抓一级，层层抓落实，确保高标准、高质量、高效率按期完成整治任务。

（二）积极稳妥推进。整治工作不能搞"一刀切"，要进一步细化工作方案，列出时间表、路线图，因地制宜、分类施策。要深入细致做好宣传和解释工作，争取群众的理解、支持和配合。科学制定应急预案，提前预判化解可能发生的风险点，防止因工作简单粗暴而激化矛盾，甚至引发群体性事件。

（三）健全长效机制。坚持堵疏结合、标本兼治，着力堵漏洞、补短板。加强骨灰有效管理，推进城乡公益性公墓和骨灰楼堂建设，从源头上防止乱建坟墓现象回潮蔓延。推进移风易俗，积极宣传惠民殡葬政策、生态安葬理念，鼓励群众自觉将散埋乱葬墓穴，向节地生态公墓或骨灰楼堂迁移，引导群众主动文明治丧、低碳祭扫、生态安葬。

（四）严格责任追究。对违建坟墓整治工作推进不力、进展缓慢、问题突出的市县，及时进行约谈。对失职失责、瞒报漏报、弄虚作假等造成严重后果的，要严肃追究有关领导责任、直接责任和监管责任。对整治过程中发现的党员干部和公职人员违纪违法问题线索，要按照干部管理权限及时移送纪检监察机关，依规依纪依法严肃查处。

福建省民政厅关于印发《农村公益性公墓服务管理指南》《乡村公益性骨灰楼堂服务管理指南》的通知

（闽民事〔2021〕125号）

各设区市民政局、平潭综合实验区社会事业局：

现将《农村公益性公墓服务管理指南》《乡村公益性骨灰楼堂服务管理指南》印发给你们，请参照执行。

福建省民政厅

2021年10月14日

（此件主动公开）

农村公益性公墓服务管理指南

为加强对农村公益性公墓的服务管理，根据《殡葬管理条例》（国务院令第225号）、《福建省殡葬管理办法》（福建省人民政府令第83号）、《福建省人民政府关于推进城乡公益性骨灰楼堂和公墓建设的意见》（闽政〔2014〕34号）和《城市公益性公墓建设标准》精神及要求，制定本指南。

第一条　农村公益性公墓是为本辖区农村居民死亡后提供骨灰安置的公益性公共设施，应坚持公益属性，突出社会效益，不得对本辖区户籍以外的其他人员提供墓穴或格位。

第二条　农村公益性公墓仅接收安置新死亡人员或项目迁移的骨灰。本辖区逝者家属须凭火化、坟墓迁移等有效证明，将逝者骨灰安置于农村公益性公墓，不得为健在者预定墓位（格位），其他散埋乱葬的骨灰鼓励迁移至骨灰楼堂安置。

第三条　县级民政部门是本辖区农村公益性公墓的行政主管部门，各乡镇人民政府具体负责本辖区农村公益性公墓的日常监督管理工作。农村公益性公墓如需变更名称、扩大规模或因特殊原因迁址重建的，须经县（市、区）民政局批准，报设区市民政局备案。

第四条　农村公益性公墓应设置骨灰安置区、办公区、停车区等。骨灰安置区包括墓葬区、格位安放区、生态葬区和祭祀区，总占地面积不少于公墓总面积的60%。骨灰安置区建设要和谐、简约。墓葬区独立墓穴的单位占地面积不得超过 0.5m²，合葬墓穴的单位占地面积不得超过 0.8m²，地面只设统一规格的墓碑，墓碑高度不大于 0.8m，宽度不大于 0.6m，墓与墓之间间距不小于0.3m，墓碑外区域种树植草绿化，不得建设围栏、雕廊、墓帽等附属设施，提倡地面不建墓基、地下不建硬质墓穴，墓碑应体现小型化，最大限度降低硬化面积。格位安放区可建成楼、堂、塔、廊、壁、室等；鼓励采取花坛葬、树葬、草坪葬等生态葬法，并为生态葬法的逝者统一刻碑纪念。合理规划、规范设置祭祀区，保障祭祀活动肃穆、节俭。

第五条　农村公益性公墓内，禁止修建宗族墓，禁止安葬遗体，禁止骨灰装棺入葬，禁止在指定区域以外场地焚烧花圈、香烛、冥纸、纸钱、纸扎等祭扫物品及燃放鞭炮。

第六条 农村公益性公墓内应积极推行移风易俗，倡导献花、鞠躬、行注目礼、网上祭扫等文明祭扫方式。

第七条 农村公益性公墓按公益性原则，提倡对符合条件的本辖区农村居民免费安置骨灰。县乡财力困难的，可根据建设成本适当收费，收费项目包括墓穴租用、建墓工料、安葬、护墓管理等，收费标准由县级发展改革部门按照非营利性和兼顾当地居民承受能力的原则制定，村级公益性公墓可结合实际并兼顾当地居民承受能力由村民会议或者村民代表会议确定。农村公益性公墓收取的费用要实行专户管理和公示制度，护墓管理费一次性收取不超过 20 年，专项用于公墓建设、绿化、维护、管理，不得挪作他用。护墓管理费期满后，如需继续使用墓位，必须按标准续缴护墓管理费。

第八条 进入公墓安葬骨灰，必须先办理相关手续，服从公墓管理人员管理，墓穴不宜选号，按规定的起始墓穴开始安葬，由上至下，从左到右的顺序进行安葬。墓主要求迁移逝者骨灰时，应提交骨灰去向证明及书面申请，并由墓主自行办理相关手续、承担相关费用，墓主迁移骨灰后，即放弃墓位（格位）的使用权。

第九条 农村公益性公墓办理安置程序：本辖区内居民去世后，其家属持本人身份证、户口簿、逝者火化证到农村公益性公墓办理安置手续，按县级发展改革部门制定的价格缴纳相关费用。工作人员按规定办理穴位（格位）安置手续，具体包括：认真核对经办人的姓名、性别、与逝者关系、工作单位、联系方式、家庭住址等；逝者姓名、性别、出生日期、死亡日期、生前工作单位、家庭住址等。核对无误后，安排安放墓位（格位），并将信息完整登记，签订安置协议，发放骨灰安置证。家属只拥有使用权，期满后如不续办手续的，公墓将取消其安置资格。辖区特困对象实行格位安置、生态安葬的免除有关费用。

第十条 农村公益性公墓必须建立管理制度、墓位（格位）档案登记制度，并结合实际，完善殡葬管理服务信息化建设工作。明确专人负责墓地的日常管理工作，维护墓区秩序，对墓位（格位）及设施进行维护、修缮，保持墓区优美、肃穆和墓位（格位）设施完好、整洁、安全，并将公墓管护人员纳入社会公益性岗位。

第十一条 农村公益性公墓应做好安全防火管理，有条件的可在出入口等重点部位安装视频监控设备（内存容量至少保留 30 天视频资料），配备足够的消防器材等安全设施。

第十二条 农村公益性公墓遇有集中祭扫时节，要组织协调有关人员，配备足够的人力、物力，引导群众错时祭扫，严防各类事故发生。

第十三条 经批准建立的农村公益性公墓，由县级民政部门会同有关部门实行年度检查制度，对管理规范的给予适当奖励，对不合格、不规范的责令限期整改。对违反农村公益性公墓建设管理规定的，由相关部门依法处罚。

第十四条 各地可根据本指南结合实际制订具体实施细则。

乡村公益性骨灰楼堂服务管理指南

为加强乡村公益性骨灰楼堂的服务管理，根据《殡葬管理条例》（国务院令第 225 号）、《福建省殡葬管理办法》（福建省人民政府令第 83 号）、《福建省人民政府关于推进城乡公益性骨灰楼堂和公墓建设的意见》（闽政〔2014〕34 号）有关精神和规定，制定本指南。

第一条 乡村公益性骨灰楼堂是指不以营利为目的，为辖区内村（居）民提供骨灰安置服务的殡葬公共设施。

第二条　县级民政部门负责域内骨灰楼堂的业务指导，乡镇（街道）按照"属地管理"原则负责行政监督，乡（镇）、村（居）依照建设主体负责骨灰楼堂的日常管理。县级殡仪馆要做好馆内临时存放骨灰的保管工作，并协助配合各乡镇（街道）和村（居）做好骨灰核对交接工作。

第三条　各乡镇（街道）或者村（居）应结合当地实际，为骨灰楼堂选配热爱殡葬事业、身体健康、有责任心、管理能力强的负责人，并配备具有应用信息化管理能力的工作人员。

第四条　乡村公益性骨灰楼堂应建立健全各类服务管理制度，遵守相关的行业规定。存放骨灰，须使用"骨灰安放证"，签订骨灰安放协议。

第五条　乡村公益性骨灰楼堂应积极推行移风易俗，倡导文明简约祭扫方式。

第六条　乡村公益性骨灰楼堂应根据实际情况，设置祭奠和停车场所，配置焚烧炉、鞭炮燃放点等，合理设置道路指示牌、警示牌、宣传牌、告示牌等，做好绿化管护和日常卫生保洁，营造文明殡葬良好氛围。

第七条　乡村公益性骨灰楼堂的骨灰存放架（柜）应采用防火材料，定期进行卫生保洁，消毒及灭虫，保持通风、整洁、明亮、肃穆。

第八条　乡村公益性骨灰楼堂的骨灰存放依据逝者火化时间按格位编号顺序安放，禁止挑选格位。骨灰安放格位禁止摆放贵重物品及易腐祭品，禁止携带明火、冥纸等祭祀用品进入骨灰安放室。

第九条　对坟墓拆迁及散坟整治的遗骨，须经火化处理形成骨灰才可进入楼堂安放。

第十条　骨灰安放寄存应体现公益性质，提倡对符合条件的本辖区农村居民免费。乡村财力困难的，可根据建设成本按县级发展改革部门批准的价格标准执行；也可结合实际，兼顾当地居民承受能力由村民会议或者村民代表会议确定，实行明码标价，收费项目、收费标准须在墙上显著位置张贴公布。

第十一条　乡村公益性骨灰楼堂工作人员须认真核对相关信息，具体包括经办人的姓名、性别、与逝者关系、工作单位、联系方式、家庭住址等；逝者姓名、性别、出生日期、死亡日期、生前工作单位、家庭住址等。核对无误后，按规定顺序予以安排骨灰盒安放格位，并做好信息登记，与丧属签订安放协议，发放骨灰安置证。对期满不续办手续的，管理方可取消其存放资格。

第十二条　乡村公益性骨灰楼堂要做好骨灰安放相关信息的管理，工作人员须对骨灰安放相关信息或数据及时准确建立档案，妥善保管好纸质档案，做好电子档案的备份，确保文档资料安全。

第十三条　需要办理骨灰转移的，凭《骨灰寄存证》和县级殡葬管理部门出具的准予迁移意见书进行办理；手续不完整的，工作人员有权拒绝办理。

第十四条　骨灰楼堂应制定相关应急预案，遇清明节等集中祭扫时段，要组织协调相关部门，配备足够的人力、物力，引导群众错峰祭扫，严防安全事故发生。

第十五条　县级民政部门应组织协调相关部门对辖区骨灰楼堂进行定期或不定期监督检查。

第十六条　各地可根据本指南结合实际制订具体实施细则。

福建省民政厅关于优化经营性公墓审批服务的通知

（闽民事〔2021〕154号）

各设区市民政局、平潭综合实验区社会事业局：

根据《福建省深化"证照分离"改革进一步激发市场主体发展活力的实施方案》和民政部《关于深化"放管服"改革进一步规范经营性公墓审批监管工作的通知》（民发〔2021〕58号）要求，现就优化经营性公墓审批服务有关事项通知如下：

一、改革事项

按照省政府和民政部部署，经营性公墓建设审批权下放至各设区市民政局及平潭综合实验区社会事业局，审批结果报省厅备案。

二、实施机关

县级民政部门负责本行政区域经营性公墓审批事项的受理、初审；设区的市级民政部门负责对本行政区域经营性公墓审批事项作出决定，参照《中华人民共和国行政许可法》、国务院《殡葬管理条例》和民政部《公墓管理暂行办法》的有关规定，履行业务主管部门和行政许可机关的监管职能。

三、审批程序

（一）申请人向公墓拟选址行政区域县级民政部门提出书面申请。

（二）县级民政部门将初步审查意见和全部申请材料报送设区的市级民政部门。

（三）设区的市级民政部门对提交的材料进行实地审查。申请符合法定条件、标准的，应当依法向申请人作出准予建设的行政许可的书面决定；不予行政许可的，应当书面说明理由并告知申请人享有依法申请行政复议或者提起行政诉讼的权利。

建设经营性公墓应当具有发改部门的立项意见、自然资源和规划部门的建设项目用地预审与选址意见、可行性研究报告、建设用地红线图、建设规划设计图、建设用地不动产权证以及通过招拍挂等公开出让方式取得土地使用权的相关材料，涉及林地的须有林业部门的用林审查意见。

（四）设区的市级民政部门作出行政许可后30天内将审批结果及相关申请材料（复印件）报送省厅备案。

经营性公墓建成具备运营条件的，申请人应当提交工程竣工、消防、环境保护验收合格报告、内部机构设置、规章制度及人员配置，墓位（格位）使用书面合同范本等材料，设区的市级民政部门予以验收。

四、监管措施

（一）开展"双随机、一公开"监管。省厅每年度从执法名录库中随机抽取执法人员组成检查小组，在经审批的经营性公墓名录中随机抽取对象进行年度抽查，对不合格的单位进行全省通报，并责令其限期整改。

（二）强化公墓年检制度。设区的市级民政部门应按照《福建省民政厅关于加强风险防控规范殡葬管理服务的通知》（闽民事明电〔2016〕122号）要求，对辖区内经营性公墓进行全面检查，向社会公开年检结果，对不合格的责令限期整改。

（三）加强重点督查。对群众反映强烈、基础工作薄弱及在工作检查中发现问题整改落实不到位的公墓，省、市民政部门加强重点督查，督促及时整改，消除问题隐患。对严重违反相关法规政策、造成严重社会影响、群众意见反映强烈的单位和责任人，依法追究相关责任。

（四）推进跨部门联合监管。建立健全跨部门执法联动响应和协作制度，实现违法线索互联、监管标准互通、处理结果互认。鼓励基层按照国务院部署要求推行综合行政执法，统筹配置行政处罚职能和执法资源，提高执法效能。

五、相关要求

（一）做好下放权限承接。要依照殡葬服务设施建设规划和相关条件、程序，开展经营性公墓审批相关工作，做到未纳入省级规划的不予审批、当地未建设城市公益性公墓的不予审批、现有经营性公墓安葬未满的不予审批。此次改革前列入以往省级规划尚未建设的经营性公墓，由所在设区的市级民政部门做好后续审批工作。

（二）完善配套政策措施。要加强与相关部门在公墓立项、土地使用、工程规划、竣工验收、环境评价和社会风险评估等各环节的信息共享与工作衔接，结合实际制定具体实施方案，建立简约高效、公正透明、慎审严管的审批制度。要坚持规划先行，制定殡葬服务设施建设规划，按程序报批后印发实施。要建立殡葬管理服务信息系统，逐步实现审批全程网上办理，按照有关标准、规范和样式，推广运用公墓电子许可证，并在2022年底前全面实现公墓证件电子化。

（三）优化安葬服务格局。要完善规划、供地、资金、运维等支持政策，加大公益性安葬设施建设力度。"十四五"期间，每个市、县至少规划建设1座城市公益性安葬设施，鼓励以乡镇、村（社区）为单位或多村联建等方式，加快推进农村公益性安葬设施建设。要在有效保障公益性基本安葬服务的前提下，稳妥审慎审批建设经营性公墓，形成差序互补格局。

（四）强化事中事后监管。要严格按照属地管理和"谁审批、谁监管，谁主管、谁监管"原则，切实履行监管职责。设区的市级民政部门要依法依规对审批的经营性公墓实施建设运营全过程监管，严肃查处未批先建、擅自修改规划、扩大用地面积、超标准建墓、违规销售等行为。此次改革前审批的经营性公墓，继续由省厅会同市、县民政部门依法履行监管职责。

（五）加强政策宣传解读。要做好经营性公墓审批事项改革的宣传解读，明确审批权下放并不意味着审批放宽、监管放松，而是要进一步科学规划、规范审批、严格监管，严防公墓项目一哄而上、一批了之。要加强相关改革政策、办事流程、网上审批等业务培训。改革中遇到的重大问题，及时向当地党委和政府请示报告，并同时向省厅报告。

本文件自下发之日起执行，有效期五年。

福建省民政厅
2021年12月31日

● 江西省 ●

江西省殡葬管理办法

（1998 年 12 月 4 日江西省人民政府令第 85 号发布，2001 年 3 月 2 日江西省人民政府令第 105 号第一次修正，2004 年 6 月 30 日江西省人民政府令第 134 号第二次修正，2012 年 1 月 11 日江西省人民政府令第 199 号第三次修正，2019 年 10 月 8 日江西省人民政府令第 241 号第四次修正）

第一章 总 则

第一条 为了加强殡葬管理，推进殡葬改革，保护土地资源和环境，促进社会主义精神文明建设，根据中华人民共和国国务院《殡葬管理条例》，结合本省实际，制定本办法。

第二条 本办法适用于本省行政区域内的殡葬活动和管理。

第三条 殡葬管理的方针是：积极地、有步骤地实行火葬，改革土葬，节约殡葬用地，革除丧葬陋俗，提倡文明节俭办丧事。

第四条 各级人民政府应当加强对殡葬工作的领导，建立殡葬工作目标管理责任制，加大殡葬执法力度，大力推行殡葬改革。

殡葬设施建设和火化率、制止乱埋乱葬、移风易俗等应当作为创建文明城市的重要内容。

各市、县应当制定实行火葬的具体规划，把兴建改造殡仪馆、火葬场、骨灰堂列入城乡建设规划和基本建设计划。

第五条 各级人民政府民政部门主管本行政区域内的殡葬工作。

各级公安、市场监督管理、自然资源、住房和城乡建设、卫生健康、林业、交通运输、价格主管等部门按照各自职责，协同民政部门做好殡葬管理工作。

各级文化、新闻出版和广播电视等部门应当配合民政部门做好殡葬改革、移风易俗的宣传教育工作。

第六条 对积极推行殡葬改革，取得显著成绩的单位和个人，各级人民政府和有关部门应当给予表彰和奖励。

第二章 殡葬设施管理

第七条 兴建殡葬设施应符合城市建设规划，并按下列规定履行审批手续：

（一）设置农村村民公益性墓地，经乡级人民政府审核同意后，报县级人民政府民政部门审批。

（二）建设殡仪服务站、骨灰堂，由县级人民政府民政部门审批；

（三）建设殡仪馆、火葬场，由县级人民政府民政部门提出方案，报本级人民政府审批；

（四）建设公墓经县级人民政府民政部门和设区市人民政府民政部门审核，报省人民政府民政部门审批。

兴建殡葬设施应依法办理用地审批手续并按基本建设程序办理有关手续。任何单位和个人未经批准，不得兴建殡葬设施。

第八条 各市、县应当建设火化殡仪馆。

火化殡仪馆的设施和设备，应当符合国家技术标准。

第九条 公墓以市、县为单位建立，并严格控制规模。全省公墓建设规划由省人民政府民政部门制定，经省人民政府审批，报民政部备案。

第十条 公墓由殡葬管理处（所）建设和管理，农村公益性墓地由村民委员会建设和管理。

第十一条 禁止在下列地区建造坟墓：

（一）耕地、林地；

（二）城市公园、风景名胜区和文物保护区；

（三）水库及河流堤坝附近和水源保护区；

（四）铁路、公路主干线两侧；

（五）居民住宅区。

前款区域内现有的坟墓，除受国家保护的具有历史、艺术、科学价值的予以保留外，应当限期迁移或者深埋、不留坟头。

第十二条 公墓和公益性墓地，应选用荒山瘠地，并符合下列要求：

（一）公墓铭牌应载明公墓（墓地）名称、占地面积、建设时间、审批文号，地界应明确，并埋设界桩；

（二）安葬骨灰的单人墓或者双人合葬墓占地面积不得超过 1 平方米；安葬遗体的单人墓占地面积不得超过 4 平方米，双人合葬墓不得超过 6 平方米；

（三）公墓、公益性墓地应当建立骨灰存放设施，设置以树代墓区域；

（四）公墓、公益性墓地应当整洁肃穆、绿化美化，实现公墓园林化，推行墓碑小型多样，增加文化艺术内涵；

（五）严禁在墓区内构建封建迷信设施和从事封建迷信活动，严禁修建宗族墓地和活人墓；

（六）对公墓区内的坟墓要编号、登记、造册，建立档案。

第十三条 平毁坟墓由殡葬管理处（所）提前 6 个月公告和通知墓主，将平毁的坟墓拍照、记录在案。

第十四条 城镇居民的骨灰或遗体应当安葬在本区域的公墓内。农村村民的骨灰或遗体应当安葬在本村的公益性墓地内。农村公益性墓地不得接受村民以外的遗体和骨灰安葬。

第十五条 提供墓穴和存放格位应凭火化证，禁止倒卖墓穴和骨灰存放格位。

在公墓内安葬遗体或骨灰，应当交纳墓穴安装管理费。墓穴和骨灰存放格位的使用年限以 20 年为一个周期。期满需保留的，必须按规定办理延期手续，逾期 6 个月不办理的，按无主墓处理。

第三章　火葬的推行与丧事活动管理

第十六条 火葬区和土葬改革区的划定，由各设区市人民政府提出，经省人民政府民政部门审核，报省人民政府批准。

第十七条 火葬区内的人员死亡后应当全部实行火葬。土葬改革区的人员死亡后允许土葬，生前遗嘱火化或者丧主要求火化的，应当予以支持，他人不得干涉。

少数民族公民死亡的，尊重其民族丧葬习俗。自愿实行火葬的，他人不得干涉。

第十八条 外地人员在火葬区死亡的，应当就地火化。

第十九条 正常死亡人员的遗体火化，必须凭卫生行政部门规定的医疗机构或公安机关出具的死亡证明。

非正常死亡人员的遗体或无名死者的遗体火化，必须凭死亡地公安机关出具的死亡证明。

第二十条 死亡人员的遗体需要在殡仪馆保存的，保存期一般不超过 7 日；遗体需要延期保存的，应在保存之日起 7 日内办理延期手续，保存期不得超过 30 日；因特殊情况保存期需超过 30 日的，须经县以上人民政府批准。凡不按前款规定办理批准手续而超期保存的，殡仪馆可以将遗体火化。保存费由申请人或死者单位交纳。对因烈性传染病死亡或腐烂的死者遗体，按《中华人民共和国传染病防治法》的规定进行处理后，立即火化。

第二十一条　骨灰可以寄存在骨灰堂等存放设施内，或葬于公墓、公益性墓地。禁止将骨灰装棺土葬；禁止在公墓、公益性墓地以外的地方建造坟墓。积极倡导和推行以树代墓、深埋不留坟头和撒散等不占或少占土地的方式处理骨灰。

第二十二条　享受丧葬费待遇、应当实行火化的死亡人员，有关单位必须凭火化证明，按本省有关规定向其亲属发放丧葬费。

第二十三条　城镇丧事活动，应在殡仪馆或指定地点进行，并遵守市容、噪声、环境卫生和交通管理规定，不得占用城镇街道和公共场所停放遗体、搭设灵棚，不得沿途燃放鞭炮、抛撒纸花、纸钱，不得妨碍公共秩序、危害公共安全，不得侵害他人合法权益；禁止游丧及从事封建迷信活动。

第二十四条　禁止制造、销售封建迷信丧葬用品和在火葬区内制造、销售棺木及其他土葬用品。

第二十五条　经公安部门确定为无名、无主遗体的接运、火化，由殡仪馆负责，其费用由当地民政部门从社会救济费中列支。

第四章　罚　则

第二十六条　未经批准，擅自兴建殡葬设施的，由民政部门会同住房和城乡建设、自然资源部门予以取缔，责令恢复原状，没收违法所得，并处违法所得 1 倍以上 3 倍以下的罚款。

第二十七条　将应当火化的遗体土葬或者将骨灰装棺土葬的，或者在公墓、公益性墓地以外建坟墓的，由民政部门责令限期改正。

第二十八条　火化区内医院不及时通知殡仪馆接运遗体或殡仪馆接到通知后 12 小时内不接运遗体，造成棺殓土葬的，由卫生健康、民政部门分别对责任人给予处分。

第二十九条　违反本办法，有下列行为之一的，按下列规定分别给予处罚：

（一）制造、销售不符合国家技术标准的殡葬设备的，由民政部门会同市场监督管理部门责令停止制造、销售，可以并处制造、销售金额 1 倍以上 3 倍以下的罚款。

（二）制造、销售封建迷信殡葬用品的，由民政部门会同市场监督管理部门予以没收，可以并处制造、销售金额 1 倍以上 3 倍以下罚款。

第三十条　公墓墓穴占地面积超过标准的，由民政部门责令公墓服务单位限期改正，没收违法所得，可以并处违法所得 1 倍以上 3 倍以下罚款。年检不合格的公墓、公益性墓地，由民政部门责令其限期改正，逾期不改的，追究殡葬管理处（所）或村委会领导的责任。

第三十一条　将墓穴或骨灰存放格位进行倒卖的，由民政部门会同市场监督管理部门予以制止，没收违法所得，并处销售金额 1 倍以上 3 倍以下罚款。

第三十二条　办理丧事活动违反本办法第二十三条规定的，由民政部门予以制止；构成违反市容环境卫生和交通管理行为的，由城市管理、公安部门依法处理；违反治安管理规定的，由公安部门依法给予治安处罚。

第三十三条　阻碍殡葬管理人员依法执行公务，聚众闹事，违反治安管理规定的，由公安部门依法给予治安处罚；构成犯罪的，依法追究刑事责任。

第三十四条　殡葬管理人员滥用职权、徇私舞弊、索贿受贿、玩忽职守的，由主管部门给予处分；构成犯罪的，依法追究刑事责任。

第三十五条　殡葬服务人员违反操作规程，造成重大事故或不良影响的，由民政部门追究殡葬管理处（所）领导和直接责任人的责任。

殡葬服务人员利用工作之便索要、收受财物的，应当退赔，并由民政部门给予处分。

第五章　附　　则

第三十六条　本办法自 1999 年 1 月 1 日起施行。江西省人民政府在此以前颁发的《江西省殡葬管理实施办法》和《江西省公墓管理暂行办法》同时废止。

关于进一步规范和加强公墓建设管理的意见

（赣民字〔2010〕22 号　2010 年 2 月 3 日）

各设区市民政局：

为进一步规范公墓建设行为，加强公墓管理工作，维护人民群众合法权益，根据《殡葬管理条例》、《江西省殡葬管理办法》、民政部等八部委《关于进一步规范和加强公墓建设管理的通知》（民发〔2008〕203 号）和民政部《关于进一步深化改革促进殡葬事业科学发展的意见》（民发〔2009〕170 号）要求，制定如下意见：

一、充分认识规范和加强公墓建设管理的重要意义

殡葬改革 50 多年来的实践证明，公墓符合现阶段人民群众的安葬愿望，符合建设资源节约型、环境友好型社会，实现人与自然和谐相处的客观需要。公墓建设管理涉及千家万户，关系广大群众切身利益，是重要的民生工程。各级民政部门一定要高度重视，充分认识公墓建设对于服务我省"生态立省、绿色崛起"的重要作用，进一步统一思想，坚定信心，锐意进取，积极争取党委政府、相关部门、社会各界的支持，始终坚持以实现群众殡葬改革愿望、满足群众丧葬需求、维护群众殡葬权益为出发点和落脚点，把规范和加强公墓建设管理作为节约土地资源、保护生态环境、减轻群众丧葬负担、移风易俗改革的关键措施，推进殡葬事业全面、协调、持续发展。

二、完善公墓建设审批程序

公墓是处理骨灰的过渡形式，不是殡葬改革的最终目的，必须严格控制，防止过度发展。建设公墓必须统筹规划，合理布局，严格执行许可证制度，未经省民政厅批准，不得建立经营性公墓；未经县级民政部门批准，不得建设农村公益性墓地。

1. 建设经营性公墓审批。按照由公墓建设单位提出建设申请，公墓所在地县级人民政府和设区市民政局分别提出审核意见，省民政厅审批的程序办理。省民政厅在接到申请材料及县、市审核意见后，对符合法定条件的，由业务处提出审批意见报厅长办公会研究决定，在 10 个工作日内办理审批手续，核发《江西省公墓建设许可证》，适时予以公示；对不符合法定条件的，退回有关材料，书面告知理由。

建设单位应提交下列材料：（1）逐级上报的《江西省建设经营性公墓申请表》（附件1）；（2）公墓所在地人民政府和发展改革、建设（规划）、国土资源、林业等部门的审查批准文书；（3）依法办理的农用地转用和土地征收手续；（4）项目建设的申请报告、可行性报告、规划设计图纸（含效

果图等）及其他必要材料；（5）合作、合资等形式建设公墓的还应当提供合同书原件及复印件。

2. 建设农村公益性墓地审批。一般由村委会或委托红白理事会作为建设单位提出建设申请，乡（镇）人民政府审核，县级民政部门审批并核发同意建设意见书。

建设单位应当提交下列材料：（1）项目建设的申请报告；（2）建设（规划）、国土资源、林业、新农村建设等部门的审查意见；（3）项目可行性报告、规划设计图纸（含效果图等）及其他必要材料。

三、严格公墓设计建设标准

按照"节地、生态、环保、园林"的总体要求，确立建设绿色生态公墓的科学发展思路，科学规划建设陵园墓区和配套设施，着力提高公墓容积率，加大公墓用地循环利用。农村公益性墓地也要按照树葬、草坪葬、花坛葬等节地生态葬要求搞好规划建设。

1. 科学规划。建设公墓要符合土地利用和城乡建设总体规划，农村公益性墓地纳入当地新农村建设范畴。公墓用地应当是远离"三沿六区"的荒山、荒坡等非耕地或不宜耕种的贫瘠地，最大限度保持和利用原有生态环境。公墓设计按照当地人口总数、自然死亡率、每座墓占地面积、公共设施、绿化率及 20 年为一个使用周期、适量预留发展空间等因素科学确定建设规模。中低档次和高档次墓穴及骨灰存放格位，按照 8：2 以上比例规划设计，即：中低档次的占总数量的 80% 以上，高档次的占总数量的 20% 以下。墓区道路、祭奠场所、排水（洪）系统、停车场等配套设施齐全。

2. 规范设计。按照单人、双人合葬墓穴占地面积均不超过 1 平方米；墓碑小型化、艺术化、多样化，尺寸不大于 30cm×40cm；墓高不超过 1.2 米；骨灰深埋、地表无坟头；树葬、花葬、草坪葬、采用卧式墓碑的墓位占安葬总数 5% 以上比例设计建设。进出墓区的主干道设置成环形道路，并与城市干道相连；墓区内的道路综合考虑人员流量和流向，修建贯通全墓区的主干道、片区次干道及小区支道三级道路，主干道宽度不小于 3.5 米，次干道宽度不小于 1.5 米，支道宽度不小于 0.6 米；无大面积使用水泥、石材等硬质材料铺盖墓穴以外的墓道地面现象。农村公益性墓地的道路能确保人员方便、安全进出。

3. 配套设施。按照功能设置业务区（办公区）、墓区、停车场等配套设施。业务区（办公区）的咨询处、业务洽谈处、收款处和休息处布局合理，业务厅的使用面积不小于 80 平方米，业务洽谈处的使用面积不小于 8 平方米，休息处的使用面积不小于 30 平方米，设置必要的家具，采用自动化办理业务，业务数据录入"江西省殡葬管理系统"备查。墓区设置专门的焚烧祭品区域，配备移动式金属焚烧桶，建设配套的防火隔离带、消防设施及必要的防盗设施，修建必要的亭、廊、小径、雕塑等园林景观设施和桌、椅、凳、背景音乐等休闲休憩设施。建造适当面积的公共活动场地和公共厕所，停车场符合国家有关建设标准，并设置在车辆、人员便于疏散的区域，残疾人停车位设置在出入停车场最方便的地段，并设立醒目的"无障碍标志"。

4. 美化环境。建筑风格一致、造型新颖、立面协调，外墙装饰工艺精细、美观协调，室内装饰美观大方，有书画、艺术品点缀，主要办公区域有盆栽植物或插花。路面平整，卫生状况良好，有垃圾箱（果壳箱）且箱体整洁，有专门保洁、保绿人员，无污水溢流、无暴露垃圾、无蝇蛆。公共厕所达到国家相关卫生标准。水质达到国家卫生标准，能保证高峰时生活用水，排水管网畅通，符合环保要求，消防用水符合国家技术标准。电气线路布置科学合理，无乱拉乱接电线现象，主要道路安装路灯，墓区音响设置美观、效果良好。选用适宜本地生长、易于管理的植物，以常绿树种为主，四季常青，三季有花，主干道两侧栽种高大乔木，次干道、支道两旁种植常青树，墓区四周设置绿化带，墓区绿化总覆盖率不低于 60%，有一定规模的公共绿地和园林景点设施。

四、强化公墓运营监管措施

按照"新建公墓严格按照标准，已建公墓努力参照标准"和"便民、利民、惠民"的原则建设管理公墓。各级民政部门按照属地管理原则，依法加强公墓的管理，重点强化年检制度和行业监管。

1. 规范墓穴销售。严格执行殡葬管理政策法规，除国家有关规定特别批准外，不得跨服务区域推销墓穴。销售墓穴，除可向夫妻健在一方、高龄老人、危重病人预售（租）自用墓穴外，必须严格凭死亡证明、火化证明或墓穴迁移证明出售（租）墓穴或骨灰存放格位，不得出售（租）超面积、豪华墓穴，不得炒买炒卖墓穴或骨灰存放格位。农村公益性墓地不得向本地村民以外的其他人员提供墓位，未经批准，不得转为经营性公墓。

2. 统一墓证管理。公墓经营单位应当向用户提供省民政厅统一印制的公墓安葬证，并载明以下内容：持证人姓名、住址（地址）、联系电话，死者姓名，墓位规格（墓位占地面积、墓碑高度与面积）、位置，墓位使用年限为 20 年，墓位价格及支付方式等。公墓经营单位和用户可以在合法范围内作其他约定，但必须在公墓安葬证上注明。

3. 健全公墓年检。每年一季度，由省民政厅组织或委托各设区市民政局开展全省经营性公墓年检（年检办法见附件2），主要检查公墓的规范管理、墓区建设、经营管理、文明服务、自身建设等方面内容，重点查处公墓运营管理中存在的未经审批擅自新建、扩建墓园，违规建造、销售超标准大墓、豪华墓，违法炒买炒卖、传销墓穴、骨灰存放格位，未使用全省统一印制的证书等问题，取缔非法公墓。年检时统一收回《公墓建设许可证》副本，年检合格的公墓，省民政厅在《公墓建设许可证》副本上加盖年检合格章；年检不合格的公墓，收回《公墓建设许可证》正、副本，责令限期改正，并按有关规定予以处罚，3 个月内进行复检；复检合格的公墓，发还《公墓建设许可证》正、副本；复检仍不合格的公墓，依法责令停业整顿，并向社会公告，待整改合格验收后，发还《公墓建设许可证》正、副本，准许恢复经营。年检及处罚结果在"江西民政网"、"江西殡葬网"公告。

4. 加强行业监管。一是加强公墓单位制度建设。公墓单位应当制定所有工种、岗位职责制度和服务流程，各项规章制度装订成册、张贴上墙。健全公墓财务、档案和人力资源管理等制度，规范财务账册和墓位销售、登记账册，定期向本级民政部门报告财务；对所有墓穴进行编号、登记、造册、建档，销售墓穴登记丧属的姓名、住址、联系电话等信息，妥善保管公墓建设可行性报告、规划效果图和建设过程中的有关文件及竣工照片、图片等资料；配备与日常工作相适应的工作人员、技术人员和管理人员，实行目标管理岗位责任制。完善治安、交通、防盗、消防等安全防范制度措施和突发事件应急处置预案。制定采取网络、鲜花、鞠躬等文明、环保祭扫方式的优惠办法，使用小型化、艺术化墓碑，陵园墓区做到整洁、肃穆，符合国家标准，无超标准大墓、乱埋乱葬或残缺破损墓，配套设施完整、好用。二是加强乱埋乱葬坟墓管理。建立农村零散墓地用地登记审批制度，由乡（镇）人民政府委托乡（镇）土管所依照相关程序、时限审批丧户建墓用地申请，发给用地使用证，从源头上控制墓地面积、墓穴规格，规范群众建墓行为，防止乱埋乱葬现象发生。三是加强公墓服务收费管理。经营性公墓要认真执行《江西省殡葬服务收费管理办法（试行）》（赣发改收费字〔2005〕1230 号），经营收入纳入当地殡葬管理专户统一管理，接受民政部门监督，公墓经营单位不得利用自身特殊行业强行搭售丧葬用品、捆绑服务进行收费，一律使用当地财政或税务部门的正规票据，不得使用自制票据、内部票据，开支主要用于公墓的建设、管理、养护、绿化、支持当地殡葬改革等项目，以及按年总收入 5% 提取殡葬管理费，不得挤占挪用，管理费用开支占墓穴总价格的 10%~20%。农村公益性墓地可以收取墓穴材料成本费，但不得开展以营利为目的的经营性收费，收费标准由村民代表大会决定并进行公示。四是加强少数民族公墓和宗教活动场所的殡葬管理。各级民政部门对少数民族公墓（墓区）给予政策指导，并配合当地民族宗教事务部门，搞好少数民族公墓（墓区）的维护管理。宗教活动场所兴建骨灰存放设施、提供骨灰存放服务，应当按照《殡葬管理条例》关于殡葬设施管理的规定，符合城乡建设总体规划和殡葬设施建规划，经宗教事务部门审核同意后，报请民政部门审批。宗教活动场所提供的骨灰存放等殡葬服务为公益性质，所获收益也应当符合《宗教事务条例》规定的宗教活动场所财产的使用要求。同时，宗教活动场所经批准开展骨灰存放服务，必须凭用户出具的火化证明和死亡证明办理骨灰存放手续，不得预售、传销和炒买炒卖，也不能私自转让、买卖或回购。经批准提供骨灰存放服务的宗教活动场所，应当按照殡葬档案管理的相关要求建立骨灰存放档案，自觉接受宗教事务部门和民政部门的监督检查。对于宗教活动场所内现有的经营性骨灰存放设施，要责令其立即停止对外经营行为，并按照相关要求履行报批手续，经批准设立后方可提供公益性骨灰存放服务。

五、工作要求

1. 加强组织领导。规范和加强公墓建设管理，是创建生态城市和园林城市的客观要求，节约土地、保护环境的重要内容，政策法规赋予民政部门的法定职责，促进公墓单位依法经营、优质服务的重要手段，落实省直八部门清理整顿公墓长效管理的有效措施，积极稳妥推进殡葬改革的重要举措。各级民政部门要高度重视，增强责任感和紧迫感，切实加强领导，摆上重要议事日程，纳入工作考评体系。主要领导要亲自抓，带头调查研究，定期听取工作汇报，作出部署，狠抓落实，重点解决难点、热点问题。要关心、支持殡葬工作和殡葬职工，充分调动各方面的积极性、主动性、创造性。

2. 理顺管理体制。各级民政行政机关要逐步与经营性公墓和其他殡葬服务企业脱钩，今后，民政行政机关不再作为发起人或投资人，参与经营性公墓和其他殡葬服务企业的建设经营，机关工作人员不得在经营性公墓和其他殡葬服务企业任职或兼职，不得以任何形式从中获取利益。殡葬管理事业单位要切实履行殡葬管理职能，认真开展殡葬执法，不得从事殡葬经营活动，不应向殡葬服务单位和企业收取任何管理费用，在人、财、物等方面逐步与殡葬服务单位和企业脱钩。殡葬服务事业单位要将基本殡葬服务和选择性殡葬服务项目逐步分离，选择性殡葬服务项目实行市场化运作；大力开展"文明窗口单位"和"全国殡葬改革示范单位"创建活动，进一步提升殡葬服务质量和服务水平。公墓服务单位属于特殊行业，承担着重要的社会公益职责，应当坚持推进殡葬改革，弘扬社会新风，遵纪守法，为人民提供健康文明的殡葬服务，任何时候、任何情况下，都不得用牺牲群众利益、破坏环境、影响城市风貌来换取经济利益。

3. 妥善解决历史遗留问题。为一揽子处理好公墓建设管理中存在的突出问题，认真解决好人民群众"死有所葬"这一民生事务，各级民政部门要依据现行殡葬政策法规，严格限制豪华墓、高价墓建设，降低墓地价格，维护人民群众切身利益。严厉打击非法经营行为，纠正通过墓地高收费弥补其他殡葬服务开支的做法，所有罚没款全部用于殡葬事业发展。依法处置非法公墓，凡是未经省民政厅批准的经营性公墓和未经县级民政部门批准的农村公益性墓地都是非法公墓，对符合"退墓还林"要求的非法公墓，限期补办审批手续，但原则上只能改为树葬、草坪葬、花坛葬等葬法的生态墓地；对严重违反城乡规划，影响城市风貌的非法公墓，一律迁移或平毁复绿，对墓穴分散、管理混乱的小型非法墓地，也要予以迁移或集中平毁处理。

附件：1. 江西省建设经营性公墓申请表（略）
　　　2. 江西省经营性公墓年检办法（略）

中共江西省委办公厅 江西省人民政府办公厅 印发《关于充分发挥党员干部带头作用全面 深化殡葬改革的实施意见》的通知

（赣办发〔2014〕1号　2014年1月23日）

各市、县（市、区）党委和人民政府，省直各部门，省直各单位，各人民团体：

《关于充分发挥党员干部带头作用全面深化殡葬改革的实施意见》已经省委、省政府领导同志同意，现印发给你们，请结合实际认真贯彻执行。

中共江西省委办公厅
江西省人民政府办公厅
2014年1月23日

关于充分发挥党员干部带头作用
全面深化殡葬改革的实施意见

为认真贯彻落实中共中央办公厅、国务院办公厅印发的《关于党员干部带头推动殡葬改革的意见》（中办发〔2013〕23号，以下简称《意见》）精神，全面深化我省殡葬改革，提出以下实施意见。

一、深刻学习领会中央文件精神，充分认识党员、干部带头推动殡葬改革的重要意义

中共中央办公厅、国务院办公厅印发的《意见》，从殡、葬、祭以及宣传引导等方面对党员、干部带头推动殡葬改革提出了明确要求。这是贯彻落实党的十八大和十八届三中全会精神的一项重要举措，对发挥党员、干部带头作用，深化全社会对殡葬改革重要性认识，抵制丧葬陋俗，大兴勤俭节约之风，加强生态环境保护，推动社会文明进步具有十分重要的意义。

在全省各级党委、政府大力推动下，我省广大党员、干部带领群众积极实行火葬，改革土葬，革除丧葬陋俗，文明节俭办丧事，取得了明显成效。但中央文件中指出的问题在我省也不同程度的存在，火葬区遗体火化率下滑、骨灰装棺再葬问题突出，土葬改革区乱埋乱葬、滥占耕地现象严重，浪费了大量自然资源，破坏了生态环境；丧葬陋俗死灰复燃，封建迷信活动重新抬头；重殓厚葬之风盛行，盲目攀比、奢侈浪费现象滋生蔓延，加重了群众负担；少数党员、干部甚至个别领导干部利用丧事活动大操大办、借机敛财，热衷风水迷信，修建大墓豪华墓，损害了党和政府形象，败坏了社会风气。这些现象亟须整治。

全省党员、干部要站在对党和人民事业高度负责的高度，充分认识带头推动殡葬改革的重要性和紧迫性，认真学习、深刻领会《意见》精神，做殡葬改革的实践者、组织者和推动者，这既是对

党员干部的基本要求，也是推动殡葬改革的重要条件，对于移风易俗、发扬社会主义新风尚，推动文明节俭治丧、减轻群众丧葬负担，加强党风政风建设、树立党和政府良好形象，解决人口增长与资源环境矛盾、造福当代和子孙后代、促进经济社会可持续发展都有着十分重要的作用。各地各部门要进一步统一思想，完善政策措施，深入宣传贯彻中央文件精神，逐步形成党员、干部带头、广大群众参与、全社会共同推动的殡葬改革良好局面。

二、充分发挥党员、干部带头作用，积极推动殡葬改革

党员、干部要严格贯彻落实中央精神，切实发挥好推动殡葬改革的带头作用。要带头实行遗体火化，节约土地资源；带头实行生态安葬，保护自然环境；带头实行节俭治丧，倡导文明新风；带头文明低碳祭扫，传承先进文化；带头治理乱埋乱葬，保护绿水青山；带头倡导殡葬改革，弘扬新风正气。党员、干部去世后，除国家另有规定外，一般不成立治丧机构，不召开追悼会。举行遗体送别仪式的，要严格控制规模，力求节约简朴。要加强对亲属、朋友和周围群众的教育引导，及时劝阻不良治丧行为。各级领导干部要加强对直系亲属和身边工作人员丧事活动的约束，积极做好思想疏导工作，对不良倾向和苗头性问题，要做到早提醒、早制止、早纠正，决不允许对违法违规殡葬行为听之任之甚至包庇纵容。

各地要以党员、干部带头推动殡葬改革为契机，进一步加大力度，推动当地殡葬改革全面深化有序发展。

（一）大力推进以火葬为基础的遗体处理方式改革。各地要把推进遗体火葬作为深化殡葬改革的重点，把提升火化率作为主攻方向，力争2015年底前当地火化率达到55%以上。要根据人口、耕地、交通等情况，对现有火葬区和土葬改革区进行重新调整划分，按程序报省政府统一颁布施行。依法将城镇及其周边地区、重点旅游乡镇、工业园区、交通便利地区以及平原地区划定为火葬区，火葬区范围不得小于现有范围，并逐步扩大。人口稀少、交通不便，暂不具备火化条件的地区可以划定为土葬改革区。火葬区死亡人口，除国家法规另有规定的外，遗体必须实行火葬，严格凭火化证领取丧葬费。鼓励、支持土葬改革区遗体自愿火化。

（二）大力推进以生态安葬为方向的骨灰处理方式改革。火葬区遗体火化后的骨灰应当安放在公墓或骨灰安放设施内，不得乱埋乱葬，不得将骨灰装棺再葬，不得超标准建墓立碑，鼓励、支持城乡居民采取骨灰存放、树葬、花葬、草坪葬及骨灰撒散等绿色节地葬法。

土葬改革区死亡人口遗体应尽可能选择荒山瘠地实行集中安葬，不用钢筋混凝土、花岗岩等石材建造坟墓，推广平地深埋、不留坟头的遗体安葬方式。耕地、林地，城市公园、风景名胜区和文物保护区、水库及河流堤坝附近和水源保护区，铁路、公路主干线两侧，居民住宅区严禁建墓立碑。各地要出台生态安葬激励办法，通过政府购买服务、财政补贴等方式，对采取生态安葬的给予奖励、补贴，对组织群众开展骨灰撒散活动的殡葬服务单位给予资金补助。要大力加强城乡公益性骨灰安放设施建设，力争每个县（市、区）建有一所城市公益性公墓，每个村建有一所农村公益性公墓或骨灰堂。对暂时没有建成农村公益性骨灰安放设施的地方，要从源头控制墓穴占地面积和规格，杜绝乱埋乱葬。要强化骨灰管理，制定出台骨灰跟踪管理办法。要加强经营性公墓的监管，指导设立生态安葬墓区，推广可降解骨灰盒，依法严厉查处建大墓、建豪华墓等违法行为，坚决取缔非法公墓。

（三）大力推进以文明节俭为目的的丧事处理方式改革。要把文明治丧作为精神文明建设的主要内容，纳入创建文明城市、文明乡镇、文明单位和新农村建设的考评标准，一并部署、一并检查、一并落实。要进一步加强城乡居民丧葬丧事管理，严禁在城区街道、公共场所停放遗体、搭建灵棚、沿街游丧、抛撒纸钱；严禁在禁火区域燃放鞭炮、焚烧祭品；严禁丧事中的封建迷信活动，打击丧葬骗财、敛财行为；城市群众治丧和悼念活动要在殡仪馆或集中治丧殡仪服务场所内进行，

农村群众治丧和悼念活动可以由村民委员会或移风易俗理事会组织。要大力推行鲜花祭扫、网络祭扫、家庭追思会、社区公祭等现代绿色祭扫形式，组织开展集中公祭先烈、先贤等活动，引领群众逐步从注重实地实物祭扫转移到以精神传承为主上来。

（四）大力开展乱埋乱葬和丧葬陋习专项整治行动。2014 年，在全省集中开展乱埋乱葬和丧葬陋习专项整治行动。各地要精心组织、周密部署、突出重点，全面铺开，力争用一年时间，使当地乱埋乱葬现象得到全面改善；丧葬陋习得到有效治理，基本没有城镇丧事活动占用城镇街道和公共场所摆尸办丧、沿街游丧等行为。各级政府和相关部门要明确目标任务，细化职责分工，落实工作责任。要进行广泛的宣传发动，提高群众认知，以党员、干部的带头示范为突破口，引导居民自愿参与、配合整治行动。要进行充分调查摸底，理清乱埋乱葬实际情况和丧葬陋习的整治重点，做到有的放矢。对现有乱理乱葬坟墓，要区分情况，分类处置，原则上，对成片乱埋乱葬坟墓，要采取植树、种草等方式予以遮挡；对零星或无法遮挡的坟墓，给予家属适当补助，让其迁移进公益性墓地；对毁林造坟、毁田造坟以及违规建造大墓、豪华墓要坚决依法处理。对居民办丧中的陋习，有关部门要通力协作，进一步加强执法，及时制止违规行为，对拒不听从劝阻的，公安、民政、城管等部门要依法依规严肃处理。要建立长效管理机制和责任追究办法，从制度上杜绝乱埋乱葬和丧葬陋习。

三、加强统筹谋划，完善服务保障机制

（一）加快推进殡葬服务体系建设。各级党委、政府要结合当地实际，制定和完善殡葬事业发展规划，明确殡葬改革的目标任务和方法步骤，重点是完善殡仪馆、治丧场所、城乡公益性骨灰安放设施等基本殡葬公共服务设施，逐步形成布局合理、设施完善、功能齐全、服务便捷的基本殡葬公共服务网络，大力推行以"一线通"白事服务、"家庭式"守灵服务、"一站式"陪同服务等亲情化服务为主要内容的殡葬"一条龙"服务，有效遏制丧葬陋习和乱埋乱葬。

（二）加快殡葬事业单位的改革。按照政事分开、管办分离的原则，加快实施殡葬事业单位改革。承担行政执法的殡葬管理处（所）要与殡葬经营企事业单位脱钩，依法建立健全对丧事活动、乱埋乱葬、违规建墓等行为的行政强制执行制度。基本殡葬服务和选择性殡葬服务项目必须分离，逐步向辖区所有居民提供免费基本殡葬服务，实行政府买单。经营性公墓和提供选择性殡葬服务单位实行市场化运作。各级政府机关不得参与经营性公墓和其他殡葬服务企业的建设和经营，机关工作人员不得在经营性公墓和殡葬服务企业任职或兼职，不得以任何形式从中获取利益。

（三）建立健全殡葬救助制度和惠民殡葬政策。各地要着力推进以城乡低保对象、城市"三无"对象和农村五保对象、部分优抚对象为重点，基本殡葬服务费用减免为基础，其他多种形式殡葬救助为补充，基本殡葬服务均等化为目标的殡葬救助制度建设。对死亡的城市"三无"对象、农村"五保"对象和城乡低保对象，可向其直系亲属或监护人一次性发放丧葬补助。要进一步完善困难群众遗体接运、存放、火化、骨灰寄存等基本殡葬服务免费制度，加快推行骨灰公益生态安葬。要按照"保基本、广覆盖、可持续"的原则，逐步向辖区所有居民提供免费基本殡葬服务。

（四）不断强化殡葬监管和行风建设。要制定公平公正的行业政策，规范社会资本举办殡葬服务单位的准入条件，加强殡葬服务、骨灰安葬、土葬改革、移风易俗、清明祭扫和尾气监测、排放治理、环境评价等工作的监督管理。按照"管行业必须管行风"的要求，加强殡葬行风建设和纠风工作，大力开展民主评议行风和行风建设示范单位创建活动，提升行业整体素质和服务水平，重点治理殡葬乱收费，坚决纠正利用行业特殊性损害群众利益的突出问题，对有令不行、有禁不止、顶风违纪的典型案件进行严肃查处、公开曝光。

（五）建立完善殡葬事业公共投入和稳定增长机制。各级财政要加大对殡葬事业的投入，建立健全殡葬经费投入的稳定增长机制；发展改革部门要将殡葬服务设施建设纳入建设发展规划，安排

专项资金予以支持；民政部门要建立健全殡葬救助制度，推进殡葬设施设备建设；林业、水利部门要对公益性墓地（骨灰堂）区域范围内的植树造林和水土保持进行资助；环保、工业和信息化部门要将火化设备的环保节能改造、技术革新列入重点扶持项目。各地要将城乡公益性骨灰安放设施纳入城市发展规划、社会主义新农村建设规划和村级公益事业建设规划，采取财政补贴、以奖代补等方式，给予必要的政策指导和资金支持。

四、大力营造有利于殡葬改革的良好环境

（一）加强组织领导。各级党委、政府要把发挥党员、干部带头作用，全面深化殡葬改革作为促进社会主义精神文明建设和生态文明建设、保障和改善民生、加强党风政风建设、党的群众路线教育实践活动的重要内容，摆在更加突出的位置，纳入重要议事日程，列入目标管理和年度工作目标考核。市、县（区）要建立健全党委领导、政府负责、部门协作、社会参与的工作机制。要建立激励机制和奖惩办法，层层签订责任状，落实责任人，确保各项工作落到实处。

（二）落实部门职责。有关部门要各司其职、密切配合、齐抓共管、形成合力。组织部门要注意掌握党员、干部治丧情况，加强对党员、干部的教育管理。纪检监察部门要加大党员、干部尤其是领导干部在丧事活动中的违纪违法行为的查处力度。宣传、文明办等部门要做好殡葬改革宣传引导工作，将殡葬改革有关内容纳入文明城市建设范围。新农村建设办公室要将农村殡葬改革有关要求列入我省新农村建设标准。民政部门要承担推进殡葬改革、加强殡葬管理、监督殡葬服务等方面的职能，协调配合有关部门制止乱埋乱葬，加强市场监管。公安、国土资源、林业、建设等部门要加大乱埋乱葬、毁田毁林造坟、城区游丧闹丧等行为的治理。发展改革、财政、民政、人力资源和社会保障等部门要加强基本殡葬服务供给，完善惠民殡葬政策措施。工商部门要规范殡葬用品市场管理，依法严厉打击和查处生产、经营带有封建迷信色彩丧葬用品行为，收缴销毁非法丧葬用品。工会、共青团、妇联等人民团体和基层党组织、村（居）委会以及红白理事会、老年人协会等社会组织要充分发挥作用，广泛动员群众积极参与殡葬改革。各部门要按照职责分工和任务要求，制定具体的工作方案。

（三）强化违纪查处。自本实施意见下发之日起，各地要把殡葬改革工作纳入当地经济社会发展和精神文明建设总体规划，把完善的殡葬设施、优质的殡葬服务、规范的殡葬市场、文明的丧葬习俗作为文明城市创建的重要内容；对火化区内火化率低、有农村公益性骨灰安放设施而不集中安葬的、存在乱埋乱葬现象的新农村建设点，原则上不能通过年终检查验收。凡享受国家殡葬费补贴的人员，去世后未按规定火化的，要停发丧葬费。党员、干部及其直系亲属未按规定执行殡葬政策，干扰殡葬改革，搞封建迷信活动、利用丧事借机收敛钱财的，由纪检监察部门依纪依法严肃查处；对违反火葬要求偷埋乱葬的，由民政部门责令限期改正。殡葬改革不力、火化率下降、乱埋乱葬现象严重的地方要追究有关人员的责任。

（四）注重宣传引导。要充分利用各种媒体和传播手段，深入宣传殡葬法规政策，宣传与当代社会相适应、与现代文明相协调的殡葬习俗和文化，普及科学知识，倡导文明节俭、生态环保、移风易俗的殡葬新风尚。要以每年3月16日至4月15日的全省"殡葬改革宣传月"为契机，大力开展殡葬宣传进单位、进社区、进家庭活动，不断增强人民群众参与殡葬改革的自觉性。要大力宣传党员、干部带头推动殡葬改革的先进典型，传播正能量。充分发挥媒体监督作用，曝光负面案例，努力营造有利于殡葬改革的良好氛围。

江西省人民政府办公厅关于印发《江西省殡葬事业发展规划（2015—2020）》的通知

（赣府厅发〔2015〕46 号　2015 年 8 月 6 日）

各市、县（区）政府，省政府各部门：

《江西省殡葬事业发展规划（2015—2020）》已经省政府同意，现印发给你们，请结合实际认真组织实施。

（此件主动公开）

2015 年 8 月 6 日

江西省殡葬事业发展规划（2015—2020）

为加快全省殡葬事业科学发展，促进江西生态经济区建设，根据国务院《殡葬管理条例》、《民政部关于进一步深化殡葬改革促进殡葬事业科学发展的指导意见》（民发〔2009〕170 号）有关要求和《中共江西省委办公厅、江西省人民政府办公厅印发〈关于充分发挥党员干部带头作用全面深化殡葬改革的实施意见〉的通知》（赣办发〔2014〕1 号，以下简称《实施意见》）精神，结合我省实际，制定本规划。

一、江西殡葬事业发展现状

省委、省政府高度重视殡葬工作，"十二五"时期，全省殡葬事业取得了长足发展。一是殡葬设施日益完善。全省建成殡仪馆 86 家，经营性公墓 99 家，城乡公益性公墓（骨灰堂）5000 余处。二是惠民殡葬大力推行。我省在全国率先建立了困难群众遗体免费火化制度，72 个县（市、区）实现了城乡居民基本殡葬服务补贴全覆盖。三是文明低碳祭扫渐成风尚。各地建立了清明节安全文明祭扫服务保障机制，引导文明祭扫成为新风尚。南昌市公墓清明节鲜花祭扫率达 95% 以上。九江市社区公祭、集体追思会群众参与度大幅提高。鹰潭、宜春市公墓清明节"禁燃禁放"为群众广泛接受。四是殡葬服务水平稳步提升。全省殡葬一线职工 141 人取得国家殡葬职业等级证书，28 人取得国家殡葬职业技能鉴定员资格证书，6 人获"全国民政行业优秀技能人才"、18 人获"全省技术能手"、42 人获"全省民政行业技术能手"称号；2 个殡仪馆被评为"全国殡葬改革示范单位"。

然而，随着改革开放和经济社会快速发展，殡葬管理和服务水平还难以满足人民群众的需求，特别是殡葬基本公共服务和救助保障、殡葬管理体制和运行机制、殡葬资源配置等方面还存在较多问题，主要表现为：一是规划引领不够。各地基本未编制殡葬事业发展规划，殡葬事业发展和殡葬改革缺乏前瞻性、系统性、全局性和可操作性，农村乱埋乱葬、城市办丧扰民现象突出。二是资金投入不足。各级财政殡葬事业经费投入不足，殡葬服务配套设施建设滞后，基本殡葬公共服务和殡葬救助保障能力缺乏。三是管理体制不顺。相关职能部门"各司其职、齐抓共管"工作机制相对缺乏，殡葬联合执法局面尚未形成，"馆所合一、事企不分"问题仍未解决。四是行业地位较低。社会对殡葬工作存在歧视和偏见，行业缺乏人才吸引力，一线殡葬职工普遍年龄偏大、文化水平较低、职业素养不高。

二、指导思想、基本原则和发展目标

（一）指导思想。

以邓小平理论、"三个代表"重要思想、科学发展观为指导，深入贯彻落实党的十八大和十八届三中、四中全会精神，按照习近平总书记"一个希望，三个着力"的重要指示要求，坚持"十六字"方针，服务全省经济社会发展大局，以满足人民群众殡葬服务需求为出发点和落脚点，坚持基本殡葬服务公益性方向，大力推进惠民殡葬、绿色殡葬，树立文明节俭丧葬新风尚，解放思想，更新观念，深化殡葬改革，破除与时代要求不相适应的体制机制弊端，实现殡葬管理、殡葬服务与殡葬改革协同共进。

（二）基本原则。

1. 以人为本，公益优先。从维护广大人民群众根本利益出发，不断提高殡葬服务、殡葬管理的能力和水平，满足社会不同层次的服务要求。各级政府要在保障遗体接运、存放、火化、骨灰寄存或节地生态葬等基本殡葬服务上发挥主导作用，加快殡仪馆基础设施和公益性公墓建设，按照"保基本、广覆盖、可持续"的原则逐步向辖区所有居民免费提供基本殡葬服务，探索建立困难群众身故后一次性丧葬补助金制度，最大限度地保障困难群众基本的丧葬需求，彰显殡葬事业的公益性质。

2. 统筹协调，形成合力。坚持葬法改革与葬礼改革并行、遗体火化与骨灰安放并重、实行火葬与改革土葬并进、丧事简办与祭扫简约并举，增强殡葬工作的系统性、协同性，建立健全党委领导、政府负责、部门协同、社会参与的工作机制，加强综合执法，充分发挥政府部门、人民团体、社会组织、群众自治组织、红白理事会等在殡葬服务管理中的作用。

3. 节约土地，保护环境。坚持"实行火葬，改革土葬，节约丧葬用地"的殡葬改革方针，改造殡葬设备，创新殡葬科技，整治乱埋乱葬，倡导文明新风，充分发挥殡葬改革在建设资源节约型、环境友好型社会的重要作用。

4. 因地制宜，分类指导。坚持从实际出发，因地制宜，区别情况，分类指导殡葬改革。城镇重点抓好丧葬陋习的整治工作，加强规范管理；农村重点整治乱埋乱葬的问题，抓好丧事从简、移风易俗的工作。同时，对待各类人员要因人而异，分党内与党外、干部与群众、发达地区与边远山区区别对待，由宣传倡导到依法规范逐步推进。

（三）发展目标。

至 2020 年，全省火葬区年遗体火化率达到 100%；公益性公墓节地生态葬占比 65% 以上，经营性公墓节地生态葬比例达到全国平均水平，建大墓、豪华墓现象得到遏制；新的乱埋乱葬，特别是"三沿六区"建新坟，办丧扰民和骨灰装棺二次葬现象基本杜绝。实现县县建有殡仪馆，全省县级以上区域殡葬服务设施全覆盖；全省殡仪馆火化设施污染物排放限值达到国家标准；每个市、县建有服务城镇居民的公益性公墓，每个村建有服务农村居民的公益性公墓或骨灰安放设施，新（改、扩）建公益性公墓和公益性骨灰安放设施 1.2 万个，基本满足城市困难群众和农村群众骨灰安葬需求。全面建立健全布局合理、功能完善的殡葬服务网络和高效有序的殡葬管理体制，基本实现"七化"目标，即：城乡居民基本殡葬服务均等化、殡葬服务优质化、殡葬管理规范化、殡葬改革有序化、骨灰处理生态化、殡葬习俗文明化和殡葬设施现代化。

三、主要任务

（一）坚定不移推行火葬和改革土葬。

1. 巩固提高火化率。落实《江西省人民政府关于调整划分火葬区和土葬改革区的批复》（赣府字〔2015〕30号），至2020年，全省年遗体火化率超过全国平均水平。推进实施全民遗体免费火化。发挥党员、干部引领作用，带头实行火葬和节地安葬，严格凭火化证发放丧葬费。发挥城乡社区居委会、红白理事会、老年体协等群众自治组织作用，加强殡葬改革宣传，转变群众殡葬观念。

2. 严格土葬改革区管理。严格限制墓葬用地，应尽可能选择荒山瘠地建设遗体公墓，严禁占用耕地、林地建造坟墓。教育引导不用水泥石材建坟，实行平地深埋、不留坟头的安葬方式。鼓励、支持土葬改革区遗体自愿火化。

3. 推进节地生态安葬。制定出台生态安葬激励办法，推动政府购买服务、财政补贴等方式，对采取生态安葬的给予奖励、补贴，对组织群众开展骨灰撒散活动的殡葬服务单位给予资金补助。

（二）完善殡葬服务体系。

1. 加强殡仪馆设施建设。实施遗体火化炉、遗体冷藏柜、遗物焚烧炉等设备更新改造，全省殡仪馆火化设备排放符合国家环保要求。全面完善殡仪馆守灵、餐饮、住宿等殡葬"一条龙"服务设施。

2. 加强公益性安葬设施建设。将公益性公墓（骨灰堂）建设纳入各地城乡规划和新农村建设、文明城市创建重要内容，作为城乡基本公用设施布局建设。

3. 健全殡葬救助保障和惠民殡葬政策。将遗体接运、存放、火化、骨灰盒、骨灰寄存或节地生态葬等5项服务纳入基本殡葬服务，按照从困难群众、低收入群众、支出型贫困家庭到全体城乡居民的进度逐步完善救助保障。对死亡的城市"三无"对象、农村"五保"对象和城乡低保对象，可向其直系亲属或监护人一次性发放丧葬补助，探索建立困难群众身故后一次性丧葬补助金制度。完善与其他社会保障制度相衔接、经济社会发展和物价水平相协调的惠民殡葬标准调整机制。

4. 优化殡葬服务网络。推进城区、街道、乡镇殡仪服务站和社区殡葬服务点建设，依托城乡社区综合服务中心搭建服务平台。健全城乡社区殡葬信息员制度。建立完善以殡葬服务单位（殡仪馆、公墓）为中心，城乡殡仪服务站（社区殡葬服务点）为补充，遗体接运车为流动服务点，社区（村）居委会为咨询服务点的殡葬公共服务网络。

（三）加强殡葬管理工作。

1. 强化公墓管理。严格公墓规划与审批，强化公墓年检，取缔非法公墓，禁止建售超面积大墓、豪华墓和预售、炒买炒卖墓位、骨灰格位及公墓违规经营等行为。经营性公墓应建设一定比例中低价位和节地生态葬墓位，满足中低收入群众安葬需求。公益性公墓严禁从事对外商业销售活动。

2. 规范殡葬服务收费管理。落实国家发展改革委、民政部《关于进一步加强殡葬服务收费管理有关问题的指导意见》（发改价格〔2012〕673号），结合实际依法制定地方定价目录。殡葬管理部门不得向殡葬服务单位收取管理费及其他任何费用。殡葬服务单位实行服务项目、收费标准、文件依据、减免政策、服务流程和举报电话"六公开"，按照公平自愿原则签订服务合同或协议，开具正规收费票据。

3. 树立文明节俭殡葬新风尚。将文明治丧纳入精神文明建设重要内容，列入文明城市、文明村镇、文明单位创建及新农村建设考评。强化丧葬丧事管理，城市群众治丧和悼念活动在殡仪馆或集中治丧服务场所内进行，农村可由村民委员会或移风易俗理事会组织。充分利用清明节开展殡葬改革宣传，组织鲜花祭扫、网络祭扫、家庭追思会、社区共祭和公祭先烈、先贤等活动，引领群众从注重实地实物祭扫转移到以精神传承为主上来。

（四）提升殡葬服务水平。

1. 推进殡葬服务标准化建设。落实民政部《殡葬服务术语》、《殡仪接待服务》、《遗体保存服务》、《遗体告别服务》、《遗体火化服务》、《骨灰寄存服务》和《骨灰撒海服务》等七项殡葬服务行业标准。大力推行以"一线通"白事服务、"家庭式"守灵服务、"一站式"陪同服务等亲情化服务为主要内容的殡葬"一条龙"服务。建立完善殡葬服务信息化平台，逐步实行殡葬信息采集、手续办理、服务流程、资金结算、处理结果、档案管理等信息化管理。

2. 提高殡葬职工服务能力。将殡葬服务人才培养纳入民政人才提升工程，鼓励支持从业人员考试取得职业等级证书。推动技能鉴定与用人单位岗位聘用制度衔接，落实殡葬职工岗位变动后工资待遇。

3. 加强殡葬系统行风建设。结合全省殡葬系统"行风建设月"，集中开展民主评议行风和行风建设示范单位、"文明窗口单位"创建活动，增强全系统干部职工宗旨意识、大局意识、服务意识，弘扬优良作风，打造各具特色的殡葬服务品牌。强化干部职工思想教育、纪律教育、职业操守教育，突出查实和通报利用行业特殊性收受"红包"等损害群众利益的典型案例，不断纠正行业不正之风，建立健全长效机制，营造风清气正的办丧环境。

（五）建设法治殡葬。

1. 健全落实殡葬管理制度。根据新修订的国务院《殡葬管理条例》，结合实际修订本地殡葬管理实施办法和完善相关殡葬管理政策制度，重点要出台骨灰跟踪管理办法和殡葬改革激励引导机制，将文明治丧作为精神文明建设的重要内容，纳入创建文明城市、文明村镇、文明单位和新农村建设，一并部署、一并检查、一并落实。

2. 实施殡葬单位改革。按照"事企分开、管办分离"原则，推进殡葬单位改革，殡葬管理处（所）与殡仪馆、公墓等殡葬经营服务单位脱钩，加快承担遗体接运、存放、火化、骨灰寄存等基本殡葬服务的殡仪馆公益性改革，经营性公墓和提供选择性殡葬服务的单位实行市场化运作。各级政府机关不得参与经营性公墓和其他殡葬服务企业的建设和经营，机关工作人员不得在经营性公墓和殡葬服务企业任职或兼职，不得以任何形式从中获取利益。

3. 完善殡葬管理机制。民政部门要切实履行推进殡葬改革、加强殡葬管理、监督殡葬服务等方面职能，协调配合有关部门制止乱埋乱葬，加强市场监管；国土资源、建设规划部门要积极引导殡葬设施建设项目选址符合土地利用总体规划和城乡规划；国土资源、林业、建设等部门要加大乱埋乱葬、毁田毁林造坟、城区游丧闹丧等行为的治理；公安部门要依法打击查处丧葬活动妨害公共秩序、危害公共安全、侵害他人合法权益的违反治安管理行为和犯罪行为；发展改革部门要将殡葬基础设施、殡葬设施更新改造和惠民殡葬纳入国民经济和社会发展规划，财政部门要给予必要的资金支持；民政、工商部门要规范殡葬用品市场管理，依法严厉打击和查处生产、经营封建迷信丧葬用品行为，收缴销毁非法丧葬用品；纪检监察部门要畅通信访举报渠道，重点查实和惩处党员、干部，尤其是领导干部在丧事活动中的违纪违法行为。各职能部门要按照全面深化殡葬改革责任分工有关要求，坚持疏堵结合，合力推进乱埋乱葬和办丧扰民治理。

四、保障措施

（一）加强组织领导。

各级政府要把殡葬工作纳入重要议事日程，列入目标管理和绩效考核，建立健全组织领导机制和工作协调机制，建立完善考核激励机制和奖惩办法，按照"属地管理"原则，层层签订责任状，明确责任人，确保各项措施落到实处。进一步落实殡葬管理工作联席会议制度和殡葬改革领导小组工作制度，建立完善殡葬管理协调领导机制和工作运行机制，形成有关部门各司其职、密切配合、齐抓共管的良好工作局面。

（二）党员干部带头。

各地要将党员干部带头推动殡葬改革纳入科学发展综合考核评价指标，强化党员、干部严格贯彻中央和省委、省政府精神，落实推动殡葬改革"六带头"，即：带头实行遗体火化，节约土地资源；带头实行生态安葬，保护自然环境；带头实行节俭治丧，倡导文明新风；带头文明低碳祭扫，传承先进文化；带头治理乱埋乱葬，保护绿水青山；带头倡导殡葬改革，弘扬新风正气。

（三）加大公共投入。

加大殡葬事业公共投入，重点解决殡仪馆、公益性公墓、社区殡葬服务点设施不足、火化设备老化落后和惠民殡葬政策不落实等问题。各级财政要积极优化财政支出结构，大力支持殡葬事业发展，支持殡葬公共服务体系建设，建立健全殡葬经费投入的稳定增长机制。要积极吸引慈善资金进入殡葬服务和殡葬救助保障领域。在加大公共投入的基础上，引入 PPP 等模式，引导社会资本参与提供选择性殡葬服务。

（四）强化宣传教育。

坚持正确的舆论导向，以清明、冬至等传统节日为契机，充分利用广播、电视、报刊、互联网等媒体，宣传殡葬改革，倡导文明新风，赢得社会各界对殡葬事业发展的关注和支持。充分发挥村（居）民委员会、红白理事会、老年体协等群众自治组织作用，开展殡葬改革进社区活动，赢得广大人民群众对殡葬改革的理解和参与。

各地应根据人口、土地、交通、生态等实际情况，合理确定殡葬服务设施数量、规模、布局和功能，明确殡葬事业发展的目标和任务，制定完善本地殡葬事业发展规划，用规划来引领殡葬事业发展。

江西省民政厅等 9 部门关于推进绿色殡葬建设的实施意见

（赣民发〔2016〕25 号　2016 年 11 月 21 日）

为贯彻落实民政部等九部委《关于推行节地生态安葬的指导意见》（民发〔2016〕21 号）和省委、省政府关于实施"绿色殡葬建设"工作考核的要求，进一步深化殡葬改革，推进绿色殡葬建设，现提出以下实施意见。

一、总体要求

以邓小平理论、"三个代表"重要思想、科学发展观为指导，深入贯彻党的十八大和十八届三中、四中、五中、六中全会精神，按照习近平总书记对江西工作提出的"新的希望、三个着力、四个坚持"总体要求，在全省树立绿色理念、凝聚社会共识、完善政策措施、引导移风易俗。至 2020 年，全省火葬区遗体火化率达到或超过全国平均水平，县级以上区域基本殡葬服务设施全覆盖，殡仪馆火化设施污染物排放限值达到国家标准，80% 的行政村建有公益性安葬设施，基本满足城市困难群众和农村群众骨灰安葬需求，公益性公墓、经营性公墓节地生态墓区占比分别达到 65% 和 50% 以上。

二、工作任务

（一）巩固提高火化率。把遗体火化作为深化殡葬改革、推进绿色殡葬建设的重点，把巩固提高火化率作为工作的主攻方向。火葬区要采取循序渐进、分步实施的办法，强化党员干部带头和工作绩效考核，依法推行遗体火化。不断提高火化率，逐步实行在殡仪馆集中办理丧事。鼓励、支持土葬改革区遗体自愿火化。全面落实困难群众遗体免费火化制度。按照"保基本、广覆盖、可持续"的原则，逐步向辖区所有城乡居民提供免费遗体火化服务。各级财政、人社、民政部门要严格执行凭火化证发放丧葬费及相关补贴政策，强化信息共享和执法检查，严肃处理经费发放中的违规问题。

（二）推行节地生态安葬。鼓励和引导采取树葬、花葬、草坪葬、深埋、格位存放及骨灰撒散等不占或少占土地、少耗资源、少使用不可降解材料的方式安葬骨灰或遗体。支持已建成的公益性和经营性公墓进行生态改造，选择位置好、绿化好的区域开辟为节地生态墓区，每个市、县至少建成一个有示范效应的公益性节地生态公墓（骨灰堂）。火葬区要积极推广骨灰楼、廊、堂、墙等立体安葬方式，建设节地型、小碑型、艺术型墓位，单人或双人合葬墓穴占地面积不得超过 0.8 平方米，鼓励家庭成员采用可降解骨灰盒循环共用单个墓位，倡导为不保留骨灰者建立统一的纪念设施。土葬改革区遗体应在公墓或农村公益性墓地集中安葬，建设节地型墓位，减少用不可降解材料建墓，推广深埋、不留坟头或以树代碑的安葬方式。

（三）倡导文明节俭办丧事。加强城乡丧葬活动管理，把文明治丧作为精神文明建设的重要内容，纳入创建文明城市、文明乡镇、文明单位和美丽乡村的考评标准，一并部署、一并检查、一并落实。引导城市群众治丧和悼念活动在殡仪馆或集中治丧殡仪服务场所内进行，严禁在城区街道、公共场所停放遗体、搭建灵棚、沿街游丧、抛撒纸钱，严禁在禁火区域燃放鞭炮、焚烧祭品，严禁丧事中的封建迷信活动。充分发挥村民委员会及红白理事会、老年人协会等群众自治组织和社会组织的作用，引导农村群众文明办丧，节俭办丧，遏制盲目攀比、奢侈浪费重殓厚葬之风。完善丧葬陋习治理长效管理机制和责任追究办法，用制度全面管住办丧扰民的问题。

（四）实施生态修复行动。按照"教育引导、严格管理、重点突破、循序渐进"的原则，党员干部示范带头，重点对铁路、公路主干道、河道沿线两侧 500 米范围内影响观瞻的坟墓和城镇建成（规划）区、风景名胜区、文物保护区、自然保护区、饮用水保护区、农田保护区等"三沿六区"和森林公园、湿地公园乱埋乱葬坟墓进行整治，对成片乱埋乱葬坟墓采取植树、种草、绿色等遮挡、覆盖措施，融入周边自然环境，使视线范围基本看不到坟墓；对零星坟墓或无法遮挡的坟墓，给予家属适当补助，迁移进入公益性公墓（骨灰堂）或指定的集中安葬点；对毁林造坟、毁田造坟以及违规建造的大墓、豪华墓、"活人墓"坚决依法拆除。要坚决杜绝新的乱埋乱葬坟墓现象出现。

（五）提供惠民公益性服务。要大力推进城区街道、乡镇殡仪服务站和社区殡葬服务点建设，依托城乡社区综合服务中心搭建殡葬咨询服务平台，健全殡葬信息员制度，建立完善以殡葬服务单位为中心，城乡殡仪服务站、社区殡葬服务点为补充，社区（村）居委会为咨询服务点的殡葬公共服务网络。殡葬服务单位要严格执行各项服务标准，实施殡葬"一条龙"服务，落实"六公开"服务制度，创新网络预约、悲伤抚慰、人文关怀等服务项目，严格按照"平等、自愿"原则签订服务合同或协议，协助丧属科学处理逝者遗物及办丧废弃物。公墓单位积极为采取节地生态安葬丧属设立"网上公墓"提供便利，利用清明、冬至等传统祭祀节日组织开展文明低碳公祭活动。

（六）弘扬绿色殡葬新风。在殡、葬、祭各方面、全过程厚植节约资源、保护环境、低碳实施的价值取向，培育具有时代特征和群众基础的殡葬行为规范。积极推广现代文明的殡葬礼仪和殡葬用品，坚决抵制迷信低俗、奢侈浪费等不良丧葬风气，切实增强参与绿色殡葬的思想自觉和行动自觉。充分依托现有殡葬设施资源。建设富有影响力的生命文化教育基地，打造优秀殡葬文化传承平台。持续开展公墓祭扫、禁烧纸钱、禁放鞭炮活动，大力倡导网络祭扫、鲜花祭扫、踏青遥祭、植树缅怀等文明低碳祭扫方式，积极组织集体共祭、社区公祭、家庭追思等现代追思活动，弘扬慎终追远等优秀传统殡葬文化，引领群众逐步从注重实地实物祭扫转移到以精神传承为主上来。

（七）强化绿色殡葬考核。各地要把绿色殡葬建设作为促进社会主义精神文明和生态文明建设、保障和改善民生、殡葬供给侧结构性改革的重要内容，摆在更加突出的位置，纳入重要议事日程，列入目标管理和年度工作目标考核。各级民政、发展改革、科技、财政、国土、环保、住建（城管）、农业、林业部门要按照省委、省政府科学发展综合考核评价工作要求，落实部门职责任务，承担工作失职的责任，每年年底前，对照省委、省政府对各市县科学发展综合评价绿色殡葬建设考核指标，对本部门任务完成情况进行自查，并向本级殡葬改革工作领导小组（殡葬管理工作联席会议）提交工作情况报告。

三、保障措施

（一）加强组织领导。积极争取党委、政府重视，把绿色殡葬建设作为深化殡葬改革的重要内容，摆上议事日程，明确相关部门的工作职责，确保各项措施落到实处，进一步健全工作问责机制，定期对责任部门和相关人员进行问效、问责、行政处理。民政部门要牵头做好标准制定、组织实施、审批监管等工作，对工作中发现的违法行为，要及时制止，按照职权范围通报相关职能部门进行查处。国土部门要切实保障节地生态安葬设施土地供应，在用地计划上优先安排、保障供地，对符合划拨用地范围的非营利性殡葬设施建设项目可实行划拨方式供地，建立节约集约用地的激励机制，进一步完善巡查举报制度，严厉查处非法侵占土地建墓行为。农业部门要履行好耕地和基本农田保护、土地承包经营管理、美丽乡村建设等职责，结合农民培训做好农民群众节地生态安葬宣传教育，严格落实最严格的耕地保护制度，严厉查处在基本农田上建坟，在流转土地中滥占地、乱建坟等行为。林业部门要强化林地管理，对非法占用林地、毁林建坟建墓的单位和个人，要依法依规进行处理，对乱埋乱葬植树遮挡给予支持。发展改革部门要将殡葬基础设施、殡葬设施更新改造和绿色殡葬建设纳入国民经济和社会发展规划，重点解决殡仪馆、公益性公墓、社区殡葬服务点设施建设。财政部门要积极拓宽资金筹措渠道，加大殡葬事业的投入，建立健全殡葬经费投入的稳定增长机制，推动殡葬公共服务体系和绿色殡葬建设。住建（城管）部门要做好安葬设施规划选址，加大城区游丧闹丧行为的治理。科技和环保部门要将火化设备的环保节能改造、技术革新列入重点扶持项目，强化污染物排放监管，推动环保殡葬新技术、新产品研发应用。

（二）健全奖补激励机制。出台完善绿色殡葬激励奖补工作机制，在进一步完善以减免基本殡葬服务费用为主要内容的惠民殡葬政策基础上，研究建立绿色殡葬激励奖补制度。对采取树葬、花葬、草坪葬、格位存放及骨灰撒散等不占或少占地方式，土葬区自愿火化、遗体深埋不留坟头等生态葬法，采用可降解骨灰盒循环使用墓穴的殡葬服务单位及使用者亲属，对组织开展节地生态安葬服务和低碳文明公祭活动的殡葬服务单位等纳入奖补范围。

（三）强化宣传引导。树立正确舆论导向，充分发挥媒体、志愿者、殡葬服务机构和村（居）民委员会、红白理事会、老年体协等群众自治组织或社会组织在宣传教育方面的作用，用群众喜闻乐见的方式，宣传绿色殡葬建设的重大意义。制作"讲文明，树新风"绿色殡葬公益宣传片，定频道、定栏目滚动播放，深入宣传殡葬法规政策，宣传与当代社会相适应、与现代文明相协调的殡葬习俗和文化，普及科学知识，倡导文明节俭、生态环保、移风易俗的殡葬新风尚。加强对群众治丧观念和治丧活动的正面激励引导，逐步引导群众变革传统殡葬观念，破除传统殡葬的陋习，树立绿色殡葬的新风。注重实践养成，坚持清明、冬至等重要节点集中宣传与日常引导相结合，不断完善绿色殡葬宣传教育的长效机制，注重宣传的时效性。积极组织开展殡葬服务机构开放日、殡葬服务进社区等活动，赢得人民群众对殡葬改革的理解和支持，增强参与殡葬改革的自觉性，培育和树立绿色殡葬新风尚。

（四）党员干部带头推动绿色殡葬建设。深入贯彻落实《中共中央办公厅、国务院办公厅关于党员干部带头推动殡葬改革的意见》（中办发〔2013〕23号）和《中共江西省委办公厅、江西省人民政府办公厅印发〈关于进一步发挥党员干部带头作用全面深化殡葬改革的实施意见〉的通知》（赣办发〔2014〕1号）要求，强化党员干部从严律己、依法从政意识，要求群众做到的，党员干部要带头做到。党员干部要带头实行遗体火化，带头实行节地生态安葬，带头推行丧事简办，带头文明低碳祭扫，带头治理乱埋乱葬，教育和约束直系亲属和身边工作人员按要求举办丧事，主动做殡葬改革的践行者、生态文明的推动者、文明风尚的引领者，以正确导向和行为示范带动广大群众转观念、破旧俗、立新风。主动协调有关部门把带头推动殡葬改革的要求纳入对党员干部的教育管理中，积极宣传典型人物和先进事例，依法纠正和查处党员干部尤其是领导干部去世后违规丧葬行为，对涉嫌违纪违法问题的线索，及时移交执纪部门或司法部门处理。

各地要根据本实施意见要求，结合实际，研究制定具体的实施办法。

关于印发江西省殡葬设施建设指南的通知

（赣民发〔2018〕9号　2018年7月13日）

各设区市民政局、发展改革委员会、工业和信息化委员会、国土资源局、规划局、建设局（建委）、交通运输局、林业局、环境保护局：

为贯彻落实省委、省政府关于加快推进殡葬改革促进殡葬事业发展的决策部署，提高殡葬设施设备建设水平，满足群众殡葬需求，根据国务院《殡葬管理条例》《江西省殡葬管理办法》和住房城乡建设部、国家发展改革委发布的《殡仪馆建设标准》（建标181-2017）及《城市公益性公墓建设标准》（建标182-2017），结合我省殡葬设施建设情况，现将《江西省殡仪馆建设指南》《江西省城市公益性骨灰堂（公墓）建设指南》《江西省农村公益性骨灰堂（公墓）建设指南》和《江西省经营性公墓建设指南》印发给你们，请参照执行。

附件：1. 江西省殡仪馆建设指南
　　　2. 江西省城市公益性骨灰堂（公墓）建设指南
　　　3. 江西省农村公益性骨灰堂（公墓）建设指南
　　　4. 江西省经营性公墓建设指南

附件1

江西省殡仪馆建设指南

一、基本定义

殡仪馆是由市、县人民政府审批建设的公共殡葬服务场所，具体任务是为社会提供遗体接运、火化以及停灵、守灵、吊唁、办丧等活动，其设施和设备应当符合国家技术标准。

二、项目选址

应符合城乡规划和土地利用总体规划，不得占用永久基本农田，避开"三沿六区"，应建在当地常年主导风向的下风侧，应有利于排水和空气扩散，尽量选择周边单位和居民较少、相对独立、交通便利的地域，并处理好与周边单位及居民的关系，符合《火葬场卫生防护距离标准》（GB18081-2000）规定。

三、规划布局

1. 布局合理，节约用地。根据殡仪服务流程，明确功能分区，同一功能区内的建筑用房可相对集中布置。

2. 馆区内应设置接运遗体的专用道路和专用出入口，火化车间宜与其他功能区域保持一定距离。

3. 管理及后勤区宜独立设置。

4. 应设置室外公共活动场地和公共厕所。

5. 配套建设机动车和非机动车停车设施，殡仪车停车场与公共停车场应分开设置。

四、建设规模

根据常住人口数量确定建设规模：

——常住人口 30 万以内，殡仪馆（五类）占地面积一般不少于 25 亩，建筑面积在 5000m² 以上。

——常住人口 31 万~60 万，殡仪馆（四类）占地面积一般不少于 50 亩，建筑面积在 9000m² 以上。

——常住人口 61 万~100 万，殡仪馆（三类）占地面积一般不少于 70 亩，建筑面积在 12000m² 以上。

——常住人口 101 万~160 万，殡仪馆（二类）占地面积一般不少于 110 亩，建筑面积在 18000m² 以上。

——常住人口 161 万~250 万，殡仪馆（一类）占地面积不宜少于 160 亩，建筑面积在 27000m² 以上。

——常住人口 250 万以上，宜分项目建设。

五、功能构成

1. 殡仪馆项目包括：业务区、遗体处理区、悼念区、停灵守灵服务区、火化区、骨灰寄存区、祭扫区、集散广场区、后勤管理区等功能区。

2. 业务区包括：业务咨询室、业务洽谈室、业务办理室、丧葬用品陈列室、卫生间、收款处和休息室等。

3. 遗体处理区包括：接尸间、停尸间、冷藏间、防腐室、整容室、污水处理间、殡仪车清洗消毒间、车库、卫生间和员工休息室等。

4. 悼念区包括：悼念厅、音响室、医务室和卫生间等。

5. 停灵守灵服务区包括：守灵间、住宿房和餐厅等。

6. 火化区包括：火化间、尾气后处理设备间、骨灰处理间、骨灰暂存室、候灰室、员工休息室、卫生间、淋浴间、油库和设备间等。

7. 骨灰寄存区包括：骨灰寄存间、业务室等。

8. 祭扫区包括：遗物祭品焚烧处理用房、祭扫室和室外祭扫场地等。

9. 集散广场区包括：公共停车场、厕所和室外活动场地等。

10. 后勤管理区包括：办公用房、值班宿舍、活动室、办公用车车库、餐厅和仓库等。

六、面积指标

各功能分区中各类用房占总建筑面积的比例分别为：业务区 10%，遗体处理区 16%，悼念区、停灵守灵服务区 28%，火化区 16%，骨灰寄存区 11%，祭扫区 8%，集散广场区 1%，后勤管理区等 10%。

七、建筑设施

1. 殡仪馆建筑应符合城市建设的整体要求，符合《无障碍设计规范》（GB 50763）中的相关规定。

2. 火化间宜单独设置，火化间的建筑结构、平面布局和层高等应满足火化机及后处理设备的安装和使用条件，并符合《殡仪馆建筑设计规范》中的相关规定。

3. 遗体处理区用房产生的污水应进行消毒净化处理，达到国家相关排放标准后，与生活污水分流排出。

4. 火化区、遗体处理区和员工休息室应设热水供应系统；管理及后勤区用房宜设热水供应系统。

5. 火化间、防腐室、整容室、冷藏间、接尸间、停尸间应采用机械通风，不宜建设在地下层。业务区用房、员工休息室、候灰室、悼念厅可根据需要设置空气调节系统。

6. 殡仪馆的供电设施应安全可靠，保证遗体火化时火化设备供电不间断。

7. 殡仪馆应配置与其建设规模和业务技术、行政管理工作相适应的信息系统、通讯系统和安全防范系统等。

八、专用设备

1. 专用设备主要包括：火化机、遗物祭品焚烧炉、尾气后处理设备、殡仪车、遗体清洗消毒设备、遗体冷冻冷藏设备、空气净化消毒设备、遗体防腐整容设备、遗体瞻仰棺、推尸车等。

2. 专用设备应选用专业厂家生产的技术成熟、通用性强和经过国家专业质检机构检验合格的产品，符合高效、节能、环保的要求。

3. 火化机、遗物焚烧炉后处理设备的污染物排放检测值，特别是二噁英排放检测值宜按严于相应的国家、行业标准选用，宜配置专用全不锈钢风冷半干法烟气除尘后处理设备，做到节约用地，处理工艺先进，不产生二次污染。

4. 火化机炉型配置合理，能满足多种服务需求，既有拣灰火化机，又有平板火化机。火化机配置数量按殡仪馆类别确定：一类 10~15 台，二类 6~10 台，三类 4~6 台，四类 2~4 台，五类 2 台。

5. 殡仪车配置数量按殡仪馆类别确定：一类 15~23 台，二类 9~15 台，三类 6~7 台，四类 3~6 台，五类 2~3 台。偏远地区殡仪馆殡仪车的数量可适当增加，按需确定。

6. 根据实际业务需求，配置相应的遗物祭品焚烧炉、遗体冷冻冷藏设备、室内空气净化消毒专用设备、遗体防腐整容设备、遗体瞻仰棺、遗体清洗消毒设备、推尸车和悼念用影音设备等。

附件 2

江西省城市公益性骨灰堂（公墓）建设指南

一、基本定义

城市公益性骨灰堂（公墓）是指以政府协议出让或划拨方式依法取得国有土地使用权，不以营利为目的，为城镇居民提供骨灰公益安置服务的城市公共殡葬设施。

二、项目选址

符合城乡规划和土地利用总体规划，宜在城区中长期规划建设范围之外，不得占用永久基本农田，避开"三沿六区"并符合《殡葬管理条例》《江西省殡葬管理办法》的相关规定，最大限度保持、利用原有自然环境和人文景观。

三、投资主体

市、县（区）政府为投资主体，鼓励国有资本公益投资。

四、规划布局

1. 积极推进开发利用地下空间建设骨灰安放设施。

2. 应按功能分为：骨灰安置区、业务办公区和公共服务区，有条件的可根据需求设置生命文化教育功能区。其中，骨灰安置区可分为骨灰安葬墓穴区、骨灰安放格位区和骨灰生态循环区。

3. 公墓应设置环形道路，有明显标识，道路出入口不少于 2 个，出入口最大宽度不宜大于 10m。

4. 墓区主干道宽度不宜小于 3.5m，次干道宽度不宜小于 1.5m，支道宽度不宜小于 0.6m。

5. 墓区应体现园林化特点，绿化率不宜低于 50%，宜开设防火隔离带。

6. 新建城市公益性骨灰堂（公墓）的节地生态安葬率应达到 100%。支持现有的骨灰堂（公墓）进行节地生态改造，经改造后，节地生态安葬比例应达到 65%以上。

五、建设规模

根据骨灰安置总量确定建设规模，其中，骨灰安置总量＝公益性公墓服务区域常住人口数量× 6.5‰×20×50%（6.5‰指"人口年死亡率"，20 指"服务年限"）：

——常住人口 20 万以内，骨灰堂建筑面积 500~4000m²，公墓占地面积 15~75 亩。

——常住人口 21 万~60 万，骨灰堂建筑面积 4001~10500m²，公墓占地面积 61~200 亩。

——常住人口 61 万~100 万，骨灰堂建筑面积 10501~18000m²，公墓占地面积 201~300 亩。

——常住人口 100 万以上地方建设公墓，建议分项目建设，每个公墓占地面积不宜超过 300 亩。

六、建筑设施

1. 城市公益性骨灰堂（公墓）应设置骨灰安置区和办公用房、集散广场、祭扫场地、绿地、道路、公厕、停车场等管理服务设施，配备建筑给排水、通风、照明、电气、音响、互联网等设备。

2. 公墓应包括：墓葬区、骨灰堂（楼、墙）安放区、生态葬区，墓穴安葬数量不宜高于骨灰安置总量的 40%。

3. 鼓励公墓建设骨灰廊、骨灰墙、骨灰亭、骨灰花坛等设施，为不保留骨灰者建"名字墙"等纪念设施。

七、尺寸标准

1. 骨灰堂每个格位的单位建筑面积不宜超过 0.25m²，每层楼安放格位数量宜由下到上逐层递减，建筑不宜超过 6 层。

2. 骨灰寄存架之间的通道宽度不宜小于 1.2m，骨灰存放室净高不宜低于 3.3m。

3. 公墓每亩安葬墓穴数不宜少于 320 个。

4. 公墓独立墓穴的单位占地面积不应超过 0.5m²、合葬墓穴不应超过 0.8m²（不含公共绿化和道路用地），提倡地面不建墓基、地下不建硬质墓穴。

5. 墓碑应体现小型化、多样化、艺术化，推广使用卧碑。

6. 墓位间以绿化带相隔，间距应不宜小于 0.3m。墓位前走道应建绿化行道，尽量减少硬化面积。

附件 3

江西省农村公益性骨灰堂（公墓）建设指南

一、基本定义

农村公益性骨灰堂（公墓）是指利用农村集体土地或村民承包土地，不以营利为目的，为农村居民提供骨灰公益安置服务的农村集体殡葬设施。

二、项目选址

应符合《殡葬管理条例》《江西省殡葬管理办法》的相关规定，符合土地利用总体规划，不得占用永久基本农田，并避开"三沿六区"，可通过改造"祖坟山"，也可根据村民意愿选址新建，利用商品林或省级公益林建设农村公益性骨灰堂（公墓）。

三、规划布局

1. 原则上以行政村为单位建设，边远的区域或者交通不便的地区，可以乡（镇）为单位或若干相邻的自然村、行政村联办的方式兴建，以县或乡镇为单位，统一规划图纸、建设标准、管理模式。

2. 滨湖、平原地区原则上建设骨灰堂，山区、丘陵地区可建设骨灰堂或公墓。

3. 应规划建设骨灰安置区、祭扫场地、公厕、停车场及必要的照明及通行道路等设施。

4. 新建农村公益性骨灰堂（公墓）的节地生态安葬率应达到 100%。支持现有的骨灰堂（公墓）进行节地生态改造，经改造后，节地生态安葬比例应达到 65% 以上。

四、建设规模

根据服务人口数量并结合死亡率、服务年限等因素确定建设规模：

——骨灰堂可参照城市公益性骨灰堂格位比例确定规模。

——公墓占地面积一般不超过 30 亩。

五、尺寸标准

1. 骨灰堂每个格位的单位建筑面积不宜超过 0.25m²，每层楼安放格位数量宜由下到上逐层递减，建筑不宜超过 6 层。

2. 公墓独立墓穴的单位占地面积不应超过 0.5m²、合葬墓穴不应超过 0.8m²（不含公共绿化和道路用地），提倡地面不建墓基、地下不建硬质墓穴。

3. 墓碑应体现小型化、多样化、艺术化，推广使用卧碑。

附件 4

江西省经营性公墓建设指南

一、基本定义

经营性公墓是指以招拍挂方式依法取得国有土地使用权，按市场方式运作，有偿提供骨灰安置服务的公共殡葬设施。

二、项目选址

符合城乡规划和土地利用总体规划，不得占用永久基本农田，宜在城区中长期规划建设范围之外，避开"三沿六区"并符合《殡葬管理条例》《江西省殡葬管理办法》的相关规定，最大限度保持、利用原有自然环境和人文景观。

三、规划布局

1. 市、县在建有城市公益性骨灰堂（公墓）的基础上，根据需要方可规划申报建设一个经营性公墓。

2. 应按功能分为：骨灰安置区、业务办公区和公共服务区，有条件的可根据需求设置生命文化教育功能区。其中，骨灰安置区可分为骨灰安葬墓穴区、骨灰安放格位区和骨灰生态循环区。

3. 新建公墓应在本项目区内规划不少于20%的用地，建设公益性公墓（统一使用卧碑），实行独立核算成本，由物价部门按实际建设成本和管理费核定墓穴价格。

4. 公墓应设置环形道路，有明显标识，道路出入口不少于 2 个，出入口最大宽度不宜大于 10m。

5. 墓区主干道宽度不宜小于 3.5m，次干道宽度不宜小于 1.5m，支道宽度不宜小于 0.6m。

6. 墓区应体现园林化特点，绿化率不宜低于 50%，宜开设防火隔离带。

7. 新建经营性公墓的节地生态安葬率应达到 100%。支持现有的公墓进行节地生态改造，经改造后，节地生态安葬比例应达到 50% 以上。

8. 中、低价墓位建设总量不应低于该公墓规划建设墓位总量的 60%。

四、建设规模

每个公墓占地面积一般不超过 300 亩。

五、建筑设施

1. 应设置骨灰安置区和办公用房、集散广场、祭扫场地、绿地、道路、公厕、停车场等管理服务设施，配备建筑给排水、通风、照明、电气、音响、互联网等设备。

2. 公墓应包括：墓葬区、骨灰堂（楼、墙）安放区、生态葬区。

3. 鼓励公墓建设骨灰廊、骨灰墙、骨灰亭、骨灰花坛等设施，为不保留骨灰者建"名字墙"等纪念设施。

六、尺寸标准

1. 骨灰堂每个格位的单位建筑面积不宜超过 0.25m²，每层楼安放格位数量宜由下到上逐层递减，建筑不宜超过 6 层。

2. 骨灰寄存架之间的通道宽度不宜小于 1.2m，骨灰存放室净高不宜低于 3.3m。

3. 新建公墓独立墓穴的单位占地面积不应超过 0.5m²、合葬墓穴不应超过 0.8m²（不含公共绿化和道路用地），提倡地面不建墓基、地下不建硬质墓穴。

4. 应严格限制墓穴、墓位占地面积和墓碑高度，墓碑应体现小型化、多样化、艺术化，推广使用卧碑。

5. 墓位间以绿化带相隔，间距应不宜小于 0.3m。墓位前走道应建绿化行道，尽量减少硬化面积。

江西省民政厅关于印发《江西省公益性骨灰堂（公墓）管理指引》的通知

（赣民字〔2020〕14 号　2020 年 2 月 25 日）

各设区市、省直管试点县（市）民政局，赣江新区社会发展局：

现将《江西省公益性骨灰堂（公墓）管理指引》印发给你们，请遵照执行。

江西省公益性骨灰堂（公墓）管理指引

一、基本定义

本指引所指公益性骨灰堂（公墓）包含城市公益性骨灰堂（公墓）和农村公益性骨灰堂（公墓）。

城市公益性骨灰堂（公墓）是指以政府协议出让或划拨方式依法取得国有土地使用权，不以营利为目的，为城镇居民提供骨灰公益安置服务的城市公共殡葬设施。

农村公益性骨灰堂（公墓）是指利用农村集体土地或村民承包土地，不以营利为目的，为农村居民提供骨灰公益安置服务的农村集体殡葬设施。

二、日常管理

1. 按照"谁建设、谁管理"的原则，城市公益性骨灰堂（公墓）由所在地人民政府民政部门负责管理；农村公益性骨灰堂（公墓）由所在地乡镇人民政府、村（居）委会或委托村（社区）红白理事会负责管理。

2. 支持采取全县（市、区）统一管理、服务外包管理、群众自我管理等多种管理模式。

3. 应建立健全公益性骨灰堂（公墓）日常管理制度，确保有人管事、有钱管事。设立专门服务场所，建有人员职责、墓穴登记、档案管理、财务管理等制度。

4. 应安排专人负责公益性骨灰堂（公墓）日常管理与维护，做好安葬服务、绿化保洁及排水、防火、防盗等工作。花圈等祭祀物应于骨灰安置后七天予以清除。

5. 加强内部安全管理，城市公益性骨灰堂（公墓）和有条件的农村公益性骨灰堂（公墓）应配齐人防、物防、技防设施设备，建立消防、值班巡查、隐患排查等管理制度，制定完善重大祭扫日等突发事件应急预案，确保机构运营安全。

三、安葬服务

1. 公益性骨灰堂（公墓）只提供骨灰安置，不得接纳遗体土葬。

2. 安置骨灰时凭户籍证明（身份证）、火化证明提供格位或墓穴。

3. 安置骨灰时，管理人员要做好选墓接待、安葬服务等，有条件的可提供现代文明的告别仪式。

4. 公益性骨灰堂（公墓）应始终坚持公益属性，不得以营利为目的，不得从事或变相从事经营活动，不得倒买倒卖和提前预订格位、墓穴。禁止变更为经营性骨灰堂（公墓）。

5. 骨灰存放（安葬）基本服务费按物价管理有关规定实行一次性收取，最长不宜超过 20 年。

四、移风易俗

1. 公益性骨灰堂（公墓）内应设立殡葬文化宣传栏，弘扬社会主义核心价值观，倡导厚养礼葬、文明节俭、生态环保的殡葬新风尚。

2. 管理人员应向丧属宣传殡葬改革政策和骨灰堂（公墓）管理制度，丧属不得从事封建迷信活动，不得随意更改墓穴朝向和墓具大小、高度等。

3. 引导群众采用树葬、花葬、草坪葬等多种形式的节地生态安葬方式。

五、档案管理

1. 公墓管理单位应收集逝者、墓穴及联系人的相关档案内容信息，使用规范字体，仔细记录登记造册，确保信息的完整性、真实性和安全性，及时将信息录入全省殡葬管理服务信息系统。

2. 提倡统一印制公益性骨灰堂（公墓）安葬证，并载明以下内容：持证人姓名、仕址（地址）、联系电话、身份证号、逝者姓名、墓穴、收费金额、购买日期、逝者安葬日期等，并备份留存。

3. 档案资料要装订成册，按年度建档立卷。档案柜由专人保管，做好防火、防盗、防潮等工作。

六、监督检查

1. 按照属地管理职责，设区市、县（市、区）民政部门应加强对公益性骨灰堂（公墓）的监管，建立监督检查机制，强化工作指导，发现问题，及时督促整改到位。

2. 建立健全公益性骨灰堂（公墓）年检制度，设区市、县（市、区）民政部门应组织开展年检工作，年检结果报上级民政部门备案。对年检不合格的应限期整改，对拒不改正的，按照相关规定予以处罚。

江西省民政厅 江西省发展改革委关于印发《江西省殡葬事业"十四五"发展规划》的通知

（赣民规发〔2021〕1号　2021年6月23日）

各设区市、省直管县（市）民政局、发展改革委，赣江新区社会发展局、经济发展局：

现将《江西省殡葬事业"十四五"发展规划》印发给你们，请结合实际抓好落实。

江西省民政厅　江西省发展改革委
2021年6月23日

江西省殡葬事业"十四五"发展规划

为巩固提升惠民绿色文明殡葬改革成果，推动全省殡葬事业高质量发展，进一步保障和改善民生、增进人民群众福祉，促进精神文明和生态文明建设，根据党中央和省委工作部署，以及国家和省有关要求，结合工作实际，制定本发展规划。

一、基础与形势

（一）全省殡葬事业发展基础。

"十三五"期间，省委、省政府将殡葬改革工作纳入了生态文明建设、乡村振兴、乡风文明行动、城乡环境综合治理和全域旅游等重大决策部署中统筹推进，全省殡葬事业取得了长足发展，特别是公益性殡葬设施建设和惠民殡葬政策落实成效位居全国前列。

"十三五"末期，全省改扩建殡仪馆88个，升级改造火化炉247台，建成城市公益性骨灰堂（公墓）112个、农村公益性骨灰堂（公墓）1.96万个，公益性殡葬设施城乡全覆盖；全面建立遗体接运、暂存、火化、骨灰寄存、普通骨灰盒等五项基本殡葬服务免费制度，免费范围覆盖全体城乡群众，并实现在殡葬服务单位直接核免；建成了省级殡葬管理服务信息系统，推动了智慧殡葬建设，提升了城乡公益骨灰堂（公墓）管理服务水平，基本杜绝了遗体违规土葬和骨灰散埋乱葬，现代科学、文明低碳的新风尚体现在殡、葬、祭全过程，人民群众对殡葬改革的获得感、认可度、满意度得到提升。

（二）面临的形势。

"十四五"时期是我国全面建成小康社会、实现第一个百年奋斗目标之后，乘势而上开启全面建设社会主义现代化国家新征程、向第二个百年奋斗目标进军的第一个五年。殡葬工作关系民生、连着民心，是基本社会服务的重要方面。"十四五"时期，我省经济社会发展的速度、方式、结构和动能将发生深刻变化，人口老龄化进程不断加快，人民群众对更好实现逝有所安的愿望和需求越来越迫切，全省殡葬事业改革发展面临着既要确保积极稳步又要坚决防止反弹的双重挑战，面临着既要保障人民群众多层次丧葬需求又要加快解决不平衡、不充分殡葬服务供给的双重任务，面临着既要依法有序推进又存在法规制度不健全的双重压力，对我省殡葬管理工作提出了全新要求。

同时，"十四五"时期全省殡葬事业改革发展也面临新机遇。习近平总书记先后对民政工作和殡葬工作作出重要指示批示，提出一系列要求，为我们做好新时代殡葬事业改革发展指明了方向、提供了遵循。党中央、国务院高度重视殡葬工作，专门出台文件部署，在全面推进乡村振兴中加快农村公益性殡葬设施建设，深化农村移风易俗，加大厚葬薄养、封建迷信、人情攀比等不良风气治理。省委、省政府把惠民绿色文明殡葬改革工作摆在重要议事日程、列入重要考评内容，坚持高位推动，强化要素保障。人民群众对高质量殡葬服务供给的需求日益强烈，社会各界更加主动参与和支持殡葬改革工作。

二、指导思想、原则与目标

（一）指导思想。

以习近平新时代中国特色社会主义思想为指导，全面贯彻党的十九大和十九届二中、三中、四中、五中全会精神，认真落实党中央、国务院决策部署和省委、省政府工作要求，立足新发展阶段，贯彻新发展理念，构建新发展格局，以推动高质量发展为主题，常态长效抓好殡葬改革，加快完善基础设施，提升管理服务水平，深化殡葬移风易俗，健全管理体制机制，推进殡葬工作治理体系和治理能力现代化，更好实现逝有所安。

（二）基本原则。

——坚持常态长效，坚决防止反弹。完善殡葬改革常态长效工作机制，争取党委、政府在规划编制、土地供给、经费投入、公共服务、监管执法等方面给予支持和保障。紧盯重点任务，优化方法路径，尊重群众意愿，防止反弹回潮。

——坚持公益优先，扩大服务供给。突出殡葬事业公益属性，优化殡葬资源配置，规范殡葬市场管理，提升殡葬服务能力，确保供给丰富、公平可及、群众受益。

——坚持文明绿色，推进移风易俗。优先建设骨灰堂，统筹建设公墓，引导殡葬活动有利于节约资源、保护生态环境，推动遗体火化、骨灰节地生态安葬，传承优秀传统殡葬文化，摈弃大操大办、办丧扰民等陋习，倡树尊重逝者、慰藉生者的文明新风。

——坚持示范引领，带动群众参与。推动党员干部示范带头，突出人民群众的主体作用，发挥群众自治作用，强化正向激励和反向约束，营造全社会支持殡葬事业发展的良好氛围。

（三）工作目标。

到 2025 年，殡仪馆火化设备符合国家排放标准，配置遗物无害化焚烧设施；对现有建设标准偏低、配套能力不足的殡葬设施进行提升改造，重点支持改造殡仪馆 88 个、城市公益性骨灰安葬（放）设施 100 个、农村公益性骨灰安葬（放）设施 1000 个；主城区实现殡仪馆集中治丧，偏远或不方便集中治丧的乡镇建有殡仪服务站；保持遗体火化率不反弹，提高骨灰入葬骨灰堂（公墓）或在指定区域内节地生态安葬比例；完善经营性公墓审批程序；支持樟树市打造成国家级殡葬设备用品生产高地。

三、主要任务

（一）推进设施提升改造。推动配置政府主导投资建设的殡仪馆，完善社会力量投资建设殡仪馆管理规则，确保公益属性。加快完成火化设备减排节能更新改造，新增的火化炉应当为拣灰炉，逐步淘汰平板炉。配置遗物无害化焚烧设施，不得露天焚烧或随意丢弃。推进老旧殡仪馆和建设标准偏低、配套能力不足的城乡公益性骨灰安葬（放）设施提升改造，完善功能设施，提高服务能力，融入周边环境，满足群众需求。

专栏1：殡葬设施新迁改建重点项目

殡仪馆迁改建项目（共16个）：南昌县殡仪馆、修水县西片区殡仪馆、庐山市殡仪馆、乐平市殡仪馆、瑞金市殡仪馆、龙南市殡仪馆、大余县殡仪馆、上犹县殡仪馆、宜春市殡仪馆、宜丰县殡仪馆、万载县殡仪馆、上饶市广丰区殡仪馆、鄱阳县殡仪馆、永丰县殡仪馆、峡江县殡仪馆、宜黄县殡仪馆。

殡仪馆提升项目（共15个）：进贤县殡仪馆、莲花县殡仪馆、鹰潭市殡仪馆、赣州市赣县区殡仪馆、全南县殡仪馆、安远县殡仪馆、奉新县殡仪馆、上饶市殡仪馆、井冈山市殡仪馆、泰和县殡仪馆、吉水县殡仪馆、吉安县殡仪馆、万安县殡仪馆、新干县殡仪馆、黎川县殡仪馆。

城市公益性骨灰安葬（放）设施新建项目（共18个）：南昌市城市公益性骨灰安葬（放）设施、南昌市新建区城市公益性骨灰安葬（放）设施、乐平市城市公益性骨灰安葬（放）设施、浮梁县城市公益性骨灰安葬（放）设施、上栗县城市公益性骨灰安葬（放）设施、鹰潭市余江区城市公益性骨灰安葬（放）设施、鹰潭市信江新区城市公益性骨灰安葬（放）设施、赣州市赣县区城市公益性骨灰安葬（放）设施、龙南市城市公益性骨灰安葬（放）设施、于都县城市公益性骨灰安葬（放）设施、兴国县城市公益性骨灰安葬（放）设施、定南县城市公益性骨灰安葬（放）设施、万载县城市公益性骨灰安葬（放）设施、横峰县城市公益性骨灰安葬（放）设施、鄱阳县城市公益性骨灰安葬（放）设施、吉水县城市公益性骨灰安葬（放）设施、永丰县城市公益性骨灰安葬（放）设施、宜黄县城市公益性骨灰安葬（放）设施。

重点支持改造殡仪馆88个、城市公益性骨灰安葬（放）设施100个、农村公益性骨灰安葬（放）设施1000个。

（二）完善集中治丧场所。合理配置殡仪服务站点，引导城乡群众在指定场所集中文明治丧。提高殡仪馆集中治丧能力，实现遗体接运、存放、守灵、悼念、火化、祭扫、餐饮和住宿等殡葬"一条龙"服务。尽量利用现有适当场所，为偏远或不方便集中治丧的乡镇改造建设功能齐全的殡仪服务站。

专栏2：殡仪服务站重点项目

殡仪服务站建设项目（共163个）：南昌市殡仪服务站10个、景德镇市乡镇殡仪服务站10个、萍乡市殡仪服务站2个、新余市乡镇殡仪服务站6个、赣州市乡镇殡仪服务站80个、高安市乡镇殡仪服务站2个、婺源县乡镇殡仪服务站3个、余干县乡镇殡仪服务站4个、泰和县殡仪服务站12个、永丰县殡仪服务站8个、安福县殡仪服务站5个、峡江县殡仪服务站1个、抚州市东乡区乡镇殡仪服务站15个、崇仁县殡仪服务站5个。

（三）加强经营性公墓管理。建立全省经营性公墓、骨灰堂总体布局规划，严格控制增量。深化"放管服"改革，完善设区市民政部门审批、省级民政部门备案程序，推动实现审批全程网上办理。开展"双随机、一公开"监管，强化公墓年检制度，查处经营性公墓未批先建、擅自扩建、违规建设销售超标准墓位等问题。督促经营性公墓推广使用卧碑，执行节地生态标准，加快向生态化、园林化转型。经营性公墓要划定不少于占地面积20%的土地建设公益性安葬区域，实行同期同质建设管理。

（四）提升殡葬服务水平。完善基本殡葬服务免费政策，确保免费政策长期稳定有效，切实减轻群众丧葬负担。加强殡葬设施管理，创新服务模式，明确责任主体，严禁公益性骨灰堂（公墓）对外销售，实现建得好、管得好、用得好，促进礼俗好。加强殡葬服务市场管理，完善服务收费政策，联合整治不按规定明码标价和强制服务收费、只收费不服务等违规经营、欺行霸市行为，严厉打击殡葬领域涉黑涉恶、侵害群众切身利益的不法行为。加强殡葬专业人才培育，运用信息化管理服务手段，提升管理服务质量效能。深化行风建设，强化干部职工思想教育、纪律教育、职业操守教育，营造风清气正的办丧治丧环境。

（五）加快智慧殡葬建设。加快殡葬信息化建设，完善智慧殡葬管理服务平台，推进"互联网+殡葬服务"，提高殡葬在线政务服务水平。推动殡葬服务线上线下融合，提供网上预约、远程告别、网上支付、网络祭扫、网上评价投诉等服务。推进殡葬大数据治理，建立基础殡葬信息数据库，实现跨层级、跨地域、跨系统、跨部门殡葬信息互联互通共享，加强和改进殡葬服务监管。

（六）深化殡葬移风易俗。积极融入全面推进乡村振兴战略，持续推动殡葬移风易俗。大力开展殡葬移风易俗示范点建设，加快形成示范带动效应。以殡葬服务机构、城乡社区等为重要宣传阵地，引导树立现代文明丧葬新风。推动殡葬移风易俗纳入文明村镇创建、美丽乡村建设以及文明家庭等群众性精神文明创建活动。通过立法规制、政策引导、行业规范等多种方式，推动葬式葬法向节地、绿色、生态方向转变，推行文明节俭治丧。尊重群众主体地位，发挥党员干部示范带头作用，支持红白理事会等组织发挥信息报告、政策宣传、上门服务、制止陋习等作用。加强新时代殡葬文化研究，以社会主义核心价值观引领殡葬文化创新发展。支持建设生命文化纪念园。

专栏3：殡葬移风易俗示范点和生命文化纪念园项目

全省殡葬移风易俗示范点建设县（市、区）（共12个）：南昌市青云谱区、共青城市、浮梁县、萍乡市湘东区、新余市渝水区、贵溪市、全南县、丰城市、高安市、鄱阳县、吉安市吉州区、金溪县。

生命文化纪念园项目（共6个）：九江市经开区永安民俗园、景德镇市生命文化公园、萍乡市安源区生命文化纪念园、樟树市生命文化纪念园、赣州蓉江新区蓉龙人文纪念园、永丰县生命文化纪念园。

（七）狠抓突出问题治理。继续推进遗体火化，保持火化率不反弹。加强骨灰去向跟踪管理，提高入墓安葬比例，推行在划定范围内树葬、花葬、草坪葬、骨灰撒散等节地生态安葬，禁止新增散埋乱葬。稳妥有序治理活人墓和"三沿六区"大墓、豪华墓，坚持以说服引导为主、服务保障为先，积极动员群众自行拆除违建坟墓，不搞"一刀切"。巩固殡葬领域突出问题专项整治成果，保障群众合法丧葬权益。

（八）健全监督执法制度。制定出台《江西省公墓管理办法》，适时修订《江西省殡葬管理办法》。推动建立完善殡葬执法队伍或纳入市县综合执法事项。加强基层殡葬信息员队伍建设，强化对"风水先生"等殡葬从业者管理。对民办殡仪馆要由属地民政部门派驻专人监督管理。开展星级殡仪馆、经营性公墓评定工作。全面推行殡葬服务信息公开公示和服务合同制度，畅通公众监督维权渠道。对服务管理不规范、严重偏离公益方向、公众满意度差的服务机构要依法予以处理。发挥殡葬行业协会作用，引导殡葬服务单位加强行业自律，依法诚信经营。

（九）打造产业集聚高地。发挥殡葬设备用品产业聚集优势，在江西管理职业学院（江西省民政学校）开设殡葬相关专业，加大与大专院校、科研院所合作，促进行业交流，抢占技术创新制高点。积极将樟树市打造成国家级殡葬设备用品生产基地和研发高地，助力殡葬改革，推动县域经济发展。

四、保障措施

（一）加强组织领导。各级民政部门要主动做好殡葬工作组织牵头，积极融入当地党委、政府重大决策和重要考核。充分发挥殡葬改革工作领导小组作用，研究解决工作中的重大问题，推动形成上下联动、左右联通、各司其职、齐抓共管的工作格局。

（二）加强要素保障。统筹用好财政资金，鼓励国有资本和社会资源参与建设运营。做好专项规划与国土空间规划衔接，协调解决项目用地。推动修订出台殡葬法规条例，完善配套政策，健全常态长效管理机制。强化人才队伍建设，关心关爱一线职工。

（三）加强宣传引导。建立殡葬工作宣传引导长效机制，宣传政策法规，普及科学知识，传递文明理念，注重实践养成。尊重群众主体地位，注意工作方式方法。强化典型示范，用身边事教育身边人。加强舆情导控，积极防范和妥善处理突发的舆情热点，防止恶意炒作。

（四）加强督促指导。坚持问题导向、结果导向，紧盯短板弱项，帮助基层分析原因、寻找对策、推动工作。采用"四不两直"方式加强问题巡查督办，完善调度通报制度。发挥考评"指挥棒"作用，调动各地工作积极性，确保各项任务落地实施。

请各地抓紧制定符合本地实际的殡葬事业发展规划。

江西省民政厅办公室

2021 年 6 月 23 日

江西省民政厅关于印发全省殡葬服务设施
提升改造参考细则的通知

各设区市民政局社会事务（殡葬管理）科：

为落实《江西省民政厅关于开展 2021 年度创建示范性殡葬服务设施工作的通知》（赣民字〔2021〕11 号）要求，提升殡葬设施建设管理水平，推动殡葬服务标准化、规范化，我们制定了《全省殡仪馆提升改造参考细则（试行）》和《全省公益性骨灰堂（公墓）提升改造参考细则（试行）》，现予印发，请认真贯彻执行。

附件：1. 全省殡仪馆提升改造参考细则（试行）
2. 全省公益性骨灰堂（公墓）提升改造参考细则（试行）

江西省民政厅社会事务处

2021 年 6 月 1 日

附件 1

全省殡仪馆提升改造参考细则（试行）

为持续提升我省殡葬管理服务水平，结合我省实际，在《江西省殡仪馆建设指南》的基础上，我们制定了《全省殡仪馆提升改造参考细则（试行）》，供各地参照执行。总分共 100 分，验收达到 90 分以上即为合格。

项目		分值	评分标准
基础条件（50 分）	基础条件按照《江西省殡仪馆建设指南》（赣民发〔2018〕9 号）（以下简称《指南》）有关精神执行。		
	项目选址	10	不符合城乡规划和土地利用总体规划，占用永久基本农田，在"三沿六区"建设的，发现任何一项均不得分。
	规划布局	5	不符合《指南》规划布局 5 项内容的，每项扣 1 分。
	建设规模	5	建设规模不符合常住人口与殡仪馆占地面积及建筑面积比例要求的，不得分。
	功能构成	9	不符合殡仪馆 9 大功能区域的，每个功能区的小类缺少一项则扣 1 分，扣完即止；建设规范不能满足辖区城镇群众集中办丧服务需求的，不得分。
	面积指标	8	功能区构成的面积比例不符合《指南》要求的，不得分。
	建筑设施	7	不符合《指南》建筑设施 7 项内容的，每项扣 1 分。
	专用设备	6	不符合《指南》专用设备 6 项内容的，每项扣 1 分。

续表

项目		分值	评分标准
改造提升条件（50分）	智慧殡葬设备	9	1. 未安全规范使用江西殡葬管理服务信息系统的，扣3分； 2. 未实时、准确、规范录入殡葬信息，实现省市县乡村殡葬信息共享交换的，扣3分； 3. 未做好"赣服通"平台殡葬小程序线上预约与线下服务相衔接，实现殡葬服务线上线下互动办理的，扣3分。
	设备设施	6	殡葬改革以来，新（改、扩）殡仪馆未使用拣灰炉；未配备尾气处理设施；尾气排放未达到国家环保要求的，每项扣2分。
	办丧服务设施	8	1. 殡仪馆内未区分集中治丧区、休息区、公共环境区等的，扣2分； 2. 集中治丧区未体现追思缅怀、休息区未体现安全舒适且富有教育意义的，公共环境区未体现布局典雅且具有文化氛围的，每项扣1分； 3. 集中治丧区未按照满足城区群众集中办丧需求，建设不同规模的悼念厅、守灵厅，未配置瞻仰棺、电子显示屏、音响等殡仪服务设施的，每项扣1分；4. 公共环境区未设立可供丧属餐饮和住宿的，扣2分。
	手续文件	4	经当地政府及有关部门正式审批，手续齐全。缺少任何一项审批手续，均不得分。
	档案管理设备	5	1. 纸质档案未整理成册，未由专人负责保管，且未做好防火、防盗、防潮等工作的，扣3分； 2. 未制作电子档案的，扣2分。
	公开公示	4	未设置公开公示专栏，且免费政策、服务流程、服务项目、服务收费、投诉电话、收费文件等不公开、不醒目的，不得分。
	商品售卖场所	8	殡仪馆出现售卖超标骨灰盒（标准骨灰盒尺寸应控制在：长＊宽＊高＝320mm＊210mm＊210mm）的，扣4分；违规售卖鞭炮、冥币等封建迷信祭祀用品的，扣4分。
	支付设备	6	殡仪馆未开具正规收据发票的；扣3分；不支持现金、刷卡、电子扫码等多种支付方式的，扣3分。
加分项			1. 建设生命文化纪念设施的，加2分； 2. 入选全国（省）殡葬工作会议参观点的，加2分。
一票否决项			1. 本年度发生过重大事故的，如火灾、人员伤亡及其他责任事故。 2. 本年度发生过重大舆情或信访事件。 3. 本年度被中央、省部级领导点名批评。

附件 2

全省公益性骨灰堂（公墓）提升改造
参考细则（试行）

为提升城乡公益性骨灰堂（公墓）设施品质，提高管理服务水平，推动殡葬移风易俗，更好满足群众"逝有所安"服务需求，结合我省实际，在《江西省城乡公益性骨灰堂（公墓）建设指南》的基础上，我们制定了《全省公益性骨灰堂（公墓）提升改造参考细则（试行）》，供各地参照执行。总分共 100 分，验收达到 90 分以上即为合格。

项目		分值	评分标准
基础条件（50分）			基础条件按照《江西省城市公益性骨灰堂（公墓）建设指南》和《江西省农村公益性骨灰堂（公墓）建设指南》（赣民发〔2018〕9号）有关精神执行。
	项目选址	12	不符合城乡规划和土地利用总体规划，占用永久基本农田，在"三沿六区"建设，未保持、利用原有自然环境和人文景观，实行推山砍树的，发现任何一项均不得分。
	规划布局	5	不符合城市公益性骨灰堂（公墓）规划布局5项内容的，每项扣1分；不符合农村公益性骨灰堂（公墓）规划布局4项内容的，每项扣1分。
	建设规模	12	占地面积不符合常住人口与死亡率、服务年限等因素的，扣3分；首期建设未能满足辖区群众5年安葬服务需求的，扣3分；未按照"一次规划、分批建设"的，首期建设超过20年服务需求的，扣6分。
	建筑设施	9	不符合城市公益性骨灰堂（公墓）建筑设施3项内容的，每项扣3分；农村公益性骨灰堂（公墓）未设置办公用房、道路、公厕等管理服务设施的，且未配备排水、通风、照明等设备的，均不得分。
	尺寸标准	12	不符合城市公益性骨灰堂（公墓）尺寸标准6项内容的，每项扣2分；不符合农村公益性骨灰堂（公墓）尺寸标准3项内容的，每项扣4分。
改造提升条件（50分）	智慧殡葬设备	10	城乡公益性骨灰堂（公墓）未安装摄像头并接入公墓管理系统，不能实时查看墓区情况的，扣5分；未发挥殡葬管理服务信息系统作用，实时跟踪骨灰去向"闭环管理"的，扣5分。
	墓园环境	12	墓园整体绿化率低于60%的，扣4分；墓区树种单一且以松柏为主的，扣4分；花圈等祭祀物未及时清除，环境卫生脏乱差的，扣4分。
	安全管理	8	城乡公益性骨灰堂（公墓）未配齐人防、物防、技防设施设备的，扣4分；未制定消防、值班巡查、隐患排查、人员职责、墓穴登记、档案管理等管理制度的，扣4分。
	墓穴管理	12	发现随意更改墓穴朝向和墓具大小、高度的，扣4分；未设立树葬、花葬等生态安葬区的，扣4分；城乡公益性公墓维护管理费收取超过限制性标准的；扣4分。
	档案管理设备	4	档案资料未装订成册，未按年度建档立卷的，扣2分；未设立档案柜，且未做好防火、防盗、防潮的，扣2分。
	公开公示	4	未设置公开公示专栏，且相关政策、服务项目、投诉电话等不公开、不醒目的，不得分。
加分项			入选全国（省）殡葬工作会议参观点，加2分。
一票否决项			1. 违规变更为经营性骨灰堂（公墓）的； 2. 违规使用立碑、出售活人墓的； 3. 本年度发生过重大舆情或信访事件的； 4. 本年度被中央、省部级领导点名批评的。

江西省民政厅办公室 江西省林业局办公室
关于规范城乡公益性公墓占用林地
备案审批制度的通知

（赣民办〔2021〕45 号　2021 年 11 月 1 日）

各设区市民政局、林业局，赣江新区社会发展局、自然资源局：

为巩固深化惠民绿色文明殡葬改革成果，完善城乡公益性公墓审批手续，将对城乡公益性公墓占用林地实行备案、审批制度，现就有关事项通知如下。

一、因地制宜实行备案制度

（一）备案条件。实行林地墓地复合利用，不推山砍树，不改变林地性质，在林地内依山就势建设墓穴。独立墓穴单位占地面积不超过 $0.5m^2$、合葬墓穴不超过 $0.8m^2$。仅限使用卧碑，卧碑高出地面不得超过 15cm。墓穴之间及墓地道路不得硬化。

（二）备案程序。城市公益性公墓由所在地民政部门提供立项文件、选址建设方案，向同级林业部门备案。农村公益性公墓由所在乡镇人民政府提供立项文件、选址建设方案，向县级林业部门备案。

二、依法严格落实审批要求

城乡公益性公墓建设确需占用林地、改变林地性质的，应当依法向林业部门申办林地审核审批手续，城市公益性公墓的申报主体为所在地民政部门，农村公益性公墓的申报主体为所在乡镇人民政府。在城镇规划区内的公益性公墓，经省民政厅同意后依法申办林地审核审批手续。

三、加强部门联动协作

实行城乡公益性公墓备案、审批是保障人民群众安葬需求的重要举措，涉及部门和层级较多，各级民政、林业部门要切实提高思想认识，认真履职尽责，加强部门间、上下级配合协助，形成工作合力。

四、加强事中事后监管

各级民政、林业部门要加强对城乡公益性公墓建设的事中事后监管，用地单位要严格按照标准建设。

（此件主动公开）

江西省民政厅办公室　江西省林业局办公室

2021 年 11 月 1 日

江西省公墓管理办法

（江西省人民政府令　第 253 号）

《江西省公墓管理办法》已经 2021 年 12 月 29 日省人民政府第 82 次常务会议审议通过，现予公布，自 2022 年 3 月 1 日起施行。

代省长：叶建春

2022 年 1 月 5 日

（此件主动公开）

第一章　总　　则

第一条　为了加强公墓管理，深化殡葬改革，促进社会主义精神文明和生态文明建设，根据国务院《殡葬管理条例》及其有关法律法规，结合本省实际，制定本办法。

第二条　本省行政区域内公墓的规划建设、经营服务、监督管理等活动，适用本办法。

国家对烈士、军人、少数民族、宗教教职人员等安葬骨灰或者遗体的公墓另有规定的，从其规定。

第三条　县级以上人民政府应当统筹规划、协调推进公墓管理工作，将公益性公墓管理工作经费列入财政预算。

县级以上人民政府民政主管部门负责本行政区域内的公墓管理工作。发展改革、公安、财政、自然资源、生态环境、住房城乡建设、应急、林业、市场监管等部门按照各自职责做好公墓管理相关工作。

乡（镇）人民政府、街道办事处在本行政区域内做好公益性公墓和历史埋葬点的管理工作。

村（居）民委员会依法做好公益性墓地管理工作，引导村（居）民将骨灰入公墓安葬，文明节俭操办丧事。

第四条　本办法所称公墓包括公益性公墓、经营性公墓。

公益性公墓是指为辖区居民提供非营利性骨灰安葬服务的殡葬设施。

经营性公墓是指为城乡居民提供营利性骨灰安葬服务的殡葬设施。公墓单位是指从事经营或者管理公墓的机构或者组织。

第二章　规划建设

第五条　市、县（区）人民政府民政主管部门应当根据上级和本级殡葬事业发展规划、国土空间规划，拟定本行政区域内公墓建设方案，报同级人民政府批准后实施。

公墓建设方案应当优先考虑公益性骨灰堂建设项目。统筹安排公益性公墓建设项目，从严控制经营性公墓建设项目。

第六条　公墓布局应当方便群众安葬骨灰和祭扫，满足多层次安葬需求。

服务于农村居民的公益性公墓以行政村为单位建设，鼓励以乡镇为单位集中建设或者多个行政村联建。

服务于城市居民的公益性公墓以县级行政区划为单位建设，设区的市可以统筹建设。经营性公墓实行总量控制，原则上只减不增。

第七条　市、县（区）人民政府民政主管部门应当在公墓规划树葬、花葬、草坪葬等节地生态安葬设施。

鼓励采取树葬、花葬、草坪葬和水葬、骨灰撒散等节地生态葬法。对在公墓规划区内树葬、花葬、草坪葬的，免费提供安葬服务。对采取生态安葬的居民当地政府可以给予奖励。

第八条　县级以上人民政府有关部门和组织应当为不保留骨灰和捐献遗体、器官、组织的逝者规划建立集中纪念设施。

第九条　建设经营性公墓，按规定程序由设区的市人民政府民政主管部门审批，并报省人民政府民政主管部门备案。

公益性公墓由市、县（区）人民政府民政主管部门纳入基本公共服务项目统筹建设，并按有关规定办理手续。

第十条　县级以上人民政府有关部门应当一次规划、预留、保障公墓建设用地，按照需求分期建设公墓。

第十一条　建设公墓应当保护自然环境。体现节地生态，减少硬化面积。推行地上不建墓基，地下不建硬质墓穴，使用可降解骨灰容器。墓区内根据需要配备必要的通行道路、停车场、厕所等便民服务设施。

新建的经营性公墓应当按照总规划面积20%比例建设公益性公墓。

独立墓位占地面积不超过0.5平方米，合葬墓位占地面积不超过0.8平方米。公益性公墓使用卧式墓碑。经营性公墓倡导使用卧式墓碑。

第十二条　县级以上人民政府民政主管部门可以会同有关部门在不改变林地用途，保证森林防火安全的前提下，规划一定区域推行林地和公益性生态安葬复合利用。

第十三条　公墓建设禁止下列行为：

（一）在公墓以外的区域建造坟墓；

（二）将公益性公墓变更为经营性公墓；

（三）使用财政性资金或者通过划拨取得的建设用地建设经营性公墓；

（四）法律、法规禁止的其他行为。

第三章　服务管理

第十四条　公墓单位应当凭遗体火化证明提供墓位，按照国家和省有关规定向特殊人员提供墓位并确保自用的除外。

第十五条　公墓单位应当与逝者遗属订立书面服务合同，出具安葬证明。

服务合同、安葬证明的示范文本由省人民政府民政主管部门制定公布。

第十六条　公益性公墓只能收取维护管理费，并实行政府定价，不得收取墓位成本费、使用费等其他费用。鼓励有条件的地方免费提供骨灰安葬相关服务。

公益性公墓应当对下列人员免费提供安葬服务：

（一）城乡低保户、农村五保户；

（二）遗体器官捐献人员；

（三）见义勇为牺牲人员，或者属于优抚对象，但未享受国家丧葬费补贴的人员；

（四）家庭经济收入接近最低生活保障标准的其他生活困难人员。

第十七条　公墓单位应当在服务场所醒目位置公开公示有效的设立凭证和公墓性质、服务项目、服务地域、收费标准和依据、办事流程、服务规范、监督机关和监督电话等内容，自觉接受监督。

经营性公墓收费公示应当明确墓位租用、建筑工料、安葬服务和维护管理等价格构成。

第十八条　市、县（区）人民政府应当加强传统祭扫节日服务保障，做好卫生防疫、错峰限流、交通疏导、火源管控、祭祀用品管理等工作。

县级以上人民政府民政主管部门应当会同有关部门对公墓开展安全隐患排查整治。建立突发事件应对处理工作机制，提供高效便捷、优质温馨的祭扫服务，推广鲜花祭扫、网络祭扫、家庭追思、植树缅怀、踏青遥祭等绿色文明祭扫方式。

第十九条　公墓单位应当配备必要的人防、物防、技防设施设备，由专人负责安葬服务、绿化保洁及排水、防火、防盗，依法建立业务档案，确保信息安全。

公墓单位及其从业人员应当为居民祭扫提供便利条件，不得巧立名目设置收费项目，不得误导、强制消费，不得限制使用自带的合法丧葬用品，不得利用工作之便收受、索取财物。

鼓励公墓单位为居民提供代为祭扫服务。

第二十条　公墓内应当按规定开展丧事活动。不得从事封建迷信活动。

禁止违反墓区管理规定在公墓范围内焚烧祭品、燃放烟花爆竹。

第二十一条　县级以上人民政府应当加强殡葬信息化建设，建立部门之间人口死亡信息交换、共享机制，提供便民服务。

第二十二条　公益性公墓关闭封园，按照管理权限由所在地的民政主管部门提出，报请同级人民政府同意。

经营性公墓关闭封园，按照管理权限由所在地的民政主管部门提出，经设区的市人民政府民政主管部门同意，收回有关建设经营许可证件，并报省人民政府民政主管部门备案。

公墓关闭封园后，应当做好日常管护，提供祭扫服务，但不得再提供骨灰安葬等服务。

县级以上人民政府民政主管部门应当加强管理，牵头做好祭扫服务保障和日常管护。经营性公墓所需费用由原经营主体负责。

第四章　监督检查

第二十三条　县级以上人民政府民政、发展改革、公安、财政、自然资源、生态环境、住房城乡建设、应急、林业、市场监管等部门，应当按照法律法规和职责分工，加强对公墓日常监督检查。

第二十四条　县级以上人民政府民政主管部门应当建立健全双随机一公开机制，对发现涉嫌违反本办法规定情形的，可以依法采取下列措施：

（一）进入公墓进行现场检查；

（二）询问与被调查事件有关的单位和个人，要求其对被调查事件有关事项作出说明；

（三）约谈公墓单位负责人；

（四）查阅、复制与被调查事件有关的文件、资料；

（五）法律、法规规定的其他措施。

第二十五条　公墓实行年度检查制度。公墓年检工作按照审批权限组织实施。年检结果应当予以公告。

公墓单位应当每年在年检工作前，按照管理权限向所在地的民政主管部门报送年度工作报告。报告应当包括审批登记信息、提供骨灰安葬（放）服务情况、履行社会责任情况、违法违规受处罚情况等。

第二十六条　县级以上人民政府民政主管部门根据需求，可以组织或者委托第三方评估公墓服务水平和质量，并将评估结果向社会公布。

第二十七条　殡葬行业组织应当加强行业自律，促进会员守法、诚信、安全经营，调解处理本行业的纠纷，提高殡葬行业公信力。

第二十八条　公民、法人或者其他组织发现有违反本办法规定情形的，可以向民政、发展改革、公安、自然资源、市场监管等部门投诉举报，有关部门应当及时依法处理。对不属于本部门职责范围的事项，受理部门应当在受理后转交相关主管部门依法处理，不得拒绝受理。

第五章　法律责任

第二十九条　违反本办法第九条第一款规定，未经审批擅自兴建公墓的，由县级以上人民政府民政主管部门会同住房城乡建设、自然资源、林业部门予以取缔，责令恢复原状；有违法所得的，没收违法所得，可以并处违法所得一倍以上三倍以下的罚款。

第三十条　违反本办法第十三条第一项规定的，由县级以上人民政府民政主管部门责令限期改正；逾期不改正的，依法申请人民法院强制执行。

违反本办法第十三条第二项、第三项规定的，由县级以上人民政府民政、自然资源、林业、财政部门按照职责依法处理。

第三十一条　违反本办法第十四条和第十五条第一款规定的，由县级以上人民政府民政主管部门责令限期改正。

第三十二条　违反本办法第二十条第一款规定，在公墓从事封建迷信活动的，由民政部门责令停止；构成违反治安管理行为的，依法给予行政处罚。

违反本办法第二十条第二款规定的，由墓区管理人员进行劝阻；不听劝阻的，由有关执法部门依法予以处罚。

第三十三条　公墓单位以及从业人员有下列情形之一的，由县级以上人民政府民政主管部门会同市场监管部门依法处理：

（一）公墓关闭封园仍然提供骨灰安葬等服务的；

（二）巧立名目设置收费项目，误导、强制消费的；

（三）违反服务价格和价格公示有关规定的。

公墓单位维护管理和安全防范不善导致墓位的骨灰、墓碑遗失或者损毁的，应当依法承担民事责任。

第三十四条　有关部门及其工作人员在殡葬管理工作中有滥用职权、玩忽职守、徇私舞弊等行为的，依法给予处分；损害他人合法权益的，依法承担民事责任；构成犯罪的，依法追究刑事责任。

第六章　附　　则

第三十五条　本办法自2022年3月1日起实施。

● 山东省 ●

关于印发《山东省公墓管理办法》的通知

（鲁民〔2018〕32号）

各市民政局、发展改革委、公安局、国土资源局、住房城乡建设局（城乡建委）、规划局、林业局、环保局、工商局、物价局：

现将《山东省公墓管理办法》印发给你们，请认真贯彻执行。

山东省民政厅　山东省发展和改革委员会
山东省公安厅　山东省国土资源厅
山东省住房和城乡建设厅　山东省林业厅
山东省环境保护厅　山东省工商行政管理局
山东省物价局
2018年4月26日

山东省公墓管理办法

第一章　总　　则

第一条　为加强公墓管理，促进殡葬改革，保护土地资源和生态环境，根据国务院《殡葬管理条例》《山东省殡葬管理规定》和国家有关规定，结合本省实际，制定本办法。

第二条　本省行政区域内从事公墓建设、管理活动和设立经营服务，适用本办法。

第三条　本办法所称经营性公墓是指为公民有偿提供骨灰安葬或安放的墓地和骨灰存放设施。公益性公墓是指由县（市、区）人民政府、乡镇人民政府（街道办事处）、村（居）民委员会建立的，为公民提供骨灰安葬或安放的非营利性墓地和骨灰存放设施。

本办法所称公墓单位是指建设、经营或管理公墓的机构或组织。公墓业务代办处是指代办经营性公墓墓穴（格位）出售业务的服务机构。办理人是指在公墓为逝者获取骨灰安葬墓穴或安放格位的逝者亲属，以及与逝者有其他特定关系的单位和个人。

第四条　各级人民政府民政部门是本行政区域内公墓管理的主管部门。

发展改革、物价、公安、国土资源、城乡规划、环境保护、工商行政管理、林业等有关部门应当按照各自的职责，共同做好公墓有关监督管理工作。

第五条　建设公墓应当遵循节约土地资源、扩大绿色空间、保护生态环境、保障基本需求、方便群众和移风易俗的原则。禁止在下列区域建造公墓：

（一）耕地、林地；

（二）自然保护区、森林公园、湿地公园、城市公园、风景名胜区和文物保护区及边界外缘2000米；

（三）水库、河流堤坝附近和水源保护区及边界外缘 2000 米；

（四）铁路、公路主干线边界外缘 500 米；

（五）其他法律法规规定的禁止区域。

第六条　公墓建设应当制定规划，实行总量控制。新建经营性公墓和公益性公墓项目，应按照国家规定的基本建设程序办理。

县（市、区）人民政府民政部门应当会同当地发展改革、国土资源、城乡规划、环境保护、林业等部门，制定本地区公益性公墓发展规划，经县（市、区）人民政府批准并报设区的市人民政府民政部门备案。

设区的市人民政府民政部门应当会同当地发展改革、国土资源、城乡规划、环境保护、林业等部门，制定本地区经营性公墓发展规划，经设区的市人民政府批准并报省民政厅备案。

省民政厅会同省发展改革、国土资源、城乡规划、环境保护、林业等部门制定本省经营性公墓发展规划，经省人民政府批准并报民政部备案。

公墓发展规划应当列入土地利用总体规划、城乡规划，保障公墓发展需要，满足公民安葬需求。

第七条　墓区建设应当符合公墓建设规划，墓穴占地面积和墓碑高度符合《山东省殡葬管理规定》的要求，并向生态化、园林化、艺术化方向发展，自然与人文景观和谐统一，墓区整洁、肃穆，墓穴安全、完好。新建坟墓应安葬在公墓内，倡导移风易俗、鲜花祭祀等文明祭祀新风尚，无封建迷信活动，提倡骨灰撒散、深埋和树（花、草坪）葬等节地生态葬法。

第二章　经营性公墓管理

第八条　按照《殡葬管理条例》的规定，经营性公墓由省民政厅批准建立，经营性公墓经营单位应当办理工商登记，取得企业法人营业执照。

第九条　申请建立经营性公墓应当符合下列条件：

（一）符合土地利用总体规划、城乡规划、公墓发展规划；

（二）有筹建公墓的建设用地，公墓选址不在本办法第五条禁止建造公墓区域内；公墓用地已通过招标拍卖挂牌出让方式确定土地使用者，并签订《成交确认书》或取得《中标通知书》；

（三）公墓单位需有筹建公墓的必要经费；

（四）墓穴小型化、墓区园林化，绿化覆盖率不低于 75%，或绿地不低于 40%。

第十条　申请建立经营性公墓应当提交下列材料：

（一）设区的市人民政府民政部门审查同意建立公墓的申请报告，同时附县（市、区）人民政府民政部门的申请报告；

（二）公墓单位所在地人民政府民政部门的本级人民政府的审核意见；

（三）市、县（市、区）国土资源部门与用地者签订的《成交确认书》或发出的《中标通知书》；同级国土资源、城乡规划、环境保护部门的审查意见，涉及林地的，还应当有林业部门的审查意见；

（四）公墓单位企业法人营业执照复印件；

（五）经城乡规划主管部门审核批准的公墓位置图和规划图；

（六）公墓投资、建设、管理和经营体制等材料；

（七）项目资金来源证明；

（八）其他需要提交的材料。

第十一条　省民政厅审查合格后，出具同意建设的批复文件，有效期为两年。公墓单位应持批复文件到市、县（市、区）国土资源部门签订《国有建设用地使用权出让合同》，并根据《国有建设用地使用权出让合同》约定内容及省民政厅批复文件的要求建设公墓。

第十二条　经营性公墓应当在文件批复的有效期内建成并达到经营条件。公墓所在地人民政府民政部门应当向省民政厅申请验收并提交下列材料：

（一）县（市、区）人民政府、设区的市人民政府民政部门申请验收的报告；

（二）《不动产权证书》；

（三）环境保护部门批复或备案的环境影响评价文件及自主验收的竣工环境保护验收意见；

（四）城乡规划主管部门出具的建设工程竣工规划核实合格证明文件；

（五）公墓单位的申请验收报告和公墓投资、建设、管理和经营体制等筹建情况报告；

（六）其他需要提交的材料。

第十三条　经省民政厅验收合格后，颁发《经营性公墓合格证》。验收标准如下：

（一）墓区建设地点和规模与申报材料相符；

（二）有营业室、档案室、办公室等，各室设备齐全，能够满足经营需要；

（三）允许明火祭奠的公墓应当设立固定明火祭奠设施、开设防火隔离带等，并经县（市、区）以上林业部门审批；

（四）道路、供水、供电畅通，安全防护措施到位；

（五）待售墓穴规格符合《山东省殡葬管理规定》的要求，墓区按规划进行绿化，生态（卧碑、树葬、花葬、草坪葬、艺术葬等）墓穴不低于墓穴总数的70%；

（六）安装山东省殡葬管理信息系统，使用全省统一的《公墓安葬证》《骨灰安放证》和《墓穴（格位）使用协议》；

（七）墓区管理机构的组建与申报报告相符，工作人员应当参加省或设区的市人民政府民政部门组织的业务培训；

（八）公墓管理的各项规章制度健全。

第十四条　公墓单位持省民政厅批准经营的文件、《经营性公墓合格证》和营业执照，到物价部门申请核定公墓维护管理费收费标准，到税务部门办理税务登记，并通过当地新闻媒体公告，方可正式营业。

验收不合格的，由省民政厅责成公墓单位整顿，由公墓所在地人民政府民政部门监督落实。整顿完成后，按照本办法第十二条规定再次申请验收。

第十五条　超过公墓建设许可批复文件有效期未申请验收，省民政厅将责成公墓单位停止建设，如需继续建设，按照本办法第十条规定重新办理公墓审批手续。

第十六条　经营性公墓扩大规模，应当符合本办法第九条规定，并按照第十条、第十二条的规定，对公墓新扩大面积部分申请办理审批和验收手续。

第十七条　经营性公墓更名、变更法人代表、改变合作（合资）单位的，应办理不动产变更登记或转移登记，并报省民政厅备案。备案时应提交下列材料：

（一）公墓单位的变更说明；

（二）县（市、区）、设区的市人民政府民政部门的意见；

（三）工商行政管理部门或人社部门的有关变更证明；

（四）改变合作（合资）单位的，应当提交原合作单位协议和现合作单位协议；

（五）其他需要提交的材料。

第十八条　经营性公墓改变经营单位的，应当按照本办法第九条的规定重新报省民政厅审批。

第十九条　申请设立公墓业务代办处的公墓单位，凭《经营性公墓合格证》和委托代办文书，由公墓业务代办处所在地的县（市、区）人民政府决定；公墓业务代办处应当办理工商登记，取得营业执照。

公墓业务代办处不得设立分处。

第二十条　经营性公墓经营管理应当符合下列规定：

（一）在销售服务场所公开展示：

1. 《经营性公墓合格证》；

2. 营业执照；

3. 收费项目、收费标准、收费依据等价格公示内容；

4. 购置墓穴（格位）的条件和程序；

5. 服务承诺；

6. 工作人员职责及照片、编号；

7. 办公时间、服务电话和监督电话。

（二）在公墓内安葬骨灰，公墓单位应当与办理人签订骨灰安葬（或安放）协议，并一次性交纳有关费用。缴费期按年计算，最长不超过 20 年。期满仍需保留墓穴（含骨灰堂骨灰存放格位）的，公墓单位应当在期满以前 180 日内通知办理人办理继续使用手续，并缴纳维护费。无法联系的，应当在县（市、区）级以上报刊刊登公告；逾期不办理的，按无主墓处理。维护费的缴纳标准，由设区的市人民政府民政部门提出，报同级物价部门核定。

（三）公墓单位应当根据销售墓穴的数量和使用年限，将不低于6%的税后收入预留作为专门用于发生重大事故或公墓关闭时的维护管理等。当地民政、财政部门负责监督预留经费的管理与使用。

（四）经营活动应当遵守国家法律、法规和规章，公开、公平、诚实、守信，服务热情、周到，祭扫文明、安全、有序。无违法出租或买卖墓穴（格位）现象。

（五）建立墓穴（格位）销售管理档案。档案内容按照民政部、国家档案局《关于印发〈殡葬服务单位业务档案管理办法〉的通知》（民发〔2011〕164 号）规定执行。

第二十一条　公墓经营管理者出售墓穴（格位）时，应当要求购买人符合下列条件并提供有关证明材料：

（一）购置墓穴（格位）应当持购买人身份证件和被安葬人的死亡证明或者火化证明。为夫妻健在一方、高龄老年人、危重病人预购墓穴（格位），可以不提供被安葬人的死亡证明或者火化证明，但应当提供被安葬人的身份证明。每个被安葬人的死亡证明或火化证明、身份证明只能购置一个墓穴（格位）；

（二）按照所购墓穴（格位）标准进行安葬或安放，不得自行改建墓穴（格位）；

（三）不得转让或买卖墓穴（格位）；

（四）按照公墓墓区管理规定的方式祭奠，允许明火祭奠的公墓应当在指定的地点使用明火。

第二十二条　每年 10 月 1 日以前，设区的市人民政府民政部门对辖区内所有经营性公墓进行检查，并将检查报告报省民政厅。检查标准如下：

（一）在销售服务场所公开展示内容符合本办法规定；

（二）《公墓安葬证》《骨灰安放证》和《墓穴（格位）使用协议》的使用符合规定，并按照物价部门核定的标准收费；

（三）墓穴（格位）销售档案管理符合殡葬服务单位业务档案管理办法有关规定；

（四）墓穴建设规格和墓区管理符合本办法规定；

（五）新建和扩建墓区的审批验收手续符合本办法规定；

（六）公墓更名、变更法人代表，改变性质或改变合作（合资）单位符合本办法规定。

第二十三条　经检查合格的公墓及公墓经营单位，由省民政厅通过新闻媒体发布公告。

年检不合格的经营性公墓，由公墓所在地人民政府民政部门责令限期整改。整改后仍不合格的，报省民政厅吊销《经营性公墓合格证》，建议当地工商行政管理部门吊销营业执照，并通过新闻媒体发布公告。

第二十四条 经营性公墓申请关闭或改变墓地用途，公墓所在地人民政府民政部门应当向省民政厅提交下列材料：

（一）设区的市人民政府民政部门审查同意的申请报告，同时附县（市、区）人民政府民政部门的申请报告；

（二）公墓单位所在地民政部门的本级人民政府的审核意见；

（三）公墓单位所属民政部门的同级人民政府国土资源、城乡规划主管部门、环境保护部门的审查意见，涉及林地的，还应当提交林业部门的审查意见；

（四）公墓单位关于关闭公墓或改变墓地用途的报告，公墓关闭前已安葬墓穴需要迁墓的，由公墓单位负责，并提交承担相应补偿责任的办法，及与办理人签订的迁墓补偿协议；

（五）其他需要提交的材料。

第二十五条 省民政厅收到关闭公墓或改变墓地用途的申请后，经严格审查确定是否注销《经营性公墓合格证》。同意注销的，原建设许可批复文件自动失效。

第二十六条 经营性公墓迁址，新址应当符合本办法第九条的规定，按照第十条、第十二条的要求办理公墓新址审批和验收手续，并按照第二十四条规定关闭原址公墓或改变墓地用途。

第三章 公益性公墓管理

第二十七条 按照《殡葬管理条例》的规定，公益性公墓由县（市、区）人民政府民政部门批准建立。

第二十八条 公益性公墓应当按照节约土地、保护耕地和林地、便于管理的原则，严格执行墓葬用地占地面积规定，充分利用历史形成的墓葬点，利用荒山荒地或不宜耕种的瘠地进行规划和建设，严禁占用耕地、林地。

第二十九条 申请建立公益性公墓应当符合下列条件：

（一）符合土地利用总体规划、城乡规划、公墓发展规划；

（二）公墓选址不在本办法第五条禁止建造公墓区域内；

（三）坚持公益性原则，严禁从事经营活动；

（四）墓穴小型化、墓区园林化，绿化覆盖率不低于75%，或绿地不低于40%。

第三十条 村（居）民委员会申请建立公益性公墓应当提交下列材料：

（一）经村（居）民大会讨论通过的《公益性公墓管理章程》；

（二）村（居）民委员会填写的《公益性公墓审批表》；

（三）乡镇人民政府（街道办事处）审核同意的意见；

（四）被占用土地权属证书；

（五）其他需要提交的材料。

第三十一条 乡镇人民政府（街道办事处）建设公益性公墓应当提交下列材料：

（一）公墓所在地村（居）民委员会同意在本地建设公益性公墓的意见；

（二）《公益性公墓管理章程》；

（三）《公益性公墓审批表》；

（四）被占用土地权属证书；

（五）县（市、区）人民政府国土资源（涉及林地的由林业部门）、城乡规划主管部门、环境保护部门审核同意的意见；

（六）其他需要提交的材料。

第三十二条　经县（市、区）人民政府民政部门检查验收，符合公墓建设条件的，作出同意建设的批复，并报设区的市人民政府民政部门备案。

《公益性公墓审批表》和《公益性公墓管理章程》，村（居）民委员会、乡镇人民政府（街道办事处）、县（市、区）人民政府民政部门各存档一份。

第三十三条　公益性公墓管理应当符合下列规定：

（一）在服务场所公开展示：

1. 《公益性公墓管理章程》；

2. 县（市、区）人民政府民政部门批准建设的文件；

3. 收费项目、收费标准、收费依据等价格公示内容；

4. 服务人员职责及照片、编号；

5. 服务电话和监督电话。

（二）按照《公益性公墓管理章程》安葬（安放）和祭扫。办理人持本人身份证件和被安葬（安放）人的死亡证明或火化证明安葬（安放）。为夫妻健在一方、高龄老年人、危重病人预订墓穴（格位），可以不提供被安葬人的死亡证明或火化证明，但应当提供被安葬人的身份证明。每个被安葬人的死亡证明或火化证明、身份证明只能购置一个墓穴（格位）。

（三）按照政府定价销售墓穴（格位）及收取公墓维护管理费。无价格违法行为。

（四）建立墓穴（格位）销售管理档案。档案内容按照民政部、国家档案局《关于印发〈殡葬服务单位业务档案管理办法〉的通知》（民发〔2011〕164号）规定执行。

第三十四条　县（市、区）人民政府民政部门应当每年对本辖区内的公益性公墓进行检查，发现问题，及时纠正。

第三十五条　公益性公墓扩大规模，应当符合本办法第二十八条规定，并按照第二十九条、第三十条的规定，对公墓新扩大面积部分办理审批手续。

第三十六条　公益性公墓更名或变更法人代表，应当报县（市、区）人民政府民政部门备案。备案时应当提交下列材料：

（一）公墓单位的变更说明；

（二）乡镇人民政府（街道办事处）审核同意的意见；

（三）其他需要提交的材料。

第三十七条　公益性公墓改变管理单位的，应当按照本办法第二十九条、第三十条规定重新报县（市、区）人民政府民政部门审批。

第三十八条　公益性公墓申请关闭或改变墓地用途，公墓单位应当向县（市、区）人民政府民政部门提交下列材料：

（一）公墓单位关于关闭公墓或改变墓地用途的报告，公墓关闭前已安葬墓穴需要迁墓的，由公墓单位负责，并提交承担相应补偿责任的办法，及与办理人签订的迁墓补偿协议；

（二）公墓单位所在地乡镇人民政府（街道办事处）审核同意的意见；

（三）公墓单位所在地县（市、区）人民政府国土资源、城乡规划主管部门、环境保护部门的审查意见，涉及林地的，还应当有林业部门的审查意见；

（四）其他需要提交的材料。

第三十九条　县（市、区）人民政府民政部门收到关闭公墓或改变墓地用途的申请后，经严格审查确定是否注销原批准文件。同意注销，原建设许可批复文件自动失效，并报设区的市民政部门备案。

第四十条　公益性公墓迁址，新址应当符合本办法第二十八条规定，按照第二十九条、第三十条规定办理公墓新址审批手续，并按第三十七条规定关闭原址公墓或改变墓地用途。

第四章　法律责任

第四十一条　根据《殡葬管理条例》规定，墓穴占地面积超过《山东省殡葬管理规定》标准的，按照下列标准给予处罚：

墓穴面积或墓碑高度超过规定标准 20% 以下的，处以违法所得 1 倍的罚款；超过规定标准 20% 至 50% 的，处以违法所得 2 倍的罚款；超过规定标准 50% 以上的，处以违法所得 3 倍的罚款。

属经营性公墓的，由设区的市以上人民政府民政部门责令限期改正，有违法所得的，没收违法所得，并处罚款；属公益性公墓的，由县（市、区）人民政府民政部门责令限期改正，有违法所得的，没收违法所得，并处罚款。

第四十二条　未经批准建设公墓的，按非法占地论处。由县级以上国土资源行政主管部门责令退还非法占用的土地，对违反土地利用总体规划擅自将农用地改为建设用地的，限期拆除在非法占用的土地上新建的建筑物和其他设施，恢复土地原状，对符合土地利用总体规划的，没收在非法占用的土地上的新建的建筑物和其他设施，可以并处罚款；对非法占用土地单位的直接负责的主管人员和其他直接责任人员，依法给予行政处分；构成犯罪的，依法追究刑事责任。

第四十三条　已关闭的公墓或改变墓地用途的公墓，继续安葬（安放）骨灰的，由当地县（市、区）人民政府民政部门会同国土资源、城乡规划主管部门等行政主管部门提出处理意见，报当地人民政府同意后，责令将已安葬（安放）的骨灰迁入合法公墓，恢复土地原状，依法处罚。

第四十四条　发布违法公墓广告、转销墓穴（格位）的违法行为，由工商行政管理部门查处；违反价格管理规定出售墓穴（格位）的，由物价部门查处；公墓经营中涉嫌犯罪的行为，由公安机关依法立案侦查。违反其他法律法规规定的，由相关主管部门依法查处。

公益性公墓从事违法经营活动的，由公墓所在地县（市、区）人民政府民政部门会同工商行政管理部门依法查处。

进行明火祭奠，违反森林防火有关规定，造成森林火灾的，由公安、林业部门依法共同查处。

第四十五条　依法被取缔的公墓单位应当负责将已经安葬的墓穴迁入合法公墓。因公墓被取缔所发生的费用或赔偿责任由公墓单位承担。

第四十六条　公墓单位违反规定建造、销售墓穴（格位），给办理人造成严重后果的，或因管理原因导致办理人安葬（安放）的骨灰等物品遗失、损毁的，由公墓单位承担赔偿责任，并可对直接责任人进行追偿；构成犯罪的，依法追究刑事责任。

第四十七条　阻碍行政机关工作人员依法执行公务，构成违反治安管理行为的，依法予以治安管理处罚；构成犯罪的，依法追究刑事责任。

第四十八条　行政机关工作人员玩忽职守、滥用职权、徇私舞弊，尚不构成犯罪的，由主管机关给予行政处分；构成犯罪的，依法追究刑事责任。

第五章　附　　则

第四十九条　《公墓安葬证》《骨灰安放证》和《墓穴（格位）使用协议》由省民政厅统一印制。

第五十条　本办法自 2018 年 6 月 1 日起施行，有效期至 2023 年 5 月 31 日。原《山东省公墓管理办法》（鲁民〔2011〕34 号）同时作废。

关于进一步加强殡葬服务收费管理的通知

（鲁发改价格〔2023〕235号）

各市发展改革委、民政局、财政局、市场监管局：

为进一步规范殡葬服务收费行为，减轻群众丧葬负担，巩固殡葬改革成效，保障殡葬事业公益属性，促进殡葬事业健康发展，现就加强殡葬服务收费管理有关问题通知如下。

一、规范殡葬服务收费项目管理

（一）殡葬基本服务收费。殡葬基本服务是指殡仪馆在遗体处置过程中必须提供的服务项目，包括遗体接运（含消毒、馆内抬尸）、存放（含冷冻保存）、火化（含骨灰装整）、骨灰寄存服务等4项，其收费标准实行政府定价。殡仪馆内转接服务属于其标准化作业内容，不得另行收取费用。

（二）殡葬延伸服务收费。殡葬延伸服务是指在基本服务以外、供群众自愿选择的服务，主要包括遗体整容化妆（含洁身、更衣）、遗体防腐、吊唁设施及设备租赁（含礼厅）等，其收费标准实行市场调节价。

（三）殡葬用品价格。殡葬用品是指殡仪馆等殡葬服务机构向丧属销售的骨灰盒、寿衣、花圈等物品，其价格实行市场调节价。

（四）安葬（放）设施墓（格）位价格及安葬（放）设施维护管理费。公益性安葬（放）设施仅限于经县级以上民政部门或行政审批部门批准，保障本辖区居民使用的安葬（放）设施，其价格实行政府定价或政府指导价。经营性安葬（放）设施墓（格）位价格实行市场调节价。经营性公墓经营单位和公益性安葬（放）设施管理单位可以收取维护管理费，收费标准实行政府定价或政府指导价。

（五）实行收费项目清单管理。具备相应资质的殡葬服务或经营单位应严格按照《山东省殡葬服务收费项目清单》（见附件）所列服务项目、服务内容及备注规定的不同情形，开展殡葬服务活动并收取费用。

二、规范殡葬服务收费定调价管理

（六）坚持公益属性。殡葬服务收费管理坚持既要有利于推行殡葬改革，推进惠民殡葬、生态安葬、文明礼葬，切实减轻群众费用负担，又要兼顾补偿殡葬服务成本、促进殡葬事业健康发展的原则，保持殡葬价格总水平基本稳定，维持正常殡葬价格秩序。

（七）合理核定收费标准。实行政府定价或政府指导价的殡葬服务项目收费标准实行属地管理，由各市、县（市、区）发展改革部门会同民政、财政等部门根据财政补贴等情况，按照非营利性原则从严核定，充分满足人民群众特别是低收入群体需求；经营性公墓维护管理费按照实际成本及合理利润核定。实行市场调节价的殡葬服务项目，收费标准由经营者依据相关法律法规和政策规定，按照公平和诚实信用原则自主制定，严格按照行业标准和服务规范提供服务，逐步实现按相应等级差异化收费。收费标准明显偏高的，各级价格主管部门要加强成本调查，会同民政、市场监管等部门及时提醒告诫，指导降低收费标准，必要时可依法实施涨价幅度控制管理。

（八）规范村级公墓收费管理。村级建设的公益性公墓不得对外经营，收费标准可参照本乡镇公益性公墓收费标准，具体由村民代表会议讨论决定，并向村民公开公示，报乡镇人民政府和县级民政部门备案后执行。

三、加强殡葬服务收费行为监管

（九）落实收费减免政策。各地要严格按照国家规定加强基本殡葬服务收费管理，并为城乡困难群众减免费用或发放补贴，有条件的地区可将政策惠及对象扩展到辖区所有居民，逐步实现基本殡葬服务的普惠性、均等化，切实减轻群众治丧负担。各殡仪馆应提供平价、经济的骨灰盒（坛）、告别厅堂及免费休息场所。

（十）完善收费公示制度。殡葬服务单位要认真执行明码标价与收费公示制度，在服务场所显著位置公布服务项目、收费标准、文件依据、减免政策、投诉电话、服务流程和服务规范等内容，在实施服务和收费前应向群众提供服务清单（手册），说明服务项目、服务内容和收费标准等有关情况，由殡葬用户自愿选择，并与殡葬用户签订由民政部门统一制定的服务合同（协议），不得违反公平自愿原则捆绑、分拆或强制提供服务并收费。

（十一）强化监督检查。各地要畅通群众举报渠道，认真受理群众对殡葬服务收费的投诉或举报。对不执行政府定价或政府指导价，擅自增加收费项目，提高收费标准，扩大收费范围，不按规定提供服务而收费，捆绑、分拆或强制提供服务并收费等乱收费行为，以及在提供殡葬服务及销售丧葬用品时不按规定明码标价、价格欺诈、哄抬价格等价格违法行为，由市场监管等部门依法查处。对殡仪馆未落实收费公示制度，未在显著位置公布服务项目、收费标准、文件依据、减免政策、举报电话、服务流程和服务规范的，由民政等部门依法责令改正。

附件：山东省殡葬服务收费项目清单（略）

山东省发展和改革委员会　山东省民政厅

山东省财政厅　山东省市场监督管理局

2023 年 4 月 10 日

● 河南省 ●

中共河南省委办公厅 河南省人民政府办公厅
关于印发《河南省推进移风易俗倡树
文明殡葬新风实施方案》的通知

（豫办〔2019〕18 号）

各省辖市党委和人民政府、济源示范区党工委和管委会，省委各部委，省直机关各单位，省管各企业和高等院校，各人民团体：

《河南省推进移风易俗倡树文明殡葬新风实施方案》已经省委、省政府同意，现印发给你们，请结合实际认真贯彻落实。

中共河南省委办公厅
河南省人民政府办公厅
2019 年 10 月 17 日

（此件公开发布）

河南省推进移风易俗倡树文明殡葬新风实施方案

为深入贯彻落实党中央、国务院关于推进移风易俗、建设文明乡风、深化殡葬改革的决策部署，根据《殡葬管理条例》等有关规定，结合我省实际，制定本实施方案。

一、总体要求

（一）指导思想和基本原则。以习近平新时代中国特色社会主义思想为指导，聚焦脱贫攻坚、特殊群体、群众关切，着力履行基本民生保障、基层社会治理、基本社会服务等职责，按照"教育引导、改善服务、党员带头、政策激励、因地制宜、循序渐进"的原则，以推进移风易俗为着力点，以深化殡葬改革为牵引，以满足人民群众殡葬需求为导向，以提升殡葬服务能力和水平为保障，通过推进移风易俗倡树文明殡葬新风，着力建设惠民、绿色、文明殡葬，更好地保障和改善民生。

（二）目标任务。经过三年努力，大操大办、封建迷信、散埋乱葬等问题得到有效遏制，殡葬设施建设水平显著提高，殡葬服务能力明显提升，惠民殡葬政策全面落实，节地生态安葬奖补制度惠及全体居民。2019 年，完成省辖市、县（市）殡仪馆危房改造和 50%环保不达标火化设施更新改造。2020 年，每个省辖市、县（市）建成 1 个殡仪馆，火化设施全部达到环保标准，50%的省辖市、县（市）至少建成 1 个城市公益性公墓，50%的乡镇至少建成 1 个示范性农村公益性公墓，节地生态安葬率达 50%以上。2021 年，每个省辖市、县（市）至少建成 1 个城市公益性公墓，每个乡镇至少建成 1 个示范性农村公益性公墓，殡葬基础设施实现市县乡三级全覆盖。

二、主要任务

（一）加强宣传引导。坚持以政策激励、正面宣传、说服教育为主，以群众喜闻乐见的方式宣讲方针政策，让群众从心里拥护。旗帜鲜明反对大操大办、封建迷信，倡树文明殡葬新风。积极引导社会舆论，营造良好的舆论环境。坚持法治、德治、自治相结合，建立健全"四会"（村民议事会、道德评议会、红白理事会、禁毒禁赌会），将移风易俗纳入村规民约和"四会"章程。发挥村民自治组织作用，引导群众自我教育、自我约束、自我服务、自我管理，使文明殡葬新风成为群众自觉行动。

（二）加强殡葬设施规划建设。积极推进殡葬服务"供给侧结构性改革"，把发展公益性基本殡葬服务纳入国民经济和社会发展规划，支持殡仪馆、公益性骨灰安放（葬）设施和墓地建设。加快殡仪馆建设，原则上每个省辖市、县（市）建设 1 个殡仪馆。加快更新改造现有火化基础设施设备，重点对殡仪馆危房和陈旧设施进行提升改造，确保基础设施符合安全、环保标准。大力支持公益性公墓、骨灰堂等公益性殡葬设施建设，按照集约化、园林化、生态化原则，每个省辖市、县（市）至少建成 1 个城市公益性公墓，每个乡镇至少建成 1 个示范性农村公益性公墓。

（三）加强殡葬服务管理。强化殡葬事业单位的公益属性，省辖市、县（市）殡仪馆由政府建设管理。对政府可以与社会资本合作或政府可以通过购买服务提供的殡葬服务，鼓励和引导社会力量有序参与，推进殡葬服务供给主体和方式多元化。依法完善殡葬服务事项管理制度和服务标准，强化事中事后监管，引导各类主体规范提供服务。殡葬服务机构要全面实行收费公示和明码标价制度，严格执行政府定价、政府指导价，保证中低价位殡葬服务和用品足量提供。严格落实属地管理和部门监管责任，规范和加强经营性公墓管理，探索建立最高限价制度。经营性公墓要在未开发建设、未销售的区域内至少划出 30% 的墓位用于公益事业，依法实行限价销售。建立完善公益性公墓、骨灰堂管理制度，安排专人负责日常管理和维护。加强殡葬用品市场、殡葬服务机构监督管理，坚决查处虚假宣传、以次充好、强制消费、价格欺诈等侵害消费者权益行为。加强殡葬服务信息化建设，推动殡葬服务与"互联网+"融合发展，为群众提供更加便捷、透明、优质的殡葬服务。

（四）提高火化率和节地生态安葬率。科学划分火葬区和土葬改革区。在火葬区，除有国家政策规定外，遗体必须实行火化，积极推广骨灰树葬、花葬、草坪葬等生态安葬，倡导骨灰撒散等不保留骨灰的安葬方式。在土葬改革区，引导群众实行集中安葬，倡导遗体深埋、不留坟头或以树代碑。所有新建公益性公墓、骨灰堂和经营性公墓节地生态安葬率达到 100%，原有经营性公墓新开发使用区域应符合节地生态安葬要求，鼓励使用可降解材料。

（五）严厉打击殡葬领域违法违规行为。持续开展殡葬领域突出问题专项整治。疏堵结合、分类施治，严肃整治违规乱建公墓、违规销售超标准墓穴、豪华墓、天价墓、活人墓、宗族墓，炒买炒卖墓穴或骨灰格位等问题，遏制公墓企业暴利行为。加强社会治安综合治理，坚决打击殡葬领域违法行为，严厉打击控制或垄断殡葬服务和殡葬用品市场的黑恶势力，维护殡葬市场秩序，保障群众合法权益。

三、保障措施

（一）加强组织领导。加强党对推进移风易俗倡树文明殡葬新风工作的统一领导，建立完善党委领导、政府负责、部门协同、公众参与、法治保障的工作格局。建立省市县乡村五级书记一起抓的格局，省委、省政府成立推进移风易俗倡树文明殡葬新风工作领导小组，各地相应建立由党委主要领导担任组长的领导小组，完善工作机制，确保工作有序开展。市县两级党委和政府是推进移风易俗倡树文明殡葬新风的责任主体，党委常委会会议、政府常务会议要定期研究推进移风易俗倡树文明殡葬新风工作。

（二）落实部门责任。纪检监察机关要将党员、干部治丧情况纳入重大事项报告范围，查处党员、干部、公职人员在丧事活动中的违纪违法行为和失职渎职、官僚主义、形式主义等问题。巡视巡察机构要将本实施方案落实情况纳入巡视巡察范围。组织部门要注意掌握党员、干部治丧情况，加强对党员、干部的教育管理。宣传部门要配合做好殡葬改革宣传引导工作。统战、宗教事务部门要会同住房城乡建设、自然资源等部门依法规范寺庙等宗教活动场所建设骨灰存放设施等行为。政法部门要加强社会治安综合治理，打击殡葬领域违法违规行为。网信部门要关注网络舆情动态，加强舆情监测和处置，引导舆论方向。机构编制部门要加强殡葬事业单位机构编制管理。发展改革部门要将发展公益性基本殡葬服务纳入国民经济和社会发展规划，积极争取中央预算内投资，加大对基本殡葬设施建设的支持力度。公安部门要严厉打击殡葬领域违法行为。民政部门要牵头制定殡葬管理政策和标准，提出殡仪馆、骨灰堂、公墓等殡葬设施的数量和布局规划，明确细化火葬区和土葬改革区划分标准等。财政部门要保障落实殡葬设施建设、惠民殡葬和节地生态安葬奖补所需资金，科学核定殡葬事业单位运营管理经费和殡葬事业发展经费。人力资源社会保障部门要按照国家有关规定，完善参加社会保险人员死亡后丧葬补助金、抚恤金等发放政策，贯彻落实殡葬事业单位工作人员有害补助以及与遗体直接接触的特殊岗位津贴政策。自然资源、林业部门要依法保障纳入规划的殡葬设施建设用地需求，纠正和查处违法占地建设殡葬设施、违法占用耕地林地建坟等行为。生态环境部门要指导支持殡葬设施环保改造，强化殡葬活动的生态环境监管。住房城乡建设部门要加强对殡葬场所建设的指导监管。文化旅游部门要加强对治丧活动中营业性演出活动的监管，整治 A 级旅游景区内违规建墓行为。卫生健康部门要加强对医疗机构出具死亡证明和医疗机构太平间的管理，指导殡仪服务机构做好卫生防疫工作。市场监管部门要打击违法销售棺木、封建迷信殡葬用品等行为，查处殡葬领域价格违法等行为。统计部门要统计全省各地常住人口、死亡人口和死亡率。人民法院要依法受理违法安葬行为申请强制执行案件和殡葬领域犯罪案件。工会、共青团、妇联等人民团体要充分发挥作用，广泛动员群众积极参与移风易俗、推进殡葬改革。

（三）加强队伍建设。配齐配强殡葬事业单位人员。采取政府购买服务或设立公益性岗位等方式，解决公益性公墓、骨灰堂管理人员缺乏问题。加强殡葬服务人员能力建设，建立殡葬专业人才队伍，强化职业技能培训，提升专业技术水平和服务能力。大力宣传殡葬行业的先进典型和优秀事迹，发挥模范示范带动作用。

（四）加大财政投入。将殡仪馆、公益性公墓、骨灰堂等殡葬设施建设经费和日常运行、管理、维护等费用，以及惠民殡葬补助、节地生态安葬奖补所需资金纳入省辖市、县（市）政府财政预算。县（市）要积极争取将殡仪馆新建（改、扩建）纳入国家社会服务兜底工程项目，省财政对省辖市、县（市）组织实施的殡仪馆火化炉环保达标改造项目按照每个 50 万元标准给予补助；对推进移风易俗倡树文明殡葬新风工作完成较好的省辖市、县（市）给予适当奖补。

（五）强化用地保障。殡仪馆、城市公益性公墓建设用地按照公益性事业用地划拨，农村公益性公墓、骨灰堂建设用地可以从集体土地中按照农村公益性用地调剂解决，也可以利用原有集体存量用地进行改造。根据辐射区域人口数量、满足 10 年使用需求和集约化、园林化、生态化的原则确定用地面积，乡镇级公益性公墓占地面积不少于 50 亩、县级公益性公墓占地面积不少于 100 亩、市级公益性公墓占地面积不少于 200 亩。

（六）落实惠民殡葬。坚持基本殡葬服务的公益性，制定基本殡葬服务清单，把遗体接运、暂存、火化、骨灰寄存、可降解骨灰盒、公益性公墓墓穴、骨灰堂格位费用纳入惠民殡葬服务项目，政策惠及辖区常住人口；实行火化的，由市、县级财政按照不低于 1000 元/具的标准补助。建立基本殡葬服务投入增长机制，根据经济社会发展水平和群众需求逐步增加惠民殡葬服务项目，根据物价上涨指数适时提高惠民殡葬补助标准。对殡仪馆、公益性公墓等殡葬服务机构，落实政府投入和税费减免配套优惠政策，确保其持续稳定提供基本殡葬服务。

（七）强化示范引领。充分发挥党员、干部表率作用，带头执行移风易俗要求和殡葬政策规定，加强对亲友和周围群众的教育引导，及时劝阻陈规陋习。深入贯彻落实党中央、国务院有关规定，党员、干部都应当带头实行节地生态安葬；少数民族党员、干部去世后尊重其民族习俗。领导干部要带头文明节俭办丧、文明低碳祭扫，自觉抵制迷信低俗活动，严禁奢侈浪费、借机敛财。

（八）加强责任追究。各地党委和政府要加快推进公益性公墓、骨灰堂和殡仪馆等殡葬设施建设，提升遗体火化率、节地生态安葬率，对工作推进不力、职责不落实、措施不到位以及敷衍塞责、弄虚作假的地方和部门，依纪依法严肃查处。公职人员操办配偶和直系亲属丧葬事宜必须向所在单位报备，未按规定办理丧葬事宜的，所在单位要按照有关规定严肃处理；本人去世后其遗属未按规定办理丧葬事宜的，所在单位不得向遗属发放丧葬费、丧葬补助等费用。

河南省人民政府办公厅关于加强公益性安葬设施建设管理工作的通知

（豫政办〔2019〕59号）

各省辖市人民政府、济源示范区管委会、各省直管县（市）人民政府，省人民政府有关部门：

为贯彻落实《河南省推进移风易俗倡树文明殡葬新风实施方案》，加强公墓、骨灰堂（塔、墙）等公益性安葬设施建设管理工作，经省政府同意，现将有关事项通知如下：

一、总体要求

（一）指导思想。以习近平新时代中国特色社会主义思想为指导，坚持以人民为中心的发展思想，加强公益性安葬设施建设管理，满足人民群众"逝有所安"基本殡葬需求，稳步推进移风易俗和殡葬事业发展，推动培育文明乡风、良好家风、淳朴民风，促进精神文明和生态文明建设。

（二）基本原则。坚持"党委领导、政府主导，统筹城乡、科学规划，节约土地、生态环保，保障基本、方便群众"的原则，按照集约化、园林化、生态化的要求进行规划、建设和管理。

（三）目标任务。到2020年，全省50%的省辖市、县（市）每个至少建成1个城市公益性公墓，50%的乡镇每个至少建成1个示范性农村公益性公墓。到2021年，每个省辖市、县（市）至少建成1个城市公益性公墓，每个乡镇至少建成1个示范性农村公益性公墓，实现省辖市、县（市）、乡镇公益性安葬设施全覆盖。

二、全面加强公益性安葬设施建设

（一）科学编制规划。市、县级民政部门要会同发展改革、自然资源、生态环境、住房城乡建设、林业等部门，结合本行政区域殡葬改革发展要求，编制公益性安葬设施专项规划，报同级政府批准后执行，并报上级民政部门备案。

（二）合理利用土地。公益性安葬设施应在规划确定的建设用地区域内选址，优先利用存量建设用地和未利用地。城市公益性公墓建设用地按照公益性事业用地划拨，农村公益性安葬设施的土地性质和用途不得改变。按照辐射区域人口数量、满足10年使用需求的原则确定公益性公墓面积，乡镇建设的公益性公墓面积不少于50亩，县（市）建设的城市公益性公墓面积不少于100亩，省辖市建设的城市公益性公墓面积不少于200亩，严禁公益性公墓大面积石化、硬化和永久性破坏土地。严禁在法律法规禁止的区域内建设公益性安葬设施。

（三）推行节地生态安葬。新建公益性安葬设施节地生态安葬率要达到100%，地面不建墓基，地下不建硬质墓穴，墓穴不得建石围栏；墓碑要小型化、微型化、艺术化，高度不得超过80厘米、宽度不得超过60厘米，应统一规格、统一标准；使用可降解骨灰容器。积极推广树葬、花坛葬、草坪葬、壁葬、塔葬和骨灰集中存放等生态安葬方式。骨灰公墓单穴占地面积不得超过0.5平方米，合葬墓穴占地面积不得超过0.8平方米（不含公共绿化和道路用地）。在土葬改革区，提倡遗体深埋、不留坟头，遗体公墓单人墓占地面积不得超过4平方米，双人墓穴占地面积不得超过6平方米。骨灰堂（塔、墙）骨灰安放格位面积不得超过0.25平方米。公墓绿化率不得低于50%。墓区要配备管理用房、祭扫场所、消防等设施设备，道路要符合有关技术规范。公益性安葬设施已投入使用但尚未开发建设的墓区，一律按照节地生态安葬标准建设。

三、进一步规范公益性安葬设施管理

（一）完善审批手续。申请建设公益性安葬设施，应当提交下列材料：申请书；可行性研究报告，包括安葬区域、建设资金、用地和规模等内容；规划设计方案；土地使用手续；相关管理制度。

建设农村公益性安葬设施，经乡镇政府审核同意后，报县级民政部门审批。县级民政部门要自收到申报材料之日起20个工作日内依法作出是否受理的决定，不予受理或者审查不同意的，应当书面说明理由。

省辖市、县（市）建设城市公益性安葬设施，分别由省辖市、县（市）民政部门报同级政府批准，并报上级民政部门备案。

农村公益性安葬设施的迁移或者拆除，应当由所在地的县级民政部门审核同意，报同级政府批准，并报上级民政部门备案。省辖市、县（市）建设的城市公益性公墓的迁移或者拆除，应当分别由省辖市、县（市）民政部门报同级政府批准，并报上级民政部门备案。

（二）建立完善制度。各级政府要将公益性安葬设施建设纳入当地国民经济和社会发展规划，纳入城乡公共服务内容。发展改革、自然资源、住房城乡建设等部门要优先保障公益性安葬设施建设需要。民政部门负责公益性安葬设施建设的指导、监督和管理工作，省辖市、县（市）建设的城市公益性公墓由本级民政部门负责管理，并配备必要的工作人员。乡镇政府要至少明确2名工作人员负责辖区内公益性安葬设施的管理和服务等具体工作。乡镇建设的公益性公墓专门管理人员不少于5人，可以通过政府购买服务或者设置公益性岗位的方式解决，优先选择建档立卡贫困户或者低保、特困救助对象担任，主要负责乡镇建设的公益性公墓管理维护、档案管理、绿化美化、环境卫生、安全防火等工作。

（三）加强日常管理。原则上公益性安葬设施免费提供给群众使用，所需经费列入当地财政预算；确需收费的，由当地价格主管部门按照成本核定收费标准，报当地政府批准后实施。公益性安葬设施使用实行实名登记，由遗属凭火化证明签署安葬协议后安排入葬。禁止任何单位和个人以营利为目的建设和承包经营公益性安葬设施，禁止转让、有奖销售、炒买炒卖墓穴或者骨灰安放格位，禁止修建宗族墓地。

（四）倡导文明低碳祭扫。在公益性安葬设施内应当以文明、低碳、绿色、环保的方式办理丧事或祭祀，提倡在公共祭祀区祭奠，严禁燃放烟花爆竹和焚烧纸扎、冥币等物品。省辖市、县（市）建设的城市公益性公墓要设立网上祭祀平台，鼓励群众进行网上祭祀。

四、强化公益性安葬设施建设组织保障

（一）加强领导。各级政府要高度重视公益性安葬设施建设管理工作，将其作为保障基本民生、促进生态文明建设的重要举措，列入重要议事日程，统筹谋划、全力推进。要建立健全领导体制和工作机制，明确职责分工，完善政策措施，强化责任落实，形成工作合力。

（二）健全经费保障机制。要加大资金投入，将公益性安葬设施建设资金和管理、维护经费纳入财政预算。省财政对推进移风易俗倡树文明殡葬新风工作完成较好的地方给予适当奖补。鼓励企业、社会组织和个人捐助、捐建公益性安葬设施。

（三）加强政策宣传引导。要通过政策激励、正面宣传、说服教育、党员干部带头等方式，引导群众将逝者安葬到公益性安葬设施内，提高公益性安葬设施的使用效率。

（四）加大责任追究力度。各级政府要切实加强公益性安葬设施建设管理工作，对工作推进不力、责任不落实、措施不到位以及敷衍塞责、虚以应付的地方和部门，依法依规严肃追究责任。公职人员在公益性安葬设施建设管理工作中有玩忽职守、滥用职权、徇私舞弊等行为的，由其任免机关、单位或者监察机关依规依纪给予处分；构成犯罪的，依法追究刑事责任。

河南省人民政府办公厅

2019 年 11 月 18 日

河南省民政厅 河南省自然资源厅关于依法保障殡葬设施用地加快推进殡葬改革的通知

（豫民文〔2021〕41 号）

各省辖市、济源示范区、省直管县（市）民政局、自然资源和规划局：

为贯彻落实《中共河南省委办公厅　河南省人民政府办公厅关于印发〈河南省推进移风易俗倡树文明殡葬新风实施方案〉的通知》（豫办〔2019〕18 号）、《河南省人民政府办公厅关于加强公益性安葬设施建设管理工作的通知》（豫政办〔2019〕59 号）有关要求，依法保障殡葬设施用地，加快推进殡葬改革，现就有关事项通知如下：

一、提高政治站位，切实把思想和行动统一到党中央、国务院和省委、省政府决策部署上来

殡葬改革事关发展大局，事关千家万户，事关群众切身利益，是中央一贯倡导的以节约土地、保护环境、移风易俗、减轻群众负担为宗旨的改革，与生态文明建设、精神文明建设、作风建设关系密切，是解决人口增长与资源环境矛盾、造福当代和子孙后代、促进经济社会可持续发展的迫切要求。全省各级民政、自然资源和规划部门要坚决贯彻落实习近平总书记关于殡葬工作的重要指示批示精神，认真执行省委、省政府的决策部署，从政治和全局的高度，更加深刻地认识和理解殡葬改革的重大意义，以高度的政治责任感、政治执行力，全力保障好殡葬设施用地，确保殡葬改革工作顺利推进，不折不扣推动党中央、国务院关于殡葬工作的决策部署在河南落地生根。

二、坚持规划先行，全力保障殡葬设施建设规划用地空间

要严格落实省委、省政府有关要求，乡镇级公益性公墓占地面积不少于 50 亩、县级公益性公墓占地面积不少于 100 亩、市级公益性公墓占地面积不少于 200 亩。各级民政部门要按照要求研究提出殡仪馆、骨灰堂、公墓等殡葬设施的数量和布局规划，自然资源和规划部门要科学引导殡葬设施建设合理选址，在编制国土空间规划时预留殡葬设施建设用地空间。殡葬设施建设不符合国土空间规划的，不得选址建设。

三、强化供给保障，全力满足殡葬设施项目建设用地需求

要切实加强公益性公墓等殡葬设施用地保障，城市公益性公墓建设用地按照公益性事业用地划拨，农村公益性公墓、骨灰堂建设用地可依法使用农村集体组织所有土地，可以从集体土地中按照农村公益性用地调剂解决，也可以利用原有集体存量用地进行改造。农村公益性安葬设施的土地性质和用途不得改变。

各地在年度用地计划中，要统筹安排新增和存量建设用地，充分考虑殡葬服务机构和设施的用地结构和布局，安排时予以倾斜。殡葬设施确需新增建设用地的，支持在省下达市、县新增建设用地计划指标中优先安排，在用地取得、供地方式、土地价格等方面加快形成节约集约用地的激励机制。在自然资源部下达年度用地计划前，允许市、县提前预支使用计划，确保殡葬项目及时落地。要坚持土地要素跟着项目走，对纳入重点项目清单的，在批准用地时直接配置计划指标。

殡葬设施不得违规擅自兴建，不得在"三沿两区"建设，不得占用基本农田，公墓项目不得占用或变相占用耕地。

四、严格依法依规，加快殡葬设施项目用地审批速度

要深化"放管服"改革，提高建设用地审批效率，把符合条件的殡葬项目纳入建设用地审批绿色通道，单独组卷，单独报批，即时受理，限时办结。要积极推进建设用地审查报批提速工程，持续深化工程建设项目审批制度改革，构建"多审合一、多证合一"的审查机制，优化审批流程，压缩审批时限，搭建"互联网+审批"一网通办智能审查报批系统，全面采用人工智能审查技术，全天候 24 小时网上远程受理审查，做到项目快报快批，推动殡葬项目尽早落地。

河南省民政厅　河南省自然资源厅

2021 年 3 月 18 日

● 湖北省 ●

湖北省民政厅关于印发《湖北省农村公益性公墓建设基本规范》的通知

（鄂民政规〔2011〕3号）

各市、州、县（市、区）民政局：

　　为深化殡葬改革，进一步规范农村公益性公墓建设和管理，杜绝乱埋乱葬现象，促进全省殡葬事业科学发展，根据国务院《殡葬管理条例》和《湖北省殡葬管理条例》精神，省厅制定了《湖北省农村公益性公墓建设基本规范》，现印发给你们，请认真贯彻执行。

二○一一年八月十二日

湖北省农村公益性公墓建设基本规范

第一章　总　　则

　　第一条　为进一步深化殡葬改革，积极推行绿色殡葬，规范农村公益性公墓建设和管理，有效治理乱埋乱葬现象，切实减轻群众丧葬负担，依据国家有关法律法规，特制订本规范。

　　第二条　本规范所称农村公益性公墓是指不以营利为目的，由村民自治组织为本村集体组织成员死亡后提供安葬（安放）骨灰或遗体的集体公益设施。

　　第三条　市州人民政府民政部门负责对本行政区域内农村公益性公墓建设日常指导和监管。

第二章　农村公益性公墓的规划和建设

　　第四条　县（市、区）级人民政府民政部门应会同国土、规划、林业、环保等部门，根据当地城乡建设规划和人口数量、地理环境、丧葬需求等实际，以6‰的平均死亡率和20年使用周期测算使用量，合理确定农村公益性公墓的数量和规模，制定本县（市、区）农村公益性公墓建设规划，报本级人民政府批准后公布实施。

　　第五条　农村公益性公墓建设选址应当符合新农村建设规划和布局，优先选择荒山瘠地，不占或少占耕地和林地，不得在风景名胜区、文物保护区、水源保护区和水库、湖泊、河流、引水渠堤坝以及铁路、公路主干线两侧500米以内建设公墓。

　　第六条　农村公益性公墓建设要因地制宜，原则上以行政村为单位，1个村设置1个公益性公墓，一般规划用地不超过10亩。在人口较为集中、交通便利、土地较少的地区提倡以乡镇为单位或由若干相邻的行政村联建，一般规划用地不超过20亩。

　　第七条　农村公益性公墓的建设和使用应坚持节约土地、保护环境、文明节俭的原则，倡导墓碑平卧或小型化，做到墓位间距整齐规范，墓碑规格式样统一，同时树葬、花葬、草坪葬等节地葬式占有一定比例。在公墓区内建造立式墓碑的，墓碑高不得超过 80 厘米、宽不得超过 60 厘米。

第八条　农村公益性公墓在建设中，要降低建设成本，减轻群众负担。公墓内可以建设独立墓穴和合葬墓穴。火葬地区提倡和鼓励修建骨灰堂（骨灰存放格位）。骨灰入土安葬的单人墓或双人合葬墓硬基占地面积不得超过 1 平方米；非火化区遗体入土安葬的坟墓面积，单人墓不得超过 4 平方米，双人合葬墓不得超过 6 平方米。

第九条　农村公益性公墓应与当地生态相协调。公墓区绿化率不得低于 40%，绿地面积不得低于总面积的 20%，且要有一定规模的公共绿地。墓穴以外地面应用于绿化，除道路外，禁止用水泥等铺设墓穴以外的地面。

第十条　农村公益性公墓建设资金应以村级投资为主、社会自愿捐赠和群众自筹相结合的原则筹集，县（市、区）人民政府应加强对农村公益性公墓建设的领导，加大奖励和扶持力度。上级主管部门可对农村公益性公墓建设通过以奖代补方式给予适当补助。

第三章　农村公益性公墓的审批和管理

第十一条　农村公益性公墓建设，由村民委员会（或多个村联名）提出申请，经乡镇人民政府审核同意后，报所在地县（市、区）人民政府民政部门审批。

第十二条　村民委员会申请建设农村公益性公墓，应当提交下列材料：

（一）申请书；

（二）村民代表会议决议；

（三）乡镇人民政府审查意见；

（四）土（林）地权属及使用审批意见；

（五）公墓建设规划方案；

（六）经费筹集方案；

（七）其他相关资料。

《申请书》的格式，由县级人民政府民政部门统一制定。

第十三条　县（市、区）民政部门收到全部有效材料后，依据本县（市、区）农村公益性公墓建设规划和有关部门的审核意见，经实地察看后作出是否批准建设的批复。不能批复的，要将理由告知申请人。

第十四条　农村公益性公墓应当建立墓地管理制度和墓位档案登记制度，确定专人负责墓地的维护、安全、登记等日常管理工作。

第十五条　农村公益性公墓经费收支情况要向村民公示，纳入村务公开民主管理范围。建墓材料成本和维护管理费标准，应提交村民代表会议讨论通过，专款专用。

第十六条　农村公益性墓地应凭火化、迁坟或死亡等有效证明为本村集体组织成员提供安葬（安放）服务，不得承包、转让、对外销售经营或变相销售经营。墓地使用年限按国家有关规定执行。

本村集体组织成员配偶一方为国家机关、企事业单位、部队人员（含离退休）死亡后，要求到其配偶所在地农村公益性公墓安葬的，可在该村农村公益性公墓安葬。

第十七条　农村公益性公墓建设要与治理乱埋乱葬、旧坟迁移结合起来，并及时将治理后的土地恢复为耕地、林地、草地。农村公益性公墓建成使用后，本村集体组织人员死亡的，必须进入该村公益性公墓安葬。

第十八条　农村公益性公墓要严格按时间顺序进行落墓安葬，不得提前挑选、预定墓穴。禁止在农村公益性墓地内修建家族墓；禁止在火化区农村公益性公墓安葬遗体；禁止骨灰套棺安葬；禁止在农村公益性公墓内进行封建迷信活动。

第十九条　农村公益性公墓实行年检制度，县（市、区）民政部门每年要进行一次年检和通报。设区的市州人民政府民政部门应根据实际情况组织进行抽检，并予以通报。

第二十条　农村公益性公墓实行谁审批谁主管的原则。对违反国家和省有关公墓建设管理规定的，由主管部门依照有关法律、法规的规定处罚。

第二十一条　迁移或废止农村公益性公墓，应当由村民代表大会讨论并通过，分别报乡镇人民政府和县（市、区）人民政府民政部门备案。

第四章　附　　则

第二十二条　本规范由省民政厅负责解释。

第二十三条　本规范自印发之日起施行。

关于免除全省城乡低保等特殊困难对象基本殡葬服务费用的通知

（鄂民政发〔2011〕7号）

各市、州、县（市、区）民政局、财政局：

为加快推进以改善民生为重点的社会建设，进一步深化殡葬改革，保障特殊困难群众的基本丧葬权益，体现社会公共服务均等化，不断健全社会救助体系，促进社会和谐稳定。经省政府同意，决定从2011年1月起，免除城乡低保对象等特殊困难对象的基本殡葬服务费用。现就有关事项通知如下：

一、免除基本殡葬服务费用的对象

免除基本殡葬服务的对象包括我省常住户籍的城乡最低生活保障对象、农村"五保"供养对象、城镇"三无"人员和享受抚恤补助金的重点优抚对象。

二、免除基本殡葬服务费用的项目

（一）火化区。火化区免除以下基本殡葬服务费用：

1. 普通车辆遗体运送；

2. 3日内普通冷藏（冻）柜遗体存放；

3. 普通火化设备遗体火化；

4. 遗体消毒。

（二）土葬区。土葬区因地区差别较大，参照火化区基本殡葬费用标准执行。凡符合条件的对象，有公益性公墓安放在公益性墓地、无大操大办、无乱埋滥葬、无超标准建造大墓等违规行为的，按照当地火化区基本殡葬费用标准予以免除。县级行政区均系土葬区的，按照所属市（州）火化区基本殡葬费用平均水平予以免除。

三、免除基本殡葬服务费用的办理程序

（一）申请。丧事承办人应持本人居民身份证和免除费用对象的原户口簿、低保证、五保供养

证、抚恤证等证件原件，到免除费用对象户籍所在地的县（市）或市（州）民政部门申请办理免除相关殡葬服务费用事宜。经民政部门资格审查确认后，殡仪馆在结算殡葬费用时直接免除相关费用。依照本通知享受免费基本殡葬服务的，由民政部门收回免除费用对象的低保证、五保供养证及抚恤证等证件原件。

（二）管辖。免除城乡低保特殊困难对象基本殡葬服务费用工作，实行属地管理。保障对象在户籍所在的市、县（市、区）以外地区死亡并就地进行遗体火化的，凭火化地殡仪馆出具的有效遗体火化证明及制式发票，到户籍所在地的县（市）或市（州）民政部门提出申请。经资格审查、符合条件的，由户籍地殡仪馆按当地标准，报销其基本殡葬服务费用。

（三）核销。免除特殊困难对象的基本殡葬服务费用，由同级民政部门按照物价部门批准的收费标准核定免除数额，报财政部门审定后，由同级财政部门将资金直接拨付殡仪馆。土葬区特殊困难对象的基本殡葬服务费用，由县级民政部门按照火化区的基本殡葬服务收费标准核定补贴数额，报财政部门审定后，由同级财政部门将资金直接拨付县级民政部门实行社会化发放。

四、经费渠道

免除特殊困难对象的基本殡葬费用采取分级负担的办法，省级财政以 2009 年为基数，按全省平均水平给予 50% 的补助，不足部分由地方财政预算安排。

五、组织实施和有关要求

（一）制定方案，稳妥实施。各级民政、财政部门要增强责任意识，在深入调研、充分论证的基础上，结合当地实际，科学合理地制定具体的实施办法，进一步明确责任分工，规范办理程序。

（二）明确责任，狠抓落实。各级民政部门要认真做好免除费用对象的资格审查、档案管理及费用结算等各环节工作。财政部门要按照分级负担的原则，将免除基本殡葬服务费用所需资金纳入年度预算，足额安排，专款专用，定期结算，并随死亡对象数量增减和物价部门收费标准调整做相应调整。各级殡仪馆要坚持便民、利民和公开、公正的原则，主动做好服务，接受监督，确保服务质量。

（三）相互衔接，密切配合。各级民政、财政部门要认真履行各自职责，加强配合，主动协调，建立良好的工作制度和运行机制，确保免除特殊困难对象基本殡葬费用工作的顺利实施。各地实施情况于 2011 年 6 月底以前，以市州为单位报送省民政厅、省财政厅。

湖北省民政厅　湖北省财政厅

二〇一一年一月十一日

湖北省卫生计生委　湖北省公安厅　湖北省民政厅关于进一步规范湖北省人口死亡医学证明和信息登记管理工作的通知

（鄂卫生计生通〔2014〕164号）

各市、州、县卫生计生委（局）、公安局、民政局：

为进一步规范湖北省人口死亡医学证明和信息登记管理工作，加强部门分工协作，统一相关工作流程，实现信息共享共用，提高管理和服务水平，根据国家卫生计生委、公安部、民政部《关于进一步规范人口死因医学证明和信息登记管理工作的通知》（国卫规划发〔2013〕57号）要求，现将有关事项通知如下：

一、充分认识开展人口死亡医学证明和信息登记管理工作的重要性

人口死亡医学证明和信息登记管理工作是持续、系统地收集一个地区人群死亡资料，研究人口死亡水平、死亡原因及其变化趋势，开展人口综合管理的一项基础性工作，通过分析死因资料，可以得出期望寿命及人群死亡率、孕产妇死亡率、婴幼儿死亡率、死亡疾病谱等相关指标，分析人群健康状况和生命质量，为制定社会经济发展政策、卫生计生事业发展规划和医药卫生体制改革措施提供科学依据，为医学、人口学、社会学等科学研究提供基础信息。

我省于20世纪70年代末就开展了居民死因登记工作。多年来，卫生计生、公安、民政等部门通力合作，有效配合，保障了人口死亡医学证明和信息登记工作的顺利开展。截止到目前，全省人群死因监测范围已达到39个县（市、区），覆盖人口约2000万人，占全省人口总数的32%，每年报告居民死因卡片22万余张。按照《中国慢性病防治工作规划（2012—2015年）》和湖北省慢性病监测工作方案（鄂卫通〔2013〕138号）的要求，我省将于2015年在全省所有县（市、区）实现死因监测工作的全覆盖。

各相关部门要高度重视人口死亡医学证明和信息登记管理工作，按照属地原则，落实职责任务，构建卫生计生、公安、民政部门定期协商、信息交换等工作机制，确保人口死亡信息的及时性、完整性、一致性。

二、人口死亡医学证明签发和信息登记管理工作的任务要求

《居民死亡医学证明（推断）书》（以下简称《死亡证》）是医疗卫生机构出具的、说明居民死亡及其原因的医学证明，是进行户籍注销、殡葬管理、死因统计及分析等人口管理的重要凭证，由卫生计生、公安、民政等部门共同管理。全省使用国家统一制定的新版《死亡证》，由卫生计生部门印制，医疗卫生机构填写。《死亡证》共四联，其中，第一联是原始凭证，为死者医学证明或者医学推断，由医疗卫生机构保存，以备查询；第二联交公安部门，作为办理死者户籍注销手续的凭证；第三联由死者家属留存；第四联交民政部门，作为办理遗体火化和殡葬手续的凭证。

（一）卫生计生部门的职责

负责协调公安、民政等部门，制定全省人口死亡医学证明和信息登记管理工作的政策、规范和

工作流程；负责对全省死因监测点进行布局和调整，积极推动死因监测在全省范围的全覆盖；组织医疗卫生机构据实填写《死亡证》；对收集的死亡信息进行审核、整理、编码、录入、上报；建立正常死亡人口信息库，定期与公安、民政等部门召开部门协调会议，交流工作开展情况，交换正常死亡、死亡销户及非正常死亡、死者火化等信息和数据。

（二）公安部门的职责

核查正常死亡人员身份信息，规范填写、妥善管理《死亡证》，及时注销死亡人员户籍；收集登记非正常死亡人员信息，据实反馈死因，提供相关凭证；与同级卫生计生、民政部门建立沟通协作机制，定期进行死亡信息的交换和核对工作；会同卫生计生、民政部门及时对身份不明、信息不准和非火葬死亡人员开展调查；每年3月底前向同级卫生计生部门提供上年末本地区分性别、年龄段实有人口统计数据。

（三）民政部门的职责

负责制定相关的工作制度和流程，依据《殡葬管理条例》，规范遗体火化和殡葬相关手续，加强对基层殡葬单位的工作督导。凭《死亡证》第四联办理死者遗体火化和殡葬手续，并做好相关信息的原始登记和留存；建立和完善死者遗体火化信息库，配合卫生计生部门做好定期的死因回顾性调查，定期与当地卫生计生、公安部门进行死亡信息的交换与核对。对身份不明死亡人员，及时通报同级公安机关。

三、人口死亡医学证明和信息登记管理工作的基本流程

（一）人口死亡医学证明的签发

1. 自2014年1月1日起，各地医疗卫生机构使用全国统一制定的新版《死亡证》。《死亡证》共四联。

2.《死亡证》签发对象为在中国大陆死亡的中国公民、台港澳居民和外国人，含死亡新生儿（出生即死亡人口）。

3.《死广证》签发单位为负责救治或正常死亡调查的医疗卫生机构。

4.《死亡证》签章后生效。医疗卫生机构和公安部门必须准确、完整、及时地填写《死亡证》四联（后三联一致）及《死亡调查记录》，严禁任何单位和个人伪造、私自涂改。

5. 死者家属遗失《死亡证》，可持有效身份证件及相关证明（与死者的关系证明及委托书）向签发单位申请补发一次。补发办法如下：已办理户籍注销及殡葬手续的，仅补发第三联；未办理户籍注销及殡葬手续的，补发第二至第四联。

6. 未经救治的非正常死亡情况，由公安部门按照现行规定及程序办理。

（二）人口死亡医学证明的使用

1. 死者家属持《死亡证》第二、三、四联向公安机关申报户籍注销及签章手续。公安机关凭第二联办理死者户籍注销手续，加盖第三、四联公章（在医疗卫生机构内死亡者，第四联无需公安机关签章）。死者家属持第四联《居民死亡殡葬证》到殡仪馆办理遗体火化手续，殡仪馆凭第四联办理殡葬手续。到公安机关补办相关手续的，由经办民警核实后办理。

2.《死亡证》第一联是原始凭证，由出具单位随病案保存或按档案管理永久保存，以备查询。第二联由死者户籍所在地公安部门永久保存。第三联由死者家属保存，第四联由民政部门收集保存。

3. 纸质《死亡证》由卫生计生部门统一印制、发放、统筹管理。

（三）人口死亡信息的报告

1. 建立人口死亡信息库。卫生计生部门负责建立正常死亡人口信息库，医疗卫生机构在签发《死亡证》15日内通过网络报告第一联信息并负责完善《死亡证》管理，确保其唯一性。民政部门

负责建立死者火化信息库。

2. 开展信息校核工作。各级卫生计生、公安、民政部门应当定期开展本辖区人口死亡信息比对和校核工作，补漏查错，确保人口死亡信息及时性、完整性、一致性。乡镇（街道）派出所民警、民政助理、计划生育专干和乡村医生等应当每月中旬向乡镇卫生院或社区卫生服务中心提供前一个月辖区内居民在家死亡（含新生儿死亡）信息。医疗卫生机构应当于 15 日内完成在家死亡和新生儿死亡信息的网络报告。

3. 加强统计分析。各级卫生计生、公安、民政部门要加强对人口死亡数据的分析利用，为促进社会经济发展和制定人口健康政策提供信息支撑。

四、人口死亡医学证明和信息登记管理的信息交换及质量控制要求

（一）建立和完善各部门间的信息共享机制

卫生计生、公安、民政部门每月底交换正常死亡、死亡销户及非正常死亡、死者火化信息等数据，建立本部门跨区域非户籍人口死亡信息交换机制。

县级卫生计生部门按月汇总正常死亡个案信息表，并及时组织三部门进行相关信息核对。

县级公安部门及时汇总非正常死亡个案信息表，并及时向卫生计生、民政部门提供户口注销信息。

县级民政部门按月提供死亡火化信息表，并与卫生计生、公安部门及时进行相关信息核对。

（二）规范和加强人口死亡信息登记管理的质量控制

卫生计生部门应制定《死亡证》填写、报送、审核等工作规范，并强化对各级医疗卫生机构的督导、培训，不断提高人口死亡信息的填写、编码、审核质量。同时，定期组织各部门开展补录工作。

省级卫生计生、公安、民政部门应组织联合督导组，加强对人口死亡信息登记管理工作的联合督导、定期检查。各级卫生计生、公安、民政部门应当共同开展本辖区人口死亡信息的核对、核查工作，及时补漏查错，确保人口死亡信息登记的及时性、完整性、一致性。

以往我省执行标准和要求与本《通知》不一致的，以本《通知》为准。

附件：1. 居民死亡医学证明（推断）书（略）
　　　2. 卫生计生、公安、民政三部门信息交换数据表（略）

湖北省卫生计生委　湖北省公安厅　湖北省民政厅
2014 年 8 月 1 日

省物价局 省民政厅关于印发《湖北省殡葬服务项目定价成本监审办法》的通知

（鄂价成〔2015〕133 号）

各市、州、直管市、神农架林区物价局、民政局：

为进一步规范殡葬服务项目定价成本监审行为，提高制定殡葬服务项目收费标准的合理性、科学性，我们对《湖北省殡葬服务项目定价成本监审办法》进行了修订，现印发给你们，请遵照执行。本办法自下发之日起执行，原《湖北省殡葬服务项目定价成本监审办法》（鄂价成规〔2013〕132 号）同时废止。

湖北省物价局　湖北省民政厅

2015 年 9 月 11 日

湖北省殡葬服务项目定价成本监审办法

第一条 为进一步规范殡葬服务项目定价成本监审行为，提高制定殡葬服务项目收费标准的合理性、科学性，根据《中华人民共和国价格法》、《殡葬管理条例》、《政府制定价格成本监审办法》、《湖北省殡葬服务收费管理暂行规定》等有关规定，制定本办法。

第二条 本办法适用于本省县级以上政府价格主管部门对提供殡葬服务的经营者实施定价成本监审的行为。

本办法所称殡葬服务项目定价成本监审，是指县级以上政府价格主管部门在调查、测算、审核经营者服务成本基础上核定实行政府定价、政府指导价的殡葬服务项目定价成本的行为。

本办法所称殡葬服务项目定价成本，是指提供殡葬服务的经营者在正常经营条件下发生的合理费用支出，是政府价格主管部门制定殡葬服务项目价格或收费标准的基本依据。

本办法所称实行政府定价的殡葬服务项目是指遗体接运（含抬遗体、消毒）、存放（含冷藏）、火化、骨灰寄存四项基本服务项目以及公益性公墓服务项目（墓穴位租用）。实行政府指导价的殡葬服务项目是指由丧户自愿选择的遗体整容化妆、遗体防腐、吊唁设施及设备租赁、礼仪乐队等延伸服务项目。

第三条 殡葬服务项目定价成本监审具体工作由县级以上政府价格主管部门的成本调查监审分局组织实施。殡葬服务经营者和有关行政主管部门应当配合价格主管部门的成本调查监审分局开展成本监审工作。

第四条 殡葬服务项目定价成本监审应当遵循下列原则：

（一）合法性原则。不符合《中华人民共和国会计法》等有关法律、法规和财务会计制度规定的费用不能计入殡葬服务项目定价成本。

（二）合理性原则。影响殡葬服务项目定价成本各项费用的主要技术、经济指标应当符合行业标准和社会公允水平。

（三）相关性原则。凡与殡葬服务项目无关的费用，一律不得计入殡葬服务项目定价成本。

（四）权责发生制原则。凡是本期定价成本应负担的费用，不论款项是否支付，均应计入本期定价成本；凡是不属于本期定价成本应负担的费用，即使款项已经支付，也不能计入本期定价成本。

第五条 殡葬服务项目定价成本，必须以经注册会计师或税务、审计等政府部门审计的年度财务会计报告以及审核无误、手续齐备的原始凭证及账册为基础，做到真实、准确、完整、合理。

第六条 殡葬服务项目定价成本由经营成本和期间费用构成。

第七条 经营成本是指经营者在提供殡葬服务的过程中与服务项目直接相关的职工薪酬、材料费、燃料动力费、水费、固定资产折旧、修理费等。

（一）职工薪酬是指经营者为获得职工提供的服务而给予的各种形式的报酬以及其他相关支出。职工薪酬包括：职工工资、奖金、津贴和补贴；职工福利费；医疗保险费、养老保险费、失业保险费、工伤保险费和生育保险费等社会保险费；住房公积金；工会经费和职工教育经费；因解除与职工的劳动关系给予的补偿；其他与获得职工提供的服务相关的支出。

（二）材料费是指经营者为提供殡葬服务而耗用的原材料、辅助材料、修理用备件和低值易耗品支出。

（三）燃料动力费是指经营者为提供殡葬服务而耗用的各种燃料和电力支出。

（四）固定资产折旧是指按规定的方法提取的经营性固定资产折旧额。经营性固定资产是指与殡葬服务业务直接相关的、使用年限在一年以上的固定资产。

（五）修理费是指为维持经营服务正常运行需要发生的大修理费和日常维护费用。

第八条 不同服务项目的经营成本构成根据实际的服务支出科目确定。

（一）遗体接运经营成本由职工薪酬和运输车辆规费、燃油费、折旧、修理费等构成。

（二）火化经营成本由职工薪酬、燃料动力费、水费、火化间房屋和设备的折旧及修理费等构成。

（三）骨灰存放经营成本由职工薪酬、存放间房屋和设备的折旧、日常维护费等构成。

（四）正常遗体整容化妆经营成本由职工薪酬、化妆材料、必要的辅助材料费和水电费等构成。

（五）消毒防腐经营成本由职工薪酬、消毒防腐药剂、水电费以及必要的辅助材料费等构成。

（六）冷藏经营成本由职工薪酬、水电费以及冷藏间房屋和设备的折旧、日常维护费等构成。

（七）吊唁设施及设备租用成本由职工薪酬、水电费、房屋及设施设备折旧、日常维护费以及灵堂布置支出等构成。

（八）墓穴（位）经营成本由土地租用与环境建设配套成本、建墓工料成本、骨灰安葬成本和以20年为周期的护墓管理维护成本构成。土地租用与环境建设配套成本是指按墓穴（位）分摊的土地成本和配套设施建设费用（包括依据法规用于征用土地、拆迁补偿以及墓地开发过程中发生的工程勘查、规划设计、平整场地、道路设施等费用）。建墓工料成本由墓基墓碑材料、建墓人员职工薪酬等构成。骨灰安葬成本由骨灰安葬人员职工薪酬、材料费等构成。护墓管理维护成本由日常维护人员职工薪酬、水电费、固定资产折旧等构成。

第九条 期间费用是指经营者当期发生的不能直接或间接归入经营成本，而是直接计入当期损益的各项费用，包括经营管理部门为组织和管理殡葬服务活动而发生的管理费用、销售费用和财务费用。

（一）管理费用是指经营者为组织和管理殡葬服务项目所发生的各项开支。包括管理人员职工薪酬、差旅费、办公费、业务招待费、折旧费、修理费、排污费、绿化费等。

（二）销售费用是指经营者在提供殡葬服务过程中发生的与定价成本监审项目有关的销售费用。

（三）财务费用是指经营者为筹集资金而发生的费用。包括在生产经营期发生的利息净支出、汇兑损失（减汇兑收益）、金融机构手续费以及筹资发生的其他财务费用。

第十条　职工薪酬按下列标准核定：

（一）职工工资总额。职工人员数量按当地政府规定的编制数核定。人均工资原则据实核定，但最高不得超过统计部门公布的当地城镇在岗职工平均工资水平的 1.5 倍。

（二）社会保障费是指按国家规定缴纳的养老、医疗、失业、工伤和生育保险。计提基数按照核定的职工工资总额确定，计提比例按不超过当地政府规定据实核定。

住房公积金是指按职工工资总额的一定比例为职工缴纳的住房公积金，不含个人交纳的部分。计提基数按核定的职工工资总额确定，计提比例按不超过当地政府规定据实核定。

（三）职工福利费、工会经费和职工教育经费分别按最高不超过核定工资总额的 14%、2% 和 2.5% 据实核定。

第十一条　遗体整容化妆、消毒防腐所耗用的材料、药剂按正常情况和常用处理方式下的支出计算，墓基墓碑材料按中等规模、中等材质计算。耗用数量和平均购进价格，原则上据实核定。

第十二条　固定资产折旧采用平均年限法。折旧年限按下列规定执行：

（一）火化车间用房折旧年限 30 年，其他房屋建筑物折旧年限 30~50 年；

（二）机械和运输设备折旧年限 10 年；

（三）电子设备折旧年限 5~8 年；

（四）其他设备折旧年限 5 年。

第十三条　各类固定资产提足折旧后，不论能否继续使用，均不再提取折旧；提前报废的固定资产，也不再补提折旧。国家无偿投资或者社会捐赠购置的固定资产不得计提折旧。

第十四条　墓穴（位）土地租用费按 20 年摊销。埋葬骨灰的单人墓或双人合葬墓占地面积按不超过 1 平方米核定。在土葬区内，安葬单人遗体墓占地按不超过 4 平方米核定，安葬双人遗体墓占地按不超过 6 平方米核定。

国家无偿划拨的土地，不得摊销土地占用费。

第十五条　年度大修理费原则上据实核定，但不得超过核定的固定资产原值的 1.5%。

第十六条　按企业财务会计制度核算的经营者，业务招待费按发生额的 60% 计入定价成本，但最高不得超过当年经营服务收入的 5‰。按事业单位财务会计制度核算的经营者，计入定价成本的业务招待费不得超过当年单位预算中"公务费"的 2%。

第十七条　向上级公司或主管部门上交的利润性质的管理费、代上级公司或主管部门缴纳的各种费用、向出资人支付的利润分成及对附属单位的补助支出不得计入管理费用或者其他定价成本项目。

第十八条　财务费用中的利息按核定的贷款总额和贷款利率核定。贷款总额按不超过项目总投资扣除国家规定的资本金比例据实核定；贷款利率按以下原则核定：已支付利息的按实际利率核定；未支付利息的按贷款合同约定利率核定。

第十九条　经营者获得的政府补助或者社会捐赠，用于购置固定资产的，按本办法第十三条规定核算；用于补助专门项目的，直接冲减该项费用；未明确专项用途的，应当冲减定价总成本。

第二十条　核算项目的间接费用和期间费用无法按服务项目归集的，根据该项目经营服务收入占经营服务总收入的比例分配确定。

某项目的间接费用或者期间费用额 = 间接费用或期间费用总额 × 该项目的间接费用或者期间费用分配比例

某项目的间接费用或期间费用分配比例 = 该项目经营服务收入 ÷ 所有服务项目经营服务总收入

第二十一条　单项单例服务项目定价成本按核定的单项总成本和单项总服务例数确定。即：

某服务项目的单位定价成本＝（该项目经营成本＋期间费用）÷该项目总服务例数

第二十二条　提供殡葬服务的经营者应当根据政府定价成本监审的要求，如实提供相关服务项目的成本资料，不得弄虚作假，并对所提供成本资料的真实性、合法性负责。对于不按要求提供成本资料或提供虚假成本资料的，成本调查监审分局应当不予实施定价成本监审或者中止实施本次定价成本监审。

第二十三条　县级以上政府价格主管部门未按本办法进行殡葬服务项目定价成本监审的，上级价格主管部门应予以纠正并通报批评。

第二十四条　成本调查监审分局及其工作人员违反本办法和《成本调查监审工作人员守则》的，由价格主管部门予以处理。

第二十五条　本办法由湖北省物价局负责解释。

第二十六条　本办法自下发之日起执行。

关于加强医疗机构患者遗体转运管理工作的通知

（鄂卫生计生通〔2016〕30号）

各市、州、直管市、神农架林区卫生计生委、民政局、公安局，江汉油田公安处：

为维护公共卫生安全，促进城市文明建设，维护医疗机构正常工作秩序，根据《传染病防治法》、《殡葬管理条例》、《湖北省殡葬管理办法》、《湖北省医疗纠纷预防与处理办法》、《民政部　公安部　外交部　铁道部　交通部　卫生部　海关总署　民航局关于尸体运输管理的若干规定》、《医疗机构新生儿安全管理制度（试行）》和《卫生部　公安部关于维护医疗机构秩序的通告》等法律法规文件精神，结合我省实际，现就加强医疗机构遗体管理有关工作通知如下：

一、患者在医疗机构内死亡的，医疗机构按规定将遗体进行必要的卫生处理（对患传染病死亡的，医疗机构还应按《传染病防治法》要求对遗体进行特殊处理），开具《死亡医学证明书》，由亲属在2小时内将遗体移至太平间，医疗机构未设置太平间的，要通知殡仪馆接运遗体。遗体的运送由殡仪馆直接承办，医疗机构不得交由殡仪馆以外的单位或个人承办。

二、患者在医疗机构死亡后，医疗机构应向其亲属交代有关事项，要求亲属在规定时间内将遗体移至指定场所。亲属拒不到场或拒不移送遗体的，辖区公安机关应与医疗机构配合劝说，劝说无效的，由殡仪馆出具《湖北省遗体接收登记表》，医疗机构签字后由公安机关配合组织力量将遗体移送至殡仪馆保存或处理。

三、医疗机构应告知患者亲属，患者遗体在医疗机构太平间存放时间一般不超过24小时，超过24小时的，需移送至殡仪馆保存，保存时间不超过90天。遗体因检验、鉴定或涉及医疗纠纷等原因需延长遗体在殡仪馆保存期限的，按有关规定执行。检验、鉴定或医疗纠纷等事项处理完后，遗体立即进行火化处理。

四、当地殡仪馆接到医疗机构或公安机关遗体接运通知后，应在约定时间内到达，出具《湖北省遗体接收登记表》，与医疗机构或公安机关办理接运手续，并对遗体进行必要的技术处理。因特殊原因，死者亲属需将遗体运回死者生前居住地的，其亲属应当持死者生前居住地县（市、区）级民政部门出具的同意证明，由殡仪馆专用车辆运送。禁止使用120医疗急救车或救护车接运遗体。

五、医疗机构、殡葬管理服务机构、公安机关要建立死亡人员遗体接运登记制度。医疗机构内出现无人认领尸体或无法联系其亲属的，应对尸体进行卫生处理，相关科室应将死亡患者姓名、性别、年龄、住址、死亡时间等信息报告医疗机构保卫部门或辖区公安机关。公安机关应对无人认领尸体进行检验、鉴定、拍照、登记和收集遗物，出具相关证明，通知殡仪馆接运尸体并按规定处置。

六、对于死胎和死婴，医疗机构应当与产妇或其他监护人沟通确认，并加强管理；严禁按医疗废物处理死胎、死婴。对于有传染性疾病的死胎、死婴，经医疗机构征得产妇或其他监护人等同意后，产妇或其他监护人等应当在医疗文书上签字并配合办理相关手续。医疗机构应当按照《传染病防治法》、《殡葬管理条例》等妥善处理，不得交由产妇或其他监护人等自行处理。

七、各医疗机构应加强太平间管理，严格按医疗服务价格收费项目开展收费，认真执行收费公示制度，出具统一专用发票，自觉接受社会监督。严禁自立项目乱收费、违规收费。严禁医疗机构相关人员利用工作之便，串通联系违规殡葬经营户从事非法殡仪活动，索要或收受财物、谋取私利。

八、强行阻拦移送遗体或在医院内焚烧纸钱、设置灵堂和开展各类殡仪服务活动且不听劝阻者，由公安机关依法强制带离现场。扰乱医疗机构的正常诊疗秩序，侵害其他患者合法权益，危害医务人员人身安全，损坏医疗机构财物者，公安机关应依据《治安管理处罚法》予以处罚；构成犯罪的，依法追究刑事责任。

本通知自下发之日起执行。

附件：湖北省遗体接收登记表（略）

（政务公开形式：主动公开）

抄送：国家卫生计生委、民政部、公安部，省高级人民法院、省司法厅、省法制办，部省属医疗机构。

湖北省卫生和计划生育委员会办公室

2016 年 3 月 21 日

关于推行节地生态安葬的实施意见

（鄂民政发〔2016〕16号）

各市、州、县（市、区）民政局、发展改革局、科技局、财政局、国土资源局、环境保护局、住建委、规划局、农业局（委）、林业局：

为进一步深化殡葬改革，推行节地生态安葬，保障群众基本安葬需求，保护生态环境，促进人与自然和谐相处，根据民政部等9部门《关于推行节地生态安葬的指导意见》（民发〔2016〕21号）精神，结合我省实际，现提出如下实施意见：

一、深刻认识推行节地生态安葬的重要意义

党的十八大以来，党中央、国务院高度重视生态文明建设，将其纳入"五位一体"总体布局中协调推进。党的十八届五中全会提出了绿色发展理念，要求"坚持绿色富国、绿色惠民，为人民提供更多优质生态产品"。湖北省委十届四次全会提出了关于"绿色决定生死、市场决定取舍、民生决定目的"的"三维纲要"。近年来，全省各地按照生态文明建设的要求，积极倡导和推行节地生态安葬，初步建成一批节地生态安葬设施，立体式骨灰格位葬安葬量稳步提升，树葬、草坪葬等生态安葬方式认可度不断提高，推行节地生态安葬取得了一定成效。但总体上看，我省的节地生态安葬工作还处于起步阶段，节约土地、保护环境的安葬观念不强，激励引导、规范监管的制度机制不完善，节地生态安葬设施供给不足，节地生态安葬率不高，公益性公墓建设滞后，部分地区乱埋乱葬、骨灰装棺再葬、墓位面积超标、过度使用不可降解材料等问题较为突出，迫切需要加以解决。

节地生态安葬，就是以节约资源、保护环境为价值导向，鼓励和引导人们采用骨灰堂存放、壁葬、树葬、草坪葬、深埋等不占或少占土地、少耗资源、少使用不可降解材料的方式安葬骨灰或遗体，使安葬活动更好地促进人与自然和谐发展。各地要充分认识到推行节地生态安葬是贯彻绿色发展理念、促进生态文明建设的内在要求，是深化殡葬改革、倡导移风易俗的迫切需要，是推动文明节俭治丧、减轻群众丧葬负担的重要途径。面对人多地少、资源约束趋紧、环境污染严重、生态系统退化的严峻形势，各地要充分认识推行节地生态安葬的重要性和紧迫性，着力凝聚社会共识，加强宣传引导，采取有效措施，加快建设节地生态安葬设施，积极稳妥推广节地生态葬法，不断提升节地生态安葬比例，推动殡葬改革健康持续发展，为"五个湖北"建设作出贡献。

二、准确把握推行节地生态安葬的总体要求

以邓小平理论、"三个代表"重要思想、科学发展观为指导，深入贯彻党的十八大、十八届三中、四中、五中全会和湖北省委十届四次、五次、六次、七次全会精神，落实中共中央、国务院和省委、省政府关于加快推进生态文明建设和党员干部带头推动殡葬改革的有关文件要求，坚持"政府主导、社会参与，节约资源、保护环境，注重引导、创新发展，分类指导、统筹推进"的基本原则，保障群众基本安葬需求，加大节地生态安葬公共服务产品供给，提供优质人文安葬服务，加强政策激励引导，使满足安葬需求与保护资源环境协调推进，促进形成人与自然和谐发展新格局。

到"十三五"末，全省火葬区火化率实现稳中有升，节地生态安葬比例大幅提升。各市州建成一批具有示范效应的节地生态安葬设施，农村公益性公墓覆盖40%以上的行政村。新建经营性公墓

节地生态安葬公益性墓区面积不低于总用地面积的 20%，现有经营性公墓节地生态安葬公益性墓区面积不低于总用地面积的 10%。新建殡葬项目全部进行环境影响评价。生态安葬奖补激励政策进一步完善，骨灰装棺再葬、乱埋乱葬和墓位面积超标得到有效治理，厚养薄葬、节地生态、保护环境、移风易俗新风尚成为殡葬活动主流。

三、认真落实推行节地生态安葬的工作任务

（一）积极推行节地生态葬式葬法改革。各地要按照积极有步骤地实行火葬、改革土葬的原则，适时提请当地人民政府重新划分火葬区和土葬改革区，扩大火葬区范围，并报省人民政府审批。要依法推行遗体火化、骨灰或遗体公墓内集中安葬，因地制宜创新和推广更多符合节地生态要求的安葬方式。在火葬区，积极推行不占或少占土地的生态化骨灰安葬方式；推广骨灰撒散、植树、植花、植草等生态葬式，使用可降解骨灰盒（容器）或直接将骨灰藏纳土中，不设硬质墓穴和墓碑；提倡地面不建墓基、地下不建硬质墓穴，墓碑小型化、微型化，最大限度降低硬化面积。埋葬骨灰的单人墓、双人合葬墓、家庭成员合葬墓等葬式的占地面积不得超过 1 平方米，鼓励建造占地面积低于 0.5 平方米的墓位，不立碑或采用卧式碑。采用立式碑的，墓碑高不得超过 80 公分、宽不得超过 60 公分。在土葬改革区，遗体应在公墓或农村公益性墓地内集中安葬，不得乱埋乱葬。安葬单人遗体占地不得超过 4 平方米，双人墓不得超过 6 平方米。倡导尽量减少地面硬化面积，鼓励墓碑小型化或不立碑；倡导遗体深埋、不留坟头或以树代碑。尊重少数民族丧葬习俗，鼓励和支持少数民族群众选择既具有民族地域特色、又符合节地生态要求的葬式葬法。

（二）大力提高节地生态安葬供给能力。各地要根据已有安葬设施情况和未来需求预测，把握总量、扩大增量、优化存量，科学规划建设节地生态安葬设施，强化安葬设施的生态功能。要大力加强公益性公墓、骨灰堂等基本殡葬公共服务设施建设，按照满足常住人口 30 年以上骨灰安放需求，合理确定建设公益性公墓、骨灰堂的数量和规模。严格控制经营性公墓数量，1 个县（市、区）范围内，只允许建 1 处经营性公墓，现有经营性公墓能满足当地常住人口 5 年以上安葬需求的，省民政厅将不受理其新建（扩建）的申请。新审批的经营性公墓应建设不低于总用地面积 20% 的节地生态安葬公益性墓区，现有经营性公墓逐步建设不低于总用地面积 10% 的节地生态安葬公益性墓区。农村公益性公墓一般应以行政村为单位兴建，在人口较为集中、交通便利、土地较少的地区提倡以乡镇为单位或由若干相邻的行政村联建。城市周边的农村公益性公墓应纳入城市公墓建设规划，以乡镇（街道）为单位统筹兴建。兴建公墓等殡葬服务设施应依法开展环境影响评价。各公墓要主动采取楼、廊、堂、塔、墙等形式存放骨灰的立体安葬方式，提高土地利用率，要以树葬、撒散、骨灰存放、小型墓等多样化节地生态安葬方式为主，减少使用不可降解材料，严格执行墓位占地面积规定，不得超标准建墓立碑。加强少数民族殡葬设施建设，保障少数民族群众节地生态安葬需求。

（三）不断提升节地生态安葬服务水平。各地要针对节地生态安葬的人群及相关服务特点，美化节地生态安葬墓区环境，提高服务质量，强化人文关怀，提升服务内涵，突出公益属性，增强节地生态安葬的吸引力。要严格落实安葬服务标准，创新服务模式，优化服务流程，积极提供网上预约、服务热线、咨询窗口等便捷方式，拓展全程引导、交通保障、悲伤抚慰等服务项目，做到用心服务、便民高效。要加强安葬后续日常管理，注重环境绿化美化，引导文明低碳祭扫，保持墓区整洁肃穆。根据安葬服务协议及墓位使用周期，积极推进墓穴循环使用。鼓励和引导经营性公墓积极承担社会责任，选择位置好、绿化好的墓区开辟节地生态墓园，提供更多、更加优质的节地生态安葬公共服务产品。深化农村殡葬改革，加强农村公益性墓地管理，提供及时便捷服务。推进互联网、物联网与殡葬服务融合发展。

（四）注重发挥葬式葬法改革引导作用。推行节地生态安葬，倡导葬式葬法改革，有利于引导

人民群众正确认识生老病死的客观规律，厚植符合节地生态、绿色环保要求的安葬理念，认同现代殡葬文化，推进殡葬改革。各地要充分利用现有的殡葬设施资源，建设一批生命文化教育基地，打造优秀殡葬文化传承平台。要积极推广现代文明的殡葬礼仪和殡葬用品，坚决抵制迷信低俗、奢侈浪费等不良丧葬风气。要大力倡导网络祭扫、鲜花祭扫、踏青遥祭、植树缅怀等文明低碳祭扫方式，积极组织集体共祭、社区公祭、家庭追思等现代追思活动，弘扬慎终追远等优秀传统殡葬文化，逐步引导人民群众把对逝者的缅怀从注重物质载体转移到以精神传承为主上来。

四、建立健全推行节地生态安葬的保障机制

（一）加强组织领导，突出党员干部带头作用。各地要积极争取当地党委、政府重视，建立健全政府领导、民政牵头、部门配合、社会参与的推行节地生态安葬工作机制，将推行节地生态安葬作为深化殡葬改革的重要内容，纳入"十三五"规划，摆上议事日程，加强目标管理和绩效考核，确保政策措施落到实处。民政部门要牵头做好政策标准制定、组织实施、审批监管等工作。民政、发展改革、住建、规划、财政等部门要加强节地生态安葬设施规划建设，加大节地生态安葬公共服务供给，完善惠民殡葬政策和激励引导措施，满足群众节地生态安葬需求。国土资源部门对满足规划条件、布局选址合理的殡葬建设项目，凡符合殡葬改革方向，体现节地生态安葬理念的，在用地计划上优先给予安排；对符合法定划拨用地范围的非营利性殡葬设施建设项目，可实行划拨方式供地。科技、环境保护等部门要强化殡葬活动的生态环境监管，推动环保殡葬新技术、新产品研发应用。国土资源、农业、林业、民政等部门要建立联合执法和信息共享机制，严肃查处非法占用土地、林地建墓立碑等行为。各地要充分发挥乡镇、街道、村（居）民委员会、城乡社区及红白理事会、老年人协会等社会组织的作用，探索建立基层殡葬信息员制度及殡葬信息源采集、报告和预警机制，加大对乱埋乱葬、骨灰装棺再葬、违规建墓的事前预防和源头治理力度。要落实中央八项规定和党员干部带头推动殡葬改革的要求，发挥党员干部在遗体火化、生态安葬、节俭治丧、文明祭扫方面的表率作用。民政部门要主动协调有关部门把带头推动殡葬改革的要求纳入对党员干部的教育管理之中，积极宣传典型人物和先进事例；要及时向有关部门通报党员、干部违反殡葬规定的情况，并协助有关部门依法纠正和查处党员干部尤其是领导干部去世后遗体违规土葬、乱埋乱葬、超标准建墓立碑等行为。

（二）完善奖补激励政策，开展多种形式宣传活动。各地民政、财政部门要在进一步完善以减免基本殡葬服务费用为主要内容的惠民殡葬政策基础上，推动建立节地生态安葬奖补制度，把树葬、格位存放等不占或少占地方式，以及土葬区遗体深埋不留坟头等生态葬法，纳入奖补范围；积极探索建立环保殡葬用品补贴制度，对带头推行无毒、可降解环保用品的殡葬服务单位或使用者亲属，给予适当奖励或补贴，推动环保殡葬用品的推广应用。各经营性公墓单位要积极承担社会责任，对采取生态安葬、使用可降解环保用品的使用者家属，在费用上给予适当减免。各地要坚持正确的舆论导向，把宣传引导工作贯穿于推行节地生态安葬工作始终，充分利用各种媒体和传播手段，用群众喜闻乐见的方式，深入宣传节地生态安葬的重大意义、法规政策和实践成果，凝聚全社会的思想认同。各市、州要在有条件的地方积极开展节地生态安葬示范活动，探索建立符合当地特点要求的节地生态安葬模式，逐步形成可复制、可推广的有效模式，示范带动各县（市、区）逐步推行节地生态安葬。群众有意愿且有条件的地区，可为不保留骨灰者建立统一的纪念设施，利用重要传统节日组织开展祭奠活动，缅怀逝者、教育后人。各地殡葬服务机构要将清明节重点宣传和日常宣传有机结合，积极组织开展集中生态安葬和宣传进乡镇、社区等活动，倡导厚养薄葬、文明节俭、生态环保、移风易俗的殡葬新风尚。

（三）落实标准化建设要求，加强公墓单位能力建设。公墓是推行节地生态安葬的重要平台，是引导人民群众认知、认可、接受节地生态安葬的直观窗口。各级民政部门要加强对公墓单位的监

管与指导，督促公墓单位进一步加强基础设施建设，不断提高公墓单位的管理服务能力和水平，为推行节地生态安葬创造有利条件。各公墓单位要充分认识推动节地生态安葬对殡葬事业健康持续发展的重要作用，将推动节地生态安葬作为自身长远发展的有效载体，坚持以"绿色殡葬""人文殡葬""公益殡葬"为导向，努力建设成节地生态安葬的示范性陵园；要认真落实民政部制定的有关公墓服务的各项标准，按照公墓等级评定要求，积极开展标准化创建活动，不断完善墓园建设，美化园区环境，规范服务管理，推动自身提档升级；要积极依托大专院校和示范性公墓机构，加强专业服务人才培养，落实定期培训制度，切实提升职工生态文明素养和服务能力。

　　各地要根据本实施意见要求，结合实际，研究制定落实措施，并及时将有关情况报省民政厅。

湖北省民政厅　湖北省发展改革委　湖北省科技厅

湖北省财政厅　湖北省国土资源厅　湖北省环境保护厅

湖北省住房和城乡建设厅　湖北省农业厅　湖北省林业厅

2016 年 4 月 5 日

省民政厅关于进一步落实从严治党要求切实加强殡葬服务机构管理的意见

（鄂民政发〔2017〕13 号）

各市、州、县（市、区）民政局：

　　为全面贯彻落实从严治党要求，根据《省委办公厅 省政府办公厅印发〈关于党员干部带头推动殡葬改革的实施意见〉的通知》（鄂办发〔2014〕8 号）和省委、省政府领导批示精神，现就进一步加强殡葬服务机构监督管理、全面落实党风廉政建设主体责任提出如下意见。

一、充分认识加强殡葬服务机构管理的重要性

　　近年来，全省殡葬服务机构扎实开展加强履职尽责接受督促检查活动，持续优化服务、创新管理、改进行风，不断加强党风廉政建设，在规范殡葬服务管理、增强为民服务能力方面取得了明显成效。但也要看到，由于殡葬习俗、死亡禁忌、体制机制等影响，部分殡葬服务机构权力运行失范、制度落实不力、法纪观念淡薄等问题仍然存在，有些殡葬事业单位公益属性弱化，片面追求经济效益，仍然延续过去粗放式、松散式经营管理方式，服务收费不规范，内部管理混乱；有些殡葬服务机构推进殡葬服务标准化建设不力，内部制约失衡，"三重一大"集体决策和重大项目公开招投标等制度不落实，业务合作不规范；有些县（市、区）对民办殡仪服务机构、民营经营性公墓等缺乏有效监管和行业自律，虚构殡葬业务信息，违规经营、抬高价格等问题时有发生。

　　各级民政部门要充分认识到加强殡葬服务机构管理是规范殡葬服务市场秩序的重要手段，是维护群众殡葬权益的迫切需要，是新时期强化殡葬系统党风廉政建设和行风建设的必然要求。要进一步采取有效措施，加强和改进对殡葬服务机构的管理，积极推进殡葬诚信体系建设，把行政监管与行业自律、社会监督结合起来，努力打造公开透明、服务优质、便民高效的殡葬服务机构。

二、加强殡葬服务机构监管

　　（一）厘清主管部门权责边界。各级民政部门要按照建立权责清单制度的要求，对殡仪服务站

和骨灰堂、农村公益性公墓的设立，明确职权运行流程、审批条件、责任事项、职权边界，依法依规进行审批。要建立基本殡葬服务制度规程，明确遗体接运、暂存、火化、骨灰寄存等基本殡葬服务流程和标准，完善服务收费、节地生态安葬等政策措施。

（二）明确监管事项关键点。要认真梳理机构潜在的廉政风险、违规经营风险以及从业人员职业道德风险，分类施策，强化监管。加快建立科学的绩效考核评估体系，对属于事业单位的殡仪馆或公墓等机构，重点考核基本殡葬服务质量、运营效率和保障能力，克服片面追求经济效益的思维定式。对经营性公墓，坚持属地管理，严禁擅自扩大面积、变更经营主体、违规建设墓穴（位）和不按规定面积建设节地生态公益墓区，积极探索将经营性公墓年检及合规性审查情况纳入社会诚信体系建设，提高监管效能。要进一步规范选择性服务项目，殡仪馆场地出租、服务外包、骨灰盒采购及公墓经营权转让等要引入竞争机制，通过公开招标方式进行。

（三）发挥社会监督作用。要突出殡葬行业协会作用，推动建立行规行约和职业道德准则，强化信息公开，依托政府门户网站或公众媒体，公示合法殡葬机构名录、遗体接运车辆牌号、殡葬业务及监督电话，探索建立执业情况综合评价和定期通报制度，引导和约束民营殡仪服务机构和从业人员依法守约经营。有条件的县市要建立统一的殡葬服务热线或公众服务号，打造集便民服务、政策宣传、社会监督于一体的信息化服务平台。

（四）强化执纪问责。要巩固殡葬管理服务专项整治工作成果，持之以恒抓好作风建设，将预防教育和问责追究相结合，加大追责问责力度，传递压力，既要追究相关人员的直接责任，也要追究有关领导的责任，并与评优评先、工资奖金、提拔重用等挂钩，最大化地运用好问责结果。要积极回应群众关切，坚决整治损害群众丧葬权益行为，严禁职工收受红包、礼金和"吃、拿、卡、要"。对严重违纪违法的，要主动报告有关部门，绝不偏袒姑息。

三、加强殡葬机构自身建设

（一）健全权力运行监督机制。各殡葬服务机构要进一步明确"三重一大"事项的决策范围、议事规则和程序，完善风险隐患防控流程，着力规范决策层在重大事项、选人用人、薪酬分配等方面的决策权力。大力推进党务、业务公开，健全以职工代表大会为基本形式的民主管理制度，加强职工民主监督。加快建立健全招标采购制度，对工程建设及殡葬设备、丧葬用品、墓碑石料等采购行为制定具体操作规范，加强过程监控和信息公开。严格执行国家有关财务税收、国有资产、价格管理等规定，强化预算管理和审计监督。

（二）积极推进管理标准化。要全面贯彻落实殡葬管理法规政策及殡葬服务工作标准，认真执行遗体接运、殡仪接待、冷藏保存、悼念告别、遗体火化、骨灰寄存、安葬服务等操作规程，加强对重要场所、关键区域、重点岗位的监管和防控，严格落实岗位责任制和责任追究制，确保殡葬服务规范化、零差错。建立全员岗位目标责任制，完善党务、行政、业务和财务资产等规章制度，加强机构内部治理，健全决策、执行和监督机制，提升服务运营的效率和质量。

（三）全面提升规范化服务能力。要积极推行服务项目、服务内容、服务标准、服务价格、服务承诺、服务监督"六公开"，实行"清单式"服务和格式化合同。殡仪馆要明确区分基本服务与选择性服务项目，不得以任何形式强制或误导消费，不得以任何形式限制丧属自带骨灰盒。经营性公墓要在经营场所显著位置，悬挂行政许可批文，并落实《湖北省殡葬服务项目定价成本监审办法》，加强成本核算，完善定价机制，合理确定墓穴（位）价格，主动接受价格主管部门和民政部门监督。

（四）深化人事与分配制度改革。要按照因事设岗、因岗定责、合理定配人员的原则，调整精简殡仪馆和公墓内设机构，实行干部竞聘双选，规范职工招聘、考核、培训、奖励及处分。全面实行绩效管理，采取固定工资加绩效工资的分配办法和量化考核方式，按岗取酬、绩效挂钩，全面建立激励机制。坚决取消内部职工业务提成及社会中介业务分成等违规分配方式。不断改善殡葬从业人员工作条件，加强劳动保护和职业防护，定期对职工身体健康状况进行检查，落实殡葬职工工资福利待遇相关政策。

四、切实加强对殡葬管理工作的组织领导

（一）建立健全协调工作机制。各级民政部门要按照国家事业单位改革总体部署，深化殡葬服务机构管理改革，加强组织领导，健全工作机制，依据国家殡葬法规，明确各相关部门在殡葬改革、殡葬管理、殡葬执法、殡葬服务、殡葬价格和丧葬用品生产销售监管等方面的工作职责，建立健全党委领导、政府负责、部门协作、社会参与的工作机制，切实推动殡葬改革。

（二）始终坚持公益性发展方向。要坚持基本公共服务政府主导原则，强化政府投入，破除逐利机制。落实《国务院关于印发"十三五"推进基本公共服务均等化规划的通知》（国发〔2017〕9号）要求，积极争取本级政府对殡葬事业发展的重视和支持，发挥主体责任，安排财政性专项资金，加大投入力度，不断增强政府提供基本殡葬服务的能力。加快完善覆盖城乡的殡葬基本公共服务体系建设，针对殡葬基础设施薄弱的地区，加大对殡仪馆、公益性骨灰安放设施等基本公共服务设施的建设投入，加快对火葬区县市尚无殡仪馆的新建步伐；加快对老旧殡仪馆殡仪服务用房的改扩建；加快对不符合国家环境保护标准的火化设备的更新改造。

（三）进一步加强殡葬执法。要加强对社会殡葬服务机构监管，规范执法程序，采取联合执法等方式，会同公安、规划、国土、市场监督、卫生等相关部门，定期或不定期对殡葬违规行为进行严格查处，并完善执法档案。要加强对殡葬活动的事前监管，建立殡葬信息报告制度和预警机制，做好源头预防。要按照法定要求，通过司法途径解决违法殡葬行为执行难问题，对确需采取强制执行措施的，依法履行催告程序后，在法定期限内向法院书面申请强制执行，并积极协助执行。

（四）不断厚植殡葬改革正能量。要深入开展法律法规、职业道德和廉政警示教育，增强殡葬系统干部职工遵纪守法和廉洁从业意识，培育和树立正确的价值观、利益观和荣辱观，筑牢拒腐防变的思想道德防线。积极倡导生态安葬、文明祭扫新风尚，弘扬先进殡葬文化，提倡文明、节俭、集中办丧事，引导群众破除丧葬陋俗，树立殡葬改革新风。大力宣传殡葬改革，不断加强行风建设，坚守职业操守，宣传殡葬行业先进典型和感人事迹，传递好声音，凝聚正能量，努力营造殡葬事业持续发展的良好氛围。

湖北省民政厅

2017 年 4 月 1 日

省民政厅　省民宗委
关于加强宗教活动场所殡葬设施管理的通知

（鄂民政发〔2017〕33 号）

各市、州、县（市、区）民政局、民宗委（局）：

为规范宗教活动场所管理，依法治理宗教活动场所内违规建设殡葬（骨灰安放）设施乱象，遏

制宗教商业化，根据《殡葬管理条例》《宗教事务条例》《湖北省殡葬管理办法》和《湖北省宗教事务条例》等有关政策法规规定，现就加强宗教活动场所殡葬设施管理有关事项通知如下：

一、坚持依法审批。宗教活动场所设立用于安放宗教教职人员骨灰的殡葬设施，应经所在地县级人民政府宗教事务部门审核同意，报同级民政部门批准后，方可在宗教活动场所内筹建。其他任何组织、企业或个人不得在宗教活动场所内设立殡葬设施，也不得以宗教名义在宗教活动场所外建设殡葬设施。

二、严格安放对象。宗教活动场所内殡葬设施的服务对象仅限于安放宗教教职人员的骨灰，不得扩大至宗教教职人员以外的信教公民和社会人士。

三、控制建设规模。现有殡葬设施能满足 5 年以上安放需求的，不得新建或扩建殡葬设施。宗教活动场所内新建殡葬设施应按照不超过该场所宗教教职人员 30 年安放骨灰需求的规模进行规划建设，不得擅自突破规模。

四、规范宗教性捐赠。宗教活动场所内新建殡葬设施可以接受公民自愿捐赠，但不得强迫或者摊派，不得以提供骨灰、人体器官等存放服务或变相服务等形式诱导公民捐赠，也不得以任何形式向捐赠者提供骨灰存放墓位等服务。

五、依法加强管理。宗教活动场所应遵守殡葬管理和宗教事务管理的政策法规，依法有序开展殡葬活动。各级政府民政、宗教工作部门要加强本辖区内宗教活动场所内殡葬设施的管理，及时制止、依法查处宗教活动场所擅自新建殡葬设施行为。对宗教活动场所内原有的仅用于安放宗教教职人员骨灰的殡葬设施，要规范管理。对宗教活动场所内未经批准擅自建设殡葬设施、销售或变相销售，未安放骨灰的，责成建设单位或个人退还款项；已安放骨灰的，由建设单位或个人做好逝者家属工作，负责迁往合法公墓；督促拆除违规建设的殡葬设施，恢复原状。

湖北省民政厅　湖北省民族宗教事务委员会

2017 年 10 月 25 日

关于加强全省城乡公益性公墓建设管理的意见

（鄂民政发〔2020〕29 号）

各市、州、直管市和神农架林区民政局、发改委、财政局、自然资源局、生态环境局、农业农村局、市场监管局、林业局：

为贯彻落实习近平总书记关于民政工作的重要指示批示精神，进一步加强全省城乡公益性公墓建设管理，经省人民政府同意，现提出如下意见。

一、充分认识重要意义和总体要求

推进和加强城乡公益性公墓建设管理是贯彻落实习近平总书记重要指示批示精神，完善基本殡葬公共服务体系，满足群众基本殡葬需求，减轻群众丧葬负担，深化殡葬改革、倡导移风易俗的重要举措，对于逐步根治散埋乱葬，保护耕地林地和生态环境，促进乡村振兴战略实施和美丽乡村建设具有重大意义。目前，我省城乡公益性公墓有效供给失衡，已成为基本殡葬公共服务体系的突出短板，亟需统筹推进建设。

城乡公益性公墓是指县级以下（含县级）人民政府以及村（居）民委员会建设，为辖区内村（居）民提供遗体或骨灰安葬服务的公益性安葬设施（含骨灰堂）。各地要坚持政府主导、统筹规划、节地生态、群众受益、移风易俗的原则，以县级或乡镇人民政府为主体推进城乡公益性公墓建设管理，逐步实现全覆盖。

二、编制专项规划

（一）统筹规划布局。县级及以上民政部门应联合自然资源、生态环境、林业等部门，根据预先踏勘选址情况，编制覆盖全域的城乡公益性公墓布点规划。县域城乡公益性公墓布点规划应符合县级国土空间总体规划，并与其他相关专项规划相衔接，报请同级或上级规委会批准后公开发布，作为供地、环评的支撑和项目安排、资金支持的优先条件。如出现影响规划实施的情形，应报原批准机关调整规划。

（二）把握规划要领。从严控制用地规模，推行节地生态葬法，突出人文纪念特色。县级人民政府驻地街道办、乡镇、城郊村（社区）和平原乡村，由县（市）人民政府主导，统一规划选址，建设骨灰堂，或分类（区）建设公园式节地生态葬公墓。在山区、林区乡村，由乡镇人民政府主导，结合城镇化建设和农业人口转移情况，可由若干相邻的行政村（社区）联建或以村（社区）为单位兴建，采取植树种花、深埋、小型墓及墓位周边不硬化等方式，建设节地生态公墓。

（三）科学勘查选址。暂未出台城乡公益性公墓布点规划的地区，县级民政部门应根据乡镇人民政府或村（居）委会申请，会同自然资源、生态环境、林业等部门开展现场勘查，确定公墓选址。选址应充分征求当地群众意见，提高群众接受度。

三、加强资金和用地保障

（四）加大资金投入。坚持政府主导和公益性，所需资金以县级或乡镇人民政府筹集为主，鼓励企事业单位、社会团体和个人采取捐赠形式支持城乡公益性公墓建设，但不得以任何形式摊派或从中牟取利益。省、市、县应制定城乡公益性公墓建设以奖代补政策，给予支持。

（五）加强用地保障。城乡公益性公墓建设用地以划拨等方式取得，应避免占用公益林和天然林，不得以租代征土（林）地进行建设。乡镇人民政府或村（居）民委员会根据布点规划或选址意见，凭县级民政部门出具的同意筹建城乡公益性公墓意见，向县级以上自然资源部门提出申请，按法定程序批准后，办理建设用地预审与选址意见书、建设用地规划许可证、国有土地划拨决定书、土地使用证（不动产权证）等。占用农用地的，按照批准权限，办理农用地转用审批手续。使用林地的，向县级以上林业主管部门申请办理使用林地审核审批手续。

四、严格建设标准

（六）控制墓区规模。火葬区按照满足常住人口30年以上骨灰安葬需求，结合区域内经济社会发展需要迁坟的数量，测算确定墓区面积。墓区面积＝安葬总量（服务区域常住人口数量×人口年死亡率×30年）/每亩安葬量（300—400个）＋公共服务区域面积。

（七）坚持节地生态。按照"占地小、碑卧倒、硬化少、绿化好"的标准建设，严格控制成本。"占地小"即安葬骨灰的单人墓位（含墓穴，下同）占地面积不得超过0.5平方米，合葬墓位占地面积不得超过0.8平方米；在土葬区内，安葬单人遗体占地不得超过4平方米，双人墓不得超过6平方米；积极推行树葬、花坛葬、草坪葬、壁葬、骨灰撒散等节地生态葬式葬法；倡导使用无毒、可降解骨灰盒等环保用品。"碑卧倒"即新建墓位全部采用小型化、艺术化卧式碑，墓碑不超过墓位占地范围，面积不超过0.4平方米；提倡不立碑；土葬改革区积极推行遗体深埋、不留坟头或以树代碑。"硬化少"即除必要的车辆通行道路外，人行通道、墓间道路不硬化，避免"青山白化"现象；在建设墓位时，最大限度少用石材、水泥等材料。"绿化好"即不推山、少砍树，先建园、后建墓，因地制宜、依山就势建设墓位，尽量选用当地适生树种、花卉绿化美化园区环境；不宜选用油性、易燃树种；山区墓园应充分考虑防火需要，留有足够的防火隔离空间。

（八）做好项目验收。县级民政部门应加强项目建设的过程管理，适时对在建城乡公益性公墓进行指导。项目建成后，应会同自然资源、林业、环保等部门现场验收，符合相关规划和标准的，同意启用；不符合的，提出改进意见，限期整改完善。

五、实行规范管理

（九）确定管理模式。城乡公益性公墓可根据建设筹资主体和模式，采取统一设置公益性岗位、指定专人或政府购买服务等方式，做好日常管理。不得开展租赁、承包经营等营利性活动。

（十）限定服务对象。城乡公益性公墓原则上为本辖区内村（居）民提供安葬服务。应当凭火化证明（土葬改革区凭死亡证明）、户籍证明，严格按时间顺序安排墓位，不得提前挑选、预定墓位。

（十一）加强收费管理。乡镇及以上建设的公益性公墓，由当地价格主管部门按照国家有关公益性公墓收费要求和《湖北省定价目录》规定，按维持公墓正常运营并兼顾居民承受能力的原则核定收费标准。村级建设的公益性公墓收费标准参照本乡镇公益性公墓收费标准，具体由村民代表会议讨论决定，并向村民公开公示，报乡镇人民政府和县级民政部门备案后执行。

（十二）加强日常监管。县级民政部门负责本行政区域的城乡公益性公墓的监督管理，建立健全城乡公益性公墓年检制度和日常抽查机制，及时制止、查处违规行为。涉嫌违纪违法的，向有关部门移交问题线索。

（十三）推进移风易俗。引导群众文明低碳祭扫，禁止从事封建迷信活动。加强安葬后续日常管理，注重环境绿化美化，保持墓区整洁肃穆。根据安葬服务协议及墓位使用周期，积极推进墓位循环使用。土葬改革区规划建设城乡公益性公墓时，要积极稳妥推进火葬区的划定。

六、强化组织保障

（十四）加强组织领导。建立省民政厅牵头，省发改委、省财政厅、省自然资源厅、省农业农村厅、省生态环境厅、省市场监管局、省林业局参加的全省城乡公益性公墓建设联席会议机制。各地应成立领导小组或联席会议机制。民政部门要发挥好牵头作用，主动协调有关部门，完善部门协作机制，有效解决城乡公益性公墓建设管理中的重点难点问题，形成工作合力，着力保障群众安葬需求。

（十五）落实部门责任。民政部门要牵头做好城乡公益性公墓布点规划、组织实施等工作，加强指导和监督管理。发展改革部门要将城乡公益性公墓建设纳入当地经济社会发展规划，加大项目立项支持力度。财政部门要积极支持民政部门建立城乡公益性公墓建设奖补机制。自然资源和林业部门要依法保障纳入规划的城乡公益性公墓建设用地需求。农业农村部门要在美丽乡村建设中积极支持有条件的地区建设城乡公益性公墓。市场监管部门要配合民政部门加强对城乡公益性公墓监管，依法查处价格等违法违规行为。

各地民政部门应会同有关部门按照本意见精神，结合实际制定实施意见。

湖北省民政厅　湖北省发展改革委　湖北省财政厅
湖北省自然资源厅　湖北省生态环境厅　湖北省农业农村厅
湖北省市场监管局　湖北省林业局
2020 年 10 月 20 日

省民政厅关于印发《湖北省城乡公益性安葬设施建设"十四五"规划》的通知

（鄂民政发〔2021〕53 号）

各市、州、县（市、区）民政局：

经省发改委审核、省政府审定，现将《湖北省城乡公益性安葬设施建设"十四五"规划》印发给你们，请结合实际认真贯彻落实。

湖北省民政厅
2021 年 12 月 21 日

湖北省城乡公益性安葬设施建设"十四五"规划

为贯彻落实习近平总书记关于民政工作的重要指示批示精神，进一步健全基本殡葬公共服务体系，有序推进全省城乡公益性安葬设施（公墓、骨灰堂等，下同）建设管理，根据民政部、国家发展改革委《"十四五"民政事业发展规划》和省委、省政府《关于推动新时代全省民政事业高质量发展的意见》，以及《湖北省民政事业发展"十四五"规划》，制定本规划。

一、规划背景

（一）发展现状。"十三五"期间，全省殡葬公共服务体系建设取得重大进展，殡仪馆设施设备全面提升，投入资金 28.5 亿元，实施殡仪馆新（迁）建、改扩建项目 54 个；城乡公益性公墓建设稳步推进，投入资金 17 亿元，建成县级以上公益性公墓 30 个、乡镇公益性公墓 91 个、村级公益性公墓 1549 个，共覆盖 227 个乡镇（办）、5197 个村（社区）、人口 1522 万人，少数县（市）已基本实现城乡公益性安葬设施全覆盖。

（二）面临形势。公益性安葬服务能力建设是社会服务兜底能力建设的重要组成部分。目前，我省城乡公益性安葬设施建设尚处于起步阶段，有效供给不足、区域发展不平衡、建设标准和管理水平不高等短板突出，既影响美丽乡村建设，也不利于乡村振兴战略实施，与广大人民群众的期盼有较大差距。2020 年 8 月，省委、省政府印发《关于推动新时代全省民政事业高质量发展的意见》，明确要求"加强殡仪馆和城乡公益性公墓（骨灰堂）建设，到 2025 年，公益性公墓（骨灰堂）覆盖所有县（市）及 60%以上的乡镇中心村"。2020 年 10 月，经省人民政府同意，省民政厅、省发改委、省财政厅、省自然资源厅、省农业农村厅、省生态环境厅、省市场监管局、省林业局联合印发《关于加强全省城乡公益性公墓建设管理的意见》，明确了城乡公益性公墓建设管理有关要求。2021 年，国家发展改革委、民政部、退役军人事务部、中国残联印发《"十四五"时期社会服务设施兜底线工程实施方案》，将公益性骨灰安放设施作为建设重点。"十四五"期间，随着全省殡仪馆新改扩建的基本完成，城乡公益性安葬设施建设已成为我省基本殡葬公共服务体系建设的当务之急，刻不容缓。

二、总体要求

（一）指导思想。以习近平新时代中国特色社会主义思想为指导，深入贯彻党的十九大和十九届二中、三中、四中、五中、六中全会精神，认真落实习近平总书记关于民政工作重要指示批示精神，坚持以人民为中心，坚持公益性方向，强化政府责任，健全投入机制，加快推进城乡公益性安葬设施建设管理，逐步建立符合我省实际的多层次公益性安葬服务体系，促进生态文明建设和精神文明建设，助力乡村振兴战略实施和美丽乡村建设，努力让人民群众有更多的获得感。

（二）基本原则。

——党委领导、政府主导。在各级党委统一领导下，实行政府主导，社会力量参与，坚持公益属性，确保群众受益。

——统筹规划、分步实施。编制县级城乡公益性安葬设施布点规划，合理确定公益性公墓（骨灰堂）的数量和覆盖范围，循序渐进，稳步实施。

——控制规模、节地生态。根据人口数量，控制墓区规模。全面实施节地生态葬法，集约节约用地，减少硬化面积。

——持续发展、有效监管。全面落实政府定价政策，合理确定运营管理模式，明确各方责任，加强日常监管，实现维护有保障、运营可持续。

（三）建设目标。通过新建城乡公益性公墓（骨灰堂），公益化改造民政部门直属公墓，配建经营性公墓公益性墓区，划定集中安葬点，逐步建立多层次的公益性安葬服务体系。进一步规范管理，推行节地生态葬式，推广使用可降解材料，探索墓位循环使用机制。到 2021 年底，全面完成县（市）城乡公益性安葬设施布点规划或专项规划。到 2025 年，公益性安葬设施服务覆盖所有县市及 60% 以上的乡镇中心村。到 2030 年，除部分偏远山区村外，基本实现公益性安葬设施服务全覆盖，履行政府对群众基本安葬需求兜底保障责任，促进基本公共服务均等化。

专栏：城乡公益性安葬设施建设"十四五"主要指标

主要指标内容	指标值
县市布点规划编制完成率	100%
启动公益性安葬设施建设的县市比例	100%
公益性安葬设施乡镇中心村覆盖率	≥60%
公益性安葬设施内新建墓位节地生态率	≥90%
省级社会事务专项补助资金投入公益性安葬设施建设比例	≥60%

三、主要内容

（一）全面编制布点规划。

1. 编制城乡公益性安葬设施布点规划。由县级民政部门主导，联合自然资源、生态环境、林业、农业农村等部门，根据本地区的地形地貌，统筹城镇建设、人口分布、交通出行、旅游开发等情况，结合现有殡葬设施分布状况，编制与当地国土空间规划相衔接的县级城乡公益性安葬设施布点规划。优化公益性安葬设施总体空间布局，合理确定建设数量以及覆盖区域范围。凡县级公益性安葬设施能覆盖到的区域，不再建村级公益性安葬设施。在土葬改革区行政村，以及地广人稀、确无必要建设公益性安葬设施的乡村，通过划定禁葬区或布设集中安葬点，引导群众落实节地生态安葬要求。

2. 依法依规审批经营性公墓。严格落实国务院《关于深化"证照分离"改革进一步激发市场主体发展活力的通知》中关于经营性公墓建设审批要求。拟建经营性公墓应统筹纳入县级国土空间规划，并与城乡公益性安葬设施建设规划有效衔接。严格控制经营性公墓数量，1个县（市、区）范围内，只允许建1处经营性公墓。无经营性公墓的县（市、区），在未纳入县级安葬设施（国土空间）规划、未完建县级公益性安葬设施前，市级民政部门不得批准新建经营性公墓。

（二）稳步推进设施建设。

3. 分区分类实施。县（市、区）人民政府驻地街办、乡镇、城郊村（社区）和平原乡村，由县（市、区）人民政府主导，统一规划、选址、建设，优先建设公益性骨灰堂，统筹建设公益性公墓，全面推行节地生态葬式葬法，提高集约化、生态化安葬比例。大中城市应至少建设1处规模适度的公益性骨灰堂。在山区、丘陵地区乡村，由乡镇人民政府主导，结合城镇化建设和农业人口转移情况，因地制宜采用乡镇统建、多村联建、单村独建等方式，就近就便、统筹建设农村公益性安葬设施。

4. 有序梯次推进。实施中既要尽力而为、又要量力而行，按照先城镇、后农村，先火葬区、后土葬区，先建园、后建墓的顺序逐步推进。倡导按照3—5年安葬量分批建设墓位（格位），实行滚动开发，减轻一次性资金投入压力。优先建设覆盖火葬区城区、重点口子镇、乡镇中心村、美丽乡村示范村公益性安葬设施。

5. 持续开展整治。根据城乡公益性安葬设施建设情况，采取迁移、绿化、改造等方式，持续推进"三沿五区"（沿铁路、国省道、河流，居民区、水源区、耕地保护区、风景名胜区、文物保护区）范围内零散坟墓整治和节地生态化改造。积极稳妥推进活人墓、豪华墓、硬化大墓等治理，严格控制增量，逐步减少存量，充分发挥城乡公益性安葬设施在丧葬习俗改革中的支撑性作用，为推行节地生态安葬提供基本保障。

（三）严格落实建设标准。

6. 合理确定占地规模。按照满足常住人口至少30年骨灰安葬需求，结合区域内经济社会发展需要迁坟的数量，测算确定墓区面积。以墓穴葬为主要葬式的公益性公墓，应同步规划配建骨灰堂。

7. 提高土地使用效率。安葬骨灰的单人墓位（墓穴）占地面积不得超过0.5平方米，合葬墓位占地面积不得超过0.8平方米。亩均墓位（墓穴）不低于400个；在土葬区，安葬单人遗体占地不得超过4平方米，双人墓不得超过6平方米。

8. 倡导生态葬式葬法。积极推行树葬、花坛葬、草坪葬、壁葬、骨灰撒散等节地生态葬式葬法，倡导使用无毒、可降解骨灰盒等环保用品，最大限度少用石材、水泥等硬化材料。倡导就地取材，尽量不用或少用人工草坪，降低建设成本和维护费用。新建墓位全部采用小型化卧式碑，提倡不立碑。土葬改革区积极推行遗体深埋、不留坟头、以树代碑或卧碑的葬法。

（四）提升安葬服务能力。

9. 科学合理配置资源。发挥民政部门直属公墓和经营性公墓公益性墓区作用，逐步形成以城乡公益性安葬设施为支撑，经营性公墓中的公益性墓区为补充的公益性安葬服务体系。督导经营性公墓单位履行社会责任，按规定比例配建公益性墓区，美化墓区环境，完善价格机制，提升服务品质。引导有条件的地区民政部门直属经营性公墓实行公益化改革，逐步提高公益性墓位占比，实现公益化转型。探索推进现有公墓老旧墓区生态化改造，鼓励支持对历史埋葬点进行生态化改造，避免重复建设和土地资源浪费。

10. 提高信息化服务质量。推进互联网、物联网与殡葬服务融合发展，升级湖北省殡葬管理服务信息系统，逐步将城乡公益性安葬设施纳入平台范围，公开服务项目、收费标准、服务内容、服务承诺、监督方式、服务规范，提供远程告别、网上祭奠、网上预约等线上线下互动服务。

11. 加强专业队伍建设。充分发挥各级殡葬协会作用，加强殡葬专业服务人才培养，开展墓地管理员职业技能教育、培训、竞赛等活动，不断提升从业人员专业化、职业化水平。加快推进社会工作服务，培养具有专业资格的社会工作专业人才，提供临终关怀、悲伤辅导、心理疏导、精神关爱等服务。鼓励员工参加专业社会工作者考试，对取得社会工作职业资格证书和专项职业能力证书的从业人员，按规定落实相关待遇。

（五）建立健全管理机制。

12. 建立日常管理制度。科学确定城乡公益性安葬设施管理模式，根据建设筹资主体和运营模式，采取统一设置公益性岗位、指定专人、成立红白理事会或政府购买服务等方式进行日常管理维护，并做好墓区周边森林火灾预防和处置工作。落实公益性安葬设施使用管理规定，严格按时间顺序安排墓位（格位）。

13. 严格收费和监督管理。依据国家有关公益性安葬设施收费要求和《湖北省定价目录》规定，按照维持安葬设施正常运营并兼顾居民承受能力的原则，确定收费标准并公示。县级民政部门要加强本行政区域内城乡公益性安葬设施运营监管，建立健全城乡公益性安葬设施年检制度和日常抽查机制，及时会同有关部门制止、查处违规行为。

（六）保障设施有效利用。

14. 充分尊重群众意愿。在公益性安葬设施规划、选址、建设、管理过程中，应通过多种形式，听取群众意见，体现群众愿望，接受群众监督，确保群众的知情权、参与权、监督权，提高群众对公益性安葬设施的认可度、接受度。

15. 发挥党员干部带头作用。落实党员干部带头推动殡葬改革的要求，强化党员身份意识，带头实行遗体火化，带头节地生态安葬，带头文明节俭办丧事，主动做殡葬改革的践行者、生态文明的推动者、文明风尚的引领者。

16. 提升红白理事会服务能力。加强对红白理事会指导和管理，健全制度章程，规范服务行为。引导群众自觉在公益性安葬设施内安葬逝者骨灰（遗体），提高设施利用率。定期开展红白理事会成员培训，切实提升成员的服务能力和治丧水平。

（七）着力突破建设瓶颈。

17. 加强用地保障。对纳入布点规划的城乡公益性安葬设施，根据年度建设计划，应提前调整变更土地、林地使用性质。依据不同建设主体，依法依规办理相关审批手续。占用农用地的，按照批准权限，办理农用地转用审批手续。使用林地的，向县级以上林业主管部门申请办理使用林地审核手续。探索林地、墓地复合利用，建设林下墓地。在不改变林相、林地性质、林地权属，不采伐林木，履行备案手续的情况下，可免于办理使用林地许可。

18. 拓展筹资渠道。把惠民殡葬服务纳入县级政府公共服务保障范围，以政府投入为主，鼓励企业、社会组织和个人捐助、捐建基本殡葬服务设施，保障公益性安葬设施建设和运维资金基本需求。

四、保障措施

（一）加强组织领导。各地应把城乡公益性安葬设施规划建设作为增进人民福祉、促进精神文明和生态文明建设的重要举措，列入重要议事日程，纳入乡村振兴战略，统筹谋划，全力推进。按照党委领导、政府负责、部门协作、社会参与的体制机制要求，积极有效推进公益性安葬设施建设。根据国务院《殡葬管理条例》修订情况，提请省人民政府修订《湖北省殡葬管理办法》，进一步完善相关政策。

（二）明确部门责任。按照部门职责，完善工作制度，建立行之有效的全省城乡公益性安葬设施建设联席会议机制，形成工作合力，有效解决城乡公益性安葬设施建设管理中的重点难点问题。民政部门牵头做好城乡公益性安葬设施布点规划编制、组织实施、项目审批等工作，加强指导和监督管理。发展改革部门要将城乡公益性安葬设施建设纳入当地经济社会发展规划，加大项目立项和建设投入力度，落实政府定价规定。财政部门要积极支持民政部门建立健全城乡公益性安葬设施建设奖补机制，将城乡公益性安葬设施相关经费纳入本部门预算，加强资金使用情况监管。自然资源和林业部门要将公益性安葬设施建设纳入国土空间规划，及时调整用地性质，做好公益性安葬设施所需土地供给和业务指导工作。农业农村部门要在乡村振兴和美丽乡村建设中积极支持有条件的地区建设城乡公益性公墓（骨灰堂）。市场监管部门要依法查处价格等违法违规行为。各职能部门要整合项目资源，共同支持推进城乡公益性安葬设施建设管理。

（三）加大投入力度。市、县级财政将城乡公益性安葬设施建设所需资金纳入地方财政预算，落实基本殡葬公共服务经费，鼓励将生态安葬纳入本地基本公共服务范围，逐步建立生态安葬奖补机制。积极争取中央预算内投资对我省城乡公益性安葬设施建设的支持，优先支持火葬区县级公益性骨灰堂建设。保障福彩公益金对城乡公益性安葬设施建设的必要投入。进一步完善省、市、县级城乡公益性安葬设施建设以奖代补政策，省级社会事务专项补助资金重点用于支持城乡公益性安葬设施建设。建立健全《湖北省"十四五"城乡公益性安葬设施建设项目库》，谋划一批、储备一批、建设一批，持续提升社会服务兜底保障水平。

（四）加强宣传引导。充分利用广播电视、宣传栏、公开信及新媒体等载体，大力宣传节地生态安葬理念，弘扬尊重生命、厚养礼葬、慎终追远的优秀传统。引导村（社区）成立和完善红白理事会，将丧事简办、节地生态安葬纳入村规民约、居民公约，逐步提升群众对节地生态葬式葬法的接受度和认可度，引导选择节地生态公益性安葬成风化俗，实现逝有所安。

（五）强化监督考核。严格落实城乡公益性安葬设施建设规划，把公益性安葬设施覆盖率、节地生态安葬率、群众的满意率等作为衡量规划实施成效的重要指标，建立健全考核评价机制，加强对规划落实情况的督查和评估（中期、末期），确保规划各项目标任务落到实处。

省民政厅　省自然资源厅　省林业局关于加强城乡公益性安葬设施建设用地保障的通知

（鄂民政发〔2022〕25号）

各市、州、县（市、区）民政局、自然资源和规划局、林业局：

为推进省民政厅、省自然资源厅、省林业局等8部门《关于加强全省城乡公益性公墓建设管理的意见》（鄂民政发〔2020〕29号）落地落实，加强城乡公益性安葬设施建设用地保障，按期实现省委、省政府提出的"到2025年，公益性公墓（骨灰堂）覆盖所有县（市）及60%以上的乡镇中心村"目标，现就有关事项通知如下。

一、落实布点规划要求，保障用地供给

各地要根据国土空间规划编制情况和"三区三线"划定情况，及时修订完善城乡公益性安葬设施布点规划。要加大布点规划的落实力度，依法保障纳入规划的城乡公益性安葬设施建设用地需求；综合考量城镇化进展、人口结构、老龄化趋势、资金保障等因素，分期征用、批量建设、滚动开发，原则上按照3—5年用量分批建设墓穴（墓位）。县域城乡公益性公墓布点规划尚未得到同级

或上级规委会批准并公开发布的，应在 2022 年底前完成批准发布工作。

二、坚持节地生态标准，提高用地质效

各地要严格落实节地生态建设标准，控制用地规模，尽量减少土地消耗，提高土地利用率，每亩建设墓穴（墓位）数量原则上不低于 300 个（含绿化面积，不含公共服务区域），园区内绿化覆盖率不低于 50%。坚持集约节约使用林地资源，在不改变林相、林地性质、林地权属，不采伐林木的情况下，鼓励建设林下公益性公墓，履行备案手续。民政部门要发挥牵头作用，加强对公益性安葬设施设计方案的审核把关，加大建设过程的指导和监管力度，新建公益性安葬设施的节地生态率应达到 100%；不符合节地生态要求的，未经依法办理建设用地审批手续的，不得开工建设；禁止不经批准采伐树木、破坏林相、改变林地性质建设墓地。

三、发挥集约用地优势，促进复耕复林

各地要充分发挥公益性安葬设施支撑性作用和集约用地优势，以"三沿五区"为重点，通过迁坟、深埋、立碑改卧碑等方式，同步推进散埋乱葬和豪华墓、硬化大墓、"活人墓"整治工作，严格控制增量，逐步根治散葬坟墓侵占耕地、林地问题和青山白化现象，促进复耕复林，助推乡村振兴和美丽湖北建设。整治工作方案报本级人民政府同意后实施。要建立土地增减挂钩的激励制度，测算散埋乱葬整治后复耕、复林的面积，按一定比例调整增加公益性安葬设施建设用地指标。要加强源头管理，发挥村（居）民委员会、红白理事会等基层组织作用，提前介入居民丧事办理，引导进入公益性公墓（安葬设施）安葬。暂无公益性公墓（安葬设施）的，强化提前选址把关，落实节地生态要求，严禁占用耕地、林地建设散葬坟墓。要完善联合执法和监管机制，严肃查处违法违规侵占耕地、林地建设安葬设施的行为。

四、加强工作协调联动，落实部门责任

各级民政、自然资源和规划、林业部门要认真落实《湖北省城乡公益性安葬设施建设"十四五"规划》（鄂民政发〔2021〕53 号）要求，全面梳理辖区内公益性安葬设施建设情况，明确 2022 年至 2025 年的分年度建设目标，确保省委、省政府提出的城乡公益性安葬设施建设目标如期完成。要加大对辖区内公益性安葬设施建设的指导、支持力度，定期召开专题会议，协调解决公益性安葬设施建设中的具体问题。

各市、州、直管市民政部门要汇总辖区内城乡公益性安葬设施建设、用地保障、复耕复林等情况，于每年 12 月底前报送省民政厅。省民政厅将在全省城乡公益性公墓建设联席会议上通报有关情况，并适时向省委、省政府报告。

湖北省民政厅　湖北省自然资源厅　湖北省林业局

2022 年 7 月 5 日

省发改委 省民政厅 省财政厅 省市场监管局
关于进一步规范殡葬服务收费管理的通知

（鄂发改价调〔2022〕415号）

各市、州、直管市、神农架林区发改委、民政局、财政局、市场监管局：

为进一步规范我省殡葬服务收费行为，切实减轻群众丧葬负担，促进殡葬改革和殡葬事业健康有序发展，根据国家和省殡葬服务收费有关政策及《湖北省定价目录》等文件规定，现就有关要求通知如下：

一、进一步规范殡葬服务收费项目管理

（一）殡葬基本服务收费。指在遗体处理过程中必须提供的服务收费，包括遗体接运（含抬尸、消毒）、存放（含冷藏、冷冻保存）、火化（含骨灰装整）、骨灰寄存服务共4项收费，其收费标准实行政府定价，属于行政事业性收费管理项目。殡仪馆内转接服务属于其标准化作业内容，不得另行收取费用。

（二）殡葬重要延伸服务收费。殡葬延伸服务收费是在基本服务以外、供群众选择的服务收费，其中，重要延伸服务收费包括遗体整容化妆（含洁身、更衣）、吊唁设施及设备租赁（含礼厅）共2项收费，其收费标准实行政府指导价。

（三）公益性公墓（骨灰堂）的墓位（格位）价格及其管理维护费。公益性公墓（骨灰堂）仅限于经县级以上民政部门批准且保障本辖区居民使用的公墓（骨灰堂），其管理维护费指殡葬服务机构向公墓（骨灰堂）的墓位（格位）使用方收取的墓位（格位）管理维护费用，其收费标准实行政府定价。

（四）其他项目收费。除上述3类收费项目以外的其他收费实行市场调节价，由经营者依据相关法律法规规定，按照公开、公平、合理利润和诚实信用原则自主制定。

（五）实行收费项目清单管理。各市、州、县发改部门会同本级民政部门应根据《湖北省实行政府管价的殡葬服务项目清单》（见附件）所列项目名称、服务内容及备注规定的不同情形，开展殡葬服务收费日常管理工作。

二、进一步规范殡葬服务收费定调价管理

（六）坚持公益属性。殡葬服务收费管理，坚持既要有利于推行火葬、节地生态安葬、减轻费用负担、提倡文明节俭，又要兼顾补偿殡葬服务成本、促进殡葬事业发展的原则，保持殡葬价格总水平的合理稳定，维护正常殡葬价格秩序。

（七）合理核定收费标准。实行政府定价的项目收费标准，实行属地管理，由各市、州、县发改部门会同民政等部门，坚持非营利原则，根据财政补贴等情况报同级人民政府从严核定；实行政府指导价的项目收费标准，按照属地管理原则，由各市、州、县发改部门会同民政等部门在成本监审、成本审核的基础上，依据服务成本加合理利润（由各地根据本地收入和物价水平合理确定），报同级人民政府核定基准价和浮动幅度。具体定调价工作按照《政府制定价格行为规则》等规定执行。

（八）规范村级公墓收费管理。村级建设的公益性公墓不得对外经营，收费标准参照本乡镇公益性公墓收费标准，具体由村民代表会议讨论决定，并向村民公开公示，报乡镇人民政府和县级民政部门备案后执行。

三、进一步加强殡葬服务收费行为指导和监管

（九）指导行业实行分类收费。区分基本与非基本需求，对殡葬服务收费进行分类管理，及时办理相关定调价申请事项，实行政府定价和政府指导价的服务项目收费，要充分满足低收入群体需求。各级民政部门需要进一步加强殡葬行业规范引导，指导相关市场主体严格按照行业标准和服务规范提供服务，逐步推行按相应等级差异化收费。各殡仪馆应提供平价、经济的骨灰盒（坛）、告别厅堂及免费休息场所。

（十）落实费用减免政策。严格落实县级以上公安机关确认的无名尸体丧葬费用和城乡低保对象、城乡特困人员、重点优抚对象等困难群众死亡后的基本殡葬服务费免费政策，有条件的地方可在此基础上进一步扩大免费范围，研究制定面向辖区所有居民的基本殡葬服务收费减免政策及政府补贴办法。支持鼓励各地采用政府购买服务等方式改善本地殡葬服务供给，提升殡葬服务质量。

（十一）完善公示体系。各级民政部门应在官方网站、公众号等政务服务平台及时发布、更新实行政府定价和政府指导价的殡葬服务收费标准信息，方便民众查询。殡葬服务单位要认真执行明码标价与收费公示制度，在服务场所显著位置公布服务项目、收费标准、文件依据、减免政策、投诉电话、服务流程和服务规范等内容，在实施服务和收费前应向群众提供服务清单（手册），说明服务项目、服务内容和收费标准等有关情况，由殡葬用户自愿选择，并与殡葬用户签订由民政部门统一制定的服务合同（协议），不得违反公平自愿原则捆绑、分拆或强制提供服务并收费。

（十二）强化监督检查。各地要畅通群众举报渠道，通过12345等热线电话广泛收集问题线索，认真受理群众对殡葬服务收费的投诉或举报。对不执行政府定价、不依法明码标价、价格欺诈、哄抬价格、囤积居奇、串通涨价、虚假宣传等违法违规行为依法严肃查处，对性质恶劣、情节严重的典型案件公开曝光，切实维护广大群众合法权益。

本通知自印发之日起执行，《原省物价局 省民政厅关于进一步加强殡葬服务收费管理的通知》（鄂价工服规〔2013〕85号）同时废止。

附件：湖北省实行政府管价的殡葬服务项目清单（略）

湖北省发展和改革委员会　湖北省民政厅
湖北省财政厅　湖北省市场监督管理局
2022 年 12 月 29 日

● 湖南省 ●

湖南省实施《殡葬管理条例》办法

（2002 年 3 月 22 日湖南省人民政府令第 154 号公布　2011 年 1 月 30 日湖南省人民政府令第 251 号第一次修改　2017 年 12 月 28 日湖南省人民政府令第 288 号第二次修改）

第一章　总　　则

第一条　根据国务院《殡葬管理条例》，结合本省实际，制定本办法。

第二条　本办法适用于本省行政区域内的殡葬活动及其管理。

第三条　殡葬管理的方针是积极地、有步骤地实行火葬，改革土葬，节约殡葬用地，革除丧葬陋俗，提倡文明节俭办丧事。

第四条　各级人民政府应当加强对殡葬改革工作的领导，把殡葬管理纳入政府工作的目标管理，把殡葬事业纳入当地国民经济发展的总体规划，把殡葬设施的建设和改造列入当地城乡建设规划和基本建设计划。

第五条　县级以上人民政府民政部门负责本行政区域内的殡葬管理工作。有关部门按照各自职责，协同民政部门做好殡葬管理工作。

乡（镇）人民政府、街道办事处、村（居）民委员会和机关、团体、企事业单位协助做好本区域本单位的殡葬管理工作。

第六条　各级人民政府和有关部门应当对积极推行殡葬改革取得显著成绩的单位和个人给予奖励。

第七条　对违反《殡葬管理条例》和本办法的行为，公民有权向民政、监察等部门检举、揭发，任何单位和个人不得打击报复。

第二章　火化与管理

第八条　实行火葬的地区由省人民政府划定。

对划定区域内人口稀少、交通不便、不具备火葬条件的乡（镇），由县级人民政府提出，经市、州人民政府审核，报省人民政府批准后，可暂不实行火葬。

省人民政府没有划定实行火葬的地区和依照前款规定批准的暂不实行火葬的乡（镇）的公民死亡后可以土葬。

第九条　火葬区的公民死亡后，应当全部火化。

非火葬区的公民在火葬区区域内死亡的，应当火化。

非火葬区的公民死亡，生前遗嘱火化或者表示要求实行火化的，应当遵照其意愿火化，他人不得干涉。

第十条　死亡后应当火化的遗体应当就地或者就近火化；因特殊原因，需要将遗体运回死者生前居住地火化的，应当持死者生前居住地的县（市、区）民政部门出具的证明，并经死亡地的县

（市、区）民政部门批准。

第十一条　按照本办法规定必须火化的遗体，应当按照下列规定取得公安部门或者国务院卫生行政部门规定的医疗机构出具的死亡证明后火化：

（一）在家中、养老服务机构、其他场所正常死亡的，丧主凭本辖区社区卫生医疗机构或者乡镇（街道）卫生院出具的死亡证明，及时通知殡仪馆接运遗体，并办理手续后火化。

（二）在医院（含其他医疗机构，下同）死亡的，丧主凭医院出具的死亡证明，及时通知殡仪馆接运遗体，并办理手续后火化。

（三）因交通事故或其他原因造成非正常死亡的遗体，由公安部门或者其他司法部门法医鉴定后出具死亡证明，通知丧主接运遗体并办理手续后火化。

（四）无名、无主遗体，由公安部门法医鉴定后通知殡仪馆接运、火化。

前款第（四）项所需的火化费用，由县（市、区）财政列支。

第十二条　火葬区内的医院应加强医院太平间的管理，死亡者遗体运出医院太平间时，应当及时告知民政部门，防止将遗体运出非法土葬。

第十三条　火葬区内的县（市、区）应当建立火化殡仪馆。

火化殡仪馆的设施和设备建设，应当符合国家规定的技术标准。

第十四条　殡仪馆根据同丧主约定的时间、地点接运死者遗体，也可以由丧主自行运送遗体到殡仪馆。

禁止前款规定以外的单位和个人从事经营性的遗体运送等殡仪服务活动。

第十五条　殡仪馆应当根据同丧主约定的日期火化遗体。遗体在殡仪馆的保存期限一般不得超过7天，因特殊情况需要延期保存的，应当经民政等有关部门批准。

因患传染病死亡的，医院或者丧主应当及时报告卫生部门，并依照传染病防治规定对遗体处理后火化。

第十六条　殡仪馆应当严格遵守殡葬管理的有关规定，严格执行殡仪服务收费项目和标准，加强内部管理，改善服务条件，确保服务质量。

殡仪服务人员应当遵守操作规程，实行规范、文明服务，不得利用工作之便索要、收受财物。

第三章　骨灰处理与公墓管理

第十七条　骨灰可以由死者亲属保存，也可以寄存在骨灰堂，或者葬于经营性公墓和公益性公墓。提倡不留骨灰或者骨灰深埋。禁止将骨灰装入棺木后再行土葬。

第十八条　经营性公墓一般以县（市、区）为单位建立。公益性公墓一般以村为单位建立。

公墓的建立与管理应当按国家有关规定办理审批手续。

禁止任何单位和个人非法建造经营性公墓和公益性公墓。

第十九条　严格控制经营性公墓、公益性公墓的墓穴占地面积。

允许土葬的单人遗体的墓穴，占地面积不得超过4平方米；多人的遗体合葬，每增加1人，可以增加用地2平方米。

安葬两人以下骨灰的墓穴，占地面积不得超过1平方米；安葬3人以上骨灰的墓穴，占地面积不得超过2平方米。

第二十条　墓穴的使用时间为20年。逾期继续使用的，应当重新办理使用手续；逾期未办理手续的，作无主墓穴处理。

禁止建造永固性墓穴。禁止恢复和建造宗族墓地。禁止建造活人墓。

第二十一条　禁止倒卖炒卖、传销或者变相传销墓穴和骨灰存放格位。

第二十二条　经营性公墓、公益性公墓应当建立在荒山荒地等土地上。

禁止在铁路、公路主干道、通航河道两侧，水库及河流堤坝附近和水源保护区，文物保护区、耕地、风景名胜区、住宅区和自然保护区内新建经营性公墓、公益性公墓或者其他坟墓。

前款区域范围内已建的坟墓，除受国家保护的具有历史、艺术、科研价值的墓地外，当地人民政府和有关部门应当进行清理，通知墓主在规定时间内迁移、深埋、不留坟头。

第四章　丧事活动管理

第二十三条　办理丧事活动，应当遵守社会公德，不得妨碍公共秩序、危害公共安全和侵害他人的合法权益，不得污染环境。

城区公民死亡后，应当在殡仪馆或者其他室内场所举行吊唁活动。禁止占道搭灵棚办理丧事活动。禁止在出殡沿途燃放鞭炮和抛撒冥纸、冥钞。

第二十四条　工商行政管理部门在办理制造、销售丧葬用品的单位或者个人的工商注册登记工作时，应当征求同级民政部门的意见。

第二十五条　禁止制造、销售冥钞、纸人、纸马、纸房及其他迷信丧葬用品。

禁止在实行火葬的地区制造、出售棺木等土葬用品。

第五章　法律责任

第二十六条　将应当火化的遗体土葬、将骨灰装棺土葬的，由民政部门责令丧主限期改正。

第二十七条　违反本办法规定，在经营性公墓、公益性公墓以外的地方建造坟墓；恢复和建造宗族墓地；建造永固性墓穴、活人墓的，由民政部门责令当事人限期改正。

第二十八条　违反本办法，具有下列行为之一的，由民政部门会同有关部门责令限期改正，没收违法所得，可以并处违法所得一倍以上三倍以下罚款。

（一）未经审批擅自开办经营性公墓、公益性公墓的；

（二）公墓内超面积建造墓穴或者超标准竖立墓碑的；

（三）制造、销售封建迷信丧葬用品或者在火葬区区域内制造、销售土葬用品的。

第二十九条　在殡仪活动中妨碍公共秩序、危害公共安全、侵害他人合法权益，进行封建迷信活动或者破坏殡葬设施；从事非法经营性殡仪服务活动；倒卖炒卖、传销或变相传销墓穴和骨灰存放格位的，由民政、公安、工商行政管理等有关部门予以制止，并依照有关法律、法规、规章处理。

第三十条　阻碍民政、工商行政管理等部门依法执行公务的，由公安部门依法给予治安管理处罚；构成犯罪的，依法追究刑事责任。

第三十一条　国家工作人员、企事业单位职工违反本办法规定，除根据本办法给予处罚外，有关部门或者单位应当给予行政处分。

第三十二条　民政部门、殡葬管理服务机构及其工作人员在殡葬管理中徇私舞弊、索贿受贿、滥用职权、玩忽职守的，由有关部门按管理权限对责任人给予行政处分；构成犯罪的，依法追究刑事责任。

第六章　附　　则

第三十三条　少数民族和宗教人士的殡葬活动国家另有规定的，按国家有关规定办理。

香港、澳门特别行政区和台湾居民、华侨以及外国人的殡葬事宜，按国家有关规定办理。

第三十四条　本办法自 2002 年 5 月 1 日起施行。

1986 年 2 月 18 日湖南省人民政府发布的《湖南省殡葬管理实施办法》同时废止。

2011 年湖南省人民政府令第 251 号的修改内容

2. 将《湖南省实施〈殡葬管理条例〉办法》第二十二条修改为："禁止倒卖炒卖、传销或者变相传销墓穴和骨灰存放格位。"

将第二十五条修改为：工商行政管理部门在办理制造、销售丧葬用品的单位或者个人的工商注册登记工作时，应当征求同级民政部门的意见。

2017 年湖南省人民政府令第 288 号的修改内容

（三）对《湖南省实施〈殡葬管理条例〉办法》作出修改。

1. 将第十一条修改为："按照本办法规定必须火化的遗体，应当按照下列规定取得公安部门或者国务院卫生行政部门规定的医疗机构出具的死亡证明后火化：

（1）在家中、养老服务机构、其他场所正常死亡的，丧主凭本辖区社区卫生医疗机构或者乡镇（街道）卫生院出具的死亡证明，及时通知殡仪馆接运遗体，并办理手续后火化。

（2）在医院（含其他医疗机构，下同）死亡的，丧主凭医院出具的死亡证明，及时通知殡仪馆接运遗体，并办理手续后火化。

（3）因交通事故或其他原因造成非正常死亡的遗体，由公安部门或者其他司法部门法医鉴定后出具死亡证明，通知丧主接运遗体并办理手续后火化。

（4）无名、无主遗体，由公安部门法医鉴定后通知殡仪馆接运、火化。

前款第（四）项所需的火化费用，由县（市、区）财政列支。"

2. 删除第十七条。

3. 将第二十七条修改为："将应当火化的遗体土葬、将骨灰装棺土葬的，由民政部门责令丧主限期改正。"

4. 将第二十八条修改为："违反本办法规定，在经营性公墓、公益性公墓以外的地方建造坟墓；恢复和建造宗族墓地；建造永固性墓穴、活人墓的，由民政部门责令当事人限期改正。"

根据以上修改，对本办法的条文顺序作相应的调整。

关于推行节地生态安葬的实施意见

（湘民发〔2016〕39 号）

各市州、县市区民政局、发展改革委、科技局、财政局、国土资源局、环境保护局、规划局（规划建设局）、农委（农业局）、林业局：

为进一步深化殡葬改革，推行节地生态安葬，保障群众基本安葬需求，保护生态环境，促进人与自然和谐相处，根据民政部等 9 部委《关于推行节地生态安葬的指导意见》（民发〔2016〕21号）、《中共湖南省委办公厅 湖南省人民政府办公厅印发〈关于党员干部带头推动殡葬改革的实施意见〉的通知》（湘办发〔2014〕26 号）、《湖南省人民政府办公厅关于印发〈湖南省 2015—2020年殡葬事业发展规划〉的通知》（湘政办发〔2014〕115 号）要求，现提出如下实施意见：

一、深刻认识推行节地生态安葬的重要意义

党的十八大以来，党中央、国务院高度重视生态文明建设，将其纳入"五位一体"总体布局中

协调推进，党的十八届五中全会提出了绿色发展理念。省委省政府大力推进资源节约型、环境友好型社会建设，着力打造"绿色湖南"名片。近年来，全省各地按照生态文明建设的要求，积极倡导和推行节地生态安葬，初步建成一批节地生态安葬设施，探索采用骨灰存放、树葬、草坪葬、花葬、深埋等安葬方式，群众认可度不断提高。但总体上看，我省的节地生态安葬工作还处于起步阶段，节约土地、保护环境的安葬观念不强，激励引导、规范监管的制度机制不完善，节地生态安葬设施供给不足，节地生态安葬率不高，乱埋乱葬、骨灰装棺再葬、修建大墓豪华墓、过度使用不可降解材料等问题突出，迫切需要各级各部门认真加以解决。

节地生态安葬，就是以节约资源、保护环境为价值导向，鼓励和引导人们采用格位葬、树葬、草坪葬、花葬、撒散、江（河、湖）葬、深埋等不占或少占土地、少耗资源、少使用不可降解材料的方式安葬骨灰或遗体，使安葬活动更好地促进人与自然和谐发展。各地要充分认识到推行节地生态安葬是减轻群众负担，保障基本安葬需求的重要途径；是移风易俗，弘扬社会主义核心价值观的重要举措；是促进生态文明建设，造福当代和子孙后代的必然要求。湖南是人口大省、农业大省，面对人多地少、资源约束趋紧、环境污染严重、生态系统退化的严峻形势，各地要充分认识推行节地生态安葬的重要性和紧迫性，着力凝聚社会共识，加强节地生态安葬设施建设，积极稳妥推广节地生态葬法，完善相关政策措施，为建设美丽湖南作出贡献。

二、推行节地生态安葬的原则、目标及任务

（一）基本原则。坚持政府主导、社会参与；节约资源、保护环境；注重引导、创新发展；分类指导、统筹推进的基本原则，加大节地生态安葬公共服务产品供给，保障群众基本安葬需求。

（二）工作目标。争取到"十三五"末，全省火化率稳中有升，火化率年均增长0.5到1个百分点；节地生态安葬率达到50%，建成一批具有示范效应的节地生态安葬设施，县级公益性骨灰安放设施（骨灰楼堂塔、公墓）覆盖率达到70%，火葬区的乡镇要建有公益性骨灰存放设施，初步形成覆盖城乡的节地生态安葬公共服务网络，全面实行奖补激励政策，骨灰装棺再葬、乱埋乱葬和墓位面积超标得到有效治理，节地生态、移风易俗新风尚成为殡葬活动主流。

（三）主要任务。

1. 稳步推进节地生态葬式葬法改革。积极有步骤地实行火葬、改革土葬，适当扩大火葬区的范围，原则上县城所在地均划为火葬区，火葬区范围要明确到街道（乡镇）和社区（村）。依法推行遗体火化、骨灰或遗体公墓内集中安葬。在火葬区，单人骨灰安葬或双人骨灰合葬占地面积不得超过1平方米。提倡采取格位葬、树葬、花葬、草坪葬、撒散等少占或不占地的生态节地葬法，提倡地面不建墓基、地下不建硬质墓穴，墓碑小型化、艺术化、平卧化或不立碑，最大限度降低硬化面积，使用可降解容器或直接将骨灰藏纳土中。鼓励建造占地面积低于0.5平方米的节地型墓位；鼓励家庭成员采用合葬方式提高单个墓位使用率。在土葬改革区，遗体应在公墓内集中安葬，不得乱埋乱葬，单具遗体安葬占地面积不得超过4平方米，多人的遗体合葬，每增加1人，增加用地不得超过2平方米。减少地面硬化面积，墓碑小型化或不立碑、以树代碑；倡导遗体深埋、不留坟头。骨灰墓或遗体墓采用立式碑的，高度不得超过80厘米，面积不得超过0.5平方米。提倡因城市建设、项目建设等迁入公墓的墓穴均采用节地生态葬式葬法；提倡政府扶持建设的农村公益性遗体公墓一律深埋不留坟头，墓体不进行水泥石材固化，以植花植草进行绿化。尊重少数民族丧葬习俗，鼓励和支持少数民族群众选择既具有民族地域特色、又符合节地生态要求的葬式葬法。

2. 加大节地生态安葬设施建设力度。根据已有安葬设施情况和未来需求预测，把握总量、扩大增量、优化存量，科学规划建设节地生态安葬设施，强化安葬设施的生态功能。着力加强公益性公墓、骨灰堂等基本殡葬公共服务设施建设，按照满足常住人口50年以上骨灰安放需求合理确定建设数量和规模。农村公益性公墓原则上以乡镇为单位统筹兴建。公益性公墓、骨灰堂等要主动提供

树葬、撒散、小型墓、骨灰格位葬等多样化节地生态安葬方式，减少使用不可降解材料，提高集约化、生态化安葬程度。新建的公益性公墓节地生态安葬率要达到100%。严格依法审批经营性公墓，新建和已有经营性公墓节地生态安葬区域的配建比例到2016年底要达到40%，"十三五"期间每年提高2—3个百分点。对超标准建墓立碑的，要依法通过拆除、绿化等方式进行整治改造。加强少数民族殡葬设施建设，保障少数民族群众节地生态安葬需求。

3. 着力提高节地生态安葬服务水平。针对节地生态安葬的人群及相关服务特点，严格落实安葬服务标准，创新服务模式，优化服务流程，积极提供网上预约、服务热线、咨询窗口等便捷方式，拓展全程引导、交通保障、悲伤抚慰等服务项目，强化人文关怀，提升服务内涵，突出公益属性，增强节地生态安葬吸引力。加强安葬后续日常管理，注重环境绿化美化，引导文明低碳祭扫，保持墓区整洁肃穆。根据安葬服务协议及墓位使用周期，积极推进墓穴循环使用。鼓励经营性公墓积极承担社会责任，选择位置好、绿化好的墓区开辟节地生态墓园。强化事业单位法人性质的经营性公墓示范带头作用，提供更多、更加优质的节地生态安葬公共服务产品。深化农村殡葬改革，充分发挥村（居）民委员会及白事理事会、老年人协会等社会组织的作用，加强农村公益性墓地管理，提供及时便捷服务，提高群众认可度和满意度。推进互联网、物联网与殡葬服务融合发展。

4. 全面培育现代殡葬文化。把推行节地生态安葬与倡导厚养薄葬、保护生态环境、造福子孙后代结合起来，厚植符合节地生态、绿色环保要求的安葬理念，培育具有时代特征、民族特点、群众基础的殡葬行为规范。充分依托现有殡葬设施资源，建设一批生命文化教育基地，打造优秀殡葬文化传承平台。积极推广现代文明的殡葬礼仪和殡葬用品，坚决抵制迷信低俗、奢侈浪费等不良丧葬风气，切实增强参与节地生态安葬的思想自觉和行动自觉。大力倡导网络祭扫、鲜花祭扫、踏青遥祭、植树缅怀等文明低碳祭扫方式，积极组织集体共祭、社区公祭、家庭追思等现代追思活动，弘扬慎终追远等优秀传统殡葬文化，引导群众逐步从注重实地实物祭扫转移到以精神传承为主上来。

三、建立健全推行节地生态安葬的保障机制

（一）加强组织领导。积极争取党委、政府重视，将推行节地生态安葬作为深化殡葬改革的重要内容，纳入"十三五"规划，摆上议事日程，发挥殡葬改革部门联席会议制度平台作用，确保政策措施落到实处。各有关部门要各司其职、密切配合。民政部门要牵头做好节地生态安葬政策标准制定、组织实施、审批监管等工作，协同有关部门对违规土葬、乱埋乱葬、修建大墓豪华墓等违法行为进行查处；发展改革部门要将公益性殡葬设施建设纳入当地经济社会发展总体规划，合理调控节地生态安葬价格水平；财政部门要根据节地生态安葬设施建设需要合理安排资金；科技部门要推动环保殡葬新技术、新产品研发应用；国土资源部门要将生态安葬设施用地纳入当地土地利用总体规划，严格审批和管理，保障节地生态安葬设施土地供应，加强对破坏耕地建坟、违法转让殡葬用地行为的监管；环境保护部门要加强节地生态安葬设施项目环评和"三同时"制度执行情况监督管理，强化日常生态环境监管；城乡规划主管部门要将节地生态安葬设施纳入城市规划，作为城市服务设施进行配建；农业部门要结合农村环境综合整治配合做好节地生态安葬设施规划、审批、管理等工作；林业部门在编制县级林地保护规划时要合理安排节地生态安葬设施使用林地规模，加强对生态安葬设施使用林地的监管，引导生态安葬设施节约集约使用林地。发挥党员干部带头作用，结合"两学一做"学习教育实践活动，主动协调有关部门把带头推动殡葬改革、推行节地生态安葬的要求纳入对党员干部的教育管理之中，建立党员干部特别是领导干部丧事报告、监督管理、责任追究制度。

（二）强化综合执法。加强部门协同、综合执法，充分发挥党委政府部门、人民团体、社会组织、群众自治组织、白事理事会等在殡葬服务管理中的作用。民政部门积极发挥牵头和协调作用，其他有关部门依法履行职责，充分整合殡葬执法主体和执法资源，开展联合执法，运用法律、行政等手段，大力惩治违背节地生态安葬要求、违规土葬、乱埋乱葬、修建大墓豪华墓等行为。依法纠

正和查处党员干部尤其是领导干部去世后遗体违规土葬、乱埋乱葬、超标准建墓立碑等行为，对其他涉嫌违纪违法问题线索的，民政部门和城乡基层组织等要及时提请纪检监察部门或司法部门处理。注重发挥乡镇（街道）、村（社区）的独特优势，探索建立基层殡葬信息员制度及殡葬信息源采集、报告和预警机制，加大对乱埋乱葬、骨灰装棺再葬、超标准建墓立碑等的事前预防和源头治理力度。充分发挥村（居）民委员会及白事理事会、老年人协会等社会组织的作用，弘扬移风易俗新风尚。

（三）突出宣传引导。树立正确舆论导向，充分发挥媒体、殡葬服务机构、基层自治组织、社会组织等在宣传教育方面的作用，用群众喜闻乐见的方式，宣传节地生态安葬的重大意义、法规政策和实践成果，凝聚全社会的思想认同。开展节地生态安葬示范活动，鼓励有条件的地方大胆探索、先行先试，逐步形成可复制、可推广的有效模式。注重实践养成，坚持清明节等重要节点集中宣传与日常引导相结合，积极组织开展殡葬服务机构"开放日"、举办新闻发布会、组织节地生态安葬征文、集中宣讲、集中撒散、江（河、湖）葬等生态安葬活动，宣传典型人物和先进事例，加强对群众治丧观念和治丧活动的正向激励引导，培育和树立文明节俭、生态环保、移风易俗的殡葬新风尚。

（四）健全激励机制。在进一步完善以减免基本殡葬服务费用为主要内容的惠民殡葬政策基础上，各地要建立节地生态安葬奖补制度，把树葬、草坪葬、花葬、撒散、江（河、湖）葬、格位葬等不占或少占地方式，以及土葬区自愿火化、遗体深埋不留坟头、不搞水泥石材固化等生态葬法，纳入奖补范围。群众有意愿且有条件的地区，可为不保留骨灰者建立统一的纪念设施，利用重要传统节日组织开展祭奠活动，缅怀逝者，教育后人。各地可结合实际情况，积极探索建立环保殡葬用品补贴制度，对研发生产制作环保殡葬新技术、新产品成效显著的省内殡葬用品企业和带头推行无毒、可降解环保用品的殡葬服务单位或使用者亲属，给予科技经费补助或适当奖励，推动环保殡葬用品的推广应用。

（五）注重能力建设。各有关部门要树立全局意识，加大对节地生态安葬工作的支持力度，保障基本建设用地，科学把握推进步骤和方法，加强规划引导和政策指导，增强工作的系统性、针对性和前瞻性。要按照我省殡葬公共服务设施建设有关标准要求，加快节地生态安葬标准化建设；积极引入环保、建筑等方面的专业力量，做好节地生态安葬设施和安葬方式的规划、设计和论证工作，打造节地生态安葬精品工程。各公墓单位要以建设惠民、公益、绿色、阳光、人文殡葬为导向，创新节地生态安葬葬式葬法，提升规范化、精细化、人文化服务水平，着力打造节地生态人文示范墓园。加强专业服务人才培养，定期组织教育培训，着力提升干部职工的生态文明素养和服务能力。注重总结评估，着力研究解决推行节地生态工作中的难点问题，完善相关政策措施。

（六）加强督查考核。各地各相关部门要把节地生态安葬设施建设、节地生态安葬率等内容纳入年度目标管理任务和绩效考核内容，加强督促指导，定期组织督查。各级民政部门在进行公墓建设审批时，要对新建公墓节地生态安葬葬式葬法、节地生态安葬率等提出具体要求。对节地生态安葬率达不到指定标准的公墓，依法依规限期整改。省民政厅将适时联合有关部门对各地贯彻落实节地生态安葬实施意见情况开展专项督查。对工作有创新、节地生态安葬推进成效显著的地区，加大"以奖代补"资金分配倾斜力度；对工作不力、进展缓慢的地区，予以通报批评。

各地要根据本实施意见要求，结合实际，研究制定落实措施，有关工作开展情况及时报省民政厅。

省民政厅　省发展和改革委员会
省科学技术厅　省财政厅
省国土资源厅　省环境保护厅
省住房和城乡建设厅　省农业委员会
省林业厅
2016 年 11 月 10 日

湖南省发展和改革委员会 湖南省民政厅 湖南省市场监督管理局关于进一步规范 我省殡葬服务价格管理的通知

（湘发改价费规〔2021〕675号）

各市（州）、县（市、区）发改委（局）、民政局、市场监督管理局，各殡葬经营服务单位：

为加强殡葬服务价格管理，规范殡葬服务价格行为，更好地促进我省殡葬行业规范有序健康发展，我们修订了《湖南省殡葬服务价格管理办法》，制定了《湖南省殡葬服务定价成本监审办法》，现印发你们，结合我省殡葬服务价格管理现状，提出如下意见，请一并贯彻执行。

一、坚持殡葬服务的公益属性。对基本殡葬服务项目和与基本殡葬服务项目密切相关的服务项目实行政府管价，各地应逐步扩大基本殡葬服务项目减免优惠的范围，进一步加强公墓价格管理，满足公众基本殡葬需求。

二、规范实行政府管价的殡葬服务项目。全省统一公布《湖南省实行政府管价的殡葬服务项目清单》，各市（州）、县（市、区）发改、民政部门应按照清单规定的服务项目名称、服务内容和备注列明的不同情形依法依规制定具体价格。各殡葬经营服务单位向消费者提供清单内殡葬服务，应严格执行相关规定，不得巧立名目、分解项目，不得误导、捆绑、强迫消费。

三、加快完善价格管理工作。对于实行政府管价殡葬服务项目，近三年内未开展成本监审、未制定和调整价格的，各地要按照办法规定，重新公布当地实行政府管价的殡葬服务价格。特别是对于社会反映价格偏高的公墓，各地要在今年年底前采取措施、降低价格。

四、各市（州）、县（市、区）发改、民政部门切实加强宣传力度，在官方网站和公众媒体及时发布殡葬服务价格政策。各殡葬经营服务单位应按要求进行价格公示和明码标价，签订服务合同、出具结算票据，确保消费者的合法权益。

附件：1. 湖南省殡葬服务价格管理办法
2. 湖南省实行政府管价的殡葬服务项目清单（略）
3. 湖南省殡葬服务定价成本监审办法

湖南省发展和改革委员会   湖南省民政厅
湖南省市场监督管理局
2021年8月26日

附件1

湖南省殡葬服务价格管理办法

第一条   为规范殡葬服务价格管理，维护公开、公平、合法、正当的价格竞争，根据《中华人民共和国价格法》《湖南省服务价格管理条例》《湖南省实施〈殡葬管理条例〉办法》《国家发展改

革委 民政部关于进一步加强殡葬服务收费管理有关问题的指导意见》（发改价格〔2012〕673号）和《湖南省定价目录》等有关法律、法规和政策规定，结合我省实际，制定本办法。

第二条　本办法适用于我省行政区域内依法提供殡葬服务的价格行为。殡葬服务包括基本服务、延伸服务、公墓销售和日常维护。

第三条　殡葬服务价格管理实行统一政策，分级管理。

省发展改革部门会同省民政部门负责制定殡葬服务价格管理政策，公布实行政府管价的殡葬服务项目清单，协调指导全省殡葬服务价格管理工作。各级市场监督管理部门依法对殡葬服务价格违法行为进行监督检查。

市（州）、县（市）发展改革部门会同同级民政部门根据政府管价的殡葬服务项目清单所列项目名称、服务内容以及备注规定的不同情形，制定本行政区域内实行政府管价的殡葬服务价格，并进行日常价格管理。

第四条　殡葬服务价格管理，应坚持既要有利于推行火葬、节地生态安葬、减轻殡葬费用负担，又要兼顾补偿殡葬服务成本、促进殡葬事业发展的原则。

第五条　殡葬服务价格依据服务项目的市场需求和竞争情况，分别实行政府定价、政府指导价和市场调节价管理。

遗体接运（含抬尸、消毒）、遗体存放（冷藏）、遗体火化、骨灰寄存等基本服务收费实行政府定价。

遗体化妆、遗体防腐、吊唁设施租赁等与基本服务密切相关的服务收费，公益性公墓和骨灰堂格位、建设用地以划拨方式取得的经营性公墓（含招拍挂与划拨混合方式取得建设用地的）和维护管理费，以及殡葬用户没有同类经营者可供选择的殡葬服务项目实行政府指导价。

其他悼念、祭祀服务项目及其用品、建设用地以出让方式取得的经营性公墓以及维护管理费实行市场调节价管理，由经营者按公开、公平、合理利润和诚实信用原则自主制定。公墓开展个性化墓型设计和装饰的收费标准，由殡葬用户与经营单位协商确定。

第六条　实行政府定价管理的殡葬基本服务价格在成本监审或成本调查的基础上，结合财政补贴情况，并兼顾群众承受能力，按照非营利原则从严核定。

第七条　实行政府指导价管理的殡葬服务价格，在成本监审或成本调查的基础上，考虑当地经济发展水平和物价指数变动情况依法制定和调整价格，其合理利润不得超过完全成本的15%。

第八条　县级以上公安机关确认的无名尸体费用和城乡困难群众（包括城乡低保对象、城乡特困人员）死亡后的基本殡葬服务费免费，具体政策按民政部门相关规定执行。

第九条　制定或调整属于政府定价和指导价的殡葬服务价格时，经营单位应及时提交以下材料：

（一）法人证书、营业执照、公墓经营许可证、规划部门批准的墓园整体规划设计资料；

（二）按照定价机关要求和规定表式核算填报的成本报表，主要成本项目的核算方法、成本费用分摊方法及其相关依据；

（三）经会计师事务所审计或者政府有关部门审核的年度财务报告；

（四）销售量、服务量以及相关的统计报表；

（五）制定价格所需的其他资料。

第十条　实行政府定价的殡葬基本服务项目价格的制定或调整应实行价格听证。

第十一条　由经营者自主制定（包括政府指导价范围内制定执行价格）或调整价格，应在执行前10个工作日将制定或调整情况报告当地发展改革部门。

第十二条　殡葬经营者在提供服务过程中，应严格按照民政部门相关行业标准，规范服务内容和收费行为，不得擅自设立或分解收费项目、扩大收费范围、提高收费标准，不得强制服务或只收费不服务，不得收费后减少服务数量或降低服务质量。

第十三条 殡葬服务经营者必须依法依规实行明码标价，在经营场所的醒目位置和宣传资料上公布服务项目、服务内容、服务规范、收费标准和价格投诉举报电话，配合发展改革、民政、市场监督管理部门监管，接受消费者和社会舆论监督。

第十四条 市（州）、县（市）发展改革部门和民政部门应在地方政府官方网站、公众号等政务服务平台及时发布、更新实行政府管价的殡葬服务收费标准信息，设立专门板块方便民众进行查询。

第十五条 本办法由湖南省发展和改革委员会、湖南省民政厅和湖南省市场监督管理局在各自职责范围内负责解释。

第十六条 本办法自 2021 年 10 月 1 日起开始施行，湘发改价服〔2016〕128 号、湘发改价费规〔2021〕30 号文件同时废止。

附件 2：（略）

附件 3

湖南省殡葬服务定价成本监审办法

第一章　总　　则

为加强殡葬服务定价成本监管，规范定价成本监审行为，提高政府制定价格的科学性、合理性，根据《中华人民共和国价格法》、《政府制定价格成本监审办法》（国家发展改革委令 2017 年第 8 号）、《湖南省殡葬服务价格管理办法》等有关规定，结合我省实际，制定本办法。

第一条 本省行政区域内依法提供基本殡葬服务、公墓销售、日常维护及与基本殡葬服务密切相关的延伸服务定价成本监审的行为，适用于本办法。

第二条 本办法所称殡葬服务定价成本是指政府价格主管部门核定的殡葬服务的合理费用支出，是政府价格主管部门制定或调整殡葬服务价格的基本依据。

第三条 本办法所称殡葬服务定价成本监审（以下简称成本监审），是指政府价格主管部门在调查、测算、审核经营者成本基础上核定实行政府定价或政府指导价的殡葬服务项目的定价成本行为。

第四条 殡葬服务定价成本审核应当遵循以下原则：

（一）合法性原则。计入定价成本的费用应当符合有关法律、法规，财务制度和国家统一的会计制度，以及价格监管制度等规定。

（二）相关性原则。计入定价成本的费用应当与殡葬服务经营过程直接或者间接相关。

（三）合理性原则。计入定价成本的费用应当反映生产经营活动正常需要，并按照合理方法和合理标准核算；影响定价成本水平的主要技术、经济指标应当符合行业标准或者公允水平。

第五条 各级政府价格主管部门负责组织实施本级定价权限范围内的殡葬服务价格成本监审，履行主体责任，对成本监审结论负责。

第六条 经营者应当根据政府定价成本监审的要求，如实提供相关成本资料，并对所提供资料的真实性、合法性负责。对于不按要求提供成本资料或提供虚假成本资料的，按《政府制定价格成本监审办法》规定，政府价格主管部门可以中止成本监审、按照从低原则核定成本，并将其不良信用记录纳入全国信用信息共享平台，实施失信联合惩戒。

第二章　定价成本构成和归集

第七条　殡葬服务定价成本由经营成本和期间费用构成。

（一）殡葬服务经营成本是指经营者在提供殡葬服务的过程中所发生的职工薪酬、材料费、燃料动力费、固定资产折旧、无形资产摊销费、维修维护费和其他相关费用。

1. 职工薪酬是指经营者为获得职工提供的服务而给予的各种形式的报酬以及其他相关支出。包括：职工工资（基本工资、奖金、津贴和补贴）、职工福利费、社会保险费、住房公积金、工会经费、职工教育经费、因解除与职工的劳动关系给予的补偿，以及其他与获得职工提供服务相关的支出。

2. 材料费是指经营者为提供殡葬服务而耗用的直接原材料、辅助材料、修理用备件和低值易耗品支出。

3. 燃料动力费是指经营者为提供殡葬服务而耗用的各种燃料和电力支出。

4. 固定资产折旧是指经营者为提供殡葬服务按规定的方法提取的经营性固定资产折旧额。经营性固定资产是指与殡葬服务业务直接相关的且使用年限在一年以上的固定资产。

5. 无形资产摊销是指经营者为提供殡葬服务而按规定方法提取的各类无形资产的摊销。无形资产指不具有实物形态而能为使用者提供某种权利的资产，包括专利权、商标权、著作权、土地使用权、非专利技术和其他财产权利。

6. 维修维护费是指为维持经营服务正常运行需要发生的设施、设备大修理费和日常维护费用。

7. 其他相关费用，指除以上成本因素外殡葬服务经营者提供殡葬服务发生的其他有关费用及按照法律法规必须缴纳或提取的合理费用。

（二）期间费用是经营者为组织和管理殡葬服务项目发生的费用，包括管理费用、销售费用和财务费用。

1. 管理费用。指经营者为组织和管理殡葬服务所发生的各项开支。包括管理人员职工薪酬、差旅费、办公费、业务招待费、折旧费、修理费、排污费、绿化费等。

2. 销售费用。指殡葬服务经营者在提供殡葬服务过程中发生的与定价成本监审项目有关的销售费用。包括销售人员职工薪酬、差旅费、办公费、业务招待费、折旧费、广告宣传费等。

3. 财务费用。指经营者为筹集殡葬服务项目建设资金而发生的费用。包括在生产经营过程中发生的利息支出（减利息收入）、汇兑损失（减汇兑收益）、金融机构手续费以及筹资发生的其他财务费用。

第八条　不同服务项目的经营成本构成根据实际的服务支出项目确定。

1. 遗体接运（含抬尸、消毒）经营成本由遗体接运人员职工薪酬、运输车辆运行费（包括燃油费、修理费、停车费等）、消毒防腐药剂、水电费、车辆折旧以及必要的辅助材料费等构成。

2. 遗体存放（冷藏）经营成本由电费、冷藏间房屋和设备的折旧以及日常维护费等构成。

3. 遗体火化经营成本由火化车间职工薪酬、燃料动力费、水费、火化间房屋和设备的折旧和修理费等构成。

4. 骨灰存放经营成本由存放间房屋和设备的折旧、日常维护费和骨灰寄存逾期登报费等构成。

5. 遗体化妆、遗体防腐、遗体洁身、遗体更衣、遗体包裹等经营成本由相关工作人员职工薪酬、化妆防腐材料、必要的辅助材料费和水电费等构成。

6. 吊唁设施及设备租用经营成本由职工薪酬、水电费、房屋及设施设备折旧、日常维护费以及灵堂布置支出等构成。

7. 公墓墓位经营成本由墓位用地面积土地成本、建造费用等构成。墓位用地面积土地成本是指按墓穴面积分摊的土地成本费。建造费用由墓区规划设计、墓道、墓区建设开发成本、墓道建筑成本、墓区景观、绿化建设、墓穴建设成本、基本碑文撰写、安葬费等构成。

8. 公墓维护管理成本由日常维护人员职工薪酬、水电费、绿化维护费、保洁费等构成。

9. 证件制作成本由工本费、制作人员职工薪酬等构成。

第九条 下列费用支出不计入殡葬服务定价成本：

1. 不符合《中华人民共和国会计法》等有关法律、行政法规，财务制度和国家统一的跨级制度，以及价格监管制度等的费用；

2. 经营者非持续、非正常生产经营活动发生的费用；

3. 与殡葬服务项目无关的费用以及虽与殡葬服务项目有关，但有专项资金来源予以补偿的费用；

4. 固定资产盘亏、毁损、闲置和出售的净损失；

5. 各类公益性捐赠和赞助、滞纳金、违约金、罚款以及计提的准备金；

6. 经营者过度购置固定资产所增加的支出（折旧、修理费、借款利息等）；

7. 公益广告、公益宣传费用；

8. 向上级公司或者管理部门上交的利润性质的管理费、代上级公司或者管理部门缴纳的各种费用、向出资人支付的利润分成及对附属单位的补助支出不得计入管理费用或者其他成本项目；

9. 无偿划拨的城市公益性公墓土地使用费、无偿划拨的用于建造农村公益性公墓的土地使用费不计入定价成本；

10. 其他不应计入成本的支出。

第三章 定价成本核定

第十条 核定殡葬服务定价成本，应当以经会计师事务所或政府有关部门审核的年度财务会计报告以及手续齐备的原始凭证及账册等数据资料为基础，按照成本监审的有关规定，将经营者成本费用通过合理归集、分摊。

第十一条 职工工资总额按照职工平均工资与职工人数核定。其中，职工平均工资原则上据实核定，但不得超过统计部门公布的当地该行业职工平均工资水平；职工人数按照实际在岗职工人数核定，政府有关部门或者行业有明确规定的，不得超过其规定人数。由政府有关部门进行工资管理的，职工工资总额上限为按照其工资管理规定核定的数值。

因解除与职工的劳动关系给予的补偿，按照一定年限分摊计入定价成本。

遗体接运、遗体化妆等特殊人工服务项目，职工工资按必要劳动时间和人数计算。

第十二条 工会经费、职工教育经费、职工福利费、社会保险费（包含补充医疗和补充养老保险）、住房公积金，审核计算基数原则上按照经营者实缴基数核定，但不得超过核定的工资总额和当地政府规定的基数；计算比例按照不超过国家或者当地政府统一规定的比例确定。

应当在工会经费、职工教育经费和职工福利费中列支的费用，不得在其他费用项目中列支。

第十三条 遗体防腐（消毒）所耗用的材料、药剂等按正常情况和常用处理方式下的支出计算；墓基墓碑材料按照民政部门对公墓建设的规定标准，据实核定耗用数量和平均购进价格。

第十四条 固定资产原值参照合理规模，遵循历史成本原则核定。有清产核资的，要严格按照财政或国有资产管理部门认定的各类资产价值进行确定。固定资产折旧采用平均年限法，折旧年限根据固定资产的性质、实际使用情况等因素确定，各类固定资产折旧年限为：火化车间用房折旧年限30年，其他房屋建筑物折旧年限30—50年；机械和运输设备折旧年限10年；电子设备折旧年限5—8年；其他设备折旧年限5年。固定资产残值率按原值的3%—5%确定。

第十五条 各类固定资产提足折旧后，不论能否继续使用，均不再提取折旧；提前报废的固定资产，也不再补提折旧。

第十六条　未投入实际使用的、不能提供价值有效证明的、由政府补助或者社会无偿投入的资产，以及评估增值的部分不得计提折旧或者摊销费用。用于补助专门服务项目的，直接冲减该项费用；未明确专项用途的或不能够区分的，应当冲减总成本。

第十七条　无形资产从开始使用之日起，在有效使用期限内分摊计入定价成本。其中，土地使用权已计入地面建筑物价值且无法分离的，随建筑物提取折旧；其他按照土地使用权年限分摊。特许经营权费用原则上不得计入定价成本，如政府明文规定允许特许经营权费用计入定价成本的，有特许经营年限的按照特许经营年限分摊计入；没有特许经营年限的按 30 年分摊计入。专利权等其他无形资产，按照受益年限分摊，没有明确受益年限的按不少于 10 年分摊。

墓地占用费原则上按照土地使用证取得年限和租赁年限分摊。没有注明年限的按照 20 年分摊。

第十八条　维修维护费原则上据实核定，但不得超过核定的固定资产原值的 2%。

第十九条　管理费用中，会议费、交通费、差旅费、业务招待费等非生产性费用按照监审期间内平均水平核定，其中业务招待费不得超过当年主营业务收入的 5‰。

第二十条　财务费用中的利息支出，原则上据实核定。项目贷款总额没有超过投资总额 80% 的，据实核定贷款利息；贷款总额超过投资总额 80% 的，按投资总额的 80% 核定贷款利息。

贷款利率不超过人民银行公布的《货币政策执行报告》中"一般贷款加权平均利率"。年度利息支出差异较大的，按照还款期计算的年平均利息核定。

第二十一条　墓位占地面积是指墓区土地总面积减去行政主管部门或公墓经营者规划设计建设的公共设施面积和绿化面积后的墓地有效面积。

新开发的公墓采用工程量清单计价。即投标人完成由招标人提供的工程量清单所需的全部费用，包括分部、分项工程费、措施项目费、其他项目费、规费等。

墓区规划设计、墓道、墓区建设开发成本、墓道建筑成本、墓区景观、绿化建设成本按墓穴面积分摊计算。

第二十二条　严格控制公墓规格，成本核算时参照殡葬有关标准规范执行。墓位占地（单、双穴）面积不超过国家有关规定的据实核算，超过规定的部分，不得进入定价成本。

第二十三条　公墓墓位经营成本和公墓维护管理成本必要时可合并核算。

第二十四条　本办法未规定的其他费用，有关法律法规和国家政策已明确规定核算原则和标准的，按照相关规定核定；没有明确规定的，原则上据实核定，但应当符合公允水平。

第二十五条　能够独立核算的，与实行政府定价或政府指导价的殡葬服务项目直接相关的成本直接计入各自的成本；不能独立核算的共用成本应采取按照各自业务收入、直接服务人员比例、固定资产原值比或其他合理的方法进行分摊。

第二十六条　单项单例服务定价成本按核定的单项总成本和单项总服务例数确定，计算公式如下：

某服务项目定价总成本 = 该服务项目经营成本 + 该服务项目分摊后的期间费用

某服务项目单位定价成本 = 该服务项目定价总成本 ÷ 该服务项目总服务例数

第四章　附　　则

第二十七条　政府价格主管部门、受委托或聘请的专业机构或者人员开展成本监审工作，应当依据本办法。

第二十八条　开展成本监审应当履行书面通知、资料初审、实地审核、意见告知、出具报告等程序。

第二十九条　本办法由湖南省发展和改革委员会负责解释。

第三十条　本办法自发布之日起执行。

湖南省民政厅 湖南省卫生健康委员会
关于进一步加强医院太平间（停尸房）
管理有关问题的通知

（湘民发〔2022〕21号）

各市州、县市区民政局、卫健委：

根据今年国家发改委、商务部关于印发《市场准入负面清单（2022年版）》的通知精神，以及国务院《殡葬管理条例》和民政部等8部委《关于尸体运输管理的若干规定》、民政部等16部委《关于进一步推动殡葬改革促进殡葬事业发展的指导意见》、《湖南省实施〈殡葬管理条例〉办法》等相关法规文件精神，结合全省殡葬业价格秩序、公益性安葬设施建设经营及私建硬化大墓、活人墓专项整治工作要求，现就进一步加强医院太平间（停尸房）管理有关问题通知如下：

一、太平间（停尸房）属于公益性非营利设施，医院要加强对太平间（停尸房）的规范化管理，健全管理制度，自觉主动接受卫健、民政等管理部门的监督检查，严禁医院工作人员向殡仪中介机构和个人倒卖逝者及亲属信息进行牟利、乱收费等行为。

二、严禁在太平间（停尸房）开展营利性殡仪服务，已经出租或承包给单位或个人开展营利性殡仪服务的，要尽快就有关问题进行妥善处理。

三、在医院死亡的，必须火化的遗体要及时通知殡仪馆接运遗体，并办理手续后火化。殡仪馆要多形式、多渠道、多方式公布服务机构地址、联系电话、服务价格等信息，提高人民群众知晓度，为逝者亲属及时提供便利。

四、医院要积极协助殡葬管理部门加强对医院太平间（停尸房）的尸体管理。死亡者遗体运出医院太平间（停尸房）时，应当及时告知民政部门，防止违法运送、私埋乱葬、有传染性遗体不及时火化等行为发生，切实维护公共卫生安全和社会稳定。

五、把医院太平间（停尸房）非法开展殡仪服务等活动纳入殡葬领域突出问题进行专项整治，卫健、民政及有关部门按照职责做好相关工作。

六、对医院太平间（停尸房）存在的违法违规行为，根据有关法律法规规定进行严肃追责。

七、本文件自印发之日起实施，有效期五年。湘民发〔2021〕38号文件同时失效。

湖南省民政厅　湖南省卫生健康委员会

2022年5月16日

中共湖南省委宣传部等关于进一步深化文明节俭操办婚丧喜庆事宜推进移风易俗的通知

（湘宣发〔2022〕10号）

各市州纪委监委、党委宣传部、文明办、民政局、农业农村局，省直有关单位，湘江新区纪检监察工委：

为深入贯彻落实中共中央、国务院《2022年全面推进乡村振兴重点工作的意见》精神，推进农村婚俗改革试点和殡葬习俗改革，开展高价彩礼、大操大办等移风易俗重点领域突出问题专项治理，落实省委、省政府关于"开展高价彩礼、厚葬薄养、大操大办等移风易俗重点领域突出问题专项治理"工作部署要求，决定以深化文明节俭操办婚丧喜庆事宜为重点，推进移风易俗，进一步提升全省精神文明建设工作水平，推进城乡社会治理现代化。

一、层层压实责任

各地各部门要进一步提高政治站位，按照"省统筹、市州负总责、县乡具体负责、村（社区）抓落实"的工作要求，聚焦"高价彩礼""厚葬薄养""大操大办""活人墓"和农村（社区）人居环境等方面存在的突出问题，拿出有效过硬措施，推动工作走深走实。各级党委宣传部、文明办要将文明节俭操办婚丧喜庆事宜、推进农村（社区）人居环境整治、开展"活人墓"等突出问题治理等工作情况作为各类文明创建先进评选工作重要考评内容，作为"道德模范""身边好人"等各项先进评选重要依据；要持续加大宣传引导工作，引导社会各界积极参与移风易俗、农村（社区）人居环境整治和"活人墓"等突出问题治理等工作，倡树文明新风，营造良好氛围。各级纪委监委要按照省委、省纪委监委有关规定，细化工作标准，从严从快查处党员干部、公职人员违规操办婚丧喜庆事宜和违建硬化大墓、豪华大墓，建"活人墓"等行为。各级农业农村部门要将文明节俭操办婚丧喜庆事宜、推进农村（社区）人居环境整治、开展"活人墓"等突出问题治理作为推进美丽乡村建设等工作重要考核内容，作为"星级文明户"等各项先进评选重要依据，增强针对性和实效性。各级民政部门及各乡镇（街道）要加强婚姻登记管理，规范殡葬服务价格，推进殡葬习俗改革，减轻群众人情负担；要强化居民自治指导，开展村规民约、居民公约的清理规范，依法依规治理滥办酒席、天价彩礼、厚葬薄养、攀比炫富、铺张浪费、打牌赌博、农村（社区）人居环境脏乱差和违建硬化大墓、豪华大墓，建"活人墓"等突出问题；要依法依规指导村（社区）成立群众性自治组织并常态化开展活动，建立健全自治德治法治相结合的移风易俗治理体系；要将移风易俗纳入村（社区）"两委"干部重点培训内容，学习推广清单制、积分制、屋场会等经验做法，一体推进农村人居环境整治等重点工作，推动形成乡村文明新风尚。村（社区）党组织要履行好推进移风易俗、推进农村（社区）人居环境整治、开展"活人墓"等突出问题整治等工作属地管理责任，依法依程序建立健全"一约四会"群众自治组织及其章程，加强婚丧喜庆事宜办理场所建设，推进农村（社区）人居环境整治，明确工作要求、细化具体标准、落实奖惩措施，做到公开公示、人手一册、监督落实。各地新时代文明实践中心（所、站）要将移风易俗、农村（社区）人居环境整治和"活人墓"等突出问题治理作为重要工作内容，常态化开展志愿服务活动，培育文明乡风、良好家风、淳朴民风。

二、深入宣传教育

注重全面覆盖。要充分利用各类媒体和传播手段，大力宣传文明节俭操办婚丧喜庆事宜、推进农村（社区）人居环境整治、开展"活人墓"等突出问题整治有关法律政策，普及科学知识，倡导文明节俭操办婚丧喜庆事宜、节地生态安葬、文明低碳祭扫等文明新风尚；省级媒体统一开设"文明新风润三湘"等专题专栏，宣传先进典型，曝光违规行为；发挥广播、电视、报刊、网络等媒介作用，打通融合"两中心一平台"等工作阵地，开展"听党话、感党恩、跟党走"宣传教育活动，广泛宣传各地先进做法、工作成效，营造良好社会氛围。注重警示为先。组织党员干部、城乡居民认真学习加强乡风文明建设、推进农村（社区）人居环境整治、深化"活人墓"治理等文件要求，定期通过公开栏、微信工作群、"村村响"广播和支部"三会一课"等平台，对不文明不卫生行为和不良风气、违规典型进行警示曝光，形成震慑效应；坚持预防为主，严格落实常态化疫情防控要求，规范人群集聚，维护人民群众生命财产安全。注重典型引领。通过"美丽乡村""文明家庭""道德模范""身边好人"评选和"寻找最美村规民约"、遴选先进案例等活动，挖掘培育文明节俭操办婚丧喜庆事宜、深入移风易俗、整治农村（社区）人居环境、治理"活人墓"突出问题等方面先进典型，提升宣传效果。注重舆论引导。各级宣传部、文明办、纪委监委、民政、农业农村等单位要完善舆情应急处置机制，及时妥善应对处置移风易俗、农村（社区）人居环境整治和"活人墓"等突出问题治理规范中出现的舆情。

三、强化示范带头

全省党员干部和公职人员、村（社区）"两委"班子成员、"两代表一委员"，特别是党员领导干部要发挥示范引领作用，带头强化思想认识，落实常态化疫情防控要求，开展农村（社区）人居环境整治，提升室内摆设质量，做好个人防护，阻断疫情传播；带头管好自己与家人，严格落实操办婚礼前报告、操办丧礼后报备制度，严格遵守村规民约（居民公约），深化殡葬习俗改革，自觉接受党组织和红白理事会以及广大群众的监督；带头抵制不良风气、反对铺张浪费，教育引导亲戚朋友和身边群众严格遵守文明节俭操办婚丧喜庆事宜有关规定，开展农村人居环境整治，不支持、不参与建"活人墓"等违法违规行为，使文明风尚成为广大党员干部和城乡居民的日常行为规范和自觉。

四、严格监督查处

各级宣传部、文明办、纪委监委、民政、农业农村等单位要密切配合、协同推进，完善信息沟通、情况通报机制，及时掌握情况、发现问题、纠正整改；要改进工作方法，多通过"四不两直"、明察暗访等方式，加大监督查处力度，督促推动责任落实；对群众举报、监督发现的党员干部违规操办婚丧喜庆事宜和建"活人墓"等问题，从严查处；对相关责任单位因履职不力、应付交差导致陈规陋习得不到解决，造成不良影响的，要严肃追责问责。要创新方法、体现效果，立足"早发现、早提醒、早纠正、早处理"，尽可能把违规行为和不良之风解决在萌芽状态，力求更好工作效果；紧扣元旦、春节、高考、寒暑假等关键节点，建立健全违规操办、案例警示通报制度，形成"处理一人、教育一片"良好效果。要强化统筹、汇聚合力，督促村（社区）发挥群众自治组织功能，加强对城乡居民大操大办、天价彩礼、厚葬薄养、攀比炫耀、打牌赌博、农村（社区）人居环境脏乱差和建"活人墓"等不文明行为的劝导劝阻和查处曝光力度，引导城乡居民养成文明节俭习惯，自觉治陋习、树新风；民政部门要按照中央文件要求，在"活人墓"等突出问题整治中发挥好牵头协调作用，加强与各有关部门的沟通协作、跟踪指导，务求工作取得实效。要着眼长远，完善制度，各地各部门要善于将文明节俭操办婚丧喜庆事宜、开展农村（社区）人居环境整治、培育健康文明生活方式作为移风易俗重要成果制度化、长效化，推动全社会真正形成节俭适度、健康向上的文明新风尚，为奋力建设社会主义现代化新湖南营造良好氛围。

五、及时报送情况

各级宣传部、文明办、纪委监委、民政、农业农村部门要立足职能职责，加强工作调度，注意收集整理工作中存在和发现的重要情况、重要问题，及时报告上级部门。

中共湖南省委宣传部　湖南省文明办
中共湖南省纪委机关　湖南省民政厅
湖南省农业农村厅
2022 年 9 月 30 日

湖南省民政厅关于印发《湖南省县级公益性骨灰安放设施建设管理办法》等 5 个办法的通知

（湘民发〔2023〕30 号）

各市州、县市区民政局：

现将新修订的《湖南省县级公益性骨灰安放设施建设管理办法》、《湖南省乡镇集中治丧场所建设管理办法》、《湖南省殡仪馆建设管理办法》、《湖南省农村公益性公墓建设管理办法》、《湖南省经营性公墓建设管理办法》等 5 个办法印发给你们，请结合实际，认真贯彻执行。

湖南省民政厅
2023 年 8 月 24 日

湖南省县级公益性骨灰安放设施建设管理办法

第一条　为加强县级公益性骨灰安放设施建设和管理，贯彻落实民政部等 9 部委《关于推行节地生态安葬的指导意见》（民发〔2016〕21）号）精神，根据国务院《殡葬管理条例》、民政部《公墓管理暂行办法》、《湖南省实施〈殡葬管理条例〉办法》、《中共湖南省委办公厅、湖南省人民政府办公厅印发〈关于党员干部带头推动殡葬改革的实施意见〉的通知》（湘办发〔2014〕26 号）等相关规定，结合我省实际，特制定本办法。

第二条　本行政区域内县级公益性骨灰安放设施新建、改扩建和管理服务适用本办法。

第三条　本办法所称县级公益性骨灰安放设施，是指为当地居民提供非营利性骨灰寄存和安放的楼、堂、塔等建筑物及附属设施。

第四条　县级公益性骨灰安放设施建设要纳入当地国土空间规划。

第五条　建设县级公益性骨灰安放设施应坚持政府主导、公益便民、生态环保、可持续发展的原则。

第六条　县级公益性骨灰安放设施的建设，分别由县级人民政府和设区的市级人民政府的民政部门提出方案，并附项目建设的申请报告；发改、建设（规划）、自然资源、林业、环保等有关方面的初审意见；项目可行性研究报告及其他资料，报本级人民政府批准。

第七条　县级公益性骨灰安放设施建设规模按照骨灰安放设施满足当地 50 年骨灰安放为标准进行总体规划。

第八条　骨灰安放设施布局，按功能分为骨灰安放区、业务办公区和公共服务区，有条件的县级公益性骨灰安放设施可根据需求设置生命文化教育功能区。各功能区的设置应符合以人为本、流程简洁的要求。

第九条　骨灰安放设施由房屋建筑、建筑设备及场地等构成。房屋建筑包括骨灰存放用房、业务用房、管理用房和附属用房等（各类用房构成参照《城市公益性公墓建设标准》；建筑设备包括供电、给排水、通风、安保、通讯、空调、网络及消防设备等。场地包括祭祀场地、集散广场、绿地、道路及停车场等。

（一）骨灰安放设施建筑设计应符合《殡仪馆建筑设计规范》（JGJ124）的有关规定。

（二）骨灰安放设施建筑不宜高于 6 层，骨灰楼（堂）每层楼的骨灰安放格位数量宜由下到上逐层楼递减原则确定。

（三）骨灰寄存室层高不低于 3.3 米；骨灰安放架之间通道不低于 1.2 米；骨灰安放格位的单位建筑面积指标不宜大于 0.25 平方米/格；

（四）骨灰安放设施各类用房应具备良好的通风条件，自然通风不能满足要求时，应配备相应的机械通风设备。

（五）骨灰安放设施应根据实际需求配置通信、广播和安全防范系统等设备。

（六）骨灰安放设施应配置清晰、醒目、规范的标识系统。

第十条　建设县级公益性骨灰安放设施应具备的条件：（一）符合殡葬事业发展的规划；（二）符合发改、建设（规划）、自然资源、林业、环保等有关方面的要求；（三）有建设所需的资金；（四）有从事管理服务的机构和人员。

项目建设应遵守基本建设的程序和要求。

第十一条　县级公益性骨灰安放设施建成后，由项目建设方提出验收申请，本级人民政府组织验收。

第十二条　县级公益性骨灰安放设施属社会公益事业，应纳入县级殡葬服务事业单位管理，设立服务机构和配备相应的工作人员，建立健全单位管理制度。

第十三条　县级公益性骨灰安放设施应建立健全格位登记造册、人员岗位职责、档案、财务管理等内部管理制度，为客户提供优质服务。

第十四条　县级公益性骨灰安放设施收费由价格主管部门依法核定，向社会公开，并接受社会监督。

第十五条　县级公益性骨灰安放设施单位应加强机构安全管理，配齐人防物防技防设施设备，建立消防、值班巡查、隐患排查等管理制度，制定重大祭扫日等突发事件应急预案，确保机构运营安全。

第十六条　县级公益性骨灰安放设施单位应倡导移风易俗，引导群众文明低碳祭扫，宜设统一的遗物祭品焚烧区域和焚烧设备，鼓励群众以鲜花祭扫取代鞭炮、香烛、纸钱，鼓励骨灰安放单位提供集体共祭、网络祭扫等服务。

第十七条　民政部门应当将树葬、草坪葬、撒散、格位葬等不占或少占地方式，纳入节地生态安葬奖补范围，鼓励群众积极参与。

第十八条　民政部门应进一步完善惠民殡葬政策，为优抚对象及城市低保、特困供养人员等困难群体免费或低收费提供骨灰节地生态安葬，所需资金由市、县级财政予以保障。

第十九条　各级民政部门负责本行政区内县级公益性骨灰安放设施的监督管理。

第二十条　本办法自公布之日起施行。

湖南省乡镇集中治丧场所建设管理办法

第一条　为加强乡镇集中治丧场所设施建设和管理，贯彻落实民政部等9部委《关于推行节地生态安葬的指导意见》（民发〔2016〕21号）精神，根据国务院《殡葬管理条例》、《湖南省实施〈殡葬管理条例〉办法》、《中共湖南省委办公厅、湖南省人民政府办公厅印发〈关于党员干部带头推动殡葬改革的实施意见〉的通知》（湘办发〔2014〕26号）等相关规定，结合我省实际，特制定本办法。

第二条　本行政区域内乡镇集中治丧场所新建、改扩建和管理服务适用本办法。

第三条　本办法所称乡镇集中治丧场所，是指以乡镇为单位建设，为本区域内居民提供殡仪服务的场所，属社会公益事业。

第四条　乡镇集中治丧场所设施建设坚持政府主导、因地制宜、公益便民、规模适度的原则。

第五条　需要建设乡镇集中治丧场所的，由乡镇人民政府提出方案，并附项目建设的申请报告；发改、建设（规划）、自然资源、林业、环保等有关方面的初审意见；项目可行性研究报告及其他资料，报县级人民政府的民政部门批准。

第六条　乡镇集中治丧场所设施应基本满足辖区内居民治丧的实际需求，一般不少于2个悼念厅，建筑面积不少于200平方米；有管理和综合服务用房、停车和适用治丧活动的场地。

第七条　乡镇集中治丧场所用地应为划拨或集体土地。

第八条　乡镇集中治丧场所设施建设选址，尽量选择周边单位和居民较少、相对独立、交通便利的区域，并处理好与周边单位及居民的关系。

第九条　乡镇集中治丧场所应具备的条件：（一）符合殡葬事业发展的规划；（二）符合发改、建设（规划）、自然资源、林业、环保等相关部门的要求；（三）有建设所需的资金和殡葬专用车辆；（四）有从事管理服务的机构和人员。

项目建设应遵守基本建设的程序和要求。

第十条　乡镇集中治丧场所建成后，由乡镇人民政府向县民政部门提出验收申请，县级民政部门组织验收。

第十一条　乡镇集中治丧场所应设立服务机构、配备工作人员，建立人员岗位职责、档案、财务管理等内部管理制度，为客户提供优质服务。

第十二条　乡镇集中治丧场所建设资金由乡镇政府自筹，不得向居民摊派和招商引资。省、市、县民政部门给予资金支持。鼓励企事业单位、社会团体和个人采取捐赠形式支持建设。

第十三条　乡镇集中治丧场所的收费，由价格主管部门依法核定，向社会公开，并接受社会监督。

第十四条　乡镇集中治丧场所应依法依规为丧户提供文明、节俭的治丧服务，反对盲目攀比、奢侈浪费，严禁开展封建迷信活动。

第十五条　乡镇集中治丧场所应加强机构安全管理，建立消防、卫生防疫、值班巡查等安全管理制度，确保治丧活动安全有序。

第十六条　乡镇集中治丧场所应配备与治丧相适应的殡仪车辆，其收费标准由价格主管部门依法核准并公示，接受社会监督。建立车辆调度、安全管理和服务规范等制度。

第十七条 县级民政部门负责本行政区域内乡镇集中治丧场所的监督管理。

第十八条 本办法自公布之日起施行。

湖南省农村公益性公墓建设管理办法

第一条 为加强农村公益性公墓建设和管理，贯彻落实民政部等9部委《关于推行节地生态安葬的指导意见》（民发〔2016〕21）号）精神，根据国务院《殡葬管理条例》、民政部《公墓管理暂行办法》、《湖南省实施〈殡葬管理条例〉办法》、《中共湖南省委办公厅、湖南省人民政府办公厅印发〈关于党员干部带头推动殡葬改革的实施意见〉的通知》（湘办发〔2014〕26号）等相关规定，结合我省实际，特制定本办法。

第二条 本行政区域内农村公益性公墓设施的新建、改扩建和管理服务适用本办法。

第三条 本办法所称农村公益性公墓，是指为当地村民提供遗体或骨灰安葬服务的公共墓地。农村公益性公墓属社会公益事业，不得以营利为目的，禁止改变为经营性公墓。

第四条 农村公益性公墓建设坚持政府主导、统筹规划、公益便民、节地生态的原则。

第五条 农村公益性公墓建设不得占用耕地，不得在风景名胜区、文物保护区、水库及湖泊、河流堤坝附近、水源保护区以及铁路、公路主干线两侧建设墓地。

第六条 建设农村公益性公墓，由乡镇人民政府提出方案，并附项目建设的申请报告；发改、建设（规划）、自然资源、林业、环保等有关方面的初审意见；项目可行性研究报告及其他资料，报县级人民政府的民政部门批准。

第七条 农村公益性公墓单位名称冠以某某县（市辖区）某某乡镇农村公益性公墓。

第八条 农村公益性公墓原则上以乡镇人民政府为主体建设。乡镇建设的农村公益性公墓规模一般应满足本乡镇村民30年的使用需求。

第九条 农村公益性公墓应依法办理用地手续。严禁个人买卖、转让、出租墓位或格位。

第十条 农村公益性公墓布局，按功能划分为遗体或骨灰安葬（放）区、业务办公区和公共服务区；各功能区应符合业务流程简捷、方便等要求。

第十一条 农村公益性公墓设施由墓地建筑及构筑物、房屋建筑、建筑设备和场地等构成。房屋建筑包括业务用房、管理用房和附属用房等；建筑设备包括供电、给排水、安保、通信、空调、网络及消防设备等。场地包括绿地、道路及停车场等。

第十二条 墓区建设

（一）遗体或骨灰安葬（放）区应按照墓区整体规划施工建造，提供树葬、草坪葬、花葬、撒散、深埋、格位葬、小型墓等节地生态安葬方式，新建农村公益性公墓的节地生态安葬率要达到100%。

（二）单人遗体的墓穴，占地面积不得超过4平方米；安葬两人以下骨灰的墓穴，占地面积不得超过1平方米。鼓励建造占地面积低于0.5平方米的节地型墓位。鼓励家庭成员合葬提高单个墓位使用率。

（三）减少地面硬化面积，提倡深埋不留坟头，墓碑小型化、艺术化、平卧化或不立碑。立式碑的高度不超过0.8米，面积不超过0.5平方米。

（四）农村公益性公墓墓区建设应体现园林化特点，绿化覆盖率达到50%以上。

第十三条 农村公益性公墓建设资金由乡镇人民政府筹集，不得招商引资。省、市、县民政部门给予资金支持。鼓励企事业单位、社会团体和个人采取捐赠形式支持农村公益性公墓建设。

第十四条 农村建设公益性公墓应具备的条件：（一）符合殡葬事业发展的规划；（二）符合

发改、建设（规划）、自然资源、林业、环保等有关方面的要求；（三）有建设所需的资金；（四）有专门从事墓地管理服务的机构和人员。

项目建设应遵守基本建设的程序和要求。

第十五条　农村公益性公墓建成后，由建设单位向县级民政部门提出验收申请，县级民政部门组织验收。

第十六条　农村公益性公墓应设立服务机构，配备工作人员，建立健全墓穴登记、档案管理、财务管理等内部管理制度，财务收支情况须纳入政务公开内容。指定专人负责日常的管理与维护，做好绿化保洁、安全保卫等工作，为群众提供优质服务。

第十七条　农村公益性公墓的墓穴管理费一次性收取最长不得超过20年，到期仍需继续使用的，使用方应当办理续用手续。

第十八条　农村公益性墓地的具体收费标准由价格主管部门依法核定，并进行公示，接受社会监督。

第十九条　农村公益性公墓不得对外开展墓穴的经营活动，不得向本乡镇以外的其他人员提供墓穴，实行火葬的区域的农村公益性公墓不得接纳遗体土葬。墓区内禁止建造豪华墓、宗族墓、活人墓，禁止从事封建迷信活动，禁止骨灰装棺再葬；农村公益性公墓应当凭火化证明（或者死亡证明）、户籍证明、安葬协议等安排墓穴或骨灰存放格位。

第二十条　农村公益性公墓服务机构应加强安全管理，建立消防、值班巡查、隐患排查等管理制度，制定重大祭扫日等突发事件应急预案，确保机构运营安全。

第二十一条　农村公益性公墓应倡导移风易俗，引导群众文明低碳祭扫，墓区宜设置统一的焚烧区域和设施，鼓励群众以鲜花祭扫取代鞭炮、香烛、纸钱，鼓励公墓单位提供集体共祭、网络祭扫等服务。

第二十二条　民政部门应将树葬、花葬、草坪葬、撒散、格位葬、深埋等不占或少占地方式，纳入节地生态安葬奖补范围，鼓励群众积极参与。

第二十三条　民政部门应进一步完善惠民殡葬政策，为优抚对象及农村低保、特困供养人员等困难群体免费或低收费提供节地生态安葬，所需资金由市、县财政予以保障。

第二十四条　县级民政部门负责本行政区域的农村公益性公墓的监督管理。

第二十五条　倡导以不占地或少占地的方式处理骨灰，鼓励在农村建设公益性骨灰安放设施。

第二十六条　农村公益性骨灰安放设施（楼、堂、塔）的建设与管理参照农村公益性公墓有关规定执行。

第二十七条　本办法自公布之日起施行。

湖南省殡仪馆建设管理办法

第一条　为加强殡仪馆设施建设和管理，贯彻落实民政部等9部委《关于推行节地生态安葬的指导意见》（民发〔2016〕21）号）精神，根据国务院《殡葬管理条例》、《湖南省实施〈殡葬管理条例〉办法》、《中共湖南省委办公厅、湖南省人民政府办公厅印发〈关于党员干部带头推动殡葬改革的实施意见〉的通知》（湘办发〔2014〕26号）等相关规定，结合我省实际，特制定本办法。

第二条　本行政区域内殡仪馆新建、改扩建和管理经营服务适用本办法。

第三条　本办法所称殡仪馆，是指提供遗体处置、火化、悼念和骨灰寄存等部分或全部殡仪服务的场所。

第四条　殡仪馆设施建设由县级和设区的市（州）人民政府的民政部门提出建设规划，报本级人民政府批准。

第五条 殡仪馆设施建设坚持科学规划、因地制宜原则，坚持和谐统一、环保生态原则，坚持可持续发展、公益便民的原则。

第六条 建设殡仪馆，分别由县级人民政府和设区的市（州）人民政府的民政部门提出方案，并附项目建设的申请报告；发改、建设（规划）、自然资源、林业、环保等有关方面的初审意见；项目可行性研究报告及其他资料，报本级人民政府批准。

第七条 殡仪馆的建设要根据人口、地域、交通等因素，科学规划设计，做到合理布局、设施齐全、功能配套、景观和谐，具体建设规模参照《殡仪馆建设标准》（建标 181-2017）。

第八条 殡仪馆设施由房屋建筑、建筑设备及场地等构成。殡仪馆房屋建筑包括业务用房、殡仪用房、火化用房、骨灰存放用房、办公和辅助用房等。殡仪馆建筑设备包括专用焚烧、尾气处理、供电、给排水、通风、安保、通信、空调、网络及消防设备等。殡仪馆场地包括集散广场、绿地、道路及停车场等。

第九条 殡仪馆的总平面布局要符合接洽服务、入殓服务、守灵服务、告别服务、火化服务、安葬服务、纪念服务的服务流程。功能分区宜包括：业务区、遗体处理区、悼念区、火化区、骨灰寄存区、祭扫区、集散广场区、后勤管理区等功能区。

第十条 殡仪馆建筑设计应符合《殡仪馆建筑设计规范》（JGJ124-99）要求。建筑风格宜选取当地的建筑元素，做到规划合理，和谐统一；风景名胜旅游区宜根据本地建设（规划）局、旅游局的建筑风格要求进行设计。

第十一条 建设殡仪馆应具备的条件：（一）符合殡葬事业发展的规划；（二）符合发改、建设（规划）、自然资源、林业、环保等有关方面的要求；（三）具有建设所需的资金；（四）有从事殡仪服务的管理机构和人员。

项目建设应遵守基本建设的程序和要求。

第十二条 殡仪馆设施建成后，由建设单位向本级人民政府提出验收申请，本级人民政府组织验收。

第十三条 殡仪馆属独立法人单位，应建立健全单位管理制度，财务实行收支两条线。

第十四条 殡仪馆的收费由价格主管部门依法核准并向社会公示，接受社会监督。

第十五条 殡仪馆应当公开服务项目、服务内容、服务流程、收费标准、服务承诺、服务监督方式，开展便民惠民服务，加强殡仪职工教育培训，为丧属提供文明、诚信、阳光、优质服务。

第十六条 殡仪馆应加强机构安全管理，配齐人防物防技防设施设备，建立消防、卫生防疫、值班巡查、隐患排查等管理制度，制定重大祭扫日等突发事件应急预案，引导文明低碳祭扫，确保机构运营安全。

第十七条 各级民政部门负责本行政区内殡仪馆的监督管理。

第十八条 本办法自公布之日起施行。

湖南省经营性公墓建设管理办法

第一条 为加强经营性公墓建设和管理，贯彻落实民政部等 9 部委《关于推行节地生态安葬的指导意见》（民发〔2016〕21 号）精神，根据国务院《殡葬管理条例》、民政部《公墓管理暂行办法》、《湖南省实施〈殡葬管理条例〉办法》、《中共湖南省委办公厅、湖南省人民政府办公厅印发〈关于党员干部带头推动殡葬改革的实施意见〉的通知》（湘办发〔2014〕26 号）和民政部《关于深化"放管服"改革进一步规范经营性公墓审批监管工作的通知》等相关规定，结合我省实际，特制定本办法。

第二条　本行政区域内经营性公墓的建设和管理适用本办法。

第三条　本办法所称经营性公墓，是指为城乡居民有偿提供骨灰安葬服务的墓地。

第四条　经营性公墓建设应符合当地国土空间规划，县级以上民政部门负责管理本行政区域内的经营性公墓。

第五条　经营性公墓建设应坚持科学规划、合理布局、节地生态、总量控制的原则，实现布局科学化、环境园林化、设施人性化、建设艺术化。

第六条　建立公墓不得占用耕地，不得在城市公园、风景名胜区、文物保护区、水库及河流堤坝附近、水源保护区以及铁路、公路主干线两侧建设墓地。

第七条　经营性公墓建设应依法办理用地手续。严禁个人私自买卖、转让、出租墓位或格位。

第八条　经营性公墓的布局，按功能划分为骨灰安葬（放）区、业务办公区和公共服务区；各功能区应符合业务流程简捷、方便等要求。

第九条　经营性公墓设施由墓地建筑及构筑物、房屋建筑、建筑设备和场地等构成。房屋建筑包括业务用房、管理用房和附属用房等；建筑设备包括供电、给排水、安保、通信、空调、网络及消防设备等。场地包括集散广场、祭扫场地、绿地、道路及停车场等。

第十条　墓区建设

（一）骨灰安葬（放）区应按照墓区整体规划施工建设，提供树葬、草坪葬、花葬、撒散、格位葬、小型墓等节地生态安葬方式，节地生态安葬率要达到规定标准。

（二）安葬两人以下骨灰的墓穴，占地面积不得超过1平方米。鼓励建造占地面积低于0.5平方米的节地型墓位。鼓励家庭成员合葬提高单个墓位使用率。

（三）减少地面硬化面积，一律深埋不留坟头，墓碑小型化、艺术化、平卧化或不立碑。立式碑的高度不超过0.8米，面积不超过0.5平方米。

（四）经营性公墓墓区建设应体现园林化特点，绿化覆盖率达到50%以上。

第十一条　建立经营性公墓，必须在完善公益性安葬设施的前提下，依据国家和省有关文件精神，经县级人民政府同意，报市级民政部门稳妥审慎审批，审批结果报省民政厅备案。

第十二条　建设经营性公墓应具备的条件：（一）符合湖南省殡葬设施建设的规划；（二）县级以上（含县级）已建有城市公益性公墓或公益性骨灰安放设施；（三）符合发改、建设（规划）、自然资源、林业、环保等有关方面的初审意见；（四）有建设所需的资金；（五）有从事管理服务的机构和人员。

第十三条　经营性公墓的审批分为筹建审批和行政许可验收审批。筹建审查合格后，市级民政部门出具同意建设的批复文件，筹建期为一年；筹建期内建成并达到经营条件的，向市级部门申请验收，验收合格后，颁发《××市经营性公墓许可证》。

（一）筹建审批申报材料：

1. 公墓筹建申请报告及县级部门审核意见；2. 可行性研究报告；3. 县级人民政府同意建设的会议纪要或文件、批复；4. 发改、建设（规划）、自然资源、林业、环保等有关方面的初审意见；5. 公墓单位企业法人营业执照、项目资金来源说明等资料；6. 其他有关材料。

（二）行政许可验收申报材料：

1. 筹建单位申请验收报告；2. 不动产权证书；3. 使用林地审核同意书；4. 建设工程竣工验收报告；5. 其他资料。

第十四条　经营性公墓扩大占地面积，对公墓新扩大面积部分需重新按照本办法办理审批和验收手续。

第十五条　经营性公墓更名、变更法人代表、改变合作（合资）单位、售完、关闭或改变墓地用途的，审批权下放之前由省民政厅批准的，应当报省民政厅备案或注销，审批权下放之后由市州民政局审批的，应当报市州民政局备案或注销，同时提交下列材料：

（一）公墓单位变更说明；

（二）县、市级民政局的审核意见；

（三）市场监督管理部门或组织人事部门的有关变更证明；

（四）改变合作（合资）单位的，应提交新合作单位协议；

（五）公墓关闭或改变墓地用途的，应提交本级人民政府及建设、自然资源、林业等相关方面的审查意见，注销证明及处置报告；

（六）其他需要提交的材料。

第十六条　经营性公墓单位应建立健全人员岗位、财务、档案管理等内部管理制度，做好墓地建设、管理和维护。

第十七条　除夫妻健在一方、高龄老人、危重病人预售（租）确保自用外，公墓经营单位须严格凭火化证明或死亡证明提供墓位或格位。

第十八条　经营性公墓的收费，由价格主管部门依法核准并公示，接受社会监督。

第十九条　公墓单位须与购墓人签订《墓位使用合同》，按规定收取有关费用。

第二十条　墓穴管理费一次性收取最长不超过二十年，到期仍需继续使用的，使用方应当办理续用手续。

第二十一条　经营性公墓单位应当公开服务项目、服务内容、服务流程、收费标准、服务承诺、服务监督方式，开展便民利民服务，加强从业队伍教育培训，为丧属提供文明、诚信、阳光、优质服务。

第二十二条　经营性公墓单位应履行社会责任，建设不少于40%的低价位墓地，满足低收入群体的丧葬需求。

第二十三条　经营性公墓单位应加强机构安全管理，配齐人防物防技防设施设备，建立消防、值班巡查、隐患排查等管理制度，制定重大祭扫日等突发事件应急预案，确保机构运营安全。

第二十四条　经营性公墓应当倡导移风易俗，引导群众文明低碳祭扫，墓区宜设置统一的焚烧区域和设施，引导群众以鲜花祭扫取代鞭炮、香烛、纸钱，公墓单位应当提供集体共祭、网络祭扫等服务。

第二十五条　禁止在墓区内建宗族墓、活人墓、豪华墓、大墓，禁止骨灰装棺再葬和开展封建迷信活动；禁止倒买炒卖、传销或变相传销墓穴和骨灰存放格位；禁止跨市（州）设立经营性公墓办事机构进行销售。

第二十六条　省、市民政部门应当加强经营性公墓的监督管理。

第二十七条　经营性骨灰安放设施参照本办法施行。

第二十八条　本办法自公布之日起施行。

● 广东省 ●

关于华侨、港澳台同胞遗体（骸骨、骨灰）入粤安葬管理有关规定的通知

（粤民福〔2005〕45号）

各市、县（区）民政局、侨务办公室、港澳事务办公室、台湾事务办公室、省内各直属海关、出入境检验检疫局：

我省自1993年以来实行华侨、港澳台同胞遗体、骸骨、骨灰入粤安葬证管理制度，既满足了广大华侨、港澳台同胞逝世后"落叶归根"、回归故土安葬的愿望，增强了祖国对海外华侨的向心力，加强了内地（大陆）与港澳台地区之间的联系，又对规范我省殡葬管理工作发挥了较好的作用。经省政府批准，现根据新时期我省殡葬工作实际，对运入广东境内安葬的遗体（骸骨、骨灰）的安葬管理事项，重新作如下规定：

一、遗体（骸骨、骨灰）入粤安葬所需手续。

凡需运入广东境内安葬的华侨、港澳同胞的遗体（骸骨、骨灰），安葬承办人应向安葬地县级以上（含县级）民政部门申请，凭安葬地县级以上（含县级）民政部门会同级侨务部门共同出具的同意安葬证明，办理广东省殡葬协会印制的《遗体（骸骨、骨灰）入粤安葬证》；运入广东境内安葬的台湾同胞的遗体（骸骨、骨灰），安葬承办人应向安葬地县级以上（含县级）民政部门申请，凭安葬地县级以上（含县级）民政部门会同级台湾事务部门共同出具的同意安葬证明，办理广东省殡葬协会印制的《遗体（骸骨、骨灰）入粤安葬证》。口岸检验检疫机构凭死亡证明或其他有关证件及广东省殡葬协会印制的《遗体（骸骨、骨灰）入粤安葬证》进行检疫，检验合格由口岸检验检疫机构签发《尸体/棺柩/骸骨入/出境许可证》。对不符合卫生要求的，必须接受检验检疫机构实施的卫生处理。海关凭检验检疫机构签发的《尸体/棺柩/骸骨入/出境许可证》和广东省殡葬协会印制的《遗体（骸骨、骨灰）入粤安葬证》办理通关手续。凡境外需入粤安葬的遗体（骸骨、骨灰）必须持有广东省殡葬协会印制的《遗体（骸骨、骨灰）入粤安葬证》和检验检疫机构签发的《尸体/棺柩/骸骨入/出境许可证》，否则，海关不予办理通关手续。

因患检疫传染病而死亡的病人尸体，不准运入境内。

二、遗体（骸骨、骨灰）入粤安葬手续的办理。

广东省殡葬协会印制的《遗体（骸骨、骨灰）入粤安葬证》等有关手续的办理，由广东省殡葬协会委托的殡仪服务机构负责，华侨、港澳台同胞凡需办理此证的，可自行前往办理。

三、遗体（骸骨、骨灰）入粤安葬的管理。

为了加强管理，避免乱埋乱葬，节约殡葬用地，入粤安葬的华侨、港澳台同胞的遗体（骸骨、骨灰），如安葬地所在的市、县或邻近市、县有经营性公墓的，应到经营性公墓安葬。禁止在耕地及影响生态环境和破坏水土保持的地方安葬、建造坟墓。并且要严格限制墓穴占地面积，埋葬遗体的单人墓占地面积不得超过4平方米，双人合葬墓不得超过6平方米，安葬骨殖、骨灰每具占地不得超过2平方米。凡华侨、港澳台同胞遗体（骸骨、骨灰）入粤安葬的，应在安葬地殡葬管理部门的监管下进行安葬。

四、外籍华人的遗体（骸骨、骨灰）要求入粤安葬的，参照上述原则办理。

五、禁止利用棺柩、骸骨、骨灰入境之机进行走私活动，违者依法惩处。

本规定自 2006 年 1 月 1 日起执行，原 1993 年 5 月 20 日制定的《关于华侨、港澳台同胞遗体、骸骨要求入粤安葬实行安葬证管理的通知》（粤民民〔1993〕134 号）同时废止。

附件：1.《遗体（骸骨、骨灰）入粤安葬证》式样（一式三联）（略）
　　　2.《华侨、港澳台同胞遗体（骸骨、骨灰）入粤安葬申请表》（式样）（略）

广东省民政厅
广东省人民政府侨务办公室
广东省人民政府港澳事务办公室
广东省人民政府台湾事务办公室
中华人民共和国海关总署广东分署
中华人民共和国广东出入境检验检疫局
二〇〇五年十一月七日

广东省民政厅殡仪服务管理工作暂行规定

第一条　为加强殡仪馆、火葬场（以下简称"殡仪服务单位"）殡仪服务管理，规范殡仪服务行为，特制定本规定。

第二条　殡仪服务应遵循服从并服务于殡葬改革大局的原则，殡仪服务单位必须坚持"以民为本、为民解困，丧属至上、服务第一"的宗旨，文明优质服务，满足群众和社会文明节俭办丧的需求。

第三条　殡仪服务单位应当为社会提供科学、文明、优质、节俭的殡仪服务，坚持优质服务的原则。殡仪服务人员必须按照民政部印发的《殡仪职工服务规范》、《管理人员职责规范》的要求，爱岗敬业，忠于职守，恪守职业道德，服务热情周到，语言举止文明，工作尽职尽责，严格执行殡仪服务操作程序，竭诚为丧属提供优质服务。

殡仪服务单位要向社会公布 24 小时开通的殡仪服务电话。

第四条　殡仪服务单位要坚持诚信服务和行业自律的原则，切实维护殡仪消费者的合法权益。殡仪服务中要做到"六公开"：服务项目公开，收费标准公开，服务内容公开，服务程序公开，服务承诺公开，接受监督公开。严禁殡仪服务单位实行部门承包经营。严禁各殡仪服务单位恶性竞争。

第五条　殡仪特需服务要坚持丧属自愿选择的原则。殡仪服务单位应向丧属免费提供规范的服务程序、服务项目和具体收费标准等服务内容；殡仪服务中所涉及的服务项目和丧葬用品的名称与价格张榜公布，需提供服务委托的必须在委托书及清单中明确标示，双方协商一致后签订服务委托书。严禁向丧属强制推行服务项目和丧葬用品捆绑消费。

第六条　殡仪服务收费必须按照《广东省殡仪服务价格管理办法》，严格执行各级政府物价主管部门制定的收费项目和收费标准，严禁擅自设立和变相分解收费项目、提高收费标准，严禁只收费不服务等价格违法行为。收费时必须使用财政或税务部门统一印制或监制的合法票据。

第七条　殡仪服务单位进行遗体火化时应提供不同档次（高、中、低）综合定价的全套式殡仪服务，以简化收费手续，满足不同层次丧属的需要。全套式殡仪服务收费应低于所含各单项服务收费标准的总和。

殡仪服务单位要坚持"以民为本，为民解困"的宗旨，对证实是经济特困户的家庭，可对其实行优惠或减免收费政策，切实减轻群众负担。

第八条　殡仪服务单位要重视抓好行风建设。建立健全以岗位责任制为中心的各项规章制度，以制度管人，以制度管事。要按照行风建设的要求，制定服务承诺、行为道德规范和廉政建设等制度，不断提高员工的职业道德水准，树立良好的社会形象，提高社会公信力。

第九条　殡仪服务单位应建立健全殡仪设备、丧葬用品集体采购制度，成立采购小组。根据实际需要制订采购计划，拟定采购品种、数量、价格、采购方式、资金支付办法等，报主管民政部门核准后方可进行采购。对于殡仪设备和大宗丧葬用品，一律采取公平、公开、公正招标或集体采购，严禁暗箱操作以及在采购中收受"回扣"等行为。

第十条　殡仪服务人员要遵纪守法，廉洁自律。严禁接受或向丧属索要礼物，拒收"红包"。对无法拒收的"红包"，采取及时登记上交、事后返还丧属，或用于冲抵丧属殡仪服务费用等办法处理。

第十一条　殡仪服务单位应认真做好安全生产工作，实行安全生产工作第一把手负总责制度，建立处理突发性事件的工作预案及安全生产的长效机制，防止发生各种安全生产事故，并实行安全生产工作责任追究制度。

第十二条　本规定由省民政厅负责解释。各市、县、区民政局可根据本规定制定具体实施办法。

第十三条　本规定自 2006 年 1 月 1 日起施行。

广东省民政厅遗体接运管理工作暂行规定

第一条　为规范我省遗体接运工作，切实加强殡葬管理，根据国家和省殡葬管理政策、法规，结合我省实际，制定本规定。

第二条　应当火化的遗体接运实行属地管理原则，由丧属、医院、死者生前所在单位或辖区公安机关通知属地殡仪馆，再由殡仪馆统一负责收殓接运。跨省、市接运遗体，必须持有死者户籍所在地的县级以上（含县级）殡葬管理部门出具的接运证明，在殡仪馆办理交接手续。

第三条　加强对接运遗体车辆的管理。遗体一律由殡仪馆的殡葬专用车（包括由省殡葬管理部门批准的和县、市、区殡仪馆统一管理的乡镇政府运尸车辆）负责接运，其他任何单位和个人不得承接遗体运输业务。

第四条　加强对遗体收殓接运人员的管理，规范遗体接运行为。收殓接运遗体的外勤工作人员必须由殡仪馆（所）负责指派，严禁任何单位或个人私自收殓、接运和保管遗体（经批准的卫生教育单位教学用的解剖尸体除外）。严厉查处和打击地下运尸车和仵工非法收殓、运尸活动。

第五条　严格执行遗体认定核对制度。收殓接运人员在接运遗体时必须对遗体身份、状况及相关证件进行检查、核对，认真履行登记手续。如发现遗体出现腐烂或有缺损的，必须在《遗体接运表》（见附表1）"备注"栏中注明并由医疗单位、公安机关或丧属签字确认后，方可接运。

第六条　接运遗体需审核的有关证件：

（一）正常死亡的遗体，在住宅内或其他地方死亡的，丧属或死者生前所在单位应当提交死亡地公安机关出具的《居民死亡殓葬证》、委办人身份证明；在医疗单位死亡的，丧属应提交医疗机构出具的死亡证明，还应同时提供委办人身份证明。

偏远农村村民正常死亡的遗体，由丧属和村委会主任或由丧属和村民小组长在《农村村民遗体接运表》（见附表2）上签字后，方可接运。

（二）非正常死亡人员的遗体，应当由公安机关提供由其认定的死亡性质及死亡证明；如遗体有腐变或缺损的，医院或公安机关须在死亡证明上加以注明并提出处理意见。

第七条   收殓接运人员应根据派车任务出车，如因故延误未能及时到达收殓地点时，要向丧属作出解释并致以歉意。

第八条   收殓接运人员到丧属家中接运遗体时，应佩戴工号牌，要在丧属的带领或指引下进行收殓遗体。

第九条   收殓遗体时要文明操作，善待死者，稳抬轻放，无拖、拉、抛、坠、叠遗体的现象。

第十条   接运传染病和腐变遗体时，要进行密封处理并严格消毒，严防病菌、病毒传播。操作时要采取相应的自我防护措施，戴上口罩和手套，接运完成后要做好自身和运尸车辆、工具的清洁消毒工作，防止病菌、病毒传染。

第十一条   遗体接运回殡仪馆、火葬场后，接运人员要与查验遗体专职工作人员做好遗体和遗体接运表的交接手续，并指引丧属办理火化有关手续。

第十二条   因患甲类传染病、炭疽死亡和国家规定的其他传染病死亡以及腐变的遗体，应当按照国家有关规定将遗体进行卫生处理后方可接运，并就近火化；在核对死者身份证明和办理有关火化手续后，直接将遗体送火化车间火化，一律不得外运，不得进行防腐保存，不得举行遗体告别仪式。

第十三条   外地户籍的人员在本地死亡，原则上遗体就地就近火化，如有特殊原因需办理运回原户籍地的，须由户籍地县级以上（含县级）殡葬管理部门出具接收证明方可办理遗体外运手续，办理时须核对《居民死亡殓葬证》或死亡证明、户口簿（或身份证），并在殡葬类别中注明"外运"及目的地。如户籍地殡仪馆派车接运的还须核查专用殡葬车的行驶证和司机的驾驶证、工作证，防止冒运造成遗体流失。

第十四条   信奉伊斯兰教的少数民族人员归真后的遗体接运安葬按省民宗委、省民政厅《关于进一步做好信仰伊斯兰教少数民族人员殡葬管理工作的通知》（粤民宗发〔2002〕168号）有关规定执行。可允许由其归真地的伊斯兰教协会的殡葬服务组或死者家属负责遗体的运输；如需将遗体运出其归真地的，因涉及遗体的检疫和防腐处理、长途运输的卫生保障等问题，应由归真地殡仪馆予以防腐处理，经县级以上（含县级）民族工作部门或伊斯兰教协会确认后，凭县级以上（含县级）殡葬管理部门出具的证明办理运送手续，殡仪馆可协助运送遗体。

第十五条   港、澳、台同胞、华侨遗体要求运入广东境内安葬、火化的，按照省民政厅等部门的有关规定办理《遗体（骸骨、骨灰）入粤安葬证》等手续。

第十六条   外国人在省内亡故的遗体接运，由死亡地的殡葬部门按殡葬管理有关政策和本规定的相关条款办理。

第十七条   本规定由省民政厅负责解释。各市、县、区民政局可根据本规定精神制定具体实施细则。

第十八条   本规定自2006年1月1日起施行。

附表1：遗体接运表（式样）（略）

附表2：农村村民遗体接运表（式样）（略）

广东省民政厅遗体火化管理工作暂行规定

第一条 为进一步做好遗体火化管理工作，根据国务院《殡葬管理条例》和省有关殡葬政策，制定本规定。

第二条 遗体火化坚持就地就近火化的原则。死亡地无火葬场的，应当于邻近火葬场进行火化。

第三条 凡已火化的遗体，殡仪馆、火葬场应当向丧属或委办人（委办单位）出具遗体火化证明。

第四条 严格遗体火化的时限。一般情况下，遗体应在72小时内火化；传染性和高度腐烂的遗体应在24小时内火化。

第五条 需防腐保存遗体的，丧属或委办人（委办单位）应与殡仪馆办理有关手续，签订遗体防腐保存的委托书，最长期限不超过90天。特殊需延长遗体保存期限的，由丧属提出申请并签订遗体防腐保存延期委托书。

超逾期限而又不办理火化手续的，由殡仪馆报民政主管部门商有关部门进行处理。

因办案需要延长保存期限的遗体，丧属、委办人（委办单位）凭办案机关出具的延期保存证明办理延期手续。

甲类传染病、炭疽死亡和国家规定的其他传染病死亡遗体，不得进行防腐保存，应及时进行火化处理。

第六条 严格遗体火化的验证制度。遗体火化需对死亡证明、委办人身份证明进行查验，审核《遗体接运表》或《农村村民遗体接运表》，严格实行遗体的确认、丧属签字等各项手续，严防无证火化、虚假火化、利用他人遗体顶替火化，杜绝错化。

第七条 属于下列情况的特殊遗体，应当审核其相关证件：

（一）交通事故死亡的遗体，除审核死亡证明、死者身份证明、委办人身份证明外，还须审核公安交通管理部门出具的《尸体处理通知书》；

（二）涉嫌凶杀、刑事伤害致死的遗体，除审核死亡证明、死者身份证明、委办人身份证明外，还须审核由公安机关开具的《尸体处理证明》。

第八条 禁止任何未经县级以上民政部门批准的单位和个人运送遗体到殡仪馆（火葬场）。殡仪馆、火葬场不得接收非合法渠道运送来的遗体。对非合法渠道运送遗体，各级殡葬管理部门均有责、有权予以查禁。

第九条 严格查验遗体制度。殡仪馆、火葬场应设置专职验尸工作人员。遗体进入火化车间后，应及时进行登记，按顺序编号入册。专职验尸工作人员必须逐一查验遗体、查询丧事委办人、查证手续；经核实确认无误后，由丧属或丧事委办人签名，再经专职验尸工作人员、火化车间组长分别签名后，方可对遗体进行火化。

第十条 属境外的遗体又无亲属在场的，由负责办理单位持《死亡证明书》办理有关火化手续，同时将火化过程拍照，并记载相关资料备存。

第十一条 火化前发现遗体有异常情况的，应及时与丧属核对，并报告殡仪馆、火葬场领导确认、同意后，才可实行火化。严禁错化遗体。

第十二条   严格炉前检查制度。为防止安全事故的发生，殡仪馆、火葬场要设立专职工作人员专门负责遗体的查验，凡运入馆场带棺或包裹的遗体在进炉火化前必须由专检员开棺或打开包裹进行检查。

第十三条   要严格火化遗体操作程序，不得违规操作，坚决杜绝利用他人遗体或流产物顶替火化，搞假火化，出具假火化证明；杜绝在遗体火化登记中多记数、多报数等弄虚作假行为。

第十四条   恪守职业道德，文明操作，善待死者。火化遗体时，入炉平稳，做到不拖、不拉、不抛、不发生坠尸现象，认真司炉、清炉、出炉，骨灰纯净，装灰时发现贵重物品及时上交处理，交还丧属；核准骨灰，及时送灰，确保准确无误。

第十五条   严格遗体单体火化，确保遗体火化质量。不混、不错拿骨灰。严禁为迁就丧属保留骨殖安葬的不正当要求而采取火化不充分、假火化的做法。

第十六条   严格火化证管理制度。殡仪馆、火葬场应当做好火化证的发放与登记，加强火化证的管理；应当建立遗体火化档案，实行一具一档，将《遗体接运表》或《农村村民遗体接运表》、死亡证（或复印件）、遗体火化确认签字、骨灰领取等单（证）进行归档管理。遗体火化档案保存期限自建档之日起为 15 年。

第十七条   本规定由省民政厅负责解释。各市、县、区民政局可根据本规定制定实施细则。

第十八条   本规定自 2006 年 1 月 1 日起施行。

广东省民政厅骨灰安放管理暂行规定

第一章   总   则

第一条   为加强我省骨灰安放管理，规范骨灰处理行为，杜绝骨灰装棺土葬、骨灰择地造坟乱埋乱葬等现象，节约殡葬用地，保护自然生态环境，革除丧葬陋俗，倡导文明节俭办丧事，特制定本规定。

第二条   火葬区推行骨灰处理多样化，以骨灰寄存的方式以及其他不占或少占土地的方式处理骨灰为主，倡导骨灰树葬、花葬、草坪葬、撒散。

第三条   各级民政部门是本辖区内的骨灰安放管理的主管部门，其职责是：实施对本辖区内骨灰的安放管理工作；宣传骨灰安放的管理规定；指导骨灰安放的活动；制定管理措施；检查监督骨灰安放管理，处理违反骨灰安放管理规定的行为。

第二章   骨灰处理

第四条   骨灰安放实行严格管理制度，负责遗体火化的殡仪馆、火葬场应对骨灰领取进行造册登记，配合殡葬管理部门做好骨灰去向的跟踪管理。遗体火化后的骨灰，由殡仪馆、火葬场负责暂时存放保管，由丧属（或委办人）直接办理领取或寄存手续。火化后的骨灰在 30 天内殡仪馆、火葬场免费保管。超出时限则按有关规定收费，凡不按规定缴费的，6 个月之后按无人认领的骨灰处理，经社会公告 30 日后，仍无主认领，则由殡仪馆自行处理。

第五条   骨灰可由丧属自主选择以下处理方式：可直接存放于殡仪馆、火葬场设置的骨灰楼（堂）；也可安放（葬）于经公墓主管部门批准兴建的经营性公墓；也可存放于经县级人民政府民政部门批建的公益性公墓（含公墓山）、镇（村）级公益性骨灰楼（堂）；偏远山区村庄的骨灰可以在经当地政府批准的荒山瘠地深埋，不留坟头（可立碑）；或由殡葬管理部门统一组织采用撒海、树葬、花葬等形式进行处理。丧属要求自行存放于住宅的骨灰，丧属领取骨灰必须承诺做到该骨灰不建坟不二次土葬。殡葬管理单位要定期跟踪检查该骨灰存放情况。

严禁将火化后骨灰装棺土葬、骨灰择地造坟乱埋乱葬。

第六条　到经营性公墓、骨灰塔陵安放或寄存骨灰，可凭公墓单位出具购买墓位（格位）票据并报经当地殡葬主管部门核准后，办理骨灰领取手续。

第七条　安放（葬）在县级民政部门批建的镇、村级公益性骨灰楼（堂）、公益性公墓（含公墓山）的，可凭镇社会事务办或殡改办出具由县级民政部门统一印制的《骨灰领取承诺证》（见附表）和安放（葬）单位的有关证明办理骨灰领取手续。

第八条　偏远山区村庄的丧属选择当地政府批准的荒山瘠地深埋的，丧属领取骨灰必须承诺做到该骨灰不建坟不二次土葬，丧属在镇殡葬管理执法队现场监督下进行骨灰深埋，不留坟头。如事后发现违规建坟墓，由县级以上民政部门或殡葬执法监察队会同国土、林业等部门依法进行清坟和查处。

第九条　参加由当地单位统一组织的骨灰撒海、植树等活动的，凭各级殡葬单位出具的有效证明领取骨灰。

第十条　非本地户籍的骨灰带离殡仪馆、火葬场，属本省籍的，凭安放地殡葬管理部门和殡葬服务单位的有效证明领取；属外省籍的，凭火化证领取。

第十一条　如丧属不保留骨灰的，由丧属签字委托殡仪馆、火葬场处理，殡仪馆、火葬场做好登记并存档。

第十二条　县级（或县级以上）民政部门负责对殡仪馆的骨灰去向及在公墓和镇、村骨灰楼（堂）的骨灰存放进行跟踪监督管理，实行不定期检查。

第十三条　骨灰存放服务机构应建立骨灰管理制度，配备专职管理人员，严格骨灰管理登记手续。建立安全防范措施，防止骨灰遗失或被盗。

第十四条　骨灰存放服务机构要建立骨灰寄存登记档案，详细登记死者姓名、性别、年龄、存入日期、寄存时限、安放位置、编号以及丧属姓名、联系地址、联系电话等资料，并办理《骨灰安放证》或《公墓安葬证》。

第十五条　严格安全制度。凡需在骨灰存放服务机构取出骨灰拜祭的，应在殡葬服务单位工作人员指引下领取并到殡葬服务单位指定的区域祭拜，骨灰放回原位时也应在殡葬服务单位工作人员指引下进行。对放回的骨灰要核对检查。倡导采用鲜花等不领取骨灰盒的拜祭方式。

因骨灰树葬、花葬、撒散等情况，骨灰不再寄存时，凭有效证件办理，并收回《骨灰安放证》。

第十六条　骨灰楼（堂）要进行安全工作定期检查，做好防盗、防火、防潮、防蛀工作，杜绝事故发生。

第三章　罚　　则

第十七条　对骨灰领取后擅自进行装棺土葬、择地造坟乱埋滥葬的，一律予以清理。由当地殡葬管理部门责令其限期改正；拒不改正的，由民政部门会同有关部门强制执行清坟处理并依法查处，所需费用由丧属负责。

第十八条　凡未经审批或违法批建的骨灰存放设施按国务院《殡葬管理条例》有关规定处理，由民政部门会同建设、国土资源部门予以取缔。

第四章　附　　则

第十九条　骸骨的安放管理依照本规定执行。

　　第二十条　本规定由省民政厅负责解释。各市、县、区民政局可根据本规定制定具体实施细则。

　　第二十一条　本规定自 2006 年 1 月 1 日起实施。

　　附表：骨灰领取承诺证（式样）（略）

关于强化全省殡葬基本公共服务的意见

（粤府〔2011〕67 号）

各地级以上市人民政府，各县（市、区）人民政府，省政府各部门、各直属机构：

　　殡葬服务是政府公共服务的重要内容，强化殡葬基本公共服务是维护社会公平正义、加强社会建设管理、促进社会和谐的重要举措。为进一步深化我省殡葬改革，不断满足广大人民群众基本殡葬需求，维护广大人民群众殡葬权益，现提出以下意见。

一、建立健全殡葬基本服务保障制度

　　（一）逐步实现殡葬基本服务均等化。

　　自 2011 年 7 月 1 日起，对全省五保户、城乡低保对象和生活困难的优抚对象以及城市"三无"人员去世的，由政府免费提供殡葬基本服务。有条件的地区可以按照保基本、广覆盖、可持续的原则，适当扩大免费提供殡葬基本服务对象范围，逐步实现殡葬基本服务均等化。

　　（二）规范殡葬基本服务项目和标准。

　　殡葬基本服务应包括遗体接运（普通殡葬专用车）、遗体存放（不超过 3 天）、遗体告别（小型告别厅）、遗体火化（普通火化炉）和骨灰寄存（10 年以内）等项目，其服务执行民政部《殡仪接待服务》、《遗体保存服务》、《遗体告别服务》、《遗体火化服务》、《骨灰寄存服务》等有关行业标准。

　　殡仪馆（火葬场）在提供殡葬基本服务项目的基础上，可提供选择性殡葬服务项目，满足不同层次居民多样性的殡葬需求。选择性殡葬服务要强化市场准入、建立行业规范，以自愿选择、公平协商、市场运作、政府监管为原则。

　　（三）加强殡葬服务价格管理。

　　殡葬服务收费，既要严格执行政府定价、政府指导价，又要规范选择性殡葬服务及丧葬用品价格形成机制，实行标准化殡葬基本服务。殡仪馆（火葬场）提供的殡葬基本服务项目实行政府定价，收费标准由省物价部门会同财政部门制订；选择性服务项目实行政府指导价，收费标准由市、县物价部门制订。其他经营者提供的丧葬用品销售等服务项目实行市场调节价，并依法加强监管。

二、完善殡葬公共设施规划建设

　　（四）加快部分地区殡仪馆（火葬场）建设。

　　人口较多、尚未建设殡仪馆（火葬场）的地区要加快殡仪馆（火葬场）建设，优化殡葬设施布局，完善殡葬服务网络，满足群众基本殡葬需求。应建未建殡仪馆（火葬场）的县（市），必须于 2012 年底前全部建成殡仪馆（火葬场），所在地地级以上市政府及有关部门要大力支持做好殡仪

馆（火葬场）选址工作，优先安排用地指标，多渠道筹措建设资金。省可集中现有用于殡仪馆（火葬场）建设的专项资金，加大补助力度，对上述县（市）今年9月底前申报、12月底前动工的殡仪馆（火葬场）项目予以专项补助。

（五）推进火化设施改造升级。

推动殡仪馆（火葬场）节能减排，重点对落后火化设施设备进行更新改造，推广使用环保节能型火化炉，实行节能减排，减少环境污染。

（六）优化公益性骨灰存放设施规划建设。

科学规划、优先建设骨灰楼堂，加快推进公益性骨灰楼堂建设，满足群众存放骨灰及拜祭需求。不鼓励以墓葬方式安放骨灰，一些交通不便、居住分散的农村地区，经批准可以行政村为单位规划建设公益性生态公墓，但必须同时在镇或行政村兴建公益性骨灰楼堂，或由若干个行政村共建一个公益性骨灰楼堂，满足群众的不同层次需求。公益性骨灰存放设施建设应符合当地城乡规划要求。

（七）移风易俗，鼓励树葬、海葬等。

大力加强殡葬改革宣传教育，引导群众转变传统丧葬观念，树立文明节俭办丧新风。积极推广树葬、海葬等节地葬法，逐步改变以骨灰占地墓葬为主的局面，促进资源节约型、环境友好型社会建设，实现人与自然的和谐发展。

各市、县要在地理位置适中、环境良好的生态林区设置永久性树葬区，并相应配套完善公共交通设施，定期或不定期免费为群众提供骨灰树葬服务活动。交通不便的山区可以镇或行政村等为单位划定树葬区域，免费供群众以撒散、深埋不留坟头等方式安置骨灰。树葬区一律作为生态公益林，按规定对林农给予财政补贴，并采取措施切实加强保护，不得改变林地用途。树葬区内可提供必要的追思纪念场所，满足亲属缅怀先人、慎终追远的愿望和需求。

沿海地区要科学规划，在适宜水域设定骨灰海葬区，每年组织开展不少于两次的免费骨灰海葬活动，并颁发纪念证书。可在风景秀丽、交通便利的海滨地区建立海葬纪念设施，为亲属提供缅怀追思场所。没有条件建立纪念场所的，要在当地公墓、殡仪馆建立纪念碑（墙）或设立纪念册，方便亲属追思先人。

三、规范经营性公墓建设管理

（八）严格经营性公墓审批。

按照《广东省公墓建设总体规划（2011—2020年）》，加强经营性公墓审批建设管理。列入《广东省公墓建设总体规划（2011—2020年）》的经营性公墓用地，必须通过招标、拍卖、挂牌等公开出让的方式取得土地使用权和公墓经营权。每座新建经营性公墓占地面积不得超过20公顷，其中珠江三角洲地区要严格控制经营性公墓数量，每座新建经营性公墓占地面积不得超过15公顷。申请建设公墓，必须提供国土资源、建设规划、环境保护部门的审查意见，涉及林地的必须同时提供林业部门的审查意见。对于在殡葬改革初期批准建设，尚未办理土地、工商等审批手续的经营性公墓，要依法补办相关手续。

（九）限定墓地（穴）最大面积。

严格执行公墓墓地（穴）占地面积标准，杜绝超面积大墓，维护社会公平。埋葬骨灰的单人墓或双人合葬墓占地面积不得超过1平方米；政策允许土葬的遗体单人墓占地面积不得超过4平方米，双人合葬墓不得超过6平方米。墓地（穴）使用期限按规定执行。

（十）提高生态墓地比例。

经营性公墓内应划出一定区域，实行树葬、花葬、草坪葬、壁葬、寄存等节地葬法。新建经营性公墓实行节地葬法的比例，珠江三角洲地区应不少于50%，其他地区不少于40%。现有经营性公墓中尚未开发的墓区采用节地葬法的比例，珠江三角洲地区应不少于40%，其他地区不少于30%。

（十一）规范墓穴、骨灰存放格位租用（购买）行为。

经营性公墓必须凭死亡证等合法证明出租（售）墓穴或骨灰存放格位，严禁炒买炒卖，违者民政部门不予核发公墓经营许可证，工商部门不予年检。在省民政厅等九部门《转发民政部等八部委局关于进一步规范和加强公墓建设管理的通知》（粤民福〔2009〕4号）印发之前已租用（购买）墓穴或骨灰存放格位而未使用的，须提供有效证明并经经营性公墓服务机构核准同意后，允许其直系亲属或三代以内旁系血亲去世后使用。租用（购买）墓穴、骨灰存放格位后放弃使用权的，由经营性公墓服务机构有偿收回，严禁私自转让。

（十二）加强服务收费管理。

经营性公墓服务收费实行政府指导价，收费项目和收费标准由当地物价部门制订，其中墓穴、骨灰存放格位的出租（售）收费应按年度计算，收费年限按国家有关规定执行。对违反价格管理规定出租（售）墓穴、骨灰存放格位的，由物价部门依法处理。经营性公墓应充分考虑广大中低收入群体的经济承受能力，每年安排一定数量的中低价位骨灰存放格位出租（售）。

四、切实落实保障措施

（十三）加强组织领导。

省政府建立推进殡葬基本公共服务联席会议制度，加强对殡葬服务工作的协调领导，及时研究解决相关重大问题。各地政府要高度重视，把殡葬服务工作摆上重要议事日程，不断深化殡葬改革，完善殡葬服务体系，提高殡葬服务质量。要进一步理顺殡葬职责关系，逐步实现管理与经营分离、监督与经办分开、管所分设。

（十四）加大经费投入。

各地要将殡葬事业经费纳入财政预算，按规定落实基本公共殡葬服务经费，其中五保户去世后的殡葬基本服务费用按现行财政经费渠道解决；城乡低保对象去世后的殡葬基本服务费用按现行财政经费渠道在城乡最低生活保障资金中统一安排，维持省、市、县各级低保费用的承担比例；生活困难的优抚对象去世后，殡葬基本服务费用由家属向逝者户籍所在地民政部门申请资助，经批准后纳入财政优抚经费中安排；城市"三无"人员的殡葬基本服务费用及无人认领遗体处理费用等，纳入地方财政预算予以安排。落实殡葬事业单位经费，对殡仪馆（火葬场）按规定安排财政资金，未纳入财政供养的殡仪馆（火葬场），可采取"养事代替养人"的办法由财政安排一定费用给予补助。拓宽经费投入渠道，经营性公墓用地出让所得纳入财政管理，专项用于公益性殡葬服务设施建设。

（十五）完善配套政策。

由省民政厅于今年6月底前会同有关部门制订公布五保户等低收入群体免费殡葬基本服务具体实施办法，并重新修订经营性公墓年检制度，完善殡葬管理工作目标考核办法，将强化殡葬基本服务纳入考核范围。由省物价局会同有关部门于6月底前制订公布殡葬基本服务收费标准。各地要按照本意见精神抓紧制订相应实施办法。

（十六）严格执法检查。

民政部门要牵头会同国土资源、林业、物价、工商等部门，采取联合执法等方式，定期、不定期对各类殡葬违规行为进行严肃查处。民政部门要严肃查处违规实行土葬和出租（售）经营性公墓墓穴、骨灰存放格位等行为；国土资源、林业部门要严肃查处非法占用土地、林地建坟等行为；物价部门要严肃查处擅自设立收费项目、提高收费标准、不按规定公示和明码标价等违法行为；工商部门要严肃查处非法销售殡葬用品、无照从事殡葬服务等违法行为。

（十七）加大宣传力度。

要通过报刊、电视、广播、网络等新闻媒体，结合每年殡葬改革宣传月活动，广泛宣传强化殡葬基本公共服务的重要意义和有关政策措施，总结推广各地强化殡葬基本服务、保障和改善民生的经验。

（十八）加强监督考核。

各地要结合每年殡葬管理工作目标考核工作，加强对本地区殡葬基本公共服务工作的监督检查。每年年底前，各地要将强化殡葬基本公共服务情况书面报省民政厅，由省民政厅汇总报省政府。省政府将根据情况适时组织省有关部门对全省强化殡葬基本服务工作进行检查，对工作不力、不能满足群众基本殡葬需求的，将予以通报批评。

广东省人民政府

二〇一一年六月八日

广东省民政厅关于做好深化行政审批制度改革调整事项实施工作的通知

（粤民人〔2013〕1号）

各地级以上市民政局，佛山市顺德区民政宗教和外事侨务局、人力资源和社会保障局：

根据省委办公厅、省府办公厅《关于加快转变政府职能深化行政审批制度改革的意见》（粤办发〔2012〕24号）精神，和《广东省人民政府2012年行政审批制度改革事项目录（第一批）》（省政府第169号令）、《广东省人民政府转发〈国务院关于同意广东省"十二五"时期深化行政审批制度改革先行先试的批复〉的通知》（粤府函〔2012〕335号），省厅取消境外组织或者个人申办社会福利机构审批等6项职能，转移社会组织等级评估、社会工作师登记注册2项职能，将非公募基金会设立、变更、注销登记职能下放至地级以上市政府，将建设经营性公墓审批、假肢和矫形器（辅助器具）生产装配企业资格认定职能下放至地级以上市民政部门。

为做好改革调整事项的实施工作，现结合我省民政业务实际提出如下贯彻意见，同时将省厅研究制定的配套文件印发你们，请一并贯彻落实。

一、认真落实行政审批调整事项的实施工作

根据省深化行政审批制度改革的总体部署，取消审批的事项已实施，下放的事项自本通知下发之日起实施，转移的事项，待转移方案由省编制部门审核同意后，于2013年3月底前完成移交。

各市民政部门要积极配合做好行政审批调整事项的实施工作。对于下放的审批事项，要根据职能任务情况及时调整配备人员力量，积极组织人员培训，尽快熟悉掌握审批业务知识，承接省厅下放事项的受理审批工作。此外，对下放到地级以上市政府的非公募基金会设立、变更、注销登记职能，各地级以上市民政部门要主动与市政府沟通协调，申请市政府尽早发文明确民政部门为具体实施部门，按时开始受理审批业务。

二、积极转变职能，深化民政部门行政审批制度改革

推进新一轮行政审批制度改革是省委、省政府着眼于新形势、新任务作出的战略部署，是当前深化改革的重要突破口和转变政府职能的关键。各地民政部门要紧跟省委、省政府的决策部署，将改革作为进一步提高和改进服务水平的契机，结合实际，积极稳妥地研究制定本地民政部门行政审批制度改革方案。原则上，省厅已经取消审批的事项，各级民政部门要参照作为取消审批的改革内容之一，不得变相审批。

三、积极培育发展和规范社会组织

各地民政部门要按照省委、省政府《关于进一步培育发展和规范管理社会组织的方案》（粤发〔2012〕7号）有关要求，充分发挥社会组织登记管理部门的职责任务，加大社会组织的培育发展和扶持力度，积极协调出台相关政策，鼓励和引导社会组织参与社会服务和社会管理事务，在本地区培育一批能够较好地承接政府转移职能、能够提供较高水平公共服务，规范运作、诚信执业、信息公开的社会组织。

四、加强监管，稳妥推进

行政审批事项取消、转移、下放后，省厅将进一步调整优化监管资源，在行政管理上，从以审批准入为主的事前监管向以执法查处为主的全过程监管转变，加强日常监管力度，加强绩效评估管理，开展定期与不定期抽查，并根据舆论服务对象评价及年度报告反映的问题，及时开展专项执法检查。各地民政部门要按通知要求，积极主动配合做好日常监管工作，对工作中发现原审批对象存在的违法违规问题及时给予查处。

五、加强组织领导

深化行政审批制度改革工作涉及面广、情况复杂，各级民政部门要进一步统一思想，提高认识，切实加强组织领导，明确分工责任，指定专人负责，按时限要求，扎实推进。

各市民政部门在贯彻实施过程中遇到的问题，请径向省厅相关处室局反映。

广东省民政厅

2013 年 1 月 14 日

附件：（略）

广东省发展改革委 广东省民政厅关于进一步加强殡葬服务价格管理及有关问题的通知

（粤发改规〔2018〕8号）

各地级以上市发展改革局（委）、民政局：

为进一步建立和完善殡葬基本服务制度，规范殡葬服务收费行为，推动殡葬改革和殡葬事业健

康发展，减轻群众丧葬负担，根据国家和省有关殡葬服务收费政策，现就进一步加强我省殡葬服务价格管理等有关问题通知如下：

一、进一步明确殡葬服务价格有关政策

殡葬服务包括殡葬基本服务、殡葬选择性服务、公墓服务和殡葬用品服务。殡葬服务价格实行全省统一政策、分级管理，并根据服务项目的市场竞争情况分别实行政府指导价和市场调节价管理。

（一）殡葬基本服务收费。

殡葬基本服务项目包括遗体接运（普通殡葬专用车）、遗体消毒、遗体存放、遗体告别厅租用（小型告别厅）、遗体火化（普通火化炉）、骨灰盒（盅，简易标准型）、骨灰寄存等7项。对在我省死亡且遗体在我省殡仪馆实行火化的本省户籍居民，应严格按照广东省民政厅、广东省财政厅《关于全省城乡居民殡葬基本服务由政府免费提供的实施方案》（粤民发〔2015〕37号）规定，实行免费保障。鼓励有条件的地区进一步扩大免费范围、增加免费项目、提高免费标准。对向非免费对象提供的殡葬基本服务项目，其收费标准依据价格管理权限实行分级管理。其中：遗体接运（普通殡葬专用车）、遗体火化（普通火化炉）和骨灰寄存等3项，仍按行政事业性收费管理，收费标准按粤价〔2006〕661号文规定执行（见附件）；遗体消毒、遗体存放、遗体告别厅租用（小型告别厅）、骨灰盒（盅，简易标准型）等4项实行政府指导价管理，其收费标准由市、县政府价格主管部门制定。

（二）殡葬选择性服务收费。

殡葬选择性服务收费实行市场调节价管理，由经营者依法自主制定具体收费标准。殡葬服务单位在保障和改善基本服务供给规模和质量的前提下，可结合实际情况，丰富和拓展非基本殡葬服务，以满足群众多样化、多层次的殡葬服务需求。开展选择性服务项目应当坚持移风易俗、文明节俭办丧的原则，不得违反国家和省有关殡葬管理规定。具体服务项目、服务内容、服务标准、服务流程等情况应在开展服务前向社会公示。

（三）公墓服务收费。

公墓服务包括公益性公墓服务和经营性公墓服务。其中，公益性公墓（骨灰楼、堂）和2011年6月8日之前以非"招拍挂"方式取得土地使用权的经营性公墓，其收费标准实行政府指导价管理；通过"招拍挂"方式取得土地使用权的经营性公墓，其收费标准实行市场调节价，由公墓服务经营者结合实际自行制定。实行政府指导价管理的公墓服务收费项目，包括墓穴费、墓碑石费和护墓管理费3项，具体收费标准由各地价格主管部门会同有关部门在成本监审或成本调查的基础上，按照非营利并兼顾居民承受能力的原则核定。墓穴、骨灰存放格位的出租（售）管理费按年度计收，收费年限按国家有关规定执行。

（四）殡葬用品价格。

除殡仪馆（火葬场）提供的租用纸（绢）花圈实行政府指导价管理外，其他殡葬用品租用和销售价格，以及其他殡葬服务单位提供的殡葬用品价格，实行市场调节价。

二、加强殡葬服务价格管理

殡葬服务业是社会特殊服务行业，殡葬服务收费是广大人民群众普遍关注的热点问题，也是政府管理的重要民生价格。各地要坚持基本殡葬的公益性，强化政府责任和投入，依照国家和省有关规定加强殡葬服务价格管理。政府价格主管部门应会同民政等有关部门，根据本通知规定对本行政区域内各殡葬服务单位的收费进行一次全面认真的清理规范，取消不合理收费项目；对实行政府定价管理的服务项目，要按照合理补偿成本，统筹兼顾殡葬事业科学发展和社会承受能力等因素，重

新核定其收费标准，并向社会公布。对实行市场调节价管理的殡葬服务，要合理引导经营业者定价行为，防止价格虚高。

各地重新核定的收费项目和收费标准于 2018 年 8 月 30 日前报送省发展改革委（价格综合与收费管理处）和省民政厅（社会事务处）。

三、规范殡葬服务收费行为

殡葬服务单位在提供服务过程中，应严格遵守国家有关政策规定，严格规范服务和收费行为。要引导群众合理消费和明白消费，不得违反公平自愿原则以任何形式捆绑、分拆或强制提供服务并收费，也不得限制或采取增收附加费等方式变相限制丧属使用自带骨灰盒、花圈等文明殡葬用品。严格执行收费公示和明码标价规定。殡葬服务单位在提供相关服务时，应当与丧属签订服务合同或协议，明确服务项目、服务内容和收费标准等，不得收取合同或协议约定以外的其他任何费用。

各地政府价格主管部门要充分认识加强殡葬服务价格管理的重要意义，加大殡葬服务价格管理政策宣传力度，认真受理群众对殡葬服务收费的投诉或举报，严肃查处殡葬服务单位擅自设立收费项目、提高收费标准、扩大收费范围及强制服务并收费等乱收费行为。各级民政部门要加强对殡葬服务单位服务的事中事后监管，督促殡葬服务单位认真落实各项惠民政策，提高服务质量。

本通知自 2018 年 7 月 15 日起施行，有效期至 2023 年 7 月 14 日。与本通知规定不符的，一律按本通知规定执行。

附件：
广东省殡葬服务项目及部分项目收费标准表（略）

广东省发展改革委
广东省民政厅
2018 年 7 月 2 日

广东省民政厅 广东省发展和改革委员会
广东省自然资源厅 广东省市场监督
管理局关于建立健全经营性公墓
监督管理机制的通知

（粤民规字〔2018〕6 号）

各地级以上市民政局、发展改革委（局）、自然资源主管部门、市场监督管理部门：

为巩固殡葬领域突出问题专项整治行动成果，严格落实监管执法责任，健全公墓监督管理长效机制，规范公墓建设和经营行为，促进生态文明建设，促进市场经济和殡葬改革持续健康发展，根据国务院《殡葬管理条例》《广东省市场监管条例》、省政府《关于强化全省殡葬基本公共服务的意见》（粤府〔2011〕67 号）和民政部等部门《关于进一步规范和加强公墓建设管理的通知》（民发〔2008〕203号）、《关于进一步推动殡葬改革促进殡葬事业发展的指导意见》（民发〔2018〕5号）等有关规定，现就有关事项通知如下：

一、落实属地管理和部门监管职责

2013年3月起，我省经营性公墓建设行政审批事项已由省级民政部门下放到市、县民政部门实施。各地要坚持权责一致原则，增强依法履职和风险防范意识，适应行政审批制度改革和深化"放管服"改革要求，严格落实属地管理责任，积极探索和完善经营性公墓监督管理机制，加强事中事后监管。民政部门要积极发挥牵头协调作用，聚焦关键环节，会同发展改革、自然资源、市场监督管理等相关部门建立健全监督管理联动机制，形成职责明确、协调有序、运转高效、监管有力的工作格局。

二、改进年度检查（年报抽查）制度

年度检查（年报抽查）制度是对经营性公墓是否依法从事有关行政许可事项活动的重要监督检查手段之一。各级民政、发展改革、自然资源、市场监督管理部门要切实履行监督责任，坚持实行并不断完善经营性公墓年度检查（年报抽查）制度，简化年检流程，改进年检方法。围绕建设和经营审批、总体规划和配套设施、内部管理与队伍建设、经营服务、移风易俗等方面，加强全面监督检查、随机抽查，推动公墓经营单位依法建设和经营。年度检查（年报抽查）中发现的问题，由相关职能部门按照管理处罚权限依法处理。

三、创新日常监督管理方式

各地要坚持问题导向，创新监管方式，推动经营性公墓监督管理制度化、规范化和常态化。充分利用信息化手段提高监管效能，加强经营性公墓基础信息采集和动态监控，督促公墓建立健全墓位（骨灰存放格位）租用（出售）明细台账，并严格按照规定对死亡证明或者火化证明的复印件、墓位（骨灰存放格位）使用合同等文件材料归档。建立"双随机、一公开"监管机制，切实纠正经营性公墓建设超规定面积墓穴（墓位）、非法出售（租）、转让（租）墓葬用地或骨灰存放格位等行为。针对经营性公墓建设管理薄弱环节，组织开展专项检查，严肃查处价格垄断、价格欺诈等群众反映强烈的突出问题。

四、加大行政指导力度

各地可通过非强制性方式实行监督管理，引导经营性公墓加强自律，提升社会责任。推行省民政厅、原省工商行政管理局联合印发的《广东省经营性公墓墓位使用合同（示范文本）》，纠正公墓排除、限制竞争和垄断行为。按照省政府规定的节地生态安葬比例要求，指导经营性公墓配套建设节地生态安葬区域，提供骨灰树葬（花葬、草坪葬）、寄存、小型墓等节地生态安葬方式。运用典型案例加强警示教育，督促经营性公墓落实安全生产主体责任，强化安全管理，防止发生火灾、滑坡、坍塌或骨灰被盗等安全责任事故。对实行市场调节价管理的经营性公墓，要合理引导经营业者定价行为，防止价格虚高。

五、强化监督检查结果运用

各地要运用信息网络技术对监督检查过程进行记录，建立全程留痕的经营性公墓监督管理机制，实现过程公开、责任可溯。对检查发现的违法违规行为，要依法予以惩处，形成有效震慑。监督检查情况和处理结果，要通过公众信息网等渠道及时向社会公布，接受社会监督。加强部门信息交换共享和联动惩戒，建立健全经营性公墓失信联合惩戒和黑名单制度，强化信用约束。对经营性

公墓监督管理成效显著的地区，予以通报表扬，并及时推广其经验做法。对监督管理过程中工作不落实、推诿扯皮等渎职、失职行为，或者滥用职权、徇私舞弊的，依法严肃处理。

各地要参照本通知精神，研究制定公益性公墓监督管理相关规定，进一步规范和加强公益性公墓的建设和监管。

本通知自 2019 年 1 月 28 日实施，有效期 5 年。《关于印发〈广东省民政厅 广东省国土资源厅 广东省物价局 广东省工商行政管理局关于经营性公墓年度检查的实施办法〉的通知》（粤民事〔2012〕20 号）同时废止。

广东省民政厅　广东省发展改革委
广东省自然资源厅
广东省市场监督管理局
2018 年 12 月 10 日

关于进一步加强和规范公益性骨灰
存放设施建设管理的意见

（粤民规字〔2020〕2 号）

各地级以上市民政局、发展改革局（委）、财政局、自然资源局、生态环境局、住房和城乡建设局、农业农村局、市场监管局、林业局：

公益性骨灰存放设施是不以营利为目的，为城乡居民提供安葬（安放）骨灰的公共服务设施，包括公益性公墓、公益性骨灰楼（堂）等，不包括经营性公墓。加强和规范公益性骨灰存放设施建设管理，是实施乡村振兴战略、加快推进生态文明建设的有力举措，是移风易俗、加强和改进乡村治理的重要任务，是强化殡葬基本公共服务、实现"逝有所安"的现实要求，是巩固殡葬领域突出问题专项整治成效、深化殡葬改革的制度保障。近年来，我省各地不断强化殡葬基本公共服务，公益性骨灰存放设施建设管理取得一定成效，但建设不合理、发展不平衡、有效供给不足、服务质量不高、管理不到位等问题依然存在，迫切需要解决。为进一步加强和规范公益性骨灰存放设施建设管理，更好地保障群众殡葬基本服务需求，现提出如下意见。

一、总体要求

以习近平新时代中国特色社会主义思想为指导，坚持新发展理念，坚持以人民为中心，紧紧围绕实施乡村振兴战略和促进生态文明建设，按照"政府主导、科学规划、因地制宜、节地生态、凸显公益、规范管理"的原则，重点完善设施空白地区规划，统筹推进城乡公益性骨灰存放设施建设，提升殡葬基本公共服务水平，推动新时代广东殡葬改革创新发展。

二、统筹规划布局

（一）强化统筹规划。公益性骨灰存放设施建设坚持科学规划、合理布局，既不缺又不滥。各地级以上市要根据现有殡葬设施资源和本行政区域人口分布、地理特征、交通资源、老龄化程度、城镇化进程等因素，统筹制定全市公益性骨灰存放设施的数量、布局规划。各地在组织编制国土空间规划时，应充分考虑公益性骨灰存放设施建设需求。人口密集地区严格控制公益性公墓发展，优先规划建设公益性骨灰楼（堂）。原则上，每个县（市、区）至少规划建设1座县级公益性骨灰存放设施；不设县的地级市或者市辖区选址有困难的，可统一规划建设市级公益性骨灰存放设施；县级以上公益性骨灰存放设施服务难以覆盖的乡镇（街道），单独或者联合规划建设镇级（区域性）公益性骨灰存放设施；村（社区）根据实际规划建设村级公益性骨灰存放设施，但必须适度控制，避免滥批滥建。因产业园区等重大项目建设需要集中迁移安置历史旧坟的，应当预先规划建设公益性骨灰存放设施。新建经营性公墓内应当划出一定区域配套建设或者异地配套建设公益性骨灰存放设施，具体办法另行规定。

（二）科学合理选址。公益性骨灰存放设施选址优先利用荒山瘠地和历史形成的墓葬区（点），禁止占用耕地、农田，禁止建在各级自然保护区、风景名胜区、森林公园、地质公园、湿地公园等自然保护地，以及文物保护区、水库及河流堤坝附近和水源保护区、铁路和公路主干线两侧。严格控制使用国家级公益林地和省级生态公益林地，确需使用的，应按照国家和省有关规定办理公益林调整手续。绕开国有林场、生态保护红线和永久基本农田。建设选址应当依法进行环境影响评价。要注重公众参与，适时开展社会稳定风险评估，有效防范和化解"邻避"问题。

（三）优化建设标准。公益性骨灰存放设施建设参照《城市公益性公墓建设标准》执行，建设规模根据骨灰安置总量确定，并与服务人口数量、年死亡率、祭扫安全管理服务保障等因素相协调。公益性骨灰存放设施应当划分骨灰安置区、业务办公区和公共服务区等功能区域。建筑装修要与人文环境和自然环境相融合，公益性骨灰楼（堂）可选用古典园林等建筑风格。公益性公墓要积极推行节地生态安葬模式，实行墓位节地化、墓碑小型化、墓区园林化。独立墓穴的单位占地面积不得超过0.5平方米，合葬墓穴的单位占地面积不得超过0.8平方米（不含公共绿化和道路用地），规格、样式保持基本统一；墓碑高度不得超过地面0.8米，鼓励以树代碑或采用卧碑等方式；墓区绿化覆盖率不低于65%。鼓励在公益性公墓内设立树葬（花葬、草坪葬）区，免费提供不保留骨灰的安葬服务。

三、规范建设审批

（一）明确建设主体。公益性骨灰存放设施建设坚持政府主导、分级负责，由县级民政部门、乡镇人民政府（街道办事处）或者村（居）民委员会组织实施。要坚持发挥政府主导作用，强化公益性质，不得开展租赁、招商引资、承包经营或股份制合作等商业活动。

（二）规范审批程序。建设村级公益性骨灰存放设施，由村（居）民委员会提出申请，经乡镇人民政府（街道办事处）审核同意后，报县级民政部门审批；建设镇级公益性骨灰存放设施，由乡镇人民政府（街道办事处）提出申请，报县级民政部门审批；建设县级以上公益性骨灰存放设施，由县级以上民政部门提出方案，报本级人民政府审批，并报市级民政部门备案。

（三）统一申请材料。申请建设公益性骨灰存放设施，应当符合公益性骨灰存放设施建设规划，并提交下列材料：

1. 建设申请报告；

2. 规划设计方案；

3. 建设用地土地权属证明；

4. 管理章程；

5. 所在地村（居）民委员会同意选址建设的意见；

6. 县（市、区）人民政府自然资源、生态环境部门审查意见（涉及占用林地的，还应有林业部门审查意见）；

7. 其他需要提交的材料。

已建成但尚未办理审批手续的公益性骨灰存放设施,要依法完善审批手续。

(四)加强建设管理。经批准建设的公益性骨灰存放设施,要严格依据规划和批准的用地范围、土地使用条件进行建设,不得擅自修改规划、扩大建设用地面积。涉及使用林地和采伐林木的,要依法依规办理使用林地和采伐林木许可手续。建成后,经原批准建设的民政部门验收合格(对外收费的,还应当经价格主管部门核准),方可正式提供服务。

四、加强运营管理

(一)创新管理模式。公益性骨灰存放设施坚持"谁建设、谁管理"的原则,由公益性骨灰存放设施建设单位负责日常管理,也可采用政府购买服务形式,委托专业机构开展管理服务工作。要合理设置岗位,建立健全长效管理机制,做好骨灰存放档案登记、日常维护、环境卫生、财务管理、安全管理、服务保障等工作。公益性骨灰存放设施应当加强信息化技术运用,相关数据信息与省级殡葬管理服务信息平台实现有效对接,纳入统一管理。

(二)加强价格管理。公益性骨灰存放设施服务收费,其收费标准按照非营利并兼顾居民承受能力的原则核定。公益一、二类事业单位收取的公益性骨灰存放设施收入,应按规定实行"收支两条线"管理,专款专用,全部用于公益性骨灰存放设施建设、维护和管理。鼓励有条件的地区实施免费安葬(安放)政策。

(三)依法提供服务。公益性骨灰存放设施应当严格按照批准的服务范围,向所在地居民提供墓葬用地或骨灰存放格位,不得与商业资本合作违规从事营利活动。为整合和利用殡葬资源,若现有公益性骨灰存放设施的墓位(骨灰存放格位)剩余较多,经地级以上市民政部门同意,可适当扩大服务范围,但禁止跨市出售(租)。禁止公益性骨灰存放设施未凭死亡证明、火化证明或者迁葬证明出售(租)墓穴(墓位)、骨灰存放格位,禁止在公益性公墓内建造家族墓、超规定面积墓穴(墓位),禁止在火葬区公益性公墓安葬遗体。

五、强化保障措施

(一)压实属地责任。各地要按照事权划分和属地管理原则,强化和落实责任,将公益性骨灰存放设施建设纳入基本公共服务保障范围,切实做好规划编制、土地划拨、财政投入、日常监管、风险评估等工作。特别是县(市、区)、乡镇(街道)要紧密结合深入推进"千村示范、万村整治"工程、建设生态宜居美丽乡村,补齐农村公益性骨灰存放设施建设短板。县级民政部门要会同发展改革、财政、自然资源、生态环境、住房城乡建设、农业农村、市场监管、林业等相关部门,依法加强公益性骨灰存放设施指导、监督和管理;市级有关部门要加强统筹协调和督促检查;省级有关部门要加强宏观指导。

(二)加大政策扶持。县级财政要加大支持力度,做好公益性骨灰存放设施建设和维护管理经费保障工作。经营性公墓用地出让所得纳入财政管理,重点用于公益性骨灰存放设施建设。鼓励社会组织、企业和个人向公益性骨灰存放设施建设提供捐助。发展改革部门要将符合条件的项目纳入社会服务兜底工程项目储备库,申请年度中央预算内投资。公益性骨灰存放设施属非营利性殡葬设施,其建设用地由政府无偿划拨,所需用地计划指标由省统筹解决。涉及使用林地的,由项目所在地县级以上林业主管部门优先安排用林指标。建设村级公益性骨灰存放设施,经依法批准可使用农民集体土地。

(三)积极探索创新。各地要发扬基层首创精神,聚焦公益性骨灰存放设施建设管理重点难点问题,集中力量,攻坚克难。要坚持因地制宜、以点带面、有序推进,选择若干县(市、区)或者乡镇(街道办事处)作为试点地区,探索积累经验后加以推广应用。要尊重传统殡葬文化和习俗,探索合理利用寺观、公共祠堂等场所安放骨灰,对历史形成的墓葬区(点)进行节地生态化改造。

（四）强化监督管理。民政、发展改革、自然资源、生态环境、市场监管、林业等有关部门要依法履行监督管理职责，建立健全监督管理联动机制。各地要按照"谁审批、谁负责"的原则，完善年度检查（年报抽查）制度，加强事中事后监管，规范公益性骨灰存放设施建设和运营。要坚持问题导向，严肃查处并切实纠正公益性骨灰存放设施未批私建、墓位超标、从事违法经营活动等行为。

（五）注重宣传引导。要加大殡葬改革宣传力度，发挥党员、干部带头示范作用和红白理事会等基层组织引导作用，传递文明理念，引导移风易俗，树立文明节俭殡葬新风。着力推行树葬、海葬等节地生态安葬方式，推广"生命晶石"等科技创新成果，倡导"牌位拜祭"、鲜花拜祭、网络拜祭。组织开展缅怀先贤、孝亲感恩、民俗公祭等活动，发挥公益性骨灰存放设施人文纪念、文化传承和生命教育的作用。

本意见由广东省民政厅解释，自 2020 年 5 月 1 日实施，有效期 5 年。

广东省民政厅　广东省发展和改革委员会
广东省财政厅　广东省自然资源厅
广东省生态环境厅　广东省住房和城乡建设厅
广东省农业农村厅　广东省市场监督管理局
广东省林业局
2020 年 4 月 8 日

广东省民政厅关于做好建设经营性
公墓审批改革工作的通知

（粤民规字〔2022〕1 号）

各地级以上市民政局：

根据《殡葬管理条例》《国务院关于深化"证照分离"改革进一步激发市场主体发展活力的通知》（国发〔2021〕7 号）和《广东省人民政府关于印发广东省深化"证照分离"改革实施方案的通知》（粤府函〔2021〕136 号）要求，建设经营性公墓审批权限由省级民政部门下放至地级以上市民政部门，地级以上市民政部门将审批结果报省级民政部门备案。为做好改革工作，现就有关事项通知如下：

一、工作目标

各地民政部门坚持公平竞争、优化公共服务、便民惠民利民的原则，结合实际抓紧研究制定贯彻实施方案，修改完善相关工作程序、规则和服务指南，加强与相关部门的制度衔接、工作对接，建立简约高效、公正透明、审慎严管的审批制度，确保改革措施顺利有效实施。

二、职责划分

各级民政部门应当根据属地管理原则，依法依规履行对本行政区域内经营性公墓的日常运营监管和事中事后监管，不受建设经营性公墓审批权限下放的影响。建设经营性公墓审批权限下放以后，各级民政部门要认真履行好职责，不得将审批权委托其他单位执行。审批权限下放后各级民政部门关于建设经营性公墓审批的具体职责如下：

（一）县级民政部门职责。

1. 负责本行政区域内建设经营性公墓审批事项的受理、审核、材料上报和有关信息公开。

2. 依权限处理关于建设经营性公墓审批事项的投诉。

3. 依权限对建设经营性公墓审批过程中的违法违规行为进行查处。

4. 协助地级以上市民政部门做好建设经营性公墓审批过程中涉及行政复议和行政应诉的各项工作。

5. 依权限配合上级民政部门落实建设经营性公墓审批过程中的各项工作。

6. 依权限跟进落实上级民政部门提出的整改要求。

（二）地级以上市民政部门职责。

1. 负责本行政区域内建设经营性公墓审批事项的审批和有关信息公开，制作、送达行政许可文书。

2. 负责建立经营性公墓建设审批相关电子信息数据库。

3. 负责建设经营性公墓审批材料归档和保管。

4. 负责处理对县级民政部门建设经营性公墓审批事项的相关投诉，重大事项及时报告省民政厅。

5. 负责对辖区内已获批建设的经营性公墓的建设情况实施动态监管，每年6月底、12月底汇总上报省民政厅。

6. 负责做好建设经营性公墓审批过程中涉及行政复议和行政应诉的各项工作。

7. 负责涉经营性公墓审批的撤回、撤销。

8. 不设县级行政区域的地级以上市，由地级以上市民政部门履行县级民政部门职责；经地级以上市和县级民政部门协商一致，确需由地级以上市民政部门直接受理、审核、审批的经营性公墓项目，由地级以上市民政部门履行县级民政部门职责。

（三）省民政厅职责。

1. 指导和监督地级以上市民政部门、县级民政部门依法依规行使职权。

2. 负责处理对地级以上市民政部门建设经营性公墓审批事项的相关投诉。

3. 对各地级以上市民政部门建设经营性公墓审批相关工作人员业务培训工作予以指导。

三、强化事中事后监管

（一）严格责任追究。各地级以上市民政部门依法承担实施建设经营性公墓审批具体行政行为所产生的法律责任。各地级以上市民政部门要建立完善的责任追究机制，保障依法依规行使职权。

（二）强化风险防范。各地要坚持权责一致原则，增强依法履职和风险防范意识，审慎审批。要注意统筹考虑项目周边群众意见，避免因项目建设引发社会不稳定。

（三）完善审批规程。各地级以上市民政部门要结合当地实际，进一步完善实施建设经营性公墓审批的工作规程，公布办事指南，按规定受理、办理建设经营性公墓审批事项；要建立专门的档案，建立相应的信息数据库，落实信息公开制度，通过当地政府网站等方式及时、主动向社会公开；每作出一项受理或审批决定，应当在作出决定之日起5个工作日内，将建设经营性公墓审批相关申请、审批材料报送省民政厅备案。

（四）强化监督管理。强化建设经营性公墓审批的事中事后监管和服务，坚决防止违法违规行使职权，确保放得下、接得住、管得好。各级民政部门要严格落实经营性公墓监督管理的各项要求，强化规范管理，切实加强对经营性公墓的监督检查和行政执法，依法依规及时稳妥处理经营性公墓建设、经营中的违法违规行为。

（五）加强督促指导。省民政厅不定期组织对建设经营性公墓审批的情况进行监督检查，督促指导各级民政部门严格依法依规行使职权。对审批过程中出现的违法违规或不当行为，提出整改意见，责令各地级以上市民政部门限期整改。情节严重的，移交纪委监委处理；构成犯罪的，依法追究刑事责任。

四、其他事项

（一）自向社会公告"建设经营性公墓审批权限由省级民政部门下放至地级以上市民政部门"之日起，各地级以上市民政部门负责建设经营性公墓审批工作。

（二）各级民政部门应当依法依规行使职权，加强经办人员业务和法律知识培训。地级以上市民政部门和有条件的县级民政部门应当聘请律师担任法律顾问。

（三）各级民政部门要坚持高效、便民的原则，优化办事程序和流程，缩短办理时限。要推广运用信息化手段，对接省政务服务网和省殡葬管理服务信息系统，推动审批事项全程网上办理。

本通知由广东省民政厅解释，自 2022 年 6 月 1 日实施，有效期 5 年。

广东省民政厅
2022 年 4 月 25 日

● 广西壮族自治区 ●

中共广西壮族自治区委员会办公厅
广西壮族自治区人民政府办公厅关于
党员干部带头推动殡葬改革的实施意见

（桂办发〔2014〕13 号　2014 年 4 月 29 日）

为全面贯彻落实《中共中央办公厅 国务院办公厅印发〈关于党员干部带头推动殡葬改革的意见〉的通知》（中办发〔2013〕23 号）精神，充分发挥党员、干部在殡葬改革中的带头引领作用，深化我区殡葬改革，经自治区党委、自治区人民政府同意，现就全区党员、干部带头推动殡葬改革提出如下实施意见。

一、充分认识我区殡葬改革现状和面临的形势，提高带头推动殡葬改革的紧迫性和自觉性

殡葬改革关系人民群众切身利益，关系社会主义精神文明建设和生态文明建设，关系党风政风民风，是我们党一贯倡导的社会习俗改革。新中国成立以来，我区各级党委、政府采取有力措施推动殡葬改革取得了明显成效。但是总体来说，我区殡葬改革推进步伐仍然比较缓慢，特别是近几年来，伴随经济转轨和社会转型，殡葬改革遇到了一些新情况、新问题，突出表现在：违规土葬、骨灰装棺再葬、滥占耕地、盲目攀比、重殓厚葬等问题突出，个别党员、干部甚至是领导干部在丧事活动中大操大办、借机敛财、热衷风水迷信、修建大墓豪华墓等，影响恶劣，损害了党和政府形象，败坏了社会风气，阻碍了殡葬改革，这些现象亟需整治。与此同时，当前我区殡葬服务体系还不够健全，殡葬基础设施覆盖率只有 33%，还有 56 个县（市）没有殡葬服务设施，公益性公墓建设基本还是空白，殡葬公共服务能力还不够强，人民群众殡葬服务需求与基本殡葬服务保障机制缺失之间的矛盾非常突出。目前全区平均火化率只有 24.9%，远低于全国 49.5% 的水平，我区殡葬改革的任务十分艰巨。

全区广大党员、干部要带头文明节俭办丧事，带头火葬和生态安葬、带头文明低碳祭扫，带头宣传倡导殡葬改革，这对于缓解人口资源矛盾、促进经济社会可持续发展，树立全新社会风尚、净化党风政风，推动殡葬改革具有重要的现实意义。

二、党员干部带头殡葬改革的主要内容和要求

全区党员、干部要模范遵守和执行国家和自治区殡葬管理的有关法规规定，坚决抵制旧的丧葬习俗，带头移风易俗、简办丧事，树立文明新风，为全区群众做好表率。

（一）带头文明节俭办丧事。党员、干部应当带头文明治丧，简办丧事，树立时代新风尚。要在殡仪馆或合适场所集中办理丧事活动，自觉遵守公共秩序，尊重他人合法权益，不得在居民区、城区街道、公共场所搭建灵棚、沿街游丧、抛撒纸钱等，干扰居民的正常生活、危害公共安全。应采用佩戴黑纱白花、播放哀乐、发放生平等方式哀悼逝者，自觉抵制迷信低俗活动。除国家另有规

定外，党员、干部去世后一般不成立治丧机构，不召开追悼会。举行遗体送别仪式的，要严格控制规模，力求节约简朴。对于逝者生前有丧事从简愿望或要求的，家属、亲友以及所在单位应当予以充分尊重和支持。

（二）带头火葬和生态安葬。在火葬管理区，党员、干部去世后必须实行火葬，遗属凭火化证明，领取一次性抚恤金，不得将骨灰装棺再葬，不得超标准建墓立碑。在土葬改革区的党员、干部去世后，具备条件的，也应当实行火葬。不具备火葬条件的，遗体应当在公墓内集中安葬，不得乱埋乱葬。无论是在火葬区还是在土葬改革区，党员、干部都应当带头实行生态安葬，采取骨灰存放、树葬、花葬、草坪葬等节地葬法，积极参与骨灰撒散、海葬或者深埋、不留坟头，切实保护生态环境。鼓励党员、干部去世后捐献器官或遗体。少数民族党员、干部去世后，尊重其民族习俗，按照有关规定予以安葬。

（三）带头文明低碳祭扫。党员、干部应当带头文明祭奠、低碳祭扫，主动采用敬献鲜花、植树绿化、踏青遥祭、经典诵读等方式缅怀故人，传承先进文化，弘扬慎终追远等优秀传统文化。不得在林区、景区等禁火区域焚烧纸钱、燃放鞭炮。积极参与社区公祭、集体共祭、网络祭扫等现代追思活动，带头祭扫先烈，带领群众逐步从注重实地实物祭扫转移到以精神传承为主上来。

（四）带头宣传倡导殡葬改革。党员、干部要积极主动宣传殡葬改革，加强对亲属、朋友和周围群众的教育引导，及时劝阻不良治丧行为，自觉抵制陈规陋俗和封建迷信活动，倡导文明新风。各级领导干部要加强对直系亲属和身边工作人员丧事活动的约束，积极做好思想疏导工作，对不良倾向和苗头性问题，要做到早提醒、早制止、早纠正，决不允许对违法违规殡葬行为听之任之甚至包庇纵容。

三、严格党员干部在殡葬改革中的纪律规定

（一）严禁违规操办丧事。党员、干部，特别是领导干部在丧事活动中大操大办、铺张浪费、借机收敛钱财、搞封建迷信活动和使用公款、公物、公车。不得利用职务为生产、经销封建迷信丧葬用品、建造封建迷信丧葬设施及从事封建迷信丧葬活动提供便利。

（二）严禁从事封建迷信活动。严禁党员、干部从事封建迷信活动，党员、干部特别是领导干部对子女、亲属从事封建迷信活动的应予以教育和劝阻，并协助做好有关工作。

（三）强化对违纪违法行为查处。党员、干部违反规定操办丧葬事宜的，视情节轻重对当事人给予批评教育、党纪政纪处分，构成犯罪的，移交司法机关处理。

四、认真落实殡葬改革的各项措施

（一）加强组织领导，健全工作机制。各级党委和政府要把党员、干部带头推动殡葬改革作为促进社会主义精神文明建设和生态文明建设、保障和改善民生、加强党风政风建设的重要内容，摆上议事日程，建立健全党委领导、政府负责、部门协作、社会参与的殡葬改革工作机制。坚持以党员、干部带头为引领，不断提高人民群众参与殡葬改革的自觉性。组织部门要注意掌握党员、干部治丧情况，加强对党员、干部的教育管理。宣传、文明办等部门要做好殡葬改革宣传引导工作。发展改革、公安、民政、财政、人力资源社会保障、国土资源、工商、林业、交通运输等部门要各司其职、密切配合，加强基本殡葬服务供给，完善惠民殡葬政策措施，规范殡葬服务市场秩序，督促党员、干部破除丧葬陋俗，加快推动殡葬改革。工会、共青团、妇联等人民团体和基层党组织、村（居）委会以及红白理事会、老年人协会等社会组织要充分发挥作用，广泛动员群众积极参与殡葬改革。

（二）注重统筹规划，构建殡葬服务网络体系。各级党委和政府要立足实际，制定和完善殡葬事业发展规划，明确殡葬改革目标任务和方法步骤，并纳入当地国民经济和社会发展规划。根据人

口、耕地、交通、生态等情况和社会发展规划，按照逐步扩大火化区、加快土葬区改革的原则，科学划分火葬区和土葬改革区，统筹确定殡葬基础设施数量、布局、规模和功能，重点完善殡仪馆、骨灰堂、公益性公墓等基本殡葬公共服务设施，构建布局合理、设施完善、功能齐全、服务便捷的基本殡葬公共服务网络，为推动殡葬改革创造有利条件。

（三）实行惠民殡葬政策，建立健全殡葬救助制度。探索切实可行的遗体收殓、接运、存放、火化、骨灰寄存等基本殡葬服务费用减免的惠民政策。按照保基本、广覆盖、可持续的原则，从减免困难群众基本殡葬服务费用起步，逐步向火化区辖区居民提供免费或较低费用的基本殡葬服务。推行城乡困难群众骨灰公益性安放，为困难群众提供以树葬、草坪葬、花葬等节地葬法为主要内容的价格低廉的墓穴、墓碑，并针对节地葬法采取激励措施，给予相应的费用补贴，积极推进殡葬救助制度建设。

（四）加大宣传力度，做好舆论引导。各地要结合开展"美丽广西·清洁乡村"活动，充分利用各种媒体和传播手段，深入宣传殡葬法规政策，普及科学知识，倡导文明节俭、生态环保、移风易俗的殡葬新风尚。积极开展有关活动，大力宣传党员、干部带头推动殡葬改革的先进典型，传播正能量。充分发挥媒体监督作用，曝光负面案例，努力营造有利于殡葬改革的良好氛围。

（五）完善法规制度，强化监督管理。适时修订《广西壮族自治区殡葬管理条例》，健全基本殡葬服务保障、殡葬服务市场监管、丧事活动管理执法等方面制度。进一步健全和规范对乱埋乱葬、违规建墓等行为的行政强制执行制度。要以贯彻落实中央八项规定精神为切入口，加强监督检查，强化责任追究，充分发挥新闻媒体和人民群众的监督作用，确保工作落实到位。

（此件公开发布）

广西壮族自治区民政厅关于推行
生态安葬工作的指导意见

（桂民发〔2015〕62号）

各市、县（市、区）民政局：

为进一步深化殡葬改革，倡导丧葬新风，节约土地资源，保护自然环境，促进生态文明建设，根据《殡葬管理条例》、《广西壮族自治区殡葬管理条例》和《民政部关于全面推行惠民殡葬政策的指导意见》等有关规定，现就我区推行生态安葬工作提出意见如下。

一、充分认识推行生态安葬工作的重要意义

生态安葬是指遗体火化后，以海葬、树葬、花坛（草坪）葬、壁葬等不保留骨灰或将骨灰集中存放的节地生态的骨灰安葬方式。近年来，在科学发展观指导下，我区一些地方积极推行海葬、花坛葬、壁葬等节地生态安葬工作，并对参与节地生态安葬的群众给予了相应的费用减免，增强了群众参与殡葬改革的主动性和自觉性。但是，全区目前仍然存在骨灰安葬生态化比例较低、生态安葬保障措施不足等问题，制约了我区殡葬改革的顺利推行和殡葬事业的健康发展。

推行生态安葬工作，是树立文明节俭办丧事新风尚、减轻人民群众殡葬负担的重要途径，是深化殡葬改革、推动殡葬事业科学发展的内在动力，是保护资源环境、促进生态文明建设的客观要

求。各级民政部门要充分认识推行生态安葬工作的重要意义，进一步统一思想，提高认识，加强组织领导，明确职责分工，加大资金投入，把实施生态安葬作为保障和改善民生、加强和创新社会管理的重要举措，全面推进，抓实抓好。

二、推行生态安葬工作的总体要求

（一）指导思想。以邓小平理论、"三个代表"重要思想和科学发展观为指导，深入贯彻落实党的十八大和十八届三中、四中、五中全会精神，坚持以保护资源环境为出发点和落脚点，努力打造绿色环保、生态节地、文明节俭的殡葬方式，进一步深化我区殡葬改革，加快推进生态文明建设和美丽广西建设。

（二）基本原则。

1. 以人为本，服务群众。始终把满足群众基本殡葬需求，维护群众殡葬权益作为生态安葬的主要内容，突出节地生态，倡导低碳祭扫，促进人与自然、人与社会全面、协调、可持续发展。

2. 政府主导，加大供给。充分发挥政府在推行生态安葬工作中的主导作用，积极争取其加大生态安葬公共服务的供给和政策支持力度。统筹安排生态安葬殡葬政策配套资金，不断增强生态安葬的财政保障能力。

3. 试点先行，逐步推开。鼓励有条件、有意愿的地区先行先试，积极探索推进生态安葬建设。待取得经验、逐步完善后，再进一步推广。

4. 提升服务，注重实效。以回应群众关切、维护群众利益、改进工作作风、提升服务水平为出发点和落脚点，不断健全规范生态安葬管理服务的长效机制，全面提升生态安葬管理服务水平。

（三）工作目标。到2020年，在全区火葬区全面推行生态安葬，力争全区骨灰安葬生态化比例达到年安葬量的10%，节地生态安葬活动广泛开展，祭祀文明程度大幅提高，有公墓的地区都建立起节地生态安葬示范园，实施重点生态安葬补贴政策。

三、推行生态安葬工作的主要措施

（一）明确政策要求。各级民政部门要结合实际，争取以本级政府的名义出台鼓励推行生态安葬政策，或协调相关部门联合制定推行生态安葬工作的具体实施意见。要明确以骨灰处理生态化为抓手，将遗体火化向推进骨灰处理生态化转变。

（二）编制建设规划。各地要在整合现有生态公共墓地资源的基础上，科学编制本辖区生态墓地建设规划，并根据城乡发展、人口分布情况，推行联合建造生态墓地或骨灰存放处。新建的生态墓地或者骨灰存放处应符合土地利用规划、城乡规划等相关用地规划要求，要严格控制墓穴占地面积，做到墓碑小型平置、地表无坟头。在农村，生态墓区可以村为单位建设，也可以乡镇或相邻村联合建设。

（三）坚持统筹推进。各地要因地制宜地确定适合本地实际的生态葬法。要遵循先易后难、先试行再全面铺开的方法，有重点、有步骤、分层次地推动本地区生态安葬工作。经营性公墓要提高节地葬法比例，加大殡葬用地循环利用，并划出一定比例区域作为公益性墓地。积极推进城乡公益性公墓和骨灰寄存设施建设，逐步实现埋葬公墓生态化。

（四）完善激励措施。各地要对不保留骨灰的节地生态安葬方式给予奖励或补贴；对以骨灰存放为主或推行生态墓地建设，或农村以联合建设生态墓区为主等保留骨灰生态安葬方式，可以"以奖代补"的方式予以扶持补助。对于已出台生态安葬政策的市（县），自治区民政厅优先扶持其殡葬相关规划立项和殡葬设施建设改造项目。

四、推行生态安葬工作的保障机制

（一）加强组织领导。各级民政部门要在当地党委、政府领导下，牵头组织协调有关部门履行好规划引导、政策支持、物质保障等职能，明确职责分工，加强协同配合，明确工作程序、步骤、部门分工、标准、资金来源渠道等，确保工作科学规范、有序运行。

（二）加大资金投入。各级民政部门要积极争取当地政府支持，加强与财政部门的沟通协调，将推行生态安葬工作相关经费纳入本级政府财政预算。生态安葬奖励标准或扶持补助标准由各地根据经济社会发展水平自行确定，并适时调整。要不断加大与生态安葬工作相配套的设施设备的更新改造力度，健全以遗体火化、骨灰存放及生态安葬为主的殡葬公共服务网络，保障生态安葬工作顺利实施。

（三）加强宣传引导。各级民政部门要加强政策宣传，强化舆论引导，大力宣传殡葬改革的先进典型，特别是宣传绿色生态殡葬的典型，引导群众更多选择生态节地安葬方式。要充分利用各种媒体和传播手段，深入宣传殡葬法规政策，普及科学知识，倡导文明节俭、生态环保、移风易俗的殡葬新风尚。

广西壮族自治区民政厅

2015 年 12 月 18 日

广西壮族自治区民政厅 广西壮族自治区精神文明建设委员会办公室 广西壮族自治区农业农村厅关于印发《关于进一步推进全区婚丧事宜移风易俗的指导意见》的通知

（桂民规〔2019〕4 号）

各市、县（市、区）民政局、文明办、农业农村局：

现将《关于进一步推进全区婚丧事宜移风易俗的指导意见》印发给你们，请结合本地区本部门实际，认真贯彻落实。

广西壮族自治区民政厅

广西壮族自治区精神文明建设委员会办公室

广西壮族自治区农业农村厅

2019 年 8 月 22 日

关于进一步推进全区婚丧事宜移风易俗的指导意见

推进婚丧事宜移风易俗工作有利于促进精神文明建设，有利于保障人民群众切身利益。近年来特别是党的十八大以来，全区认真贯彻落实习近平新时代中国特色社会主义思想和党的十八大、十九大精神，坚持以社会主义核心价值观为引领，大力弘扬优良传统，革除婚丧陋习，狠刹大操大办之风，着力提高公民的道德素质和社会责任感，形成了向上向善的社会文明风貌。但要看到，移风易俗工作是一项长期艰巨的任务，城乡文明建设不均衡、群众参与度不高、婚丧陋习不同程度存在、薄养厚葬有所抬头等问题比较突出。为进一步推进我区婚丧事宜移风易俗工作，弘扬社会文明新风尚，助力"美丽广西"建设，现提出如下意见：

一、指导思想

以习近平新时代中国特色社会主义思想为指导，全面贯彻落实党的十九大和十九届二中、三中全会精神，以培育和践行社会主义核心价值观为引领，认真贯彻落实中央八项规定精神，坚决抵制婚丧大操大办、铺张浪费、高额彩礼、薄养厚葬、封建迷信等陈规陋习，大力倡导科学文明的生活理念，弘扬勤俭节约的优良传统，推动婚丧事宜移风易俗，促进社风民风持续向上向善，不断提升全区群众性精神文明建设水平。

二、基本原则

（一）坚持因地制宜。从实际情况出发，尊重优秀传统文化和少数民族风俗习惯，积极探索适应群众需要、体现文明进步方向的婚丧举办形式，注重针对性和可操作性，做到内容具体、措施量化，便于执行。

（二）坚持问题导向。深入基层，深入一线，切实摸清摸准婚丧不良风气的背景情况，对操办婚丧事宜"移什么风""易什么俗"要找准问题、抓住重点，对症下药。

（三）坚持群众主体。坚持走群众路线，依靠和发动群众，充分发挥群众自治组织作用，引导群众自我管理、自我教育、自我监督、自我约束。充分考虑群众的内心向往和意愿要求，落实为民惠民措施，把发动群众参与、引导群众实践、惠及群众生活落到实处。

（四）坚持党员干部带头。督促党员干部带头移风易俗，切实发挥率先垂范和示范引领作用，从我做起、从现在做起，自觉遵守各项规章制度，自觉约束好家人朋友，带头与各种大操大办、奢侈浪费的不良风气作斗争。

三、工作目标

扎实推行移风易俗，切实把婚丧事宜移风易俗工作作为群众性精神文明建设的重要内容，与落实全面从严治党、推进"两学一做"学习教育常态化制度化、开展"不忘初心、牢记使命"主题教育、开展脱贫攻坚工作结合起来，深入宣传教育、倡议引导、立规明约、监督整治，使大操大办、铺张浪费、高额彩礼、薄养厚葬、封建迷信等陈规陋习得到有效遏制，进一步提升全区党员干部和广大人民群众文明素养，传承和弘扬优良传统文化，为"建设壮美广西，共圆复兴梦想"营造良好氛围。

四、工作内容

（一）发挥党员干部示范引领作用。充分发挥基层党组织的战斗堡垒作用和党员干部的先锋模范作用。党员干部在革除婚丧陋习、推进移风易俗方面要起到模范带头作用，要认真落实婚事新办和殡葬改革的有关规定，自觉接受组织和群众监督，带头倡导文明、节俭、崇德的社会风尚，以优良的党风政风带动社风民风的改变。

（二）倡导婚事新办。倡导简约适度、绿色低碳的生活方式，反对奢侈浪费和不合理消费。反对利用婚姻敛财，提倡不滥发请柬邀请宾客、不收或少收彩礼（聘礼）、不收受亲戚以外人员的贺礼，提倡集体婚礼、纪念婚礼、慈善婚礼、家庭婚礼、旅游结婚等简朴温馨而有意义的婚礼；反对奢侈浪费，提倡控制迎亲车辆、宴席桌数和标准，抵制讲排场、比阔气、高额彩礼等不良风气；反对低俗闹洞房等行为，提倡文明健康的娱乐庆祝活动。

（三）倡导丧事简办。破除丧葬陋习，树立殡葬新风。反对在公共场所（除有关部门指定的专用场所）乱搭灵堂灵棚、乱放哀乐鞭炮、搞封建迷信等扰民行为，反对使用封建迷信丧葬用品。提倡简化仪式、限制规模、文明节俭的治丧方式，反对薄养厚葬；推广与保护耕地相适应、与现代文明相协调的殡葬习俗，反对乱埋乱葬、修活人墓、超标准建墓立碑以及私自建设"住宅式"骨灰存放设施等，提倡实行遗体火化、绿色节地生态安葬方式。

五、工作要求

（一）加强组织领导。在全区开展婚丧事宜移风易俗工作是贯彻落实新时代新发展理念和党中央国务院、自治区党委政府关于实施乡村振兴战略，加强改进乡村治理重要决策部署的具体行动，对提升全社会文明程度具有十分重要的意义。各地要提高政治站位，切实把思想和行动统一到党中央国务院和自治区党委政府的决策部署上来，把力量凝聚到抓具体工作上来，加强组织领导，认真研究部署，精心组织实施。为加强统筹协调、督促检查和综合评估，自治区民政厅、自治区文明办、自治区农业农村厅等部门成立全区婚丧事宜移风易俗工作办公室，由自治区民政厅负责办公室的日常工作，各地也要明确相应机构、专人负责，确保组织领导有力，工作保障到位。

（二）严格落实职责。各地要把推进婚丧事宜移风易俗工作作为落实全面从严治党主体责任的重要内容抓细抓实。党员干部要带头抵制不良风气，发挥示范引领作用，教育引导身边群众积极响应和支持婚事新办、丧事简办。农业农村部门、文明办要将婚丧事宜移风易俗工作纳入实施乡村振兴战略、"美丽广西"乡村建设等重要考核内容，作为文明单位、文明村镇、文明家庭、道德模范、星级文明户推选评比重要依据，强化考核评比在推进婚丧事宜移风易俗工作中的导向作用。民政部门要加强村规民约、居民公约的清理规范，针对滥办酒席、高额彩礼、薄养厚葬、铺张浪费等突出问题，依法依规修订完善村规民约、居民公约。村（居）委会要积极作为，依法按程序建立健全"一约四会一队"[即村规民约（居民公约）、红白理事会、道德评议会、村（居）民议事会、禁赌禁毒协会和移风易俗劝导队]群众自治组织及其章程，明确操办标准、工作要求、奖惩措施，抓好监督落实，发挥群众自治组织在移风易俗工作的积极作用。

（三）加快配套设施建设。各地要用足用好相应政策，加大资金投入，选择有条件的地方积极推进婚姻登记机关标准化、村级公共服务中心、村（居）婚丧喜庆公共场所、城乡殡葬基础设施等配套建设，分别建成一批示范点、样板区，为本地区文明节俭操办婚丧事宜提供良好物质条件，营造优良环境。

（四）开展宣传教育。各地要坚持正面引导与负面警醒相结合，发挥传统媒体和新媒体作用，多种形式宣传科学合理、文明节俭操办婚丧事宜的新理念新风尚。积极总结推广本地的先进经验和典型事例，加大对违规行为、不文明行为、不良风气的曝光力度，形成震慑效应。注重典型引路，树立正面典型，曝光反面典型，持续营造移风易俗浓厚氛围。组织开展全区村（居）红白理事会会长培训，将移风易俗纳入村（居）"两委"干部培训内容，增强开展文明节俭操办婚丧事宜工作能力。

（五）强化监督查处。各地民政、文明办、农业农村部门要密切配合，协同推进，采取不发通知、不打招呼、不听汇报、不用陪同接待，直奔基层、直插现场等方式，加大监督查处力度，及时发现问题，督促纠正整改，推动责任落实。对群众举报、监督发现的党员干部违规操办婚丧事宜问题，从严查处；对相关责任失职失责、履职不力、作风不实导致陈规陋习得不到解决，造成不良影响的，要严肃追责，并加大典型案例曝光力度。要督促村（居）委会发挥群众自治功能，加强对城乡居民大操大办、铺张浪费、高额彩礼、薄养厚葬等不文明行为的劝导劝阻，引导城乡居民养成文明节俭习惯，自觉推动移风易俗。

广西壮族自治区殡葬管理条例

（2001年3月24日广西壮族自治区第九届人民代表大会常务委员会第二十三次会议通过　根据2010年9月29日广西壮族自治区第十一届人民代表大会常务委员会第十七次会议《关于修改部分法规的决定》第一次修正　根据2012年3月23日广西壮族自治区第十一届人民代表大会常务委员会第二十七次会议《关于修改〈广西壮族自治区反不正当竞争条例〉等十九件地方性法规的决定》第二次修正　根据2016年11月30日广西壮族自治区第十二届人民代表大会常务委员会第二十六次会议《关于废止和修改部分地方性法规的决定》第三次修正　根据2018年9月30日广西壮族自治区第十三届人民代表大会常务委员会第五次会议《关于修改〈广西壮族自治区森林和野生动物类型自然保护区管理条例〉等十五件地方性法规的决定》第四次修正　根据2021年5月26日广西壮族自治区第十三届人民代表大会常务委员会第二十三次会议《关于修改〈广西壮族自治区实施《中华人民共和国水法》办法〉等四件地方性法规和废止〈广西壮族自治区木材运输管理条例〉的决定》第五次修正）

第一章　总　　则

第一条　为了加强殡葬管理，推进殡葬改革，促进社会主义精神文明建设，根据国务院《殡葬管理条例》，结合本自治区实际，制定本条例。

第二条　本条例适用于本自治区行政区域内的殡葬活动及其管理。

第三条　殡葬活动及其管理工作应当积极地、有步骤地实行火葬，改革土葬，节约殡葬用地，保护环境，革除丧葬陋习，提倡文明节俭办丧事。

第四条　各级人民政府应当加强对殡葬工作的领导，把殡葬设施的建设和改造列入当地的城乡建设规划和基本建设计划。

第五条　自治区民政部门负责对本自治区的殡葬工作实施监督管理；设区的市、县（市、区）民政部门负责本行政区域的殡葬管理工作。

乡、镇人民政府应当协助县级人民政府民政部门做好本辖区殡葬事务监督管理工作。

各级有关部门应当按照各自职责，配合同级民政部门做好殡葬管理工作。

第六条　机关、团体、企业事业单位和村（居）民委员会应当宣传殡葬改革，引导公民文明节俭办丧事。

第七条　人口稠密、交通方便、耕地较少的地区实行火葬，暂不具备条件实行火葬的地区允许土葬。

实行火葬和允许土葬地区的划定，由设区的市民政部门会同当地自然资源、住房城乡建设等有关主管部门提出意见，报设区的市人民政府同意后，经自治区民政部门审核，报自治区人民政府批准，并报国务院民政部门备案。

第二章　火葬管理

第八条　火葬区的公民死亡后，除下列情形之外，应当实行火化：

（一）国家规定允许土葬的少数民族公民死亡后，应当在当地人民政府划定的区域内土葬；

（二）宗教教职人员死亡后，在遵守国家有关规定的前提下，可以按照宗教习俗安置、处理遗体；

允许土葬的少数民族公民和宗教教职人员以及土葬区公民死亡，自愿实行火化的，他人不得干涉；

在火葬区内，除国家规定允许土葬的以外，严禁将公民的遗体土葬，禁止将公民遗体运出火葬区；

任何单位和个人不得为违法土葬提供运送等服务活动，不得唆使、胁迫死者亲属违法土葬。

第九条　公民在住所或者在单位死亡的，其亲属或者所在单位应当在十二小时内通知殡仪馆或者殡葬服务站接运遗体。

公民在医疗机构死亡的，医疗机构必须及时进行死亡登记，在十二小时内通知殡仪馆或者殡葬服务站接运遗体，同时办理移交手续；死者亲属将遗体运出医疗机构的，医疗机构应当制止。

公民因交通事故或者刑事案件死亡的，由公安机关在勘察现场后通知事故发生地或者邻近的殡仪馆或者殡葬服务站接运遗体。

因患传染病死亡的，按照《中华人民共和国传染病防治法》的有关规定处理。

第十条　死亡者的遗体在殡仪馆的存放期不得超过 7 日。遗体需要延期存放的，应当在存放之日起 7 日内向殡仪馆办理申请延期存放手续，延期存放期不得超过 30 日；因特殊情况延期存放期需超过 30 日的，须经殡仪馆所在地民政部门批准。遗体延期存放费用由延期存放申请人支付。

凡不按前款规定办理延期存放批准手续的，殡仪馆应当将遗体在准予存放期限期满后火化。

第十一条　凭医疗机构出具的《死亡医学证明书》或者公安、审判机关核发的死亡证明，殡仪馆方可将遗体火化。

遗体火化后，殡仪馆应当向丧事承办人出具火化证明。

第十二条　骨灰可以安置在骨灰堂或者公墓。禁止将骨灰装棺材埋葬或者在公墓、骨灰堂以外的地方建坟埋葬。

提倡和鼓励采取深埋等不保留骨灰的安置方式。

无名、无主遗体的骨灰，从依法火化之日起超过 6 个月无人认领的，由殡仪馆处理。

第十三条　异地公民在火葬区死亡的应当就地火化。属国家规定允许土葬或者因特殊原因确需将遗体运回户籍所在地或者居住地的，须经死亡地县级民政部门批准。

第三章　土葬管理

第十四条　土葬区域逐步实行火葬。乡、镇、村可以设置农村公益性墓地，边远山区可划定荒山埋葬遗体。

提倡和鼓励将遗体深埋，不留坟头。

对自愿实行火葬的，应当给予支持，他人不得干涉。

第十五条　土葬区内不得有下列行为：

（一）占用耕地、林地作墓地；

（二）炒卖、出租、转让墓地或者墓穴使用权；

（三）恢复或者建立宗族墓地；

（四）对国家建设或者农田基本建设中已迁移、平毁的坟墓进行返迁或者重建；

（五）法律、法规禁止的其他行为。

第十六条　公墓、农村公益性墓地应当建立在荒山、荒坡、非耕地或者不宜耕种的瘠地上。

禁止在下列地区建造坟墓：

（一）耕地、林地；

（二）城市公园、风景名胜区和文物保护区；

（三）水库及河流堤坝附近和水源保护区；

（四）铁路、公路主干线两侧。

前款区域范围内已建的坟墓，除受国家保护的具有历史、艺术、科研价值的坟墓外，当地人民政府和有关部门应当进行清理，通知死者亲属在规定时间内迁移或者深埋不留坟头。

第十七条　依法批准的建设项目需要占用墓地的，建设项目批准后，由县级以上人民政府对需要迁移的坟墓向社会公告，自然资源主管部门或者民政部门应当在开工前 30 日内通知死者亲属限期迁移，迁移费由建设单位按照国家有关规定执行。对逾期拒不迁移或者属无主坟墓的，由自然资源主管部门或者民政部门处理，费用由建设单位承担。

第四章　殡葬设施和丧事活动管理

第十八条　各级人民政府应当按照合理、需要、便民的原则，结合本地实际，搞好殡葬设施建设，逐步提高火化率，缩小土葬区。

殡葬设施的建设、改造、搬迁，必须严格执行殡葬设施建设规划。任何单位或者个人不得擅自变更或者终止有关规划的执行。

第十九条　设立殡葬设施，应当按照下列规定办理审批手续：

（一）设立殡仪馆、火葬场，由县级人民政府和设区的市人民政府的民政部门根据自治区殡葬设施建设规划提出方案，报本级人民政府审批；

（二）设立公墓，由殡葬管理机构提出申请，经县级人民政府和设区的市人民政府民政部门审核同意后，上报自治区民政部门审批；

（三）设置农村公益性墓地，经乡、镇人民政府审核同意后，报县级民政部门审批。

设立殡葬设施，法律、法规规定需办理其他审批、登记手续的，应当依照有关法律、法规的规定执行。

第二十条　公墓由殡葬管理机构建设和管理，农村公益性墓地由村民委员会建设和管理。

农村公益性墓地不得从事经营性活动。

第二十一条　公墓墓区应当整洁肃穆，实行公墓园林化建设。禁止在墓区内建造封建迷信设施或者进行封建迷信活动。

第二十二条　严格限制公墓墓穴占地面积和使用年限。公墓内埋葬骨灰的墓穴用地面积不得超过 1 平方米，埋葬遗体的墓穴用地面积不得超过 3 平方米。公墓墓穴使用期限以 20 年为一个周期，逾期需保留的，应当重新办理使用手续。

第二十三条　殡葬服务人员应当遵守职业道德和操作规程，实行规范化的文明服务，不得利用工作之便谋取私利、索取财物或者刁难死者家属。

第二十四条　禁止制造、销售封建迷信的丧葬用品。火葬区内禁止销售棺材等土葬用品。

封建迷信丧葬用品的界定，由自治区民政部门会同自治区市场监督管理部门规定。

第二十五条　城镇丧事活动，应当在殡仪馆或者指定地点进行，并遵守城市交通安全、市容、环保、环境卫生等有关规定，不得妨碍社会公共秩序，不得侵犯他人合法权益；禁止从事封建迷信活动，禁止在城镇街道等公共场所停放遗体、搭设灵棚（堂）、摆设花圈。

信教群众在丧事活动中举行的宗教仪式，必须在宗教活动场所内进行。

第五章　法律责任

第二十六条　违反本条例第二十四条第一款规定，制造、销售封建迷信丧葬用品的，由县级以上人民政府民政部门会同市场监督管理部门予以没收，可以并处制造、销售金额一倍以上三倍以下罚款。

第六章　附　　则

第二十七条　本条例自 2001 年 6 月 1 日起施行。

● **海南省** ●

中共海南省委办公厅　海南省人民政府办公厅
关于深入推进殡葬改革的实施意见

（琼办发〔2015〕6号）

为贯彻落实中共中央办公厅、国务院办公厅印发的《关于党员干部带头推动殡葬改革的意见》（中办发〔2013〕23号，以下简称《意见》）精神，充分发挥党员干部在殡葬改革中的带头引领作用，实现文明生态节地殡葬，推进社会文明进步，现就深化殡葬改革提出如下实施意见。

一、贯彻落实《意见》精神，充分认识党员干部带头推动殡葬改革的重要意义

2010年以来，我省各级党委、政府结合国际旅游岛建设积极推进殡葬改革，倡导文明生态节地殡葬，乱埋乱葬现象得到初步治理，文明殡葬观念逐步树立，生态环境得到维护。但由于受传统落后殡葬观念的影响，全省依然存在火化区火化率低，土葬区乱埋乱葬屡禁不止，薄养厚葬、封建迷信等问题。一些党员干部乃至领导干部对殡葬改革认识不足、重视不够、积极性不高，个别党员干部在丧事活动中大操大办、借机敛财、热衷风水迷信、修建大墓豪华墓等，影响十分恶劣，损害了党和政府形象，败坏了社会风气。同时，我省殡葬服务设施建设滞后，殡葬服务体系不够健全，殡葬公共服务能力不强，人民群众殡葬服务需求与基本殡葬服务产品短缺的矛盾仍较突出。这些现象和问题，亟需进一步整治和解决。

贯彻落实《意见》精神，充分发挥党员、干部在殡葬改革中的带头作用，既是贯彻落实党的十八大和十八届三中、四中全会精神的重要举措，也是我省推进殡葬改革、树立殡葬文明新风的必然要求。党员、干部带头推动殡葬改革，一是为群众树立榜样和标杆，教育和引导群众自觉抵制丧葬陋俗，树立文明生态节俭办丧事新风尚；二是坚持党的群众路线，维护党和政府的良好形象，进一步巩固执政的群众基础，提升政府在群众中的公信力和党员干部的感召力；三是美化人文生态环境，节约资源，推动社会文明进步。各级党委、政府要充分认识党员、干部带头推进殡葬改革的重大意义，切实把思想和行动统一到中央和省委、省政府的决策部署上来，进一步制定完善殡葬改革的法规政策，全面完成我省殡葬改革各项工作任务。

二、明确任务，落实责任，进一步深化殡葬改革

（一）推行火葬，规范土葬。各市县要依法推行火葬，火葬区死亡人口除国家另有规定外，遗体必须火葬，严格凭火葬证领取丧葬费。鼓励和支持土葬区遗体自愿火化。对沿铁路、高速公路和国（省）道、县乡公路两侧，沿河流、水库岸边，水源保护区、文物保护区、旅游风景名胜区、自然保护区、集中住宅区、可视范围内的各类散墓，要采取有效措施逐步集中迁至公墓集中安葬或就地深埋，不留坟头，不留标记，植树绿化。对城市规划区、工业园区范围内的旧坟墓，一律迁入公墓集中安葬。对新增死亡人员，火葬区遗体火化后的骨灰应当安放在公墓或骨灰安放设施内，不得乱埋乱葬，不得将骨灰装棺再葬，不得超标准建墓立碑。土葬区死亡人口遗体应安葬到公墓内，没

有公墓的地区应尽可能选择荒山瘠地实行集中安葬，不得用钢筋混凝土、花岗岩等石材建造坟墓，推广平地深埋、不留坟头的遗体安葬方式。

（二）加强殡葬服务设施建设，提高殡葬服务能力。省政府按照"统筹规划、合理布局、控制发展"的原则编制全省公墓建设规划，合理确定全省公墓的布局、规模和数量。市县政府要在符合省级规划的前提下，统筹做好公墓建设工作。新建公墓要严格控制墓穴占地面积，对墓穴占地面积超标的，要依法责令限期整改。把遗体火葬作为深化殡葬改革的重点，逐步提升火葬区的火化率。继续推进西部（儋州）殡仪中心和东部（万宁）殡仪中心项目建设，完成海口市、三亚市殡仪馆搬迁工作，实现东南西北各有一座殡仪馆布局，确保火化服务覆盖除中部山区少数民族市县外的所有地区。对现有火葬区和土葬区进行重新调整，逐步将琼海、万宁、文昌、儋州、东方、定安、澄迈、屯昌等市县主城区规划为火化区，海口、三亚火化区范围逐步由主城区扩大到其他行政辖区。

（三）完善惠民殡葬制度，促进基本公共服务均等化。进一步优化殡葬服务内容、程序和标准，完善便民惠民的殡葬服务措施，逐步形成以基本殡葬服务为主体、选择性殡葬服务为补充的服务格局。对遗体接运、存放、火化和骨灰寄存等基本殡葬服务项目，由公益性殡葬服务单位提供福利服务；对遗体整容、防腐、告别、骨灰安葬、丧葬用品等选择性殡葬服务及其他殡葬特需服务，按照自愿选择、公平协商、政府监管的原则由市场提供。对骨灰撒散、树葬、花葬、海葬等绿色生态、节地葬法实行政府补贴奖励。加快建立以基本殡葬服务费用减免为基础，其他多种形式殡葬救助为补充的殡葬救助制度，逐步实现基本殡葬公共服务均等化。

三、规范党员干部的殡葬行为，充分发挥带头作用

（一）坚持依法治丧，自觉遵纪守法。党员、干部去世后，属于火葬区的，必须依法火葬，不准以任何方式土葬或者将骨灰装棺再葬，不准超标准建墓室、墓碑。属土葬区的，应当在公墓安葬遗体，不准乱埋乱葬，不准修建大墓、豪华墓。要带头实行生态安葬，采取骨灰存放、树葬、花葬、草坪葬、深埋不留坟头、骨灰撒散等节地葬法，尤其要利用好我省四面环海优势，积极鼓励和支持骨灰海葬。鼓励党员、干部去世后捐献器官或遗体。少数民族党员、干部去世后，尊重其民族习俗，按照有关规定安葬。

（二）坚持简办丧事，反对铺张浪费。党员、干部应当带头文明治丧，简办丧事，严格落实中央和省有关厉行节约的规定。严禁丧事活动广邀宾客、大操大办、铺张浪费，严禁借丧事活动收敛钱财。党员、干部去世后，除国家另有规定外，不准成立治丧机构和召开追悼会；举行遗体送别仪式的，要在殡仪馆或适当场所集中办理，严格控制规模和参加人员范围，不得在居民区、城区街道、公共场所搭建灵棚，不搞迷信低俗活动。

（三）坚持文明祭扫，反对封建迷信。党员、干部要带头参加"烈士纪念日"等公祭活动，缅怀先烈，积极参与社区公祭、集体共祭、网络祭扫等现代追思活动，带头采用敬献鲜花、植树绿化、诵读祭文等文明祭扫方式缅怀逝者，弘扬慎终追远等优秀传统文化，不准在林区、景区等禁火区域焚烧纸钱、燃放鞭炮，维护祭扫区域的生态环境。

（四）坚持宣传群众，营造殡葬改革氛围。党员、干部要结合我省殡葬改革的安排部署，积极向群众宣传殡葬改革的法规政策，宣传推进火化、规范土葬、治理乱埋乱葬的重大意义，调动群众保护绿水青山、维护生态环境的自觉性和积极性。尤其要加强对亲属、朋友和周围群众的教育引导，主动做好需迁坟群众的思想工作，教育和引导群众抵制陈规陋俗和封建迷信活动。及时劝阻和制止不良治丧行为。

四、加强组织领导，完善保障机制

（一）加强殡葬改革的组织领导，健全工作机制。各级党委和政府要高度重视殡葬改革工作，

把党员、干部带头推动殡葬改革作为促进社会主义精神文明建设和生态文明建设、保障和改善民生的重要内容，把殡葬改革摆上议事日程。党政主要负责人要亲自抓、亲自过问。要按照国家殡葬改革政策规定，科学制定本市县殡葬事业发展规划，明确改革的具体目标和任务，建立殡葬改革的目标管理责任制，层层签订责任书，把改革工作任务落实到乡镇、落实到村（居）委会。建立健全党委领导、政府负责、部门协作、社会参与的殡葬改革工作机制。

（二）职能部门密切配合，形成殡葬改革合力。民政部门要充分发挥殡葬管理工作职能部门的职责，主动加强与相关部门的沟通联系，发挥组织协调作用，努力推动建立权责明晰、衔接有序、配合紧密的工作机制，加快形成各有关部门履职尽责，齐抓共管、协同推进的殡葬工作新格局。财政部门要加大投入，重点支持殡仪馆、骨灰堂、公益性公墓等基本殡葬公共服务设施建设。发展改革部门要做好殡葬设施建设项目立项等审批工作，配合做好殡葬专项规划编制工作。国土环境资源部门要加强对殡葬用地的审批管理，加大对公益性墓葬设施建设用地的支持力度，指导监督各市县对违法殡葬用地进行严肃查处。工商、林业、公安、物价、民族宗教、城市管理等部门要各司其职、密切配合、形成合力，共同推进殡葬制度的改革。

（三）加强殡葬服务市场管理，规范殡葬市场秩序。各市县要加强殡葬用品市场管理，坚决打击和查处非法生产、经营、销售丧葬用品以及炒买炒卖墓穴墓位（格位）的行为。要加强林地保护与管理，坚决查处毁林造墓等行为。对丧葬活动中扰乱社会秩序、危害公共安全、侵害他人合法权益等违反治安管理法规行为的，要依法予以治安管理处罚。要加强对医疗机构的监管，规范医院死亡病人遗体处理程序，督促医疗机构按照规定做好死亡病人遗体处理工作，配合殡葬管理部门做好遗体管理和接运工作。要加强丧葬服务价格管理，公示公墓服务价格。依法查处擅自设立收费项目、擅自提高收费标准、不按规定公示和明码标价等行为。要根据有关法律和政策，指导少数民族、宗教场所和宗教界人士做好殡葬工作。要严格查处在城区大街小巷违章占道搭设灵棚、摆放花圈以及出殡抛撒冥纸、焚烧纸钱等影响市容、环境卫生和市民生活的丧葬行为。加强对公墓特别是经营性公墓的管理，依法查处违法建大墓、建豪华墓等行为，坚决取缔非法公墓，严禁公益性公墓违规经营行为。

（四）加强监督管理，营造良好的殡葬改革环境。进一步完善殡葬法规制度，为推进殡葬改革提供法律支撑。加强监督检查，强化责任追究，要把党员、干部带头推动殡葬改革作为加强党风政风建设的重要内容来抓，对党员、干部尤其是领导干部在丧事活动中大操大办、铺张浪费、借机敛财、违规殡葬等违法违纪行为，要依纪依法严肃查处，坚决纠正殡葬活动中的不正之风，做到令行禁止。宣传、精神文明建设等部门要做好殡葬改革宣传引导工作，加大对殡葬改革先进典型的宣传力度，传播推动殡葬改革正能量。工会、共青团、妇联等人民团体和基层党组织、村（居）委会以及红白理事会、老年人协会等要充分发挥作用，积极宣传殡葬改革的各项法律和政策，号召广大群众广泛参与殡葬改革，推动我省殡葬改革顺利进行。

中共海南省委办公厅 海南省人民政府办公厅 关于印发《海南省推行绿色殡葬五年行动计划（2019—2023 年）》的通知

（琼办发〔2019〕61 号）

各市、县、自治县党委和人民政府，省委各部门，省级国家机关各部门，各人民团体：

《海南省推行绿色殡葬五年行动计划（2019—2023 年）》已经省委、省政府同意，现印发给你们，请结合实际认真贯彻落实。

海南省推行绿色殡葬五年行动计划（2019—2023 年）

为深化殡葬改革，推进绿色殡葬，促进我省精神文明和生态文明建设。根据民政部等十六部门《关于进一步推动殡葬改革促进殡葬事业发展的指导意见》（民发〔2018〕5 号），结合海南实际，制定本行动计划。

一、总体要求

（一）总体目标。积极践行新发展理念，以满足人民群众殡葬服务需求为导向，以推进火葬为基础，以推行殡葬改革为牵引，建设惠民、绿色、文明殡葬。到 2023 年，实现殡仪馆、公墓、骨灰楼、殡仪服务站覆盖全省城乡人口，基本满足群众丧葬需求。散埋乱葬现象得到有效治理。火化率大幅度提升，火葬区遗体火化率达到 100%，全省遗体火化率达到 50% 以上。实现城乡居民基本殡葬服务均等化、殡葬服务优质化、殡葬管理规范化、殡葬习俗文明化、殡葬设施现代化、管理服务信息化。

（二）基本原则

坚持节约资源，保护生态环境。坚持节约优先、保护优先的理念，科学规划建设节地生态安葬设施，创新推广节地生态葬法，提高土地利用率，尊重和保护自然生态，减少安葬活动对资源的消耗和对环境的不当干预，切实维护生态安全。

坚持疏堵结合，积极稳步推进。坚定不移推行殡葬改革，破除丧葬陋习，树立殡葬新风。加快建设布局合理、设施完善、功能齐全、服务便捷的殡葬公共服务体系，满足群众基本殡葬需求。尊重少数民族的殡葬习俗。

坚持公平可及，确保基本权益。坚持殡葬事业公益属性，健全基本殡葬服务制度，推进殡葬信息化服务管理，确保实现人人享有公益性基本殡葬服务，让人民群众成为殡葬改革最大受益者。

坚持问题导向，分类统筹实施。依法治理殡葬改革中存在的突出问题，鼓励各市县结合自身条件和特点，因地制宜大胆探索创新。坚持殡、葬、祭改革"三位一体"统一推进。推动节地安葬与绿色殡葬、人文殡葬、惠民殡葬相结合，葬法改革与葬礼改革相衔接。在全省统一规划的基础上，分步统筹推进，分类实施。

坚持示范引领，带动社会参与。充分发挥党员干部推动殡葬改革的带头示范作用，引导社会贤达带头文明节俭办丧，生态节地安葬逝者，文明低碳祭扫先人，形成全社会参与的殡葬改革良好局面。

二、主要任务

（一）加强殡葬设施建设。各级政府要结合实际，编制殡葬服务设施建设规划，并纳入省和市县总体规划，按照殡葬设施设备种类、数量、服务规模与当地群众殡葬服务需求相匹配、与殡葬改革相适应的要求，明确殡仪馆、公墓、骨灰楼、殡仪服务站、社区治丧场所等殡葬设施的数量、规模、布局规划，推进殡仪馆、公益性公墓建设，实现殡仪馆建设满足群众火化需求，公益性公墓覆盖市县、乡镇、村三级。（责任单位：省民政厅、省发展改革委、省财政厅、省自然资源和规划厅、省生态环境厅、省住房城乡建设厅、省林业局，各市县）

（二）大力推进遗体火化。把遗体火化作为深化殡葬改革、推进绿色殡葬攻坚战的工作重点，把提高火化率作为工作的主攻方向。重新调整划分火葬区，扩大火化区面积。火葬区内遗体应当就地、就近火化，禁止应当火化的遗体土葬。加强对殡仪馆开具火化证明、公墓经营管理机构开具安葬证明、医院太平间以及遗体运输专用车辆管理，从源头上控制违规安葬、违规提供服务，确保火葬区死亡人员遗体全部火化，其遗属在办理火化手续后领取丧葬费。（责任单位：省民政厅、省发展改革委、省人力资源社会保障厅、省卫生健康委，各市县）

（三）推进丧葬陋习改革。全面禁止在城区街道、公共场所停放遗体、搭建灵棚、燃放鞭炮、焚烧祭品，引导群众治丧和悼念活动在殡仪馆或集中治丧殡仪服务场所内进行，有殡仪馆或集中治丧场所的市县，城区丧事办理原则上一律在殡仪馆或者集中治丧场所进行。禁止在丧事中开展任何封建迷信活动，推行以举行遗体告别仪式等文明方式节俭办丧。推行绿色祭扫，公墓、殡仪馆等殡葬场所全部禁止焚烧纸钱、燃放鞭炮，倡导敬献鲜花、植树绿化、诵读祭文等文明祭扫方式缅怀逝者。（责任单位：省民政厅、省文明办、省旅游和文化广电体育厅、省住房城乡建设厅，各市县）

（四）全面整治散埋乱葬。对沿铁路、高速公路和国道省道、县乡公路两侧，沿村庄周边，沿河流水库岸边；水源保护区、文物保护区、旅游风景名胜区、集中住宅区、自然保护区、城市规划和工业园区可视范围内的各类散墓全部进行摸底排查、建立台账，采取集中迁至公墓安葬或就地深埋，不留坟头，不留标记，植树绿化。对毁林造坟、毁田造坟以及违规建造的大墓、豪华墓、活人墓坚决依法拆除。火葬区死亡人员，禁止骨灰装棺再葬。土葬改革区死亡人员，禁止在公墓和依法划定的区域以外的其他地方埋葬遗体、建造坟墓。禁止建立和恢复宗族墓地。建立工作通报制度，加强巡查督查，杜绝出现新的散埋乱葬现象。（责任单位：省民政厅、省自然资源和规划厅、省生态环境厅、省农业农村厅、省林业局，各市县）

（五）全面推行生态安葬。大力推行不占或少占土地、少耗资源、少使用不可降解材料的节地生态安葬方式。在允许土葬的地区，提倡和鼓励以深埋、不留坟头的方式集中规范安葬遗体。严格执行国家规定的墓穴占地面积，火葬区新建公益性公墓全部采取深埋不留坟头方式安葬，经营性公墓全部提供骨灰安葬。土葬改革区公益性公墓全部采取深埋不留坟头方式安葬，禁止经营性公墓对火葬区死亡居民提供遗体安葬，安葬要求按照火葬区执行。非火葬区公益性公墓和经营性公墓墓位（含双穴位）占地面积均不得超过4平方米，墓碑高度（含基座）不得超过地面0.8米。鼓励建设乡镇骨灰安葬设施和生态墓园。在林地、草地等适当场所划定一定区域，进行林地、草地和墓地复合利用，实施树葬、花葬、草坪葬等生态安葬，但不得改变林地、草地用途。沿海地区可以划定一定海域实施骨灰海葬，每年集中开展骨灰海葬活动。（责任单位：省民政厅、省发展改革委、省自然资源和规划厅、省生态环境厅、省科技厅、省住房城乡建设厅、省农业农村厅、省林业局，各市县）

（六）加快构建信息平台。建设全省殡葬管理服务信息系统平台。推进殡葬服务机构业务办理规范化、网络化、信息化，打造"互联网+殡葬"服务管理模式，实现政府部门数据共享。开展网上预约预订、远程告别、网上祭奠等服务，为群众提供更加便捷、透明的殡葬服务。（责任单位：省民政厅、省工业和信息化厅，各市县）

（七）完善惠民殡葬政策。把遗体接运、暂存、火化、骨灰寄存项目纳入基本殡葬服务范畴，逐步建立基本殡葬服务免费制度，相关费用在殡葬服务单位直接核免。对履行基本殡葬服务职能的殡仪馆、公益性公墓等殡葬服务机构，政府给予补贴，确保持续稳定地提供基本殡葬服务。建立激励奖补制度，对主动采取树葬、花葬、草坪葬、格位存放、骨灰撒散等少占或不占土地方式、遗体深埋不留坟头和墓碑等生态葬法的遗属进行补贴，对组织开展节地生态安葬服务和低碳文明公祭活动的殡葬服务单位给予补贴。（责任单位：省民政厅、省财政厅，各市县）

（八）创新殡葬管理机制。创新事中事后监管方式，在殡葬管理中全面推行"双随机、一公开"监管。探索将殡葬执法纳入城乡综合管理范畴，提升殡葬管理能力。加强殡葬用品市场、社会殡仪服务机构、殡葬服务中介机构及相关从业人员管理，严厉查处和打击虚假宣传、以次充好、强制消费、价格欺诈等行为，全面禁止非殡仪馆车辆接运遗体。加强医院太平间管理，严禁在太平间开展营利性殡仪服务。加强部门联动惩戒，探索建立失信黑名单制度，将失信黑名单信息纳入全国信用信息共享平台，强化对殡葬服务机构的信用监管。（责任单位：省民政厅、省公安厅、省卫生健康委、省市场监管局，各市县）

（九）发挥党员干部带头作用。全面落实党中央和省委关于党员、干部带头推动殡葬改革的要求，把带头推动殡葬改革纳入对党员干部的教育管理之中，增强党员、干部从严律己意识。党员、干部要做法规制度的遵守者，火葬区党员、干部去世后，全部依法实行火葬，不得超标准建墓立碑，土葬改革区党员、干部去世后，遗体应当在公墓内集中安葬，不得乱埋乱葬。党员、干部应当带头文明节俭治丧、节地生态安葬、文明低碳祭扫，并加强对其直系亲属和身边工作人员办理丧葬事宜的教育和约束，以正确导向和行为示范带动广大群众革除丧葬陋俗，弘扬新风正气。（责任单位：省委组织部、省委宣传部、省民政厅，各市县）

三、实施步骤

（一）动员部署，启动行动计划（2019 年 1 月 1 日—2019 年 12 月 31 日）。各级政府建立健全殡葬改革领导机构，召开绿色殡葬五年行动计划动员大会，全面部署推行绿色殡葬工作任务，层层签订目标责任书。完成殡葬设施建设规划，明确殡葬设施数量、规模、布局和完成时间节点。加快海口市、三亚市殡仪馆搬迁，完成儋州市殡仪馆建设，年内投入使用。按照人口规模和服务半径，启动万宁市殡仪馆、屯昌县殡仪馆建设前期工作。部署开展散埋乱葬治理。将海口市、三亚市全域划为火葬区。全省遗体火化率达到 18% 以上。

（二）完善设施，提升服务能力（2020 年 1 月 1 日—2021 年 6 月 30 日）。完成市县、乡镇、村三级公益性公墓建设。完成万宁市殡仪馆、屯昌县殡仪馆建设。持续开展散埋乱葬治理。大力推广节地生态安葬。完成殡葬信息管理系统建设。将儋州市（含洋浦经济开发区）城镇划为火葬区。全省遗体火化率达到 25% 以上。

（三）加强管理，推进节地安葬（2021 年 7 月 1 日—2022 年 12 月 31 日）。集中开展散埋乱葬和殡葬陋习治理，散埋乱葬和大操大办、办丧扰民等现象得到遏制。全面推行节地生态安葬。继续推进殡仪馆建设，选择条件成熟的市县规划建设殡仪馆。将儋州市（含洋浦经济开发区）全域和其他土葬改革区城镇划为火葬区，全省遗体火化率达到 40% 以上。对各市县阶段性工作完成情况进行督导评估，确保按照时间进度完成工作任务。

（四）巩固提升，实现行动目标（2023 年 1 月 1 日—2023 年 12 月 31 日）。巩固散埋乱葬和殡葬陋习治理成效，因地制宜建设节地生态安葬公祭设施，组织多种形式节地生态安葬公祭活动，全面实施绿色殡葬奖补激励政策，节地生态安葬和文明祭扫成为殡葬活动主流，节地生态安葬比例达到50%以上。根据火化设施建设情况，进一步调整扩大火葬区，全省遗体火化率达到50%以上。

四、保障措施

（一）加强组织领导。建立健全党委领导、政府负责、部门协作、社会参与的领导体制和工作机制，明确职责分工，强化责任落实。各级政府承担主体责任，负责对殡葬管理工作的统筹规划、协调指导、督促检查和经验推广。市县政府主要负责同志为第一责任人，分管负责同志为直接责任人，要统筹做好行动计划进度安排，重点做好资金落实使用以及殡仪馆、市县级公益性公墓等基础设施建设等工作。乡镇政府负责乡镇公益性公墓（骨灰楼）、殡仪服务站等基础设施建设，重点做好教育引导、源头管控、措施落实、依法治理等工作，指导村（居）委会全面建立红白理事会，把殡葬改革纳入村规民约。村（居）委会要建立殡葬联络员制度，负责上报村（居）民死亡信息，村（居）委会干部要会同红白理事会教育引导丧户落实文明办丧、遗体火化和节地生态安葬，形成市县、乡镇、村（居）三级殡葬改革工作合力。

（二）加强资金保障。各市县要加大资金投入，补齐殡葬事业民生投入短板，统筹预算内投资和福彩公益金，推进殡葬基础设施建设，切实保障基本殡葬公共服务和殡葬管理工作经费支出。在强化政府主体责任的同时，鼓励社会资本以出资建设、参与改制、参与运营管理等多种形式投资殡葬服务行业。

（三）完善政策法规。适时修订《海南省殡葬管理办法》。制定完善殡仪馆、公墓、殡仪服务站等殡葬服务设施管理规定，建立健全对散埋乱葬、殡葬用品市场、殡葬服务中介机构监管等方面的制度规定，提高殡葬管理服务水平，确保殡葬管理有法可依，有章可循。

（四）加强队伍建设。完善殡葬管理机构建设，配齐配强殡葬执法力量，提供必要的物质保障。加强殡葬从业人员的培训、考核、鉴定，不断提高人员素质。加快培养和引进殡葬事业发展亟需的各类专业人才，提高殡葬服务人员社会地位，完善职称评定等激励机制。

（五）强化目标考核。加强对殡葬改革落实情况的督查考核，健全殡葬工作的考核评价机制，完善考评办法，把火化率、基础设施完成情况、散埋乱葬治理、节地生态安葬等指标作为对市县目标考核的重要依据，实行季度通报、年终考核排名，重视考评结果运用。省殡葬改革工作联席会议办公室要组织人员开展督查、查找问题、督促整改。省政府适时对各市县阶段工作完成情况进行评估，评估结果进行通报，并对没有按时完成任务的市县政府负责人进行约谈。

（六）落实部门责任。各部门要切实履行职责，加强联动互动。民政部门要牵头做好殡葬管理政策法规制定、殡葬改革工作组织实施、殡葬设施审批监管等工作。文明办要做好殡葬改革宣传引导工作，将殡葬移风易俗工作纳入文明创建活动内容。发展改革部门要加强对殡葬事业发展的规划，建立殡葬事业公共投入和稳定增长机制，加大对提供基本殡葬服务的殡葬设施建设支持力度，依法制定殡葬服务收费标准。公安机关要加强对本部门出具的非正常死亡证明的管理，查处丧事活动中违反治安管理的行为和私自改装车辆运输遗体的行为。财政部门要落实惠民殡葬和节地生态安葬奖补政策资金，加强资金监管。人力资源和社会保障部门要完善参加社会保险人员死亡后丧葬补助金、抚恤金等发放政策。自然资源、林业等部门要依法保障纳入规划的殡葬设施用地需求，纠正和查处违法占地建设殡葬设施、违法占用耕地林地建坟等行为。生态环境部门要依法指导支持火化机环保改造，强化殡葬活动的生态环境监管。住房城乡建设部门要依法加强殡葬设施建设管理。旅游文化部门要加强对治丧活动中营利性演出活动的监管。卫生健康部门要加强对医疗机构出具人口死亡医学证明的管理和医疗机构太平间的管理，指导殡仪服务机构做好卫生防疫工作。市场监管部门要配合查处制造、销售不符合国家技术标准的殡葬设备、封建迷信殡葬用品等违法行为，查处殡葬乱收费行为。宗教事务管理部门要依法规范寺庙等宗教活动场所建设骨灰存放设施等行为。工会、共青团、妇联等人民团体和基层党组织、村（居）委会以及殡葬行业协会、红白理事会、老年人协会等基层组织要充分发挥作用，广泛动员群众积极参与殡葬改革。

（七）加强宣传引导。充分发挥媒体、殡葬服务机构和村（居）委会、红白理事会、老年人各类协会等群众自治组织在宣传教育方面的作用，用群众喜闻乐见的方式，宣传推进绿色殡葬的重大意义，深入宣传殡葬法规政策，倡导文明殡葬新风尚。大力宣传带头参与殡葬改革的典型事例及各地推动殡葬改革发展的成功经验，发挥先进典型的示范作用，及时曝光违规土葬、散埋乱葬、建大墓豪华墓等反面事例，坚持正确的舆论导向，加强舆情管控，努力提升群众对殡葬改革的认识，引导群众支持并参与殡葬改革。

中共海南省委办公厅

2019 年 4 月 2 日

● 重庆市 ●

重庆市民政局关于做好渝东北三峡库区城镇群和渝东南武陵山区城镇群所辖 17 个区县减免首次遗体运输费工作的通知

（渝民〔2023〕73 号）

万州区、梁平区、开州区、城口县、丰都县、垫江县、忠县、云阳县、奉节县、巫山县、巫溪县、黔江区、武隆区、石柱县、秀山县、酉阳县、彭水县民政局：

96000 殡葬服务热线（以下简称"96000 热线"）成立于 2014 年 12 月，2015 年 1 月 1 日正式开通运行，由市民政局主管，市殡葬事业管理中心负责日常运行管理工作。为更进一步有效发挥 96000 热线的作用，逐步提高殡葬惠民水平，经会商市财政局同意，决定将减免首次遗体接运车辆运输费实施范围扩面至渝东北三峡库区城镇群、渝东南武陵山区城镇群。为做好此项工作，现将有关事宜通知如下。

一、开展《实施办法》宣贯培训，规范减免首次遗体运输费业务办理

《实施办法》中明确了减免首次遗体运输费的适用范围、减免标准和方式、实施程序、申报所需资料、部门职责等。从 2023 年 6 月 1 日起，减免首次遗体运输费政策扩面至全市所有区县，《实施办法》"第二条 适用范围"进行对应调整，即满足以下四个条件可减免首次遗体运输费：1. 逝者遗体接运地在市内；2. 遗体由市内合法殡葬服务机构接运，在市内合法殡葬服务机构治丧或火化；3. 通过 96000 热线转接成功办理遗体接运；4. 使用普通殡仪车接运遗体。《实施办法》其他条款未做调整的继续执行。

有关区县民政部门要组织辖区殡仪服务机构开展《实施办法》的宣贯培训，进一步提高工作认识，明确方法步骤，确保惠民政策有效落实。市殡葬事业管理中心将适时组织有关区县民政部门和殡仪服务机构开展培训，介绍 96000 热线相关工作，解读《实施办法》。

二、着力做好 96000 热线宣传推广，把减免首次遗体运输费殡葬惠民政策落到实处

96000 热线向市民提供业务办理、信息咨询、投诉受理和悲伤抚慰四项服务，全天 24 小时值守。96000 热线的建立，打通了殡葬行业和社会公众之间的信息通道，增强了殡葬行业的透明度，保障了群众的合法丧葬权益。

渝东北三峡库区城镇群 11 个区县和渝东南武陵山区城镇群 6 个区县（以下简称"有关区县"）民政部门要高度重视 96000 热线工作，把 96000 热线作为深入践行"民政为民，民政爱民"理念的重要服务平台，作为关注民生、服务市民的重要窗口，作为展示全市殡葬行业形象、创新服务形式、提升服务水平的重要途径，抓紧抓好此项工作，将减免首次遗体运输费殡葬惠民政策落到实处。民政部门和殡仪服务机构要广泛宣传 96000 热线的功能作用及殡葬惠民政策，让市民群众充分了解 96000 热线的服务宗旨、工作内容和受理范围，提升 96000 热线的认知度和影响力，建立让人

民群众满意的殡葬服务。利用春节、清明节等时机，运用报刊媒体、微信、微博等渠道，在社区、广场等人口较为密集的区域，向社会各界进行多层次、立体式宣传。通过走访告知、发放宣传折页、LED 电子显示屏公告等形式，利用与群众"面对面"服务的优势，强化宣传，突出实效。

三、落实主体责任，确保项目资金规范高效运行

有关区县民政部门和殡仪服务机构要严格执行《实施办法》，确保项目资金规范高效运行。

一是安排专人负责热线工作。各殡仪服务机构要明确专人负责 96000 热线工作，建立专人、专线与 96000 热线联系制度，将负责人、联系人、联系电话、车辆、单位地址等信息报送市殡葬事业管理中心，确保信息准确、真实。机构工作人员要及时办理 96000 热线转接来电，或主动协助丧属拨打 96000 热线登记，积极宣传 96000 热线和首次遗体运输费减免政策。

二是落实车辆接运制度。凡经 96000 热线转接的治丧电话，殡仪服务单位要及时派出接运车辆，配备引导员和接运人员，并按照市民要求的时间到达指定地点，提供优质服务。

三是严格执行减免规定。提供遗体运输服务的殡仪服务机构直接为丧属办理减免事宜，遗体运输费在 230 元以内据实减免此项费用，超出 230 元限额的，其超出部分由丧属自行承担。各殡仪服务机构要根据《实施办法》制定本单位首次遗体运输费减免实施细则，严格按规定抓好落实。

请有关区县民政部门于 5 月 19 日 15 时前将辖区殡仪服务机构人员信息（见附件 2）报送至电子邮箱：（略）

附件：1. 重庆市主城都市区减免首次遗体运输费实施办法
　　　2. 殡仪服务机构人员信息（略）

重庆市民政局
2023 年 5 月 17 日

附件 1

重庆市主城都市区减免首次遗体运输费实施办法

第一条　实施目的

为规范 96000 殡葬服务热线（以下简称"96000 热线"）办理主城都市区首次遗体运输费减免事宜的实施管理，促进殡葬惠民政策落到实处，结合工作实际，制定本办法。

第二条　适用范围

减免首次遗体运输费需同时具备以下条件：

（一）逝者遗体接运地在主城都市区（渝中区、大渡口区、江北区、沙坪坝区、九龙坡区、南岸区、北碚区、渝北区、巴南区、两江新区、西部科学城重庆高新区、涪陵区、长寿区、江津区、合川区、永川区、南川区、綦江区、大足区、璧山区、铜梁区、潼南区、荣昌区、万盛经开区）内；

（二）遗体由主城都市区合法殡葬服务机构接运，在主城都市区合法殡葬服务机构治丧或火化；

（三）通过 96000 热线转接成功办理遗体接运；

（四）使用普通殡仪车接运遗体。

以下情形不予减免：逝者已享受基本丧葬服务费减免（如逝者为城乡困难群众、人体器官捐赠

人等）。

第三条　减免标准和方式

提供遗体运输服务的殡葬服务机构直接为服务对象办理，遗体运输费在 230 元以内据实减免此项费用，超出 230 元限额的，其超出部分由服务对象自行承担。

第四条　实施流程

（一）丧事承办人拨打 96000 热线，转接至殡葬服务机构，成功办理遗体接运；

（二）殡葬服务机构为群众减免遗体运输费，收集减免补贴申报所需资料，填写《96000 殡葬服务热线转接办理首次遗体运输费减免补贴申报表》（以下简称"申报表"，附件 1），相关人员签字确认；

（三）市殡葬事业管理中心每半月提供 96000 热线业务办理成功后台系统信息，供殡葬服务机构核对，发现问题及时反馈；

（四）殡葬服务机构每月前 3 个工作日内向同级殡葬管理部门报送上月减免补贴申报材料；

（五）同级殡葬管理部门审查核实减免补贴申报材料，填制《96000 殡葬服务热线转接办理首次遗体运输费减免补贴申报审核汇总清册》（以下简称"汇总清册"，附件 2），明确审核意见结果，签字盖章确认后报市殡葬事业管理中心；

（六）市殡葬事业管理中心对报送的申报材料进行抽查；

（七）市殡葬事业管理中心根据申报及抽查情况，每季度采用对公转账方式向殡葬服务机构发放补贴；

（八）市殡葬事业管理中心不定期到现场督查殡葬服务机构执行首次遗体运输费减免情况；

（九）市殡葬事业管理中心适时进行项目资金审计和绩效评价。

第五条　减免补贴申报所需资料

（一）汇总清册；

（二）申报表；

（三）逝者死亡证明复印件；

（四）逝者身份证复印件；

（五）丧事承办人身份证复印件。

第六条　市殡葬事业管理中心职责

（一）统筹首次遗体运输费减免项目的实施和管理；

（二）加强项目宣传，提高政策知晓度，让更多群众受益；

（三）加强 96000 热线管理，为群众及时办理业务；

（四）协调落实项目资金保障，强化资金管理；

（五）抽查殡葬服务机构服务质量、实施减免等情况；

（六）抽检补贴申报材料，规范申报行为；

（七）及时准确兑付补贴；

（八）按规定归档保存相关资料；

（九）接受项目审计监督。

第七条　殡葬管理部门职责

（一）做好首次遗体运输费减免项目的组织实施和管理工作；

（二）加强项目宣传，提高政策知晓度，让更多群众受益；

（三）督导殡葬服务机构为群众提供优质服务，严格落实减免政策；

（四）审核汇总殡葬服务机构的减免补贴申报材料，重点核查逝者身份，避免重复享受减免，明确审核意见；

（五）接受监督检查，配合开展项目审计和绩效评价。

第八条　殡葬服务机构职责

（一）积极参与首次遗体运输费减免项目的实施；

（二）大力开展项目宣传，让更多群众受益；

（三）坚持"便民、快捷、高效"原则，为群众提供优质服务，按规定实施减免，确保惠民政策落实到位；

（四）规范完成减免补贴申报材料的收集、填写、整理和报送；

（五）对申报材料的真实性负责；

（六）接受监督检查，配合开展项目审计和绩效评价。

第九条　违规处罚

（一）对违规享受减免的，由殡葬服务机构自行追回减免费用，情节恶劣的，依法依规移送有关部门处理。

（二）对违规获取补贴的，市殡葬事业管理中心视违规情节责令殡葬服务机构限期退回补贴、取消参与项目资格，并将违法线索移送有关部门处理。

第十条　其他事项

（一）本办法自 2023 年 3 月 1 日起实施，由市民政局会同市财政局负责解释。此前相关规定与本文件规定不一致的，以本文件为准。

（二）2023 年度减免补助经费按原资金渠道保障。2024 年起，减免补助经费按殡葬服务机构隶属关系，纳入同级财政预算安排，市级视情况给予补助，具体补助办法由市民政局会同市财政局另行制定。

附件：1-1. 重庆市殡葬事业管理中心 96000 殡葬服务热线转接办理首次遗体运输费减免补贴申报表（略）

1-2. 重庆市殡葬事业管理中心 96000 殡葬服务热线转接办理首次遗体运输费减免补贴申报审核汇总清册（略）

重庆市民政局关于印发《殡葬便民利民惠民十项措施》的通知

（渝民〔2023〕86号）

各区县（自治县）民政局，两江新区社会保障局、西部科学城重庆高新区公共服务局、万盛经开区民政局：

现将《殡葬便民利民惠民十项措施》印发给你们，请结合实际认真抓好贯彻落实。

重庆市民政局
2023年5月30日

（此件公开发布）

殡葬便民利民惠民十项措施

为贯彻落实习近平总书记对殡葬工作作出的重要指示批示精神，切实做好殡葬便民利民惠民工作，按照市委、市政府有关要求，特制定如下措施：

一、便民殡葬措施

（一）推进公益性殡葬服务设施建设。编制城乡公益性安葬（放）设施专项规划，实施公益性殡葬设施建设5年行动计划，2023年启动2个火化殡仪馆、5个城市公益性安葬（放）设施、50个农村公益性示范安葬（放）设施建设。到2027年，建成覆盖城乡的公益性殡葬服务设施体系，有效补齐殡葬服务设施短板。

（二）开展公民"身后一件事一次办"服务。依托"渝快办"平台，加强民政、公安、人力社保等部门多跨协同，开展出具火化证明、户口注销、遗属待遇申领等事项的"公民身后一件事一次办"，为群众提供更加便捷的殡葬政务服务。

（三）强化96000殡葬热线便民服务功能。优化完善96000殡葬服务热线系统，强化政策宣传、服务咨询、业务办理、投诉监督等殡葬顾问功能，提升应急指挥和服务调度能力，加强服务宣传，提高公众知晓率和认同度。

二、利民殡葬措施

（四）提升丧葬服务效能。建立健全死亡人口信息和丧葬事务协同监管及服务保障机制，确保第一时间掌握信息、开展引导、提供服务。依托村、社区等基层自治组织建立殡葬信息员制度，协助丧属办理丧事，及时劝阻和纠正不文明治丧行为。

（五）规范殡葬服务机构经营行为。全面公开殡葬服务机构信息，加强殡葬服务价格监管，依法打击价格违法、超范围经营、超面积建墓、违规网络祭祀、违规预售、炒买炒卖墓位（格位）等行为，规范殡葬服务秩序。

（六）加强殡葬人才、标准化建设。实施殡葬人才队伍五年培训计划，推行职业技能等级评价制度，加强从业人员管理。研究制定殡葬服务标准体系，推进殡葬服务标准化单位示范创建活动，抓好国家、行业和地方标准宣贯工作。

（七）建立安全质量信用评价机制。制定殡葬服务机构质量和信用评价标准，建立殡葬服务机构"黑名单"制度和网上公开制度，完善守信激励和失信惩戒机制。

三、惠民殡葬措施

（八）开展基本殡葬服务制度试点。制定基本殡葬服务目录清单，支持有条件的区县开展基本丧葬服务费用减免试点，到 2027 年实现基本丧葬费用减免全覆盖。

（九）完善节地生态安葬奖补制度。制定完善节地生态安葬补贴实施办法，建立惠及全民的节地生态安葬奖补制度。

（十）全域推广 96000 热线首次遗体运输费减免制度。2023 年 6 月底前，96000 热线首次遗体运输费减免政策覆盖全市。

重庆市民政局 重庆市卫生健康委员会
关于印发《重庆市协同推进 96000 殡葬服务热线工作方案》的通知

（渝民〔2023〕128 号）

各区县（自治县）民政局、卫生健康委，两江新区、西部科学城重庆高新区、万盛经开区有关部门（单位），市殡管中心、市石桥铺殡仪馆、市卫生健康委各委属医疗机构：

为深入贯彻习近平总书记关于殡葬工作的系列重要指示批示精神，进一步推动我市殡葬改革管理服务工作，市民政局、市卫生健康委联合制定了《重庆市协同推进 96000 殡葬服务热线工作方案》，现印发给你们，请认真贯彻落实。

重庆市民政局　重庆市卫生健康委员会
2023 年 7 月 19 日

重庆市协同推进 96000 殡葬服务热线工作方案

为进一步规范殡葬服务秩序，优化殡葬服务便民、利民、惠民措施，推进多跨协同，提升殡葬服务水平，实现"惠民有感"。特制定重庆市协同推进 96000 殡葬服务热线（以下简称"服务热线"）工作方案。

一、总体要求

按照统一领导、依法规范、资源统筹、相互协同、及时稳妥、便民利民惠民的原则，坚持"以人为本、公平公正、便捷高效、服务民生"的工作目标，明确职责定位，强化殡葬公共服务和行业监督管理，有效提升服务质量和水平，努力增强群众对殡葬改革的认同感和获得感，推动我市殡葬改革上新台阶。

二、职责分工

（一）民政部门职责。加强服务热线运行管理，确保24小时不间断运行。加强服务热线宣传推广，提升群众知晓度。加强殡葬服务机构服务质量监管，做好殡仪专用车接运遗体工作。

（二）卫生健康部门职责。指导医疗机构规范开具正常死亡医学证明。配合民政部门指导医疗机构加强太平间管理。配合民政部门做好殡葬服务热线宣传推广工作。

三、工作流程

（一）死亡报告。病人正常死亡后，医疗机构要及时出具死亡医学证明，配合殡葬服务机构发放96000服务卡。

（二）机构选择。丧属拨打服务热线办理丧葬业务的，对殡葬服务机构有明确要求的来电，服务热线工作人员直接转至相应的殡葬服务机构；对需要帮助选择殡葬服务机构的来电，服务热线工作人员按照"自愿、就近、属地"原则，推荐三个以上殡葬服务机构，根据丧属意愿将电话转至相应殡葬服务机构，由殡葬服务机构工作人员直接与丧属交流沟通相关事宜。

（三）遗体接运。殡葬服务机构应严格落实"首接负责制"，按照丧属意愿及时派出殡仪专用车到指定的地点接运遗体，对通过服务热线办理殡仪业务的，首次遗体运输费在230元以内据实减免。

（四）跟踪回访。服务热线工作人员对办理业务的电话，实行全程录音，并对殡葬服务机构服务情况进行回访。

四、工作要求

（一）加强宣传。民政部门要加大服务热线宣传推广力度，卫生健康部门配合民政部门指导医疗机构以适当形式进行宣传，将惠民殡葬政策直接送到有需要的群众手中，引导群众选择正规殡葬服务机构，防止受非法殡葬中介欺骗，保护自身合法殡葬权益。

（二）规范处置。患者在医疗机构内死亡的，遗体应当立即移放太平间。殡葬管理部门要指导监督医疗机构加强太平间管理，建立健全遗体停放、运出登记制度。死于家中人员的遗体在家停放时间不得超过3天，死于其他场所的遗体应当停放在殡仪馆、殡仪服务站；禁止在公共场所停放遗体。

（三）严格管理。民政部门建立遗体接运专用车辆登记管理制度，加强遗体接运服务管理。遗体的运送，必须由正规殡葬服务机构负责。禁止殡仪馆或殡仪服务站以外的单位和个人经营遗体运送业务。车辆运送遗体后，必须就地消毒处理。

关于加快推进民生实事公益性公墓项目手续办理的通知

（渝民〔2023〕133 号）

各区县（自治县）民政局、规划和自然资源局、林业局，两江新区、西部科学城重庆高新区、万盛经开区有关部门（单位）：

为贯彻落实《重庆市人民政府办公厅关于印发 2023 年重点民生实事工作目标任务的通知》（渝府办发〔2023〕4 号）有关要求，进一步提升民生实事殡葬项目建设审批服务效能，确保如期开工建设，现就有关事项通知如下：

一、统一底数底图

严格落实自然资源部、国家林业和草原局《关于以第三次全国国土调查成果为基础明确林地管理边界 规范林地管理的通知》（自然资发〔2023〕53 号）要求，殡葬项目建设涉林图斑以"三调"成果为统一底图，遵循依法依规、实事求是的原则，规范林地管理。"三调"为园地的图斑，属于木本油料林、工业原料林、干果经济林的，按入林地管理。各区县民政、规划自然资源、林业部门要全面复核民生实事公益性公墓项目涉林情况，依法依规开展项目建设。

二、探索林地墓地复合利用

市民政局、市林业局已确定林墓复合利用试点项目，并制定《重庆市林墓复合利用建设试点实施方案》（附件 2）。相关区县民政、林业部门和乡镇（街道）要联合选址，报区县政府审定。区县民政部门牵头，组织业主单位编制林墓复合利用建设方案；区县林业部门主动参与，指导业主单位明确涉林范围、编制涉林建设方案。区县民政部门会同林业部门，对林墓复合利用建设方案进行审查。区县民政部门全程指导、监管项目实施，确保项目建设依法依规。项目建成后，区县民政部门牵头，林业部门参加，联合开展验收工作；未通过验收的项目，不得投入使用，需按验收意见整改，直至验收通过。

三、支持废弃矿山生态修复再利用

按《重庆市历史遗留和关闭矿山地质环境治理恢复与土地复垦管理办法（修订）》（渝规资规范〔2021〕6 号）要求，项目选址为废弃矿山的项目，选址范围纳入《重庆市废弃矿山生态修复及综合利用规划（2023—2030 年）》（在编）。废弃矿山的地类应按规定进行追溯，若"三调"为非林地，实际为林业主管部门依据森林法已"办理临时使用林地"审批手续和实际为违法违规占用林地的，按林地管理，禁止修坟造墓；可在制定生态修复方案时，参照《重庆市林墓复合利用建设试点实施方案》，探索林地墓地复合利用。生态修复前，经村集体同意后，由区县规划自然资源部门和建设主体共同编制矿山生态修复方案，土地利用方向为林墓复合利用的林地，编制深度为施工图深度。生态修复方案应由区县规划自然资源部门会同林业、民政部门联合审查。施工完毕达到林地生态修复验收标准后，由区县规划自然资源、林业和民政部门联合验收。验收通过后，建设主体向区县规划自然资源部门申请矿山销号和年度地类变更，并向区县民政部门申请办理殡葬服务许可证，不再办理农用地转用和许可等其他手续。

四、明确城乡公益性公墓手续办理

除林墓复合利用的项目外，城乡公益性公墓用地规划地类为特殊用地，用地需符合国家及我市节约集约用地有关要求。原则上城市公益性公墓用地应以划拨方式取得，按流程办理规划用地手续。在区县国土空间总体规划（分区规划）和《重庆市城乡公益性安葬（放）设施专项规划（2023—2035年）》获批前，殡葬设施建设项目由区县人民政府出具纳入国土空间规划承诺，作为征转和用地许可的规划依据。农村公益性公墓按乡村公共设施类项目办理农转用审批、乡村建设规划许可等手续。

未尽事宜，由市规划自然资源局、市民政局和市林业局协商解决。

附件：1. 经审核不占"三调"林地范围的53个城乡公益性安葬（放）设施民生实事项目（略）
　　　2. 重庆市林墓复合利用建设试点实施方案

重庆市民政局　重庆市规划和自然资源局　重庆市林业局
2023年8月22日

附件2

重庆市林墓复合利用建设试点实施方案

为贯彻落实习近平总书记关于殡葬工作的重要指示批示精神，巩固和深化"活人墓"、硬化大墓整治成果，加快推进我市城乡公益性安葬（放）设施建设，解决散埋乱葬耗费土地资源多、管理难度大、火险隐患突出等问题，实现节约土地资源，推行绿色安葬，满足群众"逝有所安"的殡葬需求，拟在我市开展林墓复合利用建设试点，特制定本方案。

一、指导思想

以习近平新时代中国特色社会主义思想为指导，坚持以人民为中心的发展思想，贯彻新发展理念，以促进精神文明和生态文明建设为落脚点，以推进资源节约利用、加强生态建设保护、破解民生问题为重点，探索林地与墓地复合利用，建设节地生态型农村公益性公墓，努力打造节地生态安葬新模式，树立生态、环保、文明的殡葬新风，为建设山清水秀美丽之地和宜居宜业和美乡村创造良好的环境。

二、基本原则

（一）坚持政府主导，统筹推进。试点区县应当把开展林墓复合利用试点项目建设作为落实基本民生保障项目的实事纳入重要议事日程，纳入政府基本公共服务规划范畴，进行统筹规划，协调推进。

（二）坚持公益属性，以民为本。开展林墓复合利用试点，建设节地生态型农村公益性安葬（安放）设施，必须坚持非营利性、公益性，按照政府指导价低成本运营，做到普惠民生。

（三）保持土地性质，复合利用。开展林墓复合利用试点，建设节地生态型农村公益性安葬（安放）设施，不得改变林地性质，不改变林地所有权和使用权，不破坏森林资源。

（四）坚持总量管控，规范管理。开展林墓复合利用试点，建设节地生态型农村公益性安葬（安放）设施，要严格控制试点数量、规模，严格执行有关规范规定；落实责任主体，严格规范管理。

三、工作目标

2023年，在11个区县13个乡镇开展林墓复合利用试点（详见附件2-1），建设节地生态型农村公益性公墓，规范管理，定期监测，研究标准，总结经验，成熟后在全市推行。

四、工作要求

（一）试点选址要求。严格执行法律法规，在不改变林地用途、有利森林防火工作、保证森林资源安全的前提下，避让各类自然保护地，按照不占天然林、不占公益林、不占国有林、不占优质乔木林的要求，可选址适宜的林地开展林墓复合利用试点。农村公益性公墓单一试点项目占用林地不得超过2公顷。

（二）墓区建设要求。骨灰墓单墓墓穴占地面积不超过 $0.5m^2$，合葬墓墓穴占地面积不超过 $0.8m^2$；遗体墓单墓墓穴占地面积不超过 $2m^2$，合葬墓墓穴占地面积不超过 $4m^2$；墓穴的地面部分不固化、不硬化；采取卧碑或在树上挂二维码的方式纪念，卧碑不得高出地面15cm，卧碑占地面积不超过 $0.4m^2$；每亩建卧碑骨灰墓不得超过120个或遗体墓不得超过80个；墓穴内壁不硬化、不固化，墓穴之间及墓间道路不得硬化，墓区内绿化覆盖率达到100%。

（三）林区建设要求。试点项目的林地，可结合实际依规开展抚育或改培。抚育或改培的作业设计经区县林业部门审定后实施。抚育或改培后，林地内的目标树株数不低于每公顷900株（每亩不低于60株）或郁闭度不低于0.6。在树种选择上坚持因地制宜、适地适树和尊重民间习俗的原则，以柏树、楠木等乡土树种、珍贵树种为主。采用多年生大规格良种壮苗，苗木高度原则上不低于1.5米。

（四）配套设施要求。节地生态型农村公益性公墓内的人行步道，原则上不采伐树木、不硬化，宽度控制在1米左右。公墓外围要开辟宽度30米以上的防火隔离带或者营造生物防火林带，设置统一集中祭祀点，建设森林消防水池及管网，安装林下红外线自动报警器和智能语音宣传设备，并储备必要的防火物资等。

五、办理程序

（一）选择试点区域。乡镇人民政府根据国土空间规划和殡葬设施空间布局规划，初步选择试点地块，并进行现状调查分析，依规分析开展林墓复合利用试点的必要性和可行性。区县民政、林业、规划自然资源部门和乡镇（街道）联合现场选址；市民政局汇总选址方案，征求市规划自然资源局、市林业局意见。区县政府审定试点区域。

（二）编制建设方案。乡镇人民政府根据墓区建设要求、林区建设要求和配套设施要求等，组织编制林墓复合利用试点建设方案，应尊重现有肌理，注重墓穴排序依地形线布局，注重配套硬质及交通组织，标准化设置人行通道坡度合理衔接墓区；应满足郁闭度及林木密度要求，保证森林防火安全和安全监控，做到墓隐于林却不见墓。

（三）完善项目审批。乡镇人民政府提交试点项目建设申请，为项目建设主体。区县民政、林业部门共同对方案合法性及风险因素进行审查，并报市民政局、市林业局联合审查后，由区县人民政府批准实施。

（四）开展评估验收。项目竣工后，区县民政、林业部门共同对试点项目进行竣工验收。验收合格，区县民政部门发放殡葬服务许可证后方可开展殡葬服务。

六、工作措施

（一）部门职责。民政部门负责试点项目策划、墓区建设监管，负责试点项目运营期殡葬事宜的监管；林业部门负责森林抚育或改培等涉林手续的办理，指导编制涉林有关方案、作业设计等；规划自然资源部门将殡葬设施规划中涉及空间保障内容，经统筹后指导区县按程序纳入国土空间规划，依法保障殡葬设施用地需求。乡镇人民政府为试点项目的责任主体，负责林墓复合利用试点项目的建设和管理，做好植树造林、绿化美化、森林防火和安全防范等工作。

（二）安全管理。林墓复合利用试点项目为低碳环保公墓，禁止烧钱化纸、燃烧香蜡纸烛、燃放鞭炮等行为。乡镇人民政府负责林墓复合利用试点项目安全管理；区县民政、林业部门应定期对林墓复合利用试点项目进行安全监督检查；试点区县应当加强传统祭扫节日服务保障，做好卫生防疫、错峰限流、交通疏导、火源管控、祭祀用品管理等工作。

（三）规范管理。林墓复合利用试点项目为民生工程，建设管理经费应纳入区县财政预算统筹管理；乡镇人民政府应对试点项目落实管理机构和管理人员，制定管理制度，落实管理责任，加强日常管理。

附件：2-1. 拟纳入林墓复合利用试点的项目（略）

2-2. 林墓复合利用建设试点审批表（略）

● 四川省 ●

四川省民政厅 四川省财政厅
关于全面实施绿色惠民殡葬政策的意见

（川民发〔2019〕55号）

各市（州）民政局、财政局：

为进一步深化殡葬改革，逐步建成城乡统筹、权责清晰、保障适度、可持续的多层次殡葬保障体系，切实提升全省城乡居民基本殡葬服务水平，根据中央和省委、省政府关于实施乡村振兴战略的决策部署以及民政部《关于全面推行惠民殡葬政策的指导意见》（民发〔2012〕211号）、民政部和财政部等16部门《关于进一步推动殡葬改革促进殡葬事业发展的指导意见》（民发〔2018〕5号）等政策规定，现就我省全面实施绿色惠民殡葬政策提出如下意见。

一、主要内容

从2019年起，推进实施绿色惠民殡葬政策，采取减免费用或提供补贴等方式，为实行遗体火化的逝者家庭提供政策范围内的基本殡葬服务，逐步实现基本殡葬服务的普惠性、均等化。

（一）政策对象。在四川省行政区域内死亡且具有四川省户籍，并在四川省内殡葬服务机构火化的人员。

（二）惠民项目。惠民项目应包括遗体接运、遗体存放、遗体火化、骨灰寄存等基本殡葬服务内容。

（三）政策标准。绿色惠民殡葬政策费用减免或补贴标准由各地结合本地经济社会发展水平情况自行确定。

各市（州）根据当地实际情况，依法依规研究制订实施细则，可适当扩大政策对象、惠民项目范围，明确惠民形式、政策标准等具体内容，并基于合规合理、简化便民的原则细化减免、补贴申领程序，保障绿色惠民殡葬政策落实高效、兑现及时。

二、资金安排

实施绿色惠民殡葬政策所需资金由市县财政统筹安排。省级财政综合考虑各地殡葬改革推进情况特别是遗体火化数量、市县财政困难程度等因素，通过"以奖代补"方式对市县予以适当补助。

三、工作要求

（一）提高重视程度。全面实行绿色惠民殡葬政策是省委、省政府保障和改善民生的重要举措，是实现全省殡葬基本公共服务均等化、建成多层次社会保障体系的重要组成部分，各地要高度重视，精心组织，做好政策公示、解读和宣传，确保群众广泛知晓，确保符合条件对象都能享受到基本殡葬服务费用减免或补贴。

（二）明确职责分工。各级民政部门要牵头做好绿色惠民殡葬政策制定和组织实施工作，监督、指导殡葬服务机构严格执行殡葬改革规定和绿色惠民殡葬政策，督促提升殡葬服务质量。各级财政部门要做好资金保障与监管工作，提升资金使用绩效。

（三）强化基础管理。各级民政部门要抓紧推进殡葬管理服务信息化建设，切实做好全国殡葬管理信息系统属地部署前期工作，并积极推动火化遗体等殡葬服务信息共享、核对和上传工作。在全国信息系统未部署前，各地要建立健全殡葬服务机构火化遗体数据等基本信息与各级政府政务一体化平台、四川省民政统计台账数据信息共享、核查机制，确保数据精准、统一。

（四）加强执行跟踪。各级民政部门要会同财政部门建立健全机制，采取定期或不定期抽查、第三方评估等方式，加强绿色惠民殡葬政策执行跟踪监督。

本政策自 2019 年 1 月 1 日起施行。各地实施细则请及时报民政厅、财政厅备案。

四川省民政厅　四川省财政厅
2019 年 5 月 24 日

四川省民政厅等 7 部门关于加强农村公益性墓地建设管理的通知

（川民发〔2020〕19 号）

各市（州）民政局、发展改革委、财政局、自然资源局、生态环境局、市场监管局、林草局：

为进一步加强和规范我省农村公益性墓地建设，有效解决农村居民骨灰安放安葬基本需求，遏制散埋乱葬、违建大墓、豪华墓和薄养厚葬等问题，节约土地资源，保护生态环境，促进人与自然和谐共生，切实推进全省乡风文明建设和殡葬事业规范健康发展，根据国务院《殡葬管理条例》《四川省殡葬管理条例》《四川省公墓管理条例》等政策法规规定，现就加强全省农村公益性墓地建设管理通知如下：

一、坚持政府主导。农村公益性墓地是由县（市、区）民政部门批准建设，为本乡（镇）或本村区域内村（居）民提供骨灰安放安葬服务的殡葬设施。经县（市、区）民政部门批准建设的农村公益性墓地，应依法向有关部门办理相关审批手续。各地要将农村公益性墓地建设纳入基本公共服务保障范围，坚持人民主体地位，强化公益性质，秉持节地环保理念。

二、坚持统筹规划。各地要把农村公益性墓地建设纳入国土空间规划，按照规模适度、应建则建的原则，科学编制专项规划。农村公益性墓地选址在广泛征求公众意见基础上，可由村（居）民代表大会或村（居）民议事会采取"一事一议"方式确定。农村公益性墓地建设主体为村（居）民委员会；多村联建的，建设主体为所在乡（镇）人民政府。到 2022 年底，全省应建的县（市、区）至少规划建设 1 处农村公益性墓地；到 2035 年底，力争农村公益性墓地覆盖到村（社区）。鼓励、支持少数民族绿色环保的丧葬习俗。

三、坚持集约节约用地。农村公益性墓地应按专项规划确定的位置和规模进行建设。用地鼓励利用原有存量集体建设用地改造建设农村公益性墓地，涉及农用地转用的应依法办理相关手续。尽量利用荒山坡地，依山势、地形因地制宜建设农村公益性墓地，不宜大规模平整场地、挖填土方。提倡墓位建设小型化、安葬方式生态化、土地利用可循环化。鼓励树葬、花坛葬、草坪葬、壁葬、塔葬和骨灰集中存放等生态节约的安葬方式。

四、完善服务功能。农村公益性墓地建设规模一般按照满足覆盖区域 20 年骨灰安置总量确定。坚持以墓园变公园、公园变景区为目标,将墓园建成绿色环保示范基地、移风易俗示范基地、文化传承示范基地、家风家教示范基地。

(一)根据墓园规模建设 100—200 平方米的祭祀广场,为群众开展集体公祭、举行下葬仪式等活动提供保障;建设 1—2 个 20 平方米左右的悼念厅作为群众集中治丧场所。

(二)墓园应建设文化阁、文化墙、文化廊、文化雕塑等设施,传承中华民族真、善、美的传统美德,宣传当地地域、地名等历史文化,弘扬人与人、人与社会、人与自然和谐共生的生命文化,倡导厚养礼葬、节地生态、文明祭祀的殡葬新风尚。

(三)利用悼念厅、休息室或在墓园建设宣传牌,展示革命先烈、名人志士和当地仁人贤士优良的家风家训,潜移默化地影响村(居)民自觉传承优良家风,强化家训教导,推进现代和谐的乡村文明建设。

(四)墓园道路应符合有关技术规范,建设停车场,配备消防安全等设施设备。

五、加大资金投入。农村公益性墓地的建设资金由市(州)、县级人民政府安排筹集,省级财政统筹现有资金渠道予以适当支持。各地每年要从用于社会福利事业的彩票公益金中安排一定资金支持农村公益性墓地建设。鼓励企业、社会组织和个人捐助捐建,禁止社会资本合资、合作、合建。各地可在现有社会公共墓地基础上改、扩、增设公益性骨灰安葬设施。

六、加强日常管理。农村公益性墓地由所在地村(居)委会或红白理事会具体负责日常管理。各级民政、发展改革、自然资源、生态环境、市场监管等部门要按照有关法律法规,加强对农村公益性墓地日常监管。墓地管理机构(组织)要严格执行殡葬行业服务标准,完善规章制度和服务流程,在服务场所醒目位置公示批复文件、收费项目、价格、标准和依据等内容,主动接受群众监督。

七、加强综合监管。各地要按照国务院《殡葬管理条例》《四川省殡葬管理条例》《四川省公墓管理条例》以及相关政策规定,把加强农村公益性墓地建设和管理纳入乡村振兴战略和基层治理体系建设大局之中,提上重要议事日程,形成党委领导、政府负责、部门协作、社会参与的工作机制,从源头上根治散埋乱葬。民政部门要充分发挥殡葬管理部门的职能作用,会同有关部门做好专项规划的编制工作并组织实施,按照属地管理原则,加强对农村公益性墓地建设的指导。发展改革部门要将公墓建设纳入经济社会发展相关规划。财政部门要保障落实惠民殡葬和节地生态安葬奖补所需资金,合理核拨殡葬事业单位运营管理经费和殡葬事业发展经费。自然资源部门要配合民政部门做好专项规划的编制,加强建设用地保障、规划许可和监督实施。生态环境部门要加强项目环境管理,指导做好有关生态环境保护工作。市场监管部门要依法查处非法经营和不按规定明码标价、价外加价、价格欺诈、价格串通、不执行政府定价等价格违法行为。林草部门要结合绿化荒山、植树造林等活动,积极支持农村公益性墓地建设。

八、加强宣传引导。各地要从加强乡村精神文明建设的高度,通过有效的政策舆论引导和宣传教育,引导群众树立节俭、生态环保、集中安葬理念。对自愿选择花葬、树葬、草坪葬或骨灰撒散等生态节地葬式的,所在地政府应给予一定费用减免或补贴。要注重发挥群众自治组织和红白理事会作用,激发和调动广大群众移风易俗的积极性、自觉性和主动性,为农村公益性墓地建设营造良好的舆论氛围。

四川省民政厅　四川省发展改革委　四川省财政厅

四川省自然资源厅　四川省生态环境厅　四川省市场监管局

四川省林草局

2020 年 4 月 24 日

四川省人民政府办公厅关于促进
殡葬事业健康发展的实施意见

（川办发〔2020〕88 号）

各市（州）、县（市、区）人民政府，省政府各部门、各直属机构，有关单位：

做好殡葬工作是保障和改善民生的重要内容，事关人民群众切身利益。为促进殡葬事业健康发展，不断满足人民群众殡葬服务新需求，根据民政部等 16 个部门制定的《关于进一步推动殡葬改革促进殡葬事业发展的指导意见》（民发〔2018〕5 号），经省政府同意，现结合我省实际提出以下实施意见。

一、总体要求

（一）指导思想。坚持以习近平新时代中国特色社会主义思想为指导，深入贯彻落实党中央、国务院决策部署和省委、省政府工作要求，围绕建设法治殡葬、惠民殡葬、绿色殡葬、人文殡葬、阳光殡葬，完善基本殡葬服务制度，规范殡葬管理，加强宣传引导，提升殡葬服务能力和水平，推动殡葬事业更好服务于保障和改善民生、更好服务于精神文明和生态文明建设，增进人民福祉，助力治蜀兴川再上新台阶。

（二）工作目标。到 2025 年，殡葬基础设施条件、基本服务保障得到显著提升，殡葬服务市场规范有序，农村散埋乱葬现象得到有效改善。到 2035 年，殡葬制度体系、服务体系、治理体系、文化体系配套健全、协调发展，覆盖城乡居民的公益性安葬设施基本建成，文明节俭治丧、节地生态安葬的现代殡葬新风尚基本形成。

二、主要任务

（三）完善基本殡葬服务制度。坚持基本殡葬服务公益属性，将其纳入基本公共服务标准体系，明确服务项目、质量要求和支出责任。完善绿色惠民殡葬政策，实行基本殡葬服务项目清单管理，根据地方经济社会发展水平和需求状况进行动态调整。有条件的地区可为不保留骨灰者建立统一的纪念设施。制订完善农村公益性墓地（骨灰堂）建设管理办法。农村公益性墓地（骨灰堂）不得以任何形式、任何理由从事以营利为目的的经营活动。

（四）推行节地生态安葬方式。鼓励和支持建设骨灰堂、骨灰塔、骨灰墙等节地生态安葬设施。尊重和支持少数民族节地生态安葬习俗，规范天葬管理，引导彝区群众在殡仪馆火化遗体。倡导骨灰或遗体深埋不留坟头、不立碑，鼓励有条件的地区建立健全节地生态安葬奖补制度，对采用节地生态安葬的，可给予一次性奖励。禁止火葬区骨灰装棺再葬；禁止在殡葬服务机构、森林、草原等区域祭祀时燃放烟花爆竹、焚香烧纸。

（五）优化殡葬服务设施布局。科学编制省、市、县三级殡葬设施建设规划，将殡葬服务设施布局与国土空间规划有效衔接，推进殡葬服务资源共建共享。各县（市）原则上建设 1 所殡仪馆或殡仪服务站，支持中心镇设立集中治丧场所。根据需要对老旧殡仪馆、殡仪服务站升级改造，达到安全、环保标准。努力构建以公益性墓地为主体、经营性公墓为补充、节地生态安葬为导向，城乡统筹推进的殡葬服务供给格局。

（六）科学划定火葬区和土葬改革区。对不适应形势变化的火葬区和土葬改革区应及时调整。完成乡镇行政区划、村级建制调整改革后一年内，应对原划定的火葬区和土葬改革区进行重新调整。划定火葬区和土葬改革区范围，原则上以乡镇（街道）或村（社区）为单位。调整、划定火葬区和土葬改革区应科学论证、充分听取各方面意见，认真进行风险评估，由县（市、区）政府提出申请，经市（州）政府同意，报省政府批准后公布。

（七）提升殡葬服务水平。依托全省政务信息资源交换体系，整合民政、公安、卫生健康等部门死亡人口数据，建立死亡人口信息库，实现信息共享。构建统一的殡葬服务信息平台，有效对接"天府通办"及全省一体化政务服务平台，推动殡葬服务线上线下融合，提供在线选购、网上预约、远程告别、网上支付、网络祭扫等服务，提高殡葬在线服务水平。建立群众自主评价服务体系和服务机构黑名单管理制度。殡葬服务机构要全面实行收费公示和明码标价制度，严格执行政府定价、政府指导价，与逝者家属签订服务合同，出具合法结算票据，保证中低价位殡葬服务和用品足量提供，不得限制自带合法丧葬用品，不得出售污染环境的祭祀用品，不得开展封建迷信服务项目。

（八）规范殡葬服务业务办理。殡仪馆应加强遗体火化、存放管理，严格按照有关规定火化遗体，提升业务办理水平。按习俗实行天葬、自行火化遗体的，应按规定先开具《居民死亡医学证明（推断）书》。制定完善公墓年检制度。规范遗体火化证明管理。公墓出售墓位、格位必须签订使用合同，约定使用周期、续用手续等相关事宜，管理费一次性收取不得超过20年。

（九）加大突出问题整治力度。健全殡葬领域突出问题常态化整治机制，厘清部门监管职责，制定责任清单，明确职责分工。加强医疗机构太平间管理，不得利用太平间开展营利性殡葬服务。妥善处置宗教活动场所违规开展骨灰安放服务问题。加强违规建设硬化大墓、活人墓等问题治理。严禁擅自租售土地用作墓地。强化非法运输遗体整治。依法制止占用公共场所停放遗体、搭设灵棚等行为。依法打击在饮用水水源保护区内建造坟墓行为。加强殡葬从业人员管理，规范从业行为。

（十）推动殡葬服务进社区。围绕推进城乡基层治理制度创新和能力建设，将"殡、葬、祭"服务供给纳入社区服务项目化试点，构建社区殡葬服务保障体系，形成"政府推动、社区运作、机构参与、群众受益"的社区殡葬服务网络，打通殡葬服务"最后一公里"。探索建立殡葬信息员和协助治丧服务制度。

（十一）深入推进殡葬移风易俗。把殡葬移风易俗与巩固拓展脱贫攻坚成果、建设美丽四川宜居乡村、整治人居环境结合起来，增强抵制陈规陋习的行动自觉，引导农村逐步规范散埋乱葬行为。开展群众性精神文明创建活动，积极推广文明现代、简约环保的殡葬礼仪和治丧方式，鼓励通过追思会、告别会等方式缅怀逝者，倡导采用鲜花、音乐、诗歌朗诵等绿色环保方式悼念故人。把丧葬礼俗改革与维护逝者尊严、抚慰生者情绪结合起来，推行临终关怀，规范生前契约服务。

（十二）广泛开展宣传教育引导。充分利用电视、报刊、宣传资料等传统渠道和新媒体、新媒介，采用群众喜闻乐见的方式，深入开展人文绿色殡葬宣传。将殡葬法规政策纳入法治宣传内容，结合清明节、中元节等时段，集中开展宣传活动，提升城乡居民法治素养，培育社会文明新风。深入挖掘阐释传统节日蕴含的教育资源，依托殡葬服务机构建设生命文化教育基地，打造优秀殡葬文化传承平台。充分发挥党员干部带头作用，不断激发人民群众参与殡葬改革的行动自觉。

三、保障措施

（十三）加强组织领导。各地要完善配套政策措施，建立健全政府负责、民政牵头、部门协作、社会参与、法治保障的工作机制。各级民政部门要充分发挥牵头作用，主动沟通协调，推动工作落实，有效解决殡葬领域重点难点问题；加强对殡葬工作政策落实情况的督促检查，强化殡葬事务监管，建立健全工作通报机制。各地各有关部门（单位）要切实履职尽责，强化要素保障，加强协调配合，形成工作合力。

（十四）多渠道筹措资金。各地要认真履行支出责任，合理安排财政资金，充分发挥财政资金引导作用，加大对公益性殡葬设施建设、基本公共服务项目的倾斜力度；按照服务半径和服务人口数量，合理配置殡仪用车。积极争取将殡仪馆新（改、扩）建纳入中央和省级预算内投资项目。不断完善多渠道资金筹措机制，鼓励企业、社会组织和个人捐助捐建。

（十五）落实用地保障。安葬设施用地面积根据辐射区域人口数量、满足20年使用需求和集约化、园林化、生态化的原则确定。强化殡葬用地保障，根据国土空间规划确定的用地性质和布局，有效保障公益性殡葬设施建设合理用地指标需求。在符合国土空间规划和土地利用年度计划的前提下，完善农村公益性墓地（骨灰堂）报批和用地手续。在不改变林地、草地用途前提下，探索与墓地复合利用的措施办法。

（十六）加强队伍建设。探索建立符合殡葬行业特点、体现特殊岗位劳动价值的薪酬制度，加强对一线殡葬职工的关心关爱，提高殡葬岗位吸引力。加强与普通高校、职业院校对接合作，拓宽生命文化教育、殡葬管理、殡葬服务技能等领域的专业人才补充渠道。加强殡葬领域理论研究，培养学术型人才。有条件的地区可创新殡葬从业人员岗位培训模式。采取开发公益性岗位的方式，解决农村公益性墓地管理人员缺乏问题。

本意见从2021年2月1日起施行，有效期五年。

四川省人民政府办公厅

2020年12月31日

四川省民政厅等4部门关于印发《四川省重大突发事件遇难人员遗体处置工作规程》的通知

（川民发〔2020〕133号）

各市（州）民政局、公安局、卫生健康委员会、应急管理局：

现将《四川省重大突发事件遇难人员遗体处置工作规程》印发你们，请结合实际认真贯彻执行。

四川省民政厅　四川省公安厅

四川省卫生健康委员会　四川省应急管理厅

2020年12月7日

四川省重大突发事件遇难人员遗体处置工作规程

第一章　总　　则

第一条　为规范重大突发事件遇难人员遗体处置及善后事宜，保障公共卫生安全，维护社会公共秩序，根据《中华人民共和国突发事件应对法》、国务院《殡葬管理条例》《四川省殡葬管理条例》、民政部等 4 部委《重大突发事件遇难人员遗体处置工作规程》等法律法规规定，制定本规程。

第二条 本规程所称的重大突发事件是指《中华人民共和国突发事件应对法》规定的特别重大、重大的自然灾害、事故灾难、公共卫生事件和社会安全事件。

第三条 本规程适用于四川省行政区域内发生的重大突发事件遇难人员的遗体处置工作，为《四川省突发事件总体应急预案》中涉及遇难人员遗体处置的基本遵循。

第四条 重大突发事件遇难人员遗体处置工作在组织领导上坚持统一领导、综合协调、分级负责、属地为主；在处置程序上坚持依法规范、审慎稳妥、不留后患、就近就便；在处置成效上做到及时高效、便民利民、善后有序、社会稳定。

第二章 责任分工

第五条 处置重大突发事件遇难人员遗体应在党委政府和重大突发事件处置指挥机构统一领导下开展工作。事发地的民政、公安、卫生健康、疾病预防控制、应急等部门应成立民政牵头的遗体处置工作组，具体负责遇难人员遗体处置相关工作。

第六条 公安机关负责遇难人员遗体或人体组织身份确认、出具《居民死亡医学证明（推断）书》（以下简称《死亡证》）、配合殡葬服务机构处理遇难人员家属拒不火化遗体相关事宜、为运输遗体的车辆优先给予通行便利、依法查处遗体转运过程中的违法犯罪行为等工作。

第七条 卫生健康部门负责制定遇难人员遗体消毒、防疫等相关技术文件，指导医疗机构做好遇难人员遗体规范处置等工作。医疗机构负责遇难人员遗体消毒等卫生防疫处理、出具《死亡证》、通知殡葬服务机构接运遗体等工作。疾病预防控制机构负责指导殡葬服务机构做好卫生防疫、防护知识和技能培训、殡葬设施和场所防疫消毒等工作。

第八条 应急部门负责组织、指导、协调重大突发事件应急救援和应急处置工作，为遇难人员遗体处置工作提供便利。

第九条 民政部门负责重大突发事件遇难人员数据统计、殡葬设施和力量调配，组织实施遗体转运、暂存、火化、掩埋，建立遗体处置台账、档案等具体工作。

第三章 工作流程

第十条 重大突发事件发生后，民政部门应按照重大突发事件处置指挥机构统一安排部署，启动遇难人员遗体处置程序。

（一）事发地民政部门应牵头成立公安、卫生健康、疾病预防控制、应急等部门参与的遇难人员遗体处置组，明确责任分工。

（二）事发地民政部门应及时将遇难人员核查、遗体处置工作准备、殡葬服务机构保障、存在困难和问题等情况报当地重大突发事件处置指挥机构和上级民政部门。

（三）对重大传染病疫情的公共卫生事件，事发地民政部门应向当地重大突发事件处置指挥机构、卫生健康部门申请调拨防护和洗消物资，确定殡葬服务机构的遗体专用通道、专用殡仪车、专用火化炉等，组织卫生防疫培训、细化遗体处置操作流程。

第十一条 遇难人员遗体应区分情况由公安机关或医疗机构进行登记，如实填写《遇难人员遗体标签》《遇难人员信息登记表》《死亡证》。《遇难人员遗体标签》应进行防水处理并贴于尸袋醒目位置。

（一）非传染病遇难人员遗体登记。经医疗机构抢救无效死亡的人员，由医疗机构进行登记。未经医疗机构抢救的死亡人员，由公安机关进行登记。

（二）传染病遇难人员遗体登记。传染病遇难人员的遗体一律由医疗机构进行登记和遗体消毒防疫处理后，移交指定的殡葬服务机构。遗体消毒防疫处理程序及技术指标要求，由卫生健康部门制定。对疑似传染病人员遗体，按"疑似从有"的原则处理。

（三）无法确定身份的死亡人员遗体登记。对无法确定身份的死亡人员或人体组织，由公安机关或医疗机构对遗体进行编号、记录、拍照、提取可供DNA检验的人体生物检材，做好已采集过DNA检材的标识。无法确定身份的死亡人员或人体组织，待身份确定后再出具《死亡证》。

第十二条　遇难人员遗体由公安机关或医疗机构完成信息登记、消毒防疫处理后，填写《遇难人员遗体交接单》，将遗体、遗物和相关资料一并与指定的殡葬服务机构办理移交手续。未经当地重大突发事件处置指挥机构同意，任何单位和个人不得擅自决定转运遗体。

第十三条　对接运遇难人员遗体的车辆，公安交管部门应当优先给予通行便利。对传染病遇难人员遗体，一律由指定的殡葬服务机构接运，并在殡葬服务机构设立专用通道，使用专用车辆、专用火化炉，与其他遗体隔离处置。

第十四条　遇难人员遗体身份确认应当按以下原则统一组织进行。

（一）遗体身份确认原则上先进行照片辨认，再进行遗体确认。直接进行遗体身份确认的，应当采取单具遗体依次辨认的方式进行。

（二）对严重变形受损的遗体或人体组织，应当由公安机关、医疗机构通过DNA鉴定方式确认遗体身份。

（三）传染病遇难人员遗体只能通过照片、遗物等信息进行身份确认，严禁打开密封尸袋进行身份确认。

第十五条　非传染病遇难人员遗体在殡葬服务机构存放时间原则上不得超过3天，因特殊情况确需延长的，经当地民政部门批准，可适当延长，但最多不得超过5天。传染病遇难人员遗体应立即组织火化，不得存放、打开密封尸袋、举行遗体告别仪式。

第十六条　非传染病遇难人员遗体身份确认后，殡葬服务机构应积极引导丧属尽快火化遗体，并在充分协商的基础上，确定殡仪服务项目和工作流程。有条件的殡葬服务机构应及时为家属提供心理疏导、哀伤抚慰等人文关怀服务。

第十七条　殡葬服务机构在提供礼仪服务时，应在礼厅布置、丧葬用品提供、相关设施使用等方面统一标准，并适度兼顾逝者丧葬习俗和家属合理需求。

第十八条　殡葬服务机构在提供遗体告别服务前，经与亲属协商后，可对遇难人员遗体进行必要的整容整形。

第十九条　告别礼厅布置应当整洁肃穆、规范得体，体现对遇难人员的哀悼和对逝去生命的尊重。殡葬服务机构应按照服务方案和流程有序引导进行遗体告别。

第二十条　已确定身份的遇难人员，殡葬服务机构凭《死亡证》、家属同意火化确认书、相关有效证件火化遗体。

第二十一条　遇难人员遗体火化前，火化工作人员应当对遗体编号、逝者姓名、性别、年龄等情况，逐一进行核对，确认无误后，方能火化。

第二十二条　火化结束后，殡葬服务机构工作人员应当与遇难人员家属办理骨灰移交手续，核对家属身份信息，进行移交签字确认，并出具火化证明。对无人认领的骨灰，由殡葬服务机构统一编号，按有关规定处理。遇难人员家属应及时到公安机关注销遇难人员户口。

第二十三条　遇难人员遗体处置工作结束后，疾病预防控制机构应当指导殡葬服务机构做好设施设备和场所清理消毒、废弃物无害化处理等后续工作。

第二十四条　遇难人员遗体处置档案由承担应急处置任务的殡葬服务机构负责建立，做好遗体接运、存放、告别、火化或土葬、骨灰移交等信息记录与保存工作，并确保信息安全。

第二十五条　遇难人员遗物认领工作由事发地民政部门统筹安排，制定遗物整理清单、登记造册、组织认领、移交以及无人认领遗物处理等相关程序和办法，并组织实施。

第四章   特殊情况处置

第二十六条   无法确定身份的传染病死亡人员，或已确定遗体身份、家属拒不火化的，由公安机关出具遗体火化通知书，殡葬服务机构立即火化遗体，保留骨灰和留存相关资料。

第二十七条   因特殊情况，家属需将非传染病遇难人员遗体运往指定殡葬服务机构之外地区处置的，由事发地民政部门报重大突发事件处置指挥机构批准后方可运输。

第二十八条   事发地属土葬改革区不具备火化条件的，或条件有限无法火化遗体的，经报重大突发事件处置指挥机构批准，可对非传染病遇难人员遗体进行集中掩埋。掩埋时，应当整齐排放遗体，确保安葬位置、遗体、编号一一对应，并做好记录备案。

第二十九条   在重大突发事件中，对涉及遇难人员有关纠纷事宜，由事发地相关部门负责协调解决。

第五章   信息管理

第三十条   事发地民政部门应适时将当日遇难人员遗体处置情况逐级报送至民政厅。紧急情况可直接报送民政厅，并同步抄送上级民政部门。

第三十一条   重大突发事件遇难人员数据信息应按依法、及时、准确、客观的原则，在党委、政府和重大突发事件处置指挥机构的领导下，由相关部门统一发布。

第三十二条   殡葬服务机构未经批准，不得对外发布遇难人员遗体处置数量、图片、资料等情况，不得接受电话采访。

第六章   保障措施

第三十三条   处置重大突发事件遇难人员遗体工作所产生的经费，由事发地财政在处置重大突发事件经费中解决。转运到事发地之外的殡葬服务机构处置遗体产生的经费，由承接任务的殡仪服务机构与事发地财政部门结算。

第三十四条   遇难人员家属不承担遗体接运、遗体暂存、遗体防腐消毒、火化、骨灰寄存等基本殡葬服务费用。遇难人员遗体超期存放、家属超出基本殡葬服务项目和标准、家属自行转运遗体等费用，由遇难人员家属承担。

第三十五条   民政厅在绵阳、德阳、雅安、甘孜等地，逐步建立省级应急冷藏设施保障点，在成都、南充、泸州、内江、乐山、达州、攀枝花等地设置省级应急火化、冷藏设施保障点，分期分批购置可移动冰柜冰棺和应急火化设备，平时由所在殡仪馆维护使用，重大突发事件发生后，由民政厅统一调配使用。

第三十六条   各地殡仪馆应储备符合卫生标准的防护服，加强传染病重大突发事件遗体处置应急演练，以满足公共卫生事件中出现的传染性及疑似传染性遗体处置需要。卫生健康、防疫部门应为殡仪馆提供必要的防护设备。

第七章   附   则

第三十七条   遇难人员是港澳台居民、华侨或者外国人的，遗体处置按照有关规定办理。

第三十八条   国家对处置传染病疫情和不明原因的群体性疫病而死亡的遇难人员遗体另有规定的，从其规定。

第三十九条   《中华人民共和国突发事件应对法》规定的较大和一般突发事件涉及遇难人员遗体处置工作的，可参照本规程执行。

第四十条   本规程自发布之日起实施。四川省民政厅印发的《四川省自然灾害遇难人员遗体处置工作方案》（川民发〔2018〕136 号）同时废止。

四川省民政厅关于进一步
规范经营性公墓审批监管工作的通知

（川民发〔2021〕144 号）

各市（州）民政局：

根据《国务院关于深化"证照分离"改革进一步激发市场主体发展活力的通知》（国发〔2021〕7 号）、《民政部关于深化"放管服"改革进一步规范经营性公墓审批监管工作的通知》（民发〔2021〕58 号）、《四川省人民政府关于印发四川省推行"证照分离"改革全覆盖进一步激发市场主体发展活力实施方案的通知》（川府发〔2021〕9 号）要求，经营性公墓审批权已由民政厅下放至市（州）民政局。现就有关事项通知如下。

一、严把经营性公墓审批关口

各地要严格控制经营性公墓发展。各市（州）主城区、县（市、区）只能建设 1 处经营性公墓。对已建有经营性公墓的地区一律不得再审批新建。对无经营性公墓的地区，或现有经营性公墓墓位已售完，确需新建、扩建的，必须按以下条件严格审批。

（一）坚持规划先行。各地民政部门要会同相关部门根据当地殡葬服务设施现状，立足于满足群众安葬需求，按照公益性为主体、经营性为补充、节地生态安葬为导向的原则，科学合理做好安葬设施建设规划，报民政厅统筹纳入全省五年殡葬事业发展规划。各市（州）民政局必须按照全省五年殡葬事业发展规划审批经营性公墓建设项目，凡未列入规划的，一律不得审批建设。

（二）严格审批条件。各市（州）民政局必须严格按照经营性公墓审批的相关要求审核申请材料。申请材料包括：建设经营性公墓请示、全省五年殡葬事业发展规划复印件、发展改革部门审定的可行性报告、建设用地规划许可证复印件、墓地规划示意图、公益性骨灰堂建设设计图、墓（格）位建设标准等材料。市（州）主城区建设的经营性公墓面积不得超过 150 亩，县（市、区）建设的经营性公墓面积不得超过 100 亩。

（三）规范审批流程。建设经营性公墓由民政部门管理的殡葬事业单位提出申请，逐级报市（州）民政局，经审验符合建设条件的，由市（州）民政局下达同意建设批复，并在 30 日内报民政厅备案。批复内容须载明经营性公墓名称、地址、规划用地面积（亩）、建设要求、竣工时间、验收标准等，批复有效期为两年。新建经营性公墓应按照"市（州）或县（市、区）+字号+公墓"命名；原址扩建和异址新建经营性公墓按"原公墓名称+某某墓区"命名。各地要按照省政府"一网通办"相关要求，及时在四川省一体化政务服务平台上认领相关事项，按程序接件、办件。民政厅已下达的经营性公墓建设批复，凡超过两年未开工建设的，一律失效。

二、规范经营性公墓建设标准

经营性公墓必须按照节地生态安葬标准进行设计和建设，有效控制用地规模，促进安葬用地良性循环。鼓励支持现有经营性公墓利用存量土地建设骨灰堂、骨灰墙、骨灰塔、草坪葬、树葬、花葬等节地生态安葬设施。

（一）坚持节地生态标准。经营性公墓绿化覆盖率不低于50%，建设墓位占地面积（含墓位通道、周围空地或绿化面积）不得超过公墓用地规划许可面积的50%，其余土地用于建设骨灰堂、骨灰墙、骨灰塔、草坪葬、树葬、花葬等节地生态安葬设施和附属用房。单人墓占地面积不超过0.5平方米、双人墓不超过0.8平方米，墓体高度不超过0.2米，逝者信息可刻在墓盖上，不建墓碑。新建、扩建的经营性公墓必须配套建设公益性骨灰堂。

（二）加强建设全程监管。各市（州）民政局要指导经营性公墓建设责任单位严格按照规划用地面积、节地生态安葬指标等相关要求进行规划设计，并指定专人加强建设全过程的监督管理。对不按规定比例建设节地生态安葬设施、超标准建设墓位等问题，要做到及时发现、即时整改。对因违规建设造成重大经济损失、引发重大舆情等问题的，要依法追究相关单位和人员的责任。

（三）实行竣工验收制度。经营性公墓竣工后，各市（州）民政局应及时组织相关单位进行验收，验收不合格的应限期改正，验收合格后，由各市（州）民政局核发统一制作的《某某市（州）经营性公墓证书》（分正本、副本），正本用于悬挂公示，副本用于年检登记、提供证明等。证书内容应包括编号、公墓名称、发证机关、发证日期、有效期限、公墓地址、经营范围、批建面积、主办单位、法定代表人、批建文号、批建日期等相关信息。副本背面应设置年检登记内容。

三、加强经营性公墓运营监管

各市（州）民政局要按照"谁审批、谁监管"的原则，依法依规加强经营性公墓审批、建设、运营全过程监管，防止出现"以批代管""只批不管"等问题。

（一）强化公墓公益属性。公墓是特殊的基本民生保障设施，不具备充分的市场竞争条件，必须强化公益属性。严禁各地以发展产业为目的，审批建设经营性公墓。严禁将现有事业单位管理的经营性公墓转为企业、个体工商户等运营管理。经营性公墓的墓（格）位价格要与当地城乡居民收入水平相适应，同地区、同公墓的墓（格）位价格高低差异不得超过100%。新建、扩建的经营性公墓至少划出建成墓位的20%，与公益性骨灰堂一并确定为公益性墓（格）位，实行政府定价销售。严禁对双墓安葬后一份骨灰或一墓多葬等情况，巧立名目、捆绑收取费用。

（二）严格实行年检制度。明年起，各市（州）民政局应在每年6月份之前，对所属经营性公墓上年度运营情况进行年检，年检结果于7月底前报民政厅。年检应审查经营性公墓年度工作总结和年度审计报告，其中，审计报告应由正规的会计事务所出具，至少载明单位资产、经营性公墓建设、墓（格）位出售价格和数量、开展服务项目、执行政府定价、公益性墓（格）位供给保障等情况。对年检审查合格的经营性公墓，由各市（州）民政局在《某某市（州）经营性公墓证书（副本）》年检专用栏填写"年检合格"。对年检不合格或无正当理由逾期不年检的经营性公墓，按照《行政处罚法》、殡葬管理法规等规定，依法作出行政处罚。审批权限下放前，民政厅批准建设的经营性公墓，按属地管理原则，由市（州）民政局监管和组织年检。农村公益性墓地可参照经营性公墓纳入年检范围。

（三）深入推进"互联网+监管"。各地民政部门应在日常抽查、公墓年检、专项整治的基础上，深入推进"互联网+监管"工作，加快推进经营性公墓证照电子化，将电子证照、墓（格）位价格、服务项目、公益性保障等信息向省一体化政务服务平台和全国一体化政务服务平台归集，实现信息实时上传、数据共享、公开公示，有效根除公墓领域违法违规问题。要加强经营性公墓界址点、规划放线的监管工作，积极协调自然资源部门每月共享卫片执法违法数据、图斑，依法及时查处未批先建、擅自修改规划、扩大用地面积、超标准建墓等行为。

经营性公墓审批事项改革是深化"放管服"改革的重要内容，各市（州）民政局要及时将相关情况向党委、政府请示报告，尽快推动完善经营性公墓审批、建设、监管等制度。要扎实做好经营性公墓审批事项改革的政策解读和宣传，明确审批权下放并不意味着审批放宽、监管放松，而是要进一步科学规划、规范审批、严格监管，突显公益属性，保障基本民生，防止公墓产业化、规模扩大化。各地在落实通知要求过程中遇到的重大问题，应当及时向当地党委、政府和民政厅报告。

本通知自印发之日起执行，《四川省民政厅关于规范公墓审批及建设管理有关问题的通知》（川民发〔2017〕170号）同时废止。

四川省民政厅

2021年9月2日

四川省民政厅关于印发
《四川省"十四五"殡葬事业发展规划》的通知

（川民发〔2021〕159号）

各市（州）民政局：

为贯彻落实民政部、国家发展改革委《"十四五"民政事业发展规划》和《四川省国民经济和社会发展第十四个五年规划和二〇三五年远景目标纲要》《四川省"十四五"民政事业发展规划》等文件精神，奋力推进我省殡葬事业高质量发展，更好保障"逝有所安"，经第37次厅党组会审议通过，现将《四川省"十四五"殡葬事业发展规划》印发你们，请结合实际认真抓好贯彻实施。

四川省民政厅

2021年10月18日

四川省"十四五"殡葬事业发展规划

殡葬是涉及每名公民的基本民生保障，习近平总书记对此高度重视，曾多次作出重要指示批示，为我们做好新时代殡葬工作提供了根本遵循。为深入贯彻习近平总书记重要指示批示精神，推动我省殡葬设施建设和殡葬服务质量进一步提升，更好地满足人民群众对美好生活的向往，根据《四川省国民经济和社会发展第十四个五年规划和二〇三五年远景目标纲要》《四川省人民政府办公厅关于促进殡葬事业健康发展的实施意见》《四川省"十四五"民政事业发展规划》，结合我省现状和实际，制定本规划。

第一章　规划背景

第一节　发展基础

"十三五"期间，全省各级民政部门认真学习贯彻习近平新时代中国特色社会主义思想，始终坚持以人民为中心的发展思想和"民政为民 民政爱民"的工作理念，全面落实省委省政府和民政部的各项决策部署，大力推进殡葬设施建设，增加殡葬服务供给，提升殡葬服务质量，健全殡葬管理长效机制，各项工作取得显著进展。

——制度机制不断健全。建立了12个省级部门（单位）组成的四川省殡葬工作厅际联席会议，作为省级层面跨部门协调解决重难点问题的重要议事协调机制。推动出台《四川省人民政府办公厅关于促进殡葬事业健康发展的实施意见》，先后制定印发关于推行节地生态安葬、规范公墓审批建设、规范殡仪车管理、加强农村公益性墓地建设管理、殡葬项目管理等一系列重要制度文件，殡葬管理制度体系建设初显成效。

——殡葬设施逐渐完善。"十三五"期间，积极争取各类资金支持，新（改、扩）建殡仪馆（殡仪服务站）32个，新建城市公益性骨灰堂和农村公益性墓地等城乡公益性殡葬设施103个，改造或更换环保化火化设备247台，殡葬设施建设有了较大改善，殡葬服务保障能力显著提升。一批环境优美、设施现代、功能完善、理念先进的园林式殡仪馆和公墓投入使用，较好地满足群众治丧需求。

——惠民属性更加凸显。在推进基本殡葬服务普惠性、均等化上下足功夫，建立了覆盖全省户籍人口的绿色惠民殡葬政策，采取减免费用或提供补贴的方式，为实行遗体火化的逝者家庭提供政策范围内的基本殡葬服务保障。引导各公墓管理单位主动承担社会责任，面向困难群众捐赠公益性墓（穴）位。推行节地生态安葬奖补制度，对采取节地生态安葬方式的逝者家庭给予一次性奖补，有效减轻群众治丧负担。

——服务质量显著提升。常态化开展殡葬行风建设和服务质量提升行动，加强殡葬信息化、标准化建设，构建热心优质、便民高效、阳光规范的殡葬服务形象。扎实开展殡葬领域突出问题专项整治，着力解决群众反映强烈的突出问题。深化殡葬服务川渝合作，推进殡葬服务共建共享，群众满意度、获得感不断提升。

经过五年的攻坚克难、砥砺前行，"十三五"规划主要目标任务总体如期完成，为推动"十四五"时期殡葬事业高质量发展打下良好基础。

第二节 面临形势

"十四五"时期是我国开启全面建设社会主义现代化国家新征程、向第二个百年奋斗目标进军的重要时期。站位新发展阶段，全面审视当前工作现状，殡葬服务供给不平衡不充分的问题仍然较为突出，与满足人民群众日益增长的美好生活需要还存在较大差距。

——殡葬服务设施短板仍然存在。火葬区中还有部分县无殡葬服务设施，无法满足群众就近治丧需求。全省145个殡仪馆和殡仪服务站，有将近一半建于上世纪，设施较为陈旧，功能不够完善。环保火化炉、殡仪车、冰棺等殡葬设备数量还不够充足，部分性能老化落后。城乡公益性安葬设施供给严重不足。

——群众对殡葬服务要求越来越高。随着老龄化程度加深，群众对殡葬服务的关注将越来越高，个性化、多样化服务需求逐渐增多。我省70%的殡仪馆不能提供守灵所需的住宿、餐饮、茶叙等配套服务，在开发体现传统文化、蕴含慎终追远、彰显人文关怀的殡葬服务方面较为欠缺。

——殡葬服务标准化、信息化水平较为滞后。全省仅制定了3个殡葬行业标准，在发挥标准化引领作用方面效果不明显。尚未建成全省统一的殡葬信息管理系统，人工智能、物联网、大数据、区块链等先进信息技术应用较少，殡葬信息化程度不高。另外还有殡葬法规体系不健全、火化率不高、殡葬技能型人才欠缺等问题。

进入新发展阶段，必须全面贯彻新发展理念，聚焦补短板、强弱项、提质量，以时不我待的紧迫感和责无旁贷的使命感，推动我省殡葬工作高质量发展。

第二章 总体要求

第一节 指导思想

坚持以习近平新时代中国特色社会主义思想为指导，深入贯彻党的十九大和十九届二中、三中、四中、五中全会精神，全面贯彻落实习近平总书记关于殡葬工作的重要指示批示精神，牢固树立"民政为民 民政爱民"工作理念，以满足群众需求为基本导向，以改革创新为根本动力，以建设法治殡葬、惠民殡葬、绿色殡葬、人文殡葬、阳光殡葬为工作目标，着力推动殡葬事业高质量发展，为全面建设社会主义现代化四川贡献民政力量。

第二节 基本原则

推动"十四五"时期四川殡葬事业高质量发展，必须坚持党的全面领导、坚持稳中求进工作总基调，坚持以人民为中心的发展思想、坚持新发展理念、坚持系统观念，重点要把握好以下基本原则。

——坚持惠民利民根本属性。坚持殡葬服务公益属性，完善绿色惠民殡葬政策，履行政府对基本殡葬服务的兜底保障职责。加大公益性殡葬服务供给，保证中低价位殡葬服务和殡葬用品足量供应，减轻群众治丧负担，逐步推进基本殡葬服务普惠性、均等化。

——坚持节地生态基本导向。大力倡导不占或少占土地的节地生态安葬方式。鼓励和支持建设骨灰堂、骨灰塔、骨灰墙等节地生态安葬设施，提高经营性公墓中节地生态安葬比例，尊重和支持少数民族节地生态安葬习俗，助力生态文明建设，有力促进人与自然和谐共生。

——坚持统筹协调系统推进。建立完善党委领导、政府负责、民政牵头、部门协作、社会参与、法治保障的工作机制，充分发挥部门合力，加强督促检查和讲评通报，统筹协调系统推进。充分发挥基层群众自治、行业协会自律、社会公众监督等功能作用，创新监管手段，提升治理能力。

——坚持因势利导稳妥审慎。坚持稳中求进工作总基调，综合考虑自然条件、经济发展、风俗观念等多方因素，研究探索符合各地实际的殡葬改革实现路径。加大宣传教育，推动移风易俗，引导广大群众主动参与殡葬改革。加强社会稳定风险评估，完善风险化解预案，确保殡葬改革平稳推进。

第三节 主要目标

到2025年，全省殡葬基础设施条件、基本服务保障得到显著提升，殡葬服务市场规范有序，农村散埋乱葬现象得到有效改善。展望到2035年，殡葬制度体系、服务体系、治理体系、文化体系配套健全、协调发展，覆盖城乡的公益性安葬设施基本建成，文明节俭治丧、节地生态安葬的现代殡葬新风尚基本形成。

"十四五"四川省殡葬事业发展主要指标

序号	指标名称	2025年目标值	属性
1	火化炉及遗物祭品焚烧设备大气污染物排放达标率（%）	100	约束性
2	建成公益性骨灰堂数量（个）	≥20	预期性
3	公益性安葬设施火葬区县（市）覆盖率（%）	100	约束性
4	节地生态安葬率（%）	≥60	预期性

第三章 加快殡葬设施建设

第一节 科学调整火葬区范围

扎实做好乡镇行政区划和村级建制调整改革"后半篇"文章，统筹考虑两项改革调整后的区划变化、交通条件、资源配置、群众意愿等多重因素，科学论证火葬区和土葬改革区划定范围。按照"实事求是、因地制宜、方便群众、逐步覆盖"的原则，对殡葬服务覆盖范围内的区域，有序调整为火葬区。2022年底前，全省各市（州）根据需要，完成新一轮火葬区调整工作。

第二节 完善殡仪服务设施

立足当前、着眼长远，加强与国土空间规划有效衔接，科学编制本地殡葬服务设施建设规划。按照轻重缓急，有计划、分阶段地推进殡仪服务设施建设，努力构建结构优化、布局合理、功能完备、资源节约的殡仪服务设施网络。

充分发挥中央、省级补助资金的效益，优先支持尚未覆盖的地区建设殡仪馆，补齐殡葬设施

"空白点"；对部分已达危房标准、设施设备陈旧的殡仪馆（殡仪服务站）实施改扩建和维修改造；对已达到强制报废年限或不符合国家环保标准的火化设备进行更新改造。市县民政部门要积极争取资金支持，有序推动殡仪服务设施新建、改扩建，不断改善基础设施条件。

"十四五"时期，重点建设殡仪馆、殡仪服务站项目

成都市：迁建简阳市殡仪馆

自贡市：迁建自贡市殡仪馆

攀枝花市：迁建攀枝花市殡仪馆、扩建盐边县殡葬服务中心

泸州市：新建泸县殡仪馆、龙马潭区殡仪服务站，改建泸州市殡仪馆、叙永县殡仪馆

德阳市：改建罗江区殡仪馆

绵阳市：改建三台县殡仪馆、盐亭县殡仪馆

广元市：迁建剑阁县殡仪馆、改建青川县殡仪服务站

遂宁市：新建安居区殡仪馆、蓬溪县殡仪馆

内江市：新建东兴区殡仪馆、改建威远县殡仪馆

乐山市：新建夹江县殡仪馆、峨边县殡仪馆、马边县殡仪馆、金口河区殡仪服务站、沐川县殡仪服务站

南充市：改建仪陇县金城殡仪服务站

宜宾市：迁建珙县殡仪馆、筠连县殡仪服务站，新建翠屏区殡仪服务站

达州市：新建开江县殡仪馆、达川区殡仪馆，改建宣汉县殡仪馆

巴中市：新建恩阳区殡仪服务站

雅安市：新建天全县殡仪服务站、迁建雨城区殡仪馆

眉山市：新建洪雅县殡仪馆、东坡区殡仪服务站，改建青神县殡仪服务站

阿坝州：改建金川县殡仪服务站

甘孜州：新建九龙县殡仪馆

凉山州：新建德昌县殡仪馆、美姑县殡仪馆，改建普格县殡仪馆

第三节　统筹建设经营性公墓

强化经营性公墓公益属性，充分考虑城市发展、户籍人口数量，科学做好需求论证，谨防经营性公墓粗放式建设，对确需新建、迁建、改扩建经营性公墓的，严格按相关权限审批办理。新建或扩建经营性公墓中节地生态安葬区域不得少于墓葬规划面积的50%，绿化面积应达到可绿化面积的90%以上。鼓励在经营性公墓中划定城市公益性墓区，低偿面向社会销售。每个县（区、市）只能建一个经营性公墓，未纳入本规划的经营性公墓建设项目，原则上不得审批建设。

"十四五"时期，新建、扩建经营性公墓项目

自贡市：原址扩建自贡市殡葬服务中心公墓服务区

攀枝花市：异址扩建青山公墓、原址扩建狮子山公墓

泸州市：原址扩建南寿山公墓、状元山公墓

德阳市：原址扩建龙泉山公墓、青龙山公墓

绵阳市：原址扩建园宝山公墓、水观音公墓，异址扩建狮子山公墓

广元市：异址扩建雪峰公墓、鹤鸣山公墓

遂宁市：新建宝宁园公墓

内江市：异址扩建二龙山公墓、东宝山公墓

乐山市：异址扩建乐山市人民公墓

南充市：异址扩建栖乐灵园、原址扩建兴隆山公墓

宜宾市：异址扩建天堂公墓、新建高县公墓

达州市：原址扩建保东寨公墓、万花岭公墓，异址扩建猴儿岩公墓、马鞍山公墓、雷音公墓

雅安市：原址扩建龙岗山公墓、小坪山公墓，异址扩建卧龙山公墓

眉山市：异址扩建丹棱县公墓、原址扩建青神县公墓

资阳市：异址扩建莲花公墓

第四节　加快城乡公益性安葬设施建设

加快推进城市公益性骨灰堂建设，鼓励经营性公墓内建设节地生态公益性安葬区域，无经营性公墓的地方应优先考虑建设骨灰堂、骨灰塔、骨灰墙等公益性安葬设施。加快推进农村公益性安葬设施建设，对农村历史形成的墓葬区有序进行改造整合，引导集中规范安葬，倡导深埋、不留坟头、设卧碑等绿色生态葬法。2025 年底前，全省火葬区每个县（市）规划建设不少于 1 处城乡公益性安葬设施。

"十四五"时期，公益性骨灰堂建设项目

广元市：旺苍县公益性骨灰堂、苍溪县公益性骨灰堂、剑阁县公益性骨灰堂
乐山市：沐川县公益性骨灰堂
南充市：仪陇县公益性骨灰堂、南部县公益性骨灰堂
宜宾市：翠屏区公益性骨灰堂、屏山县公益性骨灰堂
广安市：广安区公益性骨灰堂、前锋区公益性骨灰堂
达州市：宣汉县公益性骨灰堂、万源市公益性骨灰堂
巴中市：平昌县公益性骨灰堂、通江县公益性骨灰堂、南江县公益性骨灰堂
雅安市：芦山县公益性骨灰堂
阿坝州：马尔康市公益性骨灰堂
甘孜州：康定公益性骨灰堂、炉霍县公益性骨灰堂
凉山州：西昌市公益性骨灰堂

"十四五"时期，农村公益性墓地建设任务

市州	现有数量	"十四五"期间新建数量
成都	17	5
自贡	1	2
攀枝花	2	5
泸州	5	15
德阳	3	20
绵阳	22	25
广元	8	15
遂宁	8	20
内江	4	10
乐山	5	19
南充	3	18
宜宾	13	16
广安	6	21
达州	6	20
巴中	0	28
雅安	24	15
眉山	83	27
资阳	2	3
阿坝	0	3
甘孜	0	3
凉山	2	10
总计	214	300

第五节 试点建设公益性集中治丧场所

支持有条件的乡镇利用乡镇行政区划和村级建制调整改革后的闲置用房或合理选址建设公益性集中治丧场所，方便群众就近就便办理丧事。加强集中治丧场所规范化、标准化管理，健全管理制度，完善硬件设施，拓宽服务内容，不断满足群众悼念、守灵、餐饮、茶叙等多样化需求。建立城乡社区、殡仪馆、集中治丧场所、公益性安葬设施协调联动机制，为城乡居民提供全流程公益化殡葬服务。

"十四五"期间，在古蔺县、遂宁市安居区、达州市达川区开展集中治丧场所建设试点，后期根据试点经验，逐步规范推广。

第四章 提升殡葬服务水平

第一节 完善绿色惠民殡葬政策

强化殡葬服务惠民公益属性，持续实施绿色惠民殡葬政策，履行政府对基本殡葬服务的兜底保障职责。有序推进绿色惠民殡葬政策提标、增项、扩面，研究制定基本殡葬服务项目清单，根据当地经济发展水平动态调整，逐步拓展到可降解骨灰盒、节地生态安葬等丧葬服务用品或项目，更大力度让广大群众共享殡葬改革成果。强化惠民殡葬资金使用全过程监管，积极探索灵活便捷的资金拨付和结算方式。

第二节 开展殡葬服务进社区试点

依托社会工作服务站，开展"殡葬服务进社区"试点。通过政府购买服务的方式，引入社会组织或社工机构承接项目，面向社区居民开展殡葬法规政策宣传、殡葬服务信息供给、协助居民办理丧事等便民服务，打通群众与殡葬服务机构之间的沟通断层，实现殡葬服务供需对接。

加强试点经验的总结提炼，探索建立多元化、可持续的要素保障机制，努力构建"政府推动、社区运作、机构参与、群众受益"的社区殡葬服务网络。

第三节 深化殡葬服务川渝合作

建立健全殡葬服务川渝合作沟通协调机制，联合开展课题调研、问题会商、宣传教育、监管执法等活动。加大川渝毗邻地区资源支持力度，推进殡葬服务设施共建共享和殡葬基础数据互联互通，建立重大突发事件遗体应急处置川渝合作机制，提升殡葬服务保障能力。积极倡导绿色文明殡葬理念，共同挖掘巴蜀特色丧葬礼俗，弘扬中华优秀传统文化。

第四节 优化殡葬服务内容

以满足群众多样化需求为出发点，不断丰富殡葬服务内容，简化业务办理流程，创新开展网上服务、"一站式"服务、个性化服务等多种方便群众的服务模式。

加强和完善岗位责任制、首问负责制、一次办结制，规范服务窗口，改进工作作风，提升服务质量和办事效率，树立殡葬服务良好形象。推广"一件事一次办"改革，加强与公安、卫生健康、人力资源社会保障、大数据中心等部门的协作，推动常用便民服务跨部门联办。

第五章 提升殡葬管理效能

第一节 加强殡葬规范化管理

加强殡葬服务机构管理，全面落实收费公示、明码标价和信息公开公示制度。探索实行殡仪馆等级管理制度和公墓年检制度，建立群众自主评价服务体系和服务机构黑名单管理制度。严格执行公墓管理规定，出售墓（格）位必须签订制式合同。

持续推进殡葬领域突出问题专项整治。加强殡葬中介服务和丧葬用品市场监管，规范殡仪服务收费，坚决查处侵害消费者权益行为。严禁殡葬中介机构违规开展直接接触遗体的殡葬服务。农村公益性墓地（骨灰堂）不得以任何形式、任何理由从事以营利为目的的经营性活动。

第二节　加强殡葬标准化建设

扎实推进殡葬标准化工作，结合各地实际，认真做好殡葬标准的立项、研究、制定工作，构建完善的殡葬标准化体系。充分调动高校院所、专业机构、社会组织、业内专家等多种力量，积极参与殡葬标准的调研、起草、论证工作。广泛听取社会公众意见，积极采纳群众合理诉求，增强标准的科学性和适用性。

健全实施标准化的推进机制，加大标准的宣贯推广力度，充分发挥标准化的基础保障、创新推动和技术引领作用，增强标准化服务能力，让每项标准都能够有的放矢，用到实处。

第三节　加强殡葬信息化建设

开发全省统一的殡葬业务信息管理系统，提升殡葬业务办理信息化、数字化、智能化水平。推广使用条形码、二维码、RFID 等可识别技术在遗体追溯、墓位管理、流程管控方面的应用。加强物联网、大数据、区块链等先进技术的研究使用，提升殡葬数据的采集、应用效率，提高殡葬业务监管能力。

构建全省统一的殡葬服务信息平台，有效对接"天府通办"和全省一体化政务服务平台，为群众提供在线选购、网上预约、网上支付等殡葬在线服务，提高殡葬在线政务服务能力。

第四节　提升殡葬应急处置能力

加强殡葬应急处置能力建设，加强自然灾害易发多发地区遗体冷藏、火化设施设备储备，在绵阳、德阳、雅安、甘孜等地建立省级应急冷藏设备保障点；在成都、南充、泸州、内江、乐山、达州、攀枝花等地设置省级应急火化、冷藏设施设备保障点，分期分批购置配备可移动冰柜、冰棺和应急火化设备。

各地要细化完善重大突发事件遗体应急处置方案，明确指挥体系、应急响应、应急准备、组织实施、保障措施等重点内容。加强重大突发事件遗体应急处置演练，不断提升应急处置实战能力。

第六章　开展殡葬移风易俗

第一节　加大宣传教育力度

充分利用电视、报刊、宣传资料等传统渠道和新媒体、新媒介，采用群众喜闻乐见的方式，开展殡葬法规制度、惠民政策、移风易俗宣传，引导群众树立厚养薄葬、孝老爱亲、绿色生态理念。

深入挖掘优秀传统文化中蕴含的教育资源，依托殡葬服务机构建设生命文化教育基地，打造优秀殡葬文化传承平台。开展殡葬服务机构"开放日"活动，通过邀请社会各界代表、新闻媒体及志愿者前往参观，加深对殡葬工作的了解与认同。

第二节　推广节地生态葬法

积极倡导不占或少占土地的节地生态骨灰安葬方式，鼓励和支持骨灰楼、骨灰廊、骨灰堂、骨灰墙等节地立体的骨灰安葬方式。提倡墓碑小型化、生态化，最大限度降低墓穴硬化面积，拓展绿化面积。探索由"逝后奖补"转变为"生前享有"的激励机制，积极推广树葬、花葬、草坪葬等节地生态葬法。鼓励家庭成员采用合葬方式提高单个墓位使用率。

在土葬改革区，遗体应集中安葬，不得乱埋乱葬，倡导遗体深埋、不留坟头或以树代碑。

第三节　倡导绿色祭祀理念

开展"仁孝四川·绿色殡葬·平安清明"公益宣传活动，积极倡导献花植树、遥祭踏青、居家缅怀、网络祭扫等绿色低碳祭祀方式。禁止在殡葬服务机构、森林、草原等区域祭祀时燃放烟花爆竹、焚香烧纸，努力创建"无烟陵园"。

在春节、清明节、中元节等祭祀高峰期，提供"鲜花换纸钱""丝带寄哀思""思念墙"等公益服务，为群众文明绿色祭祀创造良好条件。加强网络祭祀平台建设，优化完善创建网上纪念馆、上传影像资料、发表纪念文章、在线祭拜留言等功能，增强网络祭祀的互动性、人性化和温情感。

第四节　发挥基层组织作用

充分发挥村（居）民委员会、红白理事会、乡风文明理事会、老年协会等群众性自治组织的作用，结合实际修订完善村规民约（居民公约）和村（居）民自治章程，将文明节俭治丧等殡葬移风易俗相关内容纳入其中，大力营造反对大操大办、相互攀比、铺张浪费、封建迷信等丧葬陋习的浓厚氛围。

做深群众工作，积极引导群众到殡仪馆、殡仪服务站等集中治丧场所开展治丧活动。发挥党员干部模范带头作用，带动群众自觉参与文明低碳祭祀，推动丧葬礼俗改革。

第七章　保障措施

第一节　加强组织领导

各地要把殡葬工作作为重大民生工程摆在突出位置，加强殡葬工作领导体制和工作机制建设，推动建立政府负责、民政牵头、部门协作、社会参与、法治保障的殡葬工作机制。发挥好殡葬工作议事协调机构作用，建立完善问题会商、协同推进、讲评通报机制，凝聚强大工作合力，有效解决殡葬领域重难点问题。各级民政部门要充分发挥统筹协调作用，主动沟通联络，确保各项工作任务有效落实。

第二节　落实要素保障

各地要将殡葬事业发展相关经费纳入综合预算予以统筹安排，积极推动将规划中的殡葬重点建设项目纳入基本建设规划和年度财政预算，争取中央预算内资金、政府专项债券资金、福彩公益金等财政性资金支持。要强化殡葬用地保障，加强与国土空间规划编制工作对接，保证按规定预留殡葬建设用地，有效保障殡葬设施建设用地需求。积极探索林地、草地与墓地复合利用，有效解决殡葬项目用地保障难问题。

第三节　强化政策支撑

加强殡葬工作制度建设，按照《四川省人民政府办公厅关于促进殡葬事业健康发展的实施意见》的各项部署，联合相关部门研究出台操作性强的配套政策文件，构建完善"1+N"殡葬法规制度体系。细致做好立法调研，积极推动《四川省殡葬管理条例》的修订工作。研究制定无人认领遗体管理办法、绿色文明祭祀规范、殡葬设施用地保障等政策文件。

第四节　抓好队伍建设

探索开放灵活的用人机制，拓宽用人渠道。通过政策宣讲、校园招聘、提供实习岗位等方式，吸引殡葬专业人才。采取"请进来、走出去"相结合、自主培训与委托培训相补充的方式，加大人才培养力度，打造学习型团队。加大对一线殡葬职工的关心关爱，保障享有正常的福利待遇，增强殡葬岗位吸引力。加大殡葬行业先进典型的培树和宣传，增进全社会对殡葬行业及从业者的理解、尊重与支持，提高殡葬行业荣誉感。

第五节　加强监测评估

各地民政部门要强化殡葬工作主体责任，参照省级规划，结合实际制定本地殡葬事业发展规划或行动计划。要加强对规划中主要指标、重点任务、重大项目的分解落实，逐年推进规划中各项工作顺利实施。加强规划实施的跟踪监测，科学开展中期、终期评估，监测评估中发现进展滞后或实施不了的情况，要及时报告。

四川省民政厅关于印发《四川省经营性公墓年度检查工作办法》的通知

（川民规〔2022〕4号）

各市（州）民政局：

现将《四川省经营性公墓年度检查工作办法》印发你们，请结合实际认真贯彻实施。

四川省民政厅

2022年9月10日

四川省经营性公墓年度检查工作办法

第一章　总　　则

第一条　为规范经营性公墓年度检查（以下简称年检）工作，加强对经营性公墓建设和经营行为的监督管理，保护土地资源，维护群众合法权益，推动我省殡葬事业高质量发展，根据《殡葬管理条例》《四川省殡葬管理条例》《四川省公墓管理条例》等有关法律规定，制定本办法。

第二条　经营性公墓年检是指各级民政部门根据法律规定和有关要求，按年度对行政区域内经营性公墓的审批、建设、经营、服务、管理等情况进行行政检查和监督管理的制度。

第三条　本办法适用于四川省行政区域内经合法审批建设的经营性公墓。

第二章　组织实施

第四条　市（州）民政局负责本市（州）行政区域内经营性公墓的年检工作。

第五条　省民政厅负责监督、指导全省范围内经营性公墓的年检工作，适时开展"双随机、一公开"监督抽查。

第三章　年检内容

第六条　经营性公墓年检的主要内容包括审批、建设、经营、服务、管理等五个方面。

第七条　审批方面主要检查：是否依法办理公墓建设审批手续；公墓建设是否符合国土空间规划；是否依法取得国有土地（林地）使用权证；有无擅自变更行政许可内容等。

第八条　建设方面主要检查：是否严格按批复文件要求建设墓区；有无超出批准用地范围建设墓穴；是否修建超标准墓穴；是否按要求建设节地生态安葬墓区；墓区配套设施是否建设齐全；墓区环境是否干净、整洁、庄重等。

第九条　经营方面主要检查：是否严格按照价格管理部门核定的收费标准进行收费；殡葬服务收费项目和收费标准是否向有关部门备案；殡葬服务收费项目和收费标准是否全面实行收费公示和

明码标价制度；是否签订规范合同，约定使用周期和管理费；是否使用规范的骨灰安放证书；有无违规预售墓（格）位；有无限制丧属自带合法丧葬用品；有无出售污染环境的祭祀用品等。

第十条　服务方面主要检查：是否制定标准服务流程和服务规范；是否主动公开服务投诉和监督电话；是否积极开展惠民殡葬和节地生态安葬政策宣传；工作人员是否熟知殡葬服务管理有关法规政策和业务知识；工作人员是否着装整洁、举止得体、热情周到等。

第十一条　管理方面主要检查：是否建立完善的规章制度；安全管理责任和疫情防控责任是否压实到位；是否经常性开展安全隐患排查；是否按规定开展殡葬领域突出问题专项整治，加强殡葬行风建设；是否规范管理骨灰安葬档案；有无群众有效投诉或媒体负面舆情；有无发生安全责任事故等。

第十二条　省民政厅根据年检内容制定《四川省经营性公墓年检登记表》，细化、量化评分项目，统一评分标准。

第四章　年检程序

第十三条　经营性公墓的年检工作总体上按照下达年检通知、公墓自查、县级初查、市级检查、省级备案等程序进行。

第十四条　市（州）民政局于每年第一季度下达对上年度经营性公墓建设、经营、管理等情况进行年检的通知。当年建成投入使用的经营性公墓，自下一年起参加年检。

第十五条　各经营性公墓按年检通知要求，及时做好总结、自查工作，按时报送总结报告和年检登记表，并提交下列材料：

（一）土地使用批准手续复印件；

（二）经营性公墓证书副本；

（三）服务项目和收费标准备案材料；

（四）财务决算报表和上一年度财务审计报告；

（五）墓穴（格位）使用合同书式样；

（六）其他需要提供的佐证资料。

第十六条　县（市、区）民政局对经营性公墓报送的材料进行初审，发现报送不齐或有疑义的，及时要求经营性公墓予以补充或作出说明，必要时可以进行调查核实。

县（市、区）民政局应当在15日内完成初审，出具初审意见，连同经营性公墓报送的材料，一并报市（州）民政局。

第十七条　市（州）民政局收到县（市、区）民政局报送的经营性公墓材料和初审意见后，对照评分标准进行审查打分，确定年检结论。审查过程中可组织行业监管人员、专家、从业者、公墓单位代表等人员，对经营性公墓实地查验，开展联合会审。

第十八条　市（州）属经营性公墓由主管部门进行初审，出具初审意见，连同经营性公墓报送的材料，一并报市（州）民政局进行年检。

第十九条　市（州）民政局应建立完善的经营性公墓年检档案，并妥善保管。

第五章　年检结论

第二十条　经营性公墓年检的结论分为"合格"、"基本合格"、"不合格"三类。

（一）年检得分为80分及以上的，确定为合格；

（二）年检得分为60分至79分的，确定为基本合格；

（三）年检得分在60分以下的，确定为不合格。

第二十一条　经营性公墓有下列行为之一的，应确定为不合格：

（一）无故不参加年检的；

（二）有炒买炒卖墓穴、擅自扩大墓区面积、擅自变更行政许可事项等违法违规行为的；

（三）多次受到群众投诉或信访，对反映的合理问题拒不纠正和解决的；

（四）经营管理混乱不能正常开展服务的；

（五）发生重大安全责任事故的；

（六）年检中提供虚假资料的；

（七）有其他违法违规行为的。

第六章　公示复议

第二十二条　市（州）民政局应当将年检结论在一定范围内予以公示。公示期不少于 5 个工作日。

第二十三条　经营性公墓对年检结论有异议的，可在公示期内书面申请复查。市（州）民政局应当自收到书面申请之日起 10 日内进行复查，及时将复查结果告知申请人。

第七章　结果运用

第二十四条　经营性公墓年检结论确定为合格、基本合格的，由市（州）民政局在经营性公墓证书副本上注明年检结论并加盖公章。首次参加年检的经营性公墓确定为合格、基本合格的，由市（州）民政局颁发经营性公墓证书。

第二十五条　经营性公墓年检结论确定为基本合格的，由市（州）民政局提出整改建议，明确整改要求，限期进行整改。

第二十六条　经营性公墓年检结论确定为不合格的，市（州）民政局暂缓签章，责令停止销售墓位并限期整改，完成整改后组织相关部门对整改结果进行复评。

第二十七条　对拒不整改或复评结果仍不符合年检要求的，民政部门联合相关部门按规定作出处罚，将违规失信情况纳入企业经营异常名录或全国信用信息共享平台公布。涉嫌违法犯罪的，移交有关部门依法处理。

第八章　备案公告

第二十八条　市（州）民政局在年检工作结束后，应当于每年 7 月底前将工作总结及年检结论报省民政厅备案。

第二十九条　市（州）民政局应采取书面通报、宣传公告、媒体刊载等多种方式向社会公开经营性公墓年检情况。公开的内容至少包括经营性公墓的名称、地址、法定代表人、年检结论等。

第九章　监督检查

第三十条　各级民政部门应当坚持依法依规、实事求是、客观公正的原则，认真负责地做好年检工作。

第三十一条　各经营性公墓应如实报送相关材料，积极配合民政部门开展年检工作。

第三十二条　各部门相关人员在年检工作中，应当依法行政，不得滥用职权、徇私舞弊。

第三十三条　省民政厅将通过公开征集线索、实地督导、群众满意度调查、随机抽查等多种方式，加强对年检工作的监督。

第十章　附　　则

第三十四条　各市（州）民政局可结合本地实际，制定或细化年检工作实施办法或细则。

第三十五条　各县（市、区）民政局要加强对本行政区域内农村公益性墓地的检查和监督管理，可参照开展农村公益性墓地年检工作。

第三十六条　本办法自印发之日起施行，有效期 5 年。

第三十七条　本办法由四川省民政厅负责解释。

四川省民政厅关于印发
《深化民政领域移风易俗三年行动计划》的通知

（川民发〔2022〕124 号）

各市（州）民政局：

为进一步深化民政领域移风易俗，遏制婚丧领域陈规陋习，全面助力乡村振兴，弘扬社会文明新风，经研究制定《深化民政领域移风易俗三年行动计划》，现印发你们，请认真贯彻执行。

四川省民政厅

2022 年 10 月 8 日

深化民政领域移风易俗三年行动计划

为进一步弘扬社会主义核心价值观，推进民政领域移风易俗，引导广大党员、干部和群众更新思想观念，革除陈规陋习，抵制不良婚丧习俗，培育文明新风，特制定本计划。

一、总体要求

（一）指导思想。以习近平新时代中国特色社会主义思想为指导，深入学习贯彻习近平总书记来川视察重要指示精神，认真落实省第十二次党代会要求，以试点示范为抓手，充分发挥民政部门职能职责，激发"五社联动"机制活力，整合社会资源，动员社会力量，有力推进民政领域移风易俗，引导广大党员、干部和群众自觉破除婚丧陈规陋习，弘扬时代新风。

（二）主要目标。力争用 3 年时间，通过完善制度、优化服务、强化宣传、创新治理等多措并举，有效遏制婚丧嫁娶大操大办、人情攀比、高价彩礼等不良习俗，推动形成婚事新办、丧事简办的社会共识，积极营造向上向善的社会风气。

（三）工作原则

——群众主体、基层自治。尊重群众主体地位和首创精神，充分发挥群众自治组织作用，拓宽协商议事途径，凝聚群众广泛共识，激发群众内生动力，引导群众自我管理、自我服务、自我教育、自我监督。

——因地制宜、分类指导。立足各地经济和社会发展程度，综合考虑平原、丘陵、山区、民族地区等不同情况，积极探索适应群众需要、体现文明进步方向的婚丧举办形式，注重针对性和可操作性，做到内容具体、措施量化、落实有效。

——示范带动、整体推进。总结推广试点地区经验做法，制定简单、管用、高效的措施办法，全力推进移风易俗工作走深走实、做出成效。注重发掘先进个人、典型家庭、示范乡村的优秀事迹，积极进行宣传和培塑，以典型示范带动整体推进。

二、重点任务

（一）开展婚丧礼俗改革试点，以点带面促进整体推进。按照"县区申报、市级推荐、省级确认"的方式，统筹考虑经济基础、社会文化、民族风俗等，选取 10 个以上县（市、区）为省级婚俗改革实验区。各市（州）参照确立 1 个以上市级婚俗改革实验区。鼓励有条件的地区开展丧葬礼俗改革试点。各试点地区要充分发挥示范带动、服务全省的作用，围绕婚丧移风易俗的体制机制、政策制度、监管服务等主题开展先行先试，及时总结推广好的经验做法。鼓励和支持各地通过整合社会资源或依托社区闲置用房，建设红白喜事堂、红白事服务中心、追思堂等公益性服务场所，按需配备餐厨、桌椅等设施设备，为文明节俭操办婚丧事宜提供良好条件。

（二）倡导适度节俭婚俗礼仪，培育文明向上婚俗文化。常态化开展结婚登记颁证服务，提升结婚仪式感、神圣感，增强婚姻家庭责任意识。积极开展婚姻家庭辅导。每年组织 1—2 次集体婚礼、纪念婚礼、慈善婚礼、集体颁证等特色突出、文明节俭的活动。开展"婚姻家庭辅导进社区"工作，通过公益创投、志愿服务、经费补贴、政府购买服务等方式积极开展心理疏导、危机干预、关系调适、纠纷处理等工作。各地要加强婚姻登记机关婚俗文化建设，积极打造婚俗文化展示窗口，设置婚俗文化墙或婚俗文化廊，鼓励有条件的地方设置婚姻文化展示厅、婚俗文化博物馆或婚姻家庭文化基地，积极弘扬婚俗文明新风。探索建设集结婚登记颁证、婚姻家庭辅导教育、婚俗文化宣传、婚姻法律咨询为一体的多功能一站式婚姻家庭服务综合体。

（三）开展殡葬领域专项整治，规范殡葬服务管理秩序。加强殡葬服务机构规范化管理，严格落实服务项目"五公开"制度，强化行风建设，坚决杜绝侵犯群众正当权益的行为。扎实开展经营性公墓年度检查工作，严禁建售豪华墓、天价墓、超标准墓穴。严禁殡葬服务机构开展封建迷信殡仪服务项目。支持各地根据需要建设集中治丧场所、农村公益性墓地、公益性骨灰堂等公益性殡葬设施。每年会同相关部门开展综合监管执法，规范殡葬服务和殡葬用品市场秩序，整治违规占道、噪声扰民等不文明治丧行为。持续巩固医疗机构太平间营利性殡仪服务专项整治成果，切实维护群众合法权益。扎实开展"活人墓"等突出问题专项整治，力争到 2023 年底全面完成"活人墓"治理任务。

（四）培育发展婚丧类社会组织，加强婚丧行业规范自律。依托社会组织孵化园（基地），加大对婚丧服务类、移风易俗类和居民互助类社会组织培育孵化力度。推动在市县层面广泛建立婚丧类社会组织或行业协会。积极发挥婚丧行业协会正向作用，加强对婚介、婚庆、殡仪等婚丧类公司、个体经营户的指导服务工作，推动其规范运作，依法依规开展经营活动；教育引导婚丧类公司、个体经营户联合抵制大操大办、铺张浪费、低俗迷信等陋习。指导婚丧行业协会制定行业自律公约，组织相关人员签订从业行为自律承诺书，经常性开展普法教育、职业道德教育和移风易俗教育，引导他们主动参与移风易俗，弘扬文明新风。鼓励各类协会、文化研究会开展婚丧礼俗文化研究，传承中华优秀传统婚俗和丧葬文化。

（五）加强基层自治组织建设，提升群众自我管理能力。充分发挥红白理事会作用，在村（社区）"两委"领导下，针对本地区婚丧领域突出问题，修订完善村规民约（居民公约）、《红白理事会章程》《红白喜事简办制度》等自治制度，充实婚事新办、丧事简办、孝亲敬老等内容。通过明确彩礼上限、宴席规模、招待范围、随礼金额等，约定婚丧嫁娶从简办理的具体标准。2022 年底前，实现全省所有村（社区）村规民约（居民公约）修订工作全覆盖。强化教育、规劝、奖惩等措施，引导村民自觉遵守相关规定，狠刹高价彩礼、大操大办、铺张浪费、厚葬薄养等不良风气。

健全村规民约（居民公约）"红黑榜"制度，对涉及婚丧事宜办理的内容及时张榜公布。各村（社区）要积极推行殡葬改革，倡导绿色、文明、生态的殡葬理念。

（六）发挥社会工作者专业优势，开展移风易俗专业化介入。加强县域三级社工服务体系建设，通过引入专业社工机构和社工人才，根据村（居）民需求，开展移风易俗工作专业化介入。充分发挥社会工作的专业优势和桥梁纽带作用，协同村（居）"两委"开展文明新风宣传和移风易俗实务服务活动。通过悬挂横幅、举办沙龙讲座、发放倡议书和海报、手写留言等方式，引导村（居）民树立婚事新办、绿色殡葬、文明祭祀理念。每个社工站每年开展民政领域移风易俗宣传活动不少于5次。各地要指导社工站继续做好"殡葬服务进社区"工作，通过优质的殡葬服务，引导群众接受新观念、形成新风尚、养成新习惯，主动参与殡葬移风易俗。

（七）激活"五社联动"机制作用，凝聚移风易俗强大合力。各地要以"五社联动"为抓手，以社区为平台、社会工作者为支撑、社工服务站点为载体，引导社区社会组织、社区志愿者、社会慈善资源等多方参与移风易俗。积极培育社区志愿服务力量，通过组织家庭美德教育、生命文化讲座、观影活动、主题沙龙等群众喜闻乐见的活动，动员、引导社区居民广泛参与移风易俗。每年组织志愿服务团队深入社区、农村、机关，开展文明实践志愿服务活动不少于10次。各地要盘活和开发社区公益慈善资源，支持社区移风易俗工作。积极筹集社会资金，加强乡风文明馆、家风家教馆、移风易俗主题馆建设，努力拓展移风易俗新阵地。

以上七个方面内容为全省民政领域移风易俗基本要求，各地可结合实际，围绕群众反映强烈、社会高度关注的突出问题，进一步明确重点工作内容，增强针对性和实效性。

三、工作机制

（一）省主导。民政厅成立深化民政领域移风易俗工作领导小组，厅主要负责同志为组长、分管厅领导为副组长，相关处室主要负责同志为组员。通过建立督导检查、问题通报、发函提醒、责任追究等制度，压实责任，推动各项工作落地落实。

（二）市主抓。市级民政部门根据本计划，细化移风易俗三年行动具体工作内容，明确重点任务、时间安排，确定工作标准和考核指标，协调落实政策、资金、资源等方面保障，确保取得良好效果。市级层面每年组织召开现场会或推进会。

（三）县主体。县级党委、政府承担本地区移风易俗工作主体责任。县级民政部门要积极协调将民政领域移风易俗工作纳入文明实践重点工作项目，统筹各类社会力量，合力推动移风易俗工作走深走实。县级层面每年召开工作推进会或现场观摩会。

（四）乡主推。积极指导村（社区）修订完善村规民约（居民公约）、建立健全村规民约（居民公约）监督和奖惩机制。常态化开展督导检查，对工作落实不到位、红白理事会作用发挥不好的村（社区）进行警示谈话、通报批评、责令整改、取消评先选优资格等。

（五）村主责。及时修订完善村规民约（居民公约），依法出台约束性措施，发挥自治组织作用，实施综合治理。组建文明婚丧志愿服务队，做好政策宣传、志愿服务等工作。对违反村规民约（居民公约）的党员、干部和群众，及时给予批评教育、公开曝光，取消相关评先表彰资格。

四、时间安排

（一）动员部署阶段（2022年10月—2022年11月）。各地要及时向党委政府报告，建立健全工作协调机制。结合实际细化工作措施，压实工作责任，确保工作效果。要充分利用电视、广播、横幅、微信公众号等媒介，加大宣传，营造浓厚氛围。

（二）试点示范阶段（2022年12月—2023年6月）。选取有代表性的县（市、区）、乡镇（街道）先行先试。试点地区紧密结合实际，研究细化实施方案，加快推进相关工作，及时进行工作梳理和经验总结。

（三）全面推进阶段（2023年）。在总结试点经验基础上，扩大试点范围，提高工作覆盖面。认真梳理、查找婚丧习俗方面普遍存在的突出问题，针对性制定有关制度办法、实施细则、奖惩措施等，及时纠正和防范婚丧领域陋习。

（四）巩固提升阶段（2024年）。坚持立足当前与着眼长远、治标与治本相结合，在全面推进各项工作、集中整治突出问题的同时，把实践中行之有效的做法制度化、规范化，形成常态化治理机制，为常态长效推动移风易俗提供制度和机制保障。

五、保障措施

（一）加强组织领导。各地要积极争取党委政府的重视和支持，报请将民政领域移风易俗工作纳入精神文明建设、乡村振兴等重大决策部署，加大支持和保障力度。民政部门要主动协调相关部门、群团组织，发挥各自优势，推进移风易俗工作走深走实。要加强对脱贫地区移风易俗情况的监测，落实各项帮扶措施，及时消除因婚因丧返贫隐患，巩固脱贫攻坚成果。

（二）落实要素保障。要加大资金筹措力度，积极引导社会组织、基金会、慈善捐赠等资源投入，通过政府购买服务、开发公益性岗位等方式，开展移风易俗活动。深入挖掘返乡大学生、农村致富带头人、退伍军人、社会工作者、志愿者等人员力量，壮大基层移风易俗工作队伍。

（三）党员干部带头。强化党员干部纪律约束，党员干部操办婚丧喜庆事宜，应按规定事前（后）主动向纪检监察机关、组织部门或本单位党组织申报备案。违反规定的，严格依法依纪追究责任。发挥农村党员干部示范引领作用，带头遵守村规民约、带头接受家风教育、带头发挥示范作用，引导群众从家庭做起，改陋习、树新风，用嘉言懿行影响身边群众。

（四）深化宣传引导。引导各类媒体大力开展移风易俗宣传活动。利用春节、清明节、七夕节等传统节日，加大宣传力度，倡导婚姻自主、婚事新办、文明祭祀、厚养薄葬等理念。充分利用政府官网、新媒体矩阵、主流报刊等宣传阵地，广泛宣传家风家教优秀事迹，努力营造良好社会氛围。要坚持稳字当头，密切关注相关舆情，提前研判各类风险，确保各项工作稳妥有序。

（五）强化考核激励。将民政领域移风易俗工作纳入年度重点工作综合评估项目。对于工作成效显著的地区，在资金分配上予以倾斜。将红白理事会作用发挥情况作为社会治理类示范创建活动的重要考核指标。对于发挥作用明显的社会组织，在公益创投、等级评估、年检年报、评选评优等方面给予支持。对于行为失范的社会组织，提请业务主管单位等有关部门依法依规处理。

各地应于2023年、2024年年底前，分别报送民政领域移风易俗推进情况中期评估报告和工作总结。

● **贵州省** ●

贵州省民政厅关于加强农村公益性公墓
建设和管理的意见

（黔民发〔2014〕47 号）

各市（州）民政局，贵安新区社会事务管理局，仁怀市、威宁县民政局：

为进一步深化殡葬改革，加强农村公益性公墓规划建设管理，节约土地资源，保护生态环境，有效治理乱埋乱葬行为，促进殡葬改革工作健康发展，根据国务院《殡葬管理条例》、《贵州省殡葬管理条例》和国家有关规定，结合我省实际，提出如下意见，请结合实际，认真贯彻落实。

一、总体要求

（一）指导思想

以邓小平理论、"三个代表"重要思想、科学发展观为指导，以保障和改善民生、满足人民群众基本殡葬服务需求为着力点，认真贯彻落实"节约土地、保护环境、移风易俗、减轻群众负担"的殡葬改革工作宗旨，始终坚持"统筹规划、因地制宜、合理布局、分步实施、逐步推进"的原则，坚持规划新建和改造并举，加快农村公益性墓地建设，努力营造生态、和谐、文明的殡葬新风，推进生态殡葬、绿色殡葬、阳光殡葬、惠民殡葬，为社会主义精神文明建设服务，促进经济社会持续健康发展。

（二）基本原则

1. 以人为本，科学发展。牢固树立以民为本、为民解困、为民服务的宗旨，把深化殡葬改革与维护人民群众基本殡葬权益结合起来，实现基本殡葬公共服务均等化，促进人与自然和谐相处。

2. 政府主导，群众参与。充分发挥政府在推动殡葬改革中的主导作用，明确部门职责，建立公共财政投入机制，加大经费保障力度，积极引导广大村民自觉参与殡葬改革。

3. 科学规划，合理布局。按照行政村数量、地理位置、交通状况等情况，把农村公益性公墓建设纳入当地城乡建设和土地利用规划，因地制宜，统筹协调，分步实施。

4. 依法行政，规范管理。加强政策宣传引导，建立健全殡葬执法机构和队伍，严格执行殡葬法律法规，规范农村公益性公墓建设和管理。

（三）工作目标

结合当前殡葬改革集中生态安葬目标，扎实有序推进农村散坟平迁整治和集中安葬工作，力争到 2020 年，农村公益性骨灰安放或遗体安葬设施覆盖全省所有乡镇。

二、规划建设

（一）部门工作职责。县级民政部门负责本辖区农村公益性公墓的建设规划和管理工作；乡镇（街道）负责辖区内农村公益性公墓的建设、管理和服务等具体工作，也可以委托村（居）民委员会或者村（居）民小组开展管理和服务工作。积极争取发展改革、财政、国土资源、住房和城乡建设（规划）、环保、林业、工商等部门对农村公益性公墓的规划、资金、选址、建设、绿化等给予大力支持。

（二）设施规划布局。各地按照当地城乡建设规划、土地利用总体规划、殡葬改革发展规划等要求，综合考虑人口、地理、交通等因素，合理确定农村公益性公墓的数量和规模，制定本辖区农村公益性公墓建设规划，报同级政府批准后公布实施，并报上级民政部门备案。在方便群众的基础上，1个行政村原则上设置1个公益性公墓；在人口较为集中、交通便利、土地较少的地区，提倡以乡镇为单位集中建设或由相邻的行政村联建；对地处偏远、人口较多且居住分散的行政村可适当增加公益性公墓数量。回族等少数民族农村公益性公墓的建设，依照国家有关规定执行。

（三）资金筹集渠道。农村公益性公墓建设资金采取政府投入、社会捐赠和群众自筹相结合的原则进行筹集。各地要积极争取将农村公益性公墓的建设和改造列入城乡基本建设规划，纳入财政预算，每年安排一定财政专项资金用于农村公益性公墓建设和管理。不得以招商引资、个人投资等形式建设农村公益性公墓。

（四）公墓选址要求。农村公益性公墓建设应坚持节约用地、保护生态环境的原则，在确保交通便利、水、电供给有保障的基础上，优先利用荒山瘠地。严禁在下列区域规划建设农村公益性公墓：

1. 耕地；

2. 风景名胜区、文物保护区和自然保护区2000米以内；

3. 距水库、水源、河流堤坝500米以内；

4. 距铁路、公路主干线两侧500米以内；

5. 距村民居住区500米以内。

（五）项目审批程序。农村公益性公墓建设项目由村（居）民委员会提出申请，经乡（镇）人民政府审核同意后报县级民政局审批。建设项目申请需提交如下材料：

1. 申请报告；

2. 村民代表大会决议；

3. 乡镇人民政府审查意见；

4. 土（林）地权属及使用审批意见；

5. 公墓建设规划方案；

6. 经费筹集情况（含各级财政投入的资金）；

7. 相关管理制度；

8. 其他相关资料。

县（市、区）民政部门在审核和审批农村公益性公墓时，应当征求发展改革、规划、国土资源、环保、林业、民族宗教等相关部门的意见，并在规定时限内作出是否受理的决定，不予受理或者审查不同意的，应当书面说明理由。对审批同意兴建的项目，县级民政部门要及时将批文报上级民政部门备案。

（六）公墓建设标准。农村公益性公墓建设应坚持节约土地、保护环境、移风易俗的原则，设置多种安葬形式，鼓励建设骨灰寄存设施、生态墓园，提倡树葬、花葬、草坪葬、壁葬、塔葬和骨灰集中存放等生态节地安葬方式，努力实现骨灰（遗体）处理多样化。对实行墓穴安葬的必须严格执行相关建设标准：

1. 骨灰公墓墓穴占地面积每穴不得超过1平方米，遗体公墓单人墓穴不超过4平方米，双人墓穴不超过6平方米。

2. 独立的墓碑、墓志铭在地面以上的宽度不得超过0.5米，厚度不超过0.3米，不高于地面0.8米。

3. 公墓区绿化率不得低于40%，绿地面积不得低于总面积的20%，且要有一定规模的公共绿地。墓穴以外地面应用于绿化，除道路外，禁止用水泥等铺设墓穴以外的地面。

4. 配备管理用房、祭扫场所、消防等必要的设施和设备。

农村公益性墓地建成后，民政部门应会同国土、林业、环保等部门现场进行验收，验收合格后方能开展安葬工作。

三、运营管理

（一）坚持公益惠民原则。农村公益性公墓是不以营利为目的，主要为当地农村村（居）民提供遗体或骨灰安葬服务的公共墓地、骨灰堂（塔）及其设施，不得从事任何营利性经营活动。墓地投入使用后，可以收取必要的墓穴用材成本费和管理费用，所收取的管理费用全部用于公墓管理、维护和建设，并定期公开收支情况，严禁挪作他用，不得进行任何形式的分配。收费标准由受益村全体村（居）民或村（居）民代表会议讨论决定，并报县级发改（物价）部门审核批准。同时，要建立殡葬救助保障机制，对本村困难群众实行费用减免。

（二）贯彻国家政策规定。农村公益性公墓应贯彻执行国家关于公墓凭证销售的有关规定，凭户籍证明以及火化、迁坟或死亡等有效证明严格按时间顺序进行落墓安葬；禁止在农村公益性墓地内修建家族墓；禁止利用公益性墓地经营、炒卖墓地墓穴；禁止在火化区农村公益性公墓安葬遗体、骨灰装棺再葬；禁止超标准建立大墓、豪华墓；禁止在农村公益性公墓内进行封建迷信活动。

（三）强化日常服务管理。农村公益性公墓管理单位要加强对墓区的日常管理维护，建立墓地管理制度和墓位档案登记制度，指定专门的管理人员负责墓地的维护、安全、登记等日常管理工作。加强财务管理和监督，农村公益性墓地建设资金要建立财务账目，如实反映资金使用情况，专款专用，纳入村务公开民主管理范围，接受群众监督。

四、监督管理

（一）加大对违法违规行为的查处力度。各地要按照属地管理的原则，切实加强对农村公益性墓地的依法管理，加大对违反法律、法规行为的查处力度。未经批准擅自修建农村公益性公墓的、农村公益性公墓从事对外经营的，墓穴占地面积超过《贵州省殡葬管理条例》规定的标准的，依法进行处理。

（二）加大对现有农村墓地的管理。各地对已形成的农村墓地，要认真梳理，摸清底数。针对不同情况，做好分类处置。对符合殡葬设施布局的，相关手续不完备的，要加强指导督促办理审批手续予以完善。

各地要结合当地实际，制定具体的农村公益性公墓建设管理办法。

贵州省民政厅

2014 年 12 月 8 日

省发展改革委 省民政厅 省财政厅关于印发
《贵州省殡葬服务收费管理办法（试行）》的通知

（黔发改收费〔2020〕611 号）

各市、州发展改革委（局）、民政局、财政局：

为加强殡葬服务收费管理，规范殡葬服务收费行为，促进我省殡葬事业健康发展，根据《价格法》、《国家发展改革委 民政部关于进一步加强殡葬服务收费管理有关问题的指导意见》、《贵州省殡葬条例》等相关规定，结合我省殡葬服务收费管理现状，经广泛征求意见，省发展改革委会同省民政厅、省财政厅对我省现行的《贵州省殡葬服务收费和价格管理暂行办法》（黔价费〔2004〕

361号）进行了修改完善，共同起草了《贵州省殡葬服务收费管理办法（试行）》，现印发你们，请认真贯彻执行。执行过程中请注意搜集公众的意见建议，及时向我们反馈。

贵州省发展和改革委员会

贵州省民政厅　贵州省财政厅

2020年5月25日

贵州省殡葬服务收费管理办法（试行）

第一条　为加强殡葬服务收费管理，规范殡葬服务收费行为，促进我省殡葬事业健康发展，根据《价格法》、《殡葬管理条例》、《贵州省殡葬管理条例》、《贵州省定价目录》、《国家发展改革委民政部关于进一步加强殡葬服务收费管理有关问题的指导意见》等有关法律法规和政策规定，结合我省实际，制定本办法。

第二条　殡葬服务收费管理，应坚持有利于推进节地生态安葬，倡导文明节俭办丧事，减轻丧葬费用负担，促进殡葬事业健康发展的原则。

第三条　本办法适用于我省行政区域内的殡葬服务经营者依法提供殡葬相关服务或出售公墓时的价格行为。

第四条　殡葬服务包括基本服务、延伸服务、公墓销售和日常维护。

殡葬基本服务主要包括遗体接运（含抬尸、消毒）、存放（含冷藏）、普通吊唁厅堂租赁、火化、骨灰寄存等必需的服务。

殡葬延伸服务是指在基本服务以外、供群众选择的特殊服务项目，包括遗体整容、遗体防腐、骨灰安葬、丧葬用品等。

公墓包括经营性公墓、农村公益性公墓和城市公益性公墓（含节地生态安葬设施，下同）。经营性公墓是指市、州民政部门批准设立（含原省民政部门批准设立），为城乡居民提供安葬（放）骨灰的殡葬服务设施；农村公益性公墓是指县级民政部门批准设立，为本村居民提供安葬（放）骨灰或遗体的非营利性殡葬服务设施；城市公益性公墓是指市、州民政部门批准设立，为城镇居民提供安葬骨灰的非营利性殡葬服务设施（含楼、廊、堂、塔、墙等形式存放骨灰的立体安葬设施等）。

第五条　殡葬基本服务收费标准和城市公益性公墓价格实行政府指导价，由各地发展改革部门会同民政部门在成本监审或成本调查的基础上，结合财政补贴情况，并兼顾群众承受能力，按照非营利原则从严核定。农村公益性公墓、骨灰堂不得从事经营活动。

殡葬延伸服务收费标准和经营性公墓价格实行市场调节价，由殡葬服务经营者和服务对象按照公平合法，诚实信用的原则双方协商确定。

第六条　殡葬服务收费管理实行"统一政策，分级管理"。省发展改革部门会同民政、财政部门负责制定殡葬服务收费管理政策，明确殡葬基本服务收费项目和城市公益性公墓成本范围，协调、指导全省殡葬服务收费管理工作。

市、县人民政府制定本行政区域内的殡葬基本服务收费标准和城市公益性公墓价格。

第七条　殡葬基本服务收费标准和城市公益性公墓成本监审（或调查）应遵循合法性、相关性、合理性原则。

合法性原则。计入定价成本的费用应当符合《中华人民共和国会计法》等有关法律法规、国家有关财务会计制度、价格监管制度等规定。

相关性原则。计入定价成本的费用应当限于殡葬基本服务和城市公益性公墓直接成本以及按照规定可以分摊的间接费用。

合理性原则。计入定价成本的费用应当符合殡葬基本服务和城市公益性公墓建设的合理需要，影响定价成本水平的主要经济、技术指标应当符合行业标准或者公允水平。

第八条　殡葬服务中的遗体接运、遗体存放、普通吊唁厅堂租赁、遗体火化和骨灰寄存等殡仪基本服务收费标准，按照以下规定核定成本：

（一）遗体接运费

遗体接运费是指将遗体从指定地点接运到存放地点所发生的运输费用。主要包括搬运人员和驾驶员的人工费用、消毒费用、运输车辆的折旧费用、维修费用和燃油费用等。

遗体接运费标准由基础运费和每公里加价两部分组成。基础运费是指出车一次的固定运费，每公里加价是指出车后按行经里程另外加收的运费。

遗体接运费标准以元/具·次为计费单位。

（二）遗体存放费

遗体存放费是指遗体在存放期间所发生的相关费用。主要包括存放间折旧费用、管理人员费用、临时棺舍折旧费用、电费和装饰等其他费用。

遗体存放费标准以元/间·具·天为计费单位，按间核定。24 小时为一天，不足 12 小时按半天计算。

（三）普通吊唁厅堂租赁费

普通吊唁厅堂租赁费是指丧属向殡仪服务机构租赁面积在 160 平方米以下的房屋举行吊唁仪式的相关费用。主要包括房屋折旧费用、管理人员费用、水电费、简单家具及吊唁设备折旧费用。

普通吊唁厅堂租赁费以元/间·天为计费单位，按间核定。24 小时为一天，不足 12 小时按半天计算。

（四）遗体火化费

遗体火化费是指遗体在火化过程中所发生的相关费用。主要包括火化间折旧费用、火化炉折旧及维修费用、火化工人工费用和火化燃油费用等。

遗体火化费标准以元/具为计费单位。

（五）骨灰寄存费

骨灰寄存费是指骨灰寄存期间所发生的相关费用。主要包括寄存室折旧费用、寄存架费用、人员、管理费用等。

骨灰寄存费以元/盒·月为计费单位，按寄存室条件核定。

第九条　经营性公墓应当设置非营利公益性墓穴和节地生态安葬区。

新建经营性公墓中的节地生态安葬区不低于该公墓整体规划的 15%；现有经营性公墓中的节地生态安葬区不低于该公墓整体规划的 10%。

第十条　城市公益性公墓价格按照以下项目核定：

（一）土地取得成本：按政府部门规定的土地补偿标准计算土地成本，配套设施所占土地面积应分摊进各墓穴计算土地成本。免费使用土地或低于土地征用补偿标准，则应如实扣减土地成本。

（二）建墓成本：由材料费、人工费、财务成本构成。材料费（含墓碑）按实际进价加损耗计算成本。人工费指造墓所支付的人工费用。财务成本中的利息按同期银行贷款利率标准计入成本。

（三）配套设施费指按规划要求配套的道路、绿化、附属设施的建造费用，按规划墓区的规划面积分摊计入成本。节地生态安葬设施不计此项成本。

第十一条　城市公益性公墓区独立墓穴的单位占地面积不得超过 0.5 平方米，合葬墓穴的单位占地面积不得超过 0.8 平方米（不含公共绿化和道路用地）。

公益性公墓绿化覆盖率不得低于墓区总面积的 50%。

第十二条　地方人民政府按规定为城乡困难群众以减免费用等方式提供殡葬基本服务。

鼓励有条件的地区扩大优惠范围，研究制定面向辖区所有居民的殡葬基本服务费用免除标准及政府补偿办法，逐步建立起覆盖城乡居民的多层次殡葬救助保障体系。

第十三条　殡葬服务经营者开展殡葬服务业务，须与服务对象签订书面协议，内容包括服务事项、服务内容、收费标准、收费金额、付款方式和期限、双方的权利和义务、解决争议的方式等。

第十四条　殡葬服务经营者开展殡葬服务业务，要在收费场所显著位置公示服务项目和收费标准，实行明码标价；对于实行政府定价的服务项目，还要公示收费依据及批准部门，自觉接受发展改革、财政、民政主管部门的监督检查。

殡葬服务收费的执收主体为行政事业性单位的，可按行政事业性收费实行"收支两条线"管理，全额上缴财政。

殡葬服务经营者应当按照国家规定，建立健全服务成本核算制度，完整、准确记录各项服务成本和收入。

第十五条　殡葬服务经营单位之间不得以任何理由相互串通，垄断或操纵殡葬服务市场，损害用户利益。

第十六条　本办法自 2020 年 8 月 1 日起试行。原《贵州省殡葬服务收费和价格管理暂行办法》（黔价费〔2004〕361 号）同时废止。本办法试行期间，法律法规有新规定的，按新规定执行。

贵州省殡葬管理条例

（2002 年 1 月 7 日贵州省第九届人民代表大会常务委员会第二十六次会议通过，自 2002 年 4 月 1 日起施行　根据 2004 年 5 月 28 日贵州省第十届人民代表大会常务委员会第八次会议通过的《贵州省部分地方性法规条款修改案》第一次修正　根据 2011 年 11 月 23 日贵州省第十一届人民代表大会常务委员会第二十五次会议通过的《贵州省人民代表大会常务委员会关于修改部分地方性法规个别条款的决定》第二次修正　根据 2012 年 3 月 30 日贵州省第十一届人民代表大会常务委员会第二十七次会议通过的《贵州省人民代表大会常务委员会关于修改部分地方性法规的决定》第三次修正　根据 2015 年 7 月 31 日贵州省第十二届人民代表大会常务委员会第十六次会议通过的《贵州省人民代表大会常务委员会关于修改〈贵州省统计管理条例〉等五件法规个别条款的决定》第四次修正　根据 2017 年 11 月 30 日贵州省第十二届人民代表大会常务委员会第三十二次会议通过的《贵州省人民代表大会常务委员会关于修改〈贵州省建筑市场管理条例〉等二十五件法规个别条款的决定》第五次修正　根据 2021 年 3 月 26 日贵州省第十三届人民代表大会常务委员会第二十四次会议通过的《〈贵州省人民代表大会常务委员会关于修改〈贵州省城市公共交通条例〉〈贵州省殡葬管理条例〉个别条款的决定》第六次修正）

第一章　总　　则

第一条　为了加强殡葬管理，推进殡葬改革，规范丧葬活动，促进社会主义精神文明建设，根据国务院《殡葬管理条例》及有关法律、法规的规定，结合本省实际，制定本条例。

第二条 本条例适用于本省行政区域内的殡葬活动。

革命烈士，香港、澳门特别行政区居民，台湾同胞，华侨和外国人的丧事活动，国家另有规定的，从其规定。

第三条 各级人民政府应当加强对殡葬工作的领导，制定殡葬工作规划，把殡葬服务设施建设列入城乡建设规划和基本建设计划。

第四条 省人民政府民政部门负责全省的殡葬管理工作。

县级以上人民政府民政部门负责本行政区域的殡葬管理工作。各级殡葬管理处（所）在同级人民政府民政部门的领导下负责殡葬管理日常工作。

公安、市场监管、自然资源、卫生健康、价格、生态环境、住房城乡建设、规划、林业、民族宗教等部门应当按照各自的职责，协助做好殡葬管理工作。

第五条 国家机关、社会团体、企业事业单位和村（居）民委员会应当积极推进殡葬改革，开展殡葬改革宣传教育，认真执行殡葬法律、法规。公民应当文明、节俭办丧事。

第六条 人口稠密、耕地较少、交通方便的地区应当实行火葬，其他地区实行土葬改革。

实行火葬及土葬改革地区的划定，由县级人民政府提出，经市州人民政府同意，报省人民政府批准。

第二章　丧事活动管理

第七条 在实行火葬的地区，死亡者的遗体必须实行火化；禁止土葬遗体、骨灰入棺土葬。

骨灰应当寄存于骨灰堂或者葬于公墓。提倡树葬、抛撒、深埋和不留标志等多种方式处理骨灰。

土葬改革地区，遗体或者骨灰应当葬入公墓或者农村公益性墓地。

尊重回、维吾尔、哈萨克、柯尔克孜、乌孜别克、塔吉克、塔塔尔、撒拉、东乡和保安 10 个少数民族的丧葬习俗；自愿实行火葬的，他人不得干涉。

宗教教职人员和信教公民在丧葬活动中举行正常的宗教仪式，应当在宗教活动场所进行。

第八条 应当火化的遗体，死者原所在单位或者其亲属一般应当在 24 小时内通知殡仪馆、火葬场或者殡仪服务站接运。

第九条 殡仪馆、火葬场、殡仪服务站负责承办遗体的运送、防腐、整容、冷藏、火化及骨灰存放等殡葬服务。

从事经营性的殡葬服务业的，应当具备以下条件：

（一）符合城乡规划布局；

（二）有固定的场所；

（三）有必要的资金；

（四）有必要的设施、设备；

（五）有相应的人员。

建设经营性公墓的，由县级人民政府民政部门审核后，报市州人民政府民政部门审批，并报省人民政府民政部门备案。

审核机关应当自收到申报材料之日起 20 日内审核，对符合条件的，签署同意意见后逐级上报审批机关审批；对不符合条件的，退回申请并书面说明理由。审批机关应当自收到申报材料之日起 20 日内进行审查，对符合条件的，予以批准；对不符合条件的，退回申请并书面说明理由。

第十条 运送、火化遗体，必须提交医疗卫生机构出具的死亡医学证明或者所在地公安派出所出具的死亡证明；非正常死亡的遗体、无名尸体，必须提交公安机关或者人民法院出具的死亡证明。

患传染病死亡的，按照《中华人民共和国传染病防治法》及有关规定处理。

第十一条　在城市和有条件的乡镇，治丧和悼念活动必须在殡仪馆、火葬场及殡仪服务站内进行，禁止占道停尸治丧。

有殡仪馆、火葬场、殡仪服务站的地方，在医院死亡的遗体，存放在太平间的时间一般不超过 24 小时。不得在医院内设置悼念场所和进行悼念活动。

医疗卫生机构应当加强对医院太平间的遗体管理，禁止擅自接运遗体。

第十二条　在殡仪活动中，不得妨害公共秩序、危害公共安全、污染及破坏环境、侵害他人合法权益，禁止从事封建迷信活动。

第三章　殡葬设施管理

第十三条　殡葬设施的数量、布局规划由省人民政府民政部门提出，报省人民政府审批。

第十四条　殡仪服务站建成后，可以为相邻地区的群众提供殡仪服务。

第十五条　农村公益性墓地、骨灰堂不得从事经营性活动。

禁止在公墓、农村公益性墓地以外建墓立碑。

禁止传销墓穴和骨灰存放格位。

第十六条　禁止在下列地区建造坟墓：

（一）林地、耕地；

（二）城市公园、风景名胜区、文物保护区和饮用水源保护区、水库周围及河流两岸、堤坝 300 米以内；

（三）铁路、公路主干线两侧有碍观瞻的区域内。

前款规定区域内现有的坟墓，除受国家保护的具有历史、艺术、科学价值的墓地予以保留外，其他均应当限期迁移、植树绿化或者深埋，不留坟头。

第十七条　严格限制公墓墓穴占地面积。

埋葬骨灰的单人墓和双人合葬墓墓穴占地面积不得超过 1 平方米；埋葬遗体的单人墓墓穴占地面积不得超过 4 平方米，双人合葬墓墓穴占地面积不得超过 6 平方米。

公墓墓穴使用年限按照国家有关规定办理。使用年限逾期的，墓主应当重新办理手续。

第十八条　禁止生产、销售封建迷信殡葬用品和在火葬区生产、销售棺材等土葬用品。

第十九条　殡葬服务单位应当加强对殡葬服务设备、设施的管理、更新，保证服务场所、设备、设施的整洁完好。

第二十条　殡葬服务收费的项目及其标准，按照省人民政府价格主管部门的规定执行。

第四章　法律责任

第二十一条　将应当火化的遗体土葬的，死者原所在单位不得发给丧葬补助费；已发放的，由民政部门责令限期收回；逾期未收回的，不得发放抚恤补助，可处以丧葬补助费 1 倍以上 3 倍以下罚款。

第二十二条　将应当火化的遗体土葬或者将骨灰装棺埋葬的，或者在公墓和农村公益性墓地以外的其他地方埋葬遗体、建造坟墓的，由民政部门责令当事人限期改正；逾期不改正的，依法强制执行。

第二十三条　违反本条例第十五条的，由民政部门会同住房城乡建设、自然资源、林业、市场监管等部门依法予以取缔，责令恢复原状，没收违法所得，并可处以违法所得 1 倍以上 3 倍以下罚款。

第二十四条　违反本条例第十七条第二款、第三款的，由民政部门责令限期改正，没收违法所得；逾期不改的，可处以违法所得 1 倍以上 3 倍以下罚款。

第二十五条　违反本条例第十八条的，由民政部门会同市场监管部门予以没收，并可处以生产、销售金额 1 倍以上 3 倍以下罚款。

第二十六条　阻碍殡葬管理工作人员执行公务，聚众闹事，或者侮辱、殴打殡葬管理工作人员的，由公安机关依照治安管理处罚法的有关规定予以处罚。

第二十七条　殡葬服务单位违反本条例给死者家属造成损害的，应当依法赔偿；利用工作之便，索取财物的，除退还财物外，依法给予处分。

第二十八条　殡葬管理工作人员玩忽职守、滥用职权、徇私舞弊、索贿受贿，尚不构成犯罪的，依法给予处分。

第二十九条　违反本条例其他规定的，按照国务院《殡葬管理条例》和有关法律、法规的规定处罚。

省民政厅 省林业局关于规范公墓建设使用林地的通知

（黔民发〔2022〕9号）

各市（州）民政局、林业局，各县（市、区、特区）民政局、林业主管部门：

为贯彻落实党中央、国务院和省委、省政府关于殡葬改革工作的有关部署，进一步规范我省公墓建设管理，推动殡葬服务健康有序发展，根据殡葬管理相关规定和《建设项目使用林地审核审批管理办法》（国家林业局令第35号）《建设项目使用林地审核审批管理规范》（林资规〔2021〕5号）的规定，现就公墓建设使用林地有关事项通知如下。

一、工作任务

按照依法依规、分类实施、积极稳妥的要求，开展对当前公墓建设项目分类界定、合法认定和用地审批等相关工作。本通知中"公墓"是指经民政部门认定，用于保障群众殡葬服务需求的城市公益性公墓、农村公益性公墓、殡葬一体化项目（含公墓）和经营性公墓。

二、办理程序

（一）申报公墓建设使用林地项目。各县（市、区、特区）民政局按照"在建项目为主、待建项目为辅"和"优先考虑公益性公墓、合理规划经营性公墓"的原则，在公墓选址时积极征求同级林业主管部门意见，对涉及占用林地、符合使用林地条件和范围的公墓建设项目，上报市（州）民政局审核同意后，通过正式公函（详见附件）上报省民政厅。以乡镇或村为单位建设农村公益性公墓项目涉及使用林地的，原则上以县为单位汇总后按程序上报。

（二）审核公墓建设使用林地项目。省民政厅对各市（州）民政局上报的公墓建设项目，经审查同意在林地内选址建设的，以正式文件函告省林业局，由林业主管部门按照林地审核审批有关规定办理使用林地手续。

三、工作要求

（一）各级民政部门和林业部门要切实做好项目的选址，充分利用森林资源管理"一张图"及自然保护地相关矢量数据，避让各类自然保护地和国家级公益林，落实好《森林法》《建设项目使用林地审核审批管理办法》（国家林业局第35号令）及国家林草局《建设项目使用林地审核审批管理规范》（林资规〔2021〕5号）等相关法律法规关于建设项目限制使用生态区位重要和生态脆弱地区的林地，限制使用天然林和单位面积蓄积量高的林地，各类建设项目不得使用Ⅰ级保护林地以及其他林地保护等级管理等相关规定，要切实做到节约和集约使用林地。

（二）各级民政部门和林业部门要加强宣传和沟通，公墓项目涉及使用林地的，要督促和指导用地单位依法办理使用林地手续，使用林地手续未办理前，不得进入林地内施工，也不得边施工、边办理林地手续。

（三）各级林业部门要积极配合民政部门参与公墓建设项目选址工作，提供详细可行的意见和建议，努力把林地审核审批可能会遇到的问题解决在项目的前期论证阶段。

（四）各级民政部门要提高认识，正确处理好加快公墓建设与加强森林资源保护的关系，增强依法保护森林资源的责任感，强化依法使用林地意识，认真贯彻落实生态优先、绿色发展的要求，坚决执行不占或少占林地的原则。

（五）各市（州）民政局对需要办理使用林地手续的公墓项目审核后及时上报，可分批次上报，工期较紧或其他特殊情况的项目也可单独上报。

附件：××市（州）民政局关于××县（市、区、特区）××公墓申请使用林地的函（模板）（略）

贵州省民政厅　贵州省林业局
2022 年 5 月 20 日

● 云南省 ●

中共云南省委办公厅 云南省人民政府办公厅
转发《省委组织部等十二部门关于要求
全省共产党员、共青团员带头实行火葬，
简办丧事的请示》的通知

（云厅字〔2003〕38 号）

各地、州、市、县党委和人民政府（行政公署），省委和省级国家机关各部委办厅局，各人民团体，各大专院校，各企业事业单位：

《省委组织部等十二部门关于要求全省共产党员、共青团员带头实行火葬，简办丧事的请示》已经省委、省政府同意，现转发给你们，请认真贯彻执行。

殡葬改革是我们党倡导并要求广大共产党员、共青团员带头实施的一项移风易俗的社会改革，事关人民群众的切身利益，是一件造福子孙后代的大事，它有利于节约土地资源，保护生态环境，加强精神文明建设，促进经济与社会的协调发展。我国实施殡葬改革 40 多年来，周恩来、邓小平等老一辈无产阶级革命家身体力行，率先垂范，为广大共产党员、共青团员作出了表率。目前，我省的殡葬改革正处在关键的攻坚阶段，推进难度很大，各级党团组织要做好广大共产党员、共青团员的监督教育工作，引导广大共产党员、共青团员积极响应党的号召，认真学习《云南省殡葬管理条例》和国家殡葬改革的法规政策，积极投身殡葬改革，带头倡导文明节俭办丧事，为实现我省全面建设小康社会的奋斗目标作出自己应有的贡献。

省委组织部等十二部门关于要求全省共产党员、
共青团员带头实行火葬，简办丧事的请示

省委：

殡葬改革是一项移风易俗的社会改革。改革土葬，推行火葬，提倡文明节俭办丧事是殡葬改革的主要任务。国家自 1956 年开始倡导火葬，我省以 1961 年在昆明建成全省第一个火化厂为起点，开始逐步推行殡葬改革。四十多年来，在各级党委、政府的领导下，我省殡葬改革取得了一定的成绩，火化量不断上升，丧俗改革日益深入，殡葬服务设施不断完善，法规建设不断加强。《云南省殡葬管理条例》的颁布标志着全省殡葬改革工作步入了法制化轨道。但是，我省殡葬改革工作与全国相比，差距较大。据统计，2001 年全省共死亡 324594 人，火化遗体 25299 具，火化率仅为7.78%。而同期全国平均火化率已达 47.3%。京、津、沪、鲁、吉、辽等 8 省更是高达 100%，我省是全国火化率很低的省区之一。

分析我省殡改工作滞后的原因，其主要原因是一些地方党委、政府领导对殡葬改革工作重视不够，对殡葬改革的重要性、紧迫性认识不足，推进改革措施乏力，尤其是少数领导干部公开违反国

家殡葬改革法规政策；殡葬服务设施有限，全省仅有殡仪馆 33 个，远远满足不了推进殡葬改革和服务丧属的需要。据调查，近年来我省丧葬陋俗有所抬头，丧葬活动相互攀比，花钱越来越多，规模越来越大，有的办件丧事，少者花费几千元，多者几万元，给丧属日后的生产生活带来了很大的影响，而且丧葬陋俗浪费土地资源，破坏生态环境。据统计，我省每年土葬人数约 30 万人，按每坟平均占地 15 平方米计，年需占用土地近 7000 亩；每副棺材平均需木材按 1 立方米计，年需木材 30 万立方米；每办一件丧事平均花费按 5000 元计，年需支出 15 亿元。殡葬改革滞后已成为制约我省全面建设小康社会的因素之一，进一步加大我省殡葬改革的力度已刻不容缓。

要推动殡葬改革，必须充分发挥共产党员、共青团员干部、尤其是领导干部的模范带头作用。1983 年，中共中央办公厅转发民政部党组《关于共产党员应简办丧事、带头实行火葬的报告》的通知，号召广大共产党员带头实行殡葬改革。为贯彻中央通知精神，省委办公厅于 1984 年下发了《中共云南省委办公厅关于共产党员逝世后应简办丧事的几点意见》。这些文件实施多年来，对改革丧葬陋俗、树文明新风、推进殡葬工作起到了积极的作用。同时，多年来的实践也证明：哪个地区的党员和干部特别是领导干部在殡葬改革中起模范带头作用，哪个地区的群众就会跟上来，殡葬工作就会做得更好。

为尽快改变我省殡葬改革滞后的状况，加大殡葬改革推进力度，现就要求广大共产党员、共青团员和机关干部带头实行火葬、节俭办丧事提出如下意见：

一、共产党员、共青团员要带头实行火葬。火化区逝世的共产党员、共青团员必须进行火葬（国家允许土葬的少数民族除外）；其余暂不具备火化条件地区的共产党员、共青团员逝世后，必须埋入公墓或当地政府指定的区域或深埋不留坟头。广大共产党员、共青团员要积极响应国家倡导的不留骨灰、树葬或深埋不留坟头等不占耕地或少占耕地的丧葬新风。

二、共产党员、共青团员要带头节俭办丧事。要认真执行 1984 年省委办公厅下发的《关于共产党员逝世后应简办丧事的几点意见》，带头摒弃旧的殡葬习俗、殡葬传统、殡葬观念，在实行火葬、节俭办丧事上做表率。

三、共产党员、共青团员不仅要自己带头参与殡葬改革，而且要积极做好亲属的思想教育工作，引导他们认真执行《云南省殡葬管理条例》及有关殡葬改革政策规定，积极投身殡葬改革，摒弃丧葬陋俗，做到文明节俭办丧事。

四、各级党委、政府及纪检监察机关要加强监督管理。对近年来出现的极个别的共产党员、机关干部，甚至是领导干部在为其亲属办理丧事活动大操大办、大搞封建迷信、带头修建活人墓的现象和其他违反《云南省殡葬管理条例》及国家殡葬改革法规政策的行为，要坚决制止，严厉查处，对当事人要视情节给予党纪团纪政纪处分；对应当火化而拒不火化的，除了按《云南省殡葬管理条例》规定由有关部门强制火化外，不发丧葬费、抚恤费，丧属不得享受生活困难补助。

五、各级宣传、文化、广播电视、新闻出版等部门要认真做好殡葬改革的宣传教育工作。要面向基层，面向人民群众，依托村（居）民委员会，紧紧围绕《云南省殡葬管理条例》精神，充分利用各种新闻媒体，采取灵活多样的形式，充分宣传殡葬改革的重要性、紧迫性，宣传科学、文明、节俭的丧葬方式，尤其是大力宣扬我省少数民族中先进的丧葬习俗，宣传国家的殡葬法规及政策，宣传殡葬改革中涌现的先进典型，引导广大干部群众认清丧葬陋俗的危害性，营造有利于殡葬改革的良好社会环境。

六、各级基层党团组织要做好共产党员、共青团员的监督教育工作，积极配合全省推进殡葬改革。属于火化区的，要与所属的共产党员、共青团员签订《带头实行火葬保证书》；其余暂不具备火化条件的地区，签订《带头实行土葬改革保证书》。并切实抓好落实，确保广大共产党员、共青团员在殡葬改革中起好模范带头作用。

以上意见，如无不妥，请批转各地执行。

附件：1. 共产党员、共青团员带头实行火葬保证书（略）

2. 共产党员、共青团员带头实行土葬改革保证书（略）

中共云南省委组织部　中共云南省委宣传部

中共云南省委老干部局　共青团云南省委

云南省精神文明建设指导委员会办公室

云南省民政厅　云南省人事厅

云南省监察厅　云南省国土资源厅

云南省林业厅　云南省民族事务委员会

云南省环保局

云南省人民政府办公厅转发省民政厅《关于规范农村公益性公墓建设管理的实施意见》的通知

（云政办发〔2007〕291号）

各州、市人民政府，省直各委、办、厅、局：

省民政厅《关于规范农村公益性公墓建设管理的实施意见》已经省人民政府同意，现转发给你们，请结合实际认真贯彻执行。

云南省人民政府办公厅

二○○七年十二月二十六日

关于规范农村公益性公墓建设管理的实施意见

为认真贯彻落实国务院《殡葬管理条例》、《云南省殡葬管理条例》和全省殡葬改革工作会议精神，进一步规范我省农村公益性公墓建设和管理，有效治理乱埋乱葬行为，促进殡葬改革工作健康发展，特制定本实施意见。

一、农村公益性公墓的建设原则

农村公益性公墓是为村民死亡后提供骨灰或遗体安葬的公益性公共设施。建立农村公益性公墓必须本着节约土地、保护生态环境、园林化、公益性的原则，坚持科学规划、依法建设、因地制宜、规范管理。农村公益性公墓严禁占用耕地、国有林地和纳入中央及省级补偿的重点公益林地。要积极推进绿色殡葬，倡导树葬、花葬、草坪葬、壁葬、骨灰堂存放等葬法，减少殡葬用地；要坚持公益性服务，以社会效益为主，不得从事经营活动。

二、农村公益性公墓的规划及选址

（一）农村公益性公墓的规划由各县（市、区）民政部门负责编制。规划要统筹安排，合理布局。公墓的设置、数量、规模要根据人口数量和分布状况、地理情况、交通状况来确定，规划方案须经当地民族、国土资源、林业等有关部门审核后，报县（市、区）人民政府审批。

（二）农村公益性公墓的选址必须符合土地利用总体规划和城乡建设规划的要求，选择在荒山、荒坡、非耕地或不宜耕种的瘠地上建设，不得占用耕地、林地，不得建在风景名胜区、文物保护区、水源保护区和水库、湖泊、河流、引水渠堤坝200米内以及铁路、公路主干线两侧地界内。公墓建设用地必须进行勘测定界，明确具体范围，按照有关规定报批。

（三）在边远地区的公墓建设，原则上以村民委员会为单位设置。人口较为集中、土地少的地区由乡（镇）或若干相邻的村民委员会联建。

三、农村公益性公墓的建设要求

（一）在火化区建立骨灰公益性公墓，在非火化区建立遗体公益性公墓。

（二）农村公益性公墓的建设要与治理乱埋乱葬、旧坟搬迁结合起来，将治理后的土地及时恢复为林地、草地、耕地。

（三）在农村公益性公墓建设中要因地制宜，努力降低建设成本。墓地面积要严格执行国家和省的有关规定，骨灰入土安葬的单人墓或双人合葬墓占地面积不得超过1平方米；遗体入土安葬的坟墓面积，单人墓不得超过4平方米，双人合葬墓不得超过6平方米。在土地少的地区，对于村民要求建骨灰堂（骨灰存放格位）的应给予支持。

四、农村公益性公墓建设项目的审批

农村公益性公墓建设项目根据规划，由村民委员会申请，经乡（镇）人民政府初审后，报县（市、区）民政局，由县（市、区）民政局商县（市、区）建设、规划、环保、林业、国土资源、民族等部门同意后予以批准，并报州（市）民政部门备案。

五、农村公益性公墓建设的资金来源

农村公益性公墓建设资金主要由乡（镇）人民政府和村民委员会负责筹集，不得向村民摊派。各级财政、民政部门对贫困地区的农村公益性公墓建设给予适当补助。

六、农村公益性公墓的管理

（一）农村公益性公墓的管理由乡（镇）人民政府负责，并按照有关规定建立内部管理制度，切实做好墓区的日常管护和绿化美化等工作。县（市、区）民政部门要加强指导和监督。

（二）农村公益性公墓可由公墓管理单位向丧属收取墓穴、材料成本费，但不得开展以营利为目的的经营性收费。收费项目需报物价部门审批，并进行公示。

（三）在墓区内统一设立焚化点，严禁随意烧香焚纸。禁止建立或者恢复宗族墓地，禁止骨灰装棺下葬。

（四）对公益性公墓实行年检制度。在县（市、区）人民政府的统一领导下，每年由县（市、区）民政部门牵头，国土资源、林业、公安、民族等部门参加，对行政区域内的农村公益性公墓建设管理进行检查，并将检查情况报县（市、区）人民政府。县（市、区）人民政府要对工作成效显著的单位和个人给予表彰；对违反规定的，要责令限期整改。

云南省民政厅 云南省人民政府外事办公室 云南省公安厅 关于转发民政部、外交部、公安部外国人在华死亡后 处理程序有关问题的实施意见文件的通知

(云民福〔2008〕12号 2008年5月14日)

各州、市民政局、外事办公室、公安局:

现将《民政部、外交部、公安部关于外国人在华死亡后处理程序有关问题的实施意见》(民发〔2008〕39号)转发你们,请结合当地实际,认真贯彻执行。

民政部、外交部、公安部关于外国人在华死亡后 处理程序有关问题的实施意见

各省、自治区、直辖市民政厅(局)、外事办公室、公安厅(局),计划单列市民政局、外事办公室、公安局:

根据外交部、最高人民法院、最高人民检察院、公安部、国家安全部、司法部《关于处理涉外案件若干问题的规定》(外发〔1995〕17号)附件中《外国人在华死亡后的处理程序》的有关规定,各地在涉外殡葬服务方面做了大量工作,受到有关人士好评。鉴于我国对外交往日益频繁,外国人来华数量逐渐增多,涉外殡葬管理和服务工作中出现了一些新情况、新问题,需要进一步明确部门责任,完善工作程序。现提出如下意见:

一、外国人在华死亡后,死者家属、亲友、接待人或者聘用单位按照《外国人在华死亡后的处理程序》的规定,向有关部门报告情况,并及时提出处置遗体的书面意见。死亡发生地殡仪馆凭据死亡证明和死者家属、亲友、接待人或者聘用单位提出的书面意见并签字确认后,按照我国殡葬管理规定程序,实施遗体火化或者协助办理遗体运输出境事宜。所需费用由死者家属、亲友、接待人或者聘用单位承担。

二、外国人在华死亡且无家属、亲友、接待人或者聘用单位的,根据死者有效身份证件,由死亡发生地公安机关向省、自治区、直辖市人民政府公安厅(局)报告,省、自治区、直辖市人民政府公安厅(局)向死者国籍国驻华使、领馆发出照会,要求其在照会发出30日内回复处理遗体的书面意见。回复意见不明确或者逾期未予回复的,省、自治区、直辖市人民政府公安厅(局)再次照会死者国籍国驻华使、领馆,限期回复处理遗体的书面意见,并告知其回复意见仍不明确或者逾期未予回复的,我方将由省、自治区、直辖市人民政府公安厅(局)做好档案记录后,函告死亡发生地殡仪馆火化死者遗体。遗体火化后,骨灰保管期限1年。

三、外国人在华死亡且无家属、亲友、接待人或者聘用单位的,死者有效身份证件标明的国籍国未与我国建立外交关系,但在华有领事事务代管国驻华使、领馆的,由死亡发生地省、自治区、直辖市人民政府公安厅(局)按前项规定程序照会代管国驻华使、领馆;在华没有领事事务代管国驻华使、领馆的,由死亡发生地省、自治区、直辖市人民政府公安厅(局)商同级人民政府外事部

门提出处理遗体的书面意见。

四、死者疑似外国人，既无家属、亲友、接待人或者聘用单位，又无任何有效身份证件的，死亡发生地公安机关应当及时核查并将结果报省、自治区、直辖市人民政府公安厅（局），由省、自治区、直辖市人民政府公安厅（局）商同级人民政府外事部门提出处理遗体的书面意见。

五、外国人在华死亡后，死者家属、亲友、接待人或者聘用单位要求将死者遗体在华土葬的，一般可以我国实施殡葬改革、提倡火葬为由，予以婉拒。对于死者生前作出重要贡献或者特殊原因，需要在华处置骨灰或者土葬遗体的，由省、自治区、直辖市人民政府殡葬事务主管部门商同级人民政府外事部门决定。

六、对于生前患有甲类传染病，或者乙类传染病中传染性非典型肺炎、炭疽中的肺炭疽和人感染高致病性禽流感的遗体，死者家属、亲友、接待人或者聘用单位应当配合医疗卫生机构，做好遗体消毒处理后，立即送往死亡发生地殡仪馆火化。所需费用由死者家属、亲友、接待人或者聘用单位承担。

云南省民政厅关于进一步加强和规范
殡葬服务单位管理工作的通知

（云民福〔2009〕31号）

各州、市民政局：

近年来，为保护生态环境，节省自然资源，促进经济社会科学发展，我省不断加大殡葬改革工作力度，狠抓殡葬设施建设，取得了较好成效。但在殡仪馆建设过程中，全省依然存在着部分殡葬基础设施建设进展缓慢，新建殡仪馆项目的推进力度不够，一些地方违规将新建殡仪馆项目交由企业投资经营等问题，制约了殡葬改革的科学有序规范发展。为了进一步加强规范我省殡葬服务单位管理，促进殡葬行业科学发展，根据国务院《殡葬管理条例》、《云南省殡葬管理条例》和《云南省公墓管理规定》的有关规定，现就进一步加强规范我省殡葬服务单位管理工作的有关问题通知如下：

一、切实规范殡仪馆建设。各级政府要切实加强对殡仪馆建设的领导，把殡仪馆建设作为社会公共事业发展的重要内容，统筹协调，科学规划，要在基本建设、人员编制、资金投入等方面予以大力支持。殡仪馆具有公益性和经营性双重性质。其中：殡仪馆的遗体运输、冷藏、火化等基本殡葬服务，属于社会公益性，必须由民政部门主办的殡葬事业单位负责；殡仪馆的其他服务属于经营性，如殡仪服务、丧葬用品销售等非基本殡葬服务可以向市场开放，各种资本可投资经营，市场向消费者提供个性化服务，消费者可根据自己的能力选择服务。各地要严格把关，严禁将殡仪馆的遗体运输、冷藏、火化等基本殡葬服务交由企业经营，坚决杜绝偷运尸体、毁尸灭迹等严重违法事件的发生。

二、切实规范殡仪馆服务。各地殡仪馆要切实坚持服务至上的原则，建立健全各项规章制度，做到有章可循，责任到人，奖罚分明。必须建立对外服务承诺制，公开服务承诺，大力加强职业道德教育。要做到规章制度、岗位职责、服务人员照片上墙，公开收费标准，设立举报电话和信箱，及时受理群众投诉，接受社会和上级主管部门监督。要严格核对死者的居民身份证或户籍证明，实行实名实地登记，办理火化手续，保证档案的真实性。要对殡仪服务情况进行检查，对业务全过程进行跟踪监督，实现殡仪服务透明化、优质化。严禁任何单位和个人借殡葬改革谋取不正当利益，不断提高殡葬管理水平和殡仪服务质量。

三、切实规范殡仪馆收费。各地殡仪馆的殡仪服务项目必须经物价部门审批，实行收费服务项目的内容、标准、价格上墙公开。必须严格按照物价部门审批的服务项目和标准收费，并提供收费项目清单，不得擅自强加或改变殡仪服务项目，倡导丧属节简办丧事。要减轻丧属负担，除基本殡仪服务项目以外，其他项目必须由丧主自愿选择，分清基本、自选殡仪服务项目，让群众明白消费。殡仪馆销售的骨灰盒要明码标价，不得牟取暴利，要有高、中、低档的品种由群众选择，低档的骨灰盒价格必须在 200 元以下，并保证质量。

四、切实规范公墓建设规划。各级民政部门要根据国家《殡葬管理条例》、《云南省殡葬管理条例》和《云南省公墓管理规定》，会同发展改革、国土资源、环保、建设、林业等部门，按照统筹规划、合理布局、控制发展的原则，尽快制定本地公墓建设规划。在制定规划时，要根据当地实际情况、现有公墓穴位存量、已安葬数量和城镇人口数量及分布情况，按照民政部关于墓穴面积、使用周期的规定，严格控制公墓数量、用地规模、墓穴数量和占地面积，并严格遵守土地利用总体规划和城乡规划。各州、市经营性公墓建设规划经本级人民政府批准后，于 2009 年 12 月 31 日前报省民政厅。农村公益性公墓建设规划由各市、州民政部门根据当地实际会同相关部门制定，经本级人民政府批准后，报省民政厅备案。省民政厅将严格按照国家、省级相关规定和公墓建设规划审批经营性公墓。

五、切实加强公墓建设管理。各级民政部门要加强对公墓建设的监督检查。对已经批准建设的公墓，要严格按照规划和批准的用地范围、土地使用条件进行建设，不得擅自修改规划，扩大建设用地面积。各地要建立健全监督检查制度，切实加强对公墓经营活动的监督检查和管理，积极推行生态葬法，坚决杜绝炒买炒卖墓穴和骨灰存放格位现象，严禁建设、出售超规定面积墓穴，严禁非法出售、转让墓穴或骨灰存放格位，严禁农村公益性公墓从事经营活动。在招商引资建设经营性公墓时，严禁将当地村民死亡后必须在该公墓安葬作为签定协议的条件，村民死亡后按相关规定在农村公益性公墓安葬或自愿选择公墓安葬。如发现问题要及时予以纠正或处理，对严重违反规定的公墓经营单位，要依法停业整顿；情节特别严重的，要予以吊销公墓经营许可证处理。

云南省民政厅关于全省部分特殊困难群体火化补助的通知

（云民福〔2009〕49 号　2009 年 12 月 25 日）

各州、市民政局：

为深入学习实践科学发展观，切实帮助部分生活困难群体减轻丧葬负担，促进社会和谐公平，建立健全我省城乡社会救助体系，根据民政部《关于进一步深化殡葬改革促进殡葬事业科学发展的指导意见》（民发〔2009〕170 号）的有关规定，经厅党组研究，决定从 2010 年 1 月 1 日起对全省部分特殊困难群体进行火化补助。现将有关事宜通知如下：

一、火化补助对象

凡具有本省户籍、且不能享受国家规定丧葬补助的农村五保供养对象、城乡最低生活保障对象、重点优抚对象。

二、火化补助标准

符合火化补助条件的，一次性发给火化补助 1000 元。

三、火化补助资金来源

火化补助所需资金实行分级负担的原则，从各级福彩公益金中列支，省厅对各地给予适当补助，具体补助标准为：对昆明、曲靖、玉溪、红河、大理 5 州市每人补助 400 元，州（市）级每人补助 600 元；对昭通、保山、楚雄、普洱、西双版纳、丽江 6 州市每人补助 500 元，州（市）级每人补助 500 元；对文山、德宏、怒江、迪庆、临沧 5 州市每人补助 600 元，州（市）级每人补助 400 元。火化补助资金应专款专用、专户管理。

四、火化补助办理程序

（一）火化补助对象火化后，由丧属向死者户籍所在地县（市、区）民政局提供以下材料：

1. 《云南省部分特殊困难群体火化补助申请表》；

2. 申请人本人有效身份证原件及复印件；

3. 享受农村五保供养、城乡最低生活保障或重点抚恤补助的相关证明材料原件及复印件；

4. 已加盖死者死亡注销章的《居民户口簿》或公安机关出具的证明信原件及复印件；

5. 火化证原件及复印件；

6. 属于农村五保供养对象的，其生前所在村委会或农村五保供养服务机构申请书。

（二）县（市、区）民政局审核以上证明材料后，一次性发给火化补助 1000 元。

（三）县（市、区）民政局每半年向州（市）民政局报送《云南省部分特殊困难群体火化补助申请表》、《云南省部分特殊困难群体火化补助发放情况汇总表》，州（市）民政局审核无误后，并上报省民政厅，省民政厅审核无误后，下拨省级火化补助资金。

请各地认真落实，将对部分特殊困难群体进行火化补助工作纳入城乡社会救助体系，让丧属享受到殡葬改革带来的实惠。

附件：1. 云南省部分特殊困难群体火化补助申请表（略）

2. 云南省部分特殊困难群体火化补助发放情况汇总表（略）

云南省发展和改革委员会 省财政厅关于我省
殡葬火化费运尸费收费标准及有关事项的通知

（云发改物价〔2010〕673号）

省民政厅，各州、市发展和改革委员会、财政局：

《云南省民政厅关于请予调整我省殡葬收费标准的函》（云民函〔2009〕147号）收悉。鉴于我省制定的部分火化费、运尸费收费政策，已不适应近年来殡葬火化成本费用不断上升，火化设备设施更新改造的变化。为保证全省殡葬事业的健康发展，推进殡葬服务收费规范工作，维护丧属和殡葬服务单位的合法权益，经研究并报省人民政府同意，现就调整我省殡葬火化费、运尸费收费政策及有关事宜通知如下：

一、火化费标准管理方式

（一）火化费收费标准按平板炉、拣灰炉两类炉型制定。

（二）省级制定火化费区间收费标准，各地具体执行的收费标准由州、市价格主管部门会同财政部门在省定区间范围内，根据当地实际，按照合理补偿成本，兼顾社会承受能力的原则核定，并报省发展改革委、财政厅备案。

二、火化费收费标准

（一）平板炉火化费收费标准为每具240元至380元。

（二）拣灰炉火化费收费标准为每具500元至700元。

（三）12岁及以下儿童遗体火化费实行减半收费政策。

各殡仪馆在火化遗体时，应向丧属提供免费的休息场所或设施。

三、运尸费收费标准

（一）普通型殡仪车（购置及改装费用在10万元及以下）往返距离在20公里（含20公里）以内的运尸费收费标准为每车次150元，超出20公里以上的每增加1公里加收2.5元；

（二）中档轿车型殡仪车（购置及改装费用在10万元至20万元，含20万元）往返距离在20公里（含20公里）以内的运尸费收费标准为每车次360元，超出20公里的每增加1公里加收3元；

（三）高档轿车型殡仪车（购置及改装费用在20万元以上）往返距离在20公里（含20公里）以内的运尸费收费标准为每车560元，超出20公里的每增加1公里加收4元；

（四）丧属搭乘运尸车不得再收取任何费用，长途运载尸体往返里程200公里以上的，收费标准由双方协商确定。

四、各殡仪馆（火葬场）应保持各种类型火化炉和殡仪车处于良好的运行状态，供丧属自主选择，以保障丧属对殡仪服务不同层次的需求。禁止强制指定火化炉和殡仪车型并收费。

五、各执收单位要严格遵守国家和省有关收费管理的法律、法规和政策，不得擅自设立收费项目、提高收费标准、扩大收费范围，按规定及时到同级价格主管部门办理收费许可证变更手续，并按省政府有关规定做好收费公示工作。收费时使用省财政厅统一印制的财政票据，收费收入实行"收支两条线"管理，自觉接受价格、财政等部门的监督检查和社会监督。

六、本通知自 2010 年 6 月 1 日起执行，昆明市回民殡葬收费标准仍按现行收费政策执行。原《云南省物价局、省财政厅关于核定殡葬收费标准的通知》（云价费发〔1998〕119 号）、《云南省计委、省财政厅关于核定殡仪馆高、中档轿车型运尸车收费标准的复函》（云计价格函〔2000〕128 号）、《云南省计委、省财政厅关于欧亚 3000 型及同档次拣灰炉火化费收费标准及有关事项的批复》（云计收费〔2003〕131 号）、《云南省发展和改革委员会、省财政厅关于昆明西郊殡仪馆火化费收费标准的复函》（云发改收费函〔2008〕304 号）同时废止，此前其他有关规定与本通知不符的，一律以本通知为准。

云南省人民政府办公厅关于进一步深化殡葬改革的意见

（云政办发〔2012〕142 号）

各州、市人民政府，省直各委、办、厅、局：

为进一步深化殡葬改革，促进殡葬事业科学发展，根据国务院《殡葬管理条例》、《云南省殡葬管理条例》及《民政部关于进一步深化殡葬改革促进殡葬事业科学发展的指导意见》（民发〔2009〕170 号）精神，结合我省实际，经省人民政府同意，现提出如下意见：

一、充分认识深化殡葬改革的重要意义

以节约土地、保护环境、移风易俗、减轻群众负担为宗旨的殡葬改革，符合云南省"山区多、坝区少，山地多、耕地少"的基本省情，符合"两强一堡"建设战略的基本要求，符合人与自然和谐发展的客观自然规律。省委、省政府历来高度重视殡葬改革工作，采取有力措施推动工作开展。经过努力，全省殡葬基础设施建设不断完善，惠民殡葬政策顺利实施，殡葬改革宣传效果明显，殡葬管理机构不断加强，殡葬管理效能逐步提高，殡葬服务水平不断提升，火化率由 2006 年的 10.7% 提高到 2011 年的 25.8%，殡葬工作逐渐步入了法制化、规范化良性发展轨道。但是，我省殡葬改革与经济社会发展需要和人民群众的实际需求还有较大差距，殡葬改革任务依然艰巨。目前，我省殡葬事业发展总体水平仍然偏低，全省火化率远低于全国 49% 的平均水平；各地殡葬改革发展极不平衡，全省 129 个县（市、区）还有 41 个没有建设殡仪馆，农村公益性公墓建设滞后，殡葬服务设施亟待完善；殡葬改革宣传力度不够，管理体制机制有待进一步理顺，法规制度有待进一步健全。

全省各地、有关部门要从战略和全局的高度充分认识推进殡葬改革是贯彻落实科学发展观的具体体现，是促进云南经济社会发展的客观需要，是提升政府社会事务管理和公共服务水平的必然要求，是促进社会和谐、提升社会文明程度的现实需要，进一步统一思想、坚定信心、锐意进取，采取切实有效措施，真正把殡葬改革作为民生工程、德政工程扎实推进，促进殡葬事业科学发展。

二、深化殡葬改革的总体要求

（一）指导思想。坚持以邓小平理论和"三个代表"重要思想为指导，深入贯彻落实科学发展观，倡导"以民为本、为民解困、为民服务"的理念，着力建设"公益殡葬、阳光殡葬、绿色殡葬、惠民殡葬、人文殡葬"，建立健全殡葬管理服务体系和殡葬救助保障制度，逐步满足人民群众的丧葬服务需求，促进全省社会和谐和生态文明建设。

（二）主要目标。强化政府责任和投入，加快殡葬基础设施建设步伐，合理划定火化区和土葬改革区，积极推行火葬、改革土葬，加大执法和宣传引导力度，提高公墓安葬率以及火化区的火化率。实行适度普惠型殡葬服务政策，完善殡葬政策法规，规范和简化殡葬流程和服务，提升殡葬服务水平。力争到2015年末，实现殡仪馆覆盖全省所有县（市、区）、农村公益性公墓覆盖所有乡（镇）；到2020年末，基本实现农村公益性公墓覆盖所有村委会的目标。

三、主要措施

（一）开展公益殡葬。理顺殡葬管理体制和运行机制，按照政事分开、事企分开、管办分离的要求，厘清基本殡葬服务和选择性殡葬服务的关系。建立政府对殡葬事业的投入机制，通过填平补齐的方式完善殡葬服务设施，稳步推进以殡仪馆、农村公益性公墓（包括农村骨灰寄存堂、塔、楼）为重点的殡葬基础设施建设。合理布局经营性公墓，适度引入市场竞争机制，引导社会力量投资兴建经营性公墓。严格执行基本殡葬服务价格规定，切实减轻群众负担。对选择性殡葬服务，实行市场定价、自愿选择、政府监督。探索政府购买服务，向经营性公墓购买公益性墓位，为低收入人群提供安葬服务。省级视财力情况加大投入力度，对经济欠发达地区或工作推进力度大地区的殡仪馆、农村公益性公墓建设和殡仪馆更新改造、设施配备给予适当补助。

（二）实现阳光殡葬。各殡葬服务单位要牢固树立"以人为本、丧属至上"的理念，始终把维护群众殡葬权益、满足群众丧葬需求放在突出位置，创新服务方式、丰富服务内容、提高服务质量，为群众提供多层次、个性化殡葬服务。认真落实殡葬服务项目、收费标准、服务内容、服务程序、服务承诺、服务监督"六公开"制度，提升殡葬服务诚信度。财政供养人员死亡后的丧葬、抚恤、遗属补助等费用须凭火化证、墓穴证（或骨灰寄存证）领取。加强标准化建设，开展行风建设和创先争优等活动，加强规章制度建设和干部职工队伍建设，强化殡葬从业人员的职业技能培训和技能鉴定工作，力争到2015年末，全省殡仪馆和公墓从业人员持证上岗率达到90%以上，逐步实现殡葬服务的优质化、标准化、规范化。

（三）推行绿色殡葬。提倡文明治丧、低碳祭扫，提高群众参与建设生态绿色殡葬的积极性。各地要研究制定有关奖励政策，鼓励广大人民群众采取树葬、花葬、草坪葬、壁葬、海葬、塔葬、骨灰寄存或土葬区深埋不留坟头等生态节地葬法，降低占地安葬比例。加强公墓监管，严格殡葬执法，坚决取缔非法公墓，纠正违规建设公墓，治理乱埋乱葬，打击破坏林地资源行为；坚决查处公墓超面积墓穴和公益性公墓非法经营行为。在土葬改革区推行遗体规范、科学、合理安葬，对符合政府引导方向或方式安葬的给予奖励，有效减少乱埋乱葬和不文明殡葬行为。

（四）实施惠民殡葬。加快殡仪馆和农村公益性公墓建设，建立覆盖全省的殡葬服务设施网络。各级政府要在现有殡葬惠民政策的基础上，制定基本殡葬服务由政府供给的惠民殡葬政策，将惠民殡葬资金纳入财政预算，力争到2015年覆盖全部特殊困难群体；逐步增加惠民殡葬项目，提高补助标准，扩大补助范围，直至将惠民殡葬政策扩大到所有符合条件的城乡居民群众。完善殡葬改革政策法规，加强殡葬执法队伍建设，有效提升殡葬事业管理服务能力。

（五）弘扬人文殡葬。各地要深刻理解殡葬文化的发展历史及人文内涵，弘扬与当代社会相适应、与时代精神相结合、与现代文明相协调的优秀殡葬文化，大力提倡厚养薄葬、文明节俭办丧事，积极倡导文明祭祀，形成科学健康、文明节俭的丧葬新风尚。积极借鉴国内外先进的殡葬文化和殡葬理念，更加注重人文关怀，在殡葬服务中体现对逝者的尊重，对生者的慰藉，将群众满意作为殡葬服务的最终目标。加强殡葬政策理论研究，以科学规划和理念指导殡葬事业发展。加大殡葬行业人才培养力度，建设一支思想作风过硬、文化素质高、业务能力强的工作队伍，为殡葬事业科学发展奠定坚实的人才基础。

四、保障工作落实

（一）加强组织领导。各级政府要把殡葬改革工作摆上重要议事日程，纳入当地经济社会发展总体规划和政府目标管理，建立起"政府主导、民政牵头、部门配合、社会协同、公众参与"的殡葬改革工作新格局。省成立由民政部门牵头的殡葬改革联席会议制度，定期或不定期研究解决工作中的热点、难点问题。各地也要建立联席会议制度或成立殡葬改革领导机构，做到主要领导亲自抓、分管领导具体抓、部门联动共同抓，推动殡葬改革工作积极有序开展。

（二）明确工作职责。各地要认真落实属地管理原则，做好本行政区域内殡葬改革工作。民政部门要认真履行推进殡葬改革、加强殡葬管理、监督殡葬服务等方面的工作职责，组织协调有关部门制止乱埋乱葬，落实好有关监管措施。机构编制部门要积极支持各级殡葬管理机构建设。人力资源社会保障部门要大力支持殡葬职业技能鉴定培训工作。对违反殡葬管理规定的国家公职人员，监察部门要依法依规予以严肃处理。工商部门要加强对殡葬服务市场的监管，坚决取缔无照生产、销售丧葬用品的经营活动。国土资源、住房城乡建设、林业部门要加强殡葬用地规划和管理，对符合条件的，应优先满足殡葬用地需求，对办理丧事影响市容环境卫生的，按照有关规定予以处罚。财政、审计、物价、人力资源社会保障部门要加强对殡葬服务收费、抚恤金、社保工资、遗属补助等费用发放的监督和管理。公安部门对办理丧事扰乱社会治安的，应及时制止；情节严重的，要依法给予治安处罚；涉嫌犯罪的，要依法立案侦查。卫生部门要加强医院太平间的管理，配合殡葬管理部门做好尸体管理和接运，杜绝尸源从太平间流入社会乱埋乱葬。民族、宗教部门要认真落实好民族、宗教人士死亡后遗体处理的有关规定。其他有关部门要按照各自职责，各司其职、密切配合，努力形成推进殡葬改革工作的合力。

（三）加大投入力度。各级政府要建立完善殡葬事业公共投入和稳定增长机制，将殡葬事业经费纳入地方财政预算，将农村公益性公墓纳入新农村建设规划，给予必要的政策指导和资金支持。通过财政预算安排、福利彩票公益金投入、社会投资等多种渠道筹集资金，加大殡葬基础设施建设、殡葬救助保障、殡葬改革宣传和殡葬执法等专项经费投入，改善殡葬管理机构和服务单位工作条件。同时，要建立健全殡葬改革保障资金管理制度，加大监督检查力度，确保专款专用。

（四）突出宣传示范。各地、有关部门要把文明治丧纳入创建文明城市和新农村建设的重要内容，加大宣传力度，创新宣传模式，强化宣传效果，引导群众转变观念、移风易俗、自觉参与殡葬改革。推进和鼓励少占土地、不占土地的绿色殡葬，倡导厚养薄葬、环保祭祀，树立文明殡葬新风尚。充分发挥村（居）委会、红白理事会等基层组织和行业协会、社会组织的作用，采取群众喜闻乐见、易于接受和行之有效的方式引导广大群众关心支持殡葬改革事业不断发展。要认真总结经验，树立典型，大力开展殡葬改革示范活动，以点带面，努力形成各具特色的地方殡葬改革和发展模式。

（五）严格督促检查。各地、有关部门要建立健全相应的督促检查机制，及时组织开展对殡葬改革工作的督促检查和跟踪问效。对殡葬改革工作成效突出、火化率明显上升、殡葬管理目标任务完成较好的，予以表扬奖励；对殡葬改革工作推进不力、问题突出、火化率徘徊不前、没有完成殡葬管理目标任务的，要予以通报批评或作出相应惩处。

省民政厅要会同省发展改革委、财政厅等部门抓紧制定我省殡葬事业发展规划，有力推动殡葬改革工作开展。

云南省卫生厅 云南省人口和计划生育委员会 云南省公安厅 云南省民政厅转发《关于进一步规范人口死亡医学证明和信息登记管理工作的通知》

（云卫规财发〔2014〕17号）

各州（市）卫生局、人口和计划生育委员会、公安局、民政局，厅直相关单位：

现将国家卫生计生委、公安部、民政部《关于进一步规范人口死亡医学证明和信息登记管理工作的通知》（国卫规划发〔2013〕57号）转发给你们，请将文件精神迅速传达至各县（市、区）卫生、人口和计划生育委员会、公安、民政部门，在工作中遵照执行。

国家卫生计生委 公安部 民政部关于进一步规范人口死亡医学证明和信息登记管理工作的通知

（国卫规划发〔2013〕57号　2013年12月13日）

各省、自治区、直辖市卫生计生委（卫生厅局）、公安厅局、民政厅局，新疆生产建设兵团卫生局、公安局、民政局：

人口死亡医学证明和信息登记是研究人口死亡水平、死亡原因及变化规律和进行人口管理的一项基础性工作，也是制订社会经济发展规划、评价居民健康水平、优化卫生资源配置的重要依据。为加强部门协作，规范工作流程，实现信息共享，提高管理水平，现将有关事项通知如下：

一、人口死亡医学证明的签发

人口死亡医学证明是医疗卫生机构出具的、说明居民死亡及其原因的医学证明。

（一）自2014年1月1日起，各地医疗卫生机构使用全国统一制定的新版《居民死亡医学证明（推断）书》（以下简称《死亡证》）。《死亡证》共四联（式样见附件1）。

（二）《死亡证》签发对象为在中国大陆死亡的中国公民、台港澳居民和外国人（含死亡新生儿）。

（三）《死亡证》签发单位为负责救治或正常死亡调查的医疗卫生机构。

（四）《死亡证》签章后生效。医疗卫生机构和公安部门必须准确、完整、及时地填写《死亡证》四联（后三联一致）及《死亡调查记录》，严禁任何单位和个人伪造、私自涂改。

（五）死者家属遗失《死亡证》，可持有效身份证件向签发单位申请补发一次。补发办法如下：已办理户籍注销及殡葬手续的，仅补发第三联；未办理户籍注销及殡葬手续的，补发第二至第四联。

（六）未经救治的非正常死亡证明由公安司法部门按照现行规定及程序办理。

二、人口死亡医学证明的使用

《死亡证》是进行户籍注销、殡葬等人口管理的凭证，由卫生计生、公安、民政部门共同管理。

（一）死者家属持《死亡证》第二、三、四联向公安机关申报户籍注销及签章手续。公安机关凭第二联办理死者户籍注销手续，加盖第三、四联公章（在医疗卫生机构内死亡者，第四联无需公安机关签章）。死者家属持第四联《居民死亡殡葬证》到殡仪馆办理尸体火化手续，殡仪馆凭第四联办理殡葬手续。

（二）《死亡证》第一联是原始凭证，由出具单位随病案保存或按档案管理永久保存，以备查询。第二联由死者户籍所在地公安部门永久保存。第三联由死者家属保存，第四联由民政部门收集保存。

（三）纸质《死亡证》由卫生计生部门统一印制，发放范围为不具备打印条件的基层医疗卫生机构。

三、人口死亡信息的报告

（一）建立人口死亡信息库。卫生计生部门负责建立正常死亡人口信息库，医疗卫生机构在签发《死亡证》15 日内网络报告第一联信息。民政部门负责建立死者火化信息库。

（二）开展信息校核工作。各级卫生计生、公安、民政部门应当定期开展本辖区人口死亡信息比对和校核工作，补漏查错，确保人口死亡信息及时性、完整性、一致性。乡镇（街道）派出所民警、民政助理、计划生育专干和乡村医生等应当及时向乡镇卫生院或社区卫生服务中心提供在家死亡（含新生儿死亡）信息。医疗卫生机构应当及时报告在家死亡和新生儿死亡信息。

（三）建立信息共享机制。县级卫生计生、公安、民政部门应当按月交换正常死亡、死亡销户及非正常死亡、死者火化信息（见附件 2），建立本部门跨区域非户籍人口死亡信息交换机制。卫生计生部门应当及时商请公安部门提供上年末本地区性别及年龄别人口数等情况。

（四）加强统计分析。各级卫生计生、公安、民政部门要加强对人口死亡数据的分析利用，为促进社会经济发展和制定人口健康政策提供信息支撑。在中国大陆死亡的台港澳居民和外国人不作为统计对象。

四、保障措施

（一）强化组织领导，落实部门职责。人口死亡信息登记工作是加强人口管理、构建和谐社会的重要举措。各级卫生计生、公安、民政部门要高度重视，强化组织领导，落实部门职责，明确任务分工，确保此项工作顺利开展。

（二）规范工作流程，密切部门配合。各级卫生计生、公安、民政部门要紧密配合，加强协作，进一步规范证书签发与使用、信息报告与共享等工作流程，提供便民服务，提高办事效率，逐步实现业务协同。

（三）完善工作制度，提高管理水平。各级卫生计生、公安、民政部门要完善证书管理、信息报告、数据安全、督导检查、人员培训、考核评估等工作制度，建立人员配备、经费投入、信息化建设等长效机制，提高人口死亡信息登记管理水平。

自 2014 年 1 月 1 日起，《卫生部、公安部、民政部关于使用〈出生医学证明书〉、〈死亡医学证明书〉和加强死因统计工作的通知》（卫统发〔1992〕第 1 号）同时停止执行。

附件：1.《居民死亡医学证明（推断）书》（略）
　　　2. 三部门数据交接内容（略）

国家卫生计生委
公安部　民政部
2013 年 12 月 31 日

中共云南省委办公厅 云南省人民政府办公厅 印发《关于充分发挥党员干部带头作用 大力 推进殡葬改革的实施意见》的通知

（云办发〔2014〕36号）

各州、市党委和人民政府，滇中产业新区党工委和管委会，省委和省级国家机关各部委办厅局，各人民团体，各大专院校：

《关于充分发挥党员干部带头作用 大力推进殡葬改革的实施意见》已经省委、省政府领导同意，现印发给你们，请结合实际认真贯彻执行。

中共云南省委办公厅
云南省人民政府办公厅
2014年11月18日

关于充分发挥党员干部带头作用 大力推进殡葬改革的实施意见

为认真贯彻落实《中共中央办公厅、国务院办公厅印发（关于党员干部带头推动殡葬改革的意见）的通知》（中办发〔2013〕23号）精神，充分发挥广大党员、干部带头示范作用，进一步推进全省殡葬改革，结合我省实际，现提出如下实施意见。

一、深刻认识推进殡葬改革的重要意义

殡葬改革是破千年旧俗、树一代新风的社会改革，关系人民群众切身利益，关系社会主义精神文明建设和生态文明建设，关系党风政风民风。省委、省政府高度重视殡葬改革，在规范殡葬管理、加强殡葬基础设施建设、完善惠民殡葬政策、倡导文明生态节俭办丧事等方面取得了明显成效。但一些地方还存在推进难度大、区域发展不均衡等问题，如：火葬区遗体火化率不高，乱埋乱葬、建大墓豪华墓等问题依然突出，占用了大量的耕地、林地，浪费了自然资源、破坏了生态环境；骨灰装棺再葬、重殓厚葬、盲目攀比等落后的丧葬陋俗盛行，增加了群众负担，严重阻碍了我省社会文明发展进程；少数党员、干部甚至个别领导干部在丧事活动中大操大办、借机敛财，热衷风水迷信，损害了党和政府形象，败坏了社会风气。这些现象严重影响和制约了我省殡葬改革发展进程，亟需整治。

各级党委、政府要深刻认识推进殡葬改革的重要意义，把思想和行动统一到党中央、国务院及省委、省政府的决策部署上来，全面执行党和国家殡葬改革的方针政策，紧密结合基层服务型党组织建设，进一步完善政策措施，形成党员、干部带头，广大群众参与，全社会共同推动的殡葬改革良好局面。

二、党员、干部要充分发挥带头作用，积极推进殡葬改革

（一）带头文明节俭办丧事。党员、干部要带头文明治丧，简办丧事。要在殡仪馆或合适场所集中办理丧事活动，自觉遵守公共秩序，尊重他人合法权益，可采用发放生平、佩戴黑纱白花、播放哀乐等方式哀悼逝者。禁止在居民区、城区街道、公共场所停放遗体（灵柩）、搭设灵棚（堂）、游丧、燃放鞭炮、焚烧祭品等。除国家另有规定外，党员、干部去世后一般不成立治丧机构，治丧事宜可由生前所在单位或社区、村（居）红白理事会协助办理，不召开追悼会。举行遗体送别仪式的，要严格控制规模，力求节约简朴。对于逝者生前有丧事从简愿望或要求的，家属、亲友以及所在单位应当予以充分尊重和支持。严禁党员、干部特别是领导干部在丧事活动中大操大办、铺张浪费，严禁借机收敛钱财。

（二）带头火葬和生态安葬。在火葬区，党员、干部去世后必须实行火葬，在公墓采取骨灰存放、树葬、花葬、草坪葬、塔葬、壁葬等生态节地葬法集中安葬，不得将骨灰装棺土葬。在不具备火葬条件的地区，党员、干部去世后遗体应在公墓内集中安葬或在当地政府指定的区域深埋不留坟头，不得乱埋乱葬。严禁修建大墓豪华墓，安葬单人或双人骨灰的墓穴占地不得超过1平方米。鼓励党员、干部去世后捐献器官或遗体。少数民族党员、干部去世后，尊重其民族习俗，按照有关规定予以安葬。

（三）带头文明低碳祭扫。党员、干部要转变传统祭扫观念，文明祭奠、低碳祭扫，带头采取敬献鲜花、植树绿化、踏青遥祭、经典诵读等方式缅怀故人。积极参与社区公祭、集体共祭、网络祭扫等现代追思活动，引领群众逐步从注重实地实物祭扫转移到以精神传承为主上来。禁止在林区、景区、居民住宅区、城市街道等禁火区域焚烧祭品、燃放鞭炮。

（四）带头宣传倡导殡葬改革。党员、干部要积极主动宣传殡葬改革，加强对亲属、朋友和周围群众的教育引导，及时劝阻不良治丧行为，自觉抵制陈规陋俗和封建迷信活动，倡导文明新风。各级领导干部要加强对直系亲属和身边工作人员丧事活动的约束，积极做好思想疏导工作，对不良倾向和苗头性问题，要做到早提醒、早制止、早纠正，决不允许对违法违规殡葬行为听之任之甚至包庇纵容。

三、统筹推进殡葬改革健康持续发展

（一）加大殡葬公共服务设施建设力度。各级党委和政府要制定和完善殡葬事业发展规划，明确殡葬改革目标任务，加大投入，把农村公益性公墓纳入新农村建设规划，给予必要的政策指导和资金支持。重点完善殡仪馆、公益性公墓等基本殡葬公共服务设施，逐步形成布局合理、设施完善、功能齐全、服务便捷的殡葬公共服务网络，满足社会基本殡葬需求。殡仪服务未覆盖的县（市、区）要在2015年底前完成殡仪馆建设规划和立项，2020年前建成投入使用。殡仪服务设施不足或年久失修的，要尽快新建或改造修缮。每个乡（镇）至少建有1个农村公益性公墓。严格控制经营性公墓数量，每个县（市、区）原则上只允许建1个经营性公墓。

（二）大力推行火葬。各地区要把遗体火化作为推进殡葬改革的重点，力争火化率逐步提升。根据人口、耕地、交通等情况，按照实事求是、因地制宜、分步实施的原则，科学划定和调整火葬区，将城镇及周边地区、重点旅游乡镇、工业园区、交通便利地区、耕地较少地区定为火葬区，火葬区范围不得小于现有范围，并逐步扩大。人口稀少、交通不便，暂不具备火葬条件的地区可暂划定为土葬改革区。各州（市）于2015年底前将火葬区划定调整情况上报审批。在火葬区，除国家另有规定外必须实行火葬，严格执行凭火化证、墓穴证或骨灰寄存证领取丧葬费和一次性抚恤金制度。支持和鼓励土葬改革区遗体自愿火化，进入公墓安葬。

（三）完善惠民殡葬政策。各地区要按照"保基本、广覆盖、可持续"原则，进一步建立完善

惠民殡葬政策，力争到 2015 年覆盖全部特殊困难群体。同时，随着经济社会发展，逐步向社会提供更加优惠、便捷的基本殡葬服务。

（四）推进生态殡葬。提倡文明治丧、低碳祭扫，提高群众参与生态殡葬的积极性。各地区要建立健全惠民殡葬机制，鼓励和引导广大人民群众采取树葬、花葬、草坪葬、壁葬、塔葬、骨灰寄存或土葬区深埋不留坟头等生态节地葬法，降低占地安葬比例。加强公墓监管，严格殡葬执法。坚决取缔非法公墓，纠正违规建设公墓，治理乱埋乱葬，打击破坏林地资源行为；坚决查处公墓超面积墓穴和公益性公墓非法经营行为。在土葬改革区推行遗体规范、科学、合理安葬，对符合政府引导方向或方式的给予表扬或适当补助，有效制止乱埋乱葬和不文明殡葬行为。

（五）强化殡葬监管和行风建设。各地区要从提高殡葬基本服务能力、保障群众殡葬权益出发，进一步规范殡葬服务市场秩序，加强殡葬行风建设和纠风工作，大力开展民主评议行风和行风建设示范单位创建活动，不断提升行业整体素质和服务水平。重点治理殡葬乱收费，坚决纠正利用行业特殊性损害群众利益的突出问题，对有令不行、有禁不止、顶风违纪的典型案件进行严肃查处、公开曝光。

四、采取有力措施，构建共推殡葬改革的良好环境

（一）加强组织领导。各级党委和政府要把发挥党员、干部带头示范作用、深化殡葬改革，作为促进社会主义精神文明建设和生态文明建设、保障和改善民生、加强党风政风建设的重要内容，作为基层党组织服务改革、服务发展、服务民生、服务群众、服务党员的重要载体，摆在突出位置，纳入重要议事日程，建立目标管理和年度工作目标考核机制，确保殡葬改革的各项目标落到实处。建立健全党委领导、政府负责、部门协作、社会参与的殡葬改革工作机制。各地区要建立由政府分管领导负责，民政部门牵头，组织、宣传、发展改革、财政、公安、国土资源、工商、林业等相关部门参与的殡葬改革联席会议制度，定期研究解决殡葬改革工作中的突出问题和困难，制定完善相关政策措施，指导督促做好殡葬改革各项工作。

（二）明确工作职责。各有关部门要认真履行职责，加强协作，共同推进殡葬改革。组织部门要注意掌握党员、干部治丧情况，加强对党员、干部的教育管理。宣传、广电、文明办等部门要做好殡葬改革宣传引导工作，将殡葬改革有关内容纳入文明创建范围。发展改革部门要做好殡仪馆、农村公益性公墓等殡葬基础设施建设项目的审批工作。公安部门要及时做好死亡人员户籍注销登记工作，对办理丧事扰乱社会治安的，要及时制止；涉嫌违法犯罪的，要依法查处。财政部门要统筹整合包括福彩公益金在内的各项资金，加大对公益性殡葬事业的投入力度，加强基本殡葬服务供给。监察部门要依法依规对违反殡葬管理规定的国家公职人员予以严肃查处，对当事人要视情节给予党纪政纪处分。民族宗教事务管理部门要依法做好少数民族人员和宗教场所的殡葬管理工作，引导少数民族推进殡葬改革。民政部门要主动发挥牵头作用，积极协调相关部门，完善殡葬设施规划、加强殡葬公共服务供给、保障基本殡葬服务、规范殡葬服务市场、加强对殡葬行为和丧事活动的管理。人力资源社会保障部门要大力支持殡葬职业技能鉴定培训工作，严格按照《云南省殡葬管理条例》的规定发放丧葬费和一次性抚恤金。国土资源、林业部门要加强殡葬用地规划和管理，对符合用地条件的，应优先满足殡葬用地需求；依法制止和查处非法占用耕地或林地建坟、非法买卖土地建坟等行为。城管部门要对办理丧事、祭扫影响市容环境卫生等行为，按照有关规定予以处罚。卫生计生部门要加强对医院太平间的管理，配合殡葬管理部门做好尸体管理和接运工作，杜绝尸源从太平间流入社会导致的乱埋乱葬行为；加强人口死亡登记，按规定开具死亡医学证明。工商部门要加强对殡葬服务市场的监管，坚决取缔无照生产、销售丧葬用品和开展殡仪服务等经营活动，收缴销毁非法丧葬用品。人民法院要对遗体或骨灰装棺土葬等违法违规殡葬行为，依法强制执行。其他有关部门要按照职责，各司其职，密切配合，形成推进殡葬改革工作的合力。

（三）加强宣传引导。各地区要充分发挥广播、电视、报刊、互联网等媒体的作用，面向基层，面向群众，广泛宣传推进殡葬改革的重要性、紧迫性，宣传殡葬法规政策，宣传文明节俭和绿色生态的丧葬理念，尤其要大力宣扬党员、干部带头文明节俭办丧事、实行火葬、生态安葬、文明低碳祭扫等推动殡葬改革的先进典型，营造有利于殡葬改革的良好社会环境。要以每年4月"殡葬宣传月"为契机，大力开展殡葬宣传进单位、进社区、进家庭活动，不断增强人民群众参与殡葬改革的积极性。把文明治丧、生态安葬纳入创建文明城市、文明乡镇、文明单位和新农村建设的重要考核内容，倡导文明节俭、生态环保、移风易俗的殡葬新风尚。

（四）强化监督管理。各级党组织要履行对党员、干部丧葬事宜的教育、管理和监督责任。领导干部的丧葬活动要按照省纪委、省监察厅印发的《关于规范领导干部办理婚丧喜庆事宜的暂行规定》执行。党员、干部及其直系亲属未按规定执行殡葬政策，干扰殡葬改革，搞封建迷信活动，利用丧事借机收敛钱财的，要依法依纪严肃查处。对殡葬改革工作推进不力、问题突出、火化率徘徊不前、乱埋乱葬现象严重，对党员、干部丧葬行为监督管理不力、发生严重违纪违法行为的地区和部门，要通报、问责并严肃追究领导责任。

云南省发展和改革委员会　云南省民政厅
关于殡葬服务收费管理有关问题的指导意见

（云发改物价〔2014〕1774号）

各州、市发展和改革委员会、民政局，滇中产业新区经济贸易发展局、社会事务管理局：

按照国家和我省近期殡葬改革和推进价格改革的部署，以及《国家发展改革委　民政部关于进一步加强殡葬服务收费管理有关问题的指导意见》（发改价格〔2012〕673号）精神，为进一步加强和规范我省殡葬服务收费管理，切实减轻群众丧葬负担，促进殡葬事业健康发展，结合我省实际，现就殡葬服务收费管理有关问题提出如下指导意见：

一、进一步明确殡葬服务收费有关政策

（一）合理区分殡葬服务性质。殡葬服务是面向社会的特殊公共服务，具有很强的社会公益性。殡葬服务分为基本服务和延伸服务（选择性服务）。基本服务主要包括运尸（遗体接运），遗体存放（含冷藏）、火化，骨灰寄存等服务，各地可在此基础上根据本地区实际情况，合理确定基本服务项目，切实满足当地群众最基本需要。在保证基本服务的供给规模和质量的前提下，经县级民政部门同意，殡葬服务单位可以根据实际情况，适当开展延伸服务。延伸服务是指在基本服务以外、供群众自愿选择的特殊服务项目，包括遗体整容、遗体防腐、殡仪乐队等。在殡葬服务中，反对封建迷信、侈奢浪费，提倡文明环保、精简节约。

（二）强化殡葬服务收费管理

1. 基本殡葬服务收费标准实行政府定价或政府指导价管理，在成本监审或成本调查的基础上，按照非营利原则核定。火化费属行政事业性收费，由省级价格主管部门会同有关部门制定收费标准区间，各州市在省定收费标准区间内核定本州市执行的收费标准。其余基本殡葬服务收费属经营服务性收费，实行政府指导价管理，由各州、市民政部门提出方案，报同级价格主管部门审定。

2. 延伸服务收费实行市场调节价，由殡葬服务单位自主制定收费标准。

（三）殡葬用品价格

殡葬服务单位销售的殡葬用品价格实行市场调节价，由殡葬服务单位自主制定价格。殡葬服务单位不得限制或采取增收费用等方式变相限制丧属使用自带骨灰盒等文明丧葬用品，在提供殡葬用品时，要注重满足中低收入群众的需求。

（四）公墓价格

1. 农村公益性公墓。农村公益性公墓是为村民死亡后提供骨灰或遗体安葬的公益性公共设施，不得从事经营活动，农村公益性公墓公共部分基本建设资金主要由乡（镇）人民政府和村民委员会负责筹集，不得向村民摊派。建墓穴的材料及人工劳务和维护费用可适当向丧属收取，具体标准由公墓管理单位与村民委员会和村民协商确定，乡（镇）人民政府和县级民政、价格部门给予协调和指导。

2. 经营性公墓。经营性公墓价格实行市场调节价，由公墓经营单位自主制定，公墓经营单位在公墓建设中应确保一定比例的生态公墓，以满足群众的不同需求，推动殡葬改革，促进移风易俗。

3. 经营性公墓维护管理费实行市场调节价，由公墓经营单位自主制定收费标准。鉴于公墓使用的特殊性，公墓维护管理费可以按年交纳，也可以跨年度交纳，由丧属自愿选择。公墓经营单位每次收取公墓维护管理费年限最长不得超过 20 年，收取年限长的应体现价格优惠。在丧属已交费用期限内，公墓经营单位不得擅自提高收费标准，让丧属补交费用。经营性公墓维护管理费应专项用于公墓的日常管理、维护、卫生、垃圾清运、绿化等开支，禁止挪作他用。各级民政部门应加强对公墓经营单位公墓维护管理费收取、使用情况的监管。

各地在制定纳入政府价格管理的殡葬服务收费标准时，应通过召开听证会、论证会或座谈会等方式广泛征求意见，提高制定收费政策的透明度和科学性。

二、强化对殡葬服务收费行为的监管

（一）清理殡葬服务收费政策。各地价格主管部门要会同民政部门认真清理本地区的殡葬服务收费政策，取消不合理的收费项目，进一步规范殡葬服务和收费行为。

（二）完善价格和收费公示体系。各地民政部门要建立殡葬服务收费标准和殡葬用品价格公示体系，通过本部门网站或其他载体将本地区殡仪馆和公墓的收费项目、收费标准（价格）进行公示，为群众监督、选择提供方便。殡葬服务单位要认真执行明码标价和收费公示制度，在服务场所显著位置公布服务项目、服务内容、服务流程、收费标准、收费依据、减免政策、监督举报电话等内容，广泛接受社会监督。销售殡葬用品的，商品标价签应当标明品名、产地、计价单位、零售价格等内容。

（三）全面推行殡葬服务清单制度。为保障群众明白消费，在开展殡葬服务前，殡葬服务单位应如实提供包括服务项目（基本服务和延伸服务）、服务内容、收费标准等在内的服务清单，供丧属选择，经双方协商一致后签字认可，也可以合同、协议等方式进一步明确相关内容。殡葬服务单位在提供服务过程中，要引导群众理性消费，不得违反公平自愿原则以任何形式诱导、捆绑、分拆或强制提供服务并收费。殡葬服务单位提供、发放的各种单据、证书、合同、协议一律不得收取费用。

三、加大殡葬服务收费政策宣传并依法查处价格违法行为

（一）广泛做好政策宣传工作。各地价格、民政部门要充分认识加强殡葬服务收费管理的重要意义，采取有力措施，加大殡葬服务收费政策宣传力度。要利用广播、电视、报刊、互联网等多种方式，宣传殡葬服务收费政策和救助保障措施，倡导移风易俗、厚养薄葬和节地环保的丧葬方式，

充分发挥社会和新闻舆论监督的作用。

（二）切实加强监督检查。各地价格主管部门要充分发挥"12358"价格举报电话作用，认真受理群众对殡葬服务收费的投诉或举报，严肃查处殡葬服务单位擅自设立收费项目、提高收费标准、扩大收费范围及强制服务并收费等乱收费行为，对性质恶劣、情节严重的典型案件公开曝光，切实维护广大群众的合法权益。

四、完善促进殡葬事业发展配套政策

（一）加大政府扶持力度。各地民政、发展改革部门要积极争取本级政府的支持，建立殡葬事业公共投入和稳定增长机制，在科学规划的基础上，不断加大殡葬服务设施设备公共投入力度，形成覆盖城乡居民的殡葬服务网络。加强政策指导和资金投入，积极扶持发展农村公益性骨灰存放设施，推动将其纳入社会主义新农村建设和村级公益性事业建设相关规划。加强服务和监管，切实规范和完善殡葬服务，真正惠及民生。

（二）保障困难群众基本需求。凡具有本省户籍且不能享受丧葬补助的农村五保供养对象、城乡最低生活保障对象、重点优抚对象，民政部门应给予适当的火化补助。殡葬服务单位应确保提供困难群众基本需求的殡葬用品和公墓。鼓励有条件的地区研究制定面向辖区所有居民的基本殡葬服务费用免除标准及政府补偿办法，逐步建立起覆盖城乡居民的多层次殡葬救助保障体系。

（三）逐步理顺殡葬管理体制。各地民政部门要从有利于殡葬改革和政府有效监管出发，积极向有关部门申请推行政事分开、管办分离，在人、财、物等方面逐步与殡葬服务单位脱钩。各地民政行政机关不得从事任何殡葬经营活动，也不得向殡葬服务单位收取任何管理费用。有条件的地区，要探索将基本殡葬服务纳入政府基本公共服务范围，实现基本服务均等化。

上述规定自发文之日起执行，《云南省发展和改革委员会关于进一步加强和规范殡葬服务收费管理有关事宜的通知》（云发改收费〔2009〕1482号）同时废止；各地在出台运尸（遗体接运）收费标准后，《云南省发展和改革委员会 省财政厅关于我省殡葬火化费运尸费收费标准及有关事项的通知》（云发改物价〔2010〕673号）中有关运尸费的规定同时废止。昆明市回民殡葬收费按现行政策规定执行。

云南省发展和改革委员会

云南省民政厅

2014 年 12 月 30 日

中共云南省委办公厅 云南省人民政府办公厅
印发《关于全面深化殡葬改革的实施意见》的通知

（云办发〔2016〕65 号）

各州、市党委和人民政府，省委和省级国家机关各部委办厅局，各人民团体，各大专院校，省属各企事业单位：

《关于全面深化殡葬改革的实施意见》已经省委、省政府同意，现印发给你们，请结合实际认

真贯彻执行。

中共云南省委办公厅

云南省人民政府办公厅

2016 年 12 月 31 日

（此件发至县）

关于全面深化殡葬改革的实施意见

为加强社会主义精神文明和生态文明建设，服务全省经济社会发展大局，现就全面深化殡葬改革提出如下意见。

一、总体要求

（一）指导思想。全面贯彻党的十八大和十八届三中、四中、五中、六中全会精神，以邓小平理论、"三个代表"重要思想、科学发展观为指导，深入贯彻习近平总书记系列重要讲话和考察云南重要讲话精神。坚持党委领导、政府主导、社会参与，节约资源、保护环境，注重引导、创新发展，分类指导、统筹推进的基本原则，以建立健全殡葬公共服务体系和现代殡葬治理体系为抓手，着力推进全省殡葬管理法治化、骨灰和遗体处理生态化、惠民殡葬和奖补制度化、殡葬服务标准化，倡导移风易俗新风尚，使满足殡葬需求与保护资源环境协调推进，促进人与自然和谐发展。

（二）目标任务。强化政府责任和投入，加快殡葬执法队伍和基础设施建设步伐，全面建立基本殡葬服务保障制度，全面建立节地生态安葬奖补制度，全面推行节地生态安葬，努力形成覆盖城乡居民的殡葬公共服务体系，努力实现基本殡葬服务均等化。科学划定火葬区和土葬改革区，加大执法和宣传引导力度，依法推行火葬区遗体火化和骨灰进公墓安葬、土葬改革区遗体进公墓或相对集中安葬，因地制宜创新和推广符合节地生态要求的安葬方式。力争到 2020 年，基本实现殡仪馆覆盖全部县（市、区），公益性骨灰安放或遗体安葬设施覆盖全部乡镇（街道），全省节地生态安葬比例达 35% 以上，火葬区平均火化率达到或接近 100%，公墓墓位超标硬化现象得到遏制，杜绝散埋乱葬和骨灰装棺土葬。

二、重点工作

（一）因地制宜推进殡葬改革。各地区要根据人口、耕地、交通、少数民族丧葬习俗等情况，坚持实事求是、因地制宜，不搞"一刀切"，科学划定、调整火葬区和土葬改革区，将城镇及周边地区、重点旅游乡镇、工业园区、交通便利地区划定为火葬区，火葬区明确到乡镇（街道）、村（社区）。整合资源，将现有坟山、集中安葬点等纳入公益性公墓划定范围；没有空间继续安葬的，可在周围或荒山瘠地划定新的集中安葬点。在火葬区，依法推行遗体火化、骨灰进公墓安葬、墓碑小型化，倡导选择节地型墓位、立体安葬和植树、植花、植草、撒散等不保留骨灰的安葬方式。在土葬改革区，遗体应在公墓或规定区域集中安葬，不得散埋乱葬，严禁建大墓、活人墓、豪华墓，提倡遗体深埋、不留坟头或以树代碑等。尊重少数民族丧葬习俗，鼓励和支持少数民族群众选择既有民族地域特色，又符合节地生态要求的葬式葬法。火葬区和土葬改革区要根据新型城镇化和新农村建设进程，依法依规加大对骨灰装棺土葬、遗体散埋乱葬的治理力度。在做好做通群众思想工作基础上，对"三沿六区"（公路、铁路、河道沿线，水源保护区、文物保护区、风景旅游区、住宅区、开发区、坝区）的坟墓，通过植树遮蔽一批、生态改造一批、搬迁拆除一批等方式开展专项整治，做到见树不见墓。

（二）加快殡葬服务设施建设。各地区要制定和完善殡葬基础服务设施建设规划，与地方城乡规划和土地利用总体规划相衔接，合理确定设施数量、布局和规模。加大殡仪馆建设力度，加快对陈旧落后、污染超标殡葬设施设备的更新改造。加强公墓规范化建设，着力发展节地生态葬式，建设生态化、园林化墓区。探索建设城市公益性公墓。鼓励国有企业和社会力量参与经营性和公益性公墓建设。对实行墓穴安葬的公墓数量、墓穴数量以及占地面积严格实行总量控制。农村公益性公墓建设要纳入新农村建设规划，给予必要的政策指导和资金支持，实现农村公益性公墓全覆盖。加强少数民族节地生态安葬设施建设，保障少数民族群众殡葬需求。

（三）不断健全完善惠民殡葬政策。按照保基本、广覆盖、多层次、可持续的原则，健全完善惠民殡葬政策，不断增强殡葬公益属性，让殡葬回归社会公共服务。保障重点优抚对象、城乡低保对象、农村"五保"供养对象、城市"三无"人员、建档立卡贫困户等特殊困难群体的基本殡葬需求，优先保障遗体接运、存放、火化、骨灰存放等基本殡葬公共服务供给。逐步将惠民殡葬范围扩大到低收入群众、支出型贫困家庭，有条件的地区可覆盖所有城乡居民和非户籍常住人口，提高减免和补助水平，切实减轻群众丧葬负担。

（四）加快建立奖补激励机制。建立节地生态安葬奖补制度，逐步把火葬区立体安葬或植树、植花、植草、撒散等不保留骨灰的生态葬式，土葬改革区遗体深埋、不留坟头或以树代碑等不占或少占土地的安葬方式，少数民族节地生态葬式，纳入奖补范围。各地区可结合实际情况，积极探索建立环保殡葬用品补贴制度，对带头推行无毒、可降解环保用品的殡葬服务单位或使用者亲属，给予适当奖励或补贴，推广环保殡葬用品的应用。

（五）大力倡导文明治丧低碳祭扫。移风易俗，逐步推行庄重、文明、节俭的治丧方式，摒弃重殓厚葬、大操大办、铺张浪费。大力倡导绿色祭扫，引导广大群众采取鲜花祭扫、植树祭扫、网络祭扫、踏青遥祭、家庭追思会等方式缅怀故人。设置祭扫专区，开展社区公祭、集体共祭等现代祭祀活动，不断创新丧葬礼仪，引导群众文明治丧、低碳祭扫，从注重实地实物祭扫转移到以精神传承为主上来。

（六）着力提高殡葬服务水平。进一步优化调整殡葬服务内容、程序和标准，简化窗口办理手续，优化惠民减免结算环节，建立健全殡葬信息服务网络和信息共享平台，着力提高殡葬服务规范化、专业化和信息化水平。大力推行公开公示制，把基本殡葬服务项目与选择性殡葬服务项目明确分开，明码标价，严禁以任何形式捆绑、强迫和误导消费，严禁以任何形式限制丧属自带合法殡葬用品，切实维护人民群众的基本殡葬权益。加强殡葬人才队伍建设，加大教育培训力度，提高殡葬队伍服务能力，为推动殡葬事业发展提供坚实的人才保障。

（七）强化殡葬行业监管。整合执法资源，建立健全殡葬执法队伍和工作机制，加大联合执法力度，强化执法监督，全面落实殡葬服务单位质量承诺、服务回访、满意度调查、投诉受理监督制度，坚决纠正利用行业特殊性质谋取私利的行为，严肃查处损害群众利益的突出问题。加强殡葬服务监管，规范行业准入标准，适度引入市场竞争，公开合理定价收费，降低采购服务成本。加强殡葬用品市场管理，坚决取缔无照生产、销售丧葬用品的经营活动，严禁在火葬区生产、销售棺木、墓碑等土葬用品。加强殡葬中介管理，规范代理服务行为，提高从业人员素质，净化殡葬中介代理市场环境。

三、保障措施

（一）加强组织领导。各级党委、政府要坚持"一把手"亲自抓、负总责，分管领导具体抓、深入抓。把殡葬改革工作纳入政府督查内容，建立目标管理和年度工作目标绩效考核机制，逐级签订殡葬改革目标责任书，每年进行考核通报。作为事业单位设置的殡仪馆要强化公益属性，配齐工作人员，并通过政府购买服务弥补人员不足问题，确保殡葬改革各项工作的落实。

（二）形成工作合力。建立健全党委领导、政府负责、民政牵头、部门协作、社会参与的殡葬改革工作机制。各州（市）要认真贯彻落实省委、省政府决策部署，加强统筹协调，细化工作任务，制定落实措施，把殡葬改革各项任务落到实处。省殡葬改革联席会议成员单位要认真履职、各司其职、密切配合、通力协作，省民政厅要发挥牵头单位作用，形成全面深化殡葬改革的强大合力。

（三）加大经费和殡葬用地保障力度。各级政府要建立健全与殡葬事业发展相适应的经费保障机制，将基本殡葬公共服务经费纳入各级财政预算。要适当加大财政投入力度，实行奖励机制，资金主要投向殡仪馆等设施建设；要充分发挥市场作用，多渠道筹措公墓建设资金。要加强项目用地保障，可续编制殡葬基础设施建设用地供应计划，对殡仪馆、公益性公墓、集中安葬点等殡葬基础服务设施用地可按照划拨方式提供土地使用权，对经营性公墓等殡葬服务设施用地按照有偿方式提供土地使用权。

（四）严格监督考核。各级党委、政府要将殡葬改革作为目标责任考核的重要内容，建立任务明确、职责明晰、赏罚分明的殡葬管理考核监督体系。完善奖惩制度，强化问责制，对殡葬改革工作推进不力、问题突出、火葬区火化率徘徊不前、散埋乱葬现象严重，对党员干部丧葬行为监督管理不力、发生严重违纪违法行为的地区和部门，要通报、问责并严肃追究领导责任。各级纪检监察部门要加强对党员干部带头推动殡葬改革情况的监督检查，依法纠正和查处党员干部尤其是领导干部殡葬方面的违纪违规行为，为深化殡葬改革提供纪律保障。

（五）强化宣传引导。要树立正确舆论导向，充分发挥广播、电视、报刊、互联网等媒体的作用，面向基层，面向群众，广泛宣传推进殡葬改革的重要性、紧迫性和殡葬法规政策，宣传文明节俭、生态节地、低碳环保的殡葬理念和先进典型，推进移风易俗，引领殡葬改革新风。注重发挥基层自治组织、老年协会、红白理事会的作用，引导、动员广大群众参与到殡葬改革进程中来。

关于贯彻落实民政部等 16 部委《关于进一步推动殡葬改革促进殡葬事业发展的指导意见》的通知

（云民事〔2018〕25 号）

各州、市民政局、文明办、发展改革委、民族宗教委（局）、公安局、财政局、人力资源社会保障局、国土资源局、环境保护局、林业局、文化局、卫生计生委、工商局、物价局、总工会、团委、妇联：

为全面推动我省殡葬改革和殡葬事业发展，更好服务于云南建设全国民族团结进步示范区、生态文明建设排头兵、面向南亚东南亚辐射中心三大目标，现将民政部等 16 部委印发的《关于进一步推动殡葬改革促进殡葬事业发展的指导意见》（民发〔2018〕5 号）转发你们，结合我省实际提出如下意见，请一并贯彻实施。

一、加强组织领导

殡葬是涉及千家万户的民生事业，是人民最关心最直接最现实的利益问题之一。推动殡葬改革，是贯彻落实党中央、国务院和省委、省政府决策部署，更好保障和改善民生、促进精神文明和生态文明建设、传承优秀传统文化、加强和创新社会管理、落实全面从严治党要求的重要举措。要坚持以人民为中心的发展思想，切实提高政治站位，加强组织领导，建立健全党委领导、政府负责、部门协同、社会参与、法治保障的殡葬改革领导体制和工作机制，明确职责分工，完善政策措施，加强目标考核，强化责任落实，促进殡葬事业健康有序发展。

二、持续深化殡葬改革

深入贯彻落实省委办公厅、省政府办公厅《关于全面深化殡葬改革的实施意见》（云办发〔2016〕65 号），坚定不移地深化殡葬改革。紧紧围绕节地、生态、文明、惠民殡葬，加大殡葬公共服务设施建设力度，大力推行节地生态安葬，积极倡导殡葬移风易俗，加强殡葬行业监管，丰富和完善殡葬服务供给，推动殡葬改革和殡葬事业更好服务于保障和改善民生、促进精神文明建设、促进生态文明建设排头兵。

三、统筹推进重点工作

坚持问题导向，因地制宜，创新发展，紧紧抓住火化率、节地生态安葬率、农村公益性安葬设施覆盖率、殡仪服务覆盖率等作为衡量殡葬改革发展成效的重要指标，统筹推进殡葬改革。要坚持把推进节地生态安葬作为深化殡葬改革的着力点和突破口，加大城乡公益性节地生态安葬设施建设力度，不断提高骨灰树葬（草坪葬、花坛葬）、寄存等节地生态安葬方式比重；要围绕实施乡村振兴战略、生态文明建设排头兵，结合文明城市、文明村镇创建，深入开展大墓、豪华墓、活人墓清查统计和整治；要以殡葬管理服务信息平台建设为基础，以标准规范体系建设为支撑，加快推进"互联网+殡葬服务"，创新殡葬服务管理模式，促进殡葬服务转型升级；大力弘扬社会主义核心价值观，传承发展少数民族优秀丧葬传统，深入推进殡葬移风易俗，积极培育现代殡葬新理念、新风尚。

四、强化殡葬公共服务

坚持殡葬基本公共服务的公益属性，优化殡葬服务资源布局，进一步完善殡葬公共服务体系。要根据殡葬服务需求，补齐短板，不断完善殡仪馆、骨灰堂、公墓、殡仪服务站等基础设施建设。要妥善处理基本殡葬服务与非基本殡葬服务的关系，保障和改善基本殡葬服务，丰富和拓展非基本殡葬服务，改善服务方式，丰富服务内容，提高服务质量，更好满足人民群众多层次、多样化殡葬需求。

五、加强殡葬行业监管

针对殡葬领域存在的损害群众利益的突出问题，要强化日常监管，建立长效机制，制定完善相关政策措施，加大对违法违规行为的整治力度，让人民群众成为殡葬改革的最大受益者。依法加强遗体接运、存放、火化和骨灰寄存等基本殡葬服务收费管理，规范殡葬行为；依法纠正和查处违法占地建设殡葬设施、违法占用耕地林地建坟、违法土葬等行为；严格落实属地管理责任，压实殡葬服务机构责任人的主体责任，全面加强殡仪馆、公墓等殡葬服务机构安全管理，坚决防止各类安全责任事故。

各级民政部门要发挥好牵头协调作用，组织协调、指导推进、监督检查本地区殡葬政策落实情况，建立督查评估和定期通报机制，对发现的问题认真纠正、严肃整改。

附件：民政部等 16 部委《关于印发〈关于进一步推动殡葬改革促进殡葬事业发展的指导意见〉的通知》（略）

云南省民政厅

云南省精神文明建设指导委员会办公室

云南省发展和改革委员会　云南省民族宗教事务委员会

云南省公安厅　云南省财政厅　云南省人力资源和社会保障厅

云南省国土资源厅　云南省环境保护厅

云南省林业厅　云南省文化厅

云南省卫生和计划生育委员会　云南省工商行政管理局

云南省物价局　云南省总工会

中国共产主义青年团云南省委员会　云南省妇女联合会

2018 年 8 月 10 日

关于推行节地生态安葬的实施意见

（云民事〔2018〕37 号）

各州、市民政局、发展改革委、科技局、财政局、国土资源局、环境保护局、住房城乡建设局、农业局、林业局：

为贯彻落实习近平总书记提出的云南发展"三个定位"中生态文明建设排头兵、省委省政府建设最美丽省份精神，根据省委办公厅、省政府办公厅《关于全面深化殡葬改革的实施意见》（云办发〔2016〕65 号）要求，进一步深化殡葬改革，推行节地生态安葬，保护生态环境，促进人与自然和谐相处，结合我省实际，提出以下实施意见。

一、准确把握推行节地生态安葬的总体要求

（一）指导思想。以习近平新时代中国特色社会主义思想为指导，全面贯彻落实党的十九大、十九届一中、二中、三中全会精神和习近平总书记考察云南重要讲话精神，坚持以人民为中心的发展思想，以保障人民群众基本安葬需求为目标，加强政策激励引导，加大节地生态安葬公共服务产品供给，倡导移风易俗新风尚，减轻人民群众丧葬负担，提升优质人文安葬服务能力，使满足安葬需求与保护生态资源环境协调推进。

（二）基本原则

——政府主导，社会参与。强化政府在推行节地生态安葬工作中的统筹规划、基础建设、政策激励、典型示范、监督管理等方面的职能，积极引导和支持城乡居民、殡葬服务单位、基层组织以及相关社会组织推广节地生态葬法，形成参与殡葬改革的合力。

——节约资源，保护环境。坚持节约优先、保护优先的理念，科学规划建设节地生态安葬设施，创新推广节地生态葬法，提高土地利用率，尊重和保护自然生态，减少安葬活动对自然资源的消耗和对生态环境的破坏。

——注重引导，创新发展。尊重、引导、发挥好安葬习俗对节约资源、保护环境的积极作用，通过依法管理、提升内涵、激励引导、探索创新，使人民群众自觉接受节地生态葬法，注重中华民族优秀文化传承，逐步革除丧葬陋习，大力倡导移风易俗，积极稳妥、循序渐进地改革安葬方式。

——分类指导，统筹推进。根据城乡、地域、民族、葬式及安葬设施的不同特点，因地制宜，

分类指导，科学施策。坚持殡、葬、祭"三位一体"，推动节地生态安葬与绿色殡葬、人文殡葬、惠民殡葬相结合，葬法改革与丧礼改革相衔接，统筹推进殡葬改革。

（三）主要目标。划定调整并逐步扩大火葬区，巩固和提高火化率，到2020年末，全省公益性骨灰安放或遗体安葬设施乡镇（街道）全覆盖，节地生态年安葬比例达到50%以上。全面实施火化补助惠民殡葬政策，建立健全节地生态安葬奖补激励机制；骨灰装棺再葬、散埋乱葬和公墓墓位硬化超标等现象得到有效治理，节地生态、移风易俗新风尚成为殡葬改革主流。

二、确保推行节地生态安葬工作落实到位

（一）建立节地生态安葬评价体系。节地生态安葬是指采用树葬、深埋、格位存放等不占或少占土地、少耗资源、少使用不可降解材料的方式安葬骨灰或遗体。节地生态安葬率是指当年选择节地生态安葬方式的数量占当年骨灰和遗体安葬数量的比例。节地生态葬式葬法包括：

1. 立体安葬：在骨灰楼（廊、堂、塔、墙等）以格位存放的形式安放20年以上；

2. 节地型墓位安葬：在公墓骨灰安葬的单人或双人墓位，硬化占地小于国家规定标准、墓碑高度低于80厘米；

3. 树葬、花葬、草坪葬等安葬：在公墓内采取植树、植花、植草等形式，使用可降解容器或直接将骨灰藏纳土中，不设硬质墓穴和墓碑；

4. 不保留骨灰：在规定区域进行不保留骨灰的处置方式；

5. 遗体节地型墓位安葬：在土葬改革区公墓或规定区域安葬遗体，单人或双人合葬的墓位占地小于国家规定标准，墓碑高度低于80厘米；

6. 遗体深埋安葬：在规定区域将遗体深埋于地下，遗体深埋的深度大于3米，不硬化、不立碑、不留坟头；

7. 其他安葬形式：少数民族群众长期选择的、具有民族地域特色、又符合节地生态和公共卫生安全要求的其他葬式。

（二）大力推行节地生态葬式葬法。在火葬区，依法推行遗体火化、骨灰进公墓安葬、墓碑小型化，降低墓基硬化面积，倡导选择节地型墓位、立体安葬和树葬、花葬、草坪葬、撒散等不保留骨灰的安葬方式，使用可降解容器或直接将骨灰藏纳土中，不设硬质墓穴和墓碑。在土葬改革区，遗体应在公墓或规定区域集中安葬，不得散埋乱葬，严禁建大墓、豪华墓、活人墓，鼓励墓碑小型化或不立碑；提倡遗体深埋、不留坟头或以树代碑等。倡导以家庭为单位，有占地面积限制的集中生态安葬。尊重少数民族丧葬习俗，鼓励和支持少数民族群众选择既有民族地域特色，又符合节地生态要求的葬式葬法。打造一批节地生态园区，省民政厅适时联合有关部门，对节地生态园区进行考核评价并授予"云南省节地生态示范陵园"称号，在全省给予通报表彰。

（三）加快节地生态安葬基础设施建设。各地区要制定和完善节地生态安葬设施建设规划，与地方城乡规划和土地利用总体规划相衔接，合理确定设施数量、布局和规模，科学规划建设节地生态安葬设施，切实满足人民群众的安葬需求。加大农村公益性公墓（骨灰堂）建设，要以树葬、花葬、草坪葬、骨灰存放、小型墓等多样化节地生态安葬方式为主，减少使用不可降解材料，严格执行墓位占地面积规定，不得超标准建墓立碑。城镇周边的农村公益性公墓应以乡镇（街道）为单位统筹兴建，主要采用楼、廊、堂、塔、地宫等形式存放骨灰的立体安葬方式，提高土地利用率。严格依法审批经营性公墓，新建公墓以建立生态墓区和节地型墓区为主，对原有超标准建墓立碑的，要依法通过拆除、绿化等方式进行整治改造。加强少数民族安葬设施建设，保障少数民族群众丧葬权益。

（四）提升节地生态安葬服务水平。探索和实践符合节地生态安葬特点的服务模式，积极提供网上预约、服务热线、咨询窗口等服务，优化服务流程，拓展全程引导、交通保障、悲伤抚慰等服

务内容，强化人文关怀，提升服务内涵。加大公墓规范化、标准化建设力度，注重环境绿化美化，引导文明低碳祭扫，保持墓区整洁肃穆。鼓励经营性公墓积极承担社会责任，选择位置好、绿化好的墓区开发公益性墓园，提供优质的节地生态安葬公共服务产品。充分发挥村（居）民委员会和红白理事会、老年人协会等基层组织作用，进一步深化农村殡葬改革，加强农村公益性公墓规范管理，努力提供及时便捷服务，提高群众认可度和满意度。推进殡葬服务与"互联网+"融合发展。

（五）积极培育现代殡葬文化。把推行节地生态安葬与倡导移风易俗、厚养薄葬、保护生态环境、造福子孙后代相结合，厚植符合节地生态、绿色环保要求的安葬理念，培育具有时代特征、民族特点、群众基础的殡葬行为规范。各地要充分依托现有殡葬设施资源，建设一批生命文化教育基地，打造优秀殡葬文化传承平台。积极推广现代文明的殡葬礼仪和殡葬用品，坚决抵制迷信低俗、奢侈浪费等不良丧葬风气，切实增强参与节地生态安葬的思想自觉和行动自觉。大力倡导网络祭扫、鲜花祭扫、踏青遥祭、植树缅怀等文明低碳祭扫方式，积极组织集体共祭、社区公祭、家庭追思等现代追思活动，弘扬慎终追远等优秀传统殡葬文化，引导群众逐步从注重实地实物祭扫转移到以精神传承为主上来。

三、建立健全推行节地生态安葬保障机制

（一）加强组织领导。推动各级党委和政府把推动殡葬改革发展作为增进人民福祉的重要内容、促进精神文明和生态文明建设的有力举措，摆上议事日程，建立健全党委领导、政府负责、部门协作、社会参与、法治保障的领导体制和工作机制，切实将推行节地生态安葬作为深化殡葬改革的重要内容，纳入城乡总体规划及精神文明建设，建立目标管理和年度工作目标绩效考核机制，确保政策措施落到实处。各有关部门要切实履行职责、加强联动互动，共同推进节地生态安葬。民政部门要牵头做好政策标准制定、组织实施、审批监管等工作。发展改革、科学技术、财政、自然资源、生态环境、住房城乡建设、农业农村、林业和草原等部门要各司其职、密切配合，做好安葬设施规划建设，加大节地生态安葬公共服务供给，完善惠民殡葬政策和激励引导措施，依法查处非法建坟，强化殡葬活动生态环境监管，推动环保殡葬新技术、新产品研发应用，结合农村环境整治改进殡葬服务管理，支持保障推行节地生态安葬。注重发挥乡镇、街道、城乡社区的独特优势，探索建立基层殡葬信息员制度及殡葬信息源采集、报告和预警机制，加大对散埋乱葬、骨灰装棺再葬、违规建墓的事前预防和源头治理力度。

（二）发挥党员干部带头作用。各地要深入落实中央八项规定精神和省委办公厅、省政府办公厅《关于充分发挥党员干部带头作用大力推进殡葬改革的实施意见》（云办发〔2014〕36号）的要求，强化党员干部从严律己、依法从政意识，要求群众做到的，党员干部要带头做到。党员干部要带头实行遗体火化，带头参与节地生态安葬，带头推行丧事简办，带头文明低碳祭扫，教育和约束直系亲属和身边工作人员按要求举办丧事活动，主动做殡葬改革的践行者、生态文明的推动者、文明风尚的引领者，以正确导向和行为示范带动广大群众转观念、破旧俗、立新风。各有关部门要把带头推动殡葬改革、推行节地生态安葬的要求纳入对党员干部的教育管理之中，积极宣传典型人物和先进事例，依法纠正和查处党员干部尤其是领导干部去世后遗体违规土葬、散埋乱葬、超标准建墓立碑等行为，对其他涉嫌违纪违法问题线索的，及时移交执纪部门或司法部门处理。除国家另有规定外，严格执行凭火化证、墓穴证或骨灰寄存证（寄存20年以上）领取丧葬费和一次性抚恤金制度。

（三）强化宣传引导。充分发挥媒体、殡葬服务机构、基层自治组织、社会组织等在宣传引导方面的作用，用群众喜闻乐见的方式，宣传节地生态安葬的重大意义、法规政策，凝聚全社会的思想认同。注重实践养成，坚持清明节等重要节日集中宣传与日常引导相结合，积极组织开展殡仪馆开放日、节地生态安葬宣讲、集中生态安葬等活动，加强对群众治丧观念和治丧活动的正向激励引

导，培育和树立文明节俭、生态环保、移风易俗的殡葬新风尚。

（四）健全激励机制。逐步实现基本殡葬服务普惠性、均等化，各级要强化政府责任和投入，进一步完善以减免基本殡葬服务费用为主要内容的惠民殡葬政策，指导和推动有条件的地方建立节地生态安葬奖补机制，把不保留骨灰、遗体深埋不留坟头、不硬化、不立碑、骨灰立体安葬以及树葬、花葬、草坪葬等符合节地生态葬式葬法纳入奖补范围，鼓励群众积极参与。探索建立环保殡葬用品补贴制度，对带头推行无毒、可降解环保用品的殡葬服务机构或使用者亲属，给予适当奖励或补贴。

（五）注重能力建设。各有关部门要加大对节地生态安葬工作的支持力度，保障基本建设用地，加强规划引导和政策指导，增强工作的系统性、针对性和前瞻性。各地要积极引入环保、建筑等方面的专业力量，做好节地生态安葬设施和安葬方式的规划、设计和论证工作，打造节地生态安葬精品工程。各殡葬服务机构要创新节地生态安葬葬式葬法，定期组织专业服务人才教育培训，着力提升干部职工的生态文明素养和服务能力，积极参与节地生态示范陵园评比活动。

各地要根据本实施意见要求，结合实际，研究制定落实措施，有关工作开展情况及时报省民政厅。

云南省民政厅　云南省发展和改革委员会

云南省科学技术厅　云南省财政厅

云南省自然资源厅　云南省生态环境厅

云南省住房和城乡建设厅　云南省农业农村厅

云南省林业和草原局

2018 年 11 月 14 日

（此件主动公开）

云南省人民政府办公厅关于进一步加强和
规范殡葬管理工作的通知

（云政办发〔2019〕43 号）

各州、市、县、区人民政府，省直各委、办、厅、局：

为深入贯彻落实党中央、国务院领导同志关于殡葬管理工作的重要批示精神，加强基本殡葬服务保障和行业监管，推动殡葬事业健康有序发展，维护人民群众切身利益，经省人民政府同意，现结合我省实际，就进一步加强和规范殡葬管理有关事项通知如下：

一、总体要求

以习近平新时代中国特色社会主义思想为指导，全面贯彻落实习近平总书记关于殡葬改革管理的重要论述，坚持以人民为中心的发展思想，认真落实党中央、国务院和省委、省政府决策部署，以满足人民群众对美好生活愿望为出发点和落脚点，切实保障人民群众基本殡葬需求，推动殡葬改革更好服务于保障和改善民生，更好服务于精神文明和生态文明建设，促进殡葬事业健康有序发展，助推民族团结进步示范区、生态文明建设排头兵及中国最美丽省份建设。

二、建立健全殡葬管理长效机制

（一）规范殡仪馆管理。实行遗体接运、暂存、火化、骨灰寄存等基本殡葬服务，建立和推行殡葬设施、用品标准化，提升改造火化设施并达到国家环境保护标准；明确区分基本服务与选择性服务，价格收费公开透明；建立殡葬服务信息平台，逐步实行数据采集、手续办理、服务流程、资金结算、档案管理等信息化管理；研究制定殡葬服务质量评价体系，客观评估殡葬服务单位在质量承诺、服务回访、满意度调查以及投诉受理监督等方面的实施途径和效果。落实安全管理主体责任，加强风险防控，坚决防止发生安全责任事故。

（二）规范经营性公墓管理。严格按照规划许可建设经营性公墓，加强对公墓建设规划方案的审查、审核和建设过程的监管；进一步规范公墓经营行为，严禁炒买炒卖或个人转让墓位、骨灰格位，不得以虚假宣传手段欺骗群众购买、承租墓葬用地和骨灰存放格位；积极推广深埋、卧碑、树葬、壁葬等节地生态葬式葬法，开发公益性墓位满足困难群众安葬需求。

（三）规范农村公益性公墓管理。坚持"政府主导，突出公益属性，覆盖农村居民，分类分步实施"的建设原则，统筹规划、科学布局，重点建设小型化、生态化、立体化墓地。进一步整合资源，依法将现有坟山、"龙山"集中安葬点等纳入农村公益性公墓（骨灰堂）规划、建设和管理范围。任何单位和个人未经批准，不得擅自兴建农村公益性公墓（骨灰堂）。加强农村公益性公墓管理，严禁建设超面积墓穴，严禁建立或恢复宗族墓地，严禁私自新建、翻建墓穴。农村公益性公墓（骨灰堂）安葬对象为本地所辖范围内的已故村民（包括原户籍在本地的已故村民），使用人只享有使用权，不得私自转让、买卖。禁止农村公益性公墓（骨灰堂）以任何形式转为经营性公墓，禁止从事以营利为目的的经营活动或开展租赁、招商引资、股份制合作等商业活动。

（四）规范殡葬服务收费。基本殡葬服务收费标准实行政府定价或政府指导价管理，在成本监审或成本调查的基础上，按照非营利性原则核定。其中，火化费属行政事业性收费，运尸（遗体运送）、遗体存放（含冷藏）、骨灰寄存收费属政府定价的经营服务性收费，殡葬服务单位不得变相提高收费标准或扩大收费范围。在保证基本殡葬服务的供给规模和质量的前提下，经县级民政部门同意，殡葬服务单位适当开展延伸殡葬服务（选择性服务），延伸服务可引入市场化竞争机制，通过公开招标、服务外包等方式，降低服务成本。各级民政部门加强对殡葬服务机构收费的日常监管，全面建立殡葬服务收费标准和丧葬用品价格公示制度，逐步推行殡葬服务和丧葬用品销售格式合同，保障消费者知情权、自主选择权和公平交易权，遏制殡仪馆、经营性公墓、农村公益性公墓（骨灰堂）、社会殡仪服务机构乱收费行为。

（五）规范殡葬市场监管。各级民政、住房城乡建设、市场监管等部门按照谁审批、谁主管、谁监管的原则，加强对殡葬用品生产厂家、市场经营主体和服务单位的日常监管，对违法生产、经营封建迷信殡葬用品和在火葬区内生产、经营土葬用品，利用墓穴、骨灰堂等骨灰存放格位进行传销、预售炒买炒卖等非法经营活动进行严厉查处；对制造、销售不符合国家技术标准的殡葬设备、用品等违法行为进行严厉查处。销售殡葬商品或者提供殡仪服务，应当实行明码标价，注明商品的品名、产地、规格、等级、计价单位、生产厂商、价格或者服务项目、收费标准等内容。严禁社会殡仪服务机构及其工作人员向丧属宣传和许诺从事封建迷信及其他违反政策法规、社会公德、职业道德的活动。未经民政部门批准，任何单位和个人不得从事遗体接运、存放（含冷藏）、整容、火化等与接触遗体有关的殡仪服务。

（六）规范医院太平间管理。各级卫生健康部门应当督促指导医疗机构进一步加强太平间管理，不得将太平间出租或外包给未经批准的殡仪服务机构。医疗机构内的遗体运送服务须由殡仪馆承办，不得交由殡仪馆以外的任何单位和个人运送；跨区域运送遗体的，县级民政部门须出具异地运输证明；建立并完善医疗机构与殡仪馆遗体交接手续，禁止使用120急救车或救护车接运遗体。

（七）规范宗教活动场所殡葬设施管理。民族宗教部门要加强对宗教活动场所的教育和引导，自觉遵守有关规定。原则上宗教活动场所内殡葬设施的服务对象仅限于安放宗教教职人员的骨灰，不准开放对社会开展骨灰存放业务。对宗教活动场所违规建立的骨灰存放等设施，民政、民族宗教等有关部门要依法查处，予以纠正，不得进行宣传炒作，不得再新售或以认捐方式变相销售骨灰存放格位。严禁宗教活动场所与任何组织、企业、个人等社会资本合作，擅自设立骨灰存放设施，违规从事经营活动，已经建立的，依照有关规定处理；正在建设的要立即停止施工，不得预售。

（八）规范殡仪服务。殡葬服务机构要遵循自愿、平等、公平、诚信的原则，增强服务意识，提供优质服务，做到"八不得、八提升"：不得出现"生、冷、硬、推"的服务态度，强化人员素质，提升人文化、专业化服务水平；不得出现脏乱差的服务环境，改善服务条件，提升整洁温馨和绿化水平；不得擅自增设收费项目、提高收费标准，落实价格管理要求，提升严格执行价格政策水平；不得误导、捆绑、强制或变相强制消费，坚持公平交易，提升诚信践约水平；不得隐瞒或模糊服务内容、标准、价格等需公开的重要信息，保障群众知情权，提升服务公开透明水平；不得刻意减少中低档殡葬服务和殡葬用品供应量，保障消费者自主选择权，提升公益性服务水平；不得出现轻率火化、火化错遗体等重大服务事故，强化服务全流程管理，提升服务规范化水平；不得利用工作职务之便从事违法违纪违规活动，全面加强风险防控，提升廉洁从业水平。殡仪服务中，反对奢侈浪费，提倡文明低碳环保，精简节约。

（九）规范安葬行为。在火葬区，依法推行遗体火化、骨灰进公墓安葬，不得将遗体土葬或将遗体火化后骨灰装棺再葬，倡导选择节地型墓位、立体安葬和植树、植花、植草、撒散等不保留骨灰的安葬方式。在土葬改革区，遗体应在公墓或规定区域集中安葬，不得散埋乱葬，严禁建大墓、豪华墓、活人墓，引导群众逐步减少水泥、石材等硬质材料建坟，提倡遗体深埋、不留坟头或以树代碑等，鼓励土葬改革区群众自愿火化、集中安葬，着力解决散埋乱葬的问题。鼓励和支持少数民族群众选择既有民族地域特色，又符合节地生态要求的葬式葬法。

（十）开展大墓豪华墓活人墓综合整治。切实履行政府领导责任和有关部门的监管责任，在做好群众思想工作基础上，对"三沿六区"（铁路沿线、公路沿线、河道沿岸和水源保护区、文物保护区、风景名胜区、居民区、开发区、坝区）的大墓（骨灰入土安葬的单人墓或者双人合葬墓占地面积超过1平方米；遗体入土安葬的占地面积单人墓超过4平方米、双人合葬墓超过6平方米的墓位）、豪华墓（墓主体及周围修建装饰物的墓位）、活人墓（为健在的人修建的墓位），采取植树遮蔽一批、生态改造一批、搬迁拆除一批等方式进行综合整治。到"十三五"末，活人墓全部拆除，大墓豪华墓及无名无主墓，能够搬迁的，搬迁至公墓集中安葬或就地深埋不留坟头；不能搬迁的，要缩小硬化面积，拆除墓主体及周围装饰物，覆土植树绿化。

三、加强组织保障

（一）强化组织领导。把殡葬管理作为全面深化殡葬改革的重要内容，建立完善殡葬事业公共投入机制，提高基本殡葬服务水平，统筹保障殡葬事业单位运营管理经费和农村公益性公墓（骨灰堂）建设、惠民殡葬、生态葬奖补、专项整治、殡葬执法、殡葬信息化建设等殡葬事业发展经费，并切实加强绩效管理，保障建设用地供应，确保殡葬改革事业健康可持续发展。

（二）强化部门责任。各级政府要切实履行主体责任，强化属地管理责任，强化部门监管责任，主要负责人是本地本部门深化殡葬改革、加强和规范殡葬管理的第一责任人。民政部门要牵头制定深化殡葬改革措施，强化行业管理和行业自律。发展改革、民族宗教、公安、司法、财政、自然资源、住房城乡建设、卫生健康、市场监管、林草等部门要切实履行职责，做好殡葬事业发展规划编制，加快推进殡葬法规制度完善，查处殡葬领域生产、建设、经营等活动中的违法行为。

（三）强化监督检查。建立健全殡葬管理监督检查机制，进一步落实属地监管、行业监管责任，确保监管到位，对疏于监管、失职渎职等行为，要严肃追究有关责任人的责任。充分发挥社会监督作用，广泛建立群众投诉举报渠道，增强群众参与度。充分发挥媒体监督作用，曝光典型案例，努力营造有利于殡葬管理的良好社会氛围。

（四）强化宣传引导。充分利用电视、报刊、网站、微信等新闻媒体和新媒体平台，加强政策法规宣传引导，切实发挥党员干部带头作用，积极倡导移风易俗，传递文明理念，弘扬尊重生命、孝亲敬老、慎终追远等中华优秀传统文化，引导群众转变观念、理性消费、革除陋俗，树立厚养薄葬、文明节俭、生态环保的殡葬新风尚。

云南省人民政府办公厅

2019 年 4 月 22 日

（此件公开发布）

云南省财政厅 云南省民政厅关于印发
《云南省殡葬事业省级财政补助资金
管理暂行办法》的通知

（云财社〔2021〕99 号）

各州（市）财政局、民政局：

为进一步加强和规范殡葬事业补助资金管理，结合我省实际，制定《云南省殡葬事业省级财政补助资金管理暂行办法》，现印发你们，请遵照执行。

附件：云南省殡葬事业省级财政补助资金管理暂行办法

云南省财政厅

云南省民政厅

2021 年 7 月 6 日

云南省殡葬事业省级财政补助资金管理暂行办法

第一章　总　　则

第一条　为进一步加强和规范殡葬事业补助资金管理，提高资金使用效益，推动全省殡葬改革事业健康可持续发展，根据《中华人民共和国预算法》《关于全面深化殡葬改革的实施意见》等有关规定，结合我省实际，制定本办法。

第二条　本办法所称云南省殡葬事业省级财政补助资金（以下简称"补助资金"），是指省级通过政府性基金预算和一般公共预算等安排用于殡葬事业发展的资金。

第三条　补助资金管理应当坚持统筹兼顾、突出重点、科学分配、注重绩效、公开透明的原则。

第二章　使用范围与补助标准

第四条　补助资金主要用于：殡仪馆新建、改（扩）建、修缮及殡葬设施设备购置，公益性公墓（骨灰堂）新建、改（扩）建和修缮，其他公益性节地生态安葬设施建设和殡葬事业项目。

第五条　补助标准：新建、改（扩）建殡仪馆项目原则上不超过300万元，公益性公墓（含公益性骨灰堂和其他公益性节地生态安葬设施）建设项目每个补助20万—50万元，购置殡仪车每辆补助不超过25万元，购置火化炉每台补助不超过50万元，购置火化炉尾气处理设备每台补助不超过50万元，其他项目根据年度预算资金情况予以支持。

第三章　项目申报及审核

第六条　项目申报应科学合理、突出重点、择优推荐、逐级申报。每年6月底前，由项目所在地民政部门组织实施项目申报和初审后送同级财政部门审核，并由民政、财政部门联合逐级上报省民政厅、省财政厅。

第七条　项目申报要素包括：基本情况、预算投资、资金用途、地方资金筹措情况、项目实施时间、完成时间、绩效评价指标等要素。凡不符合补助范围以及申报要素不全的项目一律不予受理。

第八条　省民政厅会同省财政厅对申报项目进行审核，将符合条件的项目纳入财政预算项目库。综合考虑项目所在地殡葬改革推进成效、项目申报和建设、年度预算编制和执行、资金管理使用等因素，重点支持保障任务重、绩效评价好、社会效益明显的入库项目。

第四章　资金分配与使用管理

第九条　补助资金按照"全省统筹、突出重点、分类补助、分类实施"的原则，科学合理编制年度预算，资金分配与绩效评价结果挂钩。

第十条　补助资金采取项目法分配，未进入财政预算项目库的项目，原则上不安排补助资金。

第十一条　收到上级下达资金文件后，民政部门应于15日内将补助资金分配方案和项目绩效目标表报同级财政部门审核。财政部门应于收到上级资金文件30日内下达补助资金。

第十二条　项目单位应当建立健全财务会计制度和资金管理制度，加强对补助资金的规范管理。补助资金应专账核算、专款专用，不得以任何形式截留、挤占、挪用。用于政府采购的项目资金，按照政府采购法律法规有关规定执行。

第五章　绩效评价与监督管理

第十三条　补助资金按照"谁主管、谁使用、谁负责"的原则，由主管部门和项目单位履行绩效管理主体责任。上年度项目绩效自评报告经当地民政部门和财政部门审核后，逐级汇总上报，并于每年3月底以前上报省民政厅、省财政厅。省民政厅会同省财政厅适时开展绩效评价。

第十四条　各级民政、财政部门要加强项目资金使用监督检查，并配合做好审计、监察等工作。

第十五条　任何单位、组织和个人违反资金管理规定的，依照《中华人民共和国预算法》、《中华人民共和国预算法实施条例》和《财政违法行为处罚处分条例》等相关法律、法规处理。

第六章　附　则

第十六条　本办法由省财政厅、省民政厅负责解释。

第十七条　本办法自印发之日起施行。

云南省民政厅关于印发《云南省"十四五"殡葬事业发展规划》的通知

（云民发〔2022〕72号）

各州、市民政局：

为贯彻落实民政部《"十四五"民政事业发展规划》和《云南省民政事业发展第十四个五年规划》，积极推动我省殡葬事业健康发展，现将《云南省"十四五"殡葬事业发展规划》印发给你们，请结合实际认真贯彻执行。

云南省民政厅
2022 年 4 月 14 日

（此件公开发布）

云南省"十四五"殡葬事业发展规划

根据民政部、国家发展改革委、公安部、财政部等 16 部委《关于进一步推动殡葬改革促进殡葬事业发展的指导意见》（民发〔2018〕5 号）、《中共云南省委办公厅 云南省人民政府办公厅印发〈关于全面深化殡葬改革的实施意见〉的通知》（云办发〔2016〕65 号）精神，为进一步深化殡葬改革，推动殡葬事业健康发展，特制定本规划。

一、发展基础和面临形势

（一）发展基础

"十三五"时期，全省各级党委、政府坚持以习近平新时代中国特色社会主义思想为指导，把殡葬改革与生态文明、精神文明建设相结合，与经济社会发展、保障改善民生相融合，强化服务供给、规范殡葬管理、提升服务质量，着力解决人民群众"逝有所安"基本需求，着力推进丧葬习俗改革，着力保障和改善民生。

殡葬改革制度体系得到完善。省委全面深化改革领导小组将殡葬改革纳入全省全面深化改革重要内容，从全省经济社会发展全局统筹谋划、统一部署。省政府建立了由分管副省长为总召集人的省殡葬改革联席会议制度，明确职能职责，形成了齐抓共管的工作合力。省政府召开殡葬改革工作推进会，总结工作经验，推进工作落实。省委、省政府办公厅印发《关于全面深化殡葬改革的实施意见》，对组织领导、保障机制、目标任务、检查考核等作出全面安排部署。省政府办公厅印发《关于进一步加强和规范殡葬管理工作的通知》《关于进一步推动殡葬改革促进殡葬事业健康发展的通知》，省民政厅等 9 部门联合出台《关于推行节地生态安葬的实施意见》，各地分别制定出台行业监管、惠民殡葬、服务收费、公墓管理、祭扫管理等一系列改革措施，为全面深化殡葬改革提供了有力的制度保障。

殡葬公共设施建设加快推进。加大殡葬基础设施建设，满足群众"逝有所安"需求。"十三五"期间，全省投入中央和省级资金 6.7 亿元，州市县级投入约 60 亿元，用于支持殡仪馆新建、改扩建、更新设施设备和新建农村公益性公墓。全省投入使用殡仪馆 109 个、农村公益性公墓（骨灰堂）5551 个、经营性公墓 86 个，基本形成布局合理、规模适度、服务便捷的殡葬公共服务体系。

惠民殡葬措施有效落实。"十三五"期间，省级共投入 3750 万元用于全省农村特困供养对象、城乡最低生活保障对象和重点优抚对象火化补助。各地出台一系列惠民殡葬政策，减免或补助遗体接运、存放、火化、骨灰寄存等基本费用和节地生态安葬费用，72.09% 的县（市、区）实施节地生态安葬奖补政策，69% 的县（市、区）将惠民政策扩大到全体居民。

殡葬领域突出问题整治取得实效。持续开展殡葬领域突出问题、违法违规私建"住宅式"墓地、殡葬业价格秩序公益性安葬设施建设经营等专项摸排及整治工作，进一步强化和规范殡葬服务、中介服务和丧葬用品市场监管，遏制丧葬服务违规行为，整肃殡葬服务市场秩序，促进殡葬行业健康发展。采取植树遮蔽一批、生态改造一批、搬迁拆除一批等方式，对"三沿六区"散埋乱葬坟墓进行综合治理。

丧葬礼俗改革取得新成效。"十三五"末，全省划定火葬区或少数民族生态安葬区覆盖人口、覆盖国土面积分别达 78.99%、64.11%。火化率逐年上升，平均火化率达 54.89%，超过全国平均水平，比"十二五"末增长了十四个百分点。节地生态葬式葬法逐步推广，节地生态安葬率达到 51.02%。全省 95% 以上的行政村将丧事简办、厚养薄葬、节地生态安葬等纳入村规民约并进行量化细化，鲜花祭扫、网络祭扫等文明低碳祭扫方式逐步推广。

殡葬信息化建设取得新进展。落实民政部推进"互联网+殡葬服务"部署要求，全省建成殡葬信息化系统平台，殡葬服务机构业务办理、经营性公墓审批（年检）以及殡葬证书核发等实现网上办理，定期向省政务服务平台推送相关数据，基本实现殡葬服务监管常态化、服务机构经营管理规范化、便民惠民服务多元化目标。

表 1："十三五"时期云南省殡葬事业主要发展指标完成情况

序号	主要指标	2015 年实际值（%）	2020 年完成值（%）	增幅（%）	年均增长率（%）
1	火化率	40.80	54.89	34.53	6.11
2	节地生态安葬率	19.20	51.02	165.70	21.59
3	殡仪馆县级行政区域覆盖率	69.90	88.60	26.75	4.86
4	农村公益性公墓（骨灰堂）乡镇覆盖率	51.86	76.50	47.51	8.08

（二）面临形势

我省"十三五"殡葬改革工作取得显著成效，但殡葬改革发展水平与人民群众需求、与经济社会发展要求还有不小差距。主要表现在：一是殡葬改革区域发展不平衡。部分地区殡葬改革重视程度不够、推进速度不快、监管力度不强，影响了全省殡葬改革协调发展。二是殡葬公共服务供给不足。殡葬资源配置、基本殡葬公共服务供给城乡、区域差距较大。殡葬事业经费投入与我省殡葬改革需求存在一定差距，殡葬公共服务设施建设仍然滞后、部分殡葬基础设施陈旧、农村公益性公墓（骨灰堂）建设缓慢、县级公益性安葬（放）设施不足等问题，成为殡葬改革的最大"短板"，影响了殡葬改革工作的全面推进。三是监管执法薄弱。殡葬法治建设相对滞后，基层殡葬执法力量较为薄弱，缺乏高效的执法能力和手段，执法水平有待提高。随着机构改革，民政殡葬管理和执法力量弱化成为推动殡葬改革的最大"软肋"，导致殡葬管理面临巨大挑战，影响了殡葬改革工作的有力推进。四是殡葬礼俗改革力度不够。在殡葬改革过程中，现代殡葬文化、道德规范统领力度不够，传统丧葬陋俗对殡葬改革的阻力和干扰短期内难以消除，群众对文明低碳祭扫、节地生态安葬接受度和参与度有待提高。

二、总体要求和发展目标

（一）指导思想。以习近平新时代中国特色社会主义思想为指导，全面贯彻落实党的十九大、十九届历次全会精神和习近平总书记关于殡葬工作的重要指示批示，坚持以人民为中心，围绕惠民、绿色、文明、法治殡葬，以深化殡葬改革为牵引，以满足人民群众殡葬需求为导向，以创新殡葬管理体制机制为动力，立足"民族团结进步示范区、生态文明建设排头兵、面向南亚东南亚辐射中心"三个定位，推动殡葬改革更好服务于基本民生保障、基层社会治理、基本社会服务，更好服务于精神文明和生态文明建设，推动新时代云南殡葬事业健康可持续发展。

（二）基本原则

——坚持党的领导，政府主导。加强党对殡葬事业的全面领导，落实属地管理责任，明确相关部门职责权限，为推动殡葬事业发展提供有力保障。落实各级政府在政策规划、设施建设、经费投入、土地供给、监管执法等方面责任，健全相关部门齐抓共管工作机制。

——坚持公益惠民，扩大供给。以人民为中心，强化殡葬事业公益属性，确保基本殡葬服务公平可及、群众受益。充分发挥市场机制作用，引导社会力量积极参与，营造规范有序、公平竞争、良性发展的市场环境，更好地满足人民群众多样化殡葬服务需求。

——坚持文明绿色，尊重逝者。把尊重生命、绿色文明的理念贯穿殡葬改革全过程，弘扬优秀传统殡葬文化，推行文明、绿色殡葬方式，尊重逝者，慰藉生者，减少殡葬活动对自然资源的消耗和对生态环境的破坏。

——坚持依法监管，规范有序。完善殡葬管理法规政策标准体系，加强执法队伍建设，建立健全综合协同监管机制，强化全过程监管。发挥政策导向、规划引领、价格调节、党员干部带头等机制作用，充分运用信息化、大数据等手段提升服务，强化监管，推动形成殡葬管理服务新格局。

（三）发展目标

持续深化殡葬改革，健全完善基本殡葬服务制度，补齐殡葬公共服务设施短板，优化殡葬服务供给。建立健全规范管理长效机制，全面加强殡葬领域执法监管。深入推进殡葬移风易俗，大力倡导厚养薄葬、文明节俭、生态环保的殡葬新风尚。到2025年末，全省火化率达到60%，节地生态安葬比例达到60%以上，实现殡仪馆县级行政区域全覆盖，火化炉尾气排放标准全部达到节能环保要求，农村公益性公墓（骨灰堂）覆盖到乡镇及200户800人以上易地扶贫搬迁安置点，加快推进县级公益性安葬（放）设施建设，逐步解决城市居民公益性安葬（放）设施短缺问题，健全完善布局合理、设施完善、功能齐全、服务便捷的殡葬公共服务体系。

表2：云南省"十四五"殡葬事业主要发展指标

序号	领域	主要指标	单位	2020年	2023年	2025年	指标属性
1	殡葬改革	火化率	%	54.89	57	60	预期性
2		节地生态安葬率	%	51.02	55	60	预期性
3	设施设备	殡仪馆县级行政区域覆盖率	%	88.60	94	100	约束性
4		农村公益性公墓（骨灰堂）乡镇覆盖率	%	76.50	85	100	约束性
5		殡仪馆改扩建数	个	—	5	10	预期性
6		火化设备更新改造数	台	—	80	165	预期性
7	公共服务	从业者手机APP软件使用率	%	—	80	100	预期性
8		殡葬公共服务满意度	%	—	≥75	≥80	预期性

三、主要任务

（一）加快补齐殡葬设施短板。立足殡葬改革目标，统筹群众需求和设施短板，科学规划火葬区殡葬服务设施建设和设备配置，合理避让生态保护红线和永久基本农田。加快推进殡仪馆、公益性骨灰安葬（放）等设施建设，有条件的地方立足实际强化现有殡葬设施设备改造提升。合理规划建设土葬改革区遗体公墓，统筹设置服务土葬的殡仪服务设施（场所），推动形成覆盖城乡、设施完善、供给充足、火葬土葬改革一体推进的殡葬服务网络。对已达危房标准、设施设备陈旧的殡仪馆实施改扩建，重点对已达到强制报废年限或不符合国家环保标准的火化设备进行更新改造，加装尾气处理设备；制定城市公益性公墓建设指导性文件，推动城乡公益性墓地建设，突出节地生态属性，鼓励建设城乡公益性骨灰堂。

（二）全面建立基本殡葬服务保障制度。省级将遗体接运、存放、火化、骨灰寄存和生态安葬等基本殡葬服务纳入云南省基本公共服务标准体系，明确服务项目和质量要求。对全省城乡困难群众实施兜底保障，以减免或补贴方式提供遗体接运、存放、火化、骨灰寄存等基本殡葬服务。提高政府基本殡葬服务供给能力，注重惠民殡葬奖补政策可持续性，有条件的地方可增加服务项目、扩大覆盖人群和提高保障标准，鼓励将生态安葬优先纳入本地基本公共服务范围。减免遗体捐赠者和人体器官捐献者基本殡葬服务费用。

（三）积极推广节地生态安葬。进一步建立完善节地生态安葬保障机制，出台节地生态安葬奖补政策，加大生态殡葬奖补力度。切实提高土地利用率，积极推广不保留骨灰、遗体深埋不留坟头、骨灰立体安葬、树葬、花葬、草坪葬等新型节地生态安葬方式，探索推广家庭（家族）成员合葬、林地和墓地复合使用的林下墓地等节地生态葬式葬法。尊重少数民族丧葬习俗，鼓励和支持少数民族群众选择既有民族地域特色，又符合节地生态要求的葬式葬法。探索建立环保殡葬用品补贴制度，对使用无毒、可降解环保用品的给予适当奖励或补贴。在部分地区实施生态型公益性公墓示范点，鼓励和引导绿色环保用材、节约用地、生态安葬。探索实施依托现有设施或适当场所，为不保留骨灰者和遗体器官捐献者建设纪念载体。

（四）切实提高殡葬领域治理水平。根据人口、耕地、交通情况，科学划分火葬区、土葬改革区和少数民族生态安葬区，并适时进行调整优化。加大对活人墓、豪华墓、散埋乱葬的治理力度，遏制增量、减少存量。规范和加强殡葬服务管理，落实属地管理责任和部门监管责任，依法严厉打击殡葬领域侵害群众利益、违反市场规则及廉洁从业要求等行为，配合卫生健康、市场监管等部门做好医院太平间、殡葬服务市场的监管。强化殡葬服务事业单位公益属性，规范殡葬中介机构、服务企业经营行为，建立健全综合监管机制。全面加强安全管理，防止发生安全责任事故。推行殡葬服务机构年度报告制度，实行"双随机、一公开"抽查机制，加强信用监管，建立经营异常、严重违法失信个人、企业或单位黑名单制度，全面推行殡葬服务信息公开公示和服务合同制度。进一步规范和加强公墓管理，依法实施经营性公墓建设行政许可，建立健全经营性公墓年检制度，探索建立经营性公墓价格指导管控机制，将违法责任企业和相关人员纳入行业禁入范围。禁止农村公益性公墓对外销售。发挥殡葬行业协会作用，加强行业自律。

（五）深化殡葬习俗改革。各地制定县级丧葬礼仪规范指引，发挥党员干部带头作用，规范丧葬礼仪，传承发展优秀殡葬文化，遏制重殓厚葬等陈规陋习。推行以追思会、告别会等方式缅怀逝者，倡导采取敬献鲜花、植树纪念、社区或集体公祭、网络祭奠等方式寄托哀思。把殡葬移风易俗与巩固脱贫成果、建设美丽乡村、整治人居环境、推动乡村振兴、提升基层治理能力和治理水平有机结合，发挥红白理事会、老年人协会等自治组织作用，以村规民约、居民公约、协会章程等规范群众丧事活动，推广"白事顾问"制度，引导促进习俗改革。以殡葬服务机构、城乡社区等为重要宣传平台，充分发挥新媒体传播优势，深入宣传殡葬法规政策，普及科学知识，传递文明理念，引导群众转变观念、理性消费、革除陋俗，树立厚养薄葬、文明节俭、生态环保的殡葬新风尚。

（六）加快推进"互联网+殡葬服务"。加快"一网通办"、"一部手机办事通"和"互联网+监管"等系统平台建设，实现内部、外部殡葬相关信息共享。进一步完善历史数据，强化服务业务全过程在线办理，建立便民网上咨询功能，提高全省殡葬在线政务服务水平，方便群众在线获得权威、快捷的信息支持，提升政务服务质量。推动殡葬服务线上线下融合，提供在线选购、网上预约、远程告别、网上支付、网络祭扫、网上评价投诉等殡葬服务新模式，提升殡葬服务便捷化、智能化水平。通过殡葬大数据分析，实现殡葬工作决策规范化、数据化、科学化目标。殡葬信息员、公益性公墓管理员使用基于殡葬信息化系统建立的手机 APP 办理安葬业务。

专栏：重点项目

1. 支持未投入使用的殡仪馆建设，确保 2025 年底前实现殡仪馆县级行政区域全覆盖。
2. 对已达危房标准的 10 个殡仪馆进行改扩建，完善悼念厅、休息场所、骨灰寄存室等服务设施。
3. 对已达到强制报废年限不符合国家环境保护标准或处理能力严重不足的 165 台火化设备更新改造，加装尾气处理设备。
4. 支持 600 个农村公益性公墓（骨灰堂）建设。

四、保障措施

（一）强化组织领导。各级党委、政府要高度重视，将殡葬改革工作列入年度工作目标管理和绩效考核，健全完善殡葬改革主要领导负责机制，确保政策措施落到实处。充分发挥各级殡葬改革议事协调机构作用，及时研判殡葬改革形势，大力解决重点、难点问题。各级相关部门要按照殡葬改革协调机制确定的职责分工，各司其职、密切配合，着力、有序、深入推进殡葬改革。各级民政部门要发挥牵头作用，加强与有关单位的联系沟通，做好联络协调工作，形成推动殡葬改革的合力。

（二）强化政策扶持和保障。县级以上人民政府将殡葬事业发展纳入本级国民经济和社会发展规划，分级编制殡葬设施规划。各级各地殡葬基础设施规划纳入同级国土空间规划，依法保障殡仪馆、公益性公墓（骨灰堂）等节地生态安葬设施建设用地。将火化设备的环保节能改造、技术革新列入重点扶持项目，火化炉加装尾气处理装置纳入持久性有机污染物污染防治规划，并给予必要政策支持。

（三）强化殡葬事业投入。建立与经济社会发展相适应的殡葬事业经费投入机制，积极争取中央支持、加大省级资源整合力度，落实《云南省殡葬事业省级财政补助资金管理暂行办法》要求，建立完善经费监管制度，规范经费使用管理，强化绩效评价，切实提高资金使用效益。

（四）强化监管执法。县级以上人民政府建立殡葬执法队伍或将殡葬执法纳入县级综合执法事项，落实相关部门在殡葬领域规划用地、建设运营、价格执行、丧事活动等方面的监管责任，充分发挥综合执法部门作用，建立协同执法机制，确保责任到位、措施到位、效果到位。民政部门要建立健全检查监管机制，发现殡葬违法违规问题及时移交相关部门或综合执法。

（五）强化人才队伍建设。健全殡葬领域人才培养和激励机制，积极引进优秀人才。加强基层殡葬工作队伍建设，通过开展职业技能教育、培训等活动，提升从业人员专业化、职业化水平。尊重和关爱殡葬职工，逐步建立体现殡葬行业岗位价值的薪酬体系。推进殡葬领域社会工作专业人才队伍建设，鼓励社会工作者、爱心人士以志愿服务方式参与殡葬改革与服务管理。

云南省发展和改革委员会 云南省民政厅
关于将公益性安葬（放）设施纳入政府
定价管理有关事宜的通知

（云发改价格〔2022〕1080号）

各州（市）发展和改革委员会、民政局：

为进一步加强和规范云南省公益性安葬（放）设施价格（收费）管理，切实减轻群众丧葬负担，促进殡葬事业健康发展，根据《中华人民共和国价格法》及《国家发展改革委 民政部关于进一步加强殡葬服务收费管理有关问题的指导意见》（发改价格〔2012〕673号）的规定，经省人民政府同意，决定将云南省公益性安葬（放）设施价格和收费纳入政府定价管理。现将有关事宜通知如下：

一、公益性安葬（放）设施包括城市公益性公墓、农村公益性公墓、公益性骨灰堂等。

（一）城市公益性公墓指州、市民政部门批准设立，为城镇居民提供安葬骨灰的非营利性殡葬服务设施；

（二）农村公益性公墓指县级民政部门批准设立，为本村居民提供安葬骨灰（遗体）的非营利性殡葬服务设施；

（三）公益性骨灰堂指州、市或县级民政部门批准设立，为城乡居民提供安放骨灰的非营利性殡葬服务设施。

二、公益性安葬（放）设施价格和收费包括城市公益性公墓、农村公益性公墓、公益性骨灰堂等价格及其维护管理费。公益性安葬（放）设施价格和收费实行政府指导价管理，由各地发展改革部门会同民政部门，按照设施审批权限制定具体价格和收费标准，并报同级人民政府批准后执行。

（一）公益性安葬（放）设施价格在成本监审或成本调查的基础上，结合当地实际和财政补贴情况，兼顾群众承受能力，按照非营利原则从严核定。

（二）公益性安葬（放）设施维护管理费专项用于公益性安葬（放）设施日常管理、维护、卫生、垃圾清运、绿化管养等开支。收费标准原则上按当地维护管理实际成本及合理利润核定。每次收取维护管理费年限最长不得超过20年。

三、公益性安葬（放）设施管理单位要严格遵守国家的有关规定，依法依规实行明码标价，在服务场所醒目位置公布服务项目、收费标准、文件依据、减免政策、举报电话、服务流程和服务规范等内容，广泛接受社会监督，积极配合各职能部门的监管。不得收取任何未经公示的费用，不得误导、捆绑、强迫消费。

四、各地发展改革、民政部门要充分认识加强公益性安葬（放）设施价格管理的重要意义，加大政策宣传力度，提倡移风易俗、厚养薄葬和节地生态安葬，积极采取有力措施，高效推动当地公益性安葬（放）设施建设、发展。鼓励有条件的地区对公益性安葬（放）设施内的节地生态安葬实行免费。

五、请各地根据本通知要求，制定公益性安葬（放）设施价格和收费相关政策，并及时抄报省发展改革委和省民政厅，执行中发现的问题或收集的意见建议请及时反馈。

六、本通知自印发之日起开始执行。各地公益性安葬（放）设施价格和收费标准出台前，农村公益性公墓暂按《云南省发展和改革委员会 云南省民政厅关于殡葬服务收费管理有关问题的指导意见》（云发改物价〔2014〕1774号）中的有关规定执行。

云南省发展和改革委员会

云南省民政厅

2022年9月28日

关于印发《关于加强和完善红白理事会建设的指导意见》的通知

（云民发〔2022〕245号）

各州、市民政局、文明办、农业农村局、乡村振兴局：

现将《关于加强和完善红白理事会建设的指导意见》印发给你们，请结合工作实际抓好贯彻落实。

云南省民政厅　云南省精神文明建设指导委员会办公室

云南省农业农村厅　云南省乡村振兴局

2022年12月21日

关于加强和完善红白理事会建设的指导意见

红白理事会是引导、协助群众文明办理婚丧事务的群众性自治组织，是群众在改革婚丧嫁娶习俗中实现自我教育、自我服务、自我管理的重要载体。为弘扬和践行社会主义核心价值观，破除婚丧陋习，树立文明新风，根据《中共中央办公厅 国务院办公厅关于加强和改进乡村治理的指导意见》《中共中央 国务院关于做好2022年全面推进乡村振兴重点工作的意见》等文件精神，提出如下意见。

一、总体要求

（一）指导思想

以习近平新时代中国特色社会主义思想为指导，全面贯彻落实党的二十大精神，深入学习贯彻习近平总书记考察云南重要讲话精神，以新时代精神文明思想为引领，以推进城乡精神文明建设融合发展为主线，以丰富完善基层群众自治制度为保障，以建立健全红白理事会为抓手，大力推进婚丧礼俗改革，推动移风易俗，抵制陈规陋习，树立婚事新办、丧事简办、勤俭节约的文明新风，为夯实基层治理基础、实施乡村振兴战略营造良好社会氛围。

（二）基本原则

坚持党的领导。强化政治引领，始终把党的领导贯穿于红白理事会建设、服务、监督、管理全过程，发挥基层党组织战斗堡垒和党员带头示范作用。

坚持群众主体。全面贯彻以人民为中心的发展思想，切实发挥群众的主体作用，尊重群众首创精神，充分调动群众的积极性、主动性和创造性。

坚持分类指导。尊重民族和地区传统习俗，因地制宜、实事求是、循序渐进，分层分类推进移风易俗自治实践。

（三）工作目标

力争到 2023 年底，全省村（社区）基本建立红白理事会，完善章程，健全制度，规范开展活动。到 2025 年底，红白理事会作用充分发挥，基本形成喜事新办、丧事简办、文明理事的鲜明导向，有效遏制高价彩礼、重殓厚葬、大操大办等婚丧陈规陋习。

二、工作任务

（一）健全组织。红白理事会一般以村（社区）为单位成立，成员由村（居）民委员会主持召开村（居）民代表会议，从奉公守法、品行良好、处事公道、热心公益事业的村（居）民中选举产生，党员应占一定比例。注重发挥乡贤作用，支持鼓励老党员、退休老干部老教师、退役军人、劳动模范、致富带头人作为红白理事会成员，提倡村（社区）"两委"成员担任负责人。候选人名单和选举结果报乡镇（街道）备案。

（二）完善制度。制定红白理事会章程，明确宗旨、组织架构、主要职责、工作流程、纪律要求等内容。依据婚姻和殡葬相关法律法规，结合当地经济发展水平、风土人情、社情民意制定红白喜事活动公约，明确人情、宴席、彩礼、时限等标准。规范红白理事会开展服务和监督的措施办法，推动与村级民主监督工作有效衔接，对群众反映强烈、社会关注度高的突出问题及时向村（社区）党组织报告。

（三）明确职责。红白理事会在村（社区）"两委"领导下开展工作，协助群众办理婚丧事务，推动婚丧习俗改革、促进移风易俗。积极宣传婚丧习俗改革方针、政策；协助村（居）民办理婚丧嫁娶事宜；劝阻婚丧事务中大操大办、盲目攀比、铺张浪费等行为。

倡导婚事新办。引导村（居）民树立正确婚嫁观，倡导节俭婚礼、文明婚礼、集体婚礼，抵制高价彩礼、豪华宴席、过度"闹洞房""闹伴郎伴娘"等行为，努力形成向上向善的社会风尚。

倡导丧事简办。传承优秀殡葬文化，倡导文明节俭办丧事，简化流程，控制规模，缩短时间，推行节地生态安葬、低碳文明祭扫。抵制在公共场所停放遗体（灵柩）、搭设灵堂（棚）、鸣放烟花爆竹、焚烧抛撒纸钱等行为。

三、工作要求

（一）加强组织领导。各级要把加强红白理事会建设作为全面推进乡村振兴、深化移风易俗和减轻群众婚丧负担的重要工作任务来抓，强化组织领导，加强部门协作，共同推进红白理事会组织建设和制度建设。探索建立公众参与机制，通过政府购买服务，鼓励引导社会组织和志愿者服务队伍积极参与移风易俗宣传和服务，助推乡风文明建设。

（二）层层压实责任。乡镇（街道）、村（社区）是推进移风易俗的主体。乡、村党组织按照《中国共产党农村基层组织工作条例》的要求，充分发挥政治功能和组织优势，落实督促指导监督管理责任。村（社区）要为红白理事会提供必要的工作条件，加强对红白理事会成员的政策法规、业务知识培训，提高把握政策、服务群众能力。

（三）强化宣传引导。要坚持"典型引路法"，广泛利用各类宣传载体和文化阵地，大力宣传婚事新办、丧事简办、厚养薄葬的典型事迹，传播正能量，曝光大操大办、封建迷信等负面案例。各级党员干部特别是领导干部要发挥模范作用，带头支持红白理事会工作，带头移风易俗。聚焦移风易俗开展群众便于参与、乐于参与的各类文明创建和主题实践活动，引导群众广泛参与，营造浓厚社会氛围。

● 西藏自治区 ●

关于规范我区减免基本殡葬服务费用
相关资料和程序的通知

（藏民发〔2021〕116号）

各地市民政局、发展改革委、财政局、公安局、退役军人事务局、卫健委、应急管理局、残联：

全面推行基本殡葬服务费用减免是西藏自治区党委、政府以人民为中心的发展理念的具体体现，是保障和改善民生的重要举措。根据《关于进一步规范我区殡葬服务收费管理的通知》（藏发改价格〔2021〕273号）要求，落实惠民殡葬政策，简化程序，切实减轻人民群众负担，结合我区实际，现将规范我区减免基本殡葬服务费用相关资料和程序通知如下：

一、减免对象和相关资料

在西藏自治区行政区域内死亡且在西藏自治区内殡葬服务机构火化的人员，采取减免费用的方式，为符合申请条件的逝者家庭（单位）减免政策范围内的基本殡葬服务费用（遗体接运费、遗体存放费、遗体火化费、骨灰寄存费），逐步实现基本殡葬服务的普惠性、均等化。

（一）下列群体减免全部基本殡葬服务费和需提供的相关资料：

1. 具有西藏自治区户籍的农牧民。需提供逝者生前户口本、身份证、《死亡医学证明书》或有关部门出具的其他合法死亡证明和申请人身份证。

2. 具有西藏自治区户籍的城镇低保对象、城市特困人员、城镇低收入居民、困难残疾人和困难优抚对象。需提供逝者生前户口本、身份证、《死亡医学证明书》或有关部门出具的其他合法死亡证明和申请人身份证，并提供民政部门核发出具的《西藏自治区城乡最低生活保障证》、《西藏自治区特困人员救助供养证》、困难证明，村（居）委会出具的居民低收入证明，残联部门核发的第二代《中华人民共和国残疾人证》及退役军人事务部门出具的优抚对象生活困难证明。

3. 孤儿。需提供《死亡医学证明书》或有关部门出具的其他合法死亡证明和民政部门核发的《儿童福利证》。寄养的孤儿，由寄养人向殡葬服务机构提出申请，并提供申请人身份证及民政部门出具的孤儿寄养证明；儿童福利机构收养的孤儿，由儿童福利机构出具同意火化遗体的证明。

4. 无名尸体或无主遗体。需提供逝者《死亡医学证明书》或《法医学死亡证明书》及县级以上公安机关出具同意火化遗体的证明及其他相关手续。

5. 牺牲病故军人、消防员、烈士遗属、残疾军人、复员军人、参战参试退役人员、因公牺牲人民警察。需提供逝者生前户口本、身份证、《死亡医学证明书》或有关部门出具的其他合法死亡证明和申请人身份证，并提供公安、退役军人事务部门等相关部门核发出具的《中华人民共和国军人因公牺牲证明书》、《中华人民共和国人民警察因公牺牲证明书》、《中华人民共和国军人病故证明书》、《中华人民共和国烈士证明书》、《中华人民共和国残疾军人证明书》、《中华人民共和国军人复员证》、《中华人民共和国军人退伍证》、参战参试档案记载、烈士亲属关系证明及应急管理部门核发的《中华人民共和国消防员证》等具有法律效力的证明材料。

6. 在西藏因见义勇为等作出突出贡献的死亡人员。需提供逝者生前户口本、身份证、《死亡医学证明书》或有关部门出具的其他合法死亡证明，并提供申请人身份证和公安部门出具的证明及相关手续。

7. 器官或遗体捐献者。捐献者丧事经办人凭医疗卫生机构出具的死亡证明，医院、红十字会等出具的捐献证明，向殡葬服务机构提出申请，并提供经办人身份证、捐献者生前户口本、身份证。

8. 非我区户籍但持有我区居住证的低收入居民。需提供逝者生前户口本、身份证、居住证、《死亡医学证明书》或有关部门出具的其他合法死亡证明、户籍所在地村（居）委会出具的居民低收入证明，并提供申请人身份证。

（二）其他特殊情况，需要减免基本殡葬服务费用的，由殡葬服务机构主管民政部门批准，并按要求提供相关资料。

二、办理程序

（一）符合基本殡葬服务费用减免的人员，亡故后在殡葬服务机构办理殡葬服务及火化事宜的，申请人（单位）向逝者遗体火化的殡葬服务机构提出减免申请。

（二）申请人（单位）如实填写《西藏自治区基本殡葬服务费用减免申请表》（附件）。

（三）经逝者遗体火化的殡葬服务机构审批同意后，申请人（单位）持《西藏自治区基本殡葬服务费用减免申请表》及相关证件、证明资料，到殡葬服务机构办理基本殡葬服务费用减免手续。

（四）逝者家属或单位在办理遗体火化过程中，选用基本殡葬服务项目之外的其他项目，费用不予减免。

各有关部门要各司其职，积极配合组织实施和提交审核相关资料，确保惠民殡葬政策落到实处。

附件：《西藏自治区基本殡葬服务费用减免申请表》（略）

西藏自治区民政厅　西藏自治区发展和改革委员会
西藏自治区公安厅　西藏自治区财政厅
西藏自治区退役军人事务厅　西藏自治区卫生健康委员会
西藏自治区应急管理厅　西藏自治区残疾人联合会
2021 年 8 月 6 日

● 陕西省 ●

陕西省物价局 陕西省民政厅关于印发《陕西省经营性公墓服务收费管理暂行规定》的通知

（陕价经发〔2007〕172号）

各设区市物价局、民政局，杨凌示范区发展改革局、民政局：

经省政府同意，现将《陕西省经营性公墓服务收费管理暂行规定》印发你们，请结合当地实际，认真贯彻落实。执行中遇有问题，请及时向省物价局、民政厅反映。

陕西省物价局　陕西省民政厅

二〇〇七年十二月七日

陕西省经营性公墓服务收费管理暂行规定

一、为加强经营性公墓服务收费管理，规范经营性公墓收费行为，维护丧属与公墓经营单位的合法权益，根据《中华人民共和国价格法》、国务院《殡葬管理条例》、《陕西省殡葬管理办法》（以下简称《办法》）有关规定，结合本省实际，制定本规定。

二、本省行政区域内从事经营性公墓服务单位，其收费行为均应遵守本规定。

三、经营性公墓收费管理应当有利于规范殡葬服务行业的收费行为，革除丧葬陋俗，节约土地和丧葬费用，促进殡葬事业发展。

四、经营性公墓收费是指经省级民政部门审批的公墓经营单位出售墓穴、骨灰格位，提供骨灰、遗体安葬服务收取的费用。

五、经营性公墓收费包括建墓工料费、墓穴租用费、安葬费、护墓费、绿化费、管理费、安葬证工本费。

安葬费是指安葬骨灰、遗体时抬棺、封口所发生的费用。

护墓费按照公墓售价总额的10%提取，各地可根据实际情况上下浮动2%。公墓经营单位要加强对护墓费的管理，做到独立建账、专款专用，自觉接受殡葬管理部门的监督。

管理费包括人员工资、福利、办公、宣传等费用。

墓穴和骨灰格位使用周期为20年。期满后需继续保留的，应缴纳价格主管部门核准的墓穴租用费和管理费，同时按上述两项费用的10%缴纳护墓费。

六、经营性公墓服务收费按照"统一政策、分级管理"的原则，由当地价格主管部门会同同级民政部门制定，报上一级价格主管部门、民政部门备案。

七、经营性公墓服务收费按照安葬形式分别实行政府定价、政府指导价和市场调节价管理，政府定价和政府指导价按照成本加利润的办法定制。

（一）对树葬、花葬、草坪葬采用卧碑且碑面不超过 0.15 平方米以及壁葬、骨灰存放格位等不占地或少占地的生态安葬方式实行政府定价。按照成本监审机构监审的定价成本，利润不超过 10% 的作价原则确定销售价格。

（二）对骨灰、遗体墓穴占地不超过《办法》规定面积，墓碑不超出地面 1 米的定型墓（定型墓是指形状和材质相对固定且占地面积在规定范围以内的中低档墓型）实行政府指导价。按照定价成本及作价办法确定基准价，公墓经营单位可在基准价的基础上，上下浮动 10%。

（三）按照《办法》规定面积建造的艺术墓实行市场调节价。其销售价格由公墓经营单位按照建造成本与丧属协商议定。严禁修建超大面积墓、家族墓、豪华墓。

八、实行明码标价制度。公墓经营单位要在服务窗口等醒目位置公示服务项目、服务内容、收费标准。丧属可自愿选择安葬方式及墓型。公墓经营单位应与丧属签订服务协议并严格履行协议条款，不得强行提供有偿服务。

九、公墓经营单位应对特困群众的骨灰、遗体安葬服务收费实施优惠、减免政策。

十、各级价格主管部门要依法加强对公墓收费违法行为的查处。

十一、本规定自 2008 年 1 月 1 日起施行。

关于印发《陕西省殡葬服务收费管理办法》的通知

（陕价行发〔2011〕154 号）

各设区市物价局、财政局、民政局，杨凌示范区发展改革局、财政局、民政局：

为规范我省殡葬服务单位收费行为，维护丧属和殡葬服务单位的合法权益，我们制定了《陕西省殡葬服务收费管理办法》，现印发给你们，请认真贯彻执行。

各地要根据《陕西省殡葬服务收费管理办法》，对本行政区域内殡葬服务单位的收费进行全面清理规范，于 12 月底前向社会公示殡葬服务收费项目、收费标准及相关规定，并由设区市价格、财政、民政部门将本地区贯彻落实情况分别报省物价局、财政厅、民政厅。

陕西省物价局　陕西省财政厅　陕西省民政厅

二〇一一年十月二十六日

陕西省殡葬服务收费管理办法

第一条　为加强殡葬服务收费管理，规范殡葬服务收费行为，促进我省殡葬事业健康发展，根据《殡葬管理条例》、《陕西省殡葬管理办法》以及国家相关规定，结合我省实际，制定本办法。

第二条　本办法适用于我省行政区域内由政府投资或政府参与投资的殡葬服务单位（以下简称殡葬服务单位），在提供殡葬服务（不含公墓服务）时的收费行为。

第三条　各设区市人民政府价格、财政、民政部门，在各自的职责范围内，对殡葬服务单位提供的殡葬服务收费和殡葬用品销售行为实施监督管理。

第四条　殡葬服务收费管理，应坚持有利于推进丧葬习俗改革，节约资源，倡导文明节俭办丧事，减轻丧葬费用负担，促进殡葬事业健康发展的原则。

第五条 殡葬服务收费管理实行"统一政策，分级管理"的办法。省级价格主管部门会同省级财政、民政部门负责制定殡葬服务收费管理政策，确定基本殡葬服务收费项目，协调、指导全省殡葬服务收费管理工作。殡葬服务收费标准授权各设区市人民政府价格主管部门会同同级财政、民政部门制定。

第六条 殡葬服务中的遗体接运、遗体存放、遗体火化和骨灰寄存等基本殡葬服务收费，实行政府定价。收费标准按扣除政府财政补助后的成本核定。

殡葬服务中的遗体整容、遗体防腐、遗体告别等延伸服务收费，实行政府指导价。收费标准按照保本微利的原则核定。

第七条 除政府定价、政府指导价以外的特需殡葬服务收费和殡葬用品价格实行市场调节价。具体收费标准和价格由殡葬服务单位按照合法、公平和诚实信用的原则自主确定，实行明码标价。

第八条 执行政府定价、政府指导价的殡葬服务收费，应当使用省级财政部门统一印制的政府非税收入专用票据，收入上缴同级财政国库，实行"收支两条线"管理。

实行市场调节价的特需殡葬服务收费和销售殡葬用品，应使用税务发票，依法照章纳税。

第九条 各设区市人民政府应根据本地社会经济发展水平、财政补助情况，制定对社会困难群体的殡葬服务收费优惠减免政策。

第十条 殡葬服务单位应到当地价格主管部门办理《收费许可证》，在收费场所醒目位置公示服务项目、服务规范和收费标准等内容，并免费提供收费结算清单和规范的服务委托书，自觉接受社会监督。

第十一条 殡葬服务单位应当建立健全内部管理制度，提高服务质量，降低运营成本，规范服务收费行为；殡葬服务单位不得违反公平、自愿的原则，强制或变相强制丧属接受服务或搭售殡葬用品。

第十二条 违反本办法规定的收费行为，由政府价格主管部门依法查处。

第十三条 本办法自 2011 年 12 月 1 日起施行。《陕西省殡葬服务收费管理办法（试行）》（陕价费发〔2001〕131 号）同时废止。

关于印发《关于建立我省困难群众殡葬救助制度的意见》的通知

（陕民发〔2012〕12 号）

各设区市民政局、财政局，杨凌示范区社会事业局、财政局：

经省政府同意，现将《关于建立我省困难群众殡葬救助制度的意见》印发你们，请认真贯彻执行。

陕西省民政厅 陕西省财政厅

二〇一二年五月八日

关于建立我省困难群众殡葬救助制度的意见

为深化殡葬改革，进一步健全完善我省社会救助体系，切实发挥殡葬改革在保障和改善民生，促进和谐社会建设中的重要作用，根据民政部《关于进一步深化殡葬改革促进殡葬事业科学发展的指导意见》精神，现就在全省建立困难群众殡葬救助制度提出如下意见：

一、指导思想

以邓小平理论和"三个代表"重要思想为指导，深入贯彻落实科学发展观，坚持"以民为本、为民解困、为民服务"的宗旨，以完善我省社会救助体系、切实减轻困难群众丧葬负担为目标，以规范管理、完善措施为重点，大力推行困难群众殡葬救助制度，充分发挥民政工作在"保障民生、维护稳定、促进发展"中的基础作用。

二、基本原则

殡葬救助是城乡社会救助体系的重要组成部分。殡葬救助工作坚持"公平、公正、公开、自愿申请"的原则；坚持积极推进火葬、改革土葬、文明节俭办丧事的原则；坚持便民、快捷、高效的原则。

三、救助对象、标准和程序

（一）救助对象

救助对象为具有本省户籍，2012年1月1日以后去世的以下人员：

1. 城乡低保对象；

2. 按照国家现行规定享受定期抚恤补助待遇的重点优抚对象；

3. 流浪乞讨人员；

4. 县级以上公安机关开具的允许火化证明的无名尸体；

5. 县级以上人民政府认定的其他需要救助的城乡特殊困难群众。

（二）救助标准

凡救助对象自愿选择火化的，对遗体接运、存放、火化、骨灰寄存四项基本殡葬费按每人1000元进行救助：

1. 遗体接运（含抬尸）200元；

2. 遗体存放（3日内）240元；

3. 遗体火化（普通火化炉）260元；

4. 骨灰寄存（2年内）300元。

（三）救助程序

救助对象死亡后火葬费用由其亲属或其他负责办理丧事的人员（以下简称申请人）在殡葬机构先行支付。火葬救助金经过县级民政部门审批后，在殡葬机构领取。具体程序为：

1. 申请

救助对象死亡后，属城乡低保对象、重点优抚对象的，申请人持逝者城乡居（村）民最低生活保障证、抚恤补助领取证等合法有效证件的，直接报逝者原户籍所在县（市、区）民政部门审批。流浪乞讨人员及其他由民政部门直接管理的救助对象，持相关身份证明到县（市、区）民政部门审批。

属其他类别的，其亲属或其他负责办理丧事的人员（以下简称申请人）可向逝者原户籍所在地的乡镇（街道）民政工作机构申请。

申请时需提供以下资料：

①《陕西省困难群众殡葬救助申请审批表》；

②医院或社区居委会（村委会）出具的死亡证明；

③逝者户口本、身份证；

④城乡居（村）民最低生活保障证、重点优抚对象抚恤补助等合法有效证件；

⑤其他困难群众还需提交社区居委会（村委会）困难证明。

2. 审核

乡镇人民政府或街道办事处在收到申报材料后，应在10个工作日内，对申请人情况进行核实。符合条件的，在《陕西省困难群众殡葬救助申请审批表》上签署意见，连同相关资料一并报县级民政部门审批；对审核不符合条件的，要书面通知申请人，告知原因。

3. 审批

县（市、区）级民政部门接到申报材料后，应在10个工作日内完成对申报材料的审批工作。符合条件的，在《陕西省困难群众殡葬救助申请审批表》上签署意见。对不符合条件的，通知申请人所在地乡镇人民政府或街道办事处，由其书面通知申请人，并告知原因。

4. 救助资金领取

申请人持《陕西省困难群众殡葬救助申请审批表》、遗体火化证明和骨灰寄存证明到殡葬机构（殡葬管理所、殡仪馆、火葬场）领取补助资金。

殡葬机构应按救助标准救助，实际产生费用低于救助标准的，按实际费用进行救助。

5. 救助对象在户籍所在地以外火化的，申请人到户籍所在地办理基本殡葬救助手续。

土葬区救助对象在非户籍所在地火化遗体的，由户籍所在地民政部门审批发放殡葬救助经费。

四、资金筹措与管理

（一）资金筹措。各级民政部门根据当年资金开支情况，向财政部门提出下一年度的资金需求计划，列入财政预算，所需资金由市县财政负担，省财政参照各市县财政困难程度、工作开展情况等因素进行补助。

（二）资金管理。殡葬救助资金实行专项管理、专款专用。财政部门在审核民政部门提供的相关资料后，应及时将殡葬救助资金拨付给殡葬机构。

五、工作要求

（一）提高认识，加强领导。建立困难群众殡葬救助制度是省委、省政府全面贯彻落实科学发展观，坚持以人为本，保障民生的重要举措。各级要从贯彻落实党的十七大精神、深入贯彻落实科学发展观和构建社会主义和谐社会的高度，充分认识建立困难群众殡葬救助制度在社会救助体系建设中的重要作用，切实加强组织领导，摆上重要议事日程，纳入社会救助体系建设总体规划，列入单位目标考核内容。

（二）完善制度，规范管理。各地、各有关部门要科学合理确定救助对象。按照公开、公正、公平的原则，建立健全困难群众殡葬救助的申请、审核、审批及发放规程，确保工作程序严格规范、操作性强、便捷高效，符合社会救助的工作特点。要做好困难群众殡葬救助档案管理工作，强化群众参与和监督，使困难群众殡葬救助政策公开、程序规范、结果透明。

（三）夯实责任，积极作为。各有关部门要各负其责，加强协作，确保殡葬救助工作的顺利开展。财政部门要落实困难群众殡葬救助资金，保证经费足额、及时划拨到位，并加强对资金使用的监督。民政部门要负责做好殡葬救助组织实施工作，加强对殡葬救助资金的使用管理，确保经费专款专用，防止挪用、侵占和截留。要严格审核救助对象和票据，防止出现假报、多报现象。违反有关规定办丧事的，尤其对乱埋乱葬的，不予救助。殡葬机构要认真做好政策宣传和服务工作，确保各项政策措施落到实处。监察、审计部门负责加强对殡葬救助工作的监督和审计。

（四）锐意创新，探索建立普惠型殡葬惠民政策。殡葬服务涉及百姓切身利益，是一项基本的公共服务。有条件的市、县（市、区），要按照建立公共财政和推进基本公共服务均等化的要求，大胆创新，先行先试，探索建立普惠型殡葬惠民政策，免除辖区内所有居民基本殡葬服务费用，实现本地区基本殡葬服务均等化。

陕西省殡葬管理办法

（2000年8月22日陕西省人民政府令第60号发布 根据2011年2月25日陕西省人民政府《关于修改部分省政府规章的决定》第1次修订 根据2012年2月22日陕西省人民政府《关于修改部分省政府规章有关行政强制规定的决定》第2次修订）

第一章 总 则

第一条 为了加强殡葬管理，推行殡葬改革，促进社会主义精神文明建设，根据《殡葬管理条例》，结合本省实际制定本办法。

第二条 本办法适用于本省行政区域内的殡葬活动及其管理。

第三条 殡葬管理工作坚持积极地、有步骤地推行火葬，改革土葬，节约殡葬用地，破除丧葬陋俗、提倡文明节俭办丧事的方针。

第四条 县级以上人民政府应当把殡仪馆、火葬场等殡葬设施的建设和改造列入当地的城乡建设规划和基本建设计划，积极为推行火葬创造条件。

第五条 省人民政府民政部门是本省殡葬管理工作的行政主管部门，负责全省的殡葬管理工作。设区的市和县级人民政府民政部门负责本行政区域的殡葬管理工作。

各级人民政府民政部门在殡葬管理工作中，要统筹规划，综合协调，加强日常监督检查，加快殡葬改革和推行火葬的工作进程，提高服务质量。

卫生、土地、工商行政管理、公安、城乡建设、环境保护等行政管理部门，按照各自职责，做好殡葬管理有关工作。

第六条 机关、团体、企事业单位及城乡基层组织，应当大力宣传殡葬改革，教育和引导群众移风易俗、文明节俭办丧事。

第七条 城市、县城以及人口稠密、人均耕地较少、交通方便、殡仪车辆当日可以往返的地区，应当实行火葬。其范围由省人民政府民政部门提出方案报省人民政府批准后公布。

暂不具备火葬条件的地区，可以按本办法的规定实行土葬。

第二章 殡葬活动管理

第八条 公民在实行火葬的地区死亡后，应当实行火葬。

尊重少数民族的丧葬习俗，自愿实行土葬的，可以在当地人民政府指定的公墓土葬。

第九条 公民在实行火葬的地区死亡的，由丧主或者死者生前所在单位及时通知殡仪馆（殡仪服务站，下同）、火葬场接运遗体，并办理火化手续。

非正常死亡人员的遗体，经公安机关鉴定并出具非正常死亡通知书后，由丧主或者死者生前所在单位通知殡仪馆、火葬场接运遗体，办理火化手续。

无名死者遗体，经公安机关出具死亡证明后，由乡（镇）人民政府或县级人民政府民政部门通知殡仪馆、火葬场接运遗体并办理火化手续。

第十条 殡仪馆、火葬场接到通知后应当及时接运遗体，并对遗体进行必要的技术处理，确保卫生，防止污染环境。

第十一条 死亡人员遗体在殡仪馆或火葬场存放不得超过7日，因特殊情况需延期保存的，应当经当地殡葬管理部门批准。

患传染病死亡人员的遗体，按《中华人民共和国传染病防治法》有关规定执行。

第十二条 火化遗体时必须凭公安机关或者卫生行政部门规定的医疗机构出具的死亡证明。

火化后的骨灰，3个月内无人认领的，由殡仪馆、火葬场作深埋处理。

第十三条 提倡不保留骨灰。要求保留骨灰的，可以以寄存或者以树代墓等不占地或少占地的方式安置。

禁止骨灰入棺土葬。

第十四条 公民在实行火葬的地区死亡后，应在当地就近火化，遗体不得运往异地土葬。因特殊原因确需将遗体运回户籍地或居住地火化的，须经死亡地的县级人民政府民政部门批准并用殡葬专用车辆运送。

第十五条 遗体的运送、防腐、整容、火化等，由殡仪馆、火葬场负责承办，其他任何单位和个人不得从事经营性殡仪服务业务。

第十六条 享受丧葬费待遇的死亡人员，应当火葬的，有关单位凭殡仪馆、火葬场出具的火化证明或卫生行政部门出具的遗体捐献证明，按照有关规定向丧主发放丧葬费。

第十七条 可以土葬的地区内的公民死亡后，应当在公墓或农村公益性墓地内安葬遗体。在没有条件建立公墓或农村公益性墓地的地区，可以平地深埋，不留坟头。

对死者生前遗嘱要求火化或者丧主要求火化的，任何组织或个人不得干涉。

第十八条 死者生前自愿捐献遗体或丧主要求捐献死者遗体用于医学教学、科研的，在与遗体接收单位商定后，应到卫生行政部门办理遗体捐献手续，并由遗体接收单位报所在地的县级人民政府民政部门备案。

第三章 殡葬设施管理

第十九条 殡仪馆、火葬场、骨灰堂、殡仪服务站、公墓等殡葬设施，由各级人民政府民政部门根据省人民政府批准的殡葬设施建设总体规划设置和管理。

任何单位和个人未经批准不得擅自兴建殡葬设施。

第二十条 公墓、农村公益性墓地的建设应当统一规划，合理布局，按照节约土地、保护山林、美化环境的原则建设。

公墓、农村公益性墓地应当建立在荒山、荒坡或者不宜耕种的瘠地上。

第二十一条 农村设置公益性墓地或公益性骨灰存放处应经乡（镇）人民政府审核同意，报县级人民政府民政部门批准。

建设公墓应当由县级人民政府报经设区的市人民政府民政部门审核同意后，报省人民政府民政部门审批。

第二十二条 禁止在下列地区建造坟墓：

（一）耕地、林地；

（二）铁路、公路（国道、省道）、通航河道两侧 500 米内；

（三）城市公园、风景名胜区和文物保护区；

（四）水库及河流堤坝外侧 1000 米范围内和水源保护区。

前款规定区域内现有的坟墓，除受国家保护的具有历史、艺术、科学价值的墓地予以保留外，当地人民政府应当组织有关部门进行清理，限期迁移或者深埋，不留坟头。

第二十三条　骨灰公墓的骨灰安放格位和墓穴，凭殡仪馆、火葬场出具的火化证明办理租用手续。

农村公益性墓地或公益性骨灰存放处不得为村民以外的死亡人员提供遗体安葬或骨灰存放服务，墓穴或骨灰存放设施不得从事买卖、出租、转让等经营性活动。

第二十四条　禁止下列行为：

（一）为活人建造坟墓或者建立、恢复宗族墓地；

（二）对已迁移、平毁的坟墓进行返迁或重建；

（三）在殡葬设施内构建封建迷信设施；

（四）传销、倒卖公墓墓穴或骨灰存放格位。

第二十五条　在公墓、公益性墓地安葬骨灰的单人墓或双人合葬墓占地面积不得超过 1 平方米；埋葬遗体的单人墓占地面积不得超过 4 平方米，双人合葬墓不得超过 6 平方米。

公墓墓穴和骨灰存放格位的使用期限以 20 年为周期。期满需继续保留的，应办理延期使用手续。

第二十六条　殡仪馆、火葬场、殡仪服务站的运尸、火化、骨灰寄存等收费项目和标准由省人民政府财政、价格主管行政部门制定。

第四章　丧事活动和殡葬用品管理

第二十七条　办理丧事活动应当遵守城市环境、卫生和交通管理的规定，不得占用城镇街道或公共场所停放遗体、搭设灵棚，不得在送葬途中抛撒"冥币"或其他迷信用品。

第二十八条　信仰宗教的公民死亡后，为其举行丧礼、祷告等宗教仪式的，应在当地人民政府指定的宗教活动场所或其家中进行。

第二十九条　禁止制造、销售迷信的丧葬用品。

禁止在实行火葬的地区出售棺材等土葬用品。

第五章　罚　　则

第三十条　将应当火化的遗体土葬，或者在公墓和农村公益性墓地以外的其他地方埋葬遗体、建造坟墓的，由当地县级人民政府民政部门依法处理。

第三十一条　墓穴占地面积超过本办法规定标准的，由当地县级人民政府民政部门责令限期改正；有违法所得的没收其违法所得，可以并处违法所得 1 倍以上 3 倍以下的罚款。

第三十二条　制造、销售封建迷信殡葬用品的，由当地县级人民政府民政部门会同工商行政管理部门予以没收，可以并处制造、销售金额 1 倍以上 3 倍以下的罚款。

第三十三条　违反本办法第二十五条规定的，由当地县级人民政府民政部门予以制止；构成违反治安管理行为的，由公安机关依照《中华人民共和国治安管理处罚法》给予处罚；构成犯罪的，由司法机关依法追究刑事责任。

第三十四条　依照本办法实施的行政处罚，按照《中华人民共和国行政处罚法》规定的程序执行。

依照本办法的规定对单位罚款 20000 元以上，对个人罚款 600 元以上的，当事人有权要求听证。当事人对行政处罚决定不服的，可以依法申请行政复议，也可以依法直接向人民法院起诉。

当事人逾期不申请行政复议、也不向人民法院起诉、又不履行行政处罚决定的，由作出处罚决定的机关申请人民法院强制执行。

第三十五条　殡仪服务人员利用工作之便索要、收受财物的，由其上级主管部门责令退赔，并给予批评教育；情节严重的，给予行政处分；构成犯罪的，由司法机关依法追究刑事责任。

第六章　附　　则

第三十六条　本办法所称公墓，是指遗体公墓、骨灰公墓和塔陵园等骨灰存放设施。

第三十七条　本办法自 2000 年 11 月 1 日起施行。1986 年 2 月 1 日陕西省人民政府发布的《陕西省殡葬管理暂行办法》同时废止。

陕西省人民政府关于推进城乡殡葬改革和
公益性公墓建设的意见

（陕政发〔2012〕28 号）

各市、县、区人民政府，省政府各工作部门、各直属机构：

为推进殡葬改革和公益性公墓建设，节约殡葬用地，保护生态环境，倡导文明节俭丧葬新风尚，根据民政部《关于进一步深化殡葬改革促进殡葬事业科学发展的指导意见》（民发〔2009〕170 号），结合我省实际，现就推进城乡殡葬改革和公益性公墓建设提出如下意见：

一、积极推进城乡殡葬改革

（一）指导思想。以科学发展观为指导，本着节约土地、保护环境、移风易俗、减轻群众负担的原则，大力推进生态殡葬、绿色殡葬、阳光殡葬、惠民殡葬，理顺殡葬管理体制，加强殡葬行业监管，完善殡葬服务体系，逐步建立覆盖城乡的多层次殡葬救助制度，弘扬先进的殡葬理念和殡葬文化，切实保护生态环境和土地资源，促进社会和谐发展。

（二）原则与目标。坚持以人为本、科学发展，政府主导、市场运作，政事分开、管办分离，统筹兼顾、分类指导的原则，通过强化政府职责，加大公共财政投入，完善扶持政策，提高殡葬基本公共服务能力，逐步实现殡葬改革有序化、殡葬设施现代化、殡葬管理规范化、殡葬服务优质化、殡葬习俗文明化，切实保障人民群众基本殡葬权益，逐步实现基本殡葬公共服务均等化，满足城乡居民文明治丧需求。

（三）工作措施

一要坚持推行火化。把推进火葬作为深化殡葬改革的重点，改革传统土葬方式，加快提高火化率，逐步扩大火化区范围。城市、县城以及人口稠密、人均耕地较少、交通方便的地区，应当实行火葬，划为火化区。凡火化区逝者，遗体一律实行火葬，坚决杜绝骨灰装棺二次安葬现象。对推行火葬暂时有困难的地区，本着积极稳妥、分步实施的原则，以集中治丧为重点，倡导文明祭奠，规范群众治丧行为。

二要加快殡葬基础设施建设。各级政府要加大投入，按照分步实施、逐步完善的思路，加快殡仪馆建设。现有设施设备陈旧老化的，要加大改造力度，推广使用环保节能型火化炉。尚未建设殡仪馆的地区要加紧建设，各级政府及有关部门要优先安排殡仪服务设施用地指标，多渠道筹措建设资金，加快推进殡葬基础设施建设。

三要加快建立殡葬救助保障制度。各地要从满足群众殡葬需求、保障群众殡葬权益出发，认真落实殡葬救助政策，积极探索扩大减免或补贴范围，对公益性生态节地葬法实行补贴等惠民殡葬政策。

四要加强殡葬业行风建设。大力开展殡葬行业文明窗口创建活动，加强对殡仪服务队伍的政治思想、职业道德教育和业务培训，提高殡仪服务标准化水平，不断健全各项规章制度，坚决纠正殡仪服务中的不正之风。认真贯彻执行国家发改委、民政部《关于进一步加强殡葬服务收费管理有关问题的指导意见》（发改价格〔2012〕673号）和省物价局、省财政厅、省民政厅《关于印发〈陕西省殡葬服务收费管理办法〉的通知》（陕价行发〔2011〕154号）要求，严格将基本殡葬服务和选择性殡葬服务项目分离，进一步优化殡葬服务内容和程序，公开收费项目及标准，完善便民惠民的殡葬服务网络，为群众提供方便周到的服务。

五要加大宣传引导力度。要把经常性教育与定期宣传紧密结合，采取多种形式广泛宣传殡葬改革政策和殡葬管理法规，积极引导广大群众更新丧葬观念，自觉遵守和执行有关规定，营造推动殡葬改革的社会氛围。各级党员干部要以身作则，带头实行火葬。火化区内的国家机关、企事业单位公职人员和离退休人员亡故后不实行火葬（国家政策规定允许土葬的少数民族除外）的，不得发给丧葬费和一次性抚恤金。

二、加快建设城乡公益性公墓

（一）大力发展城市公益性公墓

城市公益性公墓建设要以节约土地、保护环境、移风易俗、减轻群众负担为目的，采取骨灰堂（壁、墙）安放以及深埋、树葬、草坪葬等生态安葬为主要形式，统筹规划，合理布局，先行试点，逐步推广。逐步完善殡葬服务设施，建立快捷、便民的殡葬服务网络，满足人民群众基本殡葬需求。

1. 基本原则

坚持公益性公墓全覆盖。每个市、县、区至少要建一个城市公益性公墓，人口较多、火化率高、经济发展快的地区可以先建。经营性公墓要在其墓园内至少划分出30%的墓位用于公益事业，实行限价销售。少数民族居住比较集中的地区，提倡建立民族公益性公墓。

坚持服务对象全覆盖。城市公益性公墓的服务对象为全体城市居民。

坚持科学合理选择墓址。公墓要在荒山坡地或贫瘠地上规划建设，严禁在耕地、林地内建造公墓，在规模和布局上力求小而精、新而雅。

坚持政府投资为主。将城市公益性公墓建设纳入政府公共服务范围，鼓励企业、社会组织和个人捐助。省政府采取以奖代补的形式予以补助，市级公益性公墓每个补助500万元，县（市、区）级公益性公墓每个补助300万元。

2. 建设用地

城市公益性公墓是为城市居民提供安放（安葬）骨灰服务的公共设施，其建设用地按照公益事业用地无偿划拨。

3. 日常管理

城市公益性公墓由各级民政部门管理，实行市场化运作，合理设置岗位。严格公墓收费管理，坚持保本微利原则，由物价部门核定收费项目和标准，所收取的费用全部用于公墓的建设、维护和管理。公益性公墓不得开展以营利为目的的经营性收费，其使用期限、续期参照经营性公墓的有关规定执行。

（二）推进农村公益性墓地生态化改造

全省农村公益性公墓建设要按照新型城镇化和新农村建设的要求，统筹规划，先行试点，逐步推广。农村公益性公墓以骨灰楼（堂、墙、塔）为主，土葬区提倡深埋、不留坟头、墓碑小型化。逐步将农村散坟、规划点外集中墓地迁移到农村公益性公墓，推进迁坟还田工作。一要科学合理布局。各县（市、区）要按照绿色殡葬、生态殡葬的要求，根据人口数量、分布和地理环境等实际情况，科学合理制定公益性公墓总体规划。公益性公墓选址应优先利用荒山瘠地，1 个行政村可以兴建 1 处公益性骨灰楼（堂）或遗体公墓，也可以采取一村或相邻几个村联办的方式。二要加强建设管理。农村公益性公墓要建立长期管理机制，聘用专职管理人员，负责公墓的管理和维护。三要治理丧葬秩序。大力倡导文明和谐殡葬新风，加大对乱埋乱葬行为的治理力度，坚决制止将骨灰二次入棺土葬，逐步规范治丧行为。四要加大资金投入。农村公益性公墓由各县（市、区）财政出资进行建设或实施生态化改造，鼓励企业、社会组织和个人捐助，省政府采取以奖代补的形式予以补助，每个农村公益性公墓补助 5 万—10 万元。

（三）部门职责

各有关部门要切实履行职责、密切配合，共同做好城乡公益性公墓的建设和管理工作。民政部门要充分发挥殡葬工作主管部门的职能作用，会同有关部门做好城乡公益性公墓专项规划的编制工作并组织实施，动员社会力量捐资兴建城乡公益性公墓。发展改革部门要配合民政等部门做好城乡公益性公墓建设项目规划的编制和实施工作，将公墓建设规划纳入民政事业发展"十二五"专项规划。财政部门要将公益性殡葬事业专项经费列入预算。国土资源部门要会同民政部门做好城乡公益性公墓项目规划与土地利用总体规划的衔接工作，加强建设用地管理。环境保护部门要加强城乡公益性公墓的建设项目环境影响评价管理，指导公墓单位抓好生态保护。规划部门要将公益性公墓建设纳入城乡建设规划。物价部门要按照相关规定核定收费项目和价格，依法查处价格违法行为。

陕西省人民政府

二〇一二年五月三十日

中共陕西省委办公厅 陕西省人民政府办公厅
关于印发《党员干部带头推动殡葬改革的
实施意见》的通知

（陕办发〔2014〕12 号）

各市、县委，各市、县政府，省委和省级国家机关各部门，各人民团体：

《党员干部带头推动殡葬改革的实施意见》已经省委、省政府同意，现印发给你们，请认真贯彻执行。

中共陕西省委办公厅

陕西省人民政府办公厅

2014 年 6 月 24 日

（此件公开发布）

党员干部带头推动殡葬改革的实施意见

为贯彻落实《中共中央办公厅 国务院办公厅印发〈关于党员干部带头推动殡葬改革的意见〉的通知》（中办发〔2013〕23号）精神，加快推进全省殡葬改革，现结合我省实际，提出如下实施意见。

一、充分发挥党员和干部在推动殡葬改革中的带头作用

（一）带头文明节俭办丧事。党员和干部要在殡仪馆或合适场所集中办理丧事活动，自觉遵守公共秩序，尊重他人合法权益，不得在居民区、城区街道、公共场所搭建灵棚，自觉抵制迷信低俗活动。除国家另有规定外，党员和干部去世后一般不成立治丧机构，不召开追悼会。举行遗体送别仪式的，要严格控制规模，力求节约简朴。严禁党员和干部特别是领导干部大操大办丧事活动，借机收敛钱财。

（二）带头火葬和生态安葬。在火葬区，党员和干部去世后必须实行火葬，不得将骨灰装棺再葬，不得超标准建墓立碑，严禁违规土葬，严禁将遗体运往土葬改革区进行土葬。在暂不具备火葬条件的土葬改革区，党员和干部去世后遗体应当在公墓内集中安葬，不得乱埋乱葬。无论是在火葬区还是在土葬改革区，党员和干部都应当带头实行生态安葬，采取骨灰存放、树葬、花葬、草坪葬等节地葬法，提倡骨灰撒散或者深埋、不留坟头。鼓励党员和干部去世后捐献器官或遗体。少数民族党员和干部去世后，尊重其民族习俗，按照有关规定安葬。

（三）带头文明低碳祭扫。党员和干部要主动采用敬献鲜花、植树绿化、踏青遥祭等方式缅怀故人，不得在林区、景区等禁火区域焚烧纸钱、燃放鞭炮。积极参与社区公祭、集体共祭、网络祭扫等现代追思活动。带头祭扫先烈，带领群众逐步从注重实地实物祭扫向精神传承上转移。

（四）带头宣传倡导殡葬改革。党员和干部要加强对亲属、朋友、周围群众的教育引导，及时劝阻不良治丧行为，自觉抵制陈规陋俗和封建迷信活动。各级领导干部要加强对直系亲属和身边工作人员丧事活动的约束，积极做好思想疏导工作，对不良倾向和苗头性问题，做到早提醒、早制止、早纠正，决不允许对违法违规殡葬行为听之任之甚至包庇纵容。

二、不断提高殡葬公共服务保障水平

（一）统筹规划，提高保障水平。各级党委、政府要立足实际，明确殡葬改革目标任务和方法步骤，并纳入当地经济社会发展规划。认真贯彻落实《陕西省人民政府关于推进城乡殡葬改革和公益性公墓建设的意见》（陕政发〔2012〕28号）精神，每个县（市、区）至少要建1个城市公益性公墓、1个殡仪馆或殡仪服务设施；每个行政村或相邻几个村可以兴建1处公益性骨灰楼（堂）或遗体公墓。对城乡公益性公墓和殡仪馆建设项目用地、规划选址等，各相关部门要简化审批手续，按规定减免相关费用。严格控制经营性公墓数量。

（二）分类指导，尊重地区差异。各级党委、政府要结合本地实际，根据人口、耕地、交通等情况，对现有火葬区和允许土葬区进行重新调整，依法将城镇及其周边地区、重点旅游镇、工业园区、交通便利地区以及平原地区纳入火葬区，调整后的火葬区范围不得小于现有范围。火葬区死亡人口遗体除国家另有规定外，必须实行火葬，严格执行凭火化证领取丧葬费和一次性抚恤金制度。鼓励、支持土葬改革区遗体自愿火化。

（三）政策引导，形成带动效应。认真落实殡葬救助政策，完善管理运行机制，做到政策公开透明、标准切实可行、程序规范便民。积极探索把告别厅租用、骨灰生态安葬、普通骨灰盒和纸棺使用等纳入基本服务项目范畴，逐步扩大免费服务范围，合理调整基本殡葬服务费用减免补贴标

准。条件成熟的地区，积极探索给农民发放殡葬补助、扩大丧葬补助范围、免除辖区内居民基本火化费用、在公益性公墓免费安葬等惠民殡葬政策。加快建立殡葬改革激励引导机制，对接受节地殡葬服务或不保留骨灰、去世后捐献器官或遗体以及土葬改革区自愿火化的群众，可实行奖励或补贴政策。

三、营造殡葬改革良好社会环境

（一）健全工作机制。各级党委、政府要把党员和干部带头推动殡葬改革作为促进社会主义精神文明建设和生态文明建设、保障和改善民生、加强党风政风建设的重要内容，摆上议事日程，建立健全党委领导、政府负责、部门协作、社会参与的工作机制。坚持以党员和干部带头为引领，不断提高人民群众参与殡葬改革的自觉性。组织部门要注意掌握党员和干部治丧情况，加强对党员和干部的教育管理。宣传、文明办等部门要做好殡葬改革宣传引导工作。发展改革、公安、民政、财政、人力资源社会保障、国土资源、工商、林业等部门要各司其职、密切配合，加强基本殡葬服务供给，完善惠民殡葬政策措施，规范殡葬服务市场秩序，督促党员和干部破除丧葬陋俗，加快推动殡葬改革。工会、共青团、妇联等人民团体和基层党组织、村（居）委会以及红白理事会、老年人协会等社会组织要充分发挥作用，广泛动员群众积极参与殡葬改革。

（二）强化监督管理。加快修订完善《陕西省殡葬管理办法》，健全基本殡葬服务保障、殡葬服务市场监管、丧事活动管理执法等制度，切实落实申报、备案制度，依法严厉查处建大墓、建豪华墓等违法行为，坚决取缔非法公墓。要开展乱埋乱葬和丧葬陋习专项整治行动，城乡联动，多措并举，使乱埋乱葬、丧葬陋习得到有效治理。加强监督检查，强化责任追究，对党员和干部尤其是领导干部在丧事活动中的违法违纪行为依法依纪严肃查处。建立举报奖励制度，对举报违反殡葬管理法律法规的行为，经查证属实的，对举报者给予一定奖励。

（三）搞好舆论引导。充分利用各种媒体和传播手段，深入宣传殡葬法规政策，宣传与当代社会相适应、与现代文明相协调的殡葬习俗和文化，普及科学知识，倡导文明节俭、生态环保、移风易俗的殡葬新风尚。以每年"殡葬改革宣传月"为契机，大力开展殡葬宣传进单位、进社区、进家庭活动，不断增强群众参与殡葬改革的自觉性。大力宣传党员和干部带头推动殡葬改革的先进典型，传播正能量。充分发挥媒体监督作用，曝光负面案例，努力营造有利于殡葬改革的良好氛围。

关于推行节地生态安葬的实施意见

（陕民发〔2016〕44号）

各设区市、杨凌示范区、西咸新区、韩城市、神木县、府谷县民政局（社会事业局、社会事务管理局）、发改委、科技局、财政局、国土资源局、环保局、住建委、农业局、林业局：

为进一步贯彻落实民政部、发展改革委、科技部、财政部、国土资源部、环境保护部、住房城乡建设部、农业部、林业局九部委《关于推行节地生态安葬的指导意见》（民发〔2016〕21号）和省委办公厅、省政府办公厅关于《党员干部带头推动殡葬改革的实施意见》的通知（陕办发〔2014〕12号）精神，进一步深化我省殡葬改革，保障群众基本安葬需求，推行节地生态安葬，保护生态环境，促进人与自然协调发展，结合我省实际，提出如下实施意见：

一、充分认识推行节地生态安葬的重要意义

近年来，省委、省政府高度重视生态文明建设，作出了推进绿色发展的一系列决策部署，划定

生态红线。全省各地按照生态文明建设的要求，积极倡导和推行节地生态安葬，初步建成了一批节地生态安葬设施，立体式骨灰格位葬安葬量稳步提升，树葬、花葬、草坪葬等生态安葬方式认可度不断提高，推行节地生态安葬取得了一定成效。但总体上看，我省的节地生态安葬工作还处于起步阶段，节约土地、保护环境的安葬观念不强，激励引导、规范监管的制度机制不完善，节地生态安葬设施供给不足，节地生态安葬率不高，公益性公墓建设滞后，部分地区乱埋乱葬、骨灰装棺再葬、墓位面积超标、过度使用不可降解材料等问题较为突出，迫切需要解决。

节地生态安葬，就是以节约资源、保护环境为价值导向，鼓励和引导人们采用骨灰堂存放、壁葬、树葬、草坪葬、深埋等不占或少占土地、少耗资源、少使用不可降解材料的方式安葬骨灰或遗体，使安葬活动更好地促进人与自然和谐发展。各地要充分认识到推行节地生态安葬是贯彻绿色发展理念、促进生态文明建设的内在要求，是深化殡葬改革、倡导移风易俗的迫切需要，是推动文明节俭治丧、减轻群众丧葬负担的重要途径。面对人多地少、资源约束趋紧、环境污染严重、生态系统退化的严峻形势，各地要充分认识推行节地生态安葬的重要性和紧迫性，着力凝聚社会共识，加强宣传引导，采取有效措施，加快建设节地生态安葬设施，积极稳妥推广节地生态葬法，不断提升节地生态安葬比例，推动殡葬改革健康持续发展。

二、总体要求

（一）指导思想。以邓小平理论、"三个代表"重要思想、科学发展观为指导，深入贯彻党的十八大、十八届三中、四中、五中全会精神和习近平总书记系列重要讲话精神，坚持保障群众基本安葬需求，坚持节约资源、保护耕地、保护环境，坚持以人为本，坚持依法行政，坚持绿色发展理念，深化节地生态安葬公共服务产品供给侧结构性改革，提供优质人文安葬服务，加大政策激励措施，使满足安葬需求与保护资源环境协调推进，巩固和促进人与自然协调发展局面。

（二）基本原则。政府主导，社会参与。强化政府在推行节地生态安葬工作中统筹规划、基础建设、政策激励、典型示范、监督管理等方面的职能，积极引导和支持城乡居民、殡葬服务单位、基层组织和相关社会组织推广节地生态葬法，形成参与殡葬改革的合力。

节约资源，保护环境。坚持节约优先、保护优先理念，科学规划建设节地生态安葬设施，推广节地生态安葬葬法，提高土地利用率，尊重和保护耕地和生态，降低安葬活动对资源和环境的影响。

注重引导，创新发展。通过依法管理、政策激励、探索创新，引导群众更加自觉接受节地生态安葬方法，引导群众重视精神传承、移风易俗，引导群众革除丧葬陋俗、积极参与殡葬改革。

分类指导，统筹推进。根据城乡、地域、民族、葬式及安葬设施的不同特点，因地制宜，分类指导，科学施策。坚持殡、葬、祭"三位一体"，推动节地生态安葬与绿色殡葬、人文殡葬、惠民殡葬相结合，葬法改革与丧俗改革相结合，统筹推进殡葬改革。

（三）主要目标。到"十三五"末，全省火化区火化率达到50%左右，县级以上城市殡仪馆和公益性公墓全覆盖；殡仪馆火化炉、焚烧炉等设备环保节能全部达标；公益性公墓内不占或少占地的生态安葬比例达到80%，重点镇、农村公益性公墓（骨灰堂）达到60%；从严控制经营性公墓数量，对没有经营性公墓的县区，在建成殡仪馆、城市公益性公墓的前提下，建设1个经营性公墓；新建经营性公墓节地生态安葬墓区面积不低于总用地面积的20%，现有经营性公墓节地生态安葬墓区面积不低于总用地面积的10%。生态安葬奖补激励政策进一步完善，骨灰装棺再葬、乱埋乱葬和墓位面积超标得到有效治理，厚养薄葬、节地生态、保护环境、移风易俗等蔚然成风。

三、主要任务

（一）积极推行节地生态葬式葬法改革。各地要依法推进遗体火化、骨灰存放设施建设步伐，巩固现行节地生态安葬办法，因地制宜创新和推广既符合节地生态、保护资源环境要求，又适合本地群众需求的节地生态葬式。在火葬区，积极推行不占或少占土地的生态化骨灰安葬方式；推广骨灰撒散、植树、植花、植草等生态葬式，使用可降解骨灰盒（容器）或直接将骨灰藏纳土中，不设硬质墓穴和墓碑；提倡地面不建墓基、地下不建硬质墓穴，墓碑小型化、微型化，最大限度降低硬化面积。埋葬骨灰的单人墓占地面积不得超过0.8平方米，双人合葬墓、家庭成员合葬墓等葬式的占地面积不得超过1平方米，鼓励建造占地面积低于0.5平方米的墓位，不立碑或采用卧式碑。在土葬改革区，遗体应在公墓或农村公益性墓地内集中安葬，不得乱埋乱葬。安葬单人遗体占地不得超过4平方米，双人墓不得超过6平方米。倡导尽量减少地面硬化面积，鼓励墓碑小型化或不立碑；倡导遗体深埋、不留坟头或以树代碑。尊重少数民族丧葬习俗，鼓励和支持少数民族群众选择既具有民族地域特色、又符合节地生态要求的葬式葬法。

（二）大力提高节地生态安葬供给能力。各地要根据已有安葬设施情况和未来需求预测，把握总量、扩大增量、优化存量，科学规划建设节地生态安葬设施，强化安葬设施的生态功能。要大力加强殡仪馆、公益性公墓、骨灰堂等基本殡葬公共服务设施建设，按照满足常住人口20年以上安葬需求，合理确定建设公益性公墓、骨灰堂的数量和规模。严格控制经营性公墓数量，1个县（市、区）范围内，原则上批建1处经营性公墓，现有经营性公墓能满足当地常住人口5年以上安葬需求的，省民政厅将不受理其新建（扩建）的申请。新审批的经营性公墓应建设不低于总用地面积20%的节地生态安葬墓区，现有经营性公墓逐步建设不低于总用地面积10%的节地生态安葬墓区。农村公益性公墓原则上1个行政村兴建1处公益性骨灰楼（堂）或骨灰（遗体）公墓，土地较少的行政村可以乡镇为单位几个村联建。城市周边的农村公益性公墓应纳入城市公益性公墓建设规划，以乡镇（街道）为单位统筹兴建，主要采取楼、廊、堂、塔、墙等形式存放骨灰的立体安葬方式，提高土地利用率。要以树葬、撒散、骨灰存放、小型墓等多样化节地生态安葬方式为主，减少使用不可降解材料，严格执行墓位占地面积规定，不得超标准建墓立碑。加强少数民族殡葬设施建设，保障少数民族群众节地生态安葬需求。

（三）不断提升节地生态安葬服务水平。各地要针对节地生态安葬的人群及相关服务特点，创新服务模式，优化服务流程，提升服务内涵，做到便民高效，增强节地生态安葬的吸引力。要加强安葬后续日常管理，注重环境绿化美化，引导文明低碳祭扫，保持墓区整洁肃穆。根据安葬服务协议及墓位使用周期，积极推进墓穴循环使用。鼓励和引导经营性公墓积极承担社会责任，选择位置好、绿化好的墓区开辟节地生态墓园，提供更多、更加优质的节地生态安葬公共服务产品。深化农村殡葬改革，充分发挥基层组织、社会组织的作用，加强农村公益性墓地管理，提供及时便捷服务，提升群众认知度和满意度。推进互联网、物联网与殡葬服务融合发展。

（四）努力培育现代殡葬文化。各地要把推行节地生态安葬与倡导厚养薄葬、文明祭扫、保护生态环境、造福子孙后代结合起来，采用多种形式，通过电视、报纸、互联网和新媒体，充分利用每年的殡葬改革宣传月、殡葬职工活动日等时机，大力宣传殡葬改革，培育具有时代特征、民族特点、群众基础的殡葬行为规范，传播正能量。要坚决抵制迷信低俗、奢侈浪费等不良丧葬风气，大力倡导网络祭扫、鲜花祭扫、踏青遥祭、植树缅怀等文明低碳祭扫方式，切实增强群众参与节地生态安葬的自觉性，逐步引导群众把对逝者的缅怀从注重物质载体转移到以精神传承为主上来。

四、保障措施

（一）加强组织领导，突出党员干部带头作用。各地要积极争取当地党委、政府重视，建立健全政府领导、民政牵头、部门配合、社会参与的推行节地生态安葬工作机制，将推行节地生态安葬作为深化殡葬改革的重要内容，摆上议事日程，加强目标管理和绩效考核，确保政策措施落到实处。民政部门要牵头做好政策标准制定、组织实施、审批监管等工作。民政、发展改革、住建、规划、财政等部门要加强节地生态安葬设施规划建设，加大节地生态安葬公共服务供给，完善惠民殡葬政策和激励引导措施，满足群众节地生态安葬需求。国土资源部门对满足规划条件、布局选址合理的殡葬建设项目，凡符合殡葬改革方向，体现切实保护耕地和节地生态安葬理念的，在建设用地计划上给予优先安排；对符合法定划拨用地范围的非营利性殡葬设施建设项目，可实行划拨方式供地。科技、环境保护等部门要强化殡葬活动的生态环境监管，推动环保殡葬新技术、新产品研发应用。国土资源、农业、林业、民政等部门要建立联合执法和信息共享机制，严肃查处非法占用土地、林地建墓立碑等行为。各地要充分发挥乡镇（街道）、村（居）民委员会、城乡社区及红白理事会、老年人协会等社会组织的作用，探索建立基层殡葬信息员制度及殡葬信息源采集、报告和预警机制，加大对乱埋乱葬、骨灰装棺再葬、违规建墓的事前预防和源头治理力度。要落实中央八项规定和党员干部带头推动殡葬改革的要求，发挥党员干部在遗体火化、生态安葬、节俭治丧、文明祭扫方面的表率作用。民政部门要主动协调有关部门把带头推动殡葬改革要求纳入对党员干部的教育管理之中，积极宣传典型人物和先进事例；要及时向有关部门通报党员、干部违反殡葬规定的情况，并协助有关部门依法纠正和查处党员干部尤其是领导干部去世后遗体违规土葬、乱埋乱葬、超标准建墓立碑等行为。

（二）完善奖补激励政策，开展多种形式宣传活动。各地民政、财政部门要在进一步完善以减免基本殡葬服务费用为主要内容的惠民殡葬政策基础上，推动建立节地生态安葬奖补制度，把树葬、格位存放等不占或少占地方式，以及土葬区遗体深埋不留坟头等生态葬法，纳入奖补范围；积极探索建立环保殡葬用品补贴制度，对带头推行无毒、可降解环保用品的殡葬服务单位或使用者亲属，给予适当奖励或补贴，推动环保殡葬用品的推广应用。各经营性公墓单位要积极承担社会责任，对采取生态安葬、使用可降解环保用品的使用者家属，在费用上给予适当减免。各地要坚持正确的舆论导向，把宣传引导工作贯穿于推行节地生态安葬工作始终，要将清明节重点宣传和日常宣传有机结合，充分利用各种媒体和传播手段，用群众喜闻乐见的方式，组织开展集中生态安葬和宣传进乡镇、社区等活动，深入宣传节地生态安葬的重大意义、法规政策和实践成果，凝聚全社会的思想认同。要在有条件的地方积极开展节地生态安葬示范活动，探索建立符合当地民俗特点的节地生态安葬模式，逐步形成可复制、可推广的有效模式，示范带动各县（市、区）逐步推行节地生态安葬。群众有意愿且有条件的地区，可为不保留骨灰者建立统一的纪念设施，利用重要传统节日组织开展祭奠活动，缅怀逝者、教育后人。

（三）落实规范化建设要求，加强公墓单位能力建设。各级民政部门要加强对公墓单位的监管与指导，督促公墓单位按照规范化、标准化建设要求，进一步加强基础设施建设，不断提高公墓单位的管理服务能力和水平，为推行节地生态安葬创造有利条件。各公墓单位要充分认识推动节地生态安葬对殡葬事业健康持续发展的重要作用，将推动节地生态安葬作为自身长远发展的有效载体，坚持以"绿色殡葬""人文殡葬""公益殡葬"为导向，不断完善墓园建设，美化园区环境，规范服务管理，推动自身提档升级；要积极依托大专院校和示范性公墓机构，加强专业服务人才培养，落实定期培训制度，切实提升职工生态文明素养和服务能力。

各地要根据本意见要求，结合实际，研究制定落实措施。民政厅会同有关部门组成督查组，适时对各地贯彻执行情况进行督查指导。

陕西省民政厅　陕西省发展和改革委员会　陕西省科技厅
陕西省财政厅　陕西省国土资源厅　陕西省环境保护厅
陕西省住房和城乡建设厅　陕西省农业厅　陕西省林业厅
2016 年 7 月 20 日

关于印发《陕西省经营性公墓审批办法》的通知

（陕民发〔2018〕14号）

各设区市、杨凌示范区、西咸新区、韩城市、神木县、府谷县民政局（社会事业局、人社民政局）、发改委、国土资源局、环保局、住建委、林业局、工商行政管理局：

现将《陕西省经营性公墓审批办法》印发你们，请遵照执行。

陕西省民政厅　陕西省发展和改革委员会

陕西省国土资源厅　陕西省环境保护厅

陕西省住房和城乡建设厅　陕西省林业厅

陕西省工商行政管理局

2018年3月20日

陕西省经营性公墓审批办法

为加强经营性公墓审批管理，根据《殡葬管理条例》《公墓管理暂行办法》和《陕西省殡葬管理办法》等法规规章，结合我省实际，制定本办法。

第一条　本办法所称经营性公墓，是指经依法批准设立的用于集中安葬骨灰（遗体）的公共殡葬服务设施，包括骨灰墓穴公墓、骨灰树葬公墓、骨灰格位公墓等。本办法适合经营性公墓的新建和扩建。

国家对烈士公墓等另有规定的，依照其规定。

第二条　经营性公墓建设实行总量控制。省级民政部门按照供需平衡、持续运行的原则，根据地方经济社会发展水平和殡葬实际需求等因素，编制全省公墓建设规划。

第三条　省、市、县（含县级市、区，下同）民政部门负责本行政区域的经营性公墓管理工作。

第四条　建立经营性公墓，应由筹建单位向县级以上民政部门提出申请，经同级人民政府初审同意，报上一级民政部门审核同意后，报省级民政部门审批。

任何单位和个人未经批准前一律不得擅自兴建经营性公墓，也不得将公益性公墓变更为经营性公墓。

第五条　经营性公墓建设单位在筹建前应向县级以上民政部门提出筹建预审书面申请，核准后方可开展筹备工作。

第六条　对符合下列条件的，县级以上民政部门公示后，报经同级人民政府同意，方可通过预审。

（一）符合《全省公墓建设规划》的；

（二）墓地选址符合城乡规划和土地利用规划的；

（三）省级民政部门下发启动公墓建设意见的；

（四）当地殡仪馆和城市公益性公墓已建成的。

第七条　申请批建时，建墓单位应依法取得发改、国土、建设、环保、林业等部门相关手续，并向县级以上民政部门提交下列材料：

（一）建立经营性公墓申请；

（二）可行性研究报告；

（三）县级以上人民政府预审意见；

（四）建设用地规划许可，使用土地和林地等审批手续；

（五）建设项目环境影响评价批复文件；

（六）建设项目社会稳定风险评估意见；

（七）涉及文物保护的，提交文物部门的批准文件；

（八）公墓总体规划图和详细规划图；

（九）建墓单位法定代表人身份证复印件；

（十）银行验资报告（建墓单位自有资金不低于首期建设总投资）；

（十一）30%的墓位用于公益事业、提供各类资料真实性和依法依规建设的书面承诺。

第八条　经批准建立的经营性公墓，应在批准建设之日起两年内完成建设。逾期未建成的，应当重新报批。

第九条　经营性公墓用地应当以出让方式取得。

第十条　公墓建设单位应按照公墓建设标准规范有关要求，葬式葬法应体现绿色、生态、节地原则，禁止建设家族、宗族、活人墓和豪华墓。

第十一条　经营性公墓建成后，建墓单位向县级以上民政部门提出验收申请，逐级报经省级民政部门组织验收，验收合格后，由省级民政部门发给《陕西省公墓经营许可证》，方可开展公墓经营服务。

第十二条　建墓单位申请经营许可时应提供以下资料：

（一）办理《陕西省公墓经营许可证》的请示；

（二）公墓建设情况报告（附建设规划图和建成后现场图片）；

（三）公墓土地证复印件；

（四）公墓对外销售和内部管理有关文件复印件；

（五）营业执照复印件；

（六）护墓费专用账户信息；

（七）公墓法定代表人身份证复印件。

第十三条　公墓经营许可事项（如名称、法定代表人）发生变化时，公墓单位应当逐级向原审批机关申请，依法办理变更手续。

第十四条　未经批准擅自兴建经营性公墓的，按照《殡葬管理条例》，由当地民政部门联合国土、建设、环保、林业、工商等部门依法予以取缔，责令恢复原状，没收违法所得，可以并处违法所得1倍以上3倍以下的罚款，并向社会发布公告。

第十五条　经营性公墓未经批准擅自跨行政区域设立办事处或销售点的，由设点经营地民政部门会同履行工商行政管理职责的部门进行依法查处。

第十六条　工作人员在经营性公墓审批工作中有下列情形之一的，由其所在单位或者上级主管部门按照《行政许可法》有关规定处理。

（一）违反经营性公墓建设规划审批建立公墓的；

（二）对公墓违法行为不依法查处的；

（三）利用职权为他人谋取不正当利益，或者参与公墓运营活动获取利益的；

（四）有其他违法行为的。

第十七条　建墓单位申请人有下列行为之一的，按照《行政许可法》有关规定处理。构成犯罪的，依法追究刑事责任：

（一）涂改、倒卖、出租、出借行政许可证件，或者以其他形式非法转让行政许可的；

（二）超越行政许可范围进行活动的；

（三）申请人隐瞒有关情况或者提供虚假申请材料；

（四）向负责监督检查的行政机关隐瞒有关情况、提供虚假材料或者拒绝提供反映其活动情况的真实材料的；

（五）法律、法规、规章规定的其他违法行为。

第十八条　本办法自发布之日起施行，有效期5年。

陕西省民政厅关于进一步规范公墓审批监管工作的通知

（陕民发〔2022〕10号）

各设区市、杨凌示范区民政局，韩城市民政局：

为贯彻落实国务院《关于深化"证照分离"改革进一步激发市场主体发展活力的通知》（国发〔2021〕7号）和《民政部关于深化"放管服"改革进一步规范经营性公墓审批监管工作的通知》（民发〔2021〕58号）要求，进一步优化建设经营性公墓审批服务，强化事中事后监管，构建以公益性为主体、营利性为补充、节地生态为导向的安葬服务格局，结合全省实际，现就公墓审批改革有关事项通知如下。

一、科学合理布局

建设公墓要严格按照国务院《殡葬管理条例》《陕西省殡葬管理办法》《陕西省经营性公墓审批办法》以及民政部等八部委《关于进一步规范和加强公墓建设管理的通知》（民发〔2008〕203号）、中共陕西省委办公厅、陕西省人民政府办公厅关于印发《党员干部带头推动殡葬改革的实施意见》的通知（陕办发〔2014〕12号）、《陕西省人民政府关于推进城乡殡葬改革和公益性公墓建设的意见》（陕政发〔2012〕28号）等法规政策有关规定，严格按照"每个市、县、区至少要建一个城市公益性公墓""每个县（市、区）原则上只允许建1个经营性公墓""从严控制经营性公墓数量，对没有经营性公墓的县区，在建成殡仪馆、城市公益性公墓的前提下，原则上批建一个经营性公墓，满足群众不同层次安葬需求""1个行政村可以兴建1处公益性骨灰楼（堂）或遗体公墓，也可以采取一村或相邻几个村联办的方式"等规定，认真制定包括城乡公益性公墓（骨灰堂）在内的殡葬设施规划，严格依据全省公墓建设规划和相关条件、程序审批建设经营性公墓和城市公益性公墓。因为城市人口多、现有公墓保障能力不足，确需调整公墓建设规划的，应报省民政厅统筹确定。

二、明确职责权限

根据国务院、民政部有关要求，从即日起，将经营性公墓和城市公益性公墓审批权由省民政厅下放至设区的市级民政部门（西咸新区、杨凌区、韩城市分别由西安、咸阳和渭南市负责），设区的市级民政部门按照《陕西省经营性公墓审批办法》和公墓建设规划开展审批工作，审批结果报省民政厅备案。各级民政部门要切实履行审批监管责任，县级民政部门负责与本级相关部门沟通协调，指导建墓单位办理相关手续；负责检查和核验相关手续的完整性、合法性；负责全程监管公墓建设，发现问题及时要求整改或与有关部门沟通共同解决，重要问题及时报上级部门处置；负责组织有关部门共同实施本级验收；对公墓的经营管理负属地监管责任，负责组织公墓年检初检和日常监管。市级民政部门依据有关规定，按照程序、标准及相关要求开展审批工作，审批结果及时向省民政厅报备；负责对公墓建设实施随机监管，发现问题及时处理反映；负责公墓建设验收并核发《陕西省公墓经营许可证》；对公墓的经营管理负主要监管责任，及时查处发现和反映的问题，负责组织公墓年检。省级民政部门负责指导市级民政部门依法依规审批；负责协调解决市县两级审批服务中遇到的问题；负责审查报备情况，发现问题督导市级民政部门及时纠正；负责随机抽查和督导公墓建设、经营、管理和年检等工作；负责统一印制《陕西省公墓经营许可证》，指导市级民政部门规范使用；负责制定公墓审批、监管等方面的制度规定。

农村公益性公墓建设审批权限不变。农村设置公益性墓地或公益性骨灰存放处应经乡（镇）人民政府审核同意，报县级人民政府民政部门批准。

三、规范审批事项

（一）公墓变更许可事项审批。公墓经营单位名称、法定代表人、面积、墓穴数量、地址（指因行政区划调整原地址名称发生变化的）等行政许可事项发生变化时，应向民政部门提出变更申请（申请中承诺经营主体未发生变化），经县级民政部门审核，报市级民政部门审批。公墓单位凭市级民政部门批复和新核发的《陕西省公墓经营许可证》，向市场监管部门办理变更登记。

（二）公墓经营主体变更审批。依据《中华人民共和国行政许可法》的相关规定，由原经营主体提出注销《陕西省公墓经营许可证》申请，同时由拟变更的公墓经营主体向县级民政部门提出经营许可申请，经本级人民政府审核同意后，由县级民政部门报市级民政部门审批。鉴于现阶段殡葬政策法规中未明确规定经营单位需满足的资质条件，将《中华人民共和国企业法人登记管理条例》中规定的企业法人应当具备的条件作为变更经营主体的必要条件，依此审核新的经营主体资质。同时，拟变更的公墓经营主体要向民政部门提交社会信用、用地等主要指标未发生变化、对原单位工作人员及债权债务妥善处置等证明材料。变更经营主体同时涉及名称、法定代表人变更的，一并提出变更申请。报经市级民政部门批准后，持批准文件到相关部门办理不动产变更登记或转移登记、公墓名称变更登记，以上变更获准后予以核发《陕西省公墓经营许可证》，并向省民政厅备案。

（三）公墓跨区设点销售审批。公墓在异地设立办事处或销售点，必须报经公墓所在地的民政部门同意，经市级民政部门批准，申请人持市级民政部门批文和本单位《陕西省公墓经营许可证》（复印件）向设点经营地市场监管部门申请办理相关手续和向当地民政部门备案后方可经营。公墓经营活动接受当地民政、市场监管部门的监督管理。

（四）做好审批接续工作。一是做好在建公墓经营许可审批。目前，省民政厅已经批准的经营性公墓还有18个在建，各地民政局要加强督导，加快建设进度，建成后由经营主体按要求申请对外经营许可，经市级民政部门组织有关部门验收合格，批准对外经营，核发《陕西省公墓经营许可证》。二是做好补正资料公墓审批。省民政厅已经对西户殡仪馆鄠邑公墓下发审批资料补正通知，目前正在完善资料之中，后续审批工作转由西安市民政局负责。三是做好批准建设城市公益性公墓经营许可。目前，全省审批和以奖代补资助城市公益性公墓80个，建成取得经营许可证18个，其余62个均未取得经营许可证，各级民政部门要高度重视，根据实际情况，分类施策，加大工作力度，加快建设进度，公墓建成资料完善一个审批经营许可一个，补齐公益性安葬设施供给不足短板，保障人民群众基本安葬需求。

四、完善配套措施

公墓审批权限下放后，各地要按照公益性为主体、营利性为补充、节地生态为导向的原则，审慎开展经营性公墓审批工作，做到未纳入省级公墓建设规划的不予审批、县（市、区）未建设殡仪馆和公益性公墓的不予审批。各地政府要切实履行对群众基本安葬需求兜底保障的主体责任，大力推进安葬服务供给侧改革，根据实际制定完善以格位存放、树葬、海葬、深埋不留坟头等节地生态葬式为主要安葬方式的公益性安葬（放）设施数量和布局规划，高标准建设，人性化服务，规范化运营，进一步保障群众基本安葬需求。在有效保障公益性基本安葬服务的前提下，依照规划稳妥审慎审批建设经营性公墓，形成差序互补格局。探索建立经营性公墓履行社会责任有效机制和办法。省厅将尽快完善殡葬管理服务信息系统，制定完善经营性公墓（包括公益性公墓）电子许可证件有关标准、规范和样式，逐步实现审批全程网上办理。各地要配合省厅全面推动殡葬信息化建设，并在2022年底前全部实现公墓经营许可证电子化的目标要求。要密切部门协作，加强与相关部门在公墓立项、土地使用、环境评价、工程规划、竣工验收、社会稳定风险评估等各环节的信息共享和工作衔接。

五、加强组织监管

实施公墓审批事项改革，是落实党中央、国务院重大决策部署，深化"放管服"改革、优化营商环境的重要举措，对于维护市场主体和人民群众合法权益、促进殡葬业健康良性发展意义重大。各地要落实政府领导责任和主体责任，按照"谁审批、谁监管，谁主管、谁监管"原则，科学规划、规范审批、严格监管，切实履行监管职责，严防公墓项目一哄而上、一批了之，严禁"以批代管""只批不管""不批不管"甚至出现监管真空。要按照审批监管权责相统一原则，依法对审批的经营性公墓实施建设运营全过程监管，压实殡葬服务企业主体责任。依法依规严肃查处未批先建、擅自修改规划、扩大用地面积、超标准建墓、违规销售等行为。对不按规定审批、不履行监管责任的，将依法追究审批机关及相关责任人的法律责任。要强化事中事后监管，建立县级民政等相关部门公墓建设（经营）联合监管、市级民政部门年度检查和监管、省级民政部门"双随机、一公开"监管等机制，形成"三位一体"的监管网络，实现日常抽查、年度检查与专项整治相结合，依照有关规定及时将违法责任企业及相关人员纳入行业禁入范围，逐步完善违法违规行为处罚机制和措施。支持行业协会提升自律水平，鼓励多渠道社会监督，健全多元共治、互为支撑的协同监管格局。

公墓审批权限下放改革推进工作中遇到的重大问题，应及时向当地党委和政府请示报告，并同时向省民政厅报告。

附件：全省经营性公墓和城市公益性公墓规划（略）

陕西省民政厅

2022年3月2日

关于印发《全省扶残助困、公民婚育和
公民身后"一件事一次办"集成改革
工作实施方案》的通知

（陕民发〔2022〕124 号）

各设区市、杨凌示范区、韩城市民政局、公安局、人力资源和社会保障局、住房公积金管理中心（分中心）、卫生健康委、医疗保障局、残疾人联合会、行政审批服务局，各有关单位：

现将《全省扶残助困、公民婚育和公民身后"一件事一次办"集成改革工作实施方案》印发给你们，请认真贯彻执行。

陕西省民政厅　　陕西省公安厅

陕西省人力资源和社会保障厅　　陕西省住房和城乡建设厅

陕西省卫生健康委员会　　陕西省医疗保障局

陕西省残疾人联合会　　陕西省政务大数据服务中心

2022 年 12 月 16 日

全省扶残助困、公民婚育和公民身后"一件事一次办"
集成改革工作实施方案

为深入贯彻《国务院办公厅关于加快推进"一件事一次办"打造政务服务升级版的指导意见》（国办发〔2022〕32 号），根据省政府"一件事一次办"集成改革专题会议要求，现制定扶残助困、公民婚育和公民身后"一件事一次办"集成改革工作实施方案。

一、总体要求

以习近平新时代中国特色社会主义思想为指导，坚持以人民为中心的发展思想，牢固树立和践行新发展理念，加快推动政务服务从政府部门供给导向向群众需求导向转变，将残疾人证新办、困难残疾人生活补贴和重度残疾人护理补贴资格认定、低保、特困等困难群众医疗救助、城乡居民基本养老保险补助；内地居民婚姻登记、户口登记项目变更（婚姻状况变更更正）、户口迁移（夫妻投靠）、生育登记；死者家属（或委托人）办理死亡医学证明书、非正常死亡证明、火化证、参保人员个人账户一次性支取（基本医疗保险）、城乡居民养老保险个人账户一次性待遇及丧葬费申领、城镇职工基本养老保险个人账户一次性待遇申领、城镇职工基本养老保险一次性抚恤金及丧葬费申领、住房公积金死亡提取、机动车驾驶证注销、死亡注销户口、宣告死亡、宣告失踪人员办理户口注销等 19 项政务服务事项，按照"循序渐进、先易后难"原则，通过整合部门资源、精简办事材料、再造审批流程、同步共享数据、加强内部协同等改革措施，打造全省公民婚育"一件事一次办"主题集成服务，进一步增强群众获得感、幸福感。

二、实施方式

（一）办理内容。

扶残助困：为符合办理条件的群众提供残疾人证新办、困难残疾人生活补贴和重度残疾人护理补贴资格认定、低保、特困等困难群众医疗救助、城乡居民基本养老保险补助的一次集成办理。其中，群众首先提交残疾人证新办申请，省通用审批系统受理申请材料，残联业务人员需进入省通用审批系统取用群众申请材料，并在全国残联信息化服务平台进行二次录入，完成办证。

公民婚育：为符合办理条件的群众提供内地居民婚姻登记、户口登记项目变更（婚姻状况变更更正）、户口迁移（夫妻投靠）、生育登记服务的一次集成办理、多证联发。

公民身后：逝者为陕西省内户籍，去世后火化的，继承人或受赠人可按需选择办理参保人员个人账户一次性支取（基本医疗保险）、城乡居民养老保险个人账户一次性待遇及丧葬费申领、城镇职工基本养老保险个人账户一次性待遇申领、城镇职工基本养老保险一次性抚恤金及丧葬费申领、住房公积金死亡提取、机动车驾驶证注销、死亡注销户口、宣告死亡、宣告失踪人员办理户口注销等事项，填写"一张表单"，提交"一套材料"，为逝者办理公民身后一件事。

（二）办理方式。申请人依托陕西政务服务网 PC 端或"秦务员 APP"申请联办，通过扶残助困、公民婚育和公民身后"一件事一次办"专区，采用"智能导引、一次告知、一表申请、一套材料、一窗（端）受理、一网办理、证照免交、信息预填"等智能化方式集成服务，实现"网上办"。线下在各级政务服务中心开设扶残助困和公民身后"一件事一次办"窗口，开展一站式受理服务。

（三）工作进度。11 月 25 日前，关联业务调研论证，确定推进路线（已完成）；11 月 30 日前，厘清联办业务逻辑，进行清单梳理（已完成）；12 月 20 日前，梳理相关业务事项，完成系统对接（正在进行）。年底前完成专栏设置测试、正式上线运行。

三、重点任务

（一）精简审批材料。

扶残助困：整合残疾人证新办、困难残疾人生活补贴和重度残疾人护理补贴资格认定、低保、特困等困难群众医疗救助、城乡居民基本养老保险补助等四项业务有关的申请表单和申请材料。申请表由原来的 3 张整合为 1 张《陕西省扶残助困"一件事"申请表》（附件 1）。通过数据共享和电子表单应用，办理不同事项所需的相同材料免于提交，有电子表单的不再要求提供纸质材料。

公民婚育：整合内地居民婚姻登记、户口登记项目变更、户口迁移、生育登记等四项业务有关的申请表单和申请材料。申请表由原来的 4 张整合为 1 张《陕西省公民婚育"一件事"申请表》（附件 3）。通过数据共享和电子证照应用，办理不同事项所需的相同材料免于提交，有电子证照的不再要求提供纸质材料，减少所需材料 14 项。

公民身后：整合陕西省内户籍死亡人员，办理死亡医学证明书、非正常死亡证明、火化证、参保人员个人账户一次性支取（基本医疗保险）、城乡居民养老保险个人账户一次性待遇及丧葬费申领、城镇职工基本养老保险个人账户一次性待遇申领、城镇职工基本养老保险一次性抚恤金及丧葬费申领、住房公积金死亡提取、机动车驾驶证注销、死亡注销户口、宣告死亡、宣告失踪人员办理户口注销等 11 项业务有关申请表单和材料。申请表由原来的 3 张整合为 1 张《陕西省公民身后"一件事"申请表》（附件 5）。通过数据共享和电子证照应用，办理不同事项所需的相同材料免于提交，有电子证照的不再要求提供纸质材料。

（二）优化办事流程。建立跨部门联动确认机制，明确各部门职责分工，制定《陕西省扶残助困、公民婚育和公民身后"一件事一次办"业务办理流程》（附件 2、4、6），强化民政、公安、人社、住建、卫健、医保、残联等部门业务协同，对围绕扶残助困、公民婚育和公民身后需要办理的政务服务事项统一受理、集成办理，实现申请材料"一次提交，多次复用"。前置事项办理结果作为下一事项和以后事项办理的材料，减少申请人必须参与的审批环节。对于审批过程中涉及的难以通过技术手段实现精简流程、精简材料的，相关部门应积极推进"告知承诺制"实施应用，加快服务型政府转型。

（三）开发扶残助困、公民婚育和公民身后"一件事一次办"信息系统。基于省级一体化政务服务平台应用支撑服务，建设完善全省统一的"一件事一次办"信息系统扶残助困、公民婚育和公民身后"一件事一次办"功能模块，制定信息系统间数据对接和业务协同的接口规范和数据标准，通过与民政、公安、人社、住建、卫健、医保、残联的相关信息系统对接，实现数据共享和业务协同。形成通过扶残助困、公民婚育和公民身后"一件事一次办"信息系统统一收件、分发，各业务经办系统串并联办理的审批模式。民政、公安、人社、住建、卫健、医保、残联等部门做好业务垂管线的数据实时流转，督促各地实施单位按需与省级一体化政务服务平台做好数据对接。

（四）强化电子证照和电子印章应用。对扶残助困、公民婚育和公民身后"一件事一次办"办理过程中所需的残疾人证、结（离）婚证、居民身份证、居民户口簿、陕西省居住证、火化证等信息，由省政务大数据服务中心做好电子证照归集应用、电子印章开发应用，残疾人证、结（离）婚证、居民身份证、居民户口簿、陕西省居住证、火化证等信息能及时推送至民政、公安、人社、住建、卫健、医保、残联等部门。

（五）部门及地方业务系统改造升级。省级相关部门和各地市相关部门根据扶残助困、公民婚育和公民身后"一件事一次办"技术方案需求，对本部门本地方相关业务审批（确认）系统、统一受理平台、电子证照系统、电子印章系统进行适应性升级改造，协同数据归集共享以及整体集成联调工作，为扶残助困、公民婚育和公民身后"一件事一次办"服务的开展提供系统支撑。

四、保障措施

（一）强化组织领导。建立工作协调机制，在省长和分管副省长的统筹领导下，按照"一事一组"原则，成立扶残助困、公民婚育和公民身后三个"一件事一次办"集成改革工作推进组，省民政厅主要负责同志担任三个工作推进组组长，其他相关部门主管领导担任副组长，相关处室负责人为成员。各地根据业务线条，明确专人加强协调，深化省市上下联动，全面推进扶残助困、公民婚育和公民身后"一件事一次办"事项。

（二）明确责任分工。省民政厅牵头推进扶残助困、公民婚育和公民身后"一件事一次办"工作，负责困难残疾人生活补贴和重度残疾人护理补贴资格认证、内地居民婚姻登记、火化证出具事项；省公安厅负责户口登记项目变更（婚姻状况变更更正）、户口迁移（夫妻投靠）、出具死亡证明（非正常死亡）、注销驾驶证和死亡、宣告死亡、宣告失踪人员办理户口注销事项；省卫健委负责生育登记、出具死亡证明（正常死亡）事项，省人社厅负责城乡居民养老保险的低保、特困、返贫致贫人口等缴费困难群体城乡居民基本养老保险补助，个人账户一次性支取（养老保险）、遗属待遇申领事项；省住建厅负责指导推进住房公积金提取（死亡）事项；省医保局负责低保、特困、孤儿和事实无人抚养儿童等困难群众医疗救助，参保人员个人账户一次性支取（基本医疗保险）事项；省残联负责残疾人证办理事项；省政务大数据服务中心按照工作方案编制总体技术解决方案，开发扶残助困、公民婚育和公民身后"一件事一次办"信息系统，协调制定扶残助困、公民婚育和公民身后"一件事一次办"相关技术规范和标准。各关联厅局将本部门业务系统与扶残助困、公民婚育和公民身后"一件事一次办"信息系统对接实现数据共享和业务协同。各部门要对所涉事项从业务、技术等多个方面明确职责，细化任务，制定计划，有序推进。

（三）加强运营推广。开展扶残助困、公民婚育和公民身后"一件事一次办"运营有关工作，加强服务推广，通过发送调查问卷、收集意见建议等方式及时了解群众对扶残助困、公民婚育和公民身后"一件事一次办"服务意见和建议，根据意见建议开展功能、流程、内容的持续优化迭代升级相关工作，不断优化提升扶残助困、公民婚育和公民身后"一件事一次办"服务便捷性和体验度。

    附件：1. 陕西省扶残助困"一件事"申请表（略）
        2. 陕西省扶残助困"一件事一次办"业务办理流程（略）
        3. 陕西省公民婚育"一件事"申请表（略）
        4. 陕西省公民婚育"一件事一次办"业务办理流程（略）
        5. 陕西省公民身后"一件事"申请表（略）
        6. 陕西省公民身后"一件事一次办"业务办理流程（略）

全省扶残助困、公民婚育和公民身后"一件事一次办"集成改革工作组关于印发《全省扶残助困、公民婚育和公民身后"一件事一次办"集成改革工作实施方案》的通知

（陕民发〔2022〕119号）

省公安厅、省人社厅、省住建厅、省卫生健康委、省医保局、省残联、省政务大数据服务中心：

    根据省政府"一件事一次办"集成改革专题会议要求，制定了《全省扶残助困、公民婚育和公民身后"一件事一次办"集成改革工作实施方案》，现印发你们，请按要求认真抓好落实。

陕西省扶残助困、公民婚育和公民身后
"一件事一次办"集成改革工作组（代章）
2022 年 11 月 24 日

全省扶残助困、公民婚育和公民身后"一件事一次办"集成改革工作实施方案

    为深入贯彻《国务院办公厅关于加快推进"一件事一次办"打造政务服务升级版的指导意见》（国办发〔2022〕32号），根据省政府"一件事一次办"集成改革专题会议要求，现制定扶残助困、公民婚育和公民身后"一件事一次办"集成改革工作实施方案。

一、目标任务

    坚持需求导向、系统集成、协同联动、信息共享的原则，围绕扶残助困、公民婚育和公民身后

涉及事项，在落实国办"一件事一次办"基础事项清单的基础上，将涉及扶残助困、公民婚育和公民身后事项办理过程中相关联的事项合理归集，一并办理。通过强化部门间业务协同、系统联通和数据共享，围绕业务流程、办理要素、申报方式、受理方式、联办机制、出件方式等进行优化，实现扶残助困、公民婚育和公民身后事项办理过程中相关联的事项"一次告知、一表申请、一套材料、一窗（端）受理、一网办理"，大幅度减少办事环节，申请材料、办理时间和跑动次数。2022年11月底前实现流程优化与再造，年底前完成部门间联调联通，正式上线运行。

二、组织领导

按照"一事一组"原则，成立扶残助困、公民婚育和公民身后三个"一件事一次办"集成改革工作推进组，研究解决工作中的疑难问题，确保按期完成目标任务。省民政厅主要负责同志担任三个工作推进组组长，其他相关部门主管领导担任副组长，相关处室负责人为成员。各部门根据工作任务和职责分工推动工作任务落实。

（一）扶残助困工作推进组（略）

（二）公民婚育工作推进组（略）

（三）公民身后工作推进组（略）

三个工作推进组办公室设在社会事务和殡葬管理处，承担小组日常工作，及时向推进组报告工作进展情况，提出工作建议，督促推进组工作会议确定事项的落实，承担推进组交办的其他事项。工作推进组办公室主任由彭立同志担任。为便于协调沟通，推进组各成员单位指定1名相关业务骨干担任联络员，负责本单位具体业务推进及与其他部门的协调工作。

三、工作职责

（一）扶残助困工作推进组

1. 省政务大数据服务中心：规划省一体化政务服务平台"一件事一次办"系统整体构架和服务专栏建设，统筹各相关部门业务系统与省·体化政务服务平台系统对接、数据流转和共享使用工作。配合做好事项标准化梳理、业务流程优化和办事指南编制。督促指导各市（区）大数据局、行政审批局积极推动改革工作。对工作中出现的新情况、新变化及时评估梳理、跟进研判，适时通报工作进展情况。

2. 省民政厅：负责将困难残疾人生活补贴和重度残疾人护理补贴资格认证，以及低保、特困、孤儿和事实无人抚养儿童等困难群众信息共享至省一体化政务服务平台，牵头组织事项标准化梳理、业务流程优化和办事指南编制。指导各市（区）民政部门按照全国残疾人两项补贴信息系统推送业务数据，进行困难残疾人生活补贴和重度残疾人护理补贴资格审定；履行告知义务，当事人办理低保、特困证后，告知当事人扶残助困"一件事"联办服务办理方式。

3. 省残联：负责将残疾人证信息共享至省一体化政务服务平台，完成残疾人证办理事项标准化梳理、业务流程优化和办事指南编制。指导各市（区）残联按照全国残疾人两项补贴信息系统推送相关业务数据，进行残疾人两项补贴申请材料审核，并在规定时限内推送至同级民政部门审定；履行告知义务，当事人办理残疾人证后，告知当事人扶残助困"一件事"联办服务办理方式。

4. 省医保局：负责低保、特困、孤儿和事实无人抚养儿童等困难群众医疗救助事项标准化梳理、业务流程优化和办事指南编制，统筹督导相关事项业务办理系统与省一体化政务服务平台的数据共享和对接联通。指导各市（区）医保部门做好业务对接和应用工作。

5. 省人力资源社会保障厅：负责对参加城乡居民养老保险的低保、特困、返贫致贫人口等缴费困难群体城乡居民基本养老保险补助事项标准化梳理、业务流程优化和办事指南编制，统筹督导相关事项业务办理系统与省一体化政务服务平台的数据共享和对接联通。指导各市（区）人力资源社会保障部门做好业务对接和应用工作。

（二）公民婚育工作推进组

1. 省政务大数据服务中心：规划省一体化政务服务平台"一件事一次办"系统整体构架和服务专栏建设，统筹各相关部门业务系统与省一体化政务服务平台系统对接、数据流转和共享使用工作。督促指导各市（区）大数据局、行政审批局积极推动改革工作。对工作中出现的新情况、新变化及时评估梳理、跟进研判，适时通报工作进展情况。

2. 省民政厅：负责将内地居民婚姻登记信息共享至省一体化政务服务平台，牵头组织事项标准化梳理、业务流程优化和办事指南编制。指导各市（区）婚姻登记处履行告知义务，当事人办理结（离）婚登记后，告知当事人公民婚育"一件事"联办服务办理方式。

3. 省公安厅：负责内地居民结婚登记中夫妻投靠及未成年子女户口登记项目变更、户口迁移事项标准化梳理、业务流程优化和办事指南编制，统筹督导相关事项业务办理系统与省一体化政务服务平台的数据共享和对接联通。指导各市（区）公安部门做好业务对接和应用工作。

4. 省卫生健康委员会：负责生育登记事项标准化梳理、业务流程优化和办事指南编制，统筹督导相关事项业务办理系统与省一体化政务服务平台的数据共享和对接联通。指导各市（区）卫生健康部门做好业务对接和应用工作。

（三）公民身后工作推进组

1. 省政务大数据服务中心：规划省一体化政务服务平台"一件事一次办"系统整体构架和服务专栏建设，统筹各相关部门业务系统与省一体化政务服务平台系统对接、数据流转和共享使用工作。督促指导各市（区）大数据局、行政审批局积极推动改革工作。对工作中出现的新情况、新变化及时评估梳理、跟进研判，适时通报工作进展情况。

2. 省民政厅：负责将火化证明信息共享至省一体化政务服务平台，牵头组织事项标准化梳理、业务流程优化和办事指南编制。指导各市（区）殡仪馆履行告知义务，逝者火化后，及时告知逝者家属或丧事委托办理人公民身后"一件事一次办"联办服务办理方式。

3. 省公安厅：负责公民身后出具死亡证明（非正常死亡）、注销驾驶证和死亡、宣告死亡办理户口注销相关事项标准化梳理、业务流程优化和办事指南编制，统筹督导相关事项业务办理系统与省一体化政务服务平台的数据共享和对接联通。指导各市（区）公安部门做好业务对接和应用工作。

4. 省人力资源和社会保障厅：负责公民身后个人账户一次性支取（养老保险）、遗属待遇申领事项标准化梳理、业务流程优化和办事指南编制，统筹督导相关事项业务办理系统与省一体化政务服务平台的数据共享和对接联通。指导各市（区）人力资源和社会保障部门做好业务对接和应用工作。

5. 省住房和城乡建设厅：负责公民身后住房公积金提取（死亡）事项标准化梳理、业务流程优化和办事指南编制，统筹督导相关事项业务办理系统与省一体化政务服务平台的数据共享和对接联通。指导各市（区）住房公积金管理中心（分中心）做好业务对接和应用工作。

6. 省卫生健康委员会：负责公民身后出具死亡证明（正常死亡）事项标准化梳理、业务流程优化和办事指南编制，统筹督导相关事项业务办理系统与省一体化政务服务平台的数据共享和对接联通。指导各市（区）卫生部门做好业务对接和应用工作。

7. 省医保局：负责公民身后参保人员个人账户一次性支取（基本医疗保险）事项标准化梳理、业务流程优化和办事指南编制，统筹督导相关事项业务办理系统与省一体化政务服务平台的数据共享和对接联通。指导各市（区）医保部门做好业务对接和应用工作。

8. 省残联：负责将死亡残疾人证注销信息共享至省一体化政务服务平台，完成死亡残疾人证注销事项标准化梳理、业务流程优化和办事指南编制。指导各市（区）残联做好业务对接和应用工作。

四、实施步骤

（一）确定推进路径（11月中旬前）。省民政厅会同省政务大数据服务中心，与扶残助困、公民婚育和公民身后"一件事一次办"集成改革工作相关省级部门对接协商，纳入事项清单，明确责任单位和具体任务，确定推进路径。

（二）完成清单梳理（11月底前）。省民政厅会同省政务大数据服务中心和相关省级部门，对确定纳入扶残助困、公民婚育和公民身后"一件事一次办"的事项清单进行梳理和流程再造优化，形成标准化工作规程，编制操作指南。

（三）完成系统对接（12月中旬前）。各责任单位完成与省"一件事一次办"集成改革平台联通对接，通过数据共享使用，实现流程交互、数据实时流转、相同材料免提交，各经办业务系统分办的业务流转模式。

（四）正式上线运行（12月底前）。完成扶残助困、公民婚育和公民身后"一件事一次办"集成改革平台联合调试，正式上线运行。完成事项办理标准化工作规程和办事指南的发布。

五、保障措施

（一）加强协同配合。按照省政府"一件事一次办"集成改革专题会议要求，建立推进组联席会议机制。由推进组组长定期召开协调推进会议，听取工作进展情况汇报，统筹协调、组织推进。各部门要高度重视集成改革工作，加强部门协同，按照工作职责和时间节点，推进本部门相关事项的改革任务。对于推进过程中遇到的问题，要及时协调沟通，合力解决。

（二）加强监督指导。各部门要加强对"一件事一次办"事项办理情况的跟踪评估，督导各下级业务部门按照要求开展业务办理工作。对工作推进不及时、工作落实不到位、群众反映问题突出的，给予通报批评，并限期整改。

（三）加强宣传引导。各部门要通过政府网站、政务新媒体、政务服务平台等及时发布政务服务"一件事一次办"相关信息，同时做好政策解读，不断提高社会知晓度，积极营造有利于推进"一件事一次办"的良好氛围。

附件：扶残助困、公民婚育和公民身后"一件事一次办"事项清单（略）

陕西省民政厅 陕西省自然资源厅关于做好殡葬设施规划建设 加快推进殡葬改革的指导意见

（陕民发〔2023〕41号）

各设区市民政局、自然资源局，杨凌示范区民政局、自然资源局，韩城市民政局、自然资源局：

为全面贯彻党的二十大精神，加快推进殡葬服务体系建设，加强殡葬服务设施建设用地保障，推动殡葬事业高质量发展，根据《中华人民共和国国民经济和社会发展第十四个五年规划和2035年远景目标纲要》《"十四五"时期社会服务设施兜底线工程实施方案》《"十四五"民政事业发展规划》和《陕西省"十四五"殡葬事业发展规划》，制定本指导意见。

一、充分认识加强殡葬服务设施规划建设的重要意义。殡葬改革事关发展大局，事关千家万户，事关群众切身利益，是中央一贯倡导的以节约土地、保护环境、移风易俗、减轻群众负担为宗旨的改革，与生态文明建设、精神文明建设、作风建设关系密切，是解决人口增长与资源环境矛盾、造福当代和子孙后代、促进经济社会可持续发展的迫切要求。殡葬服务设施是公共服务设施的重要组成部分，殡葬服务设施规划建设是推进基本殡葬服务设施补短板的重要支撑。全省各级民政、自然资源和规划部门要坚决贯彻落实习近平总书记关于殡葬工作的重要指示批示精神，从讲政治和谋全局的高度，更加深刻地认识和理解殡葬改革的重大意义，以高度的政治责任感、政治执行力，不折不扣推动党中央、国务院关于殡葬工作的决策部署落地生根，全力做好殡葬服务设施规划建设工作，为广大人民群众提供基本殡葬服务，实现"逝有所安"。

二、明确殡葬服务设施用地范围。殡葬服务设施用地是指殡仪馆（殡仪服务中心、殡仪服务站）、火葬场、骨灰存放处和陵园、墓地等用地。

三、组织编制殡葬服务设施专项规划。各市县民政部门应当组织编制殡葬服务设施专项规划，立足当地群众殡葬服务需求，着眼长远发展，制定和完善本区域殡仪馆、火葬场、骨灰堂、公墓、殡仪服务站等殡葬设施的数量、布局。合理布局殡葬服务资源，确保殡葬设施种类、数量、服务规模与当地群众殡葬服务需求相匹配、与殡葬改革推行相适应。各市自然资源部门要将殡葬服务设施专项规划的主要内容纳入国土空间规划，同步实施。

四、统筹落实殡葬服务设施布局。各市县在编制国土空间总体规划时应当依据当地《国民经济和社会发展第十四个五年规划》、《陕西省"十四五"殡葬事业发展规划》和《殡葬服务设施专项规划》等规划要求，合理安排殡葬设施用地，以专栏或重点项目附表的形式列入规划文本。同时，在编制详细规划时，传导落实国土空间总体规划和殡葬服务设施专项规划的相关要求，充分考虑殡葬服务设施数量、结构和布局需求，科学引导殡葬设施建设合理选址，预留殡葬设施建设用地空间。

五、规范殡葬服务设施用地供应。切实加强公益性公墓、殡仪馆等殡葬设施用地保障，殡葬设施建设用地要符合国土空间规划要求，在规划确定的建设用地区域内选址，优先利用存量建设用地和未利用地，严禁在法律法规禁止的区域内建设殡葬设施，不得违规擅自兴建。城市公益性公墓建设用地按照公益性事业用地划拨，农村公益性安葬设施的土地性质和用途不得改变。

六、强化殡葬服务设施用地服务和监管

各地自然资源、民政等部门要加强组织领导，密切沟通合作，加快推进殡葬服务设施规划建设和监督管理。要落实主体责任，完善工作流程，形成政府统一领导、部门密切合作的工作机制。编制规划时，相关主管部门要各负其责，落实殡葬设施建设规划。加强协调，各地自然资源、民政等主管部门要建立有效的沟通协调机制，发挥部门联动效应，共同做好殡葬服务设施规划建设管理工作。对于条件成熟的殡葬服务设施项目，要深化"放管服"改革，提高建设用地审批效率，纳入建设用地审批绿色通道，单独组卷，单独报批，即时受理，限时办结，做到项目快报快批，推动殡葬项目尽早落地。对于建设过程中出现的问题，研究制定政策措施，及时沟通、协调解决，确保殡葬服务设施建设项目顺利推进。各地自然资源部门要建立殡葬服务设施规划和用地协同监管机制，对殡葬设施用地会同民政部门开展供后综合监管。对存在违法用地的殡葬设施建设项目，民政部门应积极配合自然资源部门开展清理、整改和查处工作。加强与当地政府及有关部门的协调，及时解决在项目用地中存在的手续不全、社会保障费用落实不到位等问题。

各地在工作中要进一步做好细化落实工作，在实施中碰到问题要及时报告上级有关部门。

陕西省民政厅　陕西省自然资源厅

2023 年 6 月 1 日

● 甘肃省 ●

甘肃省民政厅　甘肃省公安厅　甘肃省卫生厅 关于印发《甘肃省重大自然灾害遇难人员 遗体处理暂行办法》的通知

各市（州）民政局、公安局、卫生局：

现将《甘肃省重大自然灾害遇难人员遗体处理暂行办法》印发你们，请遵照执行。

附件：甘肃省重大自然灾害遇难人员遗体处理暂行办法

甘肃省民政厅　甘肃省公安厅　甘肃省卫生厅
二〇一〇年十月十一日

甘肃省重大自然灾害遇难人员遗体处理暂行办法

第一条　为妥善及时处理重大自然灾害遇难人员遗体，预防灾区疫情发生与流行，保障灾区人民群众身体健康和公共卫生安全，维护灾区社会稳定，特制定本办法。

第二条　重大自然灾害为启动省级自然灾害应急二级以上响应、死亡人数50人以上的自然灾害。

第三条　重大自然灾害遇难人员遗体处理应妥善及时、程序规范、文明环保，处理过程中应尊重逝者尊严，尊重少数民族丧葬习俗。

第四条　重大自然灾害发生地人民政府应成立由民政、公安、卫生、防疫等单位及基层政府组成的遇难人员遗体处理领导小组，明确部门职责，协调处理遇难人员遗体。

第五条　遇难人员遗体一经发现，由公安机关协助有关部门按照有关程序做好死亡鉴定。卫生部门按照有关技术要求，指导进行清洗消毒处理。在医疗机构或临时救治点（含军队医院和医疗队）死亡的遇难人员，死亡鉴定、身份甄别及登记编号等工作由卫生部门负责。

第六条　重大自然灾害发生后，灾区各级民政部门应加强协调配合，充分调动当地殡葬服务资源，协调殡仪服务机构做好遇难人员遗体接运、保存、火化、骨灰存放等工作，并指导承担遇难人员遗体处理的殡仪服务机构建立遇难人员遗体处理备案制度和遗体处理信息报送制度。

第七条　遇难人员遗体处理应按照灾区丧葬习俗，进行火化或土葬处理；户籍非灾害发生地的遇难人员，遗体应当就近火化或土葬，或按照其亲属合理意愿进行处理。

第八条　遇难人员遗体处理一般按照就地就近原则，由灾害发生地殡仪服务机构承担；在火化任务较重或当地殡葬服务资源有限的情况下，由省级民政部门协调邻近县市殡仪服务机构分担。

伤病员在转移救治过程中死亡的，由救治地民政部门指定当地殡仪馆统一负责遗体火化工作。

第九条　能够确认身份、需火化的遇难人员遗体，由殡仪馆凭据死亡证明火化，死亡证明由进行死亡鉴定的公安或卫生部门出具。火化时，殡仪馆应严格遵守操作规程，尊重死者尊严，并做好安抚丧属工作。遗体经火化处理后，骨灰无人认领的，由殡仪馆按编号妥善保存。

第十条 不具备火化条件或按照当地习俗需土葬的，由民政部门牵头组织安葬在当地公墓内或当地政府划定的集中安葬区内。土葬遗体时，应按照公安或卫生部门的编号进行，保证墓穴、遗体、编号对应，并确保遗体排放整齐、一人一穴。

第十一条 遇难人员经确认是外国人的，遗体由民政部门协调有条件的殡仪馆妥善保存，并由中国殡葬协会国际运尸网络服务中心进行防腐处理。死者身份确认、通知、遗体运输等问题按照现行规定处理。

死者经确认是港澳台同胞或华侨的，参照上述规定办理。

第十二条 公安、卫生、民政等部门应免费为遇难人员进行遗体鉴别、处理等工作。期间所发生的费用按照实际支出从救灾应急资金中解决。

第十三条 本办法自发布之日起施行。

甘肃省殡葬管理办法

（2011 年 9 月 16 日甘肃省人民政府第 89 次常务会议审议通过 2011 年 9 月 22 日甘肃省人民政府令第 83 号公布 自 2011 年 11 月 1 日起施行）

第一章 总 则

第一条 为加强殡葬管理和服务，推进殡葬改革，建立殡葬救助保障制度，树立殡葬文明新风，根据国务院《殡葬管理条例》，结合本省实际，制定本办法。

第二条 本省行政区域内的殡葬活动及其管理适用本办法。

第三条 殡葬管理坚持积极地、有步骤地实行火葬、改革土葬、节约土地、保护环境的原则，提倡文明节俭办丧事。

第四条 县级以上人民政府应当将殡仪馆、骨灰堂、公墓等殡葬设施的建设和改造列入当地城乡建设规划和基本建设计划，建立完善殡葬救助保障制度和殡葬管理执法队伍，将殡葬管理工作经费纳入本级财政预算。

第五条 县级以上人民政府民政部门负责本行政区域内的殡葬管理工作。

发展改革、国土资源、建设、卫生、公安、交通运输、环境保护、宗教事务、工商行政管理等部门，按照各自职责做好殡葬管理工作。

第六条 各级人民政府应当对城市无生活来源、无劳动能力又无法定赡养、抚养或者扶养人员，农村五保供养对象，重点优抚对象以及其他特困人员提供基本殡葬免费服务。

第七条 县市区人民政府应当根据人口、交通、土地、设施配置和群众接受程度等因素，提出划分火葬区和土葬改革区的意见。市州人民政府根据县市区人民政府的意见，提出划定火葬和土葬改革区的方案，报省人民政府批准。

火葬区和土葬改革区每 5 年调整一次。

第八条 有关部门、单位和广播电视、报刊、网络等媒体应当采取多种形式，开展殡葬改革、移风易俗的宣传工作，倡导文明、环保、节俭办丧事的新风尚。

第二章 丧葬管理

第九条 公民在实行火葬的地区死亡后，应当就近实行火葬。在土葬改革区内，死者生前遗嘱或者死者家属要求火化的，他人不得干涉。

尊重少数民族丧葬习俗。

第十条 正常死亡的遗体火化，应当向殡仪馆提供医疗机构、公安机关、街道办事处或者村民委员会出具的死亡证明。殡仪馆依据死亡证明进行火化，出具火化证明，建立遗体火化档案。

非正常死亡和无名、无主的遗体火化，应当依据死亡所在地县级以上公安机关出具的死亡证明办理。

第十一条 死亡者的遗体应当及时火化。需要延期火化的，遗体存放殡仪馆的保存费用由申请延期的单位或者个人承担。

第十二条 推行和鼓励运用树葬、草坪葬、花葬、壁葬、骨灰存放、撒骨灰等绿色节地的方式处理骨灰。

申请骨灰寄存或者葬入公墓的，按照有关规定办理。

无名无主遗体火化后，2 年内无人认领的骨灰，由殡仪馆作深埋处理。

第十三条 土葬改革区内已建有公墓区、集中安葬区的，应当将遗体安葬在公墓区、集中安葬区。

第十四条 患传染病死亡人员的遗体，应当按照《中华人民共和国传染病防治法》和有关规定处理。

国（境）外人员在本省死亡的，其遗体按照国家有关规定处理。

重大自然灾害遇难人员遗体依照国家和本省有关规定处理。

第三章 公墓区和集中安葬区管理

第十五条 公墓建设应当选用荒山荒坡、非耕地或者不适宜耕种的贫瘠地和滩地建造。

在下列区域内禁止建造公墓：

（一）耕地、林地；

（二）公园、风景名胜区和文物保护区；

（三）水库、湖泊及河流堤坝附近和水源保护区；

（四）铁路、公路主干线两侧；

（五）通信光缆、天然气和输油输水设施两侧；

（六）其他法律法规禁止建造公墓的区域。

前款规定区域内现有的坟墓，除受国家保护的具有历史、艺术、科学价值的墓地予以保留外，应当限期迁移或者深埋，不留坟头。

第十六条 公墓内埋葬骨灰的，单穴墓占地面积不得超过 1 平方米，双穴墓不得超过 1.5 平方米；公墓内埋葬遗体的，单穴墓占地面积不得超过 6 平方米，双穴墓不得超过 8 平方米。

公墓绿化面积不得少于墓地面积的 30%。

第十七条 建设经营性公墓由建墓单位向县市区民政部门提出申请；民政部门应当举行听证会，听取社会各方意见，并经同级人民政府及市州民政部门审核同意后，报省民政部门批准。

申请建设经营性公墓应当提交下列材料：

（一）申请报告；

（二）可行性研究报告；

（三）土地使用证或者林地转换使用批件；

（四）建设用地规划许可证；

（五）公墓四至范围图、公墓平面设计图；

（六）其他有关材料。

经营性公墓的经营者应当按照规定提取不低于墓穴销售总额百分之十的资金，作为公墓维护管理费用，单立账户，专款专用。

第十八条 集中安葬区是为居住分散的行政村、自然村村民死亡提供骨灰或者遗体安葬的公用性墓地。

建立集中安葬区，应当由村民委员会与村民代表充分协商、共同选址，经乡镇人民政府审核同意后，由县级民政部门批准。

第十九条 集中安葬区面积应当根据行政村或者自然村人口数量、居住情况合理划定。

村民死亡后，应当进入公墓区、集中安葬区安葬。不愿意进入公墓区、集中安葬区安葬，可采取平地深埋不留坟头的葬法。

公益性墓地和集中安葬区不得从事经营性活动和提供他人进行牟利；公墓墓地、穴位和骨灰存放格位不得转让、传销和炒买炒卖，不得违规预售。

禁止在承包耕地埋葬遗体，禁止恢复宗族墓地，禁止新建家族墓地。

第四章 殡仪服务管理

第二十条 县级以上人民政府应当根据经济社会发展和人民群众需求，制定新建、改建、扩建殡仪服务设施的规划。

第二十一条 建设殡仪馆、火葬场等服务设施，由县级人民政府或者市州人民政府民政部门提出方案，报市州人民政府审批。

建设殡仪服务站、骨灰堂，由县市区人民政府和市州人民政府民政部门审批。

任何单位和个人不得擅自建设殡葬设施。

第二十二条 殡仪馆建设选址，应当在城区下风向，火化设施符合环境保护要求，并与居民聚居区保持合理距离；其他殡仪服务设施建设选址以方便群众祭奠活动为宜，服务设施和功能应当齐全。

第二十三条 殡仪馆的火化设备应当符合国家规定标准，禁止选用耗能高、污染大的火化设备。

遗体运输车辆应当符合国家规定的技术标准和相应的卫生条件。

第二十四条 殡仪馆应当严格遵守操作规程，妥善保管火化遗体，不得错化遗体或者丢失遗体及骨灰。

第二十五条 运输、冷藏、火化遗体和骨灰寄存等基本殡葬服务项目收费按照财政、物价部门核准的标准执行。其他殡葬服务项目应当明码标价，由丧属自愿选择。

第二十六条 经营性殡仪服务机构应当经当地民政部门审查同意后，并经工商行政管理部门依法登记，方可开展殡仪服务活动。

第二十七条 任何单位和个人不得在医疗机构设立祭奠场所。

第二十八条 殡葬行业特有工种人员，应当按照国家有关规定进行职业技能鉴定，并达到相应的技术技能。

第五章 丧事活动和丧葬用品管理

第二十九条 办理丧事活动不得妨碍社会公共秩序、危害公共安全、影响公共卫生，不得侵犯他人合法权益。

严格控制使用明火，禁止在城区街道抛撒冥币等不文明行为。禁止焚烧、摆放不易降解、污染环境的祭祀用品。

第三十条 单位和个人生产、销售丧葬用品，应当依法向工商行政管理注册登记、申领营业执照。

禁止生产、销售不文明、不健康、不环保的丧葬用品。

第六章　法律责任

第三十一条　违反本办法的行为，法律法规有规定的，依据有关法律法规进行处理。

第三十二条　拒绝、阻碍、侮辱、殴打殡葬管理人员依法执行公务的，由公安机关依法给予治安管理处罚；构成犯罪的，依法追究刑事责任。

第三十三条　国家机关工作人员滥用职权、玩忽职守、徇私舞弊，由所在单位或者主管部门给予行政处分；构成犯罪的，依法追究刑事责任。

第三十四条　殡葬管理和殡仪服务人员利用工作之便索要收受财物、刁难丧事承办人的，由所在单位或者上级主管部门给予处分；构成犯罪的，依法追究刑事责任。

第七章　附　　则

第三十五条　本办法自 2011 年 11 月 1 日起施行。2003 年 4 月 4 日省人民政府第 3 号令发布的《甘肃省殡葬管理办法》同时废止。

甘肃省民政厅关于印发《甘肃省经营性公墓许可听证办法》的通知

（甘民发〔2012〕24 号）

各市（州）民政局，甘肃矿区、东风场区民政局：

为规范经营性公墓管理工作，提高经营性公墓许可决策的民主性、科学性和透明度，根据《中华人民共和国行政许可法》和《甘肃省殡葬管理法》有关规定，我厅在试点和广泛征求意见的基础上，制定了《甘肃省经营性公墓许可听证办法》。现印发你们，请认真贯彻执行。

甘肃省经营性公墓许可听证办法

第一条　为规范经营性公墓许可听证活动，广泛听取群众意见，提高经营性公墓许可决策的民主性、科学性和透明度，根据《中华人民共和国行政许可法》、《甘肃省殡葬管理办法》，结合工作实际，制定本办法。

第二条　本办法适用于本省行政区域内经营性公墓的许可听证活动。

第三条　本办法所称经营性公墓许可听证，是指县级民政部门以听证会的形式，对经营性公墓建设公开听取群众意见，为行政许可决策提供依据的活动。

第四条　听证应坚持公开、公平、公正和便民的原则。

第五条　县级民政部门负责经营性公墓许可听证活动。

第六条　听证会举行前应制定听证会实施方案，内容包括听证事项、时间、地点、听证程序、听证参加人条件等。

第七条　听证会举行前 7 日，民政部门应将听证会召开时间、地点、内容向社会发布公告。并通知公墓申请单位和利害关系人，做好听证会参加人的报名工作。

第八条　听证会主持人由民政部门有关人员担任。

听证人由民政、土地、建设、环保、林业等部门参加人担任。省民政厅派员列席听证会。

第九条　申请人、利害关系人、听证参加人认为主持人与该行政许可项目有直接利害关系的，应当回避。

第十条　听证应设立双记录员。记录员由民政部门工作人员担任。记录员应真实、准确、全面记录发言人的观点和意见。

第十一条　民政部门在审查报名听证参加人时，应坚持广泛性、代表性、专业性原则。

第十二条　听证参加人一般为 15—20 人。根据需要可邀请人大代表、政协委员、民主党派人士、老干部、乡镇干部、社区干部和群众、相关专家和学者等代表参加听证会。

听证参加人应按时参加会议并遵守听证会纪律，因故不能按时参加听证会，应在听证会举行 5 日前告知民政部门。

第十三条　听证主持人应当履行下列职责：

（一）依照听证会方案和程序组织实施听证会议；

（二）中立、客观地听取听证参加人的陈述意见；

（三）就听证事项有关问题提问申请单位代表和陈述人；

（四）维护听证会秩序。

第十四条　听证参加人的权利和义务：

（一）可以向公墓申请单位、政府主管部门了解相关情况；

（二）客观地就听证事项发表意见、阐明理由；

（三）遵守听证会纪律。

第十五条　公民可凭有效证件按听证公告规定的时间向民政部门提出申请旁听。

第十六条　听证会开始前，由记录人员核实参加人身份及到会情况，并宣布听证会纪律。

第十七条　听证主持人宣布听证会正式开始。并按照下列程序进行：

（一）主持人告知听证参加人权利、义务；

（二）民政部门审查公墓的工作人员介绍经营性公墓建设审查审批的法规和政策；

（三）公墓申请单位代表介绍单位基本情况、公墓拟定名称、拟建地点、建设规模、用地来源、建设内容、规划设想、计划投资与效益分析、资金来源、建设年限、项目管理与保障措施、项目建成后服务模式等情况；

（四）国土资源部门、建设规划部门、环保部门以及林业部门代表介绍对公墓审查的依据、理由和意见；

（五）听证参加人发表意见，并向有关部门提出询问；

（六）民政、国土、建设、环保、林业等部门就有关听证参加人提出的问题进行答复和辩论；

（七）主持人总结发言；

（八）听证参加人审阅涉及本人发言的听证笔录无误后签字或者盖章。

第十八条　听证会结束后，民政部门应就听证会情况写出听证报告。听证报告包括下列内容：

（一）听证会的基本情况；

（二）听证会参加人对公墓建设的意见建议；

（三）综合听证会意见，对公墓建设提出结论。

第十九条　民政部门根据听证会结论，向同级人民政府提出公墓建设意见，经同级人民政府研究同意，逐级上报公墓建设材料。

第二十条　上报材料包括政府意见批文、听证会公告、听证会签到册、听证会记录、听证会报告、公墓建设应提交的其他材料等。

第二十一条　公墓申请单位采取不正当行为干扰听证人或听证参加人的，民政部门可中止听证会的举行，或取消其申请资格。

第二十二条　民政部门的工作人员在听证会的组织或者举行过程中，玩忽职守、滥用职权、徇私舞弊的，给予批评教育或行政处分。构成犯罪的，移交司法机关依法处理。

第二十三条　本办法由省民政厅负责解释。

第二十四条　本办法自发布之日起施行。

中共甘肃省委办公厅　甘肃省人民政府办公厅印发《关于党员干部带头推动殡葬改革的实施意见》的通知

（甘办发〔2014〕54号）

各市、州党委和人民政府，省委各部门，省级国家机关及各部门，省军区、武警甘肃省总队，各人民团体，中央在甘各单位：

《关于党员干部带头推动殡葬改革的实施意见》已经省委、省政府同意，现印发给你们，请结合实际认真贯彻执行。

中共甘肃省委办公厅

甘肃省人民政府办公厅

2014年5月15日

关于党员干部带头推动殡葬改革的实施意见

为贯彻落实《中共中央办公厅、国务院办公厅印发〈关于党员干部带头推动殡葬改革的意见〉的通知》（中办发〔2013〕23号，以下简称《意见》）精神，结合我省实际，现就党员、干部带头推动殡葬改革提出如下实施意见。

一、充分认识推动殡葬改革的重要意义

殡葬改革是破千年旧俗、树一代新风的社会改革，事关我国精神文明和生态文明建设，事关培育和弘扬社会主义核心价值观，事关广大人民群众的切身利益。自实行殡葬改革以来，在全省各级党委、政府的大力推动下，我省广大党员、干部带领群众积极实行火葬，改革土葬，革除丧葬陋俗，文明节俭办丧事，取得了明显成效。但数千年来形成的隆丧厚葬的传统习俗积重难返，入土为安的思想根深蒂固，殡葬改革工作仍然任重道远。近年来，一些丧葬陋俗死灰复燃，封建迷信活动重新活跃，殡葬工作中反映出一些不容忽视的问题：一些地方对殡葬改革的重要性缺乏足够认识，没有把殡葬工作摆上应有的位置；火葬区遗体火化率偏低，仅为11.4%，骨灰装棺再葬问题突出，土葬改革区乱埋乱葬、滥占耕地现象严重；少数党员、干部甚至个别领导干部利用丧事活动大操大办、借机敛财，热衷风水

迷信，修建豪华大墓，败坏了社会风气；地方殡葬公共服务投入普遍不足，殡葬服务设施落后，殡仪馆县市区覆盖率仅为23%，加之对选择性殡葬服务监管不够，造成殡葬商品和服务价格虚高，人民群众反映强烈。对于这些问题，必须高度重视、严肃对待，在深化殡葬改革中加以解决。

党员、干部是殡葬改革的重要先导和中坚力量。全省党员、干部特别是领导干部要站在对党和人民事业负责的高度，充分认识带头推动殡葬改革的重要性和紧迫性，认真学习、深刻领会《意见》精神，带头"简办丧事"、"实行火化"，把殡葬改革要求融入落实中央八项规定、省委"双十条"规定和改进工作作风之中，做殡葬改革的实践者、组织者和推动者。各级党委、政府要把思想认识和行动统一到《意见》精神上来，深入宣传，抓好贯彻落实，不断完善政策措施，动员党员、干部和广大群众参与殡葬改革，逐步形成党委政府引导，党员、干部带头，广大群众参与，全社会共同推动殡葬改革的良好局面。

二、充分发挥党员干部推动殡葬改革的带头作用

（一）带头移风易俗，倡导厚养薄葬。党员、干部应当带头文明治丧，简办丧事。除国家另有规定外，治丧事宜可由生前所在单位或社区、村（居）委会红白理事会协助办理，一般不成立治丧机构，不召开追悼会，不得在居民区、城区街道、公共场所搭建灵棚。举行遗体送别仪式的，要在殡仪馆或适当场所集中办理，严格控制规模。治丧力求节约简朴，可采用佩戴黑纱白花、播放哀乐、发放生平等方式哀悼逝者，自觉抵制迷信低俗活动。要以我省华夏文明传承创新区建设为契机，将规范治丧方式与培育先进习俗文化结合起来，传承和弘扬我省始祖文化、敦煌文化和黄河文化等优秀传统文化，注入厚养薄葬的文明元素，培育和践行社会主义核心价值观。副省级以上党员干部生平由省委组织部审核，可在《甘肃日报》刊登逝世消息和简要生平，广播、电视不作报道。地厅级党员干部生平由所在单位党组织负责撰写，家属、亲友配合并提供有关情况。对于逝者生前有丧事从简愿望或要求的，家属、亲友以及所在单位应当予以充分尊重和支持。

（二）带头实行火葬，倡导保护生态。在人口稠密、耕地较少、交通方便的火葬区，党员、干部去世后必须实行遗体火化，不得将骨灰装棺再葬，禁止将遗体运到土葬区安葬，严禁超标准建墓立碑。无论是在火葬区还是在土葬改革区，党员、干部应带头实行生态安葬，在耕地、林地，城市公园、风景名胜区、文物保护区、水库及河流堤坝附近，水源保护区，铁路、公路主干线两侧，居民住宅区严禁建墓立碑。倡导不保留骨灰、遗体深埋不留坟头，创新推广骨灰格位存放、树葬、花葬、草坪葬等节地生态葬法，逐步降低占地安葬比例，减少土地资源等消耗，弘扬"节约方寸地、留予子孙耕"的可贵精神。鼓励党员、干部去世后捐献器官或遗体。少数民族党员、干部去世后，尊重其民族习俗，按照民政部、国家民委、卫生部《关于国务院〈殡葬管理条例〉中尊重少数民族的丧葬习俗规定的解释》执行。

（三）带头低碳祭扫，倡导精神传承。党员、干部应当带头文明祭奠、低碳祭扫，采用敬献鲜花、植树绿化、踏青遥祭、追思忆情、经典诵读等方式缅怀故人，弘扬慎终追远等优秀传统文化。开展祭扫活动时，不得在林区、景区等禁火区域焚烧纸钱、燃放鞭炮。积极参与社区公祭、集体共祭、网络祭奠等现代追思活动，并依托我省革命烈士纪念设施和传统文化，定期组织公祭烈士、纪念先贤等活动，引领群众逐步从注重实地实物祭扫转移到以精神传承为主上来，树立文明丧葬新风尚。

（四）带头宣传殡葬，倡导新风正气。党员、干部要积极主动宣传殡葬改革，加强对亲属、朋友和周围群众的教育引导，劝阻不良治丧行为，自觉抵制陈规陋俗和封建迷信活动，倡导文明节俭办丧事新风正气。各级领导干部为亡故亲属办理丧事活动，应事前向本单位纪检监察、组织人事部门报告备案。要加强对直系亲属和身边工作人员丧事活动的约束，对不良倾向和苗头性问题，做到早提醒、早制止、早纠正，决不允许对违法违规殡葬行为听之任之甚至包庇纵容。对党员、干部及其直系亲属在丧事活动中大操大办、铺张浪费、借机收敛钱财、搞封建迷信活动和使用公款、公

物、公车的，要依法依纪追究责任。

三、切实强化推动殡葬改革的保障措施

（一）加强组织领导，强化部门协同。各级党委和政府要把党员、干部带头推动殡葬改革作为促进社会主义精神文明和生态文明建设、保障和改善民生、加强党风政风建设的重要内容，摆上议事日程。建立健全党委统一领导、政府全面负责、部门协同配合、社会广泛参与的工作机制，形成推动殡葬改革的合力。纪检监察部门要严肃查处党员、干部尤其是领导干部在办理丧事活动中的违纪行为。组织部门要注意掌握党员、干部治丧情况，加强教育管理。宣传、文明办等部门要做好殡葬改革宣传引导工作，将文明殡葬作为创建文明单位内容。民政部门要发挥殡葬改革主管部门作用，研究制定深化殡葬改革措施，加强行业管理和行业自律，提高殡葬服务质量。发展改革部门要做好殡葬设施建设项目立项等审批工作，配合做好殡葬专项规划编制工作。财政部门要加大对殡葬事业的投入，落实惠民殡葬和生态奖补政策经费。国土、建设、林业部门要及时审批符合规划的公墓用地，支持公益性公墓内造林绿化，依法查处非法占用土地、林地建墓行为。公安部门要依法查处办理丧事活动中违反治安管理的行为。卫生计生部门要加强对医疗机构的监管，规范医院死亡人员遗体处理程序，配合殡葬管理部门做好遗体管理和接运。工商行政管理部门要加强对殡葬用品市场的规范管理，坚决打击和查处非法经营、销售丧葬用品以及炒买炒卖墓穴（格位）的行为。物价部门要严肃查处殡葬服务单位擅自设立收费项目、擅自提高收费标准、不按规定公示和明码标价等违规行为。其他职能部门要依法做好相关工作。

（二）注重统筹规划，强化服务保障。各地要围绕"布局合理、设施完善、功能齐全、服务便捷"的总体要求，制定和完善殡葬事业发展规划，并纳入本地国民经济和社会发展总体规划。要立足本地群众治丧需求，依据服务人口、服务半径、交通与环境等情况，加紧制定殡葬设施建设规划，重点加大对殡仪馆、殡仪服务中心、公益性公墓及骨灰堂等基本殡葬服务设施建设运营的投入。要重点支持58个集中连片特困县区、少数民族地区殡葬基础设施更新改造。到"十二五"末，全省40万以上人口的县市区都要建立殡仪馆，40万以下人口的建立殡仪服务中心，各县市区至少建设1座公益性公墓，各乡镇根据人口、交通、地理和环境等情况统筹规划建立农村公益性公墓，村组根据村民居住情况合理建立农村集中安葬区，实现殡葬基本公共服务设施全覆盖，缩小城乡、地域之间殡葬设施建设等方面的差距。殡葬行业是特殊服务行业，要加强殡葬人才队伍建设，加大教育培训力度，提高殡葬服务技能，为推动殡葬事业发展提供人才支撑。

（三）完善惠民政策，强化激励引导。各地要认真贯彻《社会救助暂行办法》，按照"保基本、广覆盖、可持续"的新目标和分类指导、统筹兼顾的原则，加快完善惠民殡葬政策，落实遗体接运、存放、火化、骨灰寄存等基本殡葬服务费用减免措施，重点做好面向城乡低保对象、特困供养人员、重点优抚对象的基本殡葬服务。基本殡葬服务要实行标准化管理，严格实施接运消毒、冷藏保存、遗体火化、骨灰安放等环节的服务标准，提高基本殡葬服务专业化、规范化水平。有条件的地方，可进一步扩大惠民殡葬覆盖面，提高惠民殡葬补助标准。各地要出台生态安葬激励政策，鼓励和引导社会资金投向殡葬公益事业，通过政府购买服务、财政补贴等方式，对自愿选择花葬、树葬、草坪葬或骨灰撒散等生态节地葬法的，以及土葬区自愿火葬的居民，给予一定费用减免或补贴，殡葬服务单位应提供必要的服务。要对组织群众开展骨灰撒散活动的殡葬服务单位给予资金补助，引导群众树立殡葬新风尚。

（四）完善法规制度，强化政策宣传。根据《殡葬管理条例》修订情况，适时修订《甘肃省殡葬管理办法》，研究制定公墓管理、公益性公墓建设管理、殡葬监管执法等方面的规范性文件。要建立健全联合执法、综合治理长效机制，运用法律、行政等手段，大力惩治违反殡葬改革要求、扰乱殡葬服务市场秩序、侵害群众合法权益的行为。要按照政事分开、管办分离的原则，加快殡葬事业单位改

革，进一步明确具有基本殡葬服务功能的殡仪馆、骨灰堂、城乡公益性公墓的公益服务事业单位属性。各地要坚持日常舆论引导和清明节等重要时间节点集中宣传相结合，通过广播、电视、报刊、网络等宣传平台，以群众畅谈、公益宣传、网民互动、发放宣传单等多种形式，广泛开展殡葬法规政策宣传活动，大力宣传典型事迹，积极传播殡葬工作正能量；有效发挥舆论监督作用，曝光负面案例，形成有利于殡葬改革的良好氛围。工会、共青团、妇联等人民团体和基层党组织、村（居）委会以及红白理事会、老年人协会等社会组织要充分发挥作用，广泛动员群众积极参与殡葬改革。

各地各有关部门要按照本实施意见精神，结合实际制定落实措施。

甘肃省民政厅 甘肃省发展和改革委员会 甘肃省民族事务委员会 甘肃省公安厅 甘肃省财政厅 甘肃省国土资源厅 甘肃省环境保护厅 甘肃省住房和城乡建设厅 甘肃省林业厅 甘肃省地方税务局 甘肃省工商行政管理局关于印发《甘肃省公墓管理暂行办法》的通知

（甘民发〔2014〕83号）

各市（州）民政局、发改委、民委、公安局、财政局、国土局、环保局、建设局、林业局、地税局、工商局：

为加强公墓建设与管理，根据国务院《殡葬管理条例》、《甘肃省殡葬管理办法》、中共中央办公厅 国务院办公厅《关于党员干部带头推动殡葬改革的意见》（中办发〔2013〕23号）和中共甘肃省委办公厅 甘肃省人民政府办公厅《关于党员干部带头推动殡葬改革的实施意见》（甘办发〔2014〕54号）精神，省民政厅、发改委、民委、公安厅、财政厅、国土厅、环保厅、建设厅、林业厅、地税局、工商局联合制定了《甘肃省公墓管理暂行办法》，现印发给你们，请结合实际认真贯彻执行。

甘肃省民政厅 甘肃省发改委 甘肃省民委

甘肃省公安厅 甘肃省财政厅 甘肃省国土资源厅

甘肃省环保厅 甘肃省建设厅 甘肃省林业厅

甘肃省地税局 甘肃省工商局

2014年6月30日

甘肃省公墓管理暂行办法

第一章 总 则

第一条 为加强公墓建设，规范公墓管理，根据国务院《殡葬管理条例》、《甘肃省殡葬管理办法》和有关法律政策规定，结合本省实际，制定本暂行办法。

第二条   本暂行办法适用于甘肃省行政区域内公墓的建设、经营、管理和服务及相关活动。

第三条   本暂行办法所称公墓，是指经法定程序批准建设，用于集中安葬骨灰或遗体的公共服务设施。

第四条   公墓服务单位是指建设、管理或经营公墓的机构或组织。

第五条   公墓分公益性公墓和经营性公墓。

公益性公墓分城市公益性公墓、农村公益性公墓和集中安葬区。

（一）   城市公益性公墓是指县级人民政府为城镇居民提供安葬骨灰或遗体的非营利性墓地。

（二）   农村公益性公墓是指乡级人民政府为村民提供安葬骨灰或遗体的非营利性墓地。

（三）   农村集中安葬区是指村民委员会为本村或自然村村民提供安葬骨灰或遗体的公用性墓地。

经营性公墓是指公墓服务单位为城镇居民提供安葬骨灰或遗体，实行有偿服务的公共性墓地。

第六条   民政部门是本行政区域内公墓管理的主管部门。

发改、民委、公安、财政、国土、环保、建设、林业、地税、工商等部门应当按照各自职责，做好公墓的监督管理。

第七条   公墓服务单位收费按照《国家发改委 民政部关于进一步加强殡葬服务收费管理有关问题的指导意见》（发改价格〔2012〕673 号）和《甘肃省殡葬服务价格管理试行办法》等有关政策规定，严格执行价格主管部门核定的收费项目和标准。公益性公墓收费按照非营利并兼顾居民承受能力的原则核定。公益性公墓免征免收税收和有关费用。集中安葬区不收取费用。

第八条   公墓服务单位应按照民政部、国家档案局《关于印发〈殡葬服务单位业务档案管理办法〉的通知》（民发〔2011〕164 号）要求，建立安葬人员信息档案，使用省民政厅监制的公墓墓位证。

第二章   公墓规划与建设

第九条   公墓建设发展规划应当按照"布局合理、设施完善、功能齐全、服务便捷"的总体要求，以及服务人口、服务半径、交通与环境等情况制定，并纳入当地土地利用总体规划、城乡规划。公墓建设应以节约土地资源、保障和满足公民服务需求为原则。

第十条   县级民政部门应当会同当地发改、国土、建设、林业等部门，制定本地公墓发展规划，经县级人民政府批准后，报市州和省级民政部门备案。

第十一条   公益性公墓建设用地，由当地人民政府以划拨方式提供。经营性公墓建设用地通过出让方式提供。

第十二条   地方人民政府应给具有土葬习俗的少数民族划拨公墓用地，建设少数民族公益性公墓。

第十三条   下列区域内禁止建造公墓：

（一）   耕地、除宜林地以外的林地；

（二）   公园、风景名胜区和文物保护区 1000 米以内；

（三）   水库、湖泊、河流和水源保护区 1500 米以内；

（四）   铁路、公路主干线两侧可视距离范围以内；

（五）   通信光缆、天然气和输油输水设施两侧 800 米内。

上述区域内受国家保护的具有历史、艺术、科学价值的墓地应予以保留。散埋乱葬的由当地政府组织引导迁入公墓区。

第十四条   公墓应按照"墓区园林化、墓碑小型化、葬式多样化、祭祀环保化、服务人性化"的总体要求建设和管理。公墓区禁止组织封建迷信活动。

第十五条   公墓区内埋葬骨灰的单穴墓用地面积不得超过 1 平方米，双穴墓不得超过 1.5 平方米；埋葬遗体的单穴墓用地面积不得超过 6 平方米，双穴墓不得超过 8 平方米。立式墓碑不得超过 1.2 米。

第十六条　墓穴建设应减少水泥、石材等难以降解的材料。严禁修建家族墓、大型墓和豪华墓。

第十七条　经营性公墓绿化覆盖率不得低于墓区总面积的30%。公益性公墓绿化面积应根据环境、水源、土质等综合因素确定，但不应低于15%。

第十八条　公墓应按照环境保护要求，墓区配置环保型焚烧设备及卫生和垃圾处理设施。

第十九条　任何个人、单位、企业、社会组织未经批准，不得建设公墓。

第三章　公益性公墓建设与管理

第二十条　建设城乡公益性公墓由县级民政部门审核，报县级人民政府审批；建设农村集中安葬区由乡级人民政府审核审批。经审批的城乡公益性公墓应报市级及省级民政部门备案，农村集中安葬区报县级民政部门备案。

第二十一条　申请建设公益性公墓应提交以下材料：

（一）申请报告；

（二）城乡规划部门的选址批复意见、国土部门的用地批复意见、涉及林地的应有林业部门的审核意见、环保部门的审核意见；

（三）少数民族公益性公墓应提供民族事务部门的审查意见；

（四）公墓建设规划方案；

（五）《公益性公墓管理章程》；

（六）其他需要提交的材料。

第二十二条　城市公益性公墓由殡葬服务单位或非营利社会组织建设与管理。农村公益性公墓由乡级人民政府组织建设，安排专业人员管理。农村集中安葬区由村民委员会负责建设与管理。

第二十三条　公益性公墓建设资金以地方人民政府投入为主。鼓励企业、社会组织和个人捐助。

第二十四条　公益性公墓应有规范的名称、有醒目标志和管理用房，有供水、供电和防火设备，道路平整畅通。墓区规划合理，墓穴建设整齐统一。

第二十五条　公益性公墓不得以租赁、招商引资、承包经营或股份制合作等形式建设，不得开展营利性经营活动。

第二十六条　公益性公墓服务单位未办理营业许可、非税登记、服务性收费项目和标准审批等手续，不得进行收费。

第二十七条　公益性公墓扩大用地面积，应当重新办理审批手续。

第二十八条　公益性公墓变更名称或变更法人代表，应当报县级民政部门备案。提交下列材料：

（一）公墓单位的变更说明；

（二）主管部门审核意见；

（三）其他需要提交的材料。

第二十九条　公益性公墓管理应当符合下列规定：

（一）在服务场所公开公示：

1. 《公益性公墓管理章程》；

2. 县级人民政府批准建设的文件；

3. 收费文件及收费项目、收费标准；

4. 营业执照和非税登记证；

5. 服务人员职责及照片、编号；

6. 服务电话和监督电话。

（二）购置墓穴（格位）人应持本人有效身份证件和被安葬人的死亡证明或火化证明。为夫妻健在一方、高龄老年人、危重病人预订墓穴，应提供被安葬人的有效身份证明。公益性公墓应向低收入群众减免相关费用。

第三十条　在公益性公墓安葬骨灰或遗体，公墓服务单位应当与墓穴使用人签订骨灰（遗体）安葬协议，并交纳公墓维护管理费用。公墓维护管理费用缴纳按年计算。墓穴使用周期为 20 年，期满后仍需保留的，公墓服务单位应当在期满前 180 日内通知使用人办理继续使用手续，缴纳公墓维护管理费用。

安葬协议应载明下列事项：

（一）双方当事人的名称（姓名）、住址；

（二）墓穴或骨灰存放格位的面积、位置和规格；

（三）使用期限；

（四）费用支付方式；

（五）协议变更、撤销和解除的条件及程序；

（六）违约责任；

（七）协议争议的解决办法；

（八）需要约定的其他事项。

第三十一条　民政部门应对历史形成的公益性公墓加强管理和维护，不得强制改造墓穴。

第三十二条　设立公益性骨灰寄存堂（塔），参照公益性公墓建设与管理规定办理。

第四章　经营性公墓建设与管理

第三十三条　建设经营性公墓由省级民政部门审批和发放许可证。

第三十四条　通过出让方式取得公墓用地使用权的单位，可向选址所在地的县级民政部门提出建设经营性公墓申请。

第三十五条　申请建设经营性公墓按以下程序进行：

（一）申报单位向公墓所在地的县级民政部门提出书面申请、提供建设部门对公墓的选址意见、国土部门用地审查意见、涉及林地的林业部门用地审查意见、环保部门审查意见、公墓建设可行性论证报告；

（二）县级民政部门审查，符合公墓建设发展规划的举行听证会，听取社会各方面意见；

（三）县级人民政府会议研究，提出审核意见；

（四）民政部门逐级向省级民政部门上报申报材料；

（五）省级民政部门按照规定程序进行审查，会议研究同意后下达公墓建设批复文件；

（六）申报单位持省级民政部门批复文件，办理用地和建设规划许可手续；

（七）申报单位按照规划设计进行建设；

（八）公墓建成后，省、市、县民政部门联合组织验收；

（九）验收合格的，省级民政部门颁发《甘肃省经营性公墓许可证》。

第三十六条　向省级民政部门申报建设经营性公墓应当提交下列材料：

（一）县市两级民政部门建墓审查意见的请示；

（二）县级人民政府的意见；

（三）申请单位的申请报告；

（四）公墓建设可行性论证报告；

（五）公墓建设四至范围和规划设计平面图；

（六）申报单位银行验资证明；

（七）申报单位企业法人营业执照复印件；

（八）听证会有关材料；

（九）建设部门对公墓的选址意见；

（十）国土、涉及林地的应有林业部门的审查意见；

（十一）环保部门审查意见；

（十二）其他有关材料。

第三十七条 经营性公墓建成具备运营条件的，应书面逐级上报省级民政部门验收，提交下列材料：

（一）公墓服务单位申请验收报告；

（二）市县两级民政部门申请验收请示；

（三）《国有土地使用证》。在城镇规划区建设用地范围的提供《建设用地规划许可证》。涉及林地的，林业部门征收林地的审查意见，环保部门的环保验收意见。

第三十八条 公墓验收应具备下列条件：

（一）墓区建设位置与申报材料地理位置相符；

（二）按照规划设计方案部分墓区基本建成；

（三）服务功能、办公场所等能够满足经营需要；

（四）道路、供水、供电畅通，建有停车场及卫生设施，配有安全和集中焚烧设备；

（五）墓穴用地符合法定标准，墓区按规定要求进行绿化；

（六）公墓管理制度健全。

第三十九条 经验收合格，颁发《甘肃省经营性公墓许可证》。公墓服务单位持公墓批复文件和《甘肃省经营性公墓许可证》，办理相关经营手续，未办理的不得开展营业活动。

第四十条 经营性公墓建设有效期为二年。二年内未完成建设任务，建设单位应书面逐级上报省级民政部门申请延长建设期限，延长期限后仍未达到验收条件，由审批部门撤销建设批准文件。

第四十一条 经营性公墓变更名称、法人代表或改变合作单位，市州民政部门应当报省级民政部门备案。备案应提交下列材料：

（一）公墓服务单位的变更说明；

（二）县市两级民政部门的意见；

（三）工商部门变更通知书；

（四）改变合作单位，应当提交原合作单位协议和新的合作单位协议。

第四十二条 购置经营性公墓墓穴（格位）参照第二十九条第二款规定执行。墓穴使用要求与使用周期参照第三十条规定执行。

第四十三条 经营性公墓扩大用地面积，应当符合本办法第三十五条、第三十六条规定，对扩大面积办理审批手续。

第四十四条 经营性公墓服务单位应在服务场所醒目位置公示以下内容：

1. 《甘肃省经营性公墓许可证》；

2. 《甘肃省经营性服务收费登记证》；

3. 《营业执照》；

4. 《税务登记证》；

5. 物价部门审批的收费文件；

6. 购置墓穴的条件和程序；

7. 服务承诺；

8. 工作人员职责及照片、编号；

9. 办公时间、服务电话和监督电话；

10. 公墓管理相关制度。

第四十五条 经营性公墓服务单位应按高、中、低建设不同价位的墓穴供消费者选择。以公墓所有墓穴价格的加权平均价格为标准值，高于标准值30%为高价位，在标准值左右的为中价位，低于标准值30%为低价位。中、低价位墓穴的供应量、比例应不低于总供应量的70%。并提供总供应量5%的特价墓穴供城镇特困群众消费。

第四十六条 经营性公墓服务单位不得擅自提高墓穴（格位）销售价格，严禁制作销售虚假宣传广告，严禁个人传销和炒买炒卖墓穴（格位），严禁个人倒卖已出售的墓穴（格位）。

第四十七条 经营性公墓服务单位应当按照不低于单个墓穴销售价格10%的比例提取公墓维护管理基金，专门用于支出发生重大事故或公墓关闭期间的维护管理费用。基金单立账户，专款专用，设立双密码，由公墓服务单位与当地民政部门共同管理。

第四十八条 设立经营性骨灰堂（塔），参照经营性公墓建设与管理规定程序办理。由县级民政部门审核，报县级人民政府审批。

第五章　监督管理与法律责任

第四十九条 各级民政部门应按照属地管理的原则，依法加强公墓管理，强化日常监督检查和年度执法检查，严格查处违法违规行为，对严重危害群众利益的违法违规案件公开曝光。少数民族公墓、寄存骨灰的所有场所，应自觉接受民政、民委部门的监督管理。

第五十条 未经依法批准建设的公墓，依照国务院《殡葬管理条例》和《甘肃省殡葬管理办法》规定，由民政部门会同国土、建设、林业部门依法予以取缔，责令恢复土地原状，没收违法所得，并处违法所得1倍以上3倍以下的罚款。公墓单位妥善解决善后问题。

第五十一条 违反土地利用总体规划、城乡规划的，由建设部门会同民政部门依法予以纠正或吊销公墓建设批准文件，并追究有关责任人的法律责任。

第五十二条 未按照批准文件建设或擅自扩大公墓建设用地面积，由民政部门会同国土、建设部门责令停止建设，限期补办相关手续。对已批准建成但未经验收合格擅自经营的公墓，由民政部门责令停止经营活动，限期验收。

第五十三条 公益性公墓从事租赁、招商引资、承包经营或股份制合作的，由民政部门责令解除合同关系，停止违法违规活动，赔偿责任由违法违规方承担。

第五十四条 经营性公墓和公益性公墓有关价格违法行为的，由价格主管部门依法查处。

第五十五条 公益性公墓向辖区以外其他人员提供墓葬用地或骨灰存放格位、从事违法经营活动的，由民政部门责令停止经营活动，已出售的墓葬用地和骨灰存放格位按非法转让处理，限期改正，并追究公墓服务单位法人代表责任。

第五十六条 违反《甘肃省殡葬管理办法》和本暂行办法规定，建设、出售超法定面积家族墓、豪华墓的，依照国务院《殡葬管理条例》的规定，由民政部门责令限期改正，没收违法所得，并处违法所得1倍以上3倍以下的罚款。对尚未建成或已经建成、尚未出售的，要依法拆除或限期改造；已经出售并与丧户签订协议但尚未安葬的，要依法拆除或限期改造。公墓服务单位应向丧户说明情况，协商变更或解除安葬协议。拆除或改造墓穴所发生的费用及赔偿责任由公墓服务单位承担。

第五十七条 墓碑超过规定标准20%的，处以违法所得1倍的罚款；超过规定标准20%至50%的，处以违法所得2倍的罚款；超过规定标准50%以上的，处以违法所得3倍的罚款。

第五十八条 公墓服务单位发布虚假宣传广告、传销墓穴（格位）的，由工商部门会同民政部门依法查处。公墓服务单位违反森林防火规定，造成森林火灾的，由公安、林业等部门依法查处。

第五十九条　公墓服务单位未按规定提取公墓维护基金或擅自违规使用维护基金、未在收费场所醒目位置公示规定内容、拒绝执法检查的，由民政部门会同有关部门依法纠正。

第六十条　除不可抗力因素外，造成墓穴毁坏或骨灰遗失的，由公墓服务单位承担赔偿责任。

第六十一条　拒绝阻碍、侮辱殴打行政机关工作人员或殡葬管理执法人员依法执行公务，构成违反治安管理行为的，由公安部门依法给予治安管理处罚；构成犯罪的，依法追究刑事责任。

第六十二条　行政机关工作人员玩忽职守、滥用职权、徇私舞弊，由主管机关给予行政处分；构成犯罪的，依法追究刑事责任。

第六章　附　　则

第六十三条　外国人在本省公墓安葬（安放）骨灰或者遗体的，由省级民政部门会同省外事办按照国家相关规定提出意见。

第六十四条　本暂行办法由省民政厅负责解释。

第六十五条　本暂行办法有效期五年。

第六十六条　本暂行办法自 2014 年 7 月 16 日起施行。

甘肃省民政厅关于停止《甘肃省公墓管理暂行办法》有关条款的通知

（甘民发〔2015〕14 号）

各市（州）民政局：

根据省政府法制办要求，《甘肃省公墓管理暂行办法》第十五条"立式墓碑不得超过 1.2 米"和第五十七条"墓碑超过规定标准 20% 的，处以违法所得 1 倍的罚款；超过规定标准 20% 至 50% 的，处以违法所得 2 倍的罚款；超过规定标准 50% 以上的，处以违法所得 3 倍的罚款"之规定停止执行。

甘肃省民政厅关于印发《甘肃省省级福利彩票公益金资助殡葬设施建设项目管理办法》的通知

（甘民发〔2015〕93 号）

各市（州）民政局，兰州新区社会保障局：

为支持全省殡葬设施建设，省民政厅制定了《甘肃省省级福利彩票公益金资助殡葬设施建设项目管理办法》。现予印发，请遵照执行。

第一章　总　　则

第一条　为规范和加强省级福利彩票公益金（以下简称"福彩公益金"）资助殡葬设施建设管理，根据《殡葬管理条例》（国务院令第 628 号）、《财政部关于印发〈彩票公益金管理办法〉的通知》（财综〔2012〕15 号）、《甘肃省殡葬管理办法》（甘肃省人民政府令第 83 号）和《民政部关于进一步深化殡葬改革促进殡葬事业科学发展的指导意见》（民发〔2009〕170 号）等法规政策，制定本办法。

第二条　本办法所称省级福利彩票公益金资助殡葬设施建设项目，主要包括殡仪馆（火葬场）、骨灰堂、殡仪服务中心（站）、公益性公墓等。

第三条　省级福彩公益金资助殡葬设施建设，坚持公开、公平、公正原则，突出重点，注重绩效，择优扶持，综合考虑人口规模、设施建设、城乡建设规划情况和地方财政实际投入资金等因素，合理确定资助范围和资助标准。

第二章　资助范围和标准

第四条　省级福彩公益金资助殡葬设施建设范围：殡仪馆（火葬场）公共服务设施新建、扩改建以及殡葬专用设备购置项目；骨灰堂、殡仪服务中心（站）新建、扩改建项目；公益性公墓基础设施建设项目。

省级福彩公益金资助殡葬设施项目向 58 个贫困县、革命老区、藏区重点倾斜；

资助殡葬设施的福彩公益金不得用于征地费、规划设计费、工作经费等支出。

第五条　各地要围绕"布局合理、设施完善、功能齐全、服务便捷"的总体要求，制定和完善殡葬事业发展规划，并纳入本地国民经济和社会发展总体规划。

第六条　省级福彩公益金资助殡葬设施建设标准：

对已纳入当地城乡发展规划的殡葬设施，根据殡葬设施的建设规模、本地财政支持力度和当地经济发展状况，适度适量安排资助资金。

（一）新建的殡仪馆（火葬场），需要购置新型环保火化设备的给予资助，每购置 1 台火化设备资助 50 万元，以此类推；扩改建的殡仪馆（火葬场），按 30 万—50 万元的标准资助。

（二）新建的骨灰堂、殡仪服务中心（站），按 80 万—100 万元的标准资助；扩改建的骨灰堂、殡仪服务中心（站），按 20 万—30 万元的标准资助。

（三）新建的公益性公墓，墓穴在 10000 个（含）以上的，按 20 万—30 万元的标准资助；不足 10000 个墓穴的，按 10 万—20 万元的标准资助。

第七条　省级福彩公益金资助殡葬设施建设应坚持以下原则：

优先资助 58 个贫困县、革命老区、藏区，后资助经济发展较好的地区；优先资助人口在 40 万以上的地区，后资助人口在 40 万以下的地区；优先资助没有建设殡葬设施的地区，后资助已建有殡葬设施的地区；优先资助新建殡葬设施的地区，后资助扩改建殡葬设施的地区；优先资助火化区，后资助土葬改革区；优先资助具有区域影响力的地区，后资助一般的地区。

对资助资金需求数额较大的项目，要按工程进度逐步资助。

第三章　项目申报和资金使用管理

第八条　省级福彩公益金资助殡葬设施建设项目申报程序：

（一）每年第一季度，由省民政厅、省财政厅根据省级留存福利彩票公益金预算安排，下达当年的资助计划。

（二）项目申报采取自下而上、突出重点、逐级申报的方式进行。项目建设单位向所在地县

（市、区）民政、财政部门提出项目申请，经民政、财政部门审核后，联合上报市（州）民政、财政部门；市（州）民政、财政部门经审核评估、重点筛选后，联合上报省民政厅、财政厅。

（三）省民政厅会同省财政厅对各地申报的建设项目进行审定，择优确定资助项目，并按相应的标准下达资助资金。

第九条 项目申报应提供下列材料：

（一）市（州）民政、财政部门关于申请建设项目资助资金的请示；

（二）项目单位《省级福彩公益金资助殡葬设施建设项目申报表》；

（三）项目可行性研究报告；

（四）新建项目需提供发展改革部门立项批复和规划部门有关文件复印件；

（五）需征地的项目应提供国土部门的批准书或土地使用权证复印件；

（六）环保部门的环评影响审查意见；

（七）建设项目的平面设计图和鸟瞰图；

（八）当地财政部门出具的资金到位情况说明等有效证明。

第十条 省级福彩公益金资助的殡葬设施建设项目，应严格控制建设项目变更，建设项目实施中确需变更的，须遵循先审批、后变更的原则，未经批复，项目建设单位不得擅自变更建设项目和资金用途。

第十一条 省级福彩公益金资助的殡葬设施建设项目，必须严格实施国家和省上颁布的有关法律、法规及标准、规范；要实行项目法人责任制、招投标制、质量安全责任制和建设监理制，确保项目工程质量、安全和进度。

第十二条 省级福彩公益金资助的殡葬设施建设项目，应严格执行基本建设财务管理规定，设置独立的财务管理机构或指定专人负责项目建设财务工作，做到专账核算、专款专用，并自觉接受审计、监察、财政部门的监督检查。

第十三条 市（州）、县（市、区）应根据当地财力，安排财政资金和福利彩票公益金，与省级福利彩票公益金列支的项目资金统筹使用。

第十四条 各级民政部门应加强与当地财政部门的协调配合，在收到资助金的拨款文件15日内，按照用途将资金拨付到位，确保资金使用效益。

第四章　绩效评价和监督检查

第十五条 省级福彩公益金资助的殡葬设施建设项目建成后，由市（州）、县（市、区）民政部门会同财政部门负责项目验收。省民政厅会同财政厅将适时进行抽查，并按照有关规定对福彩公益金资助项目进行绩效评价。绩效评价结果将作为年度项目资助资金分配的重要依据。

第十六条 各级民政部门应会同财政部门加强资助资金的使用管理和项目实施情况的监督检查，强化内部审计监督。

第十七条 任何部门、单位和个人不得以任何理由挤占、挪用和截留项目资助资金，不得改变项目资助资金用途。

第十八条 对违反本办法规定，骗取、挤占、挪用、截留资助资金，改变项目资金使用范围，以及项目资金不按规定用途使用的，将依照《财政违法行为处罚处分条例》（国务院令第427号）和《彩票管理条例》（国务院令第554号）等有关规定追究相关单位和个人的责任；涉嫌犯罪的，依法移交司法机关追究刑事责任，5年内停止项目申报单位申报项目资金资格。

第五章　附　　则

第十九条 殡葬设施建成后，应按照省民政厅办公室《关于制作悬挂福利彩票公益金资助项目标识牌有关事宜的通知》（甘民办发〔2010〕50 号）规定的样式和有关要求，制作并悬挂福利彩票公益金资助项目永久性标识。

第二十条　市（州）、县（市、区）民政局应对福利彩票公益金资助项目登记建档，长期保存。

第二十一条　本办法由省民政厅负责解释。

第二十二条　本办法自印发之日起施行，有效期五年。

甘肃省民政厅 甘肃省发展改革委员会 甘肃省科学技术厅 甘肃省财政厅 甘肃省国土资源厅 甘肃省环境保护厅 甘肃省住房和城乡建设厅 甘肃省农牧厅 甘肃省林业厅关于转发民政部等九部门《关于推行节地生态安葬的指导意见》的通知

（甘民发〔2016〕48 号）

为进一步深化殡葬改革，推行节地生态安葬，保障群众基本安葬需求，保护生态环境，促进人与自然和谐相处，民政部、发展改革委、科技部、财政部、国土资源部、环境保护部、住房城乡建设部、农业部、国家林业局联合下发了《关于推行节地生态安葬的指导意见》（民发〔2016〕21 号，以下简称《指导意见》）。现将《指导意见》转发你们，并就抓好贯彻落实通知如下：

一、高度重视，提高认识。推行节地生态安葬是减轻群众负担，保障基本安葬需求的重要途径；是移风易俗，弘扬社会主义核心价值观的重要举措；是促进生态文明建设，造福当代和子孙后代的必然要求。我省耕地匮乏，生态环境脆弱，经济社会发展相对滞后，乱埋乱葬、乱圈乱占耕地、建设大墓豪华墓的问题还比较突出。各单位要高度重视，深刻认识推进节地生态安葬的重要性和必要性，加强政策宣传和舆论引导，采取有效措施，积极稳妥地推动殡葬改革，为建设幸福美好新甘肃作出贡献。

二、统筹规划，合力推进。我省殡葬服务设施发展滞后，严重制约了殡葬改革的有序推进和服务质量的有效提高。各地民政部门要紧密结合当地实际，在充分调研、反复论证、统筹规划的基础上，有计划、有步骤地建设各类殡葬服务设施，满足人民群众的殡葬服务需求。发展改革、科技、财政、国土资源、环境保护、住房城乡建设、农业、林业等部门要积极配合，切实加强在建设立项、技术指导、资金支持、土地供给、环境评估、规划设计、耕地保护、生态建设等方面的支持和指导，齐抓共管，合力推进。

三、推行火葬，改革土葬。目前，我省火葬区划分范围小，火化率低，与发达省份和全国平均水平相比还有很大差距。各级民政部门要将火葬区和土葬改革区调整划分工作纳入重要议事日程，主动向当地政府领导汇报，科学精准地提出划分火葬区和土葬改革区意见，逐级上报人民政府审核审批。

四、因地制宜，分类施策。有条件的地方要在进一步完善以减免基本殡葬服务费用为主要内容的惠民殡葬政策基础上，探索建立节地生态安葬奖补制度，把树葬、花葬、壁葬、格位存放、家族骨灰合葬和骨灰撒散等不占或少占地方式，以及在土葬区遗体深埋不留坟头等生态葬法纳入奖补范围。

附件：《关于推行节地生态安葬的指导意见》（略）

甘肃省发展和改革委员会 甘肃省财政厅 甘肃省民政厅关于印发《甘肃省殡葬服务价格管理办法》的通知

（甘发改规范〔2016〕6号）

各市州发展改革委（物价局）、财政局、民政局，厂区、矿区、东风场区物价局、兰州新区经济发展局：

根据省委、省政府印发的《甘肃省推进价格机制改革实施方案》（甘发〔2016〕16号）要求，我们研究制定了《甘肃省殡葬服务价格管理办法》，现印发你们，请遵照执行。

省发展改革委 省财政厅 省民政厅
2016 年 11 月 4 日

甘肃省殡葬服务价格管理办法

第一章 总 则

第一条 为加强殡葬服务价格管理，规范价格行为，维护消费者与经营者合法权益，促进全省殡葬事业健康发展，根据《中华人民共和国价格法》、《甘肃省价格管理条例》、《甘肃省殡葬管理办法》、《国家发展改革委 民政部关于进一步加强殡葬服务收费管理有关问题的指导意见》等有关法律法规和政策规定，结合甘肃实际，制定本办法。

第二条 本办法适用于本省行政区域内经批准从事殡葬服务的单位，包括事业、企业和个体工商户。

第三条 各级人民政府价格主管部门是殡葬服务价格的主管部门，各级财政、民政主管部门配合价格主管部门做好殡葬服务价格管理工作。

第四条 殡葬服务价格的制定与管理，应当有利于规范殡葬服务行为，保持殡葬服务价格水平合理稳定，促进殡葬事业健康发展，引导群众文明治丧，节约资源和殡葬费用，体现公益、节地、生态、环保、以人为本的原则。

第五条 本办法所称殡葬服务价格包括殡葬基本服务收费、殡葬延伸服务收费、公墓墓位费和公墓维护管理服务费、殡葬用品价格等。

第六条 殡葬服务价格管理根据服务项目的重要程度、竞争条件和投资经营主体的不同，分别实行政府定价、政府指导价和市场调节价。事业单位开展的殡葬服务，其殡葬基本服务收费、殡葬延伸服务收费、公墓墓位费和公墓维护管理费、殡葬用品价格实行政府定价或政府指导价；对提供的其他服务坚持自愿有偿的原则，实行市场调节价。企业（含民营企业）、个体工商户提供符合规定的殡葬服务，实行市场调节价。

第七条 事业单位提供的殡葬基本服务收费按行政事业性收费管理，执行行政事业性收费有关政策规定。殡葬延伸服务收费、公墓墓位费和公墓维护管理服务费、殡葬用品价格按照经营服务性收费管理。

第八条 制定或调整政府定价、政府指导价的殡葬服务价格应由成本监审机构依法进行成本监审或成本调查。

第九条 实行政府定价和政府指导价管理的殡葬服务价格由市（州）、县（市）价格主管部门依据定价目录规定的权限会同财政、民政部门提出意见，分别报市（州）、县（市）人民政府批准，印发执行的文件应及时抄报省发改、财政、民政部门。

第二章 殡葬基本服务收费

第十条 殡葬基本服务项目包括遗体接运（含抬尸、消毒）、遗体存放（含冷藏）、遗体火化、骨灰寄存服务。

第十一条 事业单位提供的殡葬基本服务收费实行政府定价，收费标准由市（州）、县（市）价格主管部门会同财政、民政部门以成本为基础，考虑群众需求和承受能力等因素，根据财政拨款情况按照非营利原则从严核定，并适时调整。

第十二条 各地对享受民政部门各类救助的城乡困难群众、领取国家定期抚恤补助金的优抚对象、自然灾害导致的死亡人员以及经公安机关确认无名尸体的基本殡葬服务收费，应制定具体的减免政策。有条件的地方，可扩大减免范围。

第三章 殡葬延伸服务收费

第十三条 殡葬延伸服务是指在基本服务以外、供群众自愿选择的特殊服务项目。包括遗体存放（超过72小时）、遗体整容、遗体防腐、吊唁设施及设备租赁服务。

第十四条 事业单位提供的殡葬延伸服务收费实行政府指导价。基准价及浮动幅度由市（州）、县（市）价格主管部门会同民政部门以成本为基础，考虑市场供求和群众承受能力等因素，按合理营利的原则核定。

第四章 公墓墓位费和公墓维护管理服务费

第十五条 事业单位举办的公益性公墓的墓位费和公墓维护管理服务费实行政府定价，由市（州）、县（市）价格主管部门会同民政部门以成本为基础，考虑群众需求和承受能力等因素，按非营利的原则核定。

第十六条 事业单位举办的经营性公墓的墓位费和公墓维护管理服务费实行政府指导价，基准价和浮动幅度由市（州）、县（市）价格主管部门会同民政部门以成本为基础，考虑市场供求和群众承受能力等因素，按合理营利的原则核定。

第十七条 公墓墓位费构成包括：

（一）成本

1. 墓穴占地费：指墓穴占地的征地费用或购买费用等。

2. 墓穴建造费：指建造墓穴的各种材料费、人工费等。

3. 公共设施费：指墓区规划设计、办公场所、大门、道路、绿化、消防、供水、供电设施等发生的费用，公共设施费按每个墓穴占地面积分摊计算。

4. 其他费用：指公墓建设发生的管理费用、财务费用和销售费用等。

（二）利润：经营性公墓合理利润按行业平均成本利润率或者净资产收益率计算，具体由各地根据实际情况确定。

（三）税金：按国家有关规定执行。

（四）公墓墓位计算公式如下：

公墓墓位费＝成本×（1＋利润率）／（1－税率）

第十八条　公墓维护管理服务费主要指：墓区管理的办公费用、维护管理人员工资、公共设施折旧、墓区维修养护、清洁卫生等费用。

第十九条　公墓维护管理服务费按年计算，公墓使用年限按国家有关规定执行。

第五章　殡葬用品价格

第二十条　殡葬用品主要包括骨灰盒、寿衣、纸棺材、花圈等。

第二十一条　事业单位提供的殡葬用品价格实行政府指导价。基准价格及浮动幅度由市（州）、县（市）价格主管部门会同民政部门以成本为基础，考虑市场供求和群众承受能力等因素，按合理营利的原则核定。

第六章　殡葬服务价格行为的监督管理

第二十二条　殡葬服务单位不得擅自制定和提高政府定价、政府指导价的殡葬服务收费项目和标准。

第二十三条　殡葬服务单位应严格执行收费公示制度，按殡葬服务政府定价、政府指导价、市场调节价的不同定价形式分类在醒目位置进行公示。公示内容主要包括服务项目、收费标准、批准机关、文件依据、减免政策、举报电话、监制单位等，自觉接受群众和社会的监督。

第二十四条　殡葬服务单位要向群众提供殡葬基本服务和延伸服务的明细清单，供群众自愿选择，引导群众理性消费和明白消费。不得利用优势地位违反公平原则以任何形式捆绑、分拆或强制、诱导提供服务并收费，也不得限制或采取增加附加费等方式变相限制群众使用自带骨灰盒等文明丧葬用品。

第二十五条　殡葬服务单位提供殡葬服务、公墓墓位和丧葬用品时，应区分高、中、低档，以满足不同收入群体的需求，特别要保障低收入群众的需求。有条件的殡葬服务单位应设立群众免费休息场所和低价位的告别厅堂。

第二十六条　殡葬服务单位提供服务应与群众签订服务协议，在协议书中明确服务项目、丧葬用品名称与收费（价格）标准、付费方式、责任义务等内容，严格按照服务流程、服务内容和服务规范提供合格的服务和商品。

第二十七条　公墓墓位和骨灰存放格位不得转让、传销和炒买炒卖。

第二十八条　殡葬服务单位收费时应按规定向用户提供财政或税务部门印制的合法票据。

第二十九条　公墓经营者对墓区建设应实行统一规划，滚动开发；做好年度建设计划和总体规划的衔接，均衡合理分摊公共成本；按公墓墓位费构成规定建立成本台账，按财务会计制度要求进行成本核算，如实提供核定价格的相关资料。

第三十条　各级价格主管部门应加强殡葬服务单位价格行为的监督管理，对违反本办法规定的依法予以查处。

第七章　附　　则

第三十一条　本办法由省发展改革委、省财政厅、省民政厅按各自职责负责解释。

第三十二条　本办法自 2016 年 12 月 1 日起实施，有效期 5 年。

现行有关规定与本办法相抵触的按本办法执行，原省物价局、省民政厅印发的《甘肃省殡葬服务价格管理试行办法》（甘价服务〔2009〕253 号）同时废止。

甘肃省民政厅关于印发《甘肃省殡葬服务单位执法检查办法》的通知

（甘民发〔2016〕245 号）

各市（州）民政局，兰州新区社会保障局，甘肃矿区民政局：

为加强殡葬服务单位管理，规范执法检查行为，保护消费者与经营者的合法权益，促进殡葬事业健康发展，根据国务院《殡葬管理条例》和中办、国办《关于党员干部带头推动殡葬改革的意见》、《甘肃省殡葬管理办法》等法规政策，结合我省实际，省民政厅制定了《甘肃省殡葬服务单位执法检查办法》，现印发你们，请遵照执行。

甘肃省殡葬服务单位执法检查办法

第一章　总　　则

第一条　为加强殡葬服务单位管理，规范执法检查行为，保护消费者与经营者的合法权益，促进殡葬事业健康发展，根据国务院《殡葬管理条例》和中办、国办《关于党员干部带头推动殡葬改革的意见》、《甘肃省殡葬管理办法》等法规政策，结合我省实际，制定本办法。

第二条　本办法所称执法检查，是指县级以上民政部门根据法定职责，对本辖区内殡葬服务单位执行殡葬法规政策情况进行执法监督检查的活动。

第三条　执法检查工作应当坚持"属地管理、分级负责、分类指导、注重实效"的原则。

第四条　县级以上民政部门应当从有利于殡葬改革和强化监管效能出发，积极推行政事分开、管办分离，理顺殡葬管理体制，健全殡葬执法队伍。

第五条　县级以上民政部门负责对本辖区内殡葬服务单位的执法检查，必要时可以会同发改、国土、公安、林业、环保、工商等部门开展联合检查，也可邀请人大代表、政协委员、新闻媒体等现场监督，提高执法效能。

第六条　县级以上民政部门应当按照本办法要求，每年对本辖区内的殡葬服务单位进行执法检查。必要时可以根据举报、通报等线索进行专项执法检查，符合立案条件的，应按照有关程序依法办理。

第二章　检查内容和查处行为

第七条　执法检查应当重点检查以下内容：

（一）殡葬法规政策宣传落实情况；

（二）殡葬服务设施建设运营情况；

（三）殡葬服务价格政策执行情况；

（四）丧葬用品和公墓穴位、骨灰格位的营销情况；

（五）节地生态安葬和惠民殡葬政策落实情况；

（六）其他需要检查的情况。

第八条　执法检查应当重点查处以下违法违规行为：

（一）未经批准、擅自兴建殡葬设施的；

（二）墓穴占地面积超过规定标准的；

（三）制造、销售不符合国家技术标准的殡葬设备的；

（四）制造、销售封建迷信丧葬用品的；

（五）将应当火化的遗体土葬的；

（六）在公墓和农村公益性墓地（集中安葬区）以外的其他地方埋葬遗体、建造坟墓的；

（七）办理丧事活动妨害公共秩序、危害公共安全、侵害他人合法权益的；

（八）超审批面积建设墓地的；

（九）经营性公墓未经验收擅自开展经营活动的；

（十）违规运送遗体的；

（十一）无合法证明擅自火化、出售墓穴的；

（十二）以承诺"回购"、"升值"等虚假宣传手段欺骗群众购买墓穴，进行传销或炒买炒卖活动的；

（十三）私自转让、买卖公墓穴位的；

（十四）公益性公墓和农村公益性墓地（集中安葬区）从事经营活动的；

（十五）在殡葬服务场所摆放不易降解的祭祀用品的；

（十六）殡葬设施建设项目批而不建的；

（十七）为党员、干部特别是领导干部大操大办丧事活动、超标准建墓立碑的；

（十八）擅自增加或提高殡葬服务收费项目和标准，违反殡葬服务价格政策规定的；

（十九）火化后将骨灰装棺再葬的；

（二十）变更法人、经营主体名称等信息未及时报备的；

（二十一）其他殡葬违法违规行为。

第三章　检查程序

第一节　检查准备

第九条　各地民政部门应当在每年一季度，对执法检查工作作出安排，明确检查范围、检查内容、检查方式等内容。

第十条　各地民政部门应当组成执法检查组，检查组成员不少于两人。

第十一条　根据执法检查的需要，县级以上民政部门可以组织检查人员进行法律和业务知识培训。

第十二条　实施执法检查前，各地民政部门应当提前告知殡葬服务单位，说明检查的目的、内容、安排和要求。

第二节　检查实施

第十三条　殡葬服务单位根据执法检查的内容和要求开展自查，形成自查报告，由法定代表人签字并加盖公章后，于每年4月底前将有关材料报送县级民政部门。

第十四条　县级民政部门对殡葬服务单位报送的自查报告及相关材料进行审查，组织实地检查，核实有关情况，填写《甘肃省殡葬服务单位执法检查登记表》，并由被检查单位负责人和检查人员在《甘肃省殡葬服务单位执法检查登记表》上签字或者盖章。每年6月底前，县级民政部门应当将执法检查报告和执法检查登记表复印件等材料上报市级民政部门。

第十五条　市级民政部门应当根据县级民政部门的执法检查情况，对经营性公墓、殡仪馆（火葬场）等单位进行复查，对殡仪服务站（中心）、公益性公墓、农村公益性墓地（集中安葬区）等单位进行抽查，对复查和抽查单位填写《甘肃省殡葬服务单位执法检查登记表》，并由被检查单位负责人和检查人员在《甘肃省殡葬服务单位执法检查登记表》上签字或者盖章；每年8月底前，市级民政部门应当将执法检查报告和执法检查登记表复印件等材料上报省级民政部门。

第十六条　省级民政部门于每年10月底前，对市（州）、县（市、区）民政部门执法检查情况进行督查。

第十七条　执法检查过程中，被检查单位负责人拒绝签字或者盖章的，检查人员应当注明情况，记录在案。

第十八条　殡葬服务单位接受执法检查时，应当提交下列材料：

（一）自查报告；

（二）批准建设的文件复印件；

（三）收费文件及收费项目、标准的复印件；

（四）组织机构代码证或营业执照的复印件；

（五）经营性公墓还应提交下列材料：

1. 《土地使用证》（复印件）；

2. 《收费登记证》（复印件）；

3. 《税务登记证》（复印件）；

4. 墓位（格位）使用合同（式样）。

（六）其他需要提供的材料。

第十九条　殡葬服务单位应当对提交材料的真实性、完整性负责，提交的复印件应当加盖殡葬服务单位公章。

第三节　检查结果的处理

第二十条　执法检查结束后，民政部门应当撰写执法检查报告。执法检查报告包括检查的时间、内容、过程等基本情况，对殡葬服务单位执行殡葬法规政策等情况的评价，存在的主要问题，对检查情况的处理意见和建议。

第二十一条　执法检查发现殡葬服务单位有本办法第八条所列行为的，县级以上民政部门应当及时下达整改通知书，依法责令限期整改，整改期限一般不超过3个月。

第二十二条　整改期限内未完成整改的，殡葬服务单位可以申请延长整改期限，原则上不超过半年。当年整改未完成的，应当列入下年度重点检查范围。

第二十三条　殡葬服务单位整改结束后，应当向县级民政部门报告，申请检查验收。

第二十四条　殡葬服务单位的违法违规行为应予处罚的，县级以上民政部门应当依照《中华人民共和国行政处罚法》、国务院《殡葬管理条例》、《甘肃省殡葬管理办法》和甘肃省民政厅印发的《行政处罚自由裁量权细化标准》等法律法规、规定给予行政处罚。应由其他部门处罚的，应当及时移送相关部门。

第二十五条 县级以上民政部门应当建立殡葬服务单位黑名单制度。对拒不整改或者两年内未完成整改的，以及投诉较多、存在严重违法违规行为的，县级以上民政部门应当将其纳入黑名单监管。

第二十六条 县级以上民政部门应当依托全国企业信用信息公示系统（甘肃），建立统一的市场监管信息平台。殡葬服务单位执法检查结束后，县级以上民政部门应当及时通报执法检查结果。

第四章　法律责任

第二十七条 县级以上民政部门在执法检查工作中，应当坚持依法行政，秉公执法，不得损害殡葬服务单位的合法权益。民政部门工作人员违反本规定，依法依规追究相关责任；构成犯罪的，依法追究刑事责任。

第二十八条 殡葬服务单位拒绝、阻碍民政部门执法检查督查的，依照法律、法规和有关规定处理。

第五章　附　　则

第二十九条 县级以上民政部门与其他部门联合执法检查的，可以参照本办法执行。

第三十条 《甘肃省殡葬服务单位执法检查登记表》、《责令整改通知书》、《行政处罚决定书》由省民政厅监制。

第三十一条 本办法自 2017 年 1 月 1 日起施行，有效期 5 年。2011 年 11 月 15 日省民政厅印发的《甘肃省公墓管理执法检查办法》（甘民发〔2011〕148 号）同时废止。

附件
1. 甘肃省殡葬服务单位执法检查登记表（城乡公益性公墓、农村公益性墓地）（略）
2. 甘肃省殡葬服务单位执法检查登记表（殡仪馆、火葬场、殡仪服务站或殡仪服务中心）（略）
3. 甘肃省殡葬服务单位执法检查登记表（经营性公墓）（略）
4. 责令整改通知书（略）
5. 行政处罚决定书（略）

甘肃省人民政府办公厅关于进一步加强公墓建设管理工作的通知

（甘政办发〔2017〕191 号）

各市、自治州人民政府，兰州新区管委会，省政府有关部门：

加强公墓建设管理，是健全完善基本公共服务体系的重要内容，也是推动殡葬改革的重要举措。近年来，全省各地认真贯彻落实《殡葬管理条例》《甘肃省殡葬管理办法》等法规政策，着力加强公墓建设和规范管理，基本满足了群众的安葬需求，为保护土地资源和生态环境发挥了积极作用。但一些地方特别是农村地区仍存在乱批乱建公墓、缺乏有效监管，公墓区超标准建造墓穴、过度硬化，违规出售或炒买炒卖墓穴（格位）等突出问题，严重侵害了群众利益。为进一步加强全省公墓建设管理，经省政府同意，现将有关事宜通知如下。

一、统筹规划布局

县级以上政府要将公墓建设列入当地城乡建设规划和基本建设规划，预留公墓用地，优化建设布局，实行总量控制，避免重复建设。公墓选址必须符合土地利用总体规划和城乡建设规划，选择荒山荒地或不宜耕种的贫瘠地进行规划建设，严禁在耕地、林地、自然保护区、公园、风景名胜区和文物保护区，水库、湖泊及河流堤坝附近和水源保护区，铁路、公路主干线两侧，通信光缆、天然气和输油输水设施两侧等区域建造公墓。公墓建设数量和规模要按照节约土地、保护环境、保障需求、方便群众的原则，综合考虑当地人口数量、人口年死亡率、使用周期等因素统筹规划。原则上农村公益性墓地（集中安葬区）以行政村为单位建设，提倡以乡镇为单位或由若干相邻的行政村进行联建，每个县市区至少建设1座公益性公墓或公益性骨灰安放设施。除纳入规划、原有墓区趋于饱和等原因外，各地不再新建或扩建经营性公墓。到2020年，全省要实现公益性公墓等殡葬服务设施县级行政区域全覆盖。

二、严格公墓审批

要严格按照《殡葬管理条例》《甘肃省殡葬管理办法》有关规定，从严控制审批公墓。对于新建或扩建经营性公墓必须从严掌握，通过招标拍卖挂牌出让的方式取得土地使用权，经公开听证、风险评估、相关部门审查，以及县级政府和市州民政部门审核同意后，报省民政厅审批。今后，未依法办理农用地转用和土地征收手续的，不得许可建设经营性公墓。新建或扩建公益性公墓，由当地政府以划拨方式提供建设用地，经调研论证、风险评估、相关部门审查、县级民政部门审核后，报县级政府审批。农村为本村村民建设的集中安葬区，由村民委员会与村民代表充分协商、共同选址，经乡镇政府审核同意后，报县级民政部门审批。建设少数民族公墓，应按有关规定经同级民族事务主管部门审查同意。未经批准，任何单位和个人不得建设公墓，不得变更公墓建设地址，不得将公益性公墓转为经营性公墓。对于违法违规审批和在审批过程中有失职渎职行为的，要追究相关责任人的责任。

三、推行节地生态安葬

积极推行节地生态安葬，是践行绿色发展理念的重大举措。各地各有关部门要充分认识推行节地生态安葬的重要性和紧迫性，按照党和国家及我省推进生态文明建设的有关要求，进一步完善相关政策，强化保障措施，把公墓建设成为节地环保型的优质生态产品。要按照"墓区园林化、墓碑小型化、葬式多样化、祭祀环保化、服务人性化"的要求建设和管理，倡导地面不建墓基、地表不留坟头、地下不建硬质墓穴，最大限度降低硬化面积。所有公墓都要规划节地生态安葬区，建设骨灰墙等小于规定标准的节地型墓位，推广壁葬、树葬、花葬、深埋等节地生态安葬方式。新建城镇公益性公墓墓区绿化覆盖率不低于50%，节地生态安葬率达到100%；经营性公墓节地生态安葬率要达到50%。对超标准建墓立碑的，要采取公墓生态修复措施，依法通过拆除、绿化等方式进行整治改造，逐步提高节地生态安葬水平。城市公益性公墓要按照住房城乡建设部、国家发展改革委发布的《城市公益性公墓建设标准》（建标182—2017），坚持"节地生态、绿色环保、立足现实、兼顾发展"的原则，做好规划、建设和管理，确保经济适用、功能完善、理念先进。农村公益性公墓和集中安葬区（点）要按照绿色城镇化和美丽乡村建设要求，严格执行墓位占地面积规定，减少使用不可降解材料，提高集约化、生态化安葬程度。

四、加强监督检查

各地要按照属地管理原则，健全殡葬执法队伍，完善监督检查制度，切实加强对公墓的依法管理。要定期开展公墓执法检查，严格规范公墓建设经营行为，发现问题及时予以纠正或处理，严禁以批代管、只批不管。要坚决取缔非法公墓，对未经批准建设的公墓，要按照《殡葬管理条例》规定，由民政部门会同建设、国土资源部门依法予以取缔，责令恢复土地原状，没收违法所得，可以并处罚款。要及时纠正违规建设公墓，对已批准建设的公墓，要定期对照项目立项、土地、规划、环评等手续重新调查核实；对违反土地利用总体规划、城乡规划或超过国家规定标准建设公墓的，要依法予以纠正或吊销公墓建设批准文件，并追究有关责任人的责任；对未按批准文件建设的公墓，要责令停止建设，限期改正；对未经验收合格擅自经营的公墓，要责令停业整顿，验收不合格不得开展经营活动。要及时清理公墓违规经营行为，禁止建设、出售（租）超规定面积墓穴、墓地，禁止非法出售（租）、转让（租）墓葬用地或骨灰存放格位，对违反法律法规规定的，相关主管部门要依法追究公墓经营者的责任。要坚持公益性公墓的公益属性，禁止城乡公益性公墓和农村集中安葬区（点）以租赁、招商引资、承包经营或股份制合作等形式建设和开展经营活动。各地政府和主管部门要公开举报电话，畅通信访渠道，主动受理公墓建设经营中的各种违法违规问题，促进公墓建设有序健康发展。

五、强化服务保障

各地政府要将公墓建设管理工作摆在重要位置，主动纳入重要议事日程，切实加强组织领导。各地民政、发展改革、民族、公安、财政、国土资源、环保、建设、农牧、林业、税务、工商行政管理等部门要充分发挥职能作用，认真做好公墓建设管理和服务保障工作，切实形成齐抓共管的工作合力。要将公益性公墓和农村集中安葬区建设经费纳入福利彩票公益金预算，加大对殡葬事业的投入，落实惠民殡葬和生态奖补政策经费，尽快改变全省公墓设施短缺现状，补齐民生建设短板。要学习借鉴其他地方好的经验做法，结合本地区实际，认真研究制定和配套完善相关政策措施，为公墓建设管理提供有力支持。要按照省委办公厅、省政府办公厅印发的《关于党员干部带头推动殡葬改革的实施意见》（甘办发〔2014〕54 号）要求，依法纠正和查处党员干部乱埋乱葬、超标准建墓立碑等行为，切实发挥党员干部的示范带头作用。要进一步强化宣传引导，切实营造推行公墓集中安葬和节地生态安葬的有利环境。要指导公墓单位全面落实节地生态安葬要求，积极拓展服务项目，丰富服务内容，创新服务方式，提高服务质量，更好满足群众需求。

甘肃省人民政府办公厅关于建立甘肃省殡葬改革工作联席会议制度的通知

（甘政办函〔2018〕70 号）

各市、自治州人民政府，兰州新区管委会，省政府有关部门：

为进一步加强对全省殡葬改革工作的组织领导，切实强化统筹协调，省政府决定建立甘肃省殡葬改革工作联席会议制度（以下简称"联席会议"）。现将有关事项通知如下：

一、联席会议组成（略）

联席会议办公室设在省民政厅，办公室主任由省民政厅分管负责人兼任，各成员单位相关处室负责同志担任联络员。联席会议成员如有变动，报经联席会议备案后，由成员单位接任工作的同志替补，不另行文。

二、联席会议及成员单位职责

（一）联席会议主要职责

在省政府领导下，统筹协调全省殡葬改革管理工作，研究拟订全面深化殡葬改革的重大政策措施，向省政府提出工作建议；组织协调指导有关殡葬改革管理工作，推动部门间的沟通与协作；督促检查殡葬改革重大政策和重点工作的贯彻落实，及时通报进展情况；完成省政府交办的其他事项。

（二）联席会议成员单位主要职责

1. 省委组织部、省人社厅负责及时掌握党员干部治丧情况，加强对党员干部带头遗体火化、带头文明节俭治丧、带头节地生态安葬、带头文明低碳祭扫、带头治理乱埋乱葬的教育管理。省人社厅负责完善参加社会保险人员死亡后丧葬补助金、抚恤金等发放政策。

2. 省委宣传部、省文明办负责做好殡葬改革宣传引导工作，将殡葬移风易俗工作纳入文明创建活动内容。

3. 省法院负责依法受理对违法安葬行为行政处罚或者处理决定申请强制执行的案件。

4. 省发展改革委负责加强对提供基本殡葬服务殡葬设施建设的支持，依法制定殡葬服务收费标准，查处殡葬乱收费、价格违法行为。

5. 省民委、省宗教事务局负责协调管理少数民族依照法律法规开展丧葬活动；规范寺庙、宗教人士的丧葬活动；依法规范寺庙等宗教活动场所建设骨灰存放设施等行为。

6. 省公安厅负责依法对办理丧事活动中妨碍公共秩序、危害公共安全、侵害他人合法权益及阻碍殡葬执法、寻衅滋事、殴打执法人员等行为进行查处；加强对本部门出具的非正常死亡证明的管理，对无名无主、非正常死亡遗体进行法医鉴定；依法查处私自改装车辆运输遗体的行为；积极商请民政部门共享殡葬信息，从中发现死亡人员未销户口线索，及时调查核对、注销户口。

7. 省民政厅负责殡葬改革联席会议办公室日常工作，及时向殡葬改革联席会议汇报重大问题，提出解决建议；牵头做好殡葬管理政策标准制定、殡葬改革工作组织实施、殡葬设施审批监管等工作。

8. 省司法厅、省政府法制办负责配合做好殡葬法规政策完善；对因殡葬问题引起的纠纷和诉讼，做好人民调解工作。

9. 省财政厅负责保障落实惠民殡葬和节地生态安葬奖补政策所需的资金，合理核拨殡葬事业单位运营管理经费和殡葬事业发展经费。

10. 省国土资源厅、省林业厅、省农牧厅负责依法保障纳入规划的殡葬设施用地需求，纠正和查处违法占地建设殡葬设施、违法占用耕地林地建坟等行为。

11. 省环保厅负责依据国家要求，强化对殡葬活动的环境监管。

12. 省建设厅负责依法加强殡葬设施规划建设管理，加强殡仪馆、公墓建设情况的检查监督。

13. 省文化厅负责加强对治丧活动中营利演出活动的监管。

14. 省卫生计生委负责加强对医疗机构出具死亡证明的管理和医疗机构太平间的管理，禁止医疗机构太平间开展有偿殡葬服务、销售丧葬用品；配合殡葬管理部门做好遗体管理和接运，指导殡仪服务机构做好卫生防疫工作。

15. 省政府外事办负责依法依规对要求将外国人、海外华侨、港澳同胞遗体或骨灰运出境外或运进国内安葬相关事项的审核。

16. 省工商局、省质监局负责加强对殡葬用品市场的规范管理，坚决打击和查处非法经营、销售丧葬用品，依法查处殡葬行业限制竞争及垄断行为；监督丧葬用品生产制造企业生产合格、环保的丧葬产品，查处制造、销售不符合国家技术标准的殡葬设备和封建迷信殡葬用品的违法行为。

17. 工会、共青团、妇联等人民团体和基层党组织、村（居）委会以及红白理事会、老年人协会等基层组织负责动员群众移风易俗、积极参与殡葬改革。

对党员、干部及其直系亲属在丧事活动中大操大办、铺张浪费、借机收敛钱财、搞封建迷信活动和使用公款、公物、公车等行为的，有关部门应提请纪检监察机关依法依规予以查处。

三、工作规则

（一）联席会议原则上每年召开一次例会，由召集人或召集人委托的同志主持；必要时可以临时召集会议。

（二）联席会议由成员和联络员参加。根据工作需要，可邀请其他相关部门、单位负责人列席会议。

（三）联席会议会务工作由联席会议办公室具体负责。

四、工作要求

（一）各成员单位要按照职责分工，主动研究涉及全面深化殡葬改革的有关问题。

（二）各成员单位要积极参加联席会议，认真落实联席会议确定的工作任务和议定事项，及时处理需要跨部门协调解决的问题。

（三）各成员单位要互通信息，相互配合，相互支持，形成合力，充分发挥联席会议的作用，共同做好全面深化殡葬改革各项工作。

甘肃省人民政府办公厅

2018 年 9 月 5 日

（此件公开发布）

关于印发《甘肃省关于进一步推动殡葬改革促进殡葬事业发展的实施意见》的通知

（甘民发〔2018〕144 号）

各市（州）民政局、文明办、发展改革委、物价局、公安局、财政局、人力资源社会保障局、国土资源局、环境保护局、文化局、卫生计生委、工商局、林业局、宗教局、工会、团委、妇联，兰州新区民政和社会保障局、党群部（文明办、宗教、团委、工会、妇联）、经济发展局、公安局、财政局、国土资源局、环保局、教育体育文化局、卫计食品药品监督局、工商局、农村水务局（林业）：

为全面深入贯彻党的十九大精神，推动殡葬改革和殡葬事业更好服务于保障和改善民生、促进精神文明和生态文明建设，根据民政部、中央文明办、国家发展改革委、公安部、财政部、人力资源社会保障部、国土资源部、环境保护部、文化部、国家卫生计生委、国家工商总局、国家林业局、国家宗教事务局、全国总工会、共青团中央、全国妇联等16部门印发的《关于进一步推动殡葬改革促进殡葬事业发展的指导意见》（民发〔2018〕5号）及有关殡葬法规政策，省民政厅等16部门制定了《甘肃省关于进一步推动殡葬改革促进殡葬事业发展的实施意见》，并商省委组织部、省委宣传部、省住房和城乡建设厅、省高级人民法院同意。现印发你们，请结合实际，认真贯彻落实。

甘肃省关于进一步推动殡葬改革促进殡葬事业发展的实施意见

殡葬改革工作事关人民群众切身利益，事关精神文明和生态文明建设，事关党风政风民风。近年来特别是党的十八大以来，全省殡葬改革深入推进，殡葬公共服务能力明显增强，殡葬管理水平不断提升，殡葬事业取得较大发展。但要看到，思想认识不统一、服务保障不到位、体制机制不健全、散埋乱葬难根治、监管执法难跟进等问题还较为突出，殡葬改革发展水平与人民群众期待需求、与经济社会发展要求还有不小差距。为进一步增强殡葬改革动力，激发殡葬事业发展活力，更好满足人民群众殡葬服务需求，促进殡葬事业健康有序发展，根据民政部等16部门《关于进一步推动殡葬改革促进殡葬事业发展的指导意见》（民发〔2018〕5号），结合我省实际，现就推动全省殡葬事业改革发展提出如下实施意见。

一、总体要求

（一）指导思想。全面贯彻党的十九大精神，以习近平新时代中国特色社会主义思想为指导，认真贯彻落实党中央、国务院重要决策部署和省委、省政府的工作要求，坚持以人民为中心的发展思想，践行新发展理念，围绕建设惠民、绿色、文明殡葬，以推动殡葬改革为牵引，以满足人民群众殡葬需求为导向，以提升殡葬服务能力和水平为保障，以创新殡葬管理体制机制为动力，整合资源、规范管理、优化服务、深化改革，推动殡葬改革和殡葬事业更好服务于保障和改善民生、促进精神文明和生态文明建设，为增进人民福祉、全面建成小康社会作出贡献。

（二）基本原则。

——以人为本，公平可及。把以人民为中心、满足群众殡葬需求作为殡葬改革的出发点和落脚点，坚持推进殡葬改革与完善殡葬服务供给相结合，优化殡葬资源配置，完善殡葬服务网络，建立基本殡葬服务制度，着力实现人人享有公益性基本殡葬服务，让人民群众成为殡葬改革的最大受益者。

——推进改革，移风易俗。坚定不移推行殡葬改革，把尊重生命、绿色文明的理念贯穿于殡葬改革全过程，大力弘扬社会主义核心价值观，把厚养薄葬、文明节俭治丧、节地生态安葬、文明低碳祭扫转化为人们的情感认同和行为习惯，传承发展优秀传统文化，革除丧葬陋俗，树立新时代殡葬新风尚，促进人与自然和谐共生。

——政府主导，社会参与。正确处理政府与市场的关系，强化政府主体责任，建立健全基本殡葬公共服务体系，完善监管体制机制，全面加强殡葬行业监管。积极推进殡葬服务供给侧结构性改革，引导社会力量有序参与，满足群众多样化殡葬服务需求。

——因地制宜，分类施策。鼓励各地结合自身条件与特点，因地制宜大胆探索创新，不因循守旧，不千篇一律，注重在殡葬改革、殡葬服务、殡葬管理等方面探索符合实际、行之有效的改革路径，形成各具特点的发展模式，培育健康发展的新思路、新样本、新机制。

——统筹协调，综合治理。坚持在各级党委和政府统一领导下开展工作，强化民政部门行业监管责任，完善部门协同监管机制，加强基层工作力量，建立健全组织有力、职责明确、协调顺畅、执法严明的领导体制和工作机制。发挥基层群众自治、行业协会自律、社会监督等方面作用，创新监管手段和治理方式，实现政府、社会、市场优势互补、良性互动。

（三）目标任务。争取到 2020 年，火葬区内和 40 万以上人口的县（市、区）基本实现殡仪馆（含火化设施）全覆盖并达到国家环境保护标准要求，40 万以下人口的县（市、区）基本实现殡仪服务站全覆盖，逐步建立基本殡葬服务制度和节地生态安葬奖补制度，覆盖城乡居民的殡葬公共服务体系基本建立，遗体火化率逐年提高，骨灰格位存放、树葬、花葬等节地生态安葬比例达到 50% 以上，党委领导、政府负责、部门协调、公众参与、法治保障的工作格局基本形成。

二、稳步推进殡葬改革

（四）积极稳妥实行火葬。各地要持续推进火葬土葬改革，逐步扩大火葬区覆盖范围，依法推行遗体火化和骨灰处理多样化，新建成火化设施的地区，要及时划定火葬区范围，并按规定报省政府批准。在实行火葬的地区，逝者遗体应当就地、就近火化，禁止埋葬遗体，禁止将应当火化的遗体运送到允许土葬的地区埋葬，因特殊原因需要异地运输遗体的，应当经所在地和目的地民政部门批准；要坚持遗体火化与骨灰处理两手抓、两手都要硬，既要巩固提升火化率，又要大力推进骨灰集中节地生态安葬。对火葬区内遗体违规土葬、骨灰装棺再葬、散埋乱葬等问题，要坚持疏堵结合、依法治理，严禁以罚代管、放任不管。在土葬改革区，要积极引导群众实行集中安葬，倡导遗体深埋、不留坟头或以树代碑。

（五）大力推行节地生态安葬。认真贯彻落实民政部等 9 部门《关于推进节地生态安葬的指导意见》（民发〔2016〕21 号）、《中共甘肃省委甘肃省人民政府关于加快推进大规模国土绿化的实施意见》（甘发〔2018〕10 号）和《甘肃省人民政府办公厅关于进一步加强公墓建设管理工作的通知》（甘政办发〔2017〕191 号），大力推行不占或少占土地、少耗资源、少使用不可降解材料的节地生态安葬方式，加快建立节地生态安葬奖补制度。要按照墓地园林化建设要求，着力提升墓区绿化率，保护和改善生态环境。要加大城乡公益性节地生态安葬设施建设力度，因地制宜，科学合理规划选址，提供树葬、撒散、骨灰存放等多样化节地生态安葬方式，提高建设管理和服务水平。要加强公益性节地生态安葬设施用地保障，在符合土地利用总体规划的前提下，应在土地利用年度计划中优先安排新建项目用地，在用地取得、供地方式、土地价格等方面加快形成节约集约用地的激励机制。对于经营性公墓，要严格限制墓穴、墓位占地面积和墓碑高度，鼓励使用可降解材料，引导从依赖资源消耗，逐步向绿色生态可持续发展转型。

（六）深入推进殡葬移风易俗。深化丧葬习俗改革，把殡葬移风易俗纳入文明城市、文明村镇创建和美丽乡村建设之中。要加大推进力度，根据需要，加快规划和建设殡仪服务站等集中治丧场所，规范治丧秩序；合理设置祭扫专门区域和集中焚烧设备，引导群众文明治丧、低碳祭扫。要坚持开展农村散埋乱葬专项治理活动，并作为加强和完善社区治理、改善农村社区环境、节约土地资源、保护自然生态的重要举措进行统筹部署安排。充分发挥村（居）委会和红白理事会、老年人协会等基层组织作用，把治丧规范（办理天数、服务项目、开支标准、礼金收取范围及额度等）纳入村规民约、村民自治章程，成立红白理事会或殡仪服务公司，专业从事丧事办理活动，倡导文明现代、勤俭节约、厚养薄葬的社会新风，转变传统丧葬习俗，减轻丧主治丧负担和吊唁群众的经济负担。深入挖掘阐释清明节等传统节日蕴含的教育资源，充分依托殡葬服务纪念设施，建设生命文化教育基地，打造优秀殡葬文化传承平台，弘扬尊重生命、孝老敬亲、厚养薄葬、慎终追远、天人合一等思想文化，崇尚社会公德、家庭美德，培育现代殡葬新理念新风尚。

三、建立健全殡葬公共服务体系

（七）优化殡葬服务资源布局。各地要立足当地群众殡葬服务需求，着眼长远发展，加紧制定和完善本区域殡仪馆、火葬场、骨灰堂、公墓、殡仪服务站等殡葬设施的数量、布局规划。规划时要严守生态保护红线，重点完善设施空白地区规划，调整优化基础薄弱或服务饱和地区殡葬资源结构，确保殡葬设施种类、数量、服务规模与当地群众殡葬服务需求相匹配、与殡葬改革推行相适应，并严格依照规划审批殡葬设施，做好殡葬项目"邻避"问题防范与化解工作。特别是实行火葬的地区，必须把建设火化设施和骨灰安葬设施作为首要条件纳入工作规划，明确推进的时间表和路线图。力争到"十三五"末，全省火葬区内应建未建火化设施和土葬改革区内40万以上人口的县（市、区）要全部建成带火化设施的殡仪馆；土葬改革区内40万以下人口的县（市、区）已建成公办性质殡仪服务站的，要预留火化区、骨灰寄存区等区域，使殡仪服务站向具有火化功能的殡仪馆转变，已建成民办殡仪服务站的，可酌情考虑单独配套建设火葬场，不断满足群众丧葬需求。同时，要及时更新改造现有火化设施设备，重点对已达危房标准、设施陈旧的县（市、区）殡仪馆实施改扩建，对已达到强制报废年限或不符合国家环境保护标准的火化设备进行更新改造。

（八）建立基本殡葬服务制度。各地要制定基本殡葬服务清单，把遗体接运、暂存、火化、骨灰寄存等项目纳入清单范围，并根据当地经济社会发展水平和需求状况进行动态调整。要坚持基本殡葬服务公益性，强化政府责任和投入，依照国家和我省有关规定加强基本殡葬服务价格管理，并为城乡困难群众以减免费用或补贴方式提供基本殡葬服务，有条件的地区可将政策惠及对象扩展到辖区所有居民，逐步实现基本殡葬服务的普惠性、均等化。对履行基本殡葬服务职能的殡仪馆、火葬场、公益性公墓等殡葬服务机构，要落实政府投入和税费减免配套优惠政策，确保持续稳定地提供基本殡葬服务。

（九）丰富和完善殡葬服务供给。妥善处理基本殡葬服务与非基本殡葬服务的关系，保障和改善基本殡葬服务，提升服务质量和效能，丰富和拓展非基本殡葬服务，满足群众多样化、多层次的殡葬服务需求。坚持殡葬服务事业单位提供基本殡葬服务的主导地位，改革体制机制，改善服务方式，丰富服务内容，提高服务质量，适度降低服务费用，发挥示范引领作用。对于能由政府与社会资本合作或能由政府购买服务提供的，鼓励和引导社会力量有序参与，推动殡葬服务供给主体和供给方式多元化。依法完善遗体接运、遗体殓殡、遗体殡仪等直接接触遗体的殡仪服务事项管理制度和服务标准，完善市场准入条件，强化事中事后监管，引导各类主体规范提供服务。创新殡葬服务与"互联网+"融合发展的新途径、新模式、新业态，为群众提供更加方便、快捷、透明的殡葬服务。

四、规范殡葬服务机构管理

（十）推进殡葬服务机构管办分离改革。结合事业单位分类改革要求，理顺政府与市场的关系，推进殡葬行政管理职能与生产经营分开、监管执法与经营举办分离，探索多种有效的实现形式。各民政部门要强化殡葬法规政策、行业规划、标准规范的制定和监督指导职责，从对殡葬服务单位的直接管理向行业管理转变。强化殡葬服务事业单位的公益属性，进一步落实法人自主权，规范内部管理，调动工作积极性，激发发展活力。对殡葬管理事业单位与殡仪馆、公墓等经营实体合一或举办经营实体的，要摸清底数，制定脱钩方案，提出加强殡葬管理力量的有效措施，提请当地党委和政府研究解决。

（十一）规范社会资本参与。鼓励社会资本以出资建设、参与改制、参与运营管理等多种形式投资殡葬服务行业，但对于具有遗体火化等基本殡葬服务功能的殡葬设施，要强化政府主体责任。

对于公办殡葬服务机构与社会资本合作的，要坚持公共利益优先原则，从是否增加和改善基本殡葬服务供给、提高运营效率、促进创新和公平竞争等方面，充分做好评估论证，审慎确定合作模式，规范选择合作伙伴，细化和完善项目合同文本，并可通过派驻管理人员等方式，强化日常监管，确保合作期间国有资产不流失、公益属性不改变、服务水平有提高。对项目收入不能覆盖成本和收益、但社会效益较好的合作项目，政府可给予适当补助。对服务管理不规范、严重偏离公益方向、公众满意度差的合作方，要建立违约赔偿和退出机制。

（十二）加强重点事项管理。根据各类殡葬服务机构性质和特点，坚持问题导向，聚焦风险防范，分类施策，加强管理。殡葬服务机构要全面实行收费公示和明码标价制度，严格执行政府定价、政府指导价，与逝者家属签订服务合同及可供选择的完整的服务清单，出具合法结算票据，保证中低价位殡葬服务和用品足量提供，严禁诱导、捆绑、强制消费。加强对遗体处置和相关证件出具审核的监管，避免接收来源不明遗体、轻率或错误火化遗体，严厉查处虚开、倒卖火化证明等违法违规行为，加强行风建设，全面推进反腐倡廉和廉洁从业。殡葬服务机构要全面加强安全管理，持续加强安全隐患排查整治，坚决防止发生安全责任事故，切实落实交通安全主体责任，加强配套停车场规划建设，强化对殡葬服务车辆及驾驶人员的安全管理，遗体运输车辆应当符合国家规定的技术标准和相应的卫生条件。进一步规范和加强公墓管理，对未经批准建设的公墓依法予以取缔，对违规改扩建等行为予以纠正，禁止建造超规定面积墓穴、墓位，禁止非法出售（租）、转让（租）墓葬用地或骨灰存放格位，禁止农村公益性墓地违规对外销售，禁止焚烧、摆放不易降解、污染环境的祭祀用品，禁止生产、销售不文明、不健康、不环保的丧葬用品。对经营性公墓价格，要加强经营者定价行为的指导规范，对价格明显偏高的，必要时依法进行干预和管理。加强殡葬用品市场、社会殡仪服务机构、殡葬服务中介机构及相关从业人员管理，建立部门联合执法机制，查处虚假宣传、以次充好、强制消费、价格欺诈等侵害消费者权益行为。加强医院太平间管理，严禁在太平间开展营利性殡仪服务。制定完善无人认领遗体管理办法。查处借宗教名义违规建设、经营骨灰存放设施等行为。

（十三）积极创新管理手段。充分利用信息化手段，加强殡葬服务机构日常信息采集分析，并公示机构名录、审批、年度检查、日常抽查等信息，建立殡葬服务机构执业情况定期通报制度。加强部门信息交换共享和联动惩戒，建立失信黑名单制度，将失信黑名单信息纳入全国和全省信用信息共享平台，强化对殡葬服务机构的信用监管。建立健全以群众满意度为导向的殡葬服务机构考核评价机制，制定和完善考核评估指标体系，侧重衡量功能定位、职责履行、服务流程、服务态度、服务质量、社会效益等内容，把社会评价与检查考核相结合，结果向社会公开，并与政府购买服务、财政补贴、表彰奖励等挂钩，建立激励约束机制。

五、强化组织保障

（十四）加强组织领导。推动各级党委和政府把推动殡葬改革发展作为增进人民福祉的重要内容、促进精神文明和生态文明建设的有力举措，摆上议事日程，建立健全党委领导、政府负责、部门协作、社会参与、法治保障的领导体制和工作机制，明确职责分工，完善政策措施，加强目标考核，强化责任落实。民政部门要发挥好牵头作用，主动协调有关部门，通过定期召开会议、通报工作情况、联合督查执法等方式，完善部门协作机制，有效解决殡葬领域重点难点问题，形成推动殡葬改革发展的合力。

（十五）落实部门职责。各有关部门要切实履行职责，加强联动互动。民政部门要牵头做好殡葬管理政策标准制定、殡葬改革工作组织实施、殡葬设施审批监管等工作。组织人事部门要及时掌握党员干部治丧情况，加强对党员干部的教育管理。宣传部、文明办要做好殡葬改革宣传引导工作，将殡葬移风易俗工作纳入文明创建活动内容。发展改革部门要加强对殡葬事业发展的规划，建立殡葬事业公共投入和稳定增长机制，加大对提供基本殡葬服务的殡葬设施建设支持力度。公安机关要加强对本部门出具的非正常死亡证明的管理，查处丧事活动中违反治安管理的行为和私自改装车辆运输遗体的行为，并积极商请民政部门共享殡葬信息，从中发现死亡人员未销户口线索，及时调查核对、注销户口。财政部门要保障落实惠民殡葬和节地生态安葬奖补政策所需的资金，合理核拨殡葬事业单位运营管理经费和殡葬事业发展经费。人力资源社会保障部门要完善参加社会保险人员死亡后丧葬补助金、抚恤金等发放政策。国土、林业等部门要依法保障纳入规划的殡葬设施用地需求，纠正和查处违法占地建设殡葬设施、违法占用耕地林地建坟等行为。环境保护部门要依法指导支持火化机环保改造，强化殡葬活动的生态环境监管。住房城乡建设部门要依法加强殡葬设施规划建设管理。文化部门要加强对治丧活动中营利性演出活动的监管。卫生计生部门要加强对医疗机构出具死亡证明的管理和医疗机构太平间的管理，指导殡仪服务机构做好卫生防疫工作。工商部门要配合查处制造、销售不符合国家技术标准的殡葬设备、封建迷信殡葬用品等违法行为。财政、价格主管部门要依法制定殡葬服务收费标准，查处殡葬乱收费行为。宗教事务管理部门要依法规范寺庙等宗教活动场所建设骨灰存放设施等行为。人民法院要依法受理违法安葬行为申请强制执行案件。工会、共青团、妇联等人民团体和基层党组织、村（居）委会以及殡葬行业协会、红白理事会、老年人协会等基层组织要充分发挥作用，广泛动员群众积极参与殡葬改革。

（十六）强化党员干部模范带头作用。严格落实中央八项规定精神、省委"双十条"规定精神和党员干部带头推动殡葬改革的要求，增强党员干部从严律己意识，强化党纪法规的刚性约束。党员干部要做法规制度的遵守者，去世后要依法依规实行火葬、骨灰集中规范安葬；要做文明风尚的引领者，带头文明节俭治丧、节地生态安葬、文明低碳祭扫，并加强对其直系亲属和身边工作人员办理丧葬事宜的教育和约束，以正确导向和行为示范带动广大群众革除丧葬陋俗，弘扬新风正气。严禁在治丧活动中大操大办、铺张浪费，严禁借机收敛财物。对党员干部尤其是领导干部去世后违规土葬、散埋乱葬、超标准建墓立碑以及治丧活动中其他违法违纪行为的，要依法依纪严肃查处。

（十七）加强督查评估。民政等部门要加强对殡葬工作政策落实情况的督查评估，定期或不定期地检查是否存在对违规上葬、散埋乱葬行政不作为的问题，是否能够及时跟进对殡葬服务机构的事中事后监管，是否能够落实惠民扶持政策等，对发现的问题要逐项整改，加强跟踪分析和通报。要建立健全殡葬工作的考核评价机制，把火化率、节地生态安葬率、火化设施设备更新改造率、公益性安葬设施覆盖率等衡量改革发展成效的重要指标纳入考核范围，并争取纳入当地党委和政府目标考核，打通政策落实的"最后一公里"。

（十八）鼓励探索创新。要发扬基层首创精神，围绕殡葬领域体制机制、公共投入、监管执法、信息化建设等重点难点问题，勇于攻坚，寻求解决对策，创造积累经验，不断丰富完善相关政策措施，有效破解改革发展难题。山丹县、玉门市等地要认真开展殡葬综合改革试点，结合实际，大胆探索，及时总结经验做法，研究解决改革中出现的问题。对相对成熟的试点经验，加强推广应用，形成试点先行、重点突破、以点带面的良好态势。

（十九）加强宣传引导。以殡葬服务机构、城乡社区等为重要宣传平台，充分发挥新媒体传播优势，深入宣传殡葬法规政策，普及科学知识，传递文明理念，引导群众转变观念、理性消费、革除陋俗，树立厚养薄葬、文明节俭、生态环保的殡葬新风尚。大力宣传党员干部带头参与殡葬改革的典型事例及各地推动殡葬改革发展的成功经验，发挥先进典型的示范作用，树立殡葬为民的良好形象，把社会风气引导好，努力营造人人支持殡葬改革、全社会关心殡葬事业发展的良好氛围。

甘肃省惠民殡葬实施办法

（甘民发〔2020〕123号）

第一条　为保障困难群众基本殡葬需求，减轻困难群众丧葬负担，推动群众积极参与殡葬改革，根据《国务院殡葬管理条例》《甘肃省殡葬管理办法》和相关政策规定，结合省情实际，制定本办法。

第二条　本办法所称惠民殡葬政策，是以政府公共财政为保障，为困难群众死亡后实行火化的免费提供遗体接运、遗体暂存、遗体火化、骨灰存放等基本殡葬服务的制度安排。

第三条　惠民殡葬政策坚持保基本、兜底线、可持续，与其他社会保障制度相衔接，与经济社会发展水平相适应，遵循公开、公平、公正、及时的原则。

第四条　县级以上民政部门负责惠民殡葬政策的制定完善、组织实施和绩效评价，财政部门负责经费的安排和监管，卫生健康部门、退役军人事务部门、红十字会配合民政部门和殡仪馆做好免费对象相关信息的核对，具有火化功能的殡仪馆负责受理申请、审核审批、服务提供、费用结算、档案管理等工作。

第五条　惠民殡葬政策的免费对象是：

（一）户籍在甘肃省内且死亡后实施火化的低保对象；

（二）户籍在甘肃省内且死亡后实施火化的特困人员；

（三）户籍在甘肃省内且死亡后实施火化的孤儿、事实无人抚养儿童；

（四）户籍在甘肃省内且死亡后实施火化的生活困难的重点优抚对象；

（五）在甘肃省内实施火化的遗体和人体器官捐献者；

（六）有条件的地区可扩大到实施火化的低收入群众。

享受国家规定丧葬补助的，不得纳入本办法规定的惠民殡葬免费服务范围。

第六条　符合第五条规定条件的对象，可享受以下惠民殡葬免费项目：

（一）普通殡仪车辆接运遗体费用；

（二）殡仪馆3日内遗体暂存（冷柜）费用；

（三）普通火化炉遗体火化费用；

（四）3年内骨灰寄存费用；

（五）200元以内可降解的骨灰盒或骨灰容器1个。

超出免费项目范围或选择其他殡仪服务项目所产生的费用，不在免除之列，应由逝者直系亲属（监护人）或相关机构按规定标准支付。

第七条　申请审核审批惠民殡葬政策，具体程序如下：

（一）申请。办理逝者遗体接运或火化手续前，由逝者直系亲属或丧事承办人持本人身份证和逝者身份证、相关证件（包括最低生活保障证、特困人员供养证、特殊儿童保障证、遗体捐献证明、人体器官捐献荣誉证书），到户籍所在地具有火化功能的殡仪馆提出申请，由申请人填写《甘肃省惠民殡葬服务事项申请审批表（殡仪馆用表）》。户籍所在地不具有火化功能殡仪馆的，向市级殡仪馆或向市州民政部门指定的具有火化功能的殡仪馆提出申请。殡仪馆无正当理由，不得拒绝受理。

（二）审核。受理申请的殡仪馆经办人员，应当对申请人提供的相关证件进行审核，对符合享受惠民殡葬政策条件的，由经办人员填写《甘肃省惠民殡葬服务事项申请审批表（殡仪馆用表）》，计算免费金额，签注审核意见，复印留存相关证件资料，报殡仪馆分管负责人审核。殡仪馆分管负责人对相关证件资料、免费项目和免费金额进行审核，符合免费条件的签注审核意见，报殡仪馆主要负责人审批。

（三）审批。殡仪馆主要负责人应当对经办人员、分管负责人的审核情况进行审查，对符合惠民殡葬政策免费条件的签注审批意见，作出审批决定，由殡仪馆提供相关免费殡葬服务。经办人员对批准的免费对象相关材料整理归档。档案一式两份，原件由殡仪馆留存，复印一份交当地民政部门存档。

第八条　惠民殡葬免费对象在甘肃省外死亡后就地就近火化且未享受惠民殡葬政策的，由逝者直系亲属或丧事承办人持本人身份证和逝者身份证、火化证、火化发票、相关证件（包括最低生活保障证、特困人员供养证、特殊儿童保障证、遗体捐献证明、人体器官捐献荣誉证书），到户籍所在地县级民政部门提出申请，由申请人填写《甘肃省惠民殡葬服务事项申请审批表（民政局用表）》。对符合免费条件的，由县级民政部门按本地免费项目及标准，及时办理审批结算手续，并向财政部门提供审批名册。财政部门根据民政部门提供的名册将惠民殡葬补贴资金拨付到金融代发机构，由金融代发机构及时足额发放到户。

惠民殡葬免费对象在省内异地（超出市州范围）死亡后需要就地就近火化的，由逝者直系亲属或丧事承办人持本人身份证和逝者身份证、相关证件（包括最低生活保障证、特困人员供养证、特殊儿童保障证、遗体捐献证明、人体器官捐献荣誉证书），到身故地具有火化功能的殡仪馆提出申请，由殡仪馆审核审批，对符合条件的直接提供相关免费服务，并报当地民政、财政部门结算核拨。

第九条　惠民殡葬政策申请审批坚持"谁申请谁负责、谁审核谁负责、谁审批谁负责"，实行殡仪馆"一站式"免费结算服务，实现"身后事最多跑一次"。有条件的地区可实行网上申请审批"一站式"结算服务。

因特殊情况，申请人无法及时提供逝者最低生活保障证、特困人员供养证、特殊儿童保障证、遗体捐献证明、人体器官捐献荣誉证书的，实行告知承诺制，殡仪馆提供《申请惠民殡葬免费服务证明事项告知承诺书》，申请人负责承诺，由殡仪馆向相关部门核实。

第十条　实施惠民殡葬政策所需经费，由市、县财政列入同级财政预算。省级财政根据各地惠民殡葬工作情况给予适当补助。

第十一条　市县民政部门应当根据当年落实惠民殡葬政策资金需求情况，向同级财政部门提出下一年度资金需求。

具有火化功能的殡仪馆应当每季度将实施惠民殡葬免费人员、金额和相关材料，据实登记造册，于季末次月5日前报当地民政部门审核，民政部门审核无误后报当地财政部门核拨。

市县财政部门应当于每季末次月10日内，按实际支出金额计入具有火化功能的殡仪馆收入总额并予以转移支付。

第十二条　市县民政、财政部门应当完善惠民殡葬政策落实情况监督检查制度，定期组织开展专项检查。省民政厅、财政厅对全省惠民殡葬政策落实情况进行重点抽查。

市县民政部门负责指导具有火化功能的殡仪馆做好惠民殡葬政策免费对象的资格审查、费用结算、档案管理等工作，增强服务能力，提高服务水平。

各级民政部门应当建立健全惠民殡葬政策公开公示制度，通过宣传单、服务卡、公示墙以及各类媒体等，宣传惠民殡葬政策，扩大政策知晓度。

各级财政、民政部门应当加强惠民殡葬专项资金管理，确保专款专用，公开透明。

第十三条　各级民政、财政部门应当建立健全落实惠民殡葬政策责任追究制度。

对符合免费条件的申请不予受理、不予批准，对不符合免费条件的申请予以批准，以及在受理审批过程中有其他滥用职权、玩忽职守、徇私舞弊等行为的，市县民政部门对直接负责的主管人员和其他直接责任人员依法给予处分。

虚报、冒领、截留、挤占、挪用、私分惠民殡葬资金的，市县民政、财政部门应当责令追回；有违法所得的，没收违法所得；对直接负责的主管人员和其他责任人员依法给予处分。

采取虚报、隐瞒、伪造等手段，骗取享受惠民殡葬政策免费服务的，市县民政、财政部门应当责令限期退回非法获取的免费项目金额。

对于情节严重涉嫌构成违法犯罪的，由相关部门移送司法机关依法处理。

第十四条　本办法由省民政厅、省财政厅、省卫生健康委、省退役军人事务厅、省红十字会负责解释。

第十五条　本办法自 2021 年 3 月 1 日起施行，有效期五年。2011 年 10 月 22 日印发的《甘肃省民政厅关于为特殊困难群众提供基本殡葬（火化）免费服务的通知》（甘民发〔2011〕163 号）同时废止。

甘肃省民政厅关于落实"放管服"改革要求规范经营性公墓审批监管工作的通知

（甘民发〔2021〕78 号）

各市（州）民政局、兰州新区民政司法和社会保障局：

近日，民政部根据《国务院关于深化"证照分离"改革进一步激发市场主体发展活力的通知》（国发〔2021〕7 号）要求，印发了《民政部关于深化"放管服"改革进一步规范经营性公墓审批监管工作的通知》（民发〔2021〕58 号），明确提出在全国范围内实施经营性公墓审批事项改革。为此，省厅决定将经营性公墓审批权限下放至市（州）民政部门，由市（州）民政部门将审批结果报省厅备案。为贯彻落实国家和民政部"放管服"改革要求，进一步指导各地规范做好经营性公墓的审批监管工作，现就有关事项通知如下：

一、提高政治站位，统一思想认识

实施经营性公墓审批事项改革，是落实党中央、国务院和民政部重大决策部署，深化"放管服"改革、优化营商环境的重要举措，对于维护市场主体和人民群众合法权益、激发行业发展活力、促进殡葬业健康良性发展具有深远的现实意义。各地民政部门要进一步提高政治站位，从深入贯彻落实习近平总书记关于殡葬工作的重要指示批示精神和国家系列决策部署的高度，充分认识实施此项改革举措的重要意义。要进一步统一思想认识，从促进公平竞争、优化公共服务、提升保障能力、便民利民惠民的角度，结合实际抓紧研究制定具体实施方案，尽快修订完善经营性公墓审批程序、规则和服务指南，加强与相关部门的制度衔接、工作对接，建立简约高效、公正透明、慎审严管的公墓审批制度，确保改革工作顺利推进。

二、加强统筹规划，抓好组织实施

经营性公墓审批权限下放后，各地要按照公益性为主体、营利性为补充、节地生态为导向的原则，严格开展经营性公墓审批工作，做到未纳入省级殡葬事业发展规划的不予审批、县（市、区）未建设公益性公墓的不予审批、已建有经营性公墓且建设的墓位未趋于饱和的不予审批。各地要根据实际，合理配置各地经营性与公益性安葬（放）设施，制定完善经营性公墓、公益性公墓、公益性骨灰堂等殡葬设施数量和布局规划，并报当地政府审批。省厅将尽快完成殡葬管理服务信息系统本地化开发工作，制定完善经营性公墓（包括公益性公墓）电子许可证件有关标准、规范和样式，逐步实现审批全程网上办理。各市（州）民政部门要严格依照省政府审批的殡葬设施规划和相关条件、程序审批建设经营性公墓。要配合省厅全面推动殡葬信息化建设，并在2022年底前全部实现公墓证件电子化的目标要求。要密切部门协作，加强与相关部门在公墓立项、土地使用、环境评价、工程规划、竣工验收、社会稳定风险评估等各环节的信息共享和工作衔接。

三、突出公益属性，注重基本保障

各地民政部门要在规范经营性公墓审批工作基础上，针对安葬（放）设施资源总量不足、基本安葬服务短缺等突出问题，按照省厅《关于补齐殡葬服务设施短板问题的督办通知》（甘民督〔2021〕1号）的部署要求，进一步加大公益性安葬（放）设施建设力度。要学习借鉴江西省、江苏省南京市、山东省沂水县等地经验做法，切实履行政府对群众基本安葬需求兜底保障的主体责任，大力推进安葬服务供给侧改革，将格位存放、树葬、水葬、花葬、草坪葬、深埋不留坟头等节地生态葬式作为政府保障安葬需求的主要方式，不断推进丧葬礼俗改革。要进一步完善规划、供地、投入、建设、运维等支持政策，在市、县、乡不同层级统筹规划公益性安葬（放）设施，高标准建设，人性化服务，规范化运营，努力保障群众基本安葬需求。在有效保障公益性基本安葬服务的前提下，依照规划稳妥审慎审批建设经营性公墓，形成差序互补格局。结合实际探索建立经营性公墓履行社会责任有效机制和办法。

四、压实层级责任，完善监管措施

各地民政部门要落实政府领导责任和主体责任，按照"谁审批、谁监管，谁主管、谁监管"原则，切实履行好监管职责，严禁"以批代管"、"只批不管"、"不批不管"甚至出现监管缺失。省厅将按照"放管服"改革要求，尽快修订完善《甘肃省公墓管理办法》，进一步健全完善审批标准和规则，加强业务指导和培训，协调解决审批权下放后可能出现的问题。同时，强化事中事后监管，协调有关部门全面推行"双随机、一公开"联合监管，实行日常抽查、年度检查与专项整治相结合，制定殡葬服务企业随机抽查事项清单，依照有关规定及时将违法责任企业及相关人员纳入行业禁入范围，逐步完善违法违规行为处罚机制和措施。各市（州）民政部门要按照审批监管权责相统一原则，依法对审批的经营性公墓实施建设运营全过程监管，压实属地管理部门和殡葬服务单位主体责任。依法依规严肃查处未批先建、擅自修改规划、扩大用地面积、超标准建墓、违规销售等行为。对不按规定审批、不履行监管责任的，要依法追究审批机关及相关责任人的法律责任。改革前审批的经营性公墓，继续由省、市（州）、县（市、区）依法履行监管职责。改革后审批的经营性公墓，由市（州）、县（市、区）依法履行监管职责。同时，支持通过建立行业协会提升自律水平，鼓励多渠道社会监督，健全多元共治、互为支撑的协同监管格局。

五、强化宣传引导，营造良好氛围

各市（州）民政部门要进一步做好经营性公墓审批事项"放管服"改革的宣传解读，明确经营性公墓审批权限下放并不意味着审批放宽、监管放松，而是要进一步科学规划、规范审批、严格监管，严防公墓项目一哄而上、一批了之。要加强相关改革政策、办事流程、网上审批等业务培训，将改革政策和落实举措广而告之，让企业办事更便捷，让人民群众得实惠。

改革落实推进工作中遇到的重大问题，要及时向当地党委和政府请示报告，并同时向省厅报告。

甘肃省民政厅

2021 年 8 月 2 日

关于积极推进殡葬移风易俗工作的通知

（甘民发〔2021〕126 号）

各市（州）宣传部、文明办、民政局、公安局、自然资源局、生态环境局、住房和城乡建设局、农业农村局、林业和草原局，兰州新区宣传部、文明办、民政司法和社保局、公安局、自然资源局、生态环境局、城乡建设和交通管理局、农林水务局，兰州市城管委，嘉峪关市城管执法局：

为深入贯彻习近平总书记关于移风易俗和殡葬工作的重要指示批示精神，根据《殡葬管理条例》《甘肃省殡葬管理办法》等政策法规要求，有效遏制丧葬陋俗，树立殡葬文明新风，现就有关事宜通知如下：

一、总体要求

以习近平新时代中国特色社会主义思想为指导，全面贯彻党的十九大和十九届二中、三中、四中、五中、六中全会及习近平总书记关于移风易俗和殡葬工作的重要指示批示精神，聚焦群众关切，把殡葬移风易俗纳入文明城市创建、巩固脱贫攻坚成果、实施乡村振兴之中，弘扬优秀传统文化，破除丧葬陈规陋习，树立殡葬文明新风，把文明节俭治丧、节地生态安葬、文明低碳祭扫转化为人们的情感认同和行为习惯，推动殡葬事业更好地服务于保障和改善民生、促进精神文明和生态文明建设。

二、主要任务

（一）积极推进文明节俭治丧。各地要加强宣传教育，积极引导群众到殡仪馆、殡仪服务中心、集中治丧场所开展治丧活动，防止和纠正在居民区、城区街道、公共场所搭建灵棚、燃放鞭炮、抛撒冥币、播放哀乐等行为。积极推广现代文明的殡葬礼仪和殡葬用品，坚决抵制迷信低俗等不良丧葬风气。充分发挥村（居）民委员会、红白理事会、老年协会等群众性自治组织作用，将文明节俭治丧规范纳入村规民约、村民自治章程，明确办理天数、服务项目、开支标准、礼金收取范围及额度等，在村（社区）设立移风易俗事务公示栏，及时公示红白事办理情况，坚决遏制厚葬薄养、人情攀比、大操大办等陈规陋习。

（二）积极推进节地生态安葬。各地要大力推行树葬、花葬、草坪葬、塔葬、壁葬、骨灰格位存放、骨灰撒散等不占或少占土地、少耗资源、少使用不可降解材料的节地生态安葬方式。实行火葬的地区，必须把建设火化设施和骨灰安葬设施作为首要条件纳入工作规划，坚持遗体火化与骨灰处理并重，既千方百计巩固和提升火化率，又大力推进骨灰集中节地生态安葬，坚决防止和纠正违规土葬、骨灰装棺再葬等问题。在土葬改革区，要抓紧建设公益性公墓，根据实际划定集中安葬区，引导群众实行集中安葬，倡导遗体深埋、不留坟头或以树代碑。尊重少数民族丧葬习俗，鼓励和支持少数民族群众选择既具有民族地域特色、又符合节地生态要求的葬式葬法。持续不断地开展殡葬领域突出问题全面排查和专项整治，积极稳妥推进活人墓、豪华墓、家族墓、散埋乱葬等问题整治，遏制增量、减少存量。

（三）积极推进文明低碳祭扫。各地要围绕春节（除夕）、清明节、农历七月十五日、十月初一等传统祭祀节点，提早研究谋划、安排部署，通过发布公告和倡议书、开展主题宣传日等形式，广泛深入宣传殡葬法规政策。采取合理设置祭扫专门区域、集中焚烧设备等方式，引导群众不在城市街道、广场、公园、居民小区、十字路口、园林景区等公共场所烧纸点烛、摆放祭品。要积极倡导网络祭扫、献花植树、家庭追思、踏青遥祭等绿色低碳祭祀方式，引导群众树立文明低碳祭祀新风尚。要积极创建"无烟陵园"，组织开展"鲜花换纸钱""丝带寄哀思""时空信箱"等活动，引导群众抵制低俗祭祀用品和迷信活动。要加强祭扫服务网络平台建设，通过创建祭扫网站、开通移动客户端、微信公众号等渠道，提供优质网络祭扫服务，有效满足祭扫群众需求。要扎实开展野外祭扫用火检查，对农村公益性墓地及历史埋葬点，压实乡镇（街道）及村（社区）责任，严防发生火患火灾。

三、保障措施

（一）强化组织领导。要充分认识推进殡葬移风易俗对培育践行社会主义核心价值观、创建文明城市、实施乡村振兴战略的重要性，不断增强做好工作的责任感和主动性。各级宣传、文明办、公安、民政、自然资源、生态环境、住建、城市管理、农业农村、林草等部门，既要各司其职、各负其责，又要密切配合、通力协作，齐抓共管推进殡葬移风易俗工作落实。要积极指导辖区认真落实殡葬移风易俗工作要求，全面开展村规民约和居民公约修订工作，并切实发挥村（社区）红白理事会的作用，破除陈规陋习，倡导文明新风。

（二）强化党员带头。要充分发挥好党员干部在推进殡葬移风易俗中的带头示范作用，党员干部特别是领导干部要以身作则、率先垂范，坚决贯彻落实中央八项规定精神，做到节约简朴，反对大操大办、铺张浪费，做文明风尚的引领者，带头文明节俭治丧、节地生态安葬、文明低碳祭扫，并加强对其直系亲属和身边工作人员办理丧葬事宜的教育和约束，以正确导向和行为示范带动广大群众革除丧葬陋俗，弘扬新风正气。

（三）强化志愿带动。要充分发挥各级各类志愿服务组织和志愿者的作用力量，广泛开展以"移风易俗、文明祭祀"为主题的新时代文明实践志愿服务，在为广大群众提供便利便捷殡葬志愿服务的同时，大力宣传新时代文明祭祀的绿色理念，用文明祭祀、绿色低碳的实际成效，切实提升社会文明程度。

（四）强化宣传引导。要充分利用报刊、电视、微信、公众号、网站、微博、移动客户端等媒体，大力弘扬中华民族"尊老、敬老、爱老、孝老"的传统美德，树立"厚养薄葬"的新观念，提倡老人在世多孝敬，离世丧葬祭扫不攀比。要广泛开展乡风评议，运用村规家训、牌匾楹联等资源，通过建设文化墙、张贴宣传标语、发放倡议书等方式，利用乡贤引领、民间舆论、群众评价的力量，做好舆论引导和正面宣传，弘扬优秀传统文化，树立文明新风。

甘肃省委宣传部　甘肃省文明办　甘肃省民政厅

甘肃省公安厅　甘肃省自然资源厅　甘肃省生态环境厅

甘肃省住房和城乡建设厅　甘肃省农业农村厅　甘肃省林业和草原局

2021 年 11 月 26 日

甘肃省"十四五"殡葬事业发展规划

（甘民发〔2022〕13号）

殡葬事关人民群众切身利益，事关精神文明和生态文明建设，事关乡村振兴和政风民风。党的十八大以来，习近平总书记多次对殡葬工作作出重要指示批示，为新时代殡葬事业发展指明了前进方向、提供了根本遵循。为深入贯彻落实习近平总书记关于殡葬工作的重要指示批示精神，推动我省殡葬基础设施建设和殡葬服务质量进一步提升，满足人民群众对殡葬服务的新需要，依据民政部《"十四五"民政事业发展规划》《甘肃省国民经济和社会发展第十四个五年规划和二〇三五年远景目标纲要》《甘肃省"十四五"民政事业发展规划》，结合全省殡葬工作实际，制定本规划。

一、规划背景

（一）发展现状。"十三五"时期，全省民政系统和相关部门认真贯彻落实党中央、国务院和省委、省政府关于殡葬服务、管理、改革的各项决策部署，加强政策创制，改善基础设施，整治突出问题，提升服务质量，较好地完成了"十三五"规划的各项目标任务，为"十四五"殡葬事业健康有序发展奠定了基础。

——殡葬政策体系不断完善。积极推动殡葬政策制度创制，提请省政府办公厅印发《关于进一步加强公墓建设管理工作的通知》，会同相关部门印发殡葬服务价格管理、殡葬服务单位执法检查、推动殡葬改革促进殡葬事业发展、推行节地生态安葬、新冠肺炎死亡人员遗体处置等一系列规范性文件，出台《生态安葬服务规范》《殡葬服务单位业务档案管理要求》2个地方标准，为推进全省殡葬服务管理提供了依据。

——殡葬工作机制建立健全。省、市、县三级全部建立殡葬改革工作联席会议制度，由政府分管领导为总召集人，明确联席会议和成员单位的职责分工，定期或不定期召开联席会议，统筹协调全省殡葬服务管理工作，推动部门沟通协作，加强政策衔接和工作对接，研究解决存在的突出问题，开展联合调研督查和专项整治，为推动全省殡葬工作有序开展提供了组织保障。

——殡葬服务设施逐步改善。"十三五"期间，中央和省级累计投入资金4.25亿元，支持各地加快殡葬服务设施建设，资金量比"十二五"增长5.3倍。全省已运行和正在建设的殡仪馆由"十二五"末的21个增加到44个、增长110%，火化炉数量由51台增加到61台、增长19.6%，殡仪服务中心由25个增加到35个、增长40%，公益性公墓由46个增加到61个，增长33%，殡葬基础设施建设有了一定的改善。

——惠民殡葬政策较好落实。按照保基本、兜底线、可持续的原则，将城乡特困人员、生活困难的重点优抚人员作为惠民殡葬的重点对象，省、市、县三级积极筹措福彩公益金，累计为3200多名困难群众减免遗体接运、遗体暂存、遗体火化、骨灰存放等基本殡葬服务费用500多万元。兰州市、白银市、临夏州等部分市（州）还将城乡低保对象等纳入基本殡葬服务减免范围，有效扩大了惠民殡葬政策的覆盖面。

——殡葬突出问题有效整治。2018年至2020年，按照民政部等部委的统一安排，会同相关部门制定实施方案，召开部署会议，指导各地针对"住宅式"墓地、大型墓、豪华墓、公墓审批手续不全、殡葬服务价格不规范等问题先后开展三次专项整治，拉出问题清单，建立整改台账，强化整改措施，靠实整改责任，成立联合工作组进行调研、督促和检查，殡葬领域突出问题得到有效整治。

——殡葬移风易俗积极推进。经省政府批准，全省调整划定火葬区，覆盖范围涉及嘉峪关市和42个县区、面积6万平方公里（占全省面积14%）、人口766万人（占全省人口30%），2020年火化率达到48%，逐步接近同期国家52%的平均水平。充分利用清明节等传统节日，大力倡导网络祭扫、鲜花祭扫等文明低碳祭扫方式，推广现代文明的殡葬礼仪和殡葬用品。积极推行树葬、花葬、草坪葬、格位存放等节地生态安葬方式，人民群众对节地生态安葬的知晓率不断提升。

（二）存在不足。"十三五"时期，虽然我省殡葬事业发展取得了一定成效，但受主客观因素的影响，推动全省殡葬事业高质量发展仍然面临着一系列问题和挑战。

——殡葬设施短板亟需补齐。全省应建未建带火化设施殡仪馆的县15个，占应建的28%；应建未建殡仪服务中心的县18个，占应建的56%；应建未建公益性骨灰堂的县33个，占应建的62%；应建未建公益性公墓63个（包括嘉峪关市、兰州新区），占应建的72%；在建的22个殡仪馆、4个殡仪服务中心、8个公益性骨灰堂的设施完善还存在较大资金缺口。

——殡葬经费投入亟需加大。"十三五"期间，全省殡葬服务设施建设资金投入，主要依靠中央预算内投资项目支持、中央和省级福彩公益金资助。市县主体责任落实不够好，有的市县财政预算对殡葬工作没有投入，有的财政预算虽有投入但明显比较少，以致全省殡葬公共服务基础设施建设与更新改造欠账比较大，短板弱项非常突出。

——殡葬管理水平亟需提高。殡葬法制建设相对滞后，部门协同监管还需进一步加强。殡葬执法力量薄弱，监管措施不够到位，有的地方殡葬服务价格不够规范，经营性公墓、历史形成的墓区存在问题比较多。全省制订的殡葬省级标准只有2个，在发挥标准化引领方面成效不大。尚未建成全省统一的殡葬信息管理系统，殡葬信息化水平不高。

——殡葬移风易俗亟需加强。全省惠民殡葬政策对象范围比较窄，节地生态安葬奖补制度尚未建立。无论是经营性公墓，还是公益性公墓，节地生态安葬率都不高。一些地方丧事活动迷信色彩浓厚，有的地方丧事大操大办、人情攀比给群众带来沉重的经济负担。农村集中安葬区建设推进缓慢，散埋乱葬问题仍然突出。

（三）形势要求。"十四五"时期是我国开启全面建设社会主义现代化国家、向第二个百年奋斗目标迈进的第一个五年，也是推动殡葬事业深化改革、加快发展的重要机遇期。做好新时代殡葬工作，必须完整、准确、全面贯彻新发展理念，推动我省殡葬事业高质量发展。

——群众多元化需求要求殡葬工作更加重视服务供给。随着人民群众生活质量的不断提高、人口老龄化进程不断加快，人民群众对扩大殡葬服务供给、提升殡葬服务质量的需求不断增长且日益多元，不断满足人民群众对殡葬服务多样化、多层次的需求，对殡葬服务供给的要求进一步提高。

——贯彻新发展理念要求殡葬工作更加重视绿色发展。贯彻新发展理念，践行绿水青山就是金山银山的绿色发展理念，要求殡葬服务设施节地、生态、环保，要求加快推进殡葬设施设备更新改造，实行节能减排，加强殡仪馆大气污染物排放治理，更好地保护土地资源和生态环境。

——统筹发展和安全要求殡葬工作更加重视规范管理。贯彻习近平总书记关于统筹发展和安全的重要论述，应对新冠肺炎疫情等重大突发公共卫生事件或重大自然灾害，防范化解殡葬领域重大安全风险，对殡葬工作依法治理、综合治理、规范管理提出新的更高要求。

——新时代精神文明要求殡葬工作更加重视移风易俗。推进新时代精神文明建设，践行社会主义核心价值观，都要求破除殡葬领域陈规陋俗，传承发展优秀殡葬传统文化，推行厚养薄葬、文明现代、简约节俭的殡葬礼仪和治丧模式，培育形成新时代殡葬新理念新风尚。

——新科技迅速发展要求殡葬工作更加重视改革创新。互联网飞速发展，5G、人工智能、大数据、物联网等技术相继推广应用，要求加快殡葬管理信息化建设，全面推进"互联网+殡葬服务"，不断创新殡葬管理服务技术发展，切实提升殡葬服务便捷化、智能化水平。

二、总体要求

（一）指导思想。以习近平新时代中国特色社会主义思想为指导，深入贯彻党的十九大和十九届历次全会精神，全面贯彻落实习近平总书记关于民政工作、殡葬工作和对甘肃的重要指示批示精神，坚持以人民为中心，立足新发展阶段，贯彻新发展理念，构建新发展格局，以满足人民群众殡葬需求为导向，以深化殡葬改革为动力，以健全基本殡葬服务网络为主线，建立健全基本殡葬服务保障制度，加快补齐殡葬服务设施短板，加强殡葬法制化、标准化、信息化建设，提升殡葬领域综合治理水平，推进全省殡葬事业高质量发展。

（二）基本原则。"十四五"时期推进我省殡葬事业高质量发展，重点把握以下原则：

——坚持党的领导，政府主导。加强党对殡葬事业的全面领导，发挥政府主导作用，落实各级政府在政策规划、设施建设、经费投入、土地供给、基本服务、监管执法等方面的主体责任和属地管理责任，统筹公共资源配置，推进各地协同发展，确保我省殡葬事业健康有序发展。

——坚持公益惠民，优化供给。把以人民为中心、满足人民群众殡葬需求作为出发点和落脚点，坚持殡葬事业公益属性，优化殡葬资源配置，完善殡葬服务网络，健全基本殡葬服务制度，不断丰富殡葬服务内容，更好满足人民群众对殡葬服务多样化、多层次的需求。

——坚持生态文明，绿色发展。深入践行习近平生态文明思想，强化宣传教育和政策引导，加大节地生态安葬推行力度，把文明节俭治丧、节地生态安葬、文明低碳祭扫转化为人们的情感认同和行为习惯，弘扬优秀传统文化，破除丧葬陋俗，树立殡葬新风，促进人与自然和谐共生。

——坚持统筹协调，综合治理。坚持在各级党委和政府统一领导下开展工作，强化民政部门行业监管责任，完善部门协同监管机制，建立健全殡葬改革工作联席会议制度，发挥基层群众自治、行业协会自律、社会监督方面的作用，创新监管手段和治理方式，实现政府、社会、市场良性互动。

——坚持因地制宜，分类指导。统筹考虑全省殡葬服务实际需求和各方面因素，优先支持殡葬服务设施空白地区补齐短板，加大对乡村振兴重点帮扶县、少数民族地区、革命老区的支持力度，鼓励各地结合实际创新殡葬事业发展方式，优化殡葬资源配置，促进区域、城乡殡葬改革协调发展。

（三）发展目标。到 2025 年，基本殡葬服务保障制度全面建立，殡葬服务基础设施条件显著改善，县级公益性安葬（放）设施实现全覆盖，殡葬法制化、标准化、信息化水平进一步提升，殡葬领域治理更加有效，行业发展更加规范，现代文明殡葬新风逐渐形成。

甘肃省"十四五"殡葬事业发展主要指标

序号	指标名称	2025 年目标值	属性
1	火葬区遗体火化率（%）	≥50	预期性
2	遗体火化及遗物祭品焚烧设备大气污染物排放达标率（%）	100	约束性
3	火葬区、40 万人口以上土葬改革区殡仪馆覆盖率（%）	100	约束性
4	40 万人口以下土葬改革区殡仪服务中心覆盖率（%）	100	约束性
5	县级公益性安葬（放）设施覆盖率（%）	100	约束性

三、主要任务

（一）统筹推进火葬土葬改革。

1. 调整优化火葬区范围。按照"因地制宜、方便群众、有序推进、逐步覆盖"的原则，统筹考虑人口规模、耕地情况、交通条件、民族习俗、群众意愿等多重因素，深入论证、实事求是划分火葬区和土葬改革区。各地民政部门适时提请当地人民政府，将基本殡葬服务设施已经覆盖的区域，有序调整为火葬区，报省人民政府审批。

2. 推进殡葬改革纵深发展。实行火葬的地区，必须把建设火化设施和骨灰安葬设施作为首要条件纳入工作规划，坚持遗体火化与骨灰处理并重，既千方百计巩固和提升火化率，又大力推进骨灰集中节地生态安葬，坚决防止和纠正违规土葬、骨灰装棺再葬等问题。在土葬改革区，按照规划引导群众实行集中安葬，倡导遗体深埋、不留坟头或以树代碑。持续不断地开展殡葬领域突出问题全面排查和专项整治，积极稳妥推进活人墓、豪华墓、家族墓、散埋乱葬等问题整治，遏制增量、减少存量。

3. 发挥党员干部带头作用。严格落实中央八项规定精神和党员干部带头推动殡葬改革的要求，强化党员干部从严律己、依法从政意识，强化党纪法规的刚性约束。督促党员干部做法规制度的遵守者，去世后依法实行火葬、骨灰集中规范安葬；做文明风尚的引领者，带头文明节俭治丧、节地生态安葬、文明低碳祭扫，并加强对其直系亲属和身边工作人员办理丧葬事宜的教育和约束，以正确导向和行为示范带动广大群众革除丧葬陋俗，弘扬新风正气。

（二）加快补齐殡葬设施短板。

4. 完善火化和殡仪服务设施。积极争取中央预算内投资项目、中央福彩公益资金支持，加大省级福彩公益金资助力度，重点支持应建未建殡仪馆、殡仪服务中心的县（市、区）补齐"空白"。压实各地主体责任，对部分已达危房标准、设施设备陈旧的殡仪馆（殡仪服务中心）实施改扩建，对已达到强制报废年限或不符合国家大气污染物排放标准的遗体火化设备进行更新改造，配置带有烟气处理系统的遗物祭品焚烧专用设施。建设殡仪服务中心应预留火化区和骨灰寄存区（信仰伊斯兰教的10个少数民族殡仪服务中心除外）。实现火葬区、土葬改革区40万人口以上的县（市、区）殡仪馆全覆盖，土葬改革区40万人口以下的县（市、区）殡仪服务中心全覆盖，遗体火化及遗物祭品焚烧设备大气污染物排放全面达标。

专栏1　殡仪馆建设工程（50个）

1. 火葬区新建7个：皋兰县殡仪馆，永昌县殡仪馆，武山县殡仪馆，秦安县殡仪馆，临潭县殡仪馆，碌曲县殡仪馆，武都区殡仪馆。

2. 40万人口以上土葬改革区新建8个：永登县殡仪馆，榆中县殡仪馆，宁县殡仪馆，陇西县殡仪馆，临洮县殡仪馆，岷县殡仪馆，礼县殡仪馆，西和县殡仪馆。

3. 40万人口以下土葬改革区申报新建13个：红古区殡仪馆，景泰县殡仪馆，民乐县殡仪馆，敦煌市殡仪馆，金塔县殡仪馆，合水县殡仪馆，华池县殡仪馆，正宁县殡仪馆，徽县殡仪馆，成县殡仪馆，康乐县殡仪馆，和政县殡仪馆，永靖县殡仪馆。

4. 完成在建殡仪馆22个：麦积区殡仪馆，清水县殡仪馆，古浪县殡仪馆，天祝县殡仪馆，临泽县殡仪馆，高台县殡仪馆，肃南县殡仪馆，崇信县殡仪馆，泾川县殡仪馆，静宁县殡仪馆，华亭市殡仪馆，庄浪县殡仪馆，肃州区殡仪馆，瓜州县殡仪馆，镇原县殡仪馆，环县殡仪馆，通渭县殡仪馆，渭源县殡仪馆，夏河县殡仪馆，玛曲县殡仪馆，迭部县殡仪馆，兰州新区殡仪馆。

专栏 2　殡仪服务中心建设工程（15 个）

　　1. 火葬区新建 1 个：西固区殡仪服务中心。

　　2.40 万人口以下土葬改革区建设 10 个：玉门市老市区殡仪服务中心，庆城县殡仪服务中心，文县殡仪服务中心，两当县殡仪服务中心，宕昌县殡仪服务中心，东乡县殡仪服务中心，积石山县殡仪服务中心，临夏市殡仪服务中心，临夏县殡仪服务中心，张家川县殡仪服务中心。

　　3. 完成在建殡仪服务中心 4 个：麦积区殡仪服务中心，民乐县生态工业园区殡仪服务中心，阿克塞县民族殡仪服务中心，阿克塞县汉族殡仪服务中心。

　　4. 建设公益性安葬（放）设施。实行火葬的地区，以县区、乡镇为单位，将格位存放、树葬、深埋不留坟头等节地生态葬式作为政府保障安葬需求的主要方式，规划建设公益性骨灰堂和公益性公墓。允许土葬的地区，城市规划建设公益性公墓，农村采取乡镇统建、多村联建、一村独建等模式，因地制宜合理选择荒山瘠地，优先选择现有集中安葬点，就近就便、统筹建设农村公益性公墓（集中安葬区）。每个县至少建设 1 座公益性公墓，火葬区每个县建 1 座公益性骨灰堂，实现公益性安葬（放）设施县级全覆盖。"十四五"期间，城乡公益性公墓和农村集中安葬区建设项目所需资金，由各地自筹解决，中央和省级福彩公益金不予支持。

专栏 3　公益性骨灰堂建设工程（55 个）

　　1. 申报新建 47 个：兰州市 4 个（红古区、皋兰县、榆中县、永登县），金昌市 1 个（永昌县），白银市 4 个（平川区、景泰县、靖远县、会宁县），天水市 2 个（秦安县、武山县），张掖市 5 个（甘州区、民乐县、临泽县、高台县、肃南县），平凉市 3 个（泾川县、灵台县、崇信县），酒泉市 5 个（肃州区、敦煌市、瓜州县、金塔县、肃北县），庆阳市 5 个（西峰区、合水县、宁县、镇原县、环县），定西市 5 个（通渭县、陇西县、渭源县、岷县、临洮县），陇南市 5 个（武都区、徽县、成县、西和县、礼县），临夏州 3 个（临夏市、康乐县、永靖县），甘南州 4 个（临潭县、迭部县、舟曲县、碌曲县），兰州新区 1 个。

　　2. 完成在建 8 个：古浪县，天祝县，甘谷县，华亭市，庄浪县，静宁县，夏河县，玛曲县。

专栏 4　城市公益性公墓建设工程（65 个）

　　兰州市 8 个（城关区、七里河区、西固区、安宁区、红古区、榆中县、永登县、皋兰县），嘉峪关市 1 个，金昌市 2 个（金川区、永昌县），白银市 4 个（白银区、平川区、会宁县、景泰县），天水市 5 个（麦积区、秦安县、甘谷县、武山县、张家川县），武威市 2 个（凉州区、天祝县），平凉市 7 个（崆峒区、静宁县、庄浪县、泾川县、灵台县、崇信县、华亭市），庆阳市 7 个（西峰区、庆城县、宁县、华池县、合水县、正宁县、镇原县），定西市 6 个（通渭县、陇西县、临洮县、渭源县、漳县、岷县），陇南市 7 个（武都区、礼县、西和县、成县、文县、宕昌县、徽县），临夏州 8 个（临夏市、临夏县、和政县、广河县、东乡县、康乐县、积石山县、永靖县），甘南州 5 个（合作市、舟曲县、卓尼县、临潭县、迭部县），兰州新区 3 个。

专栏 5　农村公益性公墓（集中安葬区）建设工程（1303 个）

　　兰州市 12 个（城关区 1 个，七里河区 1 个，红古区 4 个，皋兰县 6 个），嘉峪关市 1 个，金昌市永昌县 2 个，天水市 16 个（麦积区 6 个，清水县 10 个），张掖市 17 个（山丹县 7 个，民乐县 10 个），平凉市 13 个（崆峒区 2 个，静宁县 1 个，泾川县 6 个，灵台县 2 个，华亭市 2 个），酒泉市 30 个（肃州区 3 个，金塔县 9 个，玉门市 9 个，敦煌市 9 个），庆阳市 293 个（西峰区 76 个，环县 33 个，华池县 15 个，庆城县 34 个，合水县 20 个，宁县 52 个，正宁县 10 个，镇原县 53 个），定西市 82 个（通渭县 6 个，陇西县 15 个，渭源县 14 个，临洮县 18 个，漳县 12 个，岷县 17 个），陇南市 815 个（武都区 90 个，成县 213 个，礼县 210 个，徽县 101 个，西和县 55 个，康县 55 个，文县 60 个，宕昌县 20 个，两当县 11 个），临夏州东乡县 20 个，兰州新区 2 个。

　　5. 从严审批建设经营性公墓。将经营性公墓审批权限下放至市州民政部门，由市州民政部门将审批结果报省民政厅备案。按照"公益性为主体、营利性为补充、节地生态为导向"的原则，从全省公益性安葬设施服务供给严重不足的实际出发，依据《甘肃省人民政府办公厅关于进一步加强公墓建设管理工作的通知》（甘政办发〔2017〕191号）关于"除纳入规划、原有墓区趋于饱和等原因外，各地不再新建或扩建经营性公墓"的要求，对于目前还没有公益性公墓的县（市、区），不能审批建设经营性公墓。公益性公墓全面建成后，在有效保障公益性基本安葬服务的前提下，稳妥审慎审批建设经营性公墓，形成差序互补格局。

（三）切实提升殡葬服务水平。

6. 建立基本殡葬服务保障制度。切实履行政府对城乡困难群众基本殡葬服务兜底保障职责，为户籍在甘肃省内且死亡后实施火化的低保对象、特困人员、孤儿、事实无人抚养儿童、生活困难的重点优抚对象、遗体捐献者和人体器官捐献者，免费提供遗体接运、遗体暂存、遗体火化、骨灰存放等基本殡葬服务，实行殡仪馆"一站式"结算。有条件的地区可增加基本殡葬服务项目、扩大覆盖人群、提高保障标准，鼓励优先将生态安葬纳入本地基本公共服务范围，逐步实现基本殡葬服务的普惠性、均等化。

7. 创新提升殡葬服务质量。积极打造线上服务，推动殡葬服务机构利用信息化手段创新服务载体和平台，推广网上预约、远程告别、网络祭祀等在线服务，实现服务智能化。充分考虑不同群体特别是老年人运用智能技术遇到的困难问题，保留电话预约、线下服务等传统模式，合理布局殡葬设施场所功能区域，加强专业服务人员配备，优化流程，简化手续，推广"一键式"办理、"一站式"服务，做到服务人性化。进一步完善岗位责任制、首问负责制、一次办结制，规范服务窗口工作，转变工作作风，提升服务水平、办事效率和服务质量，树立殡葬服务良好形象。

8. 做好殡葬应急处置工作。按照《甘肃省重大突发事件遇难人员遗体处置工作规程》要求，殡葬服务机构购置配备可移动冰柜、冰棺和应急火化设备，保障突发事件遗体处置的需要。加强殡葬应急处置能力建设，细化完善重大突发事件遗体应急处置方案，明确指挥体系、应急响应、应急准备、组织实施、保障措施等重点内容。加强重大突发事件遗体应急处置演练，不断提升应急处置实战能力。建立健全重大突发事件亡故人员遗体处置应急管理和服务保障机制，满足保障应急处突工作的需要。加强新冠肺炎疫情防控，科学规范处置感染新冠肺炎死亡的遗体，落实卫生防疫和干部职工健康保护措施。

（四）全面加强殡葬规范管理。

9. 推进殡葬服务收费规范管理。修订殡葬服务价格管理政策，合理确定基本殡葬服务定价范围，规范收费行为。殡葬用品实行市场调节价，殡仪馆应放开市场竞争，允许逝者家属自带殡葬用品，对花圈、盆花等可重复利用的物品，推广以租代售模式，减轻群众负担。对实行政府定价或政府指导价管理的公墓，社会反映价格偏高的，由价格主管部门开展成本调查，采取措施、降低价格。对经营性公墓价格，价格主管部门配合民政部门、市场监管部门加强指导规范。

10. 加强殡葬突出问题综合治理。加强殡葬用品市场、社会殡仪服务机构、殡葬服务中介机构及相关从业人员管理，查处虚假宣传、以次充好、强制消费、价格欺诈等侵害消费者权益行为。加强对遗体处置和相关证件出具审核的监管，避免接收来源不明遗体、轻率或错误火化遗体，严厉查处虚开、倒卖火化证明等违法违规行为。加强医院太平间管理，严禁在太平间开展营利性殡仪服务。查处借宗教名义，违规建设经营安葬安放设施等行为。进一步规范和加强公墓管理，对未经批准建设的公墓依法予以取缔，对违规改扩建等行为予以纠正，禁止建造超规定面积墓穴、墓位，禁止非法出售（租）、转让（租）墓葬用地或骨灰存放格位，禁止农村公益性墓地违规对外销售。

11. 落实殡葬服务机构管办分离。结合事业单位分类改革要求，理顺政府与市场的关系，推进殡葬行政管理职能与生产经营分开、监管执法与经营举办分离。各级民政部门要强化殡葬法规政策、行业规划、标准规范的制定和监督指导职责，从对殡葬服务单位的直接管理向行业管理转变。强化殡葬服务事业单位的公益属性，进一步落实法人自主权，规范内部管理，激发发展活力。对殡葬管理事业单位与殡仪馆、公墓等经营实体合一或举办经营实体的，切实摸清底数，制定脱钩方案，提出加强殡葬管理力量的有效措施，提请当地党委和政府研究解决。

（五）深入推进殡葬移风易俗。

12. 积极推进节地生态安葬。大力推行树葬、花葬、盆景葬、草坪葬、骨灰存放、壁葬、塔葬、深埋不留坟头等不占或少占土地、少耗资源、少使用不可降解材料的节地生态安葬方式。加快建立节地生态安葬奖补制度。在有条件的地区实施节地生态型公益性公墓示范项目。依托现有设施或适当场所，为不保留骨灰者和遗体器官捐献者建设纪念载体。尊重少数民族丧葬习俗，鼓励和支持少数民族群众选择既具有民族地域特色、又符合节地生态要求的葬式葬法。新建公益性公墓和现有公益性公墓新建墓位（六）全面推广使用卧碑。对超标准建墓立碑的，依法通过拆除、绿化等方式进行整治改造。

专栏6　节地生态安葬建设工程

> 1. 新建公益性公墓节地生态安葬率达到100%，绿化面积达到可绿化面积的50%以上。
> 2. 新建经营性公墓节地生态安葬率不得少于安葬规划面积的50%，绿化面积达到可绿化面积的80%以上。

13. 积极推进文明低碳祭扫。大力倡导网络祭扫、鲜花祭扫、植树缅怀、踏青遥祭等文明低碳祭祀方式，积极组织集体共祭、社区公祭、家庭追思等现代追思活动，弘扬慎终追远、厚养薄葬、孝老爱亲等优秀传统殡葬文化，引导群众逐步从注重实地实物祭扫转移到以精神传承为主上来。实地开展祭扫活动时，合理设置祭扫专门区域、集中焚烧设备，严禁在林区、景区、街道等禁火区域焚香烧纸、燃放鞭炮，引导群众文明祭扫、安全防火。积极组织开展"鲜花换纸钱""丝带寄哀思""时空信箱"等活动，创建网上纪念馆，完善逝者生平事迹追述、影像资料上传、纪念文章发表、在线祭拜留言等祭祀功能，不断提高网络祭扫的互动性、人性化和温情感。

14. 积极推进文明节俭治丧。加强宣传教育，积极引导群众到殡仪馆、殡仪服务中心、集中治丧场所开展治丧活动，防止和纠正在居民区、城区街道、公共场所搭建灵棚、燃放鞭炮、抛撒冥币、高音哀乐等行为。积极推广现代文明的殡葬礼仪和殡葬用品，坚决抵制迷信低俗等不良丧葬风气。充分发挥村（居）民委员会、红白理事会、老年协会等群众性自治组织作用，将文明节俭治丧规范纳入村规民约、村民自治章程，明确办理天数、服务项目、开支标准、礼金收取范围及额度等，坚决遏制厚葬薄养、人情攀比、大操大办等陈规陋习。

（六）大力加强殡葬能力建设。

15. 加强殡葬法制化建设。加快殡葬管理政策文件的立废改工作，按国家殡葬管理法规建设进程，适时启动《甘肃省殡葬管理办法》《甘肃省公墓建设管理办法》修订工作，会同相关部门研究制定《甘肃省惠民殡葬实施办法》《甘肃省节地生态安葬奖补办法》以及殡葬服务机构管理、无人认领遗体（骨灰）管理等规范性文件，为从制度上解决殡葬领域突出问题提供法制保障。

16. 加强殡葬标准化建设。结合我省殡葬重难点问题和民生需求，从殡葬服务、安葬服务、祭扫服务、传承服务、殡葬管理等方面制定符合我省发展的殡葬业务和服务专用标准，从殡葬设施、殡葬设备、殡葬用品、人员资质、信息保障、安全应急、卫生防疫、环境保护等方面完善地方性殡葬技术标准。充分调动高校院所、专业机构、社会智库、社会组织等多种力量，参与殡葬标准化建设。广泛听取社会公众意见，积极采纳群众合理诉求，增强标准的科学性和适用性，构建完善的殡葬标准制度体系。

17. 加强殡葬信息化建设。推动殡葬服务与"互联网+"整合，探索推广远程告别、网络祭扫、在线选购、网上预约、网上支付、网上办理等殡葬在线服务。统一开发应用甘肃省殡葬管理服务信息系统，与"甘快办"和全省一体化政务服务平台无缝对接。健全部门协同机制，依托全省政务信息资源交换体系，整合民政、公安、卫生健康等部门死亡人口数据，建立死亡人口信息库，实现信息共享。

18. 加强殡葬专业化建设。采取请进来、走出去、自主培训、委托培训等多种方式，加强殡葬专业服务人才培养。开展殡葬从业人员职业技能教育、培训、竞赛等活动，不断提升从业人员专业化、职业化、规范化水平。加快推进社会工作服务，培养具有专业资格的社会工作专业人才，为丧属提供悲伤辅导、心理疏导、精神关爱等服务。鼓励参加专业社会工作者考试，对取得社会工作职业资格证书和专项职业能力证书的从业人员，按规定落实相关待遇。

四、保障措施

（一）加强组织领导。各地要把殡葬事业发展摆在更加突出位置、摆上重要议事日程，加强与乡村振兴战略、精神文明建设和生态文明建设等工作的有效衔接。健全党委领导、政府负责、民政牵头、部门协作、社会参与的工作机制，落实属地管理责任。完善省、市、县三级殡葬改革工作联席会议制度，调整成员单位并明确职责分工，定期召开联席会议，研究解决殡葬领域重点、难点、热点问题，推进制定跨部门、跨领域、管长远的相关政策措施，组织开展联合调研、督查、执法，形成殡葬改革工作的合力。

（二）落实要素保障。各地要加大多渠道资金筹措力度，调整资金结构，有效整合资源，加强经费保障，积极争取中央预算内投资项目、福彩公益金等财政性资金支持。加强项目资金监管，切实发挥好资金效益。强化殡葬用地保障，主动对接国土空间规划编制工作，保证按规定预留殡葬建设用地，有效保障殡葬设施建设用地需求。积极探索林地、草地与墓地复合利用，有效解决殡葬项目用地保障难和"邻避"问题。

（三）注重宣传示范。充分利用电视、报刊、宣传资料等传统渠道和新媒体、新媒介，采用群众易于接受的方式，广泛深入开展殡葬政策宣传进家庭、进社区、进机关、进殡仪服务机构等活动，倡导树立文明节俭、生态环保、移风易俗的殡葬新风尚。尊重基层和人民群众首创精神，及时总结推广地方好经验好做法。加大对殡葬行业先进典型的树立和宣传，增进全社会对殡葬行业及从业者的理解与尊重，提高殡葬行业荣誉感。

（四）强化监测评估。各地民政部门要参照本规划，结合实际制定本地殡葬事业发展实施方案，加强对规划主要指标、重点任务、重大项目的分解落实。加强对规划实施的跟踪监测，开展中期、终期评估，监测评估中发现进展滞后或实施不了的情况，要及时报告。

甘肃省民政厅 甘肃省财政厅关于印发《甘肃省节地生态安葬奖补实施办法》的通知

（甘民发〔2022〕147号）

各市（州）民政局、财政局，兰州新区民政司法和社会保障局、财政局，甘肃矿区、东风场区民政局、财政局：

现将《甘肃省节地生态安葬奖补实施办法》印发你们，请结合实际制定具体措施，完善工作机制，将实施节地生态安葬奖补所需经费列入本级财政预算，认真抓好贯彻落实。

甘肃省民政厅　甘肃省财政厅

2022年10月21日

甘肃省节地生态安葬奖补实施办法

第一条 为深化殡葬改革，推行节地生态葬法，减轻群众丧葬负担，保护生态环境，促进社会和谐进步，根据《殡葬管理条例》、《甘肃省殡葬管理办法》和民政部等9部门《关于推行节地生态安葬的指导意见》、民政部等16部门《关于进一步推动殡葬改革促进殡葬事业发展的指导意见》等有关政策规定，结合我省实际，制定本办法。

第二条 本办法所称节地生态安葬，是以节约资源、保护环境为价值导向，鼓励和引导城乡居民采用树葬、壁葬、塔葬、草坪葬、花坛葬、骨灰撒散、骨灰深埋、格位存放等不占或少占土地、少耗资源、少使用不可降解材料的方式安葬骨灰，使安葬活动更好地促进人与自然和谐发展。

第三条 县级民政部门应将辖区内已运营且具备节地生态安葬条件的经营性公墓、公益性公墓、骨灰堂确定为节地生态安葬定点服务单位（以下简称定点服务单位）。

县级民政部门在当地无适合定点服务单位的，应向市级民政部门申请，由市级民政部门指定定点服务单位。

第四条 县级民政部门应当与定点服务单位签订节地生态安葬服务协议。安葬服务协议格式和内容由市级民政部门统一制定。

县级民政部门应当及时向社会公布定点服务单位名单并逐级报市（州）民政局和省民政厅备案。

第五条 县级以上民政部门负责节地生态安葬奖补政策的制定完善、组织实施、申请审批和业务监督，财政部门负责经费保障管理，定点服务单位负责服务提供、受理申请、材料审核、档案管理等工作。

第六条 节地生态安葬奖补的对象范围是：户籍为甘肃省籍、去世后实行火葬且在定点服务单位按节地生态葬式标准安葬的城乡居民。

第七条 节地生态安葬奖补的标准是：

（一）骨灰撒散、骨灰不装盒或使用可降解骨灰盒深埋且不硬化、不留坟头、不立碑的，对逝者直系亲属或法定继承人给予一次性奖励1000元/例。

（二）实行壁葬、塔葬、树葬、草坪葬、花坛葬的，对逝者直系亲属或法定继承人给予一次性奖励800元/例。

（三）在骨灰楼（堂）长期存放骨灰的，对逝者直系亲属或法定继承人给予一次性奖励600元/例。

第八条 节地生态安葬的葬式标准是：

（一）骨灰撒散：在经营性公墓、公益性公墓、各地指定或地方约定俗成的区域将骨灰撒散（含海葬、水葬）。

（二）骨灰不装盒或使用可降解骨灰盒深埋且不硬化、不留坟头、不立碑：在经营性公墓、公益性公墓指定区域将骨灰不装盒（采用可降解材料打包）或使用可降解骨灰盒深埋（1.2m以上），将开挖后的墓穴自然回填、不做硬化，回填后不留坟头、不立碑，恢复自然原貌，公墓单位能根据可持续发展原则合理重复使用该区域。

（三）壁葬：在经营性公墓、公益性公墓修建的生态环保壁葬设施内安葬骨灰。壁葬墙整体厚度为1m~1.5m，壁葬格的长、深、高分别不超过50cm、40cm、30cm。

（四）塔葬：在经营性公墓、公益性公墓内修建的生态环保塔葬设施内安葬骨灰。骨灰塔占地面积不超过3m²，塔高一般控制在1.8m以下，塔间距1m~2m，步道宽度1m~2m。

（五）树葬：在经营性公墓、公益性公墓内的树葬区域进行骨灰安葬。骨灰埋在树下的深度为 0.5m~1m，每例骨灰占地面积控制在 0.2m² 以内，对开挖的墓穴自然回填、不硬化、不留坟头，可设置长宽不超过 30cm×25cm 的卧碑，底座高度小于 0.3m，树干与树干间距 2m~4m，步道宽度 1m~2m。

（六）草坪葬：在经营性公墓、公益性公墓内的草坪葬区进行骨灰安葬。安葬深度为 0.5m~1m，每个墓穴占地面积控制在 0.5m² 以内，对开挖的墓穴自然回填、不硬化、不留坟头，恢复草坪原貌，可设置长宽不超过 30cm×25cm 的卧碑，底座高度小于 0.3m，墓穴间距 0.5m~1m，步道宽度 0.8m~1.5m。

（七）花坛葬：在经营性公墓、公益性公墓内的花坛葬区域进行骨灰安葬。安葬深度为 0.5m~1m，对开挖的墓穴自然回填、不硬化、不留坟头，恢复花卉种植地原貌，可在花坛上设置铭牌或标识。

（八）骨灰楼（堂）长期存放：在殡仪馆、公墓内的骨灰堂存放骨灰 10 年以上，且承诺到期后继续存放或选择其他节地生态方式进行安葬。

第九条 定点服务单位提供的节地生态安葬区应符合下列条件：

（一）有专门的壁葬区，且无不符合生态环保要求的豪华壁葬设施；

（二）有专门的塔葬区，且无不符合生态环保要求的豪华塔葬设施；

（三）有专门的树葬区，且符合分片分区统一种植同一类植物的要求，能够做到片区分类、层次分明、树种多样；

（四）有专门的草坪葬区，且符合初始草坪成规模并成活的要求；

（五）有专门的花坛葬区，且符合根据实际情况种植并及时更换花卉的要求，能够保持安葬时花坛样貌，冬季做好花坛花卉的保温防冻工作。

第十条 申请审核审批节地生态安葬奖补，具体程序如下：

（一）申请。逝者骨灰在定点服务单位按本办法第八条规定进行安葬（放）后，需申请办理节地生态安葬奖补的，由经办人（逝者直系亲属或法定继承人）向定点服务单位提出申请，填写《甘肃省节地生态安葬奖补审批表》（见附件1）。

（二）审核。受理申请的定点服务单位，应当对经办人提供的相关证件进行审核，对符合节地生态安葬奖补条件的，由定点服务单位分管负责人在《甘肃省节地生态安葬奖补审批表》上签注审核意见，并复印留存相关证件资料后报送县级民政部门审批。对不符合条件的，要书面通知经办人，告知原因。

（三）审批。县级民政部门应当对定点服务单位上报的节地生态安葬申请审核资料进行审查，对符合节地生态安葬奖补条件的，由县级民政部门分管负责人在《甘肃省节地生态安葬奖补审批表》上签注审批意见。

第十一条 申请节地生态安葬奖补，应提交以下材料：

（一）逝者火化证明原件及复印件；

（二）逝者身份证、户口簿原件及复印件；

（三）经办人身份证和有效银行卡原件及复印件；

（四）墓位证、骨灰寄存证和购买墓位、骨灰寄存格位的正规票据原件及复印件（骨灰撒散的无需提供）；

（五）经办人或定点服务单位提供的骨灰撒散、骨灰深埋、骨灰寄存、壁葬、塔葬、树葬、草坪葬、花坛葬等节地生态葬式葬法现场图片资料。

因特殊情况，经办人无法及时提供逝者身份证、户口簿、火化证明的，实行告知承诺制，定点服务单位提供《申请节地生态安葬奖补证明事项告知承诺书》（见附件2），经办人负责承诺，由定点服务单位向相关部门核实。

第十二条 定点服务单位应当及时将节地生态安葬奖补申请资料报当地民政部门审批，民政部门审批后及时报当地财政部门核拨。

财政部门应当根据同级民政部门审批后提供的花名册及时拨付奖补资金，具体拨付程序由各地根据实际情况确定。

第十三条 节地生态安葬奖补所需经费，由市、县财政列入同级财政预算。省级财政根据各地节地生态安葬奖补工作情况给予适当补助。

第十四条 市县民政部门应当根据当年节地生态安葬奖补资金需求情况，向同级财政部门提出下一年度资金需求。

第十五条 定点服务单位负责将相关资料整理归档。档案一式两份，原件由定点服务单位留存，复印件交当地县级民政部门存档。

县级民政部门和定点服务单位应建立节地生态安葬奖补档案管理制度，由专人负责管理。

档案资料应按照一人一档、统一编号的要求分年度进行归档，归档的资料应当真实完整、图文清晰。

第十六条 各级民政部门应当加强对定点服务单位开展节地生态安葬奖补业务情况的监督检查。

第十七条 各级民政、财政部门应当对资金拨付情况进行检查，对发现弄虚作假等违法违纪行为的，依照相关法律法规严肃查处。

第十八条 任何单位及个人不得出具虚假火化、骨灰安葬或存放证明，任何单位及个人不得挤占、挪用、骗取、套取奖补资金。

定点服务单位在逝者亲属领取奖补资金后，不得实施变样留坟、立碑、骨灰再装入棺等违反奖补政策的行为。

第十九条 定点服务单位违反本规定的，县级民政部门有权取消定点服务单位资格，造成的损失全部由定点服务单位承担。

第二十条 对违反第十八条规定的任何单位及个人，由民政、财政部门依法追究相关责任、追还奖补资金。

第二十一条 本办法由省民政厅、省财政厅负责解释。

第二十二条 本办法自 2022 年 12 月 1 日起施行，有效期五年。

附件：1. 甘肃省节地生态安葬奖补审批表（略）
      2. 申请节地生态安葬奖补证明事项告知承诺书（略）

甘肃省殡葬改革联席会议办公室
关于印发全省火葬区范围的通知

（甘殡改办发〔2023〕1 号）

各市、自治州人民政府，兰州新区管委会，省殡葬改革联席会议各成员单位：

经省政府研究同意，现将《全省火葬区范围》印发你们，并就贯彻落实工作提出如下要求：

一、统筹推进火葬土葬改革。全省火葬区内死亡人口，除国家另有规定或少数民族群众有其他丧葬习俗外，一律实行火葬。新划定为火葬区的地方，实行火葬允许有一定的过渡期，具体时限由市级人民政府经过风险评估后确定，并报省民政厅备案。在实行火葬的地区，要坚持遗体火化与骨灰处理并重，既千方百计巩固和提升火化率，又大力推进骨灰集中节地生态安葬。在土葬改革区，要积极引导群众实行集中安葬，倡导遗体深埋、不留坟头或以树代碑。要坚持疏堵结合、依法治理，坚决防止和纠正遗体违规土葬、骨灰装棺再葬、散埋乱葬等问题。

二、加快补齐殡葬设施短板。各地各有关部门要通过积极争取中央预算内投资项目、中央专项债券项目、中央福彩公益金支持等多种途径，切实加大殡葬设施建设资金投入力度。要将殡葬设施用地纳入市、县两级国土空间规划，保证按规定预留殡葬建设用地，有效保障殡葬设施建设用地需求。要结合当地实际，进一步强化工作措施，明确完成时限，确保全省"十四五"末，实现火葬区县级殡仪馆、公益性骨灰堂全覆盖，土葬改革区县级殡仪服务中心全覆盖，每个县至少建设1座公益性公墓，实现公益性安葬（放）设施县级全覆盖。

三、积极推进殡葬移风易俗。各地要把殡葬移风易俗纳入文明城市、乡村振兴建设之中，加大宣传和推进力度，把文明节俭治丧、节地生态安葬、绿色低碳祭扫转化为人们的情感认同和行为习惯。要充分发挥村（居）委会和红白理事会、老年人协会等基层组织作用，把治丧规范纳入村规民约、村民自治章程，培育和推广文明现代、简约环保的殡葬礼仪和治丧模式。要严格落实党员干部带头推动殡葬改革的要求，以正确导向和行为示范带动广大群众革除丧葬陋俗，弘扬新风正气。

四、加强殡葬改革组织领导。各地要把推进殡葬改革作为增进人民福祉的重要内容，作为促进精神文明和生态文明建设的有力举措，摆上重要议事日程，健全工作机制，明确职责分工，完善政策措施，加强目标考核，强化责任落实。要通过法律、行政等手段，加强殡葬服务监管，切实保障人民群众合法权益。要针对推行火葬过程中出现的有关问题，注重调查研究，加强检查指导，及时回应社会关切，防止引发社会矛盾，形成全社会共同推动殡葬改革的良好局面。

附件：全省火葬区范围（略）

甘肃省殡葬改革工作联席会议办公室（代章）
2023 年 4 月 19 日

● **青海省** ●

青海省人民政府办公厅转发省民政厅《关于进一步加强殡葬管理的意见》的通知

（青政办〔2012〕243号）

根据国务院《殡葬管理条例》和民政部《关于进一步深化殡葬改革促进殡葬事业科学发展的指导意见》（民发〔2009〕170号）精神，为进一步加强我省殡葬管理，促进殡葬改革，不断满足各族群众的基本殡葬需求，现提出如下意见：

一、充分认识加强殡葬管理的重要意义

加强殡葬管理以节约土地、保护环境、移风易俗、减轻群众负担为宗旨，符合全面建设小康社会、构建社会主义和谐社会的基本要求。进一步加强殡葬工作管理，促进殡葬改革，是建设资源节约型、环境友好型社会，实现人与自然和谐相处的客观需要；是坚持以人为本，着力保障和改善民生，建设服务型政府的重要内容；是树立文明节俭新风尚，构建社会主义核心价值体系的重要标志。近年来，在省委、省政府的高度重视下，我省的殡葬管理工作取得了一定成效，殡葬改革稳步推进，乱葬乱埋现象得到遏制，殡仪服务质量不断提高，文明节俭办丧事的新风尚正在形成。但受经济社会发展水平的制约，我省殡葬事业仍然存在基础设施落后、服务供给不足、资源配置不均、管理和服务水平不高，一些地方散埋乱葬现象屡禁不止等问题。随着经济社会快速发展，社会环境深刻变化，利益诉求日益多元，殡葬服务需求日趋多样，必须进一步加强殡葬管理，促进殡葬改革。各级政府和有关部门要从贯彻落实科学发展观、构建社会主义和谐社会、建设社会主义新农村的高度，充分认识加强殡葬管理、促进殡葬改革的重要意义，不断健全体制，完善机制，创新方式，推进我省殡葬事业科学发展。

二、明确加强殡葬管理的指导思想、基本原则和主要目标

（一）指导思想

以邓小平理论和"三个代表"重要思想为指导，认真贯彻落实科学发展观，强化政府责任和投入，健全殡葬服务设施，施行殡葬救助保障制度，加强殡葬行业监管，树立殡葬改革新风，充分发挥殡葬管理在促进我省经济社会全面协调可持续发展中的重要作用，促进人与自然和谐相处。

（二）基本原则

——坚持以人为本，为民服务。把加强殡葬管理与维护人民群众基本殡葬权益结合起来，逐步实现殡葬服务均等化；健全和完善惠民殡葬政策，逐步扩大殡葬救助保障制度覆盖面；不断提高殡葬服务质量，更好地体现人文关怀。

——坚持政府主导，市场参与。充分发挥政府在推进殡葬事业发展中的主导作用，提高政府殡葬管理、规划和对基本殡葬服务的能力和水平。注重发挥市场调节作用，鼓励和支持民间资本投入殡葬基础设施建设和其他选择性殡葬服务领域，满足人民群众多层次丧葬需求。

——坚持政事分开，管办分离。正确处理行政与事业、服务与经营的关系，充分发挥公益性殡

葬事业单位在提供基本殡葬服务、保障群众殡葬权益方面的重要作用。切实转变政府职能，坚持管理与经营分开、监督与经办分离，实现殡葬服务经营的公平、诚信，殡葬管理监督的公开、公正。

——坚持统筹规划，分类指导。按照规划先行、注重差异、满足需求、可持续发展的要求，从我省城镇、农村和牧区的实际出发，制定和完善政策措施，使殡葬管理与经济社会发展要求相统一，与人民群众的切身利益相结合，与和谐社会建设相协调，与科学发展相一致。

（三）主要目标

经过 5 到 10 年的努力，实现火葬区不断扩大，火化率稳中有升，土葬改革区治理成效显著，一些地区散埋乱葬现象得到有效遏制，殡葬服务网络和殡葬管理体制、运行机制基本完善。

三、切实加强殡葬基础设施建设

（一）科学编制殡葬事业发展规划。各级政府要将殡葬事业发展规划纳入当地经济社会规划，明确殡葬事业发展的具体目标任务，根据当地人口、耕地、交通和民族构成等情况，合理确定殡葬设施的数量、规模、布局和功能，并采取有力措施积极推进。

（二）加强殡葬基础设施建设。要加快推进殡仪馆及城镇公益性骨灰存放设施、农村公益性墓地等殡葬服务设施建设。通过 5 到 10 年的努力，力争全省所有县都有一座殡仪馆，建立起以殡仪馆为核心，以城镇街道殡仪服务站为依托，以城乡公益性骨灰存放设施和公益性墓地为保障，村（居）委会红白理事会为基础的殡葬服务网络。

1. 殡仪馆是提供遗体处理、悼念等殡仪服务活动的专用场所。殡仪馆建设要坚持"方便适用、节约土地、节约能源、保护环境、消除污染、尊重当地丧葬文化和习俗"的原则。州（地、市）、县（市、区）人民政府要严格按照城市总体规划的要求进行规划、设计和建设。

2. 城市公益性公墓是为城市居民无偿或低偿提供安葬骨灰服务的非营利性公共设施。城市公益性公墓由县（市、区）人民政府民政部门建设管理，县（市、区）人民政府要将城市公益性公墓纳入城市建设规划，并在政策和资金上给予必要支持。

3. 农村公益性墓地是为农村居民提供安葬骨灰或遗体服务的集体公用设施。建设农村公益性墓地由乡（镇）或行政村为单位组织实施，县（市、区）人民政府要将农村公益性墓地建设纳入社会主义新农村建设规划，并在政策和资金上给予支持。

4. 经营性公墓是为城乡居民有偿提供安葬骨灰服务的公共设施。经营性公墓要实行市场化运作，公墓建设要符合当地城乡建设规划、土地利用总体规划和公墓建设规划，涉及林地的必须同时提供林业部门的审查意见。公墓用地必须通过招标、拍卖、挂牌等公开出让的方式取得土地使用权和公墓经营权。经营性公墓要主动承担社会公益责任，自觉建立公益性墓区和骨灰存放设施，中、低价位墓穴建造比例应达到墓穴总数的 80% 以上。

（三）规范殡葬设施审批程序。各地要切实加强殡葬设施建设管理。建设殡仪馆及其他公益性殡仪服务设施，由民政部门提出意见，报同级人民政府审批；建设经营性公墓须报省级民政部门审批。任何单位和个人未经批准不得擅自兴建殡葬设施。

四、积极稳妥推进殡葬改革

坚持强化殡葬管理，稳步推进殡葬改革，积极地、有步骤地推行火葬、规范实施土葬，推行生态殡葬、绿色节地殡葬。同时，尊重少数民族的丧葬习俗，提倡文明节俭办丧事。

（一）科学划分葬区。各地要根据我省多民族聚居、多种丧葬习俗并存的实际，在充分尊重各民族丧葬习俗的基础上推进殡葬改革，科学划分火葬区和土葬改革区。已划分为火葬区的西宁市区、大通县、湟中县、湟源县、平安县、互助县、乐都县、民和县、共和县、同德县、德令哈市、格尔木市、刚察县、海晏县等 14 个地区，要在巩固已有成果的基础上，进一步调整、规范火葬范围和土葬改革区域。未划定火葬区的地区，县（市、区）人民政府应当根据人口、交通、土地、设施配置和群众接受程度等因素，提出划分火葬区和土葬改革区的意见；州（地、市）人民政府根据县（市、区）人民政府的意见，提出划定火葬区和土葬改革区的方案，报省人民政府批准。火葬区和土葬改革区每5年调整一次。

（二）稳步推行火葬。大力倡导机关、团体、企事业单位公职人员去世后遗体实行火化（国家法律法规另有规定的除外）。新划定火葬的地区，要坚持循序渐进，加强政策宣传引导，做好群众思想工作，注意方式方法，积极地、有步骤地推行火葬。要强化骨灰管理，推行骨灰安葬备案制。积极倡导和推广树葬、花葬、草坪葬等节地葬法，鼓励深埋、撒散等不保留骨灰方式，推动绿色殡葬。对信仰伊斯兰教少数民族的土葬习俗应予以尊重，自愿实行火葬的，他人不得干涉。在信仰藏传佛教的藏族、土族、蒙古族群众聚居地区，根据群众意愿实行火葬。

（三）规范实施土葬。公益性墓地应当选用荒坡、非耕地的贫瘠地和滩地建造，不得占用耕地、林地，禁止在沿铁路、公路、河道两侧及保护区、住宅区、风景名胜区、开发区、耕种区内建造公墓或墓地。上述区域内现有的坟墓，除受国家保护的具有历史、艺术、科学价值的墓地予以保留外，应当迁移或深埋，不留坟头。要教育引导群众摒弃水泥、石材建坟，保护生态环境。

五、建立健全殡葬救助和价格监管制度

（一）建立健全救助保障制度。各地要结合实际，积极推行惠民殡葬政策。从2012年起，城镇"三无"人员、农村牧区五保户、城乡低保对象去世后火化的，由各地财政负担遗体存放、遗体火化和骨灰寄存三项基本殡葬服务费用，或给予必要的补助。具体实施办法由省民政厅、财政厅负责制定。有条件的地区可以按照保基本、广覆盖、可持续的原则，适当扩大救助对象范围，逐步实现基本殡葬服务均等化。

（二）明确服务项目收费标准。火化等基本殡葬服务项目实行政府定价；遗体整容、防腐、吊唁设施及设备租赁等延伸服务项目，实行政府指导价，具体收费标准由各州（地、市）人民政府制定和调整。同时，各地要加强对丧葬用品销售价格的指导。

（三）加强服务行业监管。要根据自愿选择、公平协商、市场运作的原则，强化殡葬服务市场准入，建立行业规范，依法加强监管。省价格管理部门和民政部门要制定加强殡葬服务收费管理的指导意见，努力减轻群众丧葬负担，为殡葬事业改革和持续健康发展创造良好的环境。

六、有效提升服务管理能力

（一）深化殡葬管理体制改革。各级政府要理顺关系、转变职能、提升殡葬管理服务水平，深入推进本地区殡葬管理体制改革。政府部门不得参与经营性公墓和其他殡葬服务企业的建设和经营，国家工作人员不得在经营性公墓和其他殡葬服务企业任职或兼职，不得以任何形式从中牟利。殡葬管理单位要认真开展殡葬执法，在人、财、物等方面与殡葬服务单位和企业脱钩，不得从事殡葬经营活动，不得向殡葬服务单位和企业收取任何管理费用。

（二）建立健全保障机制。要切实解决政府新建殡葬服务事业单位人员编制和工作经费问题，建立稳定的殡葬设施、设备更新改造资金保障机制。

（三）提高殡葬服务水平。殡葬服务单位要依据公安机关或者卫生行政部门规定的医疗机构出具的死亡证明处理遗体，实行殡葬服务项目、收费标准、服务内容、服务程序、服务承诺、服务监督"六公开"制度，不断提高殡葬服务水平。

（四）强化殡葬应急管理。各级政府要加强突发事件中的殡葬应急管理，建立健全应急预案，完善清明节等集中祭扫时段的安全保障机制，最大限度避免或减少突发事件可能造成的人员和财产损失。

七、大力倡导文明节俭殡葬新风

殡葬文化是社会主义先进文化的组成部分。要传承尊重生命、缅怀先人的传统思想；倡导厚养薄葬、文明节俭的殡葬理念；弘扬卫生环保、低碳绿色的现代殡葬文化。要把文明治丧作为文化发展的一项重要内容纳入创建文明城市、卫生城市和新农村牧区建设的重要内容和评选范围，进一步强化丧事管理。确定每年3月16日至4月15日为全省"殡葬改革宣传月"，各地要开展形式多样、内容丰富的宣传活动，大力宣传加强殡葬管理、促进殡葬改革对建设社会主义新农村新牧区、节约土地资源、保护三江源生态环境的重要意义，教育引导群众破除封建迷信和丧葬陋习，树立文明殡葬新风尚。

八、健全完善管理工作机制

各级政府要进一步提高对加强殡葬管理、促进殡葬改革重要性的认识，明确各相关部门在殡葬管理中的职责分工，健全和完善"政府主导、民政牵头、部门联动、社会参与"的殡葬管理工作机制。民政部门要承担加强殡葬管理、推进殡葬改革、监督殡葬服务的职能，组织协调有关部门制止散埋乱葬，加强市场监管。发展改革（物价）部门要按规划支持殡葬项目建设，加强对殡葬设施项目的建设管理，严格按照基本建设程序对项目进行审批；加强殡葬服务收费监管，制定殡葬服务收费项目和标准，加大对乱收费问题的治理和查处力度。财政部门要加大投入，保证殡葬服务事业经费落实，支持惠民殡葬政策措施出台、殡仪馆和城乡公益性骨灰安放设施建设、殡葬设备环保节能改造。国土资源部门要依法加强殡葬用地的管理，严格审批手续，节约殡葬用地，依法查处乱占滥用土地的行为。林业部门要依法加强林地保护和管理，严厉查处毁林造墓等违法行为，把"三沿五区"的坟墓绿化遮挡纳入造林绿化工程规划。工商行政管理部门要加强对殡葬用品市场的规范管理，严厉打击和查处经营带有封建迷信色彩的丧葬用品行为。卫生部门要加强医院太平间的管理，禁止在医疗机构设立祭奠场所。公安部门要对在丧事活动中扰乱社会秩序、危害公共安全、侵害他人合法权益、阻碍执法人员执行公务等行为依法予以处罚，构成犯罪的，依法追究刑事责任。民族宗教事务管理部门要依法指导少数民族殡葬管理工作，并提出意见或建议。城管部门要会同有关部门依法查处城区内大街小巷违章占道的丧事活动、出殡沿途燃放鞭炮、抛撒冥纸等影响市容和环境卫生的行为。编制部门要明确基本殡葬服务单位的公益性质，加强政府举办的公益性殡葬服务单位的机构编制管理。监察部门要对国家工作人员遵守殡葬管理政策法规的情况进行监督，对国家工作人员在殡葬活动中存在的违规违纪行为进行严肃查处。各单位、乡镇（街道）、村（社区）要切实负起责任，做好殡葬事务管理工作。

关于建立城乡困难群众基本
殡葬救助制度的通知

（青民发〔2012〕266号）

西宁市、各自治州、海东地区民政局，财政局：

为贯彻落实省政府转发民政厅《关于进一步加强殡葬管理的意见》（青政办〔2012〕243号）

的通知精神，建立健全社会救助体系，切实减轻困难群众丧葬负担，促进社会和谐进步，从2012年10月1日起，对城乡困难群众的基本殡葬服务费用实行补助政策。现将具体事项通知如下：

一、补助对象

凡具有我省户籍的城镇"三无"人员、农村五保户、城乡低保对象和县以上公安机关开具了允许火化证明的无名尸体。

二、补助项目

补助项目包括：依法注册的殡仪馆提供的遗体存放（三天以内）、遗体火化和骨灰寄存（一年以内）三项基本殡葬服务费用。

基本殡葬服务项目实行政府定价。具体补助标准由县级以上人民政府物价部门会同财政部门制定。

三、经费来源及补助方式

农村五保户基本殡葬服务补助资金从五保供养资金中列支，其他困难群众基本殡葬服务补助资金由各地财政部门按照成本核定支出，并在预算中单独安排，由民政部门负责兑现。

办理基本殡葬服务费用补助手续，丧属和有关单位必须向民政部门提供死者"三无"人员证明、五保供养证、低保证、身份证明、死亡证明、户籍注销证明、火化证明等相关资料。无名尸体的基本殡葬服务费用，由殡仪馆凭火化证明、项目清单和县以上公安机关开具的允许火化证明，到民政部门核实报销。

四、工作要求

（一）提高认识，加强领导。各地要从深入贯彻落实科学发展观和构建社会主义和谐社会的高度，充分认识建立城乡困难群众基本殡葬救助制度在社会救助体系建设中的重要作用，切实加强组织领导。要按照建立公共财政的要求，把困难群众基本殡葬服务补助资金列入财政预算，不断加大投入，及时研究和解决工作中遇到的困难和问题，确保殡葬救助工作有序、有效开展。

（二）完善制度，规范管理。各级民政、财政部门要按照"便民、利民、惠民"的原则制定本地区困难群众基本殡葬服务费用补助办法，建立健全困难群众基本殡葬服务补助的申请、审核、审批、归档等相关规程，确保困难群众基本殡葬服务补助工作程序严格规范，便于操作，符合社会救助的工作特点。有条件的地区可以按照保基本、广覆盖、可持续的原则，适当扩大救助对象范围，逐步实现基本殡葬服务均等化。

（三）明确职责，强化措施。民政部门要认真履行职责，规范做好补助对象的资格审查、档案管理及费用结算等各环节工作。违反殡葬法规办理丧事的，不得享受补助政策。财政部门要以当地物价部门确定的收费标准、困难群众总人数和自然死亡率为基数，据实落实困难群众基本殡葬服务费用补助资金，专款专用，定期结算。殡仪馆要加强内部管理，坚持做到基本殡葬服务项目、收费标准、服务内容、服务程序、服务承诺、服务监督"六公开"，主动接受社会监督，确保困难群众基本殡葬救助政策落到实处。

二〇一二年十月三十日

中共青海省委办公厅 青海省人民政府办公厅转发《关于党员干部带头推动殡葬改革的实施意见》的通知

（青办发〔2015〕13号）

各市州委和人民政府，省委各部委，省直各机关单位，各人民团体：

省民政厅拟定的《关于党员干部带头推动殡葬改革的实施意见》已经省委、省政府同意，现转发给你们，请结合实际认真贯彻执行。

中共青海省委办公厅　青海省人民政府办公厅
2015年4月24日

（发至县，可公开发布）

关于党员干部带头推动殡葬改革的实施意见

殡葬改革是破千年旧俗、树一代新风的社会改革，关系人民群众切身利益，关系社会主义精神文明建设和生态文明建设，关系党风政风民风。为发挥广大党员、干部带头示范作用，进一步推动殡葬改革，现提出如下意见。

一、深刻认识推动殡葬改革的重要性和紧迫性

新中国成立以来，在老一辈党和国家领导人的积极倡导下，在各级党委和政府大力推动下，广大党员、干部带领群众积极实行火葬，改革土葬，革除丧葬陋俗，树立文明节俭办丧事的新风尚，殡葬改革取得了明显成效。但近年来，一些丧葬陋俗死灰复燃，封建迷信活动重新活跃，突出表现在：火葬区遗体火化率下滑、骨灰装棺再葬问题突出，土葬改革区乱埋乱葬、滥占耕地现象严重，浪费了大量自然资源，破坏了生态环境；重殓厚葬之风盛行，盲目攀比、奢侈浪费现象滋生蔓延，加重了群众负担；少数党员、干部甚至个别领导干部利用丧事活动大操大办、借机敛财，热衷风水迷信，修建大墓豪华墓，损害了党和政府形象，败坏了社会风气。这些现象亟需整治。

党员、干部带头推动殡葬改革，是移风易俗，发扬社会主义新风尚的应尽责任；是推动文明节俭治丧，减轻群众丧葬负担的重要途径；是加强党风政风建设，树立党和政府良好形象的必然要求；是解决人口增长与资源环境矛盾，造福当代和子孙后代，促进经济社会可持续发展的迫切要求。各级党委和政府要充分认识党员、干部带头推动殡葬改革的重要性和紧迫性，进一步统一思想，完善政策措施，逐步形成党员和干部带头、广大群众参与、全社会共同推动的殡葬改革良好局面。

二、充分发挥党员、干部带头作用，积极推动殡葬改革

（一）带头文明节俭办丧事，树立时代风尚。党员、干部应当带头文明治丧，简办丧事。要在殡仪馆或合适场所集中办理丧事活动，自觉遵守公共秩序，尊重他人合法权益，不得在居民区、城区街道、公共场所搭建灵棚。采用佩戴黑纱白花、播放哀乐、发放生平等方式哀悼逝者，自觉抵制迷信低俗活动。除国家另有规定外，党员、干部去世后一般不成立治丧机构，不召开追悼会。举行遗体送别仪式的，要严格控制规模，力求节约简朴。对于逝者生前有丧事从简愿望或要求的，家属、亲友以及所在单位应当予以充分尊重和支持。严禁党员、干部特别是领导干部在丧事活动中大操大办、铺张浪费，严禁借机收敛钱财。

（二）带头火葬和生态安葬，保护生态环境。在人口稠密、耕地较少、交通方便的火葬区，党员、干部去世后必须实行火葬，不得将骨灰装棺再葬，不得超标准建墓立碑。在暂不具备火葬条件的土葬改革区，党员、干部去世后遗体应当在公墓内集中安葬，不得乱埋乱葬。无论是在火葬区还是在土葬改革区，党员、干部都应当带头实行生态安葬，采取骨灰存放、树葬、花葬、草坪葬等节地葬法，积极参与骨灰撒散、海葬或者深埋、不留坟头。鼓励党员、干部去世后捐献器官或遗体。少数民族党员、干部去世后，尊重其民族习俗，按照有关规定予以安葬。

（三）带头文明低碳祭扫，传承先进文化。党员、干部应当带头文明祭奠、低碳祭扫，主动采用敬献鲜花、植树绿化、踏青遥祭、经典诵读等方式缅怀故人，弘扬慎终追远等优秀传统文化，不得在林区、景区等禁火区域焚烧纸钱、燃放鞭炮。积极参与社区公祭、集体共祭、网络祭扫等现代追思活动，带头祭扫先烈，带领群众逐步从注重实地实物祭扫转移到以精神传承为主上来。

（四）带头宣传倡导殡葬改革，弘扬新风正气。党员、干部要积极主动宣传殡葬改革，加强对亲属、朋友和周围群众的教育引导，及时劝阻不良治丧行为，自觉抵制陈规陋俗和封建迷信活动，倡导文明新风。各级领导干部要加强对直系亲属和身边工作人员丧事活动的约束，积极做好思想疏导工作，对不良倾向和苗头性问题，要做到早提醒、早制止、早纠正，决不允许对违法违规殡葬行为听之任之甚至包庇纵容。

三、大力营造有利于殡葬改革的良好环境

（一）加强组织领导，健全工作机制。各级党委和政府要把党员、干部带头推动殡葬改革作为促进社会主义精神文明建设和生态文明建设、保障和改善民生、加强党风政风建设的重要内容，摆上议事日程，建立健全党委领导、政府负责、部门协作、社会参与的工作机制。坚持以党员、干部带头为引领，不断提高人民群众参与殡葬改革的自觉性。组织部门要注意掌握党员、干部治丧情况，加强对党员、干部的教育管理。宣传、文明办等部门要做好殡葬改革宣传引导工作。发展改革、公安、民政、财政、人力资源社会保障、国土资源、工商、林业等部门要各司其职、密切配合，加强基本殡葬服务供给，完善惠民殡葬政策措施，规范殡葬服务市场秩序，督促党员、干部破除丧葬陋俗，加快推动殡葬改革。工会、共青团、妇联等人民团体和基层党组织、村（居）委会以及红白理事会、老年人协会等社会组织要充分发挥作用，广泛动员群众积极参与殡葬改革。

（二）注重统筹规划，提高保障水平。各级党委和政府要立足实际，制定和完善殡葬事业发展规划，明确殡葬改革目标任务和方法步骤，并纳入当地国民经济和社会发展规划。根据人口、耕地、交通等情况，科学划分火葬区和土葬改革区，统筹确定殡葬基础设施数量、布局、规模和功能。加大投入，重点完善殡仪馆、骨灰堂、公益性公墓等基本殡葬公共服务设施，逐步形成布局合理、设施完善、功能齐全、服务便捷的基本殡葬公共服务网络，为推动殡葬改革创造有利条件。

（三）完善法规制度，强化监督管理。加快修订《殡葬管理条例》，健全基本殡葬服务保障、殡葬服务市场监管、丧事活动管理执法等方面制度。进一步健全和规范对乱埋乱葬、违规建墓等行

为的行政强制执行制度。积极建立殡葬改革激励引导机制，实行生态安葬奖补等奖励政策。加强监督检查，强化责任追究，对党员、干部尤其是领导干部在丧事活动中的违纪违法行为，要依纪依法严肃查处。

（四）加大宣传力度，做好舆论引导。充分利用各种媒体和传播手段，深入宣传殡葬法规政策，普及科学知识，倡导文明节俭、生态环保、移风易俗的殡葬新风尚。大力宣传党员、干部带头推动殡葬改革的先进典型，传播正能量。充分发挥媒体监督作用，曝光负面案例，努力营造有利于殡葬改革的良好氛围。

各地区各有关部门要按照本意见精神，结合实际制定贯彻落实的具体措施。

关于推行节地生态安葬的实施意见

（青民发〔2016〕92号）

各市（州）民政局、发展改革委、科技局、财政局、国土资源局、环境保护局、城乡规划和建设局（住房和城乡建设局）、农牧局、林业局：

为贯彻落实民政部等9部门《关于推行节地生态安葬的指导意见》（民发〔2016〕21号）和省委办公厅、省政府办公厅《关于党员干部带头推动殡葬改革的实施意见》（青办发〔2015〕13号）要求，进一步深化殡葬改革，推行节地生态安葬，保护生态环境，结合我省实际，现提出如下实施意见：

一、充分认识推行节地生态安葬的重要意义

节地生态安葬，就是以节约资源、保护环境为价值导向，鼓励和引导人们采用树葬、海葬、深埋、格位存放等不占或少占土地、少耗资源、少使用不可降解材料的方式安葬骨灰或遗体，使安葬活动更好地促进人与自然和谐发展。目前，我省一些地区节约土地、保护环境的安葬观念还不强，激励引导、规范监管的制度机制不完善，节地生态安葬设施供给不足，节地生态安葬率低，散埋乱葬、骨灰装棺再葬、使用不可降解材料等问题突出，迫切需要加以解决。

党的十八大以来，党中央、国务院高度重视生态文明建设，将其纳入"五位一体"总体布局中协调推进。青海在全国生态文明建设中具有特殊而重要的地位，省委、省政府把保护生态当作全省可持续发展的必然选择，2015年出台了《青海省生态文明建设促进条例》《青海省生态文明先行示范区建设实施方案》。8月22日至24日习近平总书记在青海视察时强调，生态环境和生态文明建设，是我国持续发展最为重要的基础，必须把生态文明建设放在突出位置来抓。为此，各地区、各有关部门要充分认识推行节地生态安葬的重要性和紧迫性，着力凝聚社会共识，加强节地生态安葬设施建设，完善政策措施，积极稳妥推广节地生态葬法，促进全省生态文明建设。

二、总体要求

（一）指导思想。深入贯彻党的十八届三中、四中、五中全会以及习近平总书记系列重要讲话精神，认真落实省委十二届历次全委会精神，按照中央、省委有关生态文明建设的部署，坚持保障群众基本安葬需求，坚持节约资源、保护环境，把以人为本、生态文明的理念贯穿于殡葬改革全过程，加大节地生态安葬公共服务产品供给，提供优质人文安葬服务，加强政策激励引导，使满足安

葬需求与保护资源环境协调推进，促进形成人与自然和谐发展新格局。

（二）基本原则。

——政府主导，社会参与。强化政府在推行节地生态工作中的统筹规划、基础建设、政策激励、监督管理等方面的职能，完善公共财政投入机制和部门协作机制，积极引导和支持城乡居民、殡葬服务单位、基层组织以及相关社会组织推广节地生态葬法，形成参与殡葬改革的合力。

——节约资源，保护环境。坚持节约优先、保护优先的理念，科学规划建设节地生态安葬设施，推广节地生态葬法，提高土地利用率，尊重和保护自然生态，减少安葬活动对资源的消耗和对环境的不当干预，切实维护生态安全。

——注重引导，创新发展。尊重、引导、发挥好安葬习俗对节约资源、保护环境的积极作用，通过依法管理、提升内涵、激励引导、探索创新，引导人们更加自觉接受节地生态葬法，更加重视精神传承，逐步革除陋习、移风易俗，积极稳妥、循序渐进地改革安葬方式。

——分类指导，统筹推进。因地制宜，分类指导，科学施策。坚持殡、葬、祭"三位一体"，推动节地生态安葬与绿色殡葬、人文殡葬、惠民殡葬相结合，葬法改革与丧礼改革相衔接，统筹推进殡葬改革。

（三）主要目标。加快建设具有青海特色的现代殡葬管理和服务体系，到"十三五"末，在巩固和提高全省年均火化率的基础上，全省节地生态安葬率达到40%，火葬区公益性骨灰安放设施（含公益性公墓）县级行政区域覆盖率达到70%。全面落实惠民殡葬政策，实行节地生态安葬奖补激励政策，使骨灰装棺再葬、散埋乱葬和墓位面积超标得到有效治理，节地生态、移风易俗新风尚成为殡葬活动主流。

三、主要任务

（一）加快建设节地生态安葬设施。由民政厅牵头，会同相关厅局，依据相关规划，力争在"十三五"资助农业区各县新建公益性骨灰安放设施，鼓励和支持建设节地生态型农村公益性墓地，提高城乡殡葬基本公共服务能力。各地新建和改造农村公益性墓地，要严格执行单人遗体安葬墓占地面积不得超过4平方米、双人合葬墓占地不得超过6平方米的国家标准，单人骨灰安葬墓或者双人骨灰合葬墓占地面积不得超过1平方米的国家标准，不设墓碑或设小型墓碑，减少使用不可降解材料，提高集约化、生态化安葬程度；要与治理散埋乱葬、清理整治"三沿五区"（沿铁路、公路两侧，沿河流、水库岸边，沿村庄、城镇周边；水源保护区、文物保护区、旅游风景名胜区、集中住宅区、自然保护区）的散墓结合起来，采取迁移、深埋、微型化和绿化遮挡等方式进行整治，并建立长效机制，有效遏制新的散埋乱葬，逐步改善"三沿五区"的生态环境。督促新建和已有经营性公墓主动承担社会公益责任，自觉建立节地生态安葬墓区，提供深埋、树葬、草坪葬、撒散、壁葬、塔葬、小型墓等多样化节地生态安葬方式。严格依法审批经营性公墓，从2017年起扩建及新建公墓必须有明确的节地生态安葬区域配建比例，各经营性公墓都要逐年提高节地生态安葬区域及墓穴配建比例。各类公墓墓穴的用地必须控制在单人骨灰安葬或者双人骨灰合葬墓占地面积不得超过1平方米的国家标准，不设墓碑或设小型墓碑。对超标准建墓立碑的，要依法通过拆除、绿化等方式进行整治改造。加强少数民族殡葬设施建设，保障少数民族群众节地生态安葬需求。

（二）大力推行节地生态葬式葬法。根据省政府办公厅转发省民政厅《关于进一步加强殡葬管理意见的通知》（青政办〔2012〕243号），县级人民政府和设区的市、自治州人民政府要在充分尊重各民族丧葬习俗的基础上推进殡葬改革，统筹规划，科学划分火葬区和土葬改革区，依法推行遗体火化、骨灰或遗体在公益性公墓内集中安葬，推行节地生态安葬。在火葬区，积极推行不占或少占土地的生态化骨灰安葬方式，在人口密集区推行以楼、廊、堂、塔、墙等形式存放骨灰的立体安葬方式。按规范建设单人骨灰安葬或双人骨灰合葬占地小于国家规定标准的节地型墓位，提倡地面不建墓基、地下不建硬质墓穴，墓碑小型化、微型化，最大限度降低硬化面积。积极推广骨灰植树、植花、植草等生态葬式，使用可降解容器或直接将骨灰藏纳土中，不设硬质墓穴和墓碑。倡导骨灰撒散、深埋等不保留骨灰的安葬方式。在土葬改革区，遗体或骨灰应在公墓或农村公益性墓地内集中安葬（安放），不得散埋乱葬，按规范建设单人遗体安葬和双人合葬占地分别低于国家规定标准的节地型墓位，减少地面硬化面积，鼓励墓碑小型化或不立碑；倡导遗体或骨灰深埋、不留坟头或以树代碑。尊重少数民族丧葬习俗，鼓励和支持少数民族群众选择既具有民族地域特色、又符合节地生态要求的葬式葬法。

（三）不断提高节地生态安葬服务水平。针对节地生态安葬的人群及相关服务特点，严格落实安葬服务标准，创新服务模式，优化服务流程，积极提供网上预约、服务热线、咨询窗口等便捷方式，拓展全程引导、悲伤抚慰等服务项目，强化人文关怀，提升服务内涵，做到用心服务、便民高效。加强安葬后续日常管理，注重环境绿化美化，引导文明低碳祭扫，保持墓区整洁肃穆。推进互联网、物联网与殡葬服务融合发展。

（四）积极培育现代殡葬文化。把推行节地生态安葬与倡导厚养薄葬、保护生态环境、造福子孙后代结合起来，厚植符合节地生态、绿色环保要求的安葬理念，培育具有时代特征、民族特点、群众基础的殡葬行为规范。充分依托现有殡葬设施资源，建设一批生命文化教育基地，打造优秀殡葬文化传承平台。积极推广现代文明的殡葬礼仪和殡葬用品，坚决抵制迷信低俗、奢侈浪费等不良丧葬风气，切实增强参与节地生态安葬的思想自觉和行动自觉。大力倡导网络祭扫、鲜花祭扫、踏青遥祭、植树缅怀等文明低碳祭扫方式，积极组织集体共祭、社区公祭、家庭追思等现代追思活动，弘扬慎终追远等优秀传统殡葬文化，引导群众逐步从注重实地实物祭扫转移到以精神传承为主上来。

四、保障措施

（一）加强组织领导。各地要切实将推行节地生态安葬作为深化殡葬改革的重要内容，纳入城乡总体规划及精神文明建设的重要议事日程，建立常抓不懈的工作机制，稳步推进节地生态安葬。民政部门要牵头做好政策标准制定、组织实施、审批监管等工作。发展改革、科技、财政、国土资源、环境保护、住房城乡建设、农业、林业等部门要各司其职、密切配合，做好安葬设施规划建设，加大节地生态安葬公共服务供给，完善惠民殡葬政策和激励引导措施，依法查处非法占地建坟，强化殡葬活动的生态环境监管，推动环保殡葬新技术、新产品研发应用，结合城乡环境综合整治改进殡葬服务管理，支持保障推行节地生态安葬。要注重发挥乡镇、街道、城乡社区的独特优势，鼓励设立乡村、社区红白事理事会，建立基层殡葬信息员制度及殡葬信息源采集、报告和预警机制，加大对散埋乱葬、骨灰装棺再葬、违规建墓的事前预防和源头治理力度。

（二）发挥党员干部带头作用。各地要深入落实中央八项规定和省委关于党员干部带头推动殡葬改革的要求，强化党员干部从严律己、依法从政意识，要求群众做到的，党员干部要带头做到。党员干部要带头实行遗体火化，带头参与节地生态安葬，带头推行丧事简办，带头文明低碳祭扫，教育和约束直系亲属和身边工作人员按要求举办丧事活动，主动做殡葬改革的践行者、生态文明的推动者、文明风尚的引领者，以正确导向和行为示范带动广大群众转观念、破旧俗、立新风。主动协调有关部门把带头推动殡葬改革的要求纳入对党员干部的教育管理之中，积极宣传典型人物和先进事例，依法纠正和查处党员干部尤其是领导干部去世后遗体违规土葬、散埋乱葬、超标准建墓立碑等行为，对其他涉嫌违纪违法问题线索的，及时移交执纪部门或司法部门处理。

（三）强化宣传引导。树立正确舆论导向，充分发挥媒体、殡葬服务机构、基层自治组织、社会组织等在宣传教育方面的作用，用群众喜闻乐见的方式，宣传节地生态安葬的重大意义、法规政策，凝聚全社会的思想认同。注重实践养成，坚持清明节等重要节点集中宣传与日常引导相结合，积极组织开展殡葬服务机构开放日、节地生态安葬宣讲、集中撒散生态安葬等活动，加强对群众治丧观念和治丧活动的正向激励引导，培育和树立文明节俭、生态环保、移风易俗的殡葬新风尚。

（四）健全奖补激励机制。目前，我省已基本建成覆盖县（市、区）级行政区域的殡仪馆设施，为全面推行惠及全民的以减免基本殡葬服务费用为主要内容的惠民殡葬政策奠定了基础。根据《民政部关于全面推行惠民殡葬政策的指导意见》（民发〔2012〕211号）和省政府办公厅《关于进一步加强殡葬管理意见的通知》（青政办〔2012〕243号）及《关于印发〈青海省定价目录〉的通知》（青政办〔2015〕202号）等文件，按照保基本、广覆盖、可持续的原则，各地要于2016年底前出台符合当地的惠民殡葬政策，由各地财政负担或补助基本殡葬服务费用，实现殡葬基本公共服务均等化，落实老年人优待政策。对遗体接运、存放、火化、骨灰寄存等基本殡葬服务收费和公益性公墓价格及维护管理费标准由市（州）、县（市、区）政府定价。对其他公墓价格，要加强对经营者定价行为指导规范，对价格明显偏高的，必要时依法进行干预和管理，切实遏制虚高定价行为。积极建立节地生态安葬奖补制度，把树葬、撒散、深埋、格位存放等不占或少占地方式，以及土葬区遗体深埋不留坟头等生态葬法，纳入奖补范围，鼓励群众积极参与。可结合实际情况，积极探索建立环保殡葬用品补贴制度，对带头推行无毒、可降解环保用品的殡葬服务单位或使用者亲属，给予适当奖励或补贴，推动环保殡葬用品的推广应用。

（五）注重能力建设和完善设施。各有关部门要加大对节地生态安葬工作的支持力度，保障基本建设用地，保障投入，加强规划引导和政策指导，增强工作的系统性、针对性和前瞻性。为满足群众的基本治丧需要，方便辖区群众居民文明、节俭办丧事和祭扫，各地可根据实际建设集中办丧事的殡仪服务中心（站），依托殡仪服务中心（站），引导群众将治丧、祭祀场所移出家庭、居民区办丧事，规范居民丧事行为，减轻丧属负担，解决群众无处办丧事、无处烧纸、随意烧纸污染环境、丧事扰民等社会问题。各公墓经营单位要积极引入环保、建筑等方面的专业力量，做好节地生态安葬设施和安葬方式的规划、设计论证和建设工作，打造节地生态安葬精品工程。加强专业服务人才培养，对殡葬系统员工普遍进行一次轮训，鼓励员工参加专业社会工作者考试，着力提升干部职工的生态文明素养。

各地要根据本意见要求，结合实际，研究制定落实措施，有关工作开展情况及时报民政厅。

青海省民政厅　青海省发展和改革委员会

青海省科技厅　青海省财政厅

青海省国土资源厅　青海省环境保护厅

青海省住房和城乡建设厅　青海省农牧厅

青海省林业厅

2016年9月18日

关于转发民政部等16部委《关于进一步推动殡葬改革促进殡葬事业发展的指导意见》的通知

（青民发〔2018〕114号）

各市（州）民政局、文明办、发展改革委、公安局、财政局、人力资源和社会保障局、自然资源局、生态环境局、文化和旅游局、卫生健康委、市场监督管理局、林草局、民宗委（局）、工会、团委、妇联：

现将民政部等16部委《关于进一步推动殡葬改革促进殡葬事业发展的指导意见》（民发〔2018〕5号，以下简称《指导意见》）转发你们，并结合青海省实际，提出以下实施意见，请一并抓好贯彻落实。

一、高度重视，提高认识

各地区各部门要深入贯彻党的十九大精神和省委十三届四次全体会议提出的"一优两高"部署，认真落实《中共青海省委办公厅、青海省人民政府办公厅转发〈关于党员干部带头推动殡葬改革的实施意见〉的通知》（青办发〔2015〕13号）要求，加强组织领导，明确目标任务，落实部门职责，以推动殡葬改革为牵引，以满足人民群众殡葬需求为导向，以提升殡葬服务能力和水平为保障，以创新殡葬管理体制机制为动力，整合资源、规范管理、优化服务、深化改革，强化党员干部模范带头作用，大力倡导移风易俗，使殡葬改革和殡葬事业发展更好服务于保障和改善民生、服务于精神文明和生态文明建设。

二、明确目标，细化措施

根据16部委《指导意见》提出的目标任务，到2020年，我省要实现火葬区现有殡仪馆达到国家环境保护标准要求，公益性节地生态安葬设施覆盖到县级行政区域，全面建立基本殡葬服务制度，覆盖城乡居民的殡葬公共服务体系基本建立，积极推行节地生态安葬奖补制度，遗体火化率逐年提高，骨灰撒散、树葬、草坪葬、格位存放等节地生态安葬比例达到既定目标；丧事大操大办、散埋乱葬等问题得到有效遏制。

各地要按照《指导意见》要求和目标任务，结合实际，科学制定工作方案，细化措施抓好落实。尚未出台遗体接运、暂存、火化、骨灰寄存等基本殡葬服务减免救助保障制度的地区要加快出台惠及辖区所有居民的政策，优化便民流程，完善惠民措施，确保落实到位。基本殡葬服务减免所需资金由州、县级财政按现行财政体制分担，列入同级财政预算。各地出台和执行基本殡葬服务制度的情况将作为评估殡葬改革工作的重要依据，并与项目、资金安排直接挂钩。要统筹推进殡葬改革，坚持遗体火化与骨灰处理两手抓、两手都要硬，既要千方百计提升火化率，又要大力推进骨灰节地生态安葬。对遗体违规土葬、骨灰装棺再土葬、散埋乱葬等问题，要坚持疏堵结合、依法治理，不能放任不管。要深入贯彻落实民政厅等9部门《关于推行节地生态安葬的实施意见》（青民发〔2016〕92号）精神，通过建立节地生态安葬奖补政策等方式，大力推进不占或少占土地、少耗资源、少使用不可降解材料的节地生态安葬方式，加快建设节地生态安葬设施和群众集中治丧场所。要深化丧葬习俗改革，把殡葬移风易俗纳入文明城市、文明村镇创建和实施乡村振兴战略之中，引导群众文明治丧、低碳祭扫，开展散埋乱葬治理活动，并作为加强和完善社区治理、改善农村社区环境的重要举措进行安排部署。

各地民政部门对殡葬管理事业单位与殡仪馆、公墓等经营实体合一或举办经营实体的，要摸清底数，制定脱钩方案，提出加强殡葬管理力量的有效措施，提请当地党委和政府研究解决。

三、完善机制，全面推进

结合贯彻落实青办发〔2015〕13 号文件精神，各地党委政府及其组成部门要充分履职、密切配合，加强联动互动，共同抓好殡葬改革工作。各级民政部门要牵头做好殡葬改革工作组织实施，主动争取党委政府重视和支持，建立健全党委政府领导、政府负责、部门协作、社会参与、法治保障的领导体制和工作机制。发展改革部门要加强对殡葬事业发展的规划，建立殡葬事业公共投入和稳定增长机制，加大对提供基本殡葬服务的殡葬设施建设支持力度。财政部门要保障落实惠民殡葬和节地生态安葬奖补政策所需的资金，为推进殡葬改革提供资金保障。自然资源、林业和草原部门要加强公益性节地生态安葬设施用地保障，严肃查处和纠正违法占地建设殡葬设施、违法占用耕地林地建坟立碑等行为。公安机关、卫生健康部门要加强本部门出具死亡证明的管理，推动本部门人口死亡信息库与民政部门殡葬信息共享、核对，加强医院太平间管理。组织人事、宣传、文明办、社会保障、自然保护、住建、文化、市场监管、民宗、人民法院、工会、共青团、妇联等各相关部门按照各自职责做好工作。各地要严格规范殡葬管理工作，落实属地管理责任，切实加强殡仪馆、公墓等殡葬服务机构安全、收费服务等管理，全面实行收费公示和明码标价制度，严格执行政府定价、政府指导价。对公墓违规改扩建等行为予以纠正，禁止建造超规定面积墓穴、墓位，禁止农村公益性墓地违规对外销售。对经营性公墓价格，要加强经营者定价行为的指导规范，对价格明显偏高的，必要时依法进行干预和管理。

各地要根据本通知要求，结合实际，研究制定落实措施，有关工作开展情况及时报上级主管部门。

省民政厅　省文明办　省发展改革委
省公安厅　省财政厅　省人力资源社会保障厅
省自然资源厅　省生态环境厅　省文化旅游厅
省卫生健康委　省市场监管局　省林草局
省民宗委　省总工会　共青团省委　省妇联
2018 年 12 月 17 日

附件：《关于进一步推动殡葬改革促进殡葬事业发展的指导意见》（略）

青海省民政厅 青海省民族宗教委员会 青海省财政厅 青海省市场监督管理局关于印发《青海省节地生态安葬奖补办法》的通知

（青民发〔2020〕86号）

各市（州）、县（市、区、行委）民政局、民宗委、财政局、市场监管局：

为进一步深化殡葬改革，全力推行节地生态安葬，充分发挥殡葬改革在推进"一优两高"战略布局中的积极作用，减轻群众丧葬负担，保护生态环境，促进人与自然和谐相处，结合我省实际，省民政厅、省民宗委、省财政厅、省市场监督管理局研究制定了《青海省节地生态安葬奖补办法》。现印发给你们，请遵照执行。

青海省民政厅　青海省民族宗教委员会
青海省财政厅　青海省市场监督管理局
2020 年 7 月 17 日

青海省节地生态安葬奖补办法

第一条　为深化殡葬改革，推行节地生态葬法，减轻群众丧葬负担，保护生态环境，促进社会和谐进步，结合我省实际，制定本办法。

第二条　奖补范围

（一）户籍为青海省籍的城乡居（村）民；

（二）在青海各大、中专院校全日制非青海省户籍的在校就读学生，驻青军（警）部队现役军人；

（三）与在青用工单位签订劳动合同并按规定缴纳养老保险费一年以上、在本省居住的外来务工人员。

第三条　奖补标准

（一）骨灰撒散、骨灰不装盒或使用可降解骨灰盒深埋且不硬化不留坟头不树碑的，对丧属给予一次性奖励 3000 元/具；

（二）实行壁葬、塔葬的，对丧属给予一次性奖励 2000 元/具；

（三）实行树葬、草坪葬、花坛葬的，对丧属给予一次性奖励 1500 元/具；

（四）在公益性骨灰楼（堂）长期存放骨灰的（存放期为 10 年以上），对丧属给予一次性奖励 800 元/具；

（五）对一些地区群众长期选择的、具有民族地域特色、又符合国家节地生态安葬要求的其他葬式，各市（州）可结合当地实际，积极出台相关地方奖补政策予以奖补。

第四条　节地生态安葬葬式标准

（一）骨灰撒散：在经营性公墓、公益性公墓、各地指定或地方约定俗成、群众有意向的区域将骨灰撒散。

（二）骨灰不装盒或使用可降解骨灰盒深埋且不硬化不留坟头不立碑：在经营性公墓、公益性公墓指定区域将骨灰不装盒（可采用降解材料打包）或使用可降解骨灰盒深埋（1.2m以上），将开挖后的墓穴自然回填、不做硬化、回填后不留坟头、不立碑，恢复自然原貌，公墓可根据可持续发展原则合理重复使用该区域。

（三）壁葬：在经营性公墓、公益性公墓修建的壁葬设施内安葬骨灰，每个壁葬墓位底部面积不得超过0.25m²。

（四）塔葬：在经营性公墓、公益性公墓内修建的塔葬设施内安葬骨灰，每个塔葬墓位与占地面积的比例不得大于0.125。

（五）树葬：在经营性公墓、公益性公墓内的树葬区域进行骨灰安葬。树葬区域初始种植的树木不得低于2m，须为常绿乔木类（松、柏、杉），每棵树周围至少安葬3至5盒骨灰，墓穴深度不小于1.2m，对开挖的墓穴自然回填、不硬化、不留坟头，可设置长宽不超过400mm×300mm的卧碑，底座高度小于0.3m。

（六）草坪葬：在经营性公墓、公益性公墓内的草坪葬区进行骨灰安葬。草坪葬区域初始的草坪须为成规模并成活的，安葬墓穴深度不小于0.8m，对开挖的墓穴自然回填、不硬化、不留坟头，恢复草坪原貌，可设置卧碑长宽不超过400mm×300mm的卧碑，底座高度小于0.3m。每排墓穴的间距不超过0.3m，排与排的间距不超过1.5m。

（七）花坛葬：在经营性公墓、公益性公墓内的花坛葬区域进行骨灰安葬。花坛葬区域的花卉须根据实际情况种植并及时更换，保持安葬时花坛样貌，冬季做好花坛花卉的保温防冻工作。安葬墓穴深度不小于0.8m，对开挖的墓穴自然回填、不硬化、不留坟头，恢复花卉种植地原貌，可在花坛上设置铭牌或标识。

（八）骨灰楼（堂）长期存放：在具有骨灰堂的殡仪馆、公益性骨灰堂内存放骨灰10年以上。

第五条　民政部门会同财政部门确定节地生态安葬定点服务单位（以下简称定点服务单位），并负责签订节地生态安葬服务协议，各市（州）将确定的定点服务单位名单报省民政厅备案。

第六条　省民政厅每年向社会公布定点服务单位名单。

第七条　若当地未确定定点服务单位或无合适定点单位，相关业务由地方民政部门负责办理。

第八条　逝者亲属向定点服务单位申请办理节地生态安葬，并提交相关材料，经审核通过后，可以享受相应的奖补资金。

（一）遗体火化后，申请办理节地生态安葬奖补的，逝者亲属需要向定点服务单位提出申请，并提交以下材料：

1. 逝者的火化证明及复印件；

2. 逝者的户口簿及复印件，大、中专院校学生证及复印件，军官证（士官证、义务兵证）及复印件；

3. 经办人的身份证及复印件；

4. 逝者的户口簿、学生证、军官证（士官证、义务兵证）、火化证明丢失的，提交公安部门出具的逝者户籍证明材料、学校出具的学籍证明材料、部队出具的军人证明材料、民政部门出具的遗体火化证明材料；

5. 经逝者家属商议后确定的1名家属的银行卡复印件及持卡人身份证复印件。

（二）群众长期选择的、具有民族地域特色、又符合国家节地生态安葬要求的其他葬式安葬后，申请办理节地生态安葬奖补的，逝者亲属需要向定点服务单位提出申请，并提交以下材料：

1. 逝者的安葬形式相关证明材料及复印件（由村、社区居委会出具）；

2. 逝者的死亡证明及复印件；

3. 逝者的户口簿及复印件，大、中专院校学生证及复印件，军官证（士官证、义务兵证）及复印件；

4. 经办人的身份证及复印件；

5. 逝者的户口簿、学生证、军官证（士官证、义务兵证）、火化证明丢失的，提交公安部门出具的逝者户籍证明材料、学校出具的学籍证明材料、部队出具的军人证明材料、民政部门出具的遗体火化证明材料；

6. 经逝者家属商议后确定的 1 名家属的银行卡复印件及持卡人身份证复印件。

第九条 定点服务单位要做好业务登记，材料审核，建立业务档案，并将奖补信息及时录入《青海省殡葬管理信息系统》。

（一）骨灰撒散业务档案内容包括：《青海省节地生态安葬奖补申报审批表》、逝者的户口簿复印件、逝者的火化证明复印件、经办人身份证复印件及公证复印件（骨灰撒散时采集的影像资料）。

（二）骨灰不装盒或使用可降解骨灰盒深埋且不硬化不留坟头不立碑的，壁葬、塔葬、树葬、草坪葬、花坛葬业务档案内容包括：《青海省节地生态安葬奖补申报审批表》、逝者的户口簿复印件、逝者的火化证明复印件、经办人身份证复印件及购墓合同。

（三）骨灰长期安放的业务档案内容包括：《青海省节地生态安葬奖补申报审批表》、逝者的户口簿复印件、逝者的火化证明复印件、经办人身份证复印件及骨灰长期安放证明材料。

（四）群众长期选择的、具有民族地域特色、又符合国家节地生态安葬的业务档案内容包括：《青海省节地生态安葬奖补申报审批表》、逝者的户口簿复印件、逝者的死亡证明复印件、经办人身份证复印件及安葬证明材料。

第十条 第三条中（一）、（二）、（三）、（四）项的奖补资金由省和市（州）、县（市、区、行委）财政分级负担，其中：省级财政承担80%，市（州）、县（市、区、行委）财政承担20%。奖补资金中省级财政承担的部分，先由地方财政垫支，每年年底由市（州）民政局、财政局汇总初审后上报至省民政厅、省财政厅审核，省财政厅依据审核意见集中拨付到地方财政。

第十一条 各地出台的对一些地区群众长期选择的、具有民族地域特色、又符合国家节地生态安葬要求的其他葬式的奖补资金由出台政策的地方财政承担。

第十二条 定点服务单位每月汇总节地生态安葬数量，并于次月 5 日前按逝者户籍所在地上报对应的县（市、区、行委）民政局。

第十三条 县（市、区、行委）民政局受理节地生态安葬奖补资金申请并进行审核，同级财政部门根据审核后的花名册，将奖补资金直接拨付给逝者家属。

第十四条 各市（州）、县（市、区、行委）民政局要对所确定的定点服务单位开展的节地生态安葬奖补业务的实施过程、完成结果进行监督检查。

第十五条 各市（州）、县（市、区、行委）财政部门做好节地生态安葬奖补资金保障工作，省财政厅会同省民政厅对资金使用情况检查，对弄虚作假等违法违纪行为，将依照相关法律法规严肃处理。

第十六条 公益性公墓、经营性公墓中节地生态安葬墓穴价格由政府定价，市场监管部门对公墓价格执行情况进行监督。

第十七条 定点服务单位违反本规定的，省、市（州）、县（市、区、行委）民政部门有权取消定点服务单位资格，造成的损失由定点服务单位全权承担。

第十八条 任何单位及个人不得出具虚假火化、骨灰安葬或存放证明，任何单位及个人不得挤占、挪用、骗取、套取奖补资金。各定点服务单位及个人在丧属领取奖补资金后，不得实施变样留坟、立碑、骨灰再装入棺等违反奖补政策的行为。

第十九条　对违反第十八条规定的任何单位及个人，除依法追究相关责任、追还奖补资金外，对失信人员或单位应当纳入全省公共信用信息平台，实行信用监管。

第二十条　本办法自 2020 年 8 月 1 日起施行，有效期至 2025 年 7 月 31 日。省民政厅、省财政厅、省发展改革委、省民宗委四部门联合下发的《青海省推行节地生态安葬奖补办法（试行）》（青民发〔2017〕128 号）同时废止。

附件：青海省节地生态安葬奖补申报审批表（略）

关于统一规范使用青海省殡葬
标识等相关工作的通知

（青民发〔2020〕94 号）

各市（州）、县（市、区、行委）民政局：

为推动殡葬综合改革，促进殡葬事业健康发展，规范殡葬服务市场管理，塑造并提升殡葬管理工作形象，便于主动接受社会监督，省民政厅在广泛征求意见建议的基础上，确定了青海省殡葬标识、殡葬服务车辆、殡葬管理证件管理规范。现就统一规范使用工作通知如下：

一、提高认识，高度重视

各地要提高思想认识，充分认清推广使用全省统一的殡葬标识、车辆和证件是我省推进殡葬综合改革的重要举措，有利于提升社会公众对殡葬管理工作的认识、理解和支持，推动形成绿色文明殡葬新风尚；有利于强化广大殡葬管理工作者的身份认同感和凝聚力，进一步增强其自律意识、责任意识、形象意识和集体荣誉感；有利于强化社会监督，促进殡葬服务车辆的标准化和殡葬服务水平的提升。

二、明确要求，扎实推进

（一）有序开展相关工作。统一规范工作要在全省范围内统一展开。殡葬服务车辆：自通知下发之日起 1 个月内对各殡仪馆、殡仪服务中心（站）所有殡仪车辆进行外观标识统一，并上报地方民政部门备案，逐步对在民政部门备案的殡葬服务机构中具备遗体运输条件的车辆审核上报申请。殡葬相关证件：各地民政局根据年火化量、节地生态安葬量申请领取《火化证》《节地生态安葬证书》，每半年领取一次（2020 年证件领取在文件下发后两周内完成，请各地认真做好领取工作），经营性公墓使用的《公墓墓位证》，按照民政厅统一模板进行印制，《火化证》《节地生态安葬证书》和公益性公墓使用的《公墓墓位证》免费领取发放。

（二）切实维护标识、车辆、证件使用的严肃性和权威性。严格按照规定样式制作标识，不得修改标识的图案组成、文字字体、图文比例等，标识规格以美观、大方、适中为原则，根据实际情况按比例放大或缩小。不得更改证件的相关内容，证件编号必须填写由《青海省殡葬管理服务信息系统》生成的号码，不得自行编写。自本通知下发之日起，各民政局及殡葬服务机构即视为已获得省民政厅授权，县级以上民政部门负责对本行政区域内的管理、使用，按照相关管理规定（见附件）的要求，及时纠正不符合既定范围使用以及侵犯专用权的行为，有效维护标识、证件的严肃性和权威性。

（三）加强对标识、车辆、证件的管理。严格按照确定的范围使用标识、车辆和证件，青海省殡葬标识不得用于与殡葬管理工作无关的活动；殡葬服务车辆在使用过程中严格遵守《青海省殡葬服务车辆管理规定》，执行异地遗体运输任务时必须携带两地民政部门或殡仪馆出具的相关材料；《火化证》可用于领取抚恤金、丧葬费和实施节地生态安葬的前提依据，《节地生态安葬证书》是领取奖补资金的证明，同时鼓励和引导广大群众参与，《公墓墓位证》是安葬和缴纳管理费用的依据。要切实强化责任意识，严格履行对青海省殡葬标识、车辆、证件使用的监督、管理的职责。

三、借势借力，提升管理

各地民政部门要统筹安排，将统一规范工作与殡葬服务市场规范化整治工作有机衔接。一是结合统一规范开展宣传工作，制定宣传策略，把握宣传重点，既宣传统一规范工作的意义，也宣传绿色文明殡葬理念，使移风易俗深入人心。二是结合统一规范开展联合执法，严厉打击违规拉运遗体、以"殡葬一条龙"为幌子捆绑销售、违规销售"三无"封建迷信丧葬用品的现象，集中整治经营性公墓存在的突出问题。

《青海省殡葬标识使用管理规定》《青海省殡葬服务车辆管理规定》《青海省殡葬管理证件管理规定》自 2020 年 10 月 1 日起施行，有效期至 2025 年 9 月 30 日。在统一规范使用中遇到的情况和问题，请及时报省民政厅社会事务处。

附件 1. 青海省殡葬标识使用管理规定
附件 2. 青海省殡葬服务车辆管理规定
附件 3. 青海省殡葬管理证件管理规定

青海省民政厅
2020 年 8 月 20 日

附件 1

青海省殡葬标识使用管理规定

第一章　总　则

第一条　为规范我省殡葬标识的使用和管理，方便群众识别，特制定本规定。

第二条　标识由图案与文字组合而成。标识中间由青海（QingHai）二字的拼音前字母"QH"演变而成。标识外圈圆弧上方中文书写"青海省殡葬"，下方为双手托举。

第三条　标识是由省民政厅确认、发布，为青海省殡葬管理工作官方标志。

任何单位和个人不得将该标识与该标识近似的图案作为商标注册和使用。

第四条　省民政厅负责全省范围内的标识管理。经省民政厅授权，县级以上民政部门负责本区域内的标识管理，并享有标识的使用权，各殡葬服务机构和省殡葬协会享有标识的使用权。

第五条　标识主要用于表明殡葬管理机构、殡葬协会、车辆和证件身份，为广大群众提供殡葬服务。

第二章　标识使用

第六条　青海省殡葬标识的使用主体主要是县级以上殡葬服务机构和殡葬协会。

第七条　青海省殡葬标识的使用范围包括：

（一）殡葬服务机构、殡葬协会可在工作场所的明显位置安装使用本标识；

（二）殡葬服务机构、殡葬协会可在殡葬服务车辆、殡葬管理证件、殡葬工作人员胸牌、徽章、服饰、办公用品等使用本标识；

（三）殡葬服务机构、殡葬协会可在机构网站、宣传栏、宣传资料、出版物等使用本标识；

（四）殡葬服务机构、殡葬协会可在举行殡葬管理工作有关的会议、活动、合作时使用本标识。

第八条　标识不得用于以下方面：

（一）以营利为目的的活动；

（二）与殡葬管理工作无关的活动。

第九条　标识中的图案与文字是完整的统一体，不得拆分或者变相拆分使用。

第三章　标识管理

第十条　省民政厅对标识管理履行以下职责：

（一）负责标识的设计、修订；

（二）制订和发布标识使用管理等制度规范；

（三）负责全省范围内标识的宣传推广；

（四）指导和检查全省范围内标识的使用管理；

（五）其他需要事项。

第十一条　标识样式由省民政厅统一规定，各地民政部门根据规定样式使用标识，可按比例放大或缩小，但不得修改标识的图案组成、文字、图文比例等。

第十二条　标识印制由县级以上民政部门统一负责或监制。

第十三条　上级民政部门负责对下级民政部门标识的使用和管理进行指导、监督。各级民政部门要定期对本行政区域内的标识使用情况进行检查，对不符合规定使用的情形，应当责令纠正。

第十四条　有下列侵害青海省殡葬标识合法权益情形之一的，应当立即停止侵害；造成损失的，应当依法承担赔偿责任：

（一）故意贬低、损毁标识的；

（二）未经批准擅自制作和使用标识的；

（三）在与殡葬管理无关的活动、场所中擅自使用标识，或者在物品上冒用标识的；

（四）其他侵犯标识专用权的情形。

第四章　附　　则

第十五条　凡违反本规定，造成不良影响的，由上级民政部门予以通报批评，并责令及时整改。造成严重后果的，依法追究相关责任。

第十六条　本规定由青海省民政厅负责解释。

附件：1-1青海省殡葬标识图案、释义及标准制图（略）

附件 2

青海省殡葬服务车辆管理规定

第一章　总　　则

第一条　为加强我省殡葬服务车辆管理，提升殡葬服务能力，保障治丧群众权益，逐步规范殡葬服务市场，制定本规定。

第二条　凡是在青海省范围内配置、使用殡葬服务车辆的殡葬服务机构，必须遵守本规定。

本规定中的殡葬服务用车是指，我省各殡仪馆、殡仪服务中心（站）和在民政部门备案的殡葬服务公司（机构）等用于遗体拉运的专用车辆。

第三条　青海省各级民政部门负责对殡葬服务车辆的配置、外观标识的审查、使用和监督管理工作；各级公安交通管理部门对殡葬服务车辆的配置、外观标识进行审查和监督管理。

第二章　装备标准

第四条　青海省内的殡葬服务车辆必须满足民政部《中小型殡仪车通用技术条件》。

第五条　殡葬服务用车装备标准

（一）一般运输服务车辆装备标准。

1. 车辆应用密封的隔板分隔成遗体舱和驾驶舱两个区域，隔板上应留有观察窗；

2. 遗体舱内必须有卫生袋、塑料袋、遗体担架等装备，应设有固定遗体或棺椁的装置或机构，防止遗体运输过程中发生碰撞；

3. 遗体舱门的开启角应满足取送遗体和棺椁、消毒灭菌和维修保养的要求；

4. 驾驶舱内应有医用口罩、手套、帽子、防护服、雨鞋、绳子等装备；

5. 车辆必须配备灭火器、防滑链、消防铲等装备。

（二）长途运输服务车辆装备标准。

1. 车辆应用密封的隔板分隔成遗体舱和驾驶舱两个区域，隔板上应留有观察窗；

2. 遗体舱内必须有卫生袋、塑料袋、遗体担架等装备，应设有固定遗体或棺椁的装置或机构，防止遗体运输过程中发生碰撞，应加装必要的制冷装置；

3. 遗体舱门的开启角应满足取送遗体和棺椁、消毒灭菌和维修保养的要求；

4. 驾驶舱内应准备医用口罩、手套、帽子、防护服、雨鞋、绳子等装备；

5. 车辆必须配备灭火器、防滑链、消防铲等装备。

（三）防护型服务车辆装备标准。

1. 车辆应用密封的隔板分隔成遗体舱和驾驶舱两个区域，隔板上应留有观察窗；

2. 遗体舱内必须有卫生袋、塑料袋、遗体担架等装备，应设有固定遗体或棺椁的装置或机构，防止遗体运输过程中发生碰撞，应加装必要的制冷装置和负压过滤系统；

3. 遗体舱门的开启角应满足取送遗体和棺椁、消毒灭菌和维修保养的要求；

4. 驾驶舱内应准备医用口罩、手套、帽子、防护服、雨鞋、绳子等装备；

5. 车辆必须配备灭火器、防滑链、消防铲等装备。

第六条　青海省殡葬服务用车车身应当有民政部门规定统一的标识，车辆两侧中部应标明单位名称、联系电话。

第三章　配置标准

第七条　县级以上殡仪馆、殡仪服务中心应配备至少1辆殡葬服务车辆。

第八条　各殡仪馆、殡仪服务中心可根据服务人口、火化量等适量增加殡葬服务车辆，满足群众需求。

第四章　配置审批

第九条　需要配置或更新殡葬服务车辆的殡仪馆、殡仪服务中心和殡葬服务公司（机构），应向当地民政部门提出申请，并提交下列材料：

（一）青海省殡葬服务车辆配置申请表（见附件2-1）。

（二）《组织机构代码证》复印件，三证合一提供《营业执照》或《事业单位法人证书》复印件。

（三）《机动车整车出厂合格证》复印件。

（四）更新车辆的，提供旧车《机动车注销证明书》、《报废汽车回收证明》复印件。

各县（市、区）民政部门初审同意后，报市（州）民政部门审核，并将上述资料一并提交市（州）民政部门审核，审核后报省民政厅审查。

第十条　省民政厅应当在受理之日起30个工作日内，作出同意或不同意的决定。经审查同意的，书面通知申请单位，并函告省公安厅交通管理部门。不予同意的，告知理由。

第十一条　殡葬服务车辆不得转让，如特殊情况必须转让的，必须到省民政厅办理相关审查手续，然后到省公安厅交通管理部门办理审批过户手续。

第五章　监督管理

第十二条　殡葬服务车辆必须服从各级公安交通管理部门和民政部门的监督、管理和指挥，严禁挪作他用，严格杜绝承包给任何单位和个人。

第十三条　各殡仪馆、殡仪服务中心（站）和在民政部门备案的殡葬服务公司（机构）必须加强对殡葬服务车辆的管理工作，严格执行有关法律法规，建立健全殡葬服务车辆管理档案。

第六章　附　　则

第十四条　对违反殡葬服务车辆管理规定私自改装或挪作它用等违规行为，由公安交通管理部门按照有关规定进行处理，造成严重后果的，依法追究相关责任。

第十五条　本规定由青海省民政厅负责解释。

附件：2-1 青海省殡葬服务车辆配置申请表（略）

附件：2-2 青海省殡葬服务车辆标识效果图（略）

附件3

青海省殡葬管理证件管理规定

第一章　总　　则

第一条　为保障殡葬服务机构合法权益，维护群众切身利益，加强殡葬管理证件管理，制定本规定。

第二条　凡是在青海省境内经民政部门审批建设的殡仪馆、公墓内火化、安葬的均发放相应的殡葬管理证件。

第三条　本规定所称殡葬管理证件，是指火化证、节地生态安葬证明、公墓墓位证。

第二章　证件管理

第四条　青海省殡葬管理证件由省民政厅监制，实行编码管理，任何单位和个人不得转让、倒卖和伪造。

第五条　各级民政部门和殡葬服务机构应强化属地管理责任，严格管理，规范使用殡葬管理证件。

第六条　每年12月20日前，各县（市、区、行委）民政局将当年《殡葬管理证件使用情况登记表》（附件3-1）和次年《殡葬管理证件申领表》（附件3-2）报送至省民政厅。

第七条　省民政厅根据各地报送的年度证件使用情况和申领计划，确定各地年度用量，制定全省年度证件印制计划，统一印制公益性殡葬服务机构证件。经营性殡葬服务机构证件按照统一模板订制。

第八条　各县（市、区、行委）民政局凭《殡葬管理证件领取表》（附件3-3）分别于每年1月10日至20日、6月1日至20日到省民政厅领取殡葬管理证件。

第九条　殡葬服务机构不得使用已废止的证件，发现殡葬管理证件有质量问题时，应及时书面报告给省民政厅，由省民政厅协调厂家进行调换。

第十条　殡葬管理证件使用量应与系统录入量一致，报损率不得超过全年使用量的5%。

第十一条　各县（市、区、行委）民政局及殡葬服务机构要妥善运送和保管殡葬管理证件，设置专门的房间或储物柜存放证件，并配置防火、防虫（鼠）、防盗设施，确保证件安全。

第十二条　因填写错误或意外导致殡葬管理证件潮湿、破损等情况，要加盖"此证作废"章并及时交至县（市、区、行委）民政局。每年3月10日前，各县（市、区、行委）民政局将上一年报废的证件及《殡葬管理证件报废情况统计报表》（附件3-4）一并交至省民政厅登记后统一销毁。

第十三条　各县（市、区、行委）民政局及殡葬服务机构要将殡葬管理证件管理作为日常管理工作的重要内容，制定使用管理制度，做好出入库登记，做到账证相符。如有遗失，应及时上报本级及上级部门，并在省级公开发行的报刊上刊登遗失声明。

第十四条　各级民政部门每半年应对辖区内殡葬服务机构的证件使用情况进行一次督查，发现问题及时处理。

第三章　附　　则

第十五条　凡违反本规定，造成不良影响的，由上级民政部门予以通报批评，并责令及时整改。造成严重后果的，依法追究相关责任。

第十六条　本规定由青海省民政厅负责解释。

附件：3-1 殡葬管理证件使用情况登记表（略）

附件：3-2 殡葬管理证件申领表（略）

附件：3-3 殡葬管理证件领取表（略）

附件：3-4 殡葬管理证件报废情况统计报表（略）

青海省人民政府办公厅关于建立青海省殡葬管理工作联席会议制度的通知

（青政办函〔2020〕185号）

各市、自治州人民政府，省政府各委、办、厅、局：

为全面贯彻落实党中央、国务院关于殡葬管理工作的决策部署，加强部门协作，形成工作合力，统筹做好全省殡葬管理工作，经省政府同意，决定建立青海省殡葬管理工作联席会议制度，现将有关事项通知如下：

一、主要职能

贯彻落实党中央、国务院关于殡葬管理工作的决策部署，统筹协调全省殡葬管理工作，研究拟订殡葬管理工作政策措施和殡葬改革发展规划；推动部门沟通与协作，细化职责任务分工，加强政策衔接和工作对接，健全完善殡葬服务体系；督促、检查殡葬管理工作的落实，及时通报工作进展情况；完成省委、省政府交办的其他事项。

二、成员名单（略）

联席会议办公室设在省民政厅，具体承担联席会议组织联络、协调等日常工作。师存武同志兼任办公室主任。联席会议设联络员，由各成员单位相关职能处室负责同志担任。

三、成员单位职责

省委组织部：及时掌握党员干部治丧情况，加强对党员干部的教育管理。

省委宣传部：做好殡葬改革宣传引导工作，将移风易俗工作纳入文明创建活动内容。

省民宗委：依法规范寺庙等宗教活动场所建设骨灰存放设施等行为。

省发展改革委：将殡葬事业发展纳入国民经济发展规划，加大殡葬服务设施建设支持力度。依法制定殡葬服务收费标准。

省公安厅：加强对本系统出具的非正常死亡证明的管理，查处丧事活动中违反治安管理的行为和私自改装车辆运输遗体行为，积极商请民政部门共享殡葬信息，从中发现死亡人员未销户口线索，及时调查核对、注销户口，依法查处阻碍各项整治工作等行为。

省民政厅：牵头做好殡葬管理政策标准制定、殡葬改革工作组织实施、殡葬设施审批监管等工作。

省司法厅：配合推进殡葬规章制度完善，做好人民调解等工作。

省财政厅：保障落实惠民殡葬和节地生态安葬奖补政策所需的资金，核拨殡葬事业单位运营管理经费和殡葬事业健康发展经费。

省人力资源社会保障厅：完善参加社会保险人员死亡后丧葬补助金、抚恤金等发放政策。

省自然资源厅：依法保障纳入规划的殡葬设施用地需求，纠正和查处违法占地规划建设殡葬设施行为。

省生态环境厅：依法指导支持火化机环保改造，强化殡葬活动的生态环境监管。

省农业农村厅：配合相关部门依法纠正和查处违法占用耕地建坟行为。要结合统筹实施乡村振兴战略，做好相关工作。

省文化和旅游厅：加强治丧活动中营利性演出活动的监管，配合相关部门纠正和查处 A 级旅游景区内违法建坟的行为。

省卫生健康委：加强对医疗机构出具死亡证明的管理和医疗机构太平间的管理，指导殡仪服务机构做好卫生防疫工作。

省市场监管局：配合查处制造、销售不符合国家技术标准的殡葬设备、封建迷信殡葬用品等违法行为，依法查处殡葬乱收费、殡葬行业垄断行为。

省林草局：依法纠正和查处违法占用林地、草地建坟行为。

省总工会、共青团省委、省妇联：要充分发挥作用，广泛动员群众积极参与殡葬改革。

省文物局：依法纠正和查处在文物保护区内违规建墓行为。

四、工作规则

联席会议根据工作需要定期或不定期召开全体会议，召集人或由召集人委托的副召集人主持。成员单位可以提出召开全体会议的建议。研究具体工作事项时，可视情况召集部分成员单位参加会议，也可邀请其他部门、单位和专家参加会议。联席会议召开之前，可由联席会议办公室组织召开联络员会议，研究讨论联席会议议题和需要提交联席会议议定的事项及其他有关事项。联席会议以会议纪要形式明确会议议定事项，经与会单位同意后印发。重大事项按程序报批。

青海省人民政府办公厅

2020 年 11 月 12 日

青海省民政厅关于切实加强公墓管理工作的通知

（青民发〔2020〕138 号）

各市（州）、县（市、区）民政局：

为切实加强和规范公墓建设和经营管理工作，维护人民群众切身利益，坚决制止公墓建设和经营管理中的违法违规问题，结合我省各地公墓建设和经营管理工作实际，现就有关问题通知如下：

一、提高政治站位，进一步强化加强公墓建设和管理工作的认识。近年来，习近平总书记先后就各地"天价墓"、"住宅式"墓地、公墓违规建设经营等问题 7 次作出重要指示批示，要求进一步加强殡葬管理工作。党中央、国务院有关部门以及省级有关部门下发了一系列整治举措。从我省的实际情况看，公墓管理领域仍然存在违法占用土地、超标准建设墓穴、墓地石化硬化等问题。为此，各级民政部门要引起高度重视，要站在讲政治的高度，进一步提高政治站位，坚决贯彻落实习近平总书记重要指示批示精神，坚决落实中央和省级相关部门的安排部署，把加强公墓管理工作作为牢固树立"四个意识"、坚决落实"两个维护"的实际行动，作为保障和改善民生、加强生态文明建设、推进精神文明建设、改进党风政风民风的重要内容，作为维护人民群众合法权益、落实乡村振兴战略的具体措施。要制定切实可行的工作措施，提请当地党委和政府，将整治公墓建设和经营中的突出问题摆上重要议事日程，加大统筹协调力度，整合执法力量，压紧压实各方责任，形成高位推动态势，确保违法违规问题得到有效遏制。

二、理清工作思路，不折不扣地落实中央及我省有关政策措施。早在1998年，国务院就下发了《关于进一步加强公墓管理的意见》（国办发〔1998〕25号），明确规定"埋葬骨灰的单人墓或者双人合葬墓占地面积不得超过1平方米"。2018年，民政部等9部门下发《关于印发〈全国殡葬领域突出问题专项整治行动方案〉的通知》（民发〔2018〕77号），2019年，民政部等12部门下发《关于开展违法违规私建"住宅式"墓地等突出问题专项摸排的通知》（民函〔2019〕32号），2020年，民政部等10部门下发《关于印发〈违建墓地专项整治成果巩固提升专项行动〉通知》（民发〔2020〕94号），对违建墓地、超标准建设墓穴等问题提出了明确要求，我省相关部门也下发了开展专项整治和专项整治成果巩固提升专项行动方案。从各地实际情况看，整治效果还不够明显，有些违法违规问题还不同程度存在，有的地区问题还比较突出。对此，各级民政部门要进一步理清工作思路，对中央相关部门以及省民政厅等相关部门下发的政策规定要做到心中有数，进一步明确公墓建设和经营规范标准，在公墓管理工作中不折不扣地按照各级政策规定办事，下大力解决公墓建设和经营管理中的突出问题。

三、增强法治观念，把依法行政和依法监督管理落到实处。1997年，国务院颁布的《殡葬管理条例》第十八条规定"未经批准，擅自兴建殡葬设施的，由民政部门会同建设、土地行政管理部门予以取缔，责令恢复原状，没收非法所得，可以并处违法所得1倍以上3倍以下的罚款"。从我省公墓建设和经营的实际情况看，个别地方经营性公墓违规占地建设墓地、建设超标准墓穴的问题仍然存在。为此，各级民政部门要进一步增强运用法治思维和法治方式解决问题的能力，进一步强化"依法行政"和"法定职责必须为"的观念，切实把法定职责扛在肩上，充分发挥民政部门在公墓建设和经营中的牵头协调作用，依法履行行政执法职能，严格按照相关法规、规章要求，加大监督检查工作力度，及时发现公墓建设及经营管理中存在的问题，依法查处在公墓建设和经营中的违法违规行为。同时，要加强行政执法及监督工作力度，依法加强对公墓经营单位的督查，督促其严格遵守相关法规规章，合法合规开展公墓建设和经营活动，依法及时查处其违法违规行为。

四、突出工作重点，坚决纠正公墓建设和经营中的违法违规问题。各级民政部门要结合我省正在开展的殡葬领域突出问题专项整治、违建墓地专项整治成果巩固提升行动，认真做好摸底排查工作，针对不同情况，突出重点，抓住要害，分类制定整治措施。对公墓内违建墓位，除历史遗留、具有文物保护价值以外的一律依法整改，对久拖不治甚至继续违规建售的，依法严厉惩处，约谈相关负责人，纳入失信黑名单，直至予以取缔。

对违法用地建设的墓地，属于历史遗留问题的，报请地方党委、政府研究，要立即停止违法违规建设和销售。同时，所在地民政部门要会同自然资源、林草等部门查清违法违规事实，对超限区域设置警示标识及公告，建立问题清单、整改台账，坚决予以纠正。今后，新建公墓或扩大原审批土地面积建设墓地，必须先办理土地使用手续，经具有行政审批权限的部门审批后，方可建设和销售。

对超面积建设的墓穴，已经建成并销售的，按照历史遗留问题，报请地方党委、政府研究，分类进行处置。对已经建成但尚未出售的超标准墓穴，要立即停止销售，按照埋葬骨灰的单人或双人合葬墓占地面积不得超过1平方米的规定，视情采取拆除、部分拆除、缩小规模、改造复绿等措施进行处理。今后，我省所有新建墓穴一律按照埋葬骨灰的单人或双人合葬墓占地面积不得超过1平方米的规定执行。

另外，要严格执行青海省安葬墓穴碑式指导标准，提倡推行卧式碑，长宽高分别不超过60cm×60cm×30cm，严格控制竖碑，高度不超过80cm，大力推行节地生态安葬。

五、加强行政执法及监督，有效防止公墓建设和经营中违法违规问题的发生。各级民政部门要进一步梳理明确权责清单，明确民政部门在公墓建设和经营中的行政审批、行政处罚等权力和责任，加大统筹协调力度，整合行政执法和执法监督力量，省民政厅履行部门监管职责，各市（州）、县（市、区）民政局要切实履行属地管理责任，认真组织开展公墓建设和经营综合执法，形成震慑违法违规建设和经营墓地的高压态势。各级民政部门要严格落实公墓年检制度，公墓每年3月15日前向所在地县（市、区）民政局提出上一年度年检申请并提交相关年检所需材料；4月底前县级民政局完成年检初核，对初核不合格的限期15日内完成整改，初核合格后向市（州）民政局提出审核申请；5月底前，市（州）民政局根据县级民政局提交申请完成审核，对审核不合格的限期15日内完成整改，审核合格后报请省民政厅进行复核；每年6月30日为年检截止日期，省民政厅根据复核情况对合格的换发《公墓经营许可证》，对不合格的限期15日内完成整改，逾期未完成整改的将不予换发《公墓经营许可证》，并将年检结果予以公示，接受社会监督。对年检中发现问题比较突出的经营性公墓，要及时依法作出处理，依法应当处罚的要坚决处罚，依法应当取缔的要坚决取缔，切实杜绝和防止"未批先建"、"批小建大"、"超面积建设"等问题的发生。

六、积极研判舆情，努力营造良好氛围。各级民政部门要加强对公墓违法违规建设和经营问题整治中的政策解读和舆情引导，统一对外政策口径，有针对性地回应社会关切和群众诉求，防范和化解误读与炒作。要加强舆情研判和监测，强化媒体正向引导责任，对不实和恶意炒作信息，及时予以回应澄清。要加强公墓管理相关法律法规的普法宣传工作，引导广大群众和公墓经营单位增强诚信经营、自觉守法的意识。要畅通群众信访举报渠道，及时调查核实并处理群众反映的实际问题。

各级民政部门要进一步强化责任担当，层层压实工作责任，依法履行公墓建设和经营管理工作中的监管职责。对推诿扯皮，不担当不作为乱作为，不依法履职尽责的，该通报批评的要予以通报，该依法依纪追责的，要追究相关责任单位和责任人的责任。对不按政策规定办事，有令不行，有禁不止，顶风违法违规建设墓地的经营单位，该处罚的要坚决予以查处，决不姑息。2021年6月底前，各地违法违规建设墓地、超标准建设墓地等问题要实现历史遗留问题"清零"，并要坚决杜绝类似问题的再次发生。

各级民政部门要结合民政部部署开展的违法违规建设墓地专项整治行动，积极协同配合并形成工作合力，进一步加强监督检查力度，切实解决公墓建设和经营中存在的突出问题。

青海省民政厅

2020年11月12日

关于印发《青海省殡葬事业"十四五"发展规划（2021—2025年）》的通知

（青民发〔2021〕120号）

各市（州）民政局：

为深入学习贯彻习近平新时代中国特色社会主义思想，全面贯彻落实习近平总书记视察青海时的讲话精神和对殡葬工作的重要指示精神，推动全省殡葬事业高质量发展，依据民政部、国家发展改革委《"十四五"民政事业发展规划》和《青海省民政事业发展"十四五"规划（2021—2025年）》，特制定《青海省殡葬事业"十四五"发展规划（2021—2025年）》。经省民政厅第5次厅务会、厅党组会第23次会议审议通过，现印发给你们，请结合实际认真贯彻执行。

青海省民政厅

2021 年 8 月 31 日

（发至县级民政部门）

青海省殡葬事业"十四五"发展规划
（2021—2025 年）

青海省民政厅

2021 年 8 月

前　言

"十四五"时期是我国开启全面建设社会主义现代化国家新征程，向第二个百年奋斗目标进军的第一个五年，也是青海大力践行"四个扎扎实实"重大要求、深化"三个最大"省情定位认识，深入实施"五四战略"和奋力推动"一优两高"攻坚期。殡葬管理服务作为基本社会服务和民政事业的重要组成部分，事关千家万户，直通民心冷暖，关系社会风尚。科学编制全省殡葬事业"十四五"专项发展规划，对于贯彻落实习近平总书记对殡葬工作重要指示批示，立足新发展阶段，贯彻新发展理念，加速构建新发展格局，推动高质量发展，提高广大人民群众获得感、幸福感、安全感具有重大意义。

本规划依据《中华人民共和国国民经济和社会发展第十四个五年规划和2035年远景目标纲要》《青海省国民经济和社会发展第十四个五年规划和二○三五年远景目标纲要》《民政部"十四五"民政事业发展规划》《青海省民政事业发展"十四五"规划》，在深入调查研究，委托民政部殡葬专业研究机构进行编制，广泛征求意见建议的基础上，分析研判我省殡葬事业发展面临形势任务，主要明确"十四五"时期我省殡葬事业发展的指导思想、基本原则、总体目标、主要任务、重大举措、重点项目和保障措施，为推动未来五年青海殡葬事业改革发展提供基本遵循。

目　录

第一章　围绕全面建成小康社会战略目标
殡葬事业发展取得显著成效

"十三五"时期,在民政部和省委省政府的正确领导下,全省各地坚持以改革创新为动力,秉承创新、协调、绿色、开放、共享的发展理念,围绕中心、服务大局,科学决策、依法推进,以人为本、公益惠民,殡葬事业取得长足发展,圆满完成了《青海省"十三五"民政事业发展规划》确定的发展目标。

第一节　政策保障体系逐渐完善

过去五年,全省认真贯彻落实党中央、国务院有关殡葬工作的方针政策和民政部决策部署,扎实落实习近平总书记对殡葬工作的重要指示批示精神,针对健全完善殡葬机构管理、落实惠民政策、深化殡葬改革、推广节地生态安葬、殡葬领域突出问题专项整治、加强公墓管理等事项出台了一系列符合青海省殡葬事业发展实际的政策措施,为全省殡葬改革发展指明了方向,提供了政策依据。

建立青海省殡葬管理工作联席会议制度,由分管副省长作为召集人,各单位相关负责人作为会议成员,定期或不定期召开全体会议,统筹协调全省殡葬管理工作,研究制定殡葬管理工作政策措施和殡葬改革发展规划,推动部门沟通协作,加强政策衔接和工作对接,健全完善殡葬服务体系,督促、检查殡葬管理工作落实情况等,为推动全省殡葬工作有序开展提供了组织保障。

出台《关于推行节地生态安葬的实施意见》,进一步深化殡葬改革,结合"三个最大"省情定位,推行节地生态安葬。出台《青海省推行节地生态安葬奖补办法(试行)》,推进节地生态安葬奖补政策落实。修订印发《青海省节地生态安葬奖补办法》,细化葬式标准,明确实施主体,精简工作流程,为高效推行节地生态安葬提供了具体激励办法和政策依据。

印发《关于统一规范青海省殡葬管理标识等相关工作的通知》,出台《青海省殡葬标识使用管理规定》《青海省殡葬服务车辆管理规定》《青海省殡葬证件管理规定》等一系列措施办法,细化完善了殡葬管理政策制度体系,为规范殡葬管理提供了政策保障。

第二节　殡葬改革取得明显成效

过去五年，省民政厅按照民政部等 16 部门关于推动殡葬改革促进殡葬事业发展的安排部署，结合青海省情民情，会同省直有关部门制定推进我省殡葬改革具体措施，并跟踪抓好落实，取得明显成效。

大力推行火葬。经省政府同意，划定西宁市、海东市、海南州、海西州、海北州 2 市 3 州的 14 个县（市、区）为火化区，覆盖人口 229.75 万人。2020 年全省平均火化率达 56.13%，高于同期国家平均水平。开展火葬区政策执行情况督导检查暨新一轮火葬区调整调研评估，针对政策堵点，制定工作措施，深入开展散埋乱葬专项整治，有力推动了殡葬改革快速发展。

全面推行节地生态安葬。全省完成节地生态安葬率达到 40% 的主要目标，并从加快建设节地生态安葬设施、推行节地生态葬式葬法、提高节地生态服务水平、培育现代殡葬文化四方面提出具体措施。大力倡导生态安葬、绿色低碳祭扫、文明节俭办丧。对实行骨灰撒散，骨灰深埋且不硬化、不留坟头、不树碑，以及壁葬、塔葬、树葬、草坪葬和骨灰长期存放等选择节地生态安葬方式的群众，按照 800 元至 3000 元予以奖励。"十三五"时期，奖励实行节地生态安葬各族群众 1481 户，发放奖励资金 398 万元。

全省各级民政部门和殡葬管理服务机构在殡葬管理实践探索中，总结形成适合各地实际的本土经验，如在散埋乱葬治理中形成的"平安经验"，在宣传推进丧葬习俗改革中创立的"海东样板"，在推行节地生态安葬奖补监管工作中总结的"门源流程"，为全面推动殡葬事业改革发展起到很好的示范带动作用。

第三节　殡葬服务体系基本建立

过去五年，各地坚持殡葬服务公益性发展，全面落实城乡困难群众基本殡葬救助制度，明确基本殡葬服务费用标准，扩大基本殡葬服务对象范围，基本殡葬服务逐步向均等化、普惠性方向推进。以"构筑殡葬服务体系，基础设施先行"为导向，大力推进殡葬公共服务设施建设，积极推动"互联网+殡葬服务"平台搭建，基本殡葬服务体系初步构建。

全面推行惠民殡葬。制定惠民殡葬政策，强化困难群众帮扶和基本殡葬服务兜底保障，确定减免遗体接运、暂存、火化、骨灰寄存等 4 项基本殡葬服务项目费用的惠民殡葬制度，每人减免费用 720 元至 1250 元，惠及群众 4 万余人，初步建立起覆盖城乡居民的基本殡葬服务体系，向基本公共服务均等化目标迈出坚实步伐。

保障服务政策有效落实。严格督促执行殡葬服务收费管理有关规定，结合各地实际建立殡葬服务收费标准和丧葬用品价格公示制度，注重尊重消费者知情权、选择权，保障群众正当权益。通过优化殡仪服务机构服务程序、服务项目、服务质量，健全规章制度、明确服务标准、实行信息公开等对策措施，确保了各项殡葬服务工作健康有序发展。

殡葬公共服务设施建设快速发展。批准建设经营性公墓 1 个，投资建设殡仪馆 4 座、殡仪服务中心（站）16 个、公益性骨灰堂 7 个，提质改建殡仪馆 18 座，火化炉环保改造 24 台，殡葬基础设施和设备功能进一步完善。殡葬公共服务设施县级行政区域覆盖率达到 93%。

殡葬公共服务网络平台初步建成。由民政部门、殡仪馆、经营性公墓三个系统组成的青海省殡葬信息管理服务系统于 2019 年 12 月份正式上线运行，已实现省、市、县、乡殡葬管理纵向贯通，民政部门与各殡仪服务机构横向互联，为殡葬服务监管常态化、服务机构经营规范化、便民惠民服务多元化等提供了有力的科技支撑。

第四节　移风易俗工作成效显著

过去五年，各地积极倡导科学合理治丧理念，统筹推进殡葬移风易俗工作，充分发挥基层自治组织监督引导作用和党员干部的示范带头作用，绿色文明殡葬新风已然形成。

初步形成移风易俗法治成果，各地积极培育和践行社会主义核心价值观，形成政府主导、部门协同、社会参与的移风易俗工作机制，从精神文明建设、法律法规宣传、丧葬习俗改革等方面对相关事项提出具体要求和明确规定，逐步摒除陈规陋习、改变不良风俗习惯，保护优秀传统文化。海东市出台了全国首部移风易俗地方性法规《海东市移风易俗促进条例》。

有效发挥"一约三会"作用，省民政厅联合省委组织部等 8 部门印发《关于进一步健全完善村规民约居民公约推进移风易俗的实施意见》，将规章制度、村规民约、居民公约作为推动移风易俗、提升乡风文明的重要载体和有效抓手，全面推动村（社区）修订完善村规民约、市民公约、职业守则，建立健全村民议事会、红白理事会、民风道德评议会，有效发挥其监督引导作用，营造了淳朴良善的社风民风。

切实发挥党员干部带头作用，坚决贯彻落实党员干部带头推动殡葬改革的相关规定，党员领导干部切实履行操办婚丧喜庆事宜的相关规定，建立了党员干部操办婚丧事宜报告制度，搭建了违规处罚"高压线"，党员干部和公职人员带头推动殡葬改革的示范引领作用得到了有效发挥。

过去五年，为坚决贯彻落实习近平总书记关于殡葬领域突出问题的重要指示批示精神，根据民政部等相关部门安排部署，我省积极响应，先后组织开展了 3 次专项整治行动，取得了初步成效。

扎实落实殡葬领域突出问题专项整治。按照民政部等 9 部委关于全国殡葬领域突出问题专项整治行动部署，制定了专项整治行动方案，联合相关部门成立工作专班，对经营性公墓遗留用地手续问题、殡仪馆服务缺位问题、超范围收费等进行督导检查，依法依规处理了殡葬服务机构存在的突出问题，殡葬领域乱象得到有效控制。

散埋乱葬专项整治有力有序。按照民政部等 12 部门关于违规私建"住宅式"墓地等突出问题专项摸排要求，组织开展摸排工作，切实摸清了底数。开展给墓地修围墙、拉围栏、栽石柱、石化、硬化和在"三沿五区"可视范围内散葬墓专项整治工作，各地共拆除墓地围墙 141 处、拆除网围栏 331 处、改立式碑为小卧式碑或不立碑 10365 块、改造石柱 10196 根、清理空茔 264 处。

形成违建墓地整治的高压态势。按照民政部统一安排部署，省民政厅会同省发改委等 12 部门印发《青海省安葬（放）设施违规建设经营专项摸排暨违建墓地专项整治成果巩固提升行动方案》，采取强有力的措施，集中对全省范围违建墓地和散埋乱葬行为进行彻底摸排和集中整治，下发《关于切实加强公墓管理工作的通知》，对查出的违法违规行为依法进行严肃处理。持续高压推动突出问题整治，殡葬领域突出问题得到了有效遏制。

第二章　全面分析殡葬服务设施发展现状
准确研判群众新需求新期盼

殡葬服务设施建设是提高殡葬服务水平，推动殡葬事业高质量发展的重中之重。"十四五"期间，我省殡葬事业发展必须全面分析、研判殡葬服务设施建设现状，找准存在的短板弱项，为有针对性地满足群众基本殡葬以及多样化、个性化服务需求提供有力支撑。

第一节　发展现状

青海省全省辖 2 个地级市（西宁市、海东市）、6 个自治州（海北、海南、黄南、玉树、果洛等 5 个藏族自治州以及海西蒙古族藏族自治州），共计 45 个县（市、区），2020 年的总人口为 592.4 万人，全省年人口死亡率为 6.17‰。

"十三五"期间，全省累计投入资金 1.9 亿元，建设殡仪馆 4 个、殡仪服务中心（站）16 个、公益性骨灰堂 7 个，对 18 个殡仪馆进行能力提升，环保改造 24 台火化炉。目前，全省已建殡仪馆 34 个（含 1 个火葬场、待建殡仪馆 1 个）、殡仪服务中心（站）14 个、公益性骨灰堂 7 个，批准建设经营性公墓 11 家，县级行政区域殡葬公共服务设施覆盖率达到 93%。

我省划分西宁市城区、湟中区、大通县、湟源县、平安区、互助县、乐都区、民和县、共和县、同德县、德令哈市、格尔木市、刚察县、海晏县 14 个地区为火葬区，覆盖人口 229.75 万人，占人口总数的 38%；覆盖面积 80100 平方千米，占总面积的 11.5%。2020 年全省年遗体火化量为 9185 具，全省 34 家殡仪馆现有设备数据如表 1 所示。

表 1　青海省殡仪馆现有资源统计表（略）

全省现有火化设备共 87 台套，殡仪车 29 辆，殡葬设施和设备的总量和人均数量还处于较低水平，无法完全满足群众的火化需求。殡仪车作为遗体接运的必要设备，配置缺口较大。

我省殡仪服务中心（站）虽然发挥了积极的引导作用，但数量有限，还不能满足群众的办丧需要。具体分布和基础情况如表 2 所示。

表 2　青海省现有殡仪服务中心（站）基本情况（略）

第二节　存在的主要问题

公益性公墓建设缺失。我省城市墓地主要通过经营性公墓解决，存在价格虚高，群众负担较重。而我省暂无已建成投入运营的城市公益性公墓，正在建设的仅有 1 家，无法更好满足城市居民安葬需求。

经营性公墓建设经营还存在突出问题。我省投入运营的 10 个经营性公墓中，有 8 个存在违法占地建设墓地、超面积建设销售墓穴，以及违规修建豪华大墓、家族墓，违规销售"寿墓"等问题，亟需解决其中的历史遗留问题，全面规范管理。

农村散埋乱葬问题依然存在。我省农村普遍采取在家族的墓地中安葬，受家族、宗族势力等因素影响，墓地比较分散。近年来，给墓地拉围栏、修围墙、立大碑、栽石柱、石化硬化以及买卖私人墓地的现象时有发生。

城市居民社区、城中村、集中搬迁村缺少殡仪服务站。殡仪服务站作为人民群众解决办理丧事难的最基本需求设施，在城镇和农村地区数量较少，我省群众采取搭设帐篷办理丧事，存在脏、乱、差以及安全隐患等问题，有时受天气影响无法办理，群众办理丧事非常不便。

县级行政区域还未实现殡仪馆全覆盖。我省还有 8 个县（区）未建设殡仪馆（西宁市城中区、城西区、城北区、城东区除外），这些县（区）大多属火葬区，迫切需要建设殡仪馆。

殡葬服务设施设备与群众需求不匹配。我省已建的殡仪馆大部分基础设施和殡葬设备陈旧老化，无法有效满足群众殡葬服务需求，亟待对原有殡仪馆进行修缮或改扩建。受火化量较少的限制，现有火化设备和殡仪车数量无法满足群众的殡葬需求，需增加殡葬服务设施设备数量，提升殡葬服务能力。

殡葬服务设施设备不符合生态环境保护要求。随着群众治丧的逐步规范，逝者遗物处置逐步成为群众关心的问题，一些殡仪馆虽然配备了遗物焚烧设备，但除西宁市殡仪馆、海东市神安民族殡仪馆符合环保要求外，其余均为直接焚烧，尾气排放不符合环境保护要求，部分地区还存在以木材为燃料、用土制火化炉焚烧尸体的问题，对生态环境造成不利影响。

第三节　需求预测与空间布局

一、全省人口发展预测

图 1　青海省人口总量预测情况（略）

青海省人口总量预测曲线如图 1 所示，根据 1990—2019 年青海省常住人口数量、人口年死亡率、自然增长率数据，采用 Logistic 模型，分别预测 2025 年、2035 年全省常住人口数和人口死亡率等数据，如表 3 所示。

表 3　青海省人口预测值（略）

同样的方法可预测出 2025 年青海省各市州、区县的人口数量，包括城镇人口和乡村人口数据，如表 4 所示。

表4　2025年青海省各市州预测人口（略）

二、全省骨灰安葬（放）需求预测

根据预测2025年青海省划为火葬区的17个县（市、区）人口数据，结合各县（市、区）回族、撒拉族、藏族和蒙古族等少数民族占总人口比例，全省火葬区及青南三个藏族自治州州府所在地的骨灰安置需求，如表5所示。

表5　2025年青海省部分区县骨灰安置需求（略）

三、新建、改扩建殡仪馆规划需求预测及空间布局

新建殡仪馆规划需求预测及空间布局。殡仪馆是群众进行丧葬活动的重要场所，新建殡仪馆的选址应体现"规划优先、生态优先、服务优先"原则，并优化交通路线、完善配套设施、加强绿化建设，满足让逝者安息、丧属慰藉的心理要求，按照《殡仪馆建设标准》（建标181-2017）中相关要求进行规划、选址。

为实现到2025年在全省所有区县一级行政单位殡仪馆全覆盖的目标，应在目前没有殡仪馆的区县率先建设，根据表5中的数据测算出"十四五"期间青海省新建殡仪馆的规划需求，如表6所示。建设布局如图2所示（图中白色旗子为建设布局处）。

表6　"十四五"期间青海省新建殡仪馆项目（略）
图2　"十四五"期间青海省新建殡仪馆项目分布图（略）

改扩建殡仪馆规划需求预测及空间布局。我省现有的34家殡仪馆中，部分馆设备陈旧，馆内基础设施年久失修，"十四五"期间计划对31家殡仪馆拟进行修缮，需改扩建殡仪馆项目清单如表7所示，具体布局如图3所示（图中白色旗子为改扩建布局处）。

表7　"十四五"期间青海省改扩建殡仪馆项目（略）
图3　"十四五"期间青海省改扩建殡仪馆项目分布图（略）

四、公益性骨灰堂规划需求预测及空间布局

我省人口分布主要集中在西宁市和海东市，两市常住人口占全省人口总数的64.85%，但占地面积仅占全省总面积的2.89%，土地紧张的问题非常突出。为解决这一现实矛盾，推动节地生态安葬政策的落实，鼓励少占地、不占地的骨灰安葬形式。"十四五"期间，计划在西宁市的湟中区、大通县，海东市的乐都区，海西州德令哈市共新建4处公益性骨灰堂。为了方便群众治丧活动，同时提高殡葬服务水平和服务效果，建议可以将上述4处公益性骨灰堂与当地新建的殡仪馆结合，以"馆堂一体"的模式统筹进行规划和建设。具体建设项目如表8所示，布局如图4所示（图中白色旗子为建设布局处）。

表8　"十四五"期间青海省新建公益性骨灰堂项目（略）
图4　"十四五"期间青海省新建公益性骨灰堂项目（略）

五、公益性公墓规划需求预测及空间布局

城市公益性公墓规划需求预测及空间布局。"十四五"期间，我省将率先推动占我省人口总数三分之二的西宁市、海东市11个县（区）城市公益性公墓建设；按照实际需求推动在共和县、贵德县、德令哈市、格尔木市4个人口较为集中的市（县）建设城市公益性公墓。公益性公墓建设应包括骨灰安葬墓穴、骨灰安放格位、遗物祭品焚烧设备等，还应有骨灰墙、骨灰花坛等节地生态安葬区域，通过减少墓穴占地面积、增加生态人文因素等方式，让节地生态安葬逐渐代替传统墓穴安葬，逐步扩大骨灰墙、树葬、草坪葬等节地生态安葬的比例。"十四五"期间各市（州）新建城市公益性公墓情况如表9所示，全省建设布局如图5所示，西宁市城四区建设布局如图6所示。

表9　"十四五"期间青海省新建公益性公墓（略）
图5　"十四五"期间青海省新建公益性公墓建设布局（略）
图6　"十四五"期间西宁市新建公益性公墓建设布局（略）

农村公益性集中安葬墓地规划需求预测及空间布局。农村公益性集中安葬墓地是为具有本村户籍居民提供骨灰或遗体安葬服务的基本殡葬公共服务设施。我省受丧葬习俗影响，农村安葬墓地以家族式为主，比较零散，不利于节约资源和生态环境保护。"十四五"期间，迫切需要推行以村或村民小组为单位划定集中安葬墓地，合理对安葬区域切条划块，满足农村群众安葬需求。农村公益性集中安葬墓地划定应坚持"生态节地、惠民便民、立足现实、兼顾发展"的原则，以节约资源、保护环境、绿色发展为导向，并可适度超前，稳步推动殡葬改革。

六、殡仪服务中心（站）规划需求预测及空间布局

殡仪服务站设计中应贯彻"以人为本"的理念，在满足功能的前提下，因地制宜，根据当地实际需求，从人性化角度进行设置，确保为群众提供舒适温馨的治丧空间。殡仪服务中心（站）建设应健全各项基本服务功能，各县（市）区应合理掌握建设地址之间的距离，远近适宜，既要方便群众，又不能扰民，同时还要与周边的公益性公墓、陵园、殡仪馆等机构相互呼应。"十四五"期间，我省应针对城镇居民小区居民办理丧事难的问题，在县级行政区域建设殡仪服务中心，在有条件的城镇已建成小区、新建小区、集中搬迁村、城中村推动建设殡仪服务站。殡仪服务中心（站）应具备遗体暂存、守灵、悼念、餐饮等相关功能。

七、殡葬设备修缮购置需求预测

我省年遗体处理量、火化机数量和殡仪车数量关系如表 10 所示。

表 10　年遗体处理量、火化机数量和殡仪车数量关系（略）

依据上表，火化机的数量与年遗体处理量的关系为 1∶1000，殡仪车的数量与年遗体处理量的关系Ⅴ类馆为：（1~1.5）∶1000，Ⅳ类馆的关系为 1.5∶1000，Ⅲ类馆的关系为 1.5∶1000。根据殡仪馆服务区域的人口数量、年死亡率、火化率等因素，结合实际业务需求，配备相应数量的殡仪车辆。年遗体处理量在 1000 具以下的殡仪馆，按照《殡仪馆建设标准》中相关要求，各殡仪馆应配备 1 辆殡仪车，考虑到车辆的维护、保养等因素，应再配备 1 辆备用殡仪车。"十四五"期间，全省各殡仪馆需要新增的殡葬设备共 39 台套如表 11 所示，至少还需要购置 66 辆殡仪车。

表 11　新增、改造火化炉及遗物焚烧设备需求（略）

八、殡葬服务设施规划用地规模预测

殡仪馆规划用地规模。参考《殡仪馆建设标准》中对殡仪馆进行的分类，西宁市湟中区、大通县，海东市乐都区、民和县、互助县殡仪馆属于Ⅳ类殡仪馆，西宁市湟源县，海东市化隆县、循化县，海南州同德县，海北州祁连县新建殡仪馆属于Ⅴ类殡仪馆。

综合各区县预测火化量数据，可以得出"十四五"期间青海省新建殡仪馆的建筑面积需求为39829 平方米，用地规模约为 321 亩。如表 12 所示。

表 12　"十四五"期间青海省新建殡仪馆用地规模需求（略）

公益性骨灰堂规划用地规模。"十四五"期间青海省新建公益性骨灰堂项目中新建公益性骨灰堂可以满足未来十年的骨灰安置需求量进行测算，新建公益性骨灰堂项目的用地规模需求（m^2），可以得出"十四五"期间青海省新建公益性骨灰堂的总用地规模需求 9241 平方米（约 13 亩），各市、区（县）公益性骨灰堂用地需求如表 13 所示。

表 13　"十四五"期间青海省新建公益性骨灰堂用地需求（略）

公益性公墓规划用地规模。通过对我省各市（州）应火化人口数量分析，可以看到，西宁市和海东市各区县的年应火化人口数量较高，考虑到西宁市和海东市城市发展较为快速，城市用地紧张，应考虑满足未来十年的骨灰安置需求，用地规模测算参考《城市公益性公墓建设标准》中每亩地 320 个墓穴数进行测算，可以得出"十四五"期间青海省新建公益性公墓用地规模如表 14 所示。另外，每处公益性公墓配套建筑占地面积约 3 亩，因此还需要 45 亩建筑用地，"十四五"期间全省

新建公益性公墓用地规模为 675 亩。

农村公益性集中安葬墓地建设用地规划规模。应按照满足未来 30 年需求进行测算，根据各地农村实际需要划定墓地规模。

殡仪服务中心（站）规划用地规模。殡仪服务中心按照每个不低于 2000 平方米的规模建设，殡仪服务站按照每个不低于 150 平方米的规模建设，具体建设数量根据各地实际需求进行安排。

根据以上殡葬服务设施建设用地规模，青海省"十四五"期间殡仪馆、公益性骨灰堂、公益性公墓、殡仪服务中心设施用地规模需求如表 15 所示。各类设施用地规模占比如图 7 所示。

第三章 集聚高质量发展新动能
开启殡葬事业创新发展新征程

"十四五"时期具有特殊时代背景、特殊历史使命，殡葬改革发展既存在新一轮发展机遇，也面临诸多问题挑战。全省殡葬事业必须全面贯彻落实习近平总书记视察青海时的重要讲话精神，大力践行"四个扎扎实实"重大要求、深化对"三个最大"省情定位认识、奋力推进"一优两高"战略部署，实现全省殡葬事业高质量发展。

第一节 发展机遇和面临挑战

一、发展机遇

党中央、国务院对殡葬事业发展高度重视为殡葬管理工作注入新动力。党的十八大以来，习近平总书记对殡葬工作多次作出重要指示，指出要聚焦群众关切，更好履行基本社会服务职责。党的十九届五中全会对加强和创新基层社会治理、全面推进乡村振兴等方面关于殡葬改革提出新要求。民政部积极推进《殡葬管理条例》修订，并对新时代推进殡葬事业健康发展作出全面安排部署，为推进我省殡葬事业高质量发展提供了新的动力。

"三个最大"省情定位和"一优两高"战略部署为殡葬事业发展带来新机遇。深化"三个最大"省情认识，推进"一优两高"战略部署，是"十四五"时期乃至到 2035 年我省殡葬事业发展的战略重点和主攻方向。人民群众对绿色殡葬、生态殡葬、人文殡葬要求日益提高，对高质量绿色环保的殡葬公共服务和产品的需求日益增加，省委省政府对节约土地资源，改善人与自然关系，推动生态文明美丽新青海建设提出了新要求，为殡葬事业高质量发展及转型带来新的机遇。

新的发展阶段和社会主要矛盾变化对殡葬服务提出新要求。随着中国特色社会主义进入新时代，我国转向高质量发展阶段，社会主要矛盾发生变化，人民群众对美好生活的需要日益增长。"十四五"期间，我省将跨入高收入经济体门槛，随着人均收入水平的提高、城镇化水平的发展和人口老龄化进程的加快，人民群众对殡葬服务要求更高、需求更加多样，将逐步向个性化、多元化转变，对殡葬服务供给、殡葬服务模式、殡葬人才队伍建设提出更高的要求。

二、面临挑战

制约殡葬事业发展的体制机制和结构性问题依然突出。随着殡葬改革向纵深推进，改革的复杂性越发凸显。殡葬管理体制改革不够彻底，运行机制尚未完全厘清，管理与经营、监督与经办不分现象在部分地方依然存在。城乡一体化发展水平参差不齐，基本公共服务供给不足，殡葬资源配置、殡葬公共服务城乡、区域发展不平衡矛盾依然突出。全省基本殡葬公共服务能力、设施设备供给与不断深化的殡葬改革形势、不断提高的多元化殡葬服务需求存在明显差距。资金投入和政策支持力度不足，市场运营秩序不规范等现象依然存在。

现代殡葬产业体系建设急需与互联网等信息技术紧密结合。随着殡葬改革推进和新时代殡葬事业发展，殡葬大数据分析、数字殡葬在殡葬决策中的支撑作用日渐增强。提升殡葬产业链、供应链现代化水平，做好高质量殡葬信息化建设工作成为当务之急。但殡葬行业作为传统行业，普遍存在运用现代先进科技和"互联网+"意识不强，信息产业界对殡葬行业理解不够深入，还存在跨界融合型人才严重匮乏的瓶颈问题。

殡葬法治建设和文化建设仍较为薄弱。殡葬法治建设相对滞后，现行《殡葬管理条例》中部分内容已和新时代殡葬事业发展不相适应，我省还未出台殡葬管理地方性法规，殡葬行政执法缺乏有效手段。部门协同监管机制尚不健全，基层殡葬执法力量较为薄弱，执法手段不足，对殡葬违法违规行为的处置不够及时有力，殡葬执法力量和执法水平有待增强。殡葬改革过程中，虽提出了一系列绿色殡葬理念，但由于优秀殡葬文化对殡葬事业转型发展引领不足以及传统丧葬陋俗对殡葬改革的干扰，广大群众对文明节俭治丧、节地生态安葬、低碳文明祭扫的接受度和参与度仍有待提高。

第二节　指导思想和基本原则

一、指导思想

坚持以习近平新时代中国特色社会主义思想为指导，深入贯彻落实党的十九大和十九届二中、三中、四中、五中全会和省委十三届历次全会精神，认真贯彻落实习近平总书记视察青海重要讲话精神，全面落实习近平总书记关于殡葬工作的重要指示批示，紧扣我省生态保护战略和"三个最大"省情定位，立足新发展阶段，贯彻新发展理念，构建新发展格局，奋力推进"一优两高"战略部署，积极推动殡葬事业回归公益属性，以惠民、绿色、文明为导向，以普惠性、保基本、均等化、可持续为目标，以高质量发展为牵引，以民族优秀传统文化为传承，以科技创新为支撑，秉承"民政为民、民政爱民"的工作理念，以建设"智慧民政、阳光民政、服务民政、幸福民政"为抓手，不断满足人民群众殡葬服务多元化需求，切实保障各族群众"逝有所安"，努力提升人民群众的获得感、幸福感和安全感。

二、基本原则

"十四五"时期，青海省殡葬事业发展应坚持六大原则：

——坚持党的领导，政府主导。坚持党的全面领导，发挥政府主导作用，落实各级政府在政策规划、设施建设、经费投入、土地供给、监管执法等的主导责任，统筹公共资源配置，推进各地协同发展，确保我省殡葬事业健康有序发展。

——坚持以人为本，便民利民。紧紧围绕"以人民为中心"发展思想，按照保基本、广覆盖、可持续原则，加快完善覆盖城乡的殡葬基本公共服务体系，不断增强服务意识，提升服务保障能力，努力为群众提供优质、便捷、文明、多样的殡葬服务。

——坚持公益导向，保障基本。以满足群众殡葬服务需求为着力点，强化殡葬事业公益属性，落实基本服务公平可及。明确政府提供殡葬公共服务兜底保障标准水平，促进基本殡葬服务资源向基层延伸、向农牧区覆盖、向边远地区和生活困难群众倾斜，兜住底线，织密扎牢基本殡葬服务保障网。

——坚持生态文明，绿色发展。根据经济、人口、土地、环境、交通等省情，在合理确定各类殡葬服务设施和殡葬公共服务网络建设布局和规模的同时，把节地生态、绿色环保、科技创新、厚养礼葬等要求落实到殡、葬、祭各环节，推进形成人与自然和谐共生的新型殡葬理念和丧葬方式，构建向善向上的殡葬文化。

——坚持改革创新，可持续发展。积极探索适应我省经济社会发展和时代要求的殡葬改革、管理、服务方式，注重传承和发扬优秀传统文化，坚持依法治理、宣传引导、补助奖励并举，不断推进殡、葬、祭改革，创新服务模式，完善投入机制，确保殡葬事业良性发展。

——坚持科学客观，量力而行。加大保障和改善政府提供的殡葬基本公共服务，充分考虑各地发展的阶段性特征、实际需求和财政支持能力，做出切实可行的殡葬服务均等化承诺，逐步满足人民群众多层次的殡葬服务需求。

第三节　发展目标和发展指标

一、发展目标

"十四五"时期我省殡葬事业发展目标为：殡葬管理制度和殡葬治理体系基本完善，殡葬治理能力显著增强，生态惠民政策覆盖范围和保障水平显著提高，殡葬服务体系建设更加优化，殡葬服务供给比较充分，群众对绿色生态环保文明殡葬方式接受程度和认可度进一步提高。

——殡葬管理机制和治理体系更加完善。殡葬管理体制机制基本完善，殡葬管理制度较为健全，殡葬综合执法能力显著提高，殡葬监管执法规范有效，殡葬服务更加便民惠民，殡葬方式更加生态环保，绿色文明的现代殡葬新风尚逐步形成。

——殡葬公共服务体系更加成熟定型。殡葬公共服务均等化基本实现，适应城乡各族群众多层次、个性化、高质量的殡葬服务需求基本得到满足，殡葬服务效能和政府公信力进一步增强，各族群众对殡葬服务的满意度显著提升。

——殡葬领域民生保障水平进一步提高。生态惠民殡葬政策更加完善，实现殡葬惠民政策全覆盖，殡葬惠民保障能力达到同期全国平均水平，逐步实现殡葬行业"服务优质化，管理规范化，习俗文明化，设施现代化，队伍专业化"，满足群众对高质量殡葬服务的需求。

二、发展指标

表 1　青海省"十四五"殡葬事业主要发展指标（略）

第四章　健全完善殡葬公共服务体系
全面提升人民群众获得感幸福感安全感

"十四五"时期，全省殡葬事业发展要紧紧围绕"智慧民政、阳光民政、服务民政、幸福民政"建设，聚焦基本民生保障和基本社会服务，坚持公益性、普惠性、均等化协同推进，健全殡葬管理和服务体系，优化殡葬服务设施布局，全面深化殡葬改革，深入推进移风易俗，加强人才队伍建设，推动全省殡葬事业高质量发展。

第一节　构建健全完善的殡葬管理体系

构建完善的殡葬服务体系，是顺应社会主要矛盾变化、更好保障和改善民生、解决殡葬服务供给不平衡不充分问题，从善始善终善别的全生命周期满足人民美好生活需要的客观要求。

加快政策创制。加快《青海省殡葬管理办法》的立法步伐，加快全省殡葬管理工作法治化进程，为殡葬事业发展提供有力的法治保障。切实履行政府对城乡困难群众基本殡葬服务兜底保障职责，以减免或补贴方式提供遗体接运、暂存火化、骨灰存放等基本殡葬服务，提高基本殡葬公共服务供给能力，逐步扩大覆盖人群、提高保障标准。推动将生态安葬纳入基本殡葬服务范围。持续完善节地生态安葬奖补办法，逐步优化奖补流程，方便群众申领奖补资金。深化殡葬改革政策落实，针对存在突出问题制定配套政策，确保突出问题得到有效解决。深入研究全省各民族丧葬习俗，编制丧葬礼俗规范指引。发挥村规民约对殡葬事务和殡葬习俗的引导约束作用，完善补齐政策盲点。

专栏 1　殡葬管理制度建设

1. 推动《青海省殡葬管理办法》地方立法，健全完善基本殡葬服务供给、殡葬市场监管、惠民政策、节地生态安葬、移风易俗等关键制度。

2. 编制殡葬事业发展专项规划，推动把殡葬服务、殡葬设施、殡葬用地等纳入经济社会发展、城乡建设、土地利用等总体规划。

完善机构设置。完善党委领导、政府负责、部门协作、社会协同、群众参与、法治保障的殡葬管理体制机制。健全各地殡葬管理、服务机构设置，厘清殡葬服务机构和殡葬行政管理机构的职能定位，确保人员、岗位、编制、职责和殡葬管理需求相适应，对无机构、无编制、无人员管理的殡葬管理所、殡仪馆、殡仪服务中心、公益性公墓等殡葬管理服务机构，各地民政部门要积极向本地区党委、政府汇报并研究解决。理顺政府与市场的关系，推进殡葬行政管理职能与生产经营分开、监管执法与经营活动分离，对殡葬管理机构与殡仪馆、公墓等经营实体合一或举办经营实体的，摸清底数，制定脱钩方案。进一步落实公益性殡葬服务机构法人自主权，规范内部管理，激发内生动力，逐步实现对殡葬服务单位的直接管理向行业管理转变。对公建民营殡葬服务机构加强监管。

强化公墓管理。加强对公墓建设规划方案和建设过程的审查审核，进一步规范经营性公墓建设、经营行为。大力推进政府投资筹资建设公益性公墓，配套制定公益性管理办法，充分体现其公益性质，采取收取成本、政府定价的办法等办法，尽可能降低墓穴成本减轻群众负担，确保公益性公墓建得起来、运行良好、管理得当。农村公益性集中安葬墓地，仅供本村户籍群众使用，严禁销售、租赁、招商、股份制合作等商业活动。坚决遏制经营性公墓违法占地建设墓地、超面积建设销售墓穴，修建豪华大墓、家族墓，违规销售"寿墓"的行为，县（市、区）民政局积极向本地党委政府汇报经营性公墓中存在的突出问题，联合有关部门加强对存在突出问题整治，建立对工作不力的民政部门进行约谈制度，将经营性公墓建设、销售中存在的突出问题"清零"。

整治殡葬业价格秩序。针对墓地价格虚高问题，及时开展成本调查监审，严厉查处超标准、超范围等不合理收费。要做好墓地价格指导，充分利用政府对公益性公墓的定价机制，使公益性公墓价格回归公益属性。通过划拨方式取得土地使用权的公墓，要重新核算成本，应除去相应土地成本后进行定价，着力研究划拨土地建设的经营性公墓墓地价格定价机制，逐步纳入政府定价管理，令政府投入的土地真正让群众获益。通过招拍挂取得土地使用权的经营性公墓，对墓位、格位要进行成本核算，必要时进行限价管理。

规范延伸服务。采取公开招标、服务外包等形式引入选择性殡葬服务的竞争机制，严格执行加强殡葬服务收费管理有关规定，降低采购、服务成本，各地结合本地情况确定收费事项，并纳入地方定价目录，建立服务收费备案、公示制度。全面建立殡葬服务收费标准和殡葬用品价格公示制度，逐步推行殡葬服务和丧葬用品销售承诺制，加大价格监督检查和违规收费的处罚力度。

加强殡葬市场管理。完善行业监管制度，殡葬中介服务机构须依法向市场监管部门申请设立登记，有合法固定的办公场所和相关从业人员，协调建立殡葬中介服务机构备案和联合监督管理制度。发挥行业监管作用，通过殡葬协会等行业协会加强对殡葬中介服务机构管理，建立机构服务人员职业资格认定制度。严厉打击以殡葬服务名义垄断经营、扰乱殡葬服务秩序等违规违法行为。加强对医院太平间管理，禁止将太平间相关业务委托给非法殡葬中介运营。明确政府行政部门监管职责，维护群众消费权益，确保殡仪服务市场有序良性运行。

第二节　建立基本殡葬公共服务体系

根据经济社会发展水平和殡葬改革要求，健全完善以政府为主导的殡葬公共服务体系，是逐步满足群众多元化殡葬服务需要的必然要求。

完善殡葬服务保障政策。提高政府基本殡葬服务供给能力，明确城乡困难群众界定办法、服务项目、质量要求和支出责任，完善基本殡葬服务费用减免保障政策，确保形成保基本、广覆盖、可持续的殡葬基本公共服务体系。各级政府合理加大地方财政投入，对基本殡葬服务费用减免给予支持，对承担政府惠民殡葬服务项目的殡仪馆、公益性公墓等殡葬服务机构，制定税费减免等配套政策，健全完善服务保障链条，确保基本殡葬服务项目持续推进。

加快殡葬服务标准建设。完善以殡葬通用基础标准、殡葬业务专用标准和殡葬技术标准为框架的殡葬标准体系，从殡葬服务、安葬服务、祭扫服务、传承服务、殡葬管理等方面制定符合地方发展的殡葬业务和服务专用标准，从殡葬设施、殡葬设备、殡葬用品、人员资质、信息保障、安全应急、卫生防疫、环境保护等方面完善地方性殡葬技术标准。

优化殡葬服务内容。民政部门及市场监管部门依据行业监管职责，对各类服务主体提供规范指导。殡葬服务机构针对服务项目，制定相应服务规章制度、服务标准和合同签订制度，确保收费标准公开透明。积极创新提供多元化服务，结合各地民俗特点，开发符合民俗习惯的净身仪式、祭奠仪式、入炉仪式等服务项目。按照《殡葬服务项目分类》《殡葬服务满意度评价》等殡葬行业服务标准，对具体服务项目实施进行评价。

专栏 2　殡葬服务体系建设

1. 完善西宁市、海东市、海西州等地殡葬服务机构建设，增设遗体美容、SPA 养护、守灵以及高水平殡葬礼仪等服务项目。

2. 增设殡仪馆社会工作岗位或通过政府购买服务，加快推进殡葬服务领域社会工作服务，突出临终关怀，提供悲伤慰藉、情感关怀、心理疏导、精神支持等服务项目。

3. 推动服务供给多元发展，引导社会力量参与，建立服务竞争机制，完善直接接触遗体事项管理制度和服务标准，满足群众多样、多层次殡葬服务需求。

第三节　优化城乡殡葬服务设施布局

合理布局城乡殡葬基础设施建设，加快补齐殡葬服务设施短板，规范殡葬设施配置标准和数量规模，是实现殡葬服务公益性、均等化的现实需要。

科学谋划殡葬设施建设。加快构建以公益性服务为主体、营利性服务为补充、节地生态为导向的现代殡葬服务设施发展格局。按照《殡仪馆建设标准》《城市公益性公墓建设标准》《殡仪馆卫生防护距离》要求，制定全省殡仪馆、骨灰堂、公墓、殡仪服务站等殡葬设施建设规划。优化城乡殡葬设施布局，重点完善设施空白地区，调整优化基础薄弱、服务饱和地区殡葬设施资源结构，确保殡葬设施种类、数量、服务规模与当地群众殡葬服务需求相匹配，与推行殡葬改革要求相适应。各级民政部门要根据殡葬用地需求预测，加强与自然资源部门沟通协调，切实保障殡葬服务设施建设用地，严格依照当地国土空间规划审批殡葬设施建设项目，严守生态保护红线、永久基本农田红线、城镇开发边界线等三条控制线管控要求，选址避开国家公园、自然保护区、饮用水水源保护地等环境敏感区，并做好殡葬设施建设项目"邻避"问题防范与化解工作。

加快公益性公墓建设。率先推动占我省人口总数三分之二的西宁市、海东市 11 个县（区）城市公益性公墓建设，逐步推动人口较为集中地区公益性公墓建设，按照实际需求推动在海南、海西州 4 个人口较为集中的市（县）建设城市公益性公墓。按照"成熟一个、审批一个"的原则，以节地生态为导向建设城市公益性公墓。制定公益性公墓建设管理办法和节地生态安葬标准，推动公益性公墓建设，明确节地生态安葬设施配建比例，鼓励和引导绿色环保用材、节约用地、生态安葬。

补齐殡葬服务设施建设短板。补齐火葬区基本殡葬服务设施建设短板，明确殡葬服务设施配置标准、数量规模，有需求的县（市、区）至少配建一处殡仪馆或公益性骨灰安葬（放）设施，对已达到危房标准、设施设备陈旧的殡仪馆，按照标准实施改造升级。县（市、区）民政部门按照各地风俗习惯，协调相关部门指导乡镇（街道）积极推动以村或村民小组划定农村集中安葬区域，合理对安葬区域切条划块，满足人民群众安葬需求。按照优先保障城市居民小区、"城中村"、集中搬迁村群众办理丧事需求的原则，根据实际条件采取新建、统筹利用现有公共服务用房等措施，按需推动殡仪服务中心（站）建设项目，方便群众治丧。

专栏3　殡葬服务设施建设

1. 殡仪馆建设项目。推动西宁市湟中区、大通县、湟源县、海东市乐都区、互助县、民和县、循化县、化隆县、海北州祁连县、海南州同德县、黄南州本级新建11座殡仪馆。能力提升29座殡仪馆，对牧区已建成未运行的甘德县、达日县、班玛县、久治县、玛多县、称多县、治多县、杂多县、囊谦县、曲麻莱县殡仪馆坐式火化炉进行维修维护，推动投入运行，并支持对殡仪馆相关设备设施维护保养。

2. 殡仪服务中心（站）建设项目。建设覆盖全省的殡仪服务中心（站）网络。对已建成有需求有条件的小区，支持配套建设殡仪服务站，面积不小于150平方米，并配套遗体存放、守灵、悼念、餐饮等相关设施设备。积极协调规划、住建等部门将殡仪服务站列入建设规划，作为公共服务用房配套建设。集中搬迁村、城中村要充分利用已建公共服务用房作为殡仪服务站，支持其建设与城市居民小区同标准的殡仪服务站。

3. 殡仪服务进村、进社区项目。对不具备配套建设殡仪服务站的小区或农村，积极探索配置殡仪服务车、集装箱式殡仪服务房等流动殡仪服务设施。

4. 公益性公墓建设项目。加快推动西宁市、海东市11个县（区）公益性公墓建设，逐步推动共和县、贵德县、德令哈市、格尔木市4个县（市）建设城市公益性公墓。

5. 农村公益性集中安葬墓地建设项目。各乡镇积极推动村或村民小组划定农村公益性集中安葬墓地。

6. 公益骨灰安放设施建设项目。未建设骨灰安葬（放）设施的州府所在县（市）新建或逐步完善殡仪馆骨灰存放和祭奠等相关功能，配齐相关设施设备，采取"馆堂一体"模式，建设满足群众骨灰安葬（放）需求的公益性骨灰堂。

7. 切实增加节地生态安葬设施供给。推动建设壁葬、草坪葬、树葬、花坛葬等生态安葬墓穴。新建公益性公墓，要明确节地生态安葬墓穴配建比例不低于80%；新建经营性公墓，要明确节地生态安葬墓穴配建比例不低于40%；已建经营性公墓，要求节地生态安葬墓穴要占一定比例。

严把殡葬服务设施质量关。新建项目严格按照设计规范和标准施工，改造提升项目必须按照审批内容实施，设备配置严格按照技术参数招标采购，依法依规做好各项目竣工验收，加强监督管理确保设施质量达标。殡仪馆公共设施设备要与服务需求相匹配，满足少数民族地区群众对特殊火化设备的需求。配备的火化设备、遗物焚烧设备、烟气净化处理设备、遗体冷冻冷藏设备以及殡仪场所空气净化设备等均应符合国家或行业标准，殡仪车达到规定标准，对已达到强制报废年限或不符合国家环境保护标准的相关设备，应统筹改造、更新配置。强化殡葬用品全周期管理，污染危害生态环境的殡葬用品要从源头逐步予以治理。探索推动火化设备、遗物焚烧设备升级、燃油改气（电），降低碳排放，为实现碳达峰、碳中和目标作出应有贡献。

推进殡葬信息化建设。按照民政部"金民工程"和省民政厅"智慧民政"建设统一安排部署，一体推进"智慧殡葬"建设，推动青海省殡葬管理服务信息系统与青海民政服务窗口融合对接。完善殡葬基础信息库，并逐步与公安销户、抚恤金领取、社会保险继承等相关系统对接，实现身后事联办。推动"殡、葬、祭"服务业务线上线下深度融合，殡仪馆、殡仪服务中心、殡葬服务中介服务事项、收费标准网上公示，网上祭扫、代为祭扫服务模块安全运行。实现群众网上"一站式"菜单选择，各殡葬服务机构按照选择内容为群众提供相关服务，为群众办理身后事提供便利。

专栏4　殡葬信息化建设

1. 持续提升青海省殡葬服务管理系统的服务功能，优化信息资源配置，完善与民政部和全省各级殡葬管理服务机构的数据交换共享，建立与卫生健康、公安、民宗等相关部门信息共享互通，实现与省政府相关管理数据库有效对接。

2. 加强殡葬服务机构日常信息采集分析，将殡葬信息采集触角向村一级延伸，完善殡葬基础信息库。

3. 优化在线审批流程，提高在线政务服务能力，强化对殡葬服务机构的信用监管。

4. 创新殡葬服务与"互联网+"融合发展的新途径、新模式、新业态，提供更加方便、快捷、透明的殡葬服务。

第四节　深入推进殡葬移风易俗

开展文明祭祀、节俭治丧、生态安葬，改变传统殡葬理念和方式，树立时代文明新风，弘扬中华优秀传统文化，破除旧丧俗，培育绿色殡葬新风尚，对于推动社会文明进步，落实美丽宜居的生态环境意义重大，是新时代殡葬改革发展的重要内容。

统筹推进火葬规范改革土葬。细化明确火葬区和土葬改革区，将区域划定精确到乡镇一级，有条件的精确到村（社区）一级。火葬区压实属地管理责任，加强宣传引导，加大殡葬管理执法力度，严格推行遗体火化，禁止骨灰装棺再葬和违规土葬。土葬改革区倡导遗体深埋、不留坟头、不立碑或以树代碑，禁止石化硬化、用水泥石材建坟，设置过渡期，逐步引导火葬。尊重少数民族丧葬习俗，鼓励和支持少数民族自愿实行火葬。将火葬、土葬改革政策落实情况纳入民政工作考核中，单独列分，通过政策倾斜、资金支持、奖励等办法，推动政策落实落地。探索在村（社区）建立殡葬信息员，及时向民政部门反馈辖区内殡葬信息，确保存在问题早发现、早介入、早纠正。

全面推动文明节俭治丧。发挥殡葬礼仪教育引导作用，借力乡村振兴战略以及文明城市、文明村镇创建和美丽乡村建设，大力宣传殡葬移风易俗，将文明治丧、生态安葬、低碳祭扫等殡葬新风纳入村规民约和市民公约之中，明确量化标准，建立考核机制。发挥党员干部、新乡贤等模范带头作用和村（居）委会、红白理事会、老年人协会等基层组织监督引导作用，强化群众自我约束、自我管理，引导群众文明节俭治丧。

积极培育绿色殡葬新理念。以培育"尊重生命、文明绿色"殡葬理念为抓手，加大宣传引导，拓宽方法路径，协同推进殡葬习俗改革，维护逝者尊严、抚慰生者情感、启迪生命意义、促进社会文明。挖掘民族传统丧葬习俗文化精华，弘扬尊重生命、孝老敬亲、厚养礼葬、慎终追远、天人合一等中华优秀传统文化。结合实际制定丧葬礼仪指引和促进殡葬移风易俗制度规范，培育和推广文明现代、简约环保的殡葬礼仪和治丧模式。倡导绿色低碳祭扫，采取敬献鲜花、居家祭奠、网络祭扫等方式表达哀思。打造殡葬文化传承平台，培育现代殡葬理念，树立文明绿色风尚。

专栏5　殡葬移风易俗示范建设

1. 全面推动殡葬领域移风易俗。总结推广西宁市、海东市移风易俗立法经验，在殡葬服务领域广泛倡导绿色生态环保文明殡葬。

2. 修订完善村规民约、居民公约。各级民政部门指导将村规民约、居民公约中关于殡葬移风易俗内容，变成易操作、可量化的条款，与文明家庭、文明户创建等有效结合，形成长久约束力和协同效应。

3. 党员干部带头树新风。严格落实省委、省政府关于党员干部带头推动殡葬改革的实施意见，明确党员干部切实履行推动殡葬改革的责任，引导广大群众主动参与殡葬移风易俗。

4. 优秀殡葬文化宣传教育。组织开展优秀殡葬文化的宣传教育活动，弘扬倡导厚养薄葬、慎终追远的新型孝道文化，形成"生前讲孝道，丧事不攀比"的社会风气。

5. 推广文明环保殡葬用品。在春节、清明节等群众集中祭扫时间节点，推广"鲜花换纸钱"，抵制迷信低俗、奢侈浪费等不良丧葬风气。

6. 倡导文明低碳祭扫方式。倡导网络祭扫、鲜花祭扫、踏青遥祭、植树缅怀等文明低碳祭扫方式。组织集体共祭、社区公祭、家庭追思等现代追思活动。

7. 大力引导群众节地生态安葬。加大节地生态安葬政策宣传，积极推动公益性骨灰堂内安放全免费。逐步提高奖补标准，创新开展集体生态安葬仪式、纪念仪式，增加节地生态安葬的社会效应、人文效应，鼓励倡导群众选择节地生态方式。

8. 加快推进"三沿五区"内散埋乱葬治理。各县（市、区）民政局要对沿铁路、沿公路、沿通航河道两侧，水源保护区、文物保护区、风景旅游区、住宅区和开发区内散葬墓的立大碑、栽石柱和给坟包石化、硬化的现象，采取集中搬迁、立碑石柱改造、石化硬化拆除、绿化遮蔽等方式进行整治。

9. 树立示范、样板工程。建立殡葬移风易俗示范乡镇、示范村（社区），树立样板工程，在西宁、海东等人口密集地区优先试点，逐步向其他各州推广。

第五节　强化人才队伍建设

殡葬从业人员的素质高低直接关系为民服务质量，也关系社会对殡葬行业的认知和认可程度，推动殡葬改革事业创新发展，必须大力提升殡葬队伍管理服务水平和职业技术能力。

建立人才培训制度。建立殡葬服务人员队伍定期轮训制度，对从事遗体接运、遗体火化、殡仪服务、遗体整容美容、遗体防腐、墓地管理、园林绿化等岗位的殡葬职工进行专业业务培训，未来五年做到培训全部覆盖，力争持证上岗率达到80%。开展岗位练兵、技术比武和职业技能大赛，注重技能等级评定和技能大师培养，全面提升殡葬从业人员服务水平和能力。

优化人才培养环境。坚持人才优先原则，不断健全人才培养体系和激励机制，完善人才保障政策措施，优化人才成长环境。加强市（州）、县（市、区）、乡镇（街道）三级民政工作力量配置，各级民政部门要积极争取落实殡葬管理服务机构及人员编制，为人才发展解决后顾之忧。尊重和关爱殡葬职工，建立健全殡葬特殊行业津贴补贴和走访慰问制度，完善工资福利待遇政策并建立自然增长机制。

加强服务质量评价。开展殡葬业务行风评议，研究制定殡葬服务质量评价机制，客观评估殡葬服务单位在质量承诺、服务回访、满意度调查以及投诉受理监督等方面的实施途径和效果，将评估结果作为行业评价、评先评优的重要依据，积极推动殡葬服务质量全面提升。

专栏6　殡葬行业人才队伍建设

1. 按照玉树州、果洛州、黄南州（河南县、泽库县）每个县殡仪馆不少于2人，其余县（市、区）殡仪馆不少于4人的标准配齐殡仪馆服务人员。
2. 探索制定殡葬服务人员职称评定、特殊岗位津贴和关爱慰问等相关制度，提升殡葬管理服务人员的自我认同和社会认同。
3. 探索民政部门及殡葬管理服务机构与殡葬专业院校合作新模式，通过创建共建实践教学基地，引进最新殡葬技术和理念，为职工提供实践机会，为后续引进人才奠定基础。
4. 积极推动地方职业院校开设殡葬服务专业，增加本地人才队伍力量。
5. 探索引进殡葬专业社工人才，以社工的专业化促进殡葬服务的规范化。

第五章　完善保障机制
推动形成殡葬事业改革发展强大合力

"十四五"期间，推进全省殡葬事业改革发展，必须加强组织领导，健全工作机制，强化宣传引导，积极落实资金保障，严格监管考核制度，构建完善的殡葬事业发展保障体系，确保各项规划目标任务圆满完成。

第一节　加强组织领导

加强党的领导，把讲政治作为第一责任，坚持以习近平新时代中国特色社会主义思想为指导，准确把握民政工作政治属性，把增强"四个意识"、坚定"四个自信"、做到"两个维护"作为首要任务，将讲政治贯穿殡葬事业发展全过程，全面贯彻落实习近平总书记关于殡葬工作重要指示批示精神，坚决执行党中央、国务院和省委、省政府决策部署，进一步聚焦群众关切，健全殡葬管理工作落实机制，凝心聚力推动全省殡葬工作不断开拓创新。围绕人民群众对新时代殡葬改革的新期待、新诉求，各级民政部门要积极协调各有关部门，建立健全各级政府负责人牵头的殡葬管理工作领导机制，各司其职，加强协调，形成合力。完善落实殡葬服务监管、公墓建设管理、殡葬违法行为治理、党员干部丧葬活动中违法违纪行为查处等具体制度规定。发挥殡葬协会作用，推行殡仪服务代理资质认证，净化殡葬中介代理市场环境。

第二节　强化宣传引导

加大宣传力度，以促进新时代殡葬事业健康发展为目标，以党员干部带头推动殡葬改革为引领，以推进丧葬习俗改革、节地生态安葬、低碳文明祭扫为方向，深入宣传殡葬改革的法规政策，普及科学知识，倡导厚养礼葬、文明节俭、生态环保、移风易俗的殡葬新风尚。吸取中华民族缅怀先人、慎终追远的优秀传统殡葬习俗和殡葬文化，充分利用新媒体宣传渠道，大力推动殡葬改革的先进典型和先进经验，倡树文明新风。建立健全殡葬改革宣传、新闻发布、媒体沟通等工作机制，加强组织协调，充分发挥社会组织、行业协会、群众自治组织作用，加强殡葬改革政策和先进典型经验宣传。以春节、春分、清明等传统集中祭祀节日为契机，开展殡葬改革进社区、进乡村活动，营造全社会支持、群众广泛参与殡葬改革的良好舆论氛围。

第三节　加大投入力度

加大公共投入，把殡葬服务体系建设作为重点民生工程，积极争取中央预算内投资和中央专项资金，加大殡葬事业公共投入，推动涉及公益性殡葬服务的各项优惠政策落实，建立健全惠民殡葬政策和城乡居民基本殡葬救助体系，建立与实际需求相适应的殡葬事业发展经费保障机制。建立完善殡葬事业公共投入和稳定增长机制，通过财政预算安排、中央专项资金、福利彩票公益金、社会捐助等多种渠道筹集资金，加大公益性殡葬设施建设、殡葬救助保障、殡葬改革宣传和殡葬执法等专项经费投入，改善殡葬管理服务条件。探索政府购买服务等多种投入方式，促进殡葬基本公共服务机制转变和效率提高。探索创新殡葬公共服务领域的投融资机制，推行政府与社会资本合作等市场机制，增加殡葬公共产品供给。加强殡葬事业经费支出的预算管理，强化项目评审、绩效评价等监督检查机制，提高经费支出的效率和绩效。

第四节　落实监督监管

推动建立省、市（州）、县（市、区）三级民政综合执法队伍，将殡葬执法纳入民政综合执法范围，督促相关工作人员取得行政执法资格证。积极推动由民政部门牵头，自然资源、市场监管、林草等部门参加的部门联合执法机制。建立起行政监管、行业自律、社会监督相结合的综合监管体系，切实提高殡葬执法水平，促进殡葬改革事业依法有序健康发展。建立责任分解机制，明确主要责任人，压实责任主体，逐年分解目标，各级民政部门要把殡葬工作列入重要议事日程和考核内容，强化政策措施统筹协调，注重落实政策与重大举措的衔接配合。加大规划实施的全面监测评估，探索引入第三方监测评估机制，适时开展规划实施效果抽样调查，对遗体火化率、城乡公益性公墓建设推进、节地生态安葬推广、惠民殡葬政策实施等主要任务目标完成情况进行分期考核。定期开展督促检查，严肃追究问责，强化规划实施的刚性约束，建立规划目标发生重大偏离的预警及调整机制，确需对本规划的重大目标任务进行调整的，经省民政厅同意后进行调整。各地殡葬事业专项规划和民政事业发展规划要与本规划总体上方向一致，确保规划推进形成整体合力，得到全面有效落实。

青海省民政厅关于全面启动全省新一轮火葬区和土葬改革区调整评估工作的通知

（青民发〔2022〕111号）

各市（州）、县（市、区、行委）民政局：

目前，全省已划定西宁市城区、湟中区、湟源县、大通县、平安区、乐都区、民和县、互助县、海晏县、刚察县、共和县、同德县、德令哈市、格尔木市等17个县（市、区）为火葬区，其余地区为土葬改革区。根据省政府领导指示要求，定于2022年第四季度至2023年上半年，启动并完成全省新一轮火葬区和土葬改革区调整评估工作，现将有关事项通知如下：

一、充分认识火葬区和土葬改革区调整的重大意义

殡葬改革工作是保障和改善民生的重大事项，是推动生态文明建设和乡村振兴战略实施的重要举措，是改进党风政风民风的重要载体。近年来，习近平总书记先后就殡葬工作 11 次作出重要指示批示，充分体现了党中央对殡葬工作的高度重视。火葬区和土葬改革区调整是推动殡葬改革工作的前提条件，涉及千家万户，社会关注度高、敏感性强、容忍度低，稍有不慎极易引起社会矛盾。各地各有关部门要从讲政治的高度推动此项工作，各级民政部门要发挥好牵头作用，积极向当地党委政府汇报工作情况，统筹协调好相关部门和乡镇、村（社区），积极引导党员、乡贤建言献策，依靠群众的力量，形成全民推动殡葬改革工作的强大合力，共同研究解决工作推进过程中的问题，及时化解各类风险隐患，确保火葬区和土葬改革区调整评估工作顺利进行。

二、总体要求

此次全省火葬区和土葬改革区调整评估工作，坚持贯彻落实推行火葬、改革土葬总方针，按照体现人文关怀、注重差异、满足要求、确保稳定的原则，对条件成熟的区域调整为火葬区，对已划定火葬区进行全面严格的考核评估，对覆盖范围进行细化，将区域精确到乡镇（街道）一级，有条件的地方可精确到行政村（社区），实现区域间地理空间无缝衔接。

三、政策依据

（一）《殡葬管理条例》。国务院《殡葬管理条例》第四条明确规定，人口稠密、交通方便的地区应当实行火葬；暂不具备条件实行火葬的地区，允许土葬。实行火葬和允许土葬的地区，由省、自治区、直辖市人民政府划定，并由本级人民政府民政部门报国务院民政部门备案。第五条，在实行火葬的地区，国家提倡以骨灰寄存的方式以及不占或者少占土地的方式处理骨灰。县级人民政府和设区的市、自治州人民政府应当制定实行火葬的具体规划，将新建和改造殡仪馆、火葬场、骨灰堂纳入城乡建设规划和基本建设计划。在允许土葬的地区，县级人民政府和设区的市、自治州人民政府应当将公墓建设纳入城乡建设规划。第六条，尊重少数民族丧葬习俗；自愿改革丧葬习俗的，他人不得干涉。第九条，农村的公益性墓地不得对村民以外的其他人员提供墓穴用地。禁止建立或恢复宗族墓地。

（二）民政部等 16 部门《关于进一步推动殡葬改革促进殡葬事业发展的指导意见》（民发〔2018〕5 号）。《意见》明确提出，要进一步明确和细化火葬区域土葬改革区的划分标准、划分程序和调整周期，并按规定将划分情况报民政部备案。在实行火葬的地区，要坚持遗体火化与骨灰处理两手抓、两手都要硬，既要千方百计巩固和提升火化率，又要大力推进骨灰集中节地生态安葬。对火葬区遗体违规土葬、散埋乱葬等问题，要坚持疏堵结合、依法治理。在土葬改革区，要按照规划引导群众实行集中安葬，倡导遗体深埋、不留坟头或以树代碑。

（三）民政部办公厅《关于进一步调整优化火葬土葬区域及加强备案管理工作的通知》（民办函〔2020〕119 号）。《通知》提出，要求根据当地人口、耕地、交通等情况及推进殡葬工作的实际，进一步明确和细化划分标准、划分程序及调整周期，特别是至今未依法划定、划分边界不清晰、多年未调整的，要结合实际抓紧对火葬土葬区域进行优化调整。重新划分调整的火葬土葬区域范围要精确到乡镇，有条件的地方可精确到行政村，确保划定工作科学精准。新划定为火葬区的地方，实行火葬允许有一定的过渡期。

（四）青海省人民政府办公厅转发省民政厅《关于进一步加强殡葬管理意见》的通知（青政办〔2012〕243 号）。《意见》明确，县（市、区）人民政府应当根据人口、交通、土地、设施配置和群众接受程度等因素，提出划分火葬区和土葬改革区的意见；市（州）人民政府根据县（市、区）

人民政府的意见，提出划定火葬区和土葬改革区的方案，报省人民政府批准。火葬区和土葬改革区每5年调整一次。

四、提出火葬区和土葬改革区调整意见建议应把握的原则和具体调整办法

（一）全面考核已划定的火葬区和土葬改革区政策落实情况。各地要以县（市、区）为单位，由民政部门牵头，对已划定的火葬区和土葬改革区落实火葬、改革土葬政策进行一次全面的调查核实，查摆出存在的问题和漏洞，为开展新一轮火葬区和土葬改革区调整工作补齐短板和漏洞做好充分的准备。

（二）准确把握火葬区调整的基本原则。此次调整，已划定为火葬区的仍为火葬区，可根据政策执行情况对覆盖区域进行细化调整。城中村、城郊村、易地搬迁村等因土地征用、流转等已无承包地和集体土地的"失地村"，原则上应划定为火葬区。火葬区群众一律实行火葬，区域内禁止遗体土葬和骨灰装棺再葬。

（三）准确把握土葬改革区调整的基本原则。原则上，未划入火葬的区域一律为土葬改革区。土葬改革区农村原则上实行集中安葬，仅限于本村内户籍居民进行土葬，禁止非本村户籍居民进行土葬。

（四）尊重少数民族丧葬习俗。牧区原则可划为火葬区，尊重少数民族丧葬习俗，民族地区或少数民族家庭可按照本民族的习惯自行选择安葬方式。

五、研究提出火葬区和土葬改革区调整方案的程序

（一）村（居）民委员会提出划定建议。各村（社区）要根据所在地群众人口、交通、土地、丧葬习俗、殡葬公共服务设施配置等情况，研究确定本村（社区）应划定为火葬区或土葬改革区，报乡镇（街道）人民政府。

（二）乡镇（街道）人民政府明确火葬区和土葬改革区覆盖范围。根据各村（社区）形成的统一决定，明确本乡镇（街道）火葬区和土葬区覆盖的村（社区），报县（市、区）民政局。

（三）县（市、区）人民政府形成调整意见。县（市、区）民政部门根据各乡镇（街道）实际，提出辖区内火葬区和土葬改革区调整建议，提请本级人民政府研究审定，形成调整意见，报各市（州）民政局审核。

（四）市（州）人民政府形成调整方案。市（州）民政部门对辖区内所有县（市、区）火葬区和土葬改革区调整意见汇总审核后，提出本市（州）火葬区和土葬改革区细化调整意见，提请本级人民政府研究审定，形成调整方案，报省民政厅评估。

（五）省民政厅评估形成全省调整意见。省民政厅根据各市（州）火葬区和土葬改革区调整方案，开展评估后，汇总提出全省火葬区和土葬改革区调整意见建议，报省人民政府研究审定。

六、工作要求

（一）高度重视评估工作。各地要充分认识科学划定并及时调整火葬区和土葬改革区的重要性，建立工作专班，加强领导、精心组织、强化督导、抓好落实。逐级审慎确定相关区域，明确一旦划定为火葬区或土葬改革区必须严格执行相关区域安葬政策。各级民政部门要积极争取党委和政府的重视和支持，及时汇报工作进展，研究解决遇到的困难和问题。

（二）稳妥有序推进工作。各地在火葬区和土葬改革区划定工作中要充分遵循群众意愿，切实发挥党员干部的模范带头作用，加大政策的宣传力度，要讲清楚改革土葬推行火葬的重要性、必要性和紧迫性，引导群众主动选择火葬改革土葬。对新增的火葬区可实行过渡期，过渡期一般不超过3年，坚决杜绝强拉硬推、一刀切。要按照成熟一个、审核评估一个的原则，稳步推进全省火葬区

和土葬改革区调整评估工作，加强风险研判，做好舆情管控，防止个别问题发酵放大。

（三）加强督促指导工作。严格落实属地管理责任，压实县、乡党委和政府领导责任，充分发挥基层党组织、村（居）委会和村民小组干部、红白理事会、村民代表等作用，做细做实群众工作。各级民政部门要下沉工作力量，深入做好督促检查和指导工作，确保按规定的时间节点完成评估工作。

请各市（州）民政局于 2023 年 3 月 31 日前，将市（州）人民政府研究审定的调整方案报省民政厅，无法按时上报调整方案的要向省民政厅说明情况。

青海省民政厅

2022 年 9 月 21 日

青海省民政厅关于印发《民政部门开展高价彩礼、大操大办等农村移风易俗重点领域突出问题专项治理工作实施方案》的通知

（青民发〔2022〕126 号）

各市（州）、县（市、区、行委）民政局：

根据省农业农村厅、省委组织部等 8 部门《关于开展高价彩礼、大操大办等农村移风易俗重点领域突出问题专项治理工作方案》，结合民政部门职责，省民政厅研究制定了《民政部门开展高价彩礼、大操大办等农村移风易俗重点领域突出问题专项治理工作实施方案》，现印发给你们，请认真抓好落实。

青海省民政厅

2022 年 10 月 19 日

民政部门开展高价彩礼、大操大办等农村移风易俗重点领域突出问题专项治理工作实施方案

为深入贯彻落实习近平总书记关于加强农村精神文明建设的重要指示精神，按照农业农村部、民政部等 8 部门统一安排部署，于今明两年在全省范围内开展高价彩礼、大操大办等农村移风易俗重点领域突出问题专项整治，结合我省实际和民政部门职责，制定本实施方案。

一、治理目标

高价彩礼、人情攀比、厚葬薄养等陈规陋习在部分地区持续蔓延势头得到有效遏制，农民群众在婚丧嫁娶中的人情、宴席、彩礼等支出负担明显减轻，婚丧礼俗倡导性标准在行政村实现全覆盖，县、乡、村推进移风易俗的工作制度基本完善，农民群众自我管理、自觉践行移风易俗的长效

机制基本形成，中华优秀传统美德得到更好弘扬传承，婚事新办、丧事简办、孝老爱亲、勤俭节约等文明风尚更加浓厚，乡村焕发文明新气象。

二、治理重点

通过专项治理行动，各地要着力破除十种陋习，积极倡导八种新风。

破除十种陋习：低俗婚恋观、低俗婚闹；索要高价彩礼、利用彩礼干涉婚姻自由；天价高价彩礼、媒婆婚介等怂恿抬高彩礼金额；奢侈婚礼、利用婚丧嫁娶敛财；婚嫁礼金名目繁多、礼数过于繁琐；不履行法定赡养义务、孝道义务；葬礼中宣扬封建迷信、配阴婚、开展低俗活动；建"活人墓"、豪华墓、硬化大墓、超规格墓穴墓碑；随礼数额过高、相互攀比；婚丧喜庆办理时间过长、规模过大、盲目攀比追求档次等十种陋习。

倡导八种新风：零彩礼、不收或少收彩礼；婚事新办、仪式从简；举办集体婚礼、纪念婚礼、慈善婚礼；节俭治丧、绿色文明治丧；节地生态安葬、绿色文明安葬方式；文明祭扫、绿色低碳祭扫；孝老爱亲、厚养礼葬；文明家风、良好家教等八种新风。

三、对策措施及进度安排

民政部门专项治理工作自 2022 年 10 月启动，2023 年 12 月结束。

（一）针对治理重点，制定实施方案。县级民政部门要大力配合地方农业农村部门进村入户摸排高价彩礼、人情攀比、厚葬薄养、铺张浪费等陋习的实际情况、具体表现，结合部门职责，剖析存在这些问题的深层次原因，查找民政部门和基层在制度建设、监督管理方面存在的不足，提出有针对性、可操作性的对策措施，以县为单位制定专项治理实施方案。请各市（州）民政局于 10 月 31 日前，将各县（市、区、行委）民政局专项治理实施方案汇总报省民政厅。

（二）修订完善村规民约，出台约束性对策措施。指导各村开展村规民约制修订工作，对已经完成制修订的地区，进行再梳理、再完善，修订后的村规民约要体现破除的十种陋习、提倡的八种新风相关内容，要对彩礼数额、红白喜事的礼仪流程、操办天数、宴席标准、随礼标准等婚丧礼俗倡导性标准逐一予以明确，实现所有行政村全覆盖。请各市（州）于 2022 年 12 月 30 日前推动完成村规民约修订工作，并将工作情况报省民政厅。

（三）建立健全落实机制，推动群众自我管理。县、乡要加强移风易俗日常监督，指导村级组织认真落实移风易俗相关措施，借力婚姻登记行风建设和殡仪馆公益属性发挥不充分等问题排查整治工作，举一反三，督促婚庆、殡葬等机构规范服务行为，及时纠正不正之风。充分发挥村民自治作用，加强对红白理事会、村民议事会、妇女议事会、道德评议会等群众组织的指导，通过教育、规劝、批评、奖惩等方式推动婚丧礼俗倡导性标准的执行。民政部门要在地方基层组织类、社会治理类、精神文明类等选优评优过程中提出移风易俗落实情况意见建议，必要时可采取一票否决。

（四）创新方法路径，推进婚俗殡葬改革。总结推广西宁市、海东市移风易俗立法经验，推动移风易俗法治化进程。全面推进婚俗改革，总结推广省、市（州）两级婚俗改革试点地区经验，逐步扩大婚俗改革试点范围，引导群众革除陈规陋习，弘扬公序良俗，倡导文明新风，持续推进婚俗改革落地见效，推动形成健康文明的婚育价值观。深入推进殡葬改革，倡导绿色生态文明殡葬，大力推行节俭治丧、生态安葬、文明祭祀，建立殡葬移风易俗示范乡镇、示范村（社区），树立样板工程，在西宁、海东等人口密集地区先行试点，逐步向其他各州推广。

（五）开展常态化宣传，营造浓厚氛围。各地要充分用好婚姻登记处、殡葬服务机构等阵地，在七夕、"5·20"、月日重叠等婚姻登记高峰日和春节、春分、清明等群众集中祭扫时间节点，加强婚姻、殡葬移风易俗的正面宣传，积极选树、宣传农民群众身边的移风易俗先进典型，深入基层贴近农民开展宣讲、培训、巡演等活动，组织开展集体婚礼，在乡村公共空间广泛使用宣传标语、横幅、宣传画等，推动移风易俗观念深入人心。鼓励采用地方传统曲艺等农民喜闻乐见的形式，宣讲移风易俗政策和举措，加强推介展演，营造移风易俗良好社会氛围。2022 年四季度和 2023 年 9 月，各级民政部门配合宣传、文明办等部门开展"农村移风易俗主题宣传月"活动。

四、工作要求

（一）加强协调配合。各级民政部门要按照实施方案要求，扎实落实各项工作任务，大力配合农业农村、文明办、宣传等部门落实好相关职责分工任务，确保按期完成专项治理行动。

（二）落实主体责任。县、乡、村是推进移风易俗的主体，县级民政部门要坚决贯彻落实县级党委、政府推动移风易俗各项决策部署，乡、村党组织按照《中国共产党农村基层组织工作条例》要求，充分发挥政治功能和组织优势，深入组织发动和宣传教育群众，扎实做好落实工作。

（三）引导群众参与。要按照"十四五"民政事业发展规划和养老、殡葬两个专项规划安排，推动养老、婚姻、殡葬等领域公益性基础设施建设，创新惠民服务，切实解决好移风易俗重点领域农民群众的民生难题。要组织农民群众广泛参与孝老爱亲、婚丧嫁娶等领域移风易俗志愿服务，开展邻里互助和爱心公益活动，在实践中提高认识、转变观念，推动广大群众自觉参与和践行。

请于 2022 年 12 月 19 日和 2023 年 12 月 18 日前，将专项治理年度总结和治理工作总结报省民政厅社会事务处。

● 宁夏回族自治区 ●

宁夏回族自治区殡葬管理办法

（2000 年 12 月 30 日宁夏回族自治区人民政府令第 25 号公布　根据 2017 年 10 月 9 日《自治区人民政府关于废止和修改部分政府规章的决定》第一次修正　根据 2018 年 10 月 7 日《自治区人民政府关于废止和修改部分政府规章的决定》第二次修正　根据 2021 年 8 月 20 日《自治区人民政府关于废止和修改部分政府规章的决定》第三次修正）

第一章　总　　则

第一条　为了加强殡葬管理，保护土地资源和环境，促进社会主义精神文明建设，根据国务院发布的《殡葬管理条例》和有关法律、法规，结合本自治区实际，制定本办法。

第二条　本自治区行政区域内的殡葬活动和殡葬管理工作适用本办法。

第三条　殡葬管理坚持逐步实行火葬，改革土葬，节约殡葬用地，保护环境，革除丧葬陋俗，倡导文明节俭办丧事的方针。

第四条　各级人民政府应当加强对殡葬工作的领导，加快殡葬改革步伐。

第五条　自治区民政部门主管全区的殡葬工作。

设区的市、县（市、区）民政部门主管本行政区域内的殡葬工作。

各级民政部门可以委托所属的殡葬管理所具体负责殡葬活动的管理工作。

市场监督管理、公安、发展改革、自然资源、住房城乡建设等部门，应当按照各自的职责，配合民政部门做好殡葬管理工作。

文化和旅游、广播电视等部门，应当配合民政部门做好殡葬改革和移风易俗的宣传教育工作；机关、社会团体、企事业单位、村（居）民委员会和其他组织，应当在本单位或者本地区开展殡葬改革、移风易俗的宣传教育工作。

第六条　各级人民政府和有关部门对推行殡葬改革取得显著成绩的单位和个人，应当给予表彰和奖励。

第二章　殡葬设施管理

第七条　自治区民政部门负责制定全区殡葬改革规划，并报自治区人民政府批准，民政部备案；设区的市、县（市、区）民政部门根据自治区殡葬改革规划，结合本地实际，制定本行政区域内的殡葬改革规划，经同级人民政府同意后，报自治区民政部门审批。

殡葬改革规划一经批准，任何单位和个人不得擅自更改。确需更改的，应当报请原审批部门批准。

第八条　兴建殡葬设施，必须符合城乡建设规划和殡葬改革规划，并按照下列规定办理审批手续：

（一）建设农村公益性墓地，由村民委员会提出申请，乡（镇）人民政府审核同意后，报县

（市、区）民政部门审批；

（二）建设殡仪服务站、骨灰堂，由县（市、区）人民政府和设区的市民政部门审批；

（三）建设殡仪馆、火葬场，由县级以上人民政府民政部门提出方案，报本级人民政府审批；

（四）建设公墓，经县（市、区）人民政府和设区的市人民政府的民政部门审核同意后，报自治区民政部门审批；

（五）利用外资建设殡葬设施，经自治区民政部门审核同意后，报国务院民政部门审批。

未经批准，任何单位和个人不得兴建殡葬设施。

第九条 殡葬服务单位变更名称、法定代表人、经营地址、扩大占地面积或者服务范围的，应当向原审批部门提出申请，经批准同意后，凭批准文件向有关部门办理相关手续。

民政部门应当会同有关部门对公墓进行年检。对年检不合格的公墓要限期改正。

第十条 实行土葬的县（市、区），应当建设为土葬服务的殡仪馆和非公益性公墓；火葬区殡葬服务单位应当建立健全殡葬服务管理制度，不断提高服务质量。

第十一条 农村公益性公墓由村民委员会建设和管理，用以安葬本村村民的遗体或者骨灰，不得对本村村民以外的其他人员提供墓穴用地。

公益性墓地不得对外从事经营性殡葬业务。

第十二条 禁止在下列地域内建造坟墓：

（一）耕地、林地；

（二）公园、风景名胜区和文物保护区；

（三）水库、河流堤坝附近和城市水源地及水源保护区；

（四）铁路、公路主干线两侧五百米以内。

在允许土葬的地区，禁止在公墓和农村的公益性墓地以外的其他任何地方埋葬遗体、建造坟墓。

第十三条 非公益性和农村公益性公墓应当利用荒山、荒坡、贫瘠地建设。

第十四条 严格限制公墓和公益性墓地的墓穴面积。骨灰墓穴（含双人墓穴）占地面积不得超过二平方米；遗体墓（含双人墓）不得超过六平方米。

禁止骨灰盒装棺埋葬。

倡导深埋不留坟头，以树代墓等遗体回归自然的埋葬方式。

提倡使用卧碑和横碑。

第十五条 禁止在墓区内构建庙宇、寺院等设施和从事封建迷信活动。

禁止修建宗族墓和活人墓。

第十六条 公墓应当保持整洁，做到墓区规划合理，环境园林化。

第十七条 墓穴和骨灰存放格位的使用年限为二十年。期满需继续保留的，必须办理延期手续；逾期三个月不办理的，按无主坟或者格位处理。

禁止倒买倒卖墓穴和骨灰存放格位，禁止预售墓穴（夫妻墓除外）和塔位及骨灰存放格位。

第十八条 墓地的土地所有权归国家和集体所有。因建设或者其他原因需占用公墓时，除依法办理用地手续外，依法予以补偿。

第三章 遗体处理和丧事活动管理

第十九条 火葬区和土葬区的划定，由自治区民政部门根据自治区殡葬改革规划提出意见，经自治区人民政府批准后，报国务院民政部门备案。

第二十条 火葬区的城镇居民（除少数民族外），应当实行火葬。禁止将火葬区的尸体运往土葬区埋葬。

提倡土葬区的村（居）民亡故后实行火葬。实行火葬的，殡仪服务单位给予接送遗体、火化、骨灰存放格位百分之二十的优惠。

尊重少数民族的丧葬习俗。少数民族自愿改变丧葬习俗和实行火葬的，他人不得干涉。少数民族实行火葬的，殡仪服务单位减收百分之二十的火化、骨灰存放格位、接运尸体费。

第二十一条　办理遗体火化手续必须持下列证明：

办理遗体火化手续应当出示公安机关或者卫生健康部门规定的医疗机构出具的死亡证明。

在骨灰公墓或者骨灰堂存放骨灰，应当出示火化证明；在非公益性公墓土葬的，应当出示死亡证明。

第二十二条　运输遗体必须进行必要的技术处理，确保卫生，防止污染环境。

遗体运输应当由殡仪馆或者殡葬服务站承办。

禁止其他单位和个人从事以营利为目的的遗体运输业务。

第二十三条　遗体需在殡仪馆保存的，保存期一般不超过十日；需延期保存的，应当在十日以内办理延期手续，但累计不得超过三十日。超过三十日不办理延期手续的，殡仪馆报请当地公安机关同意后，可以将遗体火化，火化后的骨灰保留三十日，三十日后无人认领的，殡仪馆可以自行处理。

无名死者的遗体火化后，三十日内无人认领的，其骨灰由殡仪馆自行处理。

第二十四条　对因患鼠疫、霍乱、肺炭疽等烈性传染病死亡的，不论其民族、属地，都必须由治疗病人的医疗单位或者卫生防疫机构对尸体立即进行消毒，并就近立即火化；患其他传染病死亡的，应当将尸体消毒后火化或者深埋。

第二十五条　举办丧事活动，不得妨碍公共秩序，不得危害公共安全和侵害他人的合法权益。

城镇居民办理丧事活动，不得在城镇的公共场所搭设灵棚、停放尸体；不得在街道、居民区游丧、抛撒纸花、纸钱。

因公牺牲人员或者烈士的追悼会由市、县（区）人民政府批准后，可以在批准地点举办祭奠、悼念活动。

第四章　殡葬设备和殡葬用品管理

第二十六条　禁止制造、销售不符合国家技术标准的殡葬设备。

殡葬服务单位购置的火化炉、运尸车、尸体冷藏柜等殡葬设备，必须符合国家规定的技术标准。

殡葬服务单位应当加强对殡葬设备的维护、更新和改造。

第二十七条　禁止制造、销售宣扬封建迷信的殡葬用品。

禁止在火化区内制售棺木。

第五章　罚　则

第二十八条　违反本办法第八条规定，未经批准，擅自兴建殡葬设施的，由民政部门会同住房和城乡建设、自然资源主管部门予以取缔，责令恢复原状，没收违法所得，可以并处违法所得一倍以上三倍以下的罚款。

第二十九条　违反本办法第十一条第二款规定，利用公益性墓地从事经营性殡葬业务的，由民政部门责令改正，可以并处违法所得一倍以上三倍以下的罚款。

第三十条　违反本办法第十四条第一款规定，墓穴占地面积超过规定标准的，由民政部门责令限期改正，没收违法所得，可以并处违法所得一倍以上三倍以下的罚款。

第三十一条　违反本办法第二十六条第一款规定，制造、销售不符合国家技术标准的殡葬设备的，由民政部门会同市场监督管理部门责令停止制造、销售，可以并处制造、销售金额一倍以上三倍以下的罚款。

第三十二条　违反本办法第二十七条第二款规定，制造、销售封建迷信殡葬用品的，由民政部门会同市场监督管理部门予以没收，可以并处制造、销售金额一倍以上三倍以下的罚款。

第三十三条　将应当火化的遗体土葬，或者在公墓和农村的公益性墓地以外的其他地方埋葬遗体、建造坟墓的，由民政部门责令限期改正。

第三十四条　办理丧事活动妨害公共秩序、危害公共安全、侵害他人合法权益的，由民政部门予以制止；构成违反治安管理行为的，由公安机关依法给予治安管理处罚；构成犯罪的，依法追究刑事责任。

第三十五条　当事人对行政处罚决定不服的，可以依法申请行政复议或者提起行政诉讼。当事人逾期不申请复议，不提起诉讼，又不履行的，由作出处罚决定的机关依照《中华人民共和国行政处罚法》的规定执行。

第三十六条　殡仪服务人员利用工作之便索取财物的，由民政部门责令退赔；构成犯罪的，依法追究刑事责任。

民政部门的工作人员在殡葬管理工作中，玩忽职守、滥用职权、徇私舞弊的，由主管机关给予行政处分；构成犯罪的，依法追究刑事责任。

第六章　附　　则

第三十七条　在非公益性公墓安葬遗体或者骨灰时，丧主应当缴纳殡葬服务费。具体收费标准由自治区民政部门提出意见，自治区财政、发展改革部门核定。

经公安机关确定为无名、无主的遗体，由殡仪馆或者殡葬管理所负责接运、火化、土葬后，所需费用由所在地民政部门从困难群众救助补助资金中列支。

第三十八条　本办法自公布之日起施行。1984年6月11日自治区人民政府发布的《宁夏回族自治区殡葬管理暂行规定》同时废止。

宁夏回族自治区公墓管理暂行办法

（1991年6月17日宁政发〔1991〕66号公布　根据2010年11月4日《宁夏回族自治区人民政府关于修改部分自治区人民政府规章的决定》第一次修正　根据2018年10月7日《自治区人民政府关于废止和修改部分政府规章的决定》第二次修正）

第一章　总　　则

第一条　为贯彻执行"积极地、有步骤地推行火葬，改革土葬，破除封建迷信的丧葬习俗，提倡节俭，文明办丧事"的殡葬管理方针，加强公墓管理，特制定本办法。

第二条　公墓管理应当实行统一规划，统一管理。

第三条　公墓管理实行经营性和公益性分类管理的办法。

各市、县（区）的城镇地区，可以建立经营性公墓，乡、村可以建立公益性公墓。

公益性公墓可以创造条件，逐步向经营性公墓转变。

第四条　各级人民政府和民政部门，应当加强对公墓管理工作的领导。

各级殡葬管理所，对本行政区域内的公墓，实行统一规划与管理。

第五条　经批准划定的公墓区，任何单位和个人不得侵犯。

第二章　公墓规划与管理

第六条　各市、县（区）新建经营性公墓的，由所在地民政部门提出申请，经县级人民政府审查，报自治区民政厅批准；新建公益性公墓的，由乡（镇）人民政府提出申请，报县级人民政府批准。

民政部门或乡（镇）人民政府持批准文件，向所在地城乡建设部门申请选址定点，并到土地管理部门办理用地许可手续。

第七条　公墓区应当进行统一规划：

（一）设置公墓铭牌和界桩。公墓铭牌应载明公墓名称、建墓时间、地理位置、占地面积及管理制度；

（二）编排墓位序号，制定墓位标准，墓距前后、左右不超过一米，墓顶高不超过二米，每个墓位占地不超过六平方米，墓碑高不超过一米，墓区道路宽四米；

（三）建设绿化带和供群众祭奠、休息的场所。

第八条　经营性公墓可以建立公墓管理机构，其主要职责是：

（一）按规划对墓区进行建设与管理；

（二）为丧主提供挖墓穴、掩埋尸体及其他殡仪服务；

（三）植树造林，绿化墓区。

第九条　公墓管理机构所需人员，可以实行招聘制，也可以雇请临时工。

第十条　乡、村公墓，分别由公墓所在地乡（镇）人民政府、村民委员会管理，或由其指定专人管理。

第十一条　市、县（区）殡葬管理所对已划定的公墓区要登记造册，绘制成图，建档立卡，并报自治区殡葬管理所备案。

第十二条　公墓管理机构平毁无主坟墓之前，应当发出通告，并拍照存档。

第十三条　丧主在公墓区葬坟，必须遵守公墓管理制度，按公墓管理机构指定的墓位安葬。

禁止在丧葬仪式中搞封建迷信活动。

第三章　公墓使用与收费

第十四条　死者葬入经营性公墓的，由丧主持医院或公安、交通监理机关、死者所在单位出具的死亡证明，到当地殡葬管理所办理葬入公墓区登记手续，并按规定缴纳费用后，在指定墓位安葬。

公墓区内墓位可预订预购。

第十五条　经营性公墓是向社会开放的殡葬服务设施，由县级以上殡葬管理所兴办经营，或与其他单位联办联营。

第十六条　经营性公墓实行有偿使用，按规定收费。

公益性公墓只一次性收取公墓管理费。

第十七条　在有条件的地区可修建骨灰公墓。每个骨灰墓占地不超过一平方米。墓穴由公墓管理机构制作，丧主选择，按质收费。

第十八条　本办法第十六条、第十七条所列收费项目、标准、办法和开支范围，由自治区民政厅、物价局、财政厅共同制定。

第十九条　公墓收费与开支应当建立财会、审计制度，并定期向上级民政部门和殡葬管理所报告。

第二十条　公墓管理机构的殡葬服务收费，免征营业税。

第四章　罚　　则

第二十一条　有下列行为之一者，由县级民政部门或由其委托殡葬管理所予以处罚：

（一）未到殡葬管理所登记和缴费，擅自在公墓区葬坟的，除按规定补缴费用外，另对丧主处以五十至一百元罚款；

（二）不在指定墓位葬坟的，处以一百五十至二百元罚款；

（三）在公墓区内搞封建迷信活动的，对丧主处以二百元至三百元罚款。

第二十二条　国家干部、职工有本办法第二十一条所列行为之一者，除按规定予以处罚外，另由民政部门建议其所在单位或主管部门给予行政处分。

第二十三条　不服从公墓管理机构的管理，妨碍公墓管理工作，侮辱、殴打公墓管理人员的，由公安机关依照《中华人民共和国治安管理处罚法》予以处罚；构成犯罪的，由司法机关依法追究刑事责任。

第二十四条　民政部门或其委托的殡葬管理所，对当事人处以罚款时，应使用自治区财政厅统一印制的罚没凭证。

罚没收入，全部上缴同级财政。

第二十五条　当事人对具体行政行为不服的，可依法申请行政复议或提起行政诉讼，逾期不申请复议、不起诉又不履行行政决定的，由做出具体行政行为的机关申请人民法院强制执行。

第五章　附　　则

第二十六条　本办法自发布之日起施行。

自治区党委办公厅　人民政府办公厅贯彻落实《关于党员干部带头推动殡葬改革的意见》的通知

（宁党办〔2014〕20号）

各市、县（区）党委（工委）和人民政府，区直各部委办厅局，各人民团体、直属事业单位，中央驻宁各单位，各大型企业：

近日，中共中央办公厅、国务院办公厅印发了《关于党员干部带头推动殡葬改革的意见》（中办发〔2013〕23号，以下简称《意见》）。为抓好《意见》的学习宣传和贯彻落实，现就我区党员干部带头推动殡葬改革有关事宜通知如下。

一、充分认识《意见》的重要现实意义

殡葬改革是我们党一贯倡导的社会习俗改革，是贯彻落实党的十八届三中全会精神、中央八项

规定和自治区若干规定的一项重要举措。当前，伴随经济转轨和社会转型，殡葬改革遇到了一些新情况、新问题：违规土葬、散埋乱葬、重敛厚葬等问题日渐突出；一些党员、干部甚至是领导干部利用丧事活动大操大办，热衷风水迷信，修建大墓、豪华墓，损害了党和政府的形象，败坏了社会风气。党员、干部带头推动殡葬改革，对于促进我区殡葬改革健康发展、加强生态文明建设、促进经济社会可持续发展和坚持以党风政风带动民风、净化社会风气、促进社会文明进步具有重要的现实意义。各地、各部门（单位）要充分认识《意见》对解决殡葬领域突出问题的重要作用，充分认识党员、干部带头推动殡葬改革的重要性和紧迫性，进一步统一思想，完善政策措施，逐步形成党员和干部带头、广大群众参与、全社会共同推动的殡葬改革良好局面。

二、发挥引领作用，党员干部带头作推动殡葬改革的模范

（一）要文明节俭办丧事。在治丧场所方面，要在殡仪馆或合适场所集中办理丧事活动，自觉遵守公共秩序，尊重他人合法权益，不得在居民区、城区街道、公共场所搭建灵棚。在哀悼形式方面，要采用佩戴黑纱白花、播放哀乐、发放生平等行为哀悼逝者，自觉抵制迷信低俗活动。在治丧方式方面，党员、干部去世后一般不成立治丧机构，不召开追悼会，举行遗体送别仪式的，要严格控制规模，力求简朴。在丧事简办方面，要尊重支持逝者生前丧事从简愿望和要求。严禁党员、干部特别是领导干部在丧事活动中大操大办，铺张浪费，严禁借机收敛钱财。

（二）带头火葬生态葬。在火葬区，党员、干部去世后必须实行火葬，不得将骨灰装棺再葬，不得超标准建墓立碑。在土葬改革区，党员、干部去世后遗体要在公墓内集中安葬，不得乱埋乱葬。在安葬形式方面，党员、干部都要带头实行生态安葬，采取骨灰存放、树葬、花葬、草坪葬等节地葬法，积极参与骨灰撒黄河或者做到深埋、不留坟头。鼓励党员、干部去世后捐献器官或遗体。回族等少数民族党员、干部去世后，尊重其民族习俗，按照有关规定予以安葬。

（三）带头文明低碳祭奠。在日常祭奠缅怀活动中，党员、干部要带头改变传统祭扫习惯，实行文明低碳祭扫，带头祭扫先烈，提升殡葬活动中精神传承的人文内涵。在祭扫方式上，要采用敬献鲜花、植树绿化、踏青遥祭、经典诵读等方式缅怀故人，积极参与社区公祭、集体共祭、网络祭扫等现代追思活动，不得在林区、景区等禁火区域焚烧纸钱、燃放鞭炮。在祭扫内涵上，要带头祭扫先烈，弘扬慎终追远等优秀传统文化，带领群众逐步从注重实地实物祭扫转移到以精神传承为主上来。

（四）带头宣传倡导殡葬改革。普通党员、干部要加强对亲属、朋友和周围群众的教育引导，及时劝阻不良治丧行为，自觉抵制陈规陋俗和封建迷信活动，倡导文明新风。领导干部要加强对直系亲属和身边工作人员丧事活动的约束，积极做好思想疏导工作，对不良倾向和苗头性问题，做到早提醒、早制止、早纠正，决不允许对违法违规殡葬行为听之任之甚至包庇纵容。

三、深入学习贯彻，推动殡葬改革政策措施有效落实

（一）加强学习宣传，强化舆论引导。认真制定宣传方案，有计划、有步骤地开展社会宣传。充分发挥广播、电视、报纸、杂志等主流媒体以及互联网等新媒体的作用，采取灵活多样、群众喜闻乐见的形式，通过宣讲殡葬政策、倡导生态安葬和文明节俭办丧事、普及殡葬科学知识，让党员、干部和广大人民群众充分认识到深化殡葬改革的重要作用，让文明节俭治丧、生态节地安葬、文明低碳祭扫的新理念、新要求家喻户晓。要及时总结好经验、好做法，树立先进典型，积极传播党员、干部带头推动殡葬改革的正能量；充分发挥媒体的监督作用，曝光负面案例，努力营造有利于殡葬改革的良好氛围。

（二）加强组织领导，明确目标任务。要建立健全党委领导、政府负责、部门协作、社会参与的工作机制。立足实际，制定和完善殡葬事业发展规划，明确殡葬改革的目标任务和方法步骤，并

纳入当地国民经济和社会发展规划。要统筹殡葬服务设施资源，按照"先补缺，后完善"的原则，加大投入力度，重点支持火化殡仪馆、殡仪服务中心和公益性公墓等基本殡葬公共服务设施建设，持续推进形成布局合理、设施完善、功能齐备、服务便捷的基本殡葬公共服务网络。相关职能部门（单位）要各司其职、密切配合，加强基本殡葬服务供给，完善惠民殡葬政策措施，规范殡葬服务市场秩序，加快推动殡葬改革。各人民团体和基层党组织、村（居）委会以及殡葬协会、老年人协会等社会组织要充分发挥作用，广泛动员群众积极参与殡葬改革。

（三）完善法规制度，加强督查落实。要按照国务院即将修订出台的《殡葬管理条例》，及时修订本地区的殡葬政策法规，进一步规范对乱埋滥葬、违规建墓等行为的行政强制执行制度。要积极做好殡葬管理政策法规的贯彻落实工作，违反政策和相关规定的，亡故人员生前所在单位或社保经办机构停发丧葬补助费和抚恤金。各级纪检、组织、人事、监察等部门要把党员、干部带头推进殡葬改革纳入干部人事制度考评范围之中，及时对各地、各部门贯彻落实中央《意见》和自治区通知精神进行督查，对党员、干部尤其是领导干部在丧事活动中的违规违纪行为，要一查到底，绝不姑息。

（四）建立激励机制，扩大火葬范围。认真探索建立并完善殡葬救助和殡葬保障制度，对困难群体丧葬活动给予救助，对土葬区内主动实行火葬以及采取树葬、花葬、草坪葬、骨灰撒黄河等节地葬式葬法给予奖励补助，推动火化范围进一步扩大。自治区将在1984年划分的火葬区和土葬改革区范围的基础上，对全区火葬区进行重新划定，把城镇人口相对集中、交通较为便利、经济社会发展相对较快的县（市、区）划入火葬区范围，具体范围另行通知。回族等信仰伊斯兰教的少数民族及土葬改革区群众自愿改变丧葬习俗和实行火葬的，他人不得干涉。

中共宁夏回族自治区委员会办公厅
宁夏回族自治区人民政府办公厅
2014年3月22日

自治区人民政府办公厅关于转发
自治区民政厅 国土资源厅《关于进一步
推进殡葬改革设立殡葬规划用地的意见》的通知

（宁政办发〔2015〕104号）

各市、县（区）人民政府，自治区政府各部门、直属机构：

自治区民政厅、国土资源厅制定的《关于进一步推进殡葬改革设立殡葬规划用地的意见》已经自治区人民政府同意，现转发给你们，请抓好贯彻落实。

宁夏回族自治区人民政府办公厅
2015年8月10日

关于进一步推进殡葬改革
设立殡葬规划用地的意见

为进一步贯彻落实《中共中央办公厅 国务院办公厅印发〈关于党员干部带头推动殡葬改革的意见〉的通知》（中办发〔2013〕23 号）和《自治区党委办公厅 人民政府办公厅贯彻落实〈关于党员干部带头推动殡葬改革的意见〉的通知》（宁党办〔2014〕20 号）精神，进一步推进遗体火化后骨灰生态节地葬式葬法，改革土葬，提升基本殡葬服务均等化水平，保障全区各族群众基本殡葬需求，推动殡葬事业科学发展，现就设立殡葬规划用地提出如下意见：

一、充分认识推动殡葬改革的重要性

殡葬基本公共服务是政府公共服务的重要内容。随着经济社会的快速发展，社会环境深刻变化，利益诉求日益多元，群众殡葬服务需求日趋多样。近年来，我区殡葬服务设施不断完善，惠民殡葬政策持续实施，以节约土地、保护环境、移风易俗、减轻群众负担为目标的殡葬改革稳步推进。但是，仍存在一些问题和不足，突出表现在：殡葬服务设施建设分布不平衡，尤其是殡仪服务设施严重不足，群众就近、低成本、环保办理丧事的需求无法满足；火化区范围相对较小，遗体火化率下滑、骨灰装棺再葬现象有所抬头，土葬改革区乱埋乱葬、滥占耕地现象严重，影响了殡葬改革推动节约殡葬用地效果；重殓厚葬、盲目攀比、奢侈浪费现象滋生蔓延，加重了群众负担；个别党员、干部甚至是领导干部利用丧事活动大操大办，违规圈地、占地修建大墓豪华墓，损害了党和人民政府的形象，败坏了社会风气。因此，强化殡葬基本公共服务，科学规划殡葬用地，不断完善殡葬服务设施，妥善解决好殓、葬、祭问题，显得尤为迫切和十分必要。

妥善解决好群众基本殡葬需求是保障民生的重要内容，是深化殡葬改革、保护资源环境、促进生态文明建设、完善社会保障体系的客观要求。各地要充分认识以节约土地、推行火葬、改革土葬为主要内容的殡葬改革的重要意义，通过设立殡葬规划用地，把节约土地与满足群众基本丧葬需求有机统一起来，以打造公益殡葬为主要目标，采取政府投入和市场化运作相结合来满足多样化殡葬需求。要把设立殡葬规划用地、深化殡葬改革作为促进精神文明建设和生态文明建设、保障和改善民生的重要内容，摆上议事日程，进一步统一思想认识，加强组织领导，明确职责分工，加大资金投入，把这项工作作为实现殡葬改革长远发展目标的重要举措，全面推进，抓实抓好。

二、殡葬规划用地的设立

（一）设立方法。殡葬规划用地的设立要以保障人民群众基本殡葬需求为出发点和落脚点，纳入当地土地利用总体规划和城乡规划之中。殡葬规划用地主要用于建设公墓、殡仪馆（服务中心）等基本殡葬服务设施。各地要根据年均人口死亡率（5.07‰）、墓穴标准占地面积和绿化用地、配套公共服务设施用地面积等因素，按照保障 50 年用地的需求，兼顾各民族葬式葬法，科学评估测算出本行政区殡仪服务和公墓用地总量、除现有公墓用地外需增加的用地量。殡葬规划用地一经设立，未经批准不得擅自改变用途。设区的市辖区不单独设立殡葬规划用地，统一纳入所在市规划中。

（二）选址原则。选址应当选择荒山瘠地，不得选定在耕地和水库、湖泊、河流、沟渠的堤坝周边，不得选定在风景名胜区、文物保护区、水源保护区 2000 米以内和铁路、主干道路两侧 2000 米以内，不得选定在耕地后备资源区。

（三）管理体制。各市、县人民政府负责本行政区内殡葬规划用地的选址划设、供地建设及管理工作，并做好与当地土地利用总体规划的衔接工作。发展改革、财政、交通运输、林业、水利、电力等部门在各自职责范围内，对殡葬规划用地在立项、审批以及道路建设、绿化美化、供水供电等方面积极予以支持，保证殡葬规划用地建设及运营的公益属性。

（四）开发建设。市、县民政部门要对划设的殡葬规划用地提出详尽的规划实施方案，报请当地人民政府同意，坚持分期开发使用，每期按当地5年死亡人口测算总量所需土地进行供地，由当地发展改革部门立项，市、县人民政府明确每期开发建设的殡葬设施性质，报自治区民政厅审核。自治区民政厅出具同意意见后，涉及农用地转用、土地征用、国有未利用土地使用的，报自治区人民政府审批。公益性公墓及殡葬设施用地采取划拨方式，由市、县人民政府供地；经营性公墓及殡葬设施用地由市、县人民政府采取招拍挂方式供地。

（五）建设标准。要将殡葬规划用地的建设与荒山荒坡绿化治理、散埋乱葬治理结合起来。一是保障50年的殡葬需求、明确20年的使用周期、坚持5年的开发建设期限。二是严格控制墓穴占地标准。安葬骨灰的单独墓穴不得超过0.8平方米，合葬墓穴不得超过1.5平方米。安葬遗体的独立墓穴不得超过4平方米，合葬墓穴不得超过7平方米。墓位占地面积不得超过墓穴占地面积的1.5倍。三是殡葬规划用地的绿地覆盖率不低于30%，确保建设一片绿化一片，作为公共基础设施永久保留、循环利用。

（六）火化区的设立。各市、县人民政府需在2015年年底前完成"殡葬规划用地"的设立。不能按要求完成预留设立殡葬规划用地或现有公墓预留土地不足、不能保障各族群众土葬用地需求的地区，须及时做出设立火葬区的规划，以当地人民政府名义提出设立火化区的申请，报自治区批准后执行。

三、保障措施

（一）加强组织领导，健全工作机制。各市、县（区）人民政府要完善殡葬工作协调和运行机制，制定完善本地殡葬事业发展规划，并纳入当地国民经济和社会发展总体规划，把设立殡葬规划用地、稳步扩大火化范围、改革土葬作为当前推动殡葬改革的主要抓手，采取有效措施，明确目标任务，妥善处理好满足群众基本丧葬需求和节约土地之间的矛盾，维护广大人民群众殡葬权益。民政部门要主动发挥牵头作用，主动协调配合发展改革、国土资源、住房城乡建设、林业、工商、物价等部门落实殡葬改革政策和管理措施，明确相关部门在殡葬改革、管理、服务、价格和丧葬用品生产销售等方面的工作职责，推动殡葬事业科学发展。

（二）理顺管理体制，提升服务水平。各级民政部门要从有利于殡葬改革和政府有效监管出发，积极推行政事分开、管办分离，在人、财、物等方面逐步与殡葬服务单位脱钩。要切实加强殡葬从业人员素质教育，引导殡葬系统的干部职工增强宗旨意识、大局意识和服务意识，恪守职业道德，弘扬优良作风，不断提高服务质量和服务水平。各殡葬服务单位要加强教育培训和科学管理，进一步优化殡葬服务内容、程序和标准，完善便民惠民服务网络。

（三）注重宣传引导，倡导文明殡葬。充分发挥社会组织、行业协会、村（居）民委员会等基层组织的作用，以清明节等传统节日为契机，开展殡葬改革宣传进社区、进农村活动，大力宣传推进殡葬改革的重要性和必要性。坚持正确的舆论导向，充分利用广播、电视、报刊、互联网等媒体，宣传殡葬改革，倡导文明新风，争取社会各界对殡葬事业科学发展的关注和支持，不断促进我区殡葬事业健康发展。

自治区民政厅 自治区财政厅关于印发
《宁夏回族自治区特殊困难群体
殡葬救助办法》的通知

（宁民发〔2016〕86号）

各市、县（区）民政局、财政局，中卫市沙坡头区社会保障局，宁东社会事务局、财政审计局：

《宁夏回族自治区特殊困难群体殡葬救助办法》已经自治区人民政府同意，现予以印发，请认真遵照执行。

宁夏回族自治区民政厅
宁夏回族自治区财政厅
2016年10月11日

宁夏回族自治区特殊困难群体殡葬救助办法

根据《民政部关于全面推行惠民殡葬政策的指导意见》（民发〔2012〕211号）和《自治区人民政府关于印发〈宁夏回族自治区临时救助办法〉的通知》（宁政发〔2016〕16号）第七条的规定，制定本办法。

一、救助对象

（一）城乡居民最低生活保障对象亡故人员；

（二）享受国家定期抚恤补助的优抚对象亡故人员；

（三）未纳入集中供养范围的特困人员（城镇"三无"、农村五保）中的亡故人员；

（四）无法查明身份的流浪乞讨亡故人员及无名尸体。

二、救助标准

（一）城乡低保对象、享受国家定期抚恤补助的优抚对象中的亡故人员，在国家批准的公墓内安葬的，由当地人民政府民政部门按照上年度全区城乡居民月人均养老金标准一次性发放12个月的殡葬救助金。在公益性墓区安葬的，公墓服务单位按墓穴销售价格下浮10%实施殡葬救助；在经营性墓区安葬的，公墓服务单位按墓穴销售价格下浮20%的标准实施殡葬救助。

（二）未纳入集中供养的城乡特困人员、无法查明身份的流浪乞讨亡故人员及无名尸体等，由当地人民政府民政部门参照1650元的基本殡葬服务费标准，采取节地生态、不留坟头的葬式进行一次性救助安葬。

三、不予救助的情形

（一）火葬区范围内将应当火化的遗体土葬、在公墓内购买高档墓穴或在公墓规划区外散埋乱葬者，不予救助。

（二）救助对象中已参加了城乡居民养老保险、亡故后可享受丧葬补助金的，不再重复给予殡葬救助。

（三）城乡特困人员财政供养对象亡故后，通过其他保障措施可以解决丧葬问题的，不再重复给予殡葬救助。

四、申领程序

各级财政要将殡葬救助资金纳入预算，主要资金来源包括地方预算资金和上级下拨的临时救助补助资金。申领殡葬救助资金实行属地化管理，丧属须向辖区民政部门提交以下材料：

（一）逝者户口本、身份证、死亡证明和丧属本人的身份证明；

（二）城乡居民最低生活保障证以及是否参加养老保险相关证明、享受国家定期抚恤补助的优抚对象抚恤补助证、特困供养人员供养证以及相关证明材料等合法有效证件；

（三）公墓经营单位出具的安葬证明，火葬区范围内的应火化遗体由殡仪馆出具的火化证；

（四）养老保险部门出具的是否参保的证明材料；

（五）未纳入集中供养范围的城乡特困人员、无法查明身份的流浪乞讨亡故人员及无名尸体等，由当地民政部门自行据实核报。

本办法自公布之日起实行。2007 年自治区民政厅出台的《宁夏回族自治区殡葬救助试行办法》（宁民发〔2007〕17 号）同时废止。

自治区民政厅　工商局　国税局
关于加强殡葬服务机构运营监管工作的通知

（宁民发〔2017〕129 号）

各市、县（区）民政局、国家税务局（分局）、市场监督管理局：

殡葬工作涉及社会多个领域、多个方面，是一项长期艰巨的任务。近年来，全区殡葬服务机构（公墓、殡仪馆、殡仪服务中心）在贯彻执行惠民殡葬政策、保障群众基本需求方面发挥了积极的作用，推动了全区殡葬改革的发展。但随着我区经济社会的发展和人民群众对殡葬服务的需求，殡葬服务机构在改革运营方式过程中，还存在着一些制约其改革的薄弱问题。为进一步规范殡葬服务市场，确保殡葬服务机构可持续发展，使其更好地服务于广大人民群众，根据《宁夏回族自治区公墓管理暂行办法》，现就加强殡葬服务机构运营监管等有关事宜通知如下：

一、切实加强护墓管理费收取和使用的监管

护墓管理费是指由社会资金投资开发运营管理的殡葬服务机构，按相关规定向丧属收取的费用，其主要用于对墓区的墓碑、环境、道路、公用设施等方面的维护和管理。各地民政部门及所属殡葬服务机构要相互配合，共同做好护墓管理费的收取、使用和管理工作，促进殡葬服务机构健康、稳定发展。

（一）强化属地管理责任。各地民政部门要认真落实殡葬服务机构属地管理责任，加大日常工

作指导和监督管理力度，全面贯彻《宁夏经营性公墓年度检查暂行办法》（宁民办〔2016〕51号）精神，把护墓管理费的收取、使用作为一项重要内容纳入年度检查和平时检查工作范围，发现问题及时纠正整改，必要时委托有关部门进行审计，把这项工作切实抓起来、管起来。

（二）全面落实专账管理规定。护墓管理费要按照墓位租赁使用费5‰—8‰的标准、一次性收取不得超过20年的要求进行收取。殡葬服务机构在收取护墓管理费时须单独出具收费收据，单设科目，专款专用。不得将护墓管理费作为利润进行随意处置或分配。收取的护墓管理费应明确写入《服务合同》和《公墓安葬证》内，注明收费起止日期、经办人等事项。

（三）全面加强护墓管理费的使用监管。护墓管理费的收取和使用，是保障逝者落葬后续服务的重要措施，不仅关系到殡葬服务机构的服务诚信，还关系到公墓经营的可持续发展，避免"死墓危机"和"弃墓危机"的发生。各地民政部门要会同殡葬服务机构制定护墓管理费的管理办法，全面加强对护墓管理费收取和使用的监管、坚决杜绝护墓管理费使用上的"挪用挤占"。原则上，每年护墓管理费支取使用额度应控制在上一年度收取总额的50%以内。

各级民政部门要定期对护墓管理费收取、使用情况进行检查，认真对照墓位租赁服务档案查看护墓管理费是否足额收取，认真对照护墓管理费账目查看开户银行的对账单，认真对照护墓管理费管理办法查看是否有违规行为，并将检查结果作为年检初审合格的依据之一。自治区民政厅将联合有关部门不定期对各殡葬服务机构护墓管理费的收取、使用情况进行检查。凡落实不到位的，责令限期整改。

二、严格殡葬用地管理

《自治区人民政府办公厅关于转发自治区民政厅 国土资源厅关于进一步推进殡葬改革设立殡葬规划用地意见的通知》（宁政办发〔2015〕104号）明确要求："市、县民政部门要对划设的殡葬规划用地提出详尽的规划实施方案，报请当地人民政府同意，坚持分期开发使用，每期按当地5年死亡人口测算总量所需土地进行供地，由当地发展改革部门立项，市、县人民政府明确每期开发建设的殡葬设施性质，报自治区民政厅审核。"各地要严格按照国土部门审批的土地规模进行建设，严禁私自扩地或改变用途。各地民政部门加强对殡葬用地情况的督导检查，对私自扩地或改变用途的，责令限期进行整改。

三、落实相关税收优惠政策

《财政部 国家税务总局关于全面推开营业税改增值税试点的通知》（财税〔2016〕36号）将殡葬服务纳入营改增过渡政策范围免征增值税，殡葬服务范围为：收费标准由各地价格主管部门会同有关部门核定，或者实行政府指导价管理的遗体接运（含抬尸、消毒）、遗体整容、遗体防腐、存放（含冷藏）、火化、骨灰寄存、吊唁设施设备租赁、墓穴使用及管理等服务。各殡葬服务机构须在当地国税部门购置税控开票设备，为丧属提供增值税普通发票，促进殡葬服务机构的财务管理更加规范。

四、完善殡葬服务机构登记管理制度

殡葬服务是特种的服务行业，殡葬服务机构登记注册工作要从维护丧属合法权益和维护社会稳定的大局出发，既要适应商事制度改革的新形势、新要求，也要完善登记制度，以确保各殡葬服务企业健康、持续发展。一是各级企业登记部门要依法审慎审核殡葬服务机构登记注册、变更提交的材料，并及时将企业登记信息通过国家企业信用信息公示系统（宁夏）推送到各级民政部门；二是按照"属地管理"原则，由市、县（区）民政部门组织相关专家对企业登记部门推送的殡葬服务机构登记信息进行评估，并将评估结果及时反馈至企业登记机关；三是建立工商、民政联合执法机制。各级工商、民政部门要建立信息共享机制，每年按照不低于20%的比例进行抽查，并将抽查结果在国家企业信用信息公示系统（宁夏）公示。四是建立工作会商制度。各级民政、税务、工商（市场监管）部门要定期召开工作会商会，分析存在问题，研究提出解决措施。

各地民政部门要切实落实殡葬服务机构属地管理责任，积极协同国税、工商等部门强化年度检查，加大执法力度，及时严肃查处殡葬服务机构的违规行为，努力营造有利于殡葬服务机构可持续发展的法制环境，全面推动我区殡葬事业健康有序发展。

宁夏回族自治区民政厅
宁夏回族自治区工商行政管理局
宁夏回族自治区国家税务局
2017 年 12 月 26 日

自治区民政厅 发展改革委 宗教局等 11 部门关于印发《宁夏回族自治区殡葬领域突出问题专项整治行动实施方案》的通知

（宁民发〔2018〕63 号）

各市、县（区）民政局、发展改革委（局）、民委（宗教局）、公安局、国土局、司法局、住房和城乡建设局、卫生和计划生育（委）局、林业局、市场监督管理局、物价局：

现将《宁夏回族自治区殡葬领域突出问题专项整治行动实施方案》印发给你们，请结合实际，认真贯彻执行。

自治区民政厅 自治区发展和改革委员会 自治区宗教事务局
自治区公安厅 自治区司法厅 自治区国土资源厅
自治区住房和城乡建设厅 自治区卫生和计划生育委员会
自治区林业厅 自治区工商行政管理局 自治区物价局
2018 年 7 月 16 日

宁夏回族自治区殡葬领域突出问题专项整治行动实施方案

为全面贯彻全国殡葬领域突出问题专项整治行动电视电话会议精神，有效解决我区殡葬领域群众反映强烈的突出问题，进一步规范和加强殡葬管理，根据《全国殡葬领域突出问题专项整治行动方案》要求，结合宁夏实际，制定本实施方案：

一、工作目标和原则

（一）工作目标。

全面贯彻党的十九大精神，以习近平新时代中国特色社会主义思想为指导，认真贯彻落实党中央、国务院关于推进殡葬改革工作的决策部署，通过开展殡葬领域突出问题专项整治行动，合力整治违规乱建公墓、违规销售超标准墓穴、高价墓、活人墓，炒买炒卖墓穴或骨灰格位等问题，强化殡葬服务、中介服务和丧葬用品市场监管，遏制公墓企业暴利行为，整肃殡葬服务市场秩序，严格落实监管执法责任，推动建立殡葬管理长效机制，促进殡葬行业健康发展。

（二）基本原则。

强化组织领导，层层压实责任。在自治区、市、县（区）党委和政府领导下，建立健全领导协调和部门联动机制，明确部门职责分工，强化目标考核，确保统一部署、合力推进、责任共担，确保整治行动取得实效。

明确整治重点，依法依规推进。各地要结合实际情况，针对殡葬活动的特殊性、敏感性，讲究方式方法，做好风险评估，做到分类施策、依法依规、稳扎稳打，既要对各种违法违规行为予以严厉打击，也要切实保护人民群众合法权益。

坚持问题导向，注重标本兼治。各地要坚持问题导向，紧紧围绕殡葬领域损害群众利益、影响行业形象的突出问题，通过排查摸底、全面整改、督促检查，加大打击惩处力度，对违法违规行为形成有效震慑。并以此次专项整治为契机，进一步完善法规制度，强化行业自律，健全殡葬服务体系，保障和改善殡葬公共服务供给，建立健全规范和加强殡葬管理工作的长效机制。

二、整治重点范围、问题及部门职责

（一）整治范围。全区所有殡仪馆、殡仪服务站（中心）、经营性公墓、公益性公墓、农村公益性墓地、医疗机构太平间、宗教活动场所骨灰存放设施、殡仪中介服务机构均纳入此次专项整治范围。各地要结合实际，进一步细化需要整治的重点问题。

（二）整治问题及责任部门。

1. 未经批准擅自兴建公墓设施的（含骨灰塔、陵园、地宫等）。民政部门查明情况，摸清底数，进行整治。

责任单位：各市、县（区）民政部门

配合单位：各市、县（区）国土、林业、市场监管、公安、司法机关部门

2. 公墓未依法办理建设用地手续。国土部门查明公墓未依法办理建设用地手续情况，依法依规进行整治。

责任单位：各市、县（区）国土部门

配合部门：各市、县（区）民政、林业、公安、司法机关部门

3. 未经批准擅自修改公墓建设规划、扩大建设用地面积。查明情况，摸清底数，依法进行整治。

责任单位：各市、县（区）民政部门

配合部门：各市、县（区）发改、公安、国土、住建、司法机关部门

4. 除依法向逝者健在配偶等特殊人群预售（租）墓穴（墓位）、骨灰存放格位并确保自用外，向未出具死亡证明、火化证明或迁葬证明的人出售（租）墓穴（墓位）、骨灰存放格位。民政部门要对公墓、农村公益性墓地出售情况进行排查，摸清底数，登记造册，并进行整治。

责任单位：各市、县（区）民政部门

配合单位：各市、县（区）市场监管、公安、司法机关部门

5. 公墓建造、出售（租）超规定面积墓穴（墓位）。民政部门要依据自治区人民政府办公厅《关于进一步推进殡葬改革设立殡葬规划用地的意见》严格控制占地标准，对超规定面积墓穴（墓位）进行整治。

责任单位：各市、县（区）民政部门

配合单位：各市、县（区）公安、司法机关部门

6. 违反价格管理规定，对按规定应实行政府定价、指导价的墓穴（墓位）超标准收费，出售（租）墓穴（墓位）、骨灰存放格位中实施价格欺诈、价格垄断等违法行为。发改（物价）部门核定墓穴（墓位）收费，对超标准收费、价格欺诈、价格垄断等违法行为进行整治。

责任单位：各市、县（区）发改（物价）部门

配合单位：各市、县（区）民政、市场监管、公安、司法机关部门

7. 农村公益性墓地是否违规出售（租）墓穴（墓位），从事营利活动。民政部门对农村公益性墓地出售情况进行排查，摸清底数，进行整治。

责任单位：各市、县（区）民政部门

配合单位：各市、县（区）公安、司法机关部门

8. 宗教活动场所与商业资本合作，擅自设立骨灰存放设施，违规从事营利活动。宗教工作部门对宗教活动场所骨灰存放设施进行排查，摸清底数，进行整治。

责任单位：各市、县（区）民委（宗教局）部门

配合单位：各市、县（区）民政部门

9. 在公墓、农村公益性墓地以外散埋乱葬的。各市、县（区）人民政府对在公墓、农村公益性墓地以外散埋乱葬的，要查明情况，摸清底数，进行整治。

责任单位：各市、县（区）人民政府

10. 提供公墓销售、殡葬服务、中介服务经营活动中，存在没有正当理由，限定交易、搭售商品、捆绑服务或者附近附加不合理交易条件等滥用市场支配地位违法行为的。工商、市场监管部门要认真摸排，针对违法线索，统一调查处理。

责任单位：各市、县（区）市场监管部门

配合单位：各市、县（区）民政、发改（物价）、公安部门

11. 医疗机构太平间违规外包经营，非法开展营利性殡仪服务行为。卫生计生部门要查明医疗机构太平间使用情况，并进行整治。

责任单位：各市、县（区）卫生计生部门

配合单位：各市、县（区）民政、公安部门

12. 公墓、殡仪馆、殡仪服务站（中心）管理不规范。民政部门要对公墓、殡仪馆、殡仪服务站（中心）的财务制度、纳税情况、档案管理等情况摸清底数，进行整治。

责任单位：各市、县（区）民政部门

配合单位：各市、县（区）税务、市场监管部门

13. 各地要及时制定当地殡葬事业发展规划；在殡仪服务、公墓规划、建设、监管等方面，认真落实国家及自治区相关文件要求，严格执法，切实维护人民群众的合法利益。

责任单位：各地（市）、县（市）区人民政府

三、工作步骤和进度安排

（一）制定方案阶段。（2018 年 7 月初）

各市、县（区）民政部门要按照本《实施方案》要求，在当地党委和政府领导下，制定本地区专项整治方案，明确相关要求、责任分工、方法步骤和工作措施，并组织开展动员部署工作，全面启动专项整治行动。

（二）自查整治阶段。（2018 年 7 月初—8 月 20 日）

各市、县（区）在当地党委和政府领导下，由民政部门牵头联合发改、民委（宗教局）、公安、国土、住建、卫生、林业、工商、物价等部门对殡葬管理服务中存在的突出问题进行全面深入

排查，摸清底数，建立整治台账，明确责任和时限，逐一抓好整改落实（自查和检查表见附表）。8月15日前，各县（市、区）民政局向地级市民政局报告整治阶段性情况。8月18日前由各地级市民政局向自治区民政厅报送专项整治情况阶段性报告。

（三）督查评估阶段。（2018年8月21日—9月中旬）

在自治区人民政府的领导下，民政厅会同相关部门成立联合督查组，对各地专项整治情况进行督查评估，推进整治工作的整改落实。对发现的重大问题，及时向当地党委和政府反馈，推动解决；对各地有效经验和做法，进行总结推广。同时报请各市、县（区）党委和政府加强对本地区整改情况的考核，并根据整改落实情况进行复查复核。

（四）总结报告阶段。（9月15日前）

各市、县（区）要对本地区专项整治情况进行全面总结，查遗补缺，着力完善制度措施，强化日常监管，建立健全长效机制。银川市、石嘴山市、吴忠市、固原市、中卫市民政局于9月15日前将本地区的整治情况总结经市政府分管领导同意后，报自治区民政厅。

四、保障措施

（一）切实加强组织领导。为确保专项整治行动的顺利开展，建立由自治区民政厅厅长妥永苍为组长，发展改革委员会、民委（宗教局）、公安厅、司法厅、国土资源厅、住房和城乡建设厅、卫生和计划生育委员会、林业厅、工商行政管理局、物价局等部门分管领导为成员的部门联席会议机制，办公室设在自治区民政厅，自治区民政厅副厅长佘瑞东兼任办公室主任。各市、县（区）也应成立相应的组织协调机构。各级领导协调机构要依据本《实施方案》制定本地区专项整治工作的具体方案，进一步明确相关要求、责任分工、方法步骤和工作措施，并组织开展动员部署工作，全面启动专项整治行动，同时要将整治工作纳入当地党委政府绩效考核工作之中。同时要做好舆情监控，完善各类应急预案，防止群体性事件发生。投诉举报电话要向社会公布，接受群众监督。

（二）压实部门职责。各相关部门要依照法定职责和《全区殡葬领域突出问题专项整治行动实施方案》的分工安排，认真落实各项整治工作。民政部门要牵头做好专项整治的统筹协调、组织实施、督导检查，依照国务院《殡葬管理条例》《宁夏回族自治区殡葬管理办法》，民政部《公墓管理暂行办法》《宁夏回族自治区公墓管理暂行办法》等法规政策，指导公墓、殡仪馆等殡葬服务机构做好自查排查等工作。发展改革（价格）部门要加强对殡葬事业发展规划编制、基本殡葬公共服务设施投入及殡葬服务价格制定情况的检查，依法查处殡葬领域乱收费、价格违法行为，查处殡葬行业限制竞争及垄断行为。公安机关要查处丧事活动中违反治安管理、交通管理等违法行为。司法机关、政府法制办要指导推进殡葬法规制度完善，做好人民调解等工作。规划土地部门要加强对殡葬事业发展规划编制、非法占地建设公墓、建造坟墓行为的检查监督。住房城乡建设部门要加强殡仪馆、公墓建设情况的检查监督。卫生计生部门要纠正和查处医疗机构太平间非法开展殡仪服务等行为。工商、市场监管要依法查处殡葬行业侵犯消费者权益，滥用市场支配地位限定交易、捆绑销售等垄断行为。物价、质检部门要依法查处殡葬领域乱收费、价格违法行为；查处制造、销售不符合国家技术标准的殡葬设备和封建迷信殡葬用品的违法行为。民族宗教工作部门要依法规范宗教活动场所建设骨灰存放设施等行为。各有关部门要加强协作配合，坚持源头防控、重点打击。对群众反映突出的问题要常抓不懈，必要时可采取联合执法，确保整治取得实效。

（三）确保专项整治效果。各地要针对殡葬管理特别是公墓管理方面历史遗留问题多、积累矛盾多、涉及面广的情况，突出重点、标本兼治、依法依规、积极稳妥解决实际问题，持续抓好整改深化工作。各市、县（区）民政等相关部门要加强属地管理，落实监管责任，务求整治工作取得实效。同时，要制定责任清单，明确时间表，逐步完善相关政策措施，推动建立公墓从规划、审批、建设、运营到维护管理的全过程、常态化监管机制，逐步建立健全规范管理、优质服务的长效机制。要加强顶层设计，以"保基本、惠民生"为出发点，以维护广大群众丧葬基本权益为落脚点，进一步加强对殡葬事业和管理工作的规划和设计。要加强殡葬领域重点难点问题研究，加快完善地方性政策文件及规范标准，为殡葬管理提供法制保障。要积极发挥殡葬行业协会作用，围绕重点整治问题，推动会员单位带头做好自查整改，并制定团体标准和信息披露等制度，完善自律惩戒机制，形成依法依规监管与行业自律管理相结合的局面。

（四）切实加强宣传引导。整治工作期间，各地要树立主动宣传意识，召开新闻发布会、新闻通气会，加强与媒体沟通合作，加强殡葬工作政策解读及舆论引导，主动、适时发声，统一对外宣传口径，有针对性地回应社会关切和群众诉求。大力宣传殡葬改革先进典型，曝光一批违法违规典型，用典型案例教育警示干部群众，引导树立厚养薄葬、节地生态、移风易俗的殡葬新风尚。加强舆情监测，强化媒体责任，积极稳妥做好舆情应对，为专项整治工作营造良好舆论环境。

整治期间，自治区殡葬领域突出问题专项整治行动协调小组办公室设立举报投诉电话：（略），并建立专项整治行动通报制度，遇有重大疑难问题，及时协调研究解决，推动专项整治行动顺利开展、取得实效。

自治区民政厅 公安厅 交通厅 卫计委
关于印发《规范治丧活动和加强
遗体运输管理的规定》的通知

（宁民发〔2018〕67号）

各市、县（区）民政局、公安局、交通局、卫计委：

现将重新修订后的《规范治丧活动和加强遗体运输管理的规定》印发给你们，请结合实际，认真贯彻执行。

本规定自印发日起执行。2012年5月31日印发的《规范治丧活动和加强遗体运输管理的规定》（宁民发〔2012〕70号）废止。

自治区民政厅　自治区公安厅
自治区交通厅　自治区卫计委
2018年7月25日

规范治丧活动和加强遗体运输管理的规定

为进一步加强对治丧活动和逝者遗体的管理，保护广大逝者和亲属的切身利益，维护公共安全，推进和谐社会建设，现对规范治丧活动和逝者遗体运输管理有关事项做出如下规定：

一、各类人员亡故后，其治丧活动应在当地殡仪馆、殡仪服务中心举行，无殡仪服务机构的地区可在经营性或公益性公墓中办理治丧事宜，任何单位和个人不准擅自在街道、小区和医院太平间等公共场所搭设灵棚开展治丧活动。医院太平间由当地殡仪服务机构派人会同医院工作人员管理，停放尸体通常不得超过12个小时。

二、逝者遗体运输工作实行归口管理。在火葬区或土葬改革区死亡的人员，其遗体运输工作应由殡仪馆或殡仪服务站（中心）承办，凭卫生部门、村（居）民委员会出具的《居民死亡证明》或公安部门出具的"死亡报告"办理运送遗体手续，其他任何单位或个人不得承办遗体运输工作。

公墓经营单位为在本墓区安葬人员提供治丧服务的，其遗体接运车辆须报当地殡葬管理部门审核批准，并报公安、交通部门备案，发给相关证件。

三、运送逝者遗体必须使用标准化专业接运遗体车辆。各殡仪馆、殡仪服务站（中心）必须购置符合国家技术标准的专业接运遗体车辆，按规定做好车辆和遗体的消毒工作，确保公共安全，任何单位和个人不得擅自对接运遗体车辆进行改装。

四、各地卫生、公安、交通部门要配合民政部门做好遗体运输管理工作，卫生和民政部门要加强对医院太平间遗体的管理，严禁私自接运遗体，对患有烈性传染病的遗体要进行卫生处理，无死亡证明和殡葬管理部门接运遗体证明的不得将遗体运往异地。

五、对异地死亡者，其遗体原则上就地就近尽快处理，如有特殊情况确需运往其他地方的，逝者家属要向县级以上殡葬管理部门提出申请，经同意并出具证明后，由殡仪馆、殡仪服务站（中心）的专用车辆运输。

六、未设立殡仪服务机构的地区，逝者遗体运输工作可由公墓经营单位的专业接运遗体车辆接运，按规定做好消毒和卫生防疫工作。

七、各地、各单位要切实加强对遗体运输工作的管理，严格制止任何单位和个人争抢、接运遗体等损害群众利益，扰乱社会秩序的行为。

八、各类接运遗体车辆都应在当地殡葬管理部门和公安、交通部门登记注册。对接运遗体车辆在道路上发生交通安全违法行为的，由公安交管部门依据道路交通安全法律法规予以处罚。在接运遗体中出现传染病扩散和重大交通事故等严重问题的，依法进行查处。

关于印发《关于进一步推动殡葬改革
促进殡葬事业发展的实施意见》的通知

（宁民规发〔2019〕2号）

各市、县（区）民政局、文明办、发展改革委（局）、公安局（分局）、财政局、人力资源和社会保障局、自然资源局、生态环境局（分局）、文化和旅游局、卫生健康委（局）、市场监督管理局、宗教事务局、工会、团委、妇联：

为深入贯彻习近平新时代中国特色社会主义思想和党的十九大精神，全面落实习近平总书记对民政工作的重要指示精神和第十四次全国民政会议部署要求，推动我区殡葬改革和殡葬事业健康有序发展，更好地满足人民群众殡葬服务需求，促进精神文明和生态文明建设，自治区民政厅等15

个部门制定了《关于进一步推动殡葬改革促进殡葬事业发展的实施意见》。现印发给你们，请结合实际，认真贯彻实施。

自治区民政厅　自治区文明办　自治区发展和改革委员会

自治区公安厅　自治区财政厅　自治区人力资源和社会保障厅

自治区自然资源厅　自治区生态环境厅　自治区文化和旅游厅

自治区卫生健康委员会　自治区市场监督管理厅

自治区林业和草原局　自治区宗教事务局

自治区总工会　自治区团委　自治区妇联

2019 年 3 月 19 日

关于进一步推动殡葬改革促进殡葬事业发展的实施意见

为不断深化殡葬改革，推动宁夏殡葬事业健康有序发展，更好地满足人民群众的殡葬服务需求，促进精神文明、生态文明建设，根据民政部等 16 个部门《关于进一步推动殡葬改革促进殡葬事业发展的指导意见》（民发〔2018〕5 号），结合宁夏殡葬工作实际，制定如下实施意见。

一、指导思想

以习近平新时代中国特色社会主义思想和党的十九大精神为指导，全面落实习近平总书记对民政工作的重要指示精神和第十四次全国民政会议部署要求，在各级党委和政府统一领导下，按照公平可及、群众受益，深化改革、移风易俗，政府主导、社会参与，因地制宜、分类指导，统筹协调、综合治理的原则。全面推进殡葬改革，促进宁夏殡葬事业健康有序发展。创新治理方式，健全基本殡葬公共服务体系。将惠民、绿色、文明殡葬纳入自治区生态战略发展中，不断推动殡葬工作更好地服务于保障和改善民生，确保人人能够享有公益性基本殡葬服务。把破除丧葬陋俗、文明节俭治丧、节地生态安葬、文明低碳祭扫转化为人们的情感认同和行为习惯，促进全区人与自然和谐共生文明发展。

二、目标任务

到 2020 年，节地生态安葬奖补制度全面建立，城乡殡葬公共服务体系基本形成，公益性殡仪服务设施县级行政区域全覆盖，具有火化功能的殡仪馆达到国家环境保护标准要求。公墓墓位超标硬化现象得到有效治理，不留坟头、不留墓碑或小墓碑、小标记等安葬方式得到有效推广。逐步扩大火化区范围，火化区火化率达到 50% 以上。已开发使用的殡葬规划用地绿化覆盖率达到 30% 以上。

三、重点工作

（一）大力推进设立殡葬规划用地

各市、县（区）要根据国家"十三五"规划和自治区人民政府办公厅《关于进一步推进殡葬改革设立殡葬规划用地的意见》（宁政办发〔2015〕104 号）要求，在符合国土空间规划、土地利用总体规划和生态保护要求的前提下，按照保障 50 年用地的需求，明确 20 年为一个使用管护周期，坚持 5 年的土地规划开发建设期限，兼顾各民族葬式葬法，加快设立殡葬规划用地，将公益性节地生态安葬设施用地纳入规划用地中，不断强化殡葬基本公共服务，切实解决好殡、葬、祭的问题。本着尊重历史、实事求是、依法依规、妥善解决的原则，依法依规完善已有公墓用地手续。政府划拨用地只能用于公益性公墓及殡葬基本设施建设；经营性公墓及其殡葬设施用地必须采取招、拍、挂方式供地。各级民政和自然资源部门要加强对殡葬用地的监管，严禁在自然保护区及其他各类保护用地内规划建设殡葬设施，严禁扩大规模建设，严禁改变土地用途。

（二）统筹推进火葬区土葬区改革

各地要把推进火葬区和土葬区改革作为促进殡葬改革的重要内容，因地制宜划定扩大火葬区，改革土葬区。对已划定的火葬区要狠抓政策的落实，提升火化率，严禁在火葬区进行遗体违规土葬、骨灰装棺再葬、散埋乱葬，禁止生产销售木制棺材，凡未经许可的公墓陵园禁止建设、销售新的土葬墓穴。在土葬改革区，要按照规划引导群众实行集中安葬，倡导遗体深埋、不留坟头或以树代碑，禁止建大墓、家族墓、豪华墓、活人墓及散埋乱葬。对历史形成的坟区或集中安葬点纳入公益性墓区划定范围，没有空间安葬的，可在殡葬规划用地范围内或现有农村公益性墓地周围及荒山瘠地划定新的集中安葬点，加大生态改造力度。尊重少数民族丧葬习俗，整改现有的农村公益性墓地，建造简易公共祭奠设施或焚烧点，确保祭扫低碳方便。狠抓遗体殡殓和安葬方式的改革，从严治理在街道、社区（小区）、路边进行治丧祭拜等乱象，推行在专门或合适的殡仪场所集中治丧。

（三）大力推行环保节地生态安葬

认真贯彻落实民政部等9部门《关于推进节地生态安葬的指导意见》，致力于确定节地生态安葬用地，建设生态化、园林化墓区，加大城乡公益性节地生态安葬设施建设力度，倡导和探索节地生态墓地和墓位重复利用的方式方法，不断推动现有公墓向节地生态转型发展。推进遗体火化和骨灰规范集约安葬，推行不占或少占土地的安葬方式，大力鼓励骨灰撒散、树葬、花坛葬、草坪葬、壁葬等生态葬法；推行遗体简葬薄葬，提倡深埋、不留坟头、不留标记物、植树种花等节地方式。在乡村积极探索适应群众需要、体现文明节俭的丧葬模式，杜绝散埋乱葬。各地要严格限制墓穴、墓位占地面积和墓碑高度，全面禁止新建石材墓穴，逐步解决墓区硬化、白化问题。

（四）健全完善惠民殡葬奖补政策

各地要按照保基本、广覆盖、多层次、可持续的原则，采取有效措施制定殡葬惠民节地奖补政策，探索建立适度普惠型的殡葬救助制度。在惠民殡葬方面，对遗体接运、暂存、火化、骨灰存放实行费用减免或补贴政策，减轻群众的丧葬负担；在殡葬救助方面，加大对城乡低保对象、农村五保对象以及重点优抚对象中亡故人员的殡葬救助力度，确保低收入家庭不因办理丧葬事宜而降低生活水平；在节地生态方面，不断规范奖补流程，把火葬区骨灰撒散、树葬、草坪葬、花坛葬、格位存放等生态葬式和土葬改革区遗体深埋、不留坟头、不留墓碑或以树代碑等不占或少占土地的安葬方式纳入奖补范围；在多样化需求方面，重点开发救助型墓区和低价公益性墓位。各地要健全完善对殡葬服务单位的监管体制，加强对丧葬用品市场的监管，探索建立政府购买服务和殡葬环保用品补贴制度，对带头推行可降解环保用品的殡葬服务单位或使用者亲属，给予适当奖励或补贴，对积极建设节地生态安葬和纪念服务设施的单位，验收审定后，按照其完成设施项目投资总额的百分比予以奖励性补贴，不再向实施节地生态葬的群众收取费用。

（五）加快推进殡葬服务设施建设

各地要根据需要规划建设好辖区内殡仪馆（中心）、火葬场、骨灰堂、公墓等殡葬服务基础设施。已有的殡葬服务设施，要提升服务功能，正在建设的要如期完成建设任务并及时投入使用，还没有殡葬服务设施或设施陈旧的要加快制定具体措施，进行申报建设或除旧布新，确保与当地需求相匹配、与当前改革相适应。鼓励国有企业和社会资本以出资建设、参与改制、参与运营管理等多种形式投资殡葬服务行业。要把建设火化设施和骨灰安葬设施作为首要条件纳入工作规划，要把城乡公益性公墓和农村公益性墓地建设纳入乡村振兴战略规划，逐步形成布局合理、设施完善、功能齐全、服务便捷的殡葬公共服务网络。

（六）认真规范殡葬机构服务行为

推进殡葬服务机构管办分离改革，理顺政府与市场的关系，推进殡葬行政管理职能与生产经营分开、监管执法与经营举办分离。各级民政部门要根据各类殡葬服务机构的性质和特点，强化殡葬法规政策、行业规划、标准规范的制定和监督指导职责，从服务单位的直接管理向行业管理转变。强化殡葬服务事业单位的公益属性，对殡葬服务事业单位与殡仪馆、公墓等经营实体合一或举办经营实体的，制定脱钩方案，提请当地党委和政府研究解决。进一步规范殡葬服务单位行为，严格执行公益性公墓政府定价、经营性公墓政府指导价政策，建立殡葬服务机构实行收费公示和明码标价制度，对价格明显偏高的，必要时依法进行干预和管理。殡葬服务单位要与逝者家属签订服务合同，出具合法结算票据，保证中低价位殡葬服务和用品足量提供，严禁诱导、捆绑、强制消费，确保当事人的合法权益。要建立殡葬领域重点风险防范化解机制，坚决防止发生安全责任事故。

（七）切实提升殡葬机构服务质量

各地要不断拓宽殡葬服务领域，拓展服务项目，优化服务内容，创新服务方式，提高规范化、标准化、专业化服务水平。依法建立和完善殡仪服务事项管理制度、服务标准及考核评估指标体系。聘请第三方对公墓、殡仪馆（中心）进行评估，适时向社会公开评估结果，提升公信力。各地要强化政府主体责任，加大投入力度，建立和完善基本服务制度和服务供给。殡葬服务机构，要坚持基本殡葬服务公益性原则，制定合理的基本服务清单，履行基本服务职能，并与政府购买服务、财政补贴、表彰奖励相挂钩。对于能由政府与社会资本合作或能由政府购买服务提供的，鼓励和引导社会力量有序参与，推动殡葬服务供给主体和供给方式多元化。加强殡葬服务人才队伍建设，加大培训力度，提高服务水平，提升服务质量，不断满足群众多样化、多层次的殡葬服务需求。

（八）加强殡葬领域突出问题整治

要强化各级民政部门行业监管责任，完善部门协同监管机制，加大对殡葬领域突出问题的整治，确保其规范有序发展。对未经批准建设的公墓要依法予以取缔，对违规改扩建等行为要予以纠正，对殡葬服务、中介服务及丧葬用品销售经营予以规范。禁止建造超规定面积墓穴、墓位；禁止非法出售（租）、转让（租）墓葬用地或骨灰存放格位；禁止农村公益性墓地违规对外销售；禁止宗教活动场所与商业资本合作擅自设立骨灰存放设施从事营利活动；禁止在太平间开展营利性殡仪服务，严肃整治非法殡葬中介和假冒阴阳道士扰乱殡葬服务市场行为；严禁在丧事活动中从事封建迷信活动、借机骗财敛财等。要开展违法违规私建"住宅式"墓地等突出问题专项摸排工作，并加大整治力度。要进一步完善殡葬管理法规制度，制定无人认领遗体管理办法，健全殡葬服务单位、从业人员信息公示和殡葬服务举报投诉处理机制，做好护墓管理费的收取、使用和管理工作。要按照谁主管谁负责的原则，落实"双随机、一公开"制度，定期或不定期开展殡葬领域执法检查，并将抽查结果在国家企业信用信息公示系统公示。要充分发挥行业协会提供服务、反映诉求、自我监督的功能，强化行业自律。积极开展殡葬理论研究，组织开展等级评定、殡葬领域职业培训，引导会员单位和个人自律、诚信、公平竞争，不断规范行业管理，提升优质服务水平，促进殡葬行业健康发展。

（九）建立殡葬业信息化共享机制

不断创新管理手段，充分利用新时代信息化共享功能，建立殡葬服务机构执业情况定期通报制度，建立健全以群众满意度为导向的殡葬服务机构考核评价机制，把殡葬服务机构公示名录、审批、年度检查、日常抽查等信息实行共享。加强部门信息交换共享和联动惩戒，建立失信黑名单制度，将失信黑名单信息纳入全国信用信息共享平台，强化对殡葬服务机构的信用监管。制定和完善考核评估指标体系，侧重衡量功能定位、职责履行、服务流程、服务态度、服务质量、社会效益等内容，把社会评价与年检评估相结合，定期向社会公示，并与政府购买服务、评星定级相结合，建立激励约束机制。推进"互联网+殡葬服务"融合发展新途径，不断创新管理手段，提升服务水平，助推我区殡葬服务业便捷透明，健康有序的发展。

（十）教育引导推进殡葬移风易俗

各地要切实把殡葬移风易俗纳入文明城市、文明村镇创建和美丽乡村建设之中。根据需要建设集中治丧场所，合理设置祭扫专门区域，引导群众租用殡葬服务单位提供的鲜花、花圈和其他环保祭祀用品开展文明治丧、低碳祭扫。充分发挥村（居）委会和红白理事会、老年人协会等基层群众组织作用，把治丧规范纳入村规民约、村民自治章程，培育和推广文明现代、简约环保的殡葬礼仪和治丧模式。深入挖掘阐释清明节等传统节日蕴含的教育资源，充分依托殡葬服务纪念设施，建设生命文化教育基地，打造优秀殡葬文化传承平台，弘扬尊重生命、孝老敬亲、厚养薄葬等优秀传统思想文化，崇尚社会公德、家庭美德，培育现代殡葬新理念、新风尚。

四、保障措施

（一）加强组织领导

各级党委、政府要建立健全党委领导、政府负责、部门协作、社会参与、法治保障的领导体制和工作机制，并明确职责分工。要坚持"一把手"亲自抓、负总责，分管领导具体抓、深入抓。要把推动殡葬领域存在突出问题专项整治工作纳入政府督办内容，建立目标管理和年度工作目标绩效考评机制，逐级签订殡葬改革目标责任书，每年进行评估通报。各级民政部门要主动协调有关部门，通过定期召开会议、通报工作情况、联合督查执法等方式，完善部门协作机制，有效解决殡葬领域存在的重点难点问题，形成推动殡葬改革发展的合力。

（二）落实部门职责

各有关部门要切实履行职责，各司其职、密切配合、通力协作。民政部门要牵头做好殡葬管理政策标准制定、殡葬改革工作组织实施、殡葬设施审批监管等工作。组织人事部门要及时掌握党员干部治丧情况，加强对党员干部的教育管理。宣传部、文明办要做好殡葬改革宣传引导工作，将殡葬移风易俗工作纳入精神文明创建活动内容。发展改革部门要加强对殡葬事业发展规划的制定，建立殡葬事业公共投入和稳定增长机制，加大对提供基本殡葬服务的殡葬设施建设支持力度。公安机关要加强对本部门出具的非正常死亡证明的管理，查处丧事活动中违反治安管理的行为和私自改装车辆运输遗体的行为，并积极商请民政部门共享殡葬信息，从中发现死亡人员未销户口线索，及时调查核对、注销户口。财政部门要保障落实惠民殡葬和节地生态安葬奖补政策所需的资金，合理核拨殡葬事业单位运营管理经费和殡葬事业发展经费。人力资源社会保障部门要完善参加社会保险人员死亡后丧葬补助金、抚恤金等发放政策。自然资源部门要依法保障纳入规划的殡葬设施用地需求，纠正和查处违法占地建设殡葬设施、违法占用耕地林地建坟等行为。生态环境部门要依法指导支持火化机环保改造，强化殡葬活动的生态环境监管。住房城乡建设部门要依法加强殡葬设施规划建设管理。文化和旅游部门要加强对治丧活动中营利性演出活动的监管，并严厉查处在旅游景区私建坟墓的行为。卫生健康部门要加强对医疗机构出具死亡证明的管理和医疗机构太平间从事殡仪服务的管理，指导殡仪服务机构做好卫生防疫工作。市场监管部门要配合相关部门查处制造、销售不符合国家技术标准的殡葬设备、封建迷信殡葬用品及殡葬乱收费等违法行为。发改、财政主管部门要依法制定殡葬服务收费标准。宗教事务部门要依法加强宗教活动场所建设骨灰存放设施等行为的管理。人民法院要依法受理违法安葬行为申请强制执行案件。工会、团委、妇联等人民团体和基层党组织、村（居）委会以及殡葬行业协会、红白理事会、老年人协会等基层组织要充分发挥作用，广泛动员群众积极参与殡葬改革。

（三）强化带头作用。党员干部要带头推动殡葬改革，做法规、政策和制度的遵守者。要带头文明节俭办丧事，带头火葬生态葬，带头文明低碳祭奠，带头宣传倡导殡葬改革。要做文明风尚的引领者，以正确导向和行为示范带动广大群众革除丧葬陋俗，弘扬殡葬新风。各级纪检、组织、人事、监察等部门要把党员、干部带头推进殡葬改革纳入干部人事制度考评范围之中，党员干部尤其是领导干部在丧事活动中的违规违纪行为，要依法依纪严肃查处。

（四）加强督查考核。要积极做好殡葬管理法规政策的贯彻落实和督查评估工作，定期或不定期地检查是否存在对违规土葬、散埋乱葬等行政不作为的问题，是否能够及时跟进对殡葬服务机构的事中事后监管、是否能够落实惠民扶持政策等。对发现的问题要逐项整改，加强跟踪分析和通报。要建立健全殡葬工作的考核评价机制，把火葬区火化率、火化设施设备更新、节地生态安葬率、公益性安葬设施覆盖率纳入考核范围。

（五）鼓励探索创新。围绕殡葬领域体制机制、公共投入、监管执法、信息化建设等存在的重点难点问题，进行深入调查、研究分析，寻求解决对策，有效破解难题。各地要以开展全国殡葬综合改革试点为契机，结合本地实际和群众的殡葬服务需求，因地制宜大胆探索。民政部门要及时总结经验做法，加强推广应用，形成试点先行、重点突破、以点带面的良好态势。

（六）加强宣传引导。要树立正确的舆论导向，认真制定宣传方案，有计划、有步骤地开展社会宣传，依托殡葬服务机构、城乡社区等平台，充分利用各类媒体传播优势，采取灵活多样的形式，深入宣传殡葬法规政策，倡导节地生态安葬和文明节俭办丧事，普及殡葬科学知识，让党员、干部和广大人民群众充分认识到深化殡葬改革的重要作用。要积极传播殡葬改革的正能量，引导群众转变观念、理性消费、革除陋俗。要大力宣传典型事例及各地推动殡葬改革发展的成功经验，充分发挥媒体的监督作用，曝光负面案例，树立正面典型，努力营造有利于殡葬改革的良好氛围。

自治区民政厅 自治区党委宣传部等6部门 《关于推进婚丧礼俗改革助推脱贫攻坚的通知》

（宁民发〔2020〕47号）

各市、县（区）民政局、宣传部、文明办、农业农村局、团委、妇联：

为深入贯彻党的十九大和《中共中央 国务院关于实施乡村振兴战略的意见》精神及自治区党委十二届十次全会关于基层治理的新要求，进一步推进婚丧礼俗改革，有效遏制农村陈规陋习，树立文明新风，助力打赢脱贫攻坚战，根据自治区农办、农业农村厅等11部门《关于进一步推进移风易俗建设文明乡风的实施意见》（宁党农办发〔2019〕35号）要求，现就推进我区婚丧礼俗改革的有关事宜通知如下：

一、充分认识推进婚丧礼俗改革的重要意义

习近平总书记在中央农村工作会议上指出"红白喜事盲目攀比，大操大办等陈规陋习盛行""要旗帜鲜明地反对婚丧大操大办，抵制封建迷信，推动移风易俗，树立文明乡风"。近年来，全区各地积极推进移风易俗，着力遏制婚丧陋俗，取得了积极成效。但随着经济社会发展，人民群众的物质生活有了极大改善，有些群众婚丧礼俗做法与传统文化理念相悖，高额婚丧嫁娶支出变为群众的沉重负担。有的农村出现天价彩礼、奢侈浪费、封建迷信等婚丧陋俗成为阻碍脱贫攻坚的一个现实因素。这些做法严重违背公序良俗，败坏社会风气，影响着社会的文明和谐。推进婚丧礼俗改革，涉及千家万户，连着社情民风，事关脱贫攻坚、乡村振兴。我们要充分认识推进婚丧礼俗改革

在推进乡村振兴、基层治理中的重要意义，进一步提高思想认识，把党中央、自治区党委和政府关于乡村振兴、脱贫攻坚的要求转化为推进婚丧礼俗改革的自觉行动，大力倡导喜事新办、丧事简办，坚决遏制大操大办、厚葬薄养，朝着乡村振兴的方向稳步前进，不断提升人民群众的获得感、幸福感。

二、创新管理服务模式推动婚丧礼俗改革

（一）积极倡导简约适度的婚俗礼仪。各地要以满足群众需要为出发点和着力点，加强婚姻登记规范化、信息化建设，加大推进婚姻登记人脸识别、自助一体机、证照电子化等应用服务力度，完善配套设施，优化办公环境，做到颁证大厅布局合理，为新人登记营造温馨浪漫的氛围。推广人性化的婚姻登记颁证服务，通过邀请地方领导、社会名人颁发结婚证件等方式，强化婚姻登记的庄严感，增强婚姻当事人对婚姻的自豪感、幸福感和责任感。各地要将婚丧礼俗改革、移风易俗纳入村（居）"两委"干部培训内容。广泛开展婚姻法律法规宣传，引导未婚青年树立正确的世界观、人生观和价值观，组织开展"婚嫁新风进万家"活动，以集体婚礼、植树婚礼、慈善婚礼等多种新仪式代替大操大办的传统婚礼仪式，培育、宣传拒绝高价彩礼、婚事新办典型，充分发挥榜样示范作用，让广大群众在参与中转变观念，在实践中提高认识。

（二）探索建立婚丧事项报备制度。各县乡级党委和政府要指导制定或修订村规民约，充实婚事新办、丧事简办等移风易俗内容。指导村"两委"探索建立村民婚丧事项报备制度，坚决制止婚丧大操大办等不良行为。报告内容包括姓名、操办事宜、时间、地点、邀请人数、宴席标准等。对农村党员干部婚事新办、丧事简办、抵制天价彩礼等做出相关规定，规范党员干部文明新风行为。要规范红白理事会运行、完善组织章程和各项制度，明确婚丧事宜规定、办事程序、酒宴标准和奖惩办法。要强化村"两委"、红白理事会在婚丧礼俗改革中的教育、引导、约束、惩戒作用，对红白喜事大操大办、不赡养老人等进行治理，通过教育、规劝、奖惩等措施，引导农民群众自觉遵守相关规定，明德守约，革除陈规陋习，助推婚丧礼俗改革。

（三）建立抵制高价彩礼诚信机制。民政部门按照属地管理的原则，指导各乡镇（街道）把治理高价彩礼推动移风易俗、遵守村规民约纳入个人诚信体系。设立"履约失信人员名单"。对违反村规民约收受高价彩礼的人员，由乡、镇人民政府责令改正并记入个人信用记录，在公益岗位安排等方面视情节进行必要的限制，涉及党员干部的要依法依规进行查处。

（四）加强婚姻家庭文化建设。各地要通过规范婚姻登记，组织开展形式多样的婚姻家庭文化、专业婚姻家庭辅导进村（社区）活动，以群众喜闻乐见的方式将婚姻文化、经营婚姻家庭的技巧传送到群众身边。倡导家庭美德，有效化解高价彩礼、早婚早育、大操大办、婚姻家庭矛盾纠纷等问题。通过举办集体婚礼、金婚老人庆典等活动，向全社会诠释"执子之手，与子偕老"的内涵。要大力培育发展婚姻家庭类社会组织，通过政府购买服务引进专业社工、婚姻心理辅导专家，为有需求的当事人免费提供婚前培训、法律咨询、情感辅导、心理疏导、纠纷处理、离婚调解等服务，化解婚姻家庭中出现的问题，进一步促进家庭和谐稳定，推动婚俗改革取得良好的社会效益。

（五）创新治丧礼仪新风尚。各地要创新群众治丧模式和礼仪，探索推行以"追思会"祭奠逝者代替丧事大操大办、搭棚守灵。通过宣读逝者生平、播放哀乐、向逝者默哀、向遗体鞠躬告别、送逝者遗体火化或下葬，使丧礼形式简化、庄重肃穆。"追思会"以相对集中的村或村民小组为单位，由村"两委"、红白理事会主办，可由乡镇领导班子成员主持，村支部书记或"两委"干部致悼词，村红白理事会成员做好逝者亲属的组织、现场布置等服务工作。"追思会"要坚持群众自愿的原则，不得进行强迫，乡镇、村"两委"和红白理事会要积极做好丧属的思想工作。

（六）规范农村公益性墓地管理。各地要把基本殡葬服务纳入公共服务保障范围，结合乡村振兴战略和本地实际，按照服务人口和辐射半径，规划建设农村公益性墓地，逐步形成布局合理、设

施完善、功能齐全、服务便捷的殡葬公共服务网络，不断满足群众基本殡葬服务需求。人口较为集中的城镇，以建设公益性公墓为主；人口较少且较偏僻的村落，以建设农村公益性墓地为主。各地要合理规划殡葬用地，完善农村公益性墓地审批手续，农村公益性墓地由村委会负责管理，明确专人负责，建立墓地管理制度和档案登记制度，做好日常维护、环境卫生、安全防护等工作。

（七）大力倡导节地生态安葬。各地要制定基本殡葬服务清单，把遗体接运、暂存、火化、骨灰寄存、可降解骨灰盒、公益性公墓墓穴、骨灰堂格位费用纳入惠民殡葬服务项目。在火葬区，除国家法律法规规定的少数民族外，其他民族遗体应实行火化，并积极推广骨灰树葬、花葬、草坪葬、壁葬等生态安葬，鼓励使用可降解材料，倡导骨灰撒散等不保留骨灰的安葬方式。在土葬改革区，引导群众实行集中安葬，倡导遗体深埋或火化、不留坟头或以树代碑。改造现有的农村公益性墓地，建设简易公共祭奠设施或焚烧点，为群众提供便利的集中治丧和祭扫场所。

三、健全完善婚丧礼俗改革工作机制

（一）加强组织领导。各级民政部门要积极争取党委、政府的重视支持，把婚丧礼俗改革工作列入重要议事日程，要主动协调有关部门，通过定期召开会议、通报工作情况、联合督查等方式，完善部门协作机制，有效解决婚丧礼俗改革中存在的重点难点问题，形成党委领导、政府负责、部门协作、社会参与、法治保障的领导体制和工作机制，推动婚丧礼俗改革发展的合力。

（二）压实部门责任。各乡镇党委和政府是推动落实婚丧礼俗改革的第一责任部门，负责协助相关部门做好婚丧礼俗改革工作，督导村"两委"落实婚丧礼俗改革的相关措施；宣传部门要加大婚丧礼俗改革、典型人物和事例的宣传，积极倡导文明节俭办婚丧事宜的新风尚；文明办、农业农村部门要将婚丧礼俗改革工作纳入"美丽乡村""文明乡镇"、实施乡村振兴战略等重要考核指标，增强针对性和实效性。民政部门要不断规范婚姻登记服务管理，提升服务水平；指导乡镇加强基层组织建设，完善各项规章制度，做好农村公益性墓地的建设和管理，全面落实惠民殡葬政策。团委、妇联要引导未婚青年树立正确的世界观、人生观、价值观、婚恋观和家庭观，鼓励农村妇联主任成为义务红娘，为未婚青年提供婚恋交友服务；倡导绿色、文明、健康的生活方式，普及和谐幸福的婚姻家庭知识，化解婚姻家庭矛盾纠纷，教育引导广大家庭建立和维护平等、和睦、文明的婚姻家庭关系，培树传播良好家风，促进家庭和谐幸福。

（三）注重示范引领。要充分发挥党员干部在婚事新办、丧事简办中的带头和示范引领作用，落实党员干部及直系亲属履行婚丧礼俗报告制度，带头推行婚丧事宜简办，带头抵制天价彩礼，带头实行遗体火化，带头推进节地生态安葬，带头文明低碳祭扫，严格禁止乱埋乱葬。同时，要加强农村道德典范选树，评选表彰一批好公婆、好媳妇、好儿女、百孝之星，积极引导广大群众爱党爱国、向上向善、孝老爱亲、重义守信、勤俭持家，以正确导向和行为示范带动广大群众转观念、破旧俗、树新风，争做移风易俗的先行者、倡导者。

（四）强化舆论宣传。各地要积极开展婚丧礼俗改革和文明节俭风尚的宣传活动，充分发挥广播、电视、网络、手机、村（居）务公开栏、微信工作群、"村村响"广播等平台的作用，坚持正面引导与负面警醒相结合，宣传与当代社会相适应、与现代文明相协调的婚丧礼俗和文化，宣传婚丧礼俗改革中的先进典型和事迹，曝光一批婚丧喜庆大操大办、高价彩礼、厚葬薄养等不文明现象和行为，用身边事教育身边人，持续营造移风易俗浓厚氛围。

附件：略

自治区民政厅　自治区党委宣传部　自治区文明办

自治区农业农村厅　自治区团委　自治区妇联

2020 年 6 月 9 日

自治区民政厅 发展改革委 公安厅等9部门
关于印发《宁夏回族自治区违建墓地专项整治
成果巩固提升行动实施方案》的通知

（宁民发〔2020〕76号）

各市、县（区）民政局、发展改革委、公安局、自然资源局、生态环境局、农业农村局、文化和旅游局、市场监管局：

现将《宁夏回族自治区违建墓地专项整治成果巩固提升行动实施方案》印发给你们，请结合实际认真执行。

自治区民政厅　自治区发展和改革委员会
自治区公安厅　自治区自然资源厅
自治区生态环境厅　自治区农业农村厅
自治区文化和旅游厅　自治区市场监督管理厅
自治区林业和草原局
2020年10月21日

宁夏回族自治区违建墓地专项整治成果巩固提升行动实施方案

为认真贯彻落实全国安葬（放）设施违规建设经营专项摸排暨违建墓地专项整治成果巩固提升行动电视电话会议精神，进一步巩固提升违建墓地专项整治成果，根据民政部等10部门《关于印发〈违建墓地专项整治成果巩固提升行动方案〉的通知》（民发〔2020〕94号）要求，自治区民政厅、发展改革委、公安厅等9部门决定从2020年10月开始至2021年12月，在全区范围内开展违建墓地专项整治成果巩固提升行动。现结合实际，制定本实施方案。

一、总体要求

以习近平新时代中国特色社会主义思想为指导，认真贯彻落实习近平总书记和其他中央领导关于殡葬管理、耕地林地保护等重要指示批示精神；认真落实党中央、国务院，自治区党委和政府关于殡葬工作的决策部署，坚持维护人民群众合法安葬权益与保护资源环境有机结合的原则，全面检查复核2018年开展的殡葬领域突出问题专项整治，2019年开展的违法违规私建"住宅式"墓地专项摸排整治情况。要对此前未纳入整治范围的违建硬化大墓、活人墓依法进行整治，以"零容忍"态度制止新增问题，巩固专项整治成果，提升综合治理水平，坚决遏制墓地违建乱象。

二、主要任务

（一）全面检查复核整治公墓建设运营中违法违规行为。对照自治区民政厅等11部门于2018

年 6 月 27 日印发的《宁夏回族自治区殡葬领域突出问题专项整治行动实施方案》（宁民发〔2018〕63 号）中，对公墓建设运营中的违法违规行为及相关要求，重点对未经审批擅自兴建、未办理建设用地手续、擅自扩大建设用地面积、违规预售墓位、建售超面积墓位、实施价格欺诈和垄断行为、农村公益性墓地违规对外销售等情形进行全面检查复核。要着力核查已有问题整改情况及是否出现反弹，对未整治、整治不到位的采取有效整改措施，严禁整而不治、治而无果。

（二）依法检查复核整治违建"住宅式"墓地、硬化大墓、活人墓等行为。对照自治区民政厅等 11 部门于 2019 年 4 月 15 日印发的《宁夏回族自治区关于开展违法违规私建"住宅式"墓地等突出问题专项摸排工作方案》（宁民发〔2019〕32 号）要求，检查复核违法违规私建"住宅式"墓地整治情况。对经督促整治不到位的单位，要采取有效措施，依法整治到位；对已摸排而未纳入整治范围的"公墓和农村公益性墓地以外违法违规私建的硬化大墓和活人墓"重点进行整治。

（三）对新增问题"零容忍"。2018 年和 2019 年，我区按照民政部的统一部署开展了两次殡葬领域的专项整治工作，取得了明显的成效。因此，无论是公墓内还是公墓外出现新增的违法违规建设的墓地，全部予以拆除；特别是对新的顶风违建行为予以严厉打击、严肃问责、公开曝光，形成威慑效应。对苗头问题强化源头管控，早预防、早发现、早制止，坚决刹住违法违规建设墓地反弹甚至蔓延歪风。

三、工作安排

（一）检查复核（2020 年 10 月至 11 月）。各地要按照《行动方案》的要求，在当地党委和政府领导下，结合实际制定本地区违建墓地专项整治成果巩固提升行动的具体实施方案，建立健全领导机制，要进一步明确相关要求、责任分工、方法步骤及工作措施，加强动员部署全面启动检查复核和整改工作。

（二）扎实整改（2020 年 12 月至 2021 年 9 月）。各相关部门及殡葬管理服务机构在前期检查复核和整改的基础上，建立完善问题清单和整改台账，明确责任和时限，逐一抓好整改落实，做到整改一项销号一项，确保把问题分析透、改到位，不留"后遗症"。同时，要从补短板、建机制完善政策措施等方面入手，扎实推进整改工作。银川市、石嘴山市、吴忠市、固原市、中卫市民政局将本地违建墓地专项整治成果巩固提升行动报告于 2021 年 9 月 10 日前报自治区民政厅。

（三）调研总结（2021 年 10 月至 12 月）。自治区民政厅会同相关部门成立联合工作组，对各地专项开展巩固提升行动情况进行随机抽查。指导督促各地落实核查和整改任务要求。对工作走过场、整改不到位的，约谈相关单位负责人，提出改进意见和建议。对好的经验做法，进行总结推广，确保专项行动取得实效。

四、工作要求

（一）提高政治认识，加强组织领导。各地要从讲政治的高度，充分认识开展违建墓地专项整治成果巩固提升行动的重要性和紧迫性，将其作为牢固树立"四个意识"、坚决落实"两个维护"的实际行动，作为维护人民群众合法权益、落实乡村振兴战略的具体措施，作为治理殡葬领域突出问题、推动殡葬事业健康发展的重要抓手，从严从实抓好工作落实。各地要提请当地党委和政府将提升行动摆上重要议事日程，成立党委和政府领导挂帅的巩固提升行动工作领导小组或部门联席会议机制，加大统筹协调力度，整合监管执法力量，压紧压实各方责任，形成高位推动态势，确保部署统一、组织有力、措施精准、实效明显。

（二）明确部门职责，强化协同配合。各相关部门要切实履职尽责，对违规建坟滥占耕地林地、破坏资源环境的行为，要强化共同责任意识，建立分工协作机制。民政部门要按照党委和政府的统一部署，牵头抓总，做好巩固提升行动的统筹协调、组织实施工作。发展改革部门要负责检查复核殡葬基本服务收费制定情况；公安部门要依法查处阻碍检查复核整治等行为，并协助做好违建墓主信息查询等工作；自然资源部门要协同检查复核整治违法占地建造用于骨灰、遗体安葬（放）的建筑物、构筑物，以及违反规划建设公基设施等情况；生态环境部门要配合检查复核破坏生态环境修坟建墓情况；农业农村部门要结合统筹实施乡村振兴战略，做好相关工作；文化和旅游部门要按职责配合相关部门做好旅游景区内违规建墓情况的检查复核整治工作；市场监管部门要检查复核整治殡葬领域违法乱收费、殡葬行业垄断行为等情况；林草部门要检查复核整治毁坏林地、草原违规建墓情况；文物部门要检查复核整治文物保护单位保护范围和建设控制地带内违规建墓情况。

（三）把握政策界限，依法分类整改。严格落实属地管理责任、部门监管责任和公墓建设运营单位主体责任，压实市、县（区）、乡镇党委和政府领导责任，并充分发挥基层党组织、村（居）委会和村民小组干部、红白理事会和村民代表的作用，做实做细检查复核工作。要针对不同情况，突出重点，抓住要害，分类制定整治措施，视情采取拆除、部分拆除、缩小规模、改造复绿等措施分类处置，并完善监管措施和处罚手段，避免"一刀切"。对公墓内违建墓位，除历史遗留、具有文物保存价值以外的一律依法整改，对久拖不治甚至继续违规建售的，依法严厉惩处，并约谈相关负责人，纳入失信黑名单，直至予以取缔。对公墓外违建硬化大墓、活人墓的，要根据墓位建造时间、规模大小、硬化程度、所处位置等情况，分清轻重缓急，分步稳妥有序实施。要重点查处党员干部特别是领导干部带头违建、顶风违建等行为，特别是对墓位硬化面积大、严重破坏环境、专项整治后新增违建问题，发现一起，整治一起，曝光一起，绝不姑息。

（四）坚持疏堵结合建立长效机制。坚持疏导先行，把建设公益性安葬设施、强化公益性安葬服务供给作为治理违规建墓的基础条件，尽快实现公益性安葬设施全覆盖。对不具备基本安葬条件的，要采取先建后迁或临时转存安置等方式，加快补齐建好当地公益性安葬设施，优化日常服务管理，提高群众认可度，满足逝有所安需求的短板。没有公益性安葬设施或相关设施不足的地区，不得强行整治、一拆了之。对涉及普通群众坟墓改造迁移和历史遗留问题，要做深做细群众思想工作，以政策宣传、说服教育为主；以服务保障、示范引导为先，严禁简单粗暴、蛮干硬推。要围绕违建墓地乱象整治中发现的问题，深挖成因，从加强公益性安葬设施和优质服务供给、规范丧葬礼仪、强化日常监管、创新治理方式等方面综合施策，健全规范管理长效机制。要充分发挥党员干部模范带头作用，发挥村民理事会、红白理事会等基层群众性自治组织、社会组织功能，持续深入推进殡葬移风易俗，倡导厚养礼葬。

（五）积极引导舆论，营造良好环境。各地要加强此次巩固提升行动的政策解读及舆情引导，统一对外政策口径，有针对性地回应社会关切和群众诉求，防范化解误读与炒作。加强舆情研判和监测，强化媒体正向引导责任，对不实或恶意炒作信息，及时予以澄清，营造良好舆论氛围。加强殡葬管理、土地管理等相关法律法规普法宣传工作，引导广大群众、殡葬服务从业人员和市场主体增强诚信经营、自觉守法意识。

附件：（略）

关于印发《自治区殡葬业价格秩序、公益性安葬设施建设经营专项整治工作实施方案》的通知

（宁民发〔2021〕47号）

各市、县（区）民政局、发展改革委（局）、公安局、自然资源局、住房和城乡建设局、卫生健康委（局）、市场监管局、林业和林草局：

现将《自治区殡葬业价格秩序、公益性安葬设施建设经营专项整治工作实施方案》印发给你们，请结合实际贯彻执行。

自治区民政厅　自治区发展和改革委员会
自治区公安厅　自治区自然资源厅
自治区住房和城乡建设厅　自治区卫生健康委员会
自治区市场监督管理厅　自治区林业和草原局
2021年9月3日

自治区殡葬业价格秩序、公益性安葬设施建设经营专项整治工作实施方案

为贯彻落实全国殡葬业价格秩序、公益性安葬设施建设经营专项整治电视电话会议精神，按照民政部等8部门联合印发《关于开展殡葬业价格秩序、公益性安葬设施建设经营专项整治的通知》（民发〔2021〕67号）要求，自治区民政厅、发展和改革委员会、公安厅、自然资源厅、住房和城乡建设厅、卫生健康委员会、市场监督管理厅、林业和草原局决定自2021年8月至12月在全区开展殡葬业价格秩序、公益性安葬设施建设经营专项整治工作（以下简称"专项整治工作"），结合实际制定实施方案如下：

一、总体要求

以习近平新时代中国特色社会主义思想为指导，认真贯彻落实习近平总书记"七一"重要讲话精神和关于殡葬工作的重要指示精神，通过开展专项整治工作，着力解决殡葬业价格秩序混乱、殡仪馆和殡葬中介服务违法违规谋利等殡葬领域突出问题，进一步健全监管长效机制，促进殡葬行业健康有序发展，切实维护人民群众殡葬合法权益。

二、组织领导

为确保专项整治工作顺利开展，自治区民政厅成立殡葬业价格秩序、公益性安葬设施建设经营专项整治工作协调小组，组长由民政厅主要负责同志担任，副组长由民政厅分管负责同志担任，成员由自治区民政厅、发展和改革委员会、公安厅、自然资源厅、住房和城乡建设厅等部门相关处室负责人组成，领导小组办公室设在民政厅儿童福利处（社会事务处）。

三、整治范围

全区所有殡仪馆、殡仪服务站（中心）、经营性公墓、公益性公墓、医疗机构太平间、殡仪中介服务机构均纳入此次专项整治范围。

四、主要任务及分工

（一）整治墓地价格秩序

1. 规范公墓价格。对实行政府定价或政府指导价管理的公墓，社会反映价格偏高的，采取措施、降低价格。

牵头单位：各市、县（区）发展改革委（局）

配合单位：各市、县（区）民政局、市场监管局

完成时限：2021 年 11 月底

2. 整治公墓收费行为。对实行政府定价（含政府指导价）但不执行政府定价（指导价），超标准、超范围收费，以及涉嫌垄断和不正当竞争行为，依法进行查处。

牵头单位：各级市场监管部门

配合单位：各市、县（区）发展改革委（局）、民政局

完成时限：2021 年 11 月底

（二）整治殡仪馆违法违规谋利行为

3. 整治乱收费行为。对违反价格法律法规，擅自设立收费项目、提高收费标准、扩大收费范围及强制捆绑服务等乱收费行为的，对限制丧属使用自带骨灰盒或采取附加费用等方式限制丧属自带文明丧葬用品的，依法进行查处。

牵头单位：各市、县（区）市场监管局、民政局

配合单位：各市、县（区）发展改革委（局）

完成时限：2021 年 11 月底

4. 规范服务流程。对未认真执行收费公示制度，未在显著位置公布服务项目、收费标准、文件依据、减免政策、举报电话、服务流程和服务规范的，依法责令改正。

牵头单位：各市、县（区）民政局

配合单位：各市、县（区）市场监管局

完成时限：2021 年 11 月底

（三）整治殡葬中介服务违法违规谋利行为

5. 整治中介服务机构违规服务行为。对违法违规从事殡葬中介服务或提供遗体存放、整容、守灵、祭奠等涉及遗体服务行为的，对非法接运遗体的社会车辆（救护车除外），对开展殡葬服务过程中妨害公共秩序、危害公共安全、侵害他人合法权益构成违反治安管理行为的，依法进行查处。

牵头单位：各市、县（区）公安局、民政局

配合单位：各市、县（区）市场监管局

完成时限：2021 年 11 月底

6. 整治服务收费不规范行为。对在提供殡葬中介服务及销售丧葬用品时，有不明码标价、价格欺诈等价格违法行为的，依法进行查处。

牵头单位：各市、县（区）市场监管局

配合单位：各市、县（区）民政局

完成时限：2021 年 11 月底

7. 整治医院太平间违规行为。对医院太平间承办或出租给个人（企业）非法从事遗体整容、

化妆、洗浴、穿衣、祭奠等殡葬服务活动，医疗机构医护人员或其他工作人员向外界和殡葬服务（中介）机构提供逝者及其亲属信息，牟取利益的，依法依规予以处理。

牵头单位：各市、县（区）卫生健康委（局）

配合单位：各市、县（区）民政局、市场监管局

完成时限：2021 年 11 月底

（四）整治未经审批或审批手续不全行为

8. 整治经营性公墓运行中的违规行为。对经营性公墓，未批先建、擅自扩大用地面积、修建超标墓位、违规预售（租）等违法行为，进行依法查处。对在修建、经营墓地过程中，构成违反治安管理行为的，依法进行处罚；构成犯罪的，依法追究刑事责任。

牵头单位：各市、县（区）民政局、公安局

配合单位：各市、县（区）发展改革委（局）、住房和城乡建设局、自然资源局、市场监管局、林业和草原局

完成时限：2021 年 11 月底

9. 整治公益性安葬设施违规行为。对未履行审批手续或审批手续不全、违法占地或者超出批准建设用地面积的公益性安葬设施，视情况责令整改，并按有关规定补办相关手续。

牵头单位：各市、县（区）民政局

配合单位：各市、县（区）发展改革委（局）、住房和城乡建设局、自然资源局、林业和草原局

完成时限：2021 年 11 月底

（五）整治改变公益用途违规经营行为

10. 整治改变公益用途违规经营行为。对改变公益用途、开展对外销售等违法违规经营活动的公益性安葬设施，责令其立即停止经营活动。对涉及违法违规墓位（格位）的，要限期改正，并可依照相关规定没收违法所得，处以相应罚款。对以家族集中存放骨灰形式整间出售安葬设施的，限期改造为开放式骨灰存放方式。

牵头单位：各市、县（区）民政局

配合单位：各市、县（区）市场监管局

完成时限：2021 年 11 月底

五、工作安排

（一）制定方案（2021 年 8 月 24 日—9 月 10 日）

各级民政部门按照本方案要求，及时会同有关部门制定殡葬业价格秩序、公益性安葬设施建设经营专项整治实施方案，建立健全领导机制，明确目标任务、处置措施、责任分工、方法步骤和工作措施，于 2021 年 9 月 10 日前完成方案制定，经同级人民政府批准后，进行动员部署，全面启动专项摸排和整改工作。

（二）摸排整改（2021 年 9 月 11 日—11 月 26 日）

各级民政部门要联合相关部门对殡仪馆、殡仪服务站（中心）、经营性公墓、公益性公墓、医疗机构太平间、殡仪中介服务机构进行"地毯式"全面排查，建立完善问题清单和整改台账，明确责任和时限，逐一抓好整改落实，做到整改一项销号一项，确保把问题分析透、改到位，不留"后遗症"。要把整治的重点聚焦到机构的违法违规行为上，注重总结、借鉴整治工作的经验和做法，妥善防范处置各种矛盾，确保既要解决问题，又要解决好群众的合理利益诉求，对发现的重大问题，及时向当地党委和政府反馈，督办解决，稳步推进专项整治工作。各县、市（区）民政部门要把握好整治内容、方法步骤和时间进度，于每周星期四 12：00 前将附件 1 和附件 2，报所属地市级

民政局汇总，地市级民政局于当天 17：00 报自治区民政厅儿童福利处（社会事务处），自治区民政厅每周五将各地落实情况报民政部。

（三）调研督查（2021 年 11 月 27 日—12 月 10 日）

自治区民政厅会同相关部门对各地开展专项整治情况进行调研督查，指导督促各地落实好整改任务。对整治工作不扎实、走过场，特别是整治好的问题有反弹现象、又出现新问题或相关负面舆情的，民政厅将采取约谈、通报等方式加大督促整改力度，对好的经验做法，进行总结推广。设区的市级民政部门将本地区的整治情况报告经市政府分管领导同意后，于 12 月 10 日前报民政厅（电子版一并报送），民政厅于 12 月底前将整治情况分别上报自治区政府和民政部。

六、工作要求

（一）提高政治站位、加强组织领导。各地要在当地党委和政府领导统筹协调下开展专项整治工作，进一步增强做好此次专项整治工作的使命感和责任感，要建立健全或依托现有的领导协调机制，加大统筹协调力度，形成高位推动态势，确保部署统一、组织有力、措施精准、落实责任、见到实效。自治区民政厅将此次专项整治实施情况纳入 2021 年民政部重点工作评估内容，强化导向引领。

（二）创新工作机制、强化协同配合。各地各部门要加强协调、正视问题、抓住关键、强化责任、形成合力，凝心聚力抓好专项整治工作。要着力围绕群众反映强烈的难点问题、历史遗留问题，研究提出对策措施，防止问题拖大拖"炸"、避免"运动式"治理。要把此次专项整治与殡葬领域突出问题专项整治工作"回头看"有机结合起来，建立综合整治机制，发挥各部门职能优势，统筹各领域执法力量，形成协同整治合力。要建立信息报送共享机制，重大事项随时报告，发现重大问题和线索要及时移交有关部门。在整治过程中，各地要扎实稳妥做好工作，协调宣传、网信等部门，加强舆情监测研判和引导处置。

（三）压实工作责任、确保整治效果。各地要严格按照时间节点，层层压实责任，形成合力，地市级民政部门要加大指导督导力度，县级民政部门要落实责任，乡镇（街道）、村（社区）要履行属地责任，殡葬服务机构要履行主体责任。整治工作既要充分体现法纪严肃性，也要稳妥操作，把握好法规政策界限，禁止简单粗暴。对不整改的建设运营主体，要把相关信息数据和失信情况等纳入企业经营异常名录或全国信用信息共享平台公布。对于各地摸排出的殡葬业其他突出问题，由当地民政部门报请当地党委和政府研究决定是否纳入整治范围，确保专项整治工作务实取得成效。

附件：1. 专项整治工作进展情况统计表（略）

2. 专项整治情况台账（略）

自治区民政厅关于转发民政部《关于深化"放管服"改革进一步规范经营性公墓审批监管工作的通知》的通知

各市、县（区）民政局：

为贯彻落实《国务院关于深化"证照分离"改革进一步激发市场主体发展活力的通知》（国发〔2021〕7号）精神，民政部下发了《关于深化"放管服"改革进一步规范经营性公墓审批监管工作的通知》（民发〔2021〕58号），现转发给你们，请结合以下要求一并抓好贯彻落实。

一、明确下放事项。从即日起，将经营性公墓审批权限由自治区民政厅下放至设区的市级民政部门，设区的市级民政部门将审批结果报自治区民政厅备案。

二、抓好组织实施。经营性公墓审批权限下放后，设区的市要按照公益性为主体、营利性为补充、节地生态为导向的原则，严格开展经营性公墓审批工作，做到自治区未制定殡葬基础设施规划前暂不宜审批、未纳入设区的市级殡葬事业发展规划的不予审批、已建有经营性公墓的墓位未趋于饱和且能满足需求的不予审批、县（市、区）未建设公益性公墓的不予审批。县（市、区）要根据实际，合理配置经营性与公益性安葬（放）设施，制定完善经营性公墓、公益性公墓、公益性骨灰堂等殡葬设施数量、布局规划，并报当地政府审批。

三、加强监督管理。设区的市级民政部门要按照审批监管权责相统一原则，依法对审批的经营性公墓实施建设运营全过程监管，压实属地管理部门和殡葬服务机构主体责任。各地要依法依规严肃查处未批先建、擅自修改规划、扩大用地面积、超标准建墓、违规销售等行为。对不按规定审批、不履行监管责任的，要依法追究审批机关及相关责任人的法律责任。改革前审批的经营性公墓，继续由自治区、市、县（市、区）级民政部门依法履行监管职责；改革后审批的经营性公墓，由市、县（市、区）级民政部门依法履行监管职责。

宁夏回族自治区民政厅

2021年11月18日

自治区民政厅 自治区财政厅关于开展城乡公益性公墓（逝安园）项目建设试点工作的通知

（宁民字〔2022〕41号）

各市、县（区）民政局、财政局：

为全面贯彻党的十九大和十九届历次全会、自治区第十三次党代会精神，服务黄河流域生态保护和高质量发展先行区建设，探索土葬改革区节地生态安葬方式，推动符合宁夏实际的殡葬改革发展，根据《自治区政府办公厅关于建立健全自治区"十四五"规划纲要实施机制统筹推进规划目标任务落地落实的通知》要求，自治区民政厅、财政厅决定在全区开展城乡公益性公墓（逝安园）项目建设试点工作（以下简称"项目建设"），现就有关事宜通知如下。

一、开展试点工作的重要意义

殡葬事业是一项特殊的社会公益服务事业，关系人民群众的切身利益，是保障和改善民生的重大事项。近年来，我区以推动殡葬改革为牵引，以专项整治为抓手，按照国家和自治区殡葬领域突出问题专项整治工作要求，狠抓公墓审批运营，积极规范中介服务，强化殡葬用品监管，有力遏制了散埋乱葬、超标准建墓等问题，在推行火葬、改革土葬、整治散埋乱葬上取得了一些成效。但仍存在一些问题和不足，基本殡葬公共服务设施建设滞后、缺口较大，无法满足群众就近、低成本、环保办理丧事的需求，社会反应强烈；根深蒂固的传统安葬观念制约着绿色殡葬的发展，重殓厚葬、盲目攀比、奢侈浪费现象仍然没有得到有效遏制；公墓硬化石化等问题突出，特别是大量使用石材、混凝土等不可降解材料，导致土地无法重复利用，造成了严重的资源浪费；大多数农村墓地都是历史形成的集中埋葬点，缺少统一规划和规范管理，散埋乱葬、占用林地耕地，成了美丽乡村建设的"疮疤"。

推进项目建设试点，是解决硬化石化等问题，积极改革土葬、倡导厚养简葬、树立文明新风的重要途径，也是节约殡葬用地、促进生态文明建设、维护群众殡葬权益的有效举措。各级民政、财政部门要充分认识开展项目建设试点工作的重要意义，从解决群众在殡葬领域最关心最直接最现实的利益出发，立足殡葬领域填空白、补短板，做好基础性兜底性工作，保障群众基本殡葬服务需求。

二、总体目标和要求

坚持以习近平新时代中国特色社会主义思想为指导，认真贯彻落实党中央、国务院关于殡葬工作的决策部署以及自治区党委和政府的具体要求，坚持以人民为中心的发展思想，完整准确全面贯彻新发展理念，以推动殡葬改革为牵引，以满足群众基本殡葬需求为导向，以创新完善殡葬体制机制为动力，坚持"政府主导、统筹推进，保障基本、凸显公益，节地简葬、生态环保"原则，强化政府主体责任，优化殡葬资源配置，以项目建设推行节地生态安葬，推进殡葬移风易俗，推动殡葬改革。试点期间，每个设区的市至少建设 1 个城乡公益性公墓（逝安园）试点项目，推动建立殡葬管理长效机制，逐步实现基本殡葬服务均等化，有效解决人民群众的操心事、烦心事、揪心事。

三、试点地区

各地按《宁夏回族自治区城乡公益性公墓（逝安园）项目管理办法》要求进行申报，自治区民政厅、财政厅根据申报情况，每年确定 3 个试点县区，试点时间为 3 年。

四、经费保障

自治区民政厅、财政厅根据申报情况、自治区本级年度预算安排等因素，给予试点项目适当补助。各地要履行属地责任，积极引导和吸收企业、社会组织和个人无偿捐助捐建。

五、试点内容

（一）加强统筹规划。各地要根据自治区民政厅《关于开展殡葬设施建设规划编制工作的通知》要求，制定完善本地殡葬事业发展规划或殡葬设施建设规划，并纳入当地国民经济和社会发展总体规划,把项目建设作为推动殡葬改革的主要抓手,统筹现有殡葬设施资源,按照服务人口和辐射半径规划建设城乡公益性公墓(逝安园),逐步形成布局合理、设施完善、功能齐全、服务便捷的基本殡葬公共服务网络。

(二)严格建设标准。项目建设应符合节地简葬、生态环保的原则,大力推行少占土地、少耗资源,严禁使用不可降解材料,严禁硬化石化,严禁建设超标准墓位、家族墓、豪华墓、艺术墓和个性化墓。做到"五统一":统一公墓名称。统一为"×××县(市、区)逝安园"或"×××县(市、区)×××乡(镇)逝安园";统一墓碑尺寸。统一使用卧碑,长小于 0.45 米、宽小于 0.35 米、厚小于 0.1 米;统一墓位面积。埋葬遗体的单人墓占地面积不得超过 4 平方米,双人合葬墓不得超过 6 平方米;统一葬式葬法。设遗体安葬区和节地生态安葬区,遗体安葬倡导深埋、不留坟头,节地生态安葬倡导树葬、草坪葬、花坛葬、壁葬、格位存放等葬式葬法;统一公墓管理。项目试点县级民政部门直接负责运行管理。要根据当地群众殡葬需求,配备管理用房、公共祭扫区、卫生间、停车场、消防等配套设施。绿化面积不少于 30%。

(三)完善管理机制。试点地区人民政府落实主体责任,按照"保障 50 年殡葬需求,明确 20 年使用周期,坚持一次建设满足 5 年安葬需求"的原则,殡葬用地一次性供给、分期分批进行建设。项目运行应充分体现社会福利和政府救助的特点,充分考虑群众的经济承受能力,遵循不盈利的原则,墓位免费供给,各地可探索管理机制,保障城乡公益性公墓(逝安园)持续有序运行。

(四)推进丧俗改革。墓区内应文明祭扫,祭奠活动应在公用祭扫区举行,严禁举办封建迷信活动,严禁焚烧纸扎。用社会主义核心价值观引领殡葬文化创新发展,积极融入全面推进乡村振兴战略,纳入文明村镇创建、美丽乡村建设以及文明家庭等群众性精神文明创建活动,发挥党员干部示范带头作用,依靠红白理事会进行自我约束,依托殡葬协会的行业自律,充分发挥项目建设引领作用,引导群众树立厚养简葬的丧俗理念,推行文明节俭治丧、节地生态安葬的殡葬新风尚。

六、试点步骤

(一)前期准备阶段。各地民政部门要充分调研论证,拟写项目可行性报告,制定项目建设方案,由本级人民政府会议研究同意,经同级发展改革、自然资源、生态环境、住房和城乡建设等部门审核批复,取得政府关于公墓建设行政审批的批复后向自治区民政厅、财政厅申报试点项目。

(二)组织实施阶段。建设标准参照国家住房和城乡建设部、发展改革委《城市公益性公墓建设标准》(建标 182-2017)和《宁夏回族自治区城乡公益性公墓(逝安园)项目管理办法》执行,并按照"五统一"要求进行建设。要加强对项目资金管理和项目实施情况的监督检查,项目经批准立项后,原则上不得调整,确需调整的按自治区有关规定执行,确保项目建设和服务管理规范有序。

(三)验收总结阶段。自治区民政厅、财政厅将加强与试点地区沟通,适时召开座谈会,及时掌握试点工作进展情况、存在问题和意见建议,及时总结好的经验和做法。试点的第三年将对试点单位进行评估验收,评估结果作为下一期是否继续补助资金的依据。

七、保障措施

(一)强化部门协同。试点地区要将项目建设试点工作纳入当地党委和政府的重大决策或督查计划。要充分发挥殡葬改革工作领导小组作用,研究解决试点工作中的重大问题,推动形成上下联动、左右联通、各司其职、齐抓共管的工作格局。民政部门要牵头做好城乡公益性公墓(逝安园)政策标准制定、殡葬事业发展规划编制、设施审批、监管等工作。财政部门要结合自身财力状况及实际需求,统筹考虑项目建设和运行资金的财政保障。民政部门要积极协调发展改革部门统筹做好城乡公益性公墓(逝安园)建设和殡葬公共服务设施建设规划;协调自然资源部门依法保障规划内殡葬设施建设用地,加强对殡葬用地监管,严禁扩大建设规模,严禁改变土地用途,解决好安葬设施项目辐射范围和"邻避问题",有效防范和化解风险。

(二)建立奖补机制。试点地区要开展节地生态安葬示范活动,建设生命文化教育基地,打造优秀殡葬文化传承平台。要大胆探索、先行先试,逐步形成可复制、可推广的有效模式;探索建立节地生态安葬奖补制度,把树葬、草坪葬、花坛葬、壁葬、晶石葬、格位存放以及遗体(骨灰)深埋不留坟头等不占或少占地的节地生态葬法,纳入奖补范围,鼓励群众积极参与;探索建立环保殡葬用品补贴制度,对带头推行生态环保殡葬用品、推行生命晶石的殡葬服务单位或使用亲属,给予奖励或补贴,推动绿色殡葬的进一步深化。

(三)加强公墓管理。城乡公益性公墓(逝安园)必须坚持公益属性,公墓管理单位应与逝者家属签订宁夏殡葬协会监制的《宁夏公墓墓位使用合同》,并发放《墓位使用证》,明确双方的责任和义务。墓位应按顺序统一编号,依次为逝者安排墓位,全程指导逝者家属按照有关规定进行安葬,营造祥和、整洁、生态环保的墓区环境。

(四)加强宣传引导。各地要建立殡葬工作宣传引导长效机制,宣传政策法规,普及科学知识,传递文明理念,注重实践养成。坚持宣传教育与依法治理相结合,推动殡葬改革、倡导移风易俗,确保公益性公墓建设管理体现民意、顺应民心。强化典型示范引领,用身边事教育身边人,为树立厚养简葬、文明节俭、生态环保的殡葬新风尚营造良好氛围。

宁夏回族自治区民政厅 宁夏回族自治区财政厅

2022 年 7 月 4 日

自治区民政厅关于印发《宁夏回族自治区城乡公益性公墓(逝安园)项目管理办法》的通知

(宁民字〔2022〕49 号)

各市、县(区)民政局:

《宁夏回族自治区城乡公益性公墓(逝安园)项目管理办法》经自治区民政厅 2022 年第 6 次厅务会研究同意,现印发给你们,请认真贯彻执行。执行中遇到的问题,请及时报告自治区民政厅。

宁夏回族自治区民政厅

2022 年 7 月 27 日

宁夏回族自治区城乡公益性公墓（逝安园）
项目管理办法

第一章　总　　则

第一条　为规范城乡公益性公墓（逝安园）项目管理（以下简称"项目"），加强组织实施，确保项目质量和效果，根据国务院《殡葬管理条例》《宁夏回族自治区殡葬管理办法》《宁夏回族自治区公墓管理暂行办法》，结合我区实际，制定本办法。

第二条　本办法所称的城乡公益性公墓（逝安园）是指由县级人民政府审批、无偿划拨土地、主导建设，为本行政区域内的居民提供遗体安葬和骨灰安置的公益性殡葬服务设施。

第三条　项目由自治区民政厅指导，设区的市级民政部门统筹规划，县级民政部门具体负责实施。

第四条　项目立足殡葬服务兜底线、均等化，殡葬设施填空白、补短板，殡葬规划统布局、调结构，增强兜底保障能力，提升社会服务水平，逐步形成布局合理、设施完善、服务便捷、保障有力的殡葬公共服务体系。

第二章　项目申报

第五条　项目申报必须满足以下条件：

（一）项目要符合殡葬事业发展规划、城乡建设规划，并纳入本级国土空间规划；办理土地调规、划拨等前期手续，项目土地必须划拨在县级民政部门名下。

（二）项目用地按照保障 50 年殡葬需求，明确 20 年使用周期，坚持一次建设满足 5 年安葬需求，并确定四至界限。

（三）办理本级发展改革、自然资源、生态环境、住房和城乡建设等部门相关批复文件。经县级人民政府审批（公墓建设批复）建设。

（四）有明确详细的资金支持方案（明确资金来源构成）。

第六条　项目申报所需材料：

（一）项目申报书（含绩效目标）；

（二）项目实施方案（含规划设计图）；

（三）项目可行性研究报告；

（四）发展改革部门立项批复；

（五）符合城乡规划建设的相关文件材料；

（六）环保部门出具的环评结论；

（七）土地使用权属证件（附图）或自然资源部门出具的土地预审和选址意见书（附图）等；

（八）县级人民政府关于公墓建设行政审批的批复；

（九）财政部门要求报送的其他材料。

第七条　项目申报审核程序：

（一）县级民政部门提出项目建设申请；

（二）设区的市级民政部门于每年 2 月底前对县级民政部门申报的项目审核同意后，汇总上报自治区民政厅；

（三）自治区民政厅按照项目申报、审核程序，对各地申报的项目进行审核，按规定报送自治区财政厅，财政厅审核后下达资金文件。

第八条　县级民政部门要严格按照立项批复和资金文件要求执行，不得擅自调整。项目执行过程中确需调整的，按自治区有关规定执行。

第三章　项目建设

第九条　项目建设应当坚持"政府主导、统筹推进，保障基本、凸显公益，节地简葬、生态环保"的原则，按照项目和工程管理有关规定执行。

第十条　项目建设标准：

（一）公墓绿地覆盖率不低于30%。

（二）墓位（穴）严禁硬化石化，禁止使用不可降解材料，严禁建设超标准墓位、家族墓、豪华墓、艺术墓和个性化墓。

（三）埋葬遗体的单人墓占地面积不得超过4平方米，双人合葬墓不得超过6平方米；墓碑可统一使用卧碑，长度、宽度、厚度分别小于0.45米、0.35米、0.1米。

（四）墓位左右间距不超过0.2米，墓前步道宽度不超过0.8米。

（五）项目建设应根据当地情况设置遗体安葬区、节地生态安葬区、骨灰安置区等墓区。

（六）遗体安葬区倡导深埋、不留坟头，节地生态安葬区倡导树葬、草坪葬、花坛葬，骨灰安置区为格位存放、壁葬。

（七）应配备公共祭扫区、管理用房、卫生间、停车场、消防等基础配套设施。

第四章　项目资金

第十一条　用于项目建设的资金（以下简称"项目资金"），应当坚持规范管理、专款专用和公开透明的原则。

第十二条　项目资金由政府主导筹集。各地要履行属地责任，积极引导和吸收企业、社会组织和个人无偿捐助捐建。形成的资产由县级民政部门按有关规定进行登记管理，防止国有资产流失。

第十三条　项目资金原则上每个建设周期补助一次，根据项目实际需求、县级财政困难程度、自治区本级年度预算安排等因素确定补助额度，优先安排公益性安葬（放）设施空白的县区。

第十四条　项目资金用于符合项目建设相关支出。项目资金中的彩票公益金支持部分不得超出《彩票公益金管理办法》明确的使用范围。

第十五条　各级民政、财政部门应当建立项目资金支出绩效评价制度，对项目建设、资金使用及社会效益等情况进行综合考评。

第五章　运行管理

第十六条　项目根据有关规定办理审批或备案手续。严格执行《中华人民共和国招标投标法》《中华人民共和国政府采购法》《宁夏回族自治区招标投标管理办法》等法律法规及相关规定。

第十七条　项目建成后统一命名为"×××县（市、区）逝安园"，为了便于区分，可命名为"×××县（市、区）×××乡（镇）逝安园"。

第十八条　项目运行管理由县级民政部门负责，应充分体现社会福利和政府救助的特点，充分考虑群众的经济承受能力，遵循不盈利的原则，墓位免费供给，各地可探索管理机制，保障城乡公益性公墓（逝安园）持续有序运行。

第六章　监督管理

第十九条　县级民政部门对项目的投资安排、项目管理、资金使用、实施效果负总责。自治区民政厅和设区的市级民政部门对项目采取事前、事中、事后相结合，日常监督与专项监督相结合，对项目建设、资金使用全过程监督管理。

第二十条　项目资金使用管理要严格执行国家有关法律法规和财务规章制度，应当遵循专款专用原则，严禁挤占、挪用和截留，对违规使用的，依照《财政违法行为处罚处分条例》等相关规定处理；涉嫌犯罪的，依法移送有关部门处理。

第二十一条　彩票公益金资助的项目，项目实施单位要在每年6月底前向社会公开项目进展情况、公益金使用管理情况、项目成果、绩效评估及审计结果、信访投诉等信息。

第七章　附　　则

第二十二条　本办法适用于宁夏所有公益性公墓建设项目。

已建成的公益性公墓和经营性公墓内的公益性墓区，参照本办法执行。

第二十三条　各地根据公墓管理有关规定和本办法，制定本级城乡公益性公墓管理办法，细化管理职责、服务流程等相关事宜，确保公益性公墓有序运行。

第二十四条　本办法由自治区民政厅负责解释。

第二十五条　本办法自2022年7月27日起施行，有效期三年。

自治区发展改革委　民政厅　财政厅　市场监督管理厅
关于印发《宁夏回族自治区殡葬收费和价格
管理办法》的通知

（宁发改规发〔2023〕12号）

各市、县（区）发展改革委（局）、民政局、财政局、市场监管局，宁东管委会经发局、社会事务局、财政金融局、市场监管局：

为加强殡葬收费和价格管理，促进我区殡葬事业持续健康发展，自治区发展改革委会同自治区民政厅、财政厅、市场监管厅制定了《宁夏回族自治区殡葬收费和价格管理办法》，现印发给你们，请结合实际认真抓好落实。

宁夏回族自治区发展改革委　宁夏回族自治区民政厅
宁夏回族自治区财政厅　宁夏回族自治区市场监管厅
2023年10月31日

宁夏回族自治区殡葬收费和价格管理办法

第一章　总　　则

第一条　为加强殡葬收费和价格管理，进一步规范殡葬收费行为，维护群众和殡葬经营服务单位的切身利益，促进我区殡葬事业健康发展，根据《中华人民共和国价格法》《殡葬管理条例》

《国家发展改革委 民政部关于进一步加强殡葬服务收费管理有关问题的指导意见》《宁夏回族自治区定价目录》等规定，结合我区实际，制定本办法。

第二条　本办法适用于宁夏回族自治区行政区域内依法设立，取得经营资格的殡葬服务机构及其他经营单位提供殡葬相关服务和墓地维护管理收费行为，墓位和殡葬用品销售价格行为。

第三条　制定收费和价格应当依据商品和服务的社会平均成本、市场供求状况、社会发展要求以及社会承受能力，减轻群众丧葬费用负担，促进殡葬事业健康发展的原则。

第四条　殡葬收费和价格管理包括殡葬基本服务费、延伸服务费、墓位销售价格、墓地管理费和殡葬用品价格。

殡葬基本服务项目主要包括遗体接运（含抬尸、消毒）、存放（含冷藏）、火化、骨灰寄存服务。

延伸服务项目是指在殡葬基本服务项目以外、供群众选择的其他服务项目，包括遗体整容、遗体防腐、吊唁设施及设备租赁。

墓位销售价格是指依法取得合法经营权的公墓经营单位，为公民亡故后提供骨灰安置和遗体安葬的墓位价格，包括公益性公墓（含节地生态安葬设施）、经营性公墓销售价格。

墓地管理费指公墓经营服务单位在公墓运营期间对墓区的墓碑、环境、道路、公用设施等方面维护管理发生的相关费用。

殡葬用品包括骨灰盒、寿衣、花卉等。

第五条　殡葬收费和价格管理职责。自治区发展改革部门负责牵头制定全区殡葬收费和价格管理政策，明确殡葬基本服务、延伸服务和墓地管理费收费标准、墓位租售价格的制定规则，协调、指导全区殡葬收费和价格管理工作。自治区财政部门负责指导市、县（区）财政部门对执收主体为事业单位的殡葬收费，按规定纳入财政预算管理。自治区民政部门负责制定并监督实施殡葬行业管理和服务规范。自治区市场监管部门负责查处价格收费违法违规行为。

各市、县（红寺堡区）人民政府负责制定本行政区域内的殡葬基本服务、延伸服务、墓地管理费收费标准，以及墓位销售价格。

第六条　殡葬收费和价格实行分类管理。殡葬基本服务项目收费实行政府定价、延伸服务项目收费实行政府指导价，公墓销售价格按照获取土地使用权方式分别实行政府定价、政府指导价或市场调节价。墓地管理费按照公墓销售价格相应比例收取。其他殡葬收费、殡葬用品价格实行市场调节价。

第七条　经营性公墓中建设的军魂园、警魂园、遗体和人体器官捐献纪念园和节地生态安葬、纪念设施，属地财政、民政、退役军人事务等部门应给予支持。农村公益性墓地和政府指令性的城乡建设征地迁坟区不得对外开展经营性活动。

第二章　收费项目与标准

第八条　殡葬基本服务项目中的遗体接运（含抬尸、消毒）、存放（含冷藏）、火化、骨灰寄存的收费标准，按照以下规则制定。

（一）遗体接运费。指在本自治区内将遗体从指定地点运送到存放地点发生的费用。主要包括人工费、消毒费、运输车辆的折旧费、维修费和燃料动力费等（不包含过路、过桥费）。

遗体接运费由基础运费和每公里加价两部分组成。基础运送费是指出车一次的固定运费，每公里加价是指出车后按行驶里程另外加收的运费。自治区行政区域外的遗体接运执行市场调节价。

遗体接运费标准以元/具·次为计费单位核定。特殊情况（不同车辆类型、遗体接运难易程度等）收费由消费者与服务提供方协商确定。

（二）遗体存放费。指遗体在存放期间发生的费用。主要包括存放间折旧费、冷藏设备折旧及维修费、管理人员费用、临时棺舍折旧费、消防设施费、电费和装饰费等。

遗体存放费标准以元/间·具·天为计费单位核定，不足24小时按全天计算。根据遗体存放间不同类型、档次分别确定收费标准。

（三）遗体火化费。指遗体在火化过程中发生的费用。主要包括火化间折旧费、火化炉折旧及维修费、尾气处理设备和附属设施折旧费及维修费、除尘布袋损耗更换费及其他材料费、消防设施费、火化燃料费、日常保养费和人工费等。

遗体火化费标准以元/具为计费单位核定。根据火化炉不同类型、档次分别确定收费标准。

（四）骨灰寄存费。指骨灰寄存期间发生的费用。主要包括寄存室折旧费、寄存架等设施费、水电费、消防设施费、人工费和管理费等。

骨灰寄存费标准以元/盒·月为计费单位核定。根据寄存室、寄存架的不同类型、档次分别确定收费标准。

第九条　殡葬延伸服务项目中的遗体整容、遗体防腐、吊唁设施及设备租赁的收费标准，按照以下规则制定。

（一）遗体整容费。指遗体修复、整形和美容发生的费用。主要包括整容间折旧费、材料费和人工费等。

遗体整容费标准以元/具为计费单位核定。

（二）遗体防腐费。指遗体防腐过程中发生的相关费用。主要包括防腐设施折旧费、材料费和人工费等。

遗体防腐费标准以元/具为计费单位核定。

（三）吊唁设施及设备租赁费。指殡葬服务经营者提供吊唁设施设备租赁用于举行吊唁仪式的费用。主要包括设施设备折旧费、管理费、消防设施费、人工费和水电费等。

吊唁设施设备租赁分为告别厅和遗体守灵间设施两部分。

1. 告别厅设施设备租赁费以元/间·30分钟为计费单位核定，时间不足30分钟按30分钟计算。

2. 遗体守灵间设施设备租赁费以元/间·天为计费单位核定，不足24小时按全天计算。

第十条　墓位销售价格按照以下方式分类管理。

（一）由政府有关单位运行管理的公墓墓位实行政府定价；政府划拨土地并与社会资本合作运行的公墓墓位、公墓中未采取招拍挂方式取得土地使用权的墓位实行政府指导价；通过招拍挂方式取得土地使用权的公墓墓位实行市场调节价。

（二）实行政府定价或政府指导价的公墓墓位价格应充分体现保障民生特点，坚持公益性原则，充分考虑群众承受能力，由市、县（红寺堡区）价格主管部门会同有关部门在成本监审的基础上，按定价程序和定价原则制定，公墓墓位计价单位为元/座。主要包括以下成本构成：

1. 土地成本。按政府部门规定的土地补偿标准计算土地成本，配套设施所占土地面积应分摊至各墓位计算土地成本。免费使用土地或低于土地征用补偿标准的，应如实扣减土地成本。

2. 建设成本。由材料费、人工费、财务费用构成。材料费按实际进价加损耗计算成本，人工费指造墓所支付的人工费用，财务费用中的利息按同期银行贷款利率计算计入成本。

3. 配套设施费。指按规划要求配套的道路、绿化、附属设施的建造费用，按墓区的规划面积分摊至各墓位计算成本。节地生态安葬设施不计此项成本。

4. 其他费用。包括管理费用、利润、税金等。

（三）实行市场调节价的经营性公墓墓位应结合当地经济状况、公墓的地理环境、配套设施、交通条件等因素合理制定价格。市场监管部门要对市场价格行为进行监管，严厉查处价格违法行为，规范市场价格秩序。

第十一条　墓地管理费。

公墓土地归国家或集体所有，公墓用地使用年限不得超过 50 年，墓位使用年限每 20 年为一个周期。墓地管理费每 20 年为一个缴费周期，原则上一次性收取，按合同约定的墓位销售价格百分比收取，即骨灰墓 10%，土葬墓 12%，自墓位使用合同生效之日起计算。公墓经营单位应在墓位使用期满前 3 个月内通知逝者亲属办理续用手续，逝者亲属不按期限办理续用手续，经营单位按合同约定处置。墓位使用合同期满继续申请使用的，墓地管理费按照墓位届时售价（或同类型墓位售价）对应比例收取。其他具体事项由经营单位和逝者亲属按合同约定办理。

第十二条　优惠政策。

对城乡特困人员、最低生活保障对象、享受国家定期抚恤补助的优抚对象，由各地民政部门按照相关规定免收殡葬基本服务收费，由属地财政部门给予补贴。对因公安机关等特殊原因或无人认领所致遗体发生的殡葬费用，可予减免。

对城乡特困人员、最低生活保障对象、享受国家定期抚恤补助的优抚对象给予墓位价格优惠，购买实行政府定价或政府指导价的墓位，在原售价基础上下浮 10%。

遗体或人体器官（组织）捐献者免除殡葬基本服务收费、延伸服务收费和墓位费（实行政府定价或政府指导价的墓位），由属地财政部门给予补贴。对于实施节地生态安葬的捐献者给予节地生态安葬奖励。

第三章　收费行为

第十三条　按行政事业性收费管理的殡葬收费，资金全额上缴同级财政，执收单位使用自治区财政部门印制的非税收入票据，实行"收支两条线"管理；其他殡葬服务机构和经营单位使用税务部门的税务票据。

第十四条　各地民政部门要建立殡葬服务收费标准和殡葬用品价格公示制度，通过本部门网站或其他载体将本地区殡仪馆和公墓的收费项目、收费标准进行公示，广泛接受社会监督。

第十五条　殡葬服务经营者开展殡葬服务业务，必须与服务对象签订书面协议，内容包括服务事项、服务内容、收费标准、收费金额、付款方式和期限、双方的权利和义务、解决争议的方式等。

第十六条　殡葬服务经营者应执行收费公示和明码标价制度，在收费场所显著位置公布服务流程、业务规程、服务项目、收费标准、文件依据、减免政策、举报电话等，自觉接受社会监督。

第十七条　殡葬服务经营者在提供服务过程中，应遵守国家有关政策规定，严格规范服务和收费行为，不得擅自越权定价、对丧葬用户进行价格欺诈和价格歧视。引导群众理性消费和明白消费，不得违反公平自愿原则，以任何形式捆绑、分拆或强制提供服务并收费，也不得限制或采取增收附加费等方式，变相限制丧属使用自带骨灰盒等文明殡葬用品。除法律法规规定以及合同约定外，严禁殡葬服务经营者向消费者额外收取其他任何费用。在提供骨灰存放格位、殡葬用品时，要注重满足中低收入群众的需求。

第十八条　殡葬服务经营者应当按照国家规定，建立健全服务成本核算制度，完整、准确记录各项服务成本和收入。

第四章　监督管理

第十九条　各级发展改革、财政和民政部门要充分认识加强殡葬收费和价格管理的重要意义，采取有力措施，加大殡葬收费和价格政策宣传力度。要充分发挥社会和新闻媒体的监督作用，利用广播、电视、报刊、互联网等多种方式，宣传殡葬收费和价格政策以及救助保障措施，提倡移风易俗、厚养礼葬和节地环保的殡葬方式。

第二十条 各级发展改革、民政、财政和市场监管部门要依据职责认真受理群众对殡葬收费和价格的投诉或举报，严肃查处各类价格违法行为，对性质恶劣、情节严重的典型案件公开曝光，切实维护广大群众的合法权益。

第五章　附　　则

第二十一条 本办法由自治区发展改革委、民政厅、财政厅、市场监管厅负责解释。

第二十二条 本办法自 2023 年 12 月 1 日起施行。《自治区物价局、民政厅关于下发〈宁夏回族自治区殡葬服务收费和价格管理暂行办法〉的通知》（宁价费发〔2012〕31 号）同时废止。

● 新疆维吾尔自治区 ●

关于印发《新疆维吾尔自治区
经营性公墓年检实施办法》的通知

（新民发〔2015〕7号）

伊犁哈萨克自治州民政局、发改委、国土局、工商局，各地（州、市）民政局、发改委、国土局、工商局：

　　为加强公墓管理，规范公墓建设和经营行为，深化殡葬改革，保护土地资源，维护人民群众利益，促进殡葬事业健康稳定发展，根据中办、国办《关于党员干部带头推动殡葬改革的意见》（中办发〔2013〕23号）、国务院《殡葬管理条例》（2012年修正本）、民政部等八部委局《关于进一步规范和加强公墓建设管理的通知》（民发〔2008〕203号）、自治区人民政府办公厅《关于进一步加强殡葬管理工作的意见》（新政办发〔2007〕187号）及《关于开展清理整顿公墓和严格公墓建设管理工作的通知》（新政办发〔2009〕79号）和新疆《经营性公墓建设规范》（DB65/T3470-2013）等有关政策法规，现制定印发《新疆维吾尔自治区经营性公墓年检实施办法》，请各地认真组织学习，切实抓好贯彻落实。

　　附件：1. 新疆维吾尔自治区经营性公墓年检实施办法
　　　　　2. 经营性公墓年检报告书（略）
　　　　　3. 经营性公墓年检评分标准（略）

附件1

新疆维吾尔自治区经营性公墓年检实施办法

　　第一条　为加强公墓管理，规范公墓建设和经营行为，深化殡葬改革，保护土地资源，维护人民群众利益，促进殡葬事业健康稳定发展，根据中办、国办《关于党员干部带头推动殡葬改革的意见》（中办发〔2013〕23号）、国务院《殡葬管理条例》（2012年修正本）、民政部等八部委局《关于进一步规范和加强公墓建设管理的通知》（民发〔2008〕203号）、自治区人民政府办公厅《关于进一步加强殡葬管理工作的意见》（新政办发〔2007〕187号）及《关于开展清理整顿公墓和严格公墓建设管理工作的通知》（新政办发〔2009〕79号）和新疆《经营性公墓建设规范》（DB65/T3470—2013）等殡葬政策法规，制定本办法。

　　第二条　经营性公墓是经依法审批为城镇居民有偿提供安葬（安放）骨灰或遗体服务的公共设施。

　　第三条　本办法适用于新疆维吾尔自治区行政区域内依法审批的经营性公墓（含兵团系统）。经营性公墓自获得批准经营次年起接受年检。

第四条　县级以上民政、发改、国土、工商部门应根据法定职责，加强对本行政区域内公墓建设经营情况的日常管理监督，并联合开展经营性公墓年检工作。年检工作按照属地管理的原则进行。

第五条　年检方式。年检采取代检和抽检的方式进行。代检是地（县）级民政部门受自治区民政厅委托，在同级发改、国土、工商部门的配合下，对本行政区域内的经营性公墓实施年检。抽检是自治区民政厅在自治区发改、国土、工商部门的配合下，每两年组织一次抽检。随机检查由自治区民政厅自行组织实施。

各地参照本办法，制定本行政区域内公益性公墓年度检查办法。

第六条　年检内容

（一）遵守法律、法规和政策规定情况；

（二）按照有关殡葬政策法规进行建设、经营情况；

（三）管理及服务情况；

（四）开展生态节地葬法及惠民殡葬情况；

（五）安全防事故工作情况；

（六）人才队伍建设情况；

（七）促进殡葬改革情况。

第七条　年检程序

（一）公墓单位自查。经营性公墓单位每年 4 月 10 日前对照年检内容，完成自查工作，形成自检报告，填写《经营性公墓年检报告书》（一式四份），由法定代表人签字并加盖公章后会同办法第八条规定的材料，一并报县（地）级民政部门。

（二）县级检查。县（市区）民政部门对公墓单位报送的《报告书》及材料进行审查，在同级发改、国土、工商部门的配合下，对本行政区域内经营性公墓进行检查。根据实地查看和评分情况，对公墓年检提出意见并加盖公章，于每年 4 月 25 日前报地级民政部门。对检查中发现的问题，处罚权在县（市区）的，应依法进行查处；处罚权不在县（市区）的，需向上级提出处罚的书面建议。

（三）地级年检。地（州市）民政部门在同级发改、国土、工商部门的配合下，联合对地（州市）属经营性公墓及县（市区）属经营性公墓进行年检。根据年检情况及县级民政部门上报的检查情况，对公墓年检提出意见并加盖公章，于每年 5 月 5 日前报自治区民政厅。对年检中发现的问题，处罚权在地（州市）的，应依法进行查处；处罚权不在地（州市）的，需向自治区民政厅提出处罚的书面建议。

（四）自治区抽检。自治区民政厅联合自治区发改委、国土厅、工商局，共同对全区经营性公墓进行抽检，抽检比例不少于 20%。上一年度年检（抽检）不合格的本年度必须抽检，在审查各级年检材料和意见以及日常掌握和群众举报投诉情况的基础上，于每年 6 月 15 日前作出全区经营性公墓年检结论，发布年检公告。

各级可根据具体情况，适当将城市公益性公墓纳入年检（抽检）范围。

第八条　经营性公墓接受年检时，需提交下列材料：

（一）《经营性公墓年检报告书》、《经营性公墓年检评分标准》；

（二）《土地使用证》、《收费许可证》、《工商营业执照》、《税务登记证》和上年度财务决算报表或审计报告复印件；

（三）《经营性公墓许可证》副本；

（四）上年度工作总结和本年度工作计划；

（五）墓穴（格位）使用合同书式样；

（六）其他需要提供的材料。

第九条　经营性公墓年检结论分为"优等"、"合格"、"不合格"三类。年检结束后自治区民政厅殡葬管理部门在《经营性公墓年检报告书》和《经营性公墓许可证》副本上签署年检结论并加盖印章。

第十条　符合下列情形的经营性公墓，确定为年检优等：

（一）依据《经营性公墓年检评分标准》，年检分值达到 90 分以上且无本办法第十二条规定情形的；

（二）经营性公墓审批手续齐全；

（三）依照自治区《关于开展清理整顿公墓和严格公墓建设管理工作的通知》和新疆《经营性公墓建设规范》等开展建设经营活动，无违法违规行为；

（四）有效推行墓位节地化，墓碑小型化、艺术化，积极实行树葬、壁葬、塔葬、寄存等节地葬法；

（五）充分考虑低收入群体的经济承受能力，每年安排一定数量的低价位墓位或骨灰存放格位出售（租）。

第十一条　依据《经营性公墓年检评分标准》，年检分值达到 89 至 60 分的，确定为年检合格。

第十二条　经营性公墓有下列情形之一的，确定为不合格：

（一）违反国务院《殡葬管理条例》（2012 年修正本）、新疆《经营性公墓建设规范》等殡葬政策法规开展建设经营活动的；

（二）未经批准，擅自改变法人、经营主体和公墓名称的；

（三）发生火灾、伤亡等安全事故的；或造成群体上访、投诉事件的；

（四）未凭死亡证、火化证或迁葬证明出售（租）墓穴格位并确保自用的（高危病人或 80 岁以上老人除外），以及有炒买炒卖行为的；

（五）修建超面积大墓、家族墓、豪华墓的；

（六）依据《经营性公墓年检评分标准》，年检分值在 60 分以下的；

（七）拒不接受年检；或年检中弄虚作假、隐瞒真实情况的；

（八）未经价格主管部门批准，擅自收费，或扩大收费范围，提高收费标准等违规收费行为的；

（九）利用垄断地位强行服务、强行收费的。或以保证金、押金、赞助费等形式变相乱收费的；

（十）违反其他有关规定的。

第十三条　经营性公墓年检结论为"不合格"的，由负责年检部门指明问题，并责令限期整改（整改期为 3 个月），并会同有关部门依法查处。对建设、出售（租）超面积墓穴（位）以及违规土葬等违规行为的，由民政部门依法处理；对超过批准的土地面积占用土地等违规行为的，由国土部门依法查处；对违反价格管理规定出售（租）墓穴（位）或格位等违规行为的，由发改部门依法处理；对发布公墓广告、传销墓穴（位）格位等违规行为的，由工商部门依法查处。整改期间暂停经营活动，有关部门暂时封存《经营性公墓许可证》等有效证件和单位印章。3 个月整改不到位、复检不合格的，由自治区民政厅会同有关部门责令停业整顿，并向社会公告。整改复检合格的，可恢复经营。

第十四条　对在经营性公墓年检中通过弄虚作假、隐瞒真实情况蒙混过关的，一经发现即由自治区民政厅会同有关部门责令停业整顿，并向社会公告；情况严重的，有关部门撤销《经营性公墓许可证》等有效证件，并依法进行查处。

第十五条　拒不接受或不按规定接受年检的，按相关政策处理：逾期（最长不得超过 2 个月）未报送年检材料的，有关部门责令限期补办年检手续；一年内不接受年检的，由自治区民政厅会同有关部门下达警告通知书，责令改正，并暂停其经营活动；连续两年不接受年检的，自治区民政厅会同有关部门视情况做出暂停其经营活动，并暂扣《经营性公墓许可证》等有效证件和公墓单位印章。

第十六条　自治区民政厅将每年对经营性公墓的年检结果在民政厅网站向社会公告。

第十七条　《新疆经营性公墓许可证》由自治区民政厅统一印发，《新疆经营性公墓年检报告书》、《新疆经营性公墓年检评分表》可在民政厅网站下载。

第十八条　各级各有关部门在公墓年检工作中，要坚持依法行政、秉公执法，不得损害经营性公墓单位的合法权益，否则，将追究有关单位和人员的责任。

第十九条　本办法由自治区民政厅、发展改革委、国土资源厅、工商行政管理局按各自职责负责解释。

第二十条　本办法自印发之日起施行，2009 年 12 月 1 日自治区民政厅印发的《新疆维吾尔自治区经营性公墓年检暂行办法》同时废止。

新疆维吾尔自治区民政厅关于进一步规范
经营性公墓审批监管工作的通知

（新民发〔2022〕70 号）

各地、州、市民政局：

为贯彻落实国务院《关于深化"证照分离"改革进一步激发市场主体发展活力的通知》（国发〔2021〕7 号）和《民政部关于深化"放管服"改革进一步规范经营性公墓审批监管工作的通知》（民发〔2021〕58 号）要求，进一步优化建设经营性公墓的审批监管工作，构建以公益性为主体、营利性为补充、节地生态安葬为导向的安葬服务格局，现就规范经营性公墓审批监管工作有关事项通知如下：

一、改革事项

经营性公墓审批（含经营性公墓名称、法人和经营主体变更）权限由自治区民政厅下放至地、州、市民政局，审批和变更结果报自治区民政厅备案。

二、工作职责

各级民政部门按属地管理原则，依法依规做好本行政区域内经营性公墓审批监管工作。

（一）县级民政部门职责

1. 受理、审核本行政区域内建设经营性公墓审批事项材料报送及信息公开工作；

2. 处理建设经营性公墓审批事项的投诉，查处建设经营性公墓审批过程中的违法违规行为；

3. 协助地级以上民政部门关于经营性公墓审批过程中涉及行政复议和行政应诉等各项工作；

4. 完成上级民政部门关于建设经营性公墓审批事项的其他工作任务。

（二）地级民政部门职责

1. 办理本行政区域内建设经营性公墓的审核审批工作，及时出具批复，发放经营性公墓许可证；

2. 负责建立经营性公墓审批相关信息数据库，归档和保管经营性公墓审批材料；

3. 负责对辖区内经营性公墓实施动态监管，依法依规处理县级民政部门建设经营性公墓审批事项的相关投诉，重大事项及时报自治区民政厅；

4. 做好经营性公墓审批过程中涉及行政复议和行政应诉工作，以及经营性公墓审批撤回、撤销事宜；

5. 组织开展辖区内经营性公墓年检，及时报送年检材料。

（三）自治区民政厅职责

1. 指导和监督县、地级民政部门依法依规行使职权，处理对地级民政部门建设经营性公墓审批事项的相关投诉；

2. 组织开展全区经营性公墓年检工作，适时通报经营性公墓年检情况。

三、工作程序

（一）经营性公墓审批

1. 审批条件

（1）具有法人资格；

（2）有专职从事公墓经营活动的组织机构及人员；

（3）符合相关城乡建设发展规划、土地利用总体规划等；

（4）符合关于经营性公墓规划布局及数量限制、占地总面积、节地葬法等相关政策规定。

2. 申请材料

（1）建设公墓单位的可研报告、资格证明、验资报告；

（2）城乡建设、自然资源、生态环境等部门的审查意见（建设经营性公墓应当具有发改部门的立项意见、自然资源和规划部门的建设项目用地预审与选址意见、可行性研究报告、建设用地红线图、建设规划设计图、建设用地不动产权证以及通过招拍挂等公开出让方式取得土地使用权的相关材料，涉及林地的须有林业部门林地审查意见）；

（3）置换或购置获得公墓用地的有关证明材料；

（4）其他有关材料。

3. 审批程序

（1）建设经营性公墓，由建墓单位向公墓拟选址行政区域县级民政部门提出书面申请，县级民政部门将初步审查意见和全部申请材料报送地级民政部门；

（2）地级民政部门对提交的材料进行实地审查。对申请符合法定条件和标准的，应当依法向申请人作出批准建设的书面决定；不予批准的，应当书面说明理由；

（3）经营公墓建成具备经营条件的，建墓单位应该提交工程竣工、环评、消防报告，以及内部机构设置、规章制度、人员配置及墓位（格位）出售合同样本等材料，经地级民政部门验收合格的，发给《经营性公墓许可证》，向市场监督管理部门申领营业执照，开展经营活动；验收不合格的，需整改合格后方可开展经营活动。申请材料（复印件）及审批结果及时报自治区民政厅备案。

（二）经营性公墓年检

自治区行政区域内依法设立并在市场监督管理部门领取营业执照开始经营的经营性公墓，自获得批准经营次年起接受年检。经营性公墓单位按照自治区民政厅、发展改革委、国土资源厅、工商管理局《新疆维吾尔自治区经营性公墓年检实施办法》（新民发〔2015〕7号）实施年检。

四、工作要求

（一）提高思想认识，抓好组织实施

各地民政部门要充分认识实施经营性公墓审批事项改革，是落实党中央、国务院重大决策部署，深化"放管服"改革、优化营商环境的重要举措，对于维护市场主体和人民群众合法权益、促进殡葬业健康良性发展意义重大。各地民政部门要从促进公平竞争、优化公共服务、便民惠民利民的角度，加强与相关部门的制度衔接、工作对接，建立简约高效、公正透明、慎审严管的公墓审批制度，确保改革措施顺利有效实施。

（二）加强统筹规划，完成配套措施

各地要按照公益性为主体、营利性为补充、节地生态安葬的原则，统筹规划、合理配置经营性公墓与公益性安葬设施，进一步保障群众基本安葬需求。要从严审慎审批经营性公墓，未纳入县、市、区城市建设规划的不予审批、未建有城市公益性公墓的不予审批、已建有经营性公墓且未饱和的不予审批。根据民政部统一要求，自治区民政厅将尽快完善殡葬服务信息系统，制定完善经营性公墓（含公益性公墓）电子许可证有关标准、规范和样式，逐步实现审批全程网上办理，并在2022年底前全面实现公墓证件电子化。

（三）压实工作责任，履行监管职责

各地要落实政府领导责任和主体责任，按照"谁审批、谁监管，谁主管、谁监管"原则，切实履行监管职责，严禁"以批代管"、"只批不管"、"不批不管"甚至出现监管真空。地、州、市民政部门要按照审批监管权责相统一原则，依法对审批的经营性公墓实施建设运营全过程监管，压实殡葬服务单位主体责任。要强化事中事后监管，推进跨部门联合监管，实行日常抽查、年度检查与专项整治相结合，全面推行"双随机、一公开"，制定殡葬服务单位随机抽查事项清单，强化公墓年检，建立约谈制度，依照有关规定及时将违法违规责任单位及相关人员纳入行业禁入范围，逐步完善违法违规行为处罚机制和措施。要依法依规严肃查处未批先建、擅自修改规划、扩大用地面积、超标准建墓、违规销售等行为。对不按规定审批、不履行监管责任的，将依法追究审批机关及相关责任人的法律责任。对年检不合格公墓，下发整改通知书，整改合格后方可开展经营活动；对违法违规行为，按照职责权限联合相关部门依法进行处罚。

（四）加强宣传引导，营造良好氛围

各地民政部门要进一步做好经营性公墓审批事项改革的宣传解读，充分认识经营性公墓审批权下放并不意味着审批放宽、监管放松，而是要进一步科学规划、规范审批、严格监管，严防公墓项目一哄而上、一批了之。要加强相关改革政策、办事流程、网上审批等业务培训，将落实举措广而告之，让公墓单位办事更便捷，让人民群众得实惠。

改革中遇到的重大问题，要及时向当地党委和政府请示报告，并同时报自治区民政厅。

自治区民政厅

2022 年 7 月 26 日